Bauer
Die GmbH in der Krise

Die GmbH in der Krise

Praxis-, Rechts- und Haftungsfragen
der Unternehmenssanierung,
Insolvenzgesellschaftsrecht

Von

Prof. Dr. Joachim Bauer
Rechtsanwalt in Berlin

7. Auflage
2022

Zitiervorschlag: Bauer, GmbH-Krise Rn. 1234

www.beck.de

ISBN 978 3 406 77908 4

© 2022 Verlag C.H.Beck oHG
Wilhelmstraße 9, 80801 München

Druck und Bindung: Beltz Bad Langensalza GmbH
Am Fliegerhorst 8, 99947 Bad Langensalza

Satz: Fotosatz Buck
Zweikirchener Str. 7, 84036 Kumhausen

Umschlaggestaltung: Druckerei C.H. Beck Nördlingen

chbeck.de/nachhaltig

Gedruckt auf säurefreiem, alterungsbeständigem Papier
(hergestellt aus chlorfrei gebleichtem Zellstoff)

Für Marion

Vorwort zur 7. Auflage

Das Gesellschafts-Insolvenzrecht und das insolvenznahe Gesellschaftsrecht erweisen sich auch weiterhin als besonders dynamische Rechtsbereiche. Sowohl durch den Gesetzgeber als auch durch die Rechtsprechung kommt es in verhältnismäßig kurzen Zeitabständen immer wieder zu wesentlichen Neuerungen und Änderungen. Wiederum haben seit der Vorauflage der Gesetzgeber und die Rechtsprechung nicht geruht, um die Herausforderungen und Spannung unseres Berufs durch zum Teil gravierende Neuerungen und Änderungen zu erhalten. Als neue gesetzliche Regelungen sind hier in erster Linie zu nennen das SanInsFoG (einschl. StaRUG) und das COVInsAG, deren Änderungen teilweise Beratungsansätze erfordern, die der langjährigen Beratungspraxis genau entgegengesetzt sind (vgl. nur § 15b Abs. 8 InO); aus dem Bereich der Rechtsprechung sei hier beispielhaft die – sehr begrüßenswerte – Umkehr des BGH bei der Vorsatzanfechtung nach § 133 InsO genannt.

Einige weitere der vielen Zweifelsfragen, die bspw. das MoMiG und das ESUG für den Praktiker im Gesellschafts- und Insolvenzrecht aufgeworfen haben, hat die Rechtsprechung wiederum seit der Vorauflage geklärt; im Bereich der Eigenverwaltung hat das SanInsFoG an einigen Stellen begrüßenswerte Klarheit geschaffen. Dafür hat das StaRUG insbesondere im Bereich der Verantwortlichkeit der Geschäftsleitungen neue und haftungsträchtige Zweifelsfragen aufgeworfen und die zahlreichen, noch ungelösten gesellschaftsrechtlichen Zweifelsfragen, die sich bei Einbezug der Anteils- oder Mitgliedschaftsrechte der Gesellschafter in das Insolvenzplanverfahren über das Vermögen der Gesellschaft ergeben, für das gerichtliche Stabilisierungsverfahren übernommen. Für alle diese zahlreichen, nach wie vor offenen Fragen müssen praktisch umsetzbare, möglichst rechtssichere Beratungsempfehlungen erarbeitet und gegeben werden.

So wurde die Anregung auch zur nun vorliegenden 7. Auflage dieses Werks wieder mehrfach aus dem Kreise der Hörerschaft gesellschafts- und insolvenzrechtlicher Seminare über die Beratung der GmbH in der Krise und von Lesern der Vorauflagen an mich herangetragen. Diesen Wünschen bin ich gern nachgekommen.

Das vorliegende Werk ist vom Praktiker für Praktiker geschrieben. Es wendet sich an alle, die mit einer GmbH – einschl. UG (haftungsbeschränkt) und GmbH & Co. KG – in der wirtschaftlichen Krise rechtlich umzugehen und schwerwiegende, zu persönlicher Haftung führende Fehler zu vermeiden haben: Gesellschafter und Geschäftsführer der Gesellschaften und Rechtsabteilungen von Unternehmen, Steuerberater, Wirtschaftsprüfer und Rechtsanwälte, Unternehmensberater und die verantwortlichen Mitarbeiter in den Sanierungsabteilungen der Kreditinstitute.

Den Aufbau des Werks habe ich beibehalten. So habe ich mich bemüht, in übersichtlicher und „logischer" Weise – dem Sanierungsgeschehen vom Beginn durch die Mandatserteilung an folgend – die für die Praxis relevanten Rechtsfragen darzustellen, die nach der sehr „dynamischen" Gesetzgebung und der ebenso "dynamischen" aktuellen Rechtsprechung und die nach der Literatur zutreffenden Lösungen aufzuzeigen und Tipps und Hinweise zur praktischen Umsetzung und Mandatsbearbeitung zu geben.

In die vorliegende Neuauflage sind selbstverständlich die einschlägigen gesetzlichen Neuerungen durch u.a. das SanInsFoG, einschl. der Umsetzung der EU-Richtlinie zum Restrukturierungsrahmen durch das StaRUG, das COVInsAG und das Gesetz zur weiteren Verkürzung des Restschuldbefreiungsverfahren eingearbeitet. Außerdem wird wieder ein sehr umfassendes Update der seit der Vorauflage ergangenen umfangreichen aktuellen Rechtsprechung und Literatur gegeben. Besonderes Augenmerk liegt abermals auf der Vermeidung der vielen und gravierenden, von der Rechtsprechung kontinuierlich verschärften persönlichen Haftungsgefahren, übrigens auch der Sanierungsberater.

Die Veröffentlichungen der einschlägigen aktuellen ober- und höchstgerichtlichen Rechtsprechung sowie der aktuellen Literatur zu den relevanten Rechtsfragen sind bis Juni 2022 berücksichtigt worden. Die sehr große Anzahl der Fundstellenangaben für Rechtsprechung und Literatur zu den behandelten Themen soll den Nutzer in die Lage versetzen, über meine Ausführungen hinaus schnell, zuverlässig und zielführend die für seine Fallkonstellation hilfreichen aktuellen Quellen heranzuziehen und zutreffende Lösungsansätze zu entwickeln.

In erster Linie werde die Rechtsformen der GmbH einschließlich der UG (haftungsbeschränkt) und der GmbH & Co.KG behandelt. Sie sind die in Deutschland einerseits nach Zahl und Umsatzstärke wichtigsten, andererseits aber auch am stärksten von Unternehmensinsolvenz betroffenen Gesellschaftsformen für kleine und mittlere gewerbliche Unternehmungen. Viele Ausführungen, etwa zu insolvenzbedingten Haftungen der Gesellschafter und zu den sehr strengen Haftungsgefahren für die Geschäftsführer wegen Fehlverhaltens in der Krise der Gesellschaft können aber auch für die Beratung von Unternehmen in anderen, insbesondere haftungsbeschränkten Rechtsformen herangezogen werden – etwa die AG und Gesellschaften nach (EU-)ausländischem Recht mit Verwaltungssitz in Deutschland.

Ich freue mich, wenn diese Ansätze dem Praktiker – und zwar auch dem gesellschafts- und insolvenzrechtlichen Spezialisten – hilfreich sind; die eingehende Beratung im konkreten Einzelfall kann das vorliegende Werk jedoch nicht ersetzen. Über Anregungen und Erfahrungsaustausch würde ich mich, wie immer, jederzeit sehr freuen.

Berlin, im Juni 2022   Joachim Bauer

Inhaltsübersicht

Vorwort zur 7. Auflage	VII
Inhaltsverzeichnis	XI
Abkürzungsverzeichnis	XXI
Literaturverzeichnis	XXVII
§ 1 Krisenfrüherkennung	1
§ 2 Die Insolvenzreife der GmbH sicher erkennen	29
§ 3 Kurzfristig wirksame Maßnahmen zur Beseitigung der Insolvenzreife der GmbH	67
§ 4 „Freie" Sanierung (außerhalb eines Insolvenzverfahrens)	105
§ 5 Verhalten und Haftung der Kreditinstitute im Sanierungsprozess	171
§ 6 Vermeidung von Insolvenzanfechtungen	211
§ 7 „Typische" Straftaten in der Krise der GmbH	307
§ 8 Haftungsgefahren für Gesellschafter in der Krise der GmbH	325
§ 9 Haftungsgefahren für Geschäftsführer in der Krise der GmbH	469
§ 10 Besonderheiten bei Unternehmergesellschaft/UG (haftungsbeschränkt), GmbH & Co. KG, EU-ausländischen Gesellschaften und der englischen „Limited"	593
§ 11 Haftungsgefahren für Berater im Sanierungsprozess der GmbH	625
§ 12 Sanierung im Insolvenzverfahren	647
§ 13 Sanierung des Gesellschafters	801
Sachverzeichnis	825

Inhaltsverzeichnis

Vorwort zur 7. Auflage	VII
Inhaltsübersicht	IX
Abkürzungsverzeichnis	XXI
Literaturverzeichnis	XXVII

§ 1	**Krisenfrüherkennung**	1
	A. Erforderlichkeit der Krisenfrüherkennung, Definition und Verlauf der Unternehmenskrise	2
	I. Erforderlichkeit der Krisenprophylaxe	2
	II. Begriff der Unternehmenskrise	3
	III. Typischer Verlauf der Unternehmenskrise	5
	B. Risikomanagement und Krisenfrüherkennung im Unternehmen	8
	I. Allgemeines zu Pflichten der Geschäftsleitung in Krise und Sanierung des Unternehmens	8
	II. Verpflichtung zur Einrichtung eines Krisenfrühwarnsystems	8
	III. Mögliche Ausgestaltung des Risikomanagement- und Krisenfrühwarnsystems	10
	IV. Implementierung und/oder Verbesserung eines Risikomanagementsystems	12
	V. Überwachungssystem	13
	VI. Prüfung des Risikofrüherkennungssystems	13
	C. Frühwarnsysteme/Krisenfrüherkennung durch den Berater	14
	I. Operative (mathematische) Frühwarnsysteme, Kennzahlen	14
	II. Strategische Frühwarnsysteme	17
	III. Krisendiagnose-Checkliste und konkrete Einzelmaßnahmen zur Insolvenzprophylaxe	20
	D. Krisenfrüherkennung durch Kreditinstitute	23
	I. §§ 18, 25a KWG, MaRisk – Beurteilung der wirtschaftlichen Verhältnisse	24
	II. Erkenntnismöglichkeiten im Zusammenhang mit Kreditgewährung und Kontoführung	25
	III. Rating – Basel II	26
	IV. Sonstige Erkenntnismöglichkeiten der Kreditinstitute	27
	V. (Financial) Covenants	27
§ 2	**Die Insolvenzreife der GmbH sicher erkennen**	29
	A. Vorbemerkungen	30
	B. Überschuldung	31
	I. Definition	31
	II. Fortführungsprognose	39
	III. Prüfung der Überschuldung, Zeitpunkt	44

	IV. Feststellung der Überschuldung der Komplementär-GmbH einer GmbH & Co. KG	45
C.	Zahlungsunfähigkeit	45
	I. Definition	46
	II. Vermutung der Zahlungsunfähigkeit	53
	III. Prüfung der Zahlungsunfähigkeit, Liquiditätsbilanz (-status), Liquiditätsplan	57
	IV. Retrograde Ermittlung der Zahlungsunfähigkeit	60
	V. Einzelfragen im Zusammenhang mit der Zahlungsunfähigkeitsprüfung	61
	VI. Wiederherstellung der Zahlungsfähigkeit und Widerlegung der Zahlungsunfähigkeitsvermutung	62
D.	Drohende Zahlungsunfähigkeit	63
	I. Begriff der drohenden Zahlungsfähigkeit	64
	II. Prognosezeitraum und gesetzliche Konkretisierung	65
	III. Praktische Bedeutung; Diskussion der Prognosezeiträume	65

§ 3 Kurzfristig wirksame Maßnahmen zur Beseitigung der Insolvenzreife der GmbH ... 67

A.	Sofortmaßnahmen zur Beseitigung der Überschuldung	68
	I. Erhöhung des Eigenkapitals	68
	II. Harte Patronatserklärung	81
	III. EAV, schuldrechtliche oder gesellschaftsvertragliche Verlustausgleichszusagen des Gesellschafters	88
	IV. Rangrücktrittsvereinbarung	88
	V. Forderungsverzicht	98
	VI. Umwandlung/Aufnahme einer natürlichen Person als Vollhafter	100
B.	Sofortmaßnahmen zur Beseitigung der Zahlungsunfähigkeit	101
	I. Patronatserklärung	101
	II. Neuaufnahme von Krediten	102
	III. Verwertung von Anlagevermögen	102
	IV. Verwertung von Umlaufvermögen	102
	V. Stundung und Stillhaltevereinbarungen	103

§ 4 „Freie" Sanierung (außerhalb eines Insolvenzverfahrens) ... 105

A.	Vorbemerkung und Praxishinweis	107
B.	Sog. „freie" Sanierung	107
C.	Überblick über die außerinsolvenzliche Sanierung nach StaRUG	110
	I. Entwicklung	110
	II. Ziele, wesentliche Inhalte und Instrumente, Verfahren	111
	III. Folgen eines Restrukturierungsverfahrens nach StaRUG für ein anschließendes Insolvenzverfahren	114
D.	Pflicht zur Durchführung von oder Beteiligung an einer Sanierung?	115
	I. Unternehmer, Gesellschafter	115

	II. Gesellschafter – Pflicht zur Sanierung, Sanieren oder Ausscheiden?	116
	III. Geschäftsführer	123
	IV. Gläubiger	124
	V. Beurteilung der Sanierungsfähigkeit des Unternehmens	124
E.	Erforderlichkeit und Anforderungen an Sanierungskonzepte, Plausibilität	126
	I. Erforderlichkeit	126
	II. Anforderungen nach der Rechtsprechung	128
	III. Anforderungen an ein Sanierungsgutachten gemäß IDW S 6	129
	IV. Anforderungen an den Gutachter	132
	V. Hinweise zu Schlüssigkeit und Plausibilität von Sanierungskonzepten	133
D.	Transaktionsmaßnahmen zur Sanierung	134
	I. Übertragende Sanierung	134
	II. Gestaltungen nach dem Umwandlungsrecht	152
	III. Weitere Transaktionsformen	158
	IV. Doppelnützige Treuhand	158
	V. Insolvenzbedingte Lösungsklauseln	159
F.	Beteiligung des Finanzamts am Sanierungsprozess	160
	I. Vorbemerkung	160
	II. Steuerfreiheit von Sanierungsgewinnen?	161
	III. Forderungsverzicht, Besserungsschein, Schuldübernahmen	167
	IV. Forderungsverzicht und Sanierungszuschüsse des Gesellschafters	169

§ 5 Verhalten und Haftung der Kreditinstitute im Sanierungsprozess ... 171

A.	Handlungsalternativen	172
	I. Keine Sanierungspflicht	173
	II. Stillhalten	173
	III. Stundung, Tilgungsaussetzung, Prolongation, interne Umschuldung	175
	IV. Verrechnung von Zahlungseingängen und Insolvenzanfechtung	176
	V. Verrechnung mit Zahlungseingängen auf an das Kreditinstitut sicherungszedierte Forderungen	184
	VI. Verwertung beweglichen Sicherungsgutes	188
	VII. Hereinnahme zusätzlicher Sicherheiten, AGB-Pfandrecht, Sicherheitenpoolverträge	189
	VIII. Darlehenskündigung	195
	IX. Rückführungsvereinbarungen; Konsolidierungsdarlehen	197
B.	Neukreditvergabe in der Krise	198
	I. Zulässiger Sanierungskredit	198
	II. Überbrückungskredit	200
	III. Sicherheiten	200

IV. Sittenwidrige Gläubigerschädigung durch Insolvenz-
verschleppung durch Gewährung eines aus Schuldnerver-
mögen besicherten Kredits in der Krise, § 826 BGB 203
C. Sonstige Maßnahmen, Möglichkeiten und Haftungsgefahren der
Kreditinstitute 205
    I. Bündelung von Gläubigerinteressen 205
   II. Beteiligung am Krisenunternehmen 205
  III. Nebenvereinbarungen im Kreditvertrag zur Absicherung
des Sanierungserfolgs 206
  IV. Verkauf notleidender Kreditforderungen 209

§ 6 Vermeidung von Insolvenzanfechtungen 211
A. Allgemeines 213
    I. Gegenstand der Insolvenzanfechtung 214
   II. Benachteiligung der Insolvenzgläubiger 216
  III. Rechtsfolge der Anfechtung 223
  IV. Fristberechnung für die Anfechtungstatbestände,
Zeitpunkt der Vornahme einer Rechtshandlung 225
   V. Geltendmachung der Anfechtung, Rechtsweg 226
  VI. Verschärfungen bei nahestehenden Personen 229
 VII. Bargeschäft 230
B. Die einzelnen Anfechtungstatbestände 231
    I. Kongruente Deckung (§ 130 InsO) 231
   II. Inkongruente Deckung (§ 131 InsO) 239
  III. Unmittelbar nachteilige Rechtshandlungen (§ 132 InsO) .. 246
  IV. Deckungsanfechtung an nahestehende Personen,
§ 133 Abs. 2 InsO 247
   V. Vorsätzliche Benachteiligung (Vorsatzanfechtung,
§ 133 Abs. 1 InsO) 247
  VI. Unentgeltliche Leistung (§ 134 Abs. 1 InsO) 276
 VII. Ergänzung zur Anfechtung nach §§ 134 und 133 Abs. 1
InsO bei Dreipersonenverhältnissen 280
VIII. Gesellschafterdarlehen und andere Finanzhilfen des
Gesellschafters, § 135 InsO n.F. (früher: Eigenkapital-
ersetzende Darlehen) 288
  IX. Hinweise zu Verrechnung und Aufrechnung 290
   X. Zusammenfassung der Anfechtung von Lohnzahlungen
gegenüber Arbeitnehmern 292
  XI. Exkurs: Anfechtung von Honorarzahlungen an den
Sanierungsberater 298

§ 7 „Typische" Straftaten in der Krise der GmbH 307
A. Vorbemerkung 308
B. Allgemeine Straftatbestände mit Relevanz in der Unter-
nehmenskrise 310
    I. Betrug (§ 263 StGB) 310
   II. Kreditbetrug (§ 265b StGB) 310

	III. Untreue (§ 266 StGB)	311
	IV. Vorenthalten von Arbeitnehmer-Sozialversicherungsbeiträgen (§ 266a Abs. 1 StGB)	314
	V. Nichtanzeige bei Verlust der Hälfte des Stammkapitals (§§ 49 Abs. 3, 84 GmbHG)	316
	VI. Falsche Angaben gegenüber dem Handelsregister	316
	VII. Sonstige in der Krise relevante Straftaten	316
B.	Spezielle Insolvenzdelikte	317
	I. Bankrott (§ 283 StGB)	317
	II. Verletzung der Buchführungspflichten (§ 283b StGB)	319
	III. Gläubigerbegünstigung (§ 283c StGB)	320
	IV. Schuldnerbegünstigung (§ 283d StGB)	320
	V. Insolvenz(antrags)verschleppung (§ 15a Abs. 4 und 5 InsO)	321
	VI. Insolvenzanzeigeverschleppung (§ 42 Abs. 3 StaRUG)	324

§ 8 Haftungsgefahren für Gesellschafter in der Krise der GmbH 325

A.	Insolvenzgesellschaftsrecht	330
B.	Haftkapitalsystem und Gläubigerschutz	331
C.	Haftung wegen fehlerhafter Kapitalaufbringung	334
	I. Haftung bei Aufnahme der Geschäftätigkeit im Namen der Gesellschaft vor Eintragung	334
	II. Haftung bei fehlerhafter Kapitalaufbringung bei Geldeinlage	339
	III. Haftung bei fehlerhafter Kapitalaufbringung bei offener Sacheinlage	353
	IV. Haftung bei verdeckter Sacheinlage	356
	V. Haftung für die Kapitalaufbringung bei Verwendung von Mantel- und Vorratsgesellschaften, wirtschaftliche Neugründung	365
	VI. Geltendmachung, Darlegungs- und Beweislast, Verjährung der Kapitalaufbringung	372
	VII. Haftung der Mitgesellschafter und des Anteilserwerbers	375
	VIII. Haftung bei Falschangaben	378
	IX. Exkurs: Wirksame Einlageleistung bei GmbH & Co. KG und GmbH & Still	378
D.	Haftung des Gesellschafters bei Verstößen gegen das Gebot der Kapitalerhaltung – verbotene Rückzahlung des Stammkapitals (§§ 30 Abs. 1, 31 GmbHG)	380
	I. Tatbestand der verbotenen Stammkapitalrückzahlung	381
	II. Beispiele verbotener Einlagenrückgewähr aus der jüngeren Rechtsprechung	383
	III. Darlehensgewährung an Gesellschafter aus gebundenem Vermögen der GmbH, Cash-Pooling	386
	IV. Keine verbotene Rückgewähr des Stammkapitals	387
	V. Rechtsfolgen der verbotenen Stammkapitalrückzahlung	388

XVI Inhaltsverzeichnis

- VI. Vollwertiger Gegenleistungsanspruch, Darlehen aus Stammkapital, Cash-Pooling, EAV – § 30 Abs. 1 S. 2 GmbHG 391
- VII. Verjährung und Sonstiges 394
- VIII. Rückzahlungen bei der GmbH & Co. KG............. 395
- IX. Rückzahlungen bei der GmbH & Still................. 395
- E. Haftung der Gesellschafter für Verbindlichkeiten der GmbH ... 395
  - I. Unterkapitalisierung 396
  - II. Durchgriffshaftung 396
  - III. Deliktische Verschuldenshaftung gegenüber Gesellschaftsgläubigern nach § 826 BGB 398
  - IV. Existenzvernichtender Eingriff 399
- F. Eigenkapitalersatzhaftung nach alter und für Altfälle fortgeltender Rechtslage 405
- G. Haftung aus Gesellschafterdarlehen und vergleichbaren Finanzhilfen des Gesellschafters in der Insolvenz der GmbH 406
  - I. Aufhebung des Eigenkapitalersatzrechts und Verortung in der InsO 406
  - II. Erfasste Gesellschaftsformen 408
  - III. Persönlicher Anwendungsbereich, Erstreckung auf einem Gesellschafter gleichgestellte Dritte 408
  - IV. Rückleistungsverpflichtungen nach Insolvenzanfechtung, Unmaßgeblichkeit der Krise der Gesellschaft 414
  - V. Zweifelsfragen bei Gesellschafterdarlehen 415
  - VI. Einzelfragen bei Gesellschaftersicherheiten (Bonitätsleihe). 430
  - VII. Einzelfragen bei Nutzungsüberlassungen durch den Gesellschafter 437
  - VIII. Sicherheiten aus Gesellschaftsvermögen für Gesellschafterdarlehen 443
  - IX. Bezug zum Strafrecht 446
  - X. Geltendmachung..................................... 447
  - XI. Steuerrechtliche Anmerkungen 447
- H. Haftung des Gesellschafters bei Beherrschungs- und Ergebnisabführungsverträgen, statutarischen oder vertraglichen Verlustausgleichsregelungen 449
  - I. Beherrschungs- und Gewinnabführungsvertrages in Krise und Insolvenz 449
  - II. Statutarische Verlustausgleichsregelungen 457
  - III. Schuldrechtliche Verlustausgleichsverpflichtungen....... 457
- I. Zusammenfassung der Risiken bei Cash-Pooling 457
  - I. Kapitalaufbringung und Cash-Pooling 457
  - II. Kapitalerhaltung und Cash-Pooling................... 459
  - III. Cash-Pooling und Insolvenzanfechtung................ 460
  - IV. Weitere Risiken, insbesondere für den Geschäftsführer ... 461
- J. Führungslosigkeit, Firmenbestattung und „Insolvenztourismus". 462
  - I. Führungslosigkeit 462
  - II. Sog. Firmenbestattung 464

§ 9 Haftungsgefahren für Geschäftsführer in der Krise der GmbH 469
A. Grundsätzliches zur Geschäftsführerhaftung 473
I. Übersicht über die Haftungstatbestände 474
II. Haftungsgrundtatbestand – Culpahaftung, § 43 Abs. 1 und 2 GmbHG 476
III. Faktischer Geschäftsführer 488
IV. Möglichkeiten der Haftungsbegrenzung 489
B. Insolvenzverursachungshaftung 500
I. Pflicht zur Krisenfrüherkennung 500
II. Pflicht zum Krisenmanagement, Sanierungspflicht 501
III. Gehaltsreduzierung 502
IV. Pflichtverletzungen im Zusammenhang mit Aufbringung und Erhaltung des Stammkapitals 503
V. Verbotene Zahlungen an Gesellschafter, § 15b Abs. 5 InsO . 507
VI. Haftung bei existenzvernichtenden Eingriffen; vorsätzliche Verursachung der Insolvenz 511
VII. Nichteinberufung der Gesellschafterversammlung 512
VIII. Rechte und Pflichten des GmbH-Geschäftsführers bei drohender Zahlungsunfähigkeit 513
C. Insolvenzverschleppungshaftung 521
I. Ersatzpflicht für verbotene Zahlungen an Gläubiger der Gesellschaft, § 15b InsO 521
II. Insolvenzverschleppung – Schutzgesetzverletzung 554
D. Sonstige typische Haftungsgefahren in der Krise der Gesellschaft 569
I. Sozialversicherungsbeitragsvorenthaltung 569
II. Unterlassene Insolvenzsicherung von Altersteilzeit-Wertguthaben 578
III. Rückständige Steuern 578
IV. Schadensersatzpflicht aus Eingehungsbetrug, Bankrott, § 826 BGB, cic 588

§ 10 Besonderheiten bei Unternehmergesellschaft/UG (haftungsbeschränkt), GmbH & Co. KG, EU-ausländischen Gesellschaften und der englischen „Limited" 593
A. Die Unternehmergesellschaft/UG (haftungsbeschränkt) 594
I. Die UG als GmbH mit Sonderregelungen 595
II. Abweichungen von der „normalen" GmbH 595
III. Gefahren und Zweifelsfragen 596
B. Besonderheiten bei der GmbH & Co. KG (ohne natürliche Person als Vollhafter) 604
I. Haftung bei fehlerhafter Aufbringung des Kommandit- und Stammkapitals 604
II. Haftung bei Rückzahlung des Kommandit- und Stammkapitals 605
III. Gesellschafterdarlehen und vergleichbare Finanzierungen . 614
IV. Haftung des Geschäftsführers 614

	V. Insolvenz	615
C.	EU-ausländische Gesellschaften	618
	I. Rechtsformwahlfreiheit und Freizügigkeit in der EU	618
	II. Persönliche Haftungsgefahren für die Gesellschafter und Geschäftsführer, Anwendbarkeit deutschen Rechts?	620

§ 11 Haftungsgefahren für Berater im Sanierungsprozess der GmbH ... 625

A.	Zivilrechtliche Haftungsgefahren	625
	I. Haftung gegenüber dem Mandanten	626
	II. Haftung gegenüber Dritten	635
	III. Vermögensschaden	640
	IV. Kausalität der Pflichtverletzung für den Schaden	640
	V. Haftung in der Sozietät	641
B.	Gefahren für Berater als Beteiligte an Straftaten	642
	I. Täterschaft und Teilnahme	642
	II. Mitwirkung bei übertragender Sanierung	642
	III. Insolvenzverschleppung	643
	IV. Buchführungs-, Bilanzierungsdelikte, Verletzung der Berichtspflicht	643
	V. Gläubigerbegünstigung (§ 283c StGB)	644
	VI. Vorenthaltung von Sozialversicherungsbeiträgen (§ 266a StGB) und Steuerhinterziehung (§ 370 AO)	644
	VII. Betrug (§ 263 StGB) und Kreditbetrug (§ 265b StGB)	644
	VIII. Sanierungsschwindel	645
C.	Mandatsbeendigung	645

§ 12 Sanierung im Insolvenzverfahren ... 647

A.	Vorbemerkungen, Vorbereitung der Sanierung	652
B.	Insolvenzeröffnungsverfahren	656
	I. Insolvenzeröffnungsantrag	656
	II. Einsetzung eines vorläufigen Gläubigerausschusses; Einfluss auf die Wahl des Insolvenzverwalters	666
	III. Mitwirkungs- und Auskunftspflicht des Schuldners, Sicherungsmaßnahmen	668
	IV. Vorläufige Insolvenzverwaltung (§§ 21 Abs. 2 Nr. 1, 22 InsO)	669
	V. Fortführung des Unternehmens im Insolvenzeröffnungsverfahren, Sanierungsvorbereitung	672
	VI. Entlassung und Haftung des vorläufigen Insolvenzverwalters	678
C.	Einfluss der Gläubiger auf das Insolvenzverfahren	680
	I. Gläubigerversammlung	680
	II. Abwahl des Verwalters	681
	III. Stimmrechtsentscheidungen	682
	IV. Gläubigerausschuss	682
	V. Einsichtsrecht in die Insolvenzakte	684

D. Gesellschaftsrechtliche Auswirkungen des Insolvenzverfahrens
   auf die GmbH 687
   I. Auflösung der Gesellschaft 687
   II. Stellung der Geschäftsführer 689
   III. Stellung der Gesellschafter 694
   IV. Gesellschaftsrechtliche Befugnisse des Insolvenzverwalters. 696
E. Übertragende Sanierung und Unternehmenskauf als Asset-Deal
   aus der Insolvenz (Distressed M&A) 698
   I. Verfahrenswege 699
   II. Zeitfaktor 701
   III. Besonderheiten bei der Due Diligence 701
   IV. Unternehmenskauf bereits im Insolvenzeröffnungs-
       verfahren? 702
   V. Unternehmenskauf unmittelbar nach Verfahrenseröffnung
       vor dem Berichtstermin 703
   VI. Exklusivität und andere Absicherungen des Verkaufs-
       prozesses 703
   VII. Fortführung des Unternehmens im Insolvenzeröffnungs-
       verfahren und Transaktionsvorbereitung 704
   VIII. Asset Deal aus dem eröffneten Insolvenzverfahren der
       GmbH 705
F. Arbeitsrechtliche Gestaltungsmöglichkeiten 710
   I. Betriebsübergang nach § 613a BGB als Sanierungshinder-
       nis? 710
   II. Weitere arbeitsrechtliche Gestaltungsmöglichkeiten 717
G. Eigenverwaltung (§§ 270 ff. InsO) 726
   I. Kriterien für die Wahl der Eigenverwaltung und Vor-
       bereitung 727
   II. Voraussetzungen für die Anordnung der (vorläufigen)
       Eigenverwaltung 729
   III. Betriebsfortführung in der vorläufigen Eigenverwaltung .. 732
   IV. Haftungsgefahren für den vorläufig eigenverwaltenden
       Schuldner 741
   V. Durchführung der Eigenverwaltung nach Verfahrens-
       eröffnung 748
H. Insolvenzplan (§§ 217 ff. InsO) 750
   I. Vorbemerkungen und Kriterien für die Wahl des
       Insolvenzplans als Sanierungsmittel 750
   II. Insolvenzplanverfahren 751
   III. Inhalt des Insolvenzplans 762
I. Einbezug der Anteils- und Mitgliedschaftsrechte der Gesell-
   schafter in den Insolvenzplan, Kapitalmaßnahmen und Unter-
   nehmensakquisition im Insolvenzplanverfahren; Distressed M&A 766
   I. Vorbemerkung und Allgemeines 766
   II. Gesellschaftsrechtliche Zweifelsfragen – Kollision
       zwischen Gesellschafts- und Insolvenzrecht? 769
   III. Umwandlungen nach dem UmwG aus der Insolvenz 783

J.	Schutzschirm- und Insolvenzplanverfahren als Mittel innergesellschaftlicher Auseinandersetzungen?	786
	I. Der Fall des Suhrkamp-Verlages	787
	II. Literaturauffassungen und Stellungnahme	790
	III. Mögliche Rechtsbehelfe der Gesellschafter im Insolvenzverfahren	793
	IV. Schlussbetrachtung	796
K.	Abwägung der Vor- und Nachteile einer „freien" Sanierung und einer Sanierung im Insolvenzverfahren	797
	I. „Freie" Sanierung	797
	II. Sanierung im Insolvenzverfahren	798
L.	Insolvenz im Konzern	799

§ 13 Sanierung des Gesellschafters 801
    A. Eigenes Sanierungskonzept 801
    B. Persönliches Insolvenzverfahren und Restschuldbefreiung (RSB) 802
        I. Verbraucherinsolvenzverfahren (§§ 304 ff. InsO) 803
        II. Restschuldbefreiung (§§ 286 ff. InsO) 808

Sachverzeichnis 825

Abkürzungsverzeichnis

a.A.	anderer Ansicht
Abs.	Absatz
abzgl.	abzüglich
a.E.	am Ende
a.F.	alte Fassung
AG	Aktiengesellschaft; Amtsgericht
AktG	Aktiengesetz
ALG I	Arbeitslosengeld I
allgM	allgemeine Meinung
Alt.	Alternative
Anh.	Anhang
Anm.	Anmerkung
AnwBl	Anwaltsblatt
AO	Abgabenordnung
AR	Aufsichtsrat
ArbGG	Arbeitsgerichtsgesetz
ARUG	Gesetz zur Umsetzung der Aktionärsrechte-Richtlinie
ARUG II	Gesetz zur Umsetzung der Aktionärsrechte-Richtlinie-Änderungsrichtlinie
ATG	Altersteilzeitgesetz
Aufl.	Auflage
Az.	Aktenzeichen
BAG	Bundesarbeitsgericht
BayObLG	Bayerisches Oberstes Landesgericht
BB	Betriebs-Berater
BC	Zeitschrift für Bilanzierung, Rechnungswesen und Controlling
BeckRS	Beck Rechtsprechung (Datenbank im Rahmen von beck-online)
BewG	Bewertungsgesetz
BFH	Bundesfinanzhof
BGB	Bürgerliches Gesetzbuch
BGH	Bundesgerichtshof
BGHZ	Entscheidungen des Bundesgerichtshofs in Zivilsachen, Amtliche Sammlung
BilMoG	Gesetz zur Modernisierung des Bilanzrechts
BiRiLiG	Bilanzrichtlinien-Gesetz
BMJV	Bundesministerium der Justiz und für Verbraucherschutz
BORA	Berufsordnung für Rechtsanwälte
BQG	Beschäftigungs- und Qualifizierungsgesellschaft (ehem.; jetzt: Transfergesellschaft)
BRAO	Bundesrechtsanwaltsordnung
BRAK	Bundesrechtsanwaltskammer
BRAK-Mitt.	Mitteilungen der Bundesrechtsanwaltskammer (Zeitschrift)
BT-Drs.	Drucksachen des Deutschen Bundestages
BVerfG	Bundesverfassungsgericht
BVerfGE	Amtliche Sammlung der Entscheidungen des Bundesverfassungsgerichts
BWA	Betriebswirtschaftliche Auswertung
bzgl.	bezüglich
bzw.	beziehungsweise

ca.	circa
c.i.c.	culpa in contrahendo (Verschulden bei Vertragsschluss)
COVInsAG	COVID-19-Insolvenzaussetzungsgesetz
CRO	Chief Restructuring Officer
ders.	derselbe
d.h.	das heißt
DB	Der Betrieb (Zeitschrift)
DBW	Die Betriebswirtschaft (Zeitschrift)
DES	Debt-Equity-Swap (Schuldenbeteiligungstausch)
DIS	Deutsche Institution für Schiedsgerichtsbarkeit e.V.
DIS-ERGeS	Ergänzende Regeln für gesellschaftsrechtliche Streitigkeiten zur DIS-Schiedsgerichtsordnung
DIS-SchlichtungsO	Schlichtungsordnung der Deutschen Institution für Schiedsgerichtsbarkeit e.V.
DIS-SchO	Schiedsgerichtsordnung der Deutschen Institution für Schiedsgerichtsbarkeit e.V.
DM	Deutsche Mark
D&O-Versicherung	Haftpflichtversicherung für „Directors and Officers" (Organmitglieder, Manager und Geschäftsführer einer Gesellschaft)
DRiG	Deutsches Richtergesetz
DrittelbG	Gesetz über die Drittelbeteiligung der Arbeitnehmer im Aufsichtsrat (Drittelbeteiligungsgesetz)
DStR	Deutsches Steuerrecht
DStRE	Deutsches Steuerrecht Entscheidungsreport
DStZ	Deutsche Steuer-Zeitung
DZWiR	Deutsche Zeitschrift für Wirtschaftsrecht
EAV	Ergebnisabführungsvertrag
e.G.	eingetragene Genossenschaft
EGInsO	Einführungsgesetz zur Insolvenzordnung
EHUG	Gesetz über elektronische Handelsregister und Genossenschaftsregister sowie das Unternehmensregister
ErbStG	Erbschaftsteuer- und Schenkungsteuergesetz
EStG	Einkommensteuergesetz
EStR	Einkommensteuerrichtlinien
ESUG	Gesetz zur weiteren Erleichterung der Sanierung von Unternehmen
etc.	et cetera
EU	Europäische Union
EuGH	Gerichtshof der Europäischen Union
EuInsVO	Verordnung (EU) 2015/848 über Insolvenzverfahren
EV	Einstweilige Verfügung
e.V.	Eingetragener Verein
evtl.	eventuell
EWiR	Entscheidungen zum Wirtschaftsrecht
f., ff.	folgende, fortfolgende
FA	Finanzamt
FamFG	Gesetz über das Verfahren in Familiensachen und in den Angelegenheiten der Freiwilligen Gerichtsbarkeit
FG	Freiwillige Gerichtsbarkeit
FMStG	Finanzmarktstabilisierungsgesetz
Fn.	Fußnote
GbR	Gesellschaft bürgerlichen Rechts
gem.	gemäß

GewStG	Gewerbesteuergesetz
GF	Geschäftsführer/Geschäftsführung
gf	geschäftsführend(e)
GG	Grundgesetz für die Bundesrepublik Deutschland
ggf.	gegebenenfalls
GKG	Gerichtskostengesetz
GmbH	Gesellschaft mit beschränkter Haftung
GmbHG	Gesetz betreffend die Gesellschaft mit beschränkter Haftung
GmbHR	GmbH-Rundschau
GNotKG	Gesetz über Kosten der freiwilligen Gerichtsbarkeit für Gerichte und Notare
grds.	grundsätzlich
GrEStG	Grunderwerbsteuergesetz
GuV	Gewinn- und Verlustrechnung
GV	Gesellschafterversammlung
GVG	Gerichtsverfassungsgesetz
GWR	Gesellschafts- und Wirtschaftsrecht (Zeitschrift)
HGB	Handelsgesetzbuch
h.M.	herrschende Meinung
HR	Handelsregister
Hs.	Halbsatz
HV	Hauptversammlung
ICC	Internationale Handelskammer
i.d.F.	in der Fassung
i.d.R.	in der Regel
IDW	Institut der Wirtschaftsprüfer in Deutschland e.V.
i.E.	im Einzelnen; im Ergebnis
i.H.d.	in Höhe des
i.H.v.	in Höhe von
inkl.	inklusive
insbes.	insbesondere
InsO	Insolvenzordnung
InsVV	Insolvenzrechtliche Vergütungsverordnung
int.	international
i.S.d., i.S.v.	im Sinne des, im Sinne von
i.Ü.	im Übrigen
i.V.m.	in Verbindung mit
JA	Jahresabschluss
JZ	Juristenzeitung
Kap.	Kapitel
KAGB	Kapitalanlagegesetzbuch
KapAEG	Kapitalaufnahmeerleichterungsgesetz
KG	Kammergericht; Kommanditgesellschaft
KGaA	Kommanditgesellschaft auf Aktien
KIG	Gesetz zur Erleichterung der Bewältigung von Konzerninsolvenzen
KonTraG	Gesetz zur Kontrolle und Transparenz im Unternehmensbereich
KSchG	Kündigungsschutzgesetz
KStG	Körperschaftsteuergesetz
KWG	Kreditwesengesetz
LAG	Landesarbeitsgericht
LG	Landgericht

Lit.	Literatur
lit.	litera
Ls.	Leitsatz
Ltd.	private company limited by shares (UK)
L.u.L.	Lieferungen und Leistungen
M&A	Mergers & Acquisitions
m. Anm.	mit Anmerkung
max.	maximal
MBO	Management Buyout
MDR	Monatsschrift für Deutsches Recht
m.E.	meines Erachtens
MitbestG	Gesetz über die Mitbestimmung der Arbeitnehmer – Mitbestimmungsgesetz
MoMiG	Gesetz zur Modernisierung des GmbH-Rechts und zur Bekämpfung von Missbräuchen
m.w.N.	mit weiteren Nachweisen
n.F.	neue Fassung
NJOZ	Neue Juristische Online-Zeitschrift
NJW	Neue Juristische Wochenschrift
NJW-RR	NJW-Rechtsprechungs-Report Zivilrecht
Nr., Nrn.	Nummer, Nummern
Nachw., Nw.	Nachweis(en)
n.v.	nicht veröffentlicht
NWB	Neue Wirtschafts-Briefe
NZG	Neue Zeitschrift für Gesellschaftsrecht
NZI	Neue Zeitschrift für Insolvenzrecht
OFD	Oberfinanzdirektion
OHG	Offene Handelsgesellschaft
OLG	Oberlandesgericht
p.a.	per annum (jährlich)
PartG	Partnerschaftsgesellschaft bzw. Partnerschaft
PartG mbB	Partnerschaftsgesellschaft mit beschränkter Berufshaftung
PartGG	Gesetz über Partnerschaftsgesellschaften Angehöriger Freier Berufe
PKH	Prozesskostenhilfe
RDG	Gesetz über außergerichtliche Rechtsdienstleistungen
RefE	Referentenentwurf
RegE	Regierungsentwurf
RFamU	Recht der Familienunternehmen (Zeitschrift)
RG	Reichsgericht
regelm.	regelmäßig
RGZ	Sammlung der Entscheidungen des Reichsgerichts in Zivilsachen
rkr.	rechtskräftig
RNotZ	Rheinische Notar-Zeitschrift
Rn.	Randnummer
RSB	Restschuldbefreiung
Rspr.	Rechtsprechung
RVG	Rechtsanwaltsvergütungsgesetz
s., s.a.	siehe, siehe auch
S.	Seite
SanInsFoG	Sanierungs- und Insolvenzrechtsfortentwicklungsgesetz

SchO	Schiedsordnung
SchiedsVZ	Zeitschrift für Schiedsverfahren
Sen.Verw.	Senatsverwaltung (Berlin)
SG	Sozialgericht
sog.	sogenannt
StaRUG	Gesetz über den Stabilisierungs- und Restrukturierungsrahmen für Unternehmen (Unternehmensstabilisierungs- und -restrukturierungsgesetz)
StB	Steuerberater
Stbg	Die Steuerberatung (Zeitschrift)
StGB	Strafgesetzbuch
str.	streitig
st. Rspr.	ständige Rechtsprechung
u.a.	unter anderem
UBGG	Gesetz über Unternehmensbeteiligungsgesellschaften
UG	Unternehmergesellschaft (haftungsbeschränkt)
UmwG	Umwandlungsgesetz
USt	Umsatzsteuer
UStG	Umsatzsteuergesetz
u.s.w.	und so weiter
u.U.	unter Umständen
VersR	Versicherungsrecht
vGA	verdeckte Gewinnausschüttung
vgl.	vergleiche
VorstAG	Gesetz zur Angemessenheit der Vorstandsvergütung
WM	Wertpapier-Mitteilungen
WP	Wirtschaftsprüfer
Wpg	Die Wirtschaftsprüfung (Zeitschrift)
ZAP	Zeitschrift für die Anwaltspraxis
z.B.	zum Beispiel
ZEV	Zeitschrift für Erbrecht und Vermögensnachfolge
ZGR	Zeitschrift für Unternehmens- und Gesellschaftsrecht
ZHR	Zeitschrift für das gesamte Handelsrecht und Wirtschaftsrecht
ZinsO	Zeitschrift für das gesamte Insolvenzrecht
ZIP	Zeitschrift für Wirtschaft und Insolvenzpraxis
ZPO	Zivilprozessordnung
ZVG	Gesetz über die Zwangsversteigerung und Zwangsverwaltung

Literaturverzeichnis

Altmeppen	Gesetz betreffend die Gesellschaften mit beschränkter Haftung (GmbH), 10. Aufl. 2021
Andres/Leithaus	Insolvenzordnung, 4. Aufl. 2018
Annuß/Lembke/Hangarter	Arbeitsrechtliche Umstrukturierung in der Insolvenz, 3. Aufl. 2016
Arens/Beckmann	Die anwaltliche Beratung des GmbH-Geschäftsführers, 2006
Bauer	Ungleichbehandlung der Gläubiger im geltenden Insolvenzrecht, 2007
Baumbach/Hueck	s. Noack/Servatius/Haas
Beck/Depré	Praxis der Insolvenz, 3. Aufl. 2017
Bochmann/Scheller/Prütting	Münchener Handbuch des Gesellschaftsrechts, Band 9: Recht der Familienunternehmen, 6. Aufl. 2021
Borgmann/Jungk/Schwaiger	Anwaltshaftung, 5. Aufl. 2014
Bork/Gehrlein	Aktuelle Probleme der Insolvenzanfechtung, 13. Aufl. 2014
Bork/Schäfer	GmbHG, 3. Aufl. 2015
Braun	Insolvenzordnung, 7. Aufl. 2017
Braun/Uhlenbruck	Unternehmensinsolvenz, 1999
Buth/Hermanns	Restrukturierung, Sanierung, Insolvenz, 3. Aufl. 2009
Centrale für GmbH	GmbH-Handbuch, Loseblatt.
Cranshaw	Insolvenz- und finanzrechtliche Perspektiven der Insolvenz von juristischen Personen des öffentlichen Rechts, insbesondere Kommunen, 2007
Eilenberger	Betriebliche Finanzwirtschaft, 8. Aufl. 2013
Eller	Die Liquidation der GmbH, 3. Aufl. 2016
Erbe	Die Limited und Limited & Co. KG, 2009
Fischer/Vill/Fischer/Rinkler/Chab	Handbuch der Anwaltshaftung, 4. Aufl. 2015
Fleischer/Goette	Münchener Kommentar zum GmbHG, 3. Aufl. 2019
Gawaz	Bankenhaftung und Sanierungskredite, 1997
Gehrlein/Born/Simon	GmbHG, Kommentar, 3. Aufl. 2017
Götker	Der Geschäftsführer in der Insolvenz der GmbH, 2. Aufl. 2006
Goette/Goette	Die GmbH, 3. Aufl. 2019
Goette/Kleindiek	Eigenkapitalersatzrecht in der Praxis, 6. Aufl. 2010
Gottwald	Insolvenzrechts-Handbuch, 5. Aufl. 2015
Grüneberg	Kommentar zum Bürgerlichen Gesetzbuch, 81. Aufl. 2022
Haarmeyer/Hintzen	Zwangsverwaltung, 6. Aufl. 2016
Haarmeyer/Hirte/Kirchhof/Graf v. Westphalen	Verschuldung, Haftung, Vollstreckung, Insolvenz. Festschrift für Gerhart Kreft, 2006
Heckschen/Heidinger	Die GmbH in der Gestaltungs- und Beratungspraxis, Handbuch, 4. Aufl. 2018
Henssler/Strohn	Gesellschaftsrecht, 4. Aufl. 2019
Heybrock	Praxiskommentar zum GmbH-Recht, 2. Aufl. 2010
Hoffmann/Liebs	Der GmbH-Geschäftsführer, 3. Aufl. 2009
Hommelhoff/Rawert/K. Schmidt	Festschrift für Hans-Joachim Priester, 2007
Hüffer/Koch	Kommentar zum Aktiengesetz, 13. Aufl. 2018
Hüls	Früherkennung insolvenzgefährdeter Unternehmen, 2. Aufl. 2002

Just	Die englische Limited in der Praxis, 4. Aufl. 2012
Kirchhof/Stürner/ Eidenmüller	Münchener Kommentar zur InsO, 3. Aufl. 2013 ff.
Lange/Wall	Risikomanagement nach dem KonTraG, 2001
Lutter/Hommelhoff	GmbH-Gesetz, Kommentar, 19. Aufl. 2016
Maus	Steuern im Insolvenzverfahren, 2004
Michalski/Heidinger/Leible/ J. Schmidt	GmbH-Gesetz, Kommentar, 3. Aufl. 2017
Nerlich/Kreplin	Münchener Anwaltshandbuch Insolvenz und Sanierung, 3. Aufl. 2019
Noack/Servatius/Haas	GmbHG, Kommentar, 22. Aufl. 2022
Oppenländer/Trölitzsch	Praxishandbuch der GmbH-Geschäftsführung, 3. Aufl. 2020
Pannen/Deuchler/Kahlert/ Undritz	Sanierungsberatung, 2005
Passarge/Torwegge	Die GmbH in der Liquidation, 3. Aufl. 2020
Picot	Unternehmenskauf und Restrukturierung, 4. Aufl. 2013
Priester/Mayer/Wicke	Münchener Handbuch des Gesellschaftsrechts, Band 3: Gesellschaft mit beschränkter Haftung (GmbH), 5. Aufl. 2018
Prütting/Vallender	Insolvenzrecht in Wissenschaft und Praxis. Festschrift für Wilhelm Uhlenbruck, 2000
Reul/Heckschen/Wienberg	Insolvenzrecht in der Gestaltungspraxis, 2. Aufl. 2018
Römermann	Münchener Anwaltshandbuch GmbH-Recht, 4. Aufl. 2018
Rowedder/Schmidt-Leithoff	Gesetz betreffend die Gesellschaften mit beschränkter Haftung: GmbHG. Kommentar, 6. Aufl. 2017
Runkel/Schmidt	Anwalts-Handbuch Insolvenzrecht, 3. Aufl. 2015
Saenger/Inhester	GmbHG, Handkommentar, 3. Aufl. 2016
Schmidt, K.	Insolvenzordnung, 19. Aufl. 2016
Schmidt, A.	Hamburger Kommentar zum Insolvenzrecht, 7. Aufl. 2019
Schmidt/Uhlenbruck	Die GmbH in Krise, Sanierung und Insolvenz, 6. Aufl. 2016
Scholz	GmbH-Gesetz, Kommentar, Bd. 1 (§§ 1–34) 12. Aufl. 2018; Bd. 2 (§§ 35–52) 11. Aufl. 2013; Bd. 3 (§§ 53–85) 11. Aufl. 2015
Uhlenbruck	Insolvenzordnung, Kommentar, Bände 1–2, 15. Aufl. 2019
Ulmer/Habersack/Löbbe	GmbHG – Gesetz betreffend die Gesellschaften mit beschränkter Haftung, Großkommentar, 2. Aufl. 2014
Wachter	Praxis des Handels- und Gesellschaftsrechts, 5. Aufl. 2021
Wabnitz/Janovsky	Handbuch des Wirtschafts- und Steuerstrafrechts, 4. Aufl. 2014
Wicke	Gesetz betreffend die Gesellschaften mit beschränkter Haftung (GmbHG), 3. Aufl. 2016
Ziemons/Jaeger/Pöschke	Beck'scher Online-Kommentar zum GmbH-Gesetz (BeckOK GmbHG)

§1 Krisenfrüherkennung

Übersicht

	Rn.
A. Erforderlichkeit der Krisenfrüherkennung, Definition und Verlauf der Unternehmenskrise	1
I. Erforderlichkeit der Krisenprophylaxe	1
II. Begriff der Unternehmenskrise	5
1. Betriebswirtschaftlicher Begriff der Unternehmenskrise	6
2. Insolvenzrechtlicher Begriff der Unternehmenskrise	7
3. Straf- und haftungsrechtlicher Begriff der Unternehmenskrise	8
III. Typischer Verlauf der Unternehmenskrise	9
1. Erste Stufe: Strategiekrise	10
2. Zweite Stufe: Ertrags- oder Erfolgskrise	11
3. Dritte Stufe: Liquiditätskrise	12
a) Stakeholderkrise	14
b) Strategiekrise	15
c) Produkt- und Absatzkrise	16
d) Erfolgskrise	17
e) Liquiditätskrise	18
f) Insolvenz	19
B. Risikomanagement und Krisenfrüherkennung im Unternehmen	22
I. Allgemeines zu Pflichten der Geschäftsleitung in Krise und Sanierung des Unternehmens	22
II. Verpflichtung zur Einrichtung eines Krisenfrühwarnsystems	23
III. Mögliche Ausgestaltung des Risikomanagement- und Krisenfrühwarnsystems	29
1. Risikomanagementsystem im weiteren Sinne	30
2. Risikomanagementsystem im engeren Sinne (als Krisenfrühwarneinrichtung)	31
IV. Implementierung und/oder Verbesserung eines Risikomanagementsystems	33
V. Überwachungssystem	35
VI. Prüfung des Risikofrüherkennungssystems	38
C. Frühwarnsysteme/Krisenfrüherkennung durch den Berater	40
I. Operative (mathematische) Frühwarnsysteme, Kennzahlen	42
1. Kennzahlensysteme	43
2. Cashflow als Krisensignalwert	47
3. Stammkapitalverlust als (gesetzliches) Krisenwarnsignal?	48
4. Allgemeine Anmerkung zur Krisenfrüherkennung durch Kennzahlen	50
II. Strategische Frühwarnsysteme	53
1. Signalstufen	55
2. Signalbereiche	56
3. Einige Krisensignale/-ursachen	57
a) Strategisches Fehlverhalten	57
b) Leistungswirtschaftliches Fehlverhalten	58
c) Finanzwirtschaftliches Fehlverhalten	59
III. Krisendiagnose-Checkliste und konkrete Einzelmaßnahmen zur Insolvenzprophylaxe	62
D. Krisenfrüherkennung durch Kreditinstitute	64
I. §§ 18, 25a KWG, MaRisk – Beurteilung der wirtschaftlichen Verhältnisse	66

II. Erkenntnismöglichkeiten im Zusammenhang mit Kreditgewährung und Kontoführung 69
III. Rating – Basel II 71
IV. Sonstige Erkenntnismöglichkeiten der Kreditinstitute 75
V. (Financial) Covenants 76

Literatur: *Baetge*, Benchmarking mit Bilanzrating, B/C 2001, 1 ff.; *Baumert*, Zur Feststellung der Zahlungsunfähigkeit – Aufeinandertreffen von Straf- und Insolvenzrecht, NJW 2019, 1486 ff.; *Becker/Janker/Müller*, Die Optimierung des Risikomanagements als Chance für den Mittelstand, DStR 2004, 1578 ff.; *Dobler*, Die Prüfung des Risikofrühwarnsystems gem. § 317 Abs. 1 HGB, DStR 2001, 2086 ff.; *Eggermann*, Risikomanagement nach dem KonTraG aus dem Blickwinkel des Wirtschaftsprüfers, BB 2000, 503 ff.; *Hahn*, Ausgestaltung einer Risikomanagementsystems in mittelständischen Unternehmen, BB 2000, 2629 ff.; *Holst/Holtkamp*, Risikoqualifizierung und Frühwarnsysteme auf Basis der Value at risk Konzeption, BB 2000, 815 ff.; *Kajüter*, Prüfung der Risikoberichterstattung im Lagebericht, BB 2002, 243 ff.; *Lück/Hunecke*, Die Bedeutung des Risikomanagementsystems und des Überwachungssystems zur Sicherung der Überlebensfähigkeit von Unternehmen, Stbg. 1998, 513 ff.; *Spannagel*, Ein Ansatz zur Implementierung eines Risikomanagement-Prozesses, DStR 1999, 1826 ff.; *Weber*, Neue Perspektiven des Controlling, BB 2000, 1931 ff.

A. Erforderlichkeit der Krisenfrüherkennung, Definition und Verlauf der Unternehmenskrise

I. Erforderlichkeit der Krisenprophylaxe

1   Gesetzgebung[1] und Rechtsprechung[2] zeigen seit vielen Jahren eine Entwicklung, die vielfältigen Haftungsgefahren für den in der Krise und Sanierung der (haftungsbeschränkten) Gesellschaft handelnden Personenkreis – Geschäftsführer, Gesellschafter, Kreditinstitute und Berater – erheblich zu verschärfen; dieses gesetzgeberische und richterliche Streben nach mehr Organverantwortlichkeit entspricht auch der Erwartungshaltung in der Öffentlichkeit.[3] Das geht einher mit seit dem Jahr 2003 kontinierlich – und entgegen den Prognosen auch während der COVID-19-Pandemie – sinkenden Zahlen von Unternehmensinsolvenzen[4]. Ursachen dürften einerseits die seit Jahren historisch niedrigen Fremdkapitalzinsen und andererseits die temporäre Aussetzung der Insolvenzantragspflicht und die massiven öffentlichen Hilfen für von der COVID-19-Pandemie betroffene Unternehmen sein. Nach deren Ende wird wieder ein Anstieg der Insolvenzzahlen prognostiziert; teilweise wird sogar eine kommende Insolvenzwelle erwartet.[5] Gesellschaften in der Rechtsform der GmbH sind in besonderem Maße insolvenzgefährdet. Unter Einbeziehung der GmbH & Co KG entfällt in jedem Jahr knapp

---

[1] Vgl. nur das am 1.1.2021 in Kraft getretene SanInsFoG.
[2] Vgl. die sehr große Vielzahl der im Folgenden genannten Entscheidungen.
[3] Etwa Fuhrmann/Schilz NZG 2020, 1368 m.w.N.
[4] Lt. Statistischem Bundesamt 39.320 Unternehmensinsolvenzen im Jahr 2003, 18.749 im Jahr 2019, 15.841 Unternehmensinsolvenzen im Jahr 2020, 10.682 Unternehmensinsolvenzen in der Zeit von Januar bis September 2021.
[5] Etwa Brandes/Rabenau, ZIP 2021, 2374 und 2566

die Hälfte der Unternehmensinsolvenzen auf diese Rechtsform,[6] was angesichts der nach Zahlen[7] und Umsatz[8] ganz erheblichen Bedeutung der GmbH für das Wirtschaftsleben der BRD auch als rechtspolitisches Problem gesehen wurde.[9]

Durch Realisierung der Haftungen der Geschäftsführer, der Gesellschafter bzw. verbundener Unternehmen sowie durch Insolvenzanfechtung hat der Insolvenzverwalter sowohl die Pflicht[10] als auch umfangreiche Möglichkeiten, die im Insolvenzverfahren über das Vermögen der GmbH (Gemeinschuldnerin) unter den Gläubigern zu verteilende Insolvenzmasse nennenswert anzureichern. Nich selten ist die für die Eröffnung der Insolvenzverfahren erforderliche Masse (§ 26 Abs. 1 S. 1 InsO) überhaupt nur wegen dieser Ansprüche vorhanden. Die massereichere Gestaltung der Insolvenzverfahren war i.Ü. auch ein erklärtes Ziel des Gesetzgebers bei der Insolvenzrechtsreform.[11]

Ziel einer jeden Unternehmensstrategie muss es sein, das **Unternehmen** im Bestand **zu erhalten** und nach Möglichkeit zu verbessern. Ausreichende Krisenvorsorge etwa durch Risikoerkennung und -überwachung und ein taugliches Krisenmanagement sind daher für die Unternehmenserhaltung sowohl verpflichtend als auch unverzichtbar. Die Voraussetzungen für die Vermeidung und Abwendung von Unternehmenskrisen müssen bereits im Voraus geschaffen werden. Derartige Anstrengungen sind jedoch häufig, insbesondere bei inhabergeführten Gesellschaften unpopulär, weil durch sie Kosten entstehen, denen zunächst keine unmittelbaren Erträge gegenüberstehen.

Zum Krisenmanagement gehört es auch, besonders für den rechtlichen Berater im Sanierungsprozss, ein besonderes Augenmerk darauf zu richten, **persönliche Haftungen** – etwa des Geschäftsführers, der Gesellschafter einschl. Muttergesellschaft und anderer verbundener Unternehmen, aber auch von Kreditinstituten und schließlich des Beraters selbst – zu **vermeiden**.

II. Begriff der Unternehmenskrise

Krise ist ein aus dem altgriechischen Wort Krisis abgeleiteter Begriff der Umgangssprache. *Max Frisch* wird mit den Worten zitiert: „Krise kann ein produktiver Zustand sein; man muss ihr nur den Beigeschmack der Katastrophe nehmen." Allgemein wird mit dem Begriff eine Unternehmenssituation bzw. eine bedrohliche Unternehmensentwicklung beschrieben, die Handlungsbedarf hervorruft. Für die Abhandlungen in diesem Werk sind folgende Krisenbegriffe zu unterscheiden:

---

[6] Vgl. die Jahresstatistiken des Statistischen Bundesamtes zu Insolvenzverfahren.
[7] Am 1.1.2019 gab es 1.289.037 GmbHs, Kornblum, GmbHR 2019, 689 ff.
[8] Die GmbH ist mit Abstand die umsatzstärkste Rechtsform in Deutschland, Hansen, GmbHR 2004, 39 ff.
[9] Meyer GmbHR 2004, 1417 ff.
[10] Zu haftungsrechtlichen Folgen der Nichtinanspruchnahme von Gesellschaftsorganen und Geschäftsführern s. Pape, ZInsO 2007, 1080 ff.
[11] Braun/Uhlenbruck, Unternehmensinsolvenz, S. 172, 173.

1. Betriebswirtschaftlicher Begriff der Unternehmenskrise

6   In der Betriebswirtschaftslehre wird eine Vielzahl von Krisenbegriffen vertreten. Ein einheitlicher Begriff existiert nicht. Für die Ziele dieses Werkes kann der überwiegenden Lehre gefolgt werden, wonach betriebswirtschaftlich eine Unternehmenskrise bei einer Entwicklung vorliegt, die den Fortbestand und somit die **Existenz des Unternehmens bedroht und wesentliche Zile und Werte des Unternehmens gefährdet** bedeutet,[12] also eine Entwicklung, die, wenn sie nicht unterbrochen wird, in die materielle Insolvenz des Unternehmens führt.

2. Insolvenzrechtlicher Begriff der Unternehmenskrise

7   Insolvenzrechtlich ist Krise der Eintritt der **Insolvenzreife**, also der Insolvenzantragsvoraussetzungen Zahlungsunfähigkeit, drohende Zahlungsunfähigkeit oder, bei haftungsbeschränkten Gesellschaften zusätzlich, Überschuldung.

3. Straf- und haftungsrechtlicher Begriff der Unternehmenskrise

8   Strafrechtlich knüpft der Krisenbegriff an den insolvenzrechtlichen Begriff der Krise an, so etwa ausdrücklich in den Tatbeständen des § 283 Abs. 1 StGB. Nach der Rechtsprechung des BGH ist der strafrechtliche Begriff der Krise identisch mit dem insolvenzrechtlichen, also drohende oder eingetretene Zahlungsunfähigkeit[13] oder Überschuldung mit Beurteilung nach der sog. betriebswirtschaftlichen Methode, die bspw. für die Feststellung der Zahlungsunfähigkeit eine stichtagsbezogene Gegenüberstellung der fälligen Verbindlichkeiten und der zu ihrer Tilgung vorhandenen oder kurzfristig zu beschaffenden liquiden Mittel voraussetzt.

Jedoch lässt der BGH (in Strafsachen) in nunmehr ständiger Rechtsprechung die Feststellung der Insolvenzreife neben der sog. betriebswirtschaftlichen Methode auch durch sog. **wirtschaftskriminalistische Beweisanzeichen** als alternative Beurteilungsgrundlage zu (wirtschaftskriminalistische Methode).[14] Solche Beweisanzeichen können sein die Nichtzahlung von Sozialversicherungsbeiträgen,[15] ausdrückliche Erklärungen an einen Gläubiger, nicht zahlen zu können, Ignorieren von Rechnungen und Mahnungen, Beauftragung von Anwälten, angedrohte Klagen, gescheiterte Vollstreckungsversuche, Nichtzahlung von Löhnen oder

---

[12] Vgl. nur Maus in Schmidt/Uhlenbruck, Die GmbH in Krise, Sanierung und Insolvenz, Rn. 1.3; Picot, Unternehmenskauf und Restrukturierung, S. 1093 Rn. 2.; Brandes/Rabenau, ZIP 2021, 2375 m.w.N.; § 1 Abs. 1 S. 1 StaRUG: Entwicklungen, die den Fortbestand der juristischen Person gefährden können.

[13] BGH BeckRS 2007, 09815; BGH BeckRS 2011, 25175; sa Baumert NJW 2019, 1486 ff.

[14] BGH BeckRS 2011, 24651; BGH ZInsO 2013, 876 = NStZ-RR 2103, 345 (in dieser Entscheidung noch nicht unter Verzicht auf Angaben zum Liquiditätsstatus); BGH GmbHR 2013, 1206 = ZInsO 2013, 2107 = NJW 2014, 164; BGH ZIP 2018, 2179 = NJW 2019, 382; BGH GmbHR 2020, 93 = BeckRS 2019, 27934.

[15] BGH BeckRS 2008, 11162.

sonstigen Betriebskosten, Scheck- oder Wechselproteste, Insolvenzanträge von Gläubigern, nicht aktuelle Buchhaltung, Warenbetrügereien.[16]

Als (haftungs-)rechtlich relevante Krise des Unternehmens kann allgemein das Stadium bezeichnet werden, in welchem die Existenz des Unternehmens gefährdet ist und den Beteiligten zivil- und/oder strafrechtliche Risiken drohen.

III. Typischer Verlauf der Unternehmenskrise

Vor Erörterung der Instrumente zur möglichst frühzeitigen Erkennung einer Unternehmenskrise mag ein Blick auf typische Krisenverläufe sinnvoll sein. Herkömmlicher Weise wurden zur Beschreibung eines typischen Krisenverlaufs drei Stufen einer Unternehmenskrise unterschieden: 9

1. Erste Stufe: Strategiekrise

Als Strategiekrise wird die **Verschlechterung der Wettbewerbsposition** des Unternehmens bezeichnet.[17] Ihre Ursache kann darin liegen, dass das Unternehmen seine Erfolgspotenziale aufgebraucht und keine neuen Erfolgspotenziale, etwa Produktneu- oder -weiterentwicklungen, aufgebaut hat. Insoweit sei auf den Produktlebenszyklus verwiesen. Ohne Produktinnovation durch Neu- oder Weiterentwicklung wird auch mit den aktuell gut absetzbaren Produkten das Umsatzniveau des Unternehmens nicht dauerhaft zu halten sein, mit der Folge, dass Umsatzrückgänge zu erwarten sind, die bei regelmäßig nicht adäquater Anpassung der Kosten in die zweite Krisenstufe führen. 10

2. Zweite Stufe: Ertrags- oder Erfolgskrise

Diese zweite, auch als leistungswirtschaftliche Krise bezeichnete Krisenstufe ist dadurch definiert, dass im Unternehmen **Verluste** entstehen, die sukzessive das Eigenkapital aufzehren. In dieser Krisenstufe droht Überschuldung bzw. tritt Überschuldung ein, häufig unbemerkt. 11

3. Dritte Stufe: Liquiditätskrise

In dieser dritten, auch als finanzwirtschaftliche Krise bezeichneten Krisenstufe verfügt das Unternehmen **nicht mehr über genügend Liquidität**, um die fälligen Zahlungsverpflichtungen zu erfüllen. Hier tritt Zahlungsunfähigkeit ein. Erfahrungsgemäß ist oft erst diese dritte Krisenstufe diejenige, die der Geschäftsleitung bewusst wird mit der Folge, dass erst in dieser Krisenstufe und damit häufig zu spät versucht wird, Maßnahmen zur Rettung des Unternehmens zu ergreifen. 12

---

[16] BGH ZIP 2013, 2469.
[17] Bruns/Gless in Buth/Herrmanns, Restrukturierung, Sanierung, Insolvenz, § 4 Rn. 8.

13 Dem vom Institut der Wirtschaftsprüfer in Deutschland e.V. (IDW) herausgegebenen **Standard IDW S6** „Anforderungen an die Erstellung von Sanierungskonzepten" v. 16.5.2018[18] liegt die Annahme folgenden typischen Krisenverlaufs zugrunde:

a) Stakeholderkrise

14 *Definition:*
Konflikte zwischen einzelnen Gruppen und/oder ihren Mitgliedern, die am Unternehmenserfolg interessiert sind.
Anzeichen:
Sehr schwache Anzeichen.
Handlungsoptionen:
Vielfältige, zahlreiche Handlungsoptionen.

b) Strategiekrise

15 *Definition:*
Zerstörung langfristiger Erfolgsfaktoren.
Anzeichen:
Schwache Anzeichen.
Handlungsoptionen:
Nach wie vor zahlreiche Handlungsoptionen.

c) Produkt- und Absatzkrise

16 *Definition:*
Starker Nachfragerückgang bei Hauptumsatzträgern.
Anzeichen:
Deutliche Anzeichen.
Handlungsoptionen:
Etwas eingeschränkte Handlungsoptionen.

d) Erfolgskrise

17 *Definition:*
Aufzehren des Eigenkapitals durch Verluste; Überschuldung droht.
Anzeichen:
Im Unternehmensgang/Geschäftsverlauf kurz nach Auftreten sichere, auffällige Anzeichen.
Handlungsoptionen:
Eingeschränkte Handlungsoptionen.

e) Liquiditätskrise

18 *Definition:*
Liquiditätsschwierigkeiten und drohende Zahlungsunfähigkeit.
Anzeichen:
Vollkommen eindeutige, unmissverständliche und auf den ersten Blick sichtbare Anzeichen.
Handlungsoptionen:
Nur noch ganz geringe Handlungsoptionen.

---

[18] IDW Life 2018, 813 ff.

f) Insolvenz
Definition:
Zahlungsunfähigkeit und/oder Überschuldung.
Anzeichen:
Deutlichste, auf den ersten Blick sichtbare Anzeichen (zumindest bei Zahlungsunfähigkeit).
Handlungsoptionen:
Nur noch Beseitigung der Insolvenzreife innerhalb von 3 Wochen oder Insolvenzantragstellung (bei haftungsbeschränkten Gesellschaften, vgl. § 15a InsO).

Praxishinweis:
Üblicherweise kündigt sich eine Unternehmenskrise über einen längeren Zeitraum an, etwa durch Umsatzrückgang. Hier muss sofort reagiert werden durch Maßnahmen zur Umsatzsteigerung bzw. -stabilisierung. Es reicht nicht aus, wie immer wieder zu beobachten ist, die allgemein schlechte Konjunktur verantwortlich zu machen und zu hoffen, dass es irgendwann „wieder aufwärts geht". Vielmehr muss das Unternehmen mit seinem Produkt- und Leistungsangebot besser sein oder (wieder) werden als die Konkurrenz, die sonst auch weiterhin die – auch bei schleppender Konjunktur vorhandenen Aufträge – an sich zieht. Zeigen Maßnahmen zur Umsatzsteigerung bzw. -stabilisierung nicht kurzfristig Wirkung oder reichen sie nicht aus, müssen die Kosten reduziert und an das niedrigere und ggf. weiter sinkende Umsatzniveau angepasst werden. Häufiger Managementfehler ist, dies nicht zu tun, sodass das Unternehmen in die letzte Krisenstufe, die Liquiditätskrise gerät. Ein weiterer Managementfehler liegt dann oft darin, nur kurzfristig liquiditätsverbessernde Maßnahmen zu veranlassen, etwa neue Liquidität zu beschaffen oder mit Gläubigern kurzfristige Stundungen zu vereinbaren, ohne die Ursache der Krise zu analysieren und zu beseitigen. Dadurch wird im Ergebnis nur weiter Verlustfinanzierung betrieben.

Weiterer Praxishinweis:
Leider ist in der Praxis häufig zu beobachten, dass Gesellschafter-Geschäftsführer/Unternehmer über lange Zeiträume lediglich die Verluste der Gesellschaft/des Unternehmens finanzieren, häufig sogar unter Einsatz des privaten Vermögens (sei es durch direkte Darlehensvergabe oder durch Bestellung von Sicherheiten zugunsten der Gesellschaftsgläubiger), ohne jedoch die Verlustquellen der Gesellschaft/des Unternehmens zu beseitigen. Davon kann nur dringend abgeraten werden, weil die letzten für eine Sanierung noch zur Verfügung stehenden Mittel sinnlos „verbrannt" werden. Vielmehr muss bei Beginn der Verlustentstehung sofort fachkundiger Rat eingeholt werden, damit die geeigneten Sanierungsmaßnahmen unverzüglich eingeleitet werden.

B. Risikomanagement und Krisenfrüherkennung im Unternehmen

I. Allgemeines zu Pflichten der Geschäftsleitung in Krise und Sanierung des Unternehmens

22　Grundsätzlich ist die Geschäftsleitung zur kontinuierlichen Kontrolle der wirtschaftlichen Lage des Unternehmens verpflichtet.[19] Diese Pflicht zur wirtschaftlichen Selbstprüfung ergibt sich aus einer Zusammenschau gesellschafts- und insolvenzrechtlicher Vorschriften, die – auch im Gläubigerschutzinteresse – eingreifen, wenn die Gesellschaft in eine wirtschaftliche Krise gerät, etwa die §§ 5a Abs. 4, 30 Abs. 1 Satz 1, 43 Abs. 3, 49 Abs. 2 u. 3, §§ 15a Abs. 1 und 15b InsO (früher §§ 64 GmbHG a.F., 130a HGB a.F.). Diese ungeschriebene Selbstprüfungspflicht entsteht nicht erst bei Eintritt der Unternehmenskrise, sondern besteht bereits zuvor. Der konkrete Inhalt der Pflichten hängt von den Umständen des Einzelfalles ab, etwa Art und Größe, wirtschaftliche Lage der Gesellschaft, etc. Regelmäßig wird die Selbstprüfung auf folgende Gegenstände zu richten sein:
- Bilanzanalyse,
- betriebliche Statistik,
- Finanzplan und Solvenzprognose,
- Unternehmensumfeld/wirtschaftliche Rahmenbedingungen,
- ordnungsgemäße, transparente Organisation der Unternehmensabläufe.

II. Verpflichtung zur Einrichtung eines Krisenfrühwarnsystems

23　Der gesetzgeberische Wille ist, dass in den Unternehmen ein Krisenfrühwarn- und Risikomanagementsystem eingerichtet wird. Dies zeigten bisher die Vorschriften zur Erstellung (§§ 264 Abs. 1 HGB, 5 Abs. 2 PublG) und Prüfung des Lageberichts, das am 1.5.1998 in Kraft getretene KonTraG[20] sowie jüngst § 1 StaRUG.[21] Durch das KonTraG wurde in das Aktiengesetz § 91 Abs. 2 AktG eingefügt, durch den der Vorstand der AG verpflichtet wird,[22] geeignete Maßnahmen zu treffen, insb. ein Überwachungssystem einzurichten, damit den Fortbestand der Gesellschaft gefährdende Entwicklungen frühzeitig erkannt werden können. Welche konkreten Pflichten daraus herzuleiten sind, was also unter einem Überwachungssystem i.S.d. Vorschrift zu verstehen ist, ist in der Literatur umstritten.[23]

---

[19] Zu Pflichten der GmbH-Geschäftsführung in Krise und Sanierung sa Bork ZIP 2011, 101 ff.
[20] BGBl I 1998, S. 786.
[21] Eingeführt durch Art. 1 SanInsFoG v. 22.12.2020, BGBl. I 2020, 3256 ff., mit Wirkung vom 1.1.2021; zum Inhalt s.u.
[22] Haftungsfalle Risikofrüherkennungssystem für Vorstand, Aufsichtsrat und Wirtschaftsprüfer auch der nicht börsennotierten AG, Bihr/Kalinowski DStR 2008, 620 ff.
[23] Sa Schäfer/Zeller BB 2009, 1706 ff.

Teilweise wird vertreten, dass ein vollständiges betriebswirtschaftliches Risikomanagementsystem einzurichten ist, dessen Teil das eigentliche Krisenfrühwarnsystem ist.[24] Die wohl h.M. sieht in der Vorschrift lediglich eine Konkretisierung der Kontroll- und Überwachungspflichten des Vorstandes, also die Pflicht zur Einrichtung einer Organisation, die bestandsgefährdende Entwicklungen frühzeitig erkennen lässt.[25] Das Überwachungssystem umfasst also **organisatorische Sicherungsmaßnahmen**, **interne Kontrollen** und **interne Prüfungen** (insb. die interne Revision). Außerdem muss der Vorstand das Risikomanagementsystem nicht nur einrichten, sondern auch umfassend dokumentieren.[26]

Das Überwachungssystem hat die **Präventivfunktion**, potenzielle Risiken für das Unternehmen zu vermeiden oder zu vermindern. In dieser Funktion müssen organisatorische Sicherungsmaßnahmen so ausgestaltet werden, dass das Sicherheitsniveau des Unternehmens sich nicht verschlechtert. Außerdem müssen funktionsfähige Kontrollen in die Unternehmensabläufe integriert werden. Schließlich hat die interne Revision die Aufgabe, durch geeignete Prüfungen Schwachstellen und Fehler zu erkennen. In der **Korrekturfunktion** hat das Überwachungssystem die Aufgabe, das Risikomanagementsystem stets auf sich ändernde Anforderungen einzustellen. Auch diese Aufgabe wird zweckmäßigerweise durch die interne Revision wahrzunehmen sein. Schließlich empfiehlt es sich, das Risikomanagementsystem und das Überwachungssystem durch ein **Risikocontrolling** zu unterstützen. Der Vorstand muss das Risikomanagement- und Überwachungssystem nicht nur einrichten, sondern auch umfassend dokumentieren.[27] 24

Die Risikoberichterstattung nach §§ 289 und 315 HGB unterliegt als Bestandteil des Lageberichts der **Prüfungspflicht** nach § 317 Abs. 2 HGB. Bei einer börsennotierten AG muss das Risikofrüherkennungs- und Überwachungssystem geprüft werden, § 317 Abs. 4 HGB. Hierbei wird bereits die Abschlussprüfung als Bestandteil der Überwachung des Risikomanagements zu sehen sein. Die Prüfung des Risikofrüherkennungssystems wird folgende Punkte umfassen müssen: 25
- Feststellung der Existenz der Systemkomponenten,
- Beurteilung der Eignung des Systems,
- Beurteilung der Wirksamkeit des Systems.

Außerdem umfasst die Prüfung die **Risikoberichterstattung**.

Auch dem Aufsichtsrat fällt die Aufgabe zu, die Einrichtung und Funktionsfähigkeit eines Risikomanagementsystems zu überwachen.[28] 26

Eine dem § 91 Abs. 2 AktG vergleichbare Regelung für die GmbH wurde in das GmbH-Gesetz zwar nicht aufgenommen, jedoch sollte die Regelung nach dem Willen des Gesetzgebers eine Ausstrahlwirkung auch auf Unternehmen in anderen Rechtsformen, insb. der GmbH entwickeln.[29] Diese Ausstrahlwirkung konnte für den Geschäftsführer der GmbH also eine Verpflichtung zur Einrichtung eines Überwachungssystems aus seiner allgemeinen Verpflichtung zur Anwendung der 27

---
[24] Eggermann/Konradt BB 2000, 503 ff.
[25] Bork ZIP 2011, 101, 104 f.
[26] LG München I BB 2007, 2170; dazu Huth BB 2007, 2167 ff. und Theusinger/Liese NZG 2008, 2898 ff.
[27] LG München I BB 2007, 2170; dazu Huth BB 2007, 2167 ff. und Theusinger/Liese NZG 2008, 2898 ff.
[28] Vgl. Gernoth DStR 2001, 299 ff.; Pahlke NJW 2002, 1680 ff.
[29] BT-Drs. 13/9712, S. 15.

Sorgfalt eines ordentlichen Geschäftsmannes nach § 43 Abs. 1 GmbHG begründen. In der Literatur wurde vertreten, dass die in § 43 GmbHG verlangte Ordnungsgemäßheit der Geschäftsführung zumindest bei der großen GmbH und „i.d.R." auch bei der mittelgroßen GmbH[30] die Einrichtung eines entsprechenden Frühwarnsystems erfordert.[31] Unabhängig von der Frage, welche konkreten Pflichten im unmittelbaren Anwendungsbereich des § 91 Abs. 2 AktG bestehen (s.o.), war eine analoge Anwendung der Regelung auf die GmbH m.E. nicht zu vertreten. Sie war auch nicht nötig, weil sich entsprechende Verpflichtungen für den Geschäftsführer der GmbH als Ausstrahlung der genannten Regelung des Aktienrechts aus der Verpflichtung zur Anwendung der Sorgfalt eines ordentlichen Geschäftsmannes nach § 43 Abs. 1 GmbHG ergeben[32].

28 Nach nunmehr ausdrücklicher gesetzlicher Regelung in **§ 1 Abs. 1 u. 2 StaRUG** sind die Geschäftsleitungen aller haftungsbeschränkter Gesellschaften (Gesellschaften ohne natürliche Person als Vollhafter) verpflichtet, fortlaufend über die Entwicklungen, welche den Fortbestand der Gesellschaft gefährden können, zu wachen und, sobald sie Kenntnis von einer solchen Entwicklung erhalten, geeignete Gegenmaßnahmen zu ergreifen und den Überwachungsorganen unverzüglich Bericht zu erstatten. Sofern die zu ergreifenden Maßnahmen Zuständigkeiten anderer Organe berühren, haben die Geschäftsleitungen unverzüglich auf deren Befassung hinzuwirken.

Nach § 101 StaRUG hat das BMJV auf seiner Internetadresse www.bmjv.bund Informationen über die Verfügbarkeit der von öffentlichen Stellen bereit zu stellenden Instrumentarien zur frühzeitigen Identifizierung von Krisen bereitzustellen, was insbesondere für Geschäftsleitungen von KMU hilfreich sein dürfte.

Das „ob" einer Risikoüberwachung und der Einrichtung eines Frühwarnsystems steht also nicht im unternehmerischen Handlungsermessen. Das „wie", also die Ausgestaltung des Früherkennungssystems hingegen ist abhängig vom konkreten Einzelfall, insbesondere Art, Größe, Komplexität der Unternehmensstruktur, Finanzierbarkeit des Systems, etc. Als Mindeststandard scheint in der Praxis eine rollierende Liquiditätsplanung über einen Zeitraum von 3 Monaten, bei größeren Unternehmen zusätzlich eine mittelfristige integrierte Vermögens-, Ertrags- und Finanzplanung über einen Zeitraum von 2-3 Jahren angenommen zu werden.[33]

III. Mögliche Ausgestaltung des Risikomanagement- und Krisenfrühwarnsystems

29 Grundsätzlich sind die Geschäftsleitungen aller (haftungsbeschränkter) Gesellschaften verpflichtet, nach Erkenntnis einer Krise, die den Bestand der Gesellschaft gefährden könnte, geeignete Gegenmaßnahmen zu prüfen und ggf. zu ergreifen,

---

[30] Kriterien für die Größeneinteilung nach § 267 HGB.
[31] Vgl. Drygala ZIP 2000, 297 ff.; Hopp, GmbH-Steuerpraxis 2000, 266 ff.; jüngst zur Pflicht des Geschäftsführers der GmbH zur Einführung eines Krisenüberwachungssystems Thiele ZInsO 2014, 1882 ff.
[32] Bork ZIP 2011, 101, 105 f.
[33] Brünkmans ZInsO 2021, 1 ff., 2.

§ 1 Abs. 1 S. 2 StaRUG (Risikomanagement).[34] Die konkrete Ausgestaltung des Risikomanagement- und Krisenfrühwarnsystems wurde vom Gesetzgeber (selbstverständlich) nicht vorgegeben.[35] Sie hängt ab von der Art und Größe des Unternehmens, der Risikoanfälligkeit des Geschäftsgegenstandes etc.

1. Risikomanagementsystem im weiteren Sinne

Ein Risikomanagementsystem sollte folgende **Elemente** umfassen: 30

> **Übersicht 1: Elemente des Risikomanagements**
> (1) Interne Überwachung
> - organisatorische Sicherungsmaßnahmen,
> - interne Revision,
> - integrierte Kontrolle.
> (2) Controlling
> - Planung, Bericht, Kontrolle,
> - Informationsversorgung, Steuerung.
> (3) Frühwarnsystem im engeren Sinne (KonTraG),
> - Risikostrategie, Risikoidentifizierung, Risikobewertung, Maßnahmen.

2. Risikomanagementsystem im engeren Sinne (als Krisenfrühwarneinrichtung)

Das Krisenfrühwarnsystem sollte aus folgenden Komponenten bestehen: 31

> **Übersicht 2: Elemente des Krisenfrühwarnsystems**
> (1) Identifikation möglicher Risiken (s. hierzu auch die Krisensymptome aus der Checkliste [s.u. → Rn. 63] als mögliche Überwachungsgegenstände),
> - externe Risiken, ausgehend von der Unternehmenszielsetzung und der konkreten Stellung des Unternehmens im Markt,
> - interne Risiken, ausgehend von der konkreten Unternehmensorganisation,
> (2) Benennung der möglichen Indikatoren, die anzeigen, ob eines der Risiken sich zu verwirklichen beginnt,
> (3) Bewertung der Risiken,
> (4) Bestimmung der verantwortlichen Person,
> (5) Festlegung des Informationsflusses, damit die verantwortliche Person über die erforderlichen Informationen verfügen kann; erfahrungsgemäß kann dies in mittelständischen Unternehmen ein tatsächliches Problem sein,
> (6) Skizzierung der möglichen Gegenmaßnahmen,
> (7) Kontrolle und Überwachung.

Praxishinweis: 32
Als erster Schritt zur Krisen(früh-)erkennung gehe man die Checkliste (s.u. → Rn. 63) durch und untersuche die Situation des Unternehmens auf die dort genannten Umstände. Erfahrungsgemäß werden einige vorliegen, die es umgehend zu beseitigen gilt.

---

[34] S.a. Freund, Risikomanagement für Geschäftsführer und Vorsände, NZG 2021, 579 ff.
[35] Hier sei auf die betriebswirtschaftliche Literatur zu Einrichtung und Durchführung eines Risikomanagementsystems vberwiesen, etwa Lange/Wall, Risikomanagement nach dem KonTraG. Zu den rechtlichen Verpflichtungen des Geschäftsführers s.u. bei Haftungsgefahren, → Rn. 972 ff.

IV. Implementierung und/oder Verbesserung eines Risikomanagementsystems

33 Der Ablauf des Risikomanagementsystems vollzieht sich in der Form eines **Regelkreises**.[36] Nur wenn alle der folgenden acht Schritte des Regelkreislaufs vollständig durchlaufen werden, kann das Risikomanagementsystem seine Aufgabe erfüllen und sicherstellen, dass sowohl die bestehenden Risiken als auch zukünftige Risiken kontrollierbar und kalkulierbar sind und dass das System dadurch seine Funktion erfüllen kann, die Überlebensfähigkeit des Unternehmens zu sichern.

34 Übersicht 3: Ablauf des Risikomanagementsystems

1. Schritt: Formulierung bzw. Überarbeitung der Risikostrategie
Die Unternehmensleitung muss zunächst für alle Risikobereiche strategische Vorgaben entwickeln und festlegen, welche Risiken eingegangen werden sollen, welches Verhältnis zwischen Chancen und Risiken in einzelnen Unternehmensbereichen mindestens einzuhalten ist und ab welcher Schadenshöhe Maßnahmen zur Risikosteuerung eingeleitet werden müssen.

2. Schritt: Festlegung der Maßnahmen des Risikomanagements
Hier sind Maßnahmen zur Risikoidentifikation, zur Risikoanalyse und zur Risikobewertung festzulegen. Nur so kann festgestellt werden, welche Risiken bestehen und welche Auswirkungen ein Schadensfall auf das Unternehmen haben kann. Dabei ist darauf zu achten, dass das vorgegebene Verhältnis zwischen Chance und Risiko in den einzelnen Unternehmensbereichen eingehalten wird und eine vorgegebene max. Verlustgrenze für das Unternehmen nicht überschritten wird.

3. Schritt: Risikoidentifikation
Im Rahmen einer Risikoinventur müssen alle Gefahrenquellen, Schadensursachen und Störpotenziale des Unternehmens möglichst vollständig erfasst werden. Zusätzlich muss ermittelt werden, anhand welcher Frühwarnindikatoren die Verwirklichung eines Risikos so frühzeitig festgestellt werden kann, dass Reaktionen des Unternehmens zur Abwehr der Risiken noch möglich sind.

4. Schritt: Risikoanalyse
Durch die Risikoanalyse sollen die Ursachen der identifizierten Risiken ermittelt werden. Hieraus ergeben sich erste Anhaltspunkte, welche Maßnahmen der Risikosteuerung für die einzelnen Risiken angewendet werden können.

5. Schritt: Risikobewertung
Hier wird das Ausmaß des einzelnen Risikos ermittelt. Dieses wird im Schadenerwartungswert ausgedrückt. Dieser ergibt sich als Produkt aus der Höhe des drohenden Vermögensverlustes und der Wahrscheinlichkeit der Risikoverwirklichung. Zu beachten ist, dass hierbei für ein existenzgefährdendes Risiko mit geringer Eintrittswahrscheinlichkeit und ein der Schadenssumme nach kleineres Risiko mit hoher Eintrittswahrscheinlichkeit gleiche Werte herauskommen können. Das existenzgefährdende Risiko ist jedoch mit weit höherer Sorgfalt zu beobachten und zu behandeln.

6. Schritt: Risikosteuerung
Hier werden Möglichkeiten der „Risikobehandlung" aufgezeigt. Diese bestehen in Risikovermeidung, Risikoverminderung, Risikoüberwälzung und Risikokompensation.

---

[36] Vgl. zur folgenden Darstellung Lück/Hunecke Stbg. 1998, 513 ff.

> **7. Schritt: Darstellung der Risikosituation des Unternehmens**
> Die Risikosituation des Unternehmens muss in regelmäßigen Zeitabständen systematisch dargestellt werden. Sie umfasst sowohl die bestehenden und die potenziellen Risiken als auch die tatsächlich bereits eingetretenen Schäden.
>
> **8. Schritt: Vergleich der Risikosituation des Unternehmens mit den Vorgaben der Risikostrategie**
> Ergeben sich Abweichungen zwischen der tatsächlichen Risikosituation des Unternehmens (Ist) und den vorgegebenen Zielen (Soll), muss die Risikostrategie überarbeitet bzw. neu formuliert werden. Hierbei müssen die Maßnahmen der Risikoidentifikation, Risikoanalyse, Risikobewertung und Risikosteuerung auf der Grundlage der neuen Risikostrategie optimiert werden.

V. Überwachungssystem

Nach § 91 Abs. 2 AktG muss nicht nur ein Risikomanagementsystem eingerichtet werden, sondern auch ein Überwachungssystem, damit den Fortbestand des Unternehmens gefährdende Entwicklungen frühzeitig erkannt werden. Das Überwachungssystem umfasst organisatorische Sicherungsmaßnahmen, interne Kontrollen und interne Prüfungen (insbesondere die interne Revision). 35

Das Überwachungssystem hat die Präventivfunktion, potentielle Risiken für das Unternehmen zu vermeiden oder zu vermindern. In dieser Funktion müssen organisatorische Sicherungsmaßnahmen so ausgestaltet werden, dass das Sicherheitsniveau des Unternehmens sich nicht verschlechtert. Außerdem müssen funktionsfähige Kontrollen in die Unternehmensabläufe integriert werden. Schließlich hat die interne Revision die Aufgabe, durch geeignete Prüfungen Schwachstellen und Fehler zu erkennen. 36

In der Korrekturfunktion hat das Überwachungssystem die Aufgabe, das Risikomanagementsystem stets auf sich ändernde Anforderungen einzustellen. Auch diese Aufgabe wird zweckmäßigerweise durch die interne Revision wahrzunehmen sein. 37

Schließlich empfiehlt es sich, das Risikomanagementsystem und das Überwachungssystem durch ein Risikocontrolling zu unterstützen.

VI. Prüfung des Risikofrüherkennungssystems

Die Risikoberichterstattung nach §§ 289 bzw. 315 HGB unterliegt als Bestandteil des Lageberichts der Prüfungspflicht nach § 317 Abs. 2 HGB. Bei börsennotierten AGs umfasst die Prüfung auch das Risikofrüherkennungs- und Überwachungssystem (§ 317 Abs. 4 HGB).[37] Hierbei wird bereits die Abschlussprüfung als Bestandteil der Überwachung des Risikomanagements zu sehen sein. Die Prüfung des Risikofrüherkennungssystems wird folgende Punkte umfassen müssen: 38
- Feststellung der Existenz der Systemkomponenten,

---

[37] Zur Praxis der Prüfung des Früherkennungssystems des § 91 Abs. 2 AktG nach Standard IDW PS 340 s. Bunting ZIP 2012, 357 ff.

- Beurteilung der Eignung des Systems,
- Beurteilung der Wirksamkeit des Systems.

Außerdem umfasst die Prüfung auch die Risikoberichterstattung.

Über das Ergebnis seiner Prüfungen erstellt der Abschlussprüfer einen schriftlichen Bericht an den Aufsichtsrat (§ 321 HGB), und erteilt einen Bestätigungsvermerk gegenüber der Öffentlichkeit (§ 322 HGB).

39 Auch dem Aufsichtsrat fällt die Aufgabe zu, die Einrichtung und Funktionsfähigkeit eines Risikomanagementsystems zu überwachen.[38]

C. Frühwarnsysteme/Krisenfrüherkennung durch den Berater

40 Frühzeitiges Erkennen von Insolvenzsymptomen und die Kenntnis der wesentlichen Insolvenzursachen sind maßgebliche und unverzichtbare Voraussetzungen, eine existenzbedrohende Krise des Unternehmens frühzeitig zu erkennen und eine Unternehmensinsolvenz zu verhindern.

41 Insolvenzsymptome sind Signale, die für das Unternehmen, seine Gläubiger sowie die jeweiligen Berater Anlass geben zu prüfen, ob eine Insolvenz droht bzw. vorliegt. Es gibt keine verlässliche Methode der Insolvenzfrüherkennung, da die Krisenursachen zu vielschichtig sind. Es sind jedoch verschiedene Frühwarnsysteme entwickelt worden.

I. Operative (mathematische) Frühwarnsysteme, Kennzahlen

42 Operative (mathematische) Frühwarnsysteme entnehmen die vermeintlich „harten" Informationen über Erfolg und Liquidität des Unternehmens aus dem Buchwerk bzw. den vom Unternehmen gelieferten Zahlen, aus welchen dann mithilfe der Bilanzanalyse Kennzahlen und Kennzahlensysteme zur Bestimmung des wirtschaftlichen Standorts des Unternehmens entwickelt werden.[39]

1. Kennzahlensysteme

43 Hier werden einzelne Kennzahlen des Unternehmens in ein System mit Wechselwirkungen eingestellt, um funktionale Abhängigkeiten sichtbar zu machen. Die Änderung einer Kennzahl hat dann zwangsläufig die Änderung einer anderen Kennzahl zur Folge. Der Systemaufbau ist pyramidenförmig ausgehend von einer Spitzenkennzahl, z.B. der Rentabilität des Unternehmens. Diese Kennzahl wird in Unterkennzahlen zerlegt, die wiederum durch Kennzahlenvergleich beurteilt werden können. Der Kennzahlenvergleich kann innerhalb der Unternehmung im

---

[38] Vgl. Gernoth DStR 2001, 299 ff.; Pahlke NJW 2002, 1680 ff.
[39] Zu Kennzahlensystemen vgl. auch Baetge B/C 2001, 1 ff.

zeitlichen Verlauf oder durch Vergleich der Zahlen mit denjenigen eines anderen, vergleichbaren Unternehmens vorgenommen werden.

Es existieren zahlreiche solcher beobachtbarer Kennzahlen.[40] Als Beispiele von Kennzahlen, die für eine einfache Krisenfrüherkennung geeignet sind, können dienen:

44

Übersicht 4: Kennzahlen für eine einfache Krisenfrüherkennung

Kapitalbindungsdauer
Wie viele Tage benötigt das Unternehmen, die Verbindlichkeiten aus Akzepten und L. u. L. aus seinem Umsatz zu tilgen?

Kapitalbindung
Berechnung des Teils des Umsatzes, der demnächst zur Tilgung kurzfristiger Verbindlichkeiten (kurzfristige Bankverbindlichkeiten, L. u. L., Sonstige) benötigt wird.

Eigenkapitalquote
Anteil des wirtschaftlichen Eigenkapitals am Gesamtkapital.

Finanzkraft 1
Teil des Fremdkapitals, der durch den erwirtschafteten Zahlungsmittelüberschuss (Cashflow) getilgt werden kann.

Finanzkraft 2
Berechnung des Teils des kurz- und mittelfristigen Fremdkapitals, der durch den erwirtschafteten Zahlungsmittelüberschuss (Cashflow) getilgt werden kann.

Anlagendeckung
Wie gut ist das langfristig gebundene Anlagevermögen durch das wirtschaftliche Eigenkapital gedeckt?

Umsatzrentabilität
Umsatzanteil, der als ordentliches Betriebsergebnis nach Abzug der ordentlichen Aufwendungen vom Umsatz verbleibt.

Cashflow, Return on investment
Wie viel Prozent des eingesetzten Kapitals wurde als Zahlungsmittelüberschuss erwirtschaftet?

Personalaufwandsquote
Anteil des Personalaufwandes an der Gesamtleistung.

Das bekannteste mathematisch-statistische Verfahren zur Gewinnung von Kennzahlen, die auf eine Krise des Unternehmens hindeuten, ist das Verfahren der **Diskriminanzanalyse**. Bei diesem wird wie folgt verfahren: Aus einer Vielzahl von letztlich insolvent gewordenen Unternehmen werden, z.B. anhand der Jahresabschlüsse der letzten 3 Jahre vor der Insolvenz und der Insolvenzeröffnungsbilanz zahlreiche Kennzahlen entnommen. Diese werden mit den vergleichbaren Kennzahlen „gesunder" Unternehmen verglichen. Aus dem Unterschied werden Krisensignale abgeleitet. Nun müssen im Unternehmen diese Kennzahlen nur noch über eine gewisse Zeitdauer beobachtet werden, um bei Veränderungen hinreichend sichere Anzeichen für eine Unternehmenskrise zu erhalten.

45

---

[40] Hüls hat einen Kennzahlenkatalog von 259 Kennzahlen entwickelt, s. Hüls, Früherkennung insolvenzgefährdeter Unternehmen.

46 **Praxishinweis:**
Solche Kennzahlen erfüllen noch eine weitere, möglicherweise wichtigere Warnfunktion: Mit ihnen kann der Geschäftsleitung unmittelbar eine evtl. bereits eingetretene Krise verdeutlicht und so die Bereitschaft geweckt werden, eine Sanierungskonzeption zu erstellen und Sanierungsmaßnahmen einzuleiten.

2. Cashflow als Krisensignalwert

47 In seiner elementaren Form wird der Cashflow verstanden als Erfolg (Jahresüberschuss oder Jahresfehlbetrag) zuzüglich Abschreibungen.[41] Aufgrund empirischer Untersuchungen kann postuliert werden, dass außerordentliche Aufwendungen meistens auf tatsächlich realisierten Verlusten beruhen, außerordentliche Erträge jedoch meist nur mobilisiert werden, um reguläre betriebliche Verluste auszugleichen.[42] Somit lässt sich der Cashflow für die Verwendung als Krisensignalwert dahin gehend modifizieren, dass zum Jahresüberschuss bzw. Jahresfehlbetrag die außerordentlichen Aufwendungen nicht addiert, die außerordentlichen Erträge aber subtrahiert werden. Dieser sog. imparitätisch aufgebaute Krisensignalwert ist für die Frühwarnung besser geeignet als die herkömmliche Variante des Cashflow.

3. Stammkapitalverlust als (gesetzliches) Krisenwarnsignal?

48 Nach § 49 Abs. 3 GmbHG ist die Geschäftsführung zur unverzüglichen Einberufung der Gesellschafterversammlung verpflichtet, wenn sich aus der Jahresbilanz oder einer im Laufe des Geschäftsjahres aufgestellten Bilanz ergibt, dass die Hälfte des Stammkapitals verloren ist. Dann ist es jedoch für Sanierungsmaßnahmen häufig bereits zu spät, da sich die Gesellschaft dann bereits (oft) seit geraumer Zeit in der Ertragskrise befindet. Als Maßnahme, insb. bei Fremdgeschäftsführung, kann sich daher empfehlen, die Grenze für die sofortige Einberufung satzungsmäßig oder im Anstellungsvertrag der Geschäftsleitung bis zur vollen Stammkapitalziffer anzuheben.

49 **Hinweis:**
Der Geschäftsführer der UG (haftungsbeschränkt) ist nach § 5a Abs. 4 GmbHG abweichend von § 49 Abs. 3 GmbHG zur unverzüglichen Einberufung der Gesellschafterversammlung bei drohender Zahlungsunfähigkeit der Gesellschaft verpflichtet.

4. Allgemeine Anmerkung zur Krisenfrüherkennung durch Kennzahlen

50 Alle Kennzahlen haben einen strukturellen Nachteil: Sie zeigen lediglich bereits vergangene Entwicklungen an, die sich in den Kennzahlen bereits niedergeschlagen haben.

---

[41] Zur Ermittlung der Kapitaldienstfähigkeit als Bestandteil der Mandantenbetreuung s. Bantleon/Schorr DStR 2005, 1373 ff.
[42] Hauschild/Rösler/Gemünden DBW 1984, 353 ff.

Zudem ist die Kennzahlenermittlung abhängig von der Aktualität und Verlässlichkeit des Buchwerks. Diese ist nach meiner Erfahrung in kleinen und mittleren Unternehmen gerade im Krisenfall nicht immer in dem Maße gewährleistet, wie dies für eine verlässliche Krisenfrüherkennung wünschenswert und erforderlich wäre.

Für eine sinnvolle und effektive Krisenprophylaxe im Unternehmen wäre jedoch von größerer Bedeutung zu erfahren, welche Risikofaktoren *künftig* wirken werden.

II. Strategische Frühwarnsysteme

Der Zweck der strategischen Frühaufklärung besteht darin, die langfristige Überlebensfähigkeit des Unternehmens durch entsprechende Weichenstellungen in der Gegenwart zu ermöglichen.

Die frühzeitige Wahrnehmung „schwacher Signale" ist die primäre Aufgabe bei der strategischen Frühaufklärung. Durch eine permanente Beobachtung des relevanten Umfeldes eines Unternehmens müssen frühzeitig die Signale aufgenommen und verarbeitet werden, die zu strategischen Anpassungsmaßnahmen führen. Unternehmen, die sich nicht rechtzeitig Kenntnisse über die „schwachen Signale" verschaffen, werden in dem ständig größer werdenden Wettbewerbsdruck unterliegen.

1. Signalstufen

Hauptproblem der „schwachen Signale" sind ihre mangelnde Struktur und Unsicherheit. Folgende Stufen können unterschieden werden:
- es ist lediglich ein Gefühl vorhanden, dass mit Gefahren oder Chancen zu rechnen ist,
- es ist bekannt, aus welchen Quellen oder Ursachen sich Gefahren oder Chancen ergeben können,
- es ist konkret möglich, anzugeben, worin die Gefahren oder Chancen bestehen,
- für die bekannten Gefahren oder Chancen sind bereits Reaktionsmöglichkeiten bekannt,
- es ist die Gefahr oder Chance bekannt und ebenfalls, wie auf diese reagiert werden kann und zu welchen Ergebnissen die Reaktionen führen werden.

Der Informationsumfang nimmt dabei von Stufe zu Stufe zu. Nicht in jedem Fall kann i.R.d. strategischen Unternehmensführung gewartet werden, bis die letzte Stufe erreicht ist. Die Praxis zeigt, dass, je weniger ein Unternehmen auf Veränderungen vorbereitet ist, desto länger ist der Reaktionszeitraum.

2. Signalbereiche

56 Die Beobachtungsbereiche einer erfolgreichen strategischen Frühaufklärung sind i.d.R. im Umfeld des Unternehmens zu finden. Folgende Bereiche sind dabei von Bedeutung:
- Marktbeobachtung (Verhandlungsstärke und Kaufverhalten von Abnehmern, Verhandlungsstärke und Verhalten von Lieferanten etc.),
- neue Produktentwicklungen (eigene Produkt- bzw. Produktweiterentwicklungen, Bedrohung durch Substitutionsprodukte Dritter etc.),
- Operationen von Wettbewerbern (Wettbewerbsverhalten etablierter Unternehmen, Entstehen oder Erstarken von Wettbewerbern etc.),
- unternehmensinterne Risiken (z.B. Verhandlungsstärke und Verhalten der Arbeitnehmer und ihrer Organisationen, Verlust qualifizierter Mitarbeiter etc.),
- Eingriffe des Staates (z.B. anstehende Gesetzesänderungen).

3. Einige Krisensignale/-ursachen

a) Strategisches Fehlverhalten

57
- keine eindeutige Strategie formuliert,
- ausschließlich oder ganz überwiegend Produkte in der Reifephase,
- Zahl erfolgreicher Produkteinführungen stark rückläufig,
- Diversifikation in zu viele, nicht sämtlich beherrschbare Geschäftsfelder,
- untaugliche Nische, Betrieb unter kritischer Betriebsgröße,
- ...

b) Leistungswirtschaftliches Fehlverhalten

58 **Insolvenzursachen aus dem Bereich Führung/Management:**
- Festhalten an veralteten (evtl. früher erfolgreichen) Konzepten
- Patriarchalischer Führungsstil,
- Häufiger Personalwechsel in der Führungsebene,
- mangelnde Qualifikation der Geschäftsführung, auch Entscheidungsschwäche, zu wenig Delegation,
- fehlende Kontrolle, keine ausreichende Kostenrechnung und Kalkulation,
- ...

Insolvenzursachen aus dem Bereich Einkauf/Beschaffung:
- Starre Bindung an Lieferanten
- keine Lieferantenanalyse und darauf abgestimmte Einkaufspolitik,
- keine Abstimmung zu anderen Funktionen,
- Geringe Betriebsgröße führt zu schlechteren Einkaufskonditionen,
- ...

Insolvenzursachen aus den Bereichen Fertigung und Logistik:
- überalterte oder noch zu junge/unerprobte Technologie,
- falsche oder unterlassene Investitionsentscheidungen,
- Abnahme des technologischen Vorsprungs,
- nicht wertschöpfende Tätigkeiten auf hohem Niveau oder zunehmend (unwirtschaftliche Eigenfertigung anstatt Zukauf von Fremdleistungen),

- Kunden fragen Breite oder/und Tiefe des Sortiments nicht mehr nach,
- Qualitätsmängel und Reklamationen auf hohem Niveau oder zunehmend,
- Lieferfristen werden nicht eingehalten,
- Fehlerraten sind gleichbleibend hoch,
- Durchlaufzeiten bleiben konstant oder verlängern sich,
- ineffiziente Logistik (z.B. eigener Fuhrpark zu teuer),
- nicht mit Vertrieb und Fertigung abgestimmte Lagerungen,
- ...

Insolvenzursachen aus den Bereichen Vertrieb und nachvertrieblicher Service:
- falsche Preispolitik,
- unzureichende oder nicht optimale Vertriebswege,
- schlechte Vertriebsorganisation (back office),
- mangelnde Kundenorientierung,
- Hauptabnehmer wechseln zur Konkurrenz,
- ...

Insolvenzursachen aus dem Bereich Organisation:
- keine klaren Organisationsstrukturen,
- fehlende Anpassung der Organisation an Veränderungen,
- kein oder unzureichendes Projektmanagement,
- ...

Insolvenzursachen aus dem Bereich Personal:
- geringe Motivation,[43]
- nicht ausreichende Qualifikation,
- Scheu vor Personalreduzierung,
- Sparsamkeit am falschen Platze (Leistungsträger),
- Unkündbarkeiten,
- ...

c) Finanzwirtschaftliches Fehlverhalten
Insolvenzursachen aus dem Bereich Finanzierung:[44]

59

- zu geringes Eigenkapital,
- zu hohe Verschuldung und zu hohe Zinsbelastung,
- fehlende Finanzplanung,
- kein Frühwarnsystem vorhanden,
- Finanzierung nicht fristenkongruent,
- Kredittilgung setzt in angespannter Finanzlage ein,
- Hausbank senkt Kreditlinie,
- wichtige Lieferanten kündigen bzw. ändern Lieferbeziehung/Zahlungsziele,
- Erträge gehen permanent zurück,
- ...

---

[43] Zur Flexibilisierung von Arbeitsbedingungen in der Krise s. Seitz/Reiche BB 2009, 1862 ff.
[44] Zur Restrukturierung von Finanzverbindlichkeiten und ihrer Abbildung in der Bilanz s. Häuselmann BB 2010, 944 ff.

60 Der Vorteil der strategischen Frühwarnsysteme ist, dass mit ihrer Hilfe eine krisenhafte Entwicklung bereits in ihrer ersten Stufe erkannt werden kann. Der Nachteil liegt darin, dass lediglich „schwache Signale" aufgenommen werden, die die Gefahr der Fehlinterpretation bergen.

61 Aus den beschriebenen Frühwarnsystemen kann für die Geschäftsleitung des Unternehmens die Empfehlung hergeleitet werden, die Unternehmensplanung operativ und strategisch auszurichten und so zu einer prospektiven Ergebnissteuerung anstelle retrospektiver Ergebnisanalyse zu gelangen. Eine solche Planung umfasst also eine formulierte Unternehmensstrategie, langfristig zu erreichende Ziele und die Angabe der jeweiligen zur Zielerreichung führenden Deckungsbeiträge. Konkrete Maßnahmen zur Strategieverwirklichung werden dann operativ geplant in Jahres-/Monatsschritten, herunter gebrochen auf einzelne Sparten, Produkte etc. Durch Varianzanalyse werden die erreichten Ergebnisse ständig mit den Planzahlen verglichen. Bei Abweichungen werden sofort die Ursachen ermittelt und ggf. abgestellt. Der für den jeweiligen Bereich Verantwortliche hat somit die Möglichkeit, sehr kurzfristig negative Entwicklungen festzustellen und, je nach Kompetenz, zu reagieren. Nun muss nur noch die Kommunikation zur Unternehmensleitung geregelt sein, sodass auf diese Weise das Erreichen des Unternehmenszieles insgesamt sichergestellt wird.[45]

III. Krisendiagnose-Checkliste und konkrete Einzelmaßnahmen zur Insolvenzprophylaxe

62 Ohne Anspruch auf Vollständigkeit werden in der folgenden Übersicht zahlreiche Umstände zusammengestellt, die zur Insolvenz von Unternehmen führen können. Regelmäßig lässt sich beobachten, dass letztlich der Insolvenz anheimgefallene Unternehmen eine Mehrzahl der Symptome seit einiger Zeit zeigten, ohne dass das Management ausreichend darauf reagiert hat. Folglich taugen die aufgelisteten Umstände bzw. Symptome als Gegenstände der Beobachtung i.R.d. oben beschriebenen Krisenfrüherkennungssystems.

63

Übersicht 5: Krisendiagnose/Insolvenzprophylaxe	
Liquidität/Finanzierung	
Wichtige Krisensymptome	**Geeignete Gegenmaßnahmen**
Zu geringe Eigenkapitalausstattung	Zuführung von Eigenkapital, z.B. Gesellschafterdarlehen mit Rangrücktritt
Hausbank senkt die Kreditlinie	Verhandlung über weitere Kredite bzw. die Aussetzung von Zins und Tilgung;

---

[45] Zu integrierter Planungsrechnung als Bestandteil des betrieblichen Rechnungswesens s. Plagens/Brunow DStR 2004, 102 ff. u. 151 ff.

Kredittilgung setzt in angespannter Finanzlage ein (z.B. nach Ablauf der tilgungsfreien Jahre bei Existenzgründungsdarlehen)	Darlegung der zukünftigen Entwicklung mit schriftlichem Unternehmensplan, Planbilanz, Plan-Gewinn- und Verlustrechnung (inkl. Bilanzen, Gewinn- und Verlustrechnung der letzten 3 Jahre sowie der aktuellen Monats-BWA); sofern möglich weitere Sicherheiten und Bürgschaften einsetzen; Ziel: weitere Streckung der Tilgung bereits im Vorfeld
Hohe Wechselverbindlichkeiten mit gebündelten Fälligkeiten	Gebündelte Fälligkeitstermine vermeiden, Scheckwechselverfahren, Prolongationen
Ungenügende Abdeckung finanzieller Risiken, u.a. durch Versicherungen	Abschluss von Warenkreditversicherungen, ggf. Versicherung gegen Veruntreuung
Wichtige Lieferanten liefern nur noch gegen Vorkasse	Darlegung der Unternehmenssituation bei Lieferanten, ggf. Lieferantenwechsel
Erträge gehen permanent zurück – Kostensteigerungen (z.B. durch Tarifabschlüsse, Verteuerung der Wareneinkaufspreise etc.)	Maßnahmen zur Ertragssicherung, etwa verbesserte Deckungsbeitragsrechnung, ABC-Analyse, striktes Kostenmanagement; möglichst zügige „Weitergabe" an Kunden durch rechtzeitige Kommunikation
Langfristige Investitionen sind nicht fristenkongruent finanziert	Auf nutzungskongruente Kreditlaufzeiten achten, Anlagevermögen nicht über kurzfristige Kredite finanzieren
Regelmäßig sehr späte Rechnungsstellung	Sofortige Fakturierung nach Lieferung, Zwischenabrechnung von Teilleistungen
Vernachlässigtes Mahnwesen Keine regelmäßige Bonitätsüberwachung von (Neu-)Kunden	Konsequentes Mahnen bei Überschreitung des Zahlungsziels; ggf. Lieferungsstopp; Regelmäßige Bonitätsprüfung von (Neu-)Kunden etwa über Wirtschaftsauskunfteien und sonstige Erkenntnisquellen aus dem Markt bzw. der Geschäftsverbindung
Umfangreiche Gewährung von Kundenkrediten	Konsequente Überwachung der Debitorenlaufzeiten, ggf. Factoring
Umfangreiche Inanspruchnahme von Lieferantenkrediten bei regelmäßigem Verzicht auf Lieferantenkonto	Verzicht auf den Lieferantenkredit als teuerste Finanzierungsform, Ausschöpfung der Skontierung, auch wenn nur über Kontokorrentkredit möglich
Führung	
Wichtige Krisensymptome	**Geeignete Gegenmaßnahmen**
Häufiger Personalwechsel in der Führungsspitze	Motivation durch materielle, immaterielle Anreizsysteme, Incentives etc.
Überalterung des Managements, unzureichende Nachfolgeregelung	Rechtzeitige Nachfolgeplanung
Mangelnde Qualifikation der Geschäftsleitung	Kontinuierliche Fort- und Weiterbildung, ggf. Austausch, Verstärkung

Ungenügende Absicherung betrieblicher Risiken	Versicherungsbestand und -deckung prüfen, ggf. Einschaltung eines Versicherungsmaklers
Eine an die Entwicklung des Unternehmens angepasste Organisation fehlt	Überprüfung der Organisationsstruktur; ggf. Unternehmensberater hinzuziehen
Laufende „Verschönerung" von Bilanzen zur Ergebnisverbesserung	Detaillierte Analyse von Bilanz, Gewinn- und Verlustrechnung, Anhang und Anlagenspiegel; Vergleich mit Branchenwerten (Bilanzanalysen berufsständischer Organisationen)
Fehlende Planung und Kontrolle von Umsatz, Kosten und Ertrag, fehlende Finanzplanung	Laufende Soll-/Ist-Analysen, Überprüfung der wesentlichen Unternehmenseckwerte
Mangelnde Aktualität und Aussagekraft des Rechnungswesens	Sorgfältige Organisation und Kontrolle von Aufbau, Arbeitsablauf in der Buchhaltung
Mangelhafte interne Information	Einrichtung eines aussagefähigen Berichtswesens, kurzfristige Erfolgsrechnung muss zum 15. des Monats verfügbar sein
Absatz	
Wichtige Krisensymptome	**Geeignete Gegenmaßnahmen**
Umsatzrückgänge ohne adäquate Anpassung der Kosten	Kompensation der Umsatzrückgänge oder sofortige Kostenanpassung an das niedrigere Umsatzniveau
Abhängigkeit von wenigen Kunden nimmt immer mehr zu	Intensivierung des Neukundengeschäfts, kontinuierliche Kunden-ABC-Analyse
Wichtige Kunden wechseln zur Konkurrenz	Kontinuierliche Analyse des Kundenverhaltens insb. über den Verkaufsaußen- und -innendienst; sofortige Befragung der Kunden; Überprüfung des Produkt- und Leistungsangebots
Wichtige Abnehmer ändern ihr Bestell- und Zahlungsverhalten	Kontinuierliche Analyse des Kundenverhaltens insb. über den Verkaufsaußen- und -innendienst; sofortige Befragung der Kunden; Überprüfung des Produkt- und Leistungsangebots
Zunahme der Insolvenzen im Kundenkreis	Bonitätsüberwachung, Vorkasse, evtl. Sicherheiten, evtl. Lieferstopp
Zahl erfolgreicher Produktneueinführungen stark rückläufig	Leistungsreserven über Portfolioanalysen ermitteln
Keine oder nur geringe Abhebung vom Angebot der Wettbewerber	Konsequente Analyse von Stärken und Schwächen im Vergleich zum wichtigsten Wettbewerber
Gerüchte über die angespannte Situation des eigenen Unternehmens	Aktive Informationspolitik über geplante zukünftige Aktivitäten des Unternehmens
Geringe Zielgruppenorientierung in Angebot und Präsentation	Positionierung des Kunden in den Mittelpunkt aller Unternehmensaktivitäten

Fehlende Qualifikation und Motivation der Mitarbeiter im Verkauf	Kontinuierliche Fort- und Weiterbildung, leistungsbezogene Anreize, Ersatz, Verstärkung
Struktur	
Wichtige Krisensymptome	**Geeignete Gegenmaßnahmen**
Geringe Betriebsgröße führt zu schlechteren Beschaffungskonditionen	Anschluss an Kooperationen (z.B. im Einzelhandel) prüfen
Absatzmärkte verlagern sich	
Kunden fragen Breite oder Tiefe des Sortiments nicht mehr nach	Kontinuierliche Analyse der Standortfaktoren (Lage/Infrastruktur/Wettbewerb), ggf. Anpassung des Produkt- und Leistungsangebots
Überalterte Produktionsanlagen	Prüfung von Ersatzinvestitionen bzw. Desinvestition, Fremdbezug ggf. vorteilhafter als Eigenfertigung
Leistung	
Wichtige Krisensymptome	**Geeignete Gegenmaßnahmen**
Reklamationen nehmen stark zu, Lieferfristen werden nicht eingehalten; Fehlerraten sind gleichbleibend hoch	Einleitung von Maßnahmen zur Qualitätssicherung und Qualitätskontrolle, Betriebsorganisation
Zu hohe Lagerbestände, geringer Lagerumschlag, hohe Kapitalbindung	Kontinuierliche Überwachung, Abbau von Überbeständen, Ausschöpfen von Remissions- und Rückgabemöglichkeiten
Überbestand im Personalbereich	Personalabbau, Kurzarbeit, flexibler Einsatz (Arbeitszeit/Arbeitsplatz)

D. Krisenfrüherkennung durch Kreditinstitute

Selbstverständlich haben auch die Kreditinstitute als häufig größte Gläubiger ein erhebliches Interesse, von der Krise des Unternehmens als Kreditnehmer frühzeitig zu erfahren.

64

Praxishinweis:
Die Kreditinstitute verfügen oft über sehr weit reichende Möglichkeiten der Krisenfrüherkennung. Sie sollten sie konsequenter nutzen und nach ihren Erkenntnissen frühzeitiger reagieren und handeln. Wiederholte Gewährung von zusätzlicher Liquidität kann über die längst eingetretene Krise und damit die Notwendigkeit von Sanierungsmaßnahmen hinwegtäuschen. Vielmehr sollte jedenfalls vor erneuter Zurverfügungstellung von Liquidität die Ursache für ihre (abermalige) Erforderlichkeit geprüft werden. Warum wird bspw. ein endfälliger Saisonkredit nach Ablauf der Saison nicht zurückgeführt, sondern um Prolongation gebeten? Entweder fiel das Saisongeschäft (schwach) aus oder mit dem Kredit wurden „andere Löcher gestopft". Dies gilt es, vor einer Prolongation zu prüfen und eine Konzeption zur Beseitigung der Ursache zu erstellen.

65

I. §§ 18, 25a KWG, MaRisk – Beurteilung der wirtschaftlichen Verhältnisse

66 Die Mindestanforderungen an das Risikomanagement der BaFin (MaRisk) geben auf der Grundlage des § 25a KWG einen praxisnahen und flexiblen Rahmen für die Ausgestaltung des Risikomanagements in Kreditinstituten vor.[46]

Nach den Regelungen des KWG sind die Kreditinstitute verpflichtet, sich von Kreditnehmern, denen sie Kredite i.H.v. insgesamt mehr als 750.000 EUR gewähren bzw. gewährt haben, die wirtschaftlichen Verhältnisse insb. durch Vorlage der Jahresabschlüsse offen legen zu lassen und regelmäßig (mindestens einmal jährlich) bzw. sofort bei ersten Anzeichen einer Verschlechterung das Kreditausfallrisiko des Kunden zu prüfen. Die Vorschriften dienen nicht nur dem Schutz des Kreditinstituts selbst, sondern auch dem Schutz der Einleger des Kreditinstituts. Zugleich sind sie Ausfluss des anerkannten bankkaufmännischen Grundsatzes, Kredite nur nach umfassender und sorgfältiger Bonitätsprüfung zu gewähren und bei bestehendem Kreditverhältnis die Bonität des Kreditnehmers laufend zu überwachen. So werden die Kreditinstitute mithilfe der laufenden Kreditwürdigkeitsprüfung zu einem risikobewussten Kreditvergabeverhalten angehalten. Die Vorschriften untersagen keineswegs Kreditvergaben mit erhöhtem Risiko, sofern sich das Kredit gewährende Institut über die Risiken der Kreditvergabe ein objektives Bild verschafft und die Risiken als verkraftbar beurteilt.

67 Das Kreditinstitut verlangt also von seinem Kreditnehmer regelmäßig die Vorlage von Informationen, die geeignet sind, über den Geschäftsverlauf und die wirtschaftlichen Verhältnisse des kreditnehmenden Unternehmens ein objektives Bild zu verschaffen[47] und die künftige Kapitaldienstfähigkeit zu beurteilen. Üblicherweise wird die Pflicht zur Vorlage der geeigneten Unterlagen bereits in den Kreditverträgen vereinbart, ebenso wie das Kündigungsrecht des Kreditinstituts für den Fall, dass die Unterlagen nicht vorgelegt werden. Ansonsten besteht nach Nr. 19 Abs. 3 AGB Banken bzw. Nr. 26 AGB Sparkassen auch das Recht zur außerordentlichen Kündigung; sofern es sich bei der Nichtvorlage der erforderlichen Unterlagen um eine nachhaltige, grobe Verletzung der Verpflichtung zur Vorlage derjenigen Unterlagen handelt, die für die Beurteilung der Kreditwürdigkeit wesentlich sind.

68 Als Krisenanzeichen, die sich aus der Vorlage und Auswertung der vorzulegenden Unterlagen, insb. der Jahresabschlüsse und der damit in Zusammenhang stehenden Informationen erkennen lassen, können folgende Indizien angesehen werden:[48]

> **Übersicht 6: Krisenanzeichen in den Jahresabschlüssen etc.**
> - Verzögerungen bei der Einreichung von Bilanzen, Gewinn- und Verlustrechnung, Statuszahlen, Inventuren etc.,
> - Unklarheiten in der Buchhaltung, Verschiebungen im Bilanzierungszeitpunkt, insb. zur Schaffung unterschiedlicher Bilanzierungszeitpunkte bei Mutter- und Tochter-

---

[46] Aktuell Mindestanforderungen an das Risikomanagement auf der Grundlage des § 25a KWG, Rundschreiben 10/2021 der BaFin v. 5.11.2021.
[47] Zu ergänzenden Unterlagen zur Offenlegung der wirtschaftlichen Verhältnisse s. Walter DStR 2003, 606 ff.
[48] Wittig in Schmidt/Uhlenbruck, Die GmbH in Krise, Sanierung und Insolvenz, S. 62 f.

gesellschaften ohne nachvollziehbare Begründung (Gefahr von Liquiditätsverschiebungen),
- fehlendes oder eingeschränktes Testat des Wirtschaftsprüfers oder Steuerberaters,
- fehlende Bilanzunterschrift oder Weigerung der Vorlage unterzeichneter Bilanzen im Original,
- negative Abweichungen zwischen vorläufigen und endgültigen Zahlen,
- Änderung der Abschreibungsmethoden oder sonstige Vermeidung/Reduzierung von Abschreibungen,
- Verringerung von Investitionen,
- steigende Vorräte ohne Erhöhung der Außenstände,
- hohe Forderungen gegen verbundene Unternehmen,
- Eigenkapitalmangel, Rückzahlung von Gesellschafter-Darlehen und hohe Privatentnahmen, fehlende Einlagen,
- falsche Finanzierung (mangelnde Fristenkongruenz),
- Auflösung von Reserven (Wertberichtigungen, Rückstellungen, Klagen),
- Aufdeckung stiller Reserven (z.B. Sale-and-lease-back, Betriebsaufspaltung),
- Umbuchungen von Posten des Umlaufvermögens in das Anlagevermögen (Bilanzierung zu Anschaffungs-/Herstellungskosten statt zum Niederstwertprinzip).

II. Erkenntnismöglichkeiten im Zusammenhang mit Kreditgewährung und Kontoführung

I.d.R. wird das Kreditinstitut anhand von Informationen über das Unternehmen (Unternehmenswerte, Ertragskraft, Unternehmensplanung) anlässlich der Kreditgewährung eine Limitierung für den Umfang des Kredits und der sonstigen Leistungen des Kreditinstituts vornehmen. Zeigt sich im Folgenden, dass das so berechnete Kreditlimit für die Finanzierung des Unternehmens nicht ausreicht, obwohl zusätzliche, wertsteigernde Investitionen nicht getätigt wurden und sich das Geschäft nicht ausgeweitet hat, ist hierin ein deutliches Krisensignal zu sehen.

Übersicht 7: Krisenanzeichen unmittelbar aus dem Kreditverhältnis und aus der Kontoführung[49]
- Verspätete Zins- und/oder Tilgungsleistungen,
- Zahlung von Zins- und/oder Tilgungsraten zulasten von Kreditlinien, ohne dass im Anschluss eine entsprechende Rückführung dieser Kreditlinien aus Zahlungseingängen erfolgt,
- Verlangen nach Freigabe von Gesellschafter- und/oder Geschäftsführersicherheiten, auch im Austausch für Sicherheiten aus dem Vermögen der Gesellschaft,
- überraschender Kreditbedarf,
- Nichtrückführung von Saison- oder befristeten Zusatzkrediten,
- angespannte Kontoführung mit Überziehungstendenz,
- Rückgang des Kontoumsatzes,
- Abweichungen zwischen angekündigten und tatsächlichen Zahlungsein- und -ausgängen,
- hohes Scheckobligo,
- Umstellung von Überweisungs- auf Scheckzahlung und von Scheck- auf Wechselzahlung,
- Ausnutzung von Respekttagen bei Wechseln und erst späte Anschaffung der Deckung für Schecks/Wechsel,

---
[49] Wittig in Schmidt/Uhlenbruck, Die GmbH in der Krise, Sanierung und Insolvenz, S. 61.

- Ausstellung vordatierter Schecks,
- verstärkte Einreichung und Rückgabe eigener Schecks, gezogen auf andere Kreditinstitute, mit Gefahr der Scheckreiterei,
- Rückgabe von zur Einziehung eingereichten Lastschriften durch die Bezogenen,
- Wechsel- und Scheckproteste, Rückgabe von auf den Kreditnehmer gezogenen Lastschriften,
- Zahlungen an RA oder Gerichtsvollzieher,
- Kontopfändungen, insb. wegen Steuern und Sozialabgaben,
- Häufung von Auskunftsfragen und Verschlechterung neuer Auskünfte.

III. Rating – Basel II

71 Unter dem Stichwort „Basel II"[50] verbirgt sich u.a. der Beschluss zur Änderung der für Kreditinstitute erforderlichen Eigenkapitalunterlegung von Krediten. Die Basel-II-Vereinbarung zwingt die Kreditinstitute dazu, die Bonität ihrer Kreditnehmer regelmäßig zu überprüfen.[51] Veränderungen in der Schuldnerbonität führen zu Änderungen in der Anforderung nach Eigenkapitalunterlegung durch die Kreditinstitute, für die sich dadurch wiederum die Kreditkosten ändern.[52] Die Anforderungen an Eigenkapital und Liquidität der Banken wurden durch „Basel III" mit Wirkung ab 1.1.2014 abermals erhöht.[53]

72 Die Mindestanforderungen an das Risikomanagement (MaRisk) der BaFin setzen die EU-Richtlinien, u.a. die EU-Eigenkapitalrichtlinie, über die Basel II europaweit Geltung erlangt, in nationales Recht um und stellen zentrale Anforderungen an die Geschäftsprozesse der Kreditinstitute.

73 Je nach Risikoeinschätzung des Kreditnehmers wird folglich für die Vergabe von Krediten ein höherer oder niedrigerer Eigenkapitalbetrag unterlegt werden müssen. Dabei werden die neuen Eigenkapitalanforderungen an Kreditinstitute wahrscheinlich weder zu einer allgemeinen Verteuerung von Krediten noch zum Ende der Mittelstandsfinanzierung führen. Jedoch kann für die Unternehmen eine Anpassung des Finanzierungs- und Berichtsverhaltens erforderlich werden.[54] Auch dieses Berichtsverhalten und das von den Kreditinstituten durchzuführende interne Rating können Anhaltspunkte für eine krisenhafte Entwicklung geben. Folgende Kriterien werden die Kreditinstitute künftig berücksichtigen und bankspezifisch gewichten:

---

[50] Zu Basel II s. ua: Winkeljohann/Solfrian DStR 2003, 88 ff.; Becker/Brackschulze/Müller DStR 2004, 740 ff.; Volkenner/Walter DStR 2004, 1399 ff.; Zu Auswirkungen von „Basel" auf die Finanzierung des deutschen Mittelstandes s. Müller DStR 2009, 64 ff.

[51] Zur Umsetzung von Basel II in deutsches Recht, KWG-Änderungsgesetz s. Mielke WM 2007, 621 ff.

[52] Zur Frage, inwieweit die Kreditinstitute geänderte Kreditkosten als Zinsanpassungen an die Kunden weitergeben dürfen/müssen s. Kersting ZIP 2007, 56 ff.

[53] CRD IV-Gesetzespaket v. 17.7.2013, s. Hinweis ZIP 2013, A 60; zu „Basel III" und die Auswirkungen auf die Unternehmensfinanzierung s. Becker ua DStR 2011, 375 ff.; Schmitt BB 2011, 105 ff.

[54] Zu den Auswirkungen der MaRisk auf die Creditors-Relations s. Bantleon/Schorr BB 2007, 865 ff.

> **Übersicht 8: Von Kreditinstituten berücksichtigte Kriterien**
> - Brancheneinschätzung (kurz- bis mittelfristige Zukunftsaussichten der Branche),
> - Wettbewerbspositionen des Unternehmens (Vorteile bzw. Nachteile ggü. Mitbewerbern, Marktanteile und ähnliche Kriterien),
> - Einschätzung des Managements (Prognosesicherheit, Vorhandensein einer Nachfolgeregelung),
> - aktuelle Ertragslage des Unternehmens (um außerordentliche Faktoren bereinigte Ertragskraft, grds. Einschätzung der Bilanzpolitik),
> - finanzielle Situation des Unternehmens (aktuelle Ermittlung von Haftungs- bzw. Eigenmittelquote),
> - Entwicklungsaussichten (Prognose von Umsatz, Ertrags- und Finanzlage),
> - Kontoführungsverhalten (Verhältnis der Kontoumsätze zu Kreditvolumen, Überziehungen),
> - Beurteilung der Kundenbeziehungen (Dauer der Zusammenarbeit),
> - Rechtsform (in erster Linie Beurteilung der Haftungsbedingungen).

74

IV. Sonstige Erkenntnismöglichkeiten der Kreditinstitute

Folgende weitere Erkenntnismöglichkeiten bestehen für die Kreditinstitute: 75
- Sicherheitenüberprüfungen, Rückgang von Sicherheitenwerten,
- Kundenbesuche,
- Geschäftsbeziehungen des Kreditnehmers zu Dritten,
- Informationen durch Dritte (z.B. Zeitungsberichte, Mitteilungen Dritter über den Kunden, Herabstufung durch Ratingagenturen, etc.).

V. (Financial) Covenants

Eine Möglichkeit für Kreditinstitute, sich in die Lage zu versetzen, das sich – 76
evtl. verändernde – Kreditrisiko während der Dauer des Engagements besser und zeitnäher als nur aus der Vorlage der Abschlüsse oder der Unterlagen nach KWG überwachen und erforderlichenfalls früher reagieren zu können (z.B. durch Nachbesicherung, Kündigung, etc.), sind sog. Financial Covenants,[55] wenngleich ihre Bedeutung als selbstständige Krisenindikatoren nicht überschätzt werden sollte. Die inhaltliche Palette der Financial Covenants ist unübersehbar groß. Häufig sind Vereinbarungen bestimmter Bilanzrelationen als Krisenindikatoren mit genau bestimmten Unterrichtungspflichten des Darlehensnehmers etwa über folgende Inhalte: Eigenkapitalausstattung, Verschuldungsgrad, Ertrag (EBIT) und Liquidität.

Soweit im Rahmen von Financial Covenants auch Regelungen vereinbart wer- 77
den, wie der Darlehensnehmer auf etwa bekannt gewordene Bilanzrelationen zu reagieren hat, also Regelungen, die den Darlehensnehmer in bestimmten Situationen zu bestimmten Handlungen verpflichten, bestehen für das Kreditinstitut nicht unerhebliche Risiken für den Bestand und die Durchsetzbarkeit der „üblichen" Rechte der Kreditinstitute, etwa das Recht zur außerordentlichen Kündigung des

---

[55] Sa Wittig in Schmidt/Uhlenbruck, Die GmbH in Krise, Sanierung und Insolvenz, S. 65 ff.

Engagements. Im Extremfall zu weit gehenden „Hineinregierens" kann das Kreditinstitut auch wie ein Gesellschafter des Darlehnsnehmers anzusehen sein mit der Folge der Umqualifizierung der Darlehensforderungen in Gesellschafterdarlehen.[56]

78 **Praxishinweis:**
Mit dem Ziel der Krisenfrüherkennung sollten alle Beteiligten – Unternehmer/Geschäftsführer, Berater, Kreditinstitut – ständig wachsam sein und das Augenmerk auf alle genannten möglichen Krisensymptome richten. Zeigen sich für einen der Beteiligten solche Krisensymptome des Unternehmens, sollte sofort darauf aufmerksam gemacht und die Ursache analysiert und abgestellt werden. Häufigster Fehler insb. der Geschäftsleitungen, der nicht selten zum Verlust des Unternehmens führt, ist es, Krisensymptome zu ignorieren und sich der trügerischen Hoffnung hinzugeben, dass sich die Situation ohne Sanierungsmaßnahmen von allein wieder bessert. Außerdem ist es eine absolute Notwendigkeit für den Unternehmer, die Krisenursache zu analysieren und die Möglichkeit der Überwindung der Krise realistisch einzuschätzen – i.d.R. nur möglich aufgrund eines Sanierungskonzeptes –, bevor (weitere) persönliche finanzielle Verpflichtungen begründet werden, etwa Übernahme von Bürgschaften, auch durch Angehörige, Verpfändung/Belastung von Privateigentum, etc. Allzu oft zeigt die spätere Erfahrung dann, dass das Unternehmen von vornherein (so) nicht sanierungsfähig war, nun aber die weiteren aufgebrachten Mittel und Sicherheiten zusätzlich verloren sind und daher für eine Sanierung – nunmehr auf der Basis einer Sanierungskonzeption – nicht mehr zur Verfügung stehen. Schließlich ergibt sich die unbedingte Notwendigkeit, frühzeitig auf Krisensymptome zu reagieren, aus den vielfältigen Haftungsgefahren, die mit dem Eintritt der Krise der Gesellschaft verbunden sind.

---

[56] Jüngstes Beispiel BGH ZIP 2020, 1468 = NZI 2020, 790 mAnm Huber/Baier (Übertragung der Geschäftsanteile auf einen doppelten Treuhänder, Einflussnahme auf Entscheidungen der Geschäftsführer; im einzelnen s.u. bei Gesellschafterdarlehen, §8G, → Rn. 1258 mit Fn. 543)

§ 2 Die Insolvenzreife der GmbH sicher erkennen

Übersicht

	Rn.
A. Vorbemerkungen	79
B. Überschuldung	84
I. Definition	85
1. Frühere Rechtslage (KO, GesO) – der Überschuldungsbegriff bis 31.12.1998	85
2. Vorübergehende Verschärfung der Rechtslage durch die InsO – der Überschuldungsbegriff für die Zeit v. 1.1.1999 bis 17.10.2008	87
3. Abermalige Gesetzesänderung – der Überschuldungsbegriff seit 18.10.2008	89
4. Gesetzliche Konkretisierung – der Überschuldungsbegriff seit 1.1.2021	92
II. Fortführungsprognose	96
1. Funktion der Prognose	96
2. Voraussetzungen und Anforderungen an eine positive Prognose	98
a) Zahlungsfähigkeit	98
b) Fortführungswille	99
c) Prognosegegenstand	100
3. Prognosezeitraum	106
4. Prognosesicherheit und Beurteilungsspielraum, Darlegungs- und Beweislast, Beratung bei der Prognoseerstellung	109
III. Prüfung der Überschuldung, Zeitpunkt	113
IV. Feststellung der Überschuldung der Komplementär-GmbH einer GmbH & Co. KG	115
C. Zahlungsunfähigkeit	117
I. Definition	118
1. Liquide Mittel	120
2. Fällige Geldschulden	121
3. Ernstlich eingeforderte Geldschulden	123
4. Wesentlicher Teil der bei Fälligkeit nicht bezahlbaren Verbindlichkeiten	129
5. Dauernder Mangel an Zahlungsmitteln	131
II. Vermutung der Zahlungsunfähigkeit	136
1. Zahlungseinstellung	136
a) Definition	137
b) Feststellung, Indizien	140
2. Fortdauer der Vermutung der Zahlungseinstellung und der Zahlungsunfähigkeit	143
III. Prüfung der Zahlungsunfähigkeit, Liquiditätsbilanz (-status), Liquiditätsplan	144
IV. Retrograde Ermittlung der Zahlungsunfähigkeit	149
V. Einzelfragen im Zusammenhang mit der Zahlungsunfähigkeitsprüfung	152
VI. Wiederherstellung der Zahlungsfähigkeit und Widerlegung der Zahlungsunfähigkeitsvermutung	157
D. Drohende Zahlungsunfähigkeit	160
I. Begriff der drohenden Zahlungsfähigkeit	163
II. Prognosezeitraum und gesetzliche Konkretisierung	166
III. Praktische Bedeutung; Diskussion der Prognosezeiträume	168

Literatur: *Gehrlein*, Insolvenzrechtliche Überschuldung trotz Bilanzierung zu Fortführungswerten? – Zur Unterscheidung von Fortführungsprognose und Fortbestehensprognose, WM 2018, 1 ff.; *Gehrlein*, Der Überschuldungsbegriff – Irrungen und Wirrungen, GmbHR 2022, 183 ff.; *Leithaus/Wachholtz*, Behandlung streitiger Forderungen bei der Zahlungsunfähigkeits- und Überschuldungsprüfung, ZIP 2019, 649 ff.; *Merz/Hübner*, Aktivierung von Sicherheiten Dritter und Behandlung rangrückgetretener Forderungen im Überschuldungsstatus gem. § 19 Abs. 2 InsO, DStR 2005, 802 ff.; *Mylich*, Zur Abgrenzung von Zahlungsstockung und Zahlungsunfähigkeit, ZIP 2018, 514 ff.; *K. Schmidt*, Überschuldung und Unternehmensfortführung, ZIP 2013, 485 ff.; *Wolf*, Mythos Fortführungsprognose, DStR 2009, 2682 ff.; *Zabel/Pülz*, Beurteilung der Insolvenzeröffnungsgründe nach IDW S 11, ZIP 2015, 912 ff.

A. Vorbemerkungen

79 **Praxishinweis:**
Alle vorliegenden Untersuchungen zeigen, dass Eigeninsolvenzanträge insb. über das Vermögen einer GmbH häufig nicht innerhalb der durch § 15a Abs. 1 u. 2 InsO gebotenen kurzen Fristen (unverzüglich oder spätestens nach drei Wochen bei Zahlungsunfähigkeit bzw. 6 Wochen bei Überschuldung), sondern stark verzögert – nicht selten mehr als ein Jahr – nach Eintritt der materiellen Insolvenzreife der Gesellschaft gestellt werden und so die Insolvenz verschleppt wird.[1] Es scheint also ein Kernproblem des Insolvenzrechts zu sein, die Insolvenzreife der Gesellschaft und damit die bei der GmbH als haftungsbeschränkter Gesellschaften bestehende Insolvenzantragspflicht der Geschäftsführung rechtzeitig zu erkennen und danach zu handeln.

80 Für Geschäftsleitungen haftungsbeschränkter Gesellschaften, also solcher Gesellschaften, die keine natürliche Person als Vollhafter haben, besteht nach § 15a Abs. 1 und 2 InsO, bei Eintritt von Zahlungsunfähigkeit oder Überschuldung die strafbewehrte Insolvenzantragsverpflichtung.

81 Durch die Integration der zuvor in den jeweiligen, die Gesellschaften betreffenden gesetzlichen Bestimmungen (vgl. § 64 Abs. 1 GmbHG a.F. für die GmbH, §§ 92 Abs. 2, 268 Abs. 2 AktG a.F. für die AG, §§ 278 Abs. 3, 283 Nr. 14 AktG a.F. für die KGaA, §§ 130a Abs. 1 Satz 1 und 177a HGB a.F. für GmbH & Co. KG, § 99 Abs. 1 GenG a.F. für die Genossenschaft) geregelten Insolvenzantragspflicht in die Insolvenzordnung unter Aufhebung der vorgenannten gesellschaftsrechtlichen Vorschriften durch das MoMiG trat eine Rechtsänderung für deutsche haftungsbeschränkte Gesellschaften nicht ein. Einerseits wurde eine Harmonisierung mit Rechtsauffassungen anderer EU-Staaten herbeigeführt[2] und andererseits sollte durch die Verortung der Insolvenzantragspflicht in der InsO der dogmatische Streit entschieden werden, dass es sich bei der Insolvenzantragspflicht nicht um eine gesellschaftsrechtliche, sondern um eine insolvenzrechtliche Pflicht handelt.[3]

---

[1] Vgl. nur Haarmeyer ZInsO 2009, 1273 ff. m.w.N. Nach einer Untersuchung von Kirstein in 326 GmbH-Insolvenzverfahren trat die materielle Insolvenzreife im Durchschnitt 10,28 Monate vor dem Insolvenzantrag ein, ZInsO 2006, 966, 967.

[2] Auch in Großbritannien und in Frankreich wird die Insolvenzantragspflicht als eine insolvenzrechtliche gesehen.

[3] Das LG Kiel ZInsO 2006, 1227 = ZIP 2006, 1248 hat die Insolvenzantragspflicht nach § 64 Abs. 1 GmbHG aF und das KG NZG 2010, 71 hat § 64 Abs. 2 GmbHG aF als insolvenzrechtliche Regelungen eingestuft und sie auf den Director einer englischen Limited entsprechend angewendet.

So sollte erreicht werden, dass die Insolvenzantragspflicht auch für Geschäftsführer vergleichbarer **haftungsbeschränkter Auslandsgesellschaften** gilt, die ihren Verwaltungssitz und Betrieb im Inland haben und somit deutschem Insolvenzrecht unterfallen.[4] Darauf hinzuweisen ist in diesem Zusammenhang, dass der EuGH entschieden hat, dass Art. 49, 54 AEUV der Anwendung der Vorschrift des § 64 Abs. 2 GmbHG a.F. (verbotene Zahlungen nach Eintritt der Insolvenzreife, s. → Rn. 1552 ff.), der § 64 Satz 1 u. 2 GmbHG (nach MoMiG; heute § 15b Abs. 1 InsO) entspricht, auf einen director einer Gesellschaft englischen oder walisischen Rechts nicht entgegenstehen.[5] Daher würde ich in der Beratung von einer – strafbewehrten (§ 15a Abs. 4 u. 5 InsO n.F.) – Insolvenzantragspflicht auch der Geschäftsführer der im Inland tätigen haftungsbeschränkten Auslandsgesellschaften ausgehen.

Durch das SanInsFoG wurden die Insolvenzantragsgründe teilweise modifiziert[6] und durch das COVInsAG wurde die Insolvenzantragspflicht unter den dort genannten Voraussetzungen vorübergehend ausgesetzt.[7]   82

Für den Vorstand des Vereins besteht bei Zahlungsunfähigkeit oder Überschuldung die Insolvenzantragspflicht nach der Sonderregelung in § 42 Abs. 2 BGB, die der allgemeinen Vorschrift des § 15a InsO als lex specialis vorgeht. Nach § 15a Abs. 7 InsO sind die Regelungen in § 15a Abs. 1 bis 6 auf Vereine und Stiftungen, für die § 42 Abs. 2 BGB gilt, nicht anzuwenden.   83

B. Überschuldung

Für die GmbH ist ebenso wie für andere juristische Personen des Privatrechts (AG, e.G.) nach § 19 Abs. 1 InsO und für die GmbH & Co. KG als allseits haftungsbeschränkte Gesellschaft ohne natürliche Person als Vollhafter nach § 19 Abs. 3 InsO neben Zahlungsunfähigkeit auch die Überschuldung ein Grund für die Eröffnung eines Insolvenzverfahrens. In der Entwicklung der Unternehmenskrise geht Überschuldung der Zahlungsunfähigkeit häufig (lange) voraus.[8]   84

I. Definition

1. Frühere Rechtslage (KO, GesO) – der Überschuldungsbegriff bis 31.12.1998

Da der Begriff der Überschuldung in den früheren gesellschaftsrechtlichen Regelungen und in der KO bzw. der GesO nicht gesetzlich definiert war, hatte der BGH in seiner Grundsatzentscheidung die Überschuldung wie folgt definiert[9]:   85

---

[4] Knof/Mock GmbHR 2007, 852 ff., 858.
[5] EuGH ZIP 2015, 2468 = GmbHR 2016, 24.
[6] S.a. Piekenbrock, Übersicht zu den neuen Insolvenzgründen, NZI-Sonderbeilage 1/2021, 82 ff.
[7] Zu den Einzelheiten s.u. bei den einzelnen Insolvenzgründen bzw. bei Haftungsgefahren für die Geschäftsleiter.
[8] Kirstein ZInsO 2006, 966, 967.
[9] BGHZ 119, 201, 211 = NJW 1992, 2891.

Überschuldung liegt vor, wenn das Vermögen der Gesellschaft bei Ansatz von Liquidationswerten die bestehenden Verbindlichkeiten nicht deckte (rechnerische Überschuldung) und die Finanzkraft der Gesellschaft mittelfristig nicht zur Fortführung des Unternehmens ausreichte (Überlebens- oder Fortbestehensprognose).

86 Damit war der zweistufige Überschuldungsbegriff eingeführt. Ergab sich eine rechnerische Überschuldung der Gesellschaft, war jedoch für das Unternehmen von einer positiven Prognose für die Zukunft – also von der Fortführung des Unternehmens – auszugehen, lag trotz rechnerischer Überschuldung keine Überschuldung i.S.d. KO bzw. GesO vor.[10] Das Fehlen einer positiven Prognose war also neben der rechnerischen Vermögensunterdeckung ein zweites Tatbestandsmerkmal der Überschuldung.

2. Vorübergehende Verschärfung der Rechtslage durch die InsO – der Überschuldungsbegriff für die Zeit v. 1.1.1999 bis 17.10.2008

87 Durch § 19 Abs. 2 InsO a.F. wurde die Überschuldung gesetzlich wie folgt neu definiert:

Überschuldung liegt vor, wenn das Vermögen des Schuldners die bestehenden Verbindlichkeiten nicht mehr deckt. Bei der Bewertung des Vermögens des Schuldners ist jedoch die Fortführung des Unternehmens zugrunde zu legen, wenn diese nach den Umständen überwiegend wahrscheinlich ist.

88 Durch Aufnahme der Bewertungsregel in § 19 Abs. 2 Satz 2 InsO a.F. in die Definition der Überschuldung ist das zweite Tatbestandsmerkmal (Fehlen einer positiven Fortführungsprognose) entfallen. Eine positive Fortführungsprognose war nur noch Bewertungsmaßstab für das Vermögen. Dazu hat der BGH wiederholt[11] klargestellt, dass die Überschuldungsprüfung nach Liquidationswerten den Regelfall und diejenige nach Fortführungswerten bei positiver Fortführungsprognose den Ausnahmefall darstellt. Durch § 19 Abs. 2 InsO a.F. wurde der zweistufigen Überschuldungsprüfung die Grundlage entzogen;[12] für die Annahme der Überschuldung i.S.d. § 19 InsO a.F. reichte also allein die rechnerische Überschuldung aus. Dies hatte zur Folge, dass trotz positiver Fortführungsprognose Überschuldung i.S.d. § 19 InsO a.F. gegeben sein konnte und Insolvenzantrag gestellt werden musste, wenn sich die rechnerische Überschuldung auch bei Ansatz der Fortführungswerte ergab.[13]

3. Abermalige Gesetzesänderung – der Überschuldungsbegriff seit 18.10.2008

89 Durch das Finanzmarktstabilisierungsgesetz (FMStG) v. 17.10.2008[14] wurde die Definition der Überschuldung in § 19 Abs. 2 Satz 1 InsO – zunächst zeitlich

---

[10] BGH NJW 1992, 2891.
[11] Zuletzt BGH ZInsO 2007, 36 = BB 2007, 125.
[12] BGH ZIP 2007, 676 = ZInsO 2007, 376.
[13] OLG Naumburg GmbHR 2004, 361; Lutter ZIP 1999, 641 ff.; Wengel DStR 2001, 1769 ff.; Ellers GmbHR 2004, 940 ff.
[14] BGBl 2008, Teil I, S. 1982 ff., 1989.

befristet, durch Aufhebung des Art. 6 Abs. 3 FMStG in Art. 18 des Gesetzes zur Einführung einer Rechtsbehelfsbelehrung im Zivilprozess[15] später entfristet – neu gefasst, sodass nun dauerhaft gilt:

Überschuldung liegt vor, wenn das Vermögen die bestehenden Verbindlichkeiten nicht mehr deckt, es sei denn, die Fortführung des Unternehmens ist nach den Umständen überwiegend wahrscheinlich.

Durch diese Gesetzesänderung wurde also der alte, vor Inkrafttreten der InsO geltende, vom BGH geprägte[16] zweistufige Überschuldungsbegriff wieder eingeführt.[17] Überschuldung i.S.d. InsO liegt somit nur vor, wenn beide Tatbestandsmerkmale,
- rechnerische Überschuldung und
- Fehlen einer positiven Fortführungsprognose,
gegeben sind.[18]

Zur Begründung der Gesetzesänderung wurde im RegE des FMStG ausgeführt, **90** dadurch solle das ökonomisch unbefriedigende Ergebnis vermieden werden, dass auch positiv prognostizierte Unternehmen ein Insolvenzverfahren durchlaufen müssen. Dieses Argument galt jedoch seit Inkrafttreten der InsO am 1.1.1999 und hätte bereits i.R.d. zahlreichen früheren Änderungen der InsO berücksichtigt werden können. So dürfte die eigentliche Begründung für die Gesetzesänderung der Umstand gewesen sein, dass einige große Unternehmen in der Rechtsform der AG (etwa die sog. „systemrelevanten" Banken) erhebliche Finanzwerte in ihren Bilanzen hatten, die aufgrund der Krise am Finanzmarkt ganz erheblich abzuwerten waren (sog. toxische Wertpapiere) mit der Folge, dass rechnerische Überschuldung trotz positiver Fortbestehensprognose aufgrund der Liquiditätsausstattung durch den Sonderfonds Finanzen zu befürchten war.

Zum neuen (alten) Überschuldungsbegriff ist auf folgende Umstände und **91** **Zweifelsfragen**[19] hinzuweisen:
- Eine (positive) Prognose ist stets, besonders aber in einer Krise des Unternehmens mit erheblichen Unsicherheiten behaftet und hat daher oft eine nur geringe Aussagekraft. Da die positive Prognose die rechnerische Überschuldung nicht beseitigt, wird durch den gelockerten Überschuldungsbegriff das Ausfallrisiko für die Gläubiger dadurch erhöht, dass die Teilnahme eines Unternehmens mit unzureichender Vermögensausstattung am Geschäftsverkehr weiterhin möglich ist; die Gläubiger tragen also das **Prognoserisiko**.
- Die gesetzlichen Änderungen des Überschuldungsbegriffs wären entbehrlich gewesen, wenn man sich der in der Literatur auch vertretenen Ansicht angeschlossen hätte, dass bei positiver Prognose im Überschuldungsstatus der

---

[15] Vom 5.12.2012, BGBl I 2012, S. 2418 ff.
[16] BGHZ 119, 201, 214 = NJW 1992, 2891.
[17] Fünf Thesen zum neuen (alten) Überschuldungsbegriff, Poertzgen ZInsO 2009, 401 ff.
[18] Sa Holzer ZIP 2008, 2108 ff.; kritisch zu der Gesetzesänderung Hölzle ZIP 2008, 2003 ff., der für die Abschaffung der Überschuldung als Insolvenzgrund und stattdessen die Ergänzung des Insolvenzgrundes drohende Zahlungsunfähigkeit plädiert, da die Fortführungsprognose ohnehin auf eine solche Prüfung hinauslaufe; ebenfalls kritisch Hirte u.a., Überschuldung und Finanzmarktstabilisierungsgesetz, ZInsO 2008, 1217 ff. und Eckert/Happe ZInsO 2008, 1098 ff.
[19] Zu offenen Fragen des (gegenwärtigen) Überschuldungsbegriffs sa Hecker/Glozbach BB 2009, 1544 ff.

Firmenwert (Goodwill) angesetzt werden kann. Bei positiver Fortführungsprognose ist der Unternehmenswert als Preis zukünftiger Zahlungsströme nämlich regelmäßig positiv.[20]

- Die Regelung des Überschuldungsbegriffs durch das FMStG ändert nichts am gleichsam die Insolvenzantragspflicht begründenden Insolvenzgrund der Zahlungsunfähigkeit. Dieser ist jedoch auch bei haftungsbeschränkten Gesellschaften schon heute für die ganz überwiegende Zahl der Insolvenzen ausschlaggebend.

Fazit
Der neue Überschuldungsbegriff überzeugt auch nach seiner Entfristung nicht.[21] Eine vor der Entfristung im Auftrag des BMJ durchgeführte Expertenbefragung hat ergeben, dass die Überschuldung als Insolvenzauslöser nur eine geringe praktische Bedeutung hat, so dass in der Literatur über die Abschaffung[22] oder Beibehaltung[23] diskutiert wird. Diese Diskussion hatte vor dem Hintergrund des am 26.6.2019 verkündeten Richtlinie des europäischen Parlaments und des Rates über präventive Restrukturierungsrahmen, über Entschuldung und über Tätigkeitsverbote sowie über Maßnahmen zur Steigerung der Effizienz von Restrukturierungs-, Insolvenz- und Entschuldungsverfahren und zur Änderung der Richtlinie (EU) 2017/1132 (Richtlinie über Restrukturierung und Insolvenz)[24], die bis 2022 in nationales Recht umzusetzen war[25], neuen Schwung erhalten.[26] Durch Art. 5 des am 1.1.2021 in Kratf getretenen SanInsFoG[27] wurde die Überschuldung als Insolvenzantragsgrund – modifiziert (s. sogleich) – beibehalten, so dass sich die vorgenannte Diskussion erledigt hat.

4. Gesetzliche Konkretisierung – der Überschuldungsbegriff seit 1.1.2021

92   Durch Art. 5 SanInsFoG[28] wurde der Zeitraum für die Fortführungsprognose in § 19 Abs. 2 InsO nunmehr gesetzlich auf 12 Monate festgelegt. Das soll eine Abgrenzung zur ebenfalls das prognostische Element enthaltenden drohenden Zahlungsunfähigkeit ermöglichen, deren Beurteilungszeitraum durch das SanInsFoG in § 18 Abs. 2 S. 2 InsO auf „in der Regel" 24 Monate festgelegt wurde (zur Problematik der Zeiträume und zur positiven Fortführungsprognose → Rn. 96 ff.).

---

[20] Bitter ZInsO 2008, 1097 = NZA-RR 2008, 594; Böcker/Poertzgen GmbHR 2008, 1289, 1294.
[21] Sehr kritisch auch Körner/Wagner ZInsO 2009, 2131 ff.; zT wird die Überschuldung als insolvenzauslösender Tatbestand sogar als hinfällig angesehen, Hunkemöller/Tymann ZInsO 2011, 712 ff.
[22] Bitter/Hommerich/Reiß, ZIP 2012, 1201 ff.; Böcker/Poertzgen, GmbHR 2013, 17 ff., 22.
[23] Neuberger, Überschuldung abschaffen? Überschuldung stärken!, ZIP 2019, 1549 ff., der für die Abschaffung der drohenden Zahlungsunfähigkeit und der Fortbestehensprognose im aktuellen Überschuldungsbegriff plädiert.
[24] RL (EU) 2019/1023, ABl L 172/18 v. 26.6.2019; grober inhaltlicher Überblick Römermann, GmbHR 2019, R 204 ff.
[25] S. dazu Freitag, ZIP 2019, 541 ff.
[26] S.a. Bork, Zum Stand der Diskussion um den Überschuldungstatbestand, Beilage zu ZIP 43/2019; Klöhn, ZRI 2020, 2 ff.
[27] v. 22.12.2020, BGBl. I 2020, 3256 ff.
[28] v. 22.12.2020, BGBl. I 2020, 3256 ff.

Die Überschuldung ist grundsätzlich anhand eines Überschuldungsstatus bzw. einer Überschuldungsbilanz zu prüfen. Zum Stichtag (Tag der Vornahme der Prüfung) müssen in den Überschuldungsstatus sämtliche Vermögenswerte zu Liquidationswerten einschließlich evtl. stiller Reserven sowie die dagegen stehenden Verbindlichkeiten aufgenommen werden.[29] Sinn und Zweck des Überschuldungsstatus ist die Feststellung, ob das Gesellschaftsvermögen ausreicht, alle Gesellschaftsgläubiger zu befriedigen[30].

Der Überschuldungsstatus ist nicht gleichzusetzen mit der Handels- oder Steuerbilanz. Ebenso wenig ist der Begriff Überschuldung gleichzusetzen mit Unterbilanz oder Unterkapitalisierung. Die Jahresbilanz/Handelsbilanz hat bei der Überschuldungsprüfung nur indizielle Bedeutung und ist nur Ausgangspunkt für die Ermittlung des wahren Wertes des Gesamtvermögens.[31] Allein die Vorlage der Handelsbilanzen ist nicht geeignet, eine Überschuldung i.S.d. § 19 Abs. 1 InsO darzutun.[32] Legt der Insolvenzverwalter für seine Behauptung der Überschuldung der Gesellschaft lediglich eine Handelsbilanz vor, die einen nicht durch Eigenkapital gedeckten Fehlbetrag ausweist, muss er zusätzlich überprüfen und darlegen, ob und ggf. in welchem Umfang stille Reserven oder sonstige aus der Bilanz nicht ersichtliche Vermögenswerte vorhanden sind.[33] Allerdings ist das Vorliegen einer Überschuldung i.S.d. § 19 InsO regelmäßig durch das Vorliegen einer handelsbilanziellen Überschuldung, also den Ausweis eines nicht durch Eigenkapital gedeckten Fehlbetrages, indiziert.[34] Spätestens dann obliegt es dem Geschäftsführer, eine Überschuldungsbilanz bzw. einen Überschuldungsstatus zu erstellen und regelmäßig fortzuschreiben.[35]

93

Bei der Erstellung des Überschuldungsstatus sind zwei Problemkreise zu lösen:
- Welche Positionen sind in den Überschuldungsstatus einzustellen?
- Welche Werte sind im Überschuldungsstatus anzusetzen?

94

Übersicht 9: Ausgewählte Positionen im Überschuldungsstatus

95

Aktivseite
- Die Aktivierung von Gründungs- und Entwicklungskosten etc. hat zu unterbleiben (arg. e § 248 Abs. 1 Nr. 1 HGB); jedenfalls, wenn Liquidationswerte anzusetzen sind.[36]
- Firmenwert, Goodwill: Bei konservativer Betrachtungsweise hat der eigene Firmenwert außer Ansatz zu bleiben;[37] etwas anderes kann ausnahmsweise nur dann in Betracht kommen, wenn dem Firmenwert bei einer gedachten und aktuell möglichen Veräußerung des Unternehmens ein gesonderter Wert zukommt.

---

[29] BGH NZI 2020, 167 = BeckRS 2019, 32524 = ZInsO 2020, 373.
[30] OLG Schleswig ZInsO 2009, 1768 = BeckRS 2009, 13545.
[31] BGH ZIP 2001, 839; OLG Celle ZInsO 2006, 440 = LSK 2006, 350298 (Ls.); OLG München GmbHR 2019, 236 = NZG 2019, 941.
[32] BGH ZInsO 2012, 732 = WM 2012, 665.
[33] OLG Schleswig NZG 2022, 173.
[34] BGH ZInsO 2008, 1019 = NJW-Spezial 2008, 469; BGH GmbHR 2009, 817 = DStR 2009, 1384; BGH ZInsO 2020, 373 = NZI 2020, 167.
[35] OLG Celle GmbHR 2008, 1034 = DStR 2009, 1384.
[36] OLG Hamburg ZInsO 2013, 2447 = BeckRS 2013, 21326.
[37] OLG Celle BB 2004, 713 = GmbHR 2004, 309 = NZI 2004, 599 zu einem Fall des § 30 GmbHG: Die Aktivierung des selbst geschaffenen Firmenwertes ist mit dem Gläubigerschutzgedanken unvereinbar; sa § 248 Abs. 3 HGB – Aktivierungsverbot.

- Sonstige immaterielle Vermögenswerte, zu denen auch der Goodwill einer Tochtergesellschaft gehört,[38] Markenrechte, Konzessionen, Patente (auch selbst geschaffene) sind zu aktivieren, sofern selbstständig verwertbar.
- Roh-, Hilfs- und Betriebsstoffe, Halb- und Fertigerzeugnisse sind mit den tatsächlichen Werten anzusetzen, d.h. mit den Werten, die tatsächlich bei einer aktuellen Veräußerung erzielbar wären.
- Forderungen aus Lieferungen und Leistungen sind mit realisierbaren Werten unter Berücksichtigung einer Ausfallquote bzw. konkreter Ausfallrisiken anzusetzen. Eine bestrittene Forderung, die erst gerichtlich durchgesetzt werden muss, darf nicht aktiviert werden.[39]
- Ausstehende Einlagen von Gesellschaftern und Ansprüche auf evtl. beschlossene oder in der Satzung geregelte Ansprüche auf Nachschüsse sind zu aktivieren (häufiges Problem: Werthaltigkeit, daher häufig Ansatz nicht zu Nominalwerten, sondern nur i.H.d. Werthaltigkeit).
- Ansprüche auf Erstattung zurückgezahlter Einlagen (§§ 30, 31 GmbHG) sind zu aktivieren (häufiges Problem: Werthaltigkeit, daher häufig Ansatz nicht zu Nominalwerten, sondern nur i.H.d. Werthaltigkeit).
- Ansprüche auf **Verlustausgleich** aus Unternehmensverträgen (**Vertragskonzern**, § 302 AktG), sind zu aktivieren, wenn und soweit sie werthaltig sind.
Kürzlich hat das OLG Schleswig die seit der Entscheidung des BGH „Bremer Vulkan"[40] aufgegebene Rechtsprechung zum qualifiziert faktischen Konzern wiederbelebt und die Aktivierung eines daraus entstehenden Verlustausgleichsanspruchs nach § 302 AktG analog zugelassen.[41]
- **Patronatserklärungen:** Harte interne Patronatserklärungen (s.u.), Verlustdeckungszusagen und Ansprüche aus Liquiditätsausstattungsgarantien (s.u.) sind aufzunehmen, soweit sie werthaltig sind und die darin begründete Ausstattungspflicht tatsächlich gelebt wird.[42]
- Statuarische Finanzierungszusagen des Gesellschafters, die, abhängig von der Auslegung des Gesellschaftsvertrages, nicht „automatisch" auch für die Liquidation oder gar den Insolvenzfall gelten, können nur aufgenommen werden, sofern Fortführungsfähigkeit (positive Fortführungsprognose) besteht[43].
- Vertragliche **Freistellungsvereinbarungen** (etwa von Gesellschaftern), durch die die Schuldnergesellschaft auch vor Eröffnung des Insolvenzverfahrens von der Verbindlichkeit freigehalten wird, der Freistellende also in Vorlage treten wird. Gegenüber diesem Freistellungsanspruch ist jedoch grundsätzlich der Erstattungsanspruch des Freistellenden zu passivieren, es sei denn, dass für diesen ein qualifizierter Rangrücktritt erklärt/vereinbart wurde.[44]

Passivseite
- Eigenkapital hat selbstverständlich außer Ansatz zu bleiben.
- Einlagen des stillen Gesellschafters: Grds. ist die Einlage Fremdkapital und daher zu passivieren.[45] Etwas Anderes kann sich aus dem Gesellschaftsvertrag der StG ergeben.
- Für die Einlage eines **atypisch stillen Gesellschafters** (mit Verlustbeteiligung des atypisch stillen Gesellschafters) gilt: Ist die Einlage des stillen Gesellschafters durch Verlustbeteiligung vollständig aufgezehrt, braucht sie nicht mehr passiviert zu werden.[46] Streitig ist, ob eine Passivierungspflicht besteht, wenn und soweit der stille Ge-

---

[38] Zum Geschäfts- oder Firmenwert in der deutschen Konsolidierungspraxis 2009 s. Küting DStR 2010, 1855 ff.
[39] OLG Hamburg ZIP 2017, 2197.
[40] BGH NJW 2001, 3622 = ZIP 2001, 1874 – Bremer Vulkan.
[41] OLG Schleswig NZG 2022, 173 mit m.E. zu Recht kritischer Anm. Beurskens NZG 2022, 177 ff.
[42] BGH NZG 2011, 913; BGH NZG 2010, 1267.
[43] OLG Köln ZIP 2009, 808 = BeckRS 2009, 8494.
[44] OLG Hamburg NZG 2019, 828.
[45] BGH NJW 1983, 1855; KG GmbHR 2010, 761 = NZG 2010, 463.
[46] Mock in Uhlenbruck, InsO, § 19, Rn. 172.

sellschafter am Verlust beteiligt ist und seine Verlustzuweisungen die stille Beteiligung noch nicht aufgezehrt haben. M.E. reicht das bloße Bestehen der Verlustbeteiligung nicht aus, von der Passivierung abzusehen;[47] es besteht die Passivierungspflicht, soweit die Einlage den auf den stillen Gesellschafter entfallenden Verlust übersteigt.[48] Etwas Anderes kann sich aus dem Gesellschaftsvertrag der stillen Gesellschaft ergeben. In jedem Fall dürfte sich empfehlen, mit dem stillen Gesellschafter einen Rangrücktritt[49] zu vereinbaren, um die Passivierungspflicht mit Sicherheit zu vermeiden.[50] Nach der Kündigung der stillen Beteiligung ist die stille Gesellschaft aufgelöst und es hat eine Auseinandersetzung stattzufinden. Wechselseitige Ansprüche, also auch evtl. Ansprüche des stillen Gesellschafters auf Gewinnauszahlungen oder Rückerstattung seiner Einlage sind dann nur unselbständige Rechnungsposten in der Gesamtabrechnung, die vor der Beendigung der Auseinandersetzung nur ausnahmsweise geltend gemacht werden können, wenn dadurch das Ergebnis der Auseinandersetzung in zulässiger Weise (teilweise) vorweggenommen wird und die Gefahr von Hin- und Herzahlungen nicht besteht.[51]

- Selbstverständlich sind auch **Gesellschafterdarlehen** zu passivieren. Nach § 19 Abs. 2 Satz 2 InsO sind Forderungen auf Rückgewähr von Gesellschafterdarlehen oder aus Rechtshandlungen, die einem solchen Darlehen wirtschaftlich entsprechen, bei den Verbindlichkeiten nach § 19 Abs. 1 Satz 1 InsO nur dann nicht zu berücksichtigen, wenn für sie gem. § 39 Abs. 2 InsO zwischen Gläubiger und Schuldner der Nachrang im Insolvenzverfahren über das Vermögen der Gesellschaft hinter den in § 39 Abs. 1 Nr. 1 bis 5 InsO vereinbart worden ist.
- Ebenso sind auch gesellschafterbesicherte Drittdarlehen zu passivieren; in der Liquidationsbilanz kann ein Freistellungsanspruch gegen den sicherungsgebenden Gesellschafter nur dann aktiviert werden, wenn er vereinbart ist. Eine solche Vereinbarung setzt die Verpflichtung des Gesellschafters voraus, die Gesellschaft auch vor Eröffnung des Insolvenzverfahrens (und nicht erst im Rahmen der Nachranghaftung nach §§ 19 Abs. 2 S. 2, 135 Abs. 2 InsO im eröffneten Verfahren) von der Verbindlichkeit freizuhalten und insoweit in Vorlage zu treten. Bei Beteiligung derselben handelnden Person kann sich eine solche Vereinbarung auch konkludent aus den Umständen ergeben. Gegenüber dem Freistellungsanspruch ist grundsätzlich der Erstattungsanspruch des Gesellschafters zu passivieren, wenn der Gesellschafter für diesen keinen Rangrücktritt erklärt hat.[52]
- Verbindlichkeiten, für die rechtsgeschäftlich ein **Rangrücktritt** vereinbart ist, müssen nicht passiviert werden.[53]
- Verbindlichkeiten, die durch werthaltige Sicherheiten aus dem Gesellschaftsvermögen besichert sind, sind selbstverständlich zu passivieren.
- Verbindlichkeiten, die durch **werthaltige Sicherheiten Dritter**, z.B. durch Bürgschaften gesichert sind, sind mindestens wegen des regelmäßig nach Inanspruchnahme bestehenden Rückgriffsanspruchs des Sicherungsgebers in Ansatz zu bringen.[54]
- Die Frage, ob die Passivierungspflicht bei Verzicht oder qualifiziertem Rangrücktritt des Drittsicherungsgebers auf seinen Rückgriffsanspruch für den Fall der Inanspruchnahme entfällt, ist streitig und, soweit ersichtlich, höchstrichterlich noch nicht geklärt. Nach OLG Stuttgart[55] ist der Regressanspruch bei Rangrücktritt im Überschuldungsstatus nicht zu passivieren; der passivierten Drittverbindlichkeit stehe ein zu aktivierender Freistellungsanspruch der GmbH gegen den Sicherungsgeber

---

[47] Ebenso Mock in Uhlenbruck, InsO, § 19 Rn. 172.
[48] BGH ZIP 1983, 561 = NJW 1983, 1855.
[49] Zu diesem weiter unten in dieser Aufzählung.
[50] OLG Köln NZG 2010, 463.
[51] BGH NZG 2015, 674.
[52] OLG Hamburg ZIP 2019, 466 = ZInsO 2019, 209
[53] Schluss aus BGHZ 146, 264 = DStR 2001, 175 = ZInsO 2001, 260 und § 19 Abs. 2 Satz 2 InsO; sa u. zu Rangrücktritt.
[54] Gottwald, Insolvenzrechtshandbuch, § 6 Rn. 44.
[55] ZIP 2007, 337 = GmbHR 2007, 369.

gegenüber (auch ohne dass, soweit im konkreten Fall ersichtlich, dieser Freistellungsanspruch ausdrücklich vereinbart war). Dem stimmen Teile der Literatur zu, wenn im Innenverhältnis der Sicherheitengeber für die Verbindlichkeiten einzustehen hat.[56] Dies sei etwa bei kapitalersetzenden Sicherheiten nach alter Rechtslage und qualifiziertem Rangrücktritt des Gesellschafters der Fall und müsse auch bei qualifiziertem Rangrücktritt für den Freistellungs- bzw. Regressanspruch eines Dritten als Sicherheitengeber gelten („umgekehrter" Freistellungsanspruch der Gesellschaft).[57] Nach a.A. kann vom Ansatz der Verbindlichkeit nicht abgesehen werden[58]; denkbar sei allenfalls die Aktivierung eines Freistellungsanspruchs, wenn er (ausdrücklich) vereinbart und regresslos oder mit Rangrücktritt versehen ist.[59]

- Rückstellungen, die im Insolvenzfall zu Verbindlichkeiten werden, sind zu passivieren, wenn ernsthaft mit ihrer Inanspruchnahme zu rechnen ist; dies gilt auch für Drohverlustrückstellungen und für ungewisse Verbindlichkeiten.[60]
- Rückstellungen für laufende Pensionsverpflichtungen[61] und unverfallbare Pensionsanwartschaften sind zu passivieren, und zwar grds. mit dem versicherungsmathematischen Anwartschaftsbarwert, ggf. dem niedrigeren Teilwert;[62] U.U. hat sich aus den Regelungen des BilMoG durch Berücksichtigung künftiger Gehalts- und Rentensteigerungen sogar noch eine höhere Bewertung der Rückstellung ergeben. Die „Auslagerung" der Pensionsrückstellung ist schuldbefreiend nur durch Abfindung oder Verzicht möglich. Wegen der steuerlichen Konsequenzen sollte davon zunächst nur der nicht werthaltige Teil erfasst sein.[63] Als Gegenposition auf der Aktivseite des Überschuldungsstatus kommt, soweit vorhanden, eine Rückdeckungsversicherung mit den geleisteten Sparanteilen der Beiträge zuzüglich Guthaben aus Überschussbeteiligungen in Betracht.[64]
- **Streitige Verbindlichkeiten**, über die in einem anhängigen Prozess noch nicht rechtskräftig entschieden ist: Nach OLG Köln[65] besteht kein Zwang zur Passivierung und auch nicht zur Bildung einer entsprechenden Rückstellung, wenn der Geschäftsführer mit guten Gründen aus der ex ante-Betrachtung annehmen darf, dass die Verbindlichkeit nicht besteht, der Prozess also gewonnen wird.[66] Dies gilt insbesondere, wenn gerade diese Verbindlichkeit oder die entsprechende Rückstellung die Überschuldung begründen würde.[67] Nach anderer Auffassung[68] sind streitige Verbindlich-

---

[56] Mitter in Haarmeyer/Wutzke/Förster, Präsenzkomm. zur InsO, Stand 1.1.2010, § 19, Rn. 18 m.w.N.
[57] Merz/Hübner DStR 2005, 802 ff.
[58] Mock in Uhlenbruck, InsO, § 19, Rn. 152
[59] Meyer-Löwy ZIP 2003, 1920 ff.; so auch OLG Hamburg, NZG 2019, 828 für den Fall der Besicherung eines Drittdarlehens durch den Gesellschafter (= Rechtshandlung i.S.d § 19 Abs. 2 S. 2 InsO, die einem Gesellschafterdarlehen wirtschaftlich entspricht) und Vereinbarung eines Freistellungsanspruchs zwischen Schuldnergesellschaft und Gesellschafter mit Rangrücktritt für den Regressanspruch.
[60] BGH DB 2003, 2481 = ZIP 2003, 2068 zu einem Fall nach § 30 GmbHG.
[61] Zur Neubewertung von Pensionsverpflichtungen nach dem BilMoG und den Auswirkungen auf den Überschuldungsstatus nach § 19 InsO s. Buddenbrock/Rathje BB 2010, 1331 ff.
[62] BFHE 200, 259 = BFH, ZIP 2003, 348; FG Brandenburg GmbHR 2010, 548 = BeckRS 2010, 26028660: Die Finanzierbarkeit einer Pensionszusage hängt davon ab, ob die Passivierung des Anwartschaftsbarwerts der Pensionsverpflichtung zur Überschuldung der Gesellschaft im Sinne des Insolvenzrechts führen würde; Zur „Befreiung" einer Kapitalgesellschaft von lästig gewordenen Pensionsverpflichtungen s. Grögler/Urban DStR 2006, 1389 ff.
[63] Zu den steuerlichen Konsequenzen des Verzichts des Gesellschafter-Geschäftsführers der GmbH auf eine Pensionszusage s. Harle BB 2010, 1963 ff.
[64] BFHE 205, 434 = BB 2004, 1557.
[65] OLG Köln DStR 2000, 1662.
[66] Uhlenbruck ZInsO 2006, 338 ff.
[67] So auch Leithaus/Wachholtz ZIP 2019, 649 ff.
[68] Schmidt/Roth ZInsO 2006, 236 ff.; Höffner DStR 2008, 1787 ff.

keiten stets zu bewerten und in einer Rückstellung für Eventualverbindlichkeiten mit einer angemessenen, dem Grad der Wahrscheinlichkeit ihres Bestehens entsprechenden Höhe anzusetzen. Der Ansatz zum Nennwert ist keineswegs zwingend, sondern die bestehende rechtliche Unklarheit in der Behandlung streitiger Verbindlichkeiten eröffnet der Geschäftsführung beim Ansatz derartiger Verbindlichkeiten im Überschuldungsstatus großzügige Bewertungsspielräume, die unter strafrechtlichen Grundsätzen (Insolvenzverschleppung) kaum einzuengen sind.[69]
- Sonderposten mit Rücklagenanteil sind nicht anzusetzen, da sie aus zivilrechtlicher Sicht keine Schuldposten bilden, die das Unternehmensvermögen mindern.[70]

II. Fortführungsprognose

1. Funktion der Prognose

Vor der Änderung des § 19 Abs. 2 InsO a.F. durch das FMStG 17.10.2008[71] (→ Rn. 89) war die Prognose eine reine Bewertungsregel: ausnahmsweise waren im Überschuldungsstatus die Fortführungswerte für die Vermögensgegenstände anzusetzen, wenn die Fortführung des Unternehmens überwiegend wahrscheinlich war, ansonsten (Regelfall) die Liquidationswerte, also die Werte, von deren Erzielbarkeit bei einer im Zeitpunkt der Überprüfung gedachten Liquidation ausgegangen werden kann.[72]

96

Seit den dargestellten Gesetzesänderungen hat die Fortführungsprognose[73] nach aktueller Rechtslage (wieder wie zur Zeit vor Inkrafttreten der InsO) zwei Funktionen: Zum einen ist sie Maßstab für den Wertansatz der Vermögenswerte (Fortführungswerte bei positiver Prognose, andernfalls Zerschlagungswerte) im Überschuldungsstatus, zum anderen – und das ist das Wesentliche – ist das Fehlen einer positiven Fortführungsprognose zweites Tatbestandsmerkmal der Überschuldung,[74] m.a.W. liegt trotz rechnerischer Vermögensunzulänglichkeit eine Überschuldung der Gesellschaft nach § 19 Abs. 2 InsO nicht vor, wenn eine positive Fortbestehensprognose gegeben ist.

97

2. Voraussetzungen und Anforderungen an eine positive Prognose

a) Zahlungsfähigkeit. Selbstverständlich muss das Unternehmen im Prognosezeitpunkt zahlungsfähig sein oder die Zahlungsfähigkeit muss innerhalb der Drei-Wochen-Frist des § 15a Abs. 1 InsO wieder hergestellt sein. Darüber hinaus darf der Schuldner während des Prognosezeitraums (→ Rn. 106) nicht zahlungsfähig werden.

98

---

[69] AG Frankfurt/Oder, NZG 2020, 27
[70] BFHE 210, 487 = BFH/NV 2005, 2310 = BB 2005, 2630 = DStR 2005, 1896.
[71] BGBl I 2008, S. 1982 ff., 1989.
[72] BGH ZIP 2006, 2171.
[73] Zur Fortbestehensprognose detailliert Sikorra ZInsO 2010, 1761 ff.; zur Beurteilung der Going-Concern-Prämisse bei Abschlussprüfungen sa Lilienbecker BB 2009, 262 ff.; sa Kühne/Nickert ZInsO 2014, 2297 ff.
[74] Sa Hüttemann FS K. Schmidt, 2009, 761 ff., 775 ff.

99 **b) Fortführungswille.** In **subjektiver Hinsicht** ist für eine positive Prognose der Fortführungswille des Schuldners bzw. der Geschäftsführung erforderlich.[75] Bei Gesellschaften ist erforderlich, dass die Geschäftsführung anhand objektiver Anhaltspunkte zumindest davon ausgehen darf, dass die Gesellschafter des Schuldners trotz der eingetrenen Krise das Unternehmen/die Gesellschaft fortführen wollen.[76]

Ob eine positive Fortführungsprognose auch eine **positive Liquidationsprognose** sein kann, etwa wenn die Gesellschafter unter Vermeidung der Insolvenzreife und eines Insolvenzverfahrens die Liquidation der Gesellschaft wollen und die beschlossene Liquidationsplanung zeigt, dass die (fälligen) Verbindlichkeiten bis zum Abschluss der Liquidation bezahlt werden können, ist nicht abschließend geklärt.[77] M.E. kann das nur angenommen werden, wenn auch tatsächlich alle Verbindlichkeiten der Gesellschaft bezahlt werden.

100 **c) Prognosegegenstand.** Die Anforderungen an eine postive Fortführungsprognose in **objektiver Hinsicht** sind folgende:

101 Nach der Begründung zum RegE des FMStG liegt eine positive Prognose vor, wenn das Unternehmen den Turnaround nach wenigen Monaten schafft bzw. nach überwiegender Wahrscheinlichkeit seine Finanzkraft für die mittelfristige Fortführung ausreicht. Dies könnte auf eine Liquiditäts- und damit eine bloße Zahlungsfähigkeitsprognose hinauslaufen.[78] Die Ertragsfähigkeit des Unternehmens i.S. einer gesicherten Innenfinanzierung sei kein selbstständiger und notwendiger Gegenstand der positiven Fortführungsprognose, sondern nur ein, wenn auch wichtiger, Faktor zur Prognose der Zahlungsfähigkeit des Unternehmens.[79] Danach ist die Prognose reine Zahlungsfähigkeitsprognose.[80] So könnte auch ein ertragsloses Unternehmens positiv prognostiziert werden, wenn nur die Zuführung von Liquidität von außen, etwa durch die Gesellschafter gesichert ist.[81] Diese Situation kommt nicht selten bei Unternehmen der öffentlichen Daseinsvorsorge in der Rechtsform einer juristischen Person des Privatrechts vor. Sie werden oft von ihren öffentlich-rechtlichen Gesellschaftern aufrechterhalten, obwohl sie dauerhaft defizitär sind.

102 Nach der nunmehr ständigen Rspr. des BGH setzt eine positive Fortführungsprognose in objektiver Hinsicht die Lebensfähigkeit des Unternehmens voraus, die aus einem „aussagekräftigen Unternehmenskonzept (sog. Ertrags- und Finanzplan)" herleitbar sein muss[82]. Dabei muss dem schlüssigen und realiserbaren Unternehmenskonzept grundsätzlich ein Ertrags- und Finanzplan[83] zugrunde liegen, aus dem sich ergibt, dass die Finanzkraft der Gesellschaft mittelfristig zur Fortführung des Unternehmens ausreicht.[84] Nach OLG Schleswig ist die Prognose

---

[75] KG ZInsO 2006, 437 = BeckRS 2006, 1698; BGH ZIP 2006, 2171.
[76] OLG Hamburg GmbHR 2018, 800 = BeckRS 2018, 5763.
[77] Morgen/Rathje ZIP 2018, 1955 ff.
[78] So Aleth/Harlfinger NZI 2011, 166, 168; Sikora ZInsO 2010, 1761 ff.; Bitter/Kresser ZIP 2012, 1733 f.
[79] Bitter/Kresser ZIP 2012, 1733 f.; K. Schmidt ZIP 2013, 485 ff.
[80] IDW S 11, Ziff. 59.
[81] So Bitter/Kresser ZIP 2012, 1733 f.
[82] Etwa BGH ZIP 2006, 2171; BGH ZIP 2021, 1643, 1652
[83] Zum anzusetzenden Prognosezeitraum s.u. → Rn. 106 ff.
[84] BGH ZIP 2006, 2171; BGH ZIP 2021, 1643, 1652

B. Überschuldung

positiv, wenn sie die überwiegende Wahrscheinlichkeit zeigt, dass die Gesellschaft mittelfristig, d.h. in einem betriebswirtschaftlich überschaubaren Zeitraum Einnahmeüberschüsse erzielen wird, aus denen die gegenwärtig und künftig fälligen Verbindlichkeiten gedeckt werden können[85]. Nach AG Hamburg erfordert eine positive Fortbestehensprognose also eine Zahlungsfähigkeits- und eine (positive) Ertragsfähigkeitsprognose.[86] So weit geht die ober- und höchstrichterliche Rechtsprechung nicht. Nach dieser ist eine Fortführungsprognose **im Kern Zahlungsfähigkeitsprognose**, die einer nachvollziehbaren Vermögens-, Finanz- und Ertragsplanung bedarf.[87] Die erforderliche Liquidität kann – bei verbindlicher Verpflichtung – auch von Dritten, (Fremdkapitalgeber oder Gesellschafter) zur Verfügung gestellt werden.[88]

Dieser Auffassung sollte nach meinem Dafürhalten in der Beratungspraxis gefolgt werden. Nur in Ausnahmefällen, etwa bei verbindlicher Kapitalausstattungsverpflichtung eines solventen Dritten, etwa des Gesellschafters bzw. der Konzernobergesellschaft kann auf das Erfordernis einer eigenen positiven Ertragsfähigkeitsprognose verzichtet werden, selbstverständlich aber nicht auf die Prognose an sich. Dies dürfte dann auch für eine Liquidationsplanung mit für den Liquidationsabschluss ausreichender verbindlicher Mittelzufuhr gelten.

Sofern für die positive Prognose Cash-Pool Zahlungen herangezogen werden, sind die konkrete Ausgestaltung der Cash-Pooling Vereinbarung, evtl. Kündigungsrechte der Muttergesellschaft und die Werthaltigkeit evtl. Ausgleichsansprüche gegen die Muttergesellschaft zu prüfen. Für die Beurteilung letzterer bedarf es einer konzernweiten Liquiditätsbetrachtung/-planung.[89]

In die Prognose sind die Auswirkungen von **Sanierungsbemühungen** einzubeziehen. Dies gilt auch und gerade für Maßnahmen nach dem StaRUG, da sonst allein wegen drohender Zahlungsunfähigkeit (Zugang zum gerichtlichen StaRUG-Verfahren, s.u.) eine positive Prognose i.S.d. § 19 Abs. 2 S. 1 InsO zu verneinen wäre[90] mit der Folge, dass der Stabliisierungs- und Restrukturierungsrahmen nur für den Prognosezeitraum von 12 – 24 Monaten genutzt werden könnte. Eine positive Prognose kann aber nicht auf einseitige Sanierungsbemühungen und ein einseitiges Sanierungskonzept gestützt werden, wenn der Erfolg vom Einverständnis der Gläubiger abhängt und diese die Zustimmung verweigern[91]. Diese Grundsätze gelten auch für den neuen (alten) Überschuldungsbegriff in § 19 Abs. 2 S. 1 InsO nach FMStG[92].

---

[85] OLG Schleswig, ZIP 2010, 516
[86] AG Hamburg ZInsO 2012, 183 = ZIP 2012, 1776; so auch Wolf DStR 2009, 2682 ff.; Hirte ua ZInsO 2008, 1217, 1222 m.w.N.
[87] OLG Hamburg, ZInsO 2013, 2447; BGH ZInsO 2010, 2396, 2397 = NZG 2010, 1393: Ertrags- und Finanzplan; so auch OLG München, GmbHR 2019, 236 = NZG 2019, 941.
[88] OLG Düsseldorf, ZIP 2021, 1665
[89] Sa Küting/Eichenlaub GmbHR 2014, 169 ff.
[90] so BGH ZInsO 2020, 373 = NZI 2020, 167; Gehrlein, ZInsO 2021, 183, 187, was nach der Neuregelung zumindest für drohende Zahlungsunfähigkeit in den ersten 12 Monaten des Planungszeitraums gelten dürfte.
[91] BGH ZIP 2004, 1049 = BB 2004, 1240
[92] LG Göttingen, ZIP 2009, 382

105 Die positive Fortführungsprognose i.S.d. §19 Abs.2 InsO ist nicht gleichzusetzen mit der Going-Concern-Bewertung im Rahmen des §252 Abs.1 Nr.2 HGB – aus ihr lassen sich keine zwingenden Schlüsse für eine positive Fortführungsprognose i.S.d. §19 Abs.2 InsO ziehen[93].

3. Prognosezeitraum

106 Eine weitere Unsicherheit bestand bei der Bestimmung des maßgeblichen Prognosezeitraums, da er nicht geregelt war. Nach der Begründung des RegE InsO sind in die Prognose die Fälligkeiten aller bestehender Verbindlichkeiten aufzunehmen[94]. Das könnte im Extremfall bis zum „Lebensende" des Unternehmens sein. Da aber über sehr lange Zeiträume die Unsicherheit so groß wird, dass nicht mehr sinnvoll von einer Prognose gesprochen werden kann, musste der Zeitraum auf einen betriebswirtschaftlich überschaubaren Zeitraum begrenz werden.[95] Das OLG Naumburg tendierte zu zwei Jahren[96]. In einer BGH-Entscheidung war angedeutet, dass bereits fünf Monate reichen könnten[97]. Nach der h.M. in der Literatur umfasste der Prognosezeitraum das laufende und das folgende Geschäftsjahr[98]. Dem hatte sich die Rechtsprechung angeschlossen: OLG Hamburg: „in der nächsten Zeit – im Allgemeinen mindestens bis zum Ende des laufenden und des folgenden Geschäftsjahres".[99] Der BGH hat denselben Prognosezeitraum in einer Entscheidung zur Haftung des Steuerberaters zugrunde gelegt[100]. Er galt sodann als „Faustregel".[101]

Im Einzelfall können ggf. auch spätere Fälligkeiten zu berücksichtigen sein, z.B. ein endfälliges Darlehen, welches mit großer Wahrscheinlichkeit dann nicht zurückzuzahlen sein wird. In einem solchen Fall wäre es nicht utreffend, allein durch die Annahme eines kürzeren Prognosezeitraums eine „vorübergehend" positive Prognose zu erteilen.

107 Durch Art.5 SanInsFoG[102] ist der Prognosezeitraum in §19 Abs.2 S.1 InsO nunmehr gesetzlich auf **12 Monate** festgelegt, wodurch eine Abgrenzung zur

---

[93] So auch Kaiser, ZIP 2012, 2478 ff.; siehe jedoch zur Haftung des Steuerberaters, der mangels vorhandener Fortführungsprognose bei nicht durch EK gedecktem Fehlbetrag in der von ihm erstellten Bilanz zu Unrecht die Fortführungswerte ansetzt, BGH ZIP 2017, 427; dazu Gehrlein, Insolvenzrechtliche Überschuldung trotz Bilanzierung zu Fortführungswerten? – Zur Unterscheidung von Fortführungsprognose und Fortbestehensprognose, WM 2018, 1 ff.; s.a. BGH, Urt. v. 26.1.2017 – IX ZR 285/14, ZIP 2017, 427; BGH ZIP 2021, 1643, 1654; zur Fortführungsprognos i.S.d. §252 HGB Henrichs/Schulze-Osterloh, DStR 2018, 1731 ff.; Replik Mader/Seitz, DStR 2018, 1933 ff.; zur Fortführungsprognos i.S.d. §252 HGB auch in der Corona-Krise Mader/Seitz, DStR 2020, 996 ff.
[94] Begr. zu §22 RegE InsO, BT-Drucks. 12/2443, S.115
[95] OLG Schleswig, DStR 2010, 564.
[96] OLG Naumburg, ZInsO 2004, 512.
[97] BGHZ 119, 201 = NJW 1992, 2891
[98] Bork, ZIP 2000, 1709 ff.; Luttermann/Vahlenkamp, ZIP 2003, 1629 ff.; Hölzle, ZIP 2008, 2003, 2005; Hirte u.a., ZInsO 2008, 1217, 1223; K. Schmidt, Überschuldung und Unternehmensfortführung, ZIP 2013, 485 ff.
[99] OLG Hamburg, ZInsO 2013, 2447 = BeckRS 2013, 21326 und GmbHR 2018, 800 = BeckRS 2018, 5763.
[100] BGH, Urt. v. 26.1.2017 – IX ZR 285/14, ZIP 2017, 427
[101] So auch OLG München, ZIP 2014, 69
[102] v. 22.12.2020, BGBl. I 2020, 3256 ff.

B. Überschuldung

drohenden Zahlungsunfähigkeit erfolgen soll, deren Beurteilungszeitraum durch das SanInsFoG in § 18 Abs. 2 S. 2 InsO auf 24 Monate festgelegt wurde. Diese Verkürzung wird unter Gläubigerschutzgesichtspunkten in der Literatur kritisch gesehen.[103] So dürfe die Regelung nicht dazu führen, dass die Schuldnergesellschaft ein Jahr lang Liquiditätsgewinnung aus der Substanz zu Lasten der Gläubigerschaft betreibt. Der Ausweg könnte hier wiederum darin liegen, dass für eine positive Fortführungsprognose (wieder) auch eine positive Ertragsfähigkeitsprognose verlangt wird (s.o.).

Durch den mit Art. 10 SanInsFoG eingeführten § 4 COVInsAG war als Prognosezeitraum für die Zeit vom 1.1. bis 31.12.2021 ein Zeitraum von 4 Monaten zugrunde zu legen. Voraussetzungen sind, dass die Überschuldung auf die COVID-19-Pandemie zurückzuführen ist, was vermutet wird, wenn der Schuldner am 31.12.2019 nicht zahlungsunfähig war, im letzten vor dem 1.1.2020 abgeschlossenen Geschäftsjahr ein positives Ergebnis aus der gewöhnlichen Geschäftstätigkeit erwirtschaftet hat und der Umsatz aus der gewöhnlichen Geschäftstätigkeit im Kalenderjahr 2020 im Vergleich zum Vorjahr um mehr als 30% eingebrochen ist. Nach einer statistischen Erhebung haben derart hohe Umsatzeinbrüche nur die Luftfahrt und die Kulturbranche erfahren, so dass die Anwendung dieser Regelung eher die Ausnahme bleiben wird.

108

4. Prognosesicherheit und Beurteilungsspielraum, Darlegungs- und Beweislast, Beratung bei der Prognoseerstellung

Als Prognosesicherheit genügt nach ganz h.M. die **überwiegende Wahrscheinlichkeit** der sich aus dem Unternehmenskonzept ergebenden Aufrechterhaltung der Zahlungsfähigkeit.[104]

109

Bei der Beantwortung der Frage, ob eine positive Fortführungsprognose gestellt werden kann, ist dem Geschäftsführer ein **Beurteilungsspielraum** zuzubilligen. Dabei ist die Vermögenssituation der Gesellschaft selbstverständlich nicht aus der Rückschau zu beurteilen, sondern es muss auf die Erkenntnismöglichkeiten eines ordentlichen Geschäftsleiters in konkreten Zeitpunkt der Erstellung der Prognose abgestellt werden.[105]

Sonderfall **Start-Up-Unternehmen:**

110

Bei einem Start-Up-Unternehmen sind nach OLG Düsseldorf die Grundsätze des BGH für eine positive Fortführungsprognose nicht uneingeschränkt anwendbar; für die Annahme der überwiegenden Wahrscheinlichkeit der Fortführung des Unternehmens unter Aufrechterhaltung der Zahlungsfähigkeit reiche auch eine nicht rechtsverbindliche Zusage des finanzkräftigen Investors, der in der Vergangenheit die Gründung bereits mit erheblichen Mitteln finanziert hat, auch künftig weitere Finanzmittel auf der Grundlage einer nachvollziehbaren Planung und des nachgewiesenen Finanzbedarfs zur Verfügung zu tellen, aus, wenn die Planung „irgendwann" die Ertragsfähigkeit des Unternehmens erwarten lässt und nicht konkret wahrscheinlich ist, dass der Finanzier das Start-Up-Unternehmen nicht

---

[103] Gehrlein, GmbHR 2021, 183,187; Bitter, ZIP 2021, 321, 324
[104] BGH ZIP 2021, 1643, 1653
[105] Ständ. Rspr. des BGH, etwa BGH ZIP 2021, 1643, 1652

weiterfinanzieren wird; ein klagbarer Anspruch auf die Finanzierungsbeiträge sei nicht erforderlich.[106]

111 Die Umstände, die eine positive Prognose rechtfertigen, hat im Zweifelsfall der Geschäftsführer darzulegen und zu beweisen.[107] Die positive Prognose und die zugrundeliegenden Annahmen sollten daher ausreichend dokumentiert werden.

112 Die Fortführungsempfehlung eines externen Sachverständigen kann den Geschäftsführer (etwa bei Haftungsinanspruchnahmen nach §64 GmbHG a.F.; heute §15b InsO) nur entschuldigen, wenn er sich unter umfassender Darstellung der Verhältnisse der Gesellschaft und Offenlegung sämtlicher erforderlicher Unterlagen von einer unabhängigen, für die zu klärenden Fragen fachlich qualifizierten Person hat beraten lassen und das Beratungsergebnis einer sorgfältigen Plausibilitätskontrolle unterzogen hat. Der bloße Rat, „bei Beachtung der Liquidität" und Beauftragung einer weiteren Fortführungsprüfung befinde man sich "auf der sicheren Seite" ist keine plausible Fortführungsempfehlung.[108]

III. Prüfung der Überschuldung, Zeitpunkt

113 Ergänzend kann zur Prüfung der Überschuldung der IDW- Prüfungsstandard IDW S 11 herangezogen werden, der am 23.8.2021 (Billigung durch den HFA am 9.11.2021) geändert wurde und nun die neue Rechtslage seit dem 1.1.2021 und die aktuelle Rechtsprechung des BGH berücksichtigt. Die Prüfungsreihenfolge dürfte sein: zunächst Bestehen einer positiven Fortführungsprognose und sodann Erstellung eines Überschuldungsstatus; in meiner Praxis jedoch nicht selten umgekehrt, zumal wenn die Überschuldung durch eine Handelsbilanz mit Ausweis eines nicht durch Eigenkapital gedeckten Fehlbetrages indiziert ist.

Spätester Zeitpunkt, zu welchem der Geschäftsführer eine evtl. Überschuldung prüfen muss, ist, wenn der Jahresabschluss einen nicht durch Eigenkapital gedeckten Fehlbetrag ausweist. Es gehört aber auch zu den Pflichten des ordentlichen Geschäftsführers, die wirtschaftliche Lage der Gesellschaft laufend zu beobachten und bei Anzeichen für eine wirtschaftliche Krise einen Vermögensstatus zu erstellen und eine rechnerische Überschuldung zu prüfen.[109] Zeigt sich eine solche, hat der Geschäftsführer zu prüfen, ob eine positive Fortführungsprognose gegeben ist.[110]

114 **Praxishinweis**
In der Praxis erweist es sich oft als nicht notwendig, für die Überschuldungsprüfung bei Mandatserteilung umfangreiche und u.U. kostenträchtige Bewertungen des Vermögens durchführen zu lassen. Mitunter ergibt bereits das erste Gespräch mit der Geschäftsleitung bei Erteilung/Beginn des Mandats, dass die Gegenüberstellung der realistischen Vermögenswerte und der bestehenden Verbindlichkeiten den begründeten „Verdacht" nahelegt, dass eine Überschuldung bestehen könnte. Dann ist entweder eine belastbare positive Fortführungsprognose zu erstellen und zu dokumentieren oder es sind sofort geeignete Maßnahmen zur Beseitigung der Überschuldung einzuleiten (→ Rn. 169 ff.).

---

[106] OLG Düsseldorf, ZIP 2021, 1665
[107] OLG Schleswig, GmbHR 2010, 864
[108] BGH ZIP 2020, 1239
[109] OLG Schleswig GmbHR 2010, 864.
[110] BGH ZIP 2020, 1239

IV. Feststellung der Überschuldung der Komplementär-GmbH einer GmbH & Co. KG

I.d.R. zieht die Insolvenzreife der KG wegen der persönlichen Haftung der Komplementär-GmbH nach §§ 161 Abs. 2, 128 HGB auch deren Insolvenzreife nach sich. Fraglich kann sein, ab welchem Zeitpunkt die Komplementär-GmbH überschuldet ist. Grundsätzlich ist die Überschuldung der Komplementär-GmbH nach § 19 Abs. 2 InsO gesondert zu prüfen und festzustellen. Nach der Rechtsprechung des BGH hat die Komplementär-GmbH die Verbindlichkeiten der KG bei der eigenen Überschuldungsprüfung stets zu passivieren.[111] Da die Komplementär-GmbH für den Fall ihrer Haftungsinanspruchnahme für die Verbindlichkeiten der KG nach §§ 161 Abs. 2, 128 HGB einen gleich hohen Aufwendungsersatz- bzw. Freistellungsanspruch nach §§ 161 Abs. 2, 110 HGB gegen die KG hat, kommt es auf die Frage, ab welchem Zeitpunkt die Verbindlichkeiten der KG in einem Überschuldungsstatus der Komplementär-GmbH passiviert werden müssen, in der Praxis solange nicht an, wie die GmbH & Co. KG wirtschaftlich „gesund", mithin der Aufwendungsersatz- bzw. Freistellungsanspruch der Komplementär-GmbH gegen die KG voll werthaltig ist und somit seine Aktivierung die passivierten Verbindlichkeiten im Überschuldungsstatus kompensiert bzw. neutralisiert. 115

Gerät die GmbH & Co. KG jedoch in die Krise oder gar in eine Überschuldung, muss die Komplementär-GmbH mit ihrer Inanspruchnahme nach §§ 161 Abs. 2, 128 HGB für die Verbindlichkeiten der KG rechnen. Dann kann die Passivierung der Verbindlichkeiten der KG im Überschuldungsstatus der Komplementär-GmbH durch Aktivierung des Aufwendungsersatz- bzw. Freistellungsanspruchs der Komplementär-GmbH gegen die KG nach §§ 161 Abs. 2, 110 HGB nur noch kompensiert bzw. „neutralisiert" werden, wenn die KG eine positive Fortführungsprognose hat, denn nur dann ist der Freistellungsanspruch (noch) werthaltig. 116

C. Zahlungsunfähigkeit

Zahlungsunfähigkeit ist als allgemeiner Eröffnungsgrund der weitere Grund für die Eröffnung eines Insolvenzverfahrens über das Vermögen der GmbH und, anders als Überschuldung, auch ein Grund für die Eröffnung des Insolvenzverfahrens über das Vermögen jedes insolvenzfähigen (§ 11 InsO) Schuldners, etwa einer natürlichen Person als Betreiber eines einzelkaufmännischen Unternehmens oder von (Personen-)Gesellschaften mit natürlicher Person als Vollhafter. 117

---

[111] BGH ZIP 2015, 322 = GmbHR 2015, 248; aA Uhlenbruck in Schmidt/Uhlenbruck, Die GmbH in Krise, Sanierung und Insolvenz, Rn. 5.202.: Passivierung erst, wenn der Ausgleichsanspruch nach § 110 HGB gegen die KG nicht mehr vollwertig ist.

I. Definition

118 Vor Inkrafttreten der InsO fehlte eine gesetzliche Definition der Zahlungsunfähigkeit, sodass die Rechtsprechung zur früheren Rechtslage nach KO und GesO Zahlungsunfähigkeit wie folgt definierte:

> Zahlungsunfähigkeit liegt vor, wenn der Schuldner wegen des voraussichtlich **dauernden** Mangels an Zahlungsmitteln außerstande ist, seine fälligen und **ernstlich eingeforderten** Geldschulden **im Wesentlichen** zu erfüllen.[112]

Zur Abgrenzung gegen kurzfristige Zahlungsstockungen und unwesentliche Liquiditätsunterdeckungen, die beide nicht Konkurs begründend waren, umfasste die vorgenannte Definition die drei Merkmale „dauernd", „ernstlich eingefordert" und „wesentlich".

119 In **§ 17 Abs. 2 InsO** ist Zahlungsunfähigkeit nunmehr gesetzlich definiert:

> Der Schuldner zahlungsunfähig, wenn er nicht in der Lage ist, die fälligen Zahlungspflichten zu erfüllen. Zahlungsunfähigkeit ist i.d.R. anzunehmen, wenn der Schuldner seine Zahlungen eingestellt hat.

In dieser gesetzlichen Definition fehlen die drei vorgenannten Abgrenzungsmerkmale der früheren Definition. Die Rechtsprechung musste im Folgenden herausarbeiten, welche Änderungen sich dadurch ggü. der früheren Rechtslage ergaben, auch in Hinblick auf das Ziel des InsO-Gesetzgebers, frühzeitigere Einleitungen und Eröffnungen von Insolvenzverfahren zu bewirken.[113]

Die Prüfung der Zahlungsunfähigkeit erfordert eine Gegenüberstellung der vorhandenen oder kurzfristig, d.h. innerhalb von drei Wochen zu erlangenden liquiden Zahlungsmittel und der fälligen Verbindlichkeiten.

1. Liquide Mittel

120 Dies sind zunächst nur Bar- und Buchgeld. Die Berücksichtigung kurzfristig, d.h. innerhalb von 21 Tagen zu beschaffender liquider Mittel (sog. Aktiva II) erfordert zunächst die grundsätzliche Bereitschaft des Schuldners, sich diese Liquidität auch zu beschaffen.[114] Diese vorausgesetzt sind offene Kreditmittel eines Kreditinstituts (z.B. offener Kontokorrentkredit) nach ständiger Rspr. des BGH ungeachtet des Zeitpunkts der tatsächlichen Auszahlung grundsätzlich als Zahlungsmittel anzusehen.[115] Bei Zahlungszusagen Dritter = Nicht-Kreditinstitute, etwa Gesellschafter oder Patron (→ Rn. 213ff.) kommt es neben der liquiden Leistungsfähigkeit des Dritten darauf an, dass der Schuldner ähnlich wie bei einer offenen Kontokorrentkreditlinie unmittelbaren Zugriff auf die Zahlungsmittel hat und davor nicht noch eine Auszahlungsentscheidung des Dritten erforderlich ist.[116] Für die Berücksichtigung der Zahlungszusagen von Nicht-Kreditinstituten, also

---

[112] BGH NJW 1962, 102; BGH NJW 1991, 980.
[113] Schröder in Hamburger Kommentar InsO, § 19 Rn. 7.
[114] BGH ZInsO 2016, 220 = WM 2016, 135.
[115] BGH GmbHR 2018, 299 = NJW 2018, 1089.
[116] Zur Problematik s. Kuna GmbHR 2018, 723 ff.

etwa Gesellschaftern oder eines Patrons bei der dreiwöchigen Liquiditätsprognose ist zusätzlich erforderlich, dass sich der Schuldner diese Mittel auch tatsächlich beschafft, die Zahlungszusage also auch tatsächlich vollzogen wird.[117]

2. Fällige Geldschulden

Die Fälligkeit einer Geldschuld bestimmt sich nach dem für sie geltenden Recht, etwa § 271 Abs. 1 BGB. Die laufenden kurzfristigen Verbindlichkeiten sind nach den üblichen Zahlungszielen als fällig zu beurteilen. Bei Ratenzahlungsvereinbarungen sind die jeweils fälligen Raten mit ihren Fälligkeitszeitpunkten zu berücksichtigen, wenn die Ratenabrede in Kenntnis des Unvermögens getroffen wurde, die ganze Verbindlichkeit bei sofortiger Fälligkeit zu begleichen.[118] 121

Problem: Sind einwendungs- oder einredebehaftete bzw. **streitige Forderungen** fällig i.S.d. § 17 InsO[119] und/oder kann Zahlungsunfähigkeit aufgrund lediglich vorläufig vollstreckbarer Zahlungstitel (etwa bei streitiger Verbindlichkeit oder bei streitigen Steuerfestsetzungen, etc.) eintreten? 122

Abschließende **Rechtsprechung** zur InsO liegt hierzu, so weit ersichtlich, noch nicht vor. Zur KO hatte der BGH entschieden, dass ein vorläufig vollstreckbarer Titel aufgrund eines erstinstanzlichen, nicht rechtskräftigen Urteils nicht zur Zahlungsunfähigkeit führt, wenn diese allein von der titulierten Forderung abhängt.[120] Dem hat sich für die Rechtslage nach der InsO das AG Frankfurt/Oder angeschlossen: eine ernsthaft bestrittene Forderung, die insolvenzbegründend bestehen soll, ist in aller Regel erst nach rechtskräftiger oder sonstiger die Parteien bindender Klärung bei der Zahlungsunfähigkeitsprüfung zu berücksichtigen.[121] Zum Gläubiger-Insolvenzantrag hat der BGH entschieden, dass der Gläubiger auf den ordentlichen Rechtsweg zu verweisen ist, wenn seine Forderung nicht frei von Einreden oder Einwendungen ist.[122]

Die Aussetzung der Vollziehung eines Steuerbescheides, an dessen Rechtmäßigkeit Zweifel bestehen, führt dazu, dass die Verbindlichkeit bei der Prüfung der Zahlungsunfähigkeit des Schuldners nicht zu berücksichtigen ist.[123] Eine zunächst verweigerte, später bewilligte Stundung der Steuerforderung führt aber nicht rückwirkend zur Zahlungsfähigkeit des Schuldners.[124] U.U. kann die Anordnung der aufschiebenden Wirkung des Widerspruchs gegen einen Betriebsprüfungsbescheid (hier Nachforderung von Sozialversicherungsbeiträgen in erheblicher Höhe) im Wege des einstweiligen Rechtsschutzes erreicht werden, wenn bei sofortiger

---

[117] Für die Patronatserklärung BGH GmbHR 2011, 769 = NZG 2011, 913; für die Zahlungszusage eines Gesellschafters BGH GmbHR 2016, 701 mAnm Poertzgen (= NZG 2016, 658); für eine Rahmenkreditvereinbarung mit einer beteiligungs- und geschäftsführeridentischen Schwestergesellschaft OLG Rostock, GmbHR 2019, 719 = BeckRS 2018, 40581).
[118] OLG Saarbrücken ZInsO 2012, 1724 = DStR 2012, 2288.
[119] Sa Brete/Thomsen GmbHR 2008, 912 ff.
[120] BGH ZIP 1992, 947.
[121] AG Frankfurt/Oder, NZG 2020, 27 (für den Straftatbestand der Insolvenzverschleppung)
[122] BGH ZInsO 2007, 1275 = NZI 2008, 36.
[123] OLG Brandenburg ZIP 2013, 941.
[124] OLG Brandenburg ZIP 2013, 941.

Einforderung der streitigen Beiträge die Insolvenz des Beitragsschuldners droht oder seine Existenz gefährdet wird.[125]

In der **Literatur** werden unterschiedliche Auffassungen vertreten, und zwar:
- Für die Beurteilung der Zahlungsunfähigkeit nach § 17 Abs. 2 InsO kommt es nicht auf die „formelle" Zahlungspflicht bzw. „formelle" Fälligkeit an, sondern auf den materiellen Bestand der Verbindlichkeit[126]. Wenn der Geschäftsführer mit guten, objektiven Gründen aus der ex ante-Betrachtung annehmen darf, dass die Verbindlichkeit nicht besteht, ein evtl. anhängiger Prozess also gewonnen wird, darf die vom Gläubiger erhobene Forderung (aus der Sicht des Schuldners die evtl. Verbindlichkeit) bei der Zahlungsunfähigkeitsprüfung unberücksichtigt bleiben. Dies gilt insbesondere, wenn gerade diese Verbindlichkeit die Zahlungsunfähigkeit begründen würde.[127] Dieser Auffassung würde ich den Vorzug geben.
- streitige Verbindlichkeiten sind stets zu bewerten und mit dem Prozentsatz gemäß der Erfolgswahrscheinlichkeit des Bestreitens anzusetzen[128];
- streitige Verbindlichkeiten sind nur zu berücksichtigen, wenn wenigstens ein vorläufig vollstreckbarer Titel vorliegt[129].

Beachte jedoch: rechtskräftig titulierte Forderungen sind unabhängig von der materiellen Rechtslage und damit der Richtigkeit des Urteils bei der Zahlungsunfähigkeitsprüfung i.S.d. § 17 InsO stets zu berücksichtigen.[130]

Eine ähnliche Problematik besteht, wenn ein Anspruch auf Bestellung einer Bauhandwerkersicherungshypothek nach § 648a BGB gegen den Schuldner erhoben wird. Ob dieser bei der Zahlungsunfähigkeitsprüfung zu passivieren ist, ist, soweit ersichtlich, noch nicht entschieden. In der (wenigen) Literatur ist das streitig[131].

3. Ernstlich eingeforderte Geldschulden

123 Nach ganz herrschender Meinung in der Literatur war das Kriterium der ernstlichen Einforderung mit Inkrafttreten der neuen Definition der Zahlungsunfähigkeit in § 17 InsO entfallen.[132] Es komme nur noch auf die Fälligkeit der Verbindlichkeiten an.

124 Dem ist der BGH entgegengetreten und hat entschieden:[133] Zwar ist eine Forderung i.d.R. dann i.S.d. § 17 Abs. 2 InsO fällig, wenn eine Gläubigerhandlung feststeht, aus der sich der Wille, vom Schuldner Erfüllung zu verlangen, im All-

---

[125] LSG München ZIP 2019, 1130
[126] Uhlenbruck ZInsO 2007, 338 ff.
[127] So auch Leithaus/Wachholtz ZIP 2019, 649 ff.
[128] Schmidt/Roth ZInsO 2006, 236 ff.
[129] Höffner DStR 2008, 1787 ff.
[130] BGH ZIP 2018, 2178 (für die Feststellung der Zahlungsunfähigkeit im Bankrott-Strafverfahren).
[131] Verneinend Primozic/Brugugogne ZInsO 2014, 71 ff.; bejahend v. Stein-Lausnitz/Ludwig ZInsO 2014, 816 ff.
[132] Vgl. nur Uhlenbruck in Uhlenbruck, InsO, § 17 Rn. 8.
[133] BGH ZIP 2007, 1666 = ZInsO 2007, 939.

gemeinen ergibt.¹³⁴ Da grundsätzlich davon auszugehen ist, dass der Gläubiger die Bezahlung einer fälligen Forderung auch möchte, sind an diese Gläubigerhandlung nur sehr geringe Anforderungen zu stellen. Ausreichend, aber nicht erforderlich, ist bereits die Übersendung einer Rechnung.¹³⁵ Auch wenn ein befristetes Darlehen durch Zeitablauf fällig geworden ist, ist es bei der Prüfung der Zahlungsunfähigkeit des Schuldners zu berücksichtigen, selbst wenn der Gläubiger zur Zahlung noch nicht konkret aufgefordert hat.¹³⁶

Forderungen hingegen, deren Gläubiger sich für die Zeit vor Eröffnung eines Insolvenzverfahrens mit einer späteren oder nachrangigen Befriedigung einverstanden erklärt haben, sind bei der Prüfung der Zahlungsunfähigkeit des Schuldners nicht zu berücksichtigen, auch wenn keine rechtlich bindende Stundungsvereinbarung getroffen worden ist.¹³⁷ Zur Begründung hat der BGH die Begründung zum RegE der InsO herangezogen, nach welcher für die Definition der Zahlungsunfähigkeit in § 17 InsO die Definition zugrunde gelegt worden sei, die sich in der Rechtsprechung und Literatur für die Zahlungsunfähigkeit (nach der KO) durchgesetzt hat.¹³⁸ Diese Rechtsprechung hat der BGH sodann fortgesetzt: Eine Forderung, die früher ernsthaft eingefordert war, wird bei der Prüfung der Zahlungsunfähigkeit nicht berücksichtigt, wenn mit dem Gläubiger ein Stillhaltabkommen getroffen wurde, auch wenn dieses keine Stundungsvereinbarung im Rechtssinne ist.¹³⁹ Forderungen, die rein tatsächlich – also ohne Rechtsbindungswillen oder erkennbare Erklärung – gestundet sind, bleiben bei der Prüfung der Zahlungsunfähigkeit außer Betracht.¹⁴⁰ Beispiele können sein eine von der Bank geduldete Kontoüberziehung mit Berechnung des Überziehungszinssatzes hinsichtlich des Rückzahlungsanspruchs¹⁴¹ oder die Aussetzung der Vollziehung eines Steuerbescheides durch das Finanzamt: für die Dauer der Vollziehungsaussetzung ist der Betrag nicht mehr ernsthaft eingefordert.¹⁴²

125

Fazit
Fällige Forderungen bleiben bei der Prüfung der Zahlungsunfähigkeit nur dann unberücksichtigt, wenn sie mindestens rein tatsächlich, also auch ohne rechtlichen Bindungswillen oder ausdrückliche Erklärung, gestundet sind.¹⁴³ **Beachte aber:** Eine „erzwungene Stundung" ist grundsätzlich unbeachtlich. Erforderlich ist also ein eindeutiges Handeln des Gläubigers, aus dem sich die Duldung späterer Zahlung mindestens rein tatsächlich, wenn auch ohne rechtlichen Bindungswillen, ergibt, oder eine ausdrückliche Erklärung.¹⁴⁴ Bloßes Schweigen oder bloß unterlassene Mahnung oder Vollstreckung

126

---

¹³⁴ Zwischenzeitlich ständige Rechtsprechung, s. etwa BGH ZInsO 2011, 1742 = NZI 2011, 680.
¹³⁵ BGH ZInsO 2011, 1742 = NZI 2011, 680.
¹³⁶ BGH ZIP 2013, 79 = ZInsO 2013, 76.
¹³⁷ BGH ZIP 2007, 1666 = ZInsO 2007, 939.
¹³⁸ BT-Drs. 12/2443, S. 114; zu dieser Entscheidung auch Tetzlaff ZInsO 2007, 1334 ff., der sie in den Zusammenhang mit der Drei-Wochen-Frist für den Insolvenzantrag nach § 15a Abs. 1 InsO stellt.
¹³⁹ BGH ZIP 2008, 420 = ZInsO 2008, 273.
¹⁴⁰ BGH ZInsO 2011, 1742 = NZI 2011, 680.
¹⁴¹ OLG Düsseldorf, ZIP 2020, 2140
¹⁴² BGH ZInsO 2014, 1326 = DStR 2014, 1559,
¹⁴³ BGH ZIP 2009, 1235; dazu Schulz ZIP 2009, 2281 ff.; BGH ZInsO 2011, 1742 = BeckRS 2011, 19939.
¹⁴⁴ BGH ZIP 2009, 1235; dazu Schulz, ZIP 2009, 2281 ff.; BGH ZInsO 2011, 1742 = BeckRS 2011, 19939.

reichen nicht für die Annahme, der Gläubiger fordere nicht mehr ernstlich ein. In jedem Fall sollten zur Prophylaxe gegen evtl. spätere Insolvenzverschleppungsvorwürfe die Stillhalteerklärung des Gläubigers oder die Umstände, aus denen sich konkludent das Stillhalten ergibt, genau dokumentiert werden.

127 Im Hinblick auf das Merkmal der ernsthaften Einforderung stellt sich die weitere Frage, ob Forderungen, für die zwischen Gläubiger und Schuldner wirksam der **Nachrang** vereinbart ist (**Rangrücktritt**), bei der Prüfung der Zahlungsunfähigkeit zu berücksichtigen sind. Das ist streitig.[145] Jedenfalls wirken sich Nachrangvereinbarungen auf die zivilrechtliche Fälligkeit nicht aus, insbesondere sind sie keine Stundungen.[146] Der bloße Rangrücktritt nach § 39 Abs. 2 InsO dürfte allein keine vorinsolvenzliche liquiditätsbezogene Durchsetzungssperre begründen, hindert die Fälligkeit einer Forderung i.S.d. § 17 Abs. 2 Satz 1 InsO also nicht.[147]

Es müsste sich also aus der Nachrangabrede – ggf. durch Auslegung – zusätzlich ergeben, dass die Forderung derzeit nicht ernsthaft eingefordert ist. Wird der Nachrang entsprechend dem Wortlaut des § 39 Abs. 2 InsO lediglich „im Insolvenzverfahren" vereinbart (einfacher Rangrücktritt), kann die derzeitige ernsthafte Einforderung bestehen bleiben. Erforderlich ist also ein Rangrücktritt, der bereits vorinsolvenzlich auch auf die Fälligkeit bzw. ernsthafte Einforderung wirkt[148] (zeitlich qualifizierter Rangrücktritt). Zur Vermeidung dieser Zweifelsfragen sollte zur Sicherheit zugleich eine Stundung oder das Stillhalten vereinbart werden.

128 Verlustausgleichsansprüche aus einem Beherrschungs- oder Ergebnisabführungsvertrag sind bei der Prüfung der Zahlungsunfähigkeit der herrschenden Gesellschaft nur zu berücksichtigen, wenn sie ernsthaft eingefordert sind; maßgeblich für diese Beurteilung sind allein die tatsächlichen Umstände und nicht, dass die Geschäftsführung der beherrschten Gesellschaft evtl. zur Einforderung verpflichtet ist.[149]

4. Wesentlicher Teil der bei Fälligkeit nicht bezahlbaren Verbindlichkeiten

129 Zur Definition der Zahlungsunfähigkeit des BGH zur Rechtslage nach der KO und der GesO war dieses Merkmal weder in Literatur noch Rechtsprechung eindeutig konkretisiert worden. Überwiegend wurde von **Wesentlichkeit** gesprochen, wenn der Schuldner zwischen 10 und 25 % der fälligen Verbindlichkeiten nicht durch Zahlungsmittel abdecken konnte.

---

[145] Keine Berücksichtigung: AG Itzehoe ZIP 2014, 1038 = ZInsO 2014, 1106; Bork ZIP 2014, 997 ff.; Berücksichtigung: Bitter/Rauhut ZIP 2014, 1005 ff.
[146] So z.B. AG Itzehoe ZIP 2014, 1038: Nachrangige Forderungen (aus Genussrechten) sind bei der Prüfung der Zahlungsunfähigkeit zu berücksichtigen, soweit sie nicht ausdrücklich oder konkludent gestundet sind.
[147] AG Itzehoe ZIP 2014, 1038; insoweit missverständlich IDW ES 11, Ziff. 28 (ZIP 2014, 1700).
[148] BGH ZIP 2007, 1666.
[149] OLG Düsseldorf, ZIP 2019, 2122.

C. Zahlungsunfähigkeit

Zur Legaldefinition des § 17 InsO wurde vertreten:
- **IDW:**[150] Nur „ganz unwesentlicher Teil" bleibt außer Betracht.
- **LG Hamburg:**[151] „Nicht ganz unwesentlicher Teil" der fälligen Verbindlichkeiten; keine feste Prozentzahl.
- **AG Köln:**[152] Die Grenze liegt bei 5 % der fälligen Verbindlichkeiten.
- **OLG Köln:**[153] Für die Feststellung der Zahlungsunfähigkeit nach der InsO ist kein bestimmter Prozentsatz maßgeblich.

Zur Legaldefinition in § 17 Abs. 2 InsO hat der **BGH** im Jahr 2005 in einem Haftungsfall nach § 64 Abs. 2 GmbHG a.F. entschieden[154]: **130**

Beträgt die innerhalb von 3 Wochen (→ Rn. 132) nicht zu beseitigende Liquiditätslücke **weniger als 10 %**, ist regelmäßig nicht von Zahlungsunfähigkeit auszugehen, es sei denn, es ist bereits absehbar, dass die Lücke demnächst mehr als 10 % betragen wird.[155] Beträgt die Liquiditätslücke **10 % oder mehr**, ist regelmäßig von Zahlungsunfähigkeit auszugehen, sofern nicht ausnahmsweise mit an Sicherheit grenzender Wahrscheinlichkeit anzunehmen ist, dass die Liquiditätslücke demnächst ganz oder fast vollständig geschlossen wird und den Gläubigern nach den besonderen Umständen des Einzelfalles ein Zuwarten zugemutet werden kann.[156]

5. Dauernder Mangel an Zahlungsmitteln

Der Zustand der Illiquidität muss einen **gewissen Zeitraum** andauern (Zeitraumilliquidität). Eine aktuell eingetretene Illiquidität stellt dann keine Zahlungsunfähigkeit i.S.d. § 17 Abs. 2 InsO dar, wenn in einem kurzen, absehbaren Zeitraum die Liquiditätskrise überwunden werden kann. Dann liegt Zahlungsstockung und nicht Zahlungsunfähigkeit vor. **131**

Nach der Rechtsprechung zur KO bzw. GesO war die Bestimmung dieses Zeitraumes nicht exakt.

Zur Legaldefinition des § 17 InsO wurde vertreten:
- **IDW:**[157] „Etwa ein Monat".
- **LG Hamburg:**[158] „Nur ganz vorübergehende Zahlungsstockung" bleibt außer Betracht.
- **AG Köln:**[159] Die Obergrenze liegt bei 2 Wochen.

---

[150] ZIP 1999, 505 ff.
[151] LG Hamburg ZInsO 2001, 568 = ZIP 2001, 711.
[152] AG Köln ZInsO 2001, 769 = ZIP 1999, 1889.
[153] BGHZ 149, 57 = NJW 2002, 749 = ZIP 2002, 224 unter Bezugnahme auf BGHZ 149, 178 = ZInsO 2002, 29 = ZIP 2002, 87 mit Bezug auf die Begründung des RegE zur InsO: „Nur ganz geringfügige Liquiditätslücken bleiben außer Betracht".
[154] BGHZ 163, 134 = ZInsO 2005, 807 = GmbHR 2005, 1117 = NZI 2005, 547.
[155] Sa OLG Brandenburg GmbHR 2015, 32 = BeckRS 2014, 2330.
[156] Sa OLG Brandenburg GmbHR 2015, 32 = BeckRS 2014, 2330.
[157] ZIP 1999, 505 ff.
[158] LG Hamburg ZInsO 2001, 568 = ZIP 2001, 711.
[159] AG Köln ZInsO 2001, 769 = ZIP 1999, 1889.

132 Zur Legaldefinition in § 17 Abs. 2 InsO hat der **BGH** im Jahr 2005 in dem bereits angesprochenen Haftungsfall nach § 64 Abs. 2 GmbHG a.F. dazu entschieden[160]:

Eine bloße Zahlungsstockung ist anzunehmen, wenn der Zeitraum nicht überschritten wird, den eine kreditwürdige Person benötigt, um sich die benötigten Mittel zu beschaffen. Dafür scheinen **3 Wochen** erforderlich, aber auch ausreichend.

133 Somit ist nach der Rechtsprechung des BGH Zahlungsunfähigkeit keine Zeitpunkt- sondern eine **Zeitraumilliquidität**. Zu ihrer Prüfung ist also eine Liquiditätsbilanz aufzustellen, die alle im maßgeblichen Zeitpunkt verfügbaren und binnen 3 Wochen zu erlangenden liquiden Mittel in Beziehung zu den am selben Stichtag fälligen und ernstlich eingeforderten Verbindlichkeiten setzt.[161] Kann die Liquiditätslücke in dem Drei-Wochen-Prognosezeitraum voraussichtlich auf unter 10 % zurückgeführt werden, ist von Zahlungsfähigkeit auszugehen. Dies gilt aber dann nicht, wenn bereits absehbar ist, dass die Lücke danach wieder anwachsen wird.[162]

134 **Sog. Passiva II:** Wegen der vorstehend zitierten, insoweit nicht ganz klaren Formulierung in der BGH-Entscheidung aus dem Jahr 2005 wurde darüber diskutiert, ob in diese 3-Wochen-Prognose nur die in dieser Zeit zufließenden liquiden Mittel einzubeziehen sind oder auch die innerhalb der nächsten 3 Wochen fällig werdenden Verbindlichkeiten (sog. Passiva II). Mit der h.M. waren m.E. „aus Vorsichtsgründen" auch die im Betrachtungszeitraum fällig werdenden Verbindlichkeiten (sog. Passiva II) zu berücksichtigen[163], damit der sog. Bugwelleneffekt vermieden wird. In diesem Sinne durfte wohl auch die BGH-Entscheidung zu verstehen gewesen sein, dass von einer Wiederherstellung der Zahlungsfähigkeit nicht ausgegangen werden kann, wenn sich der Schuldner durch die Befriedigung seiner gegenwärtigen Gläubiger der Mittel entäußert, die er zur Begleichung seiner künftigen, alsbald fällig werdenden Verbindlichkeiten benötigt[164]. Später hat der BGH Klarheit geschaffen: die in den kommenden 3 Wochen fällig werdenden und eingeforderten Verbindlichkeiten (sog. Passiva II) sind in die Liquiditätsbilanz einzubeziehen. Andernfalls würden der Zahlungsmittelbestand dynamisch, der Bestand der fälligen und eingeforderten Verbindlichkeiten dagegen nur statisch (auf den Stichtag) ermittelt, was einerseits betriebswirtschaftlichen Grundsätzen widerspräche und andererseits die Schuldnerinteressen in unbilliger Weise vor den Interessen der Gläubiger bevorzuge; letzteren komme jedoch nach der gesetzgeberischen Wertung mit der InsO das größere Gewicht zu.[165]

135 Abschließende **Warnhinweise:** Eine Verringerung der Liquiditätslücke in dem Drei-Wochen-Zeitraum auf unter 10 % darf nicht allein deshalb angenommen

---

[160] BGHZ 163, 134 = ZInsO 2005, 807 = GmbHR 2005, 1117 = NZI 2005, 547. Lit. zu dieser Entscheidung des BGH: Knolle/Tetzlaff ZInsO 2005, 897 ff.; Kamm/Köchling ZInsO 2006, 732 ff.; Wolf/Kurz DStR 2006, 1339 ff.
[161] BGH ZIP 2006, 2222, 2224 = ZInsO 2006, 1210, 1212; BGH ZIP 2007, 1666, 1669; OLG Hamm ZInsO 2008, 511, 512 = BeckRS 2008, 10225.
[162] Vgl. nur OLG Rostock GmbHR 2019, 719, 722 = BeckRS 2018, 40581.
[163] ME ergibt sich dies auch aus BGH ZIP 2009, 1966, 1967 (Rn. 10); so auch Ganter ZInsO 2011, 2297 ff.; aA Fischer FS Ganter, 2010, 153 ff., 157 f. m.w.N.
[164] BGH DB 2012, 2687.
[165] BGH ZIP 2018, 283; dazu Mylich ZIP 2018, 514 ff.

werden, dass in diesem Zeitraum Ein- und Auszahlungen in gleichem Maße so zunehmen, dass der unverändert bleibende Betrag der Liquiditätsunterdeckung nur relativ nicht mehr die 10%-Grenze erreicht.[166]

Stellt sich die Drei-Wochen-Prognose auch aus der ex-ante-Sicht als falsch heraus, tritt sofort und nicht erst nach Ablauf des Drei-Wochen-Zeitraums Zahlungsunfähigkeit ein.[167] Das ist bspw. im Rahmen der Insolvenzverschleppungshaftung des Geschäftsführers nach § 15b InsO (früher 64 GmbHG a.F.) zu berücksichtigen (s. → Rn. 1552 ff.).

II. Vermutung der Zahlungsunfähigkeit

1. Zahlungseinstellung

Bei Zahlungseinstellung wird nach § 17 Abs. 2 Satz 2 InsO das Vorliegen von Zahlungsunfähigkeit gesetzlich widerlegbar vermutet. 136

a) Definition. Zahlungseinstellung ist dasjenige äußere Verhalten des Schuldners, in dem sich typischerweise ausdrückt, dass er aus Mangel an liquiden Mitteln nicht in der Lage ist, seine fälligen Zahlungspflichten zu erfüllen[168], so dass sich den betroffenen Verkehrskreisen der Eindruck aufdrängt, dass der Schuldner außerstande ist, seine fälligen Verbindlichkeiten zu erfüllen[169]. 137

Auch die Zahlungseinstellung ist von einer rechtlich unerheblichen Zahlungsstockung abzugrenzen, muss also **länger als drei Wochen** bestehen.[170] 138

Ob auch bei Zahlungseinstellung die Feststellung erforderlich ist, zu welchem Anteil der Schuldner die fälligen Verbindlichkeiten nicht mehr bezahlt, **ob** also auch hier die **10%-Grenze** gemäß der Entscheidung BGH, ZIP 2005, 1426, **gelten** würde,[171] hatte die Rechtsprechung zunächst offen gelassen. Im Folgenden hat der BGH entschieden, dass es bei Feststellung einer Zahlungseinstellung nicht der darüber hinausgehenden Darlegung und Feststellung der genauen Höhe der fälligen Verbindlichkeiten oder gar der Unterdeckung von mindestens 10% bedarf.[172] Die 10%-Grenze ist hier nicht maßgeblich, weil bei Feststellung der Zahlungseinstellung die zusätzliche Feststellung einer Liquiditätsunterdeckung nicht erforderlich ist.[173] 139

Zahlungseinstellung erfordert nicht, dass der Schuldner alle Zahlungen eingestellt hat. Sie kann bereits vorliegen, wenn noch vereinzelt Zahlungen geleistet

---

[166] IDW S11 Rn. 25.
[167] OLG Rostock GmbHR 2019, 719, 722; K. Schmidt in Schmidt/Uhlenbruck, die GmbH in der Krise, Sanierung und Insolvenz, 5. Aufl. 2017, Rn. 5.27.
[168] Inzwischen ständige Rspr. d. BGH, etwa BGH NZI 2001, 417, BGH ZIP 2002, 87, BGH ZIP 2021, 1447, 1449 Rn. 15.
[169] BGH ZIP 2006, 2222; BGH ZIP 2008, 706. 707; BGH ZIP 2015, 437, 438.
[170] BGH ZIP 2005, 1426. Zur Abgrenzungsproblematik unter Einbeziehung der sog. Passiva II s. Bork ZIP 2008, 1749 ff.
[171] Fischer FS Ganther, 2010, 153 ff., 165; so wohl auch OLG Düsseldorf BeckRS 2012, 24037.
[172] BGH ZInsO 2013, 2109 = ZIP 2013, 2015.
[173] BGH ZInsO 2015, 396 = NZI 2015, 369.

werden[174] und sogar, wenn die Zahlungen noch beträchtliche Höhen erreichen,[175] aber im Verhältnis zu den fälligen Verbindlichkeiten nicht den wesentlichen Teil ausmachen.[176] Auch große durchschnittliche Tagesumsätze sprechen nicht gegen Zahlungseinstellung, wenn mit ihnen nur noch „Löcher gestopft" werden und sie zur Befriedigung aller Gläubiger nicht ausreichen, wenn der Schuldner also über mehrere Monate „am finanziellen Abgrund wirtschaftet" und nur noch darum bemüht ist, die Gläubiger zu befriedigen, die ihn am stärksten bedrängen.[177]

140   **b) Feststellung, Indizien.** Eine besonders aussagekräftige Grundlage für die Feststellung der Zahlungseinstellung ist die **Erklärung des Schuldners**, aus Mangel an liquiden Mitteln nicht zahlen zu können; dies gilt auch, wenn der Schuldner diese Erklärung mit einer **Bitte um Ratenzahlung**[178] **oder Stundung**[179] verknüpft. Ausnahmsweise ist die bloße Stundungsbitte des Schuldners kein Indiz für Zahlungseinstellung oder Zahlungsunfähigkeit, wenn sie sich im Rahmen der Gepflogenheiten des Geschäftsverkehrs hält.[180] Das gilt aber dann nicht, wenn der Schuldner zugleich kommuniziert, auch andere Verbindlichkeiten nicht begleichen zu können.

Fehlt es an einer solchen Erklärung, müssen die für eine Zahlungseinstellung sprechenden sonstigen Umstände ein einer solchen Erklärung entsprechendes Gewicht erreichen.[181] Dabei kann die Feststellung der Zahlungseinstellung ihrerseits nicht nur durch eine Gegenüberstellung der beglichenen und offenen Verbindlichkeiten, sondern auch mit Hilfe von **Indiztatsachen** getroffen werden.[182] Auf Zahlungseinstellung kann aus einer einzelnen Indiztatsache oder aus einer Gesamtschau mehrerer Indiztatsachen geschlossen werden.[183] Die Rechtsprechung hat aus folgenden Indiztatsachen auf Zahlungseinstellung geschlossen:[184]

- tatsächliche Nichtzahlung eines erheblichen/maßgeblichen Teils der fälligen Verbindlichkeiten,[185]
- das gilt auch für die Nichtzahlung einer einzigen Verbindlichkeit, wenn wenn sie von insgesamt nicht unbeträchtlicher Höhe ist,[186]
- erhebliche Zahlungsrückstände, die bis zur Verfahrenseröffnung nicht mehr vollständig beglichen werden,[187]
- fällige Verbindlichkeiten, die im für die Deckungsanfechtung oder gar für die Vorsatzanfechtung maßgeblichen Zeitraum bestanden haben und bis zur Verfahrenseröffnung nicht mehr beglichen worden sind.[188] Die 10%-Grenze ist hier

---

[174] BGH ZIP 2000, 1016.
[175] BGH ZIP 2001, 1155.
[176] BGH ZIP 2006, 2222; erneut BGH ZInsO 2013, 1419 = NZI 2013, 888.
[177] BGH ZIP 2013, 2015, 2017 = ZInsO 2013, 2109.
[178] BGH Urt. v. 16.4.2015 – IX ZR 6/14, Rn. 4 m.w.N, NJW 2015, 1959.
[179] BGH ZIP 2016, 874; BGH ZIP 2021, 1447, 1449 (Rn. 15)
[180] BGH WM 2015, 933
[181] BGH ZIP 2021, 1447
[182] BGH ZIP 2011, 1416 = ZInsO 2011, 1410.
[183] BGH ZInsO 2015, 396 = NZI 2015, 369.
[184] Sa BGH WM 2011, 1429; instruktiver Beispielsfall auch BGH WM 2015, 381.
[185] BGH NZI 2007, 36, 37; erneut BGH ZInsO 2013, 1419 = NZI 2013, 888.
[186] BGH ZIP 2017, 2368; BGH ZIP 2021, 1447, 1449 (Rn. 15)
[187] BGH ZIP 2006, 2222; BGH ZIP 2013, 2015 = ZInsO 2013, 2109.
[188] KG ZInsO 2013, 2275: dann sei regelmäßig von Zahlungseinstellung auszugehen.

nicht maßgeblich, weil bei Feststellung der Zahlungseinstellung die zusätzliche Feststellung einer Liquiditätsunterdeckung nicht erforderlich ist;[189]
- verspätete Zahlungen über einen längeren Zeitraum = dauerhaft schleppende Zahlungsweise;[190] bezieht sich jedoch ein im Wesentlichen gleichbleibendes, dauerhaft schleppendes Zahlungsverhalten des späteren Schuldners auch auf einen Zeitraum, in dem der Schuldner seine Zahlungen unstreitig noch nicht eingestellt hatte, kann aus dem Zahlungsverhalten nicht auf eine später eingetretene Zahlungseinstellung geschlossen werden[191];
- Nichtzahlung wichtiger, typischerweise bei Fälligkeit gezahlter Verbindlichkeiten wie Löhne und Sozialversicherungsbeiträge über einen längeren Zeitraum; nicht aber bei bloß um ca. 3–4 Wochen verspäteter Zahlung über einen längeren Zeitraum von 10 Monaten,[192] beachte aber:
- schleppende Zahlung von Löhnen und Gehältern kann doch Indiz für Zahlungseinstellung sein,[193] ebenso verspätete Abführung von Sozialversicherungsbeiträgen über mehrere Monate.[194]
- Nichtzahlung einer ersten Rate einer (erneuerten) Ratenzahlungsvereinbarung,[195]
- Nichteinhaltung vom Schuldner selbst erteilter Zahlungszusagen oder Vornahme verspäteter Zahlungen unter dem Druck einer angedrohten Liefersperre[196],
- Ankündigung des Schuldners, die in den Vormonaten deutlich angewachsenen fälligen Forderungen des Gläubigers im Falle des Zuflusses neuer liquider Mittel nur durch eine Einmalzahlung und zwanzig Monatsraten zahlen zu können[197],
- mehrfache Vollstreckungsverfahren gegen den Schuldner.

In der Entscheidung zur Neuausrichtung der Vorsatzanfechtung vom 6.5.2021[198] hat der BGH klargestellt, dass die vorgenannten Indiztatsachen für eine Zahlungseinstellung, insbesondere die Nichtzahlung einzelner Verbindlichkeiten das Gewicht einer ausdrücklichen Erklärung des Schuldners über seine Zahlungsunfähigkeit erreichen müssen, um die Vermutung der Zahlungsunfähigkeit zu begründen.[199]

(Weitere) Anzeichen für Zahlungseinstellung können sein:
- Ein gekündigtes Bankdarlehen wird nicht bezahlt, ohne dass bereits wirksam eine Stundung vereinbart ist.[200]
- Bestehen von Steuer- und Gehaltsrückständen, Nichtabführen von Sozialversicherungsbeiträgen über einige Monate und Nichtzahlung erheblicher Forderungen von Gläubigern.[201]

---

[189] BGH BeckRS 2015, 2625.
[190] BGH ZIP 2003, 410; BGH ZIP 2013, 2015 = ZInsO 2013, 2109.
[191] BGH ZIP 2022, 537 = NJW-RR 2022, 483.
[192] BGH ZIP 2013, 2318.
[193] BGH ZIP 2008, 706.
[194] BGH ZIP 2015, 1234.
[195] BGH ZInsO 2012, 2048 = BeckRS 2012, 21060.
[196] BGH ZIP 2016, 1348 = GmbHR 2016, 870.
[197] BGH ZIP 2016, 1388 = NZG 2016, 1231.
[198] BGH NJW 2021, 2651 = ZIP 2021, 1447 = GmbHR 2021, 1041 m. Anm. Römermann.
[199] S.a. IDW S11 Rn. 19.
[200] S. zu einem solchen Fall BGH ZIP 2007, 1469 ff.
[201] BGH ZInsO 2008, 1019 = BeckRS 2008, 11162.

- Mehr als halbjährige Nichtbegleichung von Sozialversicherungsbeiträgen.[202]
- Ständig verspätete Begleichung von Forderungen, so dass der Schuldner ständig einen Forderungsrückstand vor sich herschiebt.[203]
- Außerdem können als (verstärkende) Indizien für Zahlungseinstellung in Betracht kommen:
- Unerreichbarkeit des Schuldners, etwa bei Schließung des Ladenlokals,
- Beweisvereitelung durch fehlende Bücher im Insolvenzverschleppungsprozess.

Fazit und Warnhinweis
Die dargestellten Entscheidungen können zur Annahme bestehender Zahlungsunfähigkeit (mit den straf- und zivilrechtlichen persönlichen Haftungsfolgen für den Geschäftsführer, s.u.) durch eine **doppelte Rückschlusskette** führen: aus Indiztatsachen wird auf Zahlungseinstellung geschlossen, die wiederum gesetzlich die Vermutung der Zahlungsunfähigkeit begründet.

142   Die Nichtzahlung einer einzelnen Verbindlichkeit über einen Zeitraum von mehr als drei Wochen begründet auch bei Verurteilung des Schuldners allein aber nicht den Eindruck von Zahlungsunfähigkeit und stellt auch keine Zahlungseinstellung dar.[204] Ebenso wenig ist die bloße Stundungsbitte des Schuldners ein Indiz für Zahlungseinstellung oder Zahlungsunfähigkeit, wenn sie sich im Rahmen der Gepflogenheiten des Geschäftsverkehrs hält.[205] Anders ist das aber dann, wenn der Schuldner zugleich kommuniziert, auch andere Verbindlichkeiten nicht begleichen zu können.

2. Fortdauer der Vermutung der Zahlungseinstellung und der Zahlungsunfähigkeit

143   Für Anfechtungsprozesse hat der BGH die Vermutung für das Vorliegen von Zahlungsunfähigkeit gebildet, wenn zum für die Anfechtung maßgeblichen Zeitpunkt fällige Verbindlichkeiten bestanden haben, die bis zum Zeitpunkt der Insolvenzeröffnung nicht mehr beglichen wurden.[206] In der Entscheidung zur Neuausrichtung der Vorsatzanfechtung vom 6.5.2021[207] hat der BGH diese Fortdauervermutung für den Fall erheblich eingeschränkt, wenn sie auf der Nichtzahlung verhältnismäßig geringer Verbindlichkeiten beruht. Dann darf die Fortdauer der Zahlungsunfähigkeit nicht ohne Weiteres angenommen werden; vielmehr muss der Insolvenzverwalter nun darlegen und ggf. beweisen, dass die Zahlungsunfähigkeit im maßgeblichen Zeitpunkt (etwa der angefochtenen Handlung (§ 133 InsO) oder der verbotenen Zahlung (§ 15b InsO) noch bestand.[208] Auch im Folgenden hat der BGH die Fortdauervermutung weiter eingeschränkt: Wird die Verbindlichkeit, welche die Annahme einer Zahlungseinstellung des Schuldners

---
[202] BGH ZIP 2011, 1416; BGH ZIP 2013, 2015 = ZInsO 2013, 2109.
[203] BGH ZIP 2013, 2015, 2017.
[204] OLG Karlsruhe ZInsO 2014, 2438 = BeckRS 20134, 19898.
[205] BGH WM 2015, 933.
[206] BGH ZInsO 2006, 1210 = NZI 2007, 36.
[207] BGH NJW 2021, 2651 = ZIP 2021, 1447 = GmbHR 2021, 1041 m. Anm. Römermann.
[208] S.a. IDW S 11 Rn. 21.

trägt, erfüllt oder gestundet, und will der Insolvenzverwalter die Vermutung der Fortdauer der Zahlungseinstellung für sich in Anspruch nehmen, ist er unter dem Gesichtspunkt der sekundären Darlegungslast gehalten, zum Zahlungsverhalten des Schuldners im Übrigen, insbesondere zu weiterhin nicht bedienten Verbindlichkeiten des Schuldners vorzutragen.[209] Im Übrigen kann diese Vermutung durch genaue Darlegung konkreter Umstände widerlegt werden, die sich nachträglich geändert haben und aufgrund derer damals angenommen werden konnte, dass der Schuldner rechtzeitig (innerhalb von 3 Wochen) wieder in der Lage sein werde, seine fälligen Verbindlichkeiten zu erfüllen.

Für die Beurteilung der Zahlungsunfähigkeit im Rahmen der Feststellung der Straftat Insolvenzverschleppung reicht hingegen die Feststellung, dass im Tatzeitraum einer möglichen Insolvenzverschleppung offene Verbindlichkeiten bestanden haben, die bis zur Insolvenzeröffnung nicht beglichen wurden, für die Annahme der Zahlungsunfähigkeit nicht aus.[210]

III. Prüfung der Zahlungsunfähigkeit, Liquiditätsbilanz (-status), Liquiditätsplan

Liegt keine – objektiv beobachtbare – Zahlungseinstellung vor, die die gesetzliche Vermutung für das Vorliegen von Zahlungsunfähigkeit nach § 17 Abs. 2 Satz 2 InsO auslöst, ist die Zahlungsunfähigkeit gesondert zu prüfen. Maßgeblich für die Prüfung der Zahlungsunfähigkeit sind die dargestellten BGH-Entscheidungen. Ergänzend kann der IDW-Prüfungsstandard IDW S11 herangezogen werden, der am 23.8.2021 (Billigung durch den HFA am 9.11.2021) geändert wurde und nun die neue Rechtslage seit dem 1.1.2021 und die aktuelle Rechtsprechung des BGH berücksichtigt. Auf ein lesenswertes Plädoyer für ein neues Modell der rechnerischen Ermittlung der Zahlungsunfähigkeit in drei Schritten auf Basis absoluter Zahlen von Gutmann[211] sei hingewiesen. 144

Bei Auftreten eines Liquiditätsengpasses, wenn also wesentliche Verbindlichkeiten im Zeitpunkt der Fälligkeit mangels liquider Mittel nicht bezahlt werden können, müssen ein Liquiditätsstatus bzw. eine Liquiditätsbilanz und ein Liquiditätsplan für die folgenden 3 Wochen erstellt werden,[212] der/die alle im maßgeblichen Zeitpunkt verfügbaren und binnen 3 Wochen zu erlangenden liquiden Mittel in Beziehung zu den am selben Stichtag fälligen und ernstlich eingeforderten Verbindlichkeiten setzt.[213] In diese Prognose sind auch die innerhalb der nächsten 3 Wochen fällig werdenden Verbindlichkeiten (sog. Passiva II) einzubeziehen.[214] Der Liquiditätsstatus bzw. die Liquiditätsbilanz zeigt die Liquidität zum bestimmten 145

---

[209] BGH ZIP 2022, 537 = NJW-RR 2022, 483.
[210] BGH ZIP 2013, 2469.
[211] NZI 2021, 473 ff.
[212] OLG Köln NZI 2005, 112 = ZIP 2005, 222, 224; s.a. Parzinger u.a., Prüfung der Zahlungsunfähigkeit unter besonderer Berücksichtigung prognostischer Elemente, ZIP 2019, 2143 ff.
[213] BGH ZInsO 2006, 1210, 1212 = NZI 2007, 36; OLG Hamm ZInsO 2008, 511, 512 = BeckRS 2008, 10225.
[214] S. → Rn. 134; aA noch Fischer FS Ganter, 2010, 153 ff., 157 f. m.w.N.

Stichtag. In den Liquiditätsstatus und in den Liquiditätsplan sind die fälligen und zu erwartenden Zahlungseingänge einzustellen sowie sämtliche aktuell fälligen Verbindlichkeiten und m.E. auch die künftig fällig werdenden Verbindlichkeiten zu den (künftigen) Fälligkeitszeitpunkten. Es sollten die Fälligkeiten zum aktuellen Stichtag, innerhalb der nächsten 21 Tage (Drei-Wochen-Frist) und – aus Gründen der Unternehmensplanung – der Zeitraum nach den 21 Tagen bis zumindest 3 Monate gewählt werden.

Beachte: Dieser Liquiditätsplan ist nicht gleichzusetzen mit der Handelsbilanz; handelsrechtliche Rückstellungen sind in der Liquiditätsbilanz nicht zu berücksichtigen.[215]

146 Ein Liquiditätsstatus/eine Liquiditätsbilanz kann folgende Grundstruktur haben:[216]

Übersicht 10: Grundstruktur einer Liquiditätsbilanz				
Liquiditätsbilanz zum ...				
Aktiva	EUR		Passiva	EUR
I.	Unmittelbar verfügbare Aktiva (= Zahlungsmittel) zum Bilanzstichtag	I.	Unmittelbar fällige Passiva zum Bilanzstichtag	
1.	Bankguthaben	1.	Fällige Verbindlichkeiten aus Lieferungen und Leistungen	
2.	Kassenbestände	2.	Verbindlichkeiten des reinen Finanzbereichs	
3.	Schecks	3.	Sonstige fällige Verbindlichkeiten (z.B. Steuern, Sozialabgaben)	
4.	Fällige Forderungen des reinen Finanzbereichs (nicht ausgeschöpfter Kontokorrentrahmen)			
II.	Innerhalb der folgenden 20 Tage Verfügbare Aktiva	II.	Innerhalb der folgenden 20 Tage Fällige Verbindlichkeiten	
1.	Fällige Wechsel	1.	Verbindlichkeiten aus Lieferungen und Leistungen	
2.	Fällige Forderungen aus Lieferungen und Leistungen	2.	Verbindlichkeiten des reinen Finanzbereichs	
3.	Fällige Forderungen des reinen Finanzbereichs	3.	Sonstige Verbindlichkeiten	
III.	Sonstige Aktiva mit Verfügbarkeit ab einem Zeitraum nach 21 Tagen	III.	Sonstige Passiva mit Fälligkeit nach 21 Tagen	
Summe Aktiva:	EUR	Summe Passiva:	EUR	

---

[215] BGH WM 2015, 931.
[216] Quelle: Eilenberger in MüKoInsO, § 17 Rn. 20.

Ein Liquiditätsplan kann folgende Grundstruktur haben:[217]

Übersicht 11: Grundstruktur eines Liquiditätsplans Finanzplan auf der Basis von gestaffelten Planungseinheiten und mehrmonatigem Planungshorizont			
	Stichtag	Wochen	Monate
		1. 2. 3.	1. 2. 3.
I. Einzahlungen			
1. Einzahlungen aus laufendem Geschäftsbetrieb			
1.1. Barverkäufe			
1.2. Leistungen auf Ziel			
2. Einzahlungen aus Desinvestitionen			
2.1. Anlagenverkäufe			
2.2. Auflösung von Finanzinvestitionen			
3. Einzahlungen aus Finanzerträgen			
3.1. Zinserträge			
3.2. Beteiligungserträge			
Summe Einzahlungen I			
II. Auszahlungen			
1. Auszahlung für den laufendem Geschäftsbetrieb			
1.1. Gehälter/Löhne			
1.2. Roh-, Hilfs- und Betriebsstoffe			
1.3. Steuern/Abgaben			
1.4. …			
1.5. …			
2. Auszahlungen für Investitionen			
2.1. Sachinvestitionen			
Ankäufe			
Vorauszahlungen			
Restzahlungen			
2.2. Finanzinvestitionen			
3. Auszahlungen im Rahmen des Finanzverkehrs			
3.1. Kredittilgung			
3.2. Akzeptanzlösung			
3.3. Eigenkapitalminderungen (z.B.: Privatentnahmen)			
3.4. Zinsen			

---

[217] Quelle: Anlage zum IDW-Prüfungsstandard PS 800 v. 6.3.2009; ein gutes Muster gibt auch Schröder in Schmidt, Hamb.KommInsO, § 17 Rn. 36.

Summe Auszahlungen II			
III. Ermittlung der Über- bzw. Unterdeckung			
Durch			
I. ./. II.			
+ Zahlungsmittelbestand im Beurteilungszeitpunkt			
IV. Ausgleichs- und Anpassungsmaßnahmen			
1. Bei Unterdeckung (Einzahlungen)			
1.1. Kreditaufnahme			
1.2. Eigenkapitalerhöhung			
1.3. Rückführung gewährter Darlehen			
1.4. zusätzliche Desinvestitionen			
2. Bei Überdeckung (Auszahlungen)			
2.1. Kreditrückführung			
2.2. Anlage in liquiden Mitteln			
Summe Auszahlungen III			
V. Zahlungsmittelbestand am Periodenende unter Berücksichtigung der Ausgleichs- und Anpassungsmaßnahmen			
(I – II – III)			
VI. Liquidität in Prozent			
Summe I			
Summe II + III			

Der Finanzstatus zeigt die zeitpunktbezogene Liquidität (oder Illiquidität), der Finanzplan erlaubt eine Prognose der Liquidität.

148 Eine modifizierte Möglichkeit der Zahlungsunfähigkeitsprüfung zeigen Neu/ Ebbinghaus auf:[218] Zwei statische Betrachtungen zu den Stichtagen 1 und 22; zeigt sich jeweils eine Liquiditätsunterdeckung von mehr als 10% liegt Zahlungsunfähigkeit vor.

IV. Retrograde Ermittlung der Zahlungsunfähigkeit

149 Für die Feststellung einer eventuellen Insolvenzverschleppung oder i.R.d. Insolvenzanfechtungstatbestände wird der (frühere) Zeitpunkt des Eintritts der Zahlungsunfähigkeit häufig retrograd ermittelt. Für diese retrograde Ermittlung wird vom Bestand der fälligen Verbindlichkeiten im Zeitpunkt der Eröffnung des Insolvenzverfahrens ausgegangen. Sodann werden die Fälligkeiten dieser Verbindlichkeiten bis zu ihrem frühesten Fälligkeitszeitpunkt zurückverfolgt. Schließlich wird unter Berücksichtigung der Verbindlichkeiten, die in der Zwischenzeit getilgt wurden, ermittelt, ab wann die 10%-Grenze überschritten wurde, indem

---

[218] Neu/Ebbinghaus ZInsO 2012, 2229 ff.

diesen sämtlichen fälligen Verbindlichkeiten die in den jeweiligen Zeitpunkten zur Verfügung stehenden liquiden Mittel gegenübergestellt werden. Soweit sich daraus ergibt, dass zu einem früheren Zeitpunkt die 10%-Grenze überschritten wurde, begründet dies die Vermutung der Zahlungsunfähigkeit zu diesem früheren Zeitpunkt.[219] In diesem Fall muss der damals verantwortliche Geschäftsführer nachweisen, dass er nach der damaligen Finanzplanung davon ausgehen durfte, die Liquiditätslücke ausreichend schnell wieder schließen zu können.

Sollte sich ergeben, dass die damalige Liquiditätsunterdeckung größer als 10% war, muss beurteilt werden, ob auf der Grundlage der damaligen Erkenntnisse – also nicht aus einer ex-post Betrachtung[220] – davon ausgegangen werden durfte, dass die Liquiditätsunterdeckung im maßgeblichen Planungszeitraum zu schließen war. 150

Andere Indizien für die Ermittlung der Zahlungsunfähigkeit kommen ebenfalls in Betracht: Ab welchem Zeitpunkt hat der Schuldner regelmäßig laufende Zahlungen, etwa Löhne, nur noch schleppend gezahlt? Hat der Schuldner eigene Erklärungen abgegeben, die als Eingeständnis der Zahlungsunfähigkeit auszulegen sind (freilich sind diese von „strategischen" Erklärungen – etwa zur Herbeiführung von Vereinbarungen – abzugrenzen)? Liegt objektiv Zahlungseinstellung vor? Im Übrigen sei aber auf die geänderte Rechtsprechung zu Indizien und Vermutung der Fortdauer der Zahlungseinstellung (→ Rn. 140, → Rn. 143) verwiesen. 151

V. Einzelfragen im Zusammenhang mit der Zahlungsunfähigkeitsprüfung

Zahlungsunwilligkeit ist nicht gleichzusetzen mit Zahlungsunfähigkeit. Die im Insolvenzrecht unbeachtliche Zahlungsunwilligkeit liegt aber nur vor, wenn gleichzeitig Zahlungsfähigkeit gegeben ist. Bei objektiv nach außen hervorgetretenem Verhalten des Schuldners, das Zahlungseinstellung zeigt (→ Rn. 136 ff.), wird gesetzlich vermutet, dass nicht nur Zahlungsunwilligkeit, sondern Zahlungsunfähigkeit vorliegt.[221] Ausschlaggebend ist der nach außen hervorgetretene, objektive Eindruck. Zahlungsunfähigkeit wird nach § 17 Abs. 2 S. 2 InsO also auch dann vermutet, wenn der Grund für die nach außen beobachtbare Zahlungseinstellung nur Zahlungsunwilligkeit ist. Die Feststellung der insolvenzrechtlich unbeachtlichen bloßen Zahlungsunwilligkeit setzt somit zugleich die Feststellung der Zahlungsfähigkeit voraus. Diese muss der Anfechtungsgegner beweisen.[222] Ein solcher Fall kann vorliegen, wenn der Schuldner planmäßig stets erst nach mehrmaligen Zahlungsaufforderungen und zwischenzeitlichem grundlosem Bestreiten der Verbindlichkeiten zahlt[223]. 152

Das Vorhandensein von Zahlungsaußenständen (Forderungen) und anderen Vermögenswerten beseitigt die Zahlungsunfähigkeit nicht, wenn sie nicht aus- 153

---

[219] BGH ZInsO 2006, 1210 = NZI 2007, 36.
[220] BGH GmbHR 1994, 539.
[221] BGH ZInsO 2014, 1661 = BeckRS 2014, 15812.
[222] BGH ZIP 2017, 2368.
[223] LG Düsseldorf ZInsO 2011, 581 (= NZI 2010, 989) für die Annahme von Zahlungsunfähigkeit im Rahmen eines Anfechtungsprozesses nach § 133 Abs. 1 InsO.

reichend schnell in für die Begleichung fälliger Verbindlichkeiten erforderliche liquide Zahlungsmittel umzuwandeln sind.[224] Drohende Zahlungsunfähigkeit eines Kassenarztes mit erheblichen Honoraraußenständen ggü. den Krankenkassen ist mit der Begründung angenommen worden, dass der Arzt über die Honorare noch nicht verfügen konnte. Bei der Prüfung der Zahlungsfähigkeit sind also nur die tatsächlich vorhandenen flüssigen Mittel zu berücksichtigen.[225]

154 Ob Ansprüche aus Cash-Pooling als vorhandene Liquidität zu berücksichtigen sind, kann zweifelhaft sein.[226] Bei ausreichender Liquidität der Obergesellschaft, auf welche die Untergesellschaft über den Saldoausgleich „automatisch" zugreifen kann, würde ich dies bejahen.

155 **Praxishinweis**
Nicht selten wird auch eingetretene Zahlungsunfähigkeit nicht als solche im Rechtssinne erkannt, weil entweder die Fälligkeit von Verbindlichkeiten rechtlich nicht zutreffend beurteilt oder die liquiden Mittel falsch eingeschätzt werden. Bspw. ist eine (nicht dauerhaft geduldete) Überziehung des Kontos eine fällige Verbindlichkeit ggü. dem Kreditinstitut, ebenso wie eine Schuld ggü. dem Lieferanten nach Erhalt der Lieferung und der Rechnung fällig ist, auch wenn der Lieferant erfahrungsgemäß „stillschweigend" erst nach Ablauf von etwa 3 Monaten mahnt. Andererseits können ausstehende Forderungen in die Liquiditätsplanung nur zu den Zeitpunkten und in der Höhe eingestellt werden, zu denen realistischerweise tatsächlicher Zahlungseingang angenommen werden kann.

156 **Weiterer Praxishinweis**
Bei der Beurteilung der Voraussetzungen für die Vermutung der Zahlungsunfähigkeit (→ Rn. 136 ff.) und bei der retrograden Ermittlung der Zahlungsunfähigkeit (→ Rn. 149 ff.) werden evtl. mit den Gläubigern getroffene Stillhaltevereinbarungen (sog. wirtschaftliche Stundungen) regelmäßig, mitunter auch rechtliche Stundungen nicht berücksichtigt. Daher ist es für den Schuldner, d.h. für den Geschäftsführer der GmbH von zentraler Bedeutung, dass er die mit den Gläubigern (ggf. nur mündlich) getroffenen Vereinbarungen zum Stillhalten oder über die Stundung genau dokumentiert: Zeitpunkt, Ort, Art und Person/Gesprächspartner der getroffenen Abrede. Hilfreich wird regelmäßig auch ein Beweismittel sein, etwa das Zeugnis des mitwirkenden Sanierungsberaters gemäß seiner eigenen Dokumentation.

VI. Wiederherstellung der Zahlungsfähigkeit und Widerlegung der Zahlungsunfähigkeitsvermutung

157 Eine einmal eingetretene Zahlungsunfähigkeit kann nur dadurch beseitigt werden, dass der Schuldner wieder über ausreichend liquide Mittel zur Bedienung aller fälliger Verbindlichkeiten verfügt. Das ist nicht der Fall, wenn dem Schuldner wegen der Befriedigung der gegenwärtigen Gläubiger die Mittel zur Begleichung

---

[224] BGH ZInsO 1999, 107 = ZIP 1999, 76 noch zum alten Recht: Zeitraum etwa ein Monat.
[225] BGH ZInsO 2003, 654 = ZIP 2003, 1336 in einem Fall, da einem Kreditinstitut das Recht zur außerordentlichen Kündigung des Darlehens wegen drohender Zahlungsunfähigkeit zuerkannt wurde.
[226] Sa Saenger/Koch GmbHR 2010, 113 ff.

„alsbald" fällig werdender Verbindlichkeiten fehlen.[227] Der in diesem Zusammenhang zu betrachtende Zeitraum müsste m.E. der Drei-Wochen-Zeitraum sein.

Die Darlegung der Zahlungsunfähigkeit anhand einer Liquiditätsbilanz, die auf der Buchhaltung des Schuldners beruht, kann der Geschäftsführer nicht mit der bloßen Behauptung bestreiten, die Buchhaltung sei nicht ordnungsgemäß geführt worden. Vielmehr muss er zu den einzelnen Positionen detailliert vortragen und ggf. beweisen, welche Verbindlichkeiten trotz Verbuchung nicht fällig bzw. nicht ernsthaft eingefordert waren.[228]

158 Eine einmal erfolgte Zahlungseinstellung kann nur dadurch wieder beseitigt werden, dass der Schuldner seine Zahlungen allgemein wieder aufnimmt.[229] Hierzu müssen Zahlungen an alle Gläubiger fälliger Verbindlichkeiten erfolgen.[230]

Stärke und Dauer der Vermutung für die Fortdauer der festgestellten Zahlungseinstellung hängen davon ab, in welchem Ausmaß die Zahlungsunfähigkeit zutage getreten ist.[231] Die Vermutung der Zahlungsunfähigkeit aufgrund Zahlungseinstellung nach § 17 Abs. 2 Satz 2 InsO kann nicht durch Nachweis der Zahlungsunwilligkeit des Schuldners widerlegt werden, sondern nur durch Nachweis der Zahlungsfähigkeit.[232] Begründung: Die im Insolvenzrecht unbeachtliche Zahlungsunwilligkeit liegt nur vor, wenn gleichzeitig Zahlungsfähigkeit gegeben ist.[233] Für den Nachweis der Zahlungsfähigkeit muss konkret vorgetragen und ggf. bewiesen werden, dass eine Liquiditätsbilanz im maßgeblichen Zeitpunkt eine Deckungslücke von unter 10 % aufgewiesen hat.[234] Zur Widerlegung der Vermutung kann Beweis angetreten werden durch Einholung eines Sachverständigengutachtens zur Erstellung eines Finanzstatus und -plans für den maßgeblichen Zeitraum.[235]

159 Die Darlegungs- und Beweislast für die Beseitigung der Zahlungsunfähigkeit trägt derjenige (Schuldner/Geschäftsführer oder Anfechtungsgegner), der sich darauf beruft.[236]

D. Drohende Zahlungsunfähigkeit

160 Nach diesem durch die InsO eingeführten Insolvenzantragsgrund hat der Schuldner das Recht, bereits bei drohender Zahlungsunfähigkeit[237] Antrag auf Eröffnung des Insolvenzverfahrens über sein Vermögen zu stellen. Eine Ver-

---

[227] BGH WM 2012, 2251 Rn. 18 f. und BGH WM 2013, 180.
[228] BGH ZIP 2018, A 9.
[229] BGH ZIP 2006, 2222.
[230] BGH WM 2012, 2251 Rn. 18 f. und BGH WM 2013, 180.
[231] BGH ZIP 2021, 1447
[232] BGH ZInsO 2012, 696 = NZI 2012, 416.
[233] BGH ZInsO 2014, 1661 = BeckRS 2014, 15812.
[234] BGH GmbHR 2013, 482 = BeckRS 2013, 5645.
[235] BGH ZIP 2015, 1077 = WM 2015, 1025.
[236] BGH ZIP 2006, 2222; BGH WM 2012, 2251 Rn. 18 f. und BGH WM 2013, 180.
[237] Zu drohender Zahlungsunfähigkeit auch als Haftungsproblem für die in der Unternehmenskrise handelnden Personen (Geschäftsführer, Berater, Kreditinstitute), Ehlers ZInsO 2005, 169 ff. = NZS 2005, 385.

pflichtung des Schuldners zur Insolvenzantragstellung bei drohender Zahlungsunfähigkeit besteht jedoch nicht. Auch kann aus diesem Insolvenzantragsgrund nur der Schuldner selbst, nicht jedoch auch ein Gläubiger den Insolvenzantrag stellen.

161 Durch diesen Insolvenzantragsgrund soll dem redlichen Schuldner frühzeitig die Möglichkeit eröffnet werden, freiwillig unter die vor Einzelvollstreckung schützende „Käseglocke" des Insolvenzverfahrens zu schlüpfen und so das Unternehmen, etwa auch mithilfe eines sog. „prepackaged" Insolvenzplanes, zu sanieren. Außerdem wurde die Insolvenzantragstellung bereits bei drohender Zahlungsunfähigkeit durch das ESUG mit den neuen Regelungen in §§ 270a, 270b InsO a.F. zur Eigenverwaltung in gewisser Weise „incentiviert".[238] Insbesondere das sog. „Schutzschirmverfahren" nach § 270b InsO a.F. (heute § 270d InO) scheint in der Insolvenzpraxis angenommen zu werden. Zu beachten ist jedoch, dass für Geschäftsführer von Gesellschaften i.d.R. die eigenmächtige, d.h. ohne Einholung des Einverständnisses der Gesellschafterversammlung vorgenommene Insolvenzantragstellung wegen (nur) drohender Zahlungsunfähigkeit eine Pflichtverletzung sein dürfte[239]. Zu den (weiteren) Rechten und Pflichten eines GmbH-Geschäftsführers bei drohender Zahlungsunfähigkeit der Gesellschaft s.u.

162 Die drohende Zahlungsunfähigkeit ist außerdem der Eingriffszeitpunkt für die (freiwillige) Inanspruchnahme der gerichtlichen Instrumente des Stabilisierungs- und Restrukturierungsrahmens nach dem StaRUG (s.u.).

I. Begriff der drohenden Zahlungsfähigkeit

163 Nach der Legaldefinition in § 18 Abs. 2 InsO droht der Schuldner zahlungsunfähig zu werden, wenn er voraussichtlich nicht in der Lage sein wird, die bestehenden Zahlungspflichten im Zeitpunkt ihrer Fälligkeit zu erfüllen. In aller Regel ist in Prognosezeitraum von 24 Monaten zugrunde zu legen.

164 Die Beurteilung erfolgt anhand eines **Finanzplans**. In diesen sind die bestehenden und die künftigen Verbindlichkeiten, mit deren Entstehen absehbar zu rechnen ist, einzubeziehen, und zwar mit den jeweiligen Fälligkeitszeitpunkten. Dabei sind auch die Zahlungspflichten einzubeziehen, deren Fälligkeit im Prognosezeitraum nicht sicher, aber überwiegend wahrscheinlich ist.[240] Dies gilt für Haftungsverbindlichkeiten auch dann, wenn der Gläubiger sie zwar noch nicht gegenüber dem Haftungsschuldner geltend gemacht hat, die Erhebung der Forderung gegenüber dem eigentlichen Schuldner aber bereits zu dessen Insolvenz geführt hat.[241] Ebenso können gestundete oder zzt. nicht ernsthaft eingeforderte Verbindlichkeiten zu berücksichtigen sein.[242] Zahlungsunfähigkeit kann trotz gewährter Prolongation eines Darlehens drohen, wenn die in dieser Zeit geführten Umschuldungsverhandlungen keine sichere Erfolgsaussicht bieten.[243]

---
[238] Zu diesen Neuregelungen s.u.
[239] Leinekugel/Skauradszun, GmbHR 2011, 1121 ff.; OLG München, ZIP 2013, 1121; im Übrigen s. unten bei Haftungsgefahren für Geschäftsführer
[240] BGH ZIP 2014, 183 = ZInsO 2014, 77.
[241] OLG Düsseldorf, ZIP 2020, 564.
[242] BGH WM 2014, 1296.
[243] BGH ZIP 2013, 79 = ZInsO 2013, 76.

Gegenüber zu stellen sind die dann vorhandenen liquiden Mittel. Ergibt sich für einen künftigen Zeitpunkt eine Liquiditätsunterdeckung von mehr als 10%, die länger als 3 Wochen dauern wird, ist von drohender Zahlungsunfähigkeit auszugehen.

Sollen die bei Eintritt der drohenden Zahlungsunfähigkeit möglichen gerichtlichen Instrumente des Stabilisierungs- und Restrukturierungsrahmens nach § 29 StaRUG in Anspruch genommen werden, so sind die Auswirkungen dieser Maßnahmen bei der Prognose der drohenden Zahlungsunfähigkeit selbsverständlich unberücksichtigt zu lassen, weil sich sonst ein Zirkelschluss ergäbe. 165

II. Prognosezeitraum und gesetzliche Konkretisierung

Zum Prognosezeitraum des Finanzplans bestanden bis zur Festlegung durch das SanInsFoG unterschiedliche Auffassungen. Der maximale Planungszeitraum des Finanzplans orientiert sich grundsätzlich an der spätesten Fälligkeit einer im Prognosezeitpunkt bereits entstandenen Verbindlichkeit[244], im Einzelfall etwa ein endfälliges Darlehen, welches mit großer Wahrscheinlichkeit dann nicht zurückzuzahlen sein wird. Ob nach der Neufassung der gesetzlichen Regelung aus Gründen der Praktikabilität und wegen der Prognoseunsicherheiten auch kürzere, dafür aber betriebswirtschaftlich besser absehbare Zeiträume in Betracht kommen, etwa ein Planungszeitraum von 3 Monaten, wird die Rechtsprechung herauszuarbeiten haben, ist m.E. aber zu bejahen. 166

Durch Art. 5 SanInsFoG[245] wurde der Beurteilungszeitraum in § 18 Abs. 2 S. 2 InsO gesetzlich „in aller Regel" auf **24 Monate** festgelegt, wodurch eine Abgrenzung zum Prognosezeitraum der Fortführungsprognose im Rahmen der Überschuldungsprüfung erfolgen soll, der durch das SanInsFoG in § 19 Abs. 2 S. 1 InsO auf 12 Monate festgelegt wurde. 167

III. Praktische Bedeutung; Diskussion der Prognosezeiträume

In der bisherigen Insolvenzpraxis hat der Insolvenzantragsgrund der drohenden Zahlungsunfähigkeit keine große Rolle gespielt. Vordergründig scheint dies in folgendem dogmatischem Umstand begründet zu sein: Die Tatbestände der Überschuldung nach § 19 InsO und der drohenden Zahlungsunfähigkeit nach § 18 InsO enthalten beide eine Zahlungs(un)fähigkeitsprognose. Nach der Rechtsprechung des BGH ist bei drohender Zahlungsunfähigkeit eine positive Fortführungsprognose i.S.d. § 19 Abs. 2 InsO nicht anzunehmen[246]. Die hätte zur Folge, dass für haftungsbeschränkte Gesellschaften bei gleichzeitiger Vermögensunzulänglichkeit (rechnerischer Überschuldung) mangels positiver Fortbestehensprognose i.d.R. der Insolvenzgrund der Überschuldung nach § 19 InsO mit der daraus folgenden 168

---

[244] OLG Hamm, ZInsO 2010, 1004 = BeckRS 2010, 13592; Wolf, Mythos Fortführungsprognose, DStR 2009, 2682 ff.
[245] v. 22.12.2020, BGBl. I 2020, 3256 ff.
[246] So BGH NZI 2020, 167 = ZInsO 2020, 373; Gehrlein ZInsO 2021, 183 (187).

Insolvenzantragspflicht nach § 15a Abs. 1 InsO vorliegen dürfte und so der Zugang zum gerichtlichen Restrukturierungsverfahren nach § 29 StaRUG „automatisch" versperrt wäre. Indessen dürfte dieses Dilemma wie folgt aufzulösen sein: Grundsätzlich dürften sich die Planungen im Zeitraum der ersten 12 Monate decken.[247] Ein Unterschied ergibt sich aus der Berücksichtigung von geplanten Sanierungsmaßnahmen. Bei der Prognose im Rahmen der Überschuldungsprüfung dürfen die überwiegend wahrscheinlichen Sanierungsmaßnahmen bzw. -beiträge (etwa nach StaRUG) eingeplant werden[248]; offen ist hier allerdings, ob dies voraussetzt, dass die Restrukturierungsanzeige nach § 31 StaRUG auch tatsächlich erfolgt, was nach meinem Dafürhalten nicht zu verlangen ist. Bei der Prognose für drohende ZU sind die Sanierungsmaßnahmen (zumindest für die Prüfung des Zugangs zu den Instrumenten des StaRUG) dagegen nicht zu berücksichtigen, da sich sonst ein Zirkelschluss ergäbe.[249]

Der Grund für die Zurückhaltung bei der freiwilligen Insolvenzantragstellung wegen drohender Zahlungsunfähigkeit dürfte das Stigma sein, das einem Insolvenzverfahren aus Sicht der Schuldner anhaftet.

Zwar ist zu beobachten, dass Eigen-Insolvenzanträge über das Vermögen von GmbHs nicht ganz selten mit drohender Zahlungsunfähigkeit begründet werden, die Prüfung dann aber ergibt, dass Zahlungsunfähigkeit bereits eingetreten ist. Dieses Vorgehen kann den Geschäftsführer auch deswegen in Haftungsgefahren bringen, weil ein solcher Insolvenzantrag u.U. nicht den Anforderungen des § 13 InsO entspricht, wodurch der Insolvenzantragspflicht nach § 15a InsO bei eingetretener Zahlungsunfähigkeit (§ 17 InsO) nicht genügt und somit die Insolvenzverschleppung fortgesetzt wird, weil der Insolvenzantrag „nicht richtig" i.S.d. § 15a Abs. 4 InsO gestellt ist. Dies gilt umso mehr, wenn der auf § 18 InsO gestützte Insolvenzantrag dann sogar abzuweisen wäre.[250]

168a Zur Prüfung drohender Zahlungsunfähigkeit kann auf den IDW-Prüfungsstandard IDW S 11 verwiesen werden, der am 23.8.2021 (Billigung durch den HFA am 9.11.2021) geändert wurde und nun die neue Rechtslage seit dem 1.1.2021 und die aktuelle Rechtsprechung des BGH berücksichtigt.

---

[247] IDW S11 Rn. 95.
[248] BGH NZG 2021, 1175 Rn. 79 = GmbHR 2022, 143; IDW S11 Rn. 68.
[249] IDW S11 Rn. 94.
[250] So etwa Geißler ZInsO 2013, 919 ff., 924.

§ 3 Kurzfristig wirksame Maßnahmen zur Beseitigung der Insolvenzreife der GmbH

Übersicht

	Rn.
A. Sofortmaßnahmen zur Beseitigung der Überschuldung	169
I. Erhöhung des Eigenkapitals	169
1. Kapitalerhöhung durch Geldeinlage und Besonderheiten in Sanierungsfällen	169
a) Richtiger Zeitpunkt und Voreinzahlung	172
b) Richtiges Konto, debitorisches Konto, keine Zahlung unmittelbar an Gläubiger	175
2. Kapitalschnitt	181
3. Kapitalerhöhung durch (offene) Sacheinlage	187
4. Umwandlung von Verbindlichkeiten, insbesondere Gesellschafterdarlehen in Stammkapital (Debt-Equity-Swap, DES)	188
a) Debt-Equity-Swap (DES)	188
b) Reverse Debt-Equity-Swap	201
c) Umwandlung einer Forderung in Mezzaninekapital (Debt-Mezzanine-Swap, Debt-Hybrid-Swap)	203
5. Sonstige Erhöhung des Eigenkapitals	208
a) Finanzierungszusagen und Zuzahlungen in freie Rücklagen	208
b) Stille Gesellschaftereinlage	212
II. Harte Patronatserklärung	213
1. Patronatserklärung ggü. dem Schuldner (interne Patronatserklärung)	215
a) Wesen	215
b) Verhältnis zwischen Patronatserklärung und Darlehen	218
c) Wirkung im Insolvenzverfahren	219
d) Kündigung, Befristung, Aufhebung	223
2. Patronatserklärung gegenüber einem Gläubiger des Schuldners (externe Patronatserklärung)	232
3. „Weiche" Patronatserklärung	235
III. EAV, schuldrechtliche oder gesellschaftsvertragliche Verlustausgleichszusagen des Gesellschafters	238
IV. Rangrücktrittsvereinbarung	241
1. Allgemeines, Rechtsnatur und Entlastung des Überschuldungsstatus	241
2. Erforderliche Rangrücktrittstiefe	247
3. Zeitliche Dauer des Rangrücktritts	253
a) Beginn	254
b) Ende	255
4. Auswirkungen auf Nebenforderungen und Sicherheiten	258
a) Nicht akzessorische Sicherheiten aus dem Schuldnervermögen	259
b) Nicht akzessorische Sicherheiten aus Drittvermögen	264
5. Elemente/empfehlenswerte Inhalte einer Rangrücktrittsvereinbarung	265
6. Rechtsfolgen von dem Rangrücktritt widersprechenden Zahlungen	266
7. Steuerrechtliche Auswirkung des Rangrücktritts beim Schuldner	267
V. Forderungsverzicht	271
1. Zivilrechtlich	271
2. Steuerrechtlich	275

VI. Umwandlung/Aufnahme einer natürlichen Person als Vollhafter 280
B. Sofortmaßnahmen zur Beseitigung der Zahlungsunfähigkeit 284
  I. Patronatserklärung 285
  II. Neuaufnahme von Krediten 286
  III. Verwertung von Anlagevermögen 287
  IV. Verwertung von Umlaufvermögen 288
  V. Stundung und Stillhaltevereinbarungen............................ 290
    1. Stundungen... 291
    2. Vollstreckungsschutzvereinbarungen 296
    3. Stillhalteabsprachen... 298

Literatur: *Altrichter-Herzberg,* Die Höhe der steuerlichen Einlage beim Rangrücktritt, GmbHR 2017, 185 ff.; *Altrichter-Herzberg,* Forderungsverzicht und Einlage – Neues vom BFH?, GmbHR 2015, 1121 ff.; *Bitter,* Wirksamkeit von Rangrücktritten und vorinsolvenzrechtlichen Durchsetzungssperren (AGB-Rechtliche Grenzen der Hybridisierung von Fremdkapitalinstrumenten), ZIP 2015, 345 ff.; *Braun,* Bilanzielle Behandlung von Gesellschafterdarlehen mit Rangrücktrittsklausel, DStR 2012, 1360 ff.; *Ekkenga,* Insolvenzvorbeugung durch Rangrücktritt – eine Fundamentalkritik, ZIP 2017, 1493 ff.; *Hoos/Köhler,* Überschuldungsverhindernde Rangrücktrittsvereinbarungen in der Finanzierungs- und Restrukturierungspraxis, GmbHR 2015, 729 ff.; *Kahlert,* Anmerkungen zur v.g. BFH-Entscheidung, ZIP 2015, 1389 ff.; *Kahlert,* Anmerkungen zur v.g. BFH-Entscheidung, ZIP 2015, 1389 ff.; *Kohlhaas,* Die GmbH in der Krise – wie werthaltig sind Gesellschafterforderungen?, GmbHR 2009, 531 ff.; *Möhlenkamp/Harder,* Die umgekehrte Wandelschuldverschreibung (CoCo-Bonds) – ein neues Sanierungsinstrument?, ZIP 2016, 1093 ff.; *Pickerill,* Das Ende der Patronatserklärung?, NZG 2018, 609 ff.; *Pöschke,* Bilanzierung und Besteuerung von Forderungserlass und Rangrücktritt zur Sanierung von Kapitalgesellschaften, NZG 2017, 1408 ff.; *Raeschke-Kessler/Christopeit,* Die harte Patronatserklärung als befristetes Sanierungsmittel, NZG 2010, 1361 ff.; *K. Schmidt,* Dogmatik und Praxis des Rangrücktritts, ZIP 2015, 901 ff.; *K. Schmidt,* Patronatserklärung mit Rangrücktritt: im Krisenstadium unauflösbar?, Beilage zu ZIP 22/2016, 66 ff.; *Schulze-Osterloh,* Forderungsverzicht eines Gesellschafters einer Kapitalgesellschaft in der Krise – Ausweis in der Handels- und Steuerbilanz, NZG 2017, 641 ff.; *Tetzlaff,* Aufhebung von harten Patronatserklärungen, WM 2011, 1016 ff.

A. Sofortmaßnahmen zur Beseitigung der Überschuldung

I. Erhöhung des Eigenkapitals

1. Kapitalerhöhung durch Geldeinlage und Besonderheiten in Sanierungsfällen

169   Nicht selten beteiligen sich Investoren an Krisengesellschaften. Dies geschieht in aller Regel nicht durch Erwerb der Geschäftsanteile von den Altgesellschaftern, sondern durch Kapitalerhöhungen. Die Kapitalerhöhung,[1] sei es eine Bar- oder eine Sachkapitalerhöhung, ist grds. ein Mittel, eine Überschuldung zu beseitigen, wenn sie der Höhe nach ausreichend ist. Bereits die wirksame Beschlussfassung über die Kapitalerhöhung und die wirksame Übernahme des neuen Geschäftsanteils gegen die Verpflichtung zur Leistung der Stammeinlage durch einen (neuen)

---

[1] Zu Kapitalerhöhung zu Sanierungszwecken und zu Mitwirkungspflichten der Gesellschafter: Schorlemer/Stupp NZI 2003, 345 ff.

Gesellschafter[2] kann bei ausreichender Höhe die Überschuldung beseitigen, da insoweit ein Anspruch der Gesellschaft gegen den Gesellschafter begründet wird (§ 14 Satz 1 GmbHG), der, Werthaltigkeit vorausgesetzt, im Überschuldungsstatus zu aktivieren ist. Probleme bereiten in der Praxis nicht selten die rechtswirksame Erfüllung der Einlageverpflichtung bzw. der Erfüllungsnachweis durch den Gesellschafter, sodass sich Gesellschafter im Insolvenzverfahren über das Vermögen der Gesellschaft mitunter erheblichen Ansprüchen des Insolvenzverwalters auf (erneute) Erbringung der Einlage bzw. Haftungsansprüchen ausgesetzt sehen. Die Fragen der ordnungsgemäßen Kapitalaufbringung werden im Kapitel Haftungsgefahren der Gesellschafter eingehend erörtert. Hier wird zunächst auf die Besonderheiten in Sanierungsfällen eingegangen:

Weil die Urkundsbeteiligten häufig Fehlvorstellungen über die Erfüllung der Bareinlageverpflichtung haben, ist der Notar anlässlich der Beurkundung einer Stammkapitalerhöhung verpflichtet, alle Beteiligten über die Möglichkeiten der wirksamen Einlagepflichterfüllung „eindringlich" aufzuklären.[3]   **170**

Der Einzahlungsbetrag auf die Kapitalerhöhung muss endgültig zur freien Verfügung der Geschäftsführung gestellt werden (vgl. etwa §§ 8 Abs. 2, 14 GmbHG, §§ 36, 36a, 54 AktG). Bei regulären Unternehmenskäufen (share-deals) lässt sich der Erwerber seinen Informationsnachteil betreffend die Verhältnisse der Gesellschaft regelmäßig durch Garantien des Anteilsverkäufers oder bei der Kaufpreisbemessung ausgleichen. In Sanierungsfällen erfolgt die Beteiligung des Sanierungsinvestors in aller Regel nicht durch Erwerb der Geschäftsanteile von den Altgesellschaftern, sondern durch Kapitalerhöhungen (ggf. nach vorherigem Kapitalschnitt, s.u.). Im Hinblick auf die häufig ebenfalls prekäre Wirtschaftslage der Altgesellschafter könnte zum Ausgleich des Informationsdefizits an Garantien durch die Gesellschaft selbst zu denken sein. Im Hinblick auf die Erfordernisse der Kapitalaufbringung und -erhaltung sollte hiervon jedoch, wenn überhaupt, nur sehr restriktiv Gebrauch gemacht werden.[4]   **171**

a) Richtiger Zeitpunkt und Voreinzahlung. Grundsätzlich ist eine **Voreinzahlung**, d.h. eine Zahlung auf eine noch nicht wirksam beschlossene Kapitalerhöhung nicht schuldtilgend. Für die reguläre Reihenfolge (Einzahlung nach Kapitalerhöhungsbeschluss und Übernahme des Geschäftsanteils) war streitig, ob der Betrag oder ein entsprechender Wert (Prinzip der wertgleichen Deckung des BGH) bis zur Eintragung der Kapitalerhöhung durch das Registergericht zur   **172**

---

[2] Durch das MoMiG wurde § 3 Abs. 1 Nr. 4 GmbHG wie folgt neue gefasst werden: „... die Zahl und die Nennbeträge der Geschäftsanteile, die jeder Gesellschafter gegen Einlage auf das Stammkapital (Stammeinlage) übernimmt." Durch diese Regelung wird sprachlich korrekt klargestellt, dass ein Gesellschafter einen Geschäftsanteil mit einem bestimmten Nennbetrag gegen Einlage auf das Stammkapital übernimmt und nicht eine Stammeinlage als solche. Die Regelung stellt also die von den Gesellschaftern zu übernehmenden Geschäftsanteile und somit ihre Beteiligung an der Gesellschaft ggü. ihrer Einlageverpflichtung in den Vordergrund. Eine inhaltliche Änderung ist mit der vorgeschlagenen Regelung nicht verbunden. Zahlreiche andere Vorschriften wurden durch das MoMiG ebenfalls sprachlich von „Stammeinlage" auf „Geschäftsanteil" geändert werden, zB §§ 55 Abs. 1, 56 Abs. 1 Satz 1, 57 Abs. 1 GmbHG.
[3] OLG Naumburg DStR 2010, 564.
[4] S.a. Gottschalk/Ulmer, Garantien einer GmbH bei Kapitalerhöhungen, NZG 2021, 997 ff.

freien Verfügung verbleiben und vorhanden sein musste.[5] Dies hat der BGH[6] entschieden und für die Kapitalerhöhung das Prinzip der wertgleichen Deckung aufgegeben. Danach ist freie Verfügbarkeit auch gegeben, wenn der Betrag nachweislich auf ein frei verfügbares Konto der GmbH eingezahlt wurde und nicht an die Gesellschafter zurückgeflossen ist; nur dies muss in der Anmeldung versichert werden.[7] Maßgeblicher Zeitpunkt für die Richtigkeit der Versicherung ist der des Eingangs beim Registergericht.[8] Das gilt aber nicht für die **Voreinzahlung** d.h. eine Zahlung auf eine noch nicht wirksam beschlossene Kapitalerhöhung. Sie ist grundsätzlich nicht schuldtilgend. Schuldtilgende Wirkung hat die Voreinzahlung nur, wenn der Betrag im Zeitpunkt der Beschlussfassung über die Kapitalerhöhung und Übernahmeerklärung des Gesellschafters noch als solcher im Gesellschaftsvermögen zweifelsfrei vorhanden ist, also sich in der Kasse oder auf einem Guthabenkonto befindet, das durchgehend einen Guthabensaldo mindestens in Höhe des Kapitalerhöhungsbetrages aufweist.[9]

173   In **Sanierungsfällen** lässt der BGH ausnahmsweise die Voreinzahlung zu, wenn sich der Betrag im Zeitpunkt der Entstehung der Einlageverpflichtung noch im Vermögen der Gesellschaft befindet,[10] was bei Zahlung auf ein debitorisches Konto jedoch nicht der Fall ist,[11] und wenn folgende strenge **Voraussetzungen** erfüllt sind:[12]

- es liegt ein akuter Sanierungsfall vor und die Zahlung soll eine Zahlungsunfähigkeit beseitigen, so dass die Gesellschaft wegen des engen zeitlichen Rahmens des § 15a Abs. 1 InsO (§ 64 Abs. 1 GmbHG a.F.) sofort über die Mittel verfügen muss und daher die Sanierung der Gesellschaft bei Einhaltung der üblichen Reihenfolge der Kapitalerhöhung scheitern würde,
- nach pflichtgemäßer Einschätzung eines objektiven Dritten ist die Gesellschaft aus der ex-ante-Sicht sanierungsfähig (taugliches Sanierungskonzept) und die Voreinzahlung ist objektiv zur Sanierung geeignet,
- andere Maßnahmen, etwa Einzahlung in freie Kapitalrücklagen oder auf ein der Haftung gegenüber der Bank nicht unterliegendes Sonderkonto führen nicht zum Ziel,
- der Gesellschafter handelt mit Sanierungswillen,
- die Beschlussfassung über die Kapitalerhöhung und die Übernahme der Einlage war zum Zahlungszeitpunkt bereits in die Wege geleitet (etwa durch bereits erfolgte Ladung zur Gesellschafterversammlung) und wird im Anschluss an die Voreinzahlung mit der gebotenen Beschleunigung nachgeholt,

---

[5] Zu Vorleistungen auf Kapitalerhöhungen der GmbH sa Wülfing GmbHR 2007, 1124 ff.
[6] ZIP 2002, 799; zur Aufgabe des Prinzips der wertgleichen Deckung sa Henze BB 2002, 955 ff. und Hallweger DStR 2002, 2131 ff.
[7] BGH NZG 2002, 522, 524, 636, 639.
[8] LG Gießen GmbHR 2003, 543.
[9] BGH ZIP 2004, 849; BGH ZIP 2008, 1928; BGH ZIP 2016, 615.
[10] BGH ZIP 2004, 849.
[11] BGH ZIP 2006, 2214; OLG Celle ZIP 2010, 2298 = ZInsO 2010, 1843.
[12] BGH ZIP 2006, 2214 = BB 2006, 2707; dazu Ehlke ZIP 2007, 749 ff.; ebenso streng OLG Celle ZIP 2010, 2298 = ZInsO 2010, 1843.

- der eingezahlte Betrag ist im Zeitpunkt der Fassung des Erhöhungsbeschlusses noch als solcher im Vermögen der Gesellschaft vorhanden[13] (also keine Zahlung auf debitorisches Konto!).

Außerdem ist die Voreinzahlung als solche im Kapitalerhöhungsbeschluss, in der Anmeldeversicherung und in der Registereintragung offenzulegen.[14]

Ist fraglich, ob eine Voreinzahlung zur Tilgung einer später begründeten Einlagepflicht überhaupt vorliegt, ist maßgeblich die Sicht des Geschäftsführers.[15] Die Darlegungs- und Beweislast für die Voraussetzungen einer wirksamen Voreinzahlung trägt der Gesellschafter.[16]

Diese von der Rechtsprechung aufgestellten Hürden zeigen, dass eine Voreinzahlung nicht gewünscht ist. Im Zweifel sollte eine geschehene Voreinzahlung über eine Sacheinlage „geheilt" werden. Bei der Beurkundung einer Kapitalerhöhung hat sich auch der Notar über eine eventuelle Vorauszahlung zu vergewissern und über die Voraussetzungen für die Erfüllung der Einlageschuld aufzuklären.[17]

Ein aus einer fehlgeschlagenen, d.h. die Einlageschuld nicht tilgenden Voreinzahlung resultierender Bereicherungsanspruch nach § 812 Abs. 1 Satz 2 Alt. 2 BGB kann u.U. als verdeckte Sacheinlage nach § 19 Abs. 4 GmbHG auf die Einlageschuld angerechnet werden. Das gilt dann nicht, wenn die Einrede des Wegfalls der Bereicherung nach § 818 Abs. 3 BGB oder das Gebot der Kapitalerhaltung nach § 30 Abs. 1 Satz 1 GmbHG entgegenstehen.[18] Zahlt der Gesellschafter nach fehlgeschlagener Voreinzahlung den Einlagebetrag erneut an die Gesellschaft mit der Anweisung, die Zahlung an ihn zur Tilgung seiner Bereicherungsforderung aus dem ersten, fehlgeschlagenen Tilgungsversuch wieder an ihn zurück zu überweisen, liegt darin eine verdeckte Sacheinlage.[19]

174

Beratungsempfehlung: Bemerkt man die nicht schuldtilgende Voreinzahlung noch vor Eintragung der Barkapitalerhöhung, kann auf eine offene Sacheinlage gewechselt werden. Sacheinlagegegenstand ist dann der Bereicherungsanspruch aus § 812 BGB, sofern er werthaltig ist.

b) Richtiges Konto, debitorisches Konto, keine Zahlung unmittelbar an Gläubiger. Die Zahlung hat auf ein Konto der GmbH zu erfolgen. Die Zahlung auf ein **Konto des Gesellschafter-Geschäftsführers** ist zulässig/ausreichend, wenn es als Geschäftskonto der GmbH genutzt wird und aus dem Guthaben tatsächlich Gesellschaftsverbindlichkeiten beglichen werden.[20] Die Barzahlung an den Mitgesellschafter-Geschäftsführer befreit von der Einzahlungspflicht nicht, wenn der Zahlungsempfänger sich in desolater finanzieller Lage befindet und das Geld für seinen persönlichen Lebensunterhalt benötigt.[21]

175

Die Zahlung kann nicht befreiend auf ein **gesperrtes Konto** erfolgen.

176

---

[13] OLG Nürnberg ZIP 2010, 2300: Der Betrag muss noch unverbraucht zur Verfügung stehen.
[14] OLG Celle GmbHR 2006, 433; OLG Celle ZIP 2010, 2298 = ZInsO 2010, 1843.
[15] OLG Köln ZIP 2001, 1243.
[16] OLG Thüringen ZIP 2006, 1862 = NZG 2006, 752.
[17] BGH ZIP 2008, 1928 = GmbHR 2008, 766.
[18] OLG Nürnberg ZIP 2010, 2300.
[19] BGH ZIP 2012, 1857.
[20] BGH ZIP 2001, 513 für den Fall der Gründung, Vor-GmbH.
[21] OLG München ZIP 2016, 2361.

177 Bei Zahlung auf ein **debitorisches Konto** wird die Einlageverpflichtung nur erfüllt, wenn und soweit die Kreditlinie noch nicht ausgeschöpft ist oder das Kreditinstitut auf einem anderen Konto entsprechenden Kredit zur Verfügung stellt[22] oder den Geschäftsführer über einen Betrag in Höhe der Einlageleistung anderweitig verfügen lässt, sei es im Rahmen einer formalen Kreditzusage oder aufgrund stillschweigender Gestattung.[23]

Achtung! Dies gilt nicht für eine Voreinzahlung (s.o. → Rn. 172f.).

OLG Oldenburg:[24] Wirksame Einlageleistung auf Konto mit in kurzen Zeitabständen stark zwischen geduldeten Soll- und Habenständen schwankendes Konto auch dann möglich, wenn zur Zeit der Einzahlung ein (nur geduldeter, nicht vereinbarter) Sollstand vorlag, kurze Zeit später aber ein den Einlagebetrag übersteigender Habensaldo; unabhängig davon kann die Einlage befreiend auf ein im Soll geführtes Konto erfolgen, wenn der Geschäftsführer die Einzahlung auf dieses Konto angewiesen hatte.[25] Sollte sich diese Entscheidung durchsetzen, wäre dies ein Paradigmenwechsel.

Keine Einlagepflichterfüllung bei Zahlung auf debitorisches Konto, wenn die Bank keine Verfügungen mehr zulässt, sondern den Einzahlungsbetrag mit eigenen Ansprüchen verrechnet. Jedoch auch keine (erneute) Einlagenforderung des Insolvenzverwalters, wenn er die durch die Bank vorgenommene Verrechnung der Einlagezahlung mit Forderungen der Bank erfolgreich angefochten hat.[26]

> **Fazit**
> Ggf. vor Einzahlung alle Verrechnungsabreden mit der Bank aufheben, da sonst keine wirksame Einlageleistung vorliegt;[27] u.U. Konto bei anderem Kreditinstitut eröffnen oder Bareinzahlung (gegen Quittung).

178 Grundsätzlich kann die Einlagepflicht nicht durch Zahlung an einen Gläubiger der Gesellschaft erfüllt werden. Hiervon abzugrenzen sind jedoch vorherige **Verwendungsabsprachen** zwischen Inferenten und Gesellschaft über die Verwendung des Einlagebetrages. Diese sind bei Zahlung des Einlagebetrages an einen Nicht-Gesellschafter für eine wirksame Einlageleistung unschädlich.[28] Für die Erfüllungswirkung der Zahlung des Einlagebetrages durch den Inferenten an den Gläubiger muss die Drittforderung hinreichend bestimmt und eine ausdrückliche Tilgungsbestimmung vorgenommen werden.[29]

179 Das „Verbot" des Hin- und Herzahlens greift nicht ein, wenn in unmittelbarem Zusammenhang mit der Bareinlage laufendes **Geschäftsführergehalt** an den Gesellschafter-Geschäftsführer ausgezahlt wird, solange das Gehalt sich im üblichen Rahmen bewegt, also einem Drittvergleich standhält.[30] Das gilt nicht für stehengelassene, rückständige Gehaltsansprüche des Gesellschafter-Geschäfts-

---

[22] BGH ZIP 2002, 799; BGH BB 1990, 2282.
[23] BGH ZIP 2005, 121 = DStR 2005, 164.
[24] ZIP 2009, 424 = ZInsO 2008, 1086.
[25] Dazu Haverkamp ZInsO 2008, 1126.
[26] OLG Hamm ZIP 2004, 1427.
[27] OLG Köln NJW-RR 2000, 1480.
[28] BGH ZIP 2007, 528 = DStR 2007, 541.
[29] OLG München ZIP 2016, 2361.
[30] Habersack FS Priester, 2007, 157ff., 171.

führers, da es sich insoweit um eine verdeckte Sacheinlage oder die Rückzahlung von Gesellschafterdarlehen (s. → Rn. 1256 ff.) handeln kann.

Sofortige Rückzahlung eines neben dem Kapitalerhöhungsbetrag aufzubringenden Aufgeldes (**Agios**) ist für die freie Verfügbarkeit des Kapitalerhöhungsbetrages unschädlich.[31] 180

2. Kapitalschnitt

Zu Sanierungszwecken kommt als Kapitalmaßnahme auch ein sog. Kapitalschnitt in Betracht.[32] Dieser ist die Kombination von vereinfachter Kapitalherabsetzung[33] und Kapitalerhöhung und hat die Funktion, die Nominalwerte der Kapitalbeteiligungen der Altgesellschafter den (gesunkenen) realen Werten ihrer Beteiligung anzupassen und so die (Nominal-)Wertverhältnisse der Beteiligungen insbesondere gegenüber dem Sanierungsinvestor, der reale Werte einbringt, zutreffend darzustellen. Die vereinfachte Kapitalherabsetzung (ohne Einhaltung des Sperrjahres nach § 58 Abs. 1 Nr. 3 GmbHG) ist nach §§ 58a–f GmbHG auch bei der GmbH möglich. 181

Die vereinfachte Kapitalherabsetzung darf nur zur Verlustdeckung durchgeführt werden (§§ 58a Abs. 1 und 2, 58b Abs. 1, 58c GmbHG). In dem Beschluss muss in entsprechender Anwendung des § 229 Abs. 1 Satz 1 AktG der Zweck der Kapitalherabsetzung abgegeben werden.[34] Außerdem muss der Kapitalherabsetzungsbeschluss wirksam, d.h. eindeutig und aus sich selbst heraus verständlich bekannt gemacht sein.[35] 182

Für in die Kapitalrücklage eingestellte Beträge besteht eine 5-jährige Ausschüttungssperre (§ 58b Abs. 3 GmbHG); künftige Gewinne dürfen nur in begrenztem Umfang ausgeschüttet werden (§ 58d GmbHG). Für die vereinfachte Kapitalherabsetzung sind Gläubigeraufruf und Einhaltung des Sperrjahres (§ 58 Abs. 1 Nr. 3 GmbHG) nicht erforderlich. 183

Im Rahmen der vereinfachten Kapitalherabsetzung kann das Stammkapital auch unter das gesetzliche Mindeststammkapital i.H.v. 25.000 EUR oder sogar auf Null festgesetzt werden, wenn im Rahmen der gleichzeitig zu beschließenden Kapitalerhöhung das Stammkapital wieder mindestens auf das gesetzliche Mindestkapital (§ 5 Abs. 1 GmbHG) festgesetzt wird (§ 58a Abs. 4 GmbHG). Für diese gleichzeitige Kapitalerhöhung sind Sacheinlagen nach § 58a Abs. 4 Satz 1 GmbHG verboten. Auf dieses Verbot ist § 19 Abs. 4 GmbHG (verdeckte Sacheinlage) nicht anwendbar.[36] 184

Bei einer Kapitalherabsetzung auf Null erlöschen Pfandrechte an den Geschäftsanteilen, wenn anschließend eine Kapitalerhöhung aus Gesellschaftsmitteln durchgeführt wird. Auch hindert das Bestehen von solchen Pfandrechten die Kapitalherabsetzung auf Null nicht, weil die Gesellschafter bei ihrer Entscheidung 185

---

[31] OLG München ZIP 2007, 126.
[32] Muster für Kapitalschnitt zu Sanierungszwecken einer GmbH bei Reul/Heckschen/Wienberg, Insolvenzrecht in der Gestaltungspraxis 2012, S. 397 ff.
[33] Zu Funktion und Durchführung der vereinfachten Kapitalherabsetzung sa Geißler GmbHR 2005, 1102 ff.
[34] OLG Hamm GmbHR ZIP 2011, 568 = 2011, 256.
[35] OLG München ZIP 2011, 2062 ff.
[36] Ulmer GmbHR 2010, 1298 ff.

die Interessen der Gesellschaft und nicht der Gläubiger eines Gesellschafters zu berücksichtigen haben. Das Pfandrecht setzt sich auch nicht analog § 1287 BGB an den neuen Geschäftsanteilen fort, und das Bezugsrecht auf die neuen Geschäftsanteile ist keine Nutzung i.S.d. § 100 BGB und unterfällt daher nicht dem Nutzungspfandrecht nach § 1213 Abs. 1 BGB.[37]

186 Die Bilanz der GmbH zeigt folgendes Bild:
Aufstellung

Aktiva
Anlage- und Umlaufvermögen	4.750.000 EUR
Nicht durch Eigenkapital gedeckter Fehlbetrag	**1.250.000 EUR**
	6.000.000 EUR

Passiva
Stammkapital	1.000.000 EUR
Verbindlichkeiten	**5.000.000 EUR**
	6.000.000 EUR

Es liegt also Überschuldung vor, da das Vermögen der GmbH die bestehenden Verbindlichkeiten nicht deckt.
Ein Gesellschafter möchte sich an der Gesellschaft zu Sanierungszwecken beteiligen und Gesellschafter zu 50% werden. Eine Kapitalerhöhung und Übernahme einer Stammeinlage i.H.v. 1.000.000 EUR ist für den neuen Gesellschafter jedoch nicht möglich und zur bilanziellen Sanierung der GmbH auch nicht erforderlich. Es wird also ein Kapitalschnitt wie folgt durchgeführt:

1. Schritt: Vereinfachte Kapitalherabsetzung um 500.000 EUR.
Danach ergibt sich folgendes Bilanzbild:
Aufstellung

Aktiva
Anlage- und Umlaufvermögen	4.750.000 EUR
Nicht durch Eigenkapital gedeckter Fehlbetrag	**750.000 EUR**
	5.500.000 EUR

Passiva
Stammkapital	500.000 EUR
Verbindlichkeiten	**5.000.000 EUR**
	5.500.000 EUR

2. Schritt: Erhöhung des Stammkapitals um 500.000 EUR wieder auf 1.000.000 EUR; und der Sanierungsgesellschafter übernimmt die neue Stammeinlage i.H.v. 500.000 EUR.
Danach ergibt sich folgendes Bilanzbild:
Aufstellung

Aktiva
Anlage- und Umlaufvermögen	4.750.000 EUR
Stammeinlageforderung	500.000 EUR
Nicht durch Eigenkapital gedeckter Fehlbetrag	**750.000 EUR**
	6.000.000 EUR

Passiva
Stammkapital	1.000.000 EUR
Verbindlichkeiten	**5.000.000 EUR**
	6.000.000 EUR

Die Überschuldung ist beseitigt und der Sanierungsgesellschafter ist am Stammkapital der GmbH zu 50% beteiligt.

---

[37] LG Kiel ZIP 2015, 1730 = GmbHR 2015, 1044.

3. Kapitalerhöhung durch (offene) Sacheinlage

Selbstverständlich kann die Kapitalerhöhung auch durch (offene) Sacheinlage 187
erfolgen. Zur Durchführung sollten beachtet werden:
- Beschluss als Sachkapitalerhöhung fassen,
- Nennbetrag des Geschäftsanteils festsetzen, auf den sich die Sacheinlage bezieht,
- Gegenstand bezeichnen (das kann sowohl in dem Beschluss als auch in einer zugleich beschlossenen Satzungsänderung geschehen[38]),
- Übernahmeerklärung mit vorgen. Festsetzungen durch den Übernehmer (§§ 56 Abs. 1 Satz 2, 55 Abs. 1 GmbHG),
- Gegenstand bewerten (bei belastetem Grundstück sind Wert und Belastung zu saldieren[39]),
- Sachgründungsbericht erstellen,
- Sache vor Anmeldung (§§ 56a, 7 Abs. 3 GmbHG) übereignen, auch gutgläubiger Erwerb möglich,[40]
- Registeranmeldung, § 57 GmbHG und Prüfung des Registergerichts, § 9c Abs. 1 Satz 2 GmbHG.

Die Anforderungen nach § 56 GmbHG können bis zur Eintragung der Kapitalerhöhung ins Handelsregister nachgeholt werden.[41]

Im Übrigen siehe zu den Anforderungen und den Haftungsgefahren bei fehlerhafter Durchführung unten.

4. Umwandlung von Verbindlichkeiten, insbesondere Gesellschafterdarlehen in Stammkapital (Debt-Equity-Swap, DES)

a) Debt-Equity-Swap (DES)

aa) Sachverhaltsgestaltungen. Die Überschuldung der Gesellschaft kann 188
auch dadurch beseitigt werden, dass ein Gläubiger seine Forderung gegen die
Gesellschaft ganz oder teilweise in eine Kapitalbeteiligung umwandelt.[42] Die
Umwandlung (Swap) von Schulden der Gesellschaft (Debt) in Gesellschaftsanteile (Equity) des Gläubigers hat als Transaktions- und Sanierungsinstrument nach
meiner Beobachtung mehr und mehr Einzug in die Sanierungspraxis erhalten. So
wird häufig von stillen Gesellschaftern oder Mezzanine-Finanzierern, deren stille
Beteiligungen wegen der gewinnunabhängigen Verzinsung und der vertraglichen
Rückzahlungspflicht im Überschuldungsstatus der GmbH auch dann zu passivieren sind, wenn sie wegen ihres Einflusses auf die Gesellschaft einem Gesellschafter
gleichzustellen sind,[43] verlangt, ihre stille Beteiligung in Eigen-(Stamm-)kapital zu

---
[38] BGH ZIP 2008, 180.
[39] OLG Frankfurt a.M. GmbHR 2006, 817.
[40] BGH NZG 2003, 85.
[41] OLG Brandenburg ZIP 2007, 969, bestätigt BGH ZIP 2008, 180.
[42] Zu Chancen und Risiken des Debt-Equity-Swap sa Redeker BB 2007, 673 ff.; Fromm ZInsO 2012, 1253 ff.; zu Debt-to-Equity-Swaps in der Transaktionspraxis sa Carli ua ZIP 2010, 1737 ff.; Thole ZIP 2014, 2365 ff.
[43] Nach alter Rechtslage (vor MoMiG) eigenkapitalersetzende Darlehen, OLG Köln NZG 2010, 463; jetzt Gesellschafterdarlehen, § 19 Abs. 2 Satz 2 InsO.

wandeln.⁴⁴ Dass stille Beteiligungen auf diese Weise in GmbH-Geschäftsanteile umgewandelt werden können, hat der BGH kürzlich gesondert entschieden.⁴⁵ Auch verfahren (internationale) Finanzinvestoren und Hedge-Fonds gelegentlich auf diese Weise: Erwerb der (nicht mehr in nominaler Höhe valutierenden) Forderungen mit anschließender Übernahme des Unternehmens im Wege von Kapitalmaßnahmen.

Klassische Erscheinungsformen der Umwandlung einer Gläubigerforderung in eine Kapitalbeteiligung, des Debt-Equity-Swap (DES) sind

- die vereinfachte Kapitalherabsetzung nach §§ 58a ff. GmbHG mit anschließender Kapitalerhöhung und Übernahme eines Geschäftsanteils durch den Gläubiger gegen Einbringung seiner Forderung durch Abtretung (Konfusion) oder Erlassvereinbarung oder

- der Erwerb eines Geschäftsanteils durch den Gläubiger mit anschließendem Erlass oder Abtretung der Forderung.

189 Die Umwandlung einer Forderung in eine Kapitalbeteiligung ist aus der Sicht des Gläubigers/Gesellschafters die Einlage einer Forderung und damit nach ständiger Rechtsprechung eine **Sacheinlage.**⁴⁶ Daher müssen die Anforderungen an die Kapitalerhöhung mit Sacheinlagen nach § 56 GmbHG erfüllt werden. Dies bedeutet u.a., dass der Sacheinlagegegenstand (die Forderung) und der Nennbetrag des Geschäftsanteils, auf den sich die Sacheinlage bezieht, in dem Kapitalerhöhungsbeschluss festgesetzt und diese Festsetzungen in die Übernahmeerklärung des Gesellschafters übernommen werden müssen. Für die Bewertung der im Rahmen der Sachkapitalerhöhung einzubringenden Gegenstände gelten nach herrschender Meinung die auf die Gründung der GmbH anzuwendenden Vorschriften. Für einzubringende Forderungen gegen die Gesellschaft ist nach ganz herrschender Meinung nicht der Nominalbetrag maßgeblich, sondern der wirkliche Wert.⁴⁷ Für die Einbringung einer Forderung zum Nominalbetrag ist also erforderlich, dass sie vollwertig ist. Bei der Beurteilung der Vollwertigkeit sind auch die Grundsätze der Kapitalerhaltung nach § 30 GmbHG zu beachten.⁴⁸

190 **Überschuldung als Einbringungshindernis?**
Bei einer Überschuldung der Schuldnergesellschaft sind zusätzlich zu beachten: Nach meinem Dafürhalten kann Überschuldung der Gesellschaft kein Einbringungshindernis für die Forderung sein. Wie bei jeder Kapitalerhöhung ist der Vermögenswert zur freien Disposition des Geschäftsführers zur Verfügung zu stellen, §§ 56a, 7 Abs. 3 GmbHG. Im Fall der Überschuldung der Gesellschaft wird es stets an der Vollwertigkeit der einzubringenden Forderung gegen die Gesellschaft fehlen,⁴⁹ vielmehr wird der Wert der Forderung (erheblich) hinter dem Nominalbetrag zurückbleiben. Also kann es bei einer Überschuldung der Gesellschaft i.H.d. Überschuldungsbetrages nicht gelingen, dem Geschäftsführer den eingelegten Vermögenswert zur freien Disposition zu stellen, weil durch Verzicht

---
⁴⁴ S. hierzu auch Weitnauer ZIP 2007, 1932 ff.; zur Umwandlung stiller Beteiligungen in Aktien zur Erhaltung des Kernkapitals s. Nodoushani NZG 2010, 491 ff.
⁴⁵ S. BGH NZG 2015, 1396 und K. Schmidt NZG 2016, 4 ff.
⁴⁶ BGH WM 1998, 925; BGH ZIP 1991, 511.
⁴⁷ Rabe in Heybrock, Praxiskommentar zum GmbH-Recht, § 56 Rn. 12.
⁴⁸ BGH GmbHR 2007, 1331 = NJW 2007, 3566.
⁴⁹ BGH GmbHR 2007, 1331 = NJW 2007, 3566.

oder Konfusion der Forderung lediglich die Bildung des negativen Eigenkapitals in der Bilanz als Ausgleichsposten kompensiert wird und insoweit der Geschäftsführung nichts zur freien Verfügung steht. Für diese Beurteilung ist m.E. nicht der Überschuldungsstatus, sondern die Handelsbilanz maßgeblich, da es nicht um die Bewertung der einzubringenden Forderung sondern um die (insoweitige) Sacheinlagefähigkeit überhaupt geht.[50]

Der Wert der Forderung gegen die überschuldete Gesellschaft kann allenfalls die Deckungsquote sein. Diese ergibt sich aus einer Überschuldungsbilanz, ggf. zu Fortführungswerten. Das Registergericht kann die Werthaltigkeit prüfen und im Falle einer nicht unwesentlichen Überbewertung die Eintragung ablehnen, §§ 57a, 9c GmbHG. 191

Wird also eine Sachkapitalerhöhung i.H.d. Nominalbetrages der gegen die (überschuldete) Gesellschaft gerichteten, als Sacheinlage einzubringenden Forderung beschlossen, kann der Gesellschafter seine Einlagepflicht nicht nach § 19 Abs. 2 Satz 2 GmbHG voll erfüllen, sodass die Differenzhaftung nach §§ 56 Abs. 2, 9 Abs. 1 GmbHG eingreift. Die Differenzhaftung kann nach § 24 GmbHG auch die weiteren Gesellschafter treffen. Im Insolvenzfall wird die als Sacheinlage eingebrachte Forderung möglicherweise (erneut) bewertet und der Gesellschafter für den Fall, dass der Insolvenzverwalter zu einem anderen Bewertungsergebnis kommt, auf den Differenzbetrag zum Nominalwert in Anspruch genommen. 192

Die GmbH schuldet der Bank aus Darlehen 150.000 EUR. Die GmbH zeigt folgendes Bilanzbild: 193
Aufstellung

Aktiva
Vermögen   100.000 EUR
nicht durch Eigenkapital gedeckter Fehlbetrag   **150.000 EUR**
                                                                         250.000 EUR

Passiva
Stammkapital   100.000 EUR
Verbindlichkeiten   **150.000 EUR**
                                                                         250.000 EUR

Es liegt Überschuldung vor. Der Wert der Forderung der Bank gegen die GmbH beträgt nur noch zwei Drittel (100.000 von 150.000 EUR). Die Bank verkauft ihre Forderung zu einem unter dem Nominalbetrag liegenden Kaufpreis an einen Investor. Dieser möchte sich an der GmbH als Gesellschafter beteiligen und einen Teil seiner (erworbenen) Forderung in Stammkapital umwandeln. Durch Dept-Equity-Swap kann die Überschuldung wie folgt beseitigt werden: Der Investor wandelt einen Forderungsteil i.H.v. 75.000 EUR in Stammkapital um und bringt diesen Forderungsteil als Sacheinlage im Wege der Sachkapitalerhöhung ein. Der Wert der einzulegenden Sache beträgt 50.000 EUR (zwei Drittel von 75.000 EUR). Es wird also eine Sachkapitalerhöhung um 50.000 EUR beschlossen. Anschließend ergibt sich folgendes Bilanzbild:
Aufstellung

Aktiva
Vermögen   100.000 EUR
Nicht durch Eigenkapital gedeckter Fehlbetrag   **115.000 EUR**
                                                                         215.000 EUR

---

[50] So auch Fromm ZInsO 2012, 1253 ff.

Passiva
Bisheriges Stammkapital 100.000 EUR
Stammkapitalerhöhungsbetrag 50.000 EUR
Verbindlichkeiten (Rest) **75.000 EUR**
215.000 EUR

Die Überschuldung ist beseitigt.

194 Sacheinlagefähigkeit von Gesellschafterdarlehen?
Zu Zeiten des alten Eigenkapitalersatzrechts wurde vertreten, dass Gesellschafterdarlehen nicht einlagefähig seien,[51] da sie statutarisches Haftkapital seien. Unabhängig von der Frage, ob diese Auffassung damals zutraf, halte ich sie heute für nicht mehr vertretbar. Durch den durch das MoMiG eingeführten § 30 Abs. 1 Satz 3 GmbHG und die Aufhebung der §§ 32a, 32b GmbHG wurde das alte Eigenkapitalersatzrecht aufgehoben. Bis zur Insolvenzeröffnung haben Forderungen auf Rückzahlung von Gesellschafterdarlehen also keine andere Rechtsqualität als Forderungen sonstiger Gläubiger. Erst im eröffneten Insolvenzverfahren werden sie nach § 39 Abs. 1 Nr. 5 InsO nachrangig.

195 bb) Risiken für den Gesellschafter. Im Insolvenzfall wird die als Sacheinlage eingebrachte Forderung möglicherweise (erneut) bewertet und der Gesellschafter für den Fall, dass der Insolvenzverwalter zu einem anderen Bewertungsergebnis kommt, auf den Differenzbetrag zum Nominalwert in Anspruch genommen, §§ 9 Abs. 1, 19 Abs. 4 GmbHG. Für diesen Anspruch der Gesellschaft haften nach § 24 GmbHG auch die übrigen Gesellschafter.

196 Neben dem zuvor dargestellten Risiko der Differenzhaftung besteht bei der Umwandlung von Verbindlichkeiten in Stammkapital für den Gläubiger die Gefahr, dass bestehende und neu gewährte Darlehen unter die Regelungen der Gesellschafterfinanzierung in §§ 39 Abs. 1 Nr. 5, 135 InsO fallen mit den nachteiligen Konsequenzen, dass sie bei Scheitern der Sanierungsbemühungen in einer Insolvenz der Gesellschaft nur als letzte nachrangige Forderung geltend gemacht werden können (§ 39 Abs. 1 Nr. 5 InsO) und dass zwischenzeitlich erfolgte Tilgungen und evtl. Bestellungen von Sicherheiten in einer Insolvenz vom Insolvenzverwalter nach § 135 InsO angefochten werden können (zum Schicksal von Gesellschafterdarlehen und vergleichbaren Finanzierungen s. ausführlich → Rn. 1256 ff.), wenn nicht das Sanierungsprivileg des § 39 Abs. 4 Satz 2 InsO oder das Kleingesellschafterprivileg nach § 39 Abs. 5 InsO eingreift. Evtl. kann dieses Risiko auch ausgeschlossen werden, wenn die (neuen) Anteile auf einen Dritten (treuhänderisch?) übertragen werden oder eine Unternehmensbeteiligungsgesellschaft verwendet wird (§ 24 UBGG).

197 Wird die (beabsichtigte) Umwandlung von Verbindlichkeiten in Stammkapital nicht als Sachkapitalerhöhung, sondern als Barkapitalerhöhung beschlossen, handelt es sich um eine verdeckte Sacheinlage nach § 19 Abs. 4 GmbHG (zu den Haftungsrisiken bei verdeckter Sacheinlage s. ausführlich → Rn. 1080 ff.).

198 Durch das Erlöschen der Verbindlichkeit kann in der Schuldnergesellschaft ein steuerbarer Ertrag entstehen, dem i.H.d. nicht werthaltigen Teils der Forderung eine Einlage nicht entgegensteht.

---

[51] Sa Drouven DB 2009, 1895 ff.

cc) Risiken für den Geschäftsführer. Es ist darauf hinzuweisen, dass der 199
DES als verdeckte Sacheinlage auch erhebliche zivil- und strafrechtliche Risiken
für den Geschäftsführer der Gesellschaft birgt, deren Kapital erhöht werden soll
(detailliert s.u. → Rn. 1508 f.).

Zusammenfassend ist also festzustellen, dass die Umwandlung von Verbindlich- 200
keiten in Stammkapital in der Krise der Gesellschaft mit **erheblichen Haftungsgefahren** verbunden ist. Zusätzlich ist darauf hinzuweisen, dass die Durchsetzung
eines DES gegen den Willen der Altgesellschafter nicht möglich ist (anders im
Insolvenzplanverfahren, s. → Rn. 2300 ff.).

b) Reverse Debt-Equity-Swap. Vereinfacht gesagt wandern beim DES die 201
Forderungen zum Schuldner(unternehmen) und beim Reverse DES die Schulden
bzw. das Schuldnerunternehmen zu den Gläubigern bzw. den Forderungen. Hierzu bringen die Gläubiger ihre Forderungen gegen den Schuldner in eine von ihnen
gegründete (Sachgründung mit den Forderungen oder vorherige Bargründung)
Zweckgesellschaft ein. Anschließend bringt der Schuldner (die krisenverhaftete
Gesellschaft) durch Verschmelzung, durch Ausgliederung nach § 123 Abs. 3 Nr. 1
UmwG oder durch Einzelübertragung einen Betriebsteil einschließlich der Verbindlichkeiten gegenüber den Gläubigern als Sacheinlage in die neue Gesellschaft
gegen Erhalt von Anteilen ein mit der Folge, dass die Forderungen der Gläubiger
durch Konfusion erlöschen. Solange die Ausgliederung bzw. Asset-Übertragung
nicht die Geldeinlage der neu gegründeten Gesellschaft ersetzen oder auf diese
angerechnet werden soll, besteht auch nicht das Risiko einer (bei der UG verbotenen) verdeckten Sacheinlage.[52]

Dieses Verfahren kann die Nachteile des DES überwiegend vermeiden: Sofern 202
die neue Gesellschaft mit dem erforderlichen Mindestkapital ausgestattet wird
(evtl. ist an eine UG zu denken), wird eine Differenzhaftung der Gesellschafter
vermieden. Gegen den alten Schuldner evtl. weiter bestehende Forderungen der
Gläubiger sind keine Gesellschafterdarlehen und unterfallen somit nicht dem
Nachrang und der Anfechtbarkeit nach §§ 39 Abs. 1 Nr. 5, 135 InsO. Und steuerrechtlich werden der Untergang der Verlustvorträge nach § 8c KStG und § 10a
Satz 10 GewStG (bei mehr als hälftigem Gesellschafterwechsel) und die Entstehung eines steuerbaren Sanierungsgewinns beim Schuldner (durch den Forderungsverzicht) vermieden.

c) Umwandlung einer Forderung in Mezzaninekapital (Debt-Mezza- 203
nine-Swap, Debt-Hybrid-Swap). Von den vorbesprochenen Konstellationen
des Debt-Equity-Swap[53] zu unterscheiden ist die Umwandlung einer Gläubigerforderung in eine andere hybride Finanzierungsform, etwa Mezzaninekapital[54]
oder Genussrechte. Mezzaninekapital hat, abhängig von der vertraglichen Ausgestaltung, Eigenkapitalcharakter, wenn folgende Kriterien erfüllt sind:
- vereinbarte Nachrangigkeit,
- Erfolgsabhängigkeit der (variablen) Vergütung, also keine Festverzinsung,
- die Beteiligung am Verlust,
- fehlende Besicherung und

---

[52] OLG Karlsruhe GmbHR 2014, 752 = MittBayNot 2014, 468.
[53] Sa Hofert/Möller 2009, 527 ff.; Oelke ua BB 2010, 299 ff.
[54] Sa Hofert/Möller GmbHR 2009, 527 ff.

- Dauer der Belassung: mindestens 5, besser 10 Jahre bei 2-jähriger Kündigungsfrist.

204 Ein weiteres und ähnliches Sanierungsinstrument kann die Begründung/Einräumung von Genussrechten, ggf. in Genussscheinen verbrieft, sein, u.U. ebenfalls unter Umwandlung von Verbindlichkeiten.[55]

205 Bei beiden Konstellationen ist zu berücksichtigen, dass der Forderungsinhaber (Mezzaninekapital oder Genussrecht) im Zweifel Forderungen innehaben dürfte, die einem Gesellschafterdarlehen wirtschaftlich entsprechen und die somit in einer Insolvenz nach § 39 Abs. 1 Nr. 5, 2. Alt. InsO nachrangig sind. Es sollte also zusätzlich darauf geachtet werden, dass die Voraussetzungen des Sanierungsprivilegs des § 39 Abs. 4 InsO erfüllt werden.

206 Dieses Vorgehen kann im Gegensatz zum „herkömmlichen" Debt-Equity-Swap mit Verzicht des Gläubigers auf seine Forderung auch die Entstehung eines steuerbaren Gewinns i.H.d. nicht werthaltigen Teils der erlassenen Forderung bei der Gesellschaft als Schuldner vermeiden. Jedoch sollten die Steuerfragen[56] einzelfallbezogen zuvor geprüft werden, denn in einer Verfügung der OFD Rheinland[57] wurde verfügt, dass die beschriebene Umqualifizierung der Forderung in Eigenkapital auch in der Steuerbilanz nachvollzogen werden müsse. Das halte ich so allerdings nicht für richtig.[58]

207 Auch können umgekehrte Wandelschuldverschreibungen (sog. CoCo-Bonds) zur Abwendung einer Überschuldung oder drohenden Zahlungsunfähigkeit nach den neuen §§ 192, 194, 221 AktG in Erwägung gezogen werden.[59] Hier steht das Wandlungsrecht, die ausgegebene Anleihe gegen Aktien zu wandeln, „umgekehrt" nicht dem Anleihegläubiger zu, sondern der Schuldnergesellschaft. Die Kapitalerhöhung und Ausgabe der neuen Aktien zum Nennbetrag im Moment der Wandlung ist aus bedingtem Kapital zulässig. Dabei darf zum Zweck der Abwendung einer Überschuldung oder drohenden Zahlungsunfähigkeit sogar die 50%-Nennbetragsgrenze für bedingte Kapitalerhöhungen durchstoßen werden.

5. Sonstige Erhöhung des Eigenkapitals

208 **a) Finanzierungszusagen und Zuzahlungen in freie Rücklagen.** Bei Finanzierungszusagen des Gesellschafters muss genau geprüft werden, wie weit sie reichen und ob sie auch für den Insolvenzfall gelten.[60] Eine Finanzierungszusage, die nicht im Insolvenzfall gilt, ist im Überschuldungsstatus nur so lange zu aktivieren, wie eine positive Fortführungsprognose besteht. Die Beweislast hierfür trägt derjenige, der sich auf die positive Prognose beruft.[61]

209 Erbringung von **Zuzahlungen** des Gesellschafters und Einstellung in die **freien Rücklagen** kann die Überschuldung beseitigen, etwa ein **Agio** anlässlich eines

---

[55] Dazu Klusmeier ZInsO 2010, 1873 ff.
[56] Zur steuerrechtlichen Einlage bei Einbringung durch Abtretung der Forderung s. BFH GmbHR 2014, 1113 = BeckRS 2014, 95708.
[57] OFD Rheinland Vfg. v. 14.12.2011, GmbHR 2012, 543 f. = DStR 2011, 2396.
[58] Sa Breuninger/Ernst GmbHR 2012, 494 ff.
[59] Sa Möhlenkamp/Harder ZIP 2016, 1093 ff.
[60] S.u. bei Gesellschafterhaftung.
[61] OLG Köln ZInsO 2009, 1402 = BeckRS 2009, 8494.

Geschäftsanteilserwerbs; das Agio ist auch nicht wie eine Stammeinlageverpflichtung zu behandeln.[62] Wird es jedoch im Zusammenhang mit einer Kapitalmaßnahme erbracht und bestimmungsgemäß für die Tilgung von Verbindlichkeiten ggü. dem Gesellschafter verwandt, muss genau darauf geachtet werden, dass es sowohl nach seiner Bezeichnung als auch tatsächlich (möglichst über verschiedene Konten) von der Stammkapitalzahlung getrennt ist, da sonst bei wirtschaftlicher Betrachtung die Erfüllung der Einlagepflicht scheitern kann.[63]

Offen ausgewiesene Zuzahlungen, die neben gleichzeitigen Zahlungen auf Kapitalerhöhungen geleistet werden, können auch aufgrund einer Vorabsprache in engem zeitlichen Zusammenhang wieder an den Gesellschafter oder eine ihm ebenfalls gehörende Gesellschaft zurückgezahlt werden (etwa als Gegenleistung für Käufe vom Gesellschafter), ohne dass dies zur Annahme der Nichtleistung der Kapitaleinlage führen würde.[64] **210**

Wegen der oben beschriebenen Probleme bei der Kapitalerhöhung durch Debt-Equity-Swap kann sich die schlichte Einbringung der gegen die Gesellschaft gerichteten Forderung des Gesellschafters in die Kapitalrücklage der Gesellschaft empfehlen. **211**

Im Übrigen bedarf die freiwillige Zuzahlung eines Gesellschafters in die freie Rücklage einer vertraglichen Vereinbarung oder eines Gesellschafterbeschlusses, für den m.E. eine qualifizierte Mehrheit oder gar Einstimmigkeit (Gedanke des § 53 Abs. 3 GmbHG) nicht erforderlich ist, auch wenn die Gefahr einer Schenkungssteuerpflicht nach § 7 Abs. 8 ErbStG zu berücksichtigen ist.[65]

b) Stille Gesellschaftereinlage. Fraglich ist, ob eine stille Einlage – sowohl typisch als auch atypisch – die Überschuldung beseitigen kann. Dies hängt davon ab, ob sie im Überschuldungsstatus als Verbindlichkeit zu berücksichtigen ist, wenn und soweit der stille Gesellschafter eine Verlustbeteiligung übernimmt und diese noch nicht erschöpft ist. Da dies jedoch streitig ist (s. → Rn. 95 „Passivseite")[66] und außerdem Gesellschafterdarlehen[67] zu passivieren sind,[68] sollte mit dem stillen Gesellschafter unbedingt zusätzlich ein Rangrücktritt (s. → Rn. 241 ff.) für den Anspruch auf Einlagenrückgewähr vereinbart werden. **212**

II. Harte Patronatserklärung

Die Patronatserklärung ist grds. ein Mittel zur Verhinderung oder Beseitigung einer Überschuldung.[69] Sie wird meist in Konzernsituationen, regelmäßig von der Muttergesellschaft abgegeben, kann aber auch von Dritten, etwa dem Gesellschafter oder dem Gesellschafter nahe stehenden Personen abgegeben werden. Die **213**

---

[62] OLG Köln NZG 2007, 108.
[63] BGH ZIP 2008, 28 = NZG 2008, 76.
[64] OLG München für Fall einer KGaA, BB 2006, 2711.
[65] Sa Niesse/Hemme GmbHR 2014, 293 ff.
[66] Uhlenbruck in Uhlenbruck, InsO, § 19 Rn. 116.
[67] Als die eine stille Beteiligung bei Einflussnahme des stillen Gesellschafters auf die Gesellschaft zu qualifizieren sein kann, s. OLG Köln NZG 2010, 463.
[68] § 19 Abs. 2 Satz 2 InsO.
[69] Sa Maier-Reimer/Etzbach NJW 2011, 1110 ff., Gehrlein, Patronatserklärungen in der höchstrichterlichen Rechtsprechung, GmbHR 2022, 117 ff.

Rechtsfolgen einer Patronatserklärung richten sich nach ihrem Inhalt und können sehr unterschiedlich sein.

214 Grds. ist zu **unterscheiden** zwischen der Patronatserklärung, die der Patron **ggü. dem Schuldner** (interne Patronatserklärung) abgibt und der Patronatserklärung, die der Patron **ggü. einem Gläubiger** des Schuldners (externe Patronatserklärung) abgibt.

1. Patronatserklärung ggü. dem Schuldner (interne Patronatserklärung)

215 **a) Wesen.** In einer harten (internen) Patronatserklärung verpflichtet sich der Patron (etwa der Gesellschafter oder die Muttergesellschaft) gegenüber dem Schuldner (etwa Tochtergesellschaft) rechtsverbindlich, den Schuldner in der Weise auszustatten, dass er stets in der Lage ist, seinen finanziellen Verbindlichkeiten zu genügen. Eine solche harte Patronatserklärung des Patrons gegenüber dem Schuldner (sog. interne Patronatserklärung) kann die Überschuldung dadurch beseitigen, dass sie – vorausgesetzt ist selbstverständlich ausreichende Bonität des Patrons – als für die Befriedigung aller Gläubiger zur Verfügung stehender Vermögensgegenstand des Schuldners im Überschuldungsstatus auf der Aktivseite in Höhe ihres Wertes bzw. Umfanges ausgewiesen werden kann und so bereits die rechnerische Überschuldung beseitigt.[70] Eine solche Patronatserklärung ist eine Erklärung zum unbedingten Verlustausgleich zugunsten sämtlicher Gläubiger des Unternehmens. Rechtlich ist dies ein unechter Vertrag zugunsten Dritter. Damit geht eine solche Erklärung über die Erklärung des Patrons gegenüber einem Gläubiger des Schuldners (sog. externe Patronatserklärung, siehe hierzu unten b.) hinaus.

216 Nach OLG München[71] ähnelt eine solche, vom Patron ggü. dem Schuldner abgegebene harte Patronatserklärung einer Prozessbürgschaft, bei der der Bürge den Ausgang des Prozesses auch für sich als verbindlich anerkennt, weil bei anderer Auslegung der Zweck der Patronatserklärung, den Schuldner vor Insolvenz zu bewahren, nicht zu erreichen wäre.

217 Die Bilanzierung der harten Patronatserklärung beim Patron erfolgt erst, wenn die Inanspruchnahme konkret droht.[72] Erfüllungsort für die Verpflichtung aus einer harten Patronatserklärung ist Sitz der Gesellschaft.[73] Bilanzierung der harten Patronatserklärung beim Patron erst, wenn die Inanspruchnahme konkret droht[74].

218 **b) Verhältnis zwischen Patronatserklärung und Darlehen.** Die vor Eintritt der Krise gegeben und angenommene Patronatserklärung selbst ist noch kein Darlehensvertrag, da die Mittel auch als dauerhaftes Eigenkapital gegeben werden könnten.[75] Wird dann aber aufgrund einer vor Eintritt der Krise der Gesellschaft gegebenen Patronatserklärung ein Darlehen gewährt, dürfte es rechtlich ein Finanzplankredit mit den sich daraus ergebenden Rechtsfolgen sein. Ob bei

---

[70] Ständige Rspr. des BGH, vgl. nur BGH ZIP 2021, 1643, 1652 m.w.N.
[71] OLG München ZInsO 2004, 1040 = ZIP 2004, 2102 = EWiR 2005, 31.
[72] BFH BB 2007, 598 = GmbHR 2007, 334.
[73] OLG Brandenburg, NZG 2021, 206; bestätigt BGH NZG 2021, 1654
[74] BFH BB 2007, 598 = GmbHR 2007, 334
[75] OLG Frankfurt am Main BeckRS 2012, 24989.

einer konzerninternen, einer Tochtergesellschaft gegebenen Patronatserklärung die Tochtergesellschaft die zugesagten Mittel darlehensweise erhalten hat oder zur Rückzahlung nicht verpflichtet ist, hängt vom Inhalt der getroffenen Vereinbarung ab. Für ein Darlehen spricht die Verbuchung als solches bei der Tochtergesellschaft; die tatsächliche Bezeichnung auf dem Überweisungsträger als „downpayment" ist demgegenüber unbeachtlich.[76] Für die gewünschte Wirkung der Patronatserklärung als Mittel zur Verhinderung bzw. Beseitigung einer Überschuldung ist jedoch erforderlich, dass nicht lediglich die aufschiebend bedingte Gewährung eines Darlehens durch den Patron vereinbart wird.

c) Wirkung im Insolvenzverfahren. Die harte interne Patronatserklärung beseitigt die Überschuldung nur, wenn sie der Gesellschaft einen eigenen durchsetzbaren Anspruch gegen den Patron einräumt.[77] Außerdem ist erforderlich, dass die Leistungen des Patrons der Gesellschaft endgültig verbleiben, dass also nicht nur ein aufschiebend bedingtes, in der Krise zu gewährendes Darlehen vereinbart ist. Daher sollte zusätzlich ein Verzicht des Patrons auf Regressforderungen in die Patronatserklärung aufgenommen werden. Sollen die aus der Patronatserklärung zu gewährenden Mittel dem Schuldner lediglich darlehensweise, also mit Rückzahlungsverpflichtung zur Verfügung gestellt werden, kann die Patronatserklärung den Überschuldungsstatus nur dann verbessern bzw. die Überschuldung nur dann beseitigen, wenn zugleich für das zu begebende Darlehen der Rangrücktritt (s.u. → Rn. 241 ff.) vereinbart wird, da sonst die Überschuldung nunmehr wegen der im Überschuldungsstatus zu passivierenden Verbindlichkeit gegenüber dem Patron fortbestünde.

219

Ob eine interne harte Patronatserklärung zugleich die Zahlungsunfähigkeit des Empfängers beseitigen kann, weil die Mittel in dem Drei-Wochen-Prognosezeitraum der Zahlungsunfähigkeitsprüfung als Liquidität berücksichtigt werden können, ist fraglich. Ich würde dies bejahen, wenn der Schuldner im Bedarfsfalle einen sofort durchsetzbaren Zahlungsanspruch gegen den Patron hat und nicht erst eine gesonderte Entscheidung des Patrons über die sofortige Gewährung der Mittel getroffen werden muss und der Schuldner selbst Zugriff auf die liquiden Mittel des Patrons hat. Der BGH hat aber entschieden, dass eine an den Gläubiger gerichtete (externe) Patronatserklärung der Muttergesellschaft die Zahlungsunfähigkeit der Tochtergesellschaft nicht beseitigen kann[78]; vielmehr dürfen die Mittel des Patrons als Liquiditätszuflüsse in dem Drei-Wochen-Prognosezeitraum der Zahlungsunfähigkeitsprüfung nur berücksichtigt werden, wenn die Patronatserklärung auch tatsächlich vollzogen wurde.[79] Daher empfiehlt es sich, um keine rechtlichen Zweifel aufkommen zu lassen, in die Patronatserklärung zusätzlich eine Liquiditätsausstattungsverpflichtung des Patrons auf erstes Anfordern aufzunehmen und zu berücksichtigen, dass eingetretene Zahlungsunfähigkeit erst bei tatsächlichem Liquiditätszufluss beseitigt wird.

220

Sollte es dennoch zu einer Insolvenz der Gesellschaft kommen, ist fraglich, ob die Rechte aus einer unbefristeten, ungekündigten internen harten Patronatserklä-

221

---
[76] OLG Frankfurt am Main GmbHR 2013,139.
[77] OLG Celle ZIP 2008, 2416 = GmbHR 2008, 1096.
[78] BGH ZIP 2011, 1111 = ZInsO 2011, 1115.
[79] Hieran hat der BGH für den Fall der sonstigen Zahlungszusage eines Gesellschafters festgehalten, BGH GmbHR 2016, 701 = NZG 2016, 658 = NZI 2016, 588.

rung im Insolvenzverfahren vom Insolvenzverwalter gegen den Patron geltend gemacht werden können. Nach OLG Celle geht der Anspruch aus der Patronatserklärung mit Eröffnung des Insolvenzverfahrens unter.[80] Entgegengesetzt hat das OLG München[81] entschieden: Die Rechte aus einer internen harten Patronatserklärung können im Insolvenzverfahren vom Insolvenzverwalter gegen den Patron geltend gemacht werden; verletzt der Patron schuldhaft seine Ausstattungspflicht und fällt der Schuldner deshalb in Insolvenz, hat der Patron dem Schuldner Schadensersatz wegen Nichterfüllung zu leisten. Der Patron hat dem Schuldner dann die finanziellen Mittel zur Verfügung zu stellen, die dieser benötigt, um seine finanziellen Verpflichtungen gegenüber den Gläubigern zu erfüllen, das Insolvenzverfahren zu beenden und den Geschäftsbetrieb fortzusetzen.[82]

222   Wegen Entwertung einer Patronatserklärung durch Ausplünderung des Patrons kann außerdem ein deliktischer Schadensersatzanspruch gegeben sein.[83]

223   **d) Kündigung, Befristung, Aufhebung.** Für den Patron ist zur Begrenzung seines wirtschaftlichen Risikos von besonderer Bedeutung, ob die Patronatserklärung zumindest mit ex-nunc-Wirkung kündbar, befristbar, auflösend bedingbar gegeben oder einvernehmlich aufgehoben werden kann.[84] Nach BGH kann die Möglichkeit der Kündigung einer Patronatserklärung mit ex-nunc-Wirkung vereinbart werden. Dies kommt insbesondere in Betracht, wenn die Patronatserklärung die Überschuldung (und die Zahlungsunfähigkeit) nur in dem Zeitraum beseitigen soll, in dem die Sanierungsfähigkeit geprüft und ein Sanierungskonzept erstellt wird. Stellt sich heraus, dass die Gesellschaft nicht sanierungsfähig ist, kann bei entsprechender Vereinbarung die Patronatserklärung w.o. gekündigt werden.[85] Die Kündigung ist dann auch nicht nach § 135 InsO a.F. anfechtbar.[86] Nach meinem Dafürhalten ist auch eine kündbare Patronatserklärung geeignet, die Überschuldung zu beseitigen, weil alle bis zur Wirkung der Kündigung entstandenen, im Überschuldungsstatus zu erfassenden Verbindlichkeiten erfasst sind.[87]

224   In der Literatur wird zusätzlich vertreten, dass eine unbefristete Patronatserklärung auch ohne Kündigungsregelung nach Ablauf einer Mindestzeit (mindestens 3 Jahre) unter Einhaltung einer angemessenen Frist ordentlich gekündigt werden kann.[88]

Ein außerordentliches Recht zur Kündigung dürfte bestehen, wenn der Patron seine Beteiligung an der begünstigten Gesellschaft veräußert oder bei wesentlicher Verschlechterung der Vermögenslage.[89]

225   Ferner dürfte sich aus der vg. BGH-Entscheidung ergeben, dass eine harte Patronatserklärung befristet werden kann. Ist dies gewünscht, empfiehlt sich, die Funktion und die Befristung (etwa bis zur endgültigen Entscheidung über die

---

[80] OLG Celle OLG-Report 2001, 39.
[81] OLG München ZIP 2004, 2102.
[82] OLG München ZIP 2004, 2102.
[83] BGH ZIP 2003, 1097.
[84] Sa Tetzlaff WM 2011, 1016 ff.; Blum NZG 2010, 1331 ff.; Raeschke-Kessler/Christopeit NZG 2010, 1361 ff.; zur Kündigung s. Heeg BB 2011, 1160 ff.
[85] BGH ZIP 2010, 2092; dazu Tetzlaff ZInsO 2011, 226 ff.
[86] BGH ZIP 2010, 2092.
[87] AA Kaiser ZIP 2011, 2136 ff.
[88] Blum NZG 2010, 1331 ff.
[89] Blum NZG 2010, 1331 ff.

Sanierung) in der schriftlichen Patronatserklärung eindeutig zum Ausdruck zu bringen.[90]

Vereinzelt wurde die Wirksamkeit der Patronatserklärung bei vereinbarter Aufhebbarkeit, Kündigung oder Befristung durch die Entscheidung des BGH zur Qualifizierung eines wirksamen Rangrücktritts als Vertrag zugunsten Dritter (der Gläubiger), der durch bloße Vereinbarung zwischen Rangrücktrittsgläubiger und Schuldner nicht wirksam aufgehoben werden kann[91], mit dem Argument in Zweifel gezogen, die Passivseite des Überschuldungsstatus (Rangrücktritt) könne nicht anders behandelt werden als die Aktivseite (Patronatserklärung).[92] Ich meine jedoch, dass die Situation unterschiedlich und daher auch differenziert zu beurteilen ist. Während bei der Aufhebung einer Rangrücktrittsvereinbarung für die bestehenden sonstigen Gläubiger ein Nachteil durch Verringerung ihrer Befriedigungsquote (wegen nunmehr zusätzlicher Berücksichtigung der zuvor vom Rangrücktritt erfassten Forderung) entstünde, ist dies bei Beendigung einer harten Patronatserklärung nicht der Fall: alle bis zur Beendigung bestehenden Gläubiger/Forderungen gegen den Schuldner sind noch erfasst. Daher ist auch nach der Entscheidung des BGH zur Nichtaufhebbarkeit der Rangrücktrittsvereinbarung (BGH ZIP 2015, 638) m.E. weiter von der Kündbarkeit überschuldungsvermeidender Patronatserklärungen nach BGH ZIP 2010, 2092 auszugehen.[93] **226**

Nicht zu verkennen ist jedoch, dass die Vereinbarung der Aufhebung einer Patronatserklärung eine Pflichtverletzung des Geschäftsführers der begünstigten Gesellschaft sein kann, die ihn zum Schadensersatz verpflichtet.

Ebenfalls nicht zu verkennen ist, dass in der Praxis immer wieder von Wirtschaftsprüfern eine harte, nicht kündbare Patronatserklärung für die positive Fortführungsprognose verlangt wird; die bloße Möglichkeit der Beendigung der Patronatserklärung müsse ausgeschlossen sein. Das verkennt m.E. jedoch, dass die positive Fortführungsprognose nur die überwiegende Wahrscheinlichkeit der Fortführung erfordert, nicht auch eine sichere Fortführung.[94] **227**

Nach einer älteren Entscheidung des OLG München[95] ist die Aufhebung einer „harten" Patronatserklärung gegenüber dem Schuldner nach § 135 InsO a.F. anfechtbar; die objektive Gläubigerbenachteiligung wird dabei durch den Austausch einer Patronatserklärung gegenüber dem Schuldner durch eine Patronatserklärung gegenüber einem oder mehreren Gläubigern nicht ausgeschlossen.[96] Nach der BGH-Entscheidung zur Kündbarkeit einer Patronatserklärung dürfte dies nicht mehr gelten. Wird dem Patron durch die Aufhebung aber eine bereits entstandene Zahlungsverpflichtung erlassen, kann eine Anfechtung nach § 134 InsO (unentgeltliche Leistung) in Frage kommen. **228**

Wird dem Patron durch die Aufhebung aber eine bereits entstandene Zahlungsverpflichtung erlassen, kann eine Anfechtung nach § 134 InsO (unentgeltliche Leistung) infrage kommen. **229**

---

[90] Raeschke-Kessler/Christopeit NZG 2010, 1361 ff.
[91] BGH ZIP 2015, 638 = GmbHR 2015, 472.
[92] IÜ s. zu dieser Problematik unten bei Rangrücktritt, → Rn. 241 ff.
[93] Sa K. Schmidt Beilage zu ZIP 22/2016, 66 ff.
[94] Zur Problematik s. Pickerill NZG 2018, 609 ff.
[95] OLG München ZIP 2004, 2102.
[96] OLG München ZIP 2004, 2102.

230 Außerdem kann die Vereinbarung der Aufhebung eine Pflichtverletzung des Geschäftsführers der begünstigten Gesellschaft sein, die ihn zum Schadensersatz verpflichtet.

231 **Formulierungsbeispiel: Harte Patronatserklärung einer Muttergesellschaft**
Wir (bspw. Muttergesellschaft) übernehmen den Gläubigern der …Gesellschaft (bspw. unserer Tochtergesellschaft) gegenüber hiermit die uneingeschränkte Verpflichtung, dafür Sorge zu tragen, dass die …Gesellschaft (bspw. Tochtergesellschaft) in der Zeit, in der sie ihre Verbindlichkeiten nicht vollständig zurückgezahlt hat, in der Weise finanziell ausgestattet (evtl. auch geleitet) wird, dass sie stets in der Lage ist, allen ihren Verbindlichkeiten fristgemäß nachzukommen und dass den Gläubigern die an sie gezahlten Beträge unter allen Umständen (z.B. auch im Fall einer Insolvenzanfechtung) endgültig verbleiben. Leistungen aus dieser Patronatserklärung werden wir von der …Gesellschaft nicht zurückfordern. Diese Patronatserklärung hat die Funktion, den Eintritt der Insolvenzreife der …Gesellschaft (bspw. der Tochtergesellschaft) in dem Zeitraum bis zu einer endgültigen Entscheidung über eine außergerichtliche Sanierung der Gesellschaft zu verhindern. Sie ist daher bis zu diesem Zeitpunkt befristet bzw. kündbar.

2. Patronatserklärung gegenüber einem Gläubiger des Schuldners (externe Patronatserklärung)

232 Von einer solchen harten Patronatserklärung, die der Patron ggü. dem Schuldner zugunsten aller Gläubiger des Schuldners abgibt, ist diejenige Patronatserklärung zu unterscheiden, die der Patron lediglich ggü. einem Gläubiger des Schuldners, etwa ggü. einem Kreditinstitut abgibt.[97] Hierbei handelt es sich um ein individuelles Kreditsicherungsmittel. Für ihre Wirksamkeit ist weder der Bezug auf eine bestimmte Verbindlichkeit noch ein Höchstbetrag erforderlich.[98] Eine solche **Kreditsicherheit** bewirkt keine Entlastung des Überschuldungsstatus, da auch Verbindlichkeiten, die durch werthaltige Sicherheiten Dritter besichert sind, in den Überschuldungsstatus aufgenommen werden müssen (s. → Rn. 95 „Passivseite" des Überschuldungsstatus). Sie kann, je nachdem welcher Auffassung man folgt, zu einer Entlastung des Überschuldungsstatus nur führen, wenn der Drittsicherungsgeber (Patron) entweder zugleich auf einen möglichen Innenregress gegen den Schuldner verzichtet oder insoweit im Rang zurücktritt oder zusätzlich eine Freistellung erklärt (s. im Einzelnen oben bei „Passivseite" des Überschuldungsstatus, → Rn. 95).

233 Für eine solche, ggü. einem Gläubiger des Schuldners als Kreditsicherheit abgegebene harte Patronatserklärung ist entschieden, dass der **Gläubiger** in der Insolvenz des Schuldners einen **unmittelbaren Anspruch gegen den Patron** hat,[99] also nur der Gläubiger und nicht der Insolvenzverwalter den Anspruch geltend machen kann.[100] Verletzt der Patron seine Verpflichtung zur Ausstattung der geschützten Gesellschaft, hat der Empfänger der Patronatserklärung gegen den Patron einen Schadensersatzanspruch nach § 280 Abs. 1 BGB. Ist die geschützte Gesellschaft insolvent, entspricht der Schaden – jedenfalls bei einer uneingeschränkten Patronatserklärung – der Höhe der Forderungen, die dem Empfänger

---

[97] Zu Patronatserklärungen als Kreditsicherungsmittel: Wittig WM 2003, 1981 ff.
[98] OLG Düsseldorf BB 2011, 1402.
[99] OLG München DB 2003, 711= EWiR 2003, 1019.
[100] OLG München ZInsO 2004, 1040 = EWiR 2005, 31.

gegen die geschützte Gesellschaft im Zeitpunkt der Insolvenzeröffnung zustehen.[101] Dieser Schadensersatzanspruch ist abtretbar.[102]

Der Gläubiger hat den Schadensersatzanspruch gegen den Patron, der ihm eine externe harte Patronatserklärung gegeben hatte, auch dann, wenn der Gläubiger die noch vom Schuldner erhaltene Zahlung im Wege der Insolvenzanfechtung wieder in die Insolvenzmasse zurück zu gewähren hat. Dann kann der Gläubiger gegenüber dem Patron die die ihm aus der externen harten Patronatserklärung zustehenden Rechte geltend machen.[103]

Eine Patronatserklärung durch AGB kann wegen Verschleierung des wahren Haftungsumfanges unwirksam sein.[104]

3. „Weiche" Patronatserklärung

Neben den vorstehend beschriebenen sog. harten Patronatserklärungen gibt es eine Vielzahl sog. weicher Patronatserklärungen. Hier finden sich Formulierungen wie „Wir werden das Unternehmen auch weiterhin wohlwollend begleiten." oder „Wir stehen auch künftig zu unserer Gesellschaft". Die Erklärung der Muttergesellschaft an die Tochtergesellschaft, es entspreche ihrer Geschäftspolitik, die Kreditwürdigkeit der Tochtergesellschaft zu erhalten, ist keine Patronatserklärung und begründet daher keine Pflichten der Muttergesellschaft.[105] Ebenso wird regelmäßig ein sog. Comfort Letter lediglich eine weiche Patronatserklärung sein, die die Überschuldung nicht beseitigen kann.[106] Solchen Erklärungen ist sämtlich gemein, dass sie **keine rechtsverbindliche Verpflichtung des Patrons** zur Kapitalausstattung des Schuldners begründen. Hier ist eine Inanspruchnahme des Patrons regelmäßig nicht möglich. Folglich sind sie auch zur Verhinderung oder Beseitigung einer Überschuldung schlichtweg ungeeignet.

Allerdings kann es in engen Grenzen des Beurteilungsspielraums zulässig sein, eine weiche Patronatserklärung im Rahmen der positiven Fortführungsprognos zu berücksichtigen, etwa wenn der die weiche Patronatserklärung Gebende mit der Ausstattung der Gesellschaft keine Gewinnerzielung anstrebt und aus übergeordneten Gründen (z.B. Daseinsvorsorge, Imagepflege, etc.) zur Verlustübernahme bereit ist.[107] Diese außergewöhnlichen Umstände muss ggf. der Geschäftsführer darlegen und beweisen.

Ausnahmsweise kann sich aus der besonderen Situation, in der einem Gläubiger eine solche „weiche" Patronatserklärung gegeben wird, eine **Vertrauensschadenshaftung** des Erklärenden ergeben.[108]

---

[101] OLG Düsseldorf BB 2011, 1402.
[102] OLG Düsseldorf BB 2011, 1402.
[103] BGH ZIP 2017, 337 = GmbHR 2017, 236 (externe harte Patronatserklärung einer Mutter- für Gläubiger der Tochtergesellschaft); dazu und zu Möglichkeiten der Risikobegrenzung für den Patron Harnos, Harte externe Patronatserklärung in der Insolvenz; ZIP 2017, 1149 ff.
[104] LG München ZIP 1998, 1956; dazu Bernuth ZIP 1999, 1501 ff.
[105] OLG Frankfurt am Main ZIP 2007, 2316 = BB 2008, 243.
[106] Zu einem solchen Comfort Letter siehe instruktiv BGH ZIP 2021, 1643, 1652 ff.
[107] BGH ZIP 2021, 1643, 1652 ff.
[108] Zu einem ausnahmsweisen Fall der Inanspruchnahme aus einer weichen Patronatserklärung im Wege der Vertrauensschadenhaftung s. OLG Düsseldorf GmbHR 2003, 178.

III. EAV, schuldrechtliche oder gesellschaftsvertragliche Verlustausgleichszusagen des Gesellschafters

238   Durch eine Verlustausgleichsverpflichtung (entspr. § 302 AktG) im Rahmen eines Beherrschungs- oder Gewinn-/Ergebnisabführungsvertrages (**EAV** entspr. § 291 AktG) kann eine Überschuldung i.S.d. § 19 InsO verhindert oder beseitigt werden, wenn der Verlustausgleich für im Geschäftsjahr entstandene Verluste, zu dem die beherrschende Gesellschaft verpflichtet ist, der Höhe nach ausreicht (ausführlicher zu Ergebnisabführungs- und Beherrschungsverträgen in Krise und Insolvenz s.u. bei Haftung der Gesellschafter). Dies sollte geprüft werden.

239   Die Erklärung eines Gesellschafters ggü. seiner Gesellschaft, er werde alle ihr entstehenden Verluste ausgleichen, ist nicht eine unentgeltliche, notariell zu beurkundende Verpflichtung, sondern eine causa societatis formfrei eingehbare **schuldrechtliche Verpflichtung**. Fällt die Gesellschaft später in die Insolvenz, hat der Gesellschafter diese mit dem Insolvenzeintritt nicht hinfällig gewordene Verpflichtung zu erfüllen, sofern die Beteiligten nicht etwas Gegenteiliges vereinbart haben.[109] Dann ist diese Verpflichtung einer harten Patronatserklärung vergleichbar.[110]

240   Eine **statutarische** Verlustausgleichspflicht hingegen wirkt ohne weitere Anhaltspunkte regelmäßig nur zugunsten der lebensfähigen Gesellschaft und nicht mehr im Insolvenzfall,[111] ist also ohne weitere Anhaltspunkte nicht geeignet, eine Überschuldung zu beseitigen.

IV. Rangrücktrittsvereinbarung

1. Allgemeines, Rechtsnatur und Entlastung des Überschuldungsstatus

241   In der Restrukturierungspraxis ist die Rangrücktrittsvereinbarung regelmäßig ein Instrument zur Beseitigung oder Verhinderung der Überschuldung der zu sanierenden Gesellschaft.[112] In der Krise der Gesellschaft wird der Rangrücktritt von den Gesellschaftern regelmäßig als erster Sanierungsbeitrag zu erwarten sein;[113] das kann auch den Rangrücktritt zu Pensionszusagen durch den beherrschenden Gesellschafter-Geschäftsführer umfassen.[114]

242   Heute ist – abgesehen von vereinzelten Auffassungen in der Literatur[115] – nicht mehr streitig, dass ein wirksamer Rangrücktritt den Überschuldungsstatus ent-

---

[109] BGH ZInsO 2006, 650 = DStR 2006, 1240 (Fall Boris Becker/Sportsgate).
[110] Hierzu Schmidt NZG 2006, 883 ff. und Wolf ZIP 2006, 1885 ff.
[111] OLG Brandenburg ZInsO 2006, 654 = NZG 2006, 756.
[112] Sa Hoos/Köhler GmbHR 2015, 729 ff.
[113] Zur Wirkung der Rangrücktrittserklärung auf das Innenverhältnis der Gesellschafter: Henle/Bruckner ZIP 2003, 1738 ff.
[114] Dazu s. Rund GmbHR 2009, 1149 ff.
[115] Ekkenga ZIP 2017, 1493 ff.

lastet (Problem §39 Abs. 2 InsO) und so zur Insolvenzvorbeugung geeignet ist. Sowohl für Gesellschafterforderungen ist das entschieden[116] als auch für Forderungen von Nicht-Gesellschaftern[117]: Auch der Rangrücktritt eines Nicht-Gesellschafters reicht für die Entlastung des Überschuldungsstatus aus, weil die vom Rangrücktritt erfasste Verbindlichkeit nur noch befriedigt werden darf, wenn das Aktivvermögen des Schuldners seine Verbindlichkeiten übersteigt.[118]

Ein gesetzliches **Formerfordernis** besteht für die Rangrücktrittsvereinbarung **nicht**. Sie muss jedoch für den Geschäftsführer eine zweifelsfreie Beurteilungsgrundlage darstellen. Daher ist eine eindeutige Willenserklärung des Gläubigers erforderlich, weil ein Wille zur Schwächung der eigenen Rechte sonst nicht zu vermuten ist. Damit dürfte eine konkludente Rangrücktrittserklärung nur ganz ausnahmsweise vorstellbar sein.[119] Zu empfehlen ist selbstverständlich Schriftform. 243

Der Rangrücktritt kann auch zugleich mit der Darlehensausreichung und im Darlehensvertrag auch **als AGB** vereinbart werden. Diese unterliegt der Wirksamkeitsprüfung nach §§ 305 ff. BGB. Bei einem Privatdarlehen ist eine Nachrangabrede objektiv ungewöhnlich, was aber allein noch nicht zwingend zu ihrer Unwirksamkeit führt.[120] Die Klausel ist dann nicht überraschend, wenn sie drucktechnisch besonders hervorgehoben ist.[121] Inhaltlich müssen die Voraussetzungen für einen qualifizierten Rangrücktritt[122] zumindest als Eckpunkte enthalten sein.[123] Bei sog. hybriden Finanzierungsinstrumenten (etwa Genussrechten, Nachrangeinlagen, etc.) kann die mit ihrer Vereinbarung gleichzeitige Vereinbarung des Rangrücktritts durch AGB, insbesondere in der Beitrittserklärung selbst, mit den Geboten von Treu und Glauben unvereinbar sein[124] oder zum Transparenzgebot des § 307 Abs. 1 S. 2 BGB in Widerspruch stehen[125]. Eine mit „Nachrangigkeit" überschriebene Klausel in Genussrechtsbedingungen, aus der sich klar der Nachrang gegenüber einfachen Insolvenzgläubigern ergibt, ist keine zur Nichtigkeit führende unangemessene Benachteiligung wegen Verstoßes gegen das Transparenzgebot.[126] Auch eine vorformulierte Nachrangvereinbarung in Anleihebedingungen von Inhaberschuldverschreibungen ist nicht überraschend, weil nicht ungewöhnlich; sie kann nicht nach § 307 Abs. 1–3 BGB überprüft werden, weil sie keine von Rechtsvorschriften abweichende Regelung ist.[127] Jedenfalls unwirksam ist die AGB-Nachrangabrede, wenn sie den Zweck, die Insolvenz des Schuldners zu vermeiden oder zu beseitigen, nicht erreichen kann, weil der Gläubiger im Insolvenzfall nicht hinter die Forderungen nach § 39 Abs. 1 Nr. 5 zurücktritt.[128]

---

[116] BGH DStR 2001, 175; OLG Dresden EWiR 2002, 489; OLG Frankfurt a.M. GmbHR 2004, 53.
[117] BGH ZIP 2015, 638 = GmbHR 2015, 472; OLG Naumburg ZIP 2004, 566.
[118] BGH ZIP 2015, 638 = GmbHR 2015, 472.
[119] OLG Karlsruhe GmbHR 2018, 913.
[120] BGH ZIP 2018, 962.
[121] BGH ZInsO 2014, 952 = NJW-RR 2014, 937; dazu Primozic/Schaaf ZInsO 2014, 1831 ff.
[122] BGH ZIP 2015, 638.
[123] OLG Düsseldorf ZIP 2018, 437.
[124] LG Hamburg ZIP 2015, 368.
[125] VG Frankfurt a.M. ZIP 2015, 367; sa Bitter ZIP 2015, 345 ff.
[126] BGH NZG 2018, 826.
[127] OLG Düsseldorf ZIP 2018, 2491.
[128] OLG Düsseldorf ZIP 2018, 437.

Bei einem Nachrangdarlehen ist die in den AGB geregelte vorinsolvenzliche Durchsetzungssperre (qualifizierter Rangrücktritt) des Inhalts, dass Rückzahlungs- und Zinsansprüche bei Vermögensverfall des Schuldners bereits außerhalb eines Insolvenzverfahrens eingeschränkt sind, als Abrede über den unmittelbaren Gegenstand der Hauptleistung des Nachrangdarlehens der AGB-Inhaltskontrolle entzogen.[129]

In AGB gegenüber Verbrauchern ist eine qualifizierte Nachrangvereinbarung nur dann hinreichend transparent, wenn sie Rangtiefe, die vorinsolvenzliche Durchsetzungssperre, deren Dauer und die Erstreckung auf die Zinsen klar und unmissverständlich hervorhebt; bei Anknüpfung an den Eintritt von Insolvenzeröffnungsgründen müssen diese klar und unmissverständlich bezeichnet werden.[130]

244 Zur **Rechtsnatur** des Rangrücktritts bestehen unterschiedliche Auffassungen. Teilweise wird er als pactum de non petendo angesehen.[131] Der **BGH** qualifiziert den Rangrücktritt als eine zivilrechtliche, privatautonome, der Auslegung zugängliche schuldändernde Vereinbarung nach § 311 Abs. 1 BGB mit Begründung eines selbständigen Rechts der Gläubiger nach § 328 Abs. 2 BGB[132]. Die Rangrücktrittsvereinbarung stellt keinen Forderungsverzicht dar, weil mit diesem evtl. akzessorische Sicherheiten erlöschen würden und eine Verzinsung der Forderung entfiele. M.E. ist der Rangrücktritt nicht nur ein pactum de non petendo, weil dadurch nur ein in das Belieben des Schuldners gestelltes Leistungsverweigerungsrecht begründet würde.

245 Der häufig verwendete Begriff des **„qualifizierten" Rangrücktritts** trug bis zur vg. BGH-Entscheidung wenig zur Klarheit bei. Mit ihm sind nunmehr sowohl die Rangrücktrittstiefe (→ Rn. 247 ff.) als auch die zeitliche Geltungsdauer (→ Rn. 253 ff.) gemeint.

246 **Praxishinweis:**
In der Krise der Gesellschaft sollten jedenfalls für Gesellschafterdarlehen und stille Beteiligungen Rangrücktritte vereinbart werden, da diese Verbindlichkeiten nach § 19 Abs. 2 Satz 2 InsO ansonsten das Gesellschafterdarlehen im Überschuldungsstatus passiviert werden müssen.[133]

2. Erforderliche Rangrücktrittstiefe

247 Lange Zeit war in der Literatur die für eine Entlastung des Überschuldungsstatus erforderliche Rangtiefe des Rangrücktritts umstritten.
- Es wurde vertreten, ausreichend sei eine (vom Schuldner anzunehmende) Erklärung des Gläubigers, die die Folgen, die die Rechtsprechung den eigenkapitalersetzenden Darlehen zugewiesen hat und die in §§ 32a GmbHG a.F., 39 Abs. 1 Nr. 5 InsO geregelt sind, für die rückgetretene Forderung festlegt, also die (vom

---

[129] BGH ZIP 2019, 679.
[130] BGH ZIP 2019, 679.
[131] K. Schmidt, InsO, 19. Aufl. 2016, § 39, Rn. 22.
[132] BGH ZIP 2015, 638 = GmbHR 2015, 472; kritisch zu einem dogmatischen Zentralpunkt dieser Entscheidung K. Schmidt ZIP 2015, 901 ff.
[133] IE s.o. bei „Passivseite" des Überschuldungsstatus; Zur Wirkung der Rangrücktrittsvereinbarung auf das Innenverhältnis der Gesellschafter: Henle/Bruckner ZIP 2003, 1783 ff.

A. Sofortmaßnahmen zur Beseitigung der Überschuldung   91

Schuldner anzunehmende) Erklärung des Gläubigers, mit seiner Forderung in den Nachrang des § 39 Abs. 1 Nr. 5 InsO zurückzutreten.[134]
- Auch wurde vertreten, dass ein Rücktritt hinter alle Gläubiger in den Rang des § 39 Abs. 2 InsO erforderlich ist.[135] Danach kann der Anspruch auf Rückzahlung einer solchen Forderung im Insolvenzverfahren nur im letzten Nachrang geltend gemacht werden.
- Die strengste Auffassung verlangte die darüber hinaus gehende Erklärung, mit der Forderung bis in den Rang des § 199 Satz 2 InsO zurückzutreten, also einen Gleichrang mit den Ansprüchen auf Rückgewähr von Einlagen herzustellen und die Forderung wie statutarisches Haftkapital[136] behandeln zu lassen (sog. qualifizierter Rangrücktritt). Diese Auffassung stützte sich auf die Entscheidung des BGH v. 8.1.2001,[137] die in einem Fall des Rangrücktritts durch einen Gesellschafter für seine Forderung ergangen ist. Eine weitere Entscheidung des BGH zur Rechtslage vor MoMiG war im Jahr 2010 ergangen: Die Passivierungspflicht eines Gesellschafterdarlehens im Überschuldungsstatus besteht, wenn kein qualifizierter Rangrücktritt vorliegt. Qualifiziert ist der Rangrücktritt, wenn Befriedigung nicht vor einem Liquidationserlös oder zumindest erst an letzter Stelle innerhalb der Klasse nach § 39 Abs. 2 InsO verlangt werden kann.[138]

Für Forderungen eines **Gesellschafters** aus Darlehen oder aus Rechtshandlungen, die einem Darlehen wirtschaftlich entsprechen, ist dieser Meinungsstreit nun durch die mit dem **MoMiG** eingeführte Regelung in § 19 Abs. 2 Satz 2 InsO entschieden.[139] Danach ist für die Nichtberücksichtigung bei der Überschuldungsprüfung ein Rangrücktritt gem. § 39 Abs. 2 InsO hinter die Forderungen gem. § 39 Abs. 1 Nrn. 1 bis 5 InsO erforderlich und ausreichend. Auch in seiner noch zur alten Rechtslage ergangenen Entscheidung hat der BGH zum Ausdruck gebracht, dass er für die Wirksamkeit des Rangrücktritts nicht mehr am Erfordernis der Gleichstellung mit statutarischem Haftkapital festhält, sondern den Rangrücktritt in den Rang des § 39 Abs. 2 InsO a.F. für ausreichend hält.[140]   248

Ob dies auch für den Rangrücktritt eines **Fremdgläubigers** gelten würde, war nicht eindeutig zu beantworten, weil der Wortlaut des § 19 Abs. 2 Satz 2 InsO nur Gesellschafterdarlehen nennt. Ich war der Auffassung, dass es für die übrigen Gläubiger des Schuldners, die durch den Rangrücktritt geschützt werden sollen, unerheblich ist, ob die rückgetretene Forderung vorrangig vor oder gleichrangig mit den Ansprüchen der Gesellschafter auf Rückzahlung ihrer Darlehen oder auf Rückzahlung des statutarischen Haftkapitals erfüllt wird, solange sie nur den zu schützenden (Fremd-)Gläubigern gegenüber nachrangig ist.[141] Nunmehr hat der **BGH** zur aktuellen Rechtslage für den Rangrücktritt eines Nichtgesellschafters entschieden,   249

---

[134] Uhlenbruck, InsO, § 19 Rn. 72; Dörfler/Wittkowski GmbHR 2007, 518 ff.; K. Schmidt BB 2006, 2503, 2506.
[135] Hölzle GmbHR 2005, 852, 853; Roth/Altmeppen GmbHG, § 42 Rn. 51.
[136] OLG Frankfurt am Main GmbHR 2004, 53.
[137] BGH DStR 2001, 175.
[138] BGH ZIP 2010, 1078 ff.
[139] Sa Haas DStR 2009, 326 f.
[140] BGH ZIP 2010, 1078.
[141] Zur Diskussion in der Literatur s. Uhlenbruck, InsO, 12. Aufl., § 19 Rn. 72, 73, und Dörfler/Wittkowski GmbHR 2007, 518 ff.

dass der Rangrücktritt hinter die Forderungen nach § 39 Abs. 1 InsO für die Nichtberücksichtigung der Verbindlichkeit bei der Überschuldungsprüfung ausreicht.[142]

250 Fraglich ist ferner, ob in der Rangrücktrittserklärung differenziert und festgelegt werden kann, dass die Forderung zwar den Nachrang des § 39 Abs. 2 InsO erhält, innerhalb dieses Nachranges aber vor den ebenfalls rückgetretenen Darlehensrückgewähransprüchen der Gesellschafter bedient werden soll, oder ob dies zur Unwirksamkeit des Rangrücktritts führt. Zwar würde ich auch diese Möglichkeit bejahen.[143] Zur Empfehlung des sicheren Weges sollte aber bis zur gerichtlichen Entscheidung dieser Frage ein Rücktritt jedenfalls in den – undifferenzierten – Rang des § 39 Abs. 2 InsO vereinbart werden. Als Ausweg kann sich anbieten, außerhalb des Rangrücktritts mit den Gesellschaftern die (meist ohnehin theoretische) Befriedigungsreihenfolge im Rang des § 39 Abs. 2 InsO zu vereinbaren.

251 Im Ergebnis bedeutet dies, dass ein Gläubiger mit seinem Anspruch hinter alle anderen Gläubiger zurücktritt und die (meist nur theoretische) Möglichkeit behält, im Fall einer Befriedigung sämtlicher anderer Gläubiger aus dem verbleibenden Rest befriedigt zu werden.

252 Die Rangrücktrittsvereinbarung wird häufig als „Notbremse" eingesetzt und Gläubigern im Bereich der ungesicherten Forderungen angedient, um eine akute Überschuldung zu beseitigen und so die Zeit und die Möglichkeit für die Erstellung eines tragfähigen Sanierungskonzepts zu gewinnen. In der Krise sollten jedenfalls für die – nach alter Rechtslage eigenkapitalersetzenden und nach neuer Rechtslage ohnehin nachrangigen (§ 39 Abs. 1 Nr. 5 InsO) – Darlehen der Gesellschafter und für Forderungen aus sog. hybriden Finanzierungen Rangrücktrittsvereinbarungen geschlossen werden (wegen § 19 Abs. 2 Satz 2 InsO).

3. Zeitliche Dauer des Rangrücktritts

253 Zweifel waren auch aufgekommen, für welchen Zeitraum der Rangrücktritt gelten muss, um den Überschuldungsstatus um die erfasste Verbindlichkeit zu entlasten.

254 **a) Beginn.** Aus dem Wortlaut der Neuregelung in § 19 Abs. 2 Satz 2 InsO könnte sich ergeben, dass der Rangrücktritt erst ab dem Zeitpunkt der Insolvenzeröffnung wirksam sein muss.[144] Das wäre m.E. jedoch nur eine auf das Insolvenzverfahren bezogene Verteilungsregel und würde dem Zweck widersprechen, die Gefährdung der vorgehenden Gläubiger bereits ab sofort zu vermeiden. Damit die Verbindlichkeit im Überschuldungsstatus unberücksichtigt bleiben kann, muss der Rangrücktritt nicht lediglich für den Fall der Insolvenzeröffnung und die Zeit danach erklärt werden, sondern bereits für die Zeit vor Insolvenzeröffnung, wenn sich ohne ihn eine Überschuldung ergäbe.[145] Das hat der BGH nun genau so entschieden.[146] § 19 Abs. 2 Satz 2 InsO dürfte insoweit lediglich ein Redaktions-

---

[142] BGH ZIP 2015, 638, 640.
[143] So auch (allerdings noch zum alten Recht) Wittig NZI 2001, 169 ff.
[144] So Kahlert/Gehrke DStR 2010, 227 ff.
[145] So auch Haas DStR 2009, 326 f.; K. Schmidt ZIP 2013, 485, 492; Bitter ZIP 2015, 345 ff., 356; Poelzig BB 2015, 980 ff.
[146] BGH ZIP 2015, 638, 640.

versehen sein.¹⁴⁷ Beachte: Die abweichende Auffassung im IDW Standard S 11, Rn. 86 f. ist damit unzutreffend!

b) Ende. Eine zeitliche Befristung macht die Rangrücktrittserklärung unwirksam, denn sie erfüllt nicht die Anforderungen des BGH „bis zur Abwendung der Krise". Bei zeitlicher Befristung ist in Wahrheit nur eine Stundung vereinbart,¹⁴⁸ die aber keinen Einfluss auf den Überschuldungsstatus hat. Unzureichend ist ein lediglich zeitlich begrenzter Rangrücktritt.¹⁴⁹   255

Als Vertrag zugunsten der Gläubigergemeinschaft kann eine Rangrücktrittsvereinbarung vor Beseitigung der Krise wirksam nicht allein durch Vereinbarung zwischen Schuldner und Rangrücktrittsgläubiger einvernehmlich aufgehoben werden.¹⁵⁰   256

Die Vereinbarung einer Wirksamkeitsbeendigung ist folglich nur durch eine Besserungsabrede, etwa in der Weise möglich, dass der Rangrücktritt endet, wenn das Vermögen der Gesellschaft/Schuldnerin wieder ausreicht, ihre sämtlichen Verbindlichkeiten ggü. allen Gläubigern einschließlich der im Rang zurückgetretenen zu erfüllen und – bei Gesellschafterdarlehen – das Stammkapital nicht mehr angegriffen wird.   257

4. Auswirkungen auf Nebenforderungen und Sicherheiten

Ob Nebenforderungen wie Zinsen vom Rangrücktritt erfasst sind, kann sich nur aus der Vereinbarung selbst bzw. ihrer Auslegung ergeben. Ist ein umfassender Rangrücktritt zur Beseitigung der Überschuldung vereinbart, dürfte die Auslegung ergeben, dass auch die Zinsen und weitere Nebenforderungen erfasst sind.¹⁵¹   258

a) Nicht akzessorische Sicherheiten aus dem Schuldnervermögen. Regelmäßig werden Sicherheiten für vom Rangrücktritt erfasste Forderungen nicht bestehen. Sind doch Sicherheiten aus dem Vermögen des Schuldners vereinbart, etwa Sicherungsübereignung, Sicherungszession, Grundschuld, erhebt sich die Frage nach der Wirksamkeit des Rangrücktritts und ggf. nach der Auswirkung des Rangrücktritts auf die Sicherheiten.¹⁵²   259

Grundsätzlich hat der Nachrang einer Forderung nach § 39 InsO keinen Einfluss auf die Sicherheiten. Sie bleiben also bestehen. Nach meinem Dafürhalten wäre dann aber der Rangrücktritt insgesamt wirkungslos, weil es für die übrigen Gläubiger keinen Unterschied macht, ob der Rangrücktrittsgläubiger durch Zahlung oder durch Verwertung der Sicherheit aus dem Schuldnervermögen befriedigt wird: in jedem Fall verringert sich die den vorgehenden Gläubigern zur Verfügung stehende Befriedigungsmasse.¹⁵³ In Wahrheit wäre also nur ein Nachrang für den Teil der Forderung vereinbart, der über den Sicherheitenverwertungserlös hinausgeht. Dann aber kann die Passivierung der Verbindlichkeit   260

---

¹⁴⁷ AA Meyer-Löwy ua ZIP 2014, 2478 ff.
¹⁴⁸ Uhlenbruck, InsO, 12. Aufl., § 19 Rn. 75; Wittig NZI 2001, 169 ff.
¹⁴⁹ BGH ZIP 2015, 638, 639.
¹⁵⁰ BGH ZIP 2015, 638.
¹⁵¹ BGH ZIP 2015, 638 Tz. 17.
¹⁵² Sa Bloß/Zugelder NZG 2011, 332 ff.
¹⁵³ So auch Henkel/Wentzler GmbHR 2013, 239, 241, 242.

im Überschuldungsstatus nicht in voller Höhe unterbleiben. Der Rangrücktritt kann also seine Wirkung, den Überschuldungsstatus um die erfasste Verbindlichkeit ab dem Zeitpunkt seiner Vereinbarung zu entlasten, nicht entfalten, wenn der Gläubiger im Insolvenzfall die Sicherheit aus dem Schuldnervermögen im Wege der Absonderung geltend machen kann. Für die Beseitigung der Überschuldung durch Rangrücktritt müssen also auch die Sicherheiten von der Rangrücktrittsvereinbarung dergestalt erfasst werden, dass sie für die Dauer der Überschuldung ebenfalls nicht beansprucht werden.

261 Ob der Rangrücktrittsgläubiger ohne ausdrückliche Vereinbarung über den Einbezug der Sicherheiten in der Insolvenz des Schuldners das aus der Sicherheit folgende Absonderungsrecht geltend machen kann mit der Folge, dass er nur mit seiner verbleibenden Forderung (§ 52 InsO) nachrangiger Gläubiger wäre, ist fraglich. Nach wohl h.M. kann der Rangrücktrittsgläubiger sein Absonderungsrecht nicht geltend machen und hat die Sicherheiten freizugeben.[154] Der BGH hatte das so für nachrangige Gesellschafterdarlehen nach dem alten, durch das MoMiG abgeschafften Eigenkapitalersatzrecht entschieden, weil die Insolvenz des Schuldners die Vertragsgrundlage der Sicherheit entfallen lasse, der Sicherungszweck habe sich erledigt.[155] Soweit diese Auffassung allerdings noch mit den Wertungen des früheren Eigenkapitalersatzrechts (statutarisches Haftkapital) begründet wird, kann das nach gesetzlicher Aufhebung der Konstruktion des Eigenkapitalersatzrechts unmittelbar nicht mehr gelten. M.E. ergibt sich die fehlende Durchsetzbarkeit der Sicherheiten und damit die Verpflichtung zur Freigabe in der Insolvenz des Schuldners aber aus der Rechtsnatur des Rangrücktritts gemäß der BGH-Entscheidung v. 5.3.2015.[156] Ist die Rangrücktrittsvereinbarung ohne Zustimmung der Gläubiger nicht mehr aufhebbar und sind die Forderung damit dauerhaft nicht mehr durchsetzbar, kann das Gegenteil nicht über die Sicherheitenverwertung erreicht werden.

Hinzu kommt: Der Vereinbarung von Sicherheiten wird regelmäßig eine Sicherungsabrede zugrunde liegen. Wenn, wie meist, die nachrangigen Gläubiger keinerlei Befriedigung im Insolvenzverfahren über das Vermögen des Schuldners erwarten können, dürfte sich der Sicherungszweck erledigt haben. Auch daraus folgt eine (dauerhafte) Einrede gegen die Geltendmachung der Sicherheit bzw. ein Freigabeanspruch.

262 **Praxishinweis**
Da die vorstehenden Rechtsfragen aber nicht mit letzter Sicherheit geklärt sind und es darum geht, einen sofort wirksamen, die Passivierungspflicht der Verbindlichkeit beseitigenden Rangrücktritt zu gestalten, ist für den Rangrücktritt mit einer (teilweise) gesicherten Forderung anzuraten, den Rangrücktritt ausdrücklich auch auf die Sicherheit zu erstrecken, also sinngemäß zu vereinbaren, während des Laufs der Rangrücktrittsvereinbarung die Sicherheit nicht zu verwerten und sie im Insolvenzverfahren freizugeben.

263 Bei streng akzessorischen Sicherheiten (z.B. Hypothek, Pfandrecht) ist diese „Vorsichtsmaßnahme" nicht nötig, da nach §§ 1137 Abs. 1, 1211 Abs. 1, 1257, 1273

---

[154] Wittig in K.Schmidt/Uhlenbruck, Die GmbH in Krise, Sanierung und Insolvenz, 4. Aufl. 2009, Rn. 2.260; Budde ZInsO 2010, 2251, 2261.
[155] BGH GmbHR 2009, 371.
[156] BGH ZIP 2015, 638.

Abs. 2 BGB der Rangrücktritt einredeweise gegen die Inanspruchnahme der Sicherheit geltend gemacht werden kann.

b) Nicht akzessorische Sicherheiten aus Drittvermögen. Eine solche 264 Sicherheit könnte der Rangrücktrittsgläubiger auch im Fall der Insolvenz des Schuldners verwerten. Dann würde die Gläubigerforderung durch den Regressanspruch des Drittsicherungsgebers ersetzt, der Rangrücktritt wäre also gegenüber den anderen Gläubigern wirkungslos. Für die den Überschuldungsstatus entlastende Wirkung der Rangrücktrittsvereinbarung ist also erforderlich, dass entweder der Rangrücktritt ausdrücklich auch auf die Sicherheit erstreckt wird oder der Schuldner mit dem Drittsicherungsgeber wiederum den Nachrang für dessen Regressanspruch vereinbart.

5. Elemente/empfehlenswerte Inhalte einer Rangrücktrittsvereinbarung

Der Inhalt der Rangrücktrittsvereinbarung unterliegt selbstverständlich privat- 265 autonomer Gestaltung. Zur Erreichung des Ziels, den Überschuldungsstatus sicher zu entlasten, sollten folgende Inhalte vereinbart werden:
- Genaue Bezeichnung von Art, Grund und Höhe der Forderung des jeweiligen Gesellschafters/Gläubigers gegen die Gesellschaft, für die der Rangrücktritt vereinbart wird,
- Rücktritt hinter alle gegenwärtigen und künftigen und bedingten Forderungen aller Gläubiger des Schuldners, sodass die zurückgetretenen Forderungen stets die letzte Rangposition unter den Gläubigern einnehmen und nur im Rang des § 39 Abs. 2 InsO befriedigt werden soll,
- Regelung der Zinsen und sonstigen Nebenforderungen. Grds. entstehen die Zinsen weiter, es besteht aber während der Dauer des Rangrücktritts eine Auszahlungssperre. Somit sollte vereinbart werden, dass die während der Dauer des Rangrücktritts entstehenden Zinsen nicht ausgezahlt, sondern „angehängt" und ebenfalls vom Rangrücktritt erfasst werden;
- Verpflichtung, über die Forderungen ggü. der Darlehensnehmerin nicht zu verfügen, insb. sie nicht einzuziehen, sie nicht sicherstellen zu lassen, sie nicht an Dritte abzutreten, zu verpfänden oder mit ihnen aufzurechnen,
- Regelung, dass für die vom Rangrücktritt erfasste Forderung bestehende Sicherheiten aus dem Gesellschaftsvermögen nicht verwertet werden,
- Ausschluss der Aufhebung oder Kündigung der Rangrücktrittsvereinbarung und Regelung, dass der Rangrücktritt endet, wenn das Vermögen der Gesellschaft/Darlehensnehmerin wieder ausreicht, ihre sämtlichen Verbindlichkeiten einschließlich der im Rang zurückgetretenen ggü. allen Gläubigern zu erfüllen und, bei Gesellschafterdarlehen, das Stammkapital nicht mehr angegriffen wird (Besserungsabrede),
- Bestätigung der Gesellschaft, während der Gültigkeit an den im Rang zurückgetretenen Gläubiger nicht zu leisten,
- Tilgung der rangrückgetretenen Forderung nur aus künftigen Überschüssen, evtl. Liquidationsüberschüssen und aus sonstigem freien Vermögen.

6. Rechtsfolgen von dem Rangrücktritt widersprechenden Zahlungen

266 Leistet der Schuldner Zahlungen auf von einem wirksamen Rangrücktritt erfasste Forderungen, so erfolgen diese ohne Rechtsgrund und können kondiziert werden (§ 812 BGB). Dann (bei Bestehen eines Kondiktionsanspruchs) sind die Zahlungen nach der Änderung der Rechtsprechung nicht (mehr) als unentgeltliche Leistungen nach § 134 InsO anfechtbar[157]. Nur noch bei fehlendem Bereicherungsanspruch, etwa bei Kenntnis der Nichtschuld, § 814 BGB, bleibt es bei der Schenkungsanfechtung nach § 134 InsO.[158] Bei Tilgung eines Gesellschafterdarlehens ist zusätzlich die Insolvenzanfechtung nach §§ 135 Abs. 1 Nr. 2, 143 Abs. 1 InsO zu berücksichtigen.

7. Steuerrechtliche Auswirkung des Rangrücktritts beim Schuldner

267 Für die Frage, ob der Rangrücktritt eines Darlehensgläubigers die Passivierung der betreffenden Verbindlichkeit in der (Steuer-)Bilanz unberührt lässt, ist auf die konkrete Abfassung des Rangrücktritts abzustellen.[159] Leider lässt sich nicht grundsätzlich sagen, dass jeder Rangrücktritt die Passivierung in der (Steuer-)Bilanz unberührt lässt.[160]

268 Nach § 5 Abs. 2a EStG sind für Verpflichtungen, die nur zu erfüllen sind, wenn künftig Einnahmen oder Gewinne entstehen, Verbindlichkeiten oder Rückstellungen erst anzusetzen, wenn die Einnahmen oder Gewinne angefallen sind. Soweit entsprechende Verpflichtungen passiviert sind, müssen sie aufgelöst werden. „Haftungslose" Darlehen sind also nicht zu passivieren, sondern gewinnerhöhend aufzulösen.[161] Es stellt sich also die Frage, ob ein qualifizierter Rangrücktritt, der die vom BGH in seiner Entscheidung vom 5.3.2015 (s.o.) aufgestellten Kriterien erfüllt, zu dem unerwünschten Ergebnis führt, dass die Verbindlichkeit in der Steuerbilanz der Schuldnergesellschaft ertragswirksam aufzulösen ist.

269 Vor der genannten Entscheidung des BGH hatte der **BFH** entschieden, dass eine Verbindlichkeit mit sog. qualifiziertem Rangrücktritt, nach dem die Verbindlichkeit nur aus künftigen Gewinnen oder einem etwaigen Liquidationsüberschuss zu tilgen ist, mangels gegenwärtiger wirtschaftlicher Belastung nicht in der Bilanz ausgewiesen werden darf. Die Situation gleiche der eines Schuldners, dem eine Verbindlichkeit gegen Besserungsschein erlassen wurde.[162] Die Verbindlichkeit ist also ertragswirksam aufzulösen. Diese Rechtsprechung des BFH ist abzulehnen, da sie mit dem Leistungsfähigkeitsgrundsatz der Besteuerung nicht vereinbar ist[163]

---

[157] BGH ZIP 2017, 1233 und bestätigt BGH ZIP 2019, 1577, 1587 (entgegen früher OLG Brandenburg ZInsO 2009, 1862 = BeckRS 2009, 12051 und BGH ZIP 2015, 638 m. Anm. Bitter/Heim, ZIP 2015, 644 ff.)
[158] BGH IP 2017, 1233
[159] Sa Kahlert/Gehrke DStR 2010, 227 ff.
[160] So noch FG Mecklenburg-Vorpommern BB 2006, 2746.
[161] BFH DStR 2005, 186.
[162] BFH DStR 2012, 450 = GmbHR 2012, 406.
[163] Braun DStR 2012, 1360 ff.

und § 5 Abs. 2a EStG auf einen Rangrücktritt gemäß dem Konzept des BGH in seiner jüngsten Entscheidung[164] nicht anwendbar ist.[165] Dennoch ist der BFH bei seiner Rechtsprechung geblieben: Eine Verbindlichkeit, die nach einer im Zeitpunkt der Überschuldung getroffenen Rangrücktrittsvereinbarung nur aus einem zukünftigen Bilanzgewinn und aus einem etwaigen Liquidationsüberschuss zu tilgen ist, unterliegt dem Passivierungsverbot des § 5 Abs. 2a EStG.[166] An dieser Rechtsprechung hat der BFH jüngst ausdrücklich festgehalten.[167]

In seinen **jüngeren Entscheidungen** hat der **BFH** den zur Vermeidung eines steuerbaren Ertrags durch Rangrücktritt von der Literatur[168] gewiesenen Ausweg bestätigt: Sind nach der Rangrücktrittsvereinbarung die erfassten Verbindlichkeiten nicht nur aus künftigen Einnahmen, künftigem Bilanzgewinn und aus einem etwaigen Liquidationsüberschuss zu tilgen, sondern zusätzlich auch aus sonstigem freien Vermögen, löst dies weder handels- noch steuerrechtlich das Passivierungsverbot des § 5 Abs. 2a EStG aus.[169] Das gilt auch, wenn der Schuldner aus Sicht des Bilanzstichtages nicht in der Lage sein wird, freies Vermögen zu schaffen und damit eine tatsächliche Belastung des Schuldnervermögens voraussichtlich nicht eintreten wird.[170]

Also sollte zur Vermeidung eines steuerbaren Buchgewinns durch Rangrücktritt eine entsprechende Vereinbarung geschlossen werden.

Praxishinweis:
Also sollte zur Vermeidung eines steuerbaren Buchgewinns darauf geachtet werden, dass nach der Rangrücktrittsvereinbarung die erfassten Verbindlichkeiten nicht nur aus einem zukünftigen Bilanzgewinn/Jahresüberschuss und aus einem etwaigen Liquidationsüberschuss zu tilgen sind, sondern zusätzlich auch aus einem die sonstigen, die freien Verbindlichkeiten übersteigenden Vermögen zu bedienen sind.[171] Dies dürfte dann wirtschaftlich dem Erlass nicht gleichen[172] und führt nicht zum Passivierungsverbot nach § 5 Abs. 2a EStG.[173] Das gilt auch, wenn wenn der Schuldner aus Sicht des Bilanzstichtages nicht in der Lage sein wird, freies Vermögen zu schaffen und damit eine tatsächliche Belastung des Schuldnervermögens voraussichtlich nicht eintreten wird.[174]

---

[164] BGH ZIP 2015, 638.
[165] Kahlert ZIP 2015, 1389 ff.; Pöschke NZG 2017, 1408 ff.
[166] BFH ZIP 2015, 1386 = GmbHR 2015, 881.
[167] BFH ZIP 2017, 818.
[168] S. aber Kahlert, Anmerkungen zur v.g. BFH-Entscheidung, ZIP 2015, 1389 ff.: Sein Formulierungsvorschlag der Rangrücktrittsvereinbarung enthält diese Ergänzung nicht, weil er der Ansicht ist, dass § 5 Abs. 2a EStG auf den Rangrücktritt gemäß der BGH-Entscheidung ZIP 2015, 638 (s.o.) ohnehin nicht anwendbar ist.
[169] BFH ZIP 2015, 1386, Rz. 9; BFH ZInsO 2021, 99 = GmbHR 2021, 211
[170] FG Münster, NZG 2019, 1120; BFH ZIP 2020, 2566 = ZInsO 2021, 99
[171] S. aber Kahlert, Anmerkungen zur v.g. BFH-Entscheidung, ZIP 2015, 1389 ff.: Sein Formulierungsvorschlag der Rangrücktrittsvereinbarung enthält diese Ergänzung nicht, weil er der Ansicht ist, dass § 5 Abs. 2a EStG auf den Rangrücktritt gemäß der BGH-Entscheidung ZIP 2015, 638 ohnehin nicht anwendbar ist.
[172] BFH DStR 2005, 186 und BFH DStR 2006, 75; s.a. Klusmeier, ZInsO 2012, 965; Taplan u.a., Die Rangrücktrittsvereinbarung im Insolvenz- und Steuerrecht, GmbHR 2015, 347 ff.
[173] BFH ZIP 2015, 1386 Rn. 9; FG Münster NZG 2019, 1120.
[174] FG Münster, NZG 2019, 1120.

V. Forderungsverzicht

1. Zivilrechtlich

271 Der Forderungsverzicht ist eine klassische Maßnahme im Bereich der finanziellen Sanierung. Rechtlich handelt es sich um einen **Erlassvertrag**. Mit seinem wirksamen Abschluss sind die umfassten Forderungen nicht mehr im Überschuldungsstatus auszuweisen.

272 Mit dem Verzicht **erlöschen** auch die akzessorischen **Sicherheiten** (z.B. Bürgschaft) und auch die durch enge Zweckerklärung gebundenen Sicherheiten.

273 **Praxishinweis: Bedingungen und Besserungsschein**
Bei Vereinbarung von Bedingungen muss unbedingt darauf geachtet werden, dass der Verzicht auch wirksam vereinbart wird, damit nicht lediglich eine Stundung vereinbart ist. Bei aufschiebender Bedingung wird der Verzicht erst mit Eintritt der Bedingung wirksam, kann also bis zu diesem Zeitpunkt den Überschuldungsstatus nicht entlasten.

274 Häufig wird mit dem Verzicht die Erteilung eines sog. **Besserungsscheins** verbunden.[175] Der Besserungsschein ist rechtlich eine auflösende Bedingung für den Verzicht, gibt also an, dass und ggf. unter welchen Umständen die verzichtete Forderung zu einem späteren Zeitpunkt wieder auflebt. Der Besserungsschein ändert also zunächst am Erlöschen der Forderung nichts. Die verzichtete Forderung braucht bis zum Eintritt der Bedingungen des Besserungsscheins im Überschuldungsstatus nicht ausgewiesen zu werden.

2. Steuerrechtlich

275 **Praxishinweis:**
Achtung! Der Forderungsverzicht ist für den Schuldner ein **steuerbarer Ertrag**.[176] Die Festsetzung eines Gewerbesteuermessbetrages ist auch dann nicht unbillig, wenn der Gewerbeertrag allein durch Forderungsverzichte von Gläubigern entstanden ist.[177]

276 Bei unzulässiger rückwirkender Behandlung eines Gesellschafterdarlehens als Eigenkapital und Umbuchung in eine Rücklage bewirkt die Zustimmung des Gesellschafters einen Forderungsverzicht[178].

Im Übrigen siehe zu den steuerlichen Auswirkungen von Sanierungsmaßnahmen unten bei „Beteiligung des Finanzamts am Sanierungsprozess".

277 Wenn verzichtender Forderungsinhaber zugleich **Gesellschafter** ist, hat der Verzicht auf seine Forderung im Grundsatz folgende steuerrechtliche Konsequenzen:[179]

---

[175] S.a. Becker ua DStR 2010, 506 ff.
[176] Drews/Götze DStR 2009, 945 ff.; sa Benzel/Linzbach DStR 2009, 1599 ff.; Gahlen BB 2009, 2079 ff.; Pöschke NZG 2017, 1408 ff.
[177] BFH NZG 2013, 318.
[178] FG Baden-Württemberg BB 2011, 1263.
[179] BFH ZIP 1998, 471 und DStR 2001, 1431.

- Bei der Gesellschaft zu versteuernder Ertrag in Höhe des nicht werthaltigen Teils der Forderung, da nur in Höhe des werthaltigen Teils eine steuerneutrale Einlage entgegensteht.
- Beim Gesellschafter (unter Geltung der Abgeltungssteuer): Entstehung eines nach §20 Abs. 2 S. 1 Nr. 7 S. 2 EStG zu berücksichtigenden Verlusts, der unter den Voraussetzungen des §32d Abs. 2 Nr. 1 Buchst. b EStG mit positiven Einkünften anderer Einkunftsarten zu verrechnen ist.[180] In Höhe des nicht werthaltigen Teils der Forderung liegt ein Forderungsausfall vor, der nach §20 Abs. 2 S. 2 EStG als Abtretungsverlust steuerlich zu berücksichtigen ist, weil es wirtschaftlich keinen Unterschied macht, ob der Gesellschafter die Forderung an die Gesellschaft abtritt oder auf sie verzichtet.[181] Voraussetzung ist allerdings, dass der Gesellschafter für die Forderung Anschaffungskosten hatte (etwa Anschaffungskosten der Forderung zum Nennwert, sonst werden die AK zunächst dem werthaltigen Teil der verzichteten Forderung zugeordnet). Zu beachten ist in diesem Zusammenhang die ab 1.1.2020 gültige Verlustverrechnungsbeschränkung des §20 Abs. 6 S. 6 EStG.
- Beim Gesellschafter-Geschäftsführer kann der Verzicht auf die Darlehensforderung auch durch das zugleich bestehende Dienstverhältnis veranlasst sein und dann in Höhe des noch werthaltigen Teils der verzichteten Forderung zu Werbungskosten bei den Einkünften aus nichtselbständiger Tätigkeit führen.[182]

In der Praxis und in späteren Betriebsprüfungen besteht häufig das Problem der Beurteilung, welcher Teil der verzichteten Forderung gegen die in der Krise befindliche Gesellschaft noch werthaltig war.[183] Dies sollte daher dokumentiert werden.[184]

Nach der jüngsten Gesetzesänderung in §7 Abs. 8 Satz 1 ErbStG, nach welcher die Werterhöhung von Anteilen an einer Kapitalgesellschaft, die ein Gesellschafter durch Leistung eines Anderen erlangt, als Schenkung gilt, kann fraglich sein, ob ein Forderungsverzicht eines Gesellschafters oder Gläubigers gegenüber der Schuldnergesellschaft **Schenkungsteuer** beim (anderen) Anteilseigner/Gesellschafter auslöst. Nach dem gleichlautenden Ländererlass der Finanzverwaltung v. 14.3.2012[185] soll dies nur beim beteiligungsproportionalen Verzicht sämtlicher Gesellschafter oder bei einem Verzicht mit Besserungsabrede nicht der Fall sein. Nach meinem Dafürhalten dürfte in Sanierungsfällen Schenkungsteuer nicht entstehen, weil es an einer insoweitigen Bereicherungsabsicht des Gläubigers fehlt[186] und es nicht angehen kann, dem sanierenden verzichtenden Gläubiger auch noch das Risiko der Mithaftung für die Schenkungsteuer des (Mit-)Gesellschafters aufzuerlegen.[187] Da der Wortlaut der neuen Regelung jedoch keine Einschränkung für Sanierungsfälle enthält und der o.g. Erlass ebenfalls keine Klarheit bringt, sollte ggf. eine verbindliche Auskunft des Finanzamtes nach §89 AO eingeholt werden.

278

---

[180] BFH, DStR 2019, 2411 = ZIP 2019, 2252.
[181] BFH, DStR 2019, 2411.
[182] BFH GmbHR 2011, 316
[183] Sa Kohlhaas GmbHR 2009, 531 ff.
[184] Sa Schulze-Osterloh NZG 2017, 641 ff.
[185] BStBl I 2012, S. 331.
[186] Sa Kahlert/Schmidt DStR 2012, 1208 ff.
[187] Sa Viskorf/Haag DStR 2012, 1166 ff.

279 Wegen der nachteiligen Wirkungen – Erlöschen der Sicherheiten und steuerbarer Ertrag – hat der Verzicht weniger Bedeutung als kurzfristige Maßnahme zur Beseitigung einer Überschuldung (zur Entlastung des Überschuldungsstatus reicht auch der Rangrücktritt) als bei der finanziellen Sanierung des Unternehmens im Rahmen eines endgültigen Sanierungskonzepts.

VI. Umwandlung/Aufnahme einer natürlichen Person als Vollhafter

280 Ein überschuldeter Rechtsträger kann an Umwandlungsverfahren teilnehmen, wenn dadurch die Überschuldung beseitigt wird. Detailliert zu Umwandlungen aus der Krise s.u.

281 Der Formwechsel in eine Personen(handels)gesellschaft mit natürlicher Person als Vollhafter oder die Verschmelzung auf den (natürlichen) Alleingesellschafter lassen nach dem Wortlaut des § 19 InsO den Insolvenzgrund Überschuldung entfallen. Beim Formwechsel einer GmbH in eine KG ist der Eintritt des phG mit Wirksamwerden des Formwechsels möglich.[188]

282 Umgehungsgeschäften ist jedoch im Hinblick auf die Regelungen in § 22 UmwG und § 152 Satz 2 UmwG (der den umgekehrten Fall regelt) kritisch gegenüberzustehen, z.B. immer dann, wenn die natürliche Person über kein oder kein nennenswertes Vermögen verfügt.

283 Beim Formwechsel einer GmbH in eine GbR haften selbstverständlich die GbR und mit ihr nach § 128 HGB analog alle Gesellschafter gesamtschuldnerisch für die bis zu Umwandlung entstandenen Verbindlichkeiten der GmbH. Nicht persönlich haftet jedoch ein GmbH-Gesellschafter, der mit der Umwandlung aus der Gesellschaft ausscheidet, weil er zu keinem Zeitpunkt Gesellschafter der GbR wird.[189] Nach § 235 Abs. 1 UmwG ist der Formwechsel (lediglich) im Register der GmbH dergestalt einzutragen, dass die GmbH durch Formwechsel in eine GbR erloschen ist; die Eintragung der Gesellschafter der GbR ist keine eintragungspflichtige Tatsache i.S.d. § 15 Abs. 3 HGB, auf die sich die positive Registerpublizität beziehen könnte.[190] Den Entscheidungen lag eine Gestaltung zugrunde, bei der die Gesellschafter der GmbH ihre Geschäftsanteile zunächst jeweils auf eine englische Limited übertragen haben und sodann die GmbH in eine GbR umgewandelt wurde. Freilich bleibt dann die Insolvenzantragspflicht nach § 15a Abs. 1 S. 2, Abs. 2 InsO bestehen, weil die Gesellschaft keine natürliche Person als Vollhafter hat. Die Konstruktion stellt sich aus Gläubigersicht gewissermaßen als Flucht in die GbR dar.

---

[188] OLG Oldenburg, NZG 2020, 193.
[189] OLG Bremen ZIP 2015, 2417 = GmbHR 2015, 1321.
[190] OLG Bremen ZIP 2015, 2417 = GmbHR 2015, 1321; BGH BeckRS 2016, 21186; anders Priester GmbHR 2015, 1289 ff., der aus Gründen des Gläubigerschutzes dafür plädiert, dass Name und Gesellschafter der GbR ebenfalls eingetragen werden.

B. Sofortmaßnahmen zur Beseitigung der Zahlungsunfähigkeit

Die Beseitigung der Zahlungsunfähigkeit erfordert entweder die Aufbringung zusätzlicher liquider Mittel oder die Verschiebung der Fälligkeiten bzw. ernsthafter Einforderung von Verbindlichkeiten, sodass (wieder) alle Verbindlichkeiten bei Fälligkeit oder ernsthafter Einforderung entsprechend dem erstellten Liquiditätsstatus erfüllt werden können. Bezüglich der Generierung zusätzlicher Liquidität kommt es auf den tatsächlichen Zufluss an.

I. Patronatserklärung

Ob eine interne harte Patronatserklärung zugleich die Zahlungsunfähigkeit der Schuldnergesellschaft als Empfängerin beseitigen kann, weil die Mittel in dem Drei-Wochen-Prognosezeitraum der Zahlungsunfähigkeitsprüfung als Liquidität berücksichtigt werden können, ist fraglich. Ich würde dies bejahen, wenn der Schuldner im Bedarfsfalle einen sofort durchsetzbaren Zahlungsanspruch gegen den Patron hat und nicht erst eine gesonderte Entscheidung des Patrons über die sofortige Gewährung der Mittel getroffen werden muss, und der Schuldner selbst Zugriff auf die liquiden Mittel des Patrons hat. Der BGH lässt jedoch die bloße Zugriffsmöglichkeit des Schuldners auf die Mittel des Patrons allein nicht ausreichen; vielmehr ist erforderlich, dass die Liquidität tatsächlich auch zur Verfügung gestellt wird. Verbindliche Zahlungszusagen der Gesellschafter, etwa eine harte Patronatserklärung des Gesellschafters gegenüber dem Schuldner können die Zahlungsunfähigkeit der Gesellschaft nur verhindern oder beseitigen, wenn sich der Patron verpflichtet, dem Schuldner die finanziellen Mittel zur Verfügung zu stellen, die er für die Bedienung aller fälliger Verbindlichkeiten im Zeitpunkt der Fälligkeit benötigt, und die Gesellschaft ungehinderten Zugriff auf die liquiden Mittel hat und die Gesellschafter sie tatsächlich einzahlen.[191] Ebenso hat der BGH hat für eine an den Gläubiger gerichtete (externe) Patronatserklärung der Muttergesellschaft entschieden, dass sie allein die Zahlungsunfähigkeit der Tochtergesellschaft nicht beseitigen kann[192]; vielmehr dürfen die Mittel des Patrons als Liquiditätszuflüsse in dem Drei-Wochen-Prognosezeitraum der Zahlungsunfähigkeitsprüfung nur berücksichtigt werden, wenn die Patronatserklärung auch tatsächlich vollzogen wurde.[193] Daher empfiehlt es sich, um keine rechtlichen Zweifel aufkommen zu lassen, in die Patronatserklärung zusätzlich eine Liquiditätsausstattungsverpflichtung des Patrons auf erstes Anfordern aufzunehmen oder den Zugriff der Schuldnergesellschaft auf die liquiden Mittel des Patrons zu gewähren und darauf zu achten, dass die liquiden Zuflüsse auch tatsächlich erfolgen. Erst dann wird die Zahlungsunfähigkeit beseitigt.

---

[191] BGH ZInsO 2013, 2055 = BeckRS 2013, 17131.
[192] BGH ZIP 2011, 1111 = ZInsO 2011, 1115.
[193] Hieran hat der BGH für den Fall der sonstigen Zahlungszusage eines Gesellschafters festgehalten, BGH GmbHR 2016, 701.

II. Neuaufnahme von Krediten

286 Selbstverständlich kann eine Zahlungsunfähigkeit durch Kreditaufnahme beseitigt werden. Die Vergabe von Krediten in der Krise kann problematisch sein: Sanierungskredite, die geeignet sind, das Unternehmen zu retten, sind zulässig. Ebenso sind Überbrückungskredite zulässig. Besicherte Kredite, die bei Insolvenzreife gewährt werden, ohne zur Sanierung geeignet zu sein oder die Qualität von Überbrückungskrediten zu haben, können sittenwidrig sein, wenn sie zulasten anderer Gläubiger den Zusammenbruch des Unternehmens nur hinauszögern (sittenwidrige Insolvenzverschleppung; zu Kreditgewährung in der Krise s. ausführlich → Rn. 557 ff.).

III. Verwertung von Anlagevermögen

287 Zur Beschaffung der für die Bedienung fälliger Verbindlichkeiten erforderlichen Liquidität kann sich die Verwertung von Gegenständen des Anlagevermögens anbieten (etwa Sale-and-Lease-Back). Bei bloßer Finanzierungsfunktion sind dies keine umsatzsteuerpflichtigen Lieferungen.[194] Zu beachten ist in jedem Fall, dass dies ausreichend schnell geschieht, um die Zahlungsunfähigkeit innerhalb der laufenden Insolvenzantragsfrist von max. 3 Wochen wieder herzustellen.

IV. Verwertung von Umlaufvermögen

288 Zur Beschaffung der für die Bedienung fälliger Verbindlichkeiten erforderlichen Liquidität kann sich auch die Verwertung von Gegenständen des Umlaufvermögens anbieten. Hier ist in erster Linie zu denken an Abverkäufe von Lagerbeständen und an Forderungsverkäufe (Factoring).[195]
Auch hier muss darauf geachtet werden, dass der Liquiditätszufluss ausreichend schnell, also spätestens innerhalb von 3 Wochen erfolgt.

289 **Praxishinweis:**
Achtung! Während sich Maßnahmen zur Beseitigung der Überschuldung allenfalls positiv auf die Liquiditätssituation auswirken, können umgekehrt die vorgenannten Maßnahmen zur Wiederherstellung der Zahlungsfähigkeit die Überschuldung herbeiführen oder verstärken bzw. Maßnahmen zur Beseitigung der Überschuldung wieder kompensieren. Bei den genannten Maßnahmen zur Wiederherstellung der Zahlungsunfähigkeit ist also stets zu prüfen, wie sich diese im Überschuldungsstatus auswirken.

---

[194] BFHE 213, 83 = BFH/NV 2006, 1763 = DB 2006, 1662 = DStR 2006, 1325; dazu Slapio/Bosche BB 2006, 2165 ff.; Vosseler DStR 2007, 188 ff. Zu umsatzsteuerlichen Problemen bei Sale-and-Lease/Buy-Back – Fällen sa Klein DStR 2008, 2348 ff.
[195] Zur Problematik der Factoringfähigkeit und des Nutzens des Factoring bei mittleren Unternehmen sa Schmeisser ua DStR 2005, 1199 ff.

V. Stundung und Stillhaltevereinbarungen

In der Praxis sind die Stundungsvereinbarung und sonstige Stillhalteabreden 290
häufig das effektivste, mitunter auch das einzige Mittel, kurzfristig eine eingetretene Zahlungsunfähigkeit zu beseitigen und so die Zeit zu erhalten, ein weiterführendes Sanierungskonzept zu erstellen und die für die Sanierung erforderlichen Vereinbarungen zu schließen.

1. Stundungen

Stundungen können in der Form von Moratorien, Ratenzahlungs- und/oder 291
reinen Stundungsvereinbarungen erwirkt werden. Diese sind, soweit verbindlich vereinbart, sämtlich geeignet, **die aktuelle Fälligkeit der Verbindlichkeiten zu beseitigen** und den Zeitpunkt der (erneuten) Fälligkeit zeitlich nach hinten zu verschieben. Auf diese Weise wird sofort die aktuelle Liquiditätssituation des Unternehmens verbessert und bei ausreichendem Umfang die Zahlungsunfähigkeit verhindert bzw. beseitigt.

Erzwungene „Stundungen", etwa von nicht bezahlten Arbeitnehmern, die aus anderen, oft nahe liegenden Gründen nicht sofort klagen, sind nicht wirksam, stehen also der Notwendigkeit zur Berücksichtigung der Verbindlichkeiten bei der Prüfung der Zahlungsunfähigkeit nicht entgegen.[196]

Stundungsvereinbarungen bedürfen zu ihrer Wirksamkeit keiner bestimmten 292
Form. Auch **mündliche Vereinbarungen** sind wirksam. Ggf. empfiehlt es sich, eine mündliche Vereinbarung entweder durch den rechtlichen Berater treffen zu lassen (Beweisfunktion) oder schriftlich zu bestätigen.

> **Praxishinweis:** 293
> Bei der erstmaligen Stundungsvereinbarung sollte darauf geachtet werden, dass die **Stundungszeiträume** nicht zu kurz gewählt werden, damit nicht die Gefahr heraufbeschworen wird, nach Ablauf eines ersten Stundungszeitraums abermals aus Mangel an liquiden Mitteln um Stundungen bitten zu müssen.

Nach meiner Erfahrung sind Gläubiger häufig bereit, Stundungszeiträume von 294
bis zu 3 Monaten zu akzeptieren, wenn ihnen anhand der Liquiditätsplanung plausibel dargelegt wird, dass dann die Zahlungen – ggf. ratierlich – wieder aufgenommen werden, und wenn ihnen für den Fall der Vereinbarung einer Stundung eine sofortige Abschlagszahlung in Aussicht gestellt wird. Es versteht sich von selbst, dass für jegliche Inaussichtstellung von Zahlungen eine genaue, konservative Liquiditätsplanung erforderlich ist.

Eine Stundung beseitigt nicht die Überschuldung. 295

2. Vollstreckungsschutzvereinbarungen

Als nicht ausreichend wurden bloße Vereinbarungen über einen Aufschub von 296
Vollstreckungs- oder Rechtsverfolgungsmaßnahmen mit den Gläubigern angese-

---
[196] BGH ZIP 2008, 706 = ZInsO 2008, 378.

hen, da diese die Fälligkeit der Verbindlichkeit nicht beseitigen.[197] Ob dies auch im Hinblick auf die jüngsten Entscheidungen des BGH zum Kriterium der ernstlichen Einforderung bei der Zahlungsunfähigkeitsprüfung[198] noch gilt, erscheint mir fraglich. Danach ist eine Forderung i.d.R. dann i.S.d. § 17 Abs. 2 InsO fällig, wenn eine Gläubigerhandlung feststeht, aus der sich der Wille, vom Schuldner Erfüllung zu verlangen, im Allgemeinen ergibt. Weiterhin sind Forderungen, deren Gläubiger sich für die Zeit vor Eröffnung eines Insolvenzverfahrens mit einer späteren oder nachrangigen Befriedigung einverstanden erklärt haben, bei der Prüfung der Zahlungsunfähigkeit des Schuldners nicht zu berücksichtigen, auch wenn keine rechtlich bindende Stundungsvereinbarung getroffen worden ist. Nach dieser Rechtsprechung könnte eine vollstreckungsrechtliche Vereinbarung ausreichend sein, wenn sie zweifelsfrei dahingehend auszulegen ist, dass sich der Gläubiger mit einer späteren Befriedigung einverstanden erklärt hat.

297 Die Abgrenzung einer bloßen vollstreckungsrechtlichen von einer wirksamen Stundungsvereinbarung ist vom Tatrichter vorzunehmen. Dabei spricht das Weiterlaufen von Zinsen nicht zwingend gegen eine Stundungsvereinbarung. Die Formulierung „Bei Nichteinhaltung der Bedingungen ist der Restbetrag zur sofortigen Zahlung fällig" belegt eine Stundungsvereinbarung.[199]

3. Stillhalteabsprachen

298 Nach meinem Dafürhalten reichen nach den Entscheidungen des BGH zum Kriterium der ernstlichen Einforderung bei der Zahlungsunfähigkeitsprüfung[200] auch sog. Stillhaltevereinbarungen aus, die betreffende Verbindlichkeit bei der Prüfung der Zahlungsunfähigkeit nicht mehr zu berücksichtigen.[201] Solche Vereinbarungen mit dem Gläubiger, dass er einstweilen von ernsthafter Einforderung absieht, sind rein tatsächliche Stundungen, also solche ohne Rechtsbindungswillen des Gläubigers. Wegen der evtl. späteren retrograden Prüfung der Zahlungsunfähigkeit sollte aber auf genaue Dokumentation ihres Zustandekommens geachtet werden (wann wurde mit wem was genau vereinbart?).

299 Sagt der Gläubiger der Schuldnergesellschaft zu, die Forderung (derzeit) nicht ernsthaft einzufordern, kann ein auf Haftung nach § 128 HGB in Anspruch genommener Gesellschafter die Zahlung ebenfalls verweigern.[202] Auch der Bürge kann sich nach § 768 Abs. 1 S. 1 BGB auf die Stillhalteabsprache zwischen Hauptschuldner und Gläubiger berufen und seine Leistung während der Wirkungsdauer verweigern; eine entgegenstehende Vereinbarung zwischen Hauptschuldner und Gläubiger wäre als Vereinbarung zulasten des Bürgen unwirksam.[203]

---

[197] BGH ZIP 2007, 1469, 1471.
[198] BGH ZIP 2007, 1666 = ZInsO 2007, 939 und BGH ZIP 2008, 420.
[199] BGH ZIP 2007, 1469, 1471.
[200] BGH ZIP 2007, 1666 = ZInsO 2007, 939 und BGH ZIP 2008, 420 und BGH ZIP 2009, 1235.
[201] So auch Schulz ZIP 2009, 2281 ff.
[202] LG Frankfurt a.M. ZIP 2016, 1584 (für die Inanspruchnahme eines Kommanditisten).
[203] BGH ZIP 2018, 67.

§ 4 „Freie" Sanierung (außerhalb eines Insolvenzverfahrens)

Übersicht

	Rn.
A. Vorbemerkung und Praxishinweis	300
B. Sog. „freie" Sanierung	301
C. Überblick über die außerinsolvenzliche Sanierung nach StaRUG	307
I. Entwicklung	307
II. Ziele, wesentliche Inhalte und Instrumente, Verfahren	309
III. Folgen eines Restrukturierungsverfahrens nach StaRUG für ein anschließendes Insolvenzverfahren	318
D. Pflicht zur Durchführung von oder Beteiligung an einer Sanierung?	325
I. Unternehmer, Gesellschafter	325
II. Gesellschafter – Pflicht zur Sanierung, Sanieren oder Ausscheiden?	327
1. Personengesellschaften	327
a) Keine positive Beitragspflicht	327
b) Pflicht zur Zustimmung zum Ausscheiden	329
c) Regressansprüche?	330
2. Kapitalgesellschaften	332
a) GmbH	332
b) AG	335
3. Einbezug der Anteilsinhaber in das Stabilisierungs- und Restrukturierungsverfahren nach StaRUG	336
4. Anleihegläubiger	341
III. Geschäftsführer	342
IV. Gläubiger	345
V. Beurteilung der Sanierungsfähigkeit des Unternehmens	346
E. Erforderlichkeit und Anforderungen an Sanierungskonzepte, Plausibilität	352
I. Erforderlichkeit	352
II. Anforderungen nach der Rechtsprechung	353
III. Anforderungen an ein Sanierungsgutachten gemäß IDW S 6	355
IV. Anforderungen an den Gutachter	358
V. Hinweise zu Schlüssigkeit und Plausibilität von Sanierungskonzepten	359
D. Transaktionsmaßnahmen zur Sanierung	363
I. Übertragende Sanierung	363
1. Durchführung	363
2. Haftungsgefahren	365
a) Strafrechtliche Risiken	366
b) Existenzvernichtender Eingriff	368
c) Insolvenzrechtliche Anfechtbarkeiten	369
d) Wahlrecht des Insolvenzverwalters nach § 103 InsO	374
e) Übergang von Grundstücken, GmbH-Geschäftsanteilen	375
f) Probleme im Zusammenhang mit der Kapitalaufbringung	377
g) Arbeitsrechtlicher Betriebsübergang (§ 613a BGB)	378
h) Forthaftung des Erwerbers für Verbindlichkeiten des Krisenunternehmens bei Firmenfortführung nach § 25 HGB	407
i) Haftung für Steuerrückstände	416
j) Verfügungs- und Tätigkeitsbeschränkungen, Wettbewerbsverbote für Geschäftsführer und Gesellschafter	417
II. Gestaltungen nach dem Umwandlungsrecht	421
1. Grundsätzliche Zulässigkeit	421
2. Umwandlungswege	424

                a) Verschmelzungen 425
                b) Spaltungen 431
                c) Formwechsel 435
          3. Allgemeine Risiken (insbesondere bei Beteiligung insolventer
             Gesellschaften) 436
    III. Weitere Transaktionsformen 442
    IV. Doppelnützige Treuhand 443
    V. Insolvenzbedingte Lösungsklauseln 444
F. Beteiligung des Finanzamts am Sanierungsprozess 445
    I. Vorbemerkung 445
    II. Steuerfreiheit von Sanierungsgewinnen? 446
          1. Mögliche Ansätze 446
          2. Sonderregelungen zur ertragsteuerlichen Behandlung von
             Sanierungsgewinnen 447
                a) Sanierungserlass des BMF aus dem Jahr 2003 unanwendbar .. 447
                b) Gesetzliche Sonderregelungen zur Besteuerung von Sanie-
                   rungsgewinnen 448
          3. Verlustvorträge, Sanierungs- und Konzernklausel in § 8c KStG .. 452
                a) Untergang von Verlustvorträgen bei Anteilsübertragungen ... 452
                b) Sanierungsklausel, § 8c Abs. 1a KStG 453
                c) Konzernklausel 454
          4. Fortführungsgebundener Verlustvortrag, § 8d KStG 455
    III. Forderungsverzicht, Besserungsschein, Schuldübernahmen 456
          1. Ertragsteuerliche Behandlung 456
          2. Schenkungsteuerliche Behandlung 461
    IV. Forderungsverzicht und Sanierungszuschüsse des Gesellschafters ... 463
          1. Ertragsteuer 463
          2. Schenkungsteuer 464

Literatur: *Beissenhirtz*, Plädoyer für ein Gesetz zur vorinsolvenzlichen Sanierung, ZInsO 2011, 57 ff.; *Binnewies*, Keine Schenkung der Gesellschaft bei Ausschüttungen an Gesellschafter oder nahestehende Personen, GmbHR 2013, 449 ff.; *Bork*, Präventive Restrukturierungsrahmen: „Komödie der Irrungen" oder „Ende gut, alles gut"?. ZIP 2017, 1441 ff.; *Commandeur/Hübler*, Vorinsolvenzliches Sanierungsverfahren in Deutschland nur noch eine Frage der Zeit?, NZG 2016, 340 ff.; *Desens*, Anspruch auf Steuerfreiheit eines Sanierungsgewinns im Einzelfall, ZIP 2017, 645 ff.; *Desens*, Auswirkungen auf laufende Verfahren und Lösungsmöglichkeiten, NZG 2018, 87 ff.; *Döge*, Sanieren oder Ausscheiden aus der GmbH, ZIP 2018, 1220 ff.; *Goetker/Schulz*, Warum braucht Deutschland ein vorinsolvenzliches Sanierungsverfahren und wie könnte es aussehen?, ZIP 2016, 2095 ff.; *Göpfert/Buschbaum*, Mitarbeiterbeteiligung als Modell für die Krise, ZIP 2010, 2330 ff.; *Gröger*, Verlustnutzung infolge Sanierungserwerbs, BB 2010, 2926 ff.; *Heckschen*, Differenzhaftung und existenzvernichtender Eingriff bei der Verschmelzung in der Krise, NZG 2019, 561 ff. und EWiR 2019, 101 f.; *Herkens*, Die Form des Antrags auf Anwendung des § 8d KStG, GmbHR 2018, 405 ff.; *Hinder/Hentschel*, Zum Begriff des Veräußerers in der Konzernklausel, GmbHR 2017, 217 ff.; *Hoffmann/Gianchristofano*, Duplik: Die Zweifel bleiben, ZIP 2016, 1951 ff.; *Hölzle*, ... ergänzende Sanierungsoption oder „Schlachtbank" für die Motive des ESUG?, ZIP 2017, 1307 ff.; *Kahlert*, Aktuelle Entwicklungen zu § 8c KStG, ZIP 2018, 1709 ff.; *Kahlert/Schmidt*, Der Sanierungserlass ist tot – wie geht es weiter?, ZIP 2017, 503 ff.; *Kayser*, Eingriffe des Richtlinienvorschlags der EU in das deutsche Vertrags-, Gesellschafts- und Insolvenzrecht, ZIP 2017, 1393 ff.; *Madaus/Knauth*, Die Wirkungswqeise des Schutzes von Sanierungsfinanzierungen durch eine Restrukturierungsrichtlinie am Beispiel des unechten Massekredits, ZIP 2018, 149 ff.; *Neyer*, Verlustnutzung nach konzerninterner Anteilsübertragung, GmbHR 2014, 734 ff.; *Otto/Walk*, Entgeltflexibilisierung als Weg aus der Krise, BB 2010, 373 ff.; *Paulus*, Notwendigkeit und Umsetzungsmöglichkeiten eines vorinsolvenzlichen Sanierungsverfahrens, ZInsO 2010, 696 ff.; *Sax u.a.*, Rechtliche Anforderungen an das bilanzielle Eigenkapital für eine nachhaltige Sanierung, ZIP 2017, 710 ff.; *Schöne*, „Sanieren oder Ausscheiden" und die sog. Trittbrettfahrer, ZIP 2015,

501 ff.; *Seibt*, Mitgliedschaftliche Treuepflicht … in der AG, ZIP 2014, 1909 ff.; *Steffan*, Sanierungskonzepte quo vadis?, ZIP 2016, 1712 ff.; *Stindt*, Ausgliederung bei Unterbilanz der übertragenden GmbH – zur Erklärung gemäß § 140 UmwG, NZG 2017, 174 ff.; *Suchanek/Rüsch*, Zweifelsfragen bei § 8d KStG, GmbHR 2018, 57 ff.; *Swierczok*, Das Scheme of Arrangement – ein taugliches Sanierungsinstrument für deutsche Unternehmen!, ZIP 2016, 1945 ff.; *Theiselmann/Verhoeven*, Das SoA aus der Sicht der Geschäftsleitung nach deutschem Insolvenzrecht, ZIP 2018, 2101; *Unterberg*, Anpassung der Konzernklausel des § 8c KStG durch das Steueränderungsgesetz 2015, GmbHR 2015, 1190 ff., *v. Wilcken*, Rettung der Sanierungsklausel durch einen neuen § 8d KStG?, NZI 2016, 996 ff.; *Walker u.a.*, Vorinsolvenzliches Sanierungsverfahren oder SoA (vor dem Hintergrund des Brexit), ZIP 2018, 815 ff.; *Weber*, Anforderungen an Sanierungskonzepte nach der Rechtsprechung, ZInsO 2011, 904 ff.; *Weiß*, Gesellschafterhaftung bei Verschmelzung insolventer Gesellschaften, GmbHR 2017, 1017 ff.; *Westpfahl/Knapp*, Sanierung deutscher Unternehmen über ein englisches Scheme of Arrangement, ZIP 2011, 2033 ff.; *Zabel*, Inhalt und synoptische Gegenüberstellung, Beilage zu ZIP 44/2018; *Zeyns*, Das Kündigungsrecht des Bestellers in der Unternehmensinsolvenz, ZIP 2018, 8 ff.

A. Vorbemerkung und Praxishinweis

Praxishinweis 300
Die Erfahrung lehrt leider, dass die für die Unternehmensführung Verantwortlichen viel zu lange Verlustfinanzierung betreiben und erst, wenn überhaupt, sehr spät professionelle Hilfe einholen und planvoll Sanierungsmaßnahmen zur Überwindung der Unternehmenskrise einleiten. Daher kann nur dringend dazu geraten werden, jedenfalls bei Beginn der zweiten Krisenstufe (Erfolgs- oder Ertragskrise, → Rn. 11), also wenn erstmals Verluste entstehen, spätestens aber bei ersten Anzeichen für einen Liquiditätsengpass (dritte Krisenstufe, → Rn. 12) die Ursachen der Krise genau zu analysieren und umgehend die richtigen Maßnahmen zu ihrer Beseitigung einzuleiten, i.d.R. unter Hinzuziehung professioneller Beraterhilfe.

B. Sog. „freie" Sanierung

In der Krise der Gesellschaft wird regelmäßig der erste Gedanke derjenige an 301 eine außerinsolvenzliche, sog. „freie" und möglichst „geräuschlose" Sanierung sein. Hierfür gibt es zahlreiche, auf der Hand liegende Gründe, von denen einer auch der weitere Zugang des Unternehmens zu seinem Markt, besonders zu staatlichen Zuwendungen und Aufträgen sein kann. Diese sind nämlich regelmäßig in der Insolvenz zu versagen, was mit dem allgemeinen Gleichheitssatz des Grundgesetzes vereinbar ist.[1]

Im Unterschied zu anderen Rechtsordnungen,[2] etwa der englischen[3] oder 302 der US-amerikanischen,[4] kannte das deutsche Recht lange Zeit kein gesondertes vorinsolvenzliches Sanierungsrecht für Unternehmen, abgesehen vom am

---
[1] BVerwG ZIP 2018, 1189.
[2] Sa Seibt/Westpfahl ZIP 2013, 2333 ff.
[3] Company voluntary arrangement (CVA) in Sec. 1–7B Insolvency Act 1986.
[4] Chapter 11 des U.S. Bankruptcy Code.

1.1.2011 in Kraft getretenen Restrukturierungsgesetz[5] für die Restrukturierung oder geordnete Abwicklung von Banken.[6] Insb. für außergerichtliche Unternehmenssanierungen fehlte es an den Sanierungsprozess fördernden Regelungen, etwa einer zeitweisen Aussetzung der Insolvenzantragspflicht, einem im angloamerikanischen Rechtskreis möglichen Company Voluntary Arrangement, mit welchem bei vorhandener Gläubigermehrheit eine dissentierende Minderheit in den Sanierungsprozess auch gegen ihr Votum eingebunden werden könnte, oder einem Scheme of Arrangement, das auch vor Klagen nicht zustimmender deutscher Gläubiger schützen kann,[7] und dergleichen mehr. Dennoch war wegen des ganz erheblichen Aufwands und der damit verbundenen hohen Kosten einerseits und wegen der doch ganz erheblichen Rechtsunsicherheiten[8] nur in seltenen Ausnahmefällen eine „Flucht" nach England zu erwägen in der Hoffnung, dass das dortige scheme of arrangement auch vor Klagen nicht zustimmender deutscher Gläubiger schützen kann.[9]

Als weiterer Grund für die Schaffung eines vorinsolvenzlichen Sanierungsrechts wurde die fehlende Attraktivität einer Sanierung im Insolvenzverfahren genannt. Zwar hatte der Gesetzgeber mit dem ESUG hier erheblich nachgebessert, doch war die stigmatisierende Wirkung des Insolvenzverfahrens auf das Unternehmen geblieben, abgesehen davon, dass das Verfahren oft umständlich, langwierig und teuer ist. Das deutsche außerinsolvenzliche Sanierungsrecht wurde also z.T. weiterhin als seinerseits reformbedürftig angesehen.[10] Mit dem am 1.1.2021 in Kraft getretenen StaRUG hat der Gesetzgeber die Lücke zwischen sog. „freier" Sanierung und Sanierung im Insolvenzverfahren geschlossen.[11]

303 In der sog. „freien" Sanierung wirken jegliche Sanierungsmaßnahmen und -vereinbarungen, etwa Sanierungsvergleiche nach § 779 BGB, aufgrund der allgemeinen Regelungen nur inter partes, also nur ggü. den Parteien (stakeholder, etwa Gläubiger), mit denen sie vereinbart wurden. Kein stakeholder kann zur Beteiligung an Sanierungsmaßnahmen gezwungen werden; bindende Mehrheitsentscheidungen sind nur im gerichtlichen Restrukturierungsverfahren nach dem StaRUG (s.u.) oder im Insolvenzplanverfahren (s.u.) möglich.

304 In diesem Zusammenhang ist darauf hinzuweisen, dass **Lösungsklauseln** in Verträgen über fortlaufende Lieferung von Waren oder Energie, die an den In-

---

[5] v. 9.12.2010, BGBl I 2010, 1900 ff.
[6] Zu den neuen Restrukturierungsregeln für Banken s. Schelo NJW 2011, 186 ff.
[7] Royal Courts of Justice ZInsO 2011, 1104 = IILR 2011, 591; dazu Paulus ZIP 2011, 1077 ff.; Westpfahl/Knapp ZIP 2011, 2033 ff.
[8] Hoffmann/Gianchristofano zu neuen Tendenzen in der englischen Rechtsprechung und dem Problem der positiven Fortführungsprognose: Ist das englische Scheme of Arrangement noch ein taugliches Sanierungsinstrument für deutsche Unternehmen?, ZIP 2016, 1151 ff.: erwidernd Swierczok ZIP 2016, 1945 ff. und Duplik Hoffmann/Gianchristofano ZIP 2016, 1951 ff.; jüngst Walker ua ZIP 2018, 815 ff.; Theiselmann/Verhoeven ZIP 2018, 2101.
[9] Royal Courts of Justice ZInsO 2011, 1104 = IILR 2011, 591; dazu Paulus ZIP 2011, 1077 ff.; Westpfahl/Knapp ZIP 2011, 2033 ff.
[10] Zu Reformperspektiven im Restrukturierungsrecht s. Eidenmüller ZIP 2010, 649 ff.; zu Grundfragen des Restrukturierungsrechts und wie ein taugliches Sanierungsrecht aussehen müsste s. jüngst Bork ZIP 2010, 397 ff.; Beissenhirtz ZInsO 2011, 57 ff.; Paulus ZInsO 2010, 696 ff.; Commandeur/Hübler NZG 2016, 340 ff.
[11] Zu den Sanierungsmaßnahmen nach StaRUG s. sogleich unter C (→ Rn. 307 ff.).

solvenzantrag oder die Insolvenzeröffnung anknüpfen, unwirksam sind,[12] weil insoweit das Erfüllungswahlrecht des Insolvenzverwalters nach § 103 InsO eingeschränkt wird. Zur Vermeidung einer unwirksamen insolvenzbedingten Lösungsklausel sollte also nicht an den Insolvenztatbestand (Zahlungsunfähigkeit oder Überschuldung, Insolvenzantrag, Insolvenzeröffnung oder Ablehnung mangels Masse) angeknüpft werden, sondern allgemein an eine wesentliche Vermögensverschlechterung.

In der freien Sanierung ist es nicht erforderlich, oft auch gar nicht möglich, alle Gläubiger in den Sanierungsprozess einzubeziehen. Es gilt auch nicht der Grundsatz der Gläubigergleichbehandlung; denkbar ist aber, dass eine gleichmäßige Behandlung der Gläubiger mit vergleichbaren Rechtspositionen Vertragsgrundlage eines Vergleichs wird und heimliche Privilegien den Vertragsschluss sittenwidrig oder anfechtbar machen.[13] 305

V.a. aber ist die Hauptgefahr bei der sog. „freien" (= außerinsolvenzlichen) Sanierung, dass auch der ernsthafte Sanierungsversuch nicht von den zahlreichen gesellschafts- und insolvenzrechtlichen Haftungsgefahren befreien kann, im Gegenteil bei Unkenntnis der zahlreichen Ge- und Verbote oft erst die tatsächliche Ursache für erhebliche persönliche Haftungen ist, wenn der Sanierungsversuch scheitert und sich etwa ein Insolvenzverfahren anschließt. Derjenige, der den Versuch einer sog. „freien"Sanierung unternimmt, wird also von der deutschen Rechtsordnung nicht nur nicht unterstützt, sondern mit ganz empfindlichen persönlichen zivilrechtlichen Haftungsgefahren und Strafdrohungen konfrontiert (zu den besonderen Risiken der vorinsolvenzlichen übertragenden Sanierung → Rn. 363 ff.). Das gilt auch bei Nutzung der Instrumente des StaRUG, mit welcher wiederum spezifische erhebliche persönliche Haftungsrisiken verbunden sind (s.u.). Das möge auch ein Interimsmanager (CRO) in der Unternehmenskrise beachten.[14] Als in der sog. „freien" Sanierung drohende zivil- und/oder strafrechtliche **Haftungsgefahren** sind hier in erster Linie zu nennen 306

- Insolvenzverschleppung, § 15a InsO,
- verbotene Zahlungen nach Eintritt der Insolvenzreife, § 15b InsO (früher §§ 64 GmbHG a.F., § 130a Abs. 1 HGB a.F. für die GmbH & Co. KG; vergleichbare Regelung für die AG in § 92 Abs. 2 AktG a.F.),
- Verstoß gegen gesellschaftsrechtliche Anzeige- und Einberufungspflichten, etwa §§ 49 Abs. 3 bzw. 5a Abs. 4 GmbHG (vergleichbare Regelung für die AG in § 92 Abs. 1 AktG),
- (verbotene) Einlagenrückgewähr, § 30 Abs. 1 Satz 1 GmbHG, mit der Folge der Rückerstattungspflicht nach § 31 GmbHG bzw. des Wiederauflebens der persönlichen Haftung des Kommanditisten der GmbH & Co. KG nach § 172 Abs. 4 HGB (vergleichbare Regelung für die AG in § 57 AktG) (Gefahr für Gesellschafter und Geschäftsführer),
- Existenzvernichtungshaftung (Gefahr für Gesellschafter und Geschäftsführer).

---

[12] BGH ZIP 2013, 274.
[13] Zu Schuldscheindarlehensverträgen in der Restrukturierung s. Warneke/Becker ZIP 2018, 1332 ff.
[14] Sa Specovius/Uffmann ZIP 2016, 295 ff.

C. Überblick über die außerinsolvenzliche Sanierung nach StaRUG

I. Entwicklung

307 Die EU-Kommission hatte einen Richtlinienvorschlag zur Einführung eines EU-weiten vorinsolvenzlichen Sanierungsverfahrens vorgelegt.[15] Daran anknüpfend wurden weitere Vorschläge für ein solches Verfahren in Deutschland geäußert.[16] Am 26.6.2019 wurde die Richtlinie des europäischen Parlaments und des Rates über präventive Restrukturierungsrahmen, über Entschuldung und über Tätigkeitsverbote sowie über Maßnahmen zur Steigerung der Effizienz von Restrukturierungs-, Insolvenz- und Entschuldungsverfahren und zur Änderung der Richtlinie (EU) 2017/1132 (Richtlinie über Restrukturierung und Insolvenz) im Amtsblatt der Europäischen Union verkündet[17], die bis 2022 in nationales Recht umzusetzen war.[18] Dabei galt es, Konflikte durch Eingriffe des präventiven Restrukturierungsrahmens nach dem Richtlinienvorschlag der EU-Kommission in das deutsche Vertrags- und Gesellschaftsrecht[19] und Brüche bei der Abgrenzung zu den Sanierungsinstrumenten der InsO im Insolvenzverfahren[20] möglichst zu vermeiden.[21]

308 Am 17.12.2020 hat der Bundestag – wegen der COVID-19-Pandemie sehr zügig – das Gesetz zur Fortentwicklung des Sanierungs- und Insolvenzrechts (SanInsFoG)[22] verabschiedet, mit welchem als Kernstück durch das Gesetz über den Stabilisierungs- und Restrukturierungsrahmen für Unternehmen (StaRUG)[23] die EU-Richtlinie in nationales Recht umgesetzt und umfangreiche zusätzliche und flexibel zu nutzende rechtliche Instrumente zur Stabilisierung und Restrukturierung für Unternehmen geschaffen wurden und das nach Art. 25 in seinen wesentlichen Teilen am 1.1.2021 in Kraft trat. Neben der Umsetzung der vorgen. EU-

---

[15] COM(2016)723 final v. 22.11.2016; Beilage zu ZIP 1/2017 mit Vorwort Graf-Schlicker; Überblick über den Inhalt des Entwurfs Mock, NZI 2016, 977 ff.; zum Entwurf Vallender Beilage zu ZIP 22/2016, 82 ff.; Kayser (in Bezug auf die Zulässigkeit eines Insolvenzantrags nach der InsO) Beilage zu ZIP 22/2016, 40 ff.; Thole ZIP 2017, 101 ff.; Stellungnahme der BRAK ZIP 2017, 789 ff.
[16] Thesen des Gravenbrucher Kreises für die Erschaffung eines vorinsolvenzlichen Sanierungsverfahrens ZIP 2016, 1208 ff. mAnm Jacoby ZIP 2016, 1210 f. und ZIP 2017, 203 f.; Commandeur/Hübler NZG 2016, 340 ff.; Goetker/Schulz ZIP 2016, 2095 ff.
[17] RL (EU) 2019/1023, ABl L 172/18 v. 26.6.2019
[18] S. dazu Freitag, ZIP 2019, 541 ff.
[19] Sa Kayser ZIP 2017, 1393 ff.; Schäfer, Einbeziehung der Gesellschafter in ein vorinsolvenzliches Restrukturierungsverfahren?, ZIP 2019, 1645 ff.; Skauradszun, Anteilsinhaberrechte im präventiven Restrukturierungsrahmen, NZG 2019, 761 ff.; Koch, Die Rolle der Gesellschafter im künftigen Restrukturierungsverfahren, ZIP 2020, 446 ff.
[20] S. Hölzle ZIP 2017, 1307 ff.; Madaus/Knauth ZIP 2018, 149 ff.; Parzinger, Der Vorrang für neues Geld nach der Restrukturierungsrichtlinie, ZIP 2019, 1748 ff.
[21] Zur Kritik am Richtlinienvorschlag etwa Bork ZIP 2017, 1441 ff.
[22] v. 22.12.2020, BGBl. I 2020, 3256 ff.
[23] Kritisch zum RegE Müller, ZIP 2020, 2253 ff.; ausführlich zum RefE Thole, ZIP 2020, 1985 ff.

Richtlinie dient das SanInsFoG der Umsetzung der Ergebnisse aus der Evaluierung des ESUG im Jahr 2018 durch Änderungen der InsO im Insolvenzsanierungsrecht u.a. bei den Insolvenzantragsgründen, den sog. verbotenen Zahlungen und besonders der Eigenverwaltung und der Bewältigung der COVID-19-Pandemie durch Änderungen des COVInsAG.

II. Ziele, wesentliche Inhalte und Instrumente, Verfahren

Die wesentlichen Inhalte bzw. Instrumente des Stabilisierungs- und Restrukturierungsrahmens nach dem StaRUG sind: 309

In § 1 StaRUG ist nunmehr die Verpflichtung der Geschäftsführungen zur Krisenfrüherkennung und zum Krisenmanagement normiert. Nach § 101 StaRUG hat das BMJV die Krisenfrüherkennung durch die Geschäftsführungen, insbesondere von KMU, dadurch zu unterstützen, dass es unter seiner Internetadresse www.bmjv.bund.de Informationen über die von öffentlichen Stellen bereitgestellten Instrumentarien zur frühzeitigen Identifizierung von Unternehmenskrisen zu geben hat. Nach Erkennen einer Unternehmenskrise haben die Geschäftsleitungen die erforderlichen Gegenmaßnahmen zu prüfen und ggf. einzuleiten und den Überwachungsorganen Bericht zu erstatten un d sie mit den Maßnahmen zu befassen.

Ziel des StaRUG ist es, einen frühzeitig eingreifenden Rechtsrahmen zu gewähren, um insolvenzvermeidende Unternehmenssanierungen zu ermöglichen und so die Aussichten für eine erfolgreiche Krisenbewältigung zu verbessern.[24] Gleichzeitig soll in bestimmten Grenzen **obstruktives Verhalten von Gläubigerminderheiten oder auch Gesellschafterminderheiten** durch gerichtliche Verfahrenshilfen/Instrumente gem. § 29 StaRUG[25] **überwunden** werden können. 310

Die **Instrumente** können nach Art eines Instrumentenkastens vom Schuldner flexibel und selektiv (§ 29 Abs. 3 StaRUG) genutzt werden. Die Notwendigkeiten in einem konkreten Unternehmenssanierungsprozess werden in der Praxis allerdings wohl weniger zu einer selektiven Nutzung der einzelnen Instrumente durch den Schuldner selbst, sondern eher unter Zuhilfenahme fachkundiger Berater[26] zu einem **StaRUG-Sanierungsverfahren** führen mit der Nutzung der Instrumente in etwa folgender Reihenfolge: 311
- Bestellung eines Sanierungsmoderators, §§ 94 ff. StaRUG
- Bestellung eines Restrukturierungsbeauftragten, §§ 73 ff. StaRUG
- gerichtliche Stabilisierungsanordnungen, §§ 49 ff. StaRUG
- gerichtliche Vorprüfung des in der Regel bereits zu Beginn des Verfahrens erstellten Sanierungsplans (§§ 2 ff. StaRUG) nach §§ 47 f. StaRUG
- (gerichtliches) Planabstimmungsverfahren, §§ 23, 45 f. StaRUG
- gerichtliche Planbestätigung mit Herbeiführung der verbindlichen Wirkungen des Sanierungsplans, §§ 60 ff. StaRUG

---

[24] S.a. Balthasar, Allgemeine Zugangsvoraussetzungen zu den Restrukturierungsinstrumenten, NZI Sonderbeilage 1/2021, 18 ff.; zur Anerkennung grenzüberschritendr Restrukturierungen s. Schlöder u.a., ZIP 2021, 1041 ff.

[25] S.a. Bork, Instrumente nach § 29 StaRUG, NZI-Sonderbeilage 1/2021, 38 ff.

[26] Kahlert, Neue Tätigkeitsfelder für den Steuerberater nach dem StaRUG, ZIP 2021, 668 ff.

312 Die noch in §§ 51 ff. RegE-StaRUG vorgesehene Möglichkeit zur Beendigung von Vertragsverhältnissen wurde entsprechend der Empfehlung des Rechtsausschusses des Bundestages nicht Gesetz, wodurch dem Restrukturierungsrahmen ein für die Sanierung des Unternehmens wesentliches Instrument genommen wurde. Daher steht zu erwarten, dass der Restrukturierungsrahmen nach dem StaRUG im Wesentlichen für die Sanierung der Passivseite der Bilanz (finanzielle Restrukturierung) geeignet ist.

313 Nach §§ 17 ff. StaRUG kann der Schuldner das Restrukturierungsverfahren selbst durchführen ohne oder mit gerichtlichem Planabstimmungsverfahren nach §§ 29 Abs. 2 Nr. 1, 23, 45 f. StaRUG, letzteres mit Mehrheitsentscheidungen nach 25 StaRUG einschließlich gruppenübergreifender Mehrheiten nach § 26 StaRUG[27] und absoluter Priorität nach § 27 StaRUG und gerichtlicher Planbestätigung nach §§ 29 Abs. 2 Nr. 4, 60 ff. StaRUG zur Überwindung des Obstruktionspotenzials von sog. Akkordstörern.[28] Das gerichtliche Verfahren ist stark am Insolvenzplanverfahren angelehnt.

314 Eingriffszeitpunkt für die Inanspruchnahme der gerichtlichen Instrumente des Stabilisierungs- und Restrukturierungsrahmens ist nach § 29 Abs. 1 StaRUG der Eintritt drohender Zahlungsunfähigkeit i.S.d. § 18 Abs. 2 InsO[29], den das Gericht im Wege der Amtsermittlung zu prüfen hat; der maßgebliche Prognosezeitraum von 24 Monaten beginnt mit dem Tag der letzten mündlichen Verhandlung.[30] In der Lit. wurde dieser Eingriffszeitpunkt teilweise als zu spät kritisiert,[31] jedoch darf der Grund für die Wahl dieses Zeitpunkts nicht verkannt werden: er ist die Abwägung zwischen einerseits möglichst frühem Beginn des Sanierungsverfahrens und andererseits der Rechtfertigung bzw. verfassungsrechtlichen Zulässigkeit für Eingriffe in Rechte der Gläubiger und Gesellschafter.

315 Voraussetzung für die Inanspruchnahme der gerichtlichen Instrumente und Verfahren ist die Anzeige des Restrukturierungsvorhabens an das zuständige Restrukturierungsgericht gemäß § 31 StaRUG. Das zuständige Restrukturierungsgericht ist nach § 34 StaRUG das Amtsgericht, in dessen Bezirk ein OLG seinen Sitz hat.[32] Mit dieser wird die Restrukturierungssache rechtshängig, § 31 Abs. 3 StaRUG.

316 Herzstück der Sanierung des Unternehmens nach StaRUG ist der **Restrukturierungsplan** nach §§ 2 ff. StaRUG, der den Anforderungen nach §§ 5 ff. StaRUG (einschl. der gesetzlichen Anlagen gemäß § 5 S. 2 StaRUG) zu entsprechen hat und für den das BMJV gem. § 16 StaRUG auf seiner Internetseite eine an die Bedürfnisse von KMU angepasste Checkliste zu veröffentlichen hat.[33] Die Inhaltsvorgaben für den Restrukturierungsplan nach §§ 2 ff. StaRUG sowie das Re-

---

[27] Zur aufwändigen Schlechterstellungsprüfung nach § 26 Abs. 1 Nr. 1 StaRUG s. Distler, ZIP 2021, 1033 ff.

[28] S.a. Spahlinger, Gruppen, Stimmrechte und erforderliche Mehrheiten, NZI-Sonderbeilage 1/2021, 32 ff.

[29] S.a. Pluta, Insolvenzgründe im Kontext von StaRUG und InsO, NZI-Sonderbeilage 1/ 2021, 22 ff.

[30] AG Köln, ZIP 2021, 806 =NZG 2021, 433

[31] Müller, ZIP 2020, 2253 ff., 2254

[32] S.a. Vallender, Die Zuständigkeit und Kernaufgaben des Restrukturierungsgerichts, NZI-Sonderbeilage 1/2021, 30 ff.

[33] Zu den Anforderungen an die betriebswirtschaftlichen Konzepte in Restrukturierungsplan, Eigenverwaltungsplanung und Insolvenzplan s. Steffan u.a., ZIP 2021, 617 ff.

strukturierungsverfahren nach §§ 17 ff. StaRUG orientieren sich am Schuldenbereinigungs- und Insolvenzplan bzw. Insolvenzplanverfahren nach der InsO. Dabei sind die im Restrukturierungsplan gestaltbaren Rechte in §§ 2 und 3 StaRUG sehr weit gefasst mit nur wenigen, in § 4 StaRUG genannten Ausnahmen. Insbesondere ist die Gestaltung nicht auf für die Erreichung des Retrukturierungsziels zwingend erforderliche Änderungen beschränkt.[34] Nach ersten gerichtlichen Entscheidungen steht dem Ersteller des Restrukturierungsplans jedoch ein größerer Spielraum zu als dem Ersteller des Insolvenzplans: so muss etwa für die Vergkleichsrechnung nach § 6 Abs. 2 StaRUG nur auf das nächstbeste Alternativszenario abgestellt werden, das Ermessen für die Gruppenbildung nach § 9 StaRUG ist weiter gefasst und Voraussetzung für die gerichtliche Planbestätigung ist nicht, dass das Restruktuierungsvorhaben den Planbetroffenen vorab angekündigt wurde oder erfolglose Verhandlungen mit diesen geführt wurden.[35] Andererseits dürfte die Prüfung der Schlechtertellung für die Anwendung der gruppenübegreifenden Mehrheitsentscheidung nach § 26 Abs. 1 Nr. 1 StaRUG in Prognose und Begründung aufwändiger sein als die entsprechende Prüfung im Insolvenzplanverfahren.[36] Bei einer Beschwerde gegen die Bestätigung eines Restrukturierungsplans muss der Beschwerdeführer glaubhaft machen, dass er durch den Plan wesentlich schlechter gstellt wird, als er ohne Plan stünde, und dass dieser Nachteil nicht aus für diesen Fall im gestaltenden Teil des Plans bereitgestellten Mitteln ausgeglichen werden kann.[37]

Das StaRUG sieht in §§ 73 ff. StaRUG auch die Bestellung eines Restrukturierungsbeauftragten[38] durch das Restrukturierungsgericht vor. Wegen des weiten Anwendungsbereichs des § 73 StaRUG dürfte dies von Amts wegen in der Mehrzahl der Fälle zu erfolgen haben. Das IDW hat am 9.2.2022 den Entwurf des Standards IDW ES 15 zu den Anforderungen an die Bescheinigung nach § 74 Abs. 2 StaRUG und zur Beurteilung der Voraussetzungen der Stabilisierungsanordnung nach § 51 StaRUG, insbesondere für die Vollständigkeit und Schlüssigkeit der Restrukturierungsplanung vorgelegt.[39] Der Aufgabenbereich des Restrukturierungsbeauftragten kann gemäß den konkreten Erfordernissen flexibel gestaltet werden. 317

Auf Antrag des Schuldners kann das Restrukturierungsgericht nach §§ 94 ff. StaRUG Sanierungsmoderation durch einen Sanierungsmoderator[40] anordnen.

Die Rechtsbehelfe von Planbetroffenen zur Verhinderung des oder gegen den Planbestätigungsbeschluss des Restrukturierungsgerichts sind in § 64 StaRUG (Minderheitenschutz) bzw. in § 66 StaRUG (sofortige Beschwerde) geregelt und ähnlich den Rechtsbehelfen im Insolvenzplanverfahren ausgestaltet. Allerdings hat die sofortige Beschwerde gem. § 66 Abs. 4 StaRUG keine aufschiebende Wirkung; sie muss vom Gericht gesondert angeordnet werden, so dass dem Beschwerde- 317a

---
[34] AG Köln, ZIP 2021, 806
[35] AG Hamburg, NZI 2021, 54; zu dieser Entscheidung und ersten Praxiserfahrungen mit dem StaRUG Grau u.a., NZI 2021, 522 ff.
[36] So Distler, Das Schlechterstellungsverbot in Theorie und Praxis, ZIP 2021, 1033 ff.
[37] LG Dresden, ZIP 2021, 2596
[38] S.a. Flöther, Der Restrukturierungsbeauftragte: Neue Figur in altem Gewand?, NZI-Sonderbeilage 1/2021, 48 ff.; Schulte-Kaubrügger/Dimassi, Der Restrukturierungsbeauftrage nach den StaRUG, ZIP 2021, 936 ff.
[39] Abrufbar unter idw.de; Mitteilung in ZIP 2022, R5.
[40] Zu diesem s. Hoegen, Die Sanierungsmoderation, NZI-Sonderbeilage 1/2021, 59 ff.

führer dieser zusätzliche Antrag mit der gesonderten Begründung anzuraten ist. Andernfalls ergeben sich evtl. kaum lösbare Rückabwicklungsprobleme, wenn der Restrukturierungsplan mangels aufschiebender Wirkung der sofortigen Beschwerde zunächst vollzogen wurde und später die sofortige Beschwerde Erfolg hat.[41]

317b Erste Erfahrungen mit dem StaRUG zeigen, dass sich das Verfahren wegen seiner Komplexität und des damit verbundenen erhöhten Beratungs- und Kostenaufwands in erster Linie für größere Unternehmen und für diese im Wesentlichen für die finanzielle Restrukturierung, ggf. aber auch für die Lösung festgefahrener Gesellschafterstreitigkeiten eignen kann.[42]

III. Folgen eines Restrukturierungsverfahrens nach StaRUG für ein anschließendes Insolvenzverfahren

318 Selbstverständlich bietet ein Restrukturierungs- und Stabilisierungsverfahren nach dem StaRUG keine Erfolgsgarantie für die Unternehmenssanierung. Denkbar ist, dass das Verfahren zu einer endgültigen Sanierung des Unternehmens nicht führt mit der Folge, dass über das Vermögen der Gesellschaft ein Insolvenzverfahren durchgeführt werden muss. Dann erhebt sich die Frage nach den Konsequenzen.[43] Zwei Fälle für ein an das StaRUG-Verfahren anschließendes Insolvenzverfahren sind denkbar:
- während der Rechtshängigkeit der Restrukturierungssache tritt Zahlungsunfähigkeit oder Überschuldung der Gesellschaft an und das Restrukturierungsgericht hebt die Restrukturierungssache nach § 33 Abs. 2 Nr. 1 StaRUG auf;
- es tritt eine unechte Folgeinsolvenz ein, nachdem zwar das Restrukturierungsverfahren nach dem StaRUG formal abgeschlossen worden war, jedoch eine nachhaltige Sanierung/Überwindung der Krise (3-Jahresfrist nach § 33 Abs. 2 Satz 3 StaRUG) jedoch nicht erreicht wurde.

319 Verfahrensrechtlich kann nach § 3 Abs. 2 InsO das Restrukturierungsgericht nunmehr als Insolvenzgericht zuständig sein.

320 Persönliche „Überschneidungen" können sich ergeben, wenn der frühere Restrukturierungsbeauftragte oder Sanierungsmoderator nunmehr als Insolvenzverwalter oder Sachwalter zu bestellen sein sollte. Auch ist denkbar, dass der früher eingesetzte Chief Restructuring Officer (CRO) nunmehr als Chief Insolvency Officer (CIO) eingesetzt werden soll. Ferner könnten Mitglieder des früheren Gläubigerbeirats nunmehr als Mitglieder eines (vorläufigen) Gläubigerausschusses zu bestellen sein. Im Gesetz sind diese „Überschneidungen" nicht als Ausschlussgründe genannt. Ob die jeweilige Bestellung dennoch sinnvoll ist oder ob Interessenkollisionen vorliegen, kann nur im Einzelfall entschieden werden.

---

[41] Jungmann, Die Konsequenzen einer erfolgreichen sofortigen Beschwerde gegen die Planbestätigungsentscheidung des Restrukturierungsgerichts, ZIP 2022, 253 ff.

[42] S.a. Madaus NZG 2022, 385.

[43] Siehe hierzu dn sehr lesenswerten Aufsatz von Hölzle/Curtze, Eine Krise – Ein Verfahren! – Folgen eines vorangegangenen Restrukturierungsverfahrens nach StaRUG in der späteren Insolvenz, ZIP 2021, 1293 ff.

Nach § 270b Abs. 2 Nr. 2 InsO kann die (vorläufige) Eigenverwaltung ausgeschlossen sein, wenn der Schuldner zuvor Vollstreckungs- oder Verwertungssperren nach §§ 49 ff. StaRUG in Anspruch genommen hat.

321

Eine begrenzte Insolvenzfestigkeit der Restrukturierungsmaßnahmen ergibt sich aus folgenden Regelungen:[44] Nach § 89 Abs. 1 StaRUG kann ein sittenwidriger Beitrag zur Insolvenzverschleppung (§ 826 BGB) oder ein Benachteiligungsvorsatz i.S.d. § 133 InsO nicht auf die Kenntnis von der Restrukturierungssache gestützt werden. Dasselbe gilt auch für die Annahme der Kenntnis von Zahlungsunfähigkeit oder Überschuldung, § 89 Abs. 2 StaRUG. Der gerichtlich bestätigte Restrukturierungsplan genießt anfechtungsrechtlichen Schutz nach § 90 StaRUG.

322

Eine weitere „Schnittstelle" zwischen Restrukturierungs- und Insolvenzverfahren kann sich ergeben, wenn während des rechtshängigen Restrukturierungsverfahrens ein Gläubiger einen Antrag auf Insolvenzeröffnung nach § 14 InsO stellt. Hier dürfte Folgendes gelten: Die bloße Insolvenzantragstellung führt nicht zur Aufhebung des Restrukturierungsverfahrens, wie sich im Umkehrschluss aus § 33 Abs. 1 Nr. 1 StaRUG ergibt: danach führt nur der Insolvenzantrag des Schuldners zur Aufhebung der Restrukturierungssache. Sollte allerdings der Insolvenzantrag des Gläubigers zur Eröffnung des Insolvenzverfahrens führen, ist dies ein zwingender Grund für die Aufhebung der Restrukturierungssache nach § 33 Abs. 1 Nr. 1 StaRUG.

323

Im Übrigen kann der Insolvenzantrag des Gläubigers wegen fehlenden Rechtsschutzbedürfnisses rechtsmissbräuchlich und damit unzulässig sein. Dies kann anzunehmen sein, wenn nach § 33 Abs. 2 Nr. 1 StaRUG trotz Eintritts der Insolvenzreife und Anzeige durch den Schuldner von der Aufhebung der Restrukturierungssache abzusehen ist bzw. abgesehen wird. Sollte der Insolvenzantragsgrund jedoch vorliegen und der Schuldner dies entgegen seiner Verpflichtung in § 32 Abs. 3 StaRUG dem Restrukturierungsgericht nicht unverzüglich angezeigt haben, dürfte zugleich eine schwerwiegende Pflichtverletzung des Schuldners vorliegen, die nach § 33 Abs. 2 Nr. 3 StaRUG wiederum zur zwingenden Aufhebung der Restrukturierungssache führt.

324

D. Pflicht zur Durchführung von oder Beteiligung an einer Sanierung?

I. Unternehmer, Gesellschafter

Der **(Einzel-)Unternehmer** selbst hat grds. keine Verpflichtung, sein Unternehmen zu sanieren. Dasselbe gilt grundsätzlich auch für die Gesellschafter der Krisengesellschaft. Insbesondere besteht keine Pflicht des Gesellschafters, Liquiditätslücken oder verlorenes Kapital der Gesellschaft wieder aufzufüllen (selbstverständlich ist hier nicht der Fall einer Rückgewähr des Stammkapitals an den Gesellschafter gemeint, die sehr wohl zu Rückzahlungsverpflichtungen oder Haftungen des Gesellschafters führen kann, s. dort). oder sonstige Nachschüsse

325

---

[44] Zur (begrenzten) Inolvenzfestigkeit des Restrukturierungsplans, der Planleistungen sowie unterstützender Rechtshandlungen während der Restrukturierungssache s. Madaus, NZI-Sonderbeilage 1/2021, 35 ff.

zu leisten (z.B. §707 BGB, §§26–28 GmbHG). Etwas Anderes würde nur gelten, wenn der Gesellschaftsvertrag eine ausdrückliche, klare und betragsmäßig begrenzte Nachschussregelung als Ausnahme von dem Belastungsverbot des §§707 BGB enthält. Unternehmer und Gesellschafter müssen lediglich bei ihren weiteren Handlungen, etwa einer Betriebsaufgabe oder Liquidation, darauf achten, die zahlreichen Haftungsgefahren, insbesondere im Zusammenhang mit verzögerter oder unterlassener Insolvenzantragstellung zu vermeiden.[45]

326 Insbesondere bei der Sanierung von **Publikumsgesellschaften** waren jedoch Fragen aufgekommen, wie mit Gesellschaftern umzugehen ist, die sich zwar nicht durch Beiträge an der Sanierung beteiligen, aber dennoch in der Gesellschaft verbleiben und damit wirtschaftlich an der Sanierung partizipieren wollen (sog. Trittbrettfahrer).[46] Hier hat sich zwischenzeitlich mit der Rechtsprechung zu „**Sanieren oder Ausscheiden**" folgende Linie herausgebildet:

II. Gesellschafter – Pflicht zur Sanierung, Sanieren oder Ausscheiden?

1. Personengesellschaften

327 **a) Keine positive Beitragspflicht.** Grundsätzlich bleibt es dabei. dass ein Gesellschafter ohne ausdrückliche Regelung im Gesellschaftsvertrag nicht verpflichtet ist, sich durch Beiträge an der Sanierung der Gesellschaft zu beteiligen.[47] So ist etwa ein Kommanditist auch aus gesellschaftsrechtlicher Treuepflicht nicht verpflichtet, zur Durchführung eines ungewissen Sanierungskonzepts einer Änderung des Gesellschaftsvertrages zuzustimmen, durch die ein Teil seiner Haftsumme in eine Zahlungspflicht gegenüber der KG umgewandelt werden soll.[48] Ebenso wenig kann aus einer erkennbar unwirksamen gesellschaftsvertraglichen Regelung zur Nachschusspflicht die Erwartung hergeleitet werden, dass ein Gesellschafter sich an der Sanierung durch Kapitalerhöhung beteiligt; eine Zustimmungspflicht/Beteiligungspflicht kann dann auch aus der gesellschaftsrechtlichen Treuepflicht nicht hergeleitet werden.[49]

328 Ein Gesellschafter einer Personengesellschaft kann aber aus gesellschaftsrechtlicher Treuepflicht seinen Mitgesellschaftern gegenüber verpflichtet sein, eine sinnvolle und mehrheitlich angestrebte Sanierung nicht aus eigennützigen Bestrebungen (etwa durch eine Sperrminorität) zu verhindern. Voraussetzungen sind, dass die Sanierung nach objektiver Einschätzung nachhaltig sichergestellt ist, der Zusammenbruch des Unternehmens bei Unterlassen der Sanierung unvermeidlich und in diesem Falle die Stellung des Gesellschafters wirtschaftlich ungünstiger ist.[50]

---

[45] Fallstudie Betriebsaufgabe und ihre Alternativen, Ehlers/Meimberg ZInsO 2010, 1169 ff.
[46] Sa Schöne ZIP 2015, 501 ff.
[47] Sa Westermann NZG 2016, 9 ff.
[48] BGH ZIP 2007, 1988.
[49] OLG München ZIP 2014, 1172 = NZG 2014, 818.
[50] OLG Stuttgart GmbHR 2015, 309 = BeckRS 2015, 2094.

D. Pflicht zur Durchführung von oder Beteiligung an einer Sanierung? 117

Führt eine zur Sanierung der GmbH & Co. KG beschlossene Kapitalerhöhung im Ergebnis zum Untergang einer nach dem Gesellschaftsvertrag vorgesehenen Sperrminorität, kann der hiervon betroffene Minderheitsgesellschafter, der gegen die Kapitalerhöhung gestimmt hat, bis zum Abschluss des Hauptsacheverfahrens über die Rechtmäßigkeit der Nichtberücksichtigung seiner Stimme wegen Treupflichtverletzung eine einstweilige Verfügung gegen den Vollzug der Kapitalerhöhung erwirken; dies gilt jedenfalls dann, wenn dadurch die Sanierung des Unternehmens nicht gefährdet wird.[51]

b) Pflicht zur Zustimmung zum Ausscheiden. Ein Kommanditist einer 329 Publikumsgesellschaft kann aus gesellschaftsrechtlicher Treuepflicht verpflichtet sein, einem Gesellschafterbeschluss zur Sanierung der Gesellschaft und Ausscheiden der nicht sanierungswilligen Gesellschafter zuzustimmen, wenn er durch diesen finanziell nicht schlechter gestellt wird als im Falle einer sofortigen Liquidation (Sanieren oder Ausscheiden I).[52] Ebenso ist ein Gesellschafter einer Publikums-OHG aus gesellschaftsrechtlicher Treuepflicht verpflichtet, einem Beschluss zuzustimmen, mit dem die für eine Änderung des Gesellschaftsvertrags vorgesehene Mehrheit beschließt, dass die Gesellschaft durch freigestellte Beiträge saniert wird und die sich nicht beteiligenden Gesellschafter zwangsweise ausscheiden.[53] Dabei lässt sich die Zustimmungspflicht des Gesellschafters nicht von vorn herein mit der abstrakten Begründung verneinen, dass der Gesellschafter nach dem Ausscheiden – anders als bei sofortiger Liquidation der Gesellschaft – einer Nachhaftung ausgesetzt wäre. Vielmehr bedarf es einer konkreten Gegenüberstellung der auf den Gesellschafter in beiden Fällen entfallenden Beträge.[54]

Allerdings muss ein nicht sanierungswilliger Gesellschafter einer Publikums-Personengesellschaft einem Beschluss über seine Ausschließung nicht zustimmen, wenn der Gesellschaftsvertrag (nur) eine Einlagenerhöhung der sanierungswilligen Gesellschafter vorsieht (Sanieren oder Ausscheiden II).[55]

Auch bei der GbR kann der Ausschluss eines Gesellschafters aus der Gesellschaft grundsätzlich nur mit dessen Zustimmung beschlossen werden (wenn kein wichtiger Grund für den Ausschluss vorliegt). Die Zustimmung kann auch antizipiert im Gesellschaftsvertrag enthalten oder aufgenommen sein. Aus seiner Treuepflicht heraus kann ein Gesellschafter aber verpflichtet sein, sich trotz Fehlens seiner Zustimmung so behandeln zu lassen, als habe er seinem Ausscheiden aus der Gesellschaft zugestimmt, wenn er sich treuwidrig verhält, indem er zwar an den Sanierungsbemühungen für die Gesellschaft nicht teilnimmt, aber dennoch in der Gesellschaft verbleiben will.[56] Dafür ist nach der **jüngsten** und insoweit Klarheit stiftenden **Entscheidung des BGH** eine ausdrückliche gesellschaftsvertragliche Regelung nicht erforderlich, denn dies ergibt sich aus der jedem Gesellschaftsverhältnis immanenten Treuepflicht.[57] Der Gesellschaftsvertrag kann hingegen diese aus der Treuepflicht erwachsende Zustimmungspflicht wiederum einschränken

---
[51] OLG Köln GmbHR 2015, 706.
[52] BGH ZIP 2009, 2289.
[53] KG NZG 2010, 1184.
[54] OLG Stuttgart ZIP 2013, 1661 = ZInsO 2013, 2024.
[55] BGH ZIP 2011, 768 = DStR 2011, 823.
[56] OLG Düsseldorf ZIP 2014, 2183 = ZInsO 2014, 2049.
[57] BGH NZG 2015, 995 = ZIP 2015, 1626.

oder an weitere Voraussetzungen knüpfen.[58] Damit gelten die Grundsätze über den Ausschluss eines Gesellschafters im Rahmen eines Sanierungsmodells „Sanieren oder Ausscheiden" auch für eine Publikums-GbR. Das von der Rechtsprechung entwickelte Bestimmtheitsgebot für Mehrheitsbeschlüsse über Nachschüsse wurde vom BGH aufgegeben.[59]

Nach dem Ausschluss des Kommanditisten, der auch gegen seinen Willen beschlossen werden kann, ist eine Auseinandersetzungsbilanz zu erstellen. Ergibt diese, wie in Sanierungsfällen regelmäßig anzunehmen ist, ein negatives Auseinandersetzungs-guthaben, so kann die Gesellschaft gegen den Kommanditisten den Differenzbetrag zwischen geleisteter Pflichteinlage und eingetragener Hafteinlage geltend machen.[60]

330 **c) Regressansprüche?** Ein ohne entsprechende gesellschaftsvertragliche Regelung kaum lösbares Folgeproblem entsteht durch solche Gesellschafter, die nach ihrer Haftungsinanspruchnahme (etwa nach § 172 Abs. 4 HGB) den Regressanspruch nach § 110 HGB gegen die (u.a. durch Gläubigerbeiträge) sanierte Gesellschaft geltend machen wollen. Sind diese Gesellschafter im Rahmen der Sanierungsvereinbarungen nicht zum Verzicht zu bewegen, kann die Sanierung von vorn herein scheitern, es sei denn, es wird angenommen, dass der betr. Gesellschafter aus der Treupflicht solange daran gehindert ist, seinen Anspruch geltend zu machen, bis die Gesellschaft ihn wieder problemlos bedienen kann[61] (im Zweifel auch erst nach Bedienung evtl. Besserungsscheine zug. von Fremdgläubigern).

331 Für **Treugeberkommanditisten** gilt: Tilgen diese ohne Verpflichtung im Innenverhältnis zur Gesellschaft deren Verbindlichkeiten, können sie jedenfalls von der Gesellschaft Regress nach § 110 HGB verlangen, wenn sie im Innenverhältnis zur Gesellschaft, den anderen Treugebern und Gesellschaftern gegenüber eine einem unmittelbaren Gesellschafter vergleichbare Stellung haben. Leistet ihnen die Gesellschaft keinen Aufwendungsersatz, können die Treugeberkommanditisten, die im Rahmen eines Sanierungsplans Verbindlichkeiten der Gesellschaft getilgt haben, von den Mit-Treugebern, die ebenfalls mittelbar hafteten und keine oder geringere Sanierungsbeiträge geleistet haben, nach § 426 Abs. 1 BGB Regress verlangen. Die Mit-Treugeber können sich nach § 242 BGB nicht darauf berufen, dass eine unmittelbare Haftung im Außenverhältnis nicht vorgelegen habe.[62]

2. Kapitalgesellschaften

332 **a) GmbH.** Die vorstehenden Entscheidungen zu „Sanieren oder Ausscheiden" betreffen (Publikums-)Personengesellschaften und sind nicht ohne Weiteres auf die GmbH anwendbar,[63] so dass sich hier erneut die Frage stellt, ob ein Gesellschafter, der sich nicht an der Sanierung beteiligen will, aus der Gesellschaft ausgeschlos-

---

[58] BGH NZG 2015, 995 = ZIP 2015, 1626.
[59] BGH ZIP 2014, 2231; dazu Meyer ZIP 2015, 256 ff.
[60] OLG Karlsruhe NZG 2017, 260; dazu Rummel/Enge NZG 2017, 256 ff.
[61] S. zur Einschränkung des Regressanspruchs nach § 110 HGB Neumann NZG 2014, 730 ff.
[62] BGH ZIP 2015, 2268 = NZG 2015, 1353.
[63] Sa Schöne GmbHR 2015, 337 ff.

sen werden kann oder sein Bezugsrecht auf im Rahmen einer Kapitalerhöhung (etwa nach einer Kapitalherabsetzung auf Null) neu gebildete Geschäftsanteile ausgeschlossen werden kann.[64] Jedenfalls dürfte unter Berücksichtigung der gesellschaftsrechtlichen Treuepflichten gelten, dass der Gesellschafter, der (gesellschaftsvertragliche) Sperrquoren hält, Sanierungsbeschlüsse nicht ohne sachlichen Grund verhindern darf. Im Übrigen bedarf der Ausschluss eines Gesellschafters aus der Gesellschaft oder der Ausschluss von Bezugsrechten auf neue Geschäftsanteile eines wichtigen Grundes. Ob ein solche lediglich in der fehlenden Bereitschaft zu sehen ist, sich an der Sanierung zu beteiligen, erscheint zumindest fraglich.

333 Fraglich ist ebenfalls, ob und ggf. unter welchen Voraussetzungen GmbH-Gesellschafter verpflichtet sein können, einem Kapitalerhöhungsbeschluss zu Sanierungszwecken zuzustimmen, der zu einer Verringerung ihrer Beteiligungsquote führt. Das wird sich nicht allgemein, sondern nur bezogen auf den Einzelfall beantworten lassen. Die vorstehenden Entscheidungen zu „Sanieren oder Ausscheiden" bei (Publikums-)Personengesellschaften sind nicht ohne Weiteres auf die GmbH anwendbar.[65] Für Gesellschafter von personalistisch geführten GmbHs kann ausnahmsweise eine Zustimmungspflicht nach den Grundsätzen der „Girmes-Entscheidung" des BGH[66] bestehen, wenn folgende Voraussetzungen vorliegen:[67]
- es liegt ein tragfähiges Sanierungskonzept vor,
- die Maßnahme verhindert den wirtschaftlichen Zusammenbruch der Gesellschaft und sichert nachhaltig den Gesellschaftszweck,
- eine schonendere Sanierung ist nicht möglich und
- die Folgen der Sanierung sind dem nicht leistungsbereiten Gesellschafter zumutbar.

334 Eine Folgefrage ist, ob dem Gesellschafter das Recht einzuräumen ist, sein Bezugsrecht auf die neuen Geschäftsanteile in einer Höhe auszuüben, die unter seinem bisherigen Beteiligungsverhältnis liegt. Diese Frage ist, soweit ersichtlich, noch nicht entschieden. Ich würde sie aber verneinen.

Ein Ausweg für den Ausschluss sog. Trittbrettfahrer (solcher Gesellschafter, die sich zwar an den Sanierungsmaßnahmen nicht beteiligen, über den Verbleib in der Gesellschaft aber am Sanierungserfolg teilhaben wollen) wird wohl auch nicht darin liegen können, anlässlich der konkreten Sanierungssituation in den Gesellschaftsvertrag mit der Mehrheit der sanierungswilligen Gesellschafter eine Regelung über die Einziehung der Geschäftsanteile der sanierungsunwilligen Gesellschafter aufzunehmen. Diese Regelung würde dissentierende Gesellschafter nach § 53 Abs. 3 GmbHG nicht binden. Die Satzung sollte also von vorn herein eine Regelung enthalten, nach der in (zu definierenden) Sanierungssituationen eine Nachschusspflicht der Gesellschafter besteht und die sich nicht beteiligenden Gesellschafter ausgeschlossen werden können.

335 **b) AG.** Grundsätzlich ist seit der „Girmes"-Entscheidung des BGH anerkannt, dass ein Aktionär aus der Treuepflicht verpflichtet sein kann, an einer Sanierung der Gesellschaft mitzuwirken, wenn eine Mehrheit die Sanierung beschlossen

---
[64] Sa Döge ZIP 2018, 1220 ff.
[65] Sa Schöne GmbHR 2015, 337 ff.
[66] BGH GmbHR 1986, 426 und GmbHR 1987, 349.
[67] Sa Nentwig GmbHR 2012, 664 ff.

hat.⁶⁸ Ein Aktionär ist aus gesellschaftsrechtlicher Treuepflicht aber nicht verpflichtet, einem Beschluss über eine Kapitalherabsetzung mit anschließender Kapitalerhöhung (Kapitalschnitt) zuzustimmen, wenn kein Sanierungskonzept vorliegt und eine ähnliche Maßnahme vor einiger Zeit (drei Jahre) ohne nachhaltigen Sanierungserfolg durchgeführt wurde.⁶⁹

3. Einbezug der Anteilsinhaber in das Stabilisierungs- und Restrukturierungsverfahren nach StaRUG⁷⁰

336   Seit Inkrafttreten des StaRUG am 1.1.2021 erhebt sich die Frage, ob Gesellschafter einer Gesellschaft, etwa GmbH-Gesellschafter, auch gegen ihren Willen in das Verfahren und Maßnahmen das Stabilisierungs- und Restrukturierungsrahmens nach dem StaRUG einbezogen werden können oder gar müssen. Nach § 1 Abs. 1 StaRUG hat der Geschäftsführer bei einer Entwicklung, die den Fortbestand der Gesellschaft gefährden könnte, geeignete Gegenmaßnahmen zu ergreifen und, sofern die zu ergreifenden Maßnahmen die Zuständigkeiten anderer Organe berühren, unverzüglich auf deren Befassung hinzuwirken. Aus dieser Regelung ergibt sich eine Pflicht der Gesellschafter zur Mitwirkung an Sanierungsmaßnahmen zweifelsohne nicht.

Auch aus dem Umstand, dass sie Inhaber von nachrangigen Forderungen (i.S.d. § 9 Abs. 1 Nr. 2 StaRUG) sein dürften, sind sie m.E. nicht zwingend als Betroffene nach § 8 StaRUG in den Restrukturierungsplan nach §§ 5 ff. StaRUG einzubeziehen, denn ihre notwendigen Beiträge können auch über Planbedingungen gestaltet werden.

337   Für den Fall jedoch, dass für die Zustimmung zum Restrukturierungsplan die Anwendung der Regelungen über die gruppenübergreifende Mehrheitsentscheidung und die absolute Priorität nach §§ 26, 27 StaRUG erforderlich ist, wird das Verfahren ohne Einbezug der Rechte der Anteilsinhaber in den Restrukturierungsplan nicht funktionieren können. Denn sollten sie ihre Anteile an der Schuldnergesellschaft, die durch die Restrukturierung aufgewertet werden, behalten sollen oder wollen, müssen sie einen angemessenen Ausgleich dafür leisten. Andernfalls wäre eine gruppenübergreifende Mehrheitsentscheidung wegen nicht angemessener Beteiligung einer dissentierenden (anderen) Planbetroffenengruppe gem. §§ 26 Abs. 1 Nr. 2, 27 Abs. 1 Nr. 2 StaRUG nicht möglich und der Plan würde an fehlender Zustimmung der Planbetroffenen scheitern.

In der Praxis werden sich Schwierigkeiten ergeben bei der Beurteilung des angemessenen Ausgleichs. Auch wird die Frage zu beurteilen sein, ob die Übertragung der Gesellschaftsanteile auf einen doppelnützigen Treuhänder ausreicht.

338   Zu den im Rahmen eines Restrukturierungsplans gestaltbaren Rechtsverhältnissen gehören bei Gesellschaften nach § 2 Abs. 3 StaRUG auch die Anteils- oder Mitgliedschaftsrechte der an der Gesellschaft beteiligten Personen. Ihre Rechte

---

⁶⁸ Zur Treuebindung der Aktionärsmehrheit in Sanierungsfällen s. Reichert NZG 2018, 134 ff.
⁶⁹ OLG München ZIP 2014, 472; sa Seibt ZIP 2014, 1909 ff.
⁷⁰ Zur Thematik s. Schäfer, ZIP 2020, 2164 ff.; Rauhut, Die Gesellschafter unter dem StaRUG, NZI-Sonderbeilage 1/2021, 52 ff.

D. Pflicht zur Durchführung von oder Beteiligung an einer Sanierung?

können durch den Restrukturierungsplan gestaltet werden; es können alle gesellschaftsrechtlich zulässigen Regelungen getroffen werden einschließlich der Übertragung der Anteils- und Mitgliedschaftsrechte, §§ 2 Abs. 3, 7 Abs. 4 StaRUG. Wie auch im Insolvenzplanverfahren steht der ganze gesellschaftsrechtliche Kanon zur Verfügung.[71]

Greift der Restrukturierungsplan in die Rechte der Gesellschafter durch deren Gestaltung ein, bilden sie nach § 9 Abs. 1 S. 2 Nr. 4 StaRUG eine eigene Planbetroffenengruppe, die an der Abstimmung über den Plan zu beteiligen ist. Der bloße Umstand, dass die Gesellschafter mittelbar, d.h. wirtschaftlich immer von der Stabilisierung bzw. Restrukturierung der Gesellschaft betroffen sind, führt m.E. nicht bereits dazu, dass diese Gruppe zwingend zu bilden ist.[72]

Für das außergerichtliche Planabstimmungsverfahren geht das Gesetz (§ 18 StaRUG) davon aus, dass sämtliche Planbetroffenen dem Plan zustimmen (müssen). Im gerichtlichen Planabstimmungsverfahren nach §§ 23 ff. StaRUG bedarf der Plan der Zustimmung aller Betroffenengruppen; innerhalb einer Betroffenengruppe ist die Zustimmung erteilt, wenn auf die dem Plan zustimmenden Gruppenmitglieder mindestens ¾ der Stimmrechte in dieser Gruppe entfallen (§ 25 Abs. 1 StaRUG). Die Stimmenzählung erfolgt nach dem Betrag der Restrukturierungsforderungen bzw. bei der Gruppe der Inhaber von Anteils- oder Mitgliedschaftsrechten nach dem Anteil am gezeichneten Kapital oder am Vermögen des Schuldners, wobei Stimmrechtsbeschränkungen, Sonder- oder Mehrstimmrechte außer Betracht bleiben (§ 24 Abs. 1 Nr. 3 StaRUG).

Sollte in einer Gruppe, etwa der Gruppe der Anteilsinhaber die Zustimmung zum Plan nicht erreicht worden sein, gilt die Zustimmung nach § 26 StaRUG unter den dort genannten Voraussetzungen, die im Wesentlichen der Obstruktionsverbotsregelung in § 245 InsO für Insolvenzpläne nachgebildet sind, dennoch als erteilt, wenn

- die Mitglieder dieser Gruppe durch den Plan nicht schlechter gestellt werden, als sie ohne Plan stünden; hierfür hat der Plan nach § 6 Abs. 2 StARUG eine Vergleichsrechnung zu enthalten, für die die Fortführung des Unternehmens zu unterstellen ist, wenn der Plan diese ebenfalls vorsieht, es sei denn, dass der Verkauf des Unternehmens oder eine anderweitige Fortführung usgeschlossen sind,
- die Mitglieder dieser Gruppe angemessen an dem wirtschaftlichen Wert beteiligt werden, der den Planbetrofefnen plangemäß zufließen soll und
- die Mehrheit der übrigen Gruppen (bei nur zwei Gruppen die andere Gruppe) dem Plan zugestimmt hat.

Wann eine angemessene Beteiligung der Gruppe der an der Schuldnergesellschaft beteiligten Personen vorliegt, ist in § 27 Abs. 2 StaRUG geregelt. Nach § 28 Abs. 2 StaRUG ist unter den dort genannten Voraussetzungen auch eine Ungleichbehandlung der Gesellschafter, deren Mitwirkung bei der Fortführung der Schuldnergesellschaft zur Verwirklichung des Planwerts unerlässlich ist, gegenüber den übrigen Gesellschaftern möglich.

Durch die gerichtliche Planbestätigung nach §§ 60 ff. StaRUG, die nach § 29 Abs. 2 Nr. 4 StaRUG eines der auf Antrag/Anzeige des Schuldners nach § 31

---

[71] S.a. Muhlert/Steiner, Gesellschaftsrechtlich zulässige Regelungen im Inolvenz- und Restrukturierungsplan, NZG 2021, 673 ff.

[72] Wohl aber so zu verstehen Korch, NZG 2020, 1299 ff., 1301

StaRUG in Anspruch zu nehmenden Instrumente des Stabilisierungs- und Restrukturierungsrahmens ist, werden die Planregelungen für die Planbetroffenen verbindlich, § 67 Abs. 1 StaRUG.

Nach diesen Regelungen ist es also möglich, dass die Gesellschafter auch gegen ihren Willen in ein Stabilisierungs- und Restrukturierungsverfahren nach dem StaRUG einbezogen werden können. Zwar kann dadurch eine Vermehrung der Gesellschafterpflichten nicht erreicht werden, jedoch eine Einschränkung ihrer Rechte bis hin zum Ausschluss aus der Gesellschaft.

339 Der Einbezug der Gesellschafter gegen ihren Willen war durch die EU-Richtlinie nicht zwingend vorgegeben. Der Gesetzgeber hat sich jedoch an den insoweitigen Regelungen zum Insolvenzplanverfahren orientiert (insbesondere § 225a InsO), welches ja nach Eintritt der drohenden Zahlungsunfähigkeit ebenfalls eingeleitet werden könne. Außerdem erhielten die Gesellschafter einen angemessenen Wertausgleich, der ggf. nach dem Fortführungswert (Ertragswert) des Unternehmens zu berechnen sei. Nach meinem Dafürhalten rechtfertigt die bloß drohende Zahlungsunfähigkeit den Eingriff in die Gesellschafterstellung gegen den (in der Abstimmung erklärten) Willen des Gesellschafters nicht, denn in diesem Stadium sind die Gesellschaftsanteile regelmäßig keineswegs wertlos.[73] Auch bei vollem Wertausgleich hält die Rechtsprechung bislang eine einfache Hinauskündigung aus der Gesellschaft stets für unwirksam. Hinzukommt, dass die Rechtsbehelfsmöglichkeiten der dissentierenden Planbetroffenen in §§ 64 StaRUG (Minderheitenschutz) und § 66 StaRUG (sofortige Beschwerde) insoweit weitgehend den Regelungen im Insolvenzplanverfahren nachgebildet erheblich eingeschränkt sind und für den Fall, dass der Plan einen angemessenen Ausgleich vorsieht, sogar gesperrt sind (vgl. §§ 64 Abs. 3, 66, Abs. 2 Nr. 3 StaRUG). Problematisch ist in diesem Zusammenhang zusätzlich das dem § 253 Abs. 4 InsO nachgebildete Freigabeverfahren nach § 66 Abs. 5 StaRUG. Abgesehen davon gibt es für die Ertragswertermittlung und damit die Bemessung eines angemessenen Ausgleichsbetrags erhebliche Unsicherheiten.

340 **Einbezug der Anteilinhaber in den Restrukturierungsplan als Mittel gesellschaftsrechtlicher Auseinandersetzung?**

In der Praxis dürfte gelten: In Anwendung der vorstehend dargestellten Regelungen des StaRUG kann es mit den geschilderten und von der Rechtsprechung zu klärenden Zweifelsfragen möglich sein, einen **Minderheitsgesellschafter** auch gegen seinen Willen aus der Gesellschaft auszuschließen oder seine Beteiligungsrechte anderweitig zu beschränken (soweit gesellschaftsrechtlich zulässig). Zumindest bei der GmbH (und wohl auch den Personengesellschaften) kann nach meinem Dafürhalten aber eine Gesellschaftermehrheit nicht gegen ihren Willen in ein Stabilisierungs- und Restrukturierungsverfahren gezwungen werden. Dieses ist ein freiwilliges, nur vom Schuldner zu initiierendes Verfahren. Eingriffszeitpunkt für das gerichtliche Stabilisierungs- und Restrukturierungsverfahren, mithin die gerichtliche Planbestätigung mit der Verbindlichkeitswirkung nach § 67 Abs. 1 StaRUG ist nach § 29 Abs. 1 StaRUG der Zeitpunkt der drohenden Zahlungsunfähigkeit der Gesellschaft gemäß § 18 InsO. Sollte also ein Geschäftsführer etwa der GmbH gegen den Willen der Gesellschaftermehrheit ein solches Verfahren

---

[73] So auch Schäfer, ZIP 2020, 2164 ff.

beginnen (wollen), hätte die Gesellschafterversammlung die Möglichkeit, dem Geschäftsführer entweder eine entgegengesetzte Weisung zu erteilen (§ 37 Abs. 1 GmbHG) oder den Geschäftsführer abzuberufen und einen neuen Geschäftsführer zu bestellen. Eine dem § 276a InsO für das Insolvenz(eröffnugs)verfahren entsprechende Regelung enthält das StaRUG nicht. Der neue Geschäftsführer könnte sodann die das Verfahren einleitende Anzeige des Restrukturierungsvorhabens an das Restrukturierungsgericht zurücknehmen, was nach § 31 Abs. 4 Nr. 1 StaRUG zulässig ist.

4. Anleihegläubiger

Auch wenn in den Anleihebedingungen ein Kündigungsrecht nicht vorgesehen ist, kann eine Anleihe grundsätzlich aus wichtigem Grund nach § 314 BGB gekündigt werden.[74] Ein solcher kann die wesentliche Verschlechterung der wirtschaftlichen Lage der Schuldnerin sein. Allerdings kann den Anleihegläubigern ein Festhalten am Vertrag auch in dieser Situation zuzumuten sein, wenn die Mehrheit der Gläubiger eine Restrukturierung mit Kündigungsverzicht und Reduzierung der Zinsen plant. Das Primat der Gläubigerversammlung als Leitbild des SchVG gebiete es, im Interesse der kollektiven Bindung aller Gläubiger den entsprechenden Beschluss abzuwarten; eine vorzeitige Kündigung käme dann zur Unzeit.[75] Jedenfalls kein Recht zur a.o. Kündigung wegen wesentlicher Verschlechterung der Vermögenslage des Anleiheemittenten besteht, wenn die Gläubiger die Anleihe zuvor wegen der Vermögensverschlechterung günstig, d.h. weit unter Nennwert erworben haben. Dann ist das Verlustrisiko im Einstandspreis eingepreist und kann nicht für eine außerordentliche Kündigung nach § 314 BGB genutzt werden.[76]

341

III. Geschäftsführer

Der Geschäftsführer der GmbH ist nach § 43 Abs. 1 GmbHG verpflichtet, in den Angelegenheiten der Gesellschaft die Sorgfalt eines ordentlichen Geschäftsmannes walten zu lassen. Hierzu gehört jedenfalls die Prüfung, ob eine Sanierung möglich und sinnvoll ist, und ggf. die Einleitung von geeigneten Sanierungsmaßnahmen. Diese Pflichten sind nunmehr zumindest bei Erkennen einer den Bestand der Gesellschaft gefährdenden Entwicklung in **§ 1 StaRUG** gesetzlich ausdrücklich normiert. Zusätzlich ist dann auch die Verpflichtung der Geschäftsleiter normiert, den Überwachungsorganen unverzüglich Bericht zu erstatten (und nicht erst etwa bei Verlust der Hälfte des Stammkapitals, § 49 GmbHG) und auf deren Befassung hinzuwirken, wenn die notwendigen Sanierungsmaßnahmen deren Zuständigkeit berühren, z.B. eine Kapitalerhöhung. Umfang der Prüfung und der Maßnahmen werden dann vom Einzelfall und von der Absprache mit den Unternehmenseig-

342

---

[74] Uneinheitliche Rechtsprechung: nach OLG Köln ZIP 2015, 1924, besteht die Möglichkeit zur a.o. Kündigung, nach OLG München ZIP 2015, 2174, nicht, weil in §§ 793 ff. BGB, die § 490 BGB als Sonderregelung vorgingen, eine solche Möglichkeit nicht vorgesehen ist.
[75] OLG Köln ZIP 2015, 1924.
[76] OLG München ZIP 2015, 2174.

nern/Gesellschaftern abhängen. Verletzt der Geschäftsführer diese Pflicht, macht er sich dem Grunde nach schadensersatzpflichtig, § 43 Abs. 2 GmbHG.

343 In jedem Fall muss zuerst geprüft werden, ob Insolvenzreife, d.h. Überschuldung oder Zahlungsunfähigkeit der Gesellschaft bereits eingetreten ist. Bei bereits eingetretener Insolvenzreife ist sodann die Prüfung der realistischen Möglichkeit erforderlich, den Insolvenzantragsgrund innerhalb der Drei- bzw. Sechswochenfrist des § 15a Abs. 1 InsO zu beseitigen. Nur wenn diese Aussicht besteht, kann für die Karenzzeiträume von der Insolvenzantragstellung abgesehen werden. Es sind dann sofort die zur Beseitigung des Insolvenzgrundes erforderlichen Maßnahmen einzuleiten (zu diesen s. → Rn. 169ff.). Sollte der Insolvenzgrund innerhalb der Karenzzeiträume nicht beseitigt sein, muss der Insolvenzantrag gestellt werden.

344 Zu den Pflichten des Geschäftsführers und den sich bei Pflichtverletzungen ergebenden Haftungsgefahren in der Krise der Gesellschaft sei das umfangreiche gesonderte Kapitel „Haftungsgefahren" (§ 9) verwiesen.

IV. Gläubiger

345 Gläubiger (Fremdkapitalgeber, Banken, etc.) haben grds. keine Pflicht, sich an einer Sanierung des Schuldnerunternehmens zu beteiligen. Etwas Anderes kann nur gelten aufgrund vorheriger bindender Zusagen. Das gilt nicht für das Stabilisierungs- und Restrukturierungsverfahren nach dem StaRUG. Hier können zumindest überstimmte Gläubigerminderheiten oder gar Gruppenminderheiten nach den Regelungen der §§ 26–28 StaRUG über das gerichtliche Planabstimmungsverfahren, die denen der Obstruktionsverbotsregelung in § 245 InsO für das Insolvenzplanverfahren ähneln, in die Beteiligung an dem Restrukturierungsplan durch entsprechende Gestaltung ihrer Forderungen, etwa Teilverzichte, gezwungen werden.

V. Beurteilung der Sanierungsfähigkeit des Unternehmens

346 Die Entscheidung zwischen Sanierung und Liquidation kann getroffen werden anhand einer **Gegenüberstellung des Mittelaufwandes** und des **voraussichtlichen Ergebnisses der Sanierung einerseits und der Liquidation andererseits** (jeweils gerichtlich oder außergerichtlich). Außerdem sollte eine Sicherheitenüberprüfung vorgenommen werden. Zusätzlich spielen Fähigkeit und Vertrauenswürdigkeit des Managements ebenso eine Rolle wie die Stellung der Arbeitnehmer und die Möglichkeiten für arbeitsrechtlich wirksame Veränderungen.[77] Schließlich sind die persönlichen Belange der Gesellschafter zu berücksichtigen.

347 Maßgebliches Kriterium für die Entscheidung zwischen Sanierung und Liquidation ist die **Sanierungsfähigkeit des Unternehmens**. Es gibt zahlreiche verschiedene Definitionen der Sanierungsfähigkeit.[78] Allgemein kann gesagt werden, dass Sanierungsfähigkeit gegeben ist, wenn das Unternehmen nach Durchführung der Sanierungsmaßnahmen deren Kosten wieder verdient und nachhaltig einen

---
[77] Gagel BB 2000, 718 ff.
[78] Ausführliche Darstellung bei Gottwald, Insolvenzrechtshandbuch, S. 56 ff.

Überschuss der Einnahmen über die Ausgaben erzielen wird. Liegen die genannten Voraussetzungen nicht vor, liegt allerdings der Gedanke an Liquidation nahe. In der Terminologie des IDW ist dies auch die Fortführungswürdigkeit.

Das frühere Erfordernis der Sanierungswürdigkeit (Sanierungskosten und spätere Einnahmeüberschüsse liegen über dem anzunehmenden Liquidationserlös) ist nicht mehr von Bedeutung. Sie ist in den MaRisk genannt und muss im Rahmen des Sanierungskonzepts nach IDW S 6 nicht mehr bescheinigt werden. 348

Es sind eine Vielzahl von Methoden der Sanierungsfähigkeitsprüfung entwickelt worden. Die meisten lehnen sich an die Grundsätze der Unternehmensbewertung an.[79] Die Prüfung der Sanierungsfähigkeit hat immer bei den Krisenursachen anzusetzen. 349

Übersicht 12: Prüfung der Sanierungsfähigkeit eines Unternehmens 350
Bei der Prüfung der Sanierungsfähigkeit eines Unternehmens müssen die grundlegenden Stärken und Schwächen des zu prüfenden Betriebes ermittelt werden durch:

Organisationsanalyse
- Haupt-/Zweigniederlassungen
- Verantwortungsbereiche/Hierarchien
- Spartenorganisation
- Ablauforganisation

Marktanalyse
- Welche Konkurrenten bestehen?
- Unterscheidungsmerkmale von der Konkurrenz (Umsatz, Produktpreis, Vertriebssystem, Kundenkreis, Innovationsmöglichkeiten, Marktanteil, Marke)
- Ist der Markt regional, national, international ausgerichtet?
- Welche Marktveränderungen konnten in letzter Zeit festgestellt werden?
- Welche Marktchancen bestehen?
- Unterliegt das Geschäft saisonalen, rohstoffbedingten oder sonstigen Schwankungen?
- Konkurrenzverhalten (Preiskampf, Spionage, Abwerben etc.)
- Wie lässt sich der Kundenkreis definieren?

Produkt-/Leistungsanalyse
- Produktionsabläufe
- Stand der Technik
- Innerbetriebliches Know-how, Materialeinsatz, Personaleinsatz, Auslastung der Anlagen, Alter der Produktionsanlagen, produzierter Ausschuss, Gewährleistung, geplante Innovation, Produktpalette, Leistungsangebot, Patente, Lizenzen und Markenrechte

Rentabilitätsanalyse
- In welchen Bereichen haben sich Kosten verändert?
- Personal, Lieferanten, Zinsen, Miete, Transport, Lager, Werbung etc.

Zukunftsrechnungen
- Rentabilitätsrechnungen
- Liquiditätsplanung (Planung Finanzbedarf)
- Kostenanalyse
- Prognose der Entwicklungen (Plan-G. u. V.)
- Kostendeckungsrechnung
- Kostenprognose

Beurteilung von Sicherheiten
- Bestandsaufnahme der vereinbarten eigenen Sicherheiten (z.B. Grundpfandrechte, Sicherungsübereignungen und -abtretungen, Bürgschaften, Schuldbeitritte etc.). Versteckte Ressourcen der Kreditsicherheiten zielgenau und effizient nutzen.[80]

---
[79] Frieß DStR 2004, 654 ff.
[80] Sa Grönwoldt DStR 2005, 845 ff.

- Wirksamkeit der Vereinbarungen u.a. nach §§ 305 bis 310 BGB (Stichworte: weite Zweckerklärung, nachträgliche Zweckänderungen, krasse finanzielle Überforderungen, Knebelung, sittenwidrige Übersicherung, Anfechtbarkeiten etc.)
- Kollision mit anderen Sicherungsgläubigern (Stichwort: Verleitung zum Vertragsbruch bei notwendigem Zusammentreffen von Globalzession und verlängertem Eigentumsvorbehalt etc.)
- Freigabeverpflichtungen bei Übersicherung:[81] Freigabeanspruch auf Globalsicherung bei nachträglichem Eintritt einer Übersicherung – bei formularmäßiger Bestellung Wert 110% der Forderung; bei beweglichen Sachen Wert 150% der gesicherten Forderung
- Werthaltigkeit der Sicherheiten

351 **Übersicht 13: Übersichtliches Ablaufschema einer Sanierungsfähigkeitsprüfung eines Unternehmens**[82]
Erfassung der Unternehmensstammdaten, Berechnung der Kennzahlen und Trends
Analyse der Krisensymptome und Krisenursachen (Ist-Situation)
- Strategische Lage,
- Finanzlage,
- Ertragslage,
- Managementsituation.

Auswertung der Ergebnisse (Chancen, Schwächenanalyse)
Prüfung der Sanierungsmöglichkeiten
- ohne Insolvenzverfahren,
- mit Insolvenzverfahren,
- Sanierung des Rechtsträgers,
- übertragende Sanierung,
- leistungswirtschaftliche Sanierungsmaßnahmen,
- finanzwirtschaftliche Sanierungsmaßnahmen.[83]

Erstellung des Sanierungskonzepts
Umsetzung des Sanierungskonzepts

E. Erforderlichkeit und Anforderungen an Sanierungskonzepte, Plausibilität

I. Erforderlichkeit

352 Im Sanierungsgeschehen ist ein Sanierungskonzept/-gutachten nicht nur aus wirtschaftlichen, sondern auch aus rechtlichen Gründen unverzichtbar,[84, 85] etwa für
- die Vergabe bzw. Verlängerung von Problemkrediten und die Überwachung der Sanierungsmaßnahmen und des Sanierungserfolges durch Kreditinstitute

---

[81] BGH ZIP 1998, 235.
[82] Quelle: Maus in Schmidt/Uhlenbruck, Die GmbH in der Krise, Sanierung und Insolvenz, 2. Aufl., Rn. 238.
[83] Sa Knebel/Schmidt BB 2009, 430 ff.
[84] Sa Weber ZInsO 2011, 904 ff.; übersichtsartige Darstellung der rechtlichen Anforderungen auch bei Plagens/Oldemanns ZInsO 2014, 521, 527 ff.
[85] Sa Weber ZInsO 2011, 904 ff.

E. Erforderlichkeit und Anforderungen an Sanierungskonzepte, Plausibilität   127

(vgl. die MaRisk gemäß den einschlägigen Rundschriben BaFin) zur Abgrenzung des erlaubten Sanierungsversuchs von der sittenwidrigen Gläubigergefährdung oder Kredittäuschung,
- die Darstellung der Erfolgsaussichten in einem Stabilisierungs- und Restrukturierungsverfahren nach StaRUG (etwa § 33 Abs. 2 Nr. 2 StaRUG) und die Vergleichsrechnung als Teil des Restrukturierungsplans nach § 6 Abs. 2 StaRUG,
- die Qualifizierung von Gewinnen als Sanierungsgewinne zur günstigeren Ertragsbesteuerung in §§ 3a EStG, 8 Abs. 9 KStG, 7b GewStG,
- den Erhalt von Verlustvorträgen trotz Anteilsinhaberwechsel bei Kapitalgesellschaften durch Anwendung der Sanierungsklausel in § 8c Abs. 1a KStG,
- Inanspruchnahme des Sanierungsprivilegs nach § 39 Abs. 4 Satz 2 InsO,
- die Verhandlungen und Vereinbarungen mit Arbeitnehmervertretungen (Third Opinion),
- die Verhandlung und Erlangung von Sanierungsbeiträgen sonstiger Gläubiger (etwa auch zur Reduzierung der Gefahr von späteren Insolvenzanfechtungen),
- die Vermeidung von Vorsatzanfechtungen nach § 133 Abs. 1 InsO, wobei nach OLG München[86] und BGH[87] der Sanierungsplan, der zur Verneinung des Gläubigerbenachteiligungsvorsatzes des Schuldners und der Kenntnis des Gläubigers führen kann, zwar nicht den formalen Anforderungen des IDW S 6 entsprechen muss; zu den Voraussetzungen, die erfüllt sein müssen, damit ein Gläubiger, der die (drohende) Zahlungsunfähigkeit des Schuldners kennt, von einem schlüssigen Sanierungskonzept ausgehen, die Vermutung des § 133 Abs. 1 S. 2 InsO widerlegen und somit der Insolvenzanfechtung nach § 133 Abs. 1 InsO entgehen kann, ist jedoch entschieden: zu der Zeit der angefochtenen Handlung muss ein schlüssiges, von den tatsächlichen Gegebenheiten ausgehendes Sanierungskonzept vorgelegen haben, das mindestens in den Anfängen schon in die Tat umgesetzt ist und die ernsthafte und begründete Aussicht auf Erfolg rechtfertigte; die bloße Hoffnung des Schuldners auf Sanierung reicht nicht;[88] zur Vorsatzanfechtung und insbesondere zur Neuausrichtung des BGH bei der Vorsatzanfechtung s.u.,
- eine eventuelle schnelle Überleitung ins Insolvenzplanverfahren.
- Hilfreich ist ein Sanierungskonzept auch bei der Beurteilung der Fortführungsprognose i.S.d. § 252 Abs. 1 Nr. 2 HGB und i.S.d. § 19 Abs. 2 S. 1 InsO und zur Vermeidung der Teilnahme an Insolvenzverschleppung nach §§ 15a Abs. 4 InsO, 26, 27 StGB.

---

[86] OLG München ZIP 2015, 1890.
[87] BGH ZIP 2016, 1235.
[88] BGH ZIP 2016, 1235; BGH ZIP 2018, 1794.

II. Anforderungen nach der Rechtsprechung

353 Nach der Rechtsprechung des BGH[89] hat ein Sanierungskonzept folgende Anforderungen zu erfüllen:[90]
1. Das Sanierungskonzept von den erkannten und erkennbaren tatsächlichen Gegebenheiten ausgehen und darf nicht offensichtlich undurchführbar sein. Sowohl für die Frage der Erkennbarkeit der Ausgangslage als auch für die Prognose der Durchführbarkeit ist auf die Beurteilung eines unvoreingenommenen, nicht notwendigerweise unbeteiligten, branchenkundigen Fachmannes abzustellen.
2. Dem Gutachter lagen die vorgeschriebenen oder üblichen Buchhaltungsunterlagen zeitnah vor.
3. Die Prüfung muss die wirtschaftliche Lage des Schuldners im Rahmen seiner Wirtschaftsbranche analysieren und die Krisenursachen sowie die Vermögens-, Ertrags- und Finanzlage erfassen. Das gilt auch bei kleinen Unternehmen; bei ihnen kann lediglich das Ausmaß der Prüfung der Unternehmensgröße und der verfügbaren Zeit angepasst werden.
4. Das Sanierungsgutachten beurteilt die Vermögens-, Ertrags- und Finanzlage des Unternehmens zutreffend.
5. Das Sanierungskonzept ist in sich schlüssig.
6. Das Unternehmen ist aus Sicht eines objektiven Dritten nach einer ex-ante-Betrachtung objektiv sanierungsfähig und die für seine Sanierung konkret in Angriff genommenen Maßnahmen zusammen sind objektiv geeignet, das Unternehmen in überschaubarer Zeit zu sanieren.
7. Die geplanten Sanierungsmaßnahmen sind jedenfalls in Ansätzen schon in die Tat umgesetzt, d.h. die Sanierungsaktivitäten wurden objektiv sachgerecht eingeleitet.

Zu den Voraussetzungen, die erfüllt sein müssen, damit ein Gläubiger, der die (drohende) Zahlungsunfähigkeit des Schuldners kennt, von einem schlüssigen Sanierungskonzept ausgehen, die Vermutung des § 133 Abs. 1 S. 2 InsO widerlegen und somit der Insolvenzanfechtung nach § 133 Abs. 1 InsO entgehen kann, hat der BGH entschieden: zu der Zeit der angefochtenen Handlung muss ein schlüssiges, von den tatsächlichen Gegebenheiten ausgehendes Sanierungskonzept vorgelegen haben, das mindestens in den Anfängen schon in die Tat umgesetzt ist und die ernsthafte und begründete Aussicht auf Erfolg rechtfertigte; die bloße Hoffnung des Schuldners auf Sanierung reicht nicht;[91]

Ergänzt bzw. ausgefüllt werden die Anforderungen durch eine ausführlich begründete Entscheidung des OLG Köln,[92] die von der früheren Stellungnahme des Fachausschusses Recht 1/1991 des IDW ausgeht und den Standard IDW S 6 a.F. bereits nennt.

---

[89] Etwa BGH ZIP 1998, 248, 251 = NJW 1998, 1561; BGH ZIP 2016, 1235; BGH ZIP 2018, 1794.
[90] Sa Weber ZInsO 2011, 904 ff.; übersichtsartige Darstellung der rechtlichen Anforderungen auch bei Plagens/Oldemanns ZInsO 2014, 521, 527 ff.
[91] BGH ZIP 2016, 1235; BGH ZIP 2018, 1794.
[92] OLG Köln ZInsO 2010, 238 = BeckRS 2009, 88341.

Diese Anforderungen an das Sanierungsgutachten gelten grundsätzlich auch für 354
KMU, sind aber selbstverständlich abhängig von der konkreten Fallgestaltung, der
Größe bzw. Komplexität des Unternehmens und der Branche des zu sanierenden
Unternehmens. Daher können die nachfolgenden Hinweise nur allgemeine sein:
- Vollständigkeit der Darstellung der relevanten rechtlichen und wirtschaftlichen
  Verhältnisse, Strukturen und Einzeldaten
- Wesentlichkeit: Einschränkung der dargestellten Sachverhalte auf die risikorelevanten Bereiche; Struktur, Übersicht und Darstellungsart des Gutachtens
- Abgemessenheit der Sanierungsprüfung je nach Größe bzw. Komplexität des zu
  sanierenden Unternehmens
- Klarheit und Belastbarkeit der herangezogenen Informationsquellen
- Eindeutigkeit und Realisierbarkeit der Handlungsempfehlungen
- Folgerichtigkeit der Handlungsempfehlungen: Setzen diese an den Krisenursachen an und sind sie geeignet, die Ursachen zu beheben?
- Stimmen die Planverprobungsrechnungen mit den textlichen Ausführungen
  überein?
- Flexibilität: Sind auch mögliche Abweichungen im Sanierungsprozess vorausgedacht (Alternativplanung)?
- Sind Sanierungsmanagement und Sanierungscontrolling gewährleistet?
- vollständige Dokumentation des Gutachtens: Arbeitspapiere, Prüfungshandlungen, wesentliche Unterlagen. Relevant auch für Haftungsfragen.

III. Anforderungen an ein Sanierungsgutachten gemäß IDW S 6

Das Institut der Wirtschaftsprüfer (IDW) hat mit dem Standard S 6 „Anforde- 355
rungen an die Erstellung von Sanierungskonzepten" v. 16.5.2018[93] die Anforderungen an die Erstellung eines Sanierungskonzepts abermals neu gefasst.
Kurz zur Historie/Genese des Standards: Am 15.10.2009[94] wurde auf der
Grundlage der früheren Stellungnahme des Fachausschusses Recht 1/1991 der
Standard entwickelt bzw. neu gefasst. Die zentrale Neuerung bestand in der
Möglichkeit, ein Vollkonzept in mehrere Konzeptteile aufzugliedern zur stadiengerechten Krisenbewältigung, insbesondere beginnend bei der kurzfristigen Beseitigung eingetretener Insolvenzgründe, bis hin zur endgültigen, nachhaltigen
Sanierung des Unternehmens einschl. Überwindung der Stakeholderkrise (Mitglieder der Unternehmensleitung und der Überwachungsorgane, Gesellschafter,
Arbeitnehmer und ihre Vertretungen, Banken und andere Gläubiger) und einer
hinreichenden Eigenkapitalrendite (Attraktivität für die Eigenkapitalgeber). Diesem Standard wurde – m.E. nicht zu Recht – vorgeworfen, die Anforderungen
an ein Sanierungskonzept nach der Rechtsprechung des BGH nicht ganz vollständig zu berücksichtigen. Am 11.12.2012 wurde die Neufassung des IDW S 6

---
[93] IDW Life 2018, 813 ff.; Zabel Beilage zu ZIP 44/2018, S. S003.
[94] IDW Fn. 2009, 578 ff. gemäß dem Entwurf IDW ES 6 v. 1.8.2008; WPg-Beilage
3/2008, S. 90 ff.; dazu Groß WPg 5/2009, 231 ff.

zur Erstellung von Sanierungskonzepten bekannt gemacht,[95] die im Wesentlichen folgende Unterschiede zum früheren Standard S6 a.F. enthielt:[96]
- Starke Ausrichtung an der Rechtsprechung durch Nennung der jeweils einschlägigen BGH- und OLG-Entscheidungen durch Bezugnahmen,
- Abweichungen bei kleinen Unternehmen unter konkreter Nennung möglich,
- Zweistufenkonzept deutlicher hervorgehoben: erst Beseitigung der Insolvenzreife, dann endgültige Sanierung,
- konkrete Aussage zur Sanierungsfähigkeit zwingend,
- Angabe zu bereits eingeleiteten Maßnahmen und zum bereits erreichten Realisierungsstand,
- Bestätigung des Managements, dass es die Sanierungsmaßnahmen für umsetzbar hält und dazu bereit ist.

Die jetzige Fassung vom 16.5.2018 unterscheidet sich von der Fassung aus dem Jahr 2012 im Wesentlichen durch
- erhebliche Kürzungen,
- eine noch stärkere Ausrichtung an den Kernanforderungen der Rechtsprechung an Sanierungskonzepte und der
- Abkehr vom Erfordernis, durch das Konzept eine branchenübliche Eigenkapitalrendite erreichen zu müssen.

Sanierungsfähigkeit des Unternehmens ist nunmehr definiert als Fortführungsfähigkeit (Stufe 1 der Prüfung) zuzüglich Wettbewerbsfähigkeit (Stufe 2 der Prüfung). Dabei ist Fortführungsfähigkeit im Wesentlichen die positive (Liquiditäts-) Prognose im Rahmen der Überschuldungsprüfung (→ Rn. 98 ff.). Zur Annahme der Wettbewerbsfähigkeit ist nunmehr nur noch ein angemessenes Eigenkapital[97] und eine angemessene Eigenkapitalrendite (Refinanzierungsfähigkeit) erforderlich.[98]

356 Nach diesen Anforderungen hat ein Sanierungskonzept zu umfassen:

Übersicht 14: Übersicht über Aufbau und Inhalt eines Sanierungskonzepts

Grundlagen
- Kernanforderungen an Sanierungskonzepte
- Abhängigkeit des Sanierungskonzepts vom Krisenstadium
- Prognosezeitraum abhängig vom betriebswirtschaftlich überschaubaren Zeitraum, mindestens laufendes und nächstes Geschäftsjahr
- bei Konzernen: grundsätzlich Gesamtbetrachtung ausreichend. Teilplanungen nur erforderlich, wenn bei einem beteiligten Unternehmen Sanierungshindernisse bestehen, etwa Ausschüttungsverbote, Insolvenzgründe, sodass dessen Liquidität für die Sanierung des Konzerns nicht frei verfügbar ist.

Darstellung und Analyse des Unternehmens
- Basisinformationen über das Unternehmen
- Analyse der Unternehmenslage

---

[95] IDW Fachnachrichten Heft 12/2012, S. 719 = WPg-Supplement 4/2012; zu dem neuen Standard s. Prütting ZIP 2013, 203 ff.; zur Darstellung der rechtlichen Anforderungen an Sanierungskonzepte und der betriebswirtschaftlichen Konkretisierung und Umsetzung durch den IDW-Standard S 6 s. Steffan ZIP 2016, 1712 ff.
[96] Sa Becker ua DStR 2012, 981 ff.
[97] Zur Wiederherstellung eines angemessenen Eigenkapitals als Anforderung an eine nachhaltige Sanierung s. Gerig ua ZIP 2017, 2029 ff.
[98] Zum neuen Standard s. Steffan ZIP 2018, 1767 ff.

Beschreibung des Unternehmens
Die Beschreibung des Unternehmens ist die Grundlage des Sanierungskonzepts. Nur eine genaue und vollständige Erfassung und Darstellung aller zur Beurteilung des Unternehmens maßgeblichen Daten und Informationen setzen einen Dritten in die Lage, das Konzept nachzuvollziehen und auf Plausibilität zu beurteilen und so Entscheidungen über Sanierungsbeiträge zu treffen. Gegenstände der Beschreibung sind
- die bisherige Unternehmensentwicklung,
- die rechtlichen Verhältnisse,
- die finanzwirtschaftlichen Verhältnisse,
- die leistungswirtschaftlichen Verhältnisse und
- die organisatorischen Grundlagen.

Analyse des Unternehmens
I.R.d. Unternehmensanalyse erfolgt eine Beurteilung des Ist-Zustandes des Unternehmens gemäß seiner Beschreibung nach (1), z.B. durch Stärken-Schwächen-Profil, Konkurrentenanalyse, Szenarioanalyse, Wertanalyse etc. Ergibt sich i.R.d. Analyse, dass bereits eine Insolvenz (Zahlungsunfähigkeit oder Überschuldung) eingetreten ist, muss darauf gesondert unverzüglich hingewiesen werden, damit sofort die erforderlichen Maßnahmen eingeleitet werden.

Feststellung des Krisenstadiums
- Stakeholderkrise
- Strategiekrise
- Produkt- und Absatzkrise
- Erfolgskrise
- Liquiditätskrise
- Feststellungen zur Insolvenzreife

Analyse der Krisenursachen
Selbstverständlich ist auf diese ein besonderes Augenmerk zu legen. Hierzu reichen allgemeine Angaben wie z.B. „Umsatzrückgang und nicht adäquate Anpassung der Kosten" oder „Managementfehler" nicht aus. Vielmehr muss sehr genau nach den – meist mehreren – Krisenursachen geforscht werden. Diese müssen sodann detailliert dargestellt und in ihrer relativen Bedeutung beurteilt werden, denn an ihnen haben die Sanierungsmaßnahmen anzusetzen.
Auch gehören hierher Aussagen zur Qualität des Managements.

Aussagen zur (Möglichkeit der) Unternehmensfortführung
- Beurteilung des Vorliegens einer Zahlungsunfähigkeit nach § 17 InsO
- Beurteilung des Vorliegens einer Überschuldung nach § 19 InsO

Leitbild des sanierten Unternehmens[99]
Hier ist der Zustand des Unternehmens nach Durchführung der Sanierungsmaßnahmen zu beschreiben. Es wird das unternehmerische Ziel zum Ausdruck gebracht.
- Corporate Identity
- Entwicklung Tätigkeitsgebiete und Marktstrategien
- Ausrichtung der Funktionen
- künftige gesellschaftsrechtliche Struktur des Unternehmens
- Beziehungen zu Kapitalgebern

Stadiengerechte Bewältigung der Unternehmenskrise/Sanierungsmaßnahmen
- Überwindung der Insolvenz
- Vermeidung der Insolvenz
- Überwindung der Liquiditätskrise
- Überwindung der Erfolgskrise
- Überwindung der Produkt- und Absatzkrise

---

[99] Zur Wiederherstellung eines angemessenen Eigenkapitals als Anforderung an eine nachhaltige Sanierung s. Gerig ua ZIP 2017, 2029 ff.

- Überwindung der Strategiekrise
- Überwindung der Stakeholderkrise (die Entscheidungen der Stakeholder sind der objektive Rahmen für mögliche Sanierungsmaßnahmen).

Hier werden die einzelnen Sanierungsmaßnahmen, ihre rechtliche und tatsächliche Umsetzung und ihre Wirkungsweise genau beschrieben. Dazu gehören auch zeitliche, organisatorische und personelle Vorgaben: Wer macht was bis wann? Keinesfalls ausreichend sind formelhafte Formulierungen wie „Intensivierung der Werbeanstrengungen zur Umsatzsteigerung; konsequente Ausnutzung von Kostensenkungspotenzialen".
- finanzwirtschaftliche Maßnahmen
- leistungswirtschaftliche Maßnahmen
- etc.

Integrierte Sanierungsplanung
- Darstellung der Problem- und Verlustbereiche
- Darstellung der Maßnahmeeffekte
- Aufbau des integrierten Sanierungsplans (Ergebnis-, Finanz- und Vermögensplan)
- Kennzahlen, u.a. hinreichende, branchenübliche Eigenkapitalquote. In der Praxis dürfte ein funktionales, insolvenzrechtliches Eigenkapital ausreichend sein, sodass für das Unternehmen im Prognosezeitraum auch bei branchenüblichen Umsatz- oder Ergebnisschwankungen der Eintritt der Insolvenz ausgeschlossen werden kann.

Die Planverprobungsrechnung ist die zahlenmäßige und rechnerische Darstellung des Sanierungsprozesses. Zu ihr gehören
- Umsatz-, Ertrags- und Liquiditätsplanung und
- Planbilanzen.
- Außerdem zeigt die Planverprobungsrechnung die
- Finanzierbarkeit der beabsichtigten Sanierungsmaßnahmen.

Berichterstattung und zusammenfassende Schlussbemerkung
Aussage zur Sanierungsfähigkeit des Unternehmens.

357 **Wichtiger Hinweis:** Es ist selbstverständlich darauf zu achten, dass das Sanierungsgutachten auch genau die Anforderungen nach der Rechtsprechung (→ Rn. 353 ff.) erfüllt.[100]

IV. Anforderungen an den Gutachter

358 Da ein Sanierungskonzept Anforderungen verschiedener Interessengruppen (u.a. des Unternehmens/der Inhaber, der Geschäftsführung, der Gläubiger, etc., s.o. bei Unverzichtbarkeit) erfüllen muss, stellt es für den Gutachter eine außerordentlich komplexe Herausforderung dar.

I.d.R. hat der Gutachter ein unbeteiligter Branchenfachmann (externer Dritter) zu sein. In der Literatur wird die auch vertretene Auffassung, Gutachter könne ein eigener Experte des Schuldners oder der Gläubiger sein, m.E. zu Recht abgelehnt.[101] Als Anforderungen sind zu nennen:
- Allgemeine berufliche Qualifikation
- Expertise des Erstellers, konkrete bisherige Erfahrungen

---

[100] Sa Pohl, der die Frage „Kann IDW S6 Marktstandard werden?", mangels genauer Erfüllung der Anforderungen der Rechtsprechung verneint, ZInsO 2011, 207 ff.
[101] Pohl ZInsO 2011, 207 ff.

- Neutralität bzw. Offenlegung von Verflechtungen, möglichen Interessenkollisionen
- eindeutiger und zielführender Auftrag (wer ist Auftraggeber?) mit adäquater Honorargestaltung und Regelung von Haftungsfragen, Versicherung.

V. Hinweise zu Schlüssigkeit und Plausibilität von Sanierungskonzepten

Die Umsatzprognosen sind in Sanierungskonzepten nicht selten zu optimistisch. Hat ein Unternehmen etwa in den vergangenen Jahren regelmäßig Umsatzrückgänge hinnehmen müssen und zeigt die der Konzeption zugrundeliegende Umsatzplanung in den nächsten Jahren gleichbleibende oder gar steigende Umsätze, so muss in der Konzeption genau erläutert werden, durch welche Maßnahmen der negative Umsatztrend gestoppt oder sogar umgedreht werden kann. Fehlt es an einer solchen detaillierten Maßnahmenbeschreibung, so ist das Konzept nicht plausibel. Der Grund für die Einstellung des Umsatzes in der konkreten Höhe kann dann u.U. auch darin liegen, dass dieser Umsatz erforderlich ist, den Kapitaldienst zu erwirtschaften, der auf die werthaltig gesicherten Teile der Forderungen der Gläubiger, auf die diese nicht verzichten werden, entfällt (von „unten" nach „oben" gerechnetes Konzept). 359

Ebenso muss gesondertes Augenmerk auf solche Kostenpositionen gerichtet werden, die sich nach der Planung ggü. dem aktuellen Niveau nennenswert verringern. Hier muss in der Konzeption detailliert aufgeführt sein, durch welche Maßnahmen sich die Kosten verringern. Fehlt es an diesen Ausführungen, ist das Konzept ebenfalls nicht plausibel. 360

Generell sollte darauf geachtet werden, bei den Sanierungsmaßnahmen, etwa bei Teilverzichten der Gläubiger, i.R.d. finanziellen Sanierung nicht zu kurz zu greifen, um nicht die Gefahr heraufzubeschwören, bei nicht plangemäßem Verlauf der Sanierung (welcher die Regel ist) wiederholt Nachverhandlungen führen zu müssen. 361

Zusammenfassende Kurzcheckliste: 362
- Beigezogene Unterlagen und Informationen nicht offensichtlich unvollständig/unrichtig
- getroffene Aussagen und adressierte Risiken nicht offensichtlich unvollständig,
- getroffene Aussagen und Annahmen nicht widersprüchlich,
- positive Fortführungsprognose (§ 252 HGB) auf Basis der getroffenen Aussagen hergeleitet,
- Plausibilität und überwiegende Eintrittswahrscheinlichkeit der Prämissen: Umsatzprognosen genau untersuchen (Plausibilität); Kenntnis des „Mechanismus" bei der Konzepterstellung.
- sachgerechte Fokussierung,
- Eignung, Bewertung und Umsetzbarkeit der Sanierungsmaßnahmen realistisch?
- Verzahnung der Sanierungs- und Maßnahmenplanung; bei Sanierungsmaßnahmen nicht zu kurz greifen!; Beiträge der Gläubiger vergleichbar?
- Haftung des Konzepterstellers für Kardinalpflichten nicht ausgeschlossen?

D. Transaktionsmaßnahmen zur Sanierung

I. Übertragende Sanierung

1. Durchführung

363   Die übertragende Sanierung im Vorfeld einer Insolvenz soll sich einer gewissen Beliebtheit erfreuen,[102] ist aber nach wie vor ein auch durch die InsO und die weiteren „Sanierungsgesetze" **nicht gelöstes Problem**.[103] Zwar wurde durch das EGInsO der frühere § 419 BGB (Haftung des Vermögensübernehmers für Verbindlichkeiten des Übertragenden) gestrichen, jedoch sind weitergehende Regelungen nicht erfolgt. Insb. besteht kein außerinsolvenzliches Sanierungsrecht.

364   Die übertragende Sanierung kann auf verschiedenen Wegen erfolgen. Beispielhaft sein hier nur genannt:
- Übertragung der für die Unternehmensfortführung wesentlichen Assets auf einen neuen Rechtsträger, i.d.R. eine Kapitalgesellschaft,
- Durchführung einer Betriebsaufspaltung, bei welcher die Auffanggesellschaft als Betriebsgesellschaft den gesamten Betrieb des zu sanierenden Unternehmens kraft eines Geschäftsbesorgungsvertrages oder einer Unternehmenspacht[104] übernimmt und im Außenverhältnis als selbstständiger Vertriebspartner auftritt, während die Auffanggesellschaft im Innenverhältnis für Rechnung des Krisenunternehmens handelt.

Das Ziel ist stets dasselbe – die Trennung des operativen Geschäfts von den Verbindlichkeiten des derzeitigen Rechtsträgers.

2. Haftungsgefahren

365   Jedoch ist bei der übertragenden Sanierung in der Krise besonders in der Form des **Asset-Deals** größte Vorsicht geboten, denn es lauern die nachfolgend zu erläuternden Haftungsgefahren. Dies gilt umso mehr, wenn Insolvenzreife der Gesellschaft bereits unmittelbar bevorsteht oder sogar schon eingetreten ist. Dann werden die nachfolgenden Haftungsgefahren kaum mehr beherrschbar sein.

Als haftungsträchtiges Negativbeispiel mag folgender Fall dienen:
Die A & B Bau GmbH hat zwei Geschäftsfelder – einen defizitären Bereich Industriebau und einen positive Ergebnisse erzielenden Bereich Schlüsselfertiger Eigenheimbau. A & B gründen die A & B Bau KG. Die A & B Bau GmbH überträgt nun die Maschinen, die Betriebs- und Geschäftsausstattung, die Vorräte und v.a. die noch vorhandenen Aufträge aus dem Geschäftsbereich Schlüsselfertiger Eigenheimbau auf die A & B Bau KG durch Asset-Deal. Sodann wird die A & B Bau GmbH umfirmiert und über ihr Vermögen das Insolvenzverfahren beantragt. Der Kaufpreis für die übertragenen Assets wurde i.H.d.

---

[102] Uhlenbruck ZInsO 2013, 2033, Fn. 2.
[103] Vgl. dazu Müller-Feldhammer GmbHR 2003, 166 ff. und 222 ff.; Wellensiek NZI 2002, 233 ff.; Wessels ZIP 2004, 1237 ff.; Falk/Schäfer ZIP 2004, 1337 ff.; Hölzle DStR 2004, 1433 ff.
[104] Sauer/Stoll BB 2011, 1091 ff.

Buchwerte festgelegt und es wurde vereinbart, dass der Kaufpreis in zwölf monatlichen Raten zu zahlen ist, da der KG auf diese Weise die Möglichkeit verschafft werden sollte, den Kaufpreis durch ihr neues Geschäft zu verdienen.

a) Strafrechtliche Risiken

aa) Beiseiteschaffen i.S.d. § 283 StGB (Bankrott). Die Bewertung krisenbefangener Unternehmen ist schwierig. Ein Markt für entsprechende Unternehmen existiert nicht. Daher besteht die Gefahr einer – vorsätzlichen – Gläubigerschädigung dadurch, dass das Unternehmen oder Teile von ihm unter Wert auf einen neuen Rechtsträger übertragen werden und die Gläubiger der Krisengesellschaft leer ausgehen oder mit einer zu geringen Quote abgefunden werden. Hier stellt sich also das Problem, eine adäquate Gegenleistung für die Übertragung des Unternehmens bzw. der einzelnen Assets zu finden und so eine Strafbarkeit wegen **Bankrotts** (§ 283 StGB) oder wegen **Untreue** (§ 266 StGB) zu vermeiden. Der **Beihilfe** zum Bankrott ist schuldig, wer in der Krise einer GmbH die vertraglichen Grundlagen für einen Asset-Deal erstellt, mit dem fast die gesamten Aktiva der GmbH an eine Auffanggesellschaft verkauft und übertragen werden und die Durchsetzung des daraus resultierenden Kaufpreisanspruchs aufgrund der vertraglichen Ausgestaltung mit erheblichen Risiken behaftet ist.[105] Inwiefern hier die Einholung einer Fairness Opinion nach IDW S 8[106] Sicherheit bzw. Schutz bieten kann, sollte sehr genau geprüft werden.

366

bb) Insolvenzverschleppung (§ 15a Abs. 4 und 5 InsO). Stets ist genau darauf zu achten, dass keine Insolvenzreife eines haftungsbeschränkten Rechtsträgers eintritt oder fortbesteht, mit der Folge, dass deren Geschäftsführer sich bei Unterlassen des Insolvenzantrages wegen Insolvenzverschleppung strafbar machen könnte.

367

b) Existenzvernichtender Eingriff.
Die Übertragung von Vermögen der Schuldnergesellschaft auf eine vom (Allein-)Gesellschafter beherrschte Schwestergesellschaft kann eine Haftung des Gesellschafters wegen Existenzvernichtung begründen, wenn die Übertragung ohne angemessenen Wertausgleich erfolgt.[107] Die Vereinnahmung von Kundenzahlungen auf dem privaten Bankkonto des beherrschenden Gesellschafter-Geschäftsführers einer GmbH ist zudem eine vGA.[108]

368

c) Insolvenzrechtliche Anfechtbarkeiten.
Sofern über das Vermögen der Krisengesellschaft nach Durchführung der übertragenden Sanierung ein Insolvenzverfahren beantragt und eröffnet wird, hat der Insolvenzverwalter u.U. die Möglichkeit, die noch vom Schuldner vorgenommenen Rechtshandlungen – also die übertragende Sanierung – nach den Regelungen der §§ 129 ff. InsO anzufechten mit der Folge, dass die Erwerberin die erhaltenen Rechtsgüter an den Insolvenzverwalter zurückzugewähren hat. Ein ggf. bereits gezahlter Kaufpreis könnte nur als einfache Insolvenzforderung zur Tabelle angemeldet werden.

369

---

[105] AG Ingolstadt EWiR 2004, 1245.
[106] Stand 17.1.2011, IDW-Fn. 3/2011.
[107] BGH ZInsO 2013, 780 = DStR 2013, 1094.
[108] BFH ZIP 2015, 1580.

370 Als konkrete **Anfechtungstatbestände** kommen in Betracht:
- kongruente Deckung (§ 130 InsO),
- inkongruente Deckung (§ 131 InsO) und
- unmittelbare Gläubigerbenachteiligung (§ 132 InsO).

371 Einer Anfechtung nach § 130 InsO kann durch ein **Bargeschäft** nach § 142 InsO begegnet werden. Dann allerdings muss der adäquate Kaufpreis für das aus der alten Gesellschaft herauszukaufende Unternehmen unmittelbar gezahlt werden. Eine Kreditierung des Kaufpreises in der Weise, dass er künftig aus Erträgen des neuen Unternehmens bezahlt wird, würde dazu führen, dass kein Bargeschäft i.S.d. § 142 InsO vorliegt.

372 Als bedeutendster, allgemeiner Anfechtungstatbestand kommt **vorsätzliche Gläubigerbenachteiligung** (§ 133 Abs. 1 InsO) immer dann in Betracht, wenn die Insolvenz des Verkäufers nicht vermieden werden kann, also für die Restgesellschaft nicht ein gesondertes Konzept zur Befriedigung der Gläubiger vorliegt, etwa im Rahmen einer Liquidation. Dann ist im Zweifel vom Gläubigerbenachteiligungsvorsatz des Schuldners und von Kenntnis des Erwerbers auszugehen, dass die Verkäuferin ihre Gläubiger nicht mehr wird befriedigen können (zur Insolvenzanfechtung s. detailliert unten § 6). Das Risiko der Insolvenzanfechtung bei einer Transaktion innerhalb eines Unternehmensverbundes kann auch durch ausgeklügelte Zahlungswege nicht umgangen werden, wenn sie auf einem Plan beruhen, von dem der (mittelbare) Empfänger Kenntnis hatte.[109]

Zu den anfechtungs- und gesellschaftsrechtlichen Ansprüchen des Insolvenzverwalters einer Schuldner-GmbH aus dem Verkauf von Vermögensgegenständen an eine dem Gesellschafter gleichgestellte Person s.a. BGH, ZIP 2013, 894 = GmbHR 2013, 529. Zur Insolvenzanfechtung im Einzelnen s.u. § 6, → Rn. 599 ff.).

373 Keine Gläubigerbenachteiligung ist aber gegeben, wenn der Alleingesellschafter die Gläubiger der Gesellschaft befriedigt und sodann das Vermögen der Gesellschaft veräußert.[110]

374 **d) Wahlrecht des Insolvenzverwalters nach § 103 InsO.** Sollte bei Eröffnung des Insolvenzverfahrens über das Vermögen des Verkäufers der Unternehmenskaufvertrag durch beide Parteien noch nicht vollständig erfüllt sein, kann der Insolvenzverwalter den Kauf in Ausübung des Wahlrechts nach § 103 InsO rückgängig machen. Die vollständige Erfüllung des gegenseitigen Vertrags auch durch nur eine Partei schließt die Anwendbarkeit von § 103 InsO aus.[111] Allerdings ist die vollständige Erfüllung eines Unternehmenskaufvertrages mit seinen zahlreichen (Neben-)Pflichten häufig ein langer Prozess.

375 **e) Übergang von Grundstücken, GmbH-Geschäftsanteilen.** Ein weiteres Problem für den Käufer eines Grundstücks vom insolvenzbedrohten Schuldner ergibt sich, wenn zwar die dingliche Einigung über den Eigentumsübergang beurkundet wurde, der Käufer zur Zeit der Eröffnung des Insolvenzverfahrens aber noch nicht im Grundbuch als Eigentümer eingetragen ist (was Voraussetzung für den Eigentumserwerb ist, § 873 Abs. 1 BGB). Nach Eröffnung des Insolvenzverfahrens verliert der Veräußerer die Verfügungsmacht mit der Folge, dass seine

---
[109] BGH NZI 2008, 733.
[110] KG ZIP 2006, 2327 = BeckRS 2006, 9346.
[111] BGH NZI 2000, 126.

Verfügungen nach § 81 Abs. 1 Satz 1 InsO unwirksam sind. Außerdem kann dann Eigentum am zur Insolvenzmasse gehörenden Grundstück nicht mehr erworben werden, § 91 Abs. 1 InsO. Der Unternehmenskäufer muss daher zur Sicherung seines Erwerbs auf die Eintragung einer Auflassungsvormerkung drängen und den Eintragungsantrag auch in eigenem Namen stellen. Nach Eintragung kann er nämlich Befriedigung aus der Masse, d.h. Übereignung verlangen, § 106 Abs. 1 InsO.

Für den Parallelfall, dass der Erwerber eines GmbH-Geschäftsanteils vor Eröffnung des Insolvenzverfahrens über das Vermögen des Veräußerers noch nicht in der Gesellschafterliste eingetragen ist, stellt sich das Problem nicht, da die Eintragung nicht materiell-rechtliche Voraussetzung für den dinglichen Anteilserwerb ist. 376

f) Probleme im Zusammenhang mit der Kapitalaufbringung. Geschieht die übertragende Sanierung durch Übertragung des Unternehmens auf einen neu gegründeten Rechtsträger,[112] ist Folgendes zu beachten: 377

- BGH („Warenlager"):[113] Soll im Zusammenhang mit der Gründung einer AG von einem der Gründungsaktionäre (oder von einem von ihm beherrschten Unternehmen) ein Gegenstand (hier: Warenlager) gegen Entgelt übernommen werden, das den Betrag der übernommenen Einlage übersteigt, liegt eine gemischte Sacheinlage vor, die den Regelungen über Sacheinlagen zu unterwerfen ist.
- BGH („Lurgi"):[114] Eine verdeckte gemischte Sacheinlage liegt auch dann vor, wenn eine AG innerhalb der Zweijahresfrist des § 52 Abs. 1 AktG im Zusammenhang mit der Barkapitalerhöhung ein Austauschgeschäft mit dem Zeichner der Aktien durchführt und das vereinbarte Entgelt den Betrag seiner Einlagepflicht übersteigt.
- BGH („Rheinmöve"):[115] Eine verdeckte gemischte Sacheinlage liegt auch dann vor, wenn eine insolvente Gesellschaft sich zum Zwecke ihrer „übertragenden Sanierung" an dem erhöhten Kapital einer AG als Auffanggesellschaft mit dem Ziel beteiligt, dass diese ihre Aktiva und Passiva übernimmt.

g) Arbeitsrechtlicher Betriebsübergang (§ 613a BGB). Geht ein Betrieb oder Betriebsteil durch Rechtsgeschäft auf einen anderen Inhaber über,[116, 117, 118] so tritt dieser in die Rechte und Pflichten aus den im Zeitpunkt des Überganges bestehenden Arbeitsverhältnissen ein, § 613a Abs. 1 Satz 1 BGB.[119] Veräußerer i.S.d. EU-Betriebsübergangsrichtlinie 2001/23/EG des Rates v. 12.3.2001 ist auch ein 378

---

[112] Zu Möglichkeiten der Einbringung von GmbH-Geschäftsanteilen bei Kapitalerhöhungen s. Komo GmbHR 2008, 296ff.
[113] BGHZ 170, 47 = DStR 2007, 263.
[114] BGHZ 173, 145 = ZIP 2007, 178.
[115] BGHZ 175, 265 = NZG 2008, 425.
[116] Zu Sanierungs- und Insolvenzklauseln im Arbeitsverhältnis s. Bayreuther ZIP 2008, 573 ff.; zur Mitarbeiterbeteiligung zur Finanzierung und Sanierung s. Kutsch/Kersting BB 2011, 373 ff.
[117] Sa Commandeur/Kleinebrink NJW 2008, 3467 ff.; Hausch BB 2008, 1392 ff.
[118] Sa Koller-van Delden DStR 2007, 1869 ff.; Zu Sanierungs- und Insolvenzklauseln im Arbeitsverhältnis s. Bayreuther ZIP 2008, 573 ff.
[119] Auch im Hinblick auf Art. 12 GG unbedenklich, BVerfG ZIP 2015, 445.

konzernangehöriges Unternehmen, zu welchem die Arbeitnehmer nur abgestellt waren, ohne mit diesem einen Arbeitsvertrag zu haben.[120] Grds. gilt § 613a BGB auch für Betriebsverlagerungen ins Ausland.[121]

Durch diese Vorschrift sind der arbeitsrechtlichen Sanierung im Wege des Betriebsübergangs enge Grenzen gesetzt.[122] Sie kann erhebliche Probleme verursachen, wenn mit der Übertragung zugleich ein Personalabbau oder Veränderungen von arbeitsvertraglichen Konditionen erreicht werden sollen.

379 § 613a BGB schließt nicht aus, dass sofort nach dem Betriebsübergang Änderungen vereinbart werden.[123]

380 **aa) Voraussetzungen und Kriterien für einen Betriebsübergang.** Ob tatbestandlich ein Betriebsübergang vorliegt, ist eine Frage der Beurteilung aller Umstände des Einzelfalls.[124] Ein stillgelegter Betrieb kann nicht mehr i.S.d. § 613a BGB übergehen. Die Stilllegung im Rechtssinne ist aber erst abgeschlossen, wenn alle Arbeitsverhältnisse beendet sind; bis dahin kann ein Betrieb übergehen, auch wenn er faktisch bereits eingestellt ist.[125] Nach der jüngeren Rechtsprechung des BAG sind für einen Betriebsübergang folgende Voraussetzungen erforderlich bzw. ist der Betriebsübergang (auch) an folgenden Kriterien festzumachen:

- Ein **Wechsel in der Person des Betriebsinhabers** ist unabdingbare Voraussetzung;[126] daher ist die Eingliederung einer Gesellschaft in einen Konzern durch Anteilsübertragung kein Betriebsübergang i.S.d. § 613a BGB.[127] Allein der Wechsel der Gesellschafter führt nicht zu einem Betriebsübergang i.S.d. § 613a BGB.[128]
- Ein Betriebsübergang setzt ferner im Wesentlichen die **Fortführung einer wirtschaftlichen Einheit** unter **Wahrung ihrer Identität** voraus. Nach früherer Rechtsprechung war dafür die Fortführung beim Erwerber als organisatorisch selbstständiger Betriebsteil erforderlich.[129] Dagegen haben in jüngster Zeit zunächst der EuGH und sodann auch das BAG[130] entschieden, dass für die Annahme der Identitätswahrung der übertragenen Einheit nicht erforderlich ist, dass sie beim Erwerber als organisatorisch selbstständiger Unternehmens- oder Betriebsteil geführt wird. Die Beibehaltung des Funktions- und Zweckzusammenhangs, d.h. der funktionellen Verknüpfung der Produktionsfaktoren in ihrer Wechselbeziehung und gegenseitigen Ergänzung[131] reicht für die Annahme einer Betriebsfortführung beim Erwerber aus; maßgeblich

---

[120] EuGH NJW 2011, 439.
[121] LAG Stuttgart ZIP 2010, 388 (für einen Fall grenznaher Betriebsorte).
[122] Zu Gestaltungsgrundsätzen im Anwendungsbereich des § 613a BGB und den Möglichkeiten zur Übernahme der Wunschmannschaft s. Commandeur/Kleinebrink NJW 2008, 3467 ff. Zu arbeitsrechtlichen Instrumenten in der Finanz- und Wirtschaftskrise s. Lindemann/Simon BB 2008, 2795 ff.; Otto/Walk BB 2010, 373 ff.
[123] BAG BB 2008, 939.
[124] Zu den Voraussetzungen eines Betriebsübergangs nach der aktuellen Rspr. des BAG s. Kock BB 2007, 714 ff.; Waas ua BB 2008, 2682 ff.
[125] BAG ZIP 2010, 849.
[126] BAG ZIP 2006, 1145 = NJW 2006, 2141.
[127] BAG BeckRS 2007, 48693.
[128] BAG NZG 2008, 17 für Komplementäre und Kommanditisten einer KG.
[129] BAG ZIP 2006, 1695.
[130] BAG ZIP 2009, 1976.
[131] BAG BB 2010, 1282.

D. Transaktionsmaßnahmen zur Sanierung

ist stets die Gesamtwürdigung aller Umstände.[132] Wesentliche Änderungen in der Organisation, der Struktur und im Konzept können der Identitätswahrung i.R.d. § 613a BGB entgegenstehen.[133] Für eine Identitätswahrung ist aber nicht erforderlich, dass die konkrete Organisation der Produktionsfaktoren durch den Erwerber beibehalten wird; es reicht die Beibehaltung der funktionellen Verknüpfung der Wechselbeziehungen und gegenseitigen Ergänzung zwischen diesen Faktoren.[134]

- Voraussetzung für einen Betriebsübergang ist außerdem, dass der **Erwerber** den Betrieb(-steil) auch tatsächlich fortführt,[135] d.h. **in Besitz nimmt**. Inbesitznahme kann auch durch einen als Betriebsleiter tätigen Besitzdiener i.S.d. § 855 BGB vermittelt werden.[136] Eine bloße Sicherungsübereignung eines Geschäftsbetriebes bewirkt bei Fortbestehen der Nutzungsmöglichkeit durch den bisherigen Inhaber i.d.R. keinen Betriebsübergang. Anders ist es, wenn der Sicherungsnehmer die Betriebsmittel im eigenen Namen nutzt.[137] Bei tatsächlicher Fortführung durch den Erwerber (Besitz) ist fehlender Eigentumsübergang[138] oder eine eventuelle aufschiebende Bedingung für den Rechtsübergang unerheblich.[139] Andererseits bewirkt die bloße vertragliche, nicht eingehaltene Verpflichtung, einen Betrieb zu einem bestimmten Zeitpunkt zu übernehmen, allein noch keinen Betriebsübergang auf diesen Zeitpunkt.[140]
- Übergang der wesentlichen **sachlichen Betriebsmittel** (Anlage- und Umlaufvermögen) ist ein Indiz für einen Betriebsübergang. Eigentumserwerb ist hierfür jedoch nicht erforderlich; auch – mittelbarer – Besitz reicht.[141] Der EuGH[142] hat aber entschieden, dass ein Betriebsübergang nach Richtlinie 2001/23/EG vom 12.3.2001 auch möglich ist ohne Überlassung eigenwirtschaftlich genutzter Betriebsmittel bei Übernahme eines (Groß-)Auftrages (Fall: Kündigung der Fluggast- und Gepäckkontrolle auf Flughafen ggü. einem Auftragnehmer und Neuvergabe des Auftrages an anderen Auftragnehmer, der wenige Arbeitnehmer des früheren Auftragnehmers einstellte). Daraufhin änderte auch das BAG seine Rechtsprechung dahingehend, dass die eigenwirtschaftliche Nutzung der sächlichen Betriebsmittel für Beurteilung eines Betriebsübergangs als Kriterium für den Betriebsübergang nicht mehr erforderlich ist.[143]

Trotz weitgehend übernommener sächlicher Betriebsmittel ist ein Betriebsübergang nicht anzunehmen, wenn der Erwerber diese wegen eines veränderten

---

[132] BAG BB 2010, 1282.
[133] BAG ZIP 2006, 1545 und BAG ZIP 2006, 2181 = BB 2007, 46, zB Umorganisation einer Betriebskantine vom früheren Kochen der Speisen zur bloßen Ausgabe fremd zubereiteter Speisen, BAG BB 2010, 1282.
[134] LAG Düsseldorf ZIP 2010, 1258 „Klarenberg"; dazu Willemsen/Sagan ZIP 2010, 1205 ff.
[135] BAG DB 1999, 337 = ZIP 1999, 589.
[136] BAG ZIP 2006, 1145 = NJW 2006, 2141.
[137] BAG BB 2003, 1793 = ZIP 2003, 1557 = NJW 2003, 3581.
[138] BAG ZIP 2008, 2376.
[139] BAG ZIP 2008, 1740 = ZInsO 2008, 759.
[140] BAG ZIP 2008, 2132.
[141] BAG ZIP 2006, 1145 = NJW 2006, 2141.
[142] EuGH BB 2006, 272.
[143] BAG BB 2006, 2697 = DB 2006, 1379 = ZIP 2006, 1268; Hohenstatt/Grau NJW 2007, 29 ff.

Betriebskonzepts nur noch teilweise nutzt, wenn also wegen Änderungen in der Organisation und der Personalstruktur die Gesamtschau keine Fortführung des ursprünglichen Betriebes erkennen lässt.[144]
Kein Betriebsübergang ist ferner der Erwerb einzelner, bisher nicht teilbetrieblich organisierter Betriebsmittel.[145]

- **Personal:** Starkes Indiz für einen Betriebsübergang ist die Übernahme/Weiterbeschäftigung von Teilen des Personals in vergleichbarer Organisation beim Übernehmer. Steht ein Betriebsübergang bereits aufgrund anderer Kriterien fest (etwa Übergang des gesamten Anlage- und Umlaufvermögens), so ist der Übergang von Arbeitsverhältnissen der Arbeitnehmer Rechtsfolge und nicht Voraussetzung für einen Betriebsübergang. Der Nichtübernahme von Personal kann nur in betriebsmittelarmen Betrieben den Tatbestand des Betriebsübergangs ausschließende Bedeutung zukommen.[146] In Branchen, in denen es hauptsächlich auf die menschliche Arbeitskraft ankommt, ist Betriebsübergang nur anzunehmen, wenn ein nach Zahl und Sachkunde wesentlicher Teil der Belegschaft übernommen wird; die Fortführung der Tätigkeit durch einen Auftragnehmer ist kein Betriebsübergang.[147] Wird die überwiegende Belegschaft eines nicht betriebsmittelarmen Betriebes (hier: Insolvenzschuldnerin) übernommen, ohne dass zugleich Produktionsmittel an den Übernehmer veräußert werden, liegt auch dann kein Betriebsübergang i.S.d. § 613a BGB vor, wenn der Übernehmer diese Beschäftigten im Wege nicht gewerbsmäßiger Arbeitnehmerüberlassung ausschließlich an den Betrieb verleiht, der die Produktionsmittel übernommen hat und den Betrieb fortführt.[148]
- **Auftragsverhältnisse:** Für die Konstellation der Auftragsnachfolge kann das BAG die materiellen Betriebsmittel bestimmen, die für einen möglichen Betriebsübergang maßgeblich sein können, ohne stets den EuGH anzurufen.[149] Das für den Bestand eines (sachmittelarmen) Betriebes wesentliche Betriebsmittel kann der (einzige) Dienstleistungsauftrag sein; wird er übertragen, kann das ein Betriebsübergang nach § 613a BGB sein.[150] Das BAG hat einen Betriebsübergang angenommen aufgrund Übergangs eines Auftragsverhältnisses auf neuen Auftragnehmer mit gleicher Nutzung des vom Auftraggeber gestellten wesentlichen Betriebsmittels (hier Schlachthof), der für den Betrieb identitätsstiftend war.[151] Jedoch liegt kein Betriebsübergang vor, wenn der neue Auftragnehmer die Aufgaben des Vorgängers im Rahmen einer wesentlich anderen, deutlich größeren Organisationsstruktur und mit einem weitaus größeren Aufgabenumfang fortführt; dann fehlt es an der Fortführung der wirtschaftlichen Einheit unter Wahrung ihrer Identität.[152] Auch liegt kein Betriebsübergang vor bei Auftragsteilung und Erledigung in unterschiedlichen Schichten (Müllsortier-

---

[144] BAG ZIP 2010, 694.
[145] BAG ZIP 2008, 428.
[146] BAGE 111, 283 = BB 2005, 216.
[147] BAG NZA 2005, 31 = ZIP 2006, 46.
[148] BAG ZInsO 2011, 344 ff. = NZA 2011, 197.
[149] BVerfG ZIP 2015, 445.
[150] LAG Berlin ZIP 2007, 788.
[151] BAG BB 2007, 1675 = DB 2007, 1468 = ZIP 2007, 1382.
[152] BAG BeckRS 2007, 48317.

anlage).¹⁵³ Die Übertragung der Funktion Sicherheitsdienst auf ein anderes Sicherheitsunternehmen ohne sachliche Betriebsmittel und ohne Personal ist ebenfalls kein Betriebsübergang i.S.d. § 613a BGB.¹⁵⁴ Die bloße Neuvergabe eines Auftrages an ein anderes Unternehmen ist auch dann kein Betriebsübergang, wenn der Auftrag der einzige des ursprünglichen Auftragsnehmers ist.¹⁵⁵ Auch bei nur teilweiser Neuvergabe/Übernahme eines Auftrages bzw. Fortführung in einer anderen Organisation oder in einem anderen Umfang liegt kein Betriebsübergang vor.¹⁵⁶ Die Übernahme von **Kundenbeziehungen** und (Rück-)Beauftragung des bisherigen Unternehmens mit der Erledigung der Aufträge der übernommenen Kunden führt nicht zu einem Betriebsübergang i.S.d. § 613a BGB.¹⁵⁷

- Ein Betriebsübergang wird nicht bereits durch das Fehlen einer (nicht übertragbaren) behördlichen Betriebserlaubnis beim Erwerber ausgeschlossen.¹⁵⁸ Außerdem wird ein Betriebsübergang nicht durch eine anderslautende Vereinbarung der Parteien ausgeschlossen, etwa die Vereinbarung, dass die Arbeitnehmer Angestellte des Veräußerers bleiben und vom Erwerber im Rahmen eines „Personalgestellungsvertrags" ausgeliehen werden sollen.¹⁵⁹
- Die Bildung eines **Gemeinschaftsbetriebes** zu gemeinsamer Betriebsfortführung führt nicht zu einem Übergang der Arbeitsverhältnisse auf den Gemeinschaftsbetrieb.¹⁶⁰

bb) Teilbetriebsübergang. Bei lediglich Teilbetriebsübergängen¹⁶¹ kommt es für den Übergang der Arbeitsverhältnisse auf die **Zuordnung** des Arbeitsverhältnisses zu dem übergegangenen Betriebsteil an.¹⁶² 381

Eindeutig ist die Situation bei Unternehmen mit zwei örtlich getrennten Produktionsstätten. Problematisch kann die Zuordnung des Personals aus dem Bereich Verwaltung/Büro bei Übertragung nur einer der abgrenzbaren Produktionsstätten sein.

Voraussetzung für einen Teilbetriebsübergang ist, dass bereits beim Betriebsveräußerer ein selbstständig übertragbarer Betriebsteil vorliegt, also eine organisatorisch verselbstständigte, abgrenz- und abtrennbare Einheit,¹⁶³ die unter Wahrung ihrer Identität beim Erwerber weitergeführt wird.¹⁶⁴ 382

Die Übernahme lediglich einzelner Betriebsmittel führt zu einem Teilbetriebsübergang nur dann, wenn die Betriebsmittel bereits beim früheren Betriebsinhaber

---

¹⁵³ BAG FD-ArbR 2007, 244019.
¹⁵⁴ BAG BB 2008, 53.
¹⁵⁵ BAG ZIP 2007, 2233.
¹⁵⁶ BAG ZIP 2007, 2233.
¹⁵⁷ BAG NZG 2008, 17.
¹⁵⁸ LAG Berlin-Brandenburg ZIP 2011, 878.
¹⁵⁹ BAG ZIP 2014, 1992.
¹⁶⁰ BAG NZA 2006, 592 = ZIP 2006, 1062.
¹⁶¹ Zum Betriebsteilübergang Plössner NZI 2003, 401 ff.
¹⁶² S. zuletzt für einen übergegangenen Betriebsteil „Verwaltung und Büro" BAG BeckRS 2003, 41875.
¹⁶³ BAG BeckRS 2006, 44919.
¹⁶⁴ BAG ZIP 2004, A 14 und BAG ZIP 2012, 488 (13.10.2011 – 8 AZR 455/10 „Klarenberg").

die Qualität eines Betriebsteils hatten.[165] Der EuGH[166] hat einen Betriebsteilübergang bejaht nach Art. 1 Abs. 1 RL 2001/23/EG, wenn Personal von einem Leiharbeitsunternehmen auf ein anderes übergeht und dort die gleichen Tätigkeiten für denselben Auftraggeber ausführt.

383 Es verletzt nicht den Schutzzweck des §613a BGB, wenn nur ein Teilbetrieb übernommen wird und dabei andere – isoliert nicht existenzfähige – Betriebsteilbereiche vom Betriebsübergang ausgenommen werden.[167]

Nach Übertl,75ng des Betriebsteils Produktion ist der gesonderte Betriebsteil Logistik/Verpackung nicht mehr existenzfähig und wird daher durch Kündigung der Arbeitnehmer geschlossen.

384 Bei beabsichtigter Teilbetriebsstilllegung und Teilbetriebsübergang ist die **Sozialauswahl** auf den ganzen Betrieb bezogen durchzuführen.[168] Bei einem Gemeinschaftsbetrieb muss die Sozialauswahl über den gesamten Betrieb erfolgen, es sei denn, einer der Betriebe ist im Zeitpunkt der Kündigung bereits stillgelegt oder wird aufgrund einer unternehmerischen Entscheidung bei Ablauf der Kündigungsfrist stillgelegt sein.[169]

Der EuGH[170] hat einen Betriebsteilübergang bejaht nach Art. 1 Abs. 1 RL 2001/23/EG, wenn Personal von einem Leiharbeitsunternehmen auf ein anderes übergeht und dort die gleichen Tätigkeiten für denselben Auftraggeber ausführt. Allerdings ist es kein Betriebsteilübergang, wenn ein Leiharbeitsunternehmen von einem anderen Leiharbeitsunternehmen lediglich bestimmte, bei einem Entleiher eingesetzte Arbeitnehmer übernimmt und deren Einsatz beim Entleiher fortführt.[171]

385 **cc) Kein Betriebsübergang.** Nach RL 2001/23/EG und §613a BGB ist kein Betriebsübergang der Erwerb von Anteilen an einer Gesellschaft mit anschließender Ausübung von Herrschaftsmacht über die Gesellschaft.[172]

386 **dd) Geltendmachung.** Die Geltendmachung des Betriebsüberganges kann bei gewissen Umständen und nach gewissem Zeitablauf **verwirkt** werden.[173] Bei Betriebsteilübergang muss ein wirksam betriebsbedingt gekündigter Arbeitnehmer ein Fortsetzungsverlangen ggü. dem Erwerber **unverzüglich** geltend machen.[174] Der Betriebsrat hat keinen im Wege des einstweiligen Verfügungsverfahrens durchsetzbaren Anspruch auf Unterlassen eines Betriebsüberganges.[175]

387 **ee) Rechtsfolgen**
Erwerberhaftung
Die Arbeitsverhältnisse gehen in ihrem vollständigen rechtlichen Bestand auf den Erwerber über. Beschäftigungsdauern beim Veräußerer sind bei der Beurtei-

---

[165] BAG NZA 2006, 592 = ZIP 2006, 1062.
[166] EuGH BB 2008, 115 = NZA 2007, 1151.
[167] BAG EWiR 2003, 1073 = ZInsO 2002, 1198.
[168] BAGE 122, 273 = BB 2005, 892 = DB 2005, 673 = ZIP 2005, 412.
[169] BAG DB 2005, 1523 = ZIP 2005, 1189.
[170] EuGH BB 2008, 115.
[171] BAG NZG 2014, 672.
[172] BAG ZIP 2017, 1434.
[173] S. näher BAGE 109, 136 = BB 2004, 1634 = DB 2004, 2110.
[174] BAGE 109, 136 = BB 2004, 1634 = DB 2004, 2110.
[175] LAG Köln ZIP 2004, 2155.

lung der Beschäftigungsdauer beim Erwerber mitzuzählen.[176] Der Betriebsübergang erfasst auch alle Betriebsvereinbarungen. Nach § 613a Abs. 1 Satz 2 BGB gelten auch tarifvertragliche Regelungen für mindestens ein Jahr fort, auch wenn der Erwerber nicht tarifgebunden ist.[177] Voraussetzung ist allerdings, dass Arbeitnehmer und Veräußerer tarifgebunden waren.[178] Ein auf diese Weise fortgeltender Tarifvertrag kann nicht gemäß § 4a TVG durch einen Mehrheitstarifvertrag beim aufnehmenden Arbeitgeber verdrängt werden.[179]

Der Betriebsübergang erfasst außerdem alle Betriebsvereinbarungen sowie betrieblichen Übungen.[180]

Auch gehen über: **388**
- Ausbildungsverhältnisse,[181]
- betriebliche Übungen; das Entstehen einer betrieblichen Übung kann durch doppelte Schriftformklausel im Arbeitsvertrag vermieden werden,[182]
- Altersteilzeit in der Freistellungsphase,[183]
- die Pflicht zum Ausgleich von Wertguthaben im Rahmen eines Altersteilzeitmodells (Blockmodell),[184]
- Versorgungsverbindlichkeiten,[185]
- gekündigtes Arbeitsverhältnis. Wenn nach Ablauf der Kündigungsfrist wegen Betriebsübergangs eine Weiterbeschäftigungsmöglichkeit beim Erwerber besteht, kommt ein Wiedereinstellungsanspruch in Betracht. Diesen muss der gekündigte Arbeitnehmer innerhalb eines Monats nach Kenntnis der den Betriebsübergang begründenden Umstände ggü. dem bisherigen Arbeitgeber bzw. nach dem Betriebsübergang ggü. dem Erwerber geltend machen.[186] Wird die Kündigungsschutzklage gegenüber dem bisherigen Arbeitgeber aber rechtskräftig abgewiesen, kann eine Fortsetzung des Arbeitsverhältnisses gegenüber dem Erwerber nicht geltend gemacht werden;[187]

---

[176] EuGH ZIP 2017, 1038.
[177] Zur Weitegeltung von Tarifnormen sa BAG ZIP 2009, 2461 und BAG BB 2010, 1090; zur Fortgeltung kollektiv-arbeitsrechtlicher Regelungen s. Schiefer/Pogge NJW 2003, 3734 ff.; zur Fortgeltung von Betriebsvereinbarungen Bachner NJW 2003, 2861 ff. und Preis/Richter ZIP 2004, 925 ff.; zu Gestaltungsfragen kollektivrechtlicher Regelungen, Meyer ZIP 2004, 545 ff.
[178] BAG ZInsO 2012, 1895 = BeckRS 2012, 71256.
[179] Hohenstatt/Schuster ZIP 2016, 5 ff.
[180] Zur Fortgeltung kollektiv-arbeitsrechtlicher Regelungen Schiefer/Pogge NJW 2003, 3734 ff.; zur Fortgeltung von Betriebsvereinbarungen Aufsätze Bachner NJW 2003, 2861 ff. und Preis/Richter ZIP 2004, 925 ff.; zu Gestaltungsfragen kollektivrechtlicher Regelungen, Meyer ZIP 2004, 545 ff.
[181] BAG DB 2006, 2750 = ZIP 2007, 87.
[182] BAGE 106, 345 = BB 2003, 2466 = DB 2003, 2339 = NJW 2003, 3725.
[183] LAG Düsseldorf ZIP 2004, 272.
[184] LAG Düsseldorf ZIP 2004, 2112 = EWiR 2005, 163. Zu Ablösung und Bestandsschutz von Altersversorgungsregelungen bei Betriebsübergang Lindermann/Simon BB 2003, 2510 ff.
[185] Zur Haftung des Betriebsveräußerers für die übergehenden Versorgungsverbindlichkeiten s. BAG DB 2004, 1324 = ZIP 2004, 1227.
[186] BAG NJW 2009, 391.
[187] LAG Düsseldorf ZInsO 2011, 2138 = BeckRS 2011, 75080.

- Annahmeverzugsansprüche gegen den früheren Betriebsinhaber, auch soweit sie nach § 115 SGB X auf die Agentur für Arbeit übergegangen sind,[188] sodass ein Angebot der Arbeitsleistung an den Erwerber entbehrlich ist,[189]
- die betriebsverfassungsrechtliche Stellung des früheren Betriebsinhabers (etwa im Hinblick auf eine bestehende, nur unter Berücksichtigung des § 87 Abs. 1 BetrVG zu ändernde Vergütungsordnung),[190]
- Gesamtbetriebsvereinbarungen gelten in dem übertragenen Betrieb als Einzelbetriebsvereinbarung weiter.[191]

389   Nicht gehen über:
- der Kündigungsschutz nach KSchG, wenn der Betrieb des Betriebserwerbers den Schwellenwert des § 23 Abs. 1 KSchG nicht erreicht,[192]
- Ruhestandsverhältnisse.[193]
- Das Geschäftsführeranstellungsverhältnis eines GmbH-Geschäftsführers geht nicht nach § 613a BGB über.[194] Auch der Geschäftsführer einer Komplementär-GmbH einer KG ist nicht Arbeitnehmer, da er kraft Gesetzes zur Vertretung der Personengesamtheit berufen ist.[195] Außerdem geht ein freies Dienstverhältnis nicht nach § 613a BGB auf den Betriebserwerber über.[196] Ein während des Geschäftsführerdienstverhältnisses ruhendes Arbeitsverhältnis kann nach § 613a BGB übergehen.[197]
- Der Erwerber haftet nicht für rückständige Sozialversicherungsbeiträge des abgebenden Arbeitgebers.[198]
- Karenzentschädigungsansprüche für ein gültiges nachvertragliches Wettbewerbsverbot eines vor Betriebsübergang ausgeschiedenen Arbeitnehmers gehen nicht über.[199]

390   Ein Erlassvertrag über rückständige Lohnforderungen für den Fall eines Betriebsübergangs ist wegen Verstoßes gegen § 613a Abs. 1 Satz 1 BGB nach § 134 BGB nichtig.[200]

391   **Forthaftung des Veräußerers**

Der Veräußerer haftet neben dem neuen Inhaber nach § 613a Abs. 2 BGB für vor dem Betriebsübergang entstandene und danach innerhalb eines Jahres fällig werdende Verbindlichkeiten nach § 613a Abs. 1 BGB. Dies gilt auch für Betriebsrentenansprüche.[201] Die Nachhaftung eines Gesellschafters einer GbR nach § 613a

---

[188] BAG ZIP 2010, 849 = ZInsO 2010, 542; dazu Lindemann ZInsO 2010, 792 ff.
[189] BAG ZInsO 2010, 386 = NZA 2010, 781.
[190] BAG ZIP 2010, 492.
[191] BAG ZIP 2015, 1748.
[192] BAG BB 2007, 1453 = ZIP 2007, 1227.
[193] BAG DB 2004, 1324 = ZIP 2004, 1227.
[194] BAGE 104, 358 = DB 2003, 942 = GmbHR 2003, 765 = ZIP 2003, 1010.
[195] BAGE 107, 165 = BB 2003, 2352 = DB 2003, 2183 = NJW 2003, 3290 = ZIP 2003, 1722.
[196] BAG NJW 2003, 2930.
[197] LAG Köln, 12.1.1993 – 4 Sa 903/920, FHArbSozR 39 Nr. 260 (Ls.).
[198] LSG München ZIP 2011, 1380; LSG Halle ZIP 2011, 1121.
[199] LAG Köln ZIP 2012, 243.
[200] BAG ZIP 2009, 1733.
[201] BGH NJW 2010, 539; LSG Bayern NZG 2011, 1074.

Abs. 2 BGB erfasst ebenfalls nur solche Ansprüche, die vor dem Zeitpunkt des Betriebsübergangs entstanden waren.[202]

ff) Unterrichtung der Arbeitnehmer. Die Arbeitnehmer sind nach § 613a Abs. 5 BGB über die dort genannten Inhalte zu unterrichten. Die Unterrichtungspflicht trifft Veräußerer und Erwerber gleichermaßen. Zu den unterrichtungspflichtigen Gegenständen gehören nach § 613a Abs. 5 Nr. 3 BGB alle rechtlichen, wirtschaftlichen und sozialen Folgen des Betriebsübergangs, nicht jedoch die Folgen eines Nichtübergangs, etwa bei Widerspruch.[203] Die Unterrichtung muss verständlich und arbeitsplatzbezogen sein und eine konkrete Darstellung der rechtlichen Folgen des Betriebsübergangs für den Arbeitnehmer umfassen.[204] Die Unterrichtungspflicht umfasst auch den Umfang des übernommenen Vermögens, etwa ob der Erwerber nur das bewegliche Vermögen oder auch das Betriebsgrundstück übernimmt (Betriebsaufspaltung).[205] Zum Umfang der Unterrichtung gehört auch eine Darstellung zur begrenzten gesamtschuldnerischen Nachhaftung gem. § 613a Abs. 2 BGB.[206] Der Hinweis auf den Übergang des Arbeitsverhältnisses auf eine noch zu gründende GmbH als Betriebserwerberin ist keine ordnungsgemäße Unterrichtung.[207] Über die Identität des Betriebserwerbers muss so unterrichtet werden, dass der Arbeitnehmer über diesen Erkundigungen einziehen kann,[208] wobei sich die Identität unmittelbar durch Einsichtnahme in das Handelsregister ergeben muss.[209] Ist der Betriebserwerber eine Neugründung, für die eine Sozialplanpflicht nicht besteht, muss in der Unterrichtung auch darauf hingewiesen werden.[210] Die Unterrichtungspflicht umfasst auch etwaige Ansprüche aus einem Sozialplan.[211]

Nach § 613a Abs. 5 Nr. 4 BGB muss auch über geplante Maßnahmen unterrichtet werden, die eine erhebliche Änderung der sozialen, rechtlichen und wirtschaftlichen Stellung der Arbeitnehmer nach sich ziehen.[212] Bei Fehlen der Unterrichtung über die Sozialplanprivilegierung nach § 112a Abs. 2 S. 1 BetrVG des neuen Inhabers wird die Widerspruchsfrist nach § 613a Abs. 6 S. 1 BGB nicht in Lauf gesetzt.[213]

Die Rechtsfolge fehlender, unvollständiger oder fehlerhafter Unterrichtung: Die Monatsfrist für den Widerspruch gegen den Betriebsübergang beginnt nicht.[214] Außerdem kann eine Schadensersatzpflicht ggü. dem Arbeitnehmer nach § 280 Abs. 1 BGB entstehen.[215]

---

[202] BAG NZG 2014, 912.
[203] LAG Düsseldorf BB 2006, 276.
[204] BAG DZWiR 2007, 196.
[205] BAG ZIP 2008, 987 = ZInsO 2008, 219.
[206] BAG BB 2008, 2072.
[207] BAG ZIP 2009, 1295.
[208] BAG ZIP 2010, 46.
[209] BAG ZIP 2014, 839.
[210] BAG ZIP 2014, 839.
[211] BAG ZIP 2006, 2143.
[212] BAG ZInsO 2014, 1217 = NJW 104, 1755.
[213] BAG ZIP 2017, 1129.
[214] BAG DB 2006, 2409 = DZWIR 2007, 193 = ZIP 2006, 2143 = BB 2006, 2583.
[215] BAG NZG 2008, 545.

394 **gg) Widerspruchsrecht der Arbeitnehmer.** Nach erfolgter Unterrichtung haben die Arbeitnehmer das Recht, dem Betriebsübergang **innerhalb eines Monats** zu widersprechen.[216] Widerspruchsadressaten sind Betriebsveräußerer und -erwerber.[217] Der Widerspruch kann auch konkludent[218] und auch noch nach Beendigung des Arbeitsverhältnisses[219] erklärt werden. Der Widerspruch hat **Rückwirkung** auf den Zeitpunkt des Betriebsübergangs;[220] für die Zwischenzeit besteht ein Entgeltanspruch des Arbeitnehmers gegen den Erwerber nach den Grundsätzen des faktischen Arbeitsverhältnisses.[221] Das für den Anspruch aus §615 BGB erforderliche Arbeitsangebot kann entbehrlich sein, wenn hierfür eine unterbliebene oder verspätete Unterrichtung nach §613a Abs. 5 ursächlich war.[222] Das Angebot ist auch entbehrlich, wenn der Arbeitgeber in dem Unterrichtungsschreiben mitteilt, dass ein widersprechender Arbeitnehmer mit seiner Kündigung rechnen müsse.[223]

395 Für die Geltendmachung des Widerspruchs ist ein sachlicher Grund nicht erforderlich. Die Ausübung des Widerspruchsrechts kann im Einzelfall **rechtsmissbräuchlich** sein.[224] Ein kollektiver Widerspruch kann rechtsmissbräuchlich nach §242 BGB sein, wenn er zu anderen Zwecken als zur Sicherung der arbeitsvertraglichen Rechte eingesetzt wird.[225]

396 Ein erklärter Widerspruch des Arbeitnehmers ist nicht widerruflich.[226] Ein erklärter Widerspruch kann nach §123 BGB angefochten werden, wenn eine Täuschung bei der Unterrichtung für den Widerspruch ursächlich war.[227]

397 **hh) Verwirkung und Ausschluss des Widerspruchsrechts.** Das Widerspruchsrecht kann verwirkt werden,[228] wenn Zeitmoment und Umstandsmoment des Verwirkungstatbestandes gegeben sind.[229] Es ist verwirkt, wenn der Verpflichtete annehmen durfte, er werde nicht mehr in Anspruch genommen.[230]

398 Für das **Zeitmoment** gelten keine starren Fristen. Es gibt also weder eine Höchst- noch eine Mindestfrist, auch tarifvertragliche Regelungen haben insoweit keinen Einfluss.[231] Maßgeblich sind die Umstände des Einzelfalles.[232] Nach 8 Monaten ist das Zeitmoment i.d.R.,[233] nach einem Jahr jedenfalls erfüllt.[234]

---

[216] Zum Widerspruchsrecht bei Umwandlungen s. Fandel/Hausch BB 2008, 2402ff.
[217] BAG ZIP 2014, 1647.
[218] BAG ZIP 2007, 87.
[219] BAG BB 2008, 2072.
[220] BAG DB 2006, 2750 = ZIP 2007, 87.
[221] LAG Köln ZIP 2005, 591.
[222] BAG DB 2006, 2750 = DZWIR 2007, 235 = ZIP 2007, 87.
[223] LAG München ZInsO 2011, 104 (Ls.) = LSK 2011, 030502 (Ls.).
[224] BAG ZIP 2009, 1779.
[225] BAGE 122, 124 = BB 2005, 605 = DB 2005, 56 = ZIP 2005, 132.
[226] BAGE 108, 199 = DB 2004, 990 = ZIP 2004, 729.
[227] BAG ZinsO 2012, 1180 = ZIP 2012, 1144.
[228] Sa Kittner NJW 2012, 1180ff.; Insam/Hinrichs ZInsO 2013, 2541ff.
[229] St. Rspr. des BAG ZIP 2009, 2307; BAG BB 2010, 831; BAG BB 2010, 966.
[230] BAG BB 2008, 2072.
[231] BAG NJW 2021, 3345
[232] BAG DB 2006, 2750 = ZIP 2007, 87. Zur zeitlichen Grenze des Widerspruchsrechts Olbertz/Ungnad BB 2004, 213ff.
[233] LAG München BB 2007, 502.
[234] BAG BB 2007, 1675.

Verwirkung tritt nach 14 Monaten ein, wenn die wirtschaftlichen Folgen des Betriebsübergangs aufgrund mündlicher Unterrichtung länger als ein Jahr bekannt waren.[235] Dabei ist u.a. zu berücksichtigen, dass die Zeit umso kürzer ist, je vollständiger die Unterrichtung war.[236]

Für das **Umstandsmoment** ist eine Gesamtwürdigung aller Umstände vorzunehmen.[237] Als vertrauensbildende Verhaltensweise des Arbeitnehmers ist es verwirklicht, wenn der Arbeitnehmer über den Bestand seines Arbeitsverhältnisses disponiert hat, etwa durch Abschluss einer Aufhebungsvereinbarung mit dem Betriebserwerber[238] oder widerspruchslose Hinnahme einer Kündigung des Erwerbers.[239] Für das Umstandsmoment reicht allein nicht aus, dass er beim Erwerber 14 Monate weitergearbeitet hat,[240] vielmehr muss das Verhalten des Arbeitnehmers über die bloße Erfüllung der Hauptpflichten aus dem Arbeitsverhältnis hinausgehen. 399

Das LAG Nürnberg[241] hat Verwirkung nach 14 Monaten angenommen, wenn die wirtschaftlichen Folgen des Betriebsübergangs aufgrund mündlicher Unterrichtung länger als ein Jahr bekannt waren. Das ArbG Frankfurt am Main[242] hat Verwirkung nach 22 Monaten angenommen, wenn der Arbeitgeber zu erkennen gegeben hat, dass er sich endgültig als Arbeitnehmer des Erwerbers betrachtet.

BAG: Verwirkung nach 7 Jahren widerspruchsloser Tätigkeit nach Unterrichtung über Tatsache des Betriebsübergangs in Textform.[243]

Das Widerspruchsrecht des Arbeitnehmers ist ausgeschlossen, wenn er nach Unterrichtung (auch wenn diese fehlerhaft ist) dem Übergang des Arbeitsverhältnisses ausdrücklich zugestimmt hat, weil § 613a Abs. 6 BGB dispositives Recht ist.[244] Wegen der hohen Bedeutung des Verzichts auf das Widerspruchsrecht muss dieser eindeutig und zweifelsfrei zum Ausdruck gebracht sein, was bei der Auslegung einer Willenserklärung des Arbeitnehmers als Verzicht zu berücksichtigen ist.[245] Außerdem kann die Ausübung des Widerspruchsrechts im Einzelfall rechtsmissbräuchlich sein[246].

Betriebsveräußerer und -erwerber als Widerspruchsadressaten werden hinsichtlich der Verwirkungstatbestände und der Kenntnis hiervon als Einheit betrachtet, sodass sie sich jeweils darauf berufen können.[247] 400

ii) **Kündigung im Zusammenhang mit Betriebsübergang?** Nach § 613a 401
Abs. 4 BGB sind Kündigungen des Arbeitsverhältnisses wegen des Übergangs eines

---

[235] LAG Nürnberg BB 2007, 1284.
[236] LAG München BB 2007, 502.
[237] BAG BB 2011, 1787.
[238] BAG BB 2010, 831 und BAG BB 2010, 966.
[239] BAG BB 2011, 1787.
[240] BAG ZIP 2009, 2307.
[241] BB 2007, 1284.
[242] BB 2008, 58.
[243] BAG ZIP 2018, 193.
[244] LAG Hannover ZIP 2018, 2088.
[245] BAG ZIP 2019, 1631.
[246] BAG ZIP 2009, 1779.
[247] BAG BB 2009, 1422 und BAG BB 2010, 831 und BAG BB 2010, 966.

Betriebes oder eines Betriebsteils unwirksam.[248] Nicht unter diese Regelung fallen Kündigungen wegen Restrukturierung.[249] Jedenfalls außerhalb eines Insolvenzverfahrens erfolgt eine Kündigung nur dann nicht wegen des Betriebsüberganges i.S.d. §613a Abs. 4 BGB, wenn auch ohne den Betriebsübergang der Einsatz des Arbeitnehmers entbehrlich geworden wäre. Allein ein Erwerberkonzept, das eine Umverteilung der Arbeitsaufgaben auf Mitarbeiter des Erwerbers vorsieht, reicht dazu nicht aus.[250] Durch seine Entscheidung vom 20.3.2003 hat das BAG übertragende Sanierungen erheblich erleichtert und unter Aufgabe der bisherigen Rechtsprechung entschieden:[251]

1. Die Kündigung des Betriebsveräußerers aufgrund eines Erwerberkonzepts verstößt dann nicht gegen §613a Abs. 4 BGB, wenn ein verbindliches Konzept oder ein Sanierungsplan des Erwerbers vorliegt, dessen Durchführung im Zeitpunkt des Zugangs der Kündigungserklärung bereits greifbare Formen angenommen hat;
2. Der Zulassung einer solchen Kündigung steht der Schutzgedanke des §613a Abs. 4 BGB nicht entgegen, denn diese Regelung bezweckt keine „künstliche Verlängerung" des Arbeitsverhältnisses bei einer vorhersehbar fehlenden Beschäftigungsmöglichkeit des Arbeitnehmers beim Erwerber.

402 In dieselbe Richtung hat das BAG abermals entschieden:[252] Kündigt der Betriebsveräußerer (hier Insolvenzverwalter) aufgrund eines von ihm erarbeiteten Sanierungskonzepts im zeitlichen Zusammenhang mit einem geplanten Betriebsübergang, erfolgt die Kündigung nicht „wegen" des Betriebsübergangs und ist daher nicht nach §613a Abs. 4 BGB unwirksam.

403 Für die Annahme eines Kündigungsverbots nach §613a Abs. 4 BGB ist es nicht ausreichend, wenn einem vom Übergang anderer Betriebsteile nicht betroffenen Arbeitnehmer deshalb gekündigt wird, weil durch den Übergang der anderen Betriebsteile – denen der gekündigte Arbeitnehmer nicht angehört – Beschäftigungsbedarf für ihn zurückgeht oder entfällt.[253]

404 Allerdings muss der Arbeitgeber die Sozialauswahl nach §1 Abs. 2 und 3 KSchG auch dann durchführen, wenn er zwar allen Arbeitnehmern des Betriebes kündigt, einigen aber die unveränderte Fortsetzung des Arbeitsverhältnisses in einem Schwesterunternehmen anbietet.[254]

405 Ein betriebsbedingt gekündigter Arbeitnehmer muss nach Kenntniserlangung vom Betriebsübergang sein Fortsetzungsverlangen gegenüber dem Betriebserwerber unverzüglich geltend machen[255]. Eine Kündigung ist nicht allein wegen nicht ordnungsgemäßer Belehrung nach §613a Abs. 5 BGB unwirksam[256].

---

[248] Zu betriebsbedingten Kündigungen in Zeiten der Krise s. Freckmann DStR 2009, 2200ff.; Ehlers NJW 2003, 2337ff.
[249] BAG BB 2006, 1572.
[250] LAG Köln ZIP 2003, 2042.
[251] BAGE 105, 338 = BB 2003, 2180 = DB 2003, 1906 = ZInsO 2003, 1057 = ZIP 2003, 1671.
[252] BAG EWIR 2007, 363 = NZA 2007, 387 = ZIP 2007, 595.
[253] BAG ZInsO 2004, 824 (Ls.) = ZIP 2004, 820.
[254] BAG NZG 2016, 35.
[255] BAG EWiR 2004, 905.
[256] BAG ZIP 2005, 1978.

Bei Massenentlassungen muss beachtet werden, dass eine vor Anzeige an die 406
Agentur für Arbeit ausgesprochene Kündigung unwirksam ist.

h) Forthaftung des Erwerbers für Verbindlichkeiten des Krisenunternehmens bei Firmenfortführung nach § 25 HGB

aa) Haftungsumfang. Wer ein unter Lebenden erworbenes Handelsgeschäft 407
unter der bisherigen Firma mit oder ohne Beifügung eines das Nachfolgeverhältnis
andeutenden Zusatzes fortführt, haftet nach § 25 Abs. 1 HGB für die im Betrieb
des Geschäfts begründeten Verbindlichkeiten des früheren Inhabers.[257] Nach der
Rechtsprechung genügt die rein tatsächliche Fortführung, ein wirksamer rechtsgeschäftlicher Erwerb ist nicht erforderlich.

Der Betriebserwerber haftet nicht für rückständige Sozialversicherungsbeiträge 408
des Veräußerers,[258] da diese keine Geschäftsverbindlichkeiten, also keine Verbindlichkeiten seien, die mit dem Betrieb des Geschäfts in innerem Zusammenhang
stehen, und für diese, anders als etwa für Steuerrückstände, für die es die gesonderte Regelung in § 75 AO gibt (s. → Rn. 416), keine entsprechende Regelung
zum Forderungsübergang existiert.

bb) Fortführung des Handelsgeschäfts. Die Haftung setzt voraus, dass der 409
Erwerber das bisher betriebene Handelsgeschäft als betriebsfähige Wirtschaftseinheit übernimmt und fortführt und dass zumindest die Teile, die aus der Sicht
des maßgebenden Rechtsverkehrs den Kern des Unternehmens ausmachen, auch
tatsächlich auf den Erwerber übergehen und von ihm nach außen in Erscheinung
tretend fortgeführt werden.[259] Für die Frage, ob der wesentliche Kernbereich fortgeführt wurde, kommt dem Wert der Unternehmensteile maßgebliche Bedeutung
zu.[260] Maßgeblich ist die Fortführung des Unternehmens in seinem wesentlichen
Bestand nach Inhaberwechsel aus der Sicht der beteiligten Verkehrskreise; ein
rechtsgeschäftlicher derivativer Erwerb ist nicht erforderlich.[261] Fortführung im
wesentlichen Bestand liegt vor, wenn der Tätigkeitsbereich, die innere Organisation, die Räumlichkeiten und die Kunden- und Lieferbeziehungen im Kern beibehalten und/oder Teile des Personals übernommen werden; daran fehlt es, wenn
nur ein unwesentlicher Geschäftsbereich übernommen wird.[262] Die Fortführung
kann auch durch sukzessive Übernahme eines Unternehmens unter Beibehaltung
der prägenden Firmenbestandteile erfolgen.[263]

Der Haftung nach § 25 Abs. 1 HGB steht nicht entgegen, dass ein insolvenzreifes 410
Unternehmen fortgeführt wird.[264] Jedoch besteht keine Forthaftung bei Fortführung nach Erwerb des Unternehmens aus der Insolvenzmasse vom Insolvenzverwalter (s.u. → Rn. 2143).

cc) Firmenfortführung. Die Haftung greift nicht nur bei wortgetreuer 411
Übernahme der Firma, sondern bereits bei Fortführung des identitätsstiftenden,

---
[257] Sa Lettl WM 2006, 2336 ff.
[258] LSG Mainz DStR 2008, 2229; LSG Bayern DStR 2011, 2010.
[259] OLG Bremen NZG 2008, 946; BGH ZIP 2009, 2244.
[260] BGH ZInsO 2010, 84 = NJW-RR 2010, 246; dazu Müller/Kluge NZG 2010, 256 ff.
[261] BGH DStR 2006, 476 = ZIP 2006, 367.
[262] OLG Düsseldorf NZG 2009, 314; BGH DStR 2009, 2440.
[263] BGH ZIP 2008, 2116.
[264] BGH ZIP 2006, 367.

prägenden Firmenteils,[265] also die Frage, ob der Handelsverkehr trotz erkennbarer Änderungen der Firma von einer Kontinuität des Unternehmens ausgehen darf.[266] Wenn der prägende Teil der Firma beibehalten wird, steht die Verwendung anderer Initialen einer Haftung nach § 25 HGB nicht entgegen.[267] Verwendet der Einzelkaufmann in seiner Handelsfirma seinen Vor- und Zunamen, sind beide Bestandteile gleichermaßen prägend. Lässt der Erwerber bei der Fortführung nicht nur den Vornamen als einen Bestandteil weg, was die Kontinuität hervorhebt und zur Haftung nach § 25 Abs. 1 HGB führen kann[268], sondern tauscht ihn aus (hier von „Ralf B." in „Annika B."), stellt dies eine gravierende Veränderung dar, so dass der Geschäftsverkehr von einem gänzlich anderen Unternehmen ausgehen muss und die Haftung nach § 25 HGB nicht eingreift.[269]

Firmenfortführung kann aber in Betracht kommen, wenn für einen kurzen Zwischenzeitraum (hier ca. 2 Monate) das Unternehmen unter einer anderen Firma fortgeführt und sodann zur früheren Firma zurückgekehrt wird.[270] Ohne Bedeutung ist, ob die Firma beim Unternehmenserwerb mit übertragen wurde.[271]

412   Die Fortführung einer bloßen Geschäfts- oder Etablissementsbezeichnung, die das Geschäftslokal oder den Betrieb allgemein, nicht aber den Geschäftsinhaber kennzeichnet, löst die Haftung nach § 25 HGB nicht aus; § 25 Abs. 1 HGB kann auch nicht entsprechend angewandt werden.[272] Etwas Anderes gilt aber, wenn die Geschäfts- oder Etablissementbezeichnung in Verträgen, auf Geschäftsbriefen etc. „firmenmäßig" verwendet wird.[273] Ebenfalls nicht auszuschließen ist eine Haftung nach § 25 Abs. 1 HGB bei Fortführung einer Marke und der Bezeichnung der Internetadresse des erworbenen Handelsgeschäfts. Daher ist in einem solchen Fall eine Vereinbarung über den Haftungsausschluss nach § 25 Abs. 2 HGB in das Handelsregister einzutragen.[274] Keine Firmenfortführung i.S.d. § 25 HGB liegt vor, wenn die Firma eines anderen bisher am Markt tätigen Unternehmens „ähnlich einer Marke" fortgeführt wird.[275]

413   dd) **Vereinbarter Haftungsausschluss und Eintragung im Handelsregister.** Die Haftung kann durch Vereinbarung ausgeschlossen werden. Nach § 25 Abs. 2 HGB ist für die Wirksamkeit des Haftungsausschlusses die Eintragung im Handelsregister erforderlich. Die Anmeldung kann durch den neuen Unternehmensträger allein erfolgen.[276] Wenn beide Seiten den Haftungsausschluss anmelden, bedarf es keines Nachweises der Ausschlussvereinbarung.[277] Die Anmeldung, Eintragung und Bekanntmachung des Haftungsausschlusses müssen grundsätzlich

---

[265] BGH ZIP 2004, 1103.
[266] OLG Düsseldorf DStR 2005, 165; BGH DStR 2006, 476.
[267] BGH DStR 2009, 2440.
[268] OLG Brandenburg, ZIP 2020, 1412 = NZG 2020, 1153
[269] OLG Hamm NZG 2018, 33.
[270] BGH ZIP 2009, 2244.
[271] OLG Köln NZG 2006, 477.
[272] OLG Köln NZG 2012, 188; BGH ZIP 2014, 1329 = NZG 2014, 459; OLG Brandenburg, ZIP 2020, 1412 = NZG 2020, 1153.
[273] BFH GmbHR 2014, 1231.
[274] OLG Zweibrücken ZIP 2014, 569 = NZG 2014, 496.
[275] OLG Saarbrücken NZG 2018, 349 = ZIP 2018, 1352.
[276] OLG München ZIP 2008, 1823 = GmbHR 2008, 705.
[277] OLG München GmbHR 2010, 1039.

unverzüglich nach dem Inhaberwechsel erfolgen.[278] Eine Bekanntmachung in angemessenem Zeitabstand kann ausreichen sein (hier: 5 Monate seit Anmeldung).[279] Eine Eintragung ins Register, die frühestens 7 Monate nach dem Erwerb erfolgen kann, reicht zum Haftungsausschluss nicht aus.[280]

Die Eintragung eines Haftungsausschlusses nach § 25 Abs. 2 HGB kann vom Registergericht nur abgelehnt werden, wenn offensichtlich ist, dass eine Haftung des neuen Unternehmensträgers nach § 25 Abs. 1 HGB nicht in Betracht kommen kann[281]; ist das nicht offensichtlich, ist der Haftungsausschluss eintragungsfähig[282]. Der vereinbarte Haftungsausschluss ist also bereits dann ins Handelsregister einzutragen, wenn aus Sicht der maßgeblichen Verkehrskreise die ernsthafte Möglichkeit besteht, dass die Haftungsvoraussetzungen des § 25 Abs. 1 HGB gegeben sind.[283] Relevant z.B. bei Fortführung von Einzelunternehmen durch GmbH oder bei Firmenleerübertragung. 414

Die Eintragung eines Haftungsausschlusses nach § 25 Abs. 2 HGB kann nicht erfolgen, wenn neben einem fortbestehenden Handelsgeschäft eine weitere Gesellschaft mit identischem Geschäftsgegenstand und ähnlichem Namen betrieben wird[284]. 415

i) Haftung für Steuerrückstände. Nach § 75 Abs. 1 AO haftet der Erwerber des Unternehmens für rückständige betriebliche Steuern aus dem letzten Kalenderjahr vor Übergang des Unternehmens. Wird ein Unternehmen von mehreren Personen zu Miteigentum nach Bruchteilen übernommen, so haften sie als Gesamtschuldner.[285] 416

j) Verfügungs- und Tätigkeitsbeschränkungen, Wettbewerbsverbote für Geschäftsführer und Gesellschafter. Die Übertragung des profitablen Geschäftskerns aus der GmbH an einen anderen Unternehmensträger kann ein existenzvernichtender Eingriff mit entsprechender **Haftungsfolge** (s. → Rn. 1228 ff.) für Gesellschafter und/oder Geschäftsführer sein. Etwa darf der beherrschende Gesellschafter „seiner" GmbH Geschäftschancen und Ressourcen nicht entziehen, um sie auf eine andere (von ihm beherrschte) Gesellschaft umzulenken, da dies ein existenzvernichtender Eingriff sein kann.[286] Ein existenzvernichtender Eingriff liegt nicht vor, wenn ein Gesellschafter die Geschäftsanteile an der Gesellschaft, die ggü. Gläubigern Verbindlichkeiten hat, veräußert und anschließend ein Konkurrenzunternehmen aufbaut.[287] 417

---

[278] OLG Hamm ZIP 2014, 1223 = NZG 2014, 1397.
[279] OLG Düsseldorf NZG 2003, 774.
[280] OLG München BB 2007, 903.
[281] OLG München ZIP 2008, 1823 = GmbHR 2008, 705; OLG Köln NZG 2010, 879; OLG Düsseldorf ZIP 2015, 2176.
[282] OLG Stuttgart GmbHR 2010, 1041; OLG Düsseldorf GmbHR 2011, 987.
[283] OLG Düsseldorf ZIP 2015, 2176; OLG Saarbrücken NZG 2018, 349 = ZIP 2018, 1352.
[284] OLG Frankfurt a.M. NZG 2005, 846.
[285] BFH NZG 2011, 715.
[286] BGH BB 2005, 286 = GmbHR 2005, 299 = ZIP 2005, 250.
[287] OLG Brandenburg, 10.1.2007 – 7 U 13/06, BeckRS 2009, 3089.

418 Der Geschäftsführer der übertragenden Gesellschaft kann aber zum Schadensersatz nach § 43 Abs. 1 und 2 GmbHG verpflichtet sein, wenn er die vereinbarten Kaufpreiszahlungen über Monate hinweg von der Erwerberin nicht einfordert.[288]

419 Außerdem ist darauf zu achten, dass Zuwiderhandlungen des Gesellschafters gegen die gesellschaftsrechtlichen Treuepflichten und des Geschäftsführers gegen das Wettbewerbsverbot vermieden werden, die ansonsten zu Schadensersatzansprüchen führen könnten.

420 **Praxishinweis:**
Die vorgenannten Haftungsgefahren, insb. die Gefahren der Strafbarkeit, des existenzvernichtenden Eingriffs und der insolvenzrechtlichen Anfechtbarkeiten zeigen, dass jedenfalls in Insolvenznähe in aller Regel davon abgeraten werden muss, aus dem insolventen Unternehmen den „profitablen Kern" herauszulösen und auf ein anderes Unternehmen zu übertragen und anschließend die alte Gesellschaft in die Insolvenz zu schicken. Die Trennung der Verbindlichkeiten vom Unternehmen gelingt i.d.R. nur durch eine Sanierung im Insolvenzverfahren.

II. Gestaltungen nach dem Umwandlungsrecht

1. Grundsätzliche Zulässigkeit

421 Grds. können Übertragungen zum Zweck der Sanierung auch durch rechtstechnisch vereinfachte Umwandlungen unter Beteiligung der Krisengesellschaft im Wege der Gesamtrechtsnachfolge nach dem UmwG durchgeführt werden.[289] Insbesondere besteht kein Vorrang der InsO vor dem UmwG. In Betracht können kommen

- ein Formwechsel von einer Personenhandelsgesellschaft in eine GmbH zum persönlichen Haftungsausschluss des (Sanierungs-)Gesellschafters,
- ein Formwechsel einer Personenhandelsgesellschaft (z.B. GmbH & Co. KG) in eine GmbH, damit ein Sanierungsinvestor Anteile zum symbolischen Kaufpreis von 1,00 EUR ohne steuerliche Nachteile durch Zurechnung von rein rechnerischen Gewinnen erwerben kann,
- Verschmelzung als Mittel einer sofort wirkenden Kapitalherabsetzung zur Generierung von Liquidität aus zuvor gebundenem Vermögen. Nach § 54 Abs. 1 Satz 3 UmwG darf die übernehmende Gesellschaft von der Anteilsgewährung absehen, wenn alle Gesellschafter der übertragenden Gesellschaft darauf verzichten; auch bei Verschmelzung zur Neugründung muss das Stammkapital der übernehmenden Gesellschaft nicht der Summe der Kapitalien der übertragenden Rechtsträger entsprechen,
- die Verschmelzung einer haftungsbeschränkten Gesellschaft auf eine Gesellschaft mit natürlicher Person als Vollhafter bzw. den Gesellschafter zur Beseitigung der strafbewehrten Insolvenzantragspflicht nach § 15a InsO,

---

[288] OLG Koblenz GmbHR 2007, 827 [Ls.].
[289] Sa Heckschen ZInsO 2008, 824 ff.; zu Verschmelzung in der Krise als Steuerrisiko s. Behrendt/Klages GmbHR 2010, 190 ff.; vgl. auch Herrmanns in Buth/Herrmanns, Restrukturierung, Sanierung, Insolvenz, § 14.

- Aufspaltung als Mittel einer sofort wirkenden Kapitalherabsetzung zur Freisetzung von Liquidität aus zuvor gebundenem Vermögen, weil nach § 125 UmwG auch hier § 54 Abs. 1 UmwG gilt,
- die Ausgliederung von Unternehmensteilen im Wege der partiellen Gesamtrechtsnachfolge, wobei jedoch die erheblichen (auch strafrechtlichen) Risiken der „übertragenden Sanierung" (→ Rn. 365 ff.) zu beachten sind, so dass diese Maßnahme i.d.R. im Insolvenzvorfeld nicht durchführbar sein dürfte.

Gegen die grundsätzliche Zulässigkeit der Umwandlungen ist m.E. nichts einzuwenden, da weder die InsO noch das UmwG einen Vorrang des Insolvenzverfahrens vor dem Umwandlungsverfahren regeln, insbesondere mit der ganz h.M. nicht anzunehmen ist, dass die Insolvenzantragspflicht Vorrang vor der Durchführung von Umwandlungsmaßnahmen habe.[290] Somit können grundsätzlich auch insolvente Gesellschaften an Umwandlungen beteiligt sein.

- Selbstverständlich ist aber, dass auch während der Durchführung der Umwandlungen die Insolvenzantragspflicht nicht ausgesetzt ist, also bei Eintritt der Insolvenzreife der Geschäftsführer der haftungsbeschränkten Gesellschaft die strafbewehrte Insolvenzantragspflicht hat. In diesem Zusammenhang ist darauf hinzuweisen, dass die Umwandlung erst mit Eintragung ins Handelsregister wirksam wird.

Weil es sich bei der Umwandlung um eine Sacheinlage unter Beteiligung des Krisenunternehmens gegen Gewährung von Kapitalanteilen handelt, können solche Bestrebungen allerdings zum Scheitern verurteilt sein, soweit es an der Werthaltigkeit der Sacheinlage mangelt. Das Problem der **erforderlichen Kapitalaufbringung** muss also zunächst gelöst werden, damit der Weg für eine Umwandlung frei wird. 422

Rechtsträger, über die ein Insolvenzverfahren eröffnet ist, können nach ganz h.M. regelmäßig nicht mehr an Umwandlungsprozessen beteiligt sein. Die Begründung ergibt sich aus § 3 Abs. 3 UmwG. Die Fortsetzung der Gesellschaft kann nicht während, sondern erst nach Einstellung des Insolvenzverfahrens oder nach Bestätigung eines Insolvenzplans, der den Fortbestand der Gesellschaft vorsieht, beschlossen werden (§ 60 Abs. 1 Nr. 4 GmbHG). 423

2. Umwandlungswege

Denkbar sind folgende Wege für Umwandlungsmaßnahmen: 424

a) Verschmelzungen. Die Verschmelzung ist grundsätzlich Sacheinlage gegen Gewährung neuer Anteile. Dabei sind selbstverständlich die Kapitalaufbringungsvorschriften zu beachten, was vom Registergericht auch zu prüfen ist. Deshalb wird die Überschuldung des übernehmenden Rechtsträgers die Verschmelzung ausschließen, wenn dieser eine GmbH oder AG ist (§§ 54 Abs. 1 Satz 1 Nrn. 1–3, 68 Abs. 1 Nrn. 1–3 UmwG). Ausnahmen können gemacht werden in den Fällen der §§ 54 Abs. 1 Satz 2 Nrn. 1 u. 2, 68 Abs. 1 Satz 2 Nrn. 1 u. 2 UmwG oder wenn die übernehmende Gesellschaft von der Anteilsgewährung absieht, 425

---

[290] Heckschen in Reul/Heckschen/Wienberg, Insolvenzrecht in der Gestaltungspraxis, 2. Aufl., § 4, Rn. 509 ff., 532; OLG Stuttgart NZG 2006, 15.

weil alle Anteilsinhaber der übertragenden Gesellschaft darauf verzichten, §§ 54 Abs. 1 Satz 3, 68 Abs. 1 Satz 3 UmwG. Dieser Fall kann praxisrelevant sein bei Umwandlungen im Konzern, etwa von Schwestergesellschaften.

Im Einzelnen:

426 (1) Die Verschmelzung eines überschuldeten Rechtsträgers (etwa GmbH) auf den Alleingesellschafter, § 120 UmwG ist nach herrschender Meinung zulässig, und zwar auch bei Überschuldung des Alleingesellschafters,[291] wie sich aus einem Umkehrschluss aus § 152 Satz 2 UmwG ergibt.[292] Auch § 120 UmwG enthält keine diesbezügliche Beschränkung. Auch die Haftung des Geschäftsführers des übertragenden Rechtsträgers nach § 25 UmwG und des übernehmenden Rechtsträgers nach § 27 UmwG können zur Begründung für die Zulässigkeit angeführt werden. Nicht zu verkennen ist jedoch, dass der Gläubigerschutz über § 22 UmwG nur schwach und zudem umgehbar ausgestaltet ist.

427 (2) Ob die Verschmelzung eines Rechtsträgers auf den überschuldeten Alleingesellschafter, § 120 UmwG zulässig ist, ist ebenfalls streitig, nach wohl überwiegender Auffassung aber zulässig (s.o.) Für die Zulässigkeit spricht, dass die §§ 120 ff., 152 UmwG derartige Umwandlungen nicht beschränken bzw. ausschließen und dass nach § 1 Abs. 2 UmwG ein Analogieverbot besteht. Gegen die Zulässigkeit wird der in § 22 UmwG nur unvollständig ausgeprägte Gläubigerschutz angeführt: Das Sicherheitsverlangen der Gläubiger geht nach der Eintragung der Umwandlung ins Leere.

428 (3) Die Verschmelzung einer überschuldeten Gesellschaft (etwa GmbH) auf eine „gesunde" haftungsbeschränkte Gesellschaft (etwa eine GmbH, GmbH & Co. KG, AG), § 2 Nr. 1 UmwG ist zulässig.[293] Halten die beteiligten Gesellschaften an der jeweils anderen Anteile, ist die Verschmelzung in „beide Richtungen" möglich, also sowohl Tochter- auf Muttergesellschaft (sog. Upstream-Merger) als auch Mutter- auf Tochtergesellschaft (sog. Downstream-Merger)[294]. Die Anteilseigner der übertragenden Gesellschaft können nach §§ 54, 68 UmwG auf die Gewährung von Anteilen am aufnehmenden Rechtsträger verzichten.[295] Der nachgelagerte Gläubigerschutz nach § 22 UmwG dürfte oft unzureichend sein. Für die Gläubiger sinnvoller wäre ein vorgelagerter Gläubigerschutz mit Leistung der Sicherheiten vor Durchführung der Verschmelzung etwa nach § 122j UmwG.

Zu beachten ist, dass erhebliche **Haftungsrisiken** diskutiert werden für die Geschäftsleiter der beteiligten Rechtsträger (§§ 25 Abs. 1, 27 UmwG) und für die Gesellschafter wegen Differenzhaftung oder verbotener Einlagenrückgewähr an

---

[291] OLG Stuttgart, DStR 2006, 338; OLG Hamm, NZG 2021, 238; eine Minderauffassung hält das unter Hinweis auf § 152 S. 2 UmwG, den durch § 30 GmbHG bezweckten Gläubigerschutz und die Insolvenzantragspflicht nach § 15a InsO für unzulässig, etwa Priester, NZG 2021, 1011 ff.

[292] OLG Stuttgart NZG 2006, 159. Eine Minderauffassung hält das unter Hinweis auf § 152 Satz 2 UmwG für unzulässig.

[293] LG Leipzig DB 2006, 885.

[294] Zum Downstream-Merger s. ausführlich Heckschen in Reul/Heckschen/Wienberg, Insolvenzrecht in der Gestaltungspraxis, 2012, S. 451 ff. (wiederum mit Muster).

[295] Zum Formerfordernis (notarielle Beurkundung) und evtl. Entbehrlichkeit (insbesondere wenn nur eine natürliche Person beider Gesellschaften ist) s. OLG Köln, NZG 2020, 421; zum Grundsatz der Anteilsgewähr und den Verzichtsmöglichkeiten s. a. Heckschen, GmbHR 2021, 8 ff.

die Gesellschafter der übertragenden Gesellschaft nach §§ 30, 31 GmbHG, § 57 AktG oder wegen existenzvernichtenden Eingriffs durch die Gesellschafter des aufnehmenden Rechtsträgers nach § 826 BGB und in der Folge für die Berater, die auf solche Risiken nicht ausreichend hingewiesen haben[296]. Für die Verschmelzung einer insolvenzreifen GmbH auf eine „gesunde" GmbH zur Aufnahme mit Kapitalerhöhung beim aufnehmenden Rechtsträger hat der **BGH** jüngst entschieden, dass eine Differenzhaftung der Anteilseigner des übertragenden Rechtsträgers wegen Überbewertung des Vermögens des übertragenden Rechtsträgers gesetzlich nicht bestehe, da es sich um einen originären Anteilserwerb handele (wenn überhaupt Anteile am Zielrechtsträger an die Gesellschafter des Ausgangsrechtsträgers gewährt werden); eine solche Haftung könne sich nur aus einer gesondert gegebenen Kapitaldeckungszusage ergeben, die aber nicht schon in dem Verschmelzungsprozess an sich liege.[297] Hingegen komme eine Haftung der beteiligten Gesellschafter wegen existenzvernichtenden Eingriffs in Betracht, insbesondere dann, wenn durch die Verschmelzung die Insolvenz des übernehmenden Rechtsträgers herbeigeführt oder vertieft wird.[298] Die sittenwidrige Schädigung liege darin, dass die insolvente Gesellschaft liquidationslos beseitigt werden soll.

Offengelassen hat der BGH, ob im Rahmen einer Verschmelzung durch Überleitung negativen Vermögens die Kapitalerhaltungsgrundsätze verletzt sind und daher eine Haftung nach §§ 30, 31 GmbHG in Frage kommt.[299] Diese Frage ist in der Litaratur umstritten. Die, soweit ersichtlich h.M. vertritt die Auffassung, dass zumindest beim sog. Down-Stream-Merger die Übernahme des Schuldenüberhangs ein Verschmelzungshindernis sei, wenn bei der übernehmenden Gesellschaft eine Unterbilanz entsteht. Werde die Verschmelzung dennoch ins HReg. eingetragen, bleibe sie zwar wirksam, es verblieben jedoch Erstattungsansprüche gegen die Gesellschafter nach § 31 GmbHG und gegen den Geschäftsführer der aufnehmenden Gesellschaft nach § 43 Abs. 2 u. 3 GmbHG sowie den Geschäftsführer der übertragenden Gesellschaft nach § 25 Abs. 1 UmwG. Außerdem käme eine Existenzvernichtungshaftung der Gesellschafter nach § 826 BGB in Betracht. Nach der m.E. vorzugswürdigen Minderauffassung liegt bereits kein Anwendungsfall der §§ 30, 31 GmbHG vor, da die nach § 20 Abs. 1 Nr. 3 UmwG an die Gesellschafter der Muttergesellschaft zu leistenden Anteile direkt/unmittelbar aus dem Vermögen der Muttergesellschaft und nicht aus dem Vermögen der aufnehmenden Tochtergesellschaft geleistet würden.[300]

(4) Die Verschmelzung einer gesunden GmbH auf eine überschuldete GmbH, § 2 Nr. 1 UmwG, ist möglich, wenn die Insolvenzreife der aufnehmenden Gesellschaft dadurch beseitigt wird. Der Gläubigerschutz über § 22 UmwG ist wiederum oft unzureichend. I.d.R. ist es auch kein Gestaltungsmissbrauch nach § 42 AO, wenn eine „Gewinngesellschaft" auf eine „Verlustgesellschaft" verschmolzen wird.[301]

429

---
[296] Sa Schwetlik GmbHR 2011, 130 ff., andererseits Weiß GmbHR 2017, 1017 ff.
[297] BGH ZIP 2019, 114 = GmbHR 2019, 172; zust. zu dieser Entscheidung Heckschen NZG 2019, 561 ff. und EWiR 2019, 101 f.
[298] BGH ZIP 2019, 114 = GmbHR 2019, 172.
[299] Heckschen NZG 2019, 561 ff.
[300] Zur Problematik s. Gottschalk, Zur Anwendbarkeit des § 30 Abs. 1 GmbHG im Rahmen eines Down-Stream-Mergers, GmbHR 2021, 981 ff.
[301] BFH ZIP 2021, 1864

430 (5) Die Verschmelzung einer überschuldeten GmbH auf eine Personengesellschaft (mit natürlicher Person als persönlich haftendem Gesellschafter) ist zulässig; es entfallen der Insolvenzgrund der Überschuldung und eine Insolvenzantragspflicht. Zu beachten ist aber auch hier, dass die Umwandlung erst mit Eintragung wirksam wird; bis zu diesem Zeitpunkt besteht die strafbewehrte Insolvenzantragspflicht der Geschäftsführung der überschuldeten GmbH fort. Oft kann der Umwandlungsprozess nicht innerhalb der 3-Wochen-Frist wirksam abgeschlossen werden.

431 **b) Spaltungen.** Hier sind zu erörtern Aufspaltung, Abspaltung und Ausgliederung. Es handelt sich um eine Sacheinlage gegen Gewährung von Anteilen, bei welcher wegen der partiellen Gesamtrechtsnachfolge auf die Werthaltigkeit zu achten ist.

432 (1) Abspaltung eines Teilbetriebes einer GmbH mit Unterbilanz
- evtl. kann eine vereinfachte Kapitalherabsetzung nach § 139 UmwG (GmbH) bzw. § 145 UmwG (AktG) in Betracht kommen, um die Unterbilanz zu beseitigen, die die Umwandlung nach § 140 UmwG (GmbH) bzw. § 146 UmwG (AktG) hindern würde. Wegen der bilanziellen Betrachtungsweise dürften Rangrücktritte von Gläubigern nicht helfen.

433 (2) Abspaltung eines Teilbetriebes einer überschuldeten GmbH
- nicht möglich, da Erklärung nach § 140 UmwG (GmbH) bzw. § 146 UmwG (AktG) nicht abgegeben werden kann, denn das verbleibende Vermögen muss das Stamm- bzw. Grundkapital decken. Zusätzlich bestünde die Gefahr einer strafbewehrten falschen Versicherung des Geschäftsführers.
- auch evtl. Rangrücktritte beseitigen das Problem nicht, da Verbindlichkeiten handelsrechtlich weiter zu passivieren.

434 (3) Für die Ausgliederung wird eine einschränkende Auslegung der § 140 UmwG (GmbH) bzw. § 146 UmwG (AktG) vertreten, da es sich um einen bloßen Aktivtausch handele und die Ausgliederung weder ursächlich für die Unterdeckung des Stammkapitals ist noch die Unterdeckung vertieft[302].
Eine Ausgliederung aus einer überschuldeten GmbH dürfte sich jedoch stets verbieten (zur Ausgliederung mit Insolvenzplan s. → Rn. 2359).

435 **c) Formwechsel.** Fraglich ist, ob ein Formwechsel von einer Kapitalgesellschaft in eine Personengesellschaft mit einer natürlichen Person als persönlich haftendem Gesellschafter zulässig ist mit der Folge, dass dadurch der Insolvenzgrund Überschuldung und somit die Insolvenzantragsverpflichtung vermieden wird. Beim Formwechsel einer GmbH in eine KG ist der Eintritt des phG mit Wirksamwerden des Formwechsel möglich;[303] Eine solche Maßnahme kann zu erwägen sein, wenn etwa der Gesellschafter-Geschäftsführer der GmbH für die wesentlichen Verbindlichkeiten der GmbH im Wege der Mitverpflichtung oder Bürgschaft ohnehin haftet und der Geschäftsbetrieb des Unternehmens keine besonderen Haftungsrisiken birgt. Die Zulässigkeit ist fraglich wegen §§ 220, 197 UmwG: das Kapital muss aufgebracht sein, die Gründungsvorschriften für die

---

[302] Stindt NZG 2017, 174 ff.
[303] OLG Oldenburg, NZG 2020, 193.

D. Transaktionsmaßnahmen zur Sanierung

Rechtsform der Zielgesellschaft sind zu beachten. M.E. müsste die Maßnahme zulässig sein, weil sich die Haftungsmasse für die Gläubiger allenfalls erweitern kann.

3. Allgemeine Risiken (insbesondere bei Beteiligung insolventer Gesellschaften)

Nicht zu verkennen sind jedoch die nachfolgend zu nennenden Risiken der Umwandlung, insb. wenn sie aus dem Stadium der Insolvenzreife heraus vorgenommen werden soll.[304] 436

(1) Zunächst ist auf die **Haftung** der beteiligten Rechtsträger für vor der Umwandlung begründete **Verbindlichkeiten** nach §§ 133, 135 UmwG hinzuweisen. Nach OLG Brandenburg gilt für die Geltendmachung dieser Haftungsansprüche gegen einen Gesellschafter einer GmbH in einem späteren Insolvenzverfahren § 93 InsO nicht entsprechend, weil der Wortlaut dies nicht deckt und eine planwidrige Regelungslücke nicht vorliege.[305] Die Trennung des Vermögens vom bisherigen Rechtsträger unter Zurücklassen lediglich der Verbindlichkeiten lässt sich also durch Umwandlungsmaßnahmen nicht erreichen. 437

(2) Sind Kapitalgesellschaften beteiligt, ist Folgendes zu berücksichtigen: Beim Zielrechtsträger muss auf die Aufbringung des Mindestkapitals geachtet werden (vgl. § 220 UmwG). Die Ermittlung des maßgeblichen Vermögens erfolgt dabei nicht nach Buchwerten, sondern nach dem Verkehrswert des als Sacheinlage eingebrachten Unternehmens, für den in erster Linie auf den Ertragswert abgestellt werden kann[306]. Zur Existenzvernichtungshaftung zumindest der Gesellschafter der im Wege der Verschmelzung aufnehmenden „gesunden" Gesellschaft (evtl. mittäterschaftlich auch der Gesellschafter der „kranken" Gesellschaft) und zur (vom BGH verneinten) Differenzhaftung der Gesellschafter der übertragenden „kranken" Gesellschaft sei auf die obigen Ausführungen verwiesen. 438

(3) Zu beachten ist für die Praxis außerdem, dass Umwandlungen nach dem UmwG erst mit Eintragung ins Handelsregister der beteiligten Gesellschaften wirksam werden (§ 20 UmwG) und regelmäßig allein zur Erfüllung aller formaler Eintragungsvoraussetzungen erhebliche Zeiträume vergehen. Während dieser Zeit besteht für die Geschäftsführungen beteiligter haftungsbeschränkter Gesellschaften die **Gefahr** der strafbewehrten **Insolvenzverschleppung** fort nach § 15a InsO. Ob allein die Sanierungsaussicht durch Umwandlung die Fortführung der Gesellschaft nach den Umständen überwiegend wahrscheinlich macht, so dass eine Überschuldung i.S.d. § 19 Abs. 2 S. 1 InsO nicht (mehr) vorliegt, ist zumindest fraglich und allenfalls anzunehmen, wenn die Liquidität im Prognosezeitraum gesichert ist (zur positiven Prognose s. → Rn. 98 ff.). 439

Selbstverständlich ist auch das strafrechtliche Risiko der **Bankrottstraftaten** nach §§ 283 ff. StGB im Blick zu behalten.[307] Bei einer Verschmelzung ist der objektive Tatbestand des § 283 Abs. 1 StGB erfüllt, wenn die Gläubiger des übertragenden (insolvenzbedrohten) Rechtsträgers keine adäquate Gegenleistung als 440

---

[304] Sa Weiß GmbHR 2017, 1017 ff.
[305] OLG Brandenburg ZInsO 2013, 2277 = BeckRS 2013, 11848.
[306] OLG Frankfurt a.M. ZIP 2015, 1229.
[307] Brand, Strafbarer Bankrott durch Verschmelzung?, ZIP 2019, 1993 ff.

Haftungsvermögen erhalten. Auch kann durch eine Verschmelzung der Zugriff der Gläubiger auf haftendes Vermögen zumindest erschwert werden, etwa dadurch, dass ein Titel erst umgeschrieben werden muss. Beiseiteschaffen kann auch gegeben sein, wenn die für den Gegenstand erlangte Forderung wegen Uneinbringlichkeit das Weggegebene nicht ausgleicht. Es ist also streng darauf zu achten, dass der Sanierungserfolg der Maßnahme gemäß einem Sanierungskonzept aus der ex-ante-Sicht erreichbar ist.

441 (4) Außerdem kann das Risiko der Insolvenzanfechtung bestehen, weil, soweit ersichtlich, noch nicht abschließend geklärt ist, ob § 20 Abs. 2 UmwG (Bestandsschutz eingetragener Umwandlungen) sowie die §§ 22, 23, 125 Satz 1 und 133 UmwG Vorrang vor §§ 129 ff. InsO haben und beide gegensätzlichen Meinungen vertreten werden.[308] M.E. sind vollzogene, d.h. eingetragene Umwandlungen nicht nach §§ 129 ff. InsO anfechtbar, weil die gesamtschuldnerische Haftung der beteiligten Rechtsträger eine Gläubigerbenachteiligung ausschließt.[309] Außerdem würde die Abwicklung kaum lösbare Schwierigkeiten aufwerfen.

III. Weitere Transaktionsformen

442 Zur Abwendung eines Insolvenzrisikos für den Betrieb selbst oder zur Vorbereitung eines Unternehmenserwerbs aus eröffnetem Insolvenzverfahren kann auch eine **Unternehmensverpachtung** in Betracht kommen.[310] Selbstverständlich sind auch hier die vorgenannten Risiken abzuwägen. Das Risiko der Existenzvernichtungshaftung dürfte bei angemessenem Pachtzins nicht bestehen.[311]

Denkbar ist auch ein sog. echter Betriebsführungsvertrag, der dadurch gekennzeichnet ist, dass der Betriebsführer den Betrieb in fremdem Namen (der Eigentümergesellschaft) führt und so bereits die wirtschaftliche Leitung übernimmt. Im Unterschied dazu liegt ein sog. unechter Betriebsführungsvertrag vor, wenn der Betriebsführer den Betrieb in eigenem Namen führt. Echte Betriebsführung ist kein Betriebsübergang i.S.d. § 613a BGB.[312]

Als weitere zu erwägende Maßnahmen sind zu nennen
- Erwerb notleidender Kredite mit anschließender Übernahme des Unternehmens (sog. Loan-to-Own-Transaktionen, „debt-equity-swap"),
- Rückkauf eigener Kredite (Debt-Buy-Back),
- gruppeninterne Sanierung durch Bareinlagen, Freistellungen oder Patronatserklärungen,
- Distressed M&A und Veräußerung von Assets,
- Mitarbeiterbeteiligung,[313]

---

[308] Anfechtung möglich: Hirte in Uhlenbruck, InsO 13. Aufl., § 129, Rn. 68; Roth ZInsO 2013, 1597 ff. für die Insolvenzanfechtung von Verschmelzungen; Vorrang des gesellschaftsrechtlichen Gläubigerschutzes nach dem UmwG: OLG Jena FHZivR 44 Nr. 5971 (noch zur GesO); KG NZG 1999, 1018 (noch zur KO); Heckschen ZInsO 2008, 824, 829.
[309] Thole, Gesellschaftsrechtliche Maßnahmen in der Insolvenz, Rn. 491–493.
[310] Zu diesen und den steuerlichen Aspekten sa Rödding/Bühring DStR 2009, 1933 ff.
[311] Sauer/Stoll BB 2011, 1091 ff.
[312] LAG Stuttgart ZIP 2016, 2382.
[313] Sa Göpfert/Buschbaum ZIP 2010, 2330 ff.

- doppelnützige Treuhand: Übertragung von Gesellschaftsanteilen auf einen Treuhänder, der sie im Interesse des Gesellschafters und der Kreditgeber hält.[314]

IV. Doppelnützige Treuhand

Als ein Instrument im Sanierungsprozess der Gesellschaft wurde mitunter die doppelnützige Treuhand eingesetzt. Hierbei handelt es sich um die Übertragung von Gesellschaftsanteilen auf einen Treuhänder, der sie aufgrund zweier Treuhandvereinbarungen sowohl mit dem Gesellschafter als auch mit dem Kreditgeber hält[315] und somit deren und der Gläubiger gemeinsamem Sanierungsinteresse dient. Jüngst ist fraglich geworden, ob diese gängige und erprobte Vertragsgestaltung[316] rechtlich (noch) zulässig ist. Vereinzelt wird vertreten, dass ein Verstoß gegen §2 RDG vorliege, wenn Treuhänder ein Nicht-Rechtsanwalt ist.[317] Dem kann entgegengehalten werden, dass der Treuhänder wirtschaftlich und nicht rechtsberatend tätig wird.[318] Nicht zu verkennen scheint mir jedoch, dass ab Eintritt des Sicherungsfalls des begünstigten Kreditinstituts zwischen diesem als dem einen Treugeber und dem Gesellschafter als dem anderen Treugeber Interessenskonflikte auftreten können, die beim Treuhänder zur unzulässigen gleichzeitigen Wahrnehmung widerstreitender Interessen führen.[319] Für den Fall, dass der Treuhänder Rechtsanwalt oder eine Anwalts-GmbH ist, ist die Wahrnehmung widerstreitender Interessen nach §43a Abs.4 BRAO und §3 BORA verboten, was nun nach der Neufassung des §3 Abs.1 Satz 2 BORA jedenfalls grundsätzlich zur Unzulässigkeit der doppelseitigen Treuhand führe.[320] Dem kann evtl. entgegengehalten werden, dass nicht schon potenziell künftige widerstreitende Interessen die Tätigkeit verbieten.[321] Da ober- oder höchstrichterliche Rechtsprechung hierzu noch nicht vorliegt, sollte Anwälten m.E. von der Übernahme der doppelten Treuhandtätigkeit abgeraten werden. Bei der GmbH ist zusätzlich zu gewärtigen, dass der neue Treuhand-Gesellschafter aus der Gesellschafterliste ersichtlich ist (Eintragung erforderlich wegen §16 Abs.1 Satz 1 GmbHG) und so u.U. der Sanierungsfall offensichtlich wird. Evtl. bietet sich hier eine Sicherungsverpfändung der Geschäftsanteile an.

443

V. Insolvenzbedingte Lösungsklauseln

Ein Dauerthema ist die Frage nach der Wirksamkeit von **insolvenzbedingten Lösungsklauseln in Verträgen**. Das sind solche vorinsolvenzlichen Vereinba-

444

---

[314] Dazu Budde ZInsO 2011, 1369 ff.
[315] Dazu Budde ZInsO 2011, 1369 ff.
[316] OLG München, Beschl. v. 2.12.2010, Az. 19 W 2376/10 (n.v.).
[317] Römermann/Funke Gavilá NZI 2012, 481.
[318] Sa BGH NJW-RR 2006, 1182, und NJW-RR 2012, 35.
[319] Römermann/Funke Gavilá NZI 2012, 481.
[320] Römermann AnwaltsBl. 2015, 34 ff.
[321] Baumert NJW 2014, 320; Szalai/Tietze AnwaltsBl. 2015, 37 ff.

rungen, die eine vorzeitige Lösung der solventen Partei von ihren vertraglichen Bindungen für den Fall der Insolvenz der anderen Partei vorsehen oder ermöglichen. Diese Regelungen können die Rechte des Insolvenzverwalters nach §§ 103 ff. InsO beeinträchtigen bzw. beseitigen und daher nach § 119 InsO unwirksam sein.

Der Richtlinienvorschlag der EU-Kommission für einen vorinsolvenzlichen Restrukturierungsrahmen sieht u.a. die Unwirksamkeit insolvenzbedingter Lösungsklauseln vor. Die noch in § 137 Abs. 2 InsO-E vorgesehene Anordnung der generellen Unwirksamkeit solcher Lösungsklauseln wurde nicht Gesetz. Mangels einer generellen gesetzlichen Regelung ist die Wirksamkeit einer Lösungsklausel also jeweils im Einzelfall zu prüfen.

Der BGH hat eine Regelung in einem Energielieferverertrag, nach der der Vertrag automatisch auch ohne Kündigung endet, wenn der Kunde einen Insolvenzantrag stellt oder über das Vermögen des Kunden ein Insolvenzverfahren eröffnet oder mangels Masse abgelehnt wird, als nach § 119 InsO unwirksam entschieden[322]. Maßgeblich für die Beurteilung der (Un)wirksamkeit war der Anknüpfungszeitpunkt. Insoweit muss unterschieden werden zwischen insolvenzunabhängigen und insolvenzabhängigen (insolvenzbedingten) Lösungsklauseln. Letztere sind wegen ihrer Anknüpfung an den Insolvenzantrag oder die Insolvenzeröffnung unwirksam.[323] In Abgrenzung zur vg. Entscheidung des BGH verstößt das in § 8 Abs. 2 Nr. 1 Alt. 2 VOB/B enthaltene Kündigungsrecht aber nicht gegen § 119 InsO.[324] Die Eröffnung eines Insolvenzverfahrens ist kein wichtiger Grund zur außerordentlichen Kündigung des Werkvertrages durch den Besteller.[325] Auch der Insolvenzantrag über das Vermögen des Unternehmers begründet ein solches a.o. Kündigungsrecht des Werkbestellers nicht ohne Hinzutreten weiterer Umstände.[326]

F. Beteiligung des Finanzamts am Sanierungsprozess

I. Vorbemerkung

445 Hier geht es nicht allein um die Verhandlung mit dem Finanzamt (FA) über Stundung oder (Teil-)Erlass von bestehenden Steuerrückständen, die nach §§ 222, 227 AO möglich sein können.[327] [328] Es kommt ebenfalls darauf an, nicht im Wesentlichen „in die Tasche des Fiskus" zu sanieren, etwa durch Steuern auf

---

[322] BGH ZIP 2013, 274 = ZInsO 2013, 292; dazu Huber ZIP 2013, 493 ff.; Jacoby ZIP 2014, 649 ff. Zu Lösungsklauseln im Bankgeschäft s. Obermüller ZInsO 2013, 476 ff.

[323] S.a. OLG Celle ZIP 2022, 541 = NZI 2022, 65 für eine insolvenzbedingte Lösungsklausel in einem Vertrag über die Schülerbeförderung.

[324] LG Wiesbaden ZIP 2014, 386; zur Zulässigkeit insolvenzabhängiger Lösungsklauseln im Bauvertragsrecht u. sog. Step-In Klauseln s. Scheef/Uyani-Wietz ZIP 2016, 250 ff.

[325] BGH ZIP 2017, 1915.

[326] Zeyns ZIP 2018, 8 ff.

[327] Zur Gebührenpflicht der verbindlichen Auskunft bei Umstrukturierungen – teuer erkaufte Rechtssicherheit? sa Keß/Zillmer DStR 2008, 1466 ff.

[328] Ausgewählte Literatur zu steuerlichen Aspekten einiger Restrukturierungsmaßnahmen in der Krise der GmbH: Crezelius NZI 2005, 542 f.; Obermair BB 2006, 582 ff.;

Buchgewinne durch Forderungsverzichte der Gläubiger oder den Verlust von Verlustvorträgen nach Gesellschafterwechsel bei Kapitalgesellschaften. Es geht also darum, den Sanierungserfolg nicht durch zu hohe Steuerbelastungen zu gefährden.

Zu beachten ist aber (leider), dass das Finanzamt regelmäßig nicht wie andere Gläubiger durch Vergleichsverhandlungen in das Sanierungsgeschehen eingebunden werden kann, weil Vergleiche über Steueransprüche, auch wenn sie aus der Sicht des Finanzamtes wirtschaftlich sinnvoll wären, regelmäßig dem Grundsatz der Gesetzmäßigkeit und Gleichmäßigkeit der Besteuerung zuwiderlaufen.[329] Auch leugnen die Finanzämter häufig die Stundungs- bzw. Erlasswürdigkeit des Schuldners nach §§ 222, 227 AO, wenn dieser in der Vergangenheit, etwa aus Mangel an Mitteln, steuerrechtliche Pflichten verletzt hat.

II. Steuerfreiheit von Sanierungsgewinnen?

1. Mögliche Ansätze

Unternehmenssanierung wird regelmäßig auch eine teilweise Entschuldung des Unternehmens umfassen. Insb. die Entschuldung einer Kapitalgesellschaft birgt jedoch steuerliche Risiken. Damit die Steuern (Einkommen-, Körperschaft- und Gewerbesteuer) auf Sanierungsgewinne den Erfolg nicht wieder zunichtemachen bzw. zu stark einschränken, sind im Vorfeld Überlegungen anzustellen, wie die Sanierungsgewinne steuerlich zu behandeln sind. Um Sanierungsgewinne handelt es sich nicht, wenn zwischenzeitlich bis zur Entscheidung des Finanzamtes die Sanierungseignung der Maßnahme entfällt.[330]   446

Grundsätzlich sind folgende Möglichkeiten denkbar:
- **Stundung, Erlass, niedrigere Festsetzung, §§ 222, 227, 163 AO:** Häufig nur schwer zu erreichen, da damit die gesetzgeberische Entscheidung, die Steuerfreiheit des Sanierungsgewinnes abzuschaffen, durch die Verwaltung korrigiert würde;
- **Verrechnung** des den Verlustvortrag übersteigenden Teils des Sanierungsgewinns durch Verringerung der Buchwerte der abschreibungsfähigen Aktiva (Folge: Bildung stiller Reserven mit Effekt der Steuerstundung bis zur Auflösung) wird regelmäßig abgelehnt;
- Bildung einer steuerfreien zinslosen **Rücklage** i.H.d. laufenden und des den Verlustvortrag übersteigenden Teils des Sanierungsgewinns, die innerhalb einer bestimmten Zeit (z.B. 10–15 Jahre) gewinnerhöhend aufzulösen ist.

Eickhorst BB 2007, 1707 ff.; Frey/Mückl GmbHR 2010, 1193 ff.; Schwenker/Fischer DStR 2010, 1117 ff.; Thiele ZInsO 2014, 325 ff. und ZInsO 2014, 373 ff.; Aigner JM 2015, 119 ff.
[329] S. nur BFH GmbHR 2011, 557.
[330] VG München BB 2010, 747.

2. Sonderregelungen zur ertragsteuerlichen Behandlung von Sanierungsgewinnen

447 **a) Sanierungserlass des BMF aus dem Jahr 2003 unanwendbar.** Das BMF-Schreiben vom 27.3.2003 (Sanierungserlass) zur ertragsteuerlichen Behandlung von Sanierungsgewinnen,[331] nach welchem die Steuern, die aus Sanierungsmaßnahmen, insbesondere aus Forderungsverzichten der Gläubiger entstehen und die über die Verlustvorträge hinausgehen (Sanierungsgewinne), aus Billigkeitsgründen abweichend festgesetzt, gestundet und anschließend erlassen werden konnten, war nach der Entscheidung des Großen Senats des BFH wegen Verstoßes gegen das Legalitätsprinzip (Grundsatz der Gesetzmäßigkeit der Verwaltung) aus Art. 20 Abs. 3 GG, § 85 S. 1 AO nicht (mehr) anwendbar.[332] Der Sanierungserlass des BMF sei eine strukturelle Gesetzeskorrektur, da aus allgemeinen Billigkeitserwägungen über die in §§ 163, 227 AO gesetzlich normierten Voraussetzungen für Erlass und Stundung der Steuern hinausgegangen werde. Auf sog. Altfälle, also solche in denen der Forderungsverzicht der an der Sanierung beteiligten Gläubiger bis zum 8.2.2107 (Tag der Bekanntmachung der vg. Entscheidung des BFH) ausgesprochen wurde, sollte gemäß Schreiben des BMF vom 27.4.2017 (IV C 6-S 2140/13/10003, BStBl. I 2017, 741) der frühere Sanierungserlass vom 27.3.2003 weiter angewendet werden. Auch dies hat der BFH jedoch in zwei Entscheidungen wegen Verstoßes gegen den Grundsatz der Gesetzmäßigkeit der Verwaltung untersagt.[333] Zwar sollten nach der Verwaltungsanweisung des BMF im BMF-Schreiben vom 29.3.2018 (BStBl. I 2018, 588) die beiden vg. Entscheidungen des BFH über die eintschiedenen Fälle hinaus nicht anzuwenden sein,[334] jedoch hat der BFH daraufhin entschieden, dass das BMF-Schreiben vom 27.3.2003 insgesamt unanwendbar bleibt; die Wiederholung der Verwaltungsauffassung im jüngsten BMF-Schreiben ändere daran nichts.[335]

448 **b) Gesetzliche Sonderregelungen zur Besteuerung von Sanierungsgewinnen.** Nach der Entscheidung des Großen Senats des BFH stand die Sanierungspraxis vor einem steuerrechtlichen Scherbenhaufen, da jegliche Harmonisierung von Insolvenz- und Steuerrecht fehlte.[336] Die steuerlichen Folgen der Sanierung konnten leider durchaus geeignet sein, eine wirtschaftlich sinnvolle und mögliche Sanierung des angeschlagenen Unternehmens zu verhindern, da das nach der Entscheidung des großen Senats des BFH verbliebene steuerrechtliche Instrumentarium bei weitem nicht ausreichte. So werden zur endgültigen finanziellen Sanierung des Unternehmens regelmäßig Forderungs(teil)verzichte der Gläubiger mit den nun ungebremsten Steuerfolgen erforderlich sein, so dass lediglich Rang-

---

[331] BStBl. I 2003, 240 ff., ZIP 2003, 690.
[332] Großer Sanat des BFH ZIP 2017, 338 = GmbHR 2017, 310; dazu Schüppen ZIP 2017, 752 ff.
[333] BFH ZIP 2017, 2158 und 2161; dazu Desens NZG 2018, 87 ff.
[334] BMF-Schr. v. 29.3.2018, BStBl. I 2018, 588, GmbHR 2018, 496.
[335] BFH ZIP 2018, 1360.
[336] Sa den Bericht der sog. Seer-Kommission zur Harmonisierung von Insolvenz- und Steuerrecht, Beilage 2 zu ZIP 42/2014.

rücktritte oft nicht ausreichen.³³⁷ Auch werden Steuererlasse nach §§ 163, 227 AO häufig wegen der hohen und ungenauen Voraussetzungen der Erlasswürdigkeit des Steuerpflichtigen regelmäßig nicht oder zumindest nicht mit der für das Sanierungskonzept erforderlichen Prognostizierbarkeit erreichbar sein.³³⁸

Also bestand dringender Handlungsbedarf sowohl der Verwaltung als auch des Gesetzgebers, da der durch den BFH geschaffene Schwebezustand für sanierungsbedürftige und -würdige Unternehmen untragbar und für die Sanierungskultur schädlich war.³³⁹ Für nach der Entscheidung des großen Senats des BFH entstandene und weiter entstehende Sanierungsgewinne wurde eine umgehende gesetzliche Regelung erforderlich, die auch die Gewerbesteuer erfasst.³⁴⁰ Nach der Anregung durch den Bundesrat zur Wiedereinführung einer Regelung zur Steuerfreiheit von Sanierungsgewinnen³⁴¹ hat der Bundestag gemäß den Empfehlungen des Finanzausschusses³⁴² mit Gesetz vom 27.6.2017³⁴³ gegen schädliche Steuerpraktiken folgende **Gesetzesänderungen** betr. die steuerliche Behandlung von Sanierungsgewinnen beschlossen: 449

- neuer § 3a EStG zur Behandlung von Sanierungserträgen (einschl. solcher aus RSB), vergleichbar mit dem BMF-Schreiben vom 27.3.2003,
- neuer § 3c Abs. 4 EStG: kein Betriebsausgabenabzug für Aufwendungen, die zu steuerfreien Sanierungserträgen führen,
- neuer § 8 Abs. 9 KStG: Anwendung der §§ 3a und 3c EStG auch auf die Körperschaftsteuer,
- neuer § 7b GewStG: Anwendung der §§ 3a und 3c EStG auch auf die Gewerbesteuer.

Nach einem im Gesetz enthaltenen Vorbehalt sollte es erst nach ausdrücklicher Bestätigung der Vereinbarkeit mit dem EU-Beihilfenrecht durch die EU-Kommission in Kraft treten können. Die Kommission hat dies jedoch nicht beschlossen, sondern in einem sog. „Comfort letter" mitgeteilt, dass sie keine beihilferechtlichen Bedenken gegen die deutsche Regelung hat. Danach wurde der Geltungsvorbehalt durch das Gesetz zur Vermeidung vom Umsatzsteuerausfällen beim Handel mit Waren im Internet und zur Änderung weiterer steuerlicher Vorschiften³⁴⁴ gestrichen und die Neuregelung damit **rückwirkend in Kraft** gesetzt. Gleichzeitig wurde die Möglichkeit geschaffen, die Neuregelung auf Antrag auch auf **Altfälle** (Schuldenerlass bis zum 8.2.2017 = Tag der Bekanntgabe der Entscheidung des großen Senats des BFH) anzuwenden. Das war zur Vermeidung einer misslichen Lücke für die Zwischenzeit nötig geworden, weil der BFH in zwei Entscheidungen wegen Verstoßes gegen den Grundsatz der Gesetzmäßigkeit der Verwaltung die im Schreiben des BMF vom 27.4.2017 (IV C 6-S 2140/13/10003) vorgesehene weitere zwischenzeitliche Anwendung des Sanierungserlasses vom 27.3.2003 untersagt hatte.³⁴⁵

---
³³⁷ So aber Sax ua ZIP 2017, 710 ff.
³³⁸ Sa Desens ZIP 2017, 645 ff.
³³⁹ Sa Commandeur/Brocker NZG 2017, 333 ff.
³⁴⁰ Stellungnahme des DAV NZG 2017, 336; Kahlert/Schmidt ZIP 2017, 503 ff.
³⁴¹ BR-Drs. 59/17, 10 ff.
³⁴² BT-Drs. 18/12128.
³⁴³ BGBl. I 2017, 2074.
³⁴⁴ v. 11.12.2018, BGBl I 2018, 2338 ff.
³⁴⁵ BFH ZIP 2017, 2158 und 2161.

450 Die Tatbestandsvoraussetzungen des § 3a EStG sind:
- Unternehmensbezogene Sanierung,
- Sanierungsbedürftigkeit,
- Sanierungsfähigkeit,
- Sanierungseignung der Maßnahme,
- Sanierungsabsicht.

451 Die Auslegung der Tatbestandsmerkmale einer unternehmensbezogenen Sanierung i.S.d. § 3a Abs. 1 S. 1 u. Abs. 2 EStG erfolgt gemäß der Rechtsprechung zu § 3 Nr. 66 EStG a.F. Die Sanierungsabsicht setzt für die Steuerbefreiung von Sanierungserträgen aus einem Schuldenerlass voraus, dass der Gläubiger auch mit dem Ziel der Sanierung des Schuldnerunternehmens handelte; ausschließlich eigennützige Motive reichen nicht. Auf Altfälle ist die Neuregelung des § 3a EStG nicht anzuwenden, auch nicht aus Billigkeitsgründen.

3. Verlustvorträge, Sanierungs- und Konzernklausel in § 8c KStG

452 **a) Untergang von Verlustvorträgen bei Anteilsübertragungen.** Nach § 8c Abs. 1 S. 1 KStG a.F. gingen bei Übertragung von 25–50 % der Anteile an einer Kapitalgesellschaft die Verlustvorträge anteilig, nach § 8c Abs. 1 S. 2 KStG bei Übertragung von mehr als 50 % der Gesellschaftsanteile die Verlustvorträge vollständig unter[346]. Das galt auch für den Erwerb durch eine Erwerbergruppe nach § 8c Abs. 1 S. 3 KStG. Eine solche liegt nur dann vor, wenn mehrere Erwerber bei dem (auch mittelbaren) Erwerb von Anteilen an der Verlustgesellschaft zusammenwirken und sie auf der Grundlage einer im Erwerbszeitpunkt bestehenden Absprache im Anschluss an den Erwerb einen beherrschenden Einfluss in dieser Gesellschaft ausüben können; die bloße Möglichkeit des Beherrschens genügt nicht. Dafür hat die Finanzbehörde die Feststellungs- und Beweislast.[347]

Das **BVerfG** hat jedoch entschieden, dass § 8c Abs. 1 S. 1 KStG verfassungswidrig ist, da mit Art. 3 Abs. 1 GG unvereinbar, soweit die bis zum schädlichen Beteiligungserwerb nicht ausgeglichenen oder abgezogenen negativen Einkünfte (nicht genutzte Verluste) nicht mehr abziehbar sind. Es fehle ein sachlich einleuchtender Grund für die Ungleichbehandlung von Kapitalgesellschaften bei der Bestimmung ihrer steuerpflichtigen Einkünfte. Mit § 8c Abs. 1 S. 1 KStG habe der Gesetzgeber keinen typischen Missbrauchsfall als Ausgangspunkt für diese generalisierende Regelung gewählt.[348] Bis zum 31.12.2018 musste der Gesetzgeber eine verfassungskonforme Neuregelung für die Anwendungszeiträume vom 1.1.2008 bis 31.12.2015 treffen. Durch das Gesetz zur Vermeidung vom Umsatzsteuerausfällen beim Handel mit Waren im Internet und zur Änderung weiterer steuerlicher Vorschiften[349] wurde § 8c Abs. 1 S. 1 KStG von Beginn an (ab VZ 2008) vollständig aufgehoben.[350]

---

[346] Für unterjährigen Beteiligungserwerb s. BFH GmbHR 2012, 410; dazu Altrichter-Herzberg GmbHR 2012, 724 ff. und Grieser/Faller DStR 2012, 1007 ff.; zur Unionsrechtskonformität der Vorschrift in grenzüberschreitenden Fällen s. Drüen/Schmitz GmbHR 2012, 485 ff.
[347] BFH GmbHR 2017, 826.
[348] BVerfG ZIP 2017, 1009.
[349] v. 11.12.2018, BGBl I 2018, 2338 ff.
[350] Verwaltungsanweisung dazu BMF-Schr. V. 10.1.2019, GmbHR 2019, 259 f.

Die Auswirkungen der Entscheidung des BVerfG auf (den bestehen gebliebenen) § 8c Abs. 1 S. 2 KStG, nach welchem die Verlustvorträge bei Übertragung von mehr als 50% der Anteile an der Körperschaft vollständig untergehen, sind unklar, weil auch diese Regelung zumindest nicht ausdrücklich an eine Änderung des Unternehmensgegenstandes anknüpft. Das FG Hamburg hat auch § 8c Abs. 1 S. 2 KStG dem BVerfG zur verfassungsrechtlichen Prüfung mit der Begründung vorgelegt, der vollständige Verlustuntergang könne nicht mit dem Missbrauchsargument der Einflussnahmemöglichkeit begründet werden, da auch an Minderheitsgesellschafter verdeckte Gewinnausschüttungen erfolgen könnten.[351]

Zu Verlustuntergang und Verlustrettung bei unterjähriger Anteilsübertragung s. Neyer, DStR 2018, 2245 ff.

b) Sanierungsklausel, § 8c Abs. 1a KStG. Durch das sog. Bürgerentlastungsgesetz[352] wurde in § 8c KStG ein neuer Absatz 1a aufgenommen, nach welchem die Verlustvorträge bei einem Beteiligungserwerb zum Zweck der – in der Vorschrift gesetzlich definierten – Sanierung des Geschäftsbetriebes der Körperschaft nicht verloren gehen. 453

Die Europäische Kommission erklärte mit Beschluss vom 26.1.2011 die Regelung als europarechtswidrig, weil durch sie notleidende Unternehmen besser behandelt würden als gesunde und sie daher eine verbotene Beihilfe i.S.d. Art. 107 I AEUV darstelle[353]. Gegen diese Entscheidung hat die deutsche Bundesregierung Klage beim EuG erhoben[354]. Das FG Münster hatte die AdV bei Nichtanwendung der Sanierungsklausel entschieden[355]. Die Klage wurde jedoch durch Beschluss des EuG vom 18.12.2012, bestätigt durch Beschluss des EuGH vom 3.7.2014 als unzulässig verworfen, weil sie verfristet war.[356]

In zwei Einzelfällen hat sich das Gericht der EU (EuG) mit den materiellrechtlichen Beihilfeaspekten des § 8c Abs. 1a KStG befasst und in beiden Fällen entschieden, dass die beihilferechtliche Selektivität der Sanierungsklausel „prima facie" gegeben ist und die EU-Kommission bei ihrer vg. Untersagungsentscheidung keinen Fehler gemacht habe.[357] Die Sanierungsklausel des KStG war also auch weiterhin nicht anwendbar (ausgesetzt nach § 34 Abs. 6 KStG). In den Rechtsbehelfsverfahren vor dem EuGH hat der Generalanwalt in seinen Schlussanträgen jedoch die Auffassung vertreten, dass die Sanierungsklausel in § 8c Abs. 1a KStG lediglich die allgemeine Regelung des Verlusterhalts und damit den Normalfall wieder herstelle und somit nicht selektiv sei.[358] Dieser Auffassung ist der EuGH in seiner Entscheidung vom 28.6.2018 gefolgt und hat entschieden, dass die Sa-

---

[351] FG Hamburg DStR 2017, 2377; Verfahren beim BVerfG anhängig mit Az. 2 BvL 19/17.
[352] beschlossen vom Bundestag am 19.6.2009, BT-Drs. 16/13429.
[353] Mittlg. in ZIP 2011, A 10; DStR 2013, 132; dazu Drüen DStR 2011, 289 ff. Wegen des förmlichen Prüfverfahrens war die Anwendbarkeit der Regelung nach dem BMF-Schreiben v. 30.4.2010, DStR 2010, 928, zuvor ausgesetzt. Zur Europarechtswidrigkeit sa Ehrmann DStR 2011, 5 ff.
[354] Dazu Breuninger/Ernst GmbHR 2011, 673 ff.
[355] FG Münster DStR 2011, 1507.
[356] Az. Rs T-205/11, ZIP 2013, A 17 und Az. C-102/13 P.
[357] EuG GmbHR 2016, 384; dazu Hinder/Hentschel GmbHR 2016, 345 ff. Zum weiteren Fortgang Geberth GmbHR 2018, R 43.
[358] Vom 20.12.2017 – C-203/16 P, GmbHR 2018, R 43.

nierungsklausel in §8c Abs. 1a KStG keine unzulässige Beihilfe ist, und hat den entgegenstehenden Beschluss der Kommission vom 26.1.2011 für nichtig erklärt.[359] Aus Verfahrensgründen (erhoben war eine Nichtigkeitsklage gegen den Kommissionsbeschluss) hat der EuGH nicht zugleich entschieden, dass die Sanierungsklausel keine verbotene Beihilfe i.S.d. Art 107 I AEUV ist. Da die Ausführungen des EuGH zum maßgeblichen Referenzsystem aber nur den Schluss zuließen, dass die Sanierungsklausel in §8c Abs. 1a KStG wieder anzuwenden ist,[360] musste nun die Aussetzungsregelung in §34 Abs. 6 KStG aufgehoben werden.[361] Genau das geschah mit §34 Abs. 6 S. 2 u. 3 KStG durch das Gesetz zur Vermeidung vom Umsatzsteuerausfällen beim Handel mit Waren im Internet und zur Änderung weiterer steuerlicher Vorschiften[362], so dass die sog. Sanierungsklausel in §8c Abs. 1a KStG rückwirkend ab VZ 2008 (Anteilsübertragungen nach dem 31.12.2017) anwendbar ist. Nun hat auch die EU-Kommission am 22.1.2020 bekannt gegeben, dass die sog. Sanierungsklausel in §8c Abs. 1a KStG keine staatliche Beihilfe i.S.d. EU-Vorschriften darstellt.[363]

454   c) **Konzernklausel.** Durch das Wachstumsbeschleunigungsgesetz[364] sind in §8c Abs. 1 S. 5 u. 6 KStG eine Konzernklausel und eine Verschonungsregelung für stille Reserven aufgenommen worden[365]. Die Konzernklausel wurde durch das Steueränderungsgesetz 2015 mit Wirkung ab dem 1.1.2016 nachgebessert bzw. erweitert[366].

4. Fortführungsgebundener Verlustvortrag, §8d KStG[367]

455   Durch das Gesetz zur Weiterentwicklung der steuerlichen Verlustverrechnung bei Körperschaften[368] wurde mit rückwirkender Geltung ab 1.1.2016 ein neuer §8d KStG geschaffen, nach welchem auf Antrag §8c KStG trotz schädlicher Anteilsübertragung nicht anzuwenden ist, sondern solche Verlustvorträge erhalten bleiben, die aus annähernd unverändertem Geschäftsbetrieb in den letzten drei vorausgegangenen Jahren entstanden waren (Beobachtungszeitraum), wenn das

---

[359] EuGH, ZIP 2018, 1345.
[360] So auch Burwitz NZG 2018, 978, 980 und Commandeur/Römer NZG 2018, 894, 895
[361] s. Kahlert ZIP 2018, 1709 ff.
[362] v. 11.12.2018, BGBl I 2018, 2338 ff.
[363] Mittlg. in ZIP 2020, A 10.
[364] v. 22.12.2009, BGBl. I 2009, 3950 ff.
[365] Hierzu s. Sistermann/Brinkmann DStR 2009, 2633 ff.; Frey/Mückl GmbHR 2010, 71 ff.; Schmiel BB 2010, 151 ff.; Neyer BB 2010, 1055 ff.; zur Anwendung der grunderwerbsteuerlichen Konzernklausel und zum koordinierten Ländererlass v. 1.12.2010 s. Neitz-Hackstein/Lange GmbHR 2011, 122 ff. und Wagner/Köhler BB 2011, 286 ff.; Gröger BB 2010, 2926 ff.; Zum Entwurf eines BMF-Schreibens vom 15.4.2014 zu §8c KStG s. Breuninger GmbHR 2014, R 161, Neumann GmbHR 2014, 673 ff. und Neyer GmbHR 2014, 734 ff.
[366] Sa Unterberg GmbHR 2015, 1190 ff.; Hinder/Hentschel GmbHR 2017, 217 ff.
[367] Eingehend zur Anwendung des §8d KStG Neumann/Heuser GmbHR 2017, 281 ff. und Suchanek/Rüsch GmbHR 2018, 57 ff.; Herkens GmbHR 2018, 405 ff.; Anwendungsschreiben des BMF v. 18.3.2021, GmbHR 2021, 430; zu diesem eingehend Neumann/Höffer, GmbHR 2021, 413 ff.
[368] v. 20.12.2016, BGBl. I 2016, 2998.

Unternehmen auch im Folgenden ohne ein in der Vorschrift genanntes schädliches Ereignis fortgeführt wird (unbegrenzter! Überwachungszeitraum; sog. fortführungsgebundene Verlustvorträge).[369] Nach § 10a Abs. 1 S. 10 GewStG gilt die Vorschrift auch für gewerbesteuerliche Fehlbeträge. Wegen der außerdem geregelten Ausnahmetatbestände steht zu erwarten, dass der neue § 8d KStG besonders in Sanierungsfällen mit Anteilsinhaberwechseln angewendet werden kann. Ob das dann wiederum eine EU-rechtlich unzulässige Beihilfe ist, wird sich zeigen.[370]

III. Forderungsverzicht, Besserungsschein, Schuldübernahmen

1. Ertragsteuerliche Behandlung

Forderungsverzichte sind beim Schuldner steuerbarer Ertrag. Mit dem Wachstumsbeschleunigungsgesetz[371] sollten u.a. krisenverschärfende Steuerregelungen abgebaut werde. Die asymmetrische Besteuerung von Verzichten auf Konzerndarlehen – Versteuerung des Gewinns beim Schuldner, Nichtberücksichtigung des Aufwands beim verzichtenden (Konzern-)Gläubiger – ist jedoch nicht beseitigt worden.[372]   456

Zwar wurde das steuerliche Gestaltungsmodell des Forderungsverzichts gegen Besserungsschein durch das BMF-Schreiben v. 2.12.2003[373] eingeschränkt.[374] Als **Gestaltungsüberlegung** zur Vermeidung oder zumindest Begrenzung der steuerlichen Nachteile durch Untergang der Verlustvorträge kann sich eine Kombination von Forderungsverzicht mit Besserungsschein und Anteilsübertragung wie folgt anbieten[375] (insbesondere wenn die Anwendung des neuen § 8c Abs. 1a KStG nicht eröffnet erscheint);   457

1. Schritt:
Verzicht des Gesellschafters auf die gegen seine GmbH gerichtete Forderung mit Besserungsschein. Steuerliche Auswirkung: Gewinnerhöhung bei der Gesellschaft, soweit die Forderung nicht mehr werthaltig war, darüber hinaus verdeckte Einlage des Gesellschafters.

2. Schritt:
Veräußerung der Geschäftsanteile an der Gesellschaft und Abtretung der Besserungsanwartschaft aus dem Forderungsverzicht mit Besserungsschein an einen Erwerber (Sanierungsgesellschafter). Keine steuerliche Auswirkung auf die Gesellschaft.

3. Schritt:
Verschmelzung einer anderen ertragreichen Gesellschaft des Erwerbers auf die gemäß Schritt 2 erworbene Gesellschaft als aufnehmende Gesellschaft. Steuer-

---

[369] Zu dem Entwurf Frey/Thürmer GmbHR 2016, 1083 ff.
[370] Sa v. Wilcken NZI 2016, 996 ff.
[371] V. 22.12.2009, BGBl I 2009, S. 3950 ff.
[372] Dazu Letzgus BB 2010, 92 ff.
[373] GmbHR 2004, 143.
[374] S. Harle/Kuhlemann GmbHR 2004, 733 ff.; zu den steuerlichen Wirkungen des Forderungsverzichts gegen Besserungsschein bei späterem Verkauf der GmbH-Anteile s. Paus GmbHR 2004, 1568 ff.
[375] S. Schulze zur Wiesche GmbHR 2013, 452 ff.

liche Auswirkung: Mit der Verschmelzung tritt der Besserungsfall ein Die alte, verzichtete Verbindlichkeit lebt wieder auf, wodurch ein a.o. Aufwand entsteht, der den Gewinn der verschmolzenen Gesellschaft mindert.

458 Entgegen der Verwaltungsauffassung[376] hat der BFH diese Gestaltung nicht als Umgehung des § 8 Abs. 4 KStG a.f., der Vorgängervorschrift des § 8c KStG angesehen.[377] Da aber nicht mit Sicherheit davon ausgegangen werden kann, dass die Entscheidung des BFH zu § 8 Abs. 4 KStG a.f. auch auf § 8c KsTG übertragbar ist, empfiehlt sich die Einholung einer Auskunft des Finanzamtes.

459 Auch verwandelt der Besserungsfall, der nach dem Verkauf der Forderung mit dem Besserungsschein zum Verkehrswert eintritt, den Verkauf nicht in eine schenkungsteuerpflichtige, freigebige Zuwendung, da es im Verhältnis einer Kapitalgesellschaft zu ihren Gesellschaftern oder zu den Gesellschaftern einer an ihr beteiligten Kapitalgesellschaft neben betrieblich veranlassten Rechtsbeziehungen lediglich offene und verdeckte Gewinnausschüttungen sowie Kapitalrückzahlungen, aber keine freigebigen Zuwendungen gebe.[378]

Zur Beurteilung einer solchen Gestaltung unter Geltung des § 8c KStG liegt eine BFH-Entscheidung vor: bei Wiederaufleben der Verbindlichkeit gegenüber einem Gesellschafter durch Eintritt des Besserungsfalls nach Verschmelzung sei der entstandene Aufwand durch außerbilanzielle Hinzurechnung wegen einer verdeckten Gewinnausschüttung (vGa) i.S.d. § 8 Abs. 3 S. 2 KStG zu korrigieren.[379] Die „Rettung" von Gesellschafterdarlehen auf diesem Wege scheitert also, wenn keine betriebliche Veranlassung dargelegt werden kann.

Dasselbe Ergebnis lässt sich evtl. erzielen mithilfe der Vereinbarung eines qualifizierten Rangrücktritts, wenn und soweit dieser zu einem haftungslosen Darlehen i.S.d. § 15 Abs. 2a EStG führt (s. → Rn. 268 f.).

460 Bei einem Wechsel der Gesellschafter einer **Personengesellschaft** ist der Ertrag aus einem Forderungsverzicht der Gesellschaftsgläubiger dem Neugesellschafter zuzurechnen, wenn nach den konkreten Vereinbarungen er die Verbindlichkeiten anstelle des Altgesellschafters tragen sollte. War hingegen vereinbart, dass der Neugesellschafter die betreffenden Verbindlichkeiten wirtschaftlich nicht tragen sollte, ist der Ertrag dem Altgesellschafter zuzurechnen, der durch den Erlass von den Verbindlichkeiten befreit wurde.[380]

2. Schenkungsteuerliche Behandlung

461 Der Verzicht eines Gesellschafters oder eines Dritten auf eine gegen die Gesellschaft gerichtete Forderung oder die Übernahme einer Gesellschaftsschuld durch einen Mitgesellschafter jeweils zu Sanierungszwecken kann nach § 7 Abs. 8 ErbStG eine schenkungsteuerpflichtige freigiebige Zuwendung an die (Mit-)Gesellschafter sein, weil ihre Anteile an der Gesellschaft im gemeinen Wert steigen.

---

[376] BMF-Schreiben v. 2.12.2003, BStBl I 2003, S. 648 = GmbHR 2004, 143.
[377] BFH GmbHR 2012, 1188; in diese Richtung auch BFH NZG 2018, 833: Korrektur der Passivierungspflicht nach Wiederaufleben der Verbindlichkeit durch verdeckte Gewinnausschüttung?
[378] BFH GmbHR 2013, 486 = NZG 2013, 518; dazu Binnewies GmbHR 2013, 449 ff.
[379] BFH NZG 2018, 833; dazu Bodden NZG 2018, 932 ff.
[380] BFH ZIP 2015, 631.

Diesem Problem helfen die gleichlautenden Ländererlasse vom 14.3.2012[381] nicht mit ausreichender Sicherheit ab. Es zeigt sich also, dass die gesetzliche Regel, die lediglich einer als missbräuchlich angesehenen Schenkungsgestaltung vermittels disquotaler Einlagen begegnen soll, eine für Sanierungszwecke schädliche überschießende Tendenz hat. M.E. liegt nämlich in diesen Fällen schon keine freigiebige Zuwendung an die Gesellschafter vor.

Wenigstens ist nach den v.g. Ländererlassen ein Forderungsverzicht mit Besserungsschein (noch) kein steuerbarer Vorgang.

Ein steuerliches Sanierungsinstrument zur Nutzung von steuerlichen Verlustvorträgen im Konzern kann die Schuldübernahme mit anschließendem Forderungsverzicht sein.[382]

462

IV. Forderungsverzicht und Sanierungszuschüsse des Gesellschafters

1. Ertragsteuer

Das einer GmbH durch einen Gesellschafter zur Vermeidung der Überschuldung zugeführte Kapital (Sanierungszuschuss), für das eine Rückzahlung nicht beabsichtigt ist, stellt eine verdeckte Einlage dar und führt für den Gesellschafter zu nachträglichen Anschaffungskosten auf die Beteiligung.[383] Eine Teilwertabschreibung bzgl. des vom Gesellschafter als nachträgliche Anschaffungskosten zu aktivierenden Sanierungszuschusses ist nicht gerechtfertigt, wenn die Aufwendungen nicht der bloßen Abwendung der Insolvenz der GmbH, sondern auch der Wiederherstellung der Rentabilität dienen.[384] Zu diesem Komplex instruktiv BFH, Urt. v. 7.5.2014 – X R 19/11 (GmbHR 2014, 1282 ff. = BeckRS 2014, 95911).

463

Verzichtet ein Gesellschafter auf eine objektiv wertlose Forderung gegen seine bilanziell überschuldete Gesellschaft (GmbH), um diese zu sanieren bzw. die Geschäftsanteile verkaufen zu können und liegt der Kaufpreis für die Anteile sodann unter dem Buchwert des bei der Tochtergesellschaft vorhandenen Anlagevermögens, so führt der Erlass der Verbindlichkeiten bei der Tochtergesellschaft nicht zu einer (verdeckten) Einlagen.[385]

---

[381] BStBl I 2012, S. 331.
[382] S. Schmidt/Hageböke DStR 2004, 2150 ff.
[383] Zu den steuerlichen Risiken des „Einfrierens" von Pensionszusagen ggü. dem Gesellschafter-Geschäftsführer s. Linden DStR 2010, 582 ff.
[384] BFH GmbHR 2004, 1484 = BeckRS 2004, 25007229; dazu Hoffmann GmbHR 2004, 1454 ff. zu nachträglichen Anschaffungskosten auf Kapitalbeteiligungen nach dem damaligen RegE MoMiG (im Hinblick auf die Abschaffung des Eigenkapitalersatzrechts s. Hölzle DStR 2007, 1185 ff.).
[385] FG Sachsen GmbHR 2013, 666 = BeckRS 2013, 94990 (für einen Forderungsverzicht des Insolvenzverwalters der Muttergesellschaft).

2. Schenkungsteuer

464 Legt ein Gesellschafter zum Zwecke der Sanierung der Gesellschaft in diese Geld ein oder verzichtet er auf eine gegen die Gesellschaft gerichtete Forderung, so ist der Tatbestand des § 7 Abs. 8 ErbStG erfüllt, da es auf die Absicht, die anderen Gesellschafter zu bereichern, nicht ankommt. Es wird also darauf ankommen, den viel zu weiten Gesetzesüberhang der genannten Vorschrift teleologisch zu reduzieren.

Beim Forderungsverzicht kann man sich in der Praxis wohl meist damit behelfen, dass die verzichtete Forderung wertlos war. Für eine Einlage des Gesellschafters zu Sanierungszwecken kann eine „Gesamtbetrachtung" helfen, wenn alle Gesellschafter etwa vergleichbare Beiträge leisten.[386]

---

[386] Zur Problematik sa Loose GmbHR 2013, 561 ff.

§5 Verhalten und Haftung der Kreditinstitute im Sanierungsprozess

Übersicht

	Rn.
A. Handlungsalternativen	465
I. Keine Sanierungspflicht	466
II. Stillhalten	467
III. Stundung, Tilgungsaussetzung, Prolongation, interne Umschuldung	472
IV. Verrechnung von Zahlungseingängen und Insolvenzanfechtung	476
1. Allgemein zu Verrechnung und Aufrechnung	477
a) Verrechnung	477
b) Aufrechnung	481
2. Anfechtung bei kongruenter Deckung (§ 130 InsO)	482
a) Kongruenz	483
b) Kenntnis von Zahlungsunfähigkeit	485
3. Anfechtung bei inkongruenter Deckung (§ 131 InsO)	488
4. Verrechnungen im ungekündigten Kontokorrent, Bargeschäft nach § 142 InsO	493
a) Kongruenzfrage, Maßgeblichkeit des gesamten Anfechtungszeitraums	493
b) Bargeschäft	495
c) Enger Zusammenhang	496
d) Tatsächliche Verfügungen des Kunden	497
e) Fremdnützige Verfügungen des Kunden	498
f) Bei Überziehung	501
g) Umbuchungen im Rahmen des Cash-Pooling	502
h) Anfechtung als unentgeltliche Leistung, § 134 InsO?	503
V. Verrechnung mit Zahlungseingängen auf an das Kreditinstitut sicherungszedierte Forderungen	504
1. Problem: Insolvenzfestigkeit der Globalzession	508
a) Rechtlicher Ansatz	508
b) Unterschiedliche Auffassungen der Instanzgerichte	509
c) Entscheidung des BGH	511
d) Vorausabgetretene Werklohnforderungen und Werthaltigmachen	513
e) Umsatzsteuer	517
2. Sicherheitenpoolvertrag	518
3. EU-Finanzsicherheitenrichtlinie	520
VI. Verwertung beweglichen Sicherungsgutes	521
VII. Hereinnahme zusätzlicher Sicherheiten, AGB-Pfandrecht, Sicherheitenpoolverträge	524
1. Anfechtung wegen Inkongruenz (§ 131 InsO)	526
2. Anfechtbarkeit wegen vorsätzlicher Gläubigerbenachteiligung (§ 133 Abs. 1 InsO)	530
3. Sittenwidrige Gläubigerbenachteiligung	535
4. Sittenwidrige Übersicherung; Freigabe und Austausch von Sicherheiten	536
5. Nachträgliche Besicherung durch Dritten	540
VIII. Darlehenskündigung	541
1. Recht zur fristlosen Kündigung	542
2. Kündigung von Sanierungsdarlehen	548
3. Kündigung zur Unzeit	549

　　　　　　a) Tatbestand 549
　　　　　　b) Rechtsfolge 551
　　　IX. Rückführungsvereinbarungen; Konsolidierungsdarlehen.......... 556
　B. Neukreditvergabe in der Krise 557
　　　I. Zulässiger Sanierungskredit................................ 558
　　　II. Überbrückungskredit 562
　　　III. Sicherheiten 563
　　　　1. Sittenwidrigkeit nach § 138 BGB 564
　　　　2. Anfechtbarkeit wegen Inkongruenz (§ 131 InsO) 565
　　　　3. Keine Anfechtung bei kongruentem Bargeschäft 568
　　　　4. Anfechtbarkeit wegen vorsätzlicher Gläubigerbenachteiligung
　　　　　 (§ 133 Abs. 1 InsO)..................................... 569
　　　　5. Vermeidung der Insolvenzanfechtung durch Gestaltung von
　　　　　 Bedingungen auf den Insolvenzfall?...................... 570
　　　　6. Vorübergehende Aussetzung der Insolvenzanfechtung durch
　　　　　 COVInsAG.. 571
　　　IV. Sittenwidrige Gläubigerschädigung durch Insolvenzverschlep-
　　　　pung durch Gewährung eines aus Schuldnervermögen besicher-
　　　　ten Kredits in der Krise, § 826 BGB........................... 572
　C. Sonstige Maßnahmen, Möglichkeiten und Haftungsgefahren der Kre-
　　　ditinstitute 579
　　　I. Bündelung von Gläubigerinteressen 580
　　　II. Beteiligung am Krisenunternehmen 581
　　　III. Nebenvereinbarungen im Kreditvertrag zur Absicherung des
　　　　Sanierungserfolgs 585
　　　　1. (Financial) Covenants und Gefahr der Umqualifizierung als
　　　　　 Gesellschafterhilfen................................... 585
　　　　2. Gefahr der Knebelung 587
　　　　3. Gefahr der faktischen Gesellschafterstellung 590
　　　　4. Gefahr der faktischen Geschäftsführung 591
　　　　5. Treuhänderische Übertragung von Geschäftsanteilen 592
　　　IV. Verkauf notleidender Kreditforderungen 593

Literatur: *Ganter,* Das Sicherheitenpool-Syndrom und sein „Heilungsprozess", ZIP 2017, 2277 ff.; *Nobbe,* Verkauf von Krediten, ZIP 2008, 97 ff.; *Weiß/v. Jeinsen,* Die zulässige Laufzeit von Überbrückungskrediten, ZIP 2016, 2251 ff.

A. Handlungsalternativen

465 Da es im Sanierungsgeschehen häufig ganz wesentlich auf das Verhalten der Kreditinstitute ankommt, seien einige Aspekte zu deren Handlungspalette im Folgenden beschrieben und rechtlich beurteilt.[1]

---

[1] Sa Obermüller ZInsO 2010, 593 ff.; Obermüller/Obermüller ZInsO 2011, 697 ff.; Obermüller/Obermüller ZInsO 2012, 1141 ff. und Obermüller/Obermüller ZInsO 2013, 845 ff.; Obermüller/Kuder FS Ganther, 2010, 295 ff.; Cranshaw ZInsO 2013, 1005 ff.; Fischer ZInsO 2013, 1917 ff. und 1969 ff.; Mitlehner ZIP 2015, 60 ff.

I. Keine Sanierungspflicht

Grds. besteht für das Kreditinstitut keine Verpflichtung, sich an Sanierungs- 466
maßnahmen zu beteiligen. Eine solche Verpflichtung besteht weder ggü. dem
Kreditnehmer, und zwar auch nicht zur Deckung eines kurzfristigen Liquiditätsbedarfs und auch nicht bei ausreichend möglicher Sicherheitenbestellung,[2] noch
im Hinblick auf andere Gläubiger des Kreditnehmers.[3] Auch existiert kein eigenständiger allgemeiner Bankvertrag, aus dem eine Mitwirkungspflicht konstruiert
werden könnte.[4]

II. Stillhalten

In der erkannten Krise des Firmenkunden halten Kreditinstitute mitunter zu- 467
nächst still, etwa befristet bis zur Vorlage von Unterlagen, idealerweise eines Sanierungskonzepts, oder bis zur Entscheidung anderer Kreditinstitute im Hinblick auf
die Bildung eines Konsortiums. Stillhalten kann rein tatsächlich geschehen durch
- Fortführung des Kreditengagements ohne jede Änderung,
- Ausnutzenlassen des offenen, nicht ausgeschöpften Kreditrahmens,
- Unterlassen einer Kreditkündigung,
- Absehen von Insolvenzantragstellung,
- Unterlassen von Rechtsverfolgungsmaßnahmen (einschl. Vollstreckung),Unterlassen einer Kreditkündigung und Fortsetzung der Darlehensbeziehungen einschließlich Kontokorrent,
- Unterlassen von Rechtsverfolgungsmaßnahmen (einschl. Vollstreckung),

Voraussetzung für die Annahme des Stillhaltens ist die Beschränkung des Kreditinstituts auf rein passives Verhalten. Dieses Verhalten ist stets unbedenklich;
insbesondere sind das bloße Unterlassen der Kündigung oder Insolvenzantragstellung keine sittenwidrige (Beihilfe zu) Insolvenzverschleppung. Diese Maßnahmen
des Stillhaltens des Kreditinstituts verbessern die Liquidität des in die Krise geratenen Unternehmens/Kreditnehmers und beggnen i.d.R. keinen rechtlichen
Bedenken.[5]

Nicht mehr Stillhalten im eigentlichen Sinne sind 468
- Stillhaltevereinbarungen,
- Stundung oder nicht ernstliche Einforderung,
- Tilgungsaussetzung,
- Verzicht auf Aufrechnung oder
- Verzicht auf die Einhaltung von covenants.

---

[2] OLG München WM 1994, 1028.
[3] BGHZ 116, 319 = BB 1992, 665 = ZIP 1992, 191.
[4] BGHZ 152, 114 = BB 2002, 2573 = NJW 2002, 3695 = ZIP 2002, 2082.
[5] Vgl. BGH ZIP 2001, 1412.

Diese Maßnahmen des Kreditinstituts verbessern die Liquidität des in die Krise geratenen Unternehmens/Kreditnehmers und begegnen daher i.d.R. keinen rechtlichen Bedenken[6].

469 Bei **Fortsetzung der Kontoführung** für den von Insolvenz bedrohten Kunden kam für die Kreditinstitute durch die scharfe Rechtsprechung des BGH zur Vorsatzanfechtung zwischenzeitlich eine neue Gefahr auf. Der BGH hat nämlich entschieden, dass auch der uneigennützige Treuhänder der Vorsatzanfechtung unterliegt, wenn er nach Kenntnis der Zahlungsunfähigkeit des Schuldners ihm von diesem überlassene Geldbeträge an bestimmte, bevorzugte Gläubiger des Schuldners weiterleitet. Dann ist der uneigennützige Treuhänder nach § 143 Abs. 1 Satz 2 InsO i.V.m. §§ 819 Abs. 1, 818 Abs. 4, 292, 989 BGB zum Ersatz verpflichtet und kann sich weder auf den Wegfall der Bereicherung noch darauf berufen, lediglich auf Weisung des Treugebers (Schuldners) gehandelt zu haben.[7] Dabei setzt diese Vorsatzanfechtung gegenüber dem Leistungsmittler nicht voraus, dass die Leistung auch gegenüber dem Leistungsempfänger anfechtbar wäre.[8] Ein uneigennütziger Treuhänder, der anfechtbar erlangte Gelder des Schuldners weisungsgemäß an diesen zurückzahlt, ist zum Wertersatz verpflichtet, ohne sich auf den Wegfall der Bereicherung berufen zu können.[9]

470 Da es nach den Entscheidungen zur Anfechtung gegenüber dem Treuhänder nicht darauf ankam, dass der Treuhänder keinen eigenen Vorteil hatte, dürfte für die Abgrenzung zum „neutralen Zahlungsmittler", etwa zu einer das Schuldnerkonto führenden Bank, dem gegenüber die Anfechtung wohl nicht möglich sein dürfte, maßgeblich darauf abzustellen sein, ob der die Zahlung ausführende Dritte Kenntnis von der (drohenden) Zahlungsunfähigkeit und dem Benachteiligungsvorsatz des Schuldners hatte und sich so in die vorsätzliche Gläubigerbenachteiligung durch den Schuldner einbinden ließ. Wenn für diese Kenntnisse des Dritten aber die vielen vom BGH angenommenen Indiz- und Vermutungstatbestände herangezogen werden sollten, konnten auch Banken betroffen sein. Hier war also die Rechtsprechung noch Abgrenzungsarbeit zu leisten.[10] M.E. sollte die Vorsatzanfechtung gegenüber dem Treuhänder (oder die Zahlung ausführenden Dritten) auf die Fälle beschränkt sein, in denen bereits die Konstruktion der Zahlung durch den Dritten mit dem ihm bekannten Vorsatz des Schuldners, seine übrigen Gläubiger zu benachteiligen, gewählt wird. Diese für die kontoführenden Kreditinstitute wichtige Abgrenzung hat der BGH sodann vorgenommen: Die für die Vorsatzanfechtung gegenüber der Bank als Leistungsmittlerin nach § 133 Abs. 1 InsO erforderliche Kenntnis vom Gläubigerbenachteiligungsvorsatz des Schuldners liegt nicht allein deshalb vor, weil die Bank die Zahlungsunfähigkeit des Schuldners kannte.[11] Auch in diesem Fall hat die Bank (ausreichende Deckung oder Dispo-Kredit auf dem Schuldnerkonto vorausgesetzt) nicht das Recht, die Ausführung des Zahlungsauftrages zu verweigern (§ 675o BGB). Bei rein zahlungstechnischer Umsetzung ist ein Benachteiligungsvorsatz der Bank nicht zu erkennen, weil die

---

[6] vgl. BGH ZIP 2001, 1412.
[7] BGH ZIP 2012, 1038 = ZInsO 2012, 924.
[8] BGH ZIP 2013, 371.
[9] BGH ZIP 2015, 2083.
[10] Zu dem Problem sa Ede ZInsO 2012, 1541 ff.
[11] BGH ZIP 2013, 371.

Zahlung etwa folgenden Zwecken dienen kann: Befriedigung eines insolvenzfest gesicherten Gläubigers oder Ablösung eines insolvenzfesten Sicherungsrechts, Zahlung aus unpfändbarem Schonvermögen, Erfüllung eines Bargeschäfts. Die Bank hat also insoweit keine Erkundigungspflicht. Konsequent hat der BGH im Folgenden auch entschieden, dass Umbuchungen von Guthabensalden vom Quellkonto des späteren Insolvenzschuldners auf das Zielkonto der Muttergesellschaft im Rahmen einer **Cash-Pooling-Abrede** im anfechtungsrelevanten Zeitraum in der Insolvenz der in das Cash-Pooling eingebundenen Tochtergesellschaft gegenüber der Bank nicht anfechtbar sind.[12]

Kenntnis der Bank vom Gläubigerbenachteiligungsvorsatz des Schuldners ist aber anzunehmen, wenn die Bank in die Verfolgung von Sonderinteressen eingebunden wird. Dieser Fall kann vorliegen, wenn mit dem Schuldner abgestimmt einzelne Gläubiger bevorzugt befriedigt werden, Zahlungsaufträge selektiv ausgeführt werden, die Überschreitung einer Kreditlinie zur bevorzugten Befriedigung eines Gläubigers geduldet wird oder die Überweisungen zur Deckung/Rückführung eines eigenen Kredits der Bank erfolgen.[13] Die Vorsatzanfechtung gegenüber der Bank kommt in Betracht, wenn sie ihre Stellung als reiner Zahlungsdienstleister dadurch überschreitet oder missbraucht, dass sie im Zuge der Verfolgung eigener Interessen in eine vom Schuldner angestrebte Gläubigerbenachteiligung eingebunden ist, etwa im Fall selektiver Genehmigung von Lastschriften.[14] 471

III. Stundung, Tilgungsaussetzung, Prolongation, interne Umschuldung

Bei **Stundung** und **Tilgungsaussetzung** muss darauf geachtet werden, dass sie wirksam vereinbart werden. Ansonsten beseitigen sie die Fälligkeit der Verbindlichkeiten des Schuldners und damit den evtl. eingetretenen Insolvenzantragsgrund der Zahlungsunfähigkeit nicht. 472

Soll unter Berücksichtigung der Rechtsprechung des BGH zum „ernstlichen Einfordern" (s.o. bei Zahlungsunfähigkeit unter → Rn. 123 ff.) lediglich einstweilen von der **ernstlichen Einforderung** rückständigen Kapitaldienstes **abgesehen** werden, so sollte dies eindeutig und zweifelsfrei erklärt und, vor allem, dokumentiert werden, etwa durch Telefonnotiz des Sanierungsberaters. 473

Bei „**Prolongation**" eines Darlehens muss unterschieden werden, ob lediglich eine Laufzeitverlängerung unter Beibehaltung der bisherigen Konditionen, d.h. rechtlich ein Stehenlassen = Absehen von (gerichtlicher) Geltendmachung unter Weiterberechnung von Zinsen gemeint ist, was rechtlich unproblematisch wäre, oder ob es sich in Wahrheit um die Neugewährung eines (zusätzlichen) Darlehens unter Veränderung der Konditionen (insb. Zinsen und Sicherheiten) handelt, was in der Krise rechtlich nur unter Einhaltung gewisser Voraussetzungen zulässig ist (s.u. bei Darlehensgewährung unter → Rn. 557 ff.). Wegen der Gefahr der Insolvenzanfechtung noch erfolgter Tilgungen ist zu beachten ist, dass Zahlungsun- 474

---

[12] BGH ZInsO 2013, 1898 = DStR 2013, 2287.
[13] BGH ZIP 2013, 371 = ZInsO 2013, 384.
[14] OLG Stuttgart ZIP 2013, 1779 = ZInsO 2013, 1908.

fähigkeit trotz gewährter Prolongation eines Darlehens drohen kann, wenn die in dieser Zeit geführten Umschuldungsverhandlungen keine sichere Erfolgsaussicht bieten.[15]

475 Die **interne Umschuldung** etwa eines Kontokorrentkredites in ein zinsgünstigeres, langfristigeres und endfälliges Darlehen oder ein Tilgungsdarlehen ist regelmäßig rechtlich unproblematisch, da andere Gläubiger des Kreditnehmers hierdurch nicht benachteiligt werden können. Insb. ist die Umbuchung auf ein langfristiges Darlehenskonto keine Gläubigerbenachteiligung und damit in einer späteren Insolvenz nicht anfechtbar.[16] Sofern mit dieser Umschuldung jedoch die Stellung neuer Sicherheiten aus dem Schuldnervermögen verbunden wird, begegnet dies den vorstehend bei „Prolongation" beschriebenen Bedenken. Eine kongruente Deckung ist es aber, wenn im Zusammenhang mit der Umschuldung eines Kontokorrentkredits in ein Tilgungsdarlehen Ansprüche aus einer Lebensversicherung als Sicherheit an die Bank abgetreten werden.[17]

Bei der Umschuldung muss aus Sicht des Kreditinstituts darauf geachtet werden, dass für bestehende Sicherheiten ggf. die Zweckerklärungen entsprechend geändert werden. Zwar kann eine Bürgschaft evtl. dahin gehend auszulegen sein, dass sie auch für das umgeschuldete Kreditverhältnis gilt,[18] jedoch ist aus Gründen der Rechtssicherheit eine Änderungsvereinbarung mit dem Bürgen anzuraten.

IV. Verrechnung von Zahlungseingängen und Insolvenzanfechtung

476 Werden vom Kreditinstitut Zahlungseingänge auf den im Soll geführten Konten des Schuldners in der Krise mit eigenen Forderungen des Kreditinstituts verrechnet,[19] so kann dies in einer späteren Insolvenz des Kreditnehmers der Insolvenzanfechtung unterliegen mit der Folge, dass das Kreditinstitut die vereinnahmten Beträge wieder herausgeben muss.[20] Die Anfechtung von Verrechnungen auf einem Bankkonto, für das eine Kreditlinie eingeräumt war, führt hinsichtlich einer Gutschrift, die die Bank zur Erfüllung einer eigenen, nicht auf dem Bankvertrag beruhenden Schuld (hier aus Geldtransportleistungen) erteilt hat, zum Aufleben sowohl der ursprünglichen Forderung der Schuldnerin als auch der ursprünglichen Schuld der Bank.[21]

---

[15] BGH ZIP 2013, 79 = ZInsO 2013, 76.
[16] OLG Naumburg WM 2006, 1677 = ZInsO 2006, 718.
[17] OLG Düsseldorf ZIP 2016, 381.
[18] BGH BB 1999, 2578 = WM 1999, 2251 = ZIP 1999, 1881.
[19] Zur Insolvenzanfechtung der Verrechnung im Kontokorrent sa Stapper/Jacobi BB 2007, 2017 ff.; Gehrlein ZInsO 2010, 1857 ff.; Kirstein ZInsO 2014, 1921 ff.
[20] Zur Verrechnung und Aufrechnung bei Zahlungseingängen auf Girokonten s. BGH WM 1999, 781; BGH ZInsO 2000, 101 = ZIP 2000, 244; BGH ZInsO 2000, 101 = ZIP 2000, 244; de Bra NZI 1999, 249 ff.; Heublein ZIP 2000, 161 ff.; zur Insolvenzanfechtung der Verrechnung im Kontokorrent sa Stapper/Jacobi BB 2007, 2017 ff.
[21] OLG München ZIP 2008, 1832 = ZInsO 2008, 1020.

1. Allgemein zu Verrechnung und Aufrechnung

a) Verrechnung. Kontokorrentvereinbarungen umfassen immer auch antizipierte Verrechnungsabreden. § 96 Abs. 1 Satz 3 InsO ist auch auf die Herstellung von Verrechnungslagen anwendbar.[22] Eine aufgrund der Verrechnungsabrede bewirkte Verrechnung ist also nach § 96 Abs. 1 Nr. 3 InsO unwirksam, wenn sie durch eine anfechtbare Rechtshandlung zustande gekommen ist; der gesonderten Anfechtung bedarf es dann nicht.[23] Eine insolvenzrechtlich anfechtbare Rechtshandlung kann auch die Verrechnung eines Tagessaldos sein, auch wenn dieser nicht auf einer abschließenden Saldierung i.S.d. § 355 HGB beruht.[24]

477

Mit Anordnung eines allgemeinen Verfügungsverbots im Insolvenzeröffnungsverfahren (§ 22 Abs. 1 InsO) erlischt die kontokorrentrechtliche Verrechnungsabrede, der Girovertrag bleibt aber bestehen. Dasselbe gilt faktisch bei Anordnung eines allgemeinen Zustimmungsvorbehalts (etwa schwacher Insolvenzverwalter, § 22 Abs. 2 InsO; in der Praxis der Regelfall), da der vorläufige Insolvenzverwalter der Kontokorrentabrede nicht zustimmen wird. Folge: Das Kreditinstitut muss die Zahlungseingänge auf dem Konto des Schuldners gutschreiben und kann nicht mehr mit eigenen Forderungen verrechnen. Es bleibt die Möglichkeit der Aufrechnung, die jedoch gesondert erklärt werden muss.

478

Widerspricht der (vorläufige) Insolvenzverwalter Lastschrift-Belastungen eines im Soll geführten Kontos oder verweigert der Insolvenzverwalter die Genehmigung einer Lastschrift, kann er lediglich Beseitigung der Belastung, nicht aber Auszahlung des Betrages verlangen;[25] mit der Beseitigung der Belastung nimmt das Kreditinstitut keine Verrechnung vor. Die nach den AGB zulässige Rückbuchung einer Scheckbelastung ist nicht anfechtbar.[26] Wird die Genehmigung einer Lastschrift verweigert, hat die Zahlstelle die Belastungsbuchung zum Datum der Belastung zu berichten. Der Umfang einer (anfechtbaren) Darlehensrückführung richtet sich dann nach dem berichtigten Kontostand.[27]

479

Nach Eröffnung des Insolvenzverfahrens erlischt auch der Girovertrag/das Kontokorrentverhältnis insgesamt, §§ 116, 115 InsO.[28]

480

b) Aufrechnung. Die Aufrechnungsmöglichkeit[29] bleibt grds. auch in der Insolvenz erhalten, § 94 InsO, es sei denn, sie wurde durch eine anfechtbare Rechtshandlung erlangt (§ 96 Nr. 3 InsO).[30] Bspw. sind Aufrechnungslagen inkongruent und daher u.U. anfechtbar, die dadurch zustande kommen, dass Gläubiger und

481

---

[22] BGH NZI 2007, 222, 223.
[23] OLG Dresden WM 2007, 31.
[24] OLG Frankfurt am Main ZInsO 2009, 773 = NZI 2009, 116.
[25] BGH ZIP 2009, 673.
[26] OLG Koblenz ZIP 2002, 2091.
[27] BGH ZIP 2014, 1497.
[28] Zum Überweisungsverkehr bei Insolvenz s. Obermüller ZInsO 2010, 8 ff.
[29] Zu Aufrechnungsmöglichkeiten als Kreditsicherheit s. Obermüller ZInsO 2009, 689 ff.
[30] Bsp. für inkongruent hergestellte Aufrechnungslage BGH NJW 2001, 1940 und OLG Köln BB 2002, 223: Zusammenschluss von Gläubigern und Schuldnern des Gemeinschuldners.

Schuldner des Gemeinschuldners durch Abtretungen Saldierungen und damit Erfüllung bzw. Befreiung erstreben.[31]

2. Anfechtung bei kongruenter Deckung (§ 130 InsO)

482 Vor Eröffnung des Insolvenzverfahrens erfolgte kongruente Verrechnungen von Zahlungseingängen sind im eröffneten Insolvenzverfahren über das Vermögen des Bankkunden nach § 130 InsO vom Insolvenzverwalter anfechtbar, wenn
1. die Zahlungsverrechnung innerhalb der letzten 3 Monate vor Insolvenzantrag (§ 130 Abs. 1 Satz 1 Nr. 1 InsO) oder danach (§ 130 Abs. 1 Satz 1 Nr. 2 InsO)[32] erfolgte *und*
2. die Zahlungsunfähigkeit des Schuldners bestand (§ 130 Abs. 1 Satz 1 Nr. 1 InsO) *und*
3. die Zahlungsunfähigkeit des Schuldners (§ 130 Abs. 1 Satz 1 Nr. 1 InsO) oder der Eröffnungsantrag (§ 130 Abs. 1 Satz 1 Nr. 2 InsO) dem Kreditinstitut bekannt war.

483 **a) Kongruenz.** Kongruente Deckung liegt vor, wenn der Anspruch des Kreditinstituts zurzeit der Verrechnung des Zahlungseinganges fällig war. Fällig sind bspw. eine ungenehmigte Überziehung, rückständige Darlehenszinsen bzw. Kapitaldienstraten und das Darlehen selbst nach Ablauf der vereinbarten Zeit bzw. nach erfolgter Kündigung.[33] Auch die Verrechnung eines Zahlungseingangs mit einem noch nicht fälligen Darlehensrückzahlungsanspruch ist kongruent, wenn die Verrechnung mit dem Kunden wirksam vereinbart war.[34]

484 **Praxishinweis**
Die Verrechnung von Zahlungseingängen bei Kreditvereinbarung „täglich fällig" und Prolongierung des Kredits mit jeder weiteren zugelassenen Verfügung ist nicht kongruent.[35]

485 **b) Kenntnis von Zahlungsunfähigkeit.** Kenntnis des Gläubigers von Zahlungsunfähigkeit des Schuldners ist gegeben bei Kenntnis der Zahlungseinstellung oder bei Kenntnis von Umständen, die zwingend auf Zahlungsunfähigkeit schließen lassen, § 130 Abs. 2 InsO. Kenntnis hat das Kreditinstitut, wenn es wusste, dass das bei ihm geführte Konto das Hauptgeschäftskonto des Schuldners ist und dieses gesperrt wird.[36] Kenntnis kann gegeben sein, wenn zuvor ein Scheck geplatzt war und Zahlungszusagen nicht eingehalten wurden.[37] Eine nur vage Hoffnung, der Schuldner werde seine Krise überwinden, steht der Kenntnis von Umständen,

---
[31] BGHZ 147, 233 = BB 2001, 1062 = NJW 2001, 1940 = ZInsO 2001, 464.
[32] Zur Fristberechnung nach § 139 InsO und der Bedeutung der Begriffe „Tagessaldo" und „Sollstand" s. BGH ZInsO 2010, 2402.
[33] LG Rostock EWiR 2002, 289: Ungewollte Kontoüberziehung ist fällige Forderung der Bank, d.h. der Zahlungseingang ist kongruent und unter den v.g. Voraussetzungen anfechtbar, da es sich nicht um ein Bargeschäft (→ Rn. 495) handelt; OLG München ZIP 2002, 608.
[34] BGH ZInsO 2010, 519 = NZI 2010, 344.
[35] OLG Düsseldorf ZIP 2004, 1008.
[36] BGH BB 2000, 1213 = WM 2000, 1207 = ZIP 2000, 1016.
[37] BGH ZInsO 2002, 125 = ZIP 2002, 228.

die zwingend auf Zahlungsunfähigkeit schließen lassen (§ 130 Abs. 2 InsO), nicht entgegen.[38]

Bei dem das Geschäftskonto des Schuldners führenden Kreditinstitut wird Kenntnis regelmäßig gegeben sein, wenn Überweisungsaufträge, Lastschriften und Schecks nicht mehr „in das Konto passen". Oft ist Kenntnis auch aufgrund von Mitteilungen des Schuldners gegeben, der etwa um Stundung eines fälligen Kapitaldienstes mit der Begründung bittet, derzeit zur Leistung des Kapitaldienstes nicht in der Lage zu sein. Kenntnis des Kreditinstituts kann sich selbstverständlich auch aus der Mitwirkung an Sanierungsbemühungen ergeben. 486

Die einmal erlangte Kenntnis von einem eröffneten Insolvenzverfahren bleibt bis zur positiven Kenntnis über den Abschluss des Insolvenzverfahrens erhalten.[39] 487

3. Anfechtung bei inkongruenter Deckung (§ 131 InsO)

Vor Eröffnung des Insolvenzverfahrens erfolgte inkongruente Verrechnungen von Zahlungseingängen sind im eröffneten Insolvenzverfahren über das Vermögen des Bankkunden nach § 131 InsO vom Insolvenzverwalter anfechtbar, wenn Zahlungseingang/Verrechnung erfolgte 488

- 1 Monat vor dem Insolvenzantrag oder danach (§ 131 Abs. 1 Nr. 1 InsO) *oder*
- innerhalb von 2 oder 3 Monaten vor dem Insolvenzantrag und die Zahlungsunfähigkeit des Schuldners bestand (§ 131 Abs. 1 Nr. 2 InsO) *oder*
- innerhalb von 2 oder 3 Monaten vor Insolvenzantrag und dem Kreditinstitut die (objektiv vorliegende) Gläubigerbenachteiligung bekannt war (§ 131 Abs. 1 Nr. 3 InsO).

Eine **inkongruente Deckung** liegt vor, wenn der Gläubiger eine Leistung erhält, die er nicht, nicht in der Art oder nicht zu der Zeit beanspruchen konnte. Die Verrechnung bei ungekündigtem Kredit im Kontokorrent, also die Rückführung eines ungekündigten Kredits in der Zeit der wirtschaftlichen Krise des Kunden, ist auch dann inkongruent, wenn sie durch Saldierung im Kontokorrent erfolgt.[40] Auch die Rückführung bzw. Verrechnung eines gekündigten oder zeitlich befristeten Kredits nach Zeitablauf ist inkongruent, wenn sie vor Ablauf einer vom Kreditinstitut gesetzten weiteren Zahlungsfrist geschieht.[41] Verrechnet die Bank aber für den Kunden auf dessen Konto eingehende Zahlungen mit noch nicht fälligen Darlehensrückzahlungsansprüchen, ist die dadurch erlangte Befriedigung nicht inkongruent, wenn die Verrechnung mit dem Kunden vereinbart war.[42] 489

Ebenfalls inkongruent sind Zahlungen durch oder auf Druck von Zwangsvollstreckungen[43] oder zur Vermeidung einer unmittelbar bevorstehenden Zwangs- 490

---

[38] OLG Hamm NZI 2002, 161.
[39] LG Dresden ZIP 2008, 935.
[40] OLG Hamm ZIP 2001, 1683; BGHZ 150, 122 = BB 2002, 960 = ZInsO 2002, 426 = ZIP 2002, 812.
[41] BGH ZInsO 2002, 1136 = ZIP 2002, 2182.
[42] BGH ZIP 2010, 588.
[43] ZB Bargeldpfändung, LG Stralsund ZIP 2001, 2058.

vollstreckung.⁴⁴ Dies gilt auch bei Zahlungen der Muttergesellschaft zur Vermeidung der Zwangsvollstreckung bei der Tochtergesellschaft.⁴⁵

491 Weitere **Beispiele** für inkongruente Verrechnungen aus der Rechtsprechung:
- Verrechnungen von Zahlungseingängen, denen keine Abbuchungen gegenüberstehen, sind bei nicht ausgeschöpftem, ungekündigtem Kontokorrentkredit inkongruent.⁴⁶ Das gilt auch bei Einreichung von Kundenschecks.⁴⁷ Zum unanfechtbaren kongruenten Bargeschäft, wenn die Bank den Kunden wieder verfügen lässt, s.u. Die Verrechnung kann kongruent sein, wenn der Bank die zugrunde liegenden Kausalforderungen abgetreten waren,⁴⁸ s. → Rn. 504 ff.
- Die Rückführung eines ungekündigten Kredits in der Zeit der wirtschaftlichen Krise des Kunden ist auch dann inkongruent, wenn sie durch Saldierung im Kontokorrent⁴⁹ erfolgt. Das gilt auch bei Berechnung eines Tagessaldos bei (ungekündigtem) Periodenkontokorrent.⁵⁰ Zum unanfechtbaren kongruenten Bargeschäft, wenn die Bank den Kunden wieder verfügen lässt, s. → Rn. 497.
- Verrechnungen im Kontokorrent im letzten Monat vor Insolvenzantrag, die zu einer Verringerung des Debetsaldos führen, sind auch dann inkongruent, wenn das Kreditinstitut die Kreditlinie offenhält (der Kunde aber nicht verfügt).⁵¹
- Auch die Rückführung bzw. Verrechnung eines gekündigten oder abgelaufenen Kredits ist inkongruent, wenn sie vor Ablauf einer gesetzten Zahlungsfrist geschieht.⁵²
- Inkongruente Deckung liegt auch bei Verrechnung mit eigener Forderung des Kreditinstituts vor, die wegen anfechtbarer Kündigung des Kunden fällig wurde.⁵³
- Inkongruente Deckung ist auch bei Verrechnung von Zahlungseingängen bei Kreditvereinbarung „täglich fällig" und Prolongierung des Kredits mit jeder weiteren zugelassenen Verfügung gegeben.⁵⁴
- Die Auf- oder Verrechnung eines Guthabens auf einem Konto mit Negativsaldo auf anderem Konto oder mit anderweitiger Schadensersatzforderung der Bank bei inkongruenter Schaffung der Aufrechnungslage ist inkongruent.⁵⁵
- Im Umfang der Rückführung eines ungekündigten Kontokorrentkredits innerhalb der kritischen Zeit vor Verfahrenseröffnung sind die Verrechnungen nach §§ 96 Abs. 1 Nr. 3, 131 Abs. 1 Nr. 1 InsO anfechtbar; die Anfechtung der Verrechnung führt nicht zur Nichtigkeit des gesamten Erfüllungsgeschäfts.⁵⁶

492 Die Inkongruenzanfechtung erstreckt sich auch auf Zahlung des Bürgen, wenn Kontosperre ungerechtfertigt war.⁵⁷

---

⁴⁴ BGH ZInsO 2002, 581 = ZIP 2002, 1159.
⁴⁵ OLG München ZIP 2001, 1924 (zur KO).
⁴⁶ BGH ZIP 2009, 1124 = ZInsO 2009, 1054.
⁴⁷ BGH ZIP 2009, 1235.
⁴⁸ BGH ZIP 2009, 1235.
⁴⁹ BGH ZIP 2002, 812; OLG Celle NZI 2005, 334.
⁵⁰ OLG Frankfurt am Main ZIP 2008, 2326.
⁵¹ OLG Karlsruhe ZIP 2007, 2367.
⁵² BGH ZIP 2002, 2182.
⁵³ BGH ZIP 2009, 1235.
⁵⁴ OLG Düsseldorf ZIP 2004, 1008.
⁵⁵ OLG Karlsruhe ZIP 2008, 1343.
⁵⁶ BGH ZInsO 2010, 2399 = BeckRS 2010, 29312.
⁵⁷ OLG Dresden ZIP 2003, 314.

4. Verrechnungen im ungekündigten Kontokorrent, Bargeschäft nach § 142 InsO

a) Kongruenzfrage, Maßgeblichkeit des gesamten Anfechtungszeitraums. Grundsätzlich führt die Verrechnung von Zahlungseingängen bei fortbestehendem, ungekündigtem Kontokorrentkredit[58] zu einer inkongruenten Deckung, da der Kreditrückzahlungsanspruch nicht fällig ist.[59] Setzt das Kreditinstitut aber den Giroverkehr unter Einhaltung des Girovertrages und des Kreditvertrages fort, sind die Verrechnungen der Zahlungseingänge kongruent, soweit das Kreditinstitut Verfügungen des Schuldners zugelassen hat; die Kongruenzfrage kann hierbei für innerhalb des Anfechtungszeitraums für den gleichen Betrag nur einheitlich beantwortet werden.[60] Demgegenüber führt die Zahlungseingangsverrechnung in kritischer Zeit bei ungekündigtem Überziehungskredit zu inkongruenter Deckung, soweit den Verrechnungen keine Belastungsbuchungen gegenüberstehen.[61] Dabei kann auch die Frage der Inkongruenz für Verrechnungen innerhalb des zweiten und dritten Monats vor Insolvenzantrag für den gesamten Anfechtungszeitraum nur einheitlich beantwortet werden; wird das Kontokorrent[62] nicht vorher gekündigt, läuft der Anfechtungszeitraum bis zur Eröffnung des Insolvenzverfahrens.[63]

493

Zusammenfassend bleibt also festzuhalten: Die Frage der Kongruenz oder Inkongruenz der Rückführung eines ungekündigten Kontokorrents durch Verrechnung mit Zahlungseingängen bei weiter zugelassenen Verfügungen kann nur einheitlich für den 3-Monats-Zeitraum beantwortet werden.[64] Es kommt also auf den Betrag an, um den die verrechneten Einzahlungen die berücksichtigungsfähigen Auszahlungen im gesamten Anfechtungszeitraum überschreiten; der höchste erreichte Sollstand ist grundsätzlich unerheblich.[65]

494

b) Bargeschäft. Eine Leistung des Schuldners, für die unmittelbar eine gleichwertige Gegenleistung in sein Vermögen gelangt, ist nach § 142 InsO nur anfechtbar, wenn die Voraussetzungen des § 133 Abs. 1 InsO (vorsätzliche Gläubigerbenachteiligung) vorliegen. Ein Bargeschäft nach § 142 InsO liegt vor, soweit die Entgegennahme von Leistungen, d.h. die Verrechnung des Zahlungseingangs durch die Duldung von Verfügungen zur Tilgung der Forderungen von Fremdgläubigern, also nicht der Bank selbst, ausgeglichen wird. Verrechnungen von

495

---

[58] Zur Insolvenzanfechtung der Verrechnung im Kontokorrent s. auch Stapper/Jacobi BB 2007, 2017 ff. zu Kontokorrentanfechtung nach § 133 Abs. 1 InsO s. Kirstein ZInsO 2012, 709 ff.
[59] Ständige Rspr. des BGH ZInsO 2010, 2399 und BGH ZInsO 2009, 1054 = NZI 2009, 436.
[60] Ständige Rspr. des BGH, vgl. nur BGH ZIP 2008, 235.
[61] BGH ZIP 2008, 237.
[62] Zu Kontokorrentanfechtung nach § 133 Abs. 1 InsO s. Kirstein ZInsO 2012, 709 ff.
[63] BGH ZIP 2011, 1576.
[64] BGH ZIP 2008, 235, BGH ZIP 2011, 1576.
[65] BGH ZInsO 2008, 159 = NJW-RR 2008, 645.

Soll- und Habenbuchungen im Kontokorrent sind i.d.R. als nicht anfechtbare Bargeschäfte nach § 142 InsO anzusehen.[66]

496   c) **Enger Zusammenhang.** Erforderlich für ein Bargeschäft nach § 142 InsO ist, dass die Verrechnungen von Soll- und Habenbuchungen im Kontokorrent in ausreichend engem wirtschaftlichem, rechtlichem und zeitlichem Zusammenhang geschehen. Der enge zeitliche Zusammenhang ist bei einer Verrechnung von Soll- und Habenbuchungen gewahrt, wenn zwischen den Buchungen weniger als 2 Wochen vergehen.[67] Der für ein Bargeschäft noch anzuerkennende Höchstzeitraum dürfte einen Monat betragen. Ein dreimonatiger Rechnungsabschluss ist für ein Bargeschäft zu lang.[68]

497   d) **Tatsächliche Verfügungen des Kunden.** Weitere Voraussetzung für ein Bargeschäft nach § 142 InsO ist, dass die Bank ihren Kunden wieder über den Gegenwert verfügen lässt, insb. die Kreditlinie offenhält, und der Kunde auch tatsächlich verfügt,[69] denn nur insoweit liegt die kongruente Deckung vor. Die Reihenfolge der Ein- und Auszahlungen ist dabei unerheblich.[70] Ebenfalls unerheblich ist, ob der Kunde den Kreditrahmen voll ausnutzt. Die für das Bargeschäft erforderliche Gegenleistung des Kreditinstituts ist das Offenhalten der Kreditlinie, also die Verfügungserlaubnis und die tatsächlich vorgenommene Verfügung. Die Verrechnung ist auch dann nicht anfechtbar, wenn der vereinbarte Kreditrahmen nicht voll ausgenutzt wird.[71]

498   e) **Fremdnützige Verfügungen des Kunden.** Ein kongruentes Bargeschäft liegt weiter nur vor bei Verfügungen des Kunden zur Tilgung der Forderungen seiner Fremd-/Drittgläubiger (fremdnützige Verfügungen). Ein Bargeschäft ist nicht gegeben, wenn und soweit die Ausführungen von Lastschriften bzw. die Belastungsbuchungen eigene Forderungen des Kreditinstituts gegen den Kunden betreffen.[72] Zins- und Tilgungsleistungen auf ein anderes Konto desselben Kreditinstituts sind nach § 130 InsO auch dann anfechtbar, wenn auf dem Girokonto weitere Überziehungen zugelassen wurden, da beide Vorgänge anfechtungsrechtlich voneinander zu trennen sind.[73]

499   Verrechnungen im Kontokorrent bzw. Belastungsbuchungen zur Erfüllung eigener Ansprüche der Bank oder zur Ablösung von Verbindlichkeiten, für die die Bank sich verbürgt hatte, sind nicht als Bardeckung unanfechtbar.[74] Anfechtbar ist die Rückführung des ungekündigten Dispositionskredits also insoweit, als die Summe der in das Kontokorrent eingestellten Einzahlungen die der fremdnützigen

---

[66] BGH DZWIR 2001, 374 = NJW 2001, 1650 = ZInsO 2001, 318 = ZIP 2001, 524 (zur GesO).
[67] BGH ZInsO 1999, 289 = ZIP 1999, 665.
[68] BGH DZWIR 2001, 374 = WM 2001, 689 = ZInsO 2001, 318.
[69] BGHZ 150, 122 = NJW 2002, 1722 = ZInsO 2002, 426.
[70] BGHZ 150, 122 = NJW 2002, 1722 = ZInsO 2002, 426.
[71] BGH ZInsO 2003, 374 = ZIP 2003, 675 (zur GesO).
[72] BGH NZI 2005, 630; BGH ZInsO 2008, 163 und 159 = NZI 2008, 175.
[73] AG Kerpen ZIP 2006, 2088.
[74] BGH ZInsO 2008, 163 = NZI 2008, 175; BGH ZIP 2008, 237; BGH ZIP 2008, 235.

Auszahlungen übersteigt.⁷⁵ Hierbei ist die Inkongruenz nur für den Zeitraum der Anfechtbarkeit (3 Monate) einheitlich zu beurteilen.⁷⁶

Kein Bargeschäft liegt vor, wenn die Ausführung von Lastschriften nur eigene Forderungen des Kreditinstituts betrifft.⁷⁷ Ebenso sind Verrechnungen im Kontokorrent bzw. Belastungsbuchungen zur Erfüllung eigener Ansprüche der Bank oder zur Ablösung von Verbindlichkeiten, für die die Bank sich verbürgt hatte, nicht als Bardeckung unanfechtbar.⁷⁸ 500

f) Bei Überziehung. Bei **geduldeter Überziehung** sind Verrechnungen von Zahlungseingängen nicht anfechtbar, wenn das Kreditinstitut nach Stellung des Insolvenzantrages eine laufende Ausweitung des Sollsaldos durch fremdnützige Verfügungen des Kunden/Schuldners zulässt.⁷⁹ Bei ungewollter Überziehung liegt kein Bargeschäft vor.⁸⁰ Kein Bargeschäft ist ebenfalls gegeben, wenn das Kreditinstitut (etwa nach Anordnung der schwachen vorläufigen Insolvenzverwaltung) keine Zahlungsausgänge mehr zulässt.⁸¹ 501

g) Umbuchungen im Rahmen des Cash-Pooling. Sind im Rahmen einer Cash-Pooling-Abrede vom Quellkonto des späteren Insolvenzschuldners im anfechtungsrelevanten Zeitraum Guthabensalden auf das Zielkonto der Muttergesellschaft transferiert worden und ist dadurch eine (teilweise) Rückführung des auf dem Zielkonto zur Verfügung gestellten Kontokorrentkredits an die Bank bewirkt worden, stellt sich die Frage, ob diese Umbuchung in der Insolvenz der in das Cash-Pooling eingebundenen Tochtergesellschaft gegenüber der Bank anfechtbar ist, etwa nach § 131 Abs. 1 Nr. 1 InsO, weil der Kreditrückzahlungsanspruch mangels Kündigung noch nicht fällig war. Der BGH hat das jedenfalls für den Fall verneint, dass alle am Cash-Pool teilnehmenden Gesellschaften Kreditnehmer des auf dem Zielkonto ausgereichten Kontokorrentkredits sind; eine Anfechtung käme dann allenfalls gegenüber der Inhaberin des Zielkontos in Betracht. Einerseits habe die Bank durch die Umbuchung nichts erlangt, andererseits sei die Bank nicht Leistungsempfängerin sondern nur Leistungsmittlerin, die ihre Verpflichtung aus der Cash-Pool-Vereinbarung nach §§ 675 ff. BGB erfüllt habe.⁸² Auch eine Anfechtung nach § 133 Abs. 1 InsO kommt gegenüber der Bank als Leistungsmittlerin nicht in Betracht, denn hierfür genügt allein die Kenntnis der kontoführenden Bank von einer etwaigen Zahlungsunfähigkeit des Schuldners nicht, denn der Zahlungsdienstleister darf nach § 675o Abs. 2 BGB die Ausführung des Zahlungsauftrages grds. nicht verweigern, wenn die im Zahlungsdienstrahmenvertrag festgelegten Ausführungsbedingungen erfüllt sind.⁸³ 502

---

⁷⁵ BGH ZInsO 2008, 159 = NJW-RR 2008, 645.
⁷⁶ BGH NJW 2002, 1722; BGH ZInsO 2008, 159 = NJW-RR 2008, 645.
⁷⁷ BGH NZI 2005, 630.
⁷⁸ BGH ZInsO 2008, 163 = NZI 2008, 175 und ZIP 2008, 237 und ZIP 2008, 235.
⁷⁹ BGH DZWiR 2004, 465 = NZI 2004, 491 = ZInsO 2004, 854 = ZIP 2004, 1464.
⁸⁰ Hirte in Uhlenbruck, InsO, § 142 Rn. 10.
⁸¹ LG Berlin NZI 2004, 269.
⁸² BGH ZIP 2013, 1826 = ZInsO 2013, 1898. Die Entscheidung hat in der Literatur allgemein Zustimmung erfahren, etwa Kamm/Kropf ZInsO 2014, 689 ff.
⁸³ BGH ZIP 2013, 1826 = ZInsO 2013, 1898; insoweit Fortsetzung der Rspr. zur Anfechtung gegenüber Leistungsmittlern, su bei Anfechtung nach § 133 InsO.

Schließlich ist auch die Herstellung der Aufrechnungslage auf dem Zielkonto durch Umbuchung der Gutschriften vom Quellkonto nicht anfechtbar, weil die Bank dadurch nur ihre Verpflichtung aus der Cash-Pool-Vereinbarung erfüllt.[84] Auch die Schuldnerin hat sich der Poolführerin nicht für eine Leistung an die Bank bedient.

503 **h) Anfechtung als unentgeltliche Leistung, §134 InsO?** Die Zahlung des späteren Insolvenzschuldners auf ein debitorisch geführtes Girokonto seines Gläubigers ist in der Insolvenz des Schuldners nur dann als – mittelbare – unentgeltliche Leistung gegenüber der Bank anfechtbar, wenn der Wille des Schuldners erkennbar darauf gerichtet ist, die Zahlung im Endergebnis der Bank zuzuwenden. Dass der Schuldner Kenntnis von der Kontoüberziehung des Gläubigers hat, reicht dafür nicht.[85]

V. Verrechnung mit Zahlungseingängen auf an das Kreditinstitut sicherungszedierte Forderungen

504 Voraussetzung für die folgenden Ausführungen ist selbstverständlich, dass die Globalzession zivilrechtlich wirksam vereinbart ist.[86] Das ist bei Abtretung aller künftiger Forderungen „bis zur Höhe der gesicherten Darlehensforderung" auch dann nicht der Fall, wenn monatliche Offene-Posten-Listen übergeben werden, weil von Anfang an die eindeutige Bestimmtheit der abgetretenen Forderungen fehlt, denn der Forderungsbestand kann die zu sichernde Darlehensforderung überschreiten.[87]

505 Die Verrechnung eines Zahlungseinganges ist auch dann nicht anfechtbar, wenn die mit dem Zahlungseingang bezahlte Forderung des Schuldners wirksam an das Kreditinstitut abgetreten war, da es insoweit an einer **Gläubigerbenachteiligung** fehlt.[88] Das gilt auch für Verrechnungen wechselseitiger Forderungen im Kontokorrent, wenn die Gutschriften auf der Bezahlung solcher Forderungen beruhen, welche der Bank anfechtungsfest abgetreten worden waren, und der Bank eine anfechtungsfeste Sicherheit am Anspruch des Schuldners auf Gutschrift zusteht.[89] Eine **Gläubigerbenachteiligung** liegt auch nicht darin, dass in diesem Fall dem Insolvenzverwalter die Pauschalen für Feststellung und Verwertung nach §171 InsO entgehen, da diese nicht Massemehrung, sondern nur Kostenausgleich bezwecken.[90]

---

[84] BGH ZIP 2013, 1826 = ZInsO 2013, 1898.
[85] BGH ZIP 2015, 1545.
[86] Zu Globalzession und Insolvenzanfechtung sa Psaroudakis ZInsO 2009, 1039 ff.; zu Anfechtbarkeit von Banksicherheiten in der Insolvenz des Kreditnehmers, Molitor ZInsO 2006, 23 ff.; Mitlehner ZIP 2007, 1925 ff.
[87] OLG Hamm ZIP 2008, 1110.
[88] BGH ZInsO 2000, 101 = ZIP 2000, 244.
[89] BGH ZIP 2017, 533.
[90] BGH DZWIR 2004, 205 = ZInsO 2003, 1137 = ZIP 2004, 42; ebenso BGH DZWIR 2004, 205 = ZInsO 2003, 1137 = ZIP 2004, 42; BGH DZWIR 2005, 123 = ZInsO 2005, 148 = ZIP 2005, 40 für die Verwertung sicherungsübereigneter Gegenstände durch den Sicherungsgläubiger.

Eine zeitlich nach der Vereinbarung der Globalzession angeordnete Verfügungs- 506
beschränkung im Insolvenzeröffnungsverfahren (hier Zustimmungsvorbehalt nach
§ 21 Abs. 2 Satz 1 Nr. 2 InsO) hindert den Erwerb einer im Voraus abgetretenen,
nach Anordnung entstandenen Forderung nicht.[91]

Ein anderer Fall und jedenfalls eine Gläubigerbenachteiligung liegen vor, wenn 507
der spätere Gemeinschuldner die dem Kreditinstitut zur Sicherheit abgetretene
Forderung zunächst selbst einzieht und sodann den Betrag an das Kreditinstitut
(Sicherungsnehmer) überweist.[92]

1. Problem: Insolvenzfestigkeit der Globalzession

a) Rechtlicher Ansatz. § 96 Abs. 1 Satz 3 InsO ist auch auf Verrechnungs- 508
lagen anwendbar. Die Auf- bzw. Verrechnungslage entsteht mit der fälligen
Forderung der Bank (etwa nach wirksamer Kreditkündigung) und dem Zahlungseingang des Drittschuldners auf dem Konto des Schuldners und dem damit
entstehenden Herausgabe-/Auszahlungsanspruch des Schuldners gegen die Bank
nach § 667 BGB. Anstelle der durch Erfüllung erloschenen, der Bank zur Sicherheit abgetretenen Forderung entsteht nach Nr. 14 Abs. 1 AGB Banken bzw. Nr. 21
Abs. 1 AGB-Sparkassen ein Pfandrecht an der Forderung des Schuldners/Kunden
aus § 667 BGB. Dieses Pfandrecht ist grds. inkongruent (s. → Rn. 526ff.), jedoch
dann nicht, wenn es nur eine anfechtungsfest erworbene Sicherheit (hier die Sicherungszession der vom Drittschuldner bezahlten Forderung) ersetzt. Es kommt also
darauf an, ob die Bank die innerhalb der letzten 3 Monate vor dem Insolvenzantrag
entstandene Forderungen des Kunden aufgrund der Globalzession insolvenzfest
erworben hat, also auf die insoweitige Insolvenzfestigkeit der Globalzession.[93]

b) Unterschiedliche Auffassungen der Instanzgerichte. Diese Frage war 509
von den Instanzgerichten unterschiedlich entschieden worden.[94] Die OLG Karlsruhe[95] und München[96] hatten entschieden: Entsteht eine dem Kreditinstitut im
Rahmen einer Globalzession sicherungshalber abgetretene künftige Forderung in
den letzten 3 Monaten vor dem Insolvenzantrag, ist der Forderungserwerb nach
Maßgabe des § 131 InsO als inkongruent anfechtbar, da das Kreditinstitut vor Entstehung der Forderung keinen hinreichend bestimmten, zur Kongruenz führenden
Anspruch auf ihre Abtretung hatte.

Entgegengesetzt hatten die LGe Berlin,[97] Bielefeld[98] und Chemnitz[99] und das 510
OLG Nürnberg[100] entschieden: Bei der Anfechtung eines Forderungserwerbs

---

[91] OLG Köln ZInsO 2008, 622; bestätigt BGH ZIP 2009, 2347.
[92] BGH ZIP 2006, 959 = ZInsO 2006, 493 und BGH ZIP 2006, 1009 = BB 2006, 1354.
[93] Sehr instruktiv BGH ZIP 2008, 1437 = ZInsO 2008, 803; Huber ZInsO 2012, 1343ff.
[94] Zur Problematik Aufsätze Leiner ZInsO 2006, 460ff. und Kuder ZInsO 2006,
1065ff.: Das Ende der Globalzession?; Blum ZInsO 2007, 528ff.; Zeller/Edelmann BB
2007, 1461ff.; Runkel/Kuhlemann ZInsO 2007, 1094ff.; Mitlehner ZIP 2007, 1925ff.
[95] ZIP 2005, 1248.
[96] ZIP 2006, 2277.
[97] ZIP 2007, 346.
[98] ZIP 2007, 1764.
[99] ZIP 2007, 1332 = ZInsO 2007, 556.
[100] ZIP 2007, 2129.

aufgrund einer Globalzession ist nicht auf den Zeitpunkt der Entstehung der Forderung abzustellen, sondern auf den der Globalzession selbst; die Globalzession führt zu kongruenter Deckung.

In der Literatur wurde die Frage ebenfalls streitig diskutiert.[101]

511   c) **Entscheidung des BGH.** Der BGH[102] hat schließlich Klarheit geschaffen: Globalzessionen sind auch hinsichtlich der zukünftig entstehenden Forderungen als kongruent anzusehen und damit grds. – bei Vorliegen der Voraussetzungen – nur als kongruente Deckung nach § 130 InsO anfechtbar.

512   Die bisherigen Abgrenzungsformeln für die Unterscheidung zwischen Kongruenz und Inkongruenz[103] hätten zur Inkongruenz geführt, da zurzeit der Vereinbarung der Globalzession die künftigen, von ihr erfassten Forderungen noch in keiner Weise konkret absehbar sind. Für die Globalzession hat der BGH seine andere Entscheidung damit begründet, dass die Entstehung der künftigen Forderungen dem Belieben des Schuldners entzogen sei, der Umfang der auf den Sicherungsnehmer übergehenden Forderungen dinglich bindend und schuldrechtlich bestimmbar festgelegt sei und es an dem für inkongruente Leistungen typischen Merkmal der Verdächtigkeit fehle.[104]

513   d) **Vorausabgetretene Werklohnforderungen und Werthaltigmachen.** Bei vorausabgetretenen Werklohnforderungen wurde in der Literatur zunehmend vertreten, dass es für die Anfechtbarkeit nicht auf den Zeitpunkt der Zession bzw. der Entstehung der abgetretenen Werklohnforderung (Abschluss des Werkvertrages des Schuldners mit seinem Auftraggeber) ankommt, sondern darauf, zu welcher Zeit die den Wert der abgetretenen Werklohnforderungen erst begründenden Werkarbeiten ausgeführt werden, der abgetretene Anspruch also werthaltig gemacht wird. Die Wertsteigerung sei isoliert anfechtbar.[105] Das OLG Dresden[106] hat in diesem Sinne entschieden: Das Werthaltigmachen einer zedierten Forderung kann nach § 131 Abs. 1 InsO anfechtbar sein. Entscheidend ist, was mit Mitteln der „werdenden" Masse im Anfechtungszeitraum geleistet worden ist. Der BGH hat den Antrag auf PKH für das Revisionsverfahren (aus anderen Gründen) zurückgewiesen, sodass die Entscheidung des OLG Dresden rechtskräftig wurde.[107]

Das Kreditinstitut hatte vor geraumer Zeit mit dem Kreditnehmer zur Sicherung für die Gewährung einer Kontokorrentlinie die Abtretung der Werklohnforderungen des Kreditnehmers gegen seine Kunden vereinbart. Nachdem das Kreditinstitut von der Krise des Kreditnehmers Kenntnis erlangt hatte, duldete es keine Überziehungen mehr, sondern führte die bestehende Überziehung der Kreditlinie durch Verrechnungen von Zahlungs-

---

[101] Leiner ZInsO 2006, 460 ff. und Kuder ZInsO 2006, 1065 ff.: Blum ZInsO 2007, 528 ff.; Zeller/Edelmann BB 2007, 1461 ff.; Runkel/Kuhlemann ZInsO 2007, 1094 ff.; Mitlehner ZIP 2007, 1925 ff.
[102] ZIP 2008, 183.
[103] Ua BGHZ 150, 122, 126; BGH NZI 2007, 337.
[104] BGH ZIP 2008, 183. Zu den Auswirkungen der Entscheidung Kuder ZIP 2008, 289 ff.; Knees/Fischer ZInsO 2008, 116 ff.; Jacoby ZIP 2008, 385 ff.; Essbauer ZInsO 2008, 598 ff.
[105] Kirchhof ZInsO 2004, 465 ff. unter Berufen auf BGHZ 147, 28 und BGH WM 2001, 2208; Beiner/Luppe NZI 2005, 15 ff.
[106] ZIP 2005, 2167.
[107] Mittlg. ZIP 2006, 1786.

eingängen auf dem Girokonto des Kreditnehmers (späteren Insolvenzschuldners) herbei, die auf abgetretene Werklohnforderungen erfolgten. Kann der Insolvenzverwalter von dem Kreditinstitut die Rückzahlung der Zahlungsverrechnungen verlangen?

Sodann hat der BGH[108] auch hier Klarheit geschaffen: Globalzessionen sind auch hinsichtlich der zukünftig entstehenden Forderungen als kongruent anzusehen und damit grds. nur als kongruente Deckung anfechtbar. Leistungen, die den Wert einer abgetretenen Forderung erhöhen, deren Fälligkeit herbeiführen oder Einreden ausräumen, sind grds. selbstständig anfechtbar. Diese Leistungen, so auch das Werthaltigmachen zukünftiger Forderungen, etwa durch Herstellung eines Werkes, sind kongruent, wenn dies auch für das Entstehen der Forderung zutrifft.[109] **514**

Diese Rechtsprechung hat der BGH fortgesetzt: Macht der Schuldner durch eine Leistung an seinen Kunden eine der Bank zur Sicherheit abgetretene Forderung werthaltig, kommt ein Anfechtungsanspruch sowohl ggü. dem Kunden als auch ggü. der Bank in Betracht; beide haften ggf. als Gesamtschuldner.[110]

Steht dem Anfechtungsgegner ein anfechtungsfest begründetes Absonderungsrecht an einer abgetretenen Forderung zu, das die objektive Gläubigerbenachteiligung ausschließt, muss der Insolvenzverwalter eine nachträgliche Wertschöpfung, die erst zur Werthaltigkeit des Absonderungsrechts geführt hat, darlegen und beweisen.[111]

Bei der Umwandlung des Vorbehaltseigentums in Sicherungseigentum und dessen nachfolgender Umwandlung in eine Sicherungszession handelt es sich um den zweimaligen Austausch einer anfechtungsfest erworbenen Sicherheit, die die Gläubiger nicht benachteiligt.[112] **515**

Das Anerkenntnis eines Kontokorrentsaldos (in einem Kontokorrentverhältnis, das der Kunde mit einem Dritten, nicht der Bank, hat) ist als Werthaltigmachen zukünftiger Forderungen aus Globalzession als selbstständige Rechtshandlung nach § 130 Abs. 1 InsO anfechtbar.[113] **516**

e) Umsatzsteuer. Zieht der Insolvenzverwalter oder der dazu ermächtigte vorläufige Insolvenzverwalter die global zedierte Forderung ein und kehrt den Erlös an die Bank aus, haftet diese nach § 13c UStG für die enthaltene und ausgekehrte Umsatzsteuer. Diese Haftung kann auch nicht durch die zivilrechtliche Vereinbarung ausgeschlossen werden, dass es sich bei dem weitergeleiteten Betrag um einen Nettobetrag ohne USt handeln soll.[114] Zur Bankenhaftung für die USt bei Globalzession im Insolvenzfall des Zedenten s.a. BFH ZInsO 2014, 548 = DStR 2014, 528. **517**

---

[108] ZIP 2008, 183.
[109] Erneut BGH ZIP 2008, 1435 = ZInsO 2008, 801.
[110] BGH ZIP 2008, 372 = ZInsO 2008, 209.
[111] BGH ZIP 2015, 1398.
[112] OLG Dresden ZInsO 2008, 564 = BeckRS 2008, 11977.
[113] OLG Köln ZInsO 2008, 622 = NZI 2008, 373.
[114] BFH ZIP 2013, 1289 = ZInsO 2013, 1375.

2. Sicherheitenpoolvertrag

518 Durch einen Sicherheitenpoolvertrag,[115] aufgrund dessen die einbezogenen Sicherheiten nunmehr auch für andere Forderungen/Gläubiger gehalten werden, kann ein Absonderungsrecht nicht wirksam begründet werden. Eine Verrechnung einer Gutschrift mit einem Soll-Saldo ist also dann eine Benachteiligung der Gläubigergesamtheit mit der Folge der Anfechtbarkeit, wenn die Gutschrift aus der Zahlung auf eine sicherungshalber an eine andere Bank abgetretene Forderung erfolgt.[116]

519 **Praxistipp**
Zur Vermeidung der vorbeschriebenen nachteiligen Rechtsfolgen empfiehlt sich, in den Poolvertrag folgende Regelungen aufzunehmen:
- Vereinbarung über die Verteilung der Erlöse aus den Sicherheitenverwertungen unter den einzelnen Poolmitgliedern,
- während die dingliche Zuordnung der Sicherheiten selbst unverändert bleibt,
- Gewährung neuer Kredite nur durch den Poolführer, der auch die Sicherheiten hält,
- Freistellung des Poolführers von Ausfallrisiken durch die anderen Poolteilnehmer im Innenverhältnis oder
- Kreditgewährung und dinglicher Erwerb der Sicherheiten durch alle Poolteilnehmer gemeinsam.

3. EU-Finanzsicherheitenrichtlinie

520 Durch die Umsetzung der EU-Finanzsicherheitenrichtlinie Nr. 2002/47/EG vom 6.6.2002 in deutsches Recht durch das Gesetz vom 5.4.2004 (BGBl I, S. 502) werden die Kreditinstitute in Insolvenzverfahren hinsichtlich Anfechtbarkeit neuer Sicherheiten (§ 130 Abs. 1 Satz 2 InsO) und hinsichtlich der Sicherheitenverwertung (§ 166 Abs. 3 InsO) entgegen der etwas aufgeregten Diskussion[117] nicht deutlich besser gestellt als die übrigen Gläubiger, da die geänderten Regelungen nur für Finanzsicherheiten nach dem KWG gelten.[118]

VI. Verwertung beweglichen Sicherungsgutes

521 Die Herausgabe von beweglichem Sicherungsgut durch den Schuldner an die Bank kann nach § 130 Abs. 1 InsO anfechtbar sein, wenn sie die **Gläubiger benachteiligt** (§ 129 InsO).[119] Eine Benachteiligung liegt nicht darin, dass der Insolvenzmasse die Feststellungspauschale nach § 171 Abs. 1 InsO entgeht.[120]

---

[115] Zur Insolvenzfestigkeit des Sicherheitenpools s. Steinwachs NJW 2008, 2231 ff. und Schönfelder ZInsO 2009, 270 ff.
[116] BGH ZIP 2005, 1651; sa OLG Köln ZIP 2007, 391; dazu Aufsatz Leithaus NZI 2005, 592 ff.
[117] S. Hölzle ZIP 2003, 2144 ff.; Obermüller ZIP 2003, 2336 ff.
[118] S. Meyer/Rein NZI 2004, 367 ff.
[119] OLG Düsseldorf BeckRS 2006, 04097; BGH ZInsO 2006, 154 = NZI 2006, 702.
[120] BGH ZIP 2004, 42 und BGH ZIP 2005, 40.

Veräußert der Schuldner mit Zustimmung seiner Bank ein in deren Sicherungs- 522
eigentum stehendes Warenlager mit der treuhänderischen Vereinbarung, dass der
vom Erwerber zu zahlende Kaufpreis auf das bei dieser Bank im Soll geführte
Konto des Schuldners zu zahlen ist, so benachteiligt die Verrechnung der Gutschrift mit Forderungen der Bank die übrigen Gläubiger des Schuldners i.H.d.
Warenwertes (i.d.R. = Verkaufspreis) nicht.[121]

Umsatzsteuerlich ist die Verwertung des Sicherungsgutes (durch die Bank selbst 523
oder durch den Sicherungsgeber für Rechnung der Bank) ein Dreifachumsatz,
wenn aufgrund der Sicherungsvereinbarung Verwertungsreife eingetreten war.[122]
Gelingt der Bank die Verwertung des Sicherungsgutes erst nach der Eröffnung
des Insolvenzverfahrens, entsteht nach der Rechtsprechung des BFH eine Umsatzsteuerpflicht der Masse („in anderer Weise", § 55 Abs. 1 Nr. 1 InsO), für die
die Bank nach § 143 Abs. 1 Satz 2 InsO, §§ 819 Abs. 1, 818 Abs. 4, 292 Abs. 1, 989
BGB schadensersatzpflichtig ist.

VII. Hereinnahme zusätzlicher Sicherheiten, AGB-Pfandrecht, Sicherheitenpoolverträge

Die AGB der Kreditinstitute (Nr. 13 AGB-Banken bzw. Nr. 22 AGB-Sparkas- 524
sen) sehen das Recht der Kreditinstitute vor, im Fall der Krise des Kreditnehmers
die Einräumung zusätzlicher Sicherheiten zu verlangen. Sanktion für ein nicht
erfülltes Nachbesicherungsverlangen ist die außerordentliche, fristlose Kündigung.
Wird das Nachbesicherungsverlangen jedoch lediglich auf den bereits bei Abschluss des Darlehensvertrages bekannten Wegfall einer Bürgschaft gestützt und
erfüllt der Kunde das Verlangen nicht, ist die Bank unabhängig davon, ob sich
die wirtschaftlichen Verhältnisse des Kunden verschlechtert haben, zur fristlosen
Kündigung nicht berechtigt.[123]

Außerdem besteht aufgrund der AGB der Kreditinstitute (Nr. 14 I AGB-Banken 525
bzw. Nr. 21 I AGB-Sparkassen) ein Pfandrecht an Zahlungseingängen und ist die
Sicherungsabtretung der eingereichten Schecks zugrunde liegenden Forderungen
vereinbart (Nr. 15 II AGB-Banken, Nr. 25 II AGB-Sparkassen). Das AGB-Pfandrecht an Kontoguthaben der Komplementär-GmbH sichert auch Forderungen des
Kreditinstituts gegen die GmbH & Co. KG.[124]

1. Anfechtung wegen Inkongruenz (§ 131 InsO)

Die Vereinbarung zusätzlicher Sicherheiten in der Krise des Kunden ist prob- 526
lematisch, da insb. die vorgenannten AGB-Rechte nach der ober- und höchstrichterlichen Rechtsprechung inkongruent sind.
- Die Sicherheitsgewährung aufgrund des **formularmäßigen Nachbesicherungs- und Sicherheitenverstärkungsanspruchs** (Nr. 13 II AGB-Banken,

---

[121] BGH ZIP 2012, 1301 = ZInsO 2012, 1429.
[122] BFH ZIP 2009, 2285.
[123] OLG Nürnberg ZIP 2012, 2051.
[124] BGH DB 2007, 1132 = ZIP 2007, 905.

Nr. 22 I AGB-Spk.) ist stets inkongruent, da diese Regelungen dem Kreditinstitut keinen konkreten, durchsetzbaren Anspruch auf Einräumung einer bestimmten Sicherheit geben, sondern dem Schuldner die Wahl zwischen den infrage kommenden Vermögensgegenständen belassen wird. Es fehlt somit an der konkreten Bestimmtheit der zu beanspruchenden Sicherheit. Dies gilt auch, wenn der Schuldner nur noch über *einen* werthaltigen, für eine Kreditbesicherung infrage kommenden Gegenstand verfügt.[125] Die Bestellung einer Sicherheit für bestehende Kredite aufgrund des Sicherheitenverstärkungsanspruchs nach den AGB ist somit bei Vorliegen der Voraussetzungen i.Ü. stets wegen inkongruenter Deckung nach § 131 InsO anfechtbar.

- Ein AGB-**Pfandrecht** des Kreditinstituts, welches aufgrund Nr. 14 I AGB-Banken bzw. Nr. 21 I AGB-Spk. an Zahlungseingängen auf den Konten des Schuldners in den letzten 3 Monaten vor Insolvenzantrag entsteht,[126] ist bei Vorliegen der Voraussetzungen i.Ü. ebenfalls als inkongruente Deckung anfechtbar.[127] Entscheidend ist, wann die verpfändete Forderung entstanden bzw. der verpfändete Gegenstand in den Besitz der Bank gelangt ist (Frage der Individualisierung).[128] Das Pfandrecht an global verpfändeten Kontokorrentforderungen (§ 21 Abs. 5 AGB-Spk.) entsteht erst mit Erstellung des Abschlusssaldos und Fälligkeit des Auszahlungsguthabens, bei fehlender Genehmigung also erst mit Ablauf der 6-Wochen-Frist des § 7 Abs. 3 AGB-Spk., nach der der Saldo als genehmigt gilt.[129] Zu diesem Zeitpunkt müssen die Voraussetzungen für eine Insolvenzanfechtung vorliegen.[130] Für die Anfechtbarkeit der Globalverpfändung ist also auf diesen Zeitpunkt und nicht auf die in den KK eingestellten Einzelforderungen abzustellen,[131] die ihrerseits isoliert nicht kontokorrentgebunden und damit nicht verpfändbar ist.[132] Die mit der Einzahlung auf ein bei der Bank geführtes Kontokorrentkonto des Schuldners verbundene Kontokorrentbindung steht einem AGB-Pfandrecht der Bank am Anspruch des Schuldners auf Gutschrift nicht entgegen.[133]

Praxishinweis
Das nach Nr. 14 AGB-Banken bzw. Nr. 21 I AGB-Spk. entstehende Pfandrecht an Forderungen des Kunden ist inkongruent[134] und kann daher bei Vorliegen der Voraussetzungen bis zu 3 Monate vor dem Insolvenzantrag nach § 131 InsO angefochten werden.

---

[125] BGH ZIP 1999, 73.
[126] Zum latenten Widerspruch zwischen kongruenter Globalzession und AGB-Pfandrecht s. Jacobi ZIP 2006, 2351 ff.; Zu Sicherungsabtretung von und AGB-Pfandrecht an Kontokorrentforderungen s. BGH ZIP 2009, 1529 und Obermüller ZInsO 2009, 1527 ff.
[127] Fortgesetzte Rspr. BGHZ 150, 122 = BB 2002, 960 = ZInsO 2002, 426 = ZIP 2002, 812; BGH ZInsO 2004, 343 = ZIP 2004, 620.
[128] Vgl. Eckardt ZIP 1999, 1417 ff. Zum latenten Widerspruch zwischen kongruenter Globalzession und AGB-Pfandrecht s. Jacobi ZIP 2006, 2351 ff.
[129] OLG Düsseldorf ZIP 2015, 2490.
[130] OLG Frankfurt am Main ZIP 2008, 2127; bestätigt BGH ZIP 2010, 1137, kritisch dazu Merkel FS Schneider, 2011, 787 ff.
[131] OLG Frankfurt a.M. ZIP 2008, 2127; bestätigt BGH ZIP 2010, 1137, kritisch dazu Merkel FS Schneider 2011, 787 ff.
[132] OLG Düsseldorf ZIP 2015, 2490.
[133] BGH ZIP 2017, 534.
[134] BGHZ 150, 122 = BB 2002, 960 = ZInsO 2002, 426 = ZIP 2002, 812.

- **Kontosperre und AGB-Pfandrecht**: Bei bestehendem Sicherungsbedürfnis kann eine Bank von ihrem Pfandrecht an den Forderungen eines Kunden aus einem Kontoguthaben auch schon vor Pfandreife Gebrauch machen, indem sie zur Sicherung einer späteren Verwertung keine Verfügungen des Kunden mehr zulässt (Kontosperre). Lässt die Bank es jedoch zu, dass der Kunde über sein Kontoguthaben verfügt, gibt sie insoweit ihr Pfandrecht frei. Erhöht sich anschließend im letzten Monat vor Stellung des Insolvenzantrages durch Gutschriften der Kontostand, ist das in entsprechender Höhe neu entstehende Pfandrecht als inkongruente Deckung nach § 131 InsO anfechtbar.[135]
- Die **Sicherungsabtretung** der einem Scheck zugrunde liegenden Forderung an die den Scheck einziehende Bank nach Nr. 15 II AGB-Banken bzw. Nr. 25 II AGB-Sparkassen ist als inkongruente Sicherung anfechtbar.[136]
- **Sicherheitenpoolverträge**, nach denen mehrere beteiligte Gläubiger von nun an das bestehende Sicherungsgut treuhänderisch für alle Pool-Gläubiger zur Sicherung aller dem Schuldner gewährter Darlehen mit der Vereinbarung halten, dass die Sicherheiten der Sicherung sämtlicher bestehender und künftiger Forderung dienen sollen, sind i.d.R. inkongruent.[137] Die wirksame Begründung des Absonderungsrechts durch einen Sicherheitenpoolvertrag, mit dem die einbezogenen Sicherheiten nunmehr auch für andere Forderungen/Gläubiger gehalten werden, ist also nicht möglich. Eine Verrechnung einer Gutschrift mit einem Soll-Saldo ist dann eine Benachteiligung der Gläubigergesamtheit mit der Folge der Anfechtbarkeit, wenn die Gutschrift aus der Zahlung auf eine sicherungshalber an eine andere Bank abgetretene Forderung erfolgt.[138]

Maßnahmen zur Vermeidung späterer Insolvenzanfechtung: Die rechtliche/dingliche Zuordnung der (alten) Sicherheiten und die Realisierung jeweils durch den konkreten Sicherungsnehmer unangetastet lassen; lediglich interne Regelung über Zuordnung und Verteilung der Erlöse aus den „gepoolten" Sicherheiten treffen. Gewährung neuer Kredite nur durch den Poolführer, der auch die (neuen) Sicherheiten hält mit Freistellung von Ausfallrisiko durch die anderen Poolteilnehmer im Innenverhältnis oder Kreditgewährung und dinglicher Erwerb der Sicherheiten durch alle gemeinsam. Sicherungsabgrenzungs- und Sicherheitenpoolverträge vom (vorläufigen) Insolvenzverwalter „genehmigen" lassen.

Auch bei **Sicherheitentausch** kann inkongruente Deckung vorliegen. Verwertet der Schuldner aber ein der Bank zur Sicherheit übereignetes Warenlager mit Zustimmung der Bank durch Verkauf an einen Dritten, so hält der Schuldner die daraus entstandene Kaufpreisforderung treuhänderisch für die Bank mit der Folge, dass ihr der auf dem bei ihr geführten Konto des Schuldners eingehende Betrag dinglich zusteht (Vereinbarungstreuhand mit dinglicher Wirkung).[139]

Als weitere Beispiele aus der Rechtsprechung für die Anfechtbarkeit von Sicherheiten wegen Inkongruenz seien genannt:

---

[135] BGH ZInsO 2004, 342 = BB 2004, 732.
[136] BGH BB 2007, 1072 = EWIR 2007, 529 = ZIP 2007, 924 = ZVI 2007, 318.
[137] BGHZ 138, 291 = DB 1998, 1123 = NJW 1998, 2592 = ZInsO 1998, 89; s. zu Poolverträgen in der Unternehmenskrise Peters ZIP 2000, 2238 ff.; Ganter ZIP 2017, 2277 ff.
[138] BGH ZIP 2005, 1651; s. auch OLG Köln ZIP 2007, 391). Dazu Leithaus NZI 2005, 592 ff.
[139] BGH ZIP 2012, 1301; dazu Bartels ZIP 2013, 1756 ff.

- **Abtretung einer Forderung** statt Zahlung des geschuldeten Betrages,[140]
- **Erlangung eines Pfändungspfandrechts**, da trotz Vollstreckungstitels ein materieller Anspruch auf Sicherung „in der Art" nicht besteht (§ 141 InsO).[141] Jedoch ist das durch Einzelvollstreckung erlangte Pfändungspfandrecht an einer künftigen Forderung und die Auszahlung der Beträge durch den Drittschuldner nicht anfechtbar, wenn der Pfändungs- und Überweisungsbeschluss dem Drittschuldner außerhalb des anfechtbaren Zeitraums zugestellt wurde.[142] Maßgeblich ist der Zeitpunkt der Entstehung der gepfändeten Forderung; dies gilt auch bei Pfändung künftiger Salden auf einem Bankkonto.[143]

529 Nach § 130 Abs. 1 Satz 2 InsO, durch den die **EU-Finanzsicherheitenrichtlinie** (2002/47/EG v. 6.6.2002) in deutsches Recht umgesetzt wurde,[144] ist eine Rechtshandlung nicht anfechtbar, wenn sie auf einer Sicherungsvereinbarung beruht, die die Verpflichtung zur Bestellung einer (zusätzlichen) Finanzsicherheit (sog. Margensicherheit) enthält.

2. Anfechtbarkeit wegen vorsätzlicher Gläubigerbenachteiligung (§ 133 Abs. 1 InsO)

530 Die Hereinnahme neuer Sicherheiten birgt u.U. auch die Gefahr, dass sie in einer späteren Insolvenz des Schuldners/Kreditnehmers im Wege der Vorsatzanfechtung nach § 133 Abs. 1 InsO angefochten wird. Diese Anfechtungsmöglichkeit ist dem Insolvenzverwalter gegeben, wenn folgende **Voraussetzungen** vorliegen:
1. Die Sicherheit wurde durch eine Rechtshandlung des Schuldners in den letzten 10 Jahren vor dem Insolvenzantrag oder nach dem Insolvenzantrag erlangt *und*
2. der Schuldner hatte bei Einräumung der Sicherheit den Vorsatz, seine (übrigen) Gläubiger zu benachteiligen *und*
3. dem Kreditinstitut war der Gläubigerbenachteiligungsvorsatz des Schuldners bekannt.

531 Die **Gläubigerbenachteiligungsabsicht des Schuldners** kann unterstellt werden, wenn die Sanierung mit objektiv unzureichenden Mitteln versucht wird.[145] Auch die Inkongruenz (zur Inkongruenz der nachträglichen Einräumung von Sicherheiten s.o.) ist regelmäßig ein starkes Beweisanzeichen für den Benachteiligungsvorsatz des Schuldners.[146] Indiz für fehlende Gläubigerbenachteiligungsabsicht kann der Zuschuss eigenen Vermögens durch den Schuldner sein.[147] Auch können ernsthafte Sanierungsbemühungen eine Gläubigerbenachteiligungsabsicht ausschließen.[148]

---

[140] OLG Zweibrücken WM 1985, 295; OLG Schleswig ZIP 1982, 82 (beide Entscheidungen noch zur KO).
[141] BGHZ 136, 309 = BB 1997, 2295 = WM 1997, 2093 = ZIP 1997, 1929 (noch zur KO).
[142] OLG Hamm ZInsO 2002, 132 = NZI 2002, 551; LG Paderborn EWiR 2002, 527.
[143] OLG Jena NZI 2002, 550.
[144] Gesetz v. 5.4.2004, BGBl I, S. 502.
[145] BGH BB 1998, 1023 = ZIP 1998, 248.
[146] OLG Stuttgart EWiR 2003, 171 = ZInsO 2002, 1187 = ZIP 2002, 2264 und st. Rspr. des BGH, vgl. nur BGH BB 2004, 1411 = ZInsO 2004, 616 = ZIP 2004, 1060 m.w.N.
[147] BGH BB 1998, 1023 = ZIP 1998, 248 (noch zum alten Recht).
[148] OLG Köln EWiR 2001, 489 = NZI 2001, 252 = ZIP 2001, 251 (zur KO).

Die **Kenntnis des Kreditinstituts vom Gläubigerbenachteiligungsvor-** 532
satz des Schuldners wird vermutet, wenn das Kreditinstitut wusste, dass die
Zahlungsunfähigkeit des Schuldners drohte und dass die Handlung die (übrigen)
Gläubiger benachteiligte (§ 133 Abs. 1 Satz 2 InsO). Der BGH erweitert diese
Vermutungsregelung für den Fall, dass der andere Teil Kenntnis von Umständen
hat, die zwingend auf zumindest drohende Zahlungsunfähigkeit des Schuldners
schließen lassen.[149] Die Kenntnis des Anfechtungsgegners ist schon dann anzunehmen, wenn er nur mit der Möglichkeit rechnet, dass andere Gläubiger leer ausgehen.[150] Die Kenntnis des Anfechtungsgegners von der Benachteiligungsabsicht
des Schuldners wird auch vermutet, wenn der Schuldner künftige Forderungen
für einen später auszuschöpfenden Kredit abtritt.[151]

Auch die Hereinnahme von Sicherheiten für die Kreditgewährung anlässlich 533
der Unternehmensgründung kann nach § 133 Abs. 1 InsO anfechtbar sein, wenn
kein schlüssiges Grundkonzept vorliegt. Die Anforderungen an dieses entsprechen
denjenigen an ein Sanierungskonzept.[152]

> **Praxishinweis** 534
> Die Anfechtung wegen Gläubigerbenachteiligungsvorsatzes nach § 133 Abs. 1 InsO geht
> einer evtl. Sittenwidrigkeit nach § 138 BGB grds. vor.[153]

3. Sittenwidrige Gläubigerbenachteiligung

Grundsätzlich ist die Wahrnehmung eigener Interessen nicht sittenwidrig. Das 535
gilt auch für eine nachträgliche Besicherung eines bereits gewährten Kredits.[154]
Die Hereinnahme weiterer Sicherheiten kann aber als Ergebnis einer Gesamtwürdigung des Falles unter Berücksichtigung aller Umstände sittenwidrige Gläubigerbenachteiligung sein mit der Folge der Nichtigkeit des Sicherheitenvertrages und
der Schadensersatzverpflichtung.[155] Außerdem kann Kredittäuschung gegenüber
den anderen Gläubigern des Kreditnehmers vorliegen (s.u.). Eine solche Situation
kann vorliegen, wenn das Kreditinstitut und der Schuldner nicht mit tauglichen
Mitteln im Rahmen eines ernsthaften Sanierungsversuchs zusammenarbeiten[156].
Im Hinblick auf die Vorsatzanfechtung nach § 133 Abs. 1 InsO (→ Rn. 494) sind
für Sittenwidrigkeit nach § 138 BGB über den Gläubigerbenachteiligungsvorsatz
hinausgehende Umstände erforderlich[157]. Sittenwidriges Verhalten des Kreditinstituts kann es etwa sein, wenn das Kreditinstitut den Kunden zum Lastschriftwiderruf bei gekündigtem Kredit veranlasst, um sich sodann besser befriedigen
zu können[158]. Generell: „...wenn die Bank durch Weitergewähren eines Kredits

---

[149] BGH ZInsO 2004, 859 = ZIP 2004, 1512.
[150] OLG München ZIP 2001, 1924 (zur KO).
[151] LG Stendal EWiR 1998, 947 (zur GesO).
[152] OLG Dresden ZInsO 2007, 497 = ZIP 2007, 1278.
[153] BGH BB 2002, 1227 = ZIP 2002, 1155.
[154] BGH WM 1964, 671, 672 f.
[155] S. insbes. die Grundsätze in BGHZ 10, 228 und BGH ZIP 2016, 1058, 1060 ff.
[156] OLG München NZI 1999, 29
[157] BGH WM 1965, 475.
[158] BGH BB 2001, 1650.

in rücksichtsloser und eigensüchtiger Weise ihre Stellung bei dem in Kürze zu erwartenden Zusammenbruch auf Kosten anderer Gläubiger verbessert"[159].

4. Sittenwidrige Übersicherung; Freigabe und Austausch von Sicherheiten

536   Zusätzlich ist es in **Ausnahmefällen** denkbar, dass die Einräumung weiterer Sicherheiten zu einer sittenwidrigen Übersicherung des Kreditinstituts führt mit der Folge der Nichtigkeit der Sicherheitenvereinbarung. Eine sittenwidrige Übersicherung ist ein auffälliges Missverhältnis zwischen voraussichtlich realisierbarem Wert der Sicherheiten und der Summe aller zu sichernder Forderungen des Kreditinstituts.[160]

537   **Ursprüngliche** Übersicherung liegt bei einer Sicherheitenbestellung i.H.v. 100% über dem Nötigen vor.[161] Hinzukommen muss eine verwerfliche Gesinnung, also Handeln aus eigensüchtigen Motiven oder das Ausnutzen einer Zwangslage des Kreditnehmers.

538   Ein auffälliges Missverhältnis kann auch **nachträglich** entstehen, z.B. bei revolvierenden Globalsicherheiten.[162] Der BGH nimmt nachträgliche Übersicherung bei unsicherer Bewertung der Sicherheiten ab einem Wert der Sicherheiten über 150% aller zu sichernder Forderungen und bei sicherer Bewertung der Sicherheiten ab einem Wert von 110% aller zu sichernder Forderungen an.

539   Die Folge nachträglich eintretender Übersicherung ist ein Anspruch des Kreditnehmers auf (teilweise) Freigabe der Sicherheiten.[163] Dabei hat der Sicherungsnehmer/das Kreditinstitut das Wahlrecht, welche Sicherheiten er/es freigibt.[164] Ist die Bank verpflichtet, Sicherheiten freizugeben; dann kann die Forderung einer „Lästigkeitsprämie", die eine freihändige Verwertung des Sicherungsgutes verhindert, zur Schadensersatzpflicht führen.[165]

In jedem Fall kann der Kreditnehmer einen Anspruch auf Austausch einer Sicherheit gegen eine gleichwertige Sicherheit haben.[166]

5. Nachträgliche Besicherung durch Dritten

540   In der Insolvenz des Dritten als Sicherungsgeber ist die nachträgliche Gewährung einer Sicherheit für die Kreditforderung der Bank gegen den Darlehensnehmer als unentgeltliche Leistung nach § 134 InsO anfechtbar, wenn der Kredit bereits ausgereicht war und die Bank auch kein Vermögensopfer erbringt, das die empfangene Leistung als entgeltlich qualifiziert. Das bloße Absehen von der Kreditkündigung ist keine solche Gegenleistung. Der nachträglichen Besicherung

---
[159] BGH ZIP 2004, 1464.
[160] BGH BB 1996, 1789 = DB 1996, 1771 = EWiR 1998, 627 = ZIP 1996, 1429.
[161] BGH GSZ 2/97, ZIP 1998, 235.
[162] BGH BB 1996, 1789 = DB 1996, 1771 = EWiR 1998, 627 = ZIP 1996, 1429; Schmitt DZWIR 1999, 492 ff.
[163] BGH BB 1996, 1789 = DB 1996, 1771 = EWiR 1998, 627 = ZIP 1996, 1429.
[164] BGH DB 2002, 2714 = ZIP 2002, 1390.
[165] OLG Schleswig ZIP 2011, 1254.
[166] BGH ZIP 2004, 801.

eines ungekündigten Kredits durch einen Dritten ist der Fall gleichzustellen, dass der Kreditvertrag gekündigt bzw. einvernehmlich aufgehoben wird und sodann, weil der Rückzahlungsanspruch nicht zu realisieren war, über die weitere Kapitalüberlassung eine neue Darlehensvereinbarung mit der Drittsicherheit getroffen wird.[167]

VIII. Darlehenskündigung

In der Krise des Kreditnehmers besteht für das Kreditinstitut keine Pflicht zur Kündigung des Kreditverhältnisses, auch nicht im Hinblick auf andere Gläubiger des (späteren) Gemeinschuldners.[168]   541

1. Recht zur fristlosen Kündigung

Das Kreditinstitut hat nach § 490 Abs. 1 BGB ebenso wie nach Nr. 18 AGB-Banken bzw. Nr. 26 AGB-Sparkassen das Recht, das Darlehen bei Eintritt der Krise des Unternehmens/Kreditnehmers außerordentlich, d.h. fristlos zu kündigen, wenn folgende **Voraussetzungen** vorliegen: 542
- wesentliche Verschlechterung in den Vermögensverhältnissen des Kreditnehmers *oder*
- wesentliche Verschlechterung in der Werthaltigkeit der Sicherheiten sind eingetreten oder drohen *und*
- dadurch ist die Rückzahlung des Darlehens auch unter Berücksichtigung der Verwertung der Sicherheiten gefährdet.

Zu beachten ist, dass das vorstehende Recht zur fristlosen Kündigung nach Auszahlung des Darlehens nach § 490 Abs. 1 BGB „nur in der Regel" besteht.   543

Dabei kann die Wesentlichkeitsgrenze erst dann als überschritten angesehen werden, wenn die Prognose gerechtfertigt ist, dass die Verschlechterung nicht nur vorübergehend ist.[169]

Vor Ausspruch einer fristlosen Kündigung muss das Kreditinstitut also eine aktuelle **Beurteilung des Sicherheitenwertes** vornehmen. Die fortbestehende Werthaltigkeit der Sicherheiten trotz wesentlicher Verschlechterung der Vermögensverhältnisse schließt die Kündigung des Kreditvertrages aus.[170] Außerdem muss das Kreditinstitut eine **Interessenabwägung** durchführen zwischen dem Interesse des Kreditnehmers an der Fortsetzung des Kreditverhältnisses und dem Interesse des Kreditinstituts an der sofortigen Beendigung. Vor Ausspruch der Kündigung wird das Kreditinstitut daher in aller Regel **mahnen** und die Kündigung androhen. In jedem Fall muss der Eintritt der Krise und damit der Kündigungsgrund **sicher festgestellt** sein, damit sich das Kreditinstitut nicht der Gefahr   544

---

[167] OLG Düsseldorf ZIP 2018, 546.
[168] BGH ZInsO 2002, 721 = ZIP 2002, 1412.
[169] OLG Düsseldorf, ZIP 2020, 1654.
[170] OLG Düsseldorf, ZIP 2020, 1654.

und evtl. Schadenshaftung wegen Darlehenskündigung zur Unzeit aussetzt (zur Kündigung zur Unzeit → Rn. 549 ff.).[171]

545 Ein Recht zur außerordentlichen Kündigung besteht für das Kreditinstitut *nicht* aus solchen Gründen, die bereits zurzeit der Kreditgewährung bekannt waren.[172] Auch ist kein Recht zur fristlosen Kündigung gegeben, wenn eine entfallene Sicherheit von Anfang an nicht oder nur sehr wenig werthaltig war; dann ist dem Kreditinstitut die vertragsgemäße Fortsetzung des Kreditverhältnisses zumutbar.[173]

546 Ein **Rückstand** von mehr als 14 monatlichen **Zinsraten** innerhalb von 2 Jahren berechtigt das Kreditinstitut hingegen zur außerordentlichen Kündigung.[174] Auch kann eine unmittelbare drohende Zahlungsfähigkeit ein wichtiger Grund für eine fristlose Kündigung sein.[175] Eine Vermögensverschlechterung i.S.d. Nr. 19 Abs. 3 S. 2 Alt. 2 AGB-Banken ist bei Stellung eines Insolvenzantrags über das Vermögen des Darlehensschuldners anzunehmen; bei Anordnung eines Verfügungsverbots rechtfertigen dann auch ausreichende Sicherheiten den Ausschluss des Kündigungsrechts nicht mehr.[176]

547 Bei **mehreren Darlehensnehmern** als Gesamtschuldnern ist die Kündigung nur einheitlich ggü. allen möglich.[177]

2. Kündigung von Sanierungsdarlehen

548 Bei Sanierungsdarlehen ist die ordentliche Kündigung durch den vereinbarten Sanierungszweck zumindest konkludent ausgeschlossen.[178] Eine außerordentliche Kündigung des Sanierungsdarlehens ist nur zulässig, wenn sich die wirtschaftlichen Verhältnisse des Kreditnehmers seit Gewährung des Sanierungsdarlehens wesentlich verschlechtert haben, sodass die Sanierung nicht mehr als aussichtsreich erscheint.[179]

3. Kündigung zur Unzeit

549 **a) Tatbestand.** Das Kreditinstitut hat kein Recht zur fristlosen Kündigung des Kreditverhältnisses, wenn die Kündigung zur Unzeit geschieht. Eine Kündigung zur Unzeit liegt vor, wenn
- vollwertige Sicherheiten vorhanden sind,
- eine Beeinträchtigung der Sicherheiten nicht zu befürchten ist,
- der Kreditnehmer sich bisher vertragstreu verhalten hat,
- der Kreditnehmer durch die Kündigung unverhältnismäßige Nachteile erleidet, denen keine gleichwertigen Vorteile der Bank ggü. stehen und

---

[171] S. zu krit. und Not leidenden Kreditengagements nach den Änderungen aufgrund der Schuldrechtsreform Wittig NZI 2002, 633 ff.
[172] BGH DB 2002, 1549 = ZIP 2002, 1241.
[173] OLG Frankfurt a.M. ZIP 2002, 1030.
[174] OLG Köln EWiR 2002, 561 = WM 2003, 826 = ZIP 2002, 751.
[175] BGH ZInsO 2003, 654 = ZIP 2003, 1336.
[176] OLG Saarbrücken ZIP 2019, 366.
[177] BGH BB 2002, 1831 = ZIP 2002, 1524.
[178] BGH BB 2004, 1983 = ZIP 2004, 1589.
[179] BGH BB 2004, 2545 = DZWIR 2005, 78 = NJW 2004, 3782 = ZIP 2004, 2131.

- der Kreditnehmer sanierungsfähig ist.

Das Kreditinstitut muss also auf die berechtigten Belange des Kunden Rücksicht nehmen. An die Kündigung sind umso höhere Anforderungen zu stellen, je mehr der Kreditnehmer vom Kreditinstitut wirtschaftlich abhängt, insb. wenn es sich um die Hausbank des Kreditnehmers handelt.[180] Eine erhöhte Pflicht zur Rücksichtnahme kann das Kreditinstitut auch dann treffen, wenn sich der Kunde in einer Sanierungsphase befindet.[181] 550

b) Rechtsfolge. Rechtsfolge einer fristlosen Kündigung zur Unzeit ist nicht die Unwirksamkeit der Kündigung. Nach herrschender Meinung wird die Kündigung – ggf. nach Ablauf einer angemessenen Frist[182] – gleichwohl wirksam. Vielmehr können **Schadensersatzansprüche des Kreditnehmers gegen das Kreditinstitut** entstehen. Für die Geltendmachung der Schadensersatzansprüche hat der Kreditnehmer die Pflichtwidrigkeit und die Ursächlichkeit der Kündigung zur Unzeit für den Schaden, etwa für eine eingetretene Insolvenz, darzulegen.[183] 551

Zusätzlich kann eine Kündigung zur Unzeit auch eine **sittenwidrige Schädigung anderer Gläubiger des Kreditnehmers** sein.[184] Die Folge ist auch hier, dass die anderen Gläubiger evtl. Schadensersatzansprüche, etwa wegen teilweisen Forderungsausfalls in einer durch die Kündigung hervorgerufenen Insolvenz des Kreditnehmers, geltend machen können. 552

Außerdem ist zu berücksichtigen, dass eine **Kündigung rechtsmissbräuchlich** sein kann, wenn das Kreditinstitut zuvor den Eindruck weiterer Kreditgewährung oder der Fortsetzung des Kreditverhältnisses erweckt hat und Sicherheiten vorhanden sind, deren Wert die ausgereichten oder auszureichenden Kredite deutlich übersteigt.[185] 553

Die Kündigung eines tilgungsfreigestellten Darlehens wegen Verzugs allein mit drei Zinsraten kann gegen Treu und Glauben verstoßen[186]. 554

Sittenwidriges Verhalten der Bank kann schließlich sein, den Kunden zum Lastschriftwiderruf bei gekündigtem Kredit zu veranlassen, um sich dann besser zu befriedigen.[187] 555

IX. Rückführungsvereinbarungen; Konsolidierungsdarlehen

Rückführungsvereinbarungen nach Kreditkündigung bergen aus Sicht des Kreditinstituts grundsätzlich das Risiko der Insolvenzanfechtung.[188] Das gilt auch für Konsolidierungsdarlehen (etwa zur Stundung und Tilgungsneuregelung). Zu- 556

---

[180] BGH WM 1984, 568.
[181] OLG Frankfurt am Main WM 1992, 1018.
[182] OLG Köln NJW 1996, 1065.
[183] OLG Frankfurt am Main ZInsO 2003, 284 = ZIP 2003, 1084.
[184] OLG Köln EWiR 2000, 767 = ZIP 2000, 742.
[185] LG München EWiR 2001, 253.
[186] OLG Schleswig ZIP 2006, 1339.
[187] BGH BB 2001, 1650.
[188] Sa Kurzberg ZInsO 2011, 793 ff.

sätzlich muss die Bank für solche Darlehen mit einer nachrangigen Befriedigung rechnen.[189]

Noch erfolgte Tilgungen können sogar der Vorsatzanfechtung nach § 133 Abs. 1 InsO unterliegen. Dabei kann der Bank bekannte Zahlungsunfähigkeit des Schuldners trotz gewährter Prolongation eines Darlehens drohen, wenn die in dieser Zeit geführten Umschuldungsverhandlungen keine sichere Erfolgsaussicht bieten.[190]

B. Neukreditvergabe in der Krise

557 Die Vergabe von Krediten in der Krise kann rechtlich problematisch sein. Das Kreditinstitut steht stets in der Gefahr, dass der Kreditvertrag sittenwidrig und somit nichtig sein könnte oder es kann in die Gefahr der Haftung wegen (Beteiligung an) sittenwidriger Insolvenzverschleppung geraten.[191] Rechtlich zulässig sind nur der Sanierungskredit[192] oder der Überbrückungskredit. Beide müssen die nachfolgend genannten rechtlichen Anforderungen erfüllen.[193]

I. Zulässiger Sanierungskredit

558 Die Zulässigkeit der Kreditvergabe durch Kreditinstitute in der Krise des Unternehmens ist immer wieder Gegenstand der Rechtsprechung und zwar in zwei unterschiedliche Prüfungsrichtungen:
a. Sittenwidrigkeit der Kreditvergabe ggü. den anderen Gläubigern des Schuldners bzw.
b. Sorgfaltspflichten des Vortands ggü. dem Kreditinstitut selbst.

Wesentliche Anforderung an einen Sanierungskredit ist ein aus ex-ante-Sicht taugliches, auf Plausibilität geprüftes Sanierungskonzept. Die Zulässigkeit der Kreditvergabe in der Krise des Kreditnehmers i.S.d. obigen Prüfungspunktes a. sollte anhand des folgenden Prüfungsschemas geprüft werden:[194]

> **Übersicht 15: Prüfungsschema für die Zulässigkeit der Kreditvergabe**
> 1. Ist die **Insolvenznähe** des Kreditnehmers erkennbar? Sollte dies nicht der Fall sein, ist die Kreditvergabe rechtlich unproblematisch. Sollte die Insolvenznähe des Kreditnehmers erkennbar sein, ist zu prüfen:
> 2. Erfolgt die Kreditvergabe mit dem Ziel, die Insolvenz zwecks zwischenzeitlicher besserer Befriedigung des Kreditinstituts hinauszuzögern oder ist mit der Kreditver-

---

[189] KG ZIP 2013, 1486.
[190] BGH ZIP 2013, 79 = ZInsO 2013, 76.
[191] Zur Bankenhaftung wegen Insolvenzverschleppung bei Auskehrung von Krediten in der Unternehmenskrise, Schäffler BB 2006, 56 ff.
[192] Jüngst zu Vermeidung der Bankenhaftung bei der Vergabe von Sanierungskrediten Urlaub/Kamp ZIP 2014, 1465 ff.
[193] Umfassend zu Überbrückungs- und Sanierungskrediten jüngst Waldburg ZInsO 2014, 1405 ff.
[194] Sa BGHZ 10, 220 = NJW 1953, 1667.

gabe die **Sanierung des Kreditnehmers beabsichtigt**? Im Fall der beabsichtigten Verzögerung läuft das Kreditinstitut Gefahr, in die Haftung wegen sittenwidriger Gläubigerschädigung zu geraten (s.u.). Sofern mit der Kreditierung die Sanierung beabsichtigt ist, muss geprüft werden:

3. Handelt es sich um einen **eigennützigen oder uneigennützigen Kredit**? Ein uneigennütziger Kredit liegt nur dann vor, wenn für ihn keinerlei Sicherheiten vereinbart werden. Eine solche Kreditvergabe wäre zwar rechtlich unproblematisch, ist in der Praxis jedoch nicht relevant. Liegt somit ein eigennütziger Kredit vor, also ein solcher, für den Sicherheiten vereinbart werden, kommt es für die rechtliche Zulässigkeit der Kreditvergabe jetzt auf Folgendes an:

4. Liegt der Kreditvergabe ein **Sanierungsgutachten** zugrunde, welches die Sanierungsfähigkeit des Kreditnehmers und damit die Tauglichkeit des auszureichenden Kredits für die Sanierung darstellt? Liegt ein solches Sanierungsgutachten nicht vor, kommt allenfalls die Ausreichung eines Überbrückungskredits in Betracht (→ Rn. 562).

Fazit
Gewährt die Bank dem insolvenzreifen Unternehmen im Rahmen eines ernsthaften Sanierungsversuchs Kredit in der Höhe, den das Unternehmen zur Sanierung benötigt, so ist dies ein Sanierungskredit, der den Vorwurf sittenwidrigen Handelns ausschließt.[195] Gewährt eine Bank hingegen einem Unternehmen, das seinen Verbindlichkeiten nicht mehr erfüllen kann, einen grundpfandrechtlich gesicherten Kredit, der weder zum Ausgleich aller Verbindlichkeiten ausreicht noch ein in sich schlüssiges, in seinen Anfängen schon in die Tat umgesetztes Sanierungskonzept zur Grundlage hat, handelt es sich nicht um einen unbedenklichen Sanierungskredit.[196] Vielmehr kann der Vorwurf sittenwidrigen Handelns der Bank zum Schaden der Gläubiger begründet sein, wenn die Bank dem insolvenzreifen Unternehmen aus eigensüchtigen Motiven nicht mehr den Kredit gewährt, der zur Sanierung erforderlich ist, sondern nur einen solchen, der den wirtschaftlichen Todeskampf verlängert.[197] (Zur vorübergehenden Aussetzung s.u. → Rn. 571, 1650.)

559

Eine Krediterweiterung, die eine ohnehin zeitweise geduldete Überziehungspraxis festschreibt und nur eine vorübergehende Liquiditätshilfe sein soll, ist nicht nach den Kriterien eines Sanierungskredits zu beurteilen, bei dem die Bank verpflichtet sein kann, vor Krediteinräumung die Sanierungsaussichten durch einen neutralen branchenkundigen Wirtschaftsfachmann untersuchen zu lassen.[198]

560

Zum obigen Prüfungspunkt b.: Grundsätzlich sind auch mit besonderen Risiken behaftete Sanierungskreditvergaben zur Erhaltung eines Unternehmens zulässig, jedoch nur, wenn die Kreditvergabe auf einem wirtschaftlich vernünftigen Geamtplan beruht und deshalb die Sanierung des gesamten Kreditengagements erfolgversprechnd erscheint. Das setzt voraus, dass ein schlüssiges, von den tatsächlichen Gegebnheiten ausgehendes Sanierungskonzept vorhanden ist, das mindestns in den Anfängen bereits umgesetzt ist und eine ernsthafte und begründete Erfolgsaussicht begründet. Dabei muss sich das Kreditinstitut auf die Beurteilung eines unvoreingenommenen – nicht notwendigerweise unbetiligten – branchenkundigen Fach-

561

---

[195] KG ZIP 2016, 1451.
[196] OLG Brandenburg ZInsO 2002, 929 = ZIP 2002, 1902.
[197] KG ZIP 2016, 1451.
[198] OLG Köln EWiR 2002, 1085 = WM 2003, 1070 = ZIP 2002, 521.

manns stützen, dem die vorgschriebenen oder üblichen Buchhaltungsunterlagen zeitnah vorliegen.[199]

II. Überbrückungskredit

562 Liegt ein taugliches Sanierungskonzept (noch) nicht vor, kommt in der Krise des Kreditnehmers rechtlich einzig die Vergabe eines Überbrückungskredits in Betracht. Die Vergabe eines Überbrückungskredits in der Krise des Kreditnehmers ist zulässig, wenn die folgenden **Voraussetzungen** erfüllt sind:
- Die Sanierungsfähigkeitsprüfung muss zumindest zeitgleich mit der Ausreichung des Überbrückungskredits in Auftrag gegeben sein.
- Der Überbrückungskredit muss eine klare, von vorn herein definierte **Laufzeit** haben, d.h. befristet sein. Die höchst zulässige Laufzeit ist auch bei bereits eingetretener Insolvenzreife entgegen der Entscheidung des KG nicht starr (dort mit max. 3 Wochen, § 15a Abs. 1 InsO[200]) anzunehmen; vielmehr kann die Laufzeit, ab welcher ein Überbrückungskredit sittenwidrig ist, nur aufgrund einer umfassenden Gesamtwürdigung des einzelnen Vertrags unter Berücksichtigung aller Umstände beurteilt werden. Die Grenze zwischen dem, was der Bank bei Gewährung und Sicherheit noch erlaubt ist, und dem, was für den redlichen Verkehr unerträglich und deshalb sittenwidrig ist, kann nicht mit Hilfe starrer Fristen gezogen werden.[201] In dieser Richtung auch das KG in einer anderen Entscheidung: für die Phase der Sanierungsprüfung und die anschließende Implementierungsphase keine starre Frist, i.d.R. 1–3 Monate[202].
- Der Überbrückungskredit darf nur den Mindestliquiditätsbedarf während seiner Laufzeit umfassen und
- der Liquiditätsbedarf muss durch eine objektive Prüfung festgestellt sein.

Fazit
Der Überbrückungskredit unterliegt nicht den strengen Anforderungen an einen Sanierungskredit. Die laufzeitlichen Grenzen (s.o.) für den Überbrückungskredit sollten aber genau eingehalten werden und es sollte festgelegt und dokumentiert werden, wofür und für welche Laufzeit der Überbrückungskredit gewährt wird.[203]

III. Sicherheiten

563 Für den Sanierungs- oder den Überbrückungskredit können grundsätzlich neue Sicherheiten hereingenommen werden. Die Hereinnahme der neuen Sicherheiten – insbesondere im Stadium der Insolvenzreife des Kreditnehmers – ist aber im

---

[199] BGH ZIP 2021, 946
[200] KG ZIP 2016, 1451 (aufgehoben durch BGH NZI 2017, 507).
[201] BGH NZI 2017, 507 = ZIP 2017, 809.
[202] KG ZIP 2016, 1450.
[203] Sa Weiß/v. Jeinsen ZIP 2016, 2251 ff.; zu den vorgenannten Entscheidungen des KG Schmidt-Burgk WuB 2016, 702 ff.

B. Neukreditvergabe in der Krise

Hinblick auf Sittenwidrigkeit nach § 138 BGB und unter dem Gesichtspunkt der späteren Insolvenzanfechtung zu beurteilen.

Zu Sicherungsvereinbarung über eine Grundschuld und zur Bank als Gläubiger oder Schuldner des Grundschuldrückgewähranspruchs s. BGH NZI 2018, 601 m. Anm. Mordhorst = ZIP 2018, 1082 und Knees, ZIP 2018, 1055 ff.

1. Sittenwidrigkeit nach § 138 BGB

Grundsätzlich ist die Wahrnehmung eigener Interessen nicht sittenwidrig.[204] Das gilt auch für eine nachträgliche Besicherung eines bereits gewährten Kredits.[205] Fallgruppen, in denen die Rechtsprechung Anhaltspunkte für eine Sittenwidrigkeit einer Sicherungsgewährung aus dem Schuldnervermögen auch bei Gewährung eines Sanierungskredits sieht, sind[206]:
- Knebelung des Schuldners,
- Insolvenzverschleppung oder
- anderweitige Gläubigergefährdung bzw. Kredittäuschung.

Insbesondere die letztgenannte Fallgruppe ist gegen die insoweit abschließenden Regelungen zur Insolvenzanfechtung nach §§ 129 ff. InsO abzugrenzen, weshalb Sittenwidrigkeit nur vorliegen kann, wenn das Rechtsgeschäft weitere, über die Gläubigerbenachteiligung hinausgehende Umstände aufweist (im Einzelnen → Rn. 572 ff.).

564

2. Anfechtbarkeit wegen Inkongruenz (§ 131 InsO)

Als insgesamt inkongruentes Geschäft ist eine Vereinbarung anfechtbar, nach der die für den Sanierungs- oder Überbrückungskredit hereingenommene neue Sicherheit zugleich auch (ungesicherte) Teile der alten Kredite absichern soll.[207] Aus Sicht des Kreditinstituts muss diese Gefahr also bei der Formulierung der Sicherheitenzweckbestimmungen ausgeschlossen werden; die weite Sicherheitenzweckerklärung ist also im insolvenzanfechtungsrechtlichen Sinne schädlich.

565

Praktikabel ist folgende abgestufte Vereinbarung für die Hereinnahme der neuen Sicherheiten für den Sanierungs- bzw. Überbrückungskredit:
(1) Die Sicherheit dient zunächst lediglich der Absicherung des neuen Sanierungs- oder Überbrückungskredits.
(2) Ist der neu ausgereichte Sanierungs- oder Überbrückungskredit vollständig zurückgeführt und bestehen weitere Forderungen des Kreditinstituts gegen den Kreditnehmer, dient die Sicherheit ergänzend auch der Absicherung dieser weiteren Forderungen.

566

Zwar ist der zweite Teil dieser abgestuften Sicherheitenvereinbarung inkongruent und daher bei Vorliegen der Voraussetzungen i.Ü. in einer späteren Insolvenz

567

---

[204] S. zusammenfassend und instruktiv BGH ZIP 2016, 1058 zu den Voraussetzungen der Sittenwidrigkeit einer Sicherungsübereignung eines Warenlagers im Zusammenhang mit der Gewährung eines Sanierungskredits.
[205] BGH WM 1964, 671, 672 f.
[206] S. BGH ZIP 2016, 1058, 1060 m.w.N.
[207] BGH BB 1998, 1023 = ZIP 1998, 248.

3. Keine Anfechtung bei kongruentem Bargeschäft

568   Die Hereinnahme neuer Sicherheiten für den neuen Kredit ist als Bargeschäft nach § 142 InsO nicht anfechtbar, wenn folgende Voraussetzungen gegeben sind:
- Unmittelbarer zeitlicher Zusammenhang zwischen Kreditvergabe und Hereinnahme der Sicherheit.
- Gleichwertigkeit der Sicherheit und des Kredits.

Eine Globalzession für ein neu auszureichendes Darlehen etwa ist ein Bargeschäft i.S.d. § 142 InsO, wenn die Sicherheit eine gleichwertige Gegenleistung für das Darlehen ist. Zu beachten ist aber, dass die Privilegierung des § 142 InsO nur für die Globalzession selbst und nicht auch für das spätere Werthaltigmachen der abgetretenen künftigen Forderungen gilt; bei der Entstehung bzw. dem Werthaltigwerden der abgetretenen künftigen Forderungen handelt es sich um selbständig anfechtbare Rechtshandlungen.[208]

4. Anfechtbarkeit wegen vorsätzlicher Gläubigerbenachteiligung (§ 133 Abs. 1 InsO)

569   Hier sei auf die obigen Ausführungen zur Anfechtung wegen vorsätzlicher Gläubigerbenachteiligung verwiesen. Einer Anfechtung wegen Gläubigerbenachteiligungsabsicht geht Sittenwidrigkeit nach § 138 BGB vor[209].

5. Vermeidung der Insolvenzanfechtung durch Gestaltung von Bedingungen auf den Insolvenzfall?

570   Nach § 140 Abs. 3 InsO kommt es für die Berechnung der Fristen für anfechtbare Rechtshandlungen auf den Zeitpunkt der Vereinbarung und nicht auf den des Bedingungseintritts an. Damit wäre grds. eine Kreditsicherung durch Bedingung auf den Insolvenzfall möglich. Es besteht jedoch gerade bei Sanierungskrediten u.U. die Gefahr, dass in einer solchen Bedingungsgestaltung der **Benachteiligungsvorsatz** nach § 133 Abs. 1 InsO gesehen wird mit der Folge der 10-jährigen Anfechtbarkeit in einer sich evtl. anschließenden Insolvenz des Kreditnehmers. Daher sollte eine Bedingung sowohl in schuldrechtlichen als auch in dinglichen Verträgen besser auf den zu definierenden Sicherungsfall gestaltet werden[210] und nicht nur auf den Umstand der Insolvenz selbst.

---

[208] OLG Karlsruhe ZIP 2018, 2032.
[209] BGH ZIP 2002, 1155.
[210] S. Huhn/Bayer ZIP 2003, 1965 ff.; zu Sanierung und Insolvenzanfechtung insgesamt Paulus BB 2001, 425.

6. Vorübergehende Aussetzung der Insolvenzanfechtung durch COVInsAG

Nach § 2 Abs. 1 Nr. 2 COVInsAG[211] ist die Besicherung eines im Zeitraum der Aussetzung der Insolvenzantragspflicht (s.u.) neu gewährten Darlehens nicht gläubigerbenachteiligend und unterliegt damit in einem späteren Insolvenzverfahren nicht der Insolvenzanfechtung. Voraussetzung ist, dass auch die Besicherung im Aussetzungszeitraum erfolgte; das muss nicht notwendig gleichzeitig mit der Darlehensgewährung geschehen sein.[212] Die nachträgliche Besicherung von Altdarlehen aus der Zeit vor dem Aussetzungszeitraum ist jedoch keinesfalls privilegiert. 571

IV. Sittenwidrige Gläubigerschädigung durch Insolvenzverschleppung durch Gewährung eines aus Schuldnervermögen besicherten Kredits in der Krise, § 826 BGB

Die weitere Kreditgewährung (insbesondere gegen Hereinnahme weiterer Sicherheiten aus dem Schuldnervermögen) kann auch im Zusammenhang mit einem Sanierungskredit an einen insolvenzreifen Schuldner sittenwidrige Gläubigerbenachteiligung bzw. Kredittäuschung in der Variante der Insolvenzverschleppung sein,[213] wenn sich die Bank nicht aufgrund eines auf Plausibilität geprüften Sanierungskonzepts[214] über die Erfolgsaussichten des Sanierungsvorhabens überzeugt hat[215], die Bank und der Schuldner also nicht mit tauglichen Mitteln im Rahmen eines ernsthaften Sanierungsversuchs zusammenarbeiten[216]. 572

Die Vergabe eines eigennützigen und zur Sanierung nicht geeigneten Kredits in der Krise des Kunden/Kreditnehmers kann sittenwidrige Schädigung der Gläubiger des Kreditnehmers im Wege der Insolvenzverschleppung sein. 573

Eine auch nach Kenntnis des Kreditinstituts „eigentlich" insolvente Bautischlerei bittet das Kreditinstitut um Vorfinanzierung eines größeren Auftrages (Material, Löhne). Das Kreditinstitut gewährt den Kredit und lässt sich zur Sicherheit die Werklohnforderung der Bautischlerei aus dem durchzuführenden Auftrag vollständig abtreten. Die Abtretung sichert zugleich bedingungsgemäß auch bereits bestehende, insoweit ungesicherte Forderungen des Kreditinstituts gegen die Bautischlerei. Der Auftrag wird erledigt, der Werklohn durch das Kreditinstitut aufgrund der offen gelegten Abtretung eingezogen. Anschließend beantragt die Bautischlerei Insolvenz, in der auch Gläubiger mit ihren Entgeltforderungen für solche

---

[211] Gesetz zur vorübergehenden Aussetzung der Insolvenzantragspflicht und zur Begrenzung der Organhaftung bei einer durch die COVID-19-Pandemie bedingten Insolvenz (COVID-19-Insolvenzaussetzungsgesetz – COVInsAG) v. 27.3.2020, BGBl. I S. 569.
[212] S.a. Mylich, Gläubigerbenachteiligung, Bargeschäftsprivileg und § 2 Abs. 1 Nr. 2 COVInsAG bei Bestellung, Austausch und Verwertung von Kreditsicherheiten, ZIP 2020, 1097 ff.
[213] Zur Bankenhaftung wegen Insolvenzverschleppung bei Auskehrung von Krediten in der Unternehmenskrise, Schäffler, BB 2006, 56 ff.; Zur Konturierung der Insolvenzverschleppungshaftung (auch vor dem Hintergrund der vorübergehenden Sonderregelungen im COVInsAG) s. Wieß/Reps, ZIP 2020, 2443 ff.
[214] Zu dessen Anforderungen → Rn. 352 ff.
[215] BGH ZIP 2016, 1058, 1062 m.w.N.
[216] OLG München NZI 1999, 29.

Leistungen ausfallen, die sie noch während der Zeit der Ausführung des vorgenannten Auftrages erbracht haben.

574 Die Prüfung kann nach folgendem Schema vorgenommen werden:[217]

> **Übersicht 16: Prüfungsschema sittenwidrige Gläubigerschädigung**
> Sittenwidrige Gläubigerschädigung kann anzunehmen sein, wenn folgende Voraussetzungen gegeben sind:
> - Die für den Kredit hereingenommene Sicherheit umfasst praktisch das gesamte restliche freie Vermögen des Schuldners,
> - die hereingenommene Sicherung dient auch der (zusätzlichen) Besicherung von Altforderungen,
> - der wirtschaftliche Zusammenbruch des Kreditnehmers ist absehbar, etwa weil kein taugliches Sanierungskonzept vorliegt und auch die Voraussetzungen für einen Überbrückungskredit nicht gegeben sind und
> - die Gläubigergefährdung geht einher mit dem unterstellten Leitmotiv des Kreditinstituts, die Insolvenz des Kreditnehmers zur Verbesserung der eigenen Befriedigungssituation hinauszuzögern.

575 Es ist – wie stets – die Zusammenschau aller Einzelumstände maßgeblich. Bspw. kann die Sittenwidrigkeit im konkreten Fall zu verneinen sein, wenn der Altkredit auch vor Hereinnahme der neuen Sicherheit bereits hinreichend werthaltig besichert war.[218]

576 Aus der Sittenwidrigkeit können sich für das Kreditinstitut folgende **Haftungskonsequenzen** ergeben:
- **Im Verhältnis zum Kreditnehmer** sind die Sicherheitenvereinbarung und im Zweifel (§ 139 BGB) auch der Darlehensvertrag nach § 138 BGB nichtig. Folglich kann Rückzahlung der ausgereichten Kreditmittel nur nach Bereicherungsrecht verlangt werden. Ein vertraglicher Zinsanspruch besteht nicht. Der Kreditnehmer kann Rückgabe der eingeräumten Sicherheit bzw. Herausgabe evtl. aus der Sicherheitenverwertung bereits erzielter Erlöse verlangen.
- **Im Verhältnis zu den übrigen Gläubigern** des Kreditnehmers kann das Kreditinstitut vom Schadensersatz nach § 826 BGB für die Schäden verpflichtet sein, die den Gläubigern wegen der Insolvenzverschleppung entstanden sind. Die Altgläubiger können Ersatz für den Quotenschaden, die Neugläubiger Schadensersatz in voller Höhe geltend machen.

577 **Vorübergehende Änderung durch COVInsAG:** Nach § 2 Abs. 1 Nr. 3 COVInsAG[219] sind Kreditgewährungen und Besicherungen in dem Zeitraum, in dem die Insolvenzantragsstellungspflicht ausgesetzt ist bzw. war[220], nicht als sittenwidriger Beitrag zur Insolvenzverschleppung anzusehen. Ggf. wird die Rechtsprechung herauszuarbeiten haben, ob dies ausnahmslos gelten kann. Ein Freibrief

---

[217] Vgl. OLG Köln WM 2003, 1070 = ZIP 2002, 521.
[218] OLG Köln WM 2003, 1070 = ZIP 2002, 521.
[219] Gesetz zur vorübergehenden Aussetzung der Insolvenzantragspflicht und zur Begrenzung der Organhaftung bei einer durch die COVID-19-Pandemie bedingten Insolvenz (COVID-19-Insolvenzaussetzungsgesetz – COVInsAG) v. 27.3.2020, BGBl I S. 569.
[220] 1.3.-30.9.2020, für die Überschuldung verlängert bis 31.12.2020; detailliert zur Aussetzung der Insolvenzantragspflicht s.u. die Ausführungen zur Insolvenzverschleppung, → Rn. 1642 ff.

zum vorsätzliche Aushöhlen einer Gesellschaft, deren Insolvenz alle Beteiligten als unausweichlich ansehen, wird die Regelung nicht sein können.

Besonderheit im Restrukturierungsverfahren nach StaRUG: Nach 578
§ 89 Abs. 1 StaRUG kann die Annahme eines sittenwidrigen Beitrags zur Insolvenzverschleppung nicht allein auf die Kenntnis von der Rechtshängigkeit der Restrukturierungssache oder der Inanspruchnahme des Stabilisierungs- und Restrukturierungsrahmens gestützt werden. Das gilt nach § 89 Abs. 2 StaRUG auch für die Kenntnis der Zahlungsunfähigkeit bzw. Überschuldung, wenn das Restrukturierungsgericht nach deren Anzeige die Restrukturierungssache nicht aufhebt (§ 33 Abs. 2 S. 1 Nr. 1 StaRUG).

C. Sonstige Maßnahmen, Möglichkeiten und Haftungsgefahren der Kreditinstitute

Als sonstige Möglichkeiten[221] der Kreditinstitute sind mit ihren Haftungsgefahren[222] zu nennen: 579

I. Bündelung von Gläubigerinteressen

Mitunter kann es sinnvoll sein, die Interessen verschiedener Gläubiger, insb. 580
mehrerer Kreditinstitute in einer Poolvereinbarung zu bündeln. Dies stabilisiert die Finanzierung und vermeidet den „Ausstieg" eines einzelnen Gläubigers. Außerdem lassen sich so auch die Sicherheiten zentral steuern.

II. Beteiligung am Krisenunternehmen

Das Kreditinstitut kann sich zu Sanierungszwecken auch am Unternehmen des 581
Kunden beteiligen:
- durch unmittelbare Übernahme eines Geschäftsanteils,
- durch mittelbare Beteiligung (über eine andere Gesellschaft, Unterbeteiligung),
- als faktischer Gesellschafter (Treuhänder, atypische stille Beteiligung mit Teilhabe an Vermögen und Ertrag und Mitbestimmung der Gesellschaftsgeschicke, durch Verpfändung eines Geschäftsanteils mit zusätzlichen Befugnissen zur Einflussnahme auf die Gesellschaft, partiarisches Darlehen),
- Mezzanine-Finanzierungen,[223]
- hybride Finanzierungen wie Einzahlungen in Kapitalrücklage, typische und atypische Beteiligungen, Genussscheine und Nachrangfinanzierung,
- Debt-Equity-Swap.

---

[221] Sa Cranshaw ZInsO 2008, 421 ff.
[222] Neuhof NJW 1998, 3225 ff. und 1999, 20 ff.; zum strafrechtlichen Risiko für Banken bei der Unternehmenssanierung s. Aldenhoff/Kuhn ZIP 2004, 103 ff.
[223] Zu Mezzanine-Finanzierung und Insolvenzrisiko s. Kiethe DStR 2006, 1763 ff.

582 In allen vorgenannten Fällen (zu Ausnahmen → Rn. 543, 1242a ff.) kann das Kreditinstitut in die **Gefahr** geraten, unter die Regelungen der **Gesellschafterfinanzierung** nach § 39 Abs. 1 Nr. 5 InsO (früher Eigenkapitalersatz-Haftung) zu fallen, da seit der „Sonnenring"-Entscheidung des BGH[224] feststeht, dass die Grundsätze über den Eigenkapitalersatz auch für Sanierungsbeteiligungen gelten, wenn nicht das Sanierungsprivileg nach § 39 Abs. 4 Satz 2 InsO oder das Kleingesellschafterprivileg nach § 39 Abs. 5 InsO greifen.

Beispiele für die Umqualifizierung von Darlehen in Eigenkapitalersatz nach alter Rechtslage aus der Rechtsprechung
- gleichgestellter Nichtgesellschafter: Darlehensgeber mit mittelbarer Teilhabe am Gesellschaftsvermögen und darauf beruhendem gesellschafterähnlichem Einfluss,[225]
- stiller Gesellschafter mit Teilhabe an Vermögen und Ertrag und Mitbestimmung der Gesellschaftsgeschicke ähnlich wie ein Gesellschafter,[226]
- Pfandrecht an einem Geschäftsanteil mit Einräumung zusätzlicher Befugnisse zur Bestimmung der Geschicke der Gesellschaft ähnlich wie ein Gesellschafter,[227]
- Darlehen durch ein mit dem Gesellschafter verbundenes Unternehmen,[228]
- Bestellung eines Beirates und Mitgliedschaft der Bank mit Aufgaben der Geschäftsführung und der Gesellschafterversammlung ohne Mitwirkung der Gesellschafter bei der Auswahl der Beiratsmitglieder, Steuerung der Gesellschaft über den Beirat.[229]

583 Sofern nicht das **Kleingesellschafterprivileg** (§ 39 Abs. 5 InsO) oder das **Sanierungsprivileg** (§ 39 Abs. 4 Satz 2 InsO) eingreifen (zu beiden → Rn. 1275), ergeben sich für das Kreditinstitut folgende **Haftungskonsequenzen**:[230]
1. Der Darlehensanspruch kann in der Insolvenz des Kreditnehmers nur im letzten Nachrang geltend gemacht werden (§ 39 Abs. 1 Nr. 5 InsO).
2. Es besteht kein Zugriff auf die Sicherheiten.
3. In der Krise noch erhaltene Befriedigungen bzw. Sicherheiten können in einer Insolvenz des Kunden nach § 135 Abs. 1 InsO anfechtbar und folglich zurückzugewähren sein.

584 Dies gilt (ebenso wie früher die Regeln über den Eigenkapitalersatz) nicht für Darlehen, die unmittelbar oder mittelbar über eine Unternehmensbeteiligungsgesellschaft nach dem UBGG ausgereicht werden (§ 24 UBGG).

III. Nebenvereinbarungen im Kreditvertrag zur Absicherung des Sanierungserfolgs

1. (Financial) Covenants und Gefahr der Umqualifizierung als Gesellschafterhilfen

585 Vor dem Hintergrund steigender Insolvenzzahlen oder zur Absicherung eines Sanierungskredits vereinbaren die Banken nicht selten sog. Financial Covenants,

---
[224] BGH GmbHR 1982, 133 = NJW 1982, 383.
[225] OLG Hamburg ZIP 1989, 373.
[226] BGH NJW 1989, 982.
[227] BGHZ 119, 191 = BB 1992, 1946 = NJW 1992, 3035 = ZIP 1992, 1300.
[228] BGH NJW 1992, 1167.
[229] BGHZ 81, 311, 316 = NJW 1982, 383.
[230] S. zu dem Komplex auch Fromm GmbHR 2003, 1114 ff.

um sich so in die Lage zu versetzen, das sich – evtl. verändernde – Kreditrisiko während der Dauer des Engagements besser und zeitnäher als nur aus der Vorlage der Abschlüsse überwachen und erforderlichenfalls früher reagieren zu können (z.B. durch Nachbesicherung, Kündigung, etc.). Die inhaltliche Palette der Financial Covenants ist unübersehbar groß.[231] Häufig sind Vereinbarungen bestimmter Bilanzrelationen als Krisenindikatoren und bestimmte Unterrichtungspflichten des Darlehensnehmers. Ebenfalls gebräuchlich sind Regelungen, die den Darlehensnehmer in bestimmten Situationen zu bestimmten Handlungen verpflichten. Zu beachten ist, dass Financial Covenants das Kündigungsrecht der Bank beeinflussen können.[232]

Mitunter lassen sich Banken auch zusätzliche Veto- oder Mitwirkungsrechte bei Geschäftsführungsentscheidungen einräumen, die sie dann meist über von ihnen eingesetzte, allerdings vom Unternehmen zu bezahlende Unternehmensberatungen oder Wirtschaftsprüfungsgesellschaften ausüben. In solchen Fällen kann die Bank bei Überschreiten einer gewissen Grenze als Quasi-Gesellschafter angesehen werden mit der Folge, dass ihr Darlehen unter die Regelungen der Gesellschafterfinanzierung nach § 39 Abs. 1 Nr. 5 InsO fällt (früher Umqualifizierung in Eigenkapitalersatz nach § 32a GmbHG a.F.). Bei gleichzeitiger unternehmerischer Leitung[233] entsteht also für das Kreditinstitut die Gefahr, dass das Darlehen als Gesellschafterdarlehen (früher eigenkapitalersetzendes Darlehen) umqualifiziert wird. Voraussetzung für die Annahme einer gesellschaftergleichen Stellung der Bank mit der Folge der Anfechtbarkeit der Darlehenstilgungen nach § 135 Abs. 1 Nr. 2 InsO in einem späteren Insolvenzverfahren über das Vermögen des Darlehensnhmers ist, dass sich bei einer Gesamtbetrachtung ihre Rechtsstellung als mit derjenigen eines Gesellschafters der darlehensnehmenden Gesellschaft vergleichbar darstellt (Gesamtvergleich mit der Rechtsposition eines Gesellschafters). Das kann der Fall sein, wenn sich die Tätigkeit der Gesellschaft als eigene unternehmerische Tätigkeit der Banken darstellt. Kriterien hierfür können sein die Gewinnbeteiligung, gesellschaftergleiche Rechte, Teilhabe an der Geschäftsführung, doppelseitiges Treuhandverhältnis, bei dem der Treuhänder die Geschäftsanteile auch zugunsten der Banken hält.[234] Allein das Treuhandverhältnis oder die bloß faktische Möglichkeit der darlehensgebenden Banken, auf Entscheidungen der Gesellschaft Einfluss zu nehmen, reichen aber nicht.[235]

2. Gefahr der Knebelung

Außerdem kann die Gefahr sittenwidriger Knebelung des Kreditnehmers entstehen. Knebelung kann vorliegen, wenn dem Unternehmen keine ausreichende wirtschaftliche Bewegungsfreiheit mehr verbleibt,[236] insb. wenn dem Kreditins-

---

[231] Sa Breidenstein ZInsO 2010, 273 ff.
[232] Sa Nouverté ZIP 2012, 2139 ff.
[233] Covenants und Kapitalersatz, Fleischer ZIP 1998, 313 ff.
[234] BGH ZIP 2020, 1468 = NZG 2020, 995
[235] BGH ZIP 2020, 1468 = NZG 2020, 995
[236] BGH DB 1970, 342 = NJW 1970, 657 = VersR 1970, 275.

titut wirtschaftliche Initiativrechte auch gegen den Willen der Geschäftsführung des Kreditnehmers zustehen.[237] **Unzulässig** dürften folgende **Maßnahmen** sein:
- Einsetzung einer Vertrauensperson der Bank mit Geschäftsführungsbefugnis ohne Weisungsrecht der Gesellschafter,
- Bestellung eines Beirates und Mitgliedschaft einer von der Bank bestimmten Person mit Aufgaben der Geschäftsführung und der Gesellschafterversammlung ohne Mitwirkung der Gesellschafter bei der Auswahl der Mitglieder, Steuerung des Unternehmens über den Beirat,[238]
- Untersagung von Kontoverfügungen, obwohl sie den vereinbarten Zwecken entsprechen und die Kreditlinie noch nicht ausgeschöpft ist,
- willkürliche Ausübung von Kontrollrechten ohne Berücksichtigung der Interessen des Unternehmens.

588 Maßgeblich ist stets eine Zusammenschau aller Einzelmaßnahmen und Umstände für die Beurteilung, ob die Grenze zwischen erlaubter Kreditüberwachung und Anmaßung unternehmerischer Befugnisse überschritten ist.

589 Als Haftungsfolgen können sich bei Knebelung sowohl der Ausfall mit dem Neukredit als auch eine Ausfallhaftung ggü. geschädigten anderen Gläubigern des Kreditnehmers ergeben.

3. Gefahr der faktischen Gesellschafterstellung

590 Durch Covenants kann für das Kreditinstitut die Gefahr entstehen, in eine faktische Gesellschafterstellung zu geraten.[239] Dies dürfte besonders in folgenden Fällen gelten
- Verpfändung des Geschäftsanteils mit Stimmrecht in der Gesellschafterversammlung.[240]
- Bestellung eines Beirates und Mitgliedschaft der Bank mit Aufgaben der Geschäftsführung und der Gesellschafterversammlung ohne Mitwirkung der Gesellschafter bei der Auswahl der Mitglieder.[241]
- Vereinbarung von Covenants mit Möglichkeiten der Einflussnahme auf die gesellschaftliche Willensbildung.
- Vereinbarung einer doppelnützigen Treuhand (→ Rn. 443).

Die Haftungsfolgen bei faktischer Gesellschafterstellung sind die Umqualifizierung des Darlehens in Gesellschafterdarlehen mit allen nachteiligen Konsequenzen (Nachrang, Anfechtbarkeit, s.u. bei Gesellschafterdarlehen in der Insolvenz, → Rn. 1269).[242]

---

[237] OLG Celle ZIP 1982, 942.
[238] BGHZ 81, 311, 316 = NJW 1982, 383.
[239] Zu Banken als faktische Gesellschafter bei Turn-around-Finanzierungen – Gefahren für Unternehmen und Kreditinstitute s. Fromm GmbHR 2003, 1114 ff.; Kampshoff GmbHR 2010, 897 ff.
[240] BGH NJW 1992, 3035.
[241] BGHZ 81, 311, 316 = NJW 1982, 383: Steuerung über Beirat.
[242] Sa Breidenstein ZInsO 2010, 273 ff.

4. Gefahr der faktischen Geschäftsführung

Faktische Geschäftsführung durch das Kreditinstitut kann vorliegen, wenn ein 591
Mitarbeiter der Bank oder eine von ihren Weisungen abhängige Person Geschäftsführungsbefugnisse erhält *und* nach außen als Geschäftsführer auftritt.[243]

5. Treuhänderische Übertragung von Geschäftsanteilen

Einerseits um ein gesondert eingesetztes Sanierungsmanagement vor der Abbe- 592
rufung oder Anweisungen des Gesellschafters zu schützen und andererseits um der
die Sanierung finanzierenden Bank eine gewisse Sicherheit zu verschaffen, ist es
ein probates Mittel, dass die Geschäftsanteile auf einen mit der Bank abgestimmten
Treuhänder übertragen werden. Regelmäßig hat dieser dann die Gesellschafterrechte auch im Interesse der an der Sanierung beteiligten Bank/Gläubiger auszuüben (sog. doppelnützige Treuhand[244], → Rn. 443).

IV. Verkauf notleidender Kreditforderungen

In jüngerer Zeit war ein Markt für Investoren entstanden, notleidende Kredite 593
von den ursprünglichen Kreditgebern, meist Kreditinstituten, aufzukaufen.[245]
Bald zeigte sich, dass mit den Erwerbern Sanierungsverhandlungen schwieriger
wurden, weil diese regelmäßig unterschiedliche Ziele verfolgen.[246]

Streitig war, ob und ggf. unter welchen Voraussetzungen der Verkauf und 594
die Abtretung notleidender Darlehensforderungen (sog. Non Performing Loans,
NPL) durch ein Kreditinstitut mit Blick auf das Bankgeheimnis bzw. § 32 KWG
zulässig sind.

In einem Grundsatzurteil hat der BGH für einen Fall einer Raiffeisenbank 595
entschieden, dass das Bankgeheimnis und das Bundesdatenschutzgesetz einer
wirksamen Abtretung von Darlehensforderungen eines Kreditinstituts nicht entgegenstehen.[247] Weiter hat der BGH entschieden, dass die Abtretung von Darlehensforderungen durch eine als Anstalt öffentlichen Rechts organisierte Sparkasse
kein Verstoß gegen § 203 Abs. 2 Satz 1 Nr. 1 StGB[248] ist.

Schließlich hat der BGH entschieden, dass die Abtretung von Darlehensforde- 596
rungen an eine Nichtbank nicht wegen Verstoßes gegen § 32 KWG nichtig ist.[249]

---

[243] Sa Himmelsbach/Achsnick NZI 2003, 355 ff.
[244] Zu dieser s. eingehend Undritz ZIP 2012, 1153 ff.
[245] Sa Nobbe ZIP 2008, 97 ff.; zu den damit verbundenen Risiken s. Scharpf NJW 2009, 3476 ff.
[246] Sa Reuter/Buschmann ZIP 2008, 1003 ff.; Köchling ZInsO 2008, 232 ff.
[247] BGH ZIP 2007, 619 = BB 2007, 793.
[248] BGH ZIP 2009, 2329.
[249] BGH ZIP 2011, 1195 = NJW 2011, 3024.

597 Im Hinblick auf besondere Rücksichtnahmepflichten aus dem Darlehensverhältnis[250] sollten nur Not leidende Kredite verkauft werden. Dies sind solche, die zulässig außerordentlich gekündigt sind oder, etwa wegen (drohender) wesentlicher Verschlechterung der Vermögenslage des Kreditnehmers, zulässig außerordentlich kündbar sind, nachdem eine angemessene Frist zur Verstärkung von Sicherheiten ergebnislos verstrichen ist.

598 Interessante Fragen ergeben sich, wenn der Kreditnehmer vor der Veräußerung der gegen ihn gerichteten Darlehensforderung durch das Kreditinstitut von dem Vorhaben Kenntnis erlangt und dem Kreditinstitut nun seinerseits die intendierte Quote als Kaufpreis bzw. Ablösung der Forderung bietet. Soweit ersichtlich, liegt Rechtsprechung zu der Frage, ob das Kreditinstitut dann verpflichtet ist, das Angebot ihres Kreditnehmers anzunehmen, noch nicht vor. Ich würde dies bejahen und dazu die generelle Nebenverpflichtung des Kreditinstituts zur Rücksichtnahme auf die berechtigten Belange des Kunden einerseits und das Verbot rücksichtslosen Verhaltens und der übermäßigen Schädigung des Kunden[251] andererseits aus dem Kredit- bzw. Sicherheitenvertrag heranziehen.

---

[250] Zu diesen s. OLG Schleswig ZInsO 2011, 1745 (für einen Fall der Sicherheitenverwertung).
[251] OLG Schleswig ZInsO 2011, 1745 (für einen Fall der Sicherheitenverwertung).

§ 6 Vermeidung von Insolvenzanfechtungen

Übersicht

	Rn.
A. Allgemeines	599
I. Gegenstand der Insolvenzanfechtung	602
II. Benachteiligung der Insolvenzgläubiger	606
1. Beispiele aus der Rechtsprechung für vorliegende Gläubigerbenachteiligung	612
2. Gläubigerbenachteiligung bei Zahlungen Dritter	620
3. Gläubigerbenachteiligung bei Zahlungen vom Bankkonto	624
4. Keine Gläubigerbenachteiligung bei Aus- und Absonderungsrechten	627
III. Rechtsfolge der Anfechtung	634
1. Rückgewähr des anfechtbar Erlangten	634
2. Gegenansprüche des Anfechtungsgegners	638
IV. Fristberechnung für die Anfechtungstatbestände, Zeitpunkt der Vornahme einer Rechtshandlung	641
V. Geltendmachung der Anfechtung, Rechtsweg	646
1. Allgemeines	646
2. Rechtsweg	649
3. Verjährung	656
VI. Verschärfungen bei nahestehenden Personen	657
VII. Bargeschäft	659
B. Die einzelnen Anfechtungstatbestände	664
I. Kongruente Deckung (§ 130 InsO)	665
1. Kongruenz	668
2. Zahlungsunfähigkeit	672
3. Kenntnis des Gläubigers von der Zahlungsunfähigkeit	673
4. Kenntniszurechnung Dritter	681
5. Vorübergehende Einschränkung der Insolvenzanfechtung durch COVInsAG	682
II. Inkongruente Deckung (§ 131 InsO)	683
1. Inkongruente Deckungen im Allgemeinen	685
2. Inkongruenz bei Zahlungen aus dem Vermögen eines Dritten	689
3. Inkongruenz der Befriedigung oder Sicherung durch Zwangsvollstreckung	690
4. Inkongruenz der Befriedigung oder Sicherung aufgrund angedrohter oder bevorstehender Vollstreckung	695
5. Verfassungsmäßigkeit der Inkongruenz-Rechtsprechung bei Vollstreckung(sdruck)?	700
6. Inkongruenz der Befriedigung oder Sicherung nach angedrohtem oder gestelltem Insolvenzantrag	701
7. Erhalt von Sicherheiten, Pfandrecht	705
III. Unmittelbar nachteilige Rechtshandlungen (§ 132 InsO)	708
IV. Deckungsanfechtung an nahestehende Personen, § 133 Abs. 2 InsO	711
V. Vorsätzliche Benachteiligung (Vorsatzanfechtung, § 133 Abs. 1 InsO)	715
1. Mittelbare Gläubigerbenachteiligung	717
2. Rechtshandlungen des Schuldners	718
a) Rechtshandlungen des Schuldners bei Zwangsvollstreckungsmaßnahmen	719
b) Uneigennützig dazwischentretende Dritte, etwa Treuhänder, Leistungsmittler, Zahlungsdienstleister	728

		c) Dritte, etwa Schuldner des Schuldners	736
	3.	Benachteiligungsvorsatz des Schuldners	739
		a) Freigiebige, fragwürdige, „verdächtige" oder vermindert schutzwürdige Schuldnerleistungen als Indizien	742
		b) Inkongruenz als Beweisanzeichen für (dem Gläubiger bekannten) Benachteiligungsvorsatz des Schuldners	745
		c) Kenntnis des Schuldners von seiner (drohenden) Zahlungsunfähigkeit als Indiz?	749
		d) Zaghafte Einschränkungsversuche des BGH	752
	4.	Kenntnis des anderen Teils vom Benachteiligungsvorsatz des Schuldners.	754
		a) Rechtsprechung des BGH bis zum 6.5.2021	756
	5.	Hinweise zur Verteidigung gegen die Vorsatzanfechtung	783
	6.	Reform des Insolvenzanfechtungsrechts im Jahr 2017	785
	7.	Änderung der Rechtsprechung des BGH durch Urteil vom 6.5.2021 – Neuausrichtung der Vorsatzanfechtung nach § 133 InsO	790
VI.	Unentgeltliche Leistung (§ 134 Abs. 1 InsO)		792
	1.	Beispiele aus der Rechtsprechung	794
		a) Unentgeltlich	794
		b) Teilunentgeltlich	797
		c) Nicht unentgeltlich	798
		d) Gebräuchliche Gelegenheitsgeschenke	807
		e) Leistungsverkehr in Gesellschaftsverhältnissen	808
	2.	Rechtsfolge	809
VII.	Ergänzung zur Anfechtung nach §§ 134 und 133 Abs. 1 InsO bei Dreipersonenverhältnissen		810
	1.	Insolvenz des leistenden Dritten/Zahlungsmittlers	810
		a) Erfüllung einer fremden Geldschuld durch den späteren Insolvenzschuldner, insbesonere im Konzernverbund (Verhältnis Mutter-/Tochtergesellschaft oder bei Cash-Pooling)	810
		b) Erbringung von Werkleistungen	824
		c) Nachträgliche Besicherung einer fremden Schuld aus dem Vermögen des späteren Gemeinschuldners	826
		d) Rechtsfolge erfolgreicher Anfechtung	829
	2.	Insolvenz des Schuldners nach Zahlung/Leistung eines Dritten . .	830
	3.	Tilgung an Inkassounternehmen, sonstige Dreipersonenverhältnisse	834
VIII.	Gesellschafterdarlehen und andere Finanzhilfen des Gesellschafters, § 135 InsO n.F. (früher: Eigenkapitalersetzende Darlehen)		839
IX.	Hinweise zu Verrechnung und Aufrechnung		844
	1.	Verrechnung	844
		a) Banken	844
		b) Konzernverrechnungsklauseln	846
		c) Finanzamt	847
	2.	Aufrechnung	848
X.	Zusammenfassung der Anfechtung von Lohnzahlungen gegenüber Arbeitnehmern		857
	1.	Grundsätzliche Anfechtbarkeit, Rechtsweg	857
	2.	Bargeschäft i.S.d. § 142 InsO	860
	3.	Inkongruenz	862
	4.	Anfechtungsschädliche Kenntnisse des Arbeitnehmers und Beweisanzeichen, Vorsatzanfechtung	864
	5.	Anfechtung wegen Unentgeltlichkeit	868
	6.	Rechtsfolgen	869
	7.	Verjährung, Ausschlussfristen	871

8. Rechtsweg 872
XI. Exkurs: Anfechtung von Honorarzahlungen an den Sanierungsberater... 874
   1. Kongruenzanfechtung (§ 130 InsO) 876
   2. Der Sanierungsberater als nahestehende Person i.S.d. § 138 InsO? 878
   3. Bargeschäft (§ 142 InsO) 880
   4. Inkongruenzanfechtung (§ 131 InsO), Honorarvorschüsse 886
   5. Vorsatzanfechtung (§ 133 Abs. 1–3 InsO) 889
   6. Schenkungsanfechtung, § 134 InsO 899
   7. Honorarzahlung als dem Geschäftsführer verbotene Zahlung? ... 900
   8. Beraterhonorare in der (vorläufigen) Eigenverwaltung 901
   9. Honorarzahlung durch Dritte 902
   10. Aufrechnung mit Fremdgeldern 903
   11. Dritter als Mandant und Honorarschuldner 904

Literatur: *Ahrens*, Der Ursachenzusammenhang zwischen Zahlungsunfähigkeit und eröffnetem Verfahren bei der Anfechtung von Deckungshandlungen, ZIP 2017, 58 ff.; *Bartels*, Von uneigennützig dazwischentretenden Dritten und freigiebigen Schuldnern: Neue Schlagwörter in der Rechtsprechung zum Anfechtungsrecht, ZIP 2019, 789 ff.; *Berger*, Insolvenzanfechtung bei Nachbesicherung von Krediten, ZIP 2010, 2078 ff.; *Bork*, Anfechtung als Kernstück der Gläubigergleichbehandlung, ZIP 2014, 797 ff.; *Fawzy/Köchling*, Die Reform der Vorsatzanfechtung, ZInsO 2014, 1073 ff.; *Fölsing*, Wann sind WP-Honorare insolvenzfest?, ZIP 2007, 1449 ff.; *Ganter*, Neues zum Bargeschäft, ZIP 2019, 1141 ff.; *Ganter*, Sanierungsberaters Kunst – oft umsunst?, ZIP 2015, 1413;; *Huber*, Die neuen Wege des IX. Zivilsenats des BGH in der Vorsatzanfechtung gem. § 133 Abs. 1 InsO, ZIP 2018, 519; *Kayser*, Die Anfechtung als unentgeltliche Leistung – eine Allzweckwaffe des Insolvenzverwalters zur Massegenerierung?, ZIP 2019, 293 ff.; *Kayser*, Konsequenzen aus dem neuen Anfechtungsrechts für die Rspr. d. BGH – viel Lärm um nichts?, ZIP 2018, 1153 ff.; *Klinck*, Die Anfechtung unentgeltlicher Leistungen im Spiegel der jüngsten Rechtsprechung des BGH, ZIP 2017, 1589 ff.; *Kluth*, Vorsatzanfechtung bei Ratenzahlungsvereinbarungen im unternehmerischen Geschäftsverkehr, NZG 2016, 653 ff.; *Köper/Pfoser*, Vorsatzanfechtung bei Ratenzahlungsvereinbarungen und ihre Folgen für Handelsunternehmen, ZInsO 2014, 2341 ff.; *Lütke*, Schenkungsanfechtung im Dreipersonenverhältnis, ZIP 2014, 1769 ff.; *Marotzke*, Formulierungsvorschläge für eine „kleine" Reform des Insolvenzanfechtungsrechts, ZInsO 2014, 745 ff.; *Mock*, Die Vergütung des vorinsolvenzlichen Sanierungsberaters, ZIP 2014, 445 ff.; *Schäfer*, § 134 InsO – Anfechtbarkeit unentgeltlicher Leistungen des Schuldners, ZInsO 2014, 973 ff.; *Schäfer*, Mittelbare Zuwendungen im Insolvenzanfechtungsrecht, ZInsO 2014, 1965 ff.; *Steffan*, Ist der Ratenzahlungskredit noch zu retten?, ZIP 2016, 2147 ff.; *Tolani*, Insolvenzanfechtung gegenüber Dienstleistern mit besonderem Augenmerk auf die Auswirkungen des reformierten Bargeschäftsprivilegs, ZIP 2018, 1997 ff.; *Wiester/Neumann*, Ratenzahlungsbitten und Zahlungsunfähigkeit, ZIP 2016, 2351 ff.; *Wollweber*, Honorarsicherung in der wirtschaftlichen Krise des Mandanten, DStR 2010, 1801 ff.

A. Allgemeines

Es ist (leider) keineswegs ausgeschlossen, dass eine „freie" Sanierung des Unternehmens nicht gelingt und die Eröffnung eines Insolvenzverfahrens über das Vermögen der Gesellschaft nicht vermieden werden kann.[1] Die Hauptursache hierfür ist nach meiner Erfahrung, dass die für die Unternehmensführung Verantwortlichen viel zu lange Verlustfinanzierung betreiben und erst wesentlich zu spät professionelle Hilfe einholen und mit Sanierungsmaßnahmen beginnen. Im

599

---
[1] Literaturhinweis zum Ganzen: Bork, Handbuch des Insolvenzanfechtungsrechts, 2006.

eröffneten Insolvenzverfahren ist der Insolvenzverwalter grundsätzlich verpflichtet, Insolvenzanfechtungsmöglichkeiten zu ermitteln,[2] also zu prüfen, ob die zuvor noch veranlassten Maßnahmen einer Insolvenzanfechtung standhalten oder die Empfänger von Leistungen aus dem Schuldnervermögen auf Rückerstattung in Anspruch genommen werden können. Evtl. Insolvenzanfechtungsansprüche hat der Verwalter sodann einzuklagen, wenn die Klage erforderlich ist, Erfolg verspricht und wirtschaftlich vertretbar ist.[3]

Im außergerichtlichen Sanierungsgeschehen sollte eine evtl. spätere Insolvenzanfechtbarkeit für den Fall, dass ein Insolvenzverfahren nicht vermeidbar sein sollte, also stets mitberücksichtigt werden.[4] Das gilt auch für konzerninterne Umstrukturierungen/Sanierungsmaßnahmen.[5]

600 Mit der InsO wurde das Insolvenzanfechtungsrecht neu geregelt und ggü. der KO erheblich verschärft. Durch die neuen gesetzlichen Regelungen und besonders durch die Rechtsprechung wurde es zu einem sehr wirksamen Instrument des Insolvenzverwalters zur Mehrung der Insolvenzmasse. Dabei hatte der IX. Zivilsenat des BGH insbesondere die Vorsatzanfechtung nach § 133 Abs. 1 InsO a.F. über den Wortlaut der Vorschrift hinaus so weit ausgedehnt, dass sie – entgegen dem gesetzlichen Leitbild – zur kaum mehr vermeidbaren Regelanfechtung beinahe jeglicher vorinsolvenzlicher Sanierungsmaßnahmen wurde, so dass sich sogar der Gesetzgeber veranlasst sah, dem Einhalt zu gebieten.[6] Nachdem der IX. Zivilsenat des BGH auch diesem gesetzgeberischen Einschränkungsbegehren zuwider seine ausufernde Rechtsprechung zur Vorsatzanfechtung auch nach den §§ 133 Abs. 1 – 3 InsO n.F. zunächst fortgesetzt hatte, hat er mit seiner Entscheidung vom 6.5.2021[7] zu einer, wie ich meine, gesetzeskonformen Neuausrichtung der Vorsatzanfechtung gefunden. Für die Einzelheiten sei auf die folgenden Ausführungen zur Vorsatzanfechtung verwiesen.

601 Voraussetzung für eine jede Insolvenzanfechtung ist die **Eröffnung des Insolvenzverfahrens**. Bei Ablehnung der Verfahrenseröffnung (etwa mangels Masse) findet Insolvenzanfechtung nicht statt. Ebenso wenig kann die Insolvenzanfechtung bereits im Insolvenzeröffnungsverfahren erfolgen; der vorläufige Insolvenzverwalter ist dazu nicht befugt.

I. Gegenstand der Insolvenzanfechtung

602 Gegenstand der Insolvenzanfechtung sind **Rechtshandlungen** des Schuldners, des Gläubigers und Dritter. Solche sind auch Zahlungen per Lastschrift vom Bankkonto im Wege des Abbuchungsauftrags- oder Einzugsermächtigungsverfahrens.

---

[2] Zur Ermittlung von Insolvenzanfechtungsansprüchen s. Kirstein ZInsO 2014, 1522 ff.
[3] LG Krefeld ZInsO 2014, 848 = NZI 2014, 410.
[4] Zu Sanierung und Insolvenzanfechtung sa Paulus BB 2001, 425 ff.
[5] Zu Insolvenzanfechtung im Konzern s. Hirte FS Kreft, 2004, 307 ff.; Wenner/Schuster ZIP 2008, 1512 ff.
[6] Durch das am 4.4.2017 in Kraft getretene Gesetz zur Verbesserung der Rechtssicherheit bei Anfechtungen nach der InsO und dem AnfG, BGBl. I 2017, 654 f. IE su bei der Vorsatzanfechtung nach § 133 InsO.
[7] IX ZR 72/20, ZIP 2021, 1447

Maßgeblicher Zeitpunkt ist die endgültige Zahlung, wenn die Lastschrift nicht mehr widerrufen werden kann.[8] Auch die Zahlung einer Geldstrafe kann grundsätzlich der Insolvenzanfechtung unterliegen.[9]

Auch Rechtshandlungen des Schuldners mit Genehmigung des **schwachen vorläufigen Insolvenzverwalters** können im eröffneten Insolvenzverfahren vom Insolvenzverwalter grds. angefochten werden.[10] Das gilt jedoch nicht, wenn der Gläubiger durch schutzwürdiges Vertrauen auf den Bestand der Rechtshandlung einen Nachteil erlitten hat,[11] er etwa im Vertrauen darauf, die mit Zustimmung des schwachen vorläufigen Verwalters erhaltene Bezahlung alter Forderungen behalten zu dürfen, neue Ware geliefert hat.[12] Die Zusage des vorläufigen Sachwalters, Zahlungen für Lieferungen nach einem bestimmten Stichtag später nicht anzufechten, hindert ihn nach Bestellung zum Sach- oder Insolvenzverwalter unter dem Gesichtspunkt des Vertrauensschutzes nicht daran, Zahlungen für Lieferungen vor dem bestimmten Stichtag anzufechten.[13]

Sogar Lohnzahlungen des Schuldners im Insolvenzeröffnungsverfahren an Arbeitnehmer, denen der spätere, damals noch vorläufige Insolvenzverwalter zugestimmt hat, können nach Insolvenzverfahrenseröffnung angefochten und zur Insolvenzmasse zurückverlangt werden.[14] Das gilt für an die Sozialkassen gezahlte Sozialversicherungsbeiträge im Rahmen der Vorfinanzierung von Insolvenzgeld auch dann, wenn die Rückforderung nicht vorbehalten wurde.[15] Stimmt der vorläufige Insolvenzverwalter mit Zustimmungsvorbehalt einer Zahlung zu, durch die gesetzliche oder Altverbindlichkeiten bezahlt werden, ist die Zahlung im eröffneten Insolvenzverfahren anfechtbar,[16] wenn der Gläubiger nicht auf das Behaltendürfen hat vertrauen dürfen, also etwa, wenn die Zahlung nur wegen seiner marktbeherrschenden Stellung erfolgte und der vorläufige Verwalter sich zunächst gegen die Zahlung ausgesprochen hatte[17] oder wenn dem Gläubiger bewusst war, dass er die Zustimmung der Zahlung nur wegen seiner besonderen Marktstärke erhalten hatte.[18]

Zusammenfassend kann gesagt werden, dass bei Anfechtung von Rechtshandlungen, denen der vorläufige schwache Verwalter zugestimmt hat, der Insolvenzverwalter i.d.R. die Umstände wird darlegen und beweisen müssen, aus denen die Anfechtung nicht als treuwidrig erscheint.[19]

---

[8] BGH BB 2003, 752 = ZInsO 2003, 324 = ZIP 2003, 488.
[9] BGH ZInsO 2010, 2295 = NZI 2011, 189
[10] OLG Celle ZInsO 2003, 185 = ZIP 2003, 412; erneut OLG Celle ZInsO 2005, 148 = NZI 2005, 38.
[11] OLG Celle ZInsO 2005, 148 = NZI 2005, 38; BGHZ 161, 315 = BB 2005, 401 = NZI 2005, 218 = ZInsO 2005, 209.
[12] BGH BB 2006, 577 = ZInsO 2006, 204 = ZIP 2006, 431.
[13] OLG Düsseldorf ZIP 2019, 382.
[14] BAGE 122, 266 = ZInsO 2005, 529 = ZIP 2005, 86.
[15] OLG Saarbrücken ZIP 2014, 1791 = ZInsO 2014, 1914.
[16] BGHZ 161, 315 = BB 2005, 401 = NZI 2005, 218 = ZInsO 2005, 209.
[17] BGH BB 2006, 577 = ZInsO 2006, 204 = ZIP 2006, 431.
[18] OLG Koblenz ZInsO 2010, 1395 = NZI 2010, 862.
[19] BGH WM 2013, 510.

605 Rechtshandlungen des **starken vorläufigen Verwalters** sind **nicht** anfechtbar, soweit sie Masseverbindlichkeiten begründet haben. Soweit mit ihnen Altverbindlichkeiten erfüllt wurden, sind auch sie anfechtbar.[20]

II. Benachteiligung der Insolvenzgläubiger

606 Nach § 129 InsO ist Voraussetzung jeder Insolvenzanfechtung, dass die Insolvenzgläubiger durch die anzufechtende Rechtshandlung objektiv benachteiligt wurden.
Eine Gläubigerbenachteiligung liegt grundsätzlich vor, wenn die Befriedigung der Insolvenzgläubiger durch die anfechtbare Rechtshandlung dadurch verkürzt/vermindert, vereitelt, erschwert, gefährdet oder verzögert wird, dass die angefochtene Rechtshandlung die Schuldenmasse vermehrt oder die Aktivmasse verkürzt hat,[21] wenn sich also m.a.W. die Befriedigungsmöglichkeiten der Insolvenzgläubiger ohne die angefochtene Handlung bei wirtschaftlicher Betrachtungsweise günstiger gestaltet hätten.[22] Dabei ist vom Anscheinsbeweis auszugehen, dass die Insolvenzmasse zur Befriedigung aller Gläubiger nicht ausreicht.[23] Bei der Beurteilung der Befriedigungschancen der Gläubiger sind auch vom Insolvenzverwalter bestrittene Forderungen einzubeziehen, weil und soweit die Möglichkeit der Feststellungsklage nach § 179 InsO besteht bzw. noch mit ihr gerechnet werden kann.[24] Der gläubigerbenachteiligenden Wirkung einer Zahlung aus dem Schuldnervermögen steht der Umstand gesamtschuldnerischer Haftung einer abgespaltenen Gesellschaft nach § 133 UmwG nicht entgegen.[25]
Die Benachteiligung nur einzelner Gläubiger reicht nicht. Ebenso wenig liegt eine Benachteiligung der Insolvenzgläubiger i.S.d. § 129 InsO vor, wenn die Masse für die Befriedigung aller Insolvenzgläubiger ausreicht und lediglich nachrangige Insolvenzgläubiger unberücksichtigt bleiben.[26]

607 Der Insolvenzverwalter muss für eine Insolvenzanfechtung also darstellen, dass sich die Befriedigung der Gläubiger im Fall des Unterbleibens der angefochtenen Handlung günstiger gestaltet hätte. Dieses Erfordernis ist aber auch bei **fortbestehender Massenunzulänglichkeit** erfüllt.[27]
Zweck der Insolvenzanfechtung ist aber nicht, der Masse Vermögensvorteile zu verschaffen, die sie ohne die anfechtbare Handlung nicht erlangt hätte.[28] Somit fehlt es an einer Gläubigerbenachteiligung, wenn der Schuldner einen möglichen Erwerb unterlässt, denn dies führt nicht zu einer Minderung des Schuldnervermögens, sondern verhindert nur dessen Mehrung.[29]

---

[20] BGH WM 2014, 572.
[21] BGH ZIP 2019, 233 m.w.N.
[22] BGH ZIP 2019, 233 m.w.N.
[23] St. Rspr., vgl. BGH ZIP 2020, 563
[24] BGH ZIP 2020, 563; dazu Lang/Beck, ZIP 2020, 1650
[25] BGH, ZIP 2019, 2224 = NZG 2020, 119
[26] BGH ZIP 2013, 637.
[27] BGH ZIP 2001, 1641.
[28] BGH ZIP 2019, 233, 234 m.w.N.
[29] BGH ZIP 2019, 233 m.w.N.

Eine Benachteiligung der Insolvenzgläubiger liegt auch bei Anfechtung gegenüber dem größten Gläubiger vor, wenn der Anfechtungserlös zu 93% wieder an ihn auszukehren ist.[30]

Für die Annahme einer Benachteiligung der Insolvenzgläubiger kommt es jedoch nicht auf die konkrete Befriedigungssituation der Insolvenzgläubiger an, sondern es ist eine pauschalierende Betrachtung vorzunehmen. Diese Frage stellt sich, wenn auch nach erfolgreicher Insolvenzanfechtung **Masseunzulänglichkeit fortbesteht**, die anzufechtende Rechtshandlung also nur Massegläubiger benachteiligt hat. Sie war von den Instanzgerichten unterschiedlich entschieden worden.[31] Nach der Rechtsprechung des BGH ist auch bei fortbestehender Masseunzulänglichkeit nach erfolgreicher Insolvenzanfechtung die Gläubigerbenachteiligung i.S.d. § 129 Abs. 1 InsO anzunehmen und die Insolvenzanfechtung möglich,[32] weil das Verfahren nach § 208 Abs. 3 InsO mittelbar den Interessen aller Gläubiger dient und die vorrangige Befriedigung der Massegläubiger nur die Vorstufe zur Befriedigung der Insolvenzgläubiger ist; diese sind durch den völligen Ausfall erst recht benachteiligt.[33] 608

Eine ähnliche Fragestellung ist, ob ein Anfechtungsanspruch bei der Beurteilung der Verfahrenskostendeckung im Rahmen der Eröffnungsentscheidung zu berücksichtigen ist, wenn auch nach erfolgreicher Geltendmachung nur Massegläubiger zu befriedigen sein werden. Das AG Göttingen hat das jüngst mit der Begründung verneint, dass es nicht Ziel der Anfechtung sein kann, ein Insolvenzverfahren zu finanzieren und zur Eröffnung zu bringen, das den Insolvenzgläubigern keine (teilweise) Befriedigung verschafft.[34] 609

Für die Feststellung der Gläubigerbenachteiligung findet eine aus dem Schadensersatzrecht bekannte Vorteilsausgleichung nicht statt. Eine für die angefochtene Rechtshandlung in das Schuldnervermögen gelangte Gegenleistung wird also nicht berücksichtigt. Eine zumindest mittelbare objektive Gläubigerbenachteiligung nach § 129 InsO liegt vor, wenn die Insolvenzmasse durch die anfechtbare Handlung verkürzt worden ist, sich die Befriedigungsaussichten der Gläubiger also ohne die Handlung besser darstellen. Für diese Beurteilung wird die für die anfechtbare Rechtshandlung erhaltene Gegenleistung nicht berücksichtigt (keine Vorteilsausgleichung). So ist bspw. die Zahlung der Prämien für eine Direktversicherung eines GmbH-Geschäftsführers durch die Gesellschaft nach drohender Zahlungsunfähigkeit im Regelfall trotz der erhaltenen Dienste des Geschäftsführers eine Benachteiligung der Gesellschaftsgläubiger.[35] Allerdings hat der BGH jüngst entschieden, dass die Gläubiger durch eine Zahlung des Schuldners nicht benachteiligt werden, wenn aufgrund eines Vergleichs mit dem Gläubiger weitere, über den Zahlungsbetrag hinausgehende Verbindlichkeiten getilgt werden und der in der Zahlung liegende Vermögensverlust durch den damit verbundenen **Verzicht auf weitere Forderungen** voll ausgeglichen wird.[36] 610

---

[30] LG Hamburg ZIP 2017, 1771.
[31] Anfechtung bejaht durch LG Hamburg ZIP 2001, 711; verneint durch LG Stralsund ZIP 2001, 936; dazu Pape ZIP 2001, 901 ff. und Gundlach ua NZI 2004, 184 ff.
[32] BGH ZIP 2001, 1641 = ZInsO 2001, 904.
[33] Kirchhof in MüKoInsO, § 129, Rn. 105.
[34] AG Göttingen ZInsO 2013, 84 = NZI 2013, 188.
[35] BGH ZIP 2012, 285.
[36] BGH ZIP 2016, 426.

611 Eine Benachteiligung der Insolvenzgläubiger i.S.d. § 129 InsO liegt nicht vor, wenn die Masse für die Befriedigung aller Insolvenzgläubiger ausreicht und lediglich nachrangige Insolvenzgläubiger unberücksichtigt bleiben.[37]
Eine zunächst eingetretene Gläubigerbenachteiligung entfällt wieder, wenn der Anfechtungsgegner den anfechtbar erhaltenen Wert in das Schuldnervermögen zurückführt.[38]

1. Beispiele aus der Rechtsprechung für vorliegende Gläubigerbenachteiligung

612 Die Bestellung dinglicher Rechte am eigenen Grundstück ist Gläubigerbenachteiligung.[39] Auch die Sicherung des Rückgriffsanspruchs einer eine Avalbürgschaft gebenden Bank durch Grundschuld ist Gläubigerbenachteiligung, es sei denn, die dingliche Sicherheit ist wertlos.[40]

613 Gläubigerbenachteiligung ist gegeben, wenn der Gemeinschuldner einen zweckgebundenen, von der Bank erhaltenen **Kreditbetrag** an einen Dritten dem Zweck entsprechend auszahlt.[41] Der Anspruch des Schuldners auf Auszahlung eines Darlehens mit Zweckbindung, den Kreditbetrag an einen bestimmten Gläubiger auszuzahlen, gehört zur Insolvenzmasse; dies gilt auch dann, wenn der Darlehensbetrag erst auf ein Treuhand- oder Anderkonto eines Rechtsanwalts und von dort an den zweckbegünstigten Gläubiger ausgezahlt wird.[42] Ebenfalls liegt Gläubigerbenachteiligung vor, wenn der Schuldner mit darlehensweise in Anspruch genommenen Mitteln die Forderung eines späteren Insolvenzgläubigers tilgt und die Darlehensauszahlung direkt an den Gläubiger erfolgt.[43]

614 Eine nicht unerhebliche **Verringerung** des **Reinvermögens einer Tochtergesellschaft** ist eine Verminderung des Beteiligungswertes im Vermögen der Muttergesellschaft und kann daher deren Insolvenzgläubiger benachteiligen.[44]

615 Die Zahlung der **Prämien für eine Direktversicherung** des Geschäftsführers durch die GmbH benachteiligt die Gesellschaftsgläubiger auch dann, wenn der Geschäftsführer nach seinem Anstellungsvertrag Anspruch auf die Versicherung hatte und seine Dienstleistung erbracht hat.[45]

616 Eine mittelbare objektive Gläubigerbenachteiligung liegt vor, wenn durch die angefochtene Rechtshandlung eine Forderung, die im Fall der späteren Insolvenz bloße **Insolvenzforderung** wäre, **zu** einer **Masseverbindlichkeit aufgewertet** wird.[46]

---

[37] BGH ZIP 2013, 637.
[38] BGH ZInsO 2013, 670 = NZI 2013, 397.
[39] BFH ZIP 2010, 1356 (für einen Fall nach § 3 AnfG).
[40] OLG Hamburg ZInsO 2006, 877 = BeckRS 2011, 17208.
[41] BGH BB 2001, 1546 = NJW 2002, 1574 = ZInsO 2001, 661 = ZIP 2001, 124.
[42] BGH ZIP 2011, 824 = ZInsO 2011, 782.
[43] OLG Brandenburg ZInsO 2010, 1392 = BeckRS 2010, 9495.
[44] OLG Celle ZIP 2011, 676.
[45] BGH ZInsO 2012, 1131 (hier: Vorsatzanfechtung nach § 133 Abs. 1 InsO) = NZG 2012, 234.
[46] BGH ZIP 2012, 1127 und BGH ZInsO 2012, 971 = BeckRS 2012, 10725.

Die Nichtinanspruchnahme eines Dritten auf Erstattung oder Freistellung kann eine objektive Gläubigerbenachteiligung i.S.d. § 129 InsO sein.[47]

Unentgeltliche Nutzungsüberlassung von Gegenständen der geschäftlichen Tätigkeit des Schuldners an den Anfechtungsgegner, wenn feststellbar ist, dass dem Schuldner die Nutzung des Gegenstands zum Vorteil der Gläubiger ohne die Nutzungsüberlassung an den Anfechtungsgegner tatsächlich und rechtlich möglich gewesen wäre.[48]

Wird ein unverzinsliches Darlehen wegen Vermögenslosigkeit gekündigt, liegt die Gläubigerbenachteiligung im Wegfall der gesetzlichen Abzinsung. Die Anfechtung einer Rechtshandlung wegen Ermöglichens einer Befriedigung setzt nicht voraus, dass der Insolvenzgläubiger anschließend auch tatsächlich befriedigt wurde.[49]

617

618

619

2. Gläubigerbenachteiligung bei Zahlungen Dritter

Für die Frage der Gläubigerbenachteiligung einer Zahlung eines Dritten[50] auf die Schuld des späteren Insolvenzschuldners kommt es darauf an, ob der Dritte auf eine **Anweisung** des Schuldners „**auf Schuld**" oder „**auf Kredit**" handelte.[51] Zahlt etwa der phG einer KG an den Gläubiger der später insolventen Gesellschaf, liegt Anweisung „auf Schuld" und damit Gläubigerbenachteiligung der übrigen Gesellschaftsgläubiger vor, weil hier eine eigene Verbindlichkeit des Dritten gegenüber dem Schuldner besteht (des phG aus § 128 HGB), die der phG tilgt, und die Schuldnergesellschaft ihre insoweitige Forderung gegen den angewiesenen phG verliert.[52] Zu ergänzen ist, dass eine solche Zahlung zugleich inkongruent ist, sofern sie mit dem Gläubiger nicht zusätzlich vereinbart worden war, denn der Gläubiger erhält etwas, was er nicht „in der Art", nämlich nicht auf diesem vom normalen Zahlungsweg abweichenden Zahlungsweg verlangen konnte.[53] Zahlt der Haftungsschuldner an den Gläubiger, ist davon auszugehen, dass er durch die Zahlung seine Haftungsverbindlichkeit tilgen will und nicht die ihr zugrunde liegende Schuld des Schuldners. Ist die steuerrechtliche Haftungsverbindlichkeit noch nicht durchsetzbar, ist die Zahlung als inkongruent anfechtbar.[54]

620

Zahlt hingegen ein nicht persönlich haftender Gesellschafter auf die Schuld der später insolventen Gesellschaft (Anweisung „auf Kredit"), so besteht keine Forderung des Schuldners gegenüber dem zahlenden Dritten, die durch die Zahlung

621

---

[47] OLG Brandenburg ZInsO 2009, 330 = BeckRS 2008, 20025.
[48] BGH ZIP 2019, 233 (für vom Schuldner zeitlich befristet ausgereichte, vom Anfechtungsgegner zurückgezahlte unentgeltliche Darlehen betr. die nicht vereinnahmten Zinsen, die der Insolvenzverwalter im Wege der Insolvenzanfechtung geltend gemacht hat).
[49] BGH ZIP 2017, 489 = NZG 2017, 550.
[50] Sa Henkel ZInsO 2012, 774 ff., der die Zahlungen durch Dritte stets als gläubigerbenachteiligend ansieht.
[51] BGH ZInsO 2008, 1200 = NZG 2009, 102. Zu dieser vom BGH weiter durchgehaltenen Unterscheidung (su BGH ZInsO 2012, 1425 = NZG 2012, 1156; auch BGH ZIP 2016, 436) krit. Heitsch ZInsO 2012, 2088 ff.
[52] BGH ZInsO 2008, 1200 = NZG 2009, 102.
[53] BGH ZInsO 2011, 421.
[54] BGH ZIP 2012, 280 (für Zahlung der Steuerschuld des Organträgers durch später insolvente Organgesellschaft).

erlöschen könnte, mithin werden die Gläubiger des Schuldners nicht benachteiligt. Vielmehr wird der zahlende Dritte zum neuen Gläubiger des Schuldners, es liegt also ein bloßer Gläubigertausch vor.[55] Dasselbe (Anweisung auf Kredit und damit keine Gläubigerbenachteiligung) gilt, wenn der nicht dazu verpflichtete Geschäftsführer der späteren Insolvenzschuldnerin deren Verbindlichkeit aus eigenen Mitteln begleicht.[56]

622 Kommt der Zahlung des Schuldners an einen Insolvenzgläubiger eine **Doppelwirkung** zu, weil neben der Forderung des Empfängers zugleich der gegen den Schuldner gerichtete Anspruch eines mithaftenden Dritten auf Befreiung von dieser Verbindlichkeit erfüllt wird, kann die Leistung nach Wahl des Insolvenzverwalters sowohl gegenüber dem Leistungsempfänger als auch gegenüber dem Dritten als Gesamtschuldner angefochten werden.[57]

623 Keine Gläubigerbenachteiligung liegt vor bei Kontoauszahlungen, wenn der Geschäftsverkehr über ein von einem Mitarbeiter auf seinen Namen eingerichtetes Konto abgewickelt wird.[58] Anders AG Villingen-Schwenningen:[59] Wird das Konto eines Dritten für Zahlungen an den Schuldner genutzt, können Verfügungen von diesem Konto grundsätzlich der Insolvenzanfechtung unterliegen.

3. Gläubigerbenachteiligung bei Zahlungen vom Bankkonto

624 Die Zahlung von einem Bankkonto ist Gläubigerbenachteiligung, wenn ein Guthaben bestand oder die Zahlung aus einer eingeräumten Kreditlinie erfolgte.[60]

625 Auch bei Zahlung aus einer lediglich **geduldeten Kontoüberziehung** hatten verschiedene OLGe Gläubigerbenachteiligung angenommen.[61] Dem war der BGH zunächst wiederholt entgegengetreten und hatte entschieden, dass dann i.d.R. keine Gläubigerbenachteiligung vorliegt:[62] Werde ein Gläubiger mit Mitteln befriedigt, die der Schuldner aus einer lediglich geduldeten Kontoüberziehung schöpft, könne die Deckung in der Insolvenz des Schuldners i.d.R. mangels Gläubigerbenachteiligung nicht angefochten werden, und zwar selbst dann nicht, wenn alle sonstigen Voraussetzungen eines Anfechtungsgrundes i.S.d. §§ 130 ff. InsO erfüllt sind. Für eine mittelbare Gläubigerbenachteiligung sei in diesem Fall nur Raum, wenn der Anspruch der Bank auf Rückzahlung des Kredits, auf dessen Gewährung der Schuldner keinen Anspruch hatte (Überziehungskredit), für die Insolvenzmasse ungünstiger sei als der Anspruch des befriedigten Gläubigers, insb. weil die Bank für ihren Darlehensrückzahlungsanspruch über (bessere) Sicherheiten verfügte. Diese Rechtsprechung hat der BGH später ausdrücklich aufgegeben und entschieden, dass Gläubigerbenachteiligung bei Zahlung auch aus lediglich gedul-

---

[55] BGH ZInsO 2008, 1200 = NZG 2009, 102.
[56] BGH ZInsO 2012, 1425 = NZG 2012, 1156; dazu Huber ZInsO 2012, 1412 ff.
[57] BGH ZIP 2012, 280.
[58] OLG Celle DB 2006, 1784 = ZIP 2006, 1878.
[59] AG Villingen-Schwenningen ZInsO 2008, 219 = LSK 2008, 110326 (Ls.).
[60] BGH DZWIR 2007, 257; dazu Vendolsky ZIP 2005, 786 ff.
[61] OLG Hamburg ZInsO 2005, 937 = ZIP 2006, 44 und OLG Stuttgart ZIP 2005, 1837 (Einlösung eines Schecks auf debitorischem Konto unter geduldeter Überziehung).
[62] BGH ZIP 2007, 435 = ZInsO 2007, 269; erneut BGH ZIP 2007, 601. Dazu Mock ZInsO 2007, 561 ff. und 911 ff.; Galster ZInsO 2007, 908 ff.; Marotzke ZInsO 2007, 897 ff.

deter Kontoüberziehung vorliegt, weil die Zuwendung an den Empfänger nur infolge und nach Einräumung des vom Schuldner beantragten Überziehungskredits bewirkt werden kann.[63] Dies gilt unabhängig davon, ob der Anspruch der Bank für die Masse ungünstiger ist als der Anspruch des befriedigten Gläubigers, etwa weil die Bank für ihren Darlehensrückzahlungsanspruch über (bessere), wieder valutierte Sicherheiten verfügt.[64] Die Benachteiligung der übrigen Gläubiger liege dann darin, dass die Kreditmittel nicht in das Vermögen des Schuldners gelangt und dort für den Zugriff der Gläubigergesamtheit verblieben seien.[65] In dieselbe Richtung gehend: Veranlasst das Kreditinstitut den Schuldner, zur Aufhebung einer Kontopfändung den Betrag an den Gläubiger aus einer Kontoüberziehung zu zahlen, kommt i.H.d. überwiesenen Betrages ein Darlehensvertrag zustande; durch die Überweisung werden dann die übrigen Gläubiger benachteiligt.[66] Diese Rechtsprechung passt m.E. nicht ganz zur Rspr. des BGH zur Gläubigerbenachteiligung bei Zahlung eines Dritten, wo der BGH danach unterscheidet, ob der Dritte auf Anweisung auf Schuld oder auf Anweisung auf Kredit zahlt (s.o. → Rn. 620).

Bei Pfändung eines Bankkontos mit KK-Kreditlinie tritt die Gläubigerbenachteiligung erst dadurch ein, dass das Pfändungspfandrecht mit Abruf des Kredits durch den Schuldner entsteht.[67]

626

4. Keine Gläubigerbenachteiligung bei Aus- und Absonderungsrechten

Verfügungen über nicht zur Insolvenzmasse (§§ 35, 36 InsO) gehörende Gegenstände können die Insolvenzgläubiger nicht benachteiligen. Dies gilt also, wenn über **Aussonderungsgut** (§ 47 InsO), etwa Eigentum eines Dritten, oder über einen unpfändbaren Gegenstand verfügt wurde. So ist die Bezahlung von noch vorhandenen Gegenständen, die unter Eigentumsvorbehalt geliefert wurden, keine Gläubigerbenachteiligung.[68]

627

Auch liegt grds. keine Gläubigerbenachteiligung vor, wenn über einen Gegenstand verfügt wurde, an dem ein **Absonderungsrecht** besteht, es sei denn, dessen Entstehung selbst ist anfechtbar. Besteht also an dem Gegenstand des Schuldnervermögens, über den verfügt wurde, eine insolvenzfeste dingliche Besicherung der Gläubigerforderung, liegt in der Verfügung keine Gläubigerbenachteiligung.[69] Gläubigerbenachteiligung liegt aber vor, wenn der sicherungsübereignete Gegenstand an einen Dritten mit der Weisung der Kaufpreiszahlung an den Sicherungsgläubiger verkauft wird und die Höhe der Zahlung den Wert des Sicherungsgutes übersteigt.[70]

628

Das Entfallen der Pauschalen nach §§ 166, 171 InsO, wenn ein absonderungsberechtigter Gläubiger das Absonderungsgut selbst verwertet, etwa eine abgetretene Forderung selbst einzieht bzw. als Sicherungseigentümer die Gegenstände in Besitz

629

---

[63] BGH ZIP 2016, 581.
[64] BGH ZIP 2009, 2009; dazu Jacoby/Mikolajczak ZIP 2010, 301 ff.
[65] OLG Hamburg ZInsO 2010, 379 = BeckRS 2010, 4832.
[66] BGH ZIP 2008, 701 = ZInsO 2008, 374.
[67] BGH ZIP 2016, 124.
[68] OLG Stuttgart BB 2011, 268.
[69] BGH ZInsO 2012, 1264 = NZI 2012, 514.
[70] BGH ZIP 2009, 817.

genommen und selbst verwertet hat, begründet die Annahme einer Gläubigerbenachteiligung nicht, da die Pauschalen nicht die Masse mehren, sondern Ersatz für zusätzliche Kosten sein sollen.[71]

630 Die Zahlung eines vom Gläubiger außerhalb des Dreimonatszeitraums insolvenzfest **gepfändeten Kontoguthabens** ist keine Gläubigerbenachteiligung.[72]

631 Für das **Vermieterpfandrecht** gilt: (Vorausabgetretene) Mietzinsansprüche entstehen (bei monatlicher Mietzahlungsverpflichtung) immer erst am Monatsanfang.[73] Das Vermieterpfandrecht entsteht mit der Einbringung der Sachen des Mieters; das daraus folgende Absonderungsrecht kann also nicht nach §§ 130, 131 InsO angefochten werden, wenn die Einbringung länger als 3 Monate vor dem Insolvenzantrag erfolgte.[74] Die Zahlung an den Vermieter ist also keine Gläubigerbenachteiligung, wenn dadurch ein insolvenzfest erlangtes Vermieterpfandrecht abgelöst wird.[75]

632 Für **Immobiliarpfandrechte** gilt Vergleichbares: Die Verfügung über ein Grundstück, welches wertausschöpfend oder sogar noch darüber hinaus mit Grundpfandrechten belastet ist, ist für die Insolvenzgläubiger nicht benachteiligend.[76] Für die Beurteilung kommt es nicht allein auf den Verkehrswert der Immobilie an,[77] sondern auf die voraussichtliche Höhe des bei einer Zwangsversteigerung zu erzielenden Erlöses abzüglich der vorrangigen Belastungen des Grundstücks und der zu schätzenden Zwangsversteigerungskosten[78], wenn dem Insolvenzverwalter die Befugnis zur freihändigen Veräußerung fehlt, weil der für die Beurteilung/den Eintritt der Gläubigerbenachteiligung maßgebliche Zeitpunkt vor Insolvenzeröffnung liegt oder der freihändigen Veräußerung durch den Verwalter eine von einem dinglichen Gläubiger betriebene Zwangsvollstreckung entgegensteht.[79] Voraussetzung für die fehlende Gläubigerbenachteiligung ist dabei immer, dass der Insolvenzverwalter bei einer Verwertung des Grundstücks unter keinen Umständen mehr hätte erlösen können als die bestehenden Belastungen ausmachen. Die Weggabe eines wertausschöpfend belasteten Grundstücks kann eine Benachteiligung des Vollstreckungsgläubigers nur sein, wenn anzunehmen ist, dass der in der Zwangsversteigerung erzielbare Wert die vorgehenden Belastungen und die Kosten des Verfahrens übersteigt. Maßgebend für die Beurteilung der Wertausschöpfung ist dabei nicht der Nominalbetrag der Grundpfandrechte, sondern die tatsächliche Höhe der bestehenden gesicherten Forderungen.[80] Das

---

[71] BGH DZWIR 2004, 205 = ZInsO 2003, 1137 = ZIP 2004, 42; BGH DZWIR 2005, 123 = ZInsO 2005, 148 = ZIP 2005, 40; dazu Gundlach NZI 2004, 305 ff.
[72] BGH ZIP 2012, 2513 = ZInsO 2013, 247.
[73] OLG Hamm ZInsO 2006, 776 = NZM 2006, 397.
[74] BGHZ 170, 196 = BB 2007, 403 = ZInsO 2007, 91 = ZInsO 2007, 91 = ZIP 2007, 191.
[75] OLG Frankfurt a.M. ZIP 2019, 1298.
[76] BGH ZIP 1980, 250, 252; erneut zur Anfechtung der Übertragung eines wertausschöpfend belasteten Grundstücks BGH ZIP 2007, 1326 = ZInsO 2007, 778.
[77] So aber noch OLG Brandenburg ZInsO 2009, 240 = NZI 2009, 318.
[78] OLG Karlsruhe ZInsO 2013, 998 = BeckRS 2013, 6593.
[79] BGH ZIP 2016, 1491.
[80] Vergleichbare Entscheidung BGH ZIP 2006, 387 (zur Anfechtung nach AnfG); für den Fall weiterer Besicherung (Abtretung von Lebensversicherungsansprüchen neben Grundschuld) s. BGH DZWIR 2007, 165 = ZInsO 2007, 101 = ZIP 2007, 588 = ZNotP

OLG Hamburg[81] hat entschieden, dass auch die Einräumung einer **nachrangigen Grundschuld** an einem Grundstück, welches mit vorgehenden Grundschulden bereits wertausschöpfend belastet ist, eine anfechtbare Gläubigerbenachteiligung darstellt, weil diese sog. „Schornsteinhypothek" einen gewissen „Lästigkeitswert" besitzt, dessen Realisierung der Insolvenzmasse zusteht.

Die Vollabtretung einer zuvor insolvenzfest nur zur Sicherheit abgetretenen Forderung ist Gläubigerbenachteiligung, weil sie nunmehr auch den Verlust der wirtschaftlichen Forderungsinhaberschaft (des Forderungskerns) bewirkt.[82] 633

III. Rechtsfolge der Anfechtung

1. Rückgewähr des anfechtbar Erlangten

Die Rechtsfolgen der Anfechtung[83] sind in § 143 InsO geregelt. Die Insolvenzanfechtung führt nicht zur Nichtigkeit des angefochtenen Rechtsgeschäfts. Vielmehr entsteht ein Rückgewähr- oder Herausgabeanspruch des Insolvenzverwalters auf das durch die angefochtene Rechtshandlung Erlangte[84] nach **Bereicherungsrecht** einschließlich Surrogaten und Nutzungen. Dabei ist regelmäßig der gesamte anfechtbar erlangte Betrag herauszugeben; die Zahlung kann nicht um die an den Anfechtungsgegner zu erbringende Quotenzahlung reduziert werden.[85] Zu den herauszugebenden Nutzungen des Finanzamtes gehören auch Zinserträge von Einnahmeüberschüssen, die im Haushalsvollzug zeitweilig nicht benötigt werden, und ersparte Zinsen für Kassenverstärkungskredite oder andere staatliche Refinanzierungsinstrumente, die wegen der angefochtenen Steuerzahlung zurückgeführt oder vermieden worden sind.[86] 634

Nur ausnahmsweise kann der Herausgabeanspruch auf einen Teilbetrag reduziert werden, wenn er ein hohes Vielfaches des Betrages ist, der zur Befriedigung aller Gläubiger erforderlich ist.[87]

Der **Geldrückzahlungsanspruch** des Insolvenzverwalters war nach alter Rechtslage ab dem Folgetag[88] der Insolvenzeröffnung mit 5 % über Basiszins zu **verzinsen**.[89] Bei solventen Anfechtungsgegnern war dies eine verhältnismäßig gute „Geldanlage" für die Masse, was die Insolvenzverwalter gelegentlich dazu veranlasste, die Insolvenzanfechtung erst kurz vor Eintritt der Verjährung zu erklären. Nach der Gesetzesänderung in § 143 Abs. 1 S. 3 InsO n.F. ist eine Geld- 635

2007, 113. Erneut zur Anfechtung der Übertragung eines wertausschöpfend belasteten Grundstücks BGH ZIP 2007, 1326 = ZInsO 2007, 778.
[81] OLG Hamburg ZIP 2001, 1332.
[82] BGH WM 2013, 333.
[83] Sa Kayser ZIP 2015, 449 ff.
[84] BGH ZInsO 2006, 1217 = ZIP 2006, 2176.
[85] BGH ZIP 1992, 1008.
[86] BGH ZIP 2012, 1299.
[87] BGH ZIP 2015, 2033.
[88] OLG Hamburg ZIP 2016, 2080.
[89] BGH ZIP 2007, 488.

schuld nur bei Verzug oder nach § 291 BGB zu verzinsen. Die Verzinsungspflicht gilt auch gegenüber dem Fiskus.[90]

636 Zahlt der Anfechtungsgegner vom Schuldner vor Insolvenzeröffnung vereinnahmte Beträge im Wege der Insolvenzanfechtung in die Insolvenzmasse zurück, hat der Insolvenzverwalter im Zeitpunkt der Rückzahlung den Vorsteuerabzug nach UStG zu korrigieren, was zu einer Masseverbindlichkeit nach § 55 Abs. 1 Nr. 1 InsO führt.[91]
Sollte der Gläubiger vor dem Insolvenzverfahren bereits nach den Vorschriften der Gläubigeranfechtung in Anspruch genommen worden sein, scheidet in diesem Umfang ein Anspruch auf Rückgewähr in die Insolvenzmasse aus.[92]

637 Anfechtungsgegner ist regelmäßig derjenige, der durch die anfechtbare Rechtshandlung etwas erlangt hat. In Dreipersonen-Verhältnissen ist der Anfechtungsgegner in wertender Betrachtung zu ermitteln (s. → Rn. 810 ff.). Bei Zahlungen des Schuldners an einen Zwangsverwalter ist nicht der Vollstreckungsgläubiger, sondern der Zwangsverwalter Anfechtungsgegner.[93]

2. Gegenansprüche des Anfechtungsgegners

638 Nach der Rückgewähr lebt die ursprüngliche Forderung des Anfechtungsgegners wieder auf (§ 144 InsO), und zwar mit allen – auch den nicht akzessorischen – Sicherheiten.[94] Auch eine Geldstrafenforderung lebt nach Anfechtung und Rückzahlung durch den Anfechtungsgegner gegen den Schuldner wieder auf.[95] Nach Anfechtung einer Lohnzahlung gegenüber dem Arbeitnehmer lebt die Insolvenzgeldforderung wieder auf, wenn der Arbeitnehmer den Lohn tatsächlich zurückzahlt.[96] Nach Rückzahlung einer Steuerzahlung durch das Finanzamt nach Anfechtung der ursprünglichen Steuerzahlung entstehen leine Säumniszuschläge, da das Wiederaufleben der Steuerforderung nach § 144 InsO nicht rückwirkend das Tatbestandsmerkmal der Entrichtung der Steuerschuld i.S.d. § 240 AO wieder beseitigt.[97]

639 Die vom Anfechtungsgegner erbrachte Gegenleistung ist aus der Insolvenzmasse aber nur zu erstatten, wenn sie in dieser noch unterscheidbar vorhanden ist. Ist die Gegenleistung des Anfechtungsgegners in der Masse nicht mehr unterscheidbar vorhanden, kann der Anfechtungsgegner seinen Rückgewähranspruch nur als Insolvenzforderung geltend machen, § 144 Abs. 2 S. 2 InsO. Ein Gläubiger kann für die Kosten der Verteidigung im Anfechtungsprozess Ersatz vom Bürgen nicht verlangen.[98]
Befriedigt der Anfechtungsgegner in der Insolvenz des Leistungsmittlers den Anfechtungsanspruch, lebt seine Forderung gegen den Schuldner wieder auf.[99]

---

[90] OLG Köln ZIP 2007, 1959.
[91] BFH ZIP 2017, 1121.
[92] BGH ZIP 2013, 131.
[93] BGH ZIP 2018, A 10.
[94] OLG Frankfurt am Main ZInsO 2004, 211 = ZIP 2004, 271.
[95] LG Göttingen ZIP 2016, 1742.
[96] LSG Essen ZIP 2016, 1305.
[97] BFH ZIP 2018, 1091.
[98] BGH ZIP 2009, 799.
[99] BGH WM 2013, 51.

A. Allgemeines

Für die Geltendmachung des wieder aufgelebten Anspruchs des Gläubigers gegen seinen Schuldner ist erforderlich, dass der Gläubiger den insolvenzanfechtungsrechtlichen Rückgewähranspruch in dem Insolvenzverfahren über das Vermögen des Dritten, der die angefochtene Zahlung geleistet hatte, erfüllt hat.[100]

Befriedigt der Anfechtungsgegner in der Insolvenz des Leistungsmittlers den Anfechtungsanspruch, lebt seine Forderung gegen den Schuldner wieder auf.[101] Für die Geltendmachung des wieder aufgelebten Anspruchs des Gläubigers gegen seinen Schuldner ist erforderlich, dass der Gläubiger den insolvenzanfechtungsrechtlichen Rückgewähranspruch in dem Insolvenzverfahren über das Vermögen des Dritten, der die angefochtene Zahlung geleistet hatte, erfüllt hat.[102]

640

IV. Fristberechnung für die Anfechtungstatbestände, Zeitpunkt der Vornahme einer Rechtshandlung

Für die Berechnung der Anfechtungszeiträume in den einzelnen Anfechtungstatbeständen ist nach § 139 InsO maßgeblich der **Tag des Insolvenzantrages** und nicht, wie nach früherem Recht der KO, der Tag der Entscheidung über den Insolvenzantrag. Allein hierdurch wurde das Insolvenzanfechtungsrecht für den Insolvenzverwalter zu einem wirksameren Instrument.

641

Maßgeblich ist grds. der Antrag, der zur Eröffnung des Insolvenzverfahrens geführt hat. Liegt eine einheitliche Insolvenz vor, ist der erste, mangels Masse abgewiesene Antrag auch dann maßgeblich, wenn zwischen ihm und dem Antrag, der zur Eröffnung des Insolvenzverfahrens geführt hat, ein langer Zeitraum (hier: 3 Jahre) liegt.[103] Eine einheitliche Insolvenz ist gegeben, wenn der Schuldner zwischenzeitlich seine Liquidität nicht wieder gewonnen hat. An einen zurückgenommenen Insolvenzantrag kann die Fristberechnung nicht angeknüpft werden,[104] jedoch an einen nach Eröffnung für erledigt erklärten Antrag.[105]

642

Der Zeitpunkt der Vornahme einer Rechtshandlung ist in § 140 InsO geregelt. Bei Abtretung oder Pfändung künftiger Forderungen kommt es für die Insolvenzanfechtung nach ständiger Rechtsprechung des BGH[106] auf den Zeitpunkt der Entstehung oder des Werthaltigwerdens der im Voraus abgetretenen oder gepfändeten Forderung an. Bei Pfändung einer dem Schuldner eröffneten Kreditlinie entsteht das Pfandrecht erst mit Abruf der Kreditmittel als Rechtshandlung des Schuldners.[107] Befristete Forderungen sind in ihrem Bestehen, betagte Forderungen nur hinsichtlich ihrer Fälligkeit von dem Ablauf der Frist abhängig.

643

Der Anspruch aus § 535 Abs. 2 BGB auf Mietzahlungen entsteht erst regelmäßig zum Anfangstermin des jeweiligen Zeitraums der Nutzungsüberlassung (bei ver-

644

---

[100] BGH ZIP 2015, 485.
[101] BGH WM 2013, 51.
[102] BGH ZIP 2015, 485.
[103] BGH ZIP 2008, 235.
[104] BGH ZIP 2006, 290.
[105] BGH ZInsO 2009, 870 = NJW-RR 2009, 926.
[106] S. nur BGH ZIP 2008, 1488; BGH NJW 2010, 444.
[107] BGH ZIP 2011, 1324 = ZInsO 2011, 1350.

einbarter Monatsmiete also Beginn des jeweiligen Monats).[108] Bei der Pfändung künftiger Mietforderungen (für ein Grundstück) richtet sich also der für die Anfechtung des Pfändungspfandrechts maßgebliche Zeitpunkt nach dem Beginn des Nutzungszeitraums, für den die Miete geschuldet war.[109]

645 Dasselbe gilt für Forderungen auf Vergütung von geleisteten Diensten (Lohnforderungen). Sie entstehen erst mit Erbringung der geschuldeten Dienstleistung, nicht bereits mit Abschluss des Dienstvertrages.[110]

V. Geltendmachung der Anfechtung, Rechtsweg

1. Allgemeines

646 Ein **Auskunftsanspruch** des Insolvenzverwalters gegen den Gläubiger (hier Finanzverwaltung) bei bloßem Verdacht einer anfechtbaren Handlung besteht nicht, da solange ein Rückgewährschuldverhältnis nicht existiert; der Insolvenzverwalter hat sich wegen der benötigten Auskünfte an den Schuldner zu halten.[111] Das Finanzamt hat nicht von Amts wegen zu prüfen und dem Insolvenzverwalter mitzuteilen, ob es anfechtbare Zahlungen erhalten hat, ebenso wenig Zahlungsunfähigkeit und Gläubigerbenachteiligung im Zeitpunkt der Zahlungen.[112] Steht jedoch ein Anfechtungsrecht dem Grunde nach fest, hat der Insolvenzverwalter den Auskunftsanspruch und damit ein Akteneinsichtsrecht gegenüber der Finanzverwaltung.[113] Auskunftsansprüche gegen die Finanzverwaltung können außerdem nach den öffentlich-rechtlichen Informationsgesetzen gegeben sein.[114]

647 Fraglich war, ob das **Insolvenzanfechtungsrecht** vom Insolvenzverwalter **abgetreten** werden kann. Das OLG Zweibrücken hatte dies mit der Begründung verneint, das Anfechtungsrecht sei untrennbar mit dem Amt als Insolvenzverwalter verbunden und der Insolvenzanfechtungsanspruch könne daher nicht abgetreten werden.[115] Der BGH hat diese Entscheidung aufgehoben und entschieden, dass der aus der Insolvenzanfechtung folgende Rückgewähranspruch abgetreten werden kann,[116] auch gegen Erlösbeteiligung bei späterem Erfolg der Anfechtung.[117]

648 Daraus ergeben sich einige Folgefragen, die nun zu klären sein werden. Erlischt der Anfechtungsanspruch auch beim Zessionar, wenn das Insolvenzverfahren durch Aufhebung nach § 200 InsO beendet ist? Was ist dann mit den Rechten des Anfechtungsgegners nach § 144 InsO?

---

[108] Dies sei ständige Rechtsprechung des BGH, s. BGH NJW 2010, 444, 445 m.w.N.; dazu und zu den Widersprüchen der Rechtsprechung und den unterschiedlichen Entstehungszeitpunkten von Mietzinsforderungen s. Christiansen ZInsO 2010, 653 ff.
[109] BGH NJW 2010, 444.
[110] BGH ZIP 2008, 1488, 1489.
[111] BGH ZIP 2009, 1824 = ZInsO 2009, 1810.
[112] BFH ZIP 2011, 1376.
[113] BFH ZIP 2010, 1660 = ZInsO 2010, 1705.
[114] OVG Münster ZIP 2011, 1426 (für das IFG-NRW).
[115] OLG Zweibrücken ZIP 2010, 1505 = ZInsO 2010, 1606; aA Klockenbrink ZInsO 2011, 262 ff.
[116] BGH ZIP 2011, 1114; erneut BGH ZIP 2013, 531.
[117] BGH ZIP 2013, 531 = WM 2013, 471.

2. Rechtsweg

Die Geltendmachung der Anfechtung erfolgt durch Klage des Insolvenzverwalters oder durch Einrede. Die Anfechtung kann auch durch konkludente Willensäußerung des Insolvenzverwalters geltend gemacht werden, etwa dass er eine bestimmte Gläubigerbenachteiligung nicht hinnehme, sondern zur Masseanreicherung zumindest auf Wertausgleich zulasten des Anfechtungsgegners bestehe.[118] 649

Da es sich bei dem Insolvenzanfechtungsanspruch um einen bürgerlich-rechtlichen Rückgewähranspruch handelt, sind sachlich zuständig für den Anfechtungsprozess die ordentlichen Gerichte, § 13 GVG. Ob funktional die KfH zuständig ist, richtet sich nach dem der Anfechtung zugrunde liegenden Rechtsgeschäft.[119] 650

Das gilt nach ganz h.M. und nach der Rechtsprechung der ordentlichen Gerichte auch für die Anfechtung einer **Steuerzahlung gegenüber dem Finanzamt**.[120] Die Klage ist gegen das Land zu richten, dem das betroffene Finanzamt angehört. Teilweise wurde jedoch vertreten, dass es sich bei dem anfechtungsrechtlichen Rückgewähranspruch um eine Steuerrückerstattung handele, für welche die AO gelte, weshalb das Finanzamt über die Rückerstattung durch Bescheid zu entscheiden habe; für die Entscheidungszuständigkeit der ordentlichen Gerichte fehle es an einer ausreichenden gesetzlichen Grundlage.[121] Der BFH hat nun entschieden, dass der Rückgewähranspruch aus Insolvenzanfechtung ein bürgerlich-rechtlicher Anspruch und keiner aus dem Steuerschuldverhältnis ist.[122] Nach BAG sind die ordentlichen Gerichte auch für Klagen auf Rückgewähr von Lohn- und Annexsteuern nach Insolvenzanfechtung zuständig.[123] 651

Für die Anfechtung von **Lohnzahlungen gegenüber Arbeitnehmern** hatte der BGH ebenfalls die Zuständigkeit der ordentlichen Gerichte angenommen.[124] Das BAG hat jedoch überraschend den Rechtsweg zu den Arbeitsgerichten zugelassen.[125] Der BGH hat daraufhin die Frage des Rechtsweges dem Gemeinsamen Senat der obersten Gerichtshöfe des Bundes vorgelegt.[126] Dieser hat nun entschieden, dass der Rechtsweg zu den Arbeitsgerichten gegeben ist.[127] Ebenso ist die Zuständigkeit der Arbeitsgerichte gegeben für eine Anfechtung von Schein-Gehaltszahlungen nach §§ 134 Abs. 1, 143 InsO, wenn also das Bestehen des Arbeitsverhältnisses selbst streitig ist.[128] 652

---

[118] BGH ZIP 2008, 888.
[119] LG Duisburg ZIP 2016, 2139.
[120] OLG Hamm NZI 2004, 34.
[121] Urban ZInsO 2011, 2015 ff.
[122] BFH ZInsO 2014, 669 = DStRE 2104, 561.
[123] BAG ZIP 2014, 2309 = ZinsO 2014, 2456.
[124] BGH DZWIR 2009, 259.
[125] BAG ZInsO 2008, 391 = ZIP 2008, 667; dazu Humberg ZInsO 2008, 487 ff.; Kirchhof ZInsO 2008, 1293 ff. und erneut ZInsO 2009, 1791 ff. und BAG ZIP 2009, 831 und BAG ZIP 2009, 1687; dazu Kreft ZInsO 2009, 578 ff.
[126] BGH ZIP 2009, 825.
[127] ZIP 2010, 2418 = ZInsO 2010, 2400; dazu Ries ZInsO 2010, 2382 ff. und Kreft ZIP 2013, 241 ff., der die Entscheidung für verfassungswidrig hält.
[128] BAG ZIP 2015, 341; anders noch LAG Frankfurt a.M. ZIP 2014, 1147, für ein Scheinarbeitsverhältnis.

Hat jedoch ein Dritter anstelle des Arbeitgebers den Lohn gezahlt, ist für die Insolvenzanfechtung der Rechtsweg zu den ordentlichen Gerichten gegeben.[129]

653 Wegen der Entscheidung des GmS-OGB wurde darüber diskutiert (und von Instanzgerichten mitunter so entschieden), ob für Anfechtungsklagen auf Rückzahlung von **Sozialversicherungsbeiträgen gegenüber den Sozialkassen** die Sozialgerichte und für Anfechtungsklagen auf Rückzahlung von Steuern die Finanzgerichte sachlich zuständig sind.[130] M.E. ist das nicht der Fall, sondern es bleibt eine bürgerlich-rechtliche Streitigkeit nach § 13 GVG, die vor die ordentlichen Gerichte gehört.[131] So hat es der BGH nun für die Anfechtung der Zahlung von Sozialversicherungsbeiträgen an die gesetzliche Beitragseinzugsstelle entschieden[132] und ebenso für Zahlungen an Sozialeinrichtungen des privaten Rechts (hier ZVK des Baugewerbes).[133]

654 Insolvenzrechtliche Rückgewähransprüche nach § 143 Abs. 1 InsO können durch einstweilige Verfügung gesichert werden.[134]

655 Die örtliche Zuständigkeit richtet sich nach dem allgemeinen Gerichtsstand des Anfechtungsgegners/Beklagten. Hat dieser seinen satzungsmäßigen Sitz in einem EU-Ausland, ist das Gericht am Sitz des (inländischen) Insolvenzgerichts international zuständig; bei Insolvenzeröffnung seit dem 26.6.2017 gilt Art. 3 VO (EU) 848/2015 (EuInsVO 2015) iVm. § 19a ZPO, § 3 InsO, Art. 102c § 1 EGInsO.[135] Für Altfälle (Insolvenzeröffnung bis zum 25.6.2017) vgl. Art. 3 Abs. 1 VO 1346/2000 (EuInsVO 2000).[136] – Eine Sonderregelung findet sich in § 22 ZPO für Klagen gegen den Gesellschafter einer Gesellschaft. Hier ist allgemeiner Gerichtsstand derjenige der Gesellschaft. Das dürfte auch für Anfechtungsklagen aus § 135 InsO gelten.

Für Klagen gegen einen Anfechtungsgegner, der seinen Wohnsitz nicht in einem Mitgliedstaat der EU hat, ist Art. 3 Abs. 1 EuInsVO dahingehend auszulegen, dass die Gerichte des Eröffnungsstaates für die Anfechtungsklage zuständig sind.[137] Dasselbe gilt auch für Klagen gegen Anfechtungsgegner mit Wohnsitz in einem Mitgliedstaat der EU.[138]

3. Verjährung

656 Es gilt die Regelverjährung nach §§ 146 InsO, 195 ff. BGB: Zum Verjährungsbeginn bei Insolvenzeröffnung 0.00 Uhr s. BGH, ZIP 2005, 310; zu den Sorgfaltsanforderungen des Insolvenzverwalters i.S.d. § 199 Abs. 1 Nr. 2 InsO s. OLG Brandenburg, ZIP 2021, 2453.

---

[129] BGH ZInsO 2012, 1538 = NZI 2013, 33.
[130] Huber ZInsO 2011, 519 ff.
[131] So auch Huber ZInsO 2011, 519 ff.
[132] BGH ZIP 2011, 683; zum Rechtsweg für Anfechtungsklagen im Licht der o.g. Rechtsprechung auch Krüger/Wiegand ZInsO 2011, 1441 ff.
[133] BGH ZIP 2012, 2524.
[134] OLG Frankfurt am Main ZInsO 2013, 350 = BeckRS 2013, 3340.
[135] Näher und m.w.N. Huber in Gottwald/Haas, Insolvenzrechts-Handbuch § 51 Rn. 31.
[136] Zum alten Recht (EuInsVO 2000) BGH ZInsO 2009, 1287.
[137] EuGH ZIP 2014, 181 = ZInsO 2014, 192 = NZG 2014, 313; BGH ZIP 2014, 1132 = ZInsO 2014, 1176.
[138] EuGH ZIP 2018, A 91.

Ob (für die Anfechtung von Lohnzahlungen) tarifvertragliche Ausschlussfristen gelten, war in der instanzgerichtlichen Rechtsprechung umstritten[139] und wurde nun jedoch vom BAG entschieden: der insolvenzrechtliche Rückgewähranspruch unterliegt keinen tarifvertraglichen Ausschlussfristen.[140]

Auch das Aufrechnungsverbot nach § 96 Abs. 1 Nr. 3 InsO kann der Insolvenzverwalter nur innerhalb der dreijährigen Verjährungsfrist der §§ 146 InsO, 195 ff. BGB durchsetzen.[141]

VI. Verschärfungen bei nahestehenden Personen

In § 138 InsO sind dem Schuldner nahestehende Personen definiert. Für sie gelten gewisse Verschärfungen des Insolvenzanfechtungsrechts. Etwa wird für nahestehende Personen die in einigen Insolvenztatbeständen erforderliche Kenntnis von der Zahlungsunfähigkeit des Schuldners oder der Benachteiligung der Insolvenzgläubiger vermutet (z.B. §§ 130 Abs. 3, 131 Abs. 2 S. 2, 132 Abs. 3 InsO). Auch greift für sie der Insolvenzanfechtungs-Sondertatbestand des § 133 Abs. 4 InsO. 657

Den Kreis der nahestehenden Personen regelt **§ 138 InsO**. 658
- Eine vom Schuldner beherrschte Gesellschaft kann eine nahestehende Person i.S.d. § 138 InsO sein.[142] Eine GmbH & Co.KG gilt gegenüber einer GmbH als nahestehende Person, wenn die Geschäftsführer der Komplementär-GmbH und der GmbH miteinander verheiratet sind.[143]
- Nichteheliche Lebenspartner des Schuldners gehören nicht zu den nahestehenden Personen.[144]
- Rechtsanwälte und Steuerberater sind nicht allein aufgrund ihrer Funktion nahestehende Personen i.S.d. § 138 InsO[145]. Das gilt generell für freiberufliche oder gewerbliche Dienstleister oder andere Vertragspartner des Schuldners, wie etwa Großlieferanten, kreditgewährende Banken: sie sind nicht „automatisch nahestehende Dritte i.S.d. § 138 Abs. 2 Nr. 2 InsO nur weil sie größeren Einblick in die wirtschaftlichen Verhältnisse des Schuldners haben.[146] Jedoch kann der größere Einblick ein Indiz für die Kenntnis des Anfechtungsgegners für die (drohende) Zahlungsunfähigkeit des Schuldners sein.
- Zur Frage, ob bzw. unter welchen Umständen auch (Sanierungs-)Berater nahestehende Personen sind, und zur Anfechtbarkeit der Honorarzahlung an den Sanierungsberater s.u. → Rn. 874 ff.

---

[139] Bejahend LAG Nürnberg ZIP 2012, 2263 und LAG Hannover ZIP 2012, 1977; verneinend LAG Nürnberg ZIP 2012, 2261.
[140] BAG ZIP 2014, 91 = ZInsO 2014, 141; erneut BAG ZInsO 2014, 1384 = BeckRS 2014, 70056.
[141] BFH ZIP 2015, 1598 (zur Aufrechnung gegen einen Vorsteuervergütungsanspruch).
[142] BGH NZI 2004, 449.
[143] BGH ZIP 2017, 582.
[144] BGH ZInsO 2011, 784 = BeckRS 2011, 829.
[145] BGH ZIP 1998, 247; aA AG Viersen DStR 2009, 296: Der Steuerberater gehört zum Kreis der nahestehenden Personen iSd § 138 Abs. 1 Nr. 3 InsO, so dass widerleglich vermutet wird, dass er die Zahlungsunfähigkeit oder Umstände kannte, die zwingend auf Zahlungsunfähigkeit schließen lassen.
[146] OLG Düsseldorf ZIP 2019, 336.

VII. Bargeschäft

659 Nach § 142 Abs. 1 InsO ist bei Bargeschäft, d.h. bei unmittelbarem Austausch von Leistung und (gleichwertiger) Gegenleistung gemäß den Voraussetzungen des § 142 Abs. 2 InsO, die Insolvenzanfechtung nur im Fall der Vorsatzanfechtung nach § 133 Abs. 1–3 InsO und nur dann gegeben, wenn der andere Teil erkannt hat, dass der Schuldner unlauter handelte.[147] Voraussetzung für ein Bargeschäft ist der gemäß den Gepflogenheiten des Geschäftsverkehrs in engem zeitlichem Zusammenhang stehende Leistungsaustausch kongruenter Leistungen; ein Bargeschäft liegt niemals vor bei Inkongruenz[148]. Bei Lastschrifteinzug ist der Zeitpunkt des Einzuges maßgebend und nicht derjenige der späteren Genehmigung[149], ebenso bei Einzug von Leasingraten[150]. Eine geringfügige Zahlungsverzögerung von weniger als einer Woche kann den Zusammenhang zwischen Leistung und Gegenleistung nicht derart lockern, dass die Zahlung nicht mehr als unmittelbar i.S.d. § 142 InsO angesehen werden kann.[151]

660 Die Bestimmung des Bargeschäftszeitraums macht bei Dienstleistungen Schwierigkeiten. Bis zu welchem Zeitraum liegt noch ein unmittelbarer Leistungsaustausch vor?[152] Die Rechtsprechung begrenzt den Bargeschäftszeitraum, d.h. den Zeitraum, in welchem Dienstleistung und Entgelt jeweils geleistet sein müssen, i.d.R. auf 30 Tage.[153] Für Lohnzahlungen beträgt der Bargeschäftszeitraum nach § 142 Abs. 2 S. 2 InsO drei Monate.

Der früheren Rechtsprechung zur sog. bargeschäftsähnlichen Lage kommt seit der am 5.4.2017 in Kraft getretenen Reform des Anfechtungsrechts keine Bedeutung mehr zu.[154]

661 Ein Bargeschäft i.S.d. § 142 InsO liegt nicht vor, wenn die Zahlung auf einer Ratenzahlungsvereinbarung beruht, die nur als Kreditierung einer seit längerem offenen Forderung zu werten ist und die Vorleistungspflicht des Schuldners dem Umstand geschuldet ist, dass der Lieferant die weiteren Lieferungen vom vorherigen Ausgleich seiner Forderungen abhängig macht.[155] Auch ist die Rückzahlung eines Darlehens keine (unmittelbare) Gegenleistung für die Darlehensgewährung.[156]

662 Die Darlegungs- und Beweislast für das Vorliegen eines bargeschäftlichen Leistungsaustauschs trägt der Anfechtungsgegner.[157]

---

[147] Zu ausgesuchten Aspekten des Bargeschäfts s. jüngst Ganter ZIP 2019, 1141 ff.
[148] OLG Karlsruhe ZIP 2007, 2367; Uhlenbruck in Uhlenbruck, InsO, § 142, Rn. 4.
[149] BGH ZIP 2008, 1241.
[150] BGH ZIP 2009, 1334.
[151] OLG Düsseldorf, ZIP 2020, 1091.
[152] Ganter ZIP 2012, 2037 ff.
[153] BGH ZIP 2014, 1491 = ZInsO 2014, 1602 (für den Lohnzahlungsanspruch des vorleistungspflichtigen Arbeitnehmers; s.a. Windel, Das Bargeschäftsprivileg für Lohnzahlungen, ZIP 2014, 2167 ff.); KG ZInsO 2008, 330 = BeckRS 2008, 06807; BGH NZG 2008, 902 (für den Honoraranspruch des vorleistenden Rechtsanwalts).
[154] OLG Düsseldorf, ZIP 2020, 1091.
[155] OLG Düsseldorf ZIP 2019, 1627.
[156] OLG Celle, ZIP 2012, 2114.
[157] BGH ZIP 2018, 2124.

Zur Unlauterkeit: Die Kenntnis des Schuldners von der fehlenden Rentabili- 663
tät seines Unternehmens gestattet nicht den Schluss auf Unlauterkeit, so dass es
an dieser fehlt, wenn es dem Schuldner nur darum geht, seine Verbindlichkeit aus
einen Bargeschäft i.S.d. § 142 InsO zu tilgen.[158]

B. Die einzelnen Anfechtungstatbestände

Die Anfechtungstatbestände der §§ 130, 131 InsO werden als Deckungsanfech- 664
tung bezeichnet. Hier genügt mittelbare Benachteiligung der Insolvenzgläubiger. Hierfür ist es nicht erforderlich, dass der Gläubiger durch die angefochtene
Rechtshandlung tatsächlich vor Insolvenzeröffnung Befriedigung erlangt hat; es
genügt, dass die angefochtene Handlung die Befriedigung (im später eröffneten
Insolvenzverfahren als Insolvenzgläubiger) erst ermöglicht hat.[159]

I. Kongruente Deckung (§ 130 InsO)

Nach **§ 130 Abs. 1 Nr. 1 InsO** ist eine Rechtshandlung anfechtbar, die einem 665
Insolvenzgläubiger eine Sicherung oder Befriedigung gewährt oder ermöglicht
hat, wenn
1. sie in den letzten 3 Monaten vor dem Insolvenzantrag vorgenommen worden ist *und*
2. der Schuldner zur Zeit der Handlung zahlungsunfähig war *und*
3. der Gläubiger zu dieser Zeit die Zahlungsunfähigkeit kannte.

Nach **§ 130 Abs. 1 Nr. 2 InsO** ist die Rechtshandlung anfechtbar, wenn 666
1. sie nach dem Insolvenzeröffnungsantrag vorgenommen worden ist *und*
2. der Gläubiger zurzeit der Handlung die Zahlungsunfähigkeit oder den Eröffnungsantrag kannte.

Grds. hat der Insolvenzverwalter die Voraussetzungen der Insolvenzanfech- 667
tungstatbestände darzulegen und zu **beweisen**. Sie müssen für jede angefochtene
Rechtshandlung, d.h. im Zeitpunkt ihrer Vornahme, vollständig vorliegen.

1. Kongruenz

Kongruent ist eine Leistung, auf die der Gläubiger einen fälligen durchsetzbaren 668
Anspruch hatte. Auch die Zahlung vor Fälligkeit unter Ausnutzung zuvor eingeräumten Skontos ist kongruent.[160] Der Erwerb abgetretener künftiger Forderungen

---

[158] OLG Düsseldorf, ZIP 2020, 1091.
[159] BGH ZInsO 2017, 504 = NZI 2017, 352 (Anfechtung einer a.o. Kündigung eines Darlehens mit noch langer Laufzeit mit dem Ziel, den Rückzahlungsanspruch ohne Abzinsung zur Tabelle anmelden zu können).
[160] BGH ZIP 2010, 1188 = ZInsO 2010, 1090.

im Rahmen eines in unkritischer Zeit vereinbarten verlängerten und erweiterten Eigentumsvorbehalts ist kongruent.[161]

669 Die Erbringung von Werkleistungen durch den späteren Insolvenzschuldner im anfechtungsrelevanten Zeitraum ist eine kongruente Deckung, wenn der zugrunde liegende Werkvertrag vor der kritischen Zeit geschlossen wurde und der Leistungsempfänger einen Anspruch auf die Werkleistung hatte.[162]

670 Ermöglicht die Werkleistung dem Empfänger die Aufrechnung mit eigenen Forderungen, die andernfalls nur einfache Insolvenzforderungen gewesen wären, hat der Empfänger die Aufrechnungslage unter den Voraussetzungen des § 130 InsO anfechtbar nach § 96 Abs. 1 Nr. 3 InsO erworben.[163]

671 Kongruenz kann auch durch eine Kongruenzvereinbarung hergestellt werden. Auch wenn diese in der „kritischen" Zeit zur Ermöglichung eines Baraustauschs geschlossen wurde, kann sie nicht Gegenstand der Deckungsanfechtung sein.[164] Eine Kongruenzvereinbarung kann bis zu dem Zeitpunkt geschlossen werden, bis zu dem der Vertragspartner den Leistungserfolg herbeigeführt hat.[165]

2. Zahlungsunfähigkeit

672 Für die Feststellung des objektiven Kriteriums eingetretene Zahlungsunfähigkeit sei auf die dortigen Ausführungen verwiesen, ebenso für die Anforderungen an die Darlegung der Zahlungsunfähigkeit durch den Insolvenzverwalter und an die tatrichterliche Feststellung der Zahlungsunfähigkeit.[166] Für den Nachweis der Zahlungsunfähigkeit genügt die Feststellung, dass zum fraglichen Zeitpunkt fällige Verbindlichkeiten bestanden, die bis zur Verfahrenseröffnung nicht bezahlt wurden und die mindestens 10 % der fälligen Gesamtverbindlichkeiten ausmachten. Für diese Beurteilung ist die Kenntnis erforderlich, wie hoch zum fraglichen Zeitpunkt die gesamten fälligen Verbindlichkeiten einschl. der bis zur Verfahrenseröffnung bezahlten waren.[167] Ferner muss der Ursachenzusammenhang zwischen der Zahlungsunfähigkeit im Zeitpunkt der angefochtenen Deckungshandlung und der Eröffnung des Insolvenzverfahrens gegeben sein. Wurde die Zahlungsunfähigkeit nach der Deckungshandlung zwischenzeitlich wieder beseitigt, ist die Deckungshandlung nicht nach § 130 InsO anfechtbar (denkbar bleibt aber die Anfechtung nach § 133 Abs. 1 bei Vorliegen deren Voraussetzungen).[168]

Die Feststellung des Kriteriums gestellter Insolvenzeröffnungsantrag bereitet regelmäßig keine Schwierigkeiten.

---

[161] OLG Köln ZIP 2010, 1137 = ZInsO 2010, 1139; bestätigt BGH ZIP 2011, 773 = NJW 2011, 1506.
[162] OLG München ZInsO 2009, 2151 = NZI 2009, 773.
[163] OLG München ZInsO 2009, 2151 = NZI 2009, 773.
[164] BGH ZIP 2014, 1595.
[165] BGH ZIP 2016, 279 (für den Fall der Vereinbarung der Zahlung durch den Bauauftraggeber unmittelbar an den Subunternehmer in der Krise des später insolventen „Zwischenunternehmers").
[166] Zu den Anforderungen an die Darlegung der Zahlungsunfähigkeit durch den Insolvenzverwalter s. BGH ZIP 2007, 1913; zu den Anforderungen an die tatrichterliche Feststellung der Zahlungsunfähigkeit s. BGH ZIP 2006, 2222 = ZInsO 2006, 1210.
[167] OLG Frankfurt am Main ZInsO 2010, 1328 = BeckRS 2010, 17556.
[168] Sa Ahrens ZIP 2017, 58 ff.

B. Die einzelnen Anfechtungstatbestände

3. Kenntnis des Gläubigers von der Zahlungsunfähigkeit

Wesentliches Feld der Auseinandersetzung in Anfechtungsprozessen wegen kongruenter Deckung ist häufig die Kenntnis des Gläubigers.[169] Nach § 130 Abs. 2 InsO steht der Kenntnis der Zahlungsunfähigkeit oder des Eröffnungsantrages die Kenntnis von Umständen gleich, die zwingend auf die Zahlungsunfähigkeit oder den Eröffnungsantrag schließen lassen. 673

Hier kommt es tatsächlich auf Kenntnis des Gläubigers an. Auch **grob fahrlässige Unkenntnis** reicht **nicht**.[170] Eine nur vage Hoffnung, der Schuldner werde seine Krise überwinden, steht der Kenntnis von Umständen, die zwingend auf Zahlungsunfähigkeit schließen lassen, jedoch nicht entgegen.[171] Hat der Zahlungsempfänger gewusst, dass der Schuldner wesentliche Teile (über 10%) der fälligen Verbindlichkeiten nicht bezahlen konnte und auch keine Aussicht hatte, innerhalb der nächsten 3 Wochen ausreichende liquide Mittel zu erhalten, so reicht dies für die Kenntnis der Zahlungsunfähigkeit aus.[172] Kündigt der Schuldner einer in den Vormonaten deutlich angewachsenen Forderung an, auch im Falle des Zuflusses neuer Zahlungsmittel die Verbindlichkeit nur durch eine Einmalzahlung und weitere 20 folgende Monatsraten bezahlen zu können, so offenbart er dem Gläubiger seine Zahlungsunfähigkeit.[173] Ebenso ist Kenntnis des Gläubigers anzunehmen, der über Monate hinweg telefonisch und schriftlich die Zahlung anmahnt und sogar die Stellung eines Insolvenzantrages androht.[174] 674

Eine vor der angefochtenen Handlung gegebene Kenntnis des Anfechtungsgegners kann bis dahin wieder entfallen sein, wenn er aufgrund neuer, objektiv geeigneter Tatsachen zu der Ansicht gelangt, nun sei der Schuldner möglicherweise wieder zahlungsfähig; das muss der Gläubiger beweisen.[175] 675

Kenntnis ist bei einem Gläubiger zu vermuten (Beweislastumkehr), der nach von ihm **selbst gestellten Insolvenzantrag** Zahlungen erhält, weil er durch den Zahlungserhalt allein nicht davon ausgehen darf, dass auch die Gläubigergesamtheit wieder Zahlungen erhält.[176] 676

Bei bestimmten **Verdachtstatsachen** (auch aufgrund von Pressemitteilungen, die keine amtlichen Verlautbarungen sind) kann der Gläubiger gehalten sein, sich nach der Zahlungsfähigkeit des Schuldners zu erkundigen; hier schadet bereits einfache Fahrlässigkeit.[177] 677

---

[169] Zu Nachweis und Kenntnis der Zahlungsunfähigkeit im Anfechtungsprozess Hölzle ZIP 2007, 613 ff.
[170] OLG Frankfurt am Main ZInsO 2003, 381 und 473 = ZIP 2003, 1055.
[171] OLG Hamm NZI 2002, 161.
[172] OLG Celle ZInsO 2009, 386 = BeckRS 2009, 7825.
[173] BGH GmbHR 2016, 867 = NZI 2016, 739.
[174] OLG Köln ZInsO 2011, 1701 = BeckRS 2011, 19836.
[175] BGH ZIP 2008, 930.
[176] BGHZ 149, 100 = BB 2002, 590 = DB 2002, 265, 267 = ZInsO 2001, 1150.
[177] BGH ZInsO 2001, 904 = ZIP 2001, 1641 (zur GesO); BGH DB 2002, 264 = ZInsO 2001, 1049.

678 | Übersicht 17: Entscheidungen zur Kongruenzanfechtung ggü. einzelnen Gruppen von Gläubigern/Anfechtungsgegnern und zum Vorliegen der Kenntnis der Zahlungsunfähigkeit des Schuldners

Lieferanten:
Die Kenntnis eines Lieferanten ist nicht zwingend anzunehmen, wenn eine Zahlungsverzögerung vorlag und ein Scheck geplatzt war, die Zahlung sodann jedoch sofort nachgeholt wurde.[178]

Kreditinstitute:
Hier sei auf die Ausführungen in § 5 (→ Rn. 465, 476 ff.) verwiesen.

Arbeitnehmer:
Die insolvenzrechtliche Anfechtbarkeit von Lohnzahlungen an Arbeitnehmer ist stets in der Diskussion.[179] Jedenfalls für die Deckungsanfechtung nach § 131 InsO hat das BAG die Verfassungsmäßigkeit bejaht.[180] Der BGH[181] hatte zur Kenntnis des Arbeitnehmers von Zahlungsunfähigkeit des Arbeitgebers bei erheblichen Zahlungsrückständen klargestellt: Weiß ein Arbeitnehmer, dem der Arbeitgeber in der Krise noch Zahlungen auf rückständige Lohnforderungen erbringt, dass der Arbeitgeber noch anderen Arbeitnehmern Lohn schuldig ist, rechtfertigt diese Kenntnis allein noch nicht den Schluss auf Zahlungsunfähigkeit oder Zahlungseinstellung des Arbeitgebers. Nach dem „Zuständigkeitswechsel" zu den Arbeitsgerichten hat das BAG diese Rechtsprechung bestätigt.[182] Den Arbeitnehmer, der keinen Einblick in die Liquiditäts- und Zahlungslage des Unternehmens hat, trifft keine Erkundigungspflicht. Die Rechtsprechung, nach der für institutionelle Gläubiger (etwa Sozialkassen) die Nichtzahlung von Löhnen und Sozialversicherungsbeiträgen regelmäßig auf Zahlungsunfähigkeit hindeutet, weil solche Verbindlichkeiten typischerweise nur dann bei Fälligkeit nicht bezahlt werden, wenn die liquiden Mittel fehlen, ist auf Arbeitnehmer nicht anzuwenden.[183] ArbG Marburg:[184] Keine Kenntnis des Arbeitnehmers bei Zahlungsverzug von 3 Monaten, wenn auch früher häufig verspätete Lohnzahlungen vorkamen, die Rückstände jedoch immer wieder ausgeglichen wurden. Zahlungsrückstände von 7 bis 9 Monatslöhnen können aber auch „bei vollen Auftragsbüchern" nicht als bloße Zahlungsstockung eingeordnet werden und begründen daher auf Seiten des Arbeitnehmers die Kenntnis von der Zahlungsunfähigkeit.[185] Für den Schluss auf die Kenntnis des Arbeitnehmers scheint es auch auf seine Hierarchiestufe anzukommen, denn kürzlich hat der BGH entschieden, dass ein Bauleiter, der bei mehr als halbjährigem Lohnrückstand nicht einmal $1/5$ des Lohrückstandes ausgeglichen erhält, Kenntnis i.S.d. § 130 Abs. 2 InsO hat.[186]
Die Deckungsanfechtung erfasst grundsätzlich nur den vom Arbeitnehmer erhaltenen Nettolohn.[187] Offen ist, ob sich der Arbeitnehmer, der den Lohn verbraucht hat, auf Entreicherung berufen kann.[188] U.U. kann zur Erfüllung (erfüllungshalber, § 364 Abs. 2 BGB) des anfechtungsrechtlichen Rückgewähranspruchs die Abtretung des Insolvenzgeldanspruchs nach §§ 165 ff. SGB III in Betracht kommen.[189] Zum die Kon-

---

[178] OLG Düsseldorf NZI 2003, 439.
[179] AG Gera ZInsO 2007, 1000; dazu Ries ZInsO 2007, 1037 ff. und Bork ZIP 2007, 2337 ff.; sa Zwanziger BB 2007, 42 ff.; Stellungnahme der Bundesregierung zur Insolvenzanfechtung von Lohnzahlungen, ZIP 2009, 586 ff.; Cranshaw ZInsO 2009, 257 ff.; Zur Insolvenzanfechtung von Lohnzahlungen sa Vollrath ZInsO 2011, 1665 ff.
[180] BAG ZIP 2014, 1396 und BAG ZIP 2014, 2208.
[181] BGH ZIP 2009, 526 = ZInsO 2009, 515 = NJW 2009, 1202.
[182] BAG ZInsO 2012, 834 = BeckRS 2011, 79277.
[183] Zu dieser Entscheidung Sander ZInsO 2009, 702 ff.
[184] ZIP 2008, 2432 = ZInsO 2008, 1157.
[185] BGH ZInsO 2010, 714 = NZI 2010, 444.
[186] BGH ZIP 2009, 2306 = ZInsO 2009, 2244.
[187] BAG ZIP 2014, 1396 (für eine Anfechtung nach § 131 InsO).
[188] ArbG Koblenz ZInsO 2009, 487 = BeckRS 2009, 56459.
[189] S. dazu Stiller ZInsO 2013, 2047 ff.

gruenzanfechtung ausschließenden Bargeschäft nach § 142 InsO bei Lohnzahlungen s. → Rn. 860).

Sozialversicherungen:
Nach zweifelsfreier Rechtsprechung unterlagen grds. auch Zahlungen von Arbeitnehmeranteilen zur Sozialversicherung in der Insolvenz des Arbeitgebers der Insolvenzanfechtung, weil der Arbeitgeber und spätere Gemeinschuldner der alleinige Schuldner des gesamten Sozialversicherungsbeitrages ist[190] und die Beiträge kein aussonderungsfähiges Treugut sind.[191] Dies war fraglich geworden, nachdem mit Wirkung ab 1.1.2008 § 28e Abs. 1 Satz 2 SGB IV dahin gehend geändert wurde, dass die Zahlung des vom Arbeitnehmer zu tragenden Teils der Sozialversicherungsbeiträge als aus dem Vermögen des Arbeitnehmers erbracht gilt. Diese Neuregelung sollte die Arbeitnehmeranteile der Beitragszahlungen in der Insolvenz des Arbeitgebers der Anfechtung entziehen. Abgesehen davon, dass diese Regelung massiv mit dem Gläubigergleichbehandlungsgrundsatz kollidiert,[192] war in der Literatur streitig und wurde von den Instanzgerichten unterschiedlich entschieden, ob die Regelung insolvenzanfechtungsrechtlich überhaupt wirksam ist, die Gläubigerbenachteiligung i.S.d. § 129 InsO also auszuschließen vermag.[193] Dies ist nun höchstrichterlich geklärt. Der BGH hat entschieden, dass trotz der gesetzlichen Fiktion die Zahlung der Arbeitnehmeranteile des Sozialversicherungsbeitrages in der Insolvenz des Arbeitgebers (wie vor der Gesetzesänderung) als mittelbare Zuwendung an die Einzugsstellen anfechtbar ist.[194] Ohnehin konnte die Neuregelung keine Wirkung in Insolvenzverfahren entfalten, die vor dem 1.1.2008 eröffnet wurden.[195]
Im Übrigen gilt bzgl. der Sozialversicherungsträger Folgendes:
- Die Kenntnis des Sozialversicherungsträgers, der wegen mehrmonatigen Beitragsrückstandes selbst einen Insolvenzantrag gestellt hat, ist gegeben.[196]
- Allein aus dem Umstand, (verspätete) Zahlungen erhalten zu haben, kann der Sozialversicherungsträger nicht ohne Weiteres schließen, dass auch alle anderen Gläubiger ihre Zahlungen (wieder) erhalten. Die Kenntnis des Sozialversicherungsträgers von der Zahlungsunfähigkeit des Schuldners wurde bei halbjähriger Nichtabführung der Sozialversicherungsbeiträge als gegeben angenommen.[197]
- Ferner Kenntnis des Sozialversicherungsträgers, wenn über 15 Monate immer wieder Beitragsrückstände auflaufen; auch wenn die Höhe der rückständigen fälligen Verbindlichkeiten die 10%-Grenze nicht erreichen sollte, lässt dies die Annahme

---

[190] BGH ZInsO 2003, 755 = NZI 2003, 542 = ZIP 2003, 1666.
[191] BGH NZI 2003, 542; BGH ZIP 2006, 290.
[192] Dazu Bauer ZInsO 2008, 119 ff.
[193] Für Unwirksamkeit: Bauer ZInsO 2008, 119 ff.; Bräuer ZInsO 2008, 169 ff.; Brinkmann/Luttermann ZIP 2008, 901 ff.; Blank ZInsO 2008, 1 ff.; v.d. Heydt ZInsO 2008, 178 ff.; Bräuer/Otto ZInsO 2009, 1894 ff.; Rohlfing NJW 2009, 3407 f.; LG Schwerin ZIP 2009, 43, LG Kiel ZIP 2009, 632; AG Tempelhof-Kreuzberg ZInsO 2009, 970: Wirkung nur inter partes zwischen Arbeitnehmer und Sozialversicherungsträger, Regelung steht der Insolvenzanfechtung in der Insolvenz des Arbeitgebers nicht entgegen; AG Oldenburg ZInsO 2009, 1400; AG Hamburg-Altona ZInsO 2009, 1772. AA Anfechtung in der Insolvenz des Arbeitgebers ausgeschlossen: Plagemann/Radtke-Schwenzer ZIP 2009, 899 ff.; Bruhn NZI 2009, 628 ff.; AG Offenburg ZInsO 2009, 100; LG Köln ZIP 2010, 41; LG Offenburg ZInsO 2009, 670; LG Stendal ZIP 2009, 1291; zusätzlich LG Stendal ZIP 2009, 1291: Anfechtung ausgeschlossen, wenn Handlung vor 1.1.2008 erfolgte, das Insolvenzverfahren aber erst danach eröffnet wurde; LG Berlin ZInsO 2009, 1398 und 1918.
[194] BGH ZIP 2009, 2301 = NJW 2010, 870 mAnm Gundlach/Frenzel. Die ausdrücklich entgegen vorgenannten BGH-Entscheidung getroffene Entscheidung des LG Köln, ZIP 2010, 41, hat der BGH aufgehoben und damit seine frühere Entscheidung (ZIP 2009, 2301 = NJW 2010, 870) bestätigt (ZIP 2010, 2209L; erneut BGH ZIP 2011, 966 = NZI 2011, 456 = ZInsO 2011, 916, st. Rspr.).
[195] BGH ZInsO 2008, 450 = NJW 2008, 1535.
[196] BGHZ 149, 100 = BB 2002, 590 = DB 2002, 265, 267 = ZInsO 2001, 1150; anders noch OLG Dresden ZInsO 2001, 175 = ZIP 2001, 621.
[197] BGH ZInsO 2003, 755 = NZI 2003, 542 = ZIP 2003, 1666.

der Zahlungsunfähigkeit des Schuldners zu und nicht die einer bloßen Zahlungsstockung.[198]
- Andererseits muss aus dem Umstand, dass der Schuldner die Sozialversicherungsbeiträge über einen Zeitraum von zehn Monaten mit einer Verspätung von jeweils drei bis vier Wochen tilgt, nicht auf Zahlungseinstellung geschlossen werden.[199]
- Es ist ein allgemeiner Erfahrungssatz, der sich dem Sozialversicherungsträger aufdrängt, dass seine Ansprüche vorrangig befriedigt werden, weil die Nichtabführung strafbar ist.[200] Daher deutet gegenüber diesem institutionellen Gläubiger die Nichtzahlung der Sozialversicherungsbeiträge i.d.R. auf Zahlungsunfähigkeit des Unternehmens hin.[201]
- Dem steht wegen der Drei-Wochen-Frist für den Insolvenzantrag nicht entgegen, dass der Schuldner keinen Insolvenzantrag gestellt hat.[202]
- Anfechtungsgegner ist auch dann die Einzugsstelle, wenn sie die vereinnahmten Beiträge bereits an die Sozialkassen ausgekehrt hat.[203]

Finanzamt:
Die Kenntnis des FA ist gegeben, wenn
- über mehrere Monate der Zahlungsrückstand zunimmt und dann nur eine Teilzahlung des Schuldners erfolgt,[204]
- erhebliche Rückstände auf verschiedene Steuern bestehen und der Schuldner nur teilweise und unregelmäßige Zahlungen leistet,[205]
- aus einer Betriebsprüfung Erkenntnisse zur wirtschaftlichen Situation des Unternehmens gewonnen wurden.[206]

In der Abführung der Lohnsteuer ist regelmäßig eine objektive Gläubigerbenachteiligung zu sehen.[207] Der BFH hatte „ernsthafte Zweifel" geäußert, ob die Abführung der Lohnsteuer nicht ein Bargeschäft nach § 142 InsO sei, das nur unter den Voraussetzungen des § 133 Abs. 1 InsO angefochten werden könne.[208] Das Bargeschäftsprivileg nach § 142 InsO ist auf die Zahlung von Lohnsteuer durch den Arbeitgeber nicht anwendbar.[209]

679 Die Kenntnis des Anfechtungsgegners vom Eröffnungsantrag ergibt sich nicht allein aus der öffentlichen Bekanntmachung der Bestellung eines vorläufigen Insolvenzverwalters.[210]

680 Eine vor der angefochtenen Handlung gegebene **Kenntnis** des Anfechtungsgegners kann bis dahin **wieder entfallen** sein, wenn er aufgrund neuer, objektiv geeigneter Tatsachen zu der Ansicht gelangt, nun sei der Schuldner möglicherweise wieder zahlungsfähig; das muss der Gläubiger beweisen.[211] Eine an den Gläubiger gerichtete Patronatserklärung der Muttergesellschaft beseitigt aber weder die Zahlungsunfähigkeit der Tochtergesellschaft noch die hierauf bezogene Kenntnis des Gläubigers.[212]

---

[198] OLG Rostock ZInsO 2006, 1109 = BeckRS 2006, 08819.
[199] BGH ZInsO 2013, 2434 = NJW-RR 2014, 310.
[200] BGHZ 155, 75 = ZInsO 2003, 764 = ZIP 2003, 1506.
[201] OLG Düsseldorf ZInsO 2011, 434 = BeckRS 2010, 24246.
[202] OLG Stuttgart ZInsO 2004, 752 = ZIP 2004, 129.
[203] BGH ZIP 2004, 862 = ZInsO 2004, 441 mit Bespr. Nöll ZInsO 2004, 492.
[204] BGH BB 2003, 546 = DB 2003, 609 = ZInsO 2003, 180.
[205] BGH DZWIR 2004, 304 = EWiR 2004, 669 = ZInsO 2004, 385 = ZIP 2004, 669.
[206] BGH ZInsO 2004, 385 = ZIP 2004, 669.
[207] BGHZ 157, 350 = NJW 2004, 1444 = ZInsO 2004, 270 = ZIP 2004, 513.
[208] BFHE 210, 410 = BFH/NV 2005, 2084 = BB 2005, 2618 = ZInsO 2005, 1105.
[209] BGH Beschl. V. 22.10.2015 – IX ZR 74/15
[210] BGH ZIP 2010, 2307 = ZInsO 2010, 2296.
[211] BGH ZIP 2008, 930.
[212] BGH ZIP 2011, 1111 = ZInsO 2011, 1115.

4. Kenntniszurechnung Dritter

Zur Zurechnung der Kenntnis Dritter liegen folgende Entscheidungen vor: **681**
- Für die Feststellung der Kenntnis des Anfechtungsgegners kommt es bei juristischen Personen grundsätzlich auf die Kenntnis der Leitungsorgane an. Die Kenntnis eines nicht geschäftsführenden Gesellschafters reicht für sich genommen grundsätzlich für eine Zurechnung nicht aus. Eine Zurechnung analog § 166 Abs. 2 BGB erfolgt jedoch, wenn der Gesellschafter die anfechtbare Rechtshandlung vor ihrer Ausführung kennt oder sogar veranlasst.[213]
- Aus Informationspflicht des AG-Vorstandes gegenüber Aufsichtsrat ist nicht mit genügender Sicherheit auf Kenntnis des Aufsichtsrats zu schließen.[214]
- Wissenszurechnung erfolgt unter Behörden, die zum Zweck der Auf- oder Verrechnung Informationen von anderen Behörden einholen, auch wenn die für die Insolvenzanfechtung erforderlichen, vorhandenen Kenntnisse nicht mitgeteilt werden.[215]
- Das im maßgeblichen Zeitpunkt vorhandene Wissen einer Finanzbehörde wird einer anderen Behörde desselben Rechtsträgers auch dann zugerechnet, wenn diese die Information erst im Laufe des Rechtsstreits zum Zwecke der Aufrechnung einholt.[216]
- Ebenso muss sich eine Behörde oder ein Sozialversicherungsträger die Kenntnis einer anderen Behörde, die sie zuständigkeitshalber mit der Vollstreckung beauftragt, zurechnen lassen.[217]
- jedoch keine Wissenszurechnung bei klar abgegrenzten Veranlagungsbereichen für zwei unterschiedliche Steuerschuldner (hier: GmbH & Co. KG und GmbH).[218]
- Auch das Wissen der den Anfechtungsgegner vertretenden Anwälte kann zugerechnet werden.[219]

Kenntnis bei **vollautomatisierter Datenerlangung und -verarbeitung** anzunehmen aus der Organisationspflicht, bei der Einrichtung eines solchen Datenverarbeitungssystems Vorkehrungen für die Information einer zuständigen Stelle über evtl. kritisches Zahlungsverhalten des Schuldners vorzusehen.[220]

---

[213] OLG Düsseldorf, ZIP 2019, 1729 (für einen Fall der Kenntnis des Anfechtungsgegners vom Gläubigerbenachteiligungsvorsatz des Schuldners i.S.d. § 133 InsO).
[214] BGH ZIP 2011, 1418.
[215] BGH ZIP 2011, 1532.
[216] BGH ZIP 2014, 1497 = ZInsO 2014, 1490.
[217] BGH ZIP 2013, 685 = ZInsO 2013, 608.
[218] AG Frankfurt a.M. ZInsO 2014, 1396.
[219] BGH NZG 2013, 629 = WM 2013, 180 und 567.
[220] OLG Hamm ZIP 2011, 1926 = ZInsO 2013, 512.

5. Vorübergehende Einschränkung der Insolvenzanfechtung durch COVInsAG

682 Nach § 2 Abs. 1 Nr. 4 COVInsAG[221] sind Rechtshandlungen in dem Zeitraum, in dem die Insolvenzantragsstellungspflicht ausgesetzt ist[222], die dem anderen Teil eine Sicherung oder Befriedigung gewährt oder ermöglicht haben, die dieser in der Art und zu der Zeit beanspruchen konnte (kongruente Deckungen), in einem späteren Insolvenzverfahren nicht anfechtbar; dies gilt nicht, wenn dem anderen Teil bekannt war, dass die Sanierungs- und Finanzierungsbemühungen des Schuldners nicht zur Beseitigung einer eingetretenen Zahlungsunfähigkeit geeignet gewesen sind.[223]

Nach § 2 Abs. 1 Nr. 4 Satz 2 CovInsAG gilt dies **auch** für **bestimmte**, nachfolgend aufgeführte **inkongruente** Deckungshandlungen:
a) Leistungen an Erfüllung statt oder erfüllungshalber;
b) Zahlungen durch einen Dritten auf Anweisung des Schuldners;
c) die Bestellung einer anderen als der ursprünglich vereinbarten Sicherheit, wenn diese nicht werthaltiger ist;
d) die Verkürzung von Zahlungszielen und
e) die Gewährung von Zahlungserleichterungen.

Nach § 2 Abs. 2 COVInsAG gelten die Änderungen betreffend die Insolvenzanfechtung auch für Unternehmen, die keiner Antragspflicht unterliegen, sowie für Schuldner, die weder zahlungsunfähig noch überschuldet sind.

Nunmehr liegen erste Entscheidungen vor: Nach OLG München ist für die Anwendung der Vorschrift kein Raum, wenn der Schuldner einen Eigeninsolvenzantrag gestellt hat, und zwar unabhängig davon, ob hierzu eine Verpflichtung bestand oder nicht, denn in der Stellung des Eigeninsolvenzantrages manifestiere sich der Entschluss des Insolvenzschuldners, die Privilegierung durch das COVInsAG nicht in Anspruch nehmen zu wollen.[224] Nach OLG Hamburg gilt dies zumindest für Zahlungen nach der Insolvenzantragstellung durch den Schuldner, wenn der Gläubiger hiervon Kenntnis hatte.[225] In jedem Fall steht das Anfechtungsprivileg des § 2 Abs. 1 Nr. 4 COVInsAG der Anfechtung von nach Stellung des Insolvenzantrags erfolgten Zahlungen nicht entgegen.[226]

---

[221] Gesetz zur vorübergehenden Aussetzung der Insolvenzantragspflicht und zur Begrenzung der Organhaftung bei einer durch die COVID-19-Pandemie bedingten Insolvenz (COVID-19-Insolvenzaussetzungsgesetz – COVInsAG) v. 27.3.2020, BGBl I S. 569.
[222] Zu den Zeiträumen und detailliert zur Aussetzung der Insolvenzantragspflicht die Ausführungen zur Insolvenzverschleppung, → Rn. 1642 ff.
[223] Detailliert zu diesem Anfechtungsprivileg Kruse, ZInsO 2021, 831 ff.
[224] OLG München ZIP 2022, 90 = BeckRS 2021, 34722.
[225] OLG Hamburg ZIP 2022, 1059 = BeckRS 2022, 1002.
[226] LG Hamburg ZIP 2022, 963.

II. Inkongruente Deckung (§ 131 InsO)

Nach § 131 Abs. 1 InsO ist eine Rechtshandlung anfechtbar, die einem Insolvenzgläubiger eine Sicherung oder Befriedigung gewährt oder ermöglicht hat, die er nicht oder nicht in der Art oder zu der Zeit zu beanspruchen hatte, 683
- wenn die Handlung im letzten Monat vor dem Antrag auf Eröffnung des Insolvenzverfahrens oder nach dem Antrag vorgenommen worden ist,
- wenn die Handlung innerhalb des zweiten oder dritten Monats vor dem Eröffnungsantrag vorgenommen worden ist und der Schuldner zu der Zeit der Handlung zahlungsunfähig war *oder*
- wenn die Handlung innerhalb des zweiten oder dritten Monats vor dem Eröffnungsantrag vorgenommen worden ist und dem Gläubiger zurzeit der Handlung bekannt war, dass sie die Insolvenzgläubiger benachteiligte.

Da es für die Inkongruenzanfechtung auf subjektive Tatbestände (Kenntnis) mit Ausnahme der Ziff. 3 nicht ankommt, ist für diese Anfechtung regelmäßig die Beurteilung maßgeblich, ob die Sicherung oder Befriedigung inkongruent war. Teilleistungen auf fällige Forderungen sind keine inkongruenten Deckungen.[227] 684

Als **Beispiele** aus der ober- und höchstrichterlichen Rechtsprechung für inkongruente Deckungen seien genannt:

1. Inkongruente Deckungen im Allgemeinen

Die Befriedigung einer noch nicht fälligen, betagten oder aufschiebend bedingten Forderung ist grds. inkongruent. Eine Anfechtung einer vorfälligen Zahlung als inkongruent scheidet aber aus, wenn die Fälligkeit noch vor Eröffnung des Insolvenzverfahrens eintritt, weil dann die inkongruente Deckung nicht ursächlich für die Gläubigerbenachteiligung ist.[228] 685

Die Abtretung einer Forderung statt Zahlung des geschuldeten Betrages ist inkongruent.[229] Soll sich der Gläubiger nach dem Willen der Parteien aus der abgetretenen Forderung befriedigen, handelt es sich i.d.R. um eine Leistung erfüllungshalber. Erlangt der Gläubiger aus der erfüllungshalber abgetretenen Forderung Befriedigung, handelt es sich um eine inkongruente Deckung, wenn die Abtretung ihrerseits anfechtbar ist.[230] Dies gilt dann auch für eine evtl. dem Gläubiger übertragene Sicherheit für die abgetretene Forderung.[231] Ebenso liegt Inkongruenz vor bei Vereinbarung einer Stundung gegen Abtretung einer Forderung (gegen einen Hoheitsträger).[232] 686

---

[227] OLG Saarbrücken ZIP 2008, 2430.
[228] LG Münster NZI 2005, 563.
[229] OLG Zweibrücken WM 1985, 295; OLG Schleswig ZIP 1982, 82 (beide noch zur KO).
[230] BGH ZIP 2014, 231 = ZInsO 2014, 195.
[231] BGH BB 2004, 1411 = ZInsO 2004, 616 = ZIP 2004, 1060 m.w.N.
[232] BGH ZIP 2005, 2025.

687 Die Weitergabe eines Kundenschecks an einen Gläubiger ist inkongruent.[233] Auch die Verknüpfung der Zustimmung einer Behörde zu privatrechtlichem Geschäft mit Begleichung von Abgaben ist inkongruent.[234]

688 Die vereinbarte Direktzahlung des Auftraggebers des (später insolventen) Generalunternehmers an den Subunternehmer ist inkongruent.[235] Vereinbart der Schuldner mit einer Zwischenperson die Zahlung an einen Gläubiger des Schuldners, bewirkt i.d.R. die Mittelbarkeit der Zahlung eine inkongruente Deckung.[236] Das gilt auch für eine Direktzahlung des Auftraggebers an den Nachunternehmer nach § 16 Nr. 6 VOB/B[237] und eine Direktzahlung des Endmieters an den Vermieter auf Anweisung des insolventen Zwischenmieters.[238]

2. Inkongruenz bei Zahlungen aus dem Vermögen eines Dritten

689 Grundsätzlich kann die Inkongruenz dadurch begründet werden, dass die Befriedigung aus dem Vermögen eines Dritten, also nicht „in der Art" erfolgt:

- Die Zahlung eines Dritten an einen Gläubiger aufgrund einer durch den späteren Insolvenzschuldner erteilten Anweisung ist inkongruent, weil der Gläubiger eine solche Art der Befriedigung nicht zu beanspruchen hatte.[239]
- Weist der spätere Insolvenzschuldner einen Dritten an, die geschuldete Leistung gegenüber dem Gläubiger zu erbringen, ist das i.d.R. eine inkongruente Deckung, weil der Gläubiger die Erfüllung nicht „in der Art" erhalten hat, wie sie geschuldet war. Das gilt auch, wenn der Dritte und der Schuldner Subunternehmen sind oder einen Gemeinschaftsbetrieb unterhalten.[240] Voraussetzung ist allerdings, dass für den Gläubiger/Leistungsempfänger erkennbar gewesen ist, dass es sich um eine Leistung des Schuldners handelte. Mittelbare Zuwendungen sind in diesen Fällen so zu behandeln, als habe der befriedigte Gläubiger sie unmittelbar vom Schuldner erhalten (ständige Rspr., etwa BGH ZInsO 2012, 924 = NJW 2012, 1959).
- Vereinbart der Schuldner mit einer Zwischenperson die Zahlung an einen Gläubiger des Schuldners, bewirkt in der Regel die Mittelbarkeit der Zahlung eine inkongruente Deckung.[241]
- Zahlung vom (Privat-)Konto eines Beauftragten des Schuldners, dem zuvor ein Kundenscheck gutgeschrieben wurde.[242]
- **Lohnzahlungen** vom Konto eines Dritten (hier der Ehefrau des Insolvenzschuldners), dem die für die Zahlung erforderlichen Mittel zuvor vom Insolvenzschuldner zur Verfügung gestellt worden waren, sind inkongruent, weil die Befriedigung nicht „in der Art" erfolgt, wie sie geschuldet war.[243] Nach

---

[233] OLG Stuttgart EWiR 2004, 667 = ZInsO 2004, 156.
[234] OLG Rostock ZInsO 2004, 933 = ZIP 2004, 1515.
[235] BGH NZI 2007, 456 = ZInsO 2007, 662 = ZIP 2007, 1162.
[236] BGH DB 2003, 2009 = ZInsO 2003, 178 = ZIP 2003, 356.
[237] BGH ZInsO 2008, 1322 = NZBau 2009, 115.
[238] BGH ZInsO 2011, 421 = NJW-RR 2011, 630.
[239] BGH ZInsO 2014, 1058 = BeckRS 2014, 9500.
[240] BAG ZIP 2014, 233 = ZInsO 2014, 238.
[241] BGH ZIP 2003, 356.
[242] LAG Frankfurt a.M. ZIP 2013, 1829.
[243] BAG ZIP 2015, 533.

LAG Köln spricht vieles dafür, dass die Inkongruenzanfechtung gegenüber dem Arbeitnehmer nur gegeben ist, wenn für ihn die Inkongruenz objektiv erkennbar war.[244] Die Lohnzahlung vom Konto eines Dritten ist aber nicht inkongruent, wenn sie während des gesamten Arbeitsverhältnisses über dieses Konto erfolgten, wenn dieser Zahlungsweg also der für dieses Arbeitsverhältnis übliche war. Das gilt auch dann, wenn das Konto des Dritten als Geschäftskonto des Schuldners genutzt wurde.[245]

- Keine Inkongruenz, wenn die Abweichung nur geringfügig oder verkehrsüblich ist.[246]
- **Beachte** aber: Trifft der zahlungsunfähige Schuldner (hier Bauunternehmen) mit seinem Auftraggeber (hier Bauherr) und seinem Lieferanten vor Fälligkeit der nächsten Werklohnrate die Vereinbarung, dass der Kaufpreis für die vom Lieferanten zu liefernden Bauteile vom Auftraggeber (Bauherrn) vor der Lieferung direkt an den Lieferanten gezahlt werden soll, kann in der vom Schuldner veranlassten Direktzahlung eine kongruente Deckung liegen und der Schuldner trotz erkannter Zahlungsunfähigkeit ohne Benachteiligungsvorsatz handeln.[247]
- **Beachte**: Von diesen Fällen abzugrenzen sind die Konstellationen, in denen der Schuldner lediglich eine Zwischenperson eingeschaltet hat, die für ihn im Wege einer einheitlichen Handlung eine Zuwendung an einen Dritten bewirkt und damit zugleich und unmittelbar das den Insolvenzgläubigern haftende Vermögen vermindert hat, z.B. bei Überweisungen/Lastschrifteinzug/Scheckausstellung vom Guthaben-Bankkonto[248] oder bei Einsatz einer Kreditkarte als Barzahlungsersatz.[249] Dann richtet sich die Deckungsanfechtung nur gegen den Leistungsempfänger und nicht gegen die Zahlstelle, wenn für den Zahlungsempfänger klar ersichtlich ist, dass es sich wirtschaftlich um eine Leistung des Schuldners handelt.[250] Der Strohmann, der für den bereits zahlungsunfähigen Schuldner betriebsnotwendige Materialien kauft, weil der Schuldner beim Lieferanten keine Bestellungen mehr vornehmen kann, unterliegt wegen der an ihn geleisteten Vorschusszahlung des Schuldners der Anfechtung nach § 130 InsO; ein Bargeschäft i.S.d. § 142 InsO liegt nicht vor, weil Vorschusszahlung und Herausgabepflicht nicht im Gegenseitigkeitsverhältnis stehen.[251]

3. Inkongruenz der Befriedigung oder Sicherung durch Zwangsvollstreckung

Für die **Befriedigung** durch Zwangsvollstreckung gilt, dass nach ständiger **690** Rechtsprechung des BGH eine während der „kritischen Zeit" im Wege der Zwangsvollstreckung erlangte Sicherung oder Befriedigung als inkongruent anzu-

---

[244] LAG Köln ZIP 2015, 2183.
[245] BAG ZIP 2016, 33.
[246] LAG Hannover ZIP 2014, 743 für die Lohnanfechtung nach Zahlung eines Dritten.
[247] BGH ZIP 2014, 1595.
[248] BGH ZIP 2007, 2273; BGH ZIP 2009, 2009.
[249] BGH ZIP 2014, 2351 = ZInsO 2014, 2359.
[250] Ständige Rspr., zB BGH ZIP 1999, 1764; BGH ZIP 2012, 1038; BGH ZIP 2013, 1826.
[251] OLG Düsseldorf ZIP 2017, 1528.

sehen ist. Das die Einzelvollstreckung beherrschende Prioritätsprinzip wird durch die Insolvenzanfechtungsregeln eingeschränkt, wenn für die Gläubigergesamtheit nicht mehr die Aussicht auf volle Befriedigung besteht.[252] Ist der Schuldner materiell insolvent – Zahlungsunfähigkeit ist ja eine Voraussetzung der Inkongruenzanfechtung –, folgt aus dem Grundsatz der Gleichbehandlung der Gläubiger in der Insolvenz,[253] dass einzelne Gläubiger nicht noch im Wege der Zwangsvollstreckung, also unter Nutzung eines „staatlichen" Verfahrens auf Kosten der anderen Gläubiger, Befriedigungsvorteile erlangen dürfen.[254]

Das galt auch für Lohnpfändungen, deren Anfechtung nicht nach § 114 Abs. 3 InsO a.F. ausgeschlossen war.[255] Auch die nach einem Insolvenzantrag über das Vermögen des Arbeitgebers im Wege der Zwangsvollstreckung beigetriebene Abfindung für den Verlust des Arbeitsplatzes ist inkongruent; der Arbeitnehmer kann dem Rückgewähranspruch des Insolvenzverwalters nach § 143 Abs. 1 Satz 1 InsO nicht den Entreicherungseinwand nach § 818 Abs. 3 BGB entgegenhalten.[256]

691 Soll die Zwangsvollstreckung bei Ausbleiben einer vereinbarten Ratenzahlung sofort (wieder) ungehindert betrieben werden können, so ist dies so zu verstehen, dass der Schuldner die Zahlungen zur Abwendung der ansonsten drohenden Vollstreckung leistet.[257]

692 Auch die Erlangung eines **Pfändungspfandrechts** ist inkongruent, da trotz Vollstreckungstitels ein materieller Anspruch auf Sicherung „in der Art" nicht besteht (§ 131 InsO).[258] Bei Pfändung einer künftigen Forderung ist der maßgebliche Zeitpunkt der Zeitpunkt der Entstehung der Forderung.[259] In diesem Zusammenhang ist auch die sog. Rückschlagsperre nach § 88 InsO zu beachten, nach der eine im letzten Monat vor dem Insolvenzantrag oder nach Antragstellung im Wege der Zwangsvollstreckung erlangte **Sicherung** unwirksam wird.

693 Auch für **Lohnzahlungen** im Wege der Zwangsvollstreckung gilt nichts anderes: sie sind inkongruent, wenn aus durchgeführter oder angedrohter Zwangsvollstreckung erlangt.[260] Das gilt auch für Teilzahlungen in der „kritischen" Zeit (letzte drei Monate vor Insolvenzantrag oder danach) aufgrund einer mit dem Gerichtsvollzieher getroffenen Ratenzahlungsvereinbarung nach § 802b ZPO, selbst wenn die Zwangsvollstreckung und die Vereinbarung noch vor der „kritischen" Zeit lagen; die Teilzahlungen sind dann selbständig als inkongruent anfechtbar, weil der Vollstreckungsdruck dadurch aufrecht erhalten war, dass der Schuldner

---

[252] BGH BB 2002, 1338 = NJW 2002, 2568 = ZInsO 2002, 581 für den Fall der Zahlung des Schuldners an einen Vollstreckungsbeamten der Sozialversicherung; LG Stralsund ZIP 2001, 2058 für den Fall der Bargeldpfändung; OLG Hamm ZInsO 2006, 717 = ZIP 2006, 1104 für Zwangsvollstreckung durch den Steuerfiskus.
[253] Zu dessen Herleitung als insolvenzrechtliches Gebot s. Bauer, Ungleichbehandlung der Gläubiger im geltenden Insolvenzrecht, S. 61 ff.
[254] St. Rspr. des BGH; vgl. nur zur früheren KO BGHZ 136, 309 = BB 1997, 2295 = NJW 1997, 3445 = ZIP 1997, 1929 und zur InsO, BGH BB 2002, 1338 = NJW 2002, 2568 = ZInsO 2002, 581.
[255] BGH ZIP 2008, 1488.
[256] BAG ZIP 2011, 1628.
[257] OLG Düsseldorf ZInsO 2008, 566 = BeckRS 2008, 15512.
[258] BGHZ 136, 309 = BB 1997, 2295 = WM 1997, 2093 = ZIP 1997, 1929 (noch zur KO).
[259] BGH NJW 2003, 2171 = ZInsO 2003, 372 = ZIP 2003, 808.
[260] St. Rspr., BAG ZIP 2018, 32.

(Arbeitgeber) damit rechnen musste, dass der Gläubiger (Arbeitnehmer) bei Nichtzahlung der Raten die Vereinbarung widerruft und die Zwangsvollstreckung fortsetzt.[261] An der Inkongruenz von Lohnzahlungen aufgrund durchgeführter oder angedrohter Zwangsvollstreckung hat auch das Anfechtungsreformgesetz v. 29.3.2017 nichts geändert.[262]

Wird eine **Vorpfändung** früher als 3 Monate vor Insolvenzantrag ausgebracht, fällt die Hauptpfändung aber in den Zeitraum des § 131 InsO, richtet sich die Anfechtung insgesamt nach § 131 InsO.[263] Zahlungen zur Abwendung der Zwangsvollstreckung außerhalb des Drei-Monats-Zeitraums sind aber kongruent[264]. 694

4. Inkongruenz der Befriedigung oder Sicherung aufgrund angedrohter oder bevorstehender Vollstreckung

Nach ständiger Rechtsprechung des BGH sind Zahlungen oder Sicherheitsgewährungen innerhalb des Drei-Monats-Zeitraums vor dem Insolvenzantrag oder danach, die auf Druck von oder zur Vermeidung unmittelbar bevorstehender/drohender Zwangsvollstreckungen gewährt werden, inkongruent.[265] Dies gilt auch für Lohnzahlungen.[266] Es gilt ferner, wenn der Gläubiger in der Zahlungsaufforderung zur Abwendung der ZV eine letzte konkrete Zahlungsfrist nicht nennt.[267] Auch die Zahlung der Muttergesellschaft zur Vermeidung der Zwangsvollstreckung bei der Tochtergesellschaft ist inkongruent,[268] ebenso die Tilgung von Steuerschulden aufgrund angedrohter Zwangsvollstreckung.[269] Zur Inkongruenz einer Zahlung führt auch der Vollstreckungsdruck durch eine „*worldwide freezing order*" des High Court of Justice (UK), wobei unerheblich ist, dass eine englische *worldwide freezing order* als solche nicht unmittelbar in Deutschland vollstreckt werden kann.[270] Zahlungen zur Abwendung der Zwangsvollstreckung außerhalb des Drei-Monats-Zeitraums sind jedoch kongruent.[271] 695

Die Beurteilung des Vollstreckungsdrucks ist aus objektiver Sicht des Schuldners vorzunehmen.[272] Zur Inkongruenz führender Vollstreckungsdruck wird nicht durch bloße Rückstandsanzeigen erzeugt.[273] 696

---

[261] BAG BeckRS 2017, 134490.
[262] LAG Frankfurt a.M. ZIP 2017, 2485; bestätigt durch BAG ZIP 2019, 279.
[263] BGHZ 167, 11 = BB 2006, 1188 = ZInsO 2006, 553 = ZIP 2006, 916.
[264] BGH ZIP 2004, 1512.
[265] BGH BB 2002, 1338 = NJW 2002, 2568 = ZInsO 2002, 581; OLG Karlsruhe ZInsO 2002, 585 = ZIP 2002, 1591.
[266] BAG ZInsO 2014, 1758 (= NZI 2014, 867): § 131 Abs. 1 Nr. 2 InsO verletzt Art. 3 Abs. 1 und Art. 14 GG nicht; erneut BAG ZInsO 2014, 2286 = BeckRS 2014, 72179.
[267] BGH ZInsO 2011, 423 = NJW-RR 2011, 628.
[268] OLG München ZIP 2001, 1924 (zur KO).
[269] OLG Schleswig ZInsO 2003, 129 = ZIP 2003, 727.
[270] OLG Hamburg ZIP 2022, 853 = IWRZ 2022, 127 m. Anm. Ponseck.
[271] BGH ZInsO 2004, 859 = ZIP 2004, 1512 f. Zur BGH-Rspr. zur Anfechtung von Druckzahlungen s. Tetzlaff ZInsO 2006, 196 ff. Das AG Kerpen ZIP 2005, 2327 hält die vorgenannte Rspr. des BGH, bei Zahlung im Wege oder auf Druck von Zwangsvollstreckung stets Inkongruenz anzunehmen, für verfassungswidrig wegen Verstoßes gegen das Prinzip der Gewaltenteilung und gegen den Gleichheitssatz des Art. 3 GG. Das LG Köln ZInsO 2006, 839, hat die Entscheidung aufgehoben.
[272] BGH BB 2003, 1460 = ZInsO 2003, 611 = ZIP 2003, 1304.
[273] BGH ZInsO 2010, 1324 = BeckRS 2010, 16335.

697 Zahlungen in einem noch laufenden Gerichtsprozess sind allein wegen des Prozesses noch nicht inkongruent.[274] Ebenso liegt (noch) keine Druckzahlung nach Verkündung, aber vor Zustellung eines Versäumnisurteils vor.[275] Auch ist es keine inkongruente Druckzahlung, wenn nach Zustellung eines Vollstreckungsbescheides, aber vor Androhung[276] oder Einleitung[277] der Vollstreckung gezahlt wird.

698 Die Zahlung vor Ablauf der letzten vom Gläubiger gesetzten Zahlungsfrist ist inkongruent, sofern der Schuldner zu befürchten hatte, dass der Gläubiger nach Fristablauf die Zwangsvollstreckung einleitet.[278] Soll die Zwangsvollstreckung bei Ausbleiben einer vereinbarten Ratenzahlung sofort (wieder) ungehindert betrieben werden können, so ist dies so zu verstehen, dass der Schuldner die Zahlungen zur Abwendung der ansonsten drohenden Vollstreckung leistet.[279]

699 Keine zur Inkongruenz führende Druckzahlung liegt vor bei Zahlung an Versorgungsunternehmen nach Androhung, die Versorgungsleistungen (hier Energie) bei Nichtzahlung einzustellen.[280]

5. Verfassungsmäßigkeit der Inkongruenz-Rechtsprechung bei Vollstreckung(sdruck)?

700 Die vorgenannte Rechtsprechung des BGH, bei Zahlung im Wege oder auf Druck von Zwangsvollstreckung stets Inkongruenz anzunehmen, wird von Instanzgerichten immer wieder einmal für verfassungswidrig gehalten wegen Verstoßes gegen das Prinzip der Gewaltenteilung und gegen den Gleichheitssatz des Art. 3 GG, so etwa durch das AG Kerpen,[281] dessen Entscheidungen das LG Köln[282] jeweils wieder aufgehoben hat, und durch das AG Reinbek[283] sowie das LAG Nürnberg.[284] In diesen Fällen ist die Nichtzulassung der Berufung verfassungswidrig.[285] Im RegE eines Gesetzes zur Verbesserung der Rechtssicherheit bei Anfechtungen vom 29.9.2015[286] war eine Änderung des § 131 InsO dahingehend vorgesehen, dass eine Befriedigung nicht allein dadurch inkongruent sein soll, dass sie in der „kritischen" Zeit durch Zwangsvollstreckung oder durch Zahlung zu deren Abwendung erlangt wurde. Das wurde freilich m.E. zu Recht mit der Begründung kritisiert, dass dadurch eine massive Bevorzugung des Fiskus und der Sozialkassen bewirkt würde, die sich ihre Vollstreckungstitel ja einfach und schnell selbst schaffen können. Die Regelung ist schließlich auch nicht Gesetz geworden.

---

[274] OLG Düsseldorf ZIP 2003, 1163 = NZI 2003, 439.
[275] OLG Düsseldorf ZIP 2003, 1163 = NZI 2003, 439.
[276] BGH BB 2007, 175 = ZInsO 2007, 99 = ZIP 2007, 136.
[277] BAG ZInsO 2014, 1108 = NZA 2014, 681.
[278] BGH NJW 2004, 1112 = ZInsO 2004, 89.
[279] OLG Düsseldorf ZInsO 2008, 566.
[280] OLG Köln NZI 2007, 176 = ZIP 2007, 137 und OLG Köln ZInsO 2007, 336.
[281] ZIP 2005, 2327, erneut ZIP 2010, 1145.
[282] ZInsO 2006, 839, erneut ZIP 2010, 2060.
[283] ZIP 2012, 189.
[284] ZIP 2012, 2263.
[285] BVerfG ZIP 2014, 2141 (zum Urteil des AG Reinbek).
[286] BT-Drs. 18/7054, ua Beilage 2 zu ZIP 40/2015.

6. Inkongruenz der Befriedigung oder Sicherung nach angedrohtem oder gestelltem Insolvenzantrag

Die Zahlung zur Abwendung eines angekündigten Insolvenzantrages führt ebenfalls zu Inkongruenz,[287] und zwar auch außerhalb des Drei-Monats-Zeitraums, weil der Insolvenzantrag im Gegensatz zur Einzelvollstreckung nicht dazu dient, dem Gläubiger zur vollen Durchsetzung seiner Ansprüche zu verhelfen.[288] Der Druck ist aus der objektiven Sicht des Schuldners zu beurteilen.[289] Er kann auch bestehen, wenn der Gläubiger sich die Insolvenzantragstellung nur „vorbehält"[290] oder sich die Drohung mit der Antragstellung nur „zwischen den Zeilen" ergibt.[291] 701

Eine die Inkongruenz begründende Drohung mit einem Insolvenzantrag kann auch vorliegen, wenn die Möglichkeit eines solchen Vorgehens im Mahnschreiben nur „zwischen den Zeilen" deutlich gemacht wird, aber dem Schuldner das damit verbundene Risiko klar vor Augen geführt wird. Der erforderliche Zurechnungszusammenhang zwischen Insolvenzantragsdrohung und Deckungshandlung ist gegeben, wenn zum Zahlungszeitpunkt die Wirkungen der Drohung aus objektiver Sicht noch angedauert haben.[292] 702

Die durch den Druck eines gestellten Insolvenzantrags bewirkten Leistungen sind auch außerhalb der gesetzlichen Krise stets inkongruent, weil der Insolvenzantrag kein gesetzliches Mittel zur Durchsetzung der Forderung eines einzelnen Gläubigers ist. Dem Schuldner, der den Antrag stellenden oder androhenden Gläubiger befriedigt, kommt es regelmäßig nicht in erster Linie auf die Erfüllung seiner Verpflichtung an, sondern darauf, den Gläubiger zur Antragsrücknahme oder zum Absehen vom Antrag zu bewegen und damit auf die Bevorzugung dieses Gläubigers an (Vorsatz der Gläubigerbenachteiligung nach § 133 Abs. 1 InsO).[293] Die Indizwirkung der inkongruenten Deckung wird schwächer, je länger die Handlung vor der Beantragung oder Eröffnung des Verfahrens liegt. Bei vorübergehender Stabilisierung des Schuldners, die die Gefahr von Zahlungsverkürzungen zulasten anderer Gläubiger ausgeschlossen hat, ist das Indiz widerlegt.[294] 703

Die Mitteilung in einer Mahnung, die Rücknahme eines gestellten Insolvenzantrages sei nicht möglich, reicht für die Annahme einer anfechtbaren Druckzahlung nicht aus.[295] 704

---

[287] BGHZ 157, 242 = ZInsO 2004, 145 = ZIP 2004, 319; sa Gerhardt FS Kreft, 2004, 267 ff.
[288] BGHZ 157, 242 = DZWIR 2004, 297 = ZInsO 2004, 145 mit Bespr. Flöther/Bräuer ZInsO 2005, 1244 = BeckRS 2005, 42990.
[289] OLG Köln ZInsO 2011, 1701 = BeckRS 2011, 19836.
[290] OLG Brandenburg ZIP 2012, 1818.
[291] BGH NZG 2013, 717.
[292] BGH ZIP 2013, 838 = ZInsO 2013, 778.
[293] BAG ZInsO 2014, 1386 = BeckRS 2014, 69414.
[294] BAG ZInsO 2014, 1386 = BeckRS 2014, 69414.
[295] LG Dresden ZInsO 2006, 1000 = BeckRS 2011, 9948.

7. Erhalt von Sicherheiten, Pfandrecht

705 Die Erlangung **neuer Sicherheiten**, die neben einem neu gewährten Darlehen zugleich auch Altforderungen sichern, ist insgesamt inkongruent (für Kreditinstitute s. genauer → Rn. 565); die Anfechtung umfasst dann auch die nachträgliche schuldrechtliche Sicherungsvereinbarung.[296]
Eine aufgrund des Nachbesicherungs- bzw. Sicherheitenverstärkungsanspruchs nach den AGB der Banken und Sparkassen erlangte Sicherheit ist stets inkongruent.[297]

706 **Poolverträge**, nach welchen mehrere beteiligte Gläubiger das Sicherungsgut treuhänderisch für alle Poolgläubiger zur Sicherung aller dem Schuldner gewährten Darlehen mit der Vereinbarung halten, dass die Sicherheit der Sicherung sämtlicher bestehender und künftiger Forderungen dienen soll, sind i.d.R. inkongruent.[298]

707 Bei der Verpfändung künftiger Forderungen ist für die Anfechtung des Pfandrechts der Zeitpunkt der Entstehung der verpfändeten Forderung maßgeblich.[299] Auch für das **AGB-Pfandrecht der Kreditinstitute** ist entscheidend, wann die verpfändete Forderung entstanden bzw. der verpfändete Gegenstand in den Besitz des Kreditinstituts gelangt ist (= Frage der Individualisierung).[300]

III. Unmittelbar nachteilige Rechtshandlungen (§ 132 InsO)

708 Nach § 132 InsO ist ein Rechtsgeschäft des Schuldners anfechtbar, welches die Insolvenzgläubiger unmittelbar benachteiligt,
- wenn es in den letzten 3 Monaten vor dem Antrag auf Eröffnung des Insolvenzverfahrens vorgenommen worden ist, wenn zurzeit des Rechtsgeschäfts der Schuldner zahlungsunfähig war und wenn der andere Teil zu dieser Zeit die Zahlungsunfähigkeit kannte *oder*
- wenn es nach dem Eröffnungsantrag vorgenommen worden ist und wenn der andere Teil zurzeit des Rechtsgeschäfts die Zahlungsunfähigkeit oder den Eröffnungsantrag kannte.

709 Eine **unmittelbare Gläubigerbenachteiligung** liegt bspw. vor, wenn der Gläubiger den Schuldner veranlasst, vor Ausführung einer zur Fortführung des Schuldnerbetriebes nötigen Warenlieferung auch die Forderungen für frühere Lieferungen zu bezahlen.[301]

---

[296] BGH BB 1998, 1023 = ZIP 1998, 248.
[297] BGH ZInsO 1999, 107 = ZIP 1999, 76 (noch zur KO).
[298] BGHZ 138, 291 = DB 1998, 1123 = NJW 1998, 2592 = ZInsO 1998, 89 (noch zur KO); Peters ZIP 2000, 2238 ff.; zur Zulässigkeit von Sicherheitenpoolverträgen in der Insolvenz Gundlach ua NZI 2003, 142 ff.
[299] BGH BB 2010, 662 für die Verpfändung monatlicher Gewinnforderungen aus Beteiligung an GbR.
[300] Eckardt ZIP 1999, 1417 ff.
[301] BGHZ 154, 190 = ZInsO 2003, 417 und 420 = ZIP 2003, 810 und 855.

Die unmittelbare Gläubigerbenachteiligung durch entgeltlichen schuldrechtlichen Vertrag nach § 133 Abs. 2 InsO beurteilt sich bei zeitgleichem Abschluss mehrerer Verträge (hier: Kauf, Darlehen, Miete) danach, ob sie einem einheitlichen wirtschaftlichen Zweck dienen.[302] 710

IV. Deckungsanfechtung an nahestehende Personen, § 133 Abs. 2 InsO

Die Deckungsanfechtung gegenüber nahestehenden Personen nach § 133 Abs. 2 InsO ist unter folgenden Voraussetzungen gegeben: 711
- Innerhalb der letzten 2 Jahre
- vom Schuldner
- mit nahestehender Person
- geschlossener entgeltlicher Vertrag,
- es sei denn, dem anderen Teil war zur Zeit des Vertragsschlusses der Vorsatz des Schuldners, seine anderen Gläubiger zu benachteiligen, nicht bekannt.

Zur nahestehenden Person s.o. unter → Rn. 657 f. und bei Anfechtung des Beraterhonorars → Rn. 878 ff. 712

Erforderlich ist der Abschluss eines Vertrages. Dieses Merkmal ist weit auszulegen, so dass schuldrechtliche oder dingliche Verträge in Betracht kommen, ebenso Annahme an Erfüllungs statt, etc. Kein Vertrag hingegen ist die bloße Erfüllung einer Verbindlichkeit. 713

Die Nähe des anderen Teils zum Schuldner ist ein Indiz für die Kenntnis des (vorhandenen) Gläubigerbenachteiligungsvorsatzes des Schuldners nach § 133 Abs. 1 InsO. In dem Drei-Monats-Zeitraum gilt die Vermutung des § 130 Abs. 3 InsO.[303] 714

V. Vorsätzliche Benachteiligung (Vorsatzanfechtung, § 133 Abs. 1 InsO)

Nach dem Grundtatbestand der Vorsatzanfechtung in § 133 Abs. 1 InsO ist eine Rechtshandlung anfechtbar, die der Schuldner in den letzten 10 Jahren vor dem Antrag auf Eröffnung des Insolvenzverfahrens oder nach diesem Antrag mit dem Vorsatz, seine Gläubiger zu benachteiligen, vorgenommen hat, wenn der andere Teil zur Zeit der Handlung den Vorsatz des Schuldners kannte.[304] 715

Der BGH hat über viele Jahre hinweg mit seiner sehr anfechtungsfreundlichen Rechtsprechung die Vorsatzanfechtung nach § 133 Abs. 1 InsO für den Insolvenzverwalter dadurch sehr erleichtert und damit stark ausgeweitet,[305] dass er die An- 716

---

[302] OLG Frankfurt am Main ZIP 2011, 392.
[303] BGH WM 2012, 2343.
[304] Zu vorsätzlicher Benachteiligung durch Sicherheitenbestellung bei Existenzgründung OLG Dresden BeckRS 2007, 8777.
[305] Zur Ausweitung der Vorsatzanfechtung durch den BGH s. Bauer ZInsO 2004, 594 ff. und Bork ZIP 2004, 1684 ff.

forderungen an die dem Insolvenzverwalter obliegende Darlegungs- und Beweislast für die subjektiven Tatbestandsvoraussetzungen Benachteiligungsvorsatz des Schuldners und Kenntnis des Gläubigers hiervon immer weiter herabgesetzt hat, u.a. durch entsprechende Anwendung der Vermutungsregelung des § 133 Abs. 1 S. 2 InsO auch auf den Benachteiligungsvorsatz des Schuldners und durch Annahme zahlreicher „gewichtiger Beweisanzeichen" für das Vorliegen der subjektiven Tatbestandsvoraussetzungen[306], die in beinahe jedem vorinsolvenzlichen Sanierungsgeschehen offenbart werden. Die Vorsatzanfechtung hat dadurch eine wahre Renaissance erlebt,[307] sodass die auf kurze Zeiträume (3 Monate) begrenzten, vom Gesetzgeber als Regelanfechtungen vorgesehenen Deckungsanfechtungen (§§ 130, 131 InsO) beinahe nur mehr als Unterfall der 10 Jahre zurückreichenden Vorsatzanfechtung erschienen.[308] Zur Neuausrichtung der Vorsatzanfechtung durch den BGH mit der Entscheidung vom 6.5.2021[309] s.u.

1. Mittelbare Gläubigerbenachteiligung

717   Nach ganz h.M. genügt für den Tatbestand des § 133 Abs. 1 InsO eine mittelbare Benachteiligung der Gläubiger durch die Rechtshandlung des Schuldners. Dabei ist die Benachteiligungswirkung durch einfache Kausalität (condicio sine qua non) festzustellen.[310]

2. Rechtshandlungen des Schuldners

718   Anfechtbar nach § 133 Abs. 1 InsO sind nach dem klaren Gesetzeswortlaut nur Rechtshandlungen des Schuldners. Die regelmäßige Einreichung von USt-Voranmeldungen durch den Schuldner, auf deren Grundlage das Finanzamt vollstreckbare Steuerbescheide erlässt, ist keine Rechtshandlung des Schuldners i.S.d. §§ 129, 133 Abs. 1 InsO.[311] Ebenso liegt keine Rechtshandlung des Schuldners vor, wenn die Bank, wie im Darlehensvertrag vorgesehen, vereinbarungsgemäß das Konto des Schuldners belastet.[312]

719   **a) Rechtshandlungen des Schuldners bei Zwangsvollstreckungsmaßnahmen.** Trotz des eindeutigen Gesetzeswortlauts wurde in der Literatur vertreten, dass es für die Vorsatzanfechtung nicht zwingend einer Rechtshandlung des Schuldners bedürfe.[313] Zwangsvollstreckungsmaßnahmen seien nach § 133 Abs. 1 InsO anfechtbar, sofern der Gläubiger die Vollstreckung mit Gläubigerbenachteiligungsvorsatz betreibt. Das ist nicht haltbar. Auszugehen ist davon,

---

[306] vgl. etwa die lesenswerte, zusammenfassende Bestätigung der bis dahin ergangenen Rechtsprechung des BGH in BGH ZIP 2006, 290 = ZInsO 2006, 94; weiter etwa BGH ZIP 2009, 1966 = ZInsO 2009, 1909, BGH NJW 2013, 940
[307] S. Bork ZIP 2004, 1684 ff.
[308] Schoppmeyer ZIP 2009, 600 ff.
[309] IX ZR 72/20, ZIP 2021, 1447
[310] Sa Windel ZIP 2014, 1823 ff.
[311] OLG Düsseldorf, ZIP 2020, 921
[312] OLG Düsseldorf, ZInsO 2021, 560
[313] Etwa Kreft zitiert bei Leithaus NZI 2004, Heft 6, S. V f.; Brinkmann/Luttmann ZInsO 2007, 565 ff.; dazu auch Rendels ZIP 2004, 1289 ff.

dass Zwangsvollstreckungsmaßnahmen auf Veranlassung eines Gläubigers keine Rechtshandlungen des Schuldners sind. So hat der BGH auch wiederholt entschieden, dass Zwangsvollstreckungsmaßnahmen selbst, die Vollstreckungshandlungen der Vollstreckungsorgane nicht Rechtshandlungen des Schuldners und damit nicht nach § 133 Abs. 1 InsO anfechtbar sind.[314]

Das bloße Geschenlassen von Vollstreckungshandlungen des Gläubigers sind keine Rechtshandlungen des Schuldners.[315] Auch die im Rahmen der Zwangsvollstreckung erteilte Vermögensauskunft ist keine anfechtbare Rechtshandlung des Schuldners i.S.d. § 133 Abs. 1 InsO.[316] Fraglich war, ob es an einer Rechtshandlung des Schuldners nach § 133 Abs. 1 InsO fehlt, wenn der Schuldner nur noch die Wahl hat, die geforderte Zahlung zu leisten oder die Vollstreckung zu dulden, also jede selbstbestimmte Handlungsmöglichkeit des Schuldners ausgeschaltet ist. Diese Situation ist i.d.R. bei bereits anwesender, vollstreckungsbereiter Vollziehungsperson und Zahlung an diese zur Vermeidung der ansonsten unmittelbar beginnenden Vollstreckungsmaßnahmen (z.B. Pfändungen) gegeben.[317] Dann war nach OLG Düsseldorf auch eine Scheckhingabe des Schuldners keine Handlung i.S.d. § 133 Abs. 1 InsO.[318] Der BGH hatte zunächst entschieden, dass eine Rechtshandlung des Schuldners gegeben ist, wenn der Schuldner der Vollziehungsperson einen Scheck gibt und so eine mangels pfändbarer Gegenstände voraussichtlich erfolglose Pfändung vermeidet.[319] Später hat der BGH entschieden, dass bei anwesendem vollstreckungsbereitem Vollziehungsbeamten die Scheckhingabe auch dann eine Rechtshandlung des Schuldners ist, wenn die unmittelbar bevorstehende Pfändung erfolgreich gewesen wäre.[320]   720

Auch liegt eine Rechtshandlung des Schuldners vor, wenn der Schuldner bei Pfändung des Kassenbestandes durch einen Vollziehungsbeamten den Kassenbestand vorher gezielt aufgefüllt hatte, um die Befriedigung des Gläubigers zu ermöglichen.[321]   721

Für Rechtshandlungen des Schuldners im Zusammenhang mit **Kontopfändungen** gilt: Eine vom Schuldner veranlasste Banküberweisung ist auch dann eine Rechtshandlung des Schuldners, wenn der Gläubiger zuvor den Anspruch auf Auszahlung des Bankguthabens gepfändet hatte.[322] Die Befriedigung eines Gläubigers benachteiligt die übrigen Gläubiger aber nicht, wenn sie aufgrund eines Pfändungspfandrechts erfolgt, das den Gläubiger nach § 50 Abs. 1 InsO zur abgesonderten Befriedigung berechtigt hätte. Das gilt auch dann, wenn der Schuldner selbst den Betrag von dem gepfändeten Konto an den Pfändungsgläubiger überweist.[323] Veranlasst der Schuldner seinen Schuldner zur Überweisung auf ein Bankkonto des Schuldners, dessen Anspruch auf Auszahlung des Bankguthabens   722

---

[314] BGH ZIP 2003, 1900 und BGH ZIP 2005, 494 = NJW 2005, 1121.
[315] OLG Düsseldorf, ZIP 2020, 921
[316] OLG Jena, ZIP 2020, 1311
[317] OLG Düsseldorf ZInsO 2009, 1534 = BeckRS 2009, 23476; sa Schoppmeyer NZI 2005, 185 ff.; LG Kleve ZIP 2006, 1544].
[318] OLG Karlsruhe ZIP 2007, 2132.
[319] BGH ZIP 2009, 728 = ZInsO 2009, 717.
[320] BGH ZIP 2012, 1422 = ZInsO 2012, 1318.
[321] BGH ZInsO 2011, 574 = NZI 2011, 249.
[322] BGH ZIP 2014, 35 = ZInsO 2014, 31.
[323] OLG Düsseldorf ZIP 2019, 483.

ein Gläubiger zuvor gepfändet hatte, liegt darin eine Rechtshandlung des Schuldners.³²⁴ Abgesehen davon kann auch das Pfändungspfandrecht der Anfechtung unterliegen, wenn der Schuldner seine Entstehung zuvor zielgerichtet gefördert hatte³²⁵ und dies bei wertender Betrachtung dazu führt, dass die Vollstreckungstätigkeit zumindest auch als eigene, willensgeleitete Entscheidung des Schuldners anzusehen ist.³²⁶ Das Auffüllen eines vom Gläubiger gepfändeten Bankkontos aus dem sonstigen Vermögen des Schuldners ist ebenfalls eine Rechtshandlung des Schuldners.³²⁷ Selbstverständlich muss für die Anfechtung nach § 133 Abs. 1 InsO stets hinzukommen, dass der Gläubiger den Benachteiligungsvorsatz des Schuldners kennt.

723 Allerdings ist es nach einer weiteren BGH-Entscheidung keine anfechtbare **Rechtshandlung des Schuldners** in der Form des **Unterlassens**, wenn der Schuldner es bei Pfändung seines Bankkontos durch einen Gläubiger unterlässt, ein neues, freies Konto zu eröffnen und seine Schuldner zur Zahlung auf dieses Konto zu veranlassen.³²⁸ Die Unterlassung kann einer positiven Handlung nur gleichgestellt werden, wenn sie bewusst geschehen ist, der Schuldner erkannt hat, dass sein Nichthandeln Rechtsfolgen auslöst und er die Gläubigerbenachteiligung bewusst in Kauf nimmt. Das muss vom Tatrichter im Einzelfall geprüft werden Für die Rechtswertung ist zu berücksichtigen, dass der Schuldner außerhalb des Drei-Monats-Zeitraums keine Garantenstellung für die gleichmäßige Befriedigung der Gläubiger hat. Trotz dieser Entscheidung bleibt das Risiko einer abermaligen Ausweitung der Vorsatzanfechtung.

724 Auch bei Vollstreckung aus einem Anerkenntnisurteil liegt kein Schuldnerhandeln vor, wenn die vollstreckte Forderung bestand und der Schuldner dem Gläubiger durch das Anerkenntnisurteil nicht beschleunigt einen Titel verschaffen wollte; beruht das Anerkenntnisurteil auf einem Vergleich, liegt eine mitwirkende Schuldnerhandlung vor, wenn der Vergleich den Bereich verlässt, der bei objektiver Beurteilung ernstlich zweifelhaft sein kann.³²⁹

725 Eine Rechtshandlung des Schuldners liegt auch vor, wenn er zur Abwendung der Vollziehung einer angeordneten Erzwingungshaft das Bußgeld bezahlt.³³⁰

726 Im Rahmen der Zwangsvollstreckung gem. § 806b ZPO geschlossene Vollstreckungsvereinbarungen und darauf außerhalb des Dreimonatszeitraums geleistete Ratenzahlungen sind keine anfechtbaren Rechtshandlungen i.S.d. § 133 Abs. 1 InsO.³³¹

727 **Fazit**
Für das Vorliegen einer Schuldnerhandlung im Zusammenhang mit Vollstreckungsmaßnahmen des Gläubigers kommt es darauf an, dass eine Schuldnerhandlung oder ein Unterlassen zum Erfolg der Vollstreckungsmaßnahme beigetragen hat. Dabei muss das

---

³²⁴ BGH ZIP 2014, 35 = ZInsO 2014, 31.
³²⁵ BGH ZIP 2014, 35 = ZInsO 2014, 31.
³²⁶ OLG Düsseldorf ZIP 2019, 483.
³²⁷ BGH ZInsO 2013, 2213; zur Problematik der Kenntnis des Gläubigers von der Rechtshandlung des Schuldners s. Strandmann ZInsO 2014, 538 ff.
³²⁸ BGH ZIP 2014, 275 = ZInsO 2014, 293 = GmbHR 2014, 320.
³²⁹ BGH ZIP 2017, 1962.
³³⁰ OLG Köln ZIP 2018, 794
³³¹ BGH ZIP 2008, 1687.

Schuldnerverhalten ein der Vollstreckungshandlung vergleichbares Gewicht haben.[332] Das liegt nicht vor, wenn sich der Schuldner angesichts der bevorstehenden Vollstreckung nicht anders als sonst verhält und sich darauf beschränkt, die Vollstreckung hinzunehmen.[333] Auch das bloße Aufrechterhalten des Geschäftsbetriebes genügt nicht, wenn es nicht gezielt erfolgt, um der Vollstreckung zum Nachteil der anderen Gläubiger zum Erfolg zu verhelfen.[334]

b) Uneigennützig dazwischentretende Dritte[335]**, etwa Treuhänder, Leistungsmittler, Zahlungsdienstleister.** Die Übertragung von Mitteln des Schuldners auf einen Treuhänder zum Zweck der Befriedigung der Gläubiger des Schuldners ist nicht unentgeltlich, weil dem Treuhänder vereinbarungsgemäß nichts zufließen soll, denn er hat aufgrund der Treuhandabrede die Mittel gemäß den Anweisungen des Schuldners als Treugeber für die Tilgung dessen Verbindlichkeiten zu verwenden oder an den Schuldner zurückzuzahlen; das gilt auch, wenn der Treuhandvertrag wegen eines Vertretungsmangels unwirksam ist.[336]

728

Auch der uneigennützige Treuhänder unterliegt selbst als Anfechtungsgegner der Vorsatzanfechtung, wenn er nach Kenntnis der Zahlungsunfähigkeit des Schuldners ihm überlassene Geldbeträge an bestimmte, bevorzugte Gläubiger des Schuldners weiterleitet. Dann ist er nach § 143 Abs. 1 Satz 2 InsO i.V.m. §§ 819 Abs. 1, 818 Abs. 4, 292, 989 BGB zum Ersatz verpflichtet und kann sich weder auf den Wegfall der Bereicherung noch darauf berufen, lediglich auf Weisung des Treugebers (Schuldners) gehandelt zu haben.[337] Das gilt auch nach der Neuausrichtung der Vorsatzanfechtung durch den BGH (s.u.).[338] Dabei setzt die Vorsatzanfechtung gegenüber dem Leistungsmittler nicht voraus, dass die Leistung auch gegenüber dem Leistungsempfänger anfechtbar wäre.[339] Es kommt also nicht darauf an, ob die Insolvenzanfechtung gegenüber dem Zahlungsempfänger durchgreift.[340] Ein uneigennütziger Treuhänder, der anfechtbar erlangte Gelder des Schuldners weisungsgemäß an diesen zurückzahlt, ist zum Wertersatz verpflichtet, ohne sich auf den Wegfall der Bereicherung berufen zu können.[341] Einer geschäftsunfähigen oder beschränkt geschäftsfähigen Person als Treuhänder (hier Kind des Geschäftsführers der Schuldner-GmbH) ist die Kenntnis des Benachteiligungsvorsatzes des Schuldners durch ihren gesetzlichen Vertreter nicht anzulasten, wenn dieser seine unbeschränkte Vertretungsmacht aus wirtschaftlichem Eigennutz ohne Rücksicht auf die Vermögensinteressen des Kindes ausübt.[342]

729

Da es nach den Entscheidungen betreffend die Anfechtung gegenüber dem Treuhänder nicht darauf ankam, dass der Treuhänder keinen eigenen Vorteil hatte, dürfte für die Abgrenzung zum „neutralen Zahlungsmittler" (etwa zu einer

730

---

[332] BGH ZIP 2017, 1281.
[333] BGH ZIP 2017, 1281.
[334] OLG Düsseldorf ZIP 2017, 1338.
[335] Sa Bartels ZIP 2019, 789 ff.
[336] BGH ZIP 2017, 1863.
[337] BGH ZIP 2012, 1038 = ZInsO 2012, 924.
[338] OLG Düsseldorf ZIP 2021, 1876
[339] BGH ZIP 2013, 371 = ZInsO 2013, 384.
[340] Weitere Entscheidung zur Anfechtung gegenüber dem Zahlungsmittler (hier Versicherungsmakler) BGH ZIP 2013, 1127 = ZInsO 2013, 1077.
[341] BGH ZIP 2015, 2083.
[342] BGH ZIP 2017, 1863.

das **Schuldnerkonto führenden Bank**), dem gegenüber die Anfechtung wohl nicht möglich sein dürfte, maßgeblich darauf abzustellen sein, ob der die Zahlung ausführende Dritte Kenntnis von der (drohenden) Zahlungsunfähigkeit und dem Benachteiligungsvorsatz des Schuldners hatte und sich so in die vorsätzliche Gläubigerbenachteiligung durch den Schuldner einbinden ließ. Wenn für diese Kenntnisse des Dritten aber die vielen vom BGH angenommenen Indiz- und Vermutungstatbestände (s.u.) herangezogen werden sollten, konnten auch Banken betroffen sein. Hier war also durch die Rechtsprechung noch Abgrenzungsarbeit zu leisten.[343] M.E. sollte die Vorsatzanfechtung gegenüber dem Treuhänder oder dem die Zahlung ausführenden Dritten auf die Fälle beschränkt sein, in denen bereits der Weg der Zahlung durch den Dritten mit dem diesem bekannten Vorsatz des Schuldners, seine übrigen Gläubiger zu benachteiligen, gewählt wird.

Diese für die kontoführenden **Kreditinstitute** wichtige Abgrenzung hat der BGH nun vorgenommen: Die für die Vorsatzanfechtung gegenüber der aus dem Dispositionskredit des Schuldners leistenden Bank als Leistungsmittlerin nach § 133 Abs. 1 InsO erforderliche Kenntnis vom Gläubigerbenachteiligungsvorsatz des Schuldners liegt nicht allein deshalb vor, weil die Bank die Zahlungsunfähigkeit des Schuldners kannte.[344] Auch bei Kenntnis hat die Bank (ausreichende Deckung oder Dispo-Kredit auf dem Schuldnerkonto vorausgesetzt) nicht das Recht, die Ausführung des Zahlungsauftrages zu verweigern (§ 675o BGB). Bei rein zahlungstechnischer Umsetzung ist ein Benachteiligungsvorsatz der Bank nicht zu erkennen, weil die Zahlung etwa folgenden Zwecken dienen kann: Befriedigung eines insolvenzfest gesicherten Gläubigers oder Ablösung eines insolvenzfesten Sicherungsrechts, Zahlung aus unpfändbarem Schonvermögen, Erfüllung eines Bargeschäfts. Die Bank hat also insoweit keine Erkundigungspflicht. Konsequent hat der BGH im Folgenden auch entschieden, dass Umbuchungen von Guthabensalden vom Quellkonto des späteren Insolvenzschuldners auf das Zielkonto der Muttergesellschaft im Rahmen einer **Cash-Pooling-Abrede** im anfechtungsrelevanten Zeitraum in der Insolvenz der in das Cash-Pooling eingebundenen Tochtergesellschaft gegenüber der Bank nicht anfechtbar sind.[345]

731 Kenntnis der Bank vom Gläubigerbenachteiligungsvorsatz des Schuldners ist aber anzunehmen, wenn die Bank in die Verfolgung von Sonderinteressen eingebunden wird. Dieser Fall kann vorliegen, wenn mit dem Schuldner abgestimmt einzelne Gläubiger bevorzugt befriedigt werden, Zahlungsaufträge selektiv ausgeführt werden, die Überschreitung einer Kreditlinie zur bevorzugten Befriedigung eines Gläubigers geduldet wird oder die Überweisungen zur Deckung/Rückführung eines eigenen Kredits der Bank erfolgen.[346] Die Vorsatzanfechtung gegenüber der Bank kommt in Betracht, wenn sie ihre Stellung als reiner Zahlungsdienstleister dadurch überschreitet oder missbraucht, dass sie im Zuge der Verfolgung eigener Interessen in eine vom Schuldner angestrebte Gläubigerbenachteiligung eingebunden ist, etwa im Fall selektiver Genehmigung von Lastschriften.[347]

---

[343] Zu diesem Problem s. Ede ZInsO 2012, 1541 ff.
[344] BGH ZIP 2013, 371 = ZInsO 2013, 384.
[345] BGH ZInsO 2013, 1898 = DStR 2013, 2287.
[346] BGH ZIP 2013, 371 = ZInsO 2013, 384.
[347] OLG Stuttgart ZIP 2013, 1779 = ZInsO 2013, 1908.

Tilgt der Schuldner eine zum Zwecke des Forderungseinzugs treuhänderisch 732
abgetretene Forderung gegenüber einem Inkassounternehmen als Forderungszessionar, kann die Zahlung gegenüber dem ursprünglichen Forderungsinhaber (Zedenten) angefochten werden.[348]

Wenn ein bereits zahlungsunfähiger Schuldner einen **Rechtsanwalt** mit dem 733
Einzug seiner Forderungen beauftragt und ihn anweist, bestimmte Auszahlungen an Gläubiger von dem Anderkonto vorzunehmen, stellt dies eine vorsätzliche Benachteiligung i.S.d. § 133 Abs. 1 InsO dar. Wenn der Rechtsanwalt Kenntnis vom Gläubigerbenachteiligungsvorsatz des Schuldners hatte, (ggf. vermittelt über die Kenntnis der Zahlungsunfähigkeit des Schuldners), ist er nicht lediglich Zahlstelle, so dass die Zahlungen ihm gegenüber angefochten werden können. Dagegen kann er sich auch nicht mit dem Einwand der Entreicherung infolge der Auszahlungen verteidigen[349].

Vorsatzanfechtung gegenüber einem **Steuerberater** gegeben, der in Kenntnis der Zahlungsunfähigkeit des Schuldners vom Schuldner überlassene Mittel abredegemäß an das Finanzamt weitergeleitet hat.[350]

Zur Anfechtung bei Insolvenz des Leistungsmittlers s. auch die Ausführungen 734
zu Dreipersonenverhältnissen, → Rn. 810 ff.

In der Insolvenz des Leistungsmittlers (hier: Arbeitgeber hinsichtlich der Beiträ- 735
ge freiwillig Versicherter zur Kranken- und Pflegeversicherung) kann die Tilgung einer fremden Schuld wegen vorsätzlicher Benachteiligung der Insolvenzgläubiger gegenüber dem Forderungsgläubiger angefochten werden, wenn dieser den Benachteiligungsvorsatz kannte.[351] Bei erfolgreicher Anfechtung lebt die Forderung des Gläubigers gegen den Schuldner wieder auf, auch wenn er mit dem Insolvenzschuldner nicht identisch ist.[352]

c) Dritte, etwa Schuldner des Schuldners. Veranlasst der Schuldner mit 736
Benachteiligungsvorsatz seinen Schuldner, Zahlungen nicht an ihn, sondern an einen Gläubiger zu leisten, kommt die Vorsatzanfechtung auch gegenüber dem Angewiesenen in Betracht; die Anfechtungsansprüche gegen den Angewiesenen und gegen den Zahlungsempfänger stehen im Verhältnis der Gesamtschuld zueinander.[353]

Bewirkt der Schuldner eine Überweisung, indem er eigene Mittel über das Kon- 737
to seines Vaters einem Gläubiger zuwendet, so kann sich dieser als Anfechtungsgegner nicht der Möglichkeit verschließen, dass die Zahlung auf einer Rechtshandlung des Schuldners beruht und die Gläubigergesamtheit benachteiligt.[354]

Veranlasst der Gläubiger den Schuldner, den Insolvenzantrag bewusst hinaus- 738
zuzögern, um eine Anfechtung der Zwangsvollstreckungsmaßnahme nach § 131 InsO zu vermeiden, kommt eine Haftung des Gläubigers aus §§ 826, 823 Abs. 2 BGB in Betracht.

---

[348] BGH ZInsO 2014, 1004 = NJW 2014, 1963.
[349] OLG München ZIP 2015, 1651.
[350] BGH ZIP 2017, 2370.
[351] BGH ZIP 2013, 81 = ZInsO 2013, 73.
[352] BGH ZIP 2013, 81 = ZInsO 2013, 73.
[353] BGH ZIP 2008, 140.
[354] BGH ZIP 2013, 2262 = ZInsO 2013, 2378.

3. Benachteiligungsvorsatz des Schuldners

739 Der Benachteiligungsvorsatz des Schuldners (und die Kenntnis des Gläubigers) sind auf die Rechtshandlung des Schuldners bezogen und müssen zur Zeit deren Vornahme vorhanden sein.[355] Es genügt **bedingter Vorsatz** (dolus eventualis) des Schuldners.[356] Der ist bereits gegeben, wenn sich der Schuldner die Benachteiligung der Gläubiger nur als möglich vorstellt und sie in Kauf nimmt, ohne sich durch die Vorstellung dieser Möglichkeit von seinem Handeln abhalten zu lassen.[357] Ausreichend ist also, dass der Schuldner die Benachteiligung der Gläubiger als notwendige Nebenfolge eines an sich erstrebten anderweitigen Erfolges erkannt und gebilligt hat.[358] Hierfür ist nicht erforderlich, dass es zur Zeit der angefochtenen Rechtshandlung bereits konkret zu benachteiligende Gläubiger gibt[359], etwa bei Unternehmensneugründungen[360]. Unredlichkeit oder unlauteres Zusammenwirken von Schuldner und Gläubiger sind – außer bei Bargeschäften nach § 142 Abs. 1 InsO n.F. – nicht erforderlich.[361]

740 Von einem bei Eingehung eines Verpflichtungsgeschäftes (das die Gläubiger an sich noch nicht benachteiligt) vorhandenen Gläubigerbenachteiligungsvorsatz ist anzunehmen, dass er bei Ausführung des die Gläubiger benachteiligenden Verfügungsgeschäfts noch vorhanden ist; für die Kenntnis des Gläubigers gilt dies entsprechend.[362]

741 Der Benachteiligungsvorsatz des Alleingesellschafters einer GmbH ist dieser zuzurechnen, wenn der Gesellschafter den Geschäftsführer zu einer bestimmten Leistung angewiesen hat[363].

742 **a) Freigiebige, fragwürdige, „verdächtige" oder vermindert schutzwürdige Schuldnerleistungen als Indizien** für den Schluss auf den Gläubigerbenachteiligungsvorsatz des Schuldners.[364]

Da der Benachteiligungsvorsatz des Schuldners (ebenso wie die Kenntnis des Gläubigers) eine innere, dem Beweis nicht unmittelbar zugängliche Tatsache sind, wird auf ihr Vorliegen aus äußeren Indiztatsachen geschlossen. Anknüpfungspunkte für den dem Insolvenzverwalter obliegenden Nachweis sind grundsätzlich

- Freigiebige, nicht geschuldete Erbringung von Leistungen in der Krise,
- Inkongruenz der Leistung bzw. des Geschäfts,
- sonstige „verdächtige" Vertragsgestaltungen.

743 Beispiele aus der Rechtsprechung für Indiztatsachen:

---

[355] BGH ZInsO 2014, 495 = BeckRS 2014, 3765.
[356] BGHZ 155, 75 = ZInsO 2003, 764 = ZIP 2003, 1506.
[357] BGHZ 155, 75 = ZInsO 2003, 764 = ZIP 2003, 1506.
[358] BGH ZInsO 2006, 712 = NJW 2006, 2701.
[359] BGH ZIP 2009, 1966 = ZInsO 2009, 1909.
[360] OLG Dresden ZInsO 2007, 497 = NZI 2007, 661.
[361] OLG Dresden ZIP 2003, 1716; BGH NJW 2003, 3560 = ZIP 2003, 1799.
[362] OLG Dresden ZIP 2007, 737.
[363] BGH ZIP 2004, 957.
[364] Zu Indiztatsachen und ihrer Beweiskraft im Insolvenzanfechtungsprozess s. Huber, ZInsO 2012, 53 ff.

- Indiz für Absicht und Kenntnis: Weggabe eines wertvollen Gegenstandes ohne Gegenleistung[365].
- Auffälliges Missverhältnis zwischen Warenwert und Preis (Schleuderverkauf) ist Indiz für Benachteiligungsabsicht[366].
- Eine Vereinbarung, die Nachteile für das Schuldnervermögen erst im Insolvenzfall begründet, lässt i.d.R. auf den Benachteiligungsvorsatz des Schuldners und Kenntnis des Anfechtungsgegners schließen[367].

Bei **Neugründung** eines Unternehmens ist aus der Sicherungsübereignung nahezu des gesamten Vermögens der Gesellschaft zur Kreditsicherung auch dann nicht auf Benachteiligungsvorsatz zu schließen, wenn die Hoffnung des Unternehmensgründers, die Gründung werde erfolgreich sein, objektiv unbegründet ist; die von der Rechtsprechung entwickelten Grundsätze für die anfechtungsrechtliche Beurteilung von Sanierungskrediten sind auf die Anschubfinanzierung von neu gegründeten Unternehmen nicht anzuwenden[368]. 744

b) Inkongruenz als Beweisanzeichen für (dem Gläubiger bekannten) Benachteiligungsvorsatz des Schuldners. Inkongruenz ist regelmäßig ein starkes Beweisanzeichen für den Benachteiligungsvorsatz des Schuldners und dessen Kenntnis des Gläubigers[369]. Voraussetzung für die Annahme dieses Beweisanzeichens ist aber, dass ernsthafte Zweifel an der Liquiditätslage des Schuldners bestehen.[370] Die Indizwirkung der inkongruenten Deckung setzt aber nicht voraus, dass der Schuldner bei der Rechtshandlung bereits drohend zahlungsunfähig war.[371] Die Indizwirkung kann gemindert sein, wenn die Rechtshandlung des Schuldners längere Zeit vor dem Insolvenzantrag liegt und der in der Zwischenzeit weiter geschäftlich tätig war und regelmäßig Einnahmen und Ausgaben zu verbuchen hatte.[372] 745

Beachte aber: Trifft der zahlungsunfähige Schuldner (hier Bauunternehmen) mit seinem Auftraggeber (hier Bauherr) und seinem Lieferanten vor Fälligkeit der nächsten Werklohnrate die Vereinbarung, dass der Kaufpreis für die vom Lieferanten zu liefernden Bauteile vom Auftraggeber (Bauherrn) vor der Lieferung direkt gezahlt werden, kann in der vom Schuldner veranlassten Direktzahlung eine kongruente Deckung liegen und der Schuldner trotz erkannter Zahlungsunfähigkeit ohne Benachteiligungsvorsatz handeln[373].

aa) Zwangsvollstreckungsdruck. Zahlungen **innerhalb des Drei-Monats-Zeitraums** auf Druck von (angekündigter) Zwangsvollstreckung sind inkongruent (s.o.). Diese Inkongruenz ist regelmäßig ein Beweisanzeichen für den Benachteiligungsvorsatz des Schuldners und die Kenntnis des Gläubigers (Indizwirkung der Inkongruenz). 746

---

[365] BGH NJW 2002, 1569.
[366] OLG Köln, EWiR 2001, 775 (zur KO).
[367] BGH ZInsO 2012, 971 = BeckRS 2012, 10725.
[368] BGH ZIP 2009, 922 = ZInsO 2009, 873
[369] Ständige Rechtsprechung des BGH, vgl. nur BGH ZIP 2004, 319 und 1060 m.w.N.; OLG Brandenburg, ZInsO 2010, 1392 = BeckRS 2010, 9495.
[370] BGH ZIP 2013, 2368 = ZInsO 2013, 2376.
[371] BGH ZIP 2020, 2135.
[372] BGH ZIP 2020, 2135.
[373] BGH ZIP 2014, 1595.

Zahlungen außerhalb des Drei-Monats-Zeitraums aufgrund von Zwangsvollstreckungsdruck sind kongruent. Für sie ist also das Beweisanzeichen der Inkongruenz für den Benachteiligungsvorsatz des Schuldners und die Kenntnis des Gläubigers, d.h. die Indizwirkung der Inkongruenz nicht gegeben[374].

Beachte aber für Zahlungen zur Abwendung einer unmittelbar bevorstehenden Zwangsvollstreckung: Leistet der Schuldner zur Abwendung einer unmittelbar bevorstehenden Zwangsvollstreckung und hat der Gläubiger Kenntnis von der Möglichkeit der Gläubigerbenachteiligung, so indiziert dies die Möglichkeit billigender Inkaufnahme auch **außerhalb** der in § 131 InsO genannten **Zeiträume**[375].

Die Indizwirkung der Inkongruenz bei Vollstreckungsdruck ist auch dann außerhalb des Drei-Monats-Zeitraums anzunehmen, wenn zugleich eine Drucksituation aufgrund angedrohten Insolvenzantrages (s.u.) besteht, die nicht vom Vollstreckungsdruck überlagert ist[376].

747 **bb) Gestellter oder angedrohter Insolvenzantrag.** Inkongruent ist stets die aufgrund eines **gestellten Insolvenzantrages** erzielte Deckung, da der Insolvenzantrag nicht der Durchsetzung individueller Gläubigerforderungen dient. Dem Schuldner, der danach an den antragstellenden Gläubiger leistet, kommt es nicht in erster Linie auf die Erfüllung seiner Pflicht an, sondern darauf, den Gläubiger zur Rücknahme seines Antrages zu bewegen. Dazu bevorzugt er diesen Gläubiger und nimmt die Benachteiligung weniger „gefährlicher" Gläubiger billigend in Kauf[377].

748 Auch Zahlungen aufgrund **angedrohten Insolvenzantrages** sind inkongruent, und zwar auch außerhalb des Drei-Monats-Zeitraums[378]. Die durch Androhung eines Insolvenzantrages bewirkte inkongruente Deckung der Zahlung bildet bei Anfechtungen nach § 133 InsO auch außerhalb der Zeiträume des § 131 InsO in der Regel ein starkes Beweisanzeichen für den Benachteiligungsvorsatz des Schuldners und die Kenntnis des Gläubigers. Einem Schuldner, der weiß, dass er nicht alle seine Gläubiger befriedigen kann, und der Forderungen eines einzelnen Gläubigers vorwiegend deshalb erfüllt, um diesen von der Stellung eines Insolvenzantrages abzuhalten, kommt es nicht in erster Linie auf die Erfüllung seiner gesetzlichen oder vertraglichen Pflichten an, sondern auf die Bevorzugung dieses einzelnen Gläubigers an; damit nimmt er die Benachteiligung der Gläubiger im Allgemeinen billigend in Kauf (bedingter Vorsatz)[379]. Die zur Inkongruenz der Zahlung führende Drohungswirkung endet nicht mit Ablauf der gesetzten Zahlungsfrist[380].

749 **c) Kenntnis des Schuldners von seiner (drohenden) Zahlungsunfähigkeit als Indiz? – analoge Anwendung des § 133 Abs. 1 S. 2 InsO auf den Benachteiligungsvorsatz des Schuldners – Rechtsprechung des BGH bis zum 6.5.2021.** Bis zur sogleich vorzustellenden Änderung der Rechtsprechung

---

[374] BGH ZIP 2003, 1900; BGH ZIP 2003, 1506.
[375] OLG Dresden, ZIP 2003, 1052
[376] BGH ZIP 2009, 1434; auch BGH ZIP 2006, 290
[377] BGH ZIP 2003, 1799, 1800; BGH ZIP 2006, 290, 292 f.; BGH ZInsO 2012, 2244 = ZIP 2012, 2355
[378] BGH ZIP 2004, 319
[379] BGH ZIP 2003, 1506.
[380] OLG Hamburg, ZInsO 2007, 1350 = BeckRS 2008, 1980.

B. Die einzelnen Anfechtungstatbestände   257

mit der Entscheidung des BGH v. 6.5.2021[381] ging der BGH in der Regel vom Vorliegen des zumindest bedingten Benachteiligungsvorsatzes aus, wenn der Schuldner zur Zeit der Wirksamkeit (§ 140 InsO) der angefochtenen Rechtshandlung (drohend) zahlungsunfähig war und dies wusste[382]. Dies ergab sich aus der entsprechenden Anwendung des § 133 Abs. 1 S. 2 InsO auf den Benachteiligungsvorsatz des Schuldners. Da nach dieser Vorschrift für den anderen Teil die Kenntnis vom Gläubigerbenachteiligungsvorsatz des Schuldners vermutet werde, könnten für den Vorsatz des Schuldners selbst keine strengeren Anforderungen gelten[383]. Eine Vermutung für den Gläubigerbenachteiligungsvorsatz des Schuldners besteht, wenn der Schuldner wusste, dass die Zahlungsunfähigkeit drohte und dass die Handlung die (übrigen) Gläubiger benachteiligte (§ 133 Abs. 1 S. 2 InsO analog)[384]. Dies gilt auch dann, wenn der Schuldner zur Zeit der angefochtenen Handlung noch uneingeschränkt zahlungsfähig ist, aber bereits feststeht, dass später (etwa wegen Einstellung von Fördermitteln) Zahlungsunfähigkeit eintreten wird.[385] Dabei kann – auch nach Änderung der Rechtsprechung zur Vorsatzanfechtung (s.u. → Rn. 790 ff.) – die insolvenzrechtliche Überschuldung ein eigenständiges Beweisanzeichen für den Gläubigerbenachteiligungsvorsatz des Schuldners (und den Vollbeweis für die Kenntnis des Anfechtungsgegners von diesem Vorsatz) sein, wobei die Stärke des Beweisanzeichens davon abhängt, mit welcher Wahrscheinlichkeit die Überschuldung den Eintritt der Zahlungsunfähigkeit des Schuldners erwarten lässt und wann der Eintritt bevorsteht.[386]

Zu beachten ist in diesem Zusammenhang auch die Rechtsprechung des BGH zu den Indiztatachen für das Vorliegen einer **Zahlungseinstellung**, bei welcher die Zahlungsunfähigkeit vermutet wird (§ 17 Abs. 2 S. 2 InsO, s.o.). Zur Feststellung der Zahlungseinstellung, des Gläubigerbenachteiligungsvorsatzes des Schuldners und der Kenntnis des Gläubigers vom Benachteiligungsvorsatz des Schuldners ließ der BGH folgende dreifache Indizien- und Vermutungskette zu: erstens Feststellung der Zahlungseinstellung anhand von Indizien, die auf Zahlungseinstellung schließen lassen (s.o.), zweitens Vermutung der Zahlungsunfähigkeit bei Zahlungseinstellung (§ 17 Abs. 2 S. 2 InsO) und drittens Vermutung des Benachteiligungsvorsatzes des Schuldners, der die Zahlungsunfähigkeit bzw. die (Indiztatsachen für die) Zahlungseinstellung kennt nach § 133 Abs. 1 S. 2 InsO analog[387]. Beispiel: Werden Sozialversicherungsbeiträge mehrere Monate verspätet abgeführt, kann daraus auf eine Zahlungseinstellung des Schuldners und den Benachteiligungsvorsatz geschlossen werden.[388] Allein aus dem Umstand, dass der

750

---

[381] BGH NZI 2021, 720 mAnm Ganter = ZIP 2021, 1447. Zur Neuausrichtung der insolvenzlichen Vorsatzanfechtung durch den BGH s. Riewe NJW 2021, 2619 ff.
[382] BGH ZIP 2004, 1512; BGH ZInsO 2013, 190 = BeckRS 2008, 1980; OLG Celle ZInsO 2009, 1203 = BeckRS 2009, 18335; OLG Frankfurt a.M. ZIP 2019, 42. Zum Nachweis der Zahlungsunfähigkeit anhand von Beweisanzeichen im Rahmen des § 133 Abs. 1 S. 1 InsO s. Marwyk ZInsO 2014, 1734 ff.
[383] Erneut BGH ZIP 2015, 437, 438
[384] OLG Dresden, ZIP 2003, 1716; BGH ZIP 2006, 1261; OLG Brandenburg ZInsO 2009, 1591 = BeckRS 2009, 11349; BGH ZInsO 2014, 1326 = DStR 2014, 1559.
[385] BGH NJW-RR 2016, 369 = ZIP 2016, 374.
[386] BGH NJW 2022, 1457 = ZIP 2012, 704 = GmbHR 2022, 538..
[387] BGH ZIP 2015, 437; erneut BGH ZIP 2015, 1234
[388] BGH GmbHR 2015, 803 = NZI 2015, 717.

Schuldner eine relativ geringfügige Forderung erst nach mehreren Mahnungen nach über einem Jahr in zwei Raten nur teilweise tilgt, muss der Gläubiger allerdings nicht zwingend auf Zahlungseinstellung schließen[389].

751 Zwar hatte die Rechtsprechung auch entschieden, dass bei **kongruenten Deckungsgeschäften** der Benachteiligungsvorsatz des Schuldners abzugrenzen sei von seinem bloßen Willen, seinen gesetzlichen oder vertraglichen Verpflichtungen nachzukommen[390], und dass daher bei kongruenter Deckung erhöhte Anforderungen an die Darlegungs- und Beweislast für Benachteiligungsvorsatz und Kenntnis davon zu stellen sein[391]. Andererseits jedoch wendete der BGH die vorstehend beschriebene dreifache Vermutungskette auch bei Vorsatzanfechtungen kongruenter Deckungsleistungen an, so dass die „erhöhten Anforderungen" praktisch nicht gestellt wurden.[392] So galt bis zur sogleich vorzustellenden Änderung der Rechtsprechung mit der Entscheidung des BGH v. 6.5.2021[393] grundsätzlich auch bei einer kongruenten Deckung, dass bei Unterrichtung beider Seiten über die Zahlungsunfähigkeit des Schuldners bzw. die Indiztatsachen für die Vermutung nach § 17 Abs. 2 S. 2 InsO vom Benachteiligungsvorsatz des Schuldners und Kenntnis des Gläubigers ausgegangen werden konnte.[394]

752 **d) Zaghafte Einschränkungsversuche des BGH.** Im Folgenden hat der BGH vereinzelt Versuche unternommen, seine ausufernde Rechtsprechung etwas zu begrenzen: Kennt der Schuldner seine Zahlungsunfähigkeit, kann das daraus folgende „starke Beweisanzeichen" für einen vorhandenen Benachteiligungsvorsatz bei der Befriedigung eines Gläubigers entfallen, wenn der mit diesem vorgenommene Leistungsaustausch **bargeschäftsähnlichen Charakter** hat und zur Fortführung des Unternehmens notwendig ist.[395] Dies gilt auch bei vereinbarter Vorkasse für erbrachte Leistungen[396], aber nicht, wenn es wegen vereinbarten Eigentumsvorbehalts am unmittelbaren Leistungsaustausch fehlt.[397] Auch wenn die Voraussetzungen des Bargeschäfts nicht vorliegen, kann es dem Schuldner trotz Kenntnis seiner Zahlungsunfähigkeit bei einer Zahlungsveranlassung am Gläubigerbenachteiligungsvorsatz fehlen, wenn er berechtigt annimmt, dass für die Zahlung eine unmittelbare gleichwertige Gegenleistung zufließt.[398] Allerdings kann der Schuldner auch bei bargeschäftsähnlichem Leistungsaustausch bei Zahlungen mit Gläubigerbenachteiligungsvorsatz handeln, wenn er fortlaufend unrentabel arbeitet und daher die vereinnahmten Gegenleistungen keinen Nutzen für die Gläubiger erwarten lassen[399] (dann wird es aber häufig an der Kenntnis des Gläubigers fehlen). Der Benachteiligungsvorsatz des Schuldners kann fehlen

---

[389] BGH ZIP 2015, 1549.
[390] KG ZInsO 2006, 833; dazu Blum ZInsO 2006, 807 ff.
[391] OLG Celle ZInsO 2009, 1203 = BeckRS 2009, 18335; BGH ZIP 2004, 1512; BGH NZI 2008, 231 (Rn. 19).
[392] Ganter NZI 2021, 725, 726.
[393] BGH NZI 2021, 720 mAnm Ganter = ZIP 2021, 1447.
[394] BGH ZInsO 2014, 496 = NZI 2014, 310.
[395] BGH ZIP 2015, 585 = NZG 2015, 1036.
[396] BGH ZInsO 2010, 87 (Bestätigung von OLG Saarbrücken ZInsO 2010, 92 = BeckRS 2007, 3198).
[397] BGH ZIP 2015, 585 = NZG 2015, 1036.
[398] BGH Urt. v. 18.7.2019, Az. IX ZR 258/18, ZIP 2019, 1624.
[399] BGH, ZIP 2019, 2225 = NZG 2020, 25.

bei nahezu pünktlichen Ratenzahlungen auf einen um fünf Monate verlängerten Überbrückungskredit der Hausbank.[400] Indiz für fehlenden Benachteiligungsvorsatz kann ferner der Zuschuss eigenen Vermögens durch den Schuldner sein[401]. Ebenfalls kann auf Benachteiligungsvorsatz und dessen Kenntnis nicht allein aus dem Umstand geschlossen werden, dass der Schuldner dem Gläubiger eine sofort bei Bestellung und nicht erst im Insolvenzfall wirksame Sicherung gewährt.[402]

Als **Zwischenfazit** kann also festgestellt werden, dass es zwischenzeitlich in entsprechender Anwendung des § 133 Abs. 1 S. 2 InsO auf den Benachteiligungsvorsatz zur ständigen Rechtsprechung geworden war, dass die Kenntnis der eigenen (drohenden) Zahlungsunfähigkeit die Vermutung des (dem Anfechtungsgegner bekannten) Benachteiligungsvorsatzes des Schuldners begründete. Damit waren nach Aufnahme oder im Rahmen von Sanierungsgesprächen vom Schuldner erbrachte Leistungen wegen der in diesem Zusammenhang beiden Seiten offenbar gewordenen Unternehmenskrise in einem späteren Insolvenzverfahren grundsätzlich und beinahe „automatisch" nach § 133 InsO a.F. anfechtbar. 753

4. Kenntnis des anderen Teils vom Benachteiligungsvorsatz des Schuldners

Für die Anfechtung nach § 133 Abs. 1 InsO ist erforderlich, dass der andere Teil den Benachteiligungsvorsatz des Schuldners kannte.[403] Kann der Gläubiger bereits eine objektive Gläubigerbenachteiligung ausschließen, ist ihm auch ein Benachteiligungsvorsatz des Schuldners nicht bekannt.[404] 754

Kenntnis des Anfechtungsgegners ist, ebenso wie der Gläubigerbenachteiligungsvorsatz des Schuldners selbst, eine innere Tatsache, die dem Beweis nur sehr eingeschränkt zugänglich ist. Daher muss auf die Kenntnis aus äußeren Tatsachen als Beweisanzeichen geschlossen werden, die sich aus einer Gesamtbetrachtung und Gesamtwürdigung aller dem Gläubiger bekannten Umstände ergeben und die nicht schematisch i.S.e. vom anderen Teil ggf. zu widerlegenden Vermutung angewandt werden dürfen.[405] Solche in die objektiv generalisierende Betrachtung einzubeziehenden Umstände sind u.a. Person des Schuldners, Zuschnitt seines Geschäftsbetriebes und Art der Forderung. 755

a) Rechtsprechung des BGH bis zum 6.5.2021. Die Kenntnis ist regelmäßig anzunehmen, wenn der andere Teil die Tatschen im Wesentlichen kannte, aus denen sich der Benachteiligungsvorsatz des Schuldners ergab.[406] So hat auch der Gläubiger, der durch Zahlung des Schuldners im normalen Geschäftsgang befriedigt wird, vom Benachteiligungsvorsatz des Schuldners Kenntnis, wenn er um die Willensrichtung des Schuldners weiß und nach allgemeiner Erfahrung 756

---
[400] KG, ZIP 2016, 1450.
[401] BGH ZIP 1998, 248 (zur KO).
[402] BGH ZInsO 2013, 2376 = NZI 2014, 68.
[403] Sa zum Nachweis der Kenntnis Menn ZInsO 2011, 1245 ff.
[404] BGH ZInsO 2012, 1264 (für den Fall einer insolvenzfesten dinglichen Sicherung der Forderung).
[405] BGH ZInsO 2009, 2148, 2149 = NZI 2009, 847.
[406] LG Stendal ZInsO 2009, 1305 = BeckRS 2009, 20430.

eine gläubigerbenachteiligende Rechtshandlung des Schuldners zugrunde legen muss.[407]

757 In den regelmäßigen Sanierungssituationen wird der Gläubiger die schädliche Kenntnis oft haben, denn eigene Erklärungen des Schuldners, eine bestimmte Verbindlichkeit nicht zahlen zu können, deuten auf eine **Zahlungseinstellung** hin;[408] daran ändert auch die Stundungsbitte des Schuldners nichts, weil sie im Gegenteil auf die Nachhaltigkeit der Liquiditätskrise hindeutet.[409] So hat nach der Rechtsprechung des BGH der Gläubiger dann Kenntnis von der Zahlungseinstellung des Schuldners, wenn der Schuldner einer erheblichen Forderung über einen monatelangen Zeitraum auf Mahnungen geschwiegen hat und erst nach Einschaltung eines Inkassobüros und Erwirken eines Mahnbescheids im nach Widerspruch eingeleiteten Gerichtsverfahren Ratenzahlungen auf die Gesamtforderung nebst Zinsen und Kosten anbietet; dann könne die Verzögerung nicht mehr mit fortdauernder Anspruchsprüfung begründet werden.[410] Auf die schädliche Kenntnis des Gläubigers soll sogar auch dann zu schließen sein, wenn er mit dem gewerblich tätigen Schuldner auf dessen Bitte um Gewährung von Ratenzahlungen einen **Ratenzahlungsvergleich**[411] geschlossen hat, den der Schuldner pünktlich bedient. Beim gewerblich tätigen Schuldner müsse der Gläubiger auch mit anderen Gläubigern mit offenen Forderungen rechnen, so dass sich aus der Art und Bedeutung des Schuldverhältnisses der Schluss auf einen Benachteiligungsvorsatz ergeben könne, etwa wenn die Leistung des betr. Gläubigers für die Fortführung des Schuldnerunternehmens besonders wichtig ist.[412] Das halte ich für überzogen. Nach OLG Karlsruhe ist aus einem Ratenzahlungsvergleich eines größeren Unternehmens allein ohne weitere Indizien noch nicht auf drohende Zahlungsunfähigkeit des Schuldners zu schließen, selbst dann nicht, wenn der Schuldner den Vergleich erst mit Verzögerung und nach Androhung der Zwangsvollstreckung erfüllt.[413] Anders OLG Bamberg: Verzögerte Bedienung des Ratenzahlungsvergleichs mit der Folge, dass es zum Verfall der eingeräumten Stundung kommt, ist keine „übliche Gepflogenheit des Geschäftsverkehrs" (BGH ZIP 2016, 627) und vermittelt die Kenntnis von der Zahlungsunfähigkeit des Schuldners.[414] Auch vermittelt die Ratenzahlungsbitte des Schuldners allein noch nicht die Kenntnis von drohender Zahlungsunfähigkeit, wenn sie sich im Rahmen der Gepflogenheiten des Geschäftsverkehrs hält[415] oder wenn sie nicht mit der Erklärung verbunden wird, die fällige Forderung ohne die erbetene Ratenzahlung nicht begleichen zu können.[416] Die Ratenzahlungsbitte des Schuldners entspricht nicht mehr den Gepflogenheiten des Geschäftsverkehrs, wenn sie nach mehrmaligen fruchtlosen Mahnungen und

---

[407] BGH ZIP 2013, 2113 = ZInsO 2013, 2213.
[408] BGH ZIP 2021, 1447: eine solche Erklärung ist eine besonders aussagekräftige Grundlage für die Feststellung der Zahlungseinstellung.
[409] OLG Hamburg ZInsO 2014, 891 = BeckRS 2014, 9381.
[410] BGH ZIP 2016 627.
[411] OLG Rostock ZInsO 2014, 1446; sa Iliou ZInsO 2014, 640 ff.; Köper/Pfoser ZInsO 2014, 2341 ff.; Kluth NZG 2016, 653 ff.; Wiester/Neumann ZIP 2016, 2351 ff.
[412] BGH ZInsO 2013, 190 = NZI 2013, 140; dazu Priebe ZInsO 2013, 2479 ff.
[413] OLG Karlsruhe ZIP 2014, 934 = ZInsO 2014, 152.
[414] OLG Bamberg ZIP 2017, 97.
[415] BGH ZIP 2015, 937.
[416] OLG Hamm ZInsO 2014, 2437 = BeckRS 2014, 19561.

nicht eingehaltenen Zahlungszusagen gegenüber einem Inkassounternehmen geäußert wird.[417] Kein zwingender Schluss des Gläubigers auf Zahlungseinstellung des Schuldners, wenn der Schuldner dem Gläubiger erklärt, dass er die Forderung nur in Raten bezahlen kann und nicht für die Betriebsfortführung notwendige laufende Verbindlichkeiten betroffen sind.[418]

aa) Kenntniszurechnung Dritter. Aus der Informationspflicht des AG-Vorstandes gegenüber dem Aufsichtsrat ist nicht mit genügender Sicherheit auf Kenntnis des Aufsichtsrats zu schließen.[419] 758

Eine Wissenszurechnung erfolgt unter Behörden, die zum Zweck der Auf- oder Verrechnung Informationen von anderen Behörden einholen, auch wenn die für die Insolvenzanfechtung erforderlichen, vorhandenen Kenntnisse nicht mitgeteilt werden.[420] Ebenso muss sich eine Behörde oder ein Sozialversicherungsträger die Kenntnis einer anderen Behörde, die sie zuständigkeitshalber mit der Vollstreckung beauftragt, zurechnen lassen,[421] etwa Zurechnung der Kenntnisse des mit der Vollstreckung von Sozialversicherungsbeiträgen beauftragten Hauptzollamts für die Kenntnis anderer Sozialversicherungsträger.[422] Jedoch erfolgt keine Wissenszurechnung bei klar abgegrenzten Veranlagungsbereichen für zwei unterschiedliche Steuerschuldner (hier: GmbH & Co. KG und GmbH)[423] Kenntnis bei **vollautomatisierter Datenerlangung und -verarbeitung** ist anzunehmen aus der Organisationspflicht, bei der Einrichtung eines solchen Datenverarbeitungssystems Vorkehrungen für die Information einer zuständigen Stelle über evtl. kritisches Zahlungsverhalten des Schuldners vorzusehen.[424] 759

Auch das Wissen der den Anfechtungsgegner vertretenden Anwälte kann zugerechnet werden.[425] 760

bb) Vermutungsregelung in § 133 Abs. 1 Satz 2 InsO. Die Kenntnis des Anfechtungsgegners wird nach § 133 Abs. 1 Satz 2 InsO vermutet, wenn er wusste, dass die Zahlungsunfähigkeit des Schuldners drohte und dass die Handlung die Gläubiger benachteiligte. Diese Vermutungsregelung wird nach der Rechtsprechung des BGH noch ergänzt um Kenntnisse des anderen Teils von Umständen, die zwingend auf zumindest drohende Zahlungsunfähigkeit des Schuldners schließen lassen.[426] Hierfür reichen Kenntnisse von tatsächlichen Umständen aus, aus denen sich bei zutreffender rechtlicher Würdigung die (drohende) Zahlungsunfähigkeit des Schuldners zweifelsfrei ergibt. In die Beurteilung der drohenden Zahlungsunfähigkeit sind auch die Zahlungspflichten einzubeziehen, deren Fälligkeit im Prognosezeitraum nicht sicher, aber überwiegend wahrscheinlich ist.[427] Dabei darf aber nicht übersehen werden, dass es sich bei solchen Umständen nur 761

---

[417] BGH ZIP 2015, 2180.
[418] BGH ZIP 2016, 1686.
[419] BGH ZIP 2011, 1418.
[420] BGH ZIP 2011, 1532.
[421] BGH ZIP 2013, 685 = ZInsO 2013, 608.
[422] BGH, ZIP 2020, 83.
[423] AG Frankfurt a.M. ZInsO 2014, 1396 = NZI 2014, 770.
[424] OLG Hamm ZIP 2011, 1926 = ZInsO 2013, 512.
[425] BGH NZG 2013, 629 = WM 2013, 180 und 567.
[426] BGH ZInsO 2004, 859 = ZIP 2004, 1512 f.
[427] BGH ZInsO 2014, 77 = NJW-RR 2014, 235.

um Beweisanzeichen und nicht um eine starre, vom Anfechtungsgegner zu widerlegende Vermutung handelt. Daher ist eine Gesamtwürdigung aller Umstände des Einzelfalles vorzunehmen.[428]

762 Weiß der Gläubiger, dass der Schuldner nicht in der Lage ist oder voraussichtlich nicht in der Lage sein wird, die bestehenden Zahlungspflichten im Zeitpunkt der Fälligkeit im Wesentlichen zu erfüllen, so weiß er i.d.R. auch, dass die Rechtshandlung die Gläubiger benachteiligt.[429] Kenntnis der drohenden Zahlungsunfähigkeit vermittelt also i.d.R. auch die Kenntnis vom Benachteiligungsvorsatz des Schuldners, weil bei einem unternehmerisch tätigen Schuldner von weiteren ungedeckten Verbindlichkeiten auszugehen ist.[430] Das gilt nur, wenn der Anfechtungsgegner von der unternehmerischen Tätigkeit des Schuldners wusste.[431] Diese Rechtsprechung bedeutet eine Verdoppelung der Vermutungsregelung, die m.E. den Wortlaut des § 133 Abs. 1 Satz 2 InsO überdehnt. Der BGH hat sie zwischenzeitlich auch relativiert (s.u. → Rn. 790 ff.).

763 Bei Gläubiger benachteiligenden **Bargeschäften**, die der Betriebsfortführung dienen, kann es an der Kenntnis des Geschäftspartners vom Gläubigerbenachteiligungsvorsatz des Schuldners trotz der Vermutungsregelung des § 133 Abs. 1 Satz 2 InsO fehlen, wenn der Geschäftspartner davon ausgeht, dass die Bargeschäfte, an denen er durch seine Lieferungen mitwirkt, der beabsichtigten und möglichen Stabilisierung und Gesundung des Schuldnerbetriebes und damit der Befriedigung aller Gläubiger dienen.[432] Tauscht der zahlungsunfähige Schuldner mit einem Gläubiger in bargeschäftsähnlicher Weise Leistungen aus, kann allein aus dem Wissen des Gläubigers um die drohende Zahlungsunfähigkeit des Schuldners nicht auf die Kenntnis des Gläubigerbenachteiligungsvorsatzes geschlossen werden; vielmehr setzt ein solcher Schluss das – vom Insolvenzverwalter zu beweisende – Wissen des Gläubigers voraus, dass seine Lieferungen für die übrigen Gläubiger des Schuldners nicht von Nutzen sind, weil der Schuldner fortlaufend unrentabel arbeitet und weitere Verluste erwirtschaftet.[433] Diese Rechtsprechung hat der BGH fortgesetzt: Handelt der Schuldner bei bargeschäftsähnlichem Leistungsaustausch bei Zahlungen mit Gläubigerbenachteiligungsvorsatz, weil er fortlaufend unrentabel arbeitet und daher die vereinnahmten Gegenleistungen keinen Nutzen für die Gläubiger erwarten lassen, kann eine Kenntnis des Anfechtungsgegners vom Benachteiligungsvorsatz des Schuldners nur angenommen werden, wenn er von der fehlenden Rentabilität weiß.[434]

Nach der aktuellen Gesetzeslage (nach der Reform des Anfechtungsrechts) kommt die Vorsatzanfechtung bei Bargeschäften nur noch in Betracht, wenn der andere Teil erkannt hat, dass der Schuldner unlauter handelt, § 142 Abs. 1 InsO.

---

[428] BGH NZG 2013, 629 = WM 2013, 180 und 567.
[429] BGH ZInsO 2009, 145 ff. = ZIP 2009, 189.
[430] OLG Karlsruhe ZInsO 2014, 2042 = NZI 2014, 766.
[431] BGH ZIP 2020, 1191.
[432] OLG Saarbrücken ZInsO 2010, 92 = BeckRS 2007, 3198 (dazu BGH ZInsO 2010, 87 = NZI 2009, 723).
[433] BGH ZIP 2017, 1232.
[434] BGH, ZIP 2019, 2225 = NZG 2020, 25.

Die Überlegung, dass der Gläubiger bei einem gewerblichen Schuldner stets mit   764
weiteren Gläubigern rechnen müsse, reicht zumindest bei länger zurückliegenden
Zeiträumen (hier 6 Jahre) nicht aus.[435]

Kenntnis des Empfängers einer unentgeltlichen Leistung von der Benachteili-   765
gung anderer Gläubiger ist gegeben, wenn Umstände bekannt sind, die mit auffallender Deutlichkeit dafür sprechen und sich dem Empfänger mit durchschnittlichem Erkenntnisvermögen ohne gründliche Überlegung nahelegen, dass die
Freigiebigkeit die Befriedigungschancen anderer Gläubiger verkürzt.[436]

cc) Rechtsprechung zu Indizien für die „schädlichen" Kenntnisse des   766
Gläubigers/Zahlungsempfängers. Aus folgenden Indiztatsachen kann auf die
Kenntnis des Zahlungsempfängers geschlossen werden:
- Indiz für Absicht und Kenntnis: Weggabe eines wertvollen Gegenstandes ohne
  Gegenleistung;[437]
- Kenntnis des Anfechtungsgegners von Benachteiligungsabsicht des Schuldners
  zu vermuten, wenn der Schuldner künftige Forderungen für einen später aus-
  zuschöpfenden Warenkredit abtritt;[438]
- Kenntnis des Anfechtungsgegners schon dann anzunehmen, wenn er nur mit
  der Möglichkeit rechnet, dass andere Gläubiger leer ausgehen;[439]
- Kenntnis von Inkongruenz, also die Kenntnis von den den Rechtsbegriff der
  Inkongruenz ausfüllenden Tatsachen, ist ein wesentliches Beweisanzeichen für
  Kenntnis des Benachteiligungsvorsatzes.[440] Das gilt auch, wenn der Schuldner
  die Forderung des Gläubigers gegen einen Dritten begleicht, wenn zum Zeitpunkt der Zahlung Anlass bestand, an der Zahlungsunfähigkeit des Schuldners
  zu zweifeln;[441]
- Kenntnis des Anfechtungsgegners von Zahlungsunfähigkeit durch Kenntnis von
  Umständen/Indizien der Zahlungseinstellung nach § 17 Abs. 2 S. 2 InsO ist im
  anfechtungsrechtlichen Sinne für den Gläubiger schädlich: dann bedarf es nicht
  mehr der Feststellung, ob der Anfechtungsgegner auch einen Gesamtüberblick
  über die Liquiditätslage des Schuldners hatte.[442]
- Kenntnis von drohender Zahlungsunfähigkeit nicht allein aus schleppender
  Zahlung nach Einleitung bzw. Androhung von Zwangsvollstreckungsmaßnahmen herzuleiten,[443] aber möglich, wenn weitere, dem Gläubiger bekannte
  Indizien hinzutreten.[444] Diese sind für den Gläubiger, der i.d.R. keinen Einblick in die fälligen Gesamtverbindlichkeiten des Schuldners hat, aus einer
  Gesamtbetrachtung der für den Gläubiger erkennbaren Umstände zu entneh-
  men, etwa schleppende oder ganz ausbleibende Tilgung seiner Forderung, Art

---

[435] OLG Koblenz ZInsO 2013, 937 = IBRRS 2013, 0804.
[436] BGH ZIP 2016, 1034.
[437] BGH NJW-RR 2002, 478 = NZI 2002, 175 = ZIP 2002, 85.
[438] LG Stendal EWiR 1998, 947 (zur GesO).
[439] OLG München ZIP 2001, 1924 zur Begünstigungsabsicht des Gemeinschuldners nach KO.
[440] BGH DB 1999, 631 = ZInsO 1999, 165 = ZIP 1999, 406; BGH NJW 2000, 957 = ZIP 2000, 82; BGH ZInsO 2003, 850.
[441] BGH ZIP 2013, 228.
[442] OLG Jena ZIP 2017, 293.
[443] OLG München ZInsO 2007, 219 = BeckRS 2006, 13993.
[444] BGH ZInsO 2009, 2148, 2149 = NZI 2009, 847.

der Forderung, Person des Schuldners, Zuschnitt des Geschäftsbetriebes.[445] So hat der BGH die **Kenntnis des Gläubigers von der Zahlungseinstellung** angenommen, wenn der Schuldner einer erheblichen Forderung über Monate hinweg auf Rechnungen und Mahnungen nicht reagiert hat und in dem durch ein Inkassobüro eingeleiteten gerichtlichen Mahnverfahren Ratenzahlungen anbietet; dann könne der Zahlungsverzug nicht mehr mit fortdauernder Anspruchsprüfung begründet werden.[446] Ebenso Kenntnis des Gläubigers von Zahlungseinstellung, wenn der Schuldner einer erheblichen, seit über neun Monaten fälligen Forderung nach anwaltlicher Mahnung und Androhung gerichtlicher Maßnahmen erst auf den Erlass eines Vollstreckungsbescheids Ratenzahlungen in nicht näher bezeichneter Höhe aus seinem Geschäftsbetrieb anbietet.[447]

- Offenbarung der Zahlungsunfähigkeit durch den Schuldner und Kenntnis des Gläubigers angenommen, wenn der Schuldner einer in den Vormonaten deutlich angewachsenen Forderung ankündigt, diese im Falle des Zuflusses neuer Mittel durch eine Einmalzahlung und 20 folgende Monatsraten begleichen zu können;[448]
- Rückgabe von Lastschriften ist ein erhebliches Beweisanzeichen[449]
- Umstände, die zwingend auf zumindest drohende Zahlungsunfähigkeit hindeuten, sind gegeben, wenn der Schuldner seine Verbindlichkeiten ggü. dem Anfechtungsgegner über längeren Zeitraum in beträchtlichem Umfang nicht ausgleicht und der Zahlungsempfänger wusste, dass auch andere Gläubiger des Schuldners ungedeckt blieben.[450] Kenntnis dieser Umstände begründet ein Beweisanzeichen im Sinne eines Erfahrungssatzes.[451] Bei einem gewerblich tätigen Schuldner ist stets damit zu rechnen, dass er auch andere Gläubiger hat.[452]
- Auch kann die Insolvenzrechtliche Überschuldung – auch nach der Änderung der Rechtsprechung zur Vorsatzanfechtung (→ Rn. 790 ff.) – ein eigenständiges Beweisanzeichen für den Gläubigerbenachteiligungsvorsatz des Schuldners und den Vollbeweis für die Kenntnis des Anfechtungsgegners von diesem Vorsatz sein, wobei die Stärke des Beweisanzeichens jedoch davon abhängt, mit welcher Wahrscheinlichkeit die Überschuldung den Eintritt der Zahlungsunfähigkeit des Schuldners erwarten lässt und wann der Eintritt bevorsteht.[453]

Es entspricht allgemeiner Lebenserfahrung, dass Schuldner, um ihr wirtschaftliches Überleben zu sichern, unter dem Druck eines besonders auf Zahlung drängenden Gläubigers bevorzugt an diesen zahlen, um ihn zum Stillhalten zu bewegen.[454]

---

[445] OLG Düsseldorf ZInsO 2013, 935 = BeckRS 2013, 8392.
[446] BGH NZG 2016, 669.
[447] BGH ZIP 2018, 432.
[448] BGH ZIP 2016, 1388 = NZG 2016, 1231; dazu Steffan ZIP 2016, 2147 ff.
[449] BGH ZInsO 2010, 1598 = BeckRS 2010, 19843; OLG Schleswig ZInsO 2014, 1619 = BeckRS 2014, 16081.
[450] LG Hamburg ZInsO 2009, 1111 = BeckRS 2009, 8162.
[451] BGH ZInsO 2007, 819; BGH ZInsO 2009, 1910 = NZI 2009, 768; BGH ZInsO 2009, 2148, 2149 = NZI 2009, 847.
[452] BGH ZIP 2013, 228; BGH ZIP 2016, 627; BGH ZIP 2016, 874.
[453] BGH NJW 2022, 1457 = ZIP 2022, 704 = GmbHR 2022, 538.
[454] BGH ZIP 2016, 874.

Weil Unternehmer erfahrungsgemäß bestrebt sind, Sozialversicherungsbeiträge wegen der Strafdrohung des § 266a StGB nicht rückständig werden zu lassen[455], deutet die Nichtzahlung auf eine Zahlungsunfähigkeit hin.[456] Für **Sozialversicherungsträger** wurde der allgemeine Erfahrungssatz angenommen, dass der Sozialversicherungsträger seine vorrangige Befriedigung vor anderen Gläubigern wegen der Strafbarkeit der Nichtabführung von Arbeitnehmeranteilen zur Sozialversicherung kennt.[457] Allein aus dem Umstand, dass der Schuldner die Sozialversicherungsbeiträge über einen Zeitraum von 10 Monaten jeweils mit drei bis vier Wochen Verspätung zahlt, muss aber nicht auf die schädliche Kenntnis geschlossen werden.[458] Auch kann aus dem Umstand von angewachsenen Beitragsrückständen allein nicht auf Kenntnis drohender Zahlungsunfähigkeit geschlossen werden, wenn keine Beitreibungsmaßnahmen ergriffen wurden, deren Erfolglosigkeit den Rückschluss rechtfertigen würde.[459] Erst nach mehrmonatiger Nichtabführung der Sozialversicherungsbeiträge ist eine Zahlungseinstellung und die Kenntnis des Sozialversicherungsträgers umfassend glaubhaft gemacht.[460]

767

Die Kenntnis des **Finanzamtes** von der Gläubigerbenachteiligungsabsicht des Schuldners wird bei der Begleichung von Steuerverbindlichkeiten durch den Schuldner vermutet, wenn das FA in der Vergangenheit fällige Steuerzahlungen über einen längeren Zeitraum hinweg stets nur nach Pfändungs- und Einziehungsmaßnahmen erhalten hat.[461] Ebenso wird Kenntnis des FA über das Beweisanzeichen i.S. eines Erfahrungssatzes angenommen, wenn der Schuldner über einen längeren Zeitraum erhebliche Steuerverbindlichkeiten nicht begleicht und das FA weiß, dass der Schuldner noch andere Gläubiger hat.[462] Werden Steuerverbindlichkeiten der GmbH vom Privatkonto des Geschäftsführers beglichen, steht der Kenntnis des Finanzamts von der nach den objektiven Umständen anzunehmenden Benachteiligung der Gläubiger nicht der Umstand entgegen, dass der Geschäftsführer infolge Pflichtverletzung für diese Steuerverbindlichkeiten persönlich haftet.[463] Ebenso ist Kenntnis des Finanzamts anzunehmen, wenn der Steuerbürge die Schuld des Steuerschuldners unter Verrechnung einer Kaufpreisforderung des Schuldners bezahlt.[464] Allein die verspätete USt-Voranmeldung des Schuldners ist aber kein ausreichendes Indiz für Benachteiligungsvorsatz des Schuldners und Kenntnis des Finanzamts;[465]

768

Für die Kenntnis von **Arbeitnehmern**[466] als Anfechtungsgegner wegen erhaltener Lohnzahlungen gilt in gewisser Weise eine Sonderrechtsprechung. Weiß

769

---

[455] BGH NZI 2006, 591.
[456] BGH NZI 2009, 228.
[457] OLG Stuttgart ZInsO 2004, 752 = ZIP 2004, 129.
[458] BGH WM 2013, 2272.
[459] BGH ZInsO 2014, 1057 = NZI 2014, 564.
[460] BGH NZI 2014, 23; sa OLG Hamburg NZI 2016, 1003, das in einem Fall von Beitragsrückständen in wechselnden Höhen und wiederholten Zahlungen nach Vollstreckungsandrohungen keine schädliche Kenntnis angenommen hat.
[461] FG Berlin GmbHR 2006, 223; LG Kleve ZIP 2006, 1544.
[462] OLG Hamburg ZInsO 2014, 891 = BeckRS 2014, 9381.
[463] BGH ZIP 2021, 416 = ZInsO 2021, 554 = NZG 2021, 567
[464] BGH, Urt. v. 12.4.2018 – IX ZR 88/17, ZIP 2018, 1033
[465] LG Frankfurt a.M. ZInsO 2014, 503 = DStR 2014, 815.
[466] Zur Insolvenzanfechtung von Lohn- und Gehaltszahlungen s. Pieper ZInsO 2009, 1425 ff.; Laws ZInsO 2009, 1465 ff.

der Arbeitnehmer (hier ein Elektroinstallateur eines Bauunternehmens), dem der Arbeitgeber in der Krise noch rückständige Lohnzahlungen leistet, dass er Lohn auch anderen Arbeitnehmern noch schuldig ist, rechtfertigt dies allein noch nicht den Schluss auf Zahlungsunfähigkeit bzw. Zahlungseinstellung des Arbeitgebers; den Arbeitnehmer ohne Einblick in die Liquiditätslage des Unternehmens trifft auch keine Erkundigungspflicht.[467] Diese Entscheidung dürfte sozialpolitisch motiviert gewesen sein, denn sie steht im Widerspruch zu der wenige Zeit vorher ergangenen Entscheidung zur Verdoppelung der Vermutungsregelung des §133 Abs. 1 Satz 2 InsO.[468] Wie stark der BGH nach der Person des Anfechtungsgegners differenziert, zeigt auch die weitere Entscheidung des BGH in demselben Insolvenzfall des o.g. Bauunternehmens: Bei dem Bauleiter wurde die weitergehende und damit i.S.d. §133 Abs. 1 InsO schädliche Kenntnis von der wirtschaftlichen Situation des Arbeitgebers unterstellt.[469] Die Beweisanzeichen für Benachteiligungsvorsatz und Kenntnis können zurücktreten bei kongruenter, im Bargeschäftszeitraum (30 Tage nach Fälligkeit des Lohnanspruchs für vorgeleistete Arbeit) erbrachter Lohnzahlung, die den Gläubigern im Allgemeinen nützt, weil die Arbeitsleistung für die Fortführung des Unternehmens unverzichtbar ist.[470]

770 Nach dem „Zuständigkeitswechsel" zu den Arbeitsgerichten hat das BAG sich verschiedentlich mit der Vorsatzanfechtung von Lohnzahlungen befasst und die Rechtsprechung des BGH im Wesentlichen bestätigt,[471] allerdings auch entschieden, dass aus dem Umstand, dass der Arbeitnehmer keine Kenntnis i.S.d. §130 Abs. 2 InsO hatte, nicht abgeleitet werden kann, dass er auch nicht wusste, dass die Zahlungsunfähigkeit des Arbeitgebers drohte und die Zahlung die anderen Gläubiger benachteiligte.[472]

In seiner sehr lesenswerten Entscheidung vom 29.1.2014 hat das BAG Abkehr von der pauschalen und stereotypen Indizwirkung der Kenntnis beider Seiten von (drohender) Zahlungsunfähigkeit des Schuldners für das Vorhandensein der subjektiven Anforderungen der Vorsatzanfechtung genommen und entschieden, dass auch bei Vorhandensein solcher Kenntnisse im Einzelnen zu prüfen ist, welchen Beweiswert sie für das Vorhandensein der subjektiven Tatbestandsvoraussetzungen des §133 Abs. 1 InsO haben. Das gilt sowohl für den Gläubigerbenachteiligungsvorsatz des Schuldners als auch für die Kenntnis des Anfechtungsgegners. Insbesondere beim Bargeschäft oder in bargeschäftsähnlicher Lage dürfe der Rückgriff auf dieses Beweisanzeichen nicht dazu führen, dass die Vorsatzanfechtung über ihren Normzweck hinaus ausgedehnt und damit das Stufenverhältnis von §130 Abs. 1 Satz 1 Nr. 1 InsO und §133 Abs. 1 InsO umgekehrt wird.[473]

771 Offen gelassen hat das BAG, ob und in welcher Weise bei der Anfechtung von Lohnzahlungen dem Arbeitnehmer ein **Existenzminimum** verbleiben muss. Als obiter dictum hat das BAG aber ausgeführt, dass in verfassungskonformer (Art. 12 Abs. 1, Art. 1 Abs. 1 und Art. 20 Abs. 1 GG) Auslegung zumindest bei kongruen-

---

[467] BGH DZWIR 2009, 254 = ZInsO 2009, 515.
[468] So BGH ZInsO 2009, 145 ff. = ZIP 2009, 189.
[469] BGH ZInsO 2009, 2244; zu beiden Urteilen Ries/Doebert ZInsO 2009, 2367 ff.
[470] BGH ZIP 2014, 1491 = ZInsO 2014, 1602.
[471] Zur insoweitigen Rechtsprechung des BAG s. BAG ZIP 2011, 2366 = ZInsO 2012, 271; dazu Jacobs/Doebert ZInsO 2012, 618 ff.
[472] BAG ZInsO 2012, 834.
[473] BAG ZIP 2014, 628 = ZInsO 2014, 659.

ter Deckung ein menschenwürdiges Existenzminimum anfechtungsfrei bleibt. Bei Anfechtung erheblicher Lohnzahlungen als inkongruente Deckung muss das Existenzminimum dem Arbeitnehmer nicht verbleiben[474]; insoweit kann er auf staatliche Hilfen verwiesen werden.[475] Anders LAG Köln: Auch bei inkongruenter Deckung kann es geboten sein, das Existenzminimum, zu bestimmen anhand der Pfändungsfreibeträge nach § 850c ZPO, anfechtungsfrei zu stellen.[476]

Die für die Vorsatzanfechtung erforderlichen „schädlichen" Kenntnisse des die Zahlung empfangenden Gläubigers können auch bei einem Wissensvertreter, etwa dem mit der Durchsetzung des Anspruchs beauftragten Anwalt vorhanden sein.[477]   772

dd) Keine (zwingende Annahme der) Kenntnis von Zahlungsunfähigkeit oder Zahlungseinstellung. Auf die schädliche Kenntnis kann nicht allein aus dem Umstand geschlossen werden, dass sich der Schuldner einer geringfügigen Forderung gegenüber dem Gerichtsvollzieher zum Abschluss einer Ratenzahlungsvereinbarung erklärt[478] und ebenso wenig allein aus dem Umstand, dass der Gläubiger seine unbestrittene Forderung gegen den Schuldner zwangsweise durchsetzen muss.[479]   773

ee) Widerlegung der Vermutung, Kenntnis von bzw. Annahme einer Besserung. Ein Gläubiger, der einmal „schädliche" Kenntnisse, etwa von eingetretener oder drohender Zahlungsunfähigkeit und Benachteiligungsvorsatz des Schuldners hatte, muss darlegen und beweisen, warum er später bei Empfang der Leistung davon ausging, der Schuldner habe seine Zahlungen gegenüber der Gläubigergesamtheit wieder aufgenommen, dass seine Kenntnis also aufgrund nachträglich eingetretener Umstände entfallen war[480]. Aus dem Umstand, dass der Schuldner neben den Ratenzahlungen weitere Zahlungen an ihn (den Gläubiger) selbst leistet, kann der Gläubiger nicht schließen, dass sich die schlechte finanzielle Lage des Schuldners wieder wesentlich geändert hat[481]. Auch die feste Überzeugung des Anfechtungsgegners, der Schuldner werde „wieder auf die Beine" kommen, reicht zur Widerlegung der Vermutung nach § 133 Abs. 1 S. 2 InsO nicht aus.[482] Ebenso wenig lassen bloße Kreditverhandlungen mit der Bank den Gläubigerbenachteiligungsvorsatz des Schuldners und die Kenntnis des Gläubigers hiervon entfallen, weil solche Verhandlungen noch kein Sanierungskonzept ergeben.[483]   774

---

[474] Erneut BAG ZIP 2018, 32: kein Anlass, über eine Anfechtungssperre in Höhe des Existenzminimums nachzudenken im Fall einer Anfechtung von gezahlter Ausbildungsvergütung, die wegen des Drucks drohender Zwangsvollstreckung nach § 131 Abs. 1 InsO inkongruent war.
[475] BAG ZIP 2014, 1396 = ZInsO 2014, 2040.
[476] LAG Köln ZIP 2015, 2183.
[477] BGH ZIP 2013, 174.
[478] BGH ZIP 2017, 1677.
[479] BGH ZIP 2017, 1379.
[480] OLG Celle ZInsO 2009, 1203 = BeckRS 2009, 18335; bestätigt BGH ZIP 2016, 173; sa BGH ZIP 2016, 2423 (zur Darlegungs- und Beweislast des Gläubigers für die Wiederaufnahme der zahlungen nach Kenntnis der Zahlungsunfähigkeit des Schuldners).
[481] OLG Stuttgart ZInsO 2011, 139 = BeckRS 2011, 01699.
[482] OLG Karlsruhe ZInsO 2014, 2042 = NZI 2014, 766.
[483] OLG Jena ZIP 2017, 293.

775 Dasselbe gilt für die Zahlungseinstellung: Hatte der Gläubiger Kenntnis von der Zahlungseinstellung des Schuldners, muss der Gläubiger/Anfechtungsgegner darlegen und ggf. beweisen, dass der Schuldner seine Zahlungen im Zeitpunkt der angefochtenen Rechtshandlung allgemein, d.h. gegenüber der Gläubigergesamtheit wieder aufgenommen hatte. Dafür genügt allein die Tatsache, dass mit dem Gläubiger/Anfechtungsgegner ein Ratenzahlungsvergleich geschlossen wurde und der Schuldner diesen pünktlich bediente, für die Annahme der Beendigung der Zahlungseinstellung auch dann nicht, wenn die Zahlungseinstellung maßgeblich aus der Nichtbedienung der Verbindlichkeit gegenüber diesem Gläubiger hergeleitet wurde.[484] Auch angesichts derartiger Überdehnungen der Vorsatzanfechtung durch die Rechtsprechung war die Reform des Anfechtungsrechts dringend erforderlich.

776 **Fazit**
Nach der Rechtsprechung des BGH wirkt also die Feststellung der Zahlungsunfähigkeit und die Kenntnis des Gläubigers hiervon fort, bis der Schuldner die Zahlungen im Allgemeinen wieder aufgenommen hat. Dafür sind nicht nur die Zahlungen an den Gläubiger maßgeblich, sondern der Schuldner muss nach Kenntnis des Gläubigers den wesentlichen Teil seiner Verbindlichkeiten gegenüber allen Gläubigern wieder bedienen.[485] Insbesondere nach Ratenzahlungsvergleichen sollte sich der Gläubiger vom Schuldner also plausibel darlegen lassen, dass der Schuldner nun wieder alle fälligen Verbindlichkeiten auch allen anderen Gläubigern gegenüber bedienen kann.
Zu den Voraussetzungen, die erfüllt sein müssen, damit ein Gläubiger, der die drohende Zahlungsunfähigkeit des Schuldners kennt, von einem schlüssigen Sanierungskonzept ausgehen und somit der Insolvenzanfechtung nach § 133 Abs. 1 InsO entgehen kann[486] (→ Rn. 777, 780).

777 **ff) Sanierungsversuch, Sanierungskonzept.** Denkbar ist, dass eine (Sanierungs-)Vereinbarung mit dem Gläubiger, etwa eine Stundungs- und Tilgungsvereinbarung (evtl. mit Teilerlass) bereits ausreicht, dem Schuldner die Bedienung der Verbindlichkeiten gegenüber der Gläubigergesamtheit wieder zu ermöglichen. In einem solchen Fall hat allerdings der Gläubiger zu beweisen, dass die bereits eingetretene Zahlungsunfähigkeit des Schuldners durch die mit ihm getroffene Ratenzahlungsvereinbarung nachträglich entfallen ist.[487] Die Kenntnis des Gläubigers von der eingetretenen Zahlungsunfähigkeit des Schuldners entfällt nicht allein durch den Abschluss der Ratenzahlungsvereinbarung, wenn bei dem gewerblich tätigen Schuldner damit zu rechnen ist, dass er weitere Gläubiger, die keinen vergleichbaren Druck zur Eintreibung ihrer Forderungen ausüben, nicht bedient.[488] Auch aus dem Umstand, dass der Schuldner neben den Ratenzahlungen weitere Zahlungen an ihn (den Gläubiger) selbst leistet, kann der Gläubiger nicht schließen, dass sich die schlechte finanzielle Lage des Schuldners wieder wesentlich geändert hat.[489]

---

[484] BGH ZIP 2016, 874.
[485] BGH NZG 2017, 310.
[486] BGHZ 210, 249 = NZI 2016, 636 mAnm Lenger = NZG 2016, 1034.
[487] BGH ZIP 2013, 228.
[488] BGH ZIP 2013, 228.
[489] OLG Stuttgart ZInsO 2011, 139 = BeckRS 2011, 1699.

B. Die einzelnen Anfechtungstatbestände 269

Praxistipp 778
Insbesondere nach Ratenzahlungsvergleichen sollte sich der Gläubiger vom Schuldner also plausibel darlegen lassen, dass der Schuldner nun wieder alle fälligen Verbindlichkeiten auch allen anderen Gläubigern gegenüber bedienen kann.

Nach der geschilderten strengen Rechtsprechung lässt sich gegen die Vorsatzanfechtung von Zahlungen in beidseitig bekannter Krise des Schuldners im Grunde oftmals nur noch durch ein Sanierungskonzept vorbeugen. Der Schuldner kann sich vom Vorwurf des Gläubigerbenachteiligungsvorsatzes nur dadurch befreien, dass er aufzeigt, dass er aufgrund nachvollziehbarer Fakten, also eines ernsthaften und erfolgversprechenden Sanierungsversuchs[490] darauf vertrauen durfte, in absehbarer Zeit wieder alle Gläubiger befriedigen zu können. Dazu bedarf es eines schlüssigen, in seinen Anfängen bereits in die Tat umgesetzten Sanierungskonzepts.[491] Zwar muss dieses nicht den formalen Anforderungen des IDW S 6 entsprechen,[492] die bloße Behauptung eines Sanierungsversuchs reicht aber nicht, die Beweisanzeichen für die subjektiven Voraussetzungen der Vorsatzanfechtung zu entkräften, wenn nicht zugleich Inhalt und Grundlagen des Sanierungskonzepts dargelegt werden.[493] Ein erfolgversprechender, den Gläubigerbenachteiligungsvorsatz des Schuldners ausschließender Sanierungsversuch kann nur dann vorliegen, wenn Regelungen mit einzelnen Gläubigern dem Schuldner neue Liquidität verschaffen sollen, mittels der er seine übrigen Gläubiger befriedigen kann.[494] Hängt die Umsetzung des (anwaltlichen) Sanierungskonzepts von rechtlichen und tatsächlichen Unwägbarkeiten ab, kann die notwendige Erfolgsaussicht fehlen, um den Gläubigerbenachteiligungsvorsatz auszuschließen.[495] Für die Frage der rechtlichen Umsetzbarkeit des Sanierungskonzepts kommt es auch auf die Rechtsansicht der zuständigen Gerichte an.[496] 779

Der Gläubiger, der die (drohende) Zahlungsunfähigkeit des Schuldners und die Benachteiligung der Gläubiger kennt (was bei Beteiligung an Sanierungsmaßnahmen „automatisch" der Fall sein dürfte), muss die Vermutung des § 133 Abs. 1 S. 2 InsO widerlegen; ihn trifft also die Darlegungs- und Beweislast, dass er Zahlungen aufgrund eines schlüssigen Sanierungskonzepts erlangt hat.[497] An die auf die Schlüssigkeit des Sanierungskonzepts bezogene Kenntnis des Anfechtungsgegners können nicht die gleichen Anforderungen gestellt werden wie an die Kenntnis des Schuldners; der Anfechtungsgegner muss lediglich konkrete Umstände darlegen, die es naheliegend erscheinen lassen, dass ihm der Gläubigerbenachteiligungsvorsatz des Schuldners nicht bekannt ist.[498] Der Gläubiger kann von einem schlüssigen Sanierungskonzept des Schuldners dann ausgehen, wenn er in Grundzügen über 780

---

[490] OLG Hamburg ZInsO 2014, 2575 = NZI 2015, 36.
[491] BGH ZIP 1998, 248 (noch zur KO); OLG Saarbrücken ZInsO 2010, 92 (dazu BGH ZInsO 2010, 87); OLG Düsseldorf ZInsO 2013, 1196 = BeckRS 2014, 10457; BGH ZIP 2016, 1235.
[492] OLG München ZIP 2015, 1890.
[493] BGH ZIP 2012, 137 = ZInsO 2012, 171.
[494] BGH ZIP 2012, 137 = ZInsO 2012, 171.
[495] LG Frankfurt a.M. ZIP 2015, 1358.
[496] LG Frankfurt a.M. ZIP 2015, 1358; bestätigt OLG Frankfurt a.M. ZIP 2017, 187.
[497] BGH ZIP 2019, 1537.
[498] BGH ZIP 2019, 1537.

die wesentlichen Grundlagen des Konzepts unterrichtet ist; dazu gehören die Ursachen der Insolvenzreife, die Maßnahmen zu deren Beseitigung und eine positive Fortführungsprognose. Dabei muss das Sanierungskonzept zwar nicht den formalen Anforderungen des IDW Standard S 6 entsprechen und der Gläubiger ist auch nicht verpflichtet, das Konzept fachmännisch zu prüfen oder überprüfen zu lassen; vielmehr darf sich der Gläubiger auf die Angaben des Schuldners oder dessen Beraters zu den Erfolgsaussichten des Konzepts verlassen, solange er keine entgegengesetzten Anhaltspunkte hat.[499] Zu den Voraussetzungen, die erfüllt sein müssen, damit ein Gläubiger, der die (drohende) Zahlungsunfähigkeit des Schuldners kennt, von einem schlüssigen Sanierungskonzept ausgehen, die Vermutung des § 133 Abs. 1 S. 2 InsO widerlegen und somit der Insolvenzanfechtung nach § 133 Abs. 1 InsO entgehen kann, ist jedoch auch entschieden: zu der Zeit der angefochtenen Handlung muss ein schlüssiges, von den tatsächlichen Gegebenheiten ausgehendes Sanierungskonzept vorgelegen haben, das mindestens in den Anfängen schon in die Tat umgesetzt ist und die ernsthafte und begründete Aussicht auf Erfolg rechtfertigte; die bloße Hoffnung des Schuldners auf Sanierung reicht nicht.[500]

781 gg) **Sonstige Entlastung des Gläubigers von der „schädlichen" Kenntnis.** Der Anfechtungsgegner hat keine schädliche Kenntnis, wenn der Schuldner plausibel dargelegt hat, dass in überschaubarer Zeit mit der Wiederherstellung der uneingeschränkten Liquidität gerechnet werden kann, etwa bei quotalem Forderungsverzicht, wenn aufgrund der plausiblen Darlegungen des Schuldners damit die Krise beseitigt ist[501]. Zur Darlegung der uneingeschränkten Liquidität kann der Verweis auf ausstehende Vergütungsansprüche aus einem angenommenen Großauftrag genügen.[502] Ebenso wurde keine schädliche Kenntnis angenommen, wenn mit baldiger Regulierung des die Schieflage des Schuldners verursachenden Schadensfalls durch die Versicherung zu rechnen ist.[503]

782 hh) **Restrukturierungsverfahren nach StaRUG.** Nach § 89 Abs. 1 StaRUG kann die Annahme eines Gläubigerbenachteiligungsvorsatzes des Schuldners bei der Vorsatzanfechtung nach § 133 InsO nicht allein auf die Kenntnis von der Rechtshängigkeit der Restrukturierungssache oder der Inanspruchnahme des Stabilisierungs- und Restrukturierungsrahmens gestützt werden.[504] Das gilt nach § 89 Abs. 2 StaRUG auch für die Kenntnis der Zahlungsunfähigkeit bzw. Überschuldung, wenn das Restrukturierungsgericht nach deren Anzeige die Restrukturierungssache nicht aufhebt (§ 33 Abs. 2 S. 1 Nr. 1 StaRUG).

---

[499] BGH ZIP 2016, 1235; dazu Commandeur/Hübler NZG 2016, 1140 ff.
[500] BGH ZIP 2016, 1235; BGH ZIP 2018, 1794.
[501] BGH ZIP 2016, 1235.
[502] OLG Saarbrücken ZInsO 2012, 1724 = DStR 2012, 2288.
[503] LG Mannheim ZInsO 2013, 2222 = NZI 2014, 126.
[504] Zu den Sanierungsprivilegien im Insolvenzanfechtungsrecht nach StaRUG s. Schoppmeyer, ZIP 2021, 869 ff.

B. *Die einzelnen Anfechtungstatbestände* 271

5. Hinweise zur Verteidigung gegen die Vorsatzanfechtung

Nach meiner Beobachtung leiden Anfechtungsprozesse nach § 133 Abs. 1 InsO 783
nicht selten an folgenden Problemen, aus denen sich **Verteidigungsmöglichkeiten** ergeben können:
- Vortrag des Insolvenzverwalters oft sehr umfangreich zur allgemein schlechten Entwicklung des Schuldners, aber ohne den für die Schlüssigkeit der Klage erforderlichen Bezug (Subsumtion!) zu den Tatbestandsvoraussetzungen für jede angefochtene Zahlung – also im Ergebnis nur „Stimmungsmache" und pauschale Schlussfolgerungen,
- darauf achten, dass man als Gläubiger/potenzieller Anfechtungsgegner die Tatsachen für eine Anfechtung nach § 133 Abs. 1 InsO in seiner Forderungsanmeldung nicht selbst liefert,
- erstinstanzliche Gerichte haben oft keine Spezialkenntnisse des Anfechtungsrechts und sind mit der umfangreichen Rechtsprechung des BGH zu § 133 Abs. 1 InsO schlicht überfordert. Daher werten sie die Beweisanzeichen unzutreffender Weise als (nicht widerlegliche) Vermutung für das Vorliegen der subjektiven Tatbestandsvoraussetzungen, deuten einen für den Beklagten negativen Prozessausgang an und drängen zum Vergleich. Der Beklagte sollte daher zunächst erwägen, ob er beim OLG zutreffendere Beurteilungen erwarten kann. Das Problem sollte sich zumindest beim LG oder OLG nicht mehr stellen, denn seit dem 1.1.2021 sind nach § 72a Abs. 1 Nr. 7 GVG bei diesen Gerichten gesonderte Zivilkammern für insolvenzrechtliche Streitigkeiten zu bilden.[505] Für Feststellungsklagen nach §§ 180 ff. InsO sind diese allerdings nicht zuständig.[506]
- auch wenn § 142 InsO für Anfechtungen nach § 133 Abs. 1 InsO nicht gilt, kann es Sinn machen, Bargeschäfte darzulegen: auch wenn es keine Vorteilsausgleichung gibt, liegt evtl. keine Gläubigerbenachteiligung vor und/oder es fehlt an den erforderlichen subjektiven Tatbestandsmerkmalen.
- gegen „ins Blaue hinein" erklärte Anfechtungen kann evtl. eine negative Feststellungsklage mit anschl. Haftung des Insolvenzverwalters nach § 826 BGB erwogen werden.[507]

Die vorstehend dargestellte Ausdehnung der Vorsatzanfechtung zur Regelan- 784
fechtung durch die Rechtsprechung hielt ich für sehr bedenklich.[508] Dies galt besonders für das pauschale und stereotype Anknüpfen der subjektiven Anforderungen der Vorsatzanfechtung an das Beweisanzeichen der Kenntnis beider Seiten von drohender Zahlungsunfähigkeit des Schuldners. Der auch das Anfechtungsrecht tragende Grundsatz der Gläubigergleichbehandlung konnte diese Ausweitungen nicht mehr tragen. Die Grenzen der Deckungsanfechtung (§§ 130, 131 InsO) wurden übersprungen und dadurch gegenstandslos. Auch die eigentlich vorgesehene Begünstigung des Bargeschäfts § 142 InsO) wurde aufgehoben. Im Hinblick auf die verfassungsrechtliche Gewaltenteilung zwischen Gesetzgeber und Rechtsprechung, die die Gesetze anzuwenden und nicht Recht neu zu erschaffen hat,

---

[505] Gesetz v. 12.12.2019, BGBl. I 2019, 2633.
[506] LG Frankfurt/Main, ZIP 2022, 45.
[507] Vgl. Bruns ZInsO 2014, 1083 ff.
[508] Sa Neugebauer ZInsO 2013, 1221 ff.

war sicher im einen oder anderen Fall einer Verurteilung nach § 133 Abs. 1 InsO die Erhebung einer Verfassungsbeschwerde zu erwägen.[509] Deren Erfolgschance dürfte freilich nicht sehr hoch sein, weil die „Hintertür" der Gesamtbetrachtung aller Umstände des Einzelfalls wenigstens scheinbar offen gehalten wird. Denn der BGH sagt zwar grundsätzlich, dass es sich bei den von ihm entwickelten zahlreichen Indizien, aus denen angeblich auf die inneren Tatsachen (Benachteiligungsvorsatz und Kenntnis) zu schließen sei, nur um Beweisanzeichen und nicht um starre, vom Anfechtungsgegner zu widerlegende Vermutungen handele, weshalb vom Tatrichter eine Gesamtwürdigung aller Umstände des Einzelfalles vorzunehmen sei.[510] Diese Gesamtbetrachtung hat jedoch nie das Gewicht eines methodischen Instruments zur Korrektur der teilweise abwegigen Ergebnisse erlangt.[511]

6. Reform des Insolvenzanfechtungsrechts im Jahr 2017

785 Durch die vorstehend dargestellte erhebliche und m.E. den Wortlaut der Vorschrift überdehnende Ausweitung der Vorsatzanfechtung hatte der IX. Zivilsenat des BGH bis zur im Anschluss darzustellenden Entscheidung vom 6.5.2021 die Vorsatzanfechtung zur Regelanfechtung gemacht und dabei das vom Gesetzgeber intendierte Verhältnis zwischen Deckungs- und Vorsatzanfechtung verkehrt, worin ein Wertungswiderspruch insbesondere zum Anfechtungstatbestand des § 130 Abs. 1 Nr. 1 InsO zu sehen war[512]. Das galt besonders bei (schließlich gescheiterten) Sanierungsversuchen, in denen die nach Auffassung des BGH „schädlichen" Kenntnisse automatisch als Voraussetzungen für die Sanierungsverhandlungen vermittelt wurden. Auch wenn der BGH noch zaghafte Versuche unternommen hatte, die enorme Ausdehnung der Vermutungsregelung nach § 133 Abs. 1 S. 2 InsO a.F. wieder etwas zu beschränken[513] und den von ihm selbst eingeführten Automatismus der Indizwirkung der Kenntnis drohender Zahlungsunfähigkeit oder der Indizien für Zahlungseinstellung für das Vorhandensein der subjektiven Tatbestandsmerkmale der Vorsatzanfechtung dadurch wieder etwas einzufangen, dass auch bei diesen Kenntnissen zusätzlich die Umstände des Einzelfalls zu würdigen sein[514], wurde die übermäßige Ausdehnung der Vorsatzanfechtung durch den BGH vermehrt zu Recht diskutiert[515] und es wurde eine Gesetzesreform

---

[509] Sa Foerste ZInsO 2013, 897 ff.
[510] BGH ZInsO 2007, 1107 = NJW-RR 2008, 434; BGH ZIP 2009, 2253; BGH NZG 2013, 629 = WM 2013, 180 und 567.
[511] Zur „Gesamtbetrachtung" als methodisches Instrument der Ergebniskorrektur in der Rechtsprechung des IX. Zivilsenats des BGH, Smid ZInsO 2014, 275 ff.
[512] so auch Bork, ZIP 2004, 1684 ff.
[513] Hierzu s. Huber ZIP 2018, 519.
[514] BGH NZI 2016, 837.
[515] S. etwa Thole ZIP 2013, 2081 ff.; Lütcke ZInsO 2013, 1984 ff.; Marotzke ZInsO 2014, 417 ff., der für eine von Grund auf neue Regelung des Insolvenzanfechtungsrechts plädiert, die, m.E. jedoch zu einer abermaligen Verschärfung zu Lasten des Gläubigers führen würde; Marotzke ZInsO 2014, 745 ff.; detailliert zu den bisherigen Reformansätzen Bork ZIP 2014, 797 ff. Gesetzesreformvorschlag des Gravenbrucher Kreises in ZInsO 2014, 1704 ff. Gehrlein ZInsO 2021, 577 ff. mit dem Vorschlag, nur eine qualifizierte Kenntnis des Anfechtungsgegners von der Zahlungsunfähigkeit des Schuldners als Nachweis bzw. Indiz der subjektiven Voraussetzungen der Vorsatzanfechtung anzuerkennen.

angemahnt, weil ohne diese eine Änderung der sehr anfechtungsfreundlichen Rechtsprechung nicht zu erwarten war.[516] Es wurde sogar aufgezeigt, dass die ausufernde Vorsatzanfechtung die Unternehmenspraxis lähmte.[517]

Nach langer Diskussion[518] über eine Gesetzesreform zur Einschränkung der ausgeuferten Vorsatzanfechtung ist am 4.4.2017 das Gesetz zur Verbesserung der Rechtssicherheit bei Anfechtungen nach der InsO und dem AnfG in Kraft getreten[519].

In folgenden Punkten wurde das Insolvenzanfechtungsrecht geändert: **786**
- § 133 Abs. 2 InsO n.F.: Für die Vorsatzanfechtung einer Deckungshandlung (Sicherung oder Befriedigung) ist der Anfechtungszeitraum auf 4 Jahre vor Insolvenzantrag verkürzt;
- § 133 Abs. 3 S. 1 InsO n.F.: Bei kongruenter Deckung (Sicherung oder Befriedigung) ist für die Vermutung nach § 133 Abs. 1 S. 2 InsO Kenntnis des Anfechtungsgegners von bereits eingetretener Zahlungsunfähigkeit des Schuldners erforderlich; Kenntnis nur drohender Zahlungsunfähigkeit reicht nicht mehr;
- § 133 Abs. 3 S. 2 InsO: Im Fall einer Zahlungsvereinbarung oder sonstiger Gewährung einer Zahlungserleichterung wird vermutet, dass der Gläubiger die Zahlungsunfähigkeit des Schuldners nicht kannte (sog. Gegenvermutung). Diese Vermutung ist widerleglich. Zur Widerlegung kann sich der Insolvenzverwalter auf alle Umstände berufen, die über die bloße Zahlungserleichterung hinausgehen; diese Umstände können auch schon vor der Gewährung der Zahlungserleichterung bestanden haben;[520]
- § 142 InsO n.F.: Bei einem Bargeschäft nach § 142 Abs. 1 InsO n.F. erfolgt die Insolvenzanfechtung nur noch, wenn die Voraussetzungen der Vorsatzanfechtung nach § 133 Abs. 1–3 InsO n.F. vorliegen und der andere Teil erkannt hat, dass der Schuldner unlauter handelte. Dieser unbestimmte Rechtsbegriff wird wiederum durch die Rechtsprechung zu klären sein. Es steht zu hoffen, dass die Voraussetzung nur angenommen wird, wenn in der Schuldnerhandlung ein besonderer Unwert erkennbar ist, sie also vornehmlich dazu dient, durch die Befriedigung des Leistungsempfängers die anderen Gläubiger des Schuldners zu benachteiligen. Hier ist m.E. die in der Literatur bereits geäußerte Auffassung, Unlauterkeit liege bereits in der Fortführung des Unternehmens trotz erkannter Zahlungsunfähigkeit und Verlustträchtigkeit[521], vehement abzulehnen, da dies die Reform ad absurdum führen würde. Will der Schuldner nur eine Verbindlichkeit aus unmittelbarem Leistungsaustausch tilgen, kann auf Unlauterkeit nicht allein aus der fehlenden Rentabilität des Unternehmens geschlossen werden.[522]

---

[516] Siehe Sua Fawzy/Köchling ZInsO 2014, 1073 ff.
[517] BDI und ZDH ZInsO 2013, 2312 ff.
[518] Der Regierungsentwurf des Reformgesetzes lag bereits seit 29.9.2015 vor, BT-Drs. 18/7054, ua Beilage zu ZIP-Heft 40/2015; zum RefE Brinkmann NZG 2015, 697 ff.; grundsätzlich abl. Hölzle mit der Begründung, der Mittelstand habe kein Anfechtungs-, sondern ein Insolvenzverschleppungsproblem; sehr krit. auch Brinkmann ua ZIP 2015, 2001 ff.: Die Ordnungsfunktion des Insolvenzrechts gerate unter die Räder und die Zahl der masselosen Verfahren werde steigen. Dagegen K. Schmidt ZIP 2015, 2104 ff.
[519] BGBl. I 2017, 654 f.; zu dem Gesetz Thole ZIP 2017, 401 ff.
[520] BGH ZIP 2020, 1191.
[521] So Sämisch/Deichgräber ZInsO 2018, 773 ff.
[522] OLG Düsseldorf, ZIP 2020, 1091.

- in § 142 Abs. 2 S. 1 InsO n.F. sind nunmehr die Kriterien des unmittelbaren Leistungsaustauschs konkretisiert worden: Leistungsaustausch in engem zeitlichem Zusammenhang unter Berücksichtigung der Gepflogenheiten des Geschäftsverkehrs. Für Anfechtungen von Arbeitsentgeltzahlungen ist der Bargeschäftszeitraum auf 3 Monate verlängert worden und Lohnzahlungen Dritter stehen der Lohnzahlung durch den Schuldner gleich, wenn für den Arbeitnehmer nicht erkennbar war, dass ein Dritter die Zahlung geleistet hat (§ 142 Abs. 2 S. 2 u. 3 InsO n.F.).
- § 143 InsO n.F.: Nach § 143 Abs. 1 S. 3 InsO n.F. sind Geldansprüche aus der Insolvenzanfechtung nur während des Schuldnerverzugs bzw. als Prozesszinsen nach § 291 BGB zu verzinsen (und nicht mehr ab Beginn der Insolvenzeröffnung).

787 Nach Art. 103j EGInsO n.F. sind die neuen Vorschriften auf Insolvenzverfahren anzuwenden, die nach dem 4.4.2017 eröffnet wurden. Die neue Verzinsungsregelung gilt auch für vorher eröffnete Verfahren bezügl. der Zinsen ab dem 5.4.2017.

788 Nicht Gesetz wurde die noch im RefE enthaltene Regelung, dass für Deckungsanfechtungen nach §§ 130, 131 InsO Inkongruenz nicht allein wegen Befriedigung oder Sicherung durch Zwangsvollstreckung oder zur Abwendung derselben anzunehmen ist. Diese Privilegierung hätte auch die ZV aus selbst erstellten Titeln der Sozialversicherungsträger bzw. des Fiskus erfasst, was m.E. zu Recht kritisiert wurde[523]. Die Rückschlagsperre des § 88 InsO bleibt jedoch erhalten.

789 Die Hoffnungen auf eine effektive Begrenzung der nach der Rechtsprechung des BGH ausufernden Vorsatzanfechtung durch die Gesetzesreform erfüllten sich weitgehend nicht.[524] Skepsis gegenüber der Sinnhaftigkeit der Reform hatten einige Richter des IX. Zivilsenats des BGH bereits vor ihrem Inkrafttreten geäußert;[525] so sprachen sie von der Marginalisierung des Anfechtungsrechts und orakelten, dass es eine Insolvenzanfechtung i.S.d. seit dem 1.1.1999 geltenden Regelungen der InsO bald nicht mehr geben werde.[526] Beinahe ankündigungsgemäß zeigte bereits die erste Entscheidung des BGH[527] zur Widerlegung der Gegenvermutung des § 133 Abs. 3 S. 2 InsO (s.o.), dass der BGH nicht bereit war, die Reformziele konsequent umzusetzen, sondern an seiner extrem anfechtungsfreundlichen Rechtsprechung festhalten würde. In dieser Erkenntnis wurde in der Literatur vorgeschlagen, als Indiz für den Gläubigerbenachteiligungsvorsatz nicht allein die Kenntnis des Schuldners von der Zahlungsunfähigkeit zu werten, sondern nur eine qualifizierte Kenntnis; diese liege vor, wenn der Schuldner zusätzlich um die Insolvenzantragspflicht weiß und den Antrag bewusst nicht stell.[528]

Mut im Sinne einer Anfechtungsfestigkeit von Maßnahmen im Rahmen außerinsolvenzlicher Sanierungen kann nun jedoch die sogleich darzustellende Änderung der Rechtsprechung mit der Entscheidung des BGH vom 6.5.2021 machen.

---

[523] ZB Stellungnahme des DAV Nr. 61/2015 v. 9.12.2015.
[524] S.a. Riewe, NJW 2021, 2619, 2620.
[525] Kayser, Konsequenzen des neuen Anfechtungsrechts für die Rspr. d. BGH – viel Lärm um nichts?, ZIP 2018, 1153 ff.; Pape, ZInsO 2018, 745
[526] Pape ZInsO 2018, 745
[527] BGH ZIP 2020, 119.1
[528] Gehrlein, ZInsO 2021, 577 ff.

7. Änderung der Rechtsprechung des BGH durch Urteil vom 6.5.2021 – Neuausrichtung der Vorsatzanfechtung nach § 133 InsO

Mit dem Urteil vom 6.5.2021[529] hat der IX. Zivilsenat des BGH – übrigens nach wesentlicher personeller Neubesetzung[530] – seine Rechtsprechung geändert und ist – auch für die Rechtslage vor der Anfechtungsreform im Jahr 2017 (s.o.) – von seiner quasi-automatischen Gleichstellung der Kenntnis des Schuldners von seiner (drohenden) Zahlungsunfähigkeit und der Kenntnis des Gläubigers vom Benachteiligungsvorsatz des Schuldners abgegangen und hat entschieden[531]:

- Die Annahme der subjektiven Voraussetzungen der Vorsatzanfechtung kann nicht allein darauf gestützt werden, dass der Schuldner im Zeitpunkt der angefochtenen Rechtshandlung erkanntermaßen zahlungsunfähig war.
- Der Gläubigerbenachteiligungsvorsatz des Schuldners setzt im Falle der erkannten Zahlungsunfähigkeit zusätzlich voraus, dass der Schuldner im maßgeblichen Zeitpunkt wusste oder jedenfalls billigend in Kauf nahm, seine übrigen Gläubiger auch künftig nicht vollständig befriedigen zu können; dies richtet sich nach den ihm bekannten objektiven Umständen.[532]
- Für den Vollbeweis der Kenntnis vom Gläubigerbenachteiligungsvorsatz des Schuldners muss der Anfechtungsgegner im Falle der erkannten Zahlungsunfähigkeit des Schuldners im maßgeblichen Zeitpunkt zusätzlich wissen, dass der Schuldner seine übrigen Gläubiger auch künftig nicht wird befriedigen können; dies richtet sich den ihm bekannten objektiven Umständen.
- Auf eine im Zeitpunkt der angefochtenen Rechtshandlung nur drohende Zahlungsunfähigkeit kann der Gläubigerbenachteiligungsvorsatz des Schuldners in der Regel nicht gestützt werden.
- Stärke und Dauer der Vermutung für die Fortdauer der festgestellten Zahlungseinstellung hängen davon ab, in welchem Ausmaß die Zahlungsunfähigkeit zutage getreten ist. Das gilt insbesondere für den Erkenntnishorizont des Anfechtungsgegners.

Die Begründungen des BGH überzeugen: Die nur drohende Zahlungsunfähigkeit führ nicht verbindlich, sondern nur auf Antrag des Schuldners in ein Insolvenzverfahren. Würde sie allein die Vermutung für das Bestehen der subjektiven Voraussetzungen des § 133 InsO begründen, könnten Gläubiger geneigt sein, ihre Geschäftsbeziehungen zum Schuldner zu beenden und so die Insolvenz erst herbeizuführen, was mit dem Gesetz gerade nicht bezweckt wird. Etwas anderes gilt nur, wenn zur drohenden Zahlungsunfähigkeit dazukommt, dass der Schuldner au den noch vorhandenen liquiden Mitteln Zahlungen außerhalb des regulären Geschäftsgangs etwa an ihm besonders nahestehende Gläubiger oder gar Nichtgläubiger leistet. Diese Neuausrichtung lässt erwarten, das sich das Risiko späterer Vorsatzanfechtungen für Gläubiger, die sich im Rahmen vorinsolvenz-

---

[529] Az. IX ZR 72/20, ZIP 2021, 1447 = GmbHR 2021, 1041 m. Anm. Römermann
[530] Riewe, NJW 2021, 2619, 2620
[531] S.a. Riewe, Neuausrichtung der insolvenzrechtlichen Vorsatzanfechtung, NJW 2021, 2619 ff.; Commandeur/Utsch, NJW 2021, 1208 ff.; Linsenbarth/Kliebisch ZIP 2022, 512 ff.
[532] Zu diesen Umständen können gehören die Höhe der Deckungslücke und inkongruente Leistungen an andere Gläubiger, OLG Saarbrücken, ZIP 2021, 2455

licher Sanierungsversuche beteiligen und (kongruente) Leistungen erhalten, auf ein vertretbares Maß reduziert.

791a Diese Rechtsprechung hat der BGH im Folgenden fortgesetzt und – im Gegensatz zur früheren Rechtsprechung – entschieden, dass einem Anfechtungsgegner, der nur das Zahlungsverhalten des Schuldners ihm gegenüber kennt, in der Regel der für die Beurteilung einer drohenden Zahlungsunfähigkeit erforderliche Überblick über die wirtschaftlichen Verhältnisse des Schuldners fehlt.[533]

VI. Unentgeltliche Leistung (§ 134 Abs. 1 InsO)

792 Eine unentgeltliche Leistung des Schuldners ist nach § 134 Abs. 1 InsO anfechtbar, es sei denn, sie ist früher als **4 Jahre** vor dem Antrag auf Eröffnung des Insolvenzverfahrens vorgenommen worden.[534] Unentgeltlichkeit liegt vor, wenn sie vereinbart ist (etwa bei Schenkung) oder eine rechtsgrundlose Rechtshandlung gegeben ist, die grds. der Unentgeltlichkeitsanfechtung nach § 134 InsO unterfallen kann.[535] Die Frage der Entgeltlichkeit ist auf den Zeitpunkt des Rechtserwerbs des Anfechtungsgegners infolge der der Leistung des Schuldners zu beurteilen.[536]

793 Der Anfechtungsgegner einer unentgeltlichen Leistung muss ggf. darlegen und beweisen, dass er nicht mehr bereichert ist.[537]

1. Beispiele aus der Rechtsprechung[538]

794 **a) Unentgeltlich.** Im Zweipersonenverhältnis ist eine Leistung unentgeltlich, wenn dem Verfügenden nach dem Inhalt des Rechtsgeschäfts keine Gegenleistung zufließen soll, die dem abverfügten Vermögenswert entspricht.[539] Die Auszahlung von Scheingewinnen ist unentgeltlich[540] Ebenso ist die vertraglich vereinbarte, von Jahresabschlüssen abhängige Gewinnausschüttung unentgeltlich, wenn die Jahresabschlüsse fehlerhaft sind, fehlerfreie Abschlüsse einen Gewinn nicht ausgewiesen hätten und der Schuldner in einer Parallelwertung in der Laiensphäre darum wusste.[541] Auch die bewusste Erfüllung einer (erkannt) nicht bestehenden Verbindlichkeit ist unentgeltlich, auch wenn der Leistungsempfänger irrtümlich vom Bestehen der Forderung ausging.[542] Unentgeltlich sind **Lohnzahlungen** des Schuldners an einen freigestellten Arbeitnehmer, wenn feststeht, dass der Arbeitnehmer keine Arbeitsleistung zu erbringen hat. Dann nämlich verändere die Freistellung das Arbeitsverhältnis inhaltlich.[543] Lohnzahlungen in einem Scheinarbeitsverhältnis

---

[533] BGH ZIP 2022, 537 = NJW-RR 2022, 483.
[534] Sa Schäfer ZInsO 2014, 973 ff.; Kayser ZIP 2019, 293 ff.
[535] S. dazu Baumert ZIP 2010, 212 ff.
[536] BGH ZIP 2018, 1606.
[537] BGH ZInsO 2010, 531 = NZI 2010, 492.
[538] Sa Klinck ZIP 2017, 1589 ff.
[539] OLG Hamm ZInsO 2010, 2189 = NZI 2010, 904.
[540] BGH DStR 2010, 1439.
[541] BGH ZIP 202, 1768
[542] BGH ZIP 2013, 1533 = ZInsO 2013, 1577.
[543] BAG ZIP 2016, A 1.

sind nach § 134 InsO anfechtbar; das Vorliegen eines Scheinarbeitsverhältnisses hat der Insolvenzverwalter zu beweisen.[544] Allerdings nicht unentgeltlich sind Lohnzahlungen aufgrund tariflicher oder gesetzlicher Bestimmungen, die unter Durchbrechung des Grundsatzes „kein Lohn ohne Arbeit" die Entgeltzahlung auch ohne erbrachte Arbeitsleistung anordnen.[545] Auch die Zahlung in Erfüllung einer vergleichsweise vereinbarten Freistellung ist nicht unentgeltlich.[546]

Die Zahlung eines Schuldners auf ein debitorisch geführtes Bankkonto seines Gläubigers kann eine unentgeltliche Leistung an die Bank sein, wenn der Wille des Schuldners erkennbar darauf gerichtet ist, die Zahlung der Bank zuzuwenden. Dafür genügt nicht allein, dass der zahlende Schuldner Kenntnis von der Kontoüberziehung hat.[547] **795**

Die Befriedigung eines Freistellungsanspruchs eines mithaftenden Gesamtschuldners kann unentgeltlich und damit nach § 134 InsO anfechtbar sein.[548] **796**

b) Teilunentgeltlich. Eine teilweise unentgeltliche Leistung unterliegt der Anfechtung nach § 134 InsO nur dann, wenn die Beteiligten den ihnen zustehenden Bewertungsspielraum überschritten haben. Das ist nach objektiven Gesichtspunkten zu prüfen. Auf der zweiten Prüfungsstufe ist der Wertüberschuss zu ermitteln, der dann im Wege der Insolvenzanfechtung nach § 143 InsO der Masse zurückzuerstatten ist. Eine Anfechtung wegen Teilunentgeltlichkeit scheidet aus, wenn beide Teile nach den objektiven Umständen der Vertragsanbahnung, der Vorüberlegungen und des Vertragsschlusses selbst von der Gleichwertigkeit der ausgetauschten Leistungen überzeugt sind.[549] Behaupten die Parteien dies, muss der Insolvenzverwalter darlegen und beweisen, dass die Fehlvorstellungen der Parteien keine Grundlage in den objektiven Umständen des Vertragsschlusses hatten.[550] **797**

c) Nicht unentgeltlich. Zahlungen an einen stillen Gesellschafter aufgrund eines gewinnunabhängigen Zahlungsversprechens sind nicht unentgeltlich, wenn sie die Gegenleistung für die erbrachte Einlage darstellen.[551] **798**

Die Gewährung = Ausreichung eines zinslosen Darlehens ist nicht unentgeltlich[552], weil der Ausreichung der Rückzahlungsanspruch gegenübersteht.[553] Die mit der zinslosen Überlassung eines Darlehens eingeräumte Kapitalnutzung ist hingegen eine unentgeltliche Leistung.[554] **799**

Die Gebrauchsgewährung gegen unüblich niedrige Miete ist nicht unentgeltlich;[555] unentgeltlich ist jedoch die kostenlose Gebrauchsüberlassung eines Grundstücks, wenn die Nutzungsmöglichkeit einen eigenen wirtschaftlichen Wert hat, **800**

---

[544] BAG ZInsO 2015, 47 = NJOZ 2016, 544; LAG Köln, ZIP 2021, 2661.
[545] BAG ZIP 2016, 377.
[546] BAG ZIP 2016, 377.
[547] BGH NZG 2015, 1081.
[548] BGH ZIP 2006, 1591.
[549] BGH ZIP 2020, 2348
[550] BGH ZIP 2020, 2348
[551] BGH ZIP 2018, 1746 = NJW 2018, 3312.
[552] OLG Rostock ZIP 2007, 2040.
[553] BGH ZIP 2019, 233, 235.
[554] BGH ZIP 2019, 233.
[555] OLG München ZIP 2013, 1587.

der im Geschäftsverkehr üblicherweise nur gegen Entgelt zu erhalten ist, und dem Schuldner die die wirtschaftliche Nutzung des Grundstücks zum Vorteil der Gläubiger tatsächlich möglich war.[556]

801 Auch ist es keine unentgeltliche Leistung, wenn sich der Verletzer eines Markenrechts gegenüber dem Verletzten zur Unterlassung und bei Verstoß zur Zahlung einer Vertragsstrafe verpflichtet bzw. diese zahlt.[557]

802 Ein Vergleich, der bei verständiger Würdigung des Sachverhalts oder der Rechtslage eine bestehende Ungewissheit durch beiderseitiges Nachgeben beseitigen soll, enthält i.d.R. keine unentgeltliche Leistung[558].

803 Die Zahlung des Kaufpreises für eine objektiv wertlose Kaufsache ist keine unentgeltliche Leistung, wenn beide Seiten nach den objektiven Umständen von einem Austausch-Marktgeschäft ausgegangen sind und in gutem Glauben über die Werthaltigkeit des Kaufgegenstandes waren.[559]

Ähnlich: Im Zweipersonenverhältnis ist die Leistung des Schuldners auf eine tatsächlich nicht bestehende Schuld nicht unentgeltlich, wenn er irrtümlich angenommen hatte, zu der Leistung verpflichtet gewesen zu sein.[560]

804 Die nachträgliche Besicherung einer eigenen Verbindlichkeit des Schuldners ist nach ständiger Rechtsprechung des BGH nicht unentgeltlich.[561] Auch die nachträgliche Bestellung einer Sicherung durch den Schuldner für eine Verbindlichkeit aus von ihm begangener unerlaubter Handlung ist nicht unentgeltlich, sondern entgeltlich. Dasselbe gilt für die Verstärkung des Anspruchs durch Schuldanerkenntnis.[562] Das gilt auch für die Bestellung einer Sicherheit für eine eigene, entgeltlich begründete, künftig entstehende Verbindlichkeit.[563] Die Vereinnahmung einer Sicherheit ist auch dann nicht unentgeltlich, wenn der Sicherungsnehmer eine Gegenleistung an den Sicherungsgeber/Schuldner oder an einen Dritten erbringt, ohne hierzu gegenüber dem Schuldner oder dem Dritten verpflichtet gewesen zu sein.[564]

805 Die Übertragung von Mitteln des Schuldners auf einen Treuhänder zum Zweck der Befriedigung der Gläubiger des Schuldners ist nicht unentgeltlich, weil dem Treuhänder vereinbarungsgemäß nichts zufließen soll, denn er hat aufgrund der Treuhandabrede die Mittel gemäß den Anweisungen des Schuldners als Treugeber für die Tilgung dessen Verbindlichkeiten zu verwenden oder an den Schuldner zurückzuzahlen; das gilt auch, wenn der Treuhandvertrag wegen eines Vertretungsmangels unwirksam ist.[565]

---

[556] BGH ZIP 2018, 1601.
[557] BGH ZIP 2015, 1306.
[558] BGH ZIP 2006, 2391 = ZInsO 2006, 1322.
[559] BGH ZIP 2016, 2329 (für Kauf von unerkannt objektiv wertlosen GmbH-Geschäftsanteilen).
[560] BGH ZIP 2017, 1233.
[561] S. bei Berger ZIP 2010, 2078 ff.
[562] BGH ZIP 2010, 841.
[563] BGH ZIP 2018, 1606.
[564] OLG Düsseldorf ZInsO 2014, 1562 = BeckRS 2014, 4717.
[565] BGH ZIP 2017, 1863.

Im Fall einer Grundstücksschenkung mit anschließender Belastung durch den 806
Beschenkten kann die Rückgewähr durch den Beschenkten nach Insolvenzanfechtung unmöglich sein.[566]

d) Gebräuchliche Gelegenheitsgeschenke. Nach § 134 Abs. 2 InsO nicht 807
anfechtbare gebräuchliche Gelegenheitsgeschenke liegen vor, wenn sie zu der einzelnen Gelegenheit den Wert von 200 EUR und im Kalenderjahr den Betrag von 500 EUR nicht übersteigen.[567]

e) Leistungsverkehr in Gesellschaftsverhältnissen. Übertragung von as- 808
sets von Mutter- auf Tochtergesellschaft ist entgeltlich, wenn im Rahmen einer Sachkapitalerhöhung, unentgeltlich bei Leistung in die freien Rücklagen. Allein der Umstand, dass die Leistung causa societatis erfolgte, schließt die Unentgeltlichkeit nach § 134 InsO nicht aus.[568]

Zahlungen an einen **Kommanditisten**, denen eine gewinnunabhängiges Zahlungsversprechen im Gesellschaftsvertrag zugrunde liegt, sind auch dann nicht unentgeltlich, wenn die KG keine Gewinne erwirtschaftet, weil sie Gegenleistung für die Pflichteinlage sind.[569]

Wird dem **stillen Gesellschafter** eine Mindestverzinsung seiner Einlage zugesagt, sind die Zinszahlungen keine unentgeltliche Leistung.[570] „Vorabvergütungen" zu bestimmten Terminen auf mögliche Gewinne sind aber unentgeltliche Leistungen.[571]

Gewinnausschüttungen einer Kapital(anlage)gesellschaft an einen Anleger sind nicht unentgeltlich, wenn der Anleger darauf einen Anspruch hatte. Das gilt auch dann, wenn der zugrundeliegende Jahresabschluss falsch ist.[572]

2. Rechtsfolge

Als Rechtsfolge hat der Anfechtungsgegner das unentgeltlich Erlangte zurück 809
zu gewähren, soweit der Empfänger noch bereichert ist, § 143 Abs. 2 S. 1 InsO. Der Entreicherungseinwand ist ausgeschlossen, wenn der Empfänger wusste oder nach den Umständen wissen musste, dass die unentgeltliche Leistung die Gläubiger benachteiligte. Diese Kenntnis ist anzunehmen, wenn dem Anfechtungsgegner Umstände bekannt waren, die mit auffallender Deutlichkeit dafür sprechen und deren Kenntnis auch einem Empfänger mit durchschnittlichem Erkenntnisvermögen ohne gründliche Überlegung die Annahme nahelegen, dass die Befriedigung der Gläubiger infolge der Freigiebigkeit verkürzt wird.[573]

Setzt der Empfänger das unentgeltlich erhaltene Geld zur Tilgung eigener Schulden ein, kann er sich auf Entreicherung nur berufen, wenn darlegt und beweist, dass und wofür er seine sonstigen, durch die Tilgung freigewordenen Mittel

---

[566] OLG Nürnberg ZIP 2009, 86.
[567] BGH ZIP 2016, 583.
[568] Sa Gleim ZIP 2017, 1000 ff.
[569] BGH ZIP 2017, 1284 = NZG 2017, 1025.
[570] OLG Hamm ZIP 2017, 1123.
[571] OLG Oldenburg ZIP 2017, 1286.
[572] LG Arnsberg ZIP 2019, 878.
[573] BGH ZIP 2016, 2376.

anderweitig ausgegeben hat, er hierdurch keinen bleibenden Vorteil erlangt hat und die anderweitige Verwendung der freigewordenen Mittel ohne die angefochtene unentgeltliche Leistung des Schuldners unterblieben wäre.[574]

Im Fall einer Grundstücksschenkung mit anschließender Belastung durch den Beschenkten kann die Rückgewähr durch den Beschenkten nach Insolvenzanfechtung unmöglich sein.[575]

VII. Ergänzung zur Anfechtung nach §§ 134 und 133 Abs. 1 InsO bei Dreipersonenverhältnissen

1. Insolvenz des leistenden Dritten/Zahlungsmittlers

a) Erfüllung einer fremden Geldschuld durch den späteren Insolvenzschuldner, insbesondere im Konzernverbund (Verhältnis Mutter-/Tochtergesellschaft oder bei Cash-Pooling)

810 **aa) Anfechtung als unentgeltliche Leistung, § 134 InsO.** Die Unentgeltlichkeit der Verfügung ist bei Drei-Personen-Verhältnissen unterschiedlich zu beurteilen.[576] Daher trifft den Insolvenzverwalter die Beweislast dafür, ob ein Zwei- oder ein Drei-Personen-Verhältnis vorliegt.[577] Eine unentgeltliche Leistung des Schuldners im Zweipersonenverhältnis scheidet bspw. aus, wenn nicht der Leistungsempfänger, sondern ein Dritter die Gegenleistung erbringt, sofern zwischen der Leistung des Schuldners und der Gegenleistung des Dritten ein ausreichender rechtlicher Zusammenhang besteht.[578] Zahlt nicht der Darlehensgeber sondern der spätere Insolvenzschuldner das Darlehen an den Darlehensnehmer aus, liegt jedenfalls dann keine unentgeltliche Leistung vor, wenn der Darlehensnehmer zur Rückzahlung des Darlehens verpflichtet ist und das Darlehen zurückgezahlt wird.[579]

811 Bei Erfüllung einer fremden Geldschuld durch den späteren Insolvenzschuldner ist in wertender Betrachtung zu beurteilen, wer Leistungsempfänger und damit Anfechtungsgegner ist.[580] Es kommt auf das tatsächliche Bestehen der fremden Schuld an. Grds. ist die Tilgung/Befriedigung einer fremden Schuld für den Gläubiger nicht unentgeltlich, da durch die Leistung seine Forderung erlischt und hierin die ausgleichende Gegenleistung zu sehen ist.[581] Eine Anfechtung als unentgeltliche Zuwendung kommt dann nicht gegenüber dem Gläubiger als Zahlungs-

---
[574] BGH ZIP 2016, 2326.
[575] OLG Nürnberg ZIP 2009, 86.
[576] Fallstudien zur Anfechtung von Drittzahlungen Staufenbiel/Brill ZInsO 2013, 2040 ff. und Schäfer ZInsO 2014, 973, 976 ff.; Schäfer ZInsO 2014, 1965 ff.; Lütke ZIP 2014, 1769 ff.; Schäfer ZIP 2014, 1769 ff.
[577] OLG Dresden ZIP 2009, 1125.
[578] BGH ZIP 2018, 1601.
[579] BGH ZIP 2021, 1347 = NZI 2021, 1030
[580] OLG Karlsruhe NZI 2004, 31; zu Anfechtung bei Tilgung fremder Schuld: Henckel ZIP 2004, 1671 ff.
[581] BGH ZIP 2004, 917; OLG Koblenz ZIP 2004, 1275.

empfänger in Betracht, sondern allenfalls gegenüber dessen Schuldner, der durch die Drittzahlung von seiner Pflicht befreit wurde.[582]

Eine Leistung, die der spätere Insolvenzschuldner zur Tilgung einer Forderung des Gläubigers/Leistungsempfängers gegen einen Dritten erbringt, ist aber unentgeltlich, wenn der Empfänger keine ausgleichende Gegenleistung zu erbringen hat.[583] Für die Frage, ob der spätere Insolvenzschuldner eine unentgeltliche Leistung erbracht hat, sind eine entsprechende Leistungsverpflichtung ggü. einem Dritten/ggü. dem Schuldner oder ggü. einem Dritten verfolgte wirtschaftliche Interessen oder Vorteile unerheblich. So ist die Leistung des späteren Gemeinschuldners nicht deshalb entgeltlich, weil sich der zahlende spätere Gemeinschuldner gegenüber dem Drittschuldner zur Leistung an den Gläubiger/Zahlungsempfänger verpflichtet hatte. Die Leistung, die der spätere Insolvenzschuldner zur Tilgung einer nicht werthaltigen Forderung des Empfängers gegen einen Dritten erbringt, ist auch nicht deshalb entgeltlich, weil der Empfänger zu einem früheren Zeitpunkt seinerseits Leistungen an den Dritten/seinen Schuldner erbracht hat, die eine Gegenleistung zu der nun erfüllten Forderung darstellten (Fortführung der Rechtsprechung zu § 32 Nr. 1 KO nunmehr für § 134 Abs. 1 InsO, Cash-Pool-System II). **812**

Die Gegenleistung des Empfängers, dessen gegen einen Dritten/seinen Schuldner gerichtete Forderung durch den späteren Gemeinschuldner bezahlt wird, liegt darin, dass er seine Forderung gegen seinen Schuldner/den Dritten (durch Erfüllung) verliert. Ist aber die **Forderung** des Leistungsempfängers gegen den Dritten/seinen Schuldner **nicht werthaltig** (uneinbringlich), weil der Schuldner des Leistungsempfängers/der Dritte seinerseits insolvenzreif ist, ist die Drittzahlung unentgeltlich[584] und in der Insolvenz des zahlenden späteren Gemeinschuldners ggü. dem Zahlungsempfänger nach § 134 InsO anfechtbar.[585] Es gilt die 4-jährige Anfechtungsfrist.[586] **813**

Die Leistung, die der spätere Insolvenzschuldner zur Tilgung einer nicht werthaltigen Forderung des Empfängers gegen einen Dritten erbringt, ist auch nicht deshalb entgeltlich, weil der Empfänger zu einem früheren Zeitpunkt seinerseits Leistungen an den Dritten erbracht hat, die eine Gegenleistung zu der nun erfüllten Forderung darstellten (Fortführung der Rechtsprechung zu § 32 Nr. 1 KO nunmehr für § 134 Abs. 1 InsO, Cash-Pool-System II).

War also der Anspruch des Gläubigers/Leistungsempfängers gegen den Dritten wertlos, ist die Leistung unentgeltlich, da das Erlöschen einer nicht werthaltigen Forderung keine ausgleichende Gegenleistung ist.[587] Das gilt auch dann, wenn der Leistungsempfänger/Gläubiger von der Wertlosigkeit keine Kenntnis hatte.[588] Für **814**

---

[582] BGH ZIP 1983, 32.
[583] BGH ZIP 2006, 957.
[584] BGH ZInsO 2009, 2241 = NJW-RR 2010, 477.
[585] BGHZ 113, 98, 102; BFH ZIP 2009, 2455 für Begleichung einer uneinbringlichen Umsatzsteuerforderung gegen den Organträger durch die Organgesellschaft (spätere Insolvenzschuldnerin) bei umsatzsteuerlicher Organschaft; BGH ZIP 2016, 581 für die Zahlung der späteren Gemeinschuldnerin auf eine Verbindlichkeit einer verbundenen Gesellschaft aus geduldeter Kontoüberziehung auch bei gemeinschaftlich eingeräumter Kreditlinie.
[586] BGH ZIP 2009, 2303 = ZInsO 2009, 2241.
[587] BGH ZIP 2006, 957 und BGH ZIP 2008, 1385.
[588] BGH ZIP 2005, 767.

die Beurteilung der Wertlosigkeit ist die gesamte wirtschaftliche Situation zu betrachten; Zahlungsunfähigkeit ist nur ein Indiz für Wertlosigkeit.[589] Werthaltige Außenstände des Dritten stehen der Wertlosigkeit der Forderung und damit der Unentgeltlichkeit nur entgegen, wenn der Anfechtungsgegner trotz der materiellen Insolvenz des Dritten auf sie hätte zugreifen können; die Darlegungs- und Beweislast hierfür trägt der Anfechtungsgegner.[590] Die Wertlosigkeit der getilgten Forderung hat der Insolvenzverwalter darzulegen und zu beweisen.[591] Die Tilgung einer fremden Schuld, für die mehrere als Gesamtschuldner haften, ist nur dann als unentgeltliche Leistung nach § 134 InsO anfechtbar, wenn die Forderung gegen alle Gesamtschuldner wertlos war; das hat ggf. der Insolvenzverwalter zu beweisen.[592]

815 Ebenso kommt die Anfechtung wegen unentgeltlicher Leistung nach § 134 InsO ggü. dem empfangenden Gläubiger in Betracht, wenn der Regressanspruch bzw. der durch die Tilgung erworbene Aufwendungsersatzanspruch des leistenden späteren Gemeinschuldners gegen den Drittschuldner nicht werthaltig ist. Dieser Fall kann für Geschäftspartner von Cash-Pooling-Teilnehmern eintreten, denn ihnen drohen in der Insolvenz des leistenden späteren Gemeinschuldners Rückforderungsansprüche aus Insolvenzanfechtung nach § 134 InsO, wenn die Forderung des Gläubigers gegen seinen Schuldner bzw. die Regressforderung des leistenden späteren Gemeinschuldners gegen den Drittschuldner nicht werthaltig ist.[593]

816 Ähnlich kann der Fall liegen bei Leistung von Sozialversicherungsbeiträgen durch eine später ebenfalls insolvente Muttergesellschaft oder konzernangehörige Gesellschaft für eine insolvenzreife Tochtergesellschaft oder andere konzernangehörige Gesellschaft. Wird eine wegen Insolvenzreife des Schuldners (der konzernangehörigen Gesellschaft) wertlose Beitragsforderung durch den späteren Gemeinschuldner (Muttergesellschaft oder andere konzernangehörige Gesellschaft) bezahlt, ist die Leistung im Verhältnis zur Sozialkasse unentgeltlich, denn sie verliert keinen werthaltigen Anspruch und erbringt somit keine Gegenleistung.[594] Unerheblich ist wiederum, ob die leistende spätere Gemeinschuldnerin gegenüber den anderen konzernangehörigen Gesellschaften zur Abführung der Sozialversicherungsbeiträge verpflichtet war oder ob zwischen den Gesellschaften eine Cash-Poolingvereinbarung bestand oder ob die Mittel ursprünglich aus dem Vermögen der anderen Konzerngesellschaften stammten (solange kein Treuhandverhältnis vorliegt).

Dennoch kann in dieser Konstellation die Anfechtung nach § 134 InsO gegenüber der Sozialkasse ausgeschlossen sein, weil eine Deckungsanfechtung nach § 130 Abs. 1 Satz 1 Nr. 1 InsO durch den Insolvenzverwalter der konzernangehörigen Gesellschaft Vorrang hätte, deren Beitragsschuld durch die Zahlung getilgt werden sollte. Nach ständiger Rechtsprechung ist die Deckungsanfechtung auch bei mittelbaren Zuwendungen gegeben, wenn die unmittelbare Leistung,

---

[589] OLG Koblenz ZInsO 2008, 1210 = BeckRS 2008, 23801.
[590] BGH ZIP 2010, 1402.
[591] OLG Düsseldorf, ZIP 2020, 2140
[592] OLG Düsseldorf, ZIP 2020, 35
[593] BGH NJW 2005, 1867; dazu auch Kiethe DStR 2005, 1573 und Passarge ZInsO 2005, 971 ff. = NZI 2005, 637.
[594] BGH ZInsO 2008, 106 = NJW 2008, 655; dazu krit. Bork ZIP 2008, 1041, 1048.

die ohne Weiteres anfechtbar wäre, durch Einschalten eines Leistungsmittlers umgangen wird, wovon insbesondere dann auszugehen ist, wenn der Schuldner einen Drittschuldner anweist, die von diesem geschuldete Leistung nicht an ihn, sondern an seinen (des Schuldners) Gläubiger zu erbringen.[595] Der BGH gibt also bei **konkurrierenden Insolvenzanfechtungsansprüchen** für verschiedene Insolvenzmassen der Deckungsanfechtung den Vorrang, während das OLG Dresden meint, dass der Leistungsempfänger (hier Sozialkasse) der Insolvenzanfechtung durch beide Insolvenzverwalter ausgesetzt sein kann, ohne aber zweimal leisten zu müssen. Die Konkurrenz der Anfechtungsansprüche sei auf Rechtsfolgeebene zu lösen.[596] Der Vorrang der Deckungsanfechtung wirkt allerdings nur insoweit, als auf die Deckungsanfechtung auch tatsächlich an den Insolvenzverwalter Leistungen erbracht werden.[597]

Die Konstellation ist auch gegeben bei Zahlung der GmbH & Co. KG auf die Gehaltsansprüche des bei der Komplementär-GmbH angestellten Geschäftsführers. Sie ist nicht unentgeltlich, wenn die im Übrigen vermögenslose GmbH einen vollwertigen Erstattungsanspruch gegen die KG hat.[598]

Als unentgeltliche Leistung kann die Tilgung einer fremden Schuld durch den späteren Insolvenzschuldner auch dann anfechtbar sein, wenn der Zahlungsempfänger an den zahlenden Insolvenzschuldner Leistungen erbracht hatte, zu denen er sich aber nur gegenüber einem Dritten verpflichtet hatte.[599]

Befriedigt ein **persönlich haftender Gesellschafter** die Forderung eines Gläubigers gegen die Gesellschaft und erlischt dadurch die Haftungsverbindlichkeit des Gesellschafters, ist seine Leistung im Insolvenzverfahren über sein Vermögen nicht als unentgeltliche Leistung anfechtbar.[600]

Eine unentgeltliche Leistung i.S.d. § 134 InsO liegt ebenfalls nicht vor, wenn der spätere Insolvenzschuldner die gegen einen Dritten gerichtete Forderung des Anfechtungsgegners begleicht und dem Drittschuldner ein auf die Tilgung der Verbindlichkeit gerichteter werthaltiger Regressanspruch gegen den späteren Insolvenzschuldner zustand, auf den der Anfechtungsgegner hätte zugreifen können.[601]

Leistet der spätere Insolvenzschuldner (etwa eine Tochtergesellschaft) eine Zahlung an den Gerichtsvollzieher, der im Auftrag eines Gläubigers der Muttergesellschaft gegen diese einen vorläufig vollstreckbaren Titel vollstreckt, so erfolgt die Leistung nicht zur Erfüllung der Verbindlichkeit der Muttergesellschaft, sondern nur vorläufig zur Abwendung der Zwangsvollstreckung, so dass es sich nicht um eine unentgeltliche Leistung handelt.[602]

Prämienzahlungen durch den Schuldner für Lebensversicherung eines Dritten können unentgeltliche Leistungen sein, wenn der Schuldner zu der Leistung nicht verpflichtet war und ein etwaiger Bereicherungsanspruch gegen den Versicherungsnehmer wertlos ist.[603]

---

[595] BGHZ 142, 284, 287 = NZI 1999, 448.
[596] OLG Dresden ZIP 2009, 1173.
[597] BGH ZIP 2016, 478.
[598] OLG Hamm ZIP 2010, 2058.
[599] BGH ZIP 2013, 2208 = ZInsO 2013, 2265.
[600] BGH ZIP 2015, 2484 = GmbHR 2016, 60.
[601] BGH ZIP 2010, 36 = ZInsO 2010, 36.
[602] OLG München ZIP 2014, 2354 = ZInsO 2014, 2440.
[603] OLG Köln NZI 2004, 217.

820 Begleicht der spätere Insolvenzschuldner die gegen einen Dritten gerichtete Forderung des Gläubigers/Zahlungsempfängers, ist seine Leistung nicht unentgeltlich, wenn sich der Gläubiger/Zahlungsempfänger durch Aufrechnung hätte befriedigen können.[604] Ebenso ist die Begleichung einer wertlosen Forderung des Gläubigers gegen einen Dritten durch den späteren Insolvenzschuldner nicht unentgeltlich, wenn der Gläubiger dadurch eine werthaltige Sicherheit von einer weiteren Person verliert.[605]

821 Die vorstehenden Ausführungen haben gezeigt, dass bei Zahlungen im Konzernverbund die Schenkungsanfechtung nach § 134 InsO über ihren klassischen Anwendungsbereich hinaus für den Leistungsempfänger zu erhöhter Anfechtungsgefahr führt. Das wird von der Rechtsprechung damit gerechtfertigt, dass das Vertrauen des Leistungsempfängers nicht besonders schutzwürdig ist, wenn er kein Vermögensopfer erbracht hat, weil sein Anspruch gegen seinen konkreten Schuldner (die andere konzernangehörige Gesellschaft) im Deckungsverhältnis wirtschaftlich wertlos war. Es existiert eben kein materielles Konzernrecht.

822 **bb) Vorsatzanfechtung (§ 133 Abs. 1 InsO).** In der Insolvenz des Leistungsmittlers (hier: Arbeitgeber hinsichtlich der Beiträge freiwillig Versicherter zur Kranken- und Pflegeversicherung) kann die Tilgung einer fremden Schuld wegen vorsätzlicher Benachteiligung der Insolvenzgläubiger gegenüber dem Forderungsgläubiger angefochten werden, wenn dieser den Benachteiligungsvorsatz kannte.[606] Bestand, wie hier, keine Leistungsverpflichtung des Zahlungsmittlers, war die Leistung inkongruent. Die Inkongruenz ist ein Beweisanzeichen für den Benachteiligungsvorsatz, wenn aus Sicht des Empfängers Anlass bestand, an der Liquidität des Zahlungsmittlers zu zweifeln.[607] Eine weitere Entscheidung des BGH zu Zahlungen aus einem **Cash Management-System**: Wenn in einem Konzern in gesunden wirtschaftlichen Verhältnissen ein externes Cash Management-System in einer Weise eingerichtet und über 10 Jahre ohne Beanstandung betrieben wird, dass eine Konzerngesellschaft die bei den Konzerngesellschaften eingehenden Zahlungen vereinnahmt und die an die Konzerngesellschaften gerichteten Rechnungen auch dann begleicht, wenn die jeweilige Schuldnergesellschaft bei der zahlenden Gesellschaft konzernintern im Soll ist, weicht die so durchgeführte Überweisung nur geringfügig von der vereinbarten Zahlungsweise ab.[608]

823 Die Anfechtung nach § 133 Abs. 1 InsO steht selbstständig neben einer eventuellen Anfechtung nach § 134 InsO.[609]

824 **b) Erbringung von Werkleistungen.** Erbringt der Schuldner Werkleistungen, überlässt den Auftrag jedoch einem Dritten, der den Werklohn erhält, können die vom Schuldner erbrachten Leistungen ggü. dem Dritten unentgeltlich sein.[610] Eine Leistung, die der spätere Insolvenzschuldner zur Tilgung einer Forderung des Leistungsempfängers gegen einen Dritten erbringt, ist nicht unentgeltlich, wenn

---

[604] BGH ZIP 2013, 1131 = ZInsO 2013, 1085.
[605] BGH ZIP 2014, 977 = ZInsO 2014, 1057.
[606] BGH ZIP 2013, 81 = ZInsO 2013, 73.
[607] BGH WM 2013, 180.
[608] BGH, NZG 2019, 1313.
[609] BGH WM 2013, 180.
[610] BGH ZInsO 2007, 598 = NZI 2007, 403; Aufsatz Kayser WM 2007, 1 ff.

der Empfänger sodann die von ihm geschuldete Gegenleistung an den Dritten erbringt.[611]

Prämienzahlungen durch den Schuldner für Lebensversicherung eines Dritten 825 können unentgeltliche Leistungen sein, wenn der Schuldner zu der Leistung nicht verpflichtet war und ein etwaiger Bereicherungsanspruch gegen den Versicherungsnehmer wertlos ist.[612]

c) Nachträgliche Besicherung einer fremden Schuld aus dem Vermö- 826 **gen des späteren Gemeinschuldners.** Die nachträgliche Besicherung einer Drittschuld aus dem Vermögen des späteren Gemeinschuldners[613] ist nicht unentgeltlich, wenn der Sicherungsgeber zur Bestellung der Sicherheit aufgrund einer entgeltlich begründeten Verpflichtung gehalten war.[614] Die Besicherung einer fremden Schuld ist entgeltlich und unterliegt nicht der Schenkungsanfechtung nach § 134 InsO, wenn der Sicherungsnehmer dem Sicherungsgeber für seine Leistung eine Kreditgewährung an einen Dritten verspricht oder sonst vereinbarungsgemäß die Kreditleistung an den Dritten erbracht hat, ohne hierzu gegenüber dem Sicherungsgeber verpflichtet gewesen zu sein. Das gilt auch für den Fall, dass der Sicherungsnehmer und der Kreditgeber nicht identisch sind, aber eine wirtschaftliche Einheit bilden.[615]

Der Erhalt einer nachträglichen Sicherheit aus dem Vermögen des späteren 827 Gemeinschuldners (hier Pfandrechtsbestellung) ist aber für den empfangenden Gläubiger eine unentgeltliche Leistung auch dann, wenn der Gläubiger des Dritten als Gegenleistung für den Erhalt der nachträglichen Sicherheit aus dem Vermögen des späteren Gemeinschuldners (hier Pfandrechtsbestellung) lediglich von zulässiger fristloser Kündigung und Fälligstellung eines Kredites absieht und die Kreditlinie offenlässt, wenn zurzeit der Besicherung die Forderung des Gläubigers nicht mehr durchsetzbar war. Dann erbringt der Gläubiger kein Vermögensopfer. Ob andernfalls, also bei werthaltiger Forderung die Besicherung eine unentgeltliche Leistung gewesen wäre, blieb offen. Später hat der BGH entschieden, dass auch die aus dem Schuldnervermögen gewährte Besicherung einer werthaltigen Forderung des Gläubigers gegen einen Dritten unentgeltlich ist; auch hier ist das Stehenlassen der Forderung keine zur Entgeltlichkeit führende Gegenleistung.[616] Bei nachträglicher Besicherung einer fremden Verbindlichkeit ist das Stehenlassen einer ungekündigten, aber kündbaren Darlehensforderung grundsätzlich keine zur Entgeltlichkeit führende Leistung, ohne dass es auf die Werthaltigkeit der Darlehensforderung ankommt.[617]

Die Besicherung einer fremden Schuld ist nicht deswegen entgeltlich, weil 828 der Sicherungsgeber eigene wirtschaftliche Interessen verfolgt.[618] Zahlungen des

---

[611] BGH ZIP 2008, 1385 = ZInsO 2008, 811.
[612] OLG Köln NZI 2004, 217.
[613] Sa Berger ZIP 2010, 2078 ff.
[614] BGH ZInsO 2013, 73 = NZI 2013, 81.
[615] OLG Düsseldorf ZIP 2014, 837.
[616] BGH ZIP 2009, 1122 = ZInsO 2009, 1056; dazu Grell/Schormair NZI 2009, 625 ff.
[617] BGH ZIP 2009, 1122 = ZInsO 2009, 1056; dazu Grell/Schormair NZI 2009, 625 ff.
[618] BGH BB 2006, 1595 = DZWiR 2006, 389 = ZInsO 2006, 771 = ZIP 2006, 1362 unter Aufhebung der genau entgegengesetzten Entscheidung des OLG München K&R 2004, 496 = ZIP 2004, 2451.

Sicherungsgebers an den Gläubiger sind keine mittelbaren Zuwendungen des Hauptschuldners an den Gläubiger.[619]

829 **d) Rechtsfolge erfolgreicher Anfechtung.** Bei erfolgreicher Anfechtung, d.h. bei Befriedigung des Anfechtungsanspruchs durch den Anfechtungsgegner/Gläubiger lebt dessen Forderung gegen den Schuldner wieder auf, auch wenn dieser mit dem Insolvenzschuldner nicht identisch ist. § 144 Abs. 1 InsO gilt auch im Drei-Personen-Verhältnis.[620]

2. Insolvenz des Schuldners nach Zahlung/Leistung eines Dritten

830 Hat der Schuldner für seine Leistung eine Zwischenperson eingeschaltet, die für ihn die Zuwendung an den Empfänger bewirkt, wodurch die den Gläubigern des Schuldners zur Verfügung stehende Haftungsmasse verringert wird, ist für die Schenkungsanfechtung nach objektiven Maßstäben aus Sicht des Empfängers zu beurteilen, ob er eine **Leistung des Schuldners** erhalten hat. Die Zuordnungskriterien entsprechen denen des Leistungsbegriffs im Bereicherungsrecht.[621] Daher hat bei Einschaltung eines uneigennützigen Treuhänders die Schenkungsanfechtung nicht gegenüber dem Treuhänder, sondern gegenüber dem Leistungsempfänger zu erfolgen; bei einer mittelbaren unentgeltlichen Zuwendung muss der Leistungsempfänger jedoch erkennen, von wem die freigiebige Leistung herrührt.

Für die **Frage der Gläubigerbenachteiligung** einer Zahlung/Leistung eines Dritten/Zahlungsmittlers auf die Schuld des späteren Insolvenzschuldners kommt es darauf an, ob der Dritte auf eine Anweisung des Schuldners „auf Schuld" oder „auf Kredit" handelte.[622] Veranlasst der spätere Insolvenzschuldner seinen Schuldner, unmittelbar an einen Gläubiger zu zahlen, ist bei Banküberweisung bei Vorliegen der Voraussetzungen des § 133 Abs. 1 InsO i.Ü. auch der Angewiesene Anfechtungsgegner neben dem Zahlungsempfänger; beide sind Gesamtschuldner.[623]

Zahlt etwa der phG einer KG an den Gläubiger der später insolventen Gesellschaft, liegt **Anweisung „auf Schuld"** und damit Gläubigerbenachteiligung der übrigen Gesellschaftsgläubiger vor, weil hier eine eigene Verbindlichkeit des Dritten gegenüber dem Schuldner besteht (des phG aus § 128 HGB), die der phG tilgt, und die Schuldnergesellschaft ihre insoweitige Forderung gegen den angewiesenen phG verliert.[624] Gestützt wird diese Entscheidung auf eine analoge Anwendung des § 93 InsO[625] Zahlt der Haftungsschuldner an den Gläubiger, ist davon auszugehen, dass er durch die Zahlung seine Haftungsverbindlichkeit tilgen will und nicht die ihr zugrunde liegende Schuld des Schuldners. Ist die steuer-

---

[619] Gehrlein ZInsO 2012, 197 ff.
[620] BGH ZIP 2013, 81 = ZInsO 2013, 73.
[621] BGH ZIP 2018, 1505.
[622] BGH ZInsO 2008, 1200 = NZG 2009, 102. Zu dieser vom BGH weiter durchgehaltenen Unterscheidung (su BGH ZInsO 2012, 1425) krit. Heitsch ZInsO 2012, 2088 ff.; sa Henkel ZInsO 2012, 774 ff., der die Zahlungen durch Dritte stets als gläubigerbenachteiligend ansieht.
[623] BGH ZInsO 2008, 814 = NJW 2008, 1067; dazu Kirstein/Sietz ZInsO 2008, 761 ff.
[624] BGH ZInsO 2008, 1200 = NZG 2009, 102.
[625] S. dazu Bork/Vogelsang ZIP 2014, 2313 ff.

rechtliche Haftungsverbindlichkeit noch nicht durchsetzbar, ist die Zahlung als inkongruent anfechtbar.[626]

Zu ergänzen ist, dass die Zahlung des dem Schuldner verpflichteten Dritten gegenüber dem Gläubiger zugleich inkongruent ist, sofern sie mit dem Gläubiger nicht zusätzlich vereinbart worden war, denn der Gläubiger erhält etwas, was er nicht „in der Art", nämlich nicht auf diesem vom normalen Zahlungsweg abweichenden Zahlungsweg verlangen konnte.[627] Trifft der zahlungsunfähige Schuldner (hier Bauunternehmen) mit seinem Auftraggeber (hier Bauherr) und seinem Lieferanten vor Fälligkeit der nächsten Werklohnrate die Vereinbarung, dass der Kaufpreis für die vom Lieferanten zu liefernden Bauteile vom Auftraggeber (Bauherrn) vor der Lieferung direkt gezahlt werden, kann in der vom Schuldner veranlassten Direktzahlung eine kongruente Deckung liegen und der Schuldner trotz erkannter Zahlungsunfähigkeit ohne Benachteiligungsvorsatz handeln.[628] 831

Zahlt hingegen ein nicht persönlich haftender Gesellschafter oder ein sonstiger, dem Schuldner nicht verpflichteter Dritter auf die Schuld der später insolventen Gesellschaft (**Anweisung „auf Kredit"**), so besteht keine Forderung des Schuldners gegenüber dem zahlenden Dritten, die durch die Zahlung erlöschen könnte, mithin werden die Gläubiger des Schuldners nicht benachteiligt. Vielmehr wird der zahlende Dritte zum neuen Gläubiger des Schuldners, es liegt also ein bloßer Gläubigertausch vor.[629] Dasselbe (Anweisung auf Kredit und damit keine Gläubigerbenachteiligung) gilt, wenn der nicht dazu verpflichtete Geschäftsführer der späteren Insolvenzschuldnerin deren Verbindlichkeit aus eigenen Mitteln begleicht.[630] Zu dieser m.E. richtigen Rechtsprechung passen die Entscheidungen des BGH nicht, nach denen eine Zahlung aus nur geduldeter Kontoüberziehung eine Gläubigerbenachteiligung ist (s. → Rn. 501). 832

Kommt der Zahlung des Schuldners an einen Insolvenzgläubiger eine **Doppelwirkung** zu, weil neben der Forderung des Empfängers zugleich der gegen den Schuldner gerichtete Anspruch eines mithaftenden Dritten auf Befreiung von dieser Verbindlichkeit erfüllt wird, kann die Leistung nach Wahl des Insolvenzverwalters sowohl gegenüber dem Leistungsempfänger als auch gegenüber dem Dritten als Gesamtschuldner angefochten werden.[631] 833

3. Tilgung an Inkassounternehmen, sonstige Dreipersonenverhältnisse

Bei einer Leistungskette ist lediglich der erste Gläubiger als Insolvenzgläubiger nach §§ 129–131 InsO und somit als möglicher Gegner der Deckungsanfechtung anzusehen.[632] 834

---

[626] BGH ZIP 2012, 280 (für Zahlung der Steuerschuld des Organträgers durch später insolvente Organgesellschaft).
[627] BGH ZInsO 2011, 421 = NJW-RR 2011, 630.
[628] BGH ZIP 2014, 1595.
[629] BGH ZInsO 2008, 1200 = NZG 2009, 102.
[630] BGH ZinsO 2012, 1425 = NZG 2012, 1156; dazu Huber ZInsO 2012, 1412 ff.
[631] BGH ZIP 2012, 280.
[632] BGH ZIP 2009, 769 = ZInsO 2009, 768.

Leistet der Schuldner in anfechtbarer Weise an einen vom Gläubiger zum Empfang der Leistung bestimmten Dritten, ist der Gläubiger zur Rückgewähr verpflichtet.[633] Dieser Fall liegt vor bei Tilgung einer Forderung des Gläubigers des späteren Gemeinschuldners an einen vom Gläubiger beauftragten Gerichtsvollzieher[634] und auch bei Zahlung an ein Inkassounternehmen, an das die Forderung vom Gläubiger fiduziarisch zum Zweck des Forderungseinzugs abgetreten wurde. Dann ist – bei Vorliegen der sonstigen Anfechtungsvoraussetzungen, etwa der Deckungsanfechtung nach § 130 Abs. 1 InsO – der ursprüngliche Gläubiger/Zedent der Anfechtungsgegner.[635] Begründung: Der ursprüngliche Gläubiger/Zedent bleibt Leistungsempfänger, er hat einen Anspruch gegen das Inkassounternehmen nach § 667 BGB, der Inkassozessionar ist Verwaltungstreuhänder, die Leistung an den Treuhänder ist dem Treugeber zuzurechnen unabhängig davon, ob sie über ein Treuhandkonto oder ein allg. Geschäftskonto läuft. Jedenfalls wenn das Inkassounternehmen, an das die getilgte Forderung zum Zweck des Einzugs treuhänderisch übertragen worden war, den Betrag an den ursprünglichen Forderungsinhaber weitergeleitet hat, ist die Anfechtung nur gegenüber diesem und nicht gegenüber dem Inkassounternehmen möglich.[636]

835   Eine Vertragsübernahme kann als unentgeltliche Leistung anfechtbar sein.[637]

836   Bei einer vom Schuldner (hier zahlungsunfähiger Werkunternehmer) veranlassten Direktzahlung (hier Direktzahlung des Bauherrn an den Materiallieferanten) kann kongruente Deckung vorliegen und ein Benachteiligungsvorsatz des Schuldners fehlen.[638]

837   Bei einer Leistungskette ist lediglich der erste Gläubiger als Insolvenzgläubiger nach §§ 129 bis 131 InsO und somit als möglicher Gegner der Deckungsanfechtung anzusehen.[639]

838   Leistet der Schuldner in anfechtbarer Weise an einen vom Gläubiger zum Empfang der Leistung bestimmten Dritten, ist der Gläubiger zur Rückgewähr verpflichtet.[640]

VIII. Gesellschafterdarlehen und andere Finanzhilfen des Gesellschafters, § 135 InsO n.F. (früher: Eigenkapitalersetzende Darlehen)

839   Durch das MoMiG wurde das Eigenkapitalersatzrecht aufgehoben. Gesellschafterfinanzierungen sind im Fall der Insolvenz der GmbH nur noch unter insolvenzanfechtungsrechtlichen Gesichtspunkten zu beurteilen. Anfechtbar ist

---

[633] BGH ZIP 2009, 726 = ZInsO 2009, 716; BGH ZInsO 2010, 521; BAG ZInsO 2014, 1108.
[634] BAG ZInsO 2014, 1384 = BeckRS 2014, 70056 (inkongruent wegen Drucks unmittelbar drohender Zwangsvollstreckung).
[635] BGH ZIP 2014, 1032 = WM 2014, 1009.
[636] BGH ZIP 2015, 2486.
[637] BGH ZIP 2012, 1127.
[638] BGH ZInsO 2014, 1655
[639] BGH ZIP 2009, 769 = ZInsO 2009, 768.
[640] BGH ZIP 2009, 726 = ZInsO 2009, 716.

eine Rechtshandlung nach § 135 Abs. 1 InsO, die für die Forderung eines Gesellschafters auf Rückgewähr eines Gesellschafterdarlehens i.S.d. § 39 Abs. 1 Nr. 5 InsO oder für eine gleichgestellte Forderung
- **Sicherung** gewährt hat, wenn die Handlung in den **letzten 10 Jahren** vor dem Antrag auf Eröffnung des Insolvenzverfahrens oder nach dem Antrag vorgenommen worden ist (Nr. 1) oder
- **Befriedigung** gewährt hat, wenn die Handlung im **letzten Jahr** vor dem Eröffnungsantrag oder nach dem Antrag vorgenommen worden ist (Nr. 2).

Die Verrechnung von Schulden einer insolventen AG mit eigenkapitalersetzendem Darlehen des Hauptaktionärs ist nach § 135 InsO anfechtbar.[641] § 135 Nr. 2 InsO begründete die unwiderlegliche Vermutung, dass ein bei Hingabe eigenkapitalersetzendes Darlehen diese Funktion auch noch zum Zeitpunkt der (teilweisen) Rückzahlung hatte, wenn es innerhalb eines Jahres nach der Rückzahlung zum Insolvenzantrag kam.[642]

840

Das Risiko der Insolvenzanfechtung bei einer Transaktion innerhalb eines Unternehmensverbundes kann auch durch ausgeklügelte Zahlungswege nicht umgangen werden, wenn sie auf einem Plan beruhen, von dem der (mittelbare) Empfänger Kenntnis hatte.[643]

841

Für die Anfechtung nach § 135 InsO ist unerheblich, ob es sich um eine in der Krise der Gesellschaft gegeben oder zurückgezahlte Finanzierung handelt. Ebenso sind die Beweggründe und Vorstellungen des Gesellschafters für die Darlehensgewährung unerheblich; es kommt allein auf die objektiven Voraussetzungen an.[644]

842

Ob eine Insolvenzanfechtung nach § 135 Abs. 1 InsO für die praxisrelevante Fallgruppe der Befriedigung von Forderungen Dritter = Nichtgesellschafter gegeben ist, für die ein Rangrücktritt in den Rang zwischen § 39 Abs. 1 Nr. 4 und 5 InsO vereinbart war (Genussrechtskapital, Mezzaninekapital, stille Beteiligung), ist davon abhängig, ob der Dritte aufgrund von Vereinbarungen eine dem Gesellschafter vergleichbare Stellung hat.[645] Allein der bloße freiwillige Rangrücktritt eines Nichtgesellschafters macht aus seiner Forderung kein Gesellschafterdarlehen i.S.d. Vorschrift.[646] Eine Anfechtung nach § 135 InsO kommt aber in Betracht, wenn der Darlehensgeber, etwa durch atypische Ausgestaltung seiner (stillen) Beteiligung, insbesondere durch Möglichkeiten der Einflussnahme auf den Schuldner einem Gesellschafter gleichzustellen ist (s. dort). Häufig wird auch eine Anfechtung nach § 133 Abs. 1 InsO in Betracht kommen.

843

Für die eingehende Erörterung der Anfechtung nach § 135 InsO wird auf die Ausführungen zur Haftung der Gesellschafter aus Gesellschafterdarlehen und vergleichbaren Finanzhilfen in § 8, speziell → Rn. 1256 ff. verwiesen.

---

[641] LG Duisburg ZIP 2003, 1855.
[642] OLG Hamm ZInsO 2004, 451 = ZIP 2004, 1153.
[643] BGH BB 2008, 2652.
[644] OLG Naumburg ZIP 2011, 677.
[645] Zu dieser Frage s. Bork ZIP 2012, 2277 ff.
[646] So auch Bitter ZIP 2013, 2 ff.

IX. Hinweise zu Verrechnung und Aufrechnung

1. Verrechnung

844 **a) Banken.** Zum Problem der Verrechnungen von Zahlungseingängen auf Bankkonten s.o. → Rn. 476, 482 ff.
Kontokorrentvereinbarungen umfassen immer auch antizipierte Verrechnungsabreden. Mit Anordnung eines allgemeinen Verfügungsverbots erlischt die kontokorrentrechtliche Verrechnung, der Girovertrag bleibt aber bestehen. Die Folge ist, dass die Bank Zahlungseingänge auf dem Konto gutschreiben muss, mit eigenen Forderungen aber nicht mehr verrechnen darf. Es bleibt jedoch die Möglichkeit der Aufrechnung, die jedoch gesondert erklärt werden muss.[647]

845 Nach Eröffnung des Insolvenzverfahrens erlischt auch der Girovertrag/das Kontokorrentverhältnis insgesamt (§§ 116, 115 InsO).

846 **b) Konzernverrechnungsklauseln.** Konzernverrechnungsklauseln[648] behalten ihre Wirksamkeit in der Insolvenz nicht mit der Folge, dass vorgenommene Verrechnungen nach §§ 129 ff. InsO angefochten werden können.[649] Die Grundsätze zur Unwirksamkeit von Konzernverrechnungsklauseln in der Insolvenz gelten auch ggü. der öffentlichen Hand, wenn der Vertragspartner in die Aufrechnung mit Forderungen anderer öffentlicher Körperschaften eingewilligt hatte.[650]

847 **c) Finanzamt.** Das Zivilgericht ist im Anfechtungsprozess an einen wirksamen Verrechnungsbescheid des FA gebunden.[651] Das Fehlen seiner Bestandskraft müsste vor dem Finanzgericht geltend gemacht werden.[652] Im Übrigen sei zu insolvenzrechtlichen Aufrechnungsverboten im Umsatzsteuerrecht auf die aktuelle Darstellung von Kahlert[653] verwiesen.

2. Aufrechnung

848 Die **Aufrechnungsmöglichkeit** bleibt grds. auch in der Insolvenz erhalten (§ 94 InsO). Eine nach § 94 InsO geschützte Aufrechnungsbefugnis wird auch

---

[647] Zu Verrechnung und Aufrechnung bei Zahlungseingängen auf Giro-Konten s. de Bra NZI 1999, 249 ff.; Heublein ZIP 2000, 161 ff.; BGH WM 1999, 781; BGH ZIP 2000, 244.
[648] Zur Frage der Insolvenzfestigkeit Konzernverrechnungsklauseln und von Konzern-Netting-Abreden in der Insolvenz: K. Schmidt NZI 2005, 138 ff.; Schwahn NJW 2005, 473 ff.; Rendels ZIP 2003, 1583 ff.
[649] BGHZ 160, 107 = ZInsO 2004, 973 = ZIP 2004, 1764; anders noch die Vorinstanz OLG Frankfurt am Main ZInsO 2003, 423 = ZIP 2003, 1408; Aufsatz zur Frage der Insolvenzfestigkeit von Konzern-Netting-Abreden, Rendels ZIP 2003, 1583 ff.; K. Schmidt NZI 2005, 138 ff.; Schwahn NJW 2005, 473 ff.; BGH BeckRS 2004, 8095.
[650] OLG Köln NJW 2005, 1127 = ZInsO 2005, 658.
[651] Zur Aufrechnung des Finanzamtes gegen Vorsteuervergütungsansprüche des Schuldners s. BFH ZIP 2005, 266 = DStR 2005, 190 und BFH ZIP 2005, 628 und ZIP 2005, 997 und BFH DStR 2010, 1145 und BFH NZG 2011, 313.
[652] BGH ZIP 2006, 2234 = ZInsO 2006, 1219.
[653] ZIP 2013, 500 ff.

durch einen Insolvenzplan nicht beseitigt.[654] Der Insolvenzgläubiger, der gegen eine Forderung der Masse aufrechnet, hat darzulegen und zu beweisen, dass die Aufrechnungslage bereits im Zeitpunkt der Insolvenzeröffnung bestand.[655]

Nicht geschützt ist die Aufrechnungslage, wenn sie durch eine anfechtbare Rechtshandlung erlangt wurde (§ 96 Abs. 1 Nr. 3 InsO).[656] Anfechtbare Herstellung der Aufrechnungslage ist die gemäß § 96 Abs. 1 Nr. 3 InsO maßgebliche Rechtshandlung. Diese bestimmt sich nach § 140 Abs. 1 InsO. Maßgeblicher Zeitpunkt ist derjenige der vollständigen Entstehung der Aufrechnungslage nach § 387 BGB.[657] § 96 Abs. 1 Nr. 3 InsO und erfasst auch vor Eröffnung des Insolvenzverfahrens erklärte Aufrechnungen des künftigen Insolvenzgläubigers. Liegen die Aufrechnungsvoraussetzungen vor, so wird die Aufrechnungserklärung mit der Eröffnung des Insolvenzverfahrens unwirksam.[658] Bei der Prüfung, ob die Erlangung einer Aufrechnungsmöglichkeit die Gläubiger benachteiligt, sind die Folgen der Aufrechnung einzubeziehen, weil § 96 Abs. 1 Nr. 3 InsO die Masse gerade vor dem durch die Aufrechnung entstehenden Vermögensverlust schützen will.[659]

849

Ist zumindest eine der gegenseitigen, durch Rechtsgeschäft entstandenen Forderungen bedingt oder befristet, kommt es für die Anfechtbarkeit des Erwerbs der Aufrechnungslage auf den Zeitpunkt an, zu dem die spätere Forderung entstanden und damit das Gegenseitigkeitsverhältnis begründet worden ist.[660] Eine bereits mit Vertragsschluss entstandene Forderung ist erst und nur insoweit zu berücksichtigen, als sie (etwa durch Erbringung von Werkleistungen) werthaltig geworden ist und so dem Gläubiger die tatsächliche Befriedigung seiner Forderung durch Aufrechnung erst ermöglicht.[661]

850

Die Anwendbarkeit des § 96 Abs. 1 Nr. 3 InsO hat zur Folge, dass der Insolvenzverwalter sich unmittelbar auf die insolvenzrechtliche Unwirksamkeit der Aufrechnung berufen und die Forderung des Schuldners, gegen die anfechtbar aufgerechnet worden ist, für die Insolvenzmasse einklagen und den Aufrechnungseinwand mit der Gegenrede der Anfechtbarkeit abwehren kann.[662]

851

Beispiele für inkongruent/anfechtbar hergestellte Aufrechnungslagen (§ 96 Abs. 1 Nr. 3 InsO):

852

- Führen der spätere Schuldner und sein Vertragspartner, der eine Darlehensforderung gegen den Schuldner hat, in der kritischen Zeit durch einen Kaufvertrag über Anlagevermögen des Schuldners eine Aufrechnungslage herbei, so ist der Insolvenzverwalter nicht auf die insolvenzrechtliche Anfechtung des Kaufvertrages beschränkt, sondern kann wegen des Aufrechnungsverbots nach § 96 Abs. 1 Nr. 3 InsO Zahlung des Kaufpreises zur Masse verlangen.[663]

---

[654] OLG Celle ZIP 2009, 140.
[655] BGH NZG 2013, 150.
[656] Beispiele für inkongruent hergestellte Aufrechnungslagen BGHZ 147, 233 = BB 2001, 1062 = NJW 2001, 1940 = ZInsO 2001, 464; BGH BB 2003, 2707 = ZInsO 2003, 1101 = ZIP 2003, 2370.
[657] OLG Düsseldorf, ZIP 2020, 1923
[658] BGHZ 169, 158 = BB 2006, 2654 = ZInsO 2006, 1215 = ZIP 2006, 2178.
[659] BGH ZInsO 2009, 1294 = BeckRS 2009, 13339.
[660] BGH ZInsO 2010, 673 = NZI 2010, 985.
[661] BGH ZInsO 2010, 673 = NZI 2010, 985; OLG München ZIP 2010, 638; erneut BGH ZIP 2013, 588.
[662] BGHZ 169, 158 = BB 2006, 2654 = ZInsO 2006, 1215 = ZIP 2006, 2178.
[663] OLG Rostock ZIP 2003, 1903; sa BGHZ 147, 233 = BB 2001, 1062 = NJW 2001, 1940 = ZInsO 2001, 464.

- Verkauf von Anlagevermögen kurz vor Insolvenzantrag, auch wenn Käufer umfangreiche Pflichten des Schuldners ggü. Dritten übernimmt.[664]
- Der Gläubiger, der ggü. der Forderung des Schuldners aus einem gegenseitigen Vertrag mit einem abgetretenen Anspruch aufrechnet, der aus einem gegenseitigen Vertrag des Zedenten mit dem Schuldner stammt, hat die Aufrechnungslage inkongruent erlangt.[665]

853 Auch für die Frage, ob die Aufrechnungslage anfechtbar hergestellt wurde, ist Inkongruenz ein erhebliches Beweisanzeichen für den Benachteiligungsvorsatz.[666] Die Forderung des Schuldners, gegen die der Gläubiger aufrechnet, wird regelmäßig erst dann werthaltig, wenn der Schuldner seine geschuldete Leistung erbringt; auf den Zeitpunkt der Rechnungsstellung kommt es nicht an.[667] Auch insoweit kommt es also nicht allein auf die Entstehung der Forderung an, sondern auf den Zeitpunkt der Werthaltigkeit der Forderung des Schuldners (etwa bei Werklohnforderungen).

854 Hat sich der Gläubiger nach insolvenzrechtlich anfechtbarer Herstellung der Aufrechnungslage für seine Forderung Befriedigung durch Aufrechnung verschafft, so hat er bei Feststellung der Unzulässigkeit der Aufrechnung die Forderung ab Verfahrenseröffnung zu verzinsen.[668] Die Unzulässigkeit der Aufrechnung nach § 96 Abs. 1 Nr. 3 InsO kann der Insolvenzverwalter nicht mehr durchsetzen, wenn er die Frist zur gerichtlichen Geltendmachung nach § 146 Abs. 1 InsO versäumt hat und sich der Gegner hierauf beruft.[669]

855 Im Insolvenzeröffnungsverfahren bleibt die Aufrechnung grds. noch zulässig. Die Sachverhalte sind lediglich nach dem Insolvenzanfechtungsrecht bei späterer Insolvenzeröffnung zu beurteilen. Eine Vorverlagerung der Aufrechnungsverbote in das Insolvenzeröffnungsverfahren findet nicht statt.[670]

856 Der Insolvenzgläubiger, der gegen eine Forderung der Masse aufrechnet, hat darzulegen und zu beweisen, dass die Aufrechnungslage schon im Zeitpunkt der Insolvenzeröffnung bestand.[671]

X. Zusammenfassung der Anfechtung von Lohnzahlungen gegenüber Arbeitnehmern

1. Grundsätzliche Anfechtbarkeit, Rechtsweg

857 Die insolvenzrechtliche Anfechtbarkeit von Lohnzahlungen an Arbeitnehmer ist stets in der Diskussion.[672] Grundsätzlich unterliegen auch Lohnzahlungen für

---

[664] BGH BB 2003, 2707 = ZInsO 2003, 1101 = ZIP 2003, 2370 und BGH DZWIR 2006, 31 = ZInsO 2005, 884 = ZIP 2005, 1521.
[665] BGH NZI 2006, 345 = ZIP 2006, 818.
[666] OLG Hamm ZInsO 2006, 45.
[667] BGH NZG 2013, 511.
[668] BGH ZIP 2015, A 99; außerdem BGH ZIP 2016, 30.
[669] BGH WM 2007, 1585 = ZInsO 2007, 813 = ZIP 2007, 1467.
[670] OLG Rostock EWiR 2004, 447; BGHZ 159, 388 = BB 2004, 1872 = ZInsO 2004, 852 = ZIP 2004, 1558.
[671] BGH ZInsO 2013, 878 = NJW-RR 2012, 1517.
[672] Zur Insolvenzanfechtung von Lohn- und Gehaltszahlungen s. Pieper ZInsO 2009, 1425 ff.; Laws ZInsO 2009, 1465 ff.; AG Gera ZInsO 2007, 1000 = BeckRS 2007, 19156;

geleistete Arbeit der Insolvenzanfechtung. Jedenfalls für die Deckungsanfechtung nach § 131 InsO hat das BAG die Verfassungsmäßigkeit bejaht.[673] Die Anfechtung von Lohnzahlungen hat in der Rechtsprechung zu einem gewissen Anfechtungssonderrecht geführt.[674] Der Insolvenzverwalter wird je nach Lage des Einzelfalles zu entscheiden haben, ob er dem Gebot der Massemehrung „soziale" Erwägungen entgegensetzen kann.

Sogar Lohnzahlungen des Schuldners im Insolvenzeröffnungsverfahren an Arbeitnehmer, denen der spätere, damals noch **vorläufige Insolvenzverwalter zugestimmt** hat, können nach Insolvenzverfahrenseröffnung angefochten und zur Insolvenzmasse zurückverlangt werden.[675]

858

Für die Anfechtung von Lohnzahlungen gegenüber Arbeitnehmern hatte der BGH ebenfalls die Zuständigkeit der ordentlichen Gerichte angenommen.[676] Das BAG hat jedoch überraschend den Rechtsweg zu den Arbeitsgerichten zugelassen.[677] Der BGH hat daraufhin die Frage des Rechtsweges dem Gemeinsamen Senat der obersten Gerichtshöfe des Bundes vorgelegt.[678] Dieser hat nun entschieden, dass der Rechtsweg zu den Arbeitsgerichten gegeben ist.[679] Ebenso ist die Zuständigkeit der Arbeitsgerichte gegeben für eine Anfechtung von Schein-Gehaltszahlungen nach §§ 134 Abs. 1, 143 InsO, wenn also das Bestehen des Arbeitsverhältnisses selbst streitig ist.[680]

859

Hat jedoch ein Dritter anstelle des Arbeitgebers den Lohn gezahlt, ist für die Insolvenzanfechtung der Rechtsweg zu den ordentlichen Gerichten gegeben.[681]

2. Bargeschäft i.S.d. § 142 InsO

Der BGH hat den Bargeschäftszeitraum auf 30 Tage nach Fälligkeit des Lohnanspruchs des vorleistungspflichtigen Arbeitnehmers begrenzt.[682] Nach dem „Zuständigkeitswechsel" (s. → Rn. 872) hat das BAG – wohl sozialpolitisch motiviert – entschieden, dass bei der Anfechtung von Lohnzahlungen grundsätzlich

860

---

dazu Ries ZInsO 2007, 1037 ff. und Bork ZIP 2007, 2337 ff.; sa Zwanziger BB 2007, 42 ff.; Stellungnahme der Bundesregierung zur Insolvenzanfechtung von Lohnzahlungen, ZIP 2009, 586 ff.; Cranshaw ZInsO 2009, 257 ff.; Zur Insolvenzanfechtung von Lohnzahlungen sa Vollrath ZInsO 2011, 1665 ff.; sa RegE eines Gesetzes zur Verbesserung der Rechtssicherheit bei Anfechtungen nach der InsO und dem AnfG. v. 29.9.2015, ua Beilage 2 zu ZIP 40/2015; vorgesehene Verlängerung des Bargeschäftszeitraums für kongruente Lohnzahlungen nach, § 142 Abs. 2 Satz 2 InsO-E auf drei Monate.
[673] BAG ZIP 2014, 1396 und BAG ZIP 2014, 2208.
[674] S. die im Folgenden genannten zahlreichenden Entscheidungen.
[675] BAGE 122, 266 = ZInsO 2005, 529 = ZIP 2005, 86.
[676] BGH DZWIR 2009, 259.
[677] BAG ZInsO 2008, 391 = ZIP 2008, 667; dazu Humberg ZInsO 2008, 487 ff.; Kirchhof ZInsO 2008, 1293 ff. und erneut ZInsO 2009, 1791 ff. und BAG ZIP 2009, 831 und BAG ZIP 2009, 1687; dazu Kreft ZInsO 2009, 578 ff.
[678] BG, ZIP 2009, 825.
[679] ZIP 2010, 2418 = ZInsO 2010, 2400; dazu Ries ZInsO 2010, 2382 ff., und Kreft ZIP 2013, 241 ff., der die Entscheidung für verfassungswidrig hält.
[680] BAG ZIP 2015, 341; anders noch LAG Frankfurt a.M. ZIP 2014, 1147 für ein Scheinarbeitsverhältnis.
[681] BGH ZInsO 2012, 1538 = NZI 2013, 33.
[682] BGH ZIP 2014, 1491 = ZInsO 2014, 1602; sa Windel ZIP 2014, 2167 ff.

ein Bargeschäft noch vorliegt, wenn der Arbeitgeber Lohn für Arbeitsleistungen gezahlt hat, die der Arbeitnehmer in den letzten 3 Monaten vor Zahlung erbracht hat.[683] Das durfte nach alter Rechtslage unhaltbar gewesen ein, da jegliche auf Zahlungsschwierigkeiten beruhende, den üblichen Austauschzeitraum übersteigende Verzögerung der Annahme eines Bargeschäfts entgegensteht.[684] Nach der Reform des Insolvenzanfechtungsrechts im Jahr 2017 liegt bei Lohnzahlungen nun nach der gesetzlichen Regelung in § 142 Abs. 2 S. 2 InsO n.F. ein Bargeschäft vor, wenn der Zeitraum zwischen Erbringung der Arbeitsleistung und Gewährung des Arbeitsentgelts drei Monate nicht übersteigt.

861 Ob die arbeitsgerichtliche Rechtsprechung abweichend von der ständigen Rechtsprechung des BGH für die Anfechtung von Lohnzahlungen ein Bargeschäft auch bei Inkongruenz nach § 131 InsO, etwa wegen Beitreibung des Arbeitsentgelts im Wege der Zwangsvollstreckung annehmen wird, wird sich noch zu zeigen haben. Das LAG Berlin-Brandenburg hat dies m.E. zu Recht verneint.[685]

3. Inkongruenz

862 Nach ständiger Rechtsprechung des BGH sind Zahlungen oder Sicherheitsgewährungen innerhalb des Drei-Monats-Zeitraums vor dem Insolvenzantrag oder danach, die auf Druck von oder zur Vermeidung unmittelbar bevorstehender/ drohender Zwangsvollstreckungen gewährt werden, inkongruent.[686] Dies gilt auch für Lohnzahlungen.[687]

863 Lohnzahlungen vom **Konto eines oder durch einen Dritten** (hier der Ehefrau des Insolvenzschuldners), dem die für die Zahlung erforderlichen Mittel zuvor vom Insolvenzschuldner zur Verfügung gestellt worden waren, sind inkongruent, weil die Befriedigung nicht „in der Art" erfolgt, wie sie geschuldet war.[688] Nach LAG Köln spricht vieles dafür, dass die Inkongruenzanfechtung gegenüber dem Arbeitnehmer nur gegeben ist, wenn für ihn die Inkongruenz objektiv erkennbar war.[689] Die Lohnzahlung vom Konto eines Dritten ist aber nicht inkongruent, wenn sie während des gesamten Arbeitsverhältnisses über dieses Konto erfolgten, wenn dieser Zahlungsweg also der für dieses Arbeitsverhältnis übliche war. Das gilt auch dann, wenn das Konto des Dritten als Geschäftskonto des Schuldners genutzt wurde.[690] Nach der Reform des Insolvenzanfechtungsrechts im Jahr 2017 ist nunmehr in § 142 Abs. 2 S. 3 InsO n.F. geregelt, dass die Gewährung des Arbeitsentgelts durch einen Dritten nach § 267 BGB der Gewährung durch den Schuldner gleichsteht, wenn für den Arbeitnehmer nicht erkennbar war, dass ein Dritter die Zahlung bewirkt hat.

---

[683] BAG ZIP 2011, 2366 = ZInsO 2012, 37.
[684] Ganter ZIP 2012, 2037 ff.
[685] LAG Berlin-Brandenburg ZInsO 2013, 91; dazu Stiller ZInsO 2013, 55 ff.
[686] BGH BB 2002, 1338 = NJW 2002, 2568 = ZInsO 2002, 581; OLG Karlsruhe ZInsO 2002, 585 = ZIP 2002, 1591.
[687] BAG ZInsO 2014, 1758: § 131 Abs. 1 Nr. 2 InsO verletzt Art. 3 Abs. 1 und Art. 14 GG nicht; erneut BAG ZInsO 2014, 2286 = BeckRS 2014, 72179.
[688] BAG ZIP 2015, 533.
[689] LAG Köln ZIP 2015, 2183.
[690] BAG ZIP 2016, 33.

4. Anfechtungsschädliche Kenntnisse des Arbeitnehmers und Beweisanzeichen, Vorsatzanfechtung

Betreffend die Anfechtung von Lohnzahlungen des Schuldners hatte sich für den Schluss auf das Vorliegen der anfechtungsrelevanten Kenntnisse von eingetretener oder drohender Zahlungsunfähigkeit (etwa §§ 130 Abs. 1 Nr. 1, 133 Abs. 1 InsO) bei Arbeitnehmern als Anfechtungsgegner eine gewisse Sonderrechtsprechung des BGH entwickelt: Weiß der Arbeitnehmer (hier ein Elektroinstallateur eines Bauunternehmens), dem der Arbeitgeber in der Krise noch rückständige Lohnzahlungen leistet, dass der Arbeitgeber auch anderen Arbeitnehmern noch Lohn schuldig ist, rechtfertige dies allein noch nicht den Schluss auf Zahlungsunfähigkeit bzw. Zahlungseinstellung des Arbeitgebers; den Arbeitnehmer ohne Einblick in die Liquiditätslage des Unternehmens treffe auch keine Erkundigungspflicht.[691] Diese Entscheidung dürfte sozialpolitisch motiviert gewesen sein, denn sie steht im Widerspruch zu der wenige Zeit vorher ergangenen Entscheidung zur Verdoppelung der Vermutungsregelung des § 133 Abs. 1 Satz 2 InsO.[692] Der BGH hat die unterschiedliche Behandlung der Anfechtungsgegner sogar ausdrücklich betont, indem er entschieden hat, dass die Rechtsprechung, nach der für institutionelle Gläubiger (etwa Sozialkassen) die Nichtzahlung von Löhnen und Sozialversicherungsbeiträgen regelmäßig auf Zahlungsunfähigkeit hindeutet, weil solche Verbindlichkeiten typischerweise nur dann bei Fälligkeit nicht bezahlt werden, wenn die liquiden Mittel fehlen, auf Arbeitnehmer nicht anzuwenden sei.[693] Wie stark der BGH nach der Person des Anfechtungsgegners differenzierte, zeigte auch seine weitere Entscheidung in demselben Insolvenzfall des o.g. Bauunternehmens: bei dem Bauleiter wurde die weitergehende und damit i.S.d. § 133 Abs. 1 InsO schädliche Kenntnis von der wirtschaftlichen Situation des Arbeitgebers unterstellt.[694] Zahlungsrückstände von 7 bis 9 Monatslöhnen können in jedem Fall auch „bei vollen Auftragsbüchern" nicht als bloße Zahlungsstockung eingeordnet werden und begründen daher die Kenntnis des Arbeitnehmers von der Zahlungsunfähigkeit.[695]

864

Nach dem „Zuständigkeitswechsel" zu den Arbeitsgerichten (s. → Rn. 822) hat das BAG sich verschiedentlich mit der Vorsatzanfechtung von Lohnzahlungen befasst und die Rechtsprechung des BGH im Wesentlichen bestätigt.[696] Das Wissen des Arbeitnehmers, dass der Arbeitgeber auch gegenüber anderen Arbeitnehmern mit Lohn- und Gehaltszahlungen in Rückstand geraten war, verschaffe noch nicht den erforderlichen Gesamtüberblick über die Liquiditätslage des Arbeitgebers.[697] Allerdings hat das BAG zugleich entschieden, dass aus dem Umstand, dass der Arbeit-

865

---

[691] BGH DZWIR 2009, 254 = ZInsO 2009, 515.
[692] So BGH ZInsO 2009, 145 ff. = ZIP 2009, 189.
[693] BGH ZInsO 2009, 515 = NZI 2009, 228; zu dieser Entscheidung Sander ZInsO 2009, 702 ff. 7
[694] BGH ZInsO 2009, 2244 = NZI 2009, 892; zu beiden Urteilen Ries/Doebert ZInsO 2009, 2367 ff.
[695] BGH ZInsO 2010, 714 = NZI 2010, 339.
[696] Zur betreffenden Rechtsprechung des BAG s. BAG ZIP 2011, 2366 = ZInsO 2012, 271; dazu Jacobs/Doebert ZInsO 2012, 618 ff.; BAG ZInsO 2012, 834.
[697] BAG ZInsO 2012, 834 = BeckRS 2011, 79277.

nehmer keine Kenntnis i.S.d. § 130 Abs. 2 InsO hatte, nicht abgeleitet werden kann, dass er auch nicht wusste, dass die Zahlungsunfähigkeit des Arbeitgebers drohte und die Zahlung die anderen Gläubiger benachteiligte.[698] Das ArbG Marburg[699] hat entschieden, dass Kenntnis des Arbeitnehmers auch bei Zahlungsverzug von 3 Monaten nicht zwingend gegeben ist, wenn auch früher häufig verspätete Lohnzahlungen vorkamen, die Rückstände jedoch immer wieder ausgeglichen wurden.

866 Die Beweisanzeichen für Benachteiligungsvorsatz und Kenntnis können zurücktreten bei kongruenter, im Bargeschäftszeitraum (30 Tage nach Fälligkeit des Lohnanspruchs für vorgeleistete Arbeit) erbrachter Lohnzahlung, die den Gläubigern im Allgemeinen nützt, weil die Arbeitsleistung für die Fortführung des Unternehmens unverzichtbar ist.[700]

In seiner sehr lesenswerten Entscheidung vom 29.1.2014 hat das BAG Abkehr von der pauschalen und stereotypen Indizwirkung der Kenntnis beider Seiten von (drohender) Zahlungsunfähigkeit des Schuldners für das Vorhandensein der subjektiven Anforderungen der Vorsatzanfechtung genommen und entschieden, dass auch bei Vorhandensein solcher Kenntnisse im Einzelnen zu prüfen ist, welchen Beweiswert sie für das Vorhandensein der subjektiven Tatbestandsvoraussetzungen des § 133 Abs. 1 InsO haben. Das gilt sowohl für den Gläubigerbenachteiligungsvorsatz des Schuldners als auch für die Kenntnis des Anfechtungsgegners. Insbesondere beim Bargeschäft oder in bargeschäftsähnlicher Lage dürfe der Rückgriff auf dieses Beweisanzeichen nicht dazu führen, dass die Vorsatzanfechtung über ihren Normzweck hinaus ausgedehnt und damit das Stufenverhältnis von § 130 Abs. 1 Satz 1 Nr. 1 InsO und § 133 Abs. 1 InsO umgekehrt wird.[701]

867 Nach der Reform des Insolvenzanfechtungsrechts im Jahr 2017 dürfte die Vorsatzanfechtung von Lohnzahlungen kaum mehr in Betracht kommen, denn i.d.R. wird ein Bargeschäft im für Lohnzahlungen gültigen Drei-Monats-Zeitraum nach § 142 Abs. 2 S. 2 InsO n.F. vorliegen, welches nach § 142 Abs. 1 InsO n.F. nur anfechtbar ist, wenn der Arbeitnehmer erkannt hat, dass der Schuldner bei der Lohnzahlung unlauter handelte. Letzteres dürfte für Lohnzahlungen für erbrachte Arbeit kaum je anzunehmen sein.

5. Anfechtung wegen Unentgeltlichkeit

868 Unentgeltlich sind **Lohnzahlungen** des Schuldners an einen freigestellten Arbeitnehmer, wenn feststeht, dass der Arbeitnehmer keine Arbeitsleistung zu erbringen hat. Dann nämlich verändere die Freistellung das Arbeitsverhältnis inhaltlich.[702] Auch Lohnzahlungen in einem Scheinarbeitsverhältnis sind i.d.R. nach § 134 InsO anfechtbar.[703] Allerdings nicht unentgeltlich sind Lohnzahlungen aufgrund tariflicher oder gesetzlicher Bestimmungen, die unter Durchbrechung des Grundsatzes „kein Lohn ohne Arbeit" die Entgeltzahlung auch ohne erbrachte

---

[698] BAG ZInsO 2012, 834 = BeckRS 2011, 79277.
[699] ZIP 2008, 2432 = ZInsO 2008, 1157.
[700] BGH ZIP 2014, 1491 = ZInsO 2014, 1602.
[701] BAG ZIP 2014, 628 = ZInsO 2014, 659.
[702] BAG ZIP 2016, A 1.
[703] BAG ZInsO 2015, 47 = NJOZ 2016, 544, zugleich zur Darlegungs- und Beweislast.

Arbeitsleistung anordnen.⁷⁰⁴ Auch die Zahlung in Erfüllung einer vergleichsweise vereinbarten Freistellung ist nicht unentgeltlich.⁷⁰⁵

Gewährt die spätere Insolvenzschuldnerin Lohnzahlungen an einen Arbeitnehmer eines Dritten (hier Schwestergesellschaft), kann die Lohnzahlung unentgeltlich sein, sofern der Lohnanspruch gegen die Insolvenzschuldnerin wertlos ist. Dann unterfällt die Schenkungsanfechtung nicht dem Bargeschäftsprivileg.⁷⁰⁶ **868a**

6. Rechtsfolgen

Die Deckungsanfechtung erfasst grundsätzlich nur den vom Arbeitnehmer erhaltenen Nettolohn.⁷⁰⁷ **869**

Offen ist, ob sich der Arbeitnehmer, der den Lohn verbraucht hat, auf Entreicherung berufen kann.⁷⁰⁸

U.U. kann zur Erfüllung (erfüllungshalber, § 364 Abs. 2 BGB) des anfechtungsrechtlichen Rückgewähranspruchs die Abtretung des Insolvenzgeldanspruchs nach §§ 165 ff. SGB III in Betracht kommen.⁷⁰⁹

Offen gelassen hat das BAG, ob und in welcher Weise bei der Anfechtung von Lohnzahlungen dem Arbeitnehmer ein **Existenzminimum** verbleiben muss. Als obiter dictum hat das BAG aber ausgeführt, dass in verfassungskonformer (Art. 12 Abs. 1, Art. 1 Abs. 1 und Art. 20 Abs. 1 GG) Auslegung zumindest bei kongruenter Deckung ein menschenwürdiges Existenzminimum anfechtungsfrei bleibt. Bei Anfechtung erheblicher Lohnzahlungen als inkongruente Deckung muss das Existenzminimum dem Arbeitnehmer nicht verbleiben⁷¹⁰; insoweit kann er auf staatliche Hilfen verwiesen werden.⁷¹¹ Anders LAG Köln: auch bei inkongruenter Deckung kann es geboten sein, das Existenzminimum, zu bestimmen anhand der Pfändungsfreibeträge nach § 850c ZPO, anfechtungsfrei zu stellen.⁷¹² **870**

7. Verjährung, Ausschlussfristen

Ob (für die Anfechtung von Lohnzahlungen) tarifvertragliche Ausschlussfristen gelten, war in der instanzgerichtlichen Rechtsprechung umstritten.⁷¹³ M.E. konnten die tarifvertraglichen Fristen nicht zur Anwendung kommen, weil der Anfechtungsanspruch kein von ihnen erfasster, sondern ein gesonderter Anspruch aus §§ 129 ff. InsO ist, der der Regelung durch Tarifvertragsparteien nicht zugäng- **871**

---

⁷⁰⁴ BAG ZIP 2016, 377.
⁷⁰⁵ BAG ZIP 2016, 377.
⁷⁰⁶ BGH ZIP 2022, 650 = NJW-RR 2022, 631.
⁷⁰⁷ BAG ZIP 2014, 1396 (für eine Anfechtung nach § 131 InsO).
⁷⁰⁸ ArbG Koblenz ZInsO 2009, 487 = BeckRS 2009, 56459.
⁷⁰⁹ S. dazu Stiller ZInsO 2013, 2047 ff.
⁷¹⁰ Erneut BAG ZIP 2018, 32: kein Anlass, über eine Anfechtungssperre in Höhe des Existenzminimums nachzudenken im Fall einer Anfechtung von gezahlter Ausbildungsvergütung, die wegen des Drucks drohender Zwangsvollstreckung nach § 131 Abs. 1 InsO inkongruent war.
⁷¹¹ BAG ZIP 2014, 1396 = ZInsO 2014, 2040.
⁷¹² LAG Köln ZIP 2015, 2183.
⁷¹³ Bejahend LAG Nürnberg ZIP 2012, 2263 und LAG Hannover ZIP 2012, 1977; verneinend LAG Nürnberg ZIP 2012, 2261.

lich ist. So wurde dies nun auch vom BAG entschieden: der insolvenzrechtliche Rückgewähranspruch unterliegt keinen tarifvertraglichen Ausschlussfristen.[714]

8. Rechtsweg

872 Für die Anfechtung von Lohnzahlungen gegenüber Arbeitnehmern hatte der BGH ebenfalls die Zuständigkeit der ordentlichen Gerichte angenommen.[715] Das BAG hat dagegen den Rechtsweg zu den Arbeitsgerichten zugelassen.[716] Der BGH hat daraufhin die Frage des Rechtsweges dem Gemeinsamen Senat der obersten Gerichtshöfe des Bundes vorgelegt.[717] Dieser hat nun entschieden, dass der Rechtsweg zu den Arbeitsgerichten gegeben ist.[718] Ich halte diese Entscheidung für falsch, weil der anfechtungsrechtliche Rückgewähranspruch ähnlich dem Bereicherungsanspruch (s. § 146 Abs. 1 Satz 2 InsO) eine bürgerlich-rechtliche Streitigkeit nach § 13 GVG darstellt und es m.E. dann nicht auf den Schuldgrund der angefochtenen Zahlung ankommen kann.[719]

Ebenso ist die Zuständigkeit der Arbeitsgerichte gegeben für eine Anfechtung von Schein-Gehaltszahlungen nach §§ 134 Abs. 1, 143 InsO, wenn also das Bestehen des Arbeitsverhältnisses selbst streitig ist.[720]

873 Hat jedoch ein Dritter anstelle des Arbeitgebers den Lohn gezahlt, ist für die Insolvenzanfechtung der Rechtsweg zu den ordentlichen Gerichten gegeben.[721]

XI. Exkurs: Anfechtung von Honorarzahlungen an den Sanierungsberater

874 Selbstverständlich können auch Honorarzahlungen an den Sanierungsberater der Insolvenzanfechtung unterliegen. Der Berater des Krisenunternehmens – Anwalt, Steuerberater, Wirtschaftsprüfer oder Unternehmensberater – läuft also Gefahr, das verdiente und noch vereinnahmte Honorar im Wege der Insolvenzanfechtung wieder zurückzahlen zu müssen, wenn sich eine Insolvenz des Mandanten nicht vermeiden lässt.[722] Wer seinen Beraterberuf also zumindest mit dem Nebenziel der Einkunftserzielung ausübt – das BVerfG hat etwa festgestellt, dass

---

[714] BAG ZIP 2014, 91 = ZInsO 2014, 141; erneut BAG ZInsO 2014, 1384 = BeckRS 2014, 70056.
[715] BGH DZWIR 2009, 259.
[716] BAG ZInsO 2008, 391 = ZIP 2008, 667; dazu Humberg ZInsO 2008, 487 ff.; Kirchhof ZInsO 2008, 1293 ff. und erneut ZInsO 2009, 1791 ff. und BAG ZIP 2009, 831 und BAG ZIP 2009, 1687; dazu Kreft ZInsO 2009, 578 ff.
[717] BGH ZIP 2009, 825.
[718] ZIP 2010, 2418 = ZInsO 2010, 2400; dazu Ries ZInsO 2010, 2382 ff.
[719] Sa Kreft ZIP 2013, 241 ff., der die Entscheidung sogar wegen Verstoßes gegen Art. 20 Abs. 3 GG (Gewaltenteilungsprinzip) und gegen Art. 101 Abs. 1 Satz 2 GG (gesetzlicher Richter) für verfassungswidrig hält.
[720] BAG ZIP 2015, 341; anders noch LAG Frankfurt a.M. ZIP 2014, 1147 für ein Scheinarbeitsverhältnis.
[721] BGH ZInsO 2012, 1538 = NZI 2013, 33.
[722] BGH NJW 2002, 3252 = ZIP 2002, 1540; sa Heidbrink BB 2008, 958 ff.; Fölsing ZIP 2007, 1449 ff.; Zu Haftungsfragen bei Unangemessenheit des Sanierehonorars Kiethe

B. Die einzelnen Anfechtungstatbestände

kommerzielles Denken mit dem Anwaltsberuf nicht schlechthin unvereinbar ist[723] – tut gut daran, hinsichtlich der Honorareinnahmen von Krisenmandanten einige „Vorsichtsregeln" zu beachten.

Die insolvenznahe Beratungsleistung wird schuldbefreiend an den Schuldner im Insolvenzeröffnungsverfahren auch dann erbracht, wenn dem Schuldner vorläufige Verfügungsbeschränkungen auferlegt wurden, weil der Anspruch auf die Beratungsleistung betr. die Sanierung bzw. das Insolvenzverfahren nicht übertragbar ist und daher nicht in die Insolvenzmasse fällt.[724]

875

1. Kongruenzanfechtung (§ 130 InsO)

Auch kongruente Honorarzahlungen innerhalb der letzten 3 Monate vor dem Insolvenzantrag kann der Insolvenzverwalter im Wege der Kongruenzanfechtung zurückverlangen, wenn der Schuldner zurzeit der Zahlung objektiv zahlungsunfähig war und der Berater **Kenntnis** hiervon oder von Umständen hatte, die zwingend auf Zahlungsunfähigkeit schließen lassen. Dasselbe gilt von Zahlungen, die noch nach dem Insolvenzeröffnungsantrag erfolgten.

876

Die Kenntnis des Sanierungsberaters von der Zahlungsunfähigkeit des Schuldners/Mandanten bzw. von Umständen, die zwingend auf Zahlungsunfähigkeit schließen lassen, wird jedoch häufig gegeben sein, so z.B. wenn ein Steuerberater regelmäßig Kurzberichte erstellt, die erhebliche Verluste ausweisen.[725]

877

2. Der Sanierungsberater als nahestehende Person i.S.d. § 138 InsO?

Soweit Anfechtungstatbestände für nahestehende Personen die erforderlichen Kenntnisse (widerleglich) vermuten lassen (etwa §§ 130 Abs. 3, 131 Abs. 2 Satz 2, 133 Abs. 2 InsO), kommt es darauf an, ob Berater (Rechtsanwälte, Steuerberater und Unternehmensberater) dem Schuldnermandanten nahestehende Personen i.S.d. § 138 InsO sind. Dies war wiederholt Gegenstand der Rechtsprechung. Allein das Mandatsverhältnis reicht noch nicht, so dass Kenntnis von der Zahlungsunfähigkeit nicht gesetzlich vermutet wird.[726] A.A. das AG Viersen:[727] Der Steuerberater gehört zum Kreis der nahestehenden Personen i.S.d. § 138 Abs. 1 Nr. 3 InsO, so dass widerleglich vermutet wird, dass er die Zahlungsunfähigkeit oder Umstände kannte, die zwingend auf Zahlungsunfähigkeit schließen lassen.

878

Für den Berater einer juristischen Person oder einer Personenhandelsgesellschaft kommt es für die Qualifikation des Beraters als nahestehende Person i.S.d. § 138 Abs. 2 Nr. 2 InsO auf die tatsächlichen Verhältnisse an, insbesondere darauf, ob der Berater innerhalb der Schuldnergesellschaft tätig wurde oder in gleicher Weise über den Wissensvorsprung verfügte, wie sonst nur leitende Angestellte und ihm

879

BB 2005, 1801 ff.; Wollweber DStR 2010, 1801 ff.; Mock ZIP 2014, 445 ff.; sa Tolani ZIP 2018, 1997 ff.
[723] BVerfG BB 2007, 617 = DStR 2007, 874 = DStR 2007, 874 = NJW 2007, 979.
[724] BGH ZIP 2013, 586.
[725] AG Hattingen DStR 2006, 111.
[726] BGH ZIP 1998, 247.
[727] DStR 2009, 296.

ebenso alle über die wirtschaftliche Lage des Auftraggebers erheblichen Daten üblicherweise im normalen Geschäftsgang zufließen.[728]. Das Mandat eines Sanierungsberaters kann diesem also durchaus die Stellung einer nahestehenden Person verschaffen.[729] Im Fall der auf den Steuerberater ausgelagerten Buchführung ist das nicht anzunehmen, wenn der Zufluss an Buchhaltungsunterlagen an den Berater länger als $^1/_4$ Jahr gestockt hatte.[730]

3. Bargeschäft (§ 142 InsO)

880 Der Sanierungsberater sollte bestrebt sein, für die Honorarzahlungen seines Mandanten die Voraussetzungen des Bargeschäfts i.S.d. § 142 InsO zu erfüllen, also einen unmittelbaren Leistungsaustausch – Beratungsleistung gegen **Erhalt** der Honorarzahlung – zu bewirken.

881 Beauftragt der spätere Insolvenzschuldner den Rechtsanwalt mit der Vorbereitung und ordnungsgemäßen Stellung des Insolvenzantrages und erbringt der Rechtsanwalt diese Leistung auftragsgemäß, ist die nach einer Woche erfolgende Zahlung als kongruentes Bargeschäft nicht anfechtbar, auch nicht nach § 133 Abs. 1 InsO.[731] Dasselbe gilt, wenn Gegenstand des Mandatsvertrages die Prüfung der Insolvenzreife und bei deren Vorliegen die Vorbereitung und Stellung des Insolvenzantrages ist und die Honorarzahlung zeitnah geleistet wird.[732] Nach OLG Düsseldorf können Zahlungen an Sanierungsberater als bargeschäftsähnlicher Leistungsaustausch gem. §§ 133 Abs. 1, 142 InsO a.F. privilegiert sein, wenn der Schuldner den Berater mit den für eine Sanierung erforderlichen Tätigkeiten beauftragt hat, die Tätigkeiten als Sanierungsbemühungen geeignet sind und bereits bei Beauftragung aus objektiver Sicht Ansätze für eine Sanierungschance bestehen. Stellt sich jedoch während der Sanierungsbemühungen heraus, dass keine erfolgversprechende Sanierung mehr möglich ist, liegt in der Vergütungszahlung keine für zur Fortführung des Unternehmens unentbehrliche Gegenleistung, die der Gläubigergesamtheit nützt.[733]

881a Erbringt ein RA Vorleistungen, die der (inzwischen) in der Krise befindliche Mandant mehr als **30 Tage** später vergütet, handelt es sich nicht mehr um ein anfechtungsrechtlich privilegiertes Bargeschäft.[734] Die Honorarzahlung an den Sanierungsberater ist kein Bargeschäft mehr, wenn sie erst fast 2 Monate nach Fälligkeit erfolgt.[735] Das LG Würzburg stellt für den Bargeschäftszeitraum auf die Zeit zwischen zeitnaher Rechnungsstellung und Bezahlung durch den Schuldner ab.[736]

882 Hat der insolvente Mandant durch die Gewährung von **Vorschüssen** vorgeleistet, gilt für das Vorliegen eines Bargeschäfts derselbe Maßstab wie bei einer

---

[728] OLG Frankfurt a.M. ZIP 2018, 488.
[729] BGH ZIP 2022, 589 = NZI 2022, 385 m. Anm. Hacker.
[730] BGH ZIP 2012, 2449 = ZInsO 2012, 2335.
[731] LG Würzburg ZInsO 2014, 564.
[732] LG Berlin ZIP 2014, 1688.
[733] OLG Düsseldorf, ZIP 2020, 2294
[734] KG ZInsO 2008, 330 = IBR 2008, 654; BGH NZG 2008, 902.
[735] BGH NJW 2002, 3252 = ZIP 2002, 1540.
[736] LG Würzburg ZIP 2018, 1891 (n.rkr.); Revision anhängig beim OLG Bamberg, 1 U 32/18.

Vorleistung des Rechtsanwalts.[737] Bei Vergütungsvorschuss ist Bargeschäft nur gegeben, wenn der Vorschuss der Vergütung für die Beraterleistung der nächsten 30 Tage entspricht.[738]

Ein Bargeschäft ist ausgeschlossen, wenn die Beraterleistung für den Schuldner **883** ohne Nutzen ist.[739] Für ein kongruentes Bargeschäft ist also auf etwaige Gleichwertigkeit der Beratungsleistung und der Honorarzahlung zu achten. Ein auffälliges Missverhältnis zwischen Wert der Anwaltsleistung/marktangemessener Vergütung und vereinbarter Vergütung mit der Folge der Sittenwidrigkeit der Vergütungsvereinbarung kann widerlegbar vermutet werden, wenn die vereinbarte Vergütung die gesetzlichen Gebühren um mehr als das 5-fache übersteigt.[740]

Selbstverständlich ist ein Bargeschäft i.S.d. § 142 InsO auch ausgeschlossen, **884** wenn Mandant etwa der Gesellschafter oder der Geschäftsführer der insolvenzgefährdeten Gesellschaft ist, die Honorarzahlung aber von der später insolventen Gesellschaft selbst geleistet wurde.[741]

> **Praxishinweis** **885**
> Dem Sanierungsberater ist also anzuraten, für in der „kritischen" Phase vereinnahmte Vorschüsse die Beratungsleistung sehr zeitnah zu erbringen und abzurechnen bzw. auf sehr zeitnahe Zahlungseingänge nach der Erbringung der Beratungsleistung hinzuwirken bzw. Zahlungseingänge ohne Tilgungsbestimmung, etwa Akontozahlungen, auf zeitnah erbrachte und nach der Vergütungsvereinbarung abgerechnete Beratungsleistungen anzurechnen.

4. Inkongruenzanfechtung (§ 131 InsO), Honorarvorschüsse

Die Gefahr der erleichterten Inkongruenzanfechtung besteht für alle Honorar- **886** zahlungen im „kritischen" Drei-Monats-Zeitraum vor dem Insolvenzantrag, wenn der Berater auf die Zahlung **keinen fälligen Anspruch hatte**, etwa weil die Zahlung vorfällig erfolgte oder nach der Vergütungsvereinbarung ein konkreter Anspruch auf gerade die erfolgte Zahlung so (noch) nicht bestand.[742] Zahlungen an den Berater (RA oder StB), die über den gesetzlichen Gebührenrahmen hinausgehen, sind teilweise inkongruent, wenn die getroffene Honorarvereinbarung unwirksam ist. Die teilweise Inkongruenz führt grundsätzlich zur Anfechtbarkeit der ganzen Zahlung. Eine Beschränkung der Anfechtung auf den inkongruenten Teil kommt nur in Betracht, wenn im Übrigen ein Bargeschäft (§ 142 InsO) zwischen Beratungsleistung und Vergütungszahlung vorliegt.[743]

Da die jeweiligen Gebühren-Gesetze die Vereinnahmung von Honorarvor- **887** schüssen vorsehen, ist die Zahlung eines Honorarvorschusses nicht stets inkongruent. Für die Frage der Kongruenz oder des Bargeschäfts der Honorarzahlung kann nicht davon ausgegangen werden, dass in Sanierungsfällen das Bestehen auf

---

[737] BGHZ 167, 190 = ZInsO 2006, 712 = ZIP 2006, 1261.
[738] BGH ZIP 2008, 232.
[739] BGH ZIP 2008, 232.
[740] BGH ZIP 2016, 2479.
[741] AG Dortmund, NZI 2018, 328.
[742] Zu Haftungsfragen bei Unangemessenheit des Saniererhonorars s. Kiethe BB 2005, 1801 ff.
[743] OLG Düsseldorf ZIP 2017, 1486.

Vorkasse üblich oder notwendig sei.[744] Soweit jedoch an einen RA Vorschusszahlungen in einer abgeschlossenen Angelegenheit erfolgen, für die bereits der Vergütungsanspruch fällig geworden, jedoch noch nicht geltend gemacht ist, ist die Vorschusszahlung inkongruent, weil insoweit kein Vorschussanspruch mehr besteht.[745]

888 Inkongruenz kann sich aber aus einem groben Missverhältnis zwischen Wert bzw. Nutzen der Beratungsleistung für den Schuldner und Höhe der Honorarzahlung ergeben. Das ist besonders relevant, wenn der Wert der Beratungsleistung deshalb gegen Null tendiert, weil sie unrichtig/fehlerhaft ist, etwa wegen unterlassener Hinweise bei Insolvenzreife des Mandanten oder Ausarbeitung eines unrichtigen bzw. inadäquaten Sanierungskonzepts.

5. Vorsatzanfechtung (§ 133 Abs. 1–3 InsO)

889 Bei späterer Eröffnung des Insolvenzverfahrens über das Vermögen des Mandanten kann auch die Vorsatzanfechtung (Vier- oder Zehn-Jahres-Zeitraum!) der noch erfolgten Honorarzahlungen nach § 133 Abs. 1 – 3 InsO in Betracht kommen.[746] Der Umstand, dass dem Schuldner die Beraterleistung zugekommen ist und aufgrund dieser evtl. sogar die Befriedigungsquote der Gläubiger noch erhöht wurde, ist dagegen nicht zu berücksichtigen, weil im Insolvenzanfechtungsrecht sowohl auf der Tatbestandsebene als auch auf der Rechtsfolgeseite nicht stattfindet.[747] Die Gläubigerbenachteiligung ist also isoliert auf die einzelne Honorarzahlung zu beziehen.

890 Hier ist besonders zu berücksichtigen, dass nach der Rechtsprechung des BGH der Gläubigerbenachteiligungsvorsatz beim Schuldner, hier dem zahlenden Mandanten vermutet wird, wenn dieser seine drohende Zahlungsunfähigkeit kennt. Dies ergebe sich mittelbar aus § 133 Abs. 1 Satz 2 InsO. Da für den Berater die Kenntnis vom Gläubigerbenachteiligungsvorsatz des Mandanten vermutet wird, wenn er (der Berater) wusste, dass die Zahlungsunfähigkeit des Mandanten drohte, könnten für den Mandanten selbst keine strengeren Anforderungen gelten.[748]

891 Andererseits hat der BGH in Fällen der kongruenten Deckung die Kenntnis des Schuldners von der Krise des Unternehmens allein noch nicht für den Schluss auf seinen Benachteiligungsvorsatz ausreichen lassen.[749] Hier ist der Benachteiligungsvorsatz von dem bloßen Willen des Schuldners abzugrenzen, seinen vertraglichen Zahlungspflichten nachzukommen.[750] Von Letzterem ist zunächst auszugehen,[751]

---

[744] LG Würzburg ZIP 2018, 1891 (n.rkr.).
[745] BGHZ 167, 190 = ZInsO 2006, 712 = ZIP 2006, 1261.
[746] S.a. Stefanink, Vorsatzanfechtung von Rechtsanwalts- und Steuerberaterhonoraren bei der Beratung von Unternehmen in der Krise, ZIP 2019, 1557 ff. Lesenswerte Entscheidung zur Vorsatzanfechtung von Beraterhonoraren für Sanierungskonzepte BGH ZIP 2022, 589 = NZI 2022, 385 m. Anm. Hacker.
[747] Ständige Rspr., s. nur BGH ZInsO 2007, 1107, 1108 = NJW-RR 2008, 434.
[748] BGHZ 167, 190 = ZInsO 2006, 712 = ZIP 2006, 1261, 1263.
[749] BGH ZIP 2004, 669, 671 = DZWIR 2004, 304 = ZInsO 2004, 385.
[750] KG ZInsO 2006, 833 = BeckRS 2006, 13297.
[751] Bork, Handbuch des Insolvenzanfechtungsrechts, S. 121 Rn. 42 m.w.N.

sodass der BGH bei kongruenter Deckung erhöhte Anforderungen an die Darlegung des Benachteiligungsvorsatzes des Schuldners stellt.[752]

Dennoch ist zu raten: Wenn die Beratungsleistung noch zu einem Zeitpunkt erbracht und abgerechnet wird, zu dem die drohende Zahlungsunfähigkeit des Mandanten bereits bekannt ist, muss unbedingt darauf geachtet werden, dass die Beratungsleistung wenigstens grundsätzlich geeignet ist, die Insolvenz des Mandanten zu vermeiden.

Nach der Rechtsprechung des BGH kann das Vorliegen eines ernsthaften, wenn auch letztlich erfolglosen Sanierungsbemühens im Einzelfall den Gläubigerbenachteiligungsvorsatz des Schuldners[753] und die Kenntnis des Gläubigers/Beraters hiervon ausschließen. Voraussetzung hierfür ist allerdings, dass zur Zeit der angefochtenen Rechtshandlung (Zahlung des Honorars) aufgrund konkret benennbarer Umstände eine positive Prognose nachvollziehbar und vertretbar erschien.[754] Regelmäßig ist dafür ein in sich schlüssiges, auf den Einzelfall bezogenes Sanierungskonzept erforderlich, mit dessen Umsetzung bereits begonnen wurde und welches zur Zeit der Rechtshandlung für den Schuldner die ernsthafte und begründete Aussicht auf Erfolg (= Befriedigungsmöglichkeit für alle Gläubiger, Abwendung einer Insolvenz) bot.[755] Liegt dies vor und ist die Honorarzahlung Bestandteil desselben, ist vom Gläubigerbenachteiligungsvorsatz des Schuldners auch bei Kenntnis der Zahlungsunfähigkeit nicht auszugehen.[756]

892

Beachte aber: Das LG Frankfurt a.M. hat den insolvenzanfechtungsrechtlichen Rückgewähranspruch auf gezahltes Anwalts-Sanierhonorar aufgrund Vorsatzanfechtung nach § 133 Abs. 1 InsO mit der Begründung zugesprochen, dass die Umsetzung des (anwaltlichen) Sanierungskonzepts von vorn herein von rechtlichen und tatsächlichen Unwägbarkeiten abhing, so dass ihm die notwendige Erfolgsaussicht gefehlt habe, um den Gläubigerbenachteiligungsvorsatz auszuschließen.[757] Das OLG Frankfurt a.M. hat die Berufung zurückgewiesen; für die Frage der rechtlichen Umsetzbarkeit des Sanierungskonzepts komme es auch auf die Rechtsansicht der zuständigen Gerichte an.[758]

893

Diese Entscheidungen können nach meinem Dafürhalten nicht richtig sein. Der Erfolg des Sanierungskonzepts fußte u.a. auf einer Rechtsauffassung zur Zulässigkeit eines Sanierungsschritts, die höchstrichterlich noch nicht, vom erkennenden Gericht allerdings verneinend entschieden worden war. Da jeder Sanierungsversuch mit Risiken behaftet ist, muss bereits ein ernsthafter und nicht aussichtsloser, in Ansätzen bereits umgesetzter Sanierungsversuch ausreichen, den für die Vorsatz-

---

[752] BGH ZInsO 2003, 850 = ZIP 2003, 1799, 1800; BGH ZInsO 2004, 859 = ZIP 2004, 1512 f.
[753] BGH ZIP 1996, 1475; Rogge in Hamburger Kommentar InsO, § 133 Rn. 18.
[754] OLG Hamburg ZInsO 2005, 891 = BeckRS 2006, 8363; Rogge in Hamburger Kommentar InsO, § 133 Rn. 18.
[755] BGH BB 1998, 1023 = ZIP 1998, 248; Kirchhof in MüKoInsO § 133 Rn. 37; BGHZ 90, 381 = NJW 1984, 1893 = ZIP 1984, 572, 579 und 580; BGH DB 1993, 729 = ZIP 1993, 276, 279; BGH BB 1998, 1023 = NJW 1998, 1561 = ZIP 1998, 248.
[756] LG Würzburg ZIP 2018, 1891 (n.rkr.).
[757] LG Frankfurt a.M. ZIP 2015, 1358; krit. zu dieser (nicht rechtskräftigen) Entscheidung Ganter ZIP 2015, 1413 ff.
[758] OLG Frankfurt a.M. ZIP 2017, 187 (nicht rechtskräftig, Az. d. Nichtzulassungsbeschwerde IX ZR 26/16).

anfechtung erforderlichen Gläubigerbenachteiligungsvorsatz auszuschließen, da die Parteien ja gerade das Gegenteil, nämlich keine Benachteiligung der Gläubiger beabsichtigen, die Benachteiligung also nicht billigen[759].

894 Zusätzlich muss erwogen werden, von dem Erfordernis Abstand zu nehmen, dass das Sanierungskonzept in Anfängen bereits umgesetzt sein muss, um den Gläubigerbenachteiligungsvorsatz bei der Honorarzahlung auszuschließen. Dieses Erfordernis würde nämlich den Berater von der Vorsatzanfechtung nicht freihalten können, der nur das Konzept erstellt, auf die Umsetzung aber (mandatsgemäß) keinen Einfluss mehr hat. So hat der BGH jüngst entschieden, dass Zahlungen des Schuldners an einen Sanierungsberater auch dann ohne Benachteiligungsvorsatz erfolgen können, wenn das Sanierungskonzept noch nicht in den Anfängen in die Tat umgesetzt ist, sofern der Sanierungsversuch nicht von vornherein aussichtslos ist und der Schuldner mit der Vorstellung handelt, dass eine Vergütung dieser Beratungsleistungen erforderlich ist, um die Erfolgsaussichten einer Sanierung prüfen oder eine Sanierung beginnen zu können.[760]

895 Die bloße Hoffnung, etwa mit neuen Krediten oder sonstigen Sanierungsmaßnahmen, die nicht in ein schlüssiges Konzept eingebettet sind, die (eingetretene oder drohende) Zahlungsunfähigkeit vermeiden oder beseitigen zu können, reicht zur Entkräftung der vorstehend beschriebenen Vermutung des Gläubigerbenachteiligungsvorsatzes des Schuldners nicht aus.[761]

896 Bei Vorliegen eines schlüssigen Sanierungskonzepts ist zusätzliches Indiz für die Ernsthaftigkeit des Sanierungsbemühens und damit das Fehlen des Gläubigerbenachteiligungsvorsatzes des Schuldners, dass er eigenes Vermögen in den Sanierungsprozess zuschießt.[762]

897 Ich gehe davon aus, dass sich die Reform des Anfechtungsrechts (s.o.) auf die Vorsatzanfechtung von Honoraren der Sanierungsberater positiv, d.h. die Anfechtungsgefahr nach § 133 InsO erheblich reduzierend auswirken wird.[763] Dies gilt zumindest bei Vorliegen eines Bargeschäfts nach § 142 InsO (s.o.), da nach § 142 Abs. 1 InsO n.F. die Vorsatzanfechtung von Honorarzahlungen nur noch in Betracht kommt, wenn die Honorarzahlung ausnahmsweise unlauter ist, etwa bei kollusivem Zusammenwirken zwischen Schuldner und Berater oder weil die Beratungsleistung bzw. deren Bezahlung als Vermögensverschwendung gleich dem Erwerb eines sinnlosen Luxusguts anzusehen ist.

898 **Praxishinweis**
Zusammenfassend ist zur Prophylaxe gegen die Insolvenzanfechtung vor Insolvenzeröffnung noch erfolgter Honorarzahlungen zu folgenden Instrumenten zu raten:
• Genaue Beschreibung des Mandatsgegenstands in der Mandatsvereinbarung,
• Wo möglich Schuldübernahme oder Schuldbeitritt für die Honorarzahlungsverpflichtung durch einen Dritten und Zahlung durch den Dritten (!),
• Einhaltung des Bargeschäftszeitraums von max. 30 Tagen zwischen Beratungsleistung und Honorarzahlungseingang (nicht nur Honorarrechnung!),

---

[759] Ganter ZIP 2015, 1413, 1415.
[760] BGH ZIP 2022, 589 = NZI 2022, 385 m. Anm. Hacker.
[761] BGHZ 167, 190 = ZInsO 2006, 712; Rogge in HambKommInsR InsO, § 133 Rn. 18.
[762] BGH BB 1998, 1023 = ZIP 1998, 248.
[763] Hierzu Heil/Schmitt, Sanierungsberatung und Vorsatzanfechtung nach § 133 InsO n.F., ZIP 2018, 714 ff.

- Vorliegen eines Sanierungskonzepts für eine ernstliche und nicht von vorn herein aussichtslose Sanierung des Unternehmens und konzeptgemäße Erbringung der Beratungsleistung (für diejenigen Beratungsleistungen, die über die Feststellungen zur Insolvenzreife und die daraus folgenden ersten Handlungsempfehlungen hinausgehen).

6. Schenkungsanfechtung, § 134 InsO

Zahlungen eines willkürlich, ohne konkreten Bezug zur Tätigkeit festgesetzten Honorars für Beratungsleistungen im Rahmen einer Restrukturierung oder Sanierung unterliegen der Schenkungsanfechtung.[764] 899

7. Honorarzahlung als dem Geschäftsführer verbotene Zahlung?

Grds. sind dem Geschäftsführer nach Eintritt der Insolvenzreife der Gesellschaft Zahlungen verboten, die nicht der Sorgfalt des ordentlichen Geschäftsmannes entsprechen (vgl. etwa § 15b InsO; zu diesem Haftungstatbestand s. → Rn. 1518 ff., 1552 ff.). Veranlasst der Geschäftsführer zu einem Zeitpunkt, zu dem die Gesellschaft überschuldet oder zahlungsunfähig ist, aus dem Vermögen der Gesellschaft Honorarzahlungen an einen Berater, der mit der Prüfung von Sanierungsmöglichkeiten für das Unternehmen der Gesellschaft beauftragt ist, können diese Zahlungen mit der Sorgfalt eines ordentlichen und gewissenhaften Geschäftsleiters vereinbar sein, wenn sie einem Erfolg versprechenden Sanierungsversuch dienen. Ein Verstoß gegen das Zahlungsverbot der §§ 64 GmbHG, 130a Abs. 1 HGB liegt jedoch vor, wenn in dem Zeitpunkt, in welchem die vorbereitenden Maßnahmen zur Vermeidung eines Insolvenzverfahrens ergriffen werden, keine hinreichende Aussicht besteht, die Insolvenz der Gesellschaft zu vermeiden. Es obliegt dem Geschäftsführer, Tatsachen substantiiert darzulegen und zu beweisen, aus denen sich eine zum maßgeblichen Zeitpunkt objektiv bestehende Erfolgsaussicht des Sanierungsversuchs ergibt.[765] 900

8. Beraterhonorare in der (vorläufigen) Eigenverwaltung

Etwa im Schutzschirmverfahren dürften meist zusätzliche (erhebliche) Beraterhonorare entstehen, weil der Schuldner regelmäßig nicht in der Lage sein wird, die rechtlichen Anforderungen dieses Verfahrens ohne Beraterhilfe zu erfüllen. Im später eröffneten Insolvenzverfahren können die vor Eröffnung gezahlten Honorare sowohl anfechtbar als auch verbotene Zahlungen (z.B. nach § 64 Satz 1 GmbHG) sein.[766] Daher dürfte es auch in diesem Verfahren ratsam sein, die Honorarzahlungen als Bargeschäfte auszugestalten. Außerdem sollte eine Vergleichsrechnung für die Insolvenzgläubiger aufgestellt werden, aus der sich möglichst ergibt, dass ihre Quote trotz der Beraterhonorare im Eigenverwaltungsverfahren noch besser ist, als sie im Regelinsolvenzverfahren gewesen wäre. Dann ist es denkbar, dass 901

---
[764] LG Dessau-Roßlau ZIP 2015, 2034.
[765] OLG Koblenz ZIP 2006, 952.
[766] Zu dieser Problematik sa Buchalik/Hiebert ZInsO 2014, 1423 ff.

die Honorarzahlungen mangels Gläubigerbenachteiligung nicht anfechtbar und mangels Masseverkürzung nicht verboten sind. Als sicher kann dies wegen hierzu noch fehlender Rechtsprechung aber nicht angesehen werden.

9. Honorarzahlung durch Dritte

902   Auch die Zahlung eines Dritten auf die Honorarschuld des späteren Insolvenzschuldners kann in dessen Insolvenz als unentgeltliche Leistung nach § 134 InsO anfechtbar sein. Maßgeblich hierfür ist nach der Rechtsprechung des BGH, ob der Dritte auf „Anweisung auf Schuld" gehandelt hat (dann ist die Zahlung anfechtbar) oder auf „Anweisung auf Kredit" (dann ist die Zahlung nicht anfechtbar). Im Übrigen sei auf die obigen Ausführungen zur Anfechtung bei Leistung eines Leistungsmittlers verwiesen.

10. Aufrechnung mit Fremdgeldern

903   Die Aufrechnung eines Anwalts mit Honoraransprüchen gegen den Anspruch des Insolvenzverwalters auf Auskehr von Fremdgeld ist zulässig, d.h. nicht anfechtbar, wenn die Aufrechnungslage vor dem Drei-Monats-Zeitraum entstanden und somit nicht ihrerseits anfechtbar ist.[767] Die Aufrechnungslage entsteht frühestens in dem Zeitpunkt, in dem der RA das Fremdgeld in Empfang genommen hat.[768]

11. Dritter als Mandant und Honorarschuldner

904   Mitunter liegt das „eigentliche" wirtschaftliche Interesse an der Sanierung der GmbH nicht in erster Linie bei der Gesellschaft selbst, sondern beim Gesellschafter (-Geschäftsführer). In solchen Fällen kann es ratsam sein, das Mandatsverhältnis mit dem Gesellschafter (-Geschäftsführer) selbst einzugehen mit der Folge, dass dieser auch der Honorarschuldner ist und sich die Problematik der Insolvenzanfechtung in einer späteren Insolvenz der Gesellschaft nicht stellen wird. In der Durchführung des Mandats muss dann aber – selbstverständlich – darauf geachtet werden, nicht gegen das Verbot der Vertretung widerstreitender Interessen zu verstoßen.

---

[767] KG ZInsO 2006, 941 = ZIP 2006, 2001; BGH, 14.6.2007 – IX ZR 56/06, ZIP 2007, 1507 = NZI 2007, 515.
[768] BGH NJW 2007, 2640 = ZIP 2007, 1507.

§ 7 „Typische" Straftaten in der Krise der GmbH

Übersicht

	Rn.
A. Vorbemerkung	905
B. Allgemeine Straftatbestände mit Relevanz in der Unternehmenskrise	912
I. Betrug (§ 263 StGB)	912
II. Kreditbetrug (§ 265b StGB)	913
III. Untreue (§ 266 StGB)	915
1. Geschäftsführer	916
a) Abgrenzung zu Bankrott	916
b) Einzelfälle und -fragen	917
2. Gesellschafter, Schuldner	926
3. Vorstände von Kreditinstituten	929
4. Berater	930
IV. Vorenthalten von Arbeitnehmer-Sozialversicherungsbeiträgen (§ 266a Abs. 1 StGB)	931
V. Nichtanzeige bei Verlust der Hälfte des Stammkapitals (§§ 49 Abs. 3, 84 GmbHG)	937
VI. Falsche Angaben gegenüber dem Handelsregister	939
VII. Sonstige in der Krise relevante Straftaten	941
B. Spezielle Insolvenzdelikte	942
I. Bankrott (§ 283 StGB)	942
II. Verletzung der Buchführungspflichten (§ 283b StGB)	945
III. Gläubigerbegünstigung (§ 283c StGB)	951
IV. Schuldnerbegünstigung (§ 283d StGB)	953
V. Insolvenz(antrags)verschleppung (§ 15a Abs. 4 und 5 InsO)	954
1. Geschäftsführer	957
2. Gesellschafter	965
VI. Insolvenzanzeigeverschleppung (§ 42 Abs. 3 StaRUG)	970

Literatur: *Baur/Holle*, Untreue und unternehmerische Entscheidung, ZIP 2017, 555 ff.; *Pauka u.a.*, Betrug durch Unterlassen im Vorfeld der Insolvenz, NZI 2016, 897 ff.; *Wessing/Krawczyk*, Feststellung einer die Untreuestrafbarkeit begründenden Gefährdung der Existenz einer GmbH, NZG 2014, 59 ff.; *Weyand*, Wichtige Entscheidungen zum Insolvenzstrafrecht aus den Jahren 2011 u. 2012, ZInsO 2012, 770 ff.; *Weyand*, Wichtige Entscheidungen zum Insolvenzstrafrecht aus den Jahren 2013/2014, ZInsO 2014, 1033 ff.; *Weyand*, Wichtige Entscheidungen zum Insolvenzstrafrecht aus den Jahren 2015/2016, ZInsO 2016, 611 ff.; *Weyand*, Wichtige Entscheidungen zum Insolvenzstrafrecht aus den Jahren 2016/2017, ZInsO 2017, 307; *Weyand*, Wichtige Entscheidungen zum Insolvenzstrafrecht aus den Jahren 2017/2018, ZInsO 2018, 681 ff.; *Weyand*, Wichtige Entscheidungen zum Insolvenzstrafrecht aus den Jahren 2018/2019, ZInsO 2019, 585 ff.

A. Vorbemerkung

905 Aus Gründen des Gläubigerschutzes existiert eine Vielzahl von Regelungen, welche Gläubiger schädigendes Fehlverhalten insb. im Insolvenzvorfeld nicht nur zivilrechtlich[1] sondern auch strafrechtlich[2] sanktionieren und die durch die Rechtsprechung auch sehr strikt angewandt werden.

> **Hinweis**
> Die Deliktanfälligkeit des Schuldners und der übrigen Beteiligten wächst mit der Insolvenznähe.

906 Im Rahmen eines jeden Insolvenzverfahrens wird die Frage aufgeworfen, ob in ihrem Umfeld möglicherweise Straftaten begangen worden sind. Aufgrund der Verordnung über die Mitteilung in Zivilsachen („MiZi") senden die Insolvenzgerichte die Akten an die StA zur Überprüfung. Obwohl Statistiken nicht existieren, gehen Strafrechtspraktiker davon aus, dass im Zusammenhang mit etwa 80% der Unternehmensinsolvenzen auch Straftaten begangen worden sind. Besondere Deliktgefährdung besteht auch hier wiederum, wenn die Krisengesellschaft eine GmbH ist.

907 In Insolvenzverfahren hat der Schuldner Auskunfts- und Mitwirkungspflichten (§§ 22 Abs. 3, 97, 98 InsO). Für aufgrund dieser erteilte Auskünfte besteht in einem Strafverfahren ein Verwendungsverbot.[3] Dies soll nach OLG Celle nicht für Angaben gegenüber dem im Insolvenzeröffnungsverfahren bestellten Gutachter gelten, weil dieser nicht zu den auskunftsberechtigten Personen i.S.d. § 97 Abs. 1 Satz 1 InsO gehöre und die Pflicht des Insolvenzschuldners zur Vorlage von Unterlagen auf der allgemeinen Mitwirkungspflicht nach § 97 Abs. 2 InsO beruhe, auf die sich das Verwendungsverbot des § 97 Abs. 1 Satz 3 InsO nicht erstrecke.[4] Das halte ich nicht für richtig, zumal es sich bei den Angaben gegenüber dem Sachverständigen um rechtlich um solche gegenüber dem Gericht handelt.[5]

908 Neben den reinen strafrechtlichen Folgen (strafrechtliche Verurteilung) sind stets auch die **außerstrafrechtlichen Nebenfolgen** zu berücksichtigen, etwa Amtsunfähigkeit des Geschäftsführers nach § 6 Abs. 2 Nr. 3 GmbHG, Ausschlüsse nach §§ 33, 36 KWG (auch möglich, wenn keine Verurteilung erfolgt), Untersagung der Berufsausübung nach § 96 StBerG, § 114 BRAO, Bußgelder gegen das Unternehmen, dessen Geschäftsführer gegen entspr. Vorschriften verstoßen hat, Eintragung in das Korruptionsregister bei Betrug, Untreue (z.B. relevant für Teil-

---

[1] Zu Neuregelungen durch das MoMiG mit Bezug zum gesellschaftsrechtlichen Gläubigerschutz und im Insolvenzrecht s. Hirte ZInsO 2008, 689 ff.
[2] Zu strafrechtlichen Aspekten der GmbH & Co. KG in der Krise s. Maurer/Odörfer GmbHR 2008, 351 ff. und 412 ff. Zu strafrechtlichen Aspekten des MoMiG im Zusammenhang mit juristischen Personen s. Weyand ZInsO 2008, 702 ff.; zum GmbH-Strafrecht nach der Reform s. Müller-Guggenberger GmbHR 2009, 578 ff.; Weyand ZInsO 2012, 770 ff., aus den Jahren 2012/2013, ZInsO 2013, 1064 ff. und aus den Jahren 2002/2021, ZInsO 2021, 580 ff.
[3] BVerfGE 56, 37.
[4] OLG Celle ZIP 2013, 1040.
[5] Zur Problematik sa Kemperdick ZInsO 2013, 1116 ff.

nahme an Vergabeverfahren), Akteneinsichtsrecht der durch Straftaten Betroffenen zur Verfolgung zivilrechtlicher Ansprüche.

In diesem Zusammenhang ist besonders auf den durch das MoMiG erheblich erweiterten Katalog der Straftatbestände in § 6 Abs. 2 Satz 2 Nr. 3 und Satz 3 GmbHG hinzuweisen, deretwegen eine Vorsatzverurteilung zur **Amtsunfähigkeit** (Inhabilität) des Geschäftsführers, mithin zum Ausschluss vom Geschäftsführeramt auf die Dauer von 5 Jahren ab Rechtskraft der Verurteilung führt. So disqualifiziert neben den bereits bisher in § 6 Abs. 2 GmbHG a.F. genannten Bankrottstraftaten (§§ 283 bis 283d StGB) nunmehr auch eine Verurteilung wegen vorsätzlicher Insolvenzverschleppung (§ 15a Abs. 4 InsO) für das Amt des Geschäftsführers. Außerdem führen zur Amtsunfähigkeit die Vorsatzverurteilung wegen falscher Angaben nach § 82 GmbHG bzw. § 399 AktG, unrichtiger Darstellung nach § 400 AktG, § 331 HGB, § 313 UWG oder § 17 PublG, sowie eine Verurteilung zu einer Freiheitsstrafe von mindestens 1 Jahr wegen Betrugsstraftaten nach §§ 263 bis 264a StGB, wegen Kreditbetruges nach § 265b StGB, wegen Untreue nach § 266 StGB oder wegen vorsätzlichen Vorenthaltens von Arbeitsentgelt nach § 266a StGB. Nach Aufnahme der §§ 265c – e StGB (Sportwettbetrug) durch Gesetz vom 11.4.2017 ist fraglich, ob wegen der unverändert gebliebenen Bereichsverweisung in § 6 Abs. 2 S. 2 Nr. 3e GmbHG (Verweis auf „§§ 265b bis 266a StGB") auch eine Verurteilung wegen Sportwettbetrugs zur Amtsunfähigkeit des Geschäftsführers führt. Die hierzu ergangene obergerichtliche Rechtsprechung ist uneinheitlich. OLG Oldenburg: Die Anmeldeversicherung muss sich seit dem 12.4.2017 auch auf die neuen Tatbestände Sportwettbetrug, § 265c StGB, und Manipulation von berufssportlichen Wettbewerben, § 265d StGB, beziehen; einer besonderen Erwähnung des § 265e StGB bedarf es hingegen nicht.[6] OLG Hamm: die Versicherung muss nicht die Straftatbestände nach §§ 265 c und d StGB umfassen, da die Verweisung im GmbHG keine dynamische sei.[7] Obwohl m.E. die letztgenannte Entscheidung richtig ist, sollte bis zur endgültigen Klärung durch die Rechtsprechung vorsorglich auch dieses Risiko in der Beratung berücksichtigt werden.

Nach § 6 Abs. 2 Satz 3 GmbHG führt auch eine Verurteilung im Ausland wegen vergleichbarer Straftaten zur Amtsunfähigkeit des Geschäftsführers. Entgegen der Empfehlung des Bundesrates ist der Straftatbestand der Steuerhinterziehung nicht in den Katalog aufgenommen worden. Auch ist die Insolvenzanzeigeverschleppung nach § 42 Abs. 3 StaRUG (s.u.) nicht in den Katalog aufgenommen worden.

Nach § 6 Abs. 5 GmbHG haften diejenigen Gesellschafter, die vorsätzlich oder grob fahrlässig einer amtsunfähigen Person die Geschäftsführung überlassen, der Gesellschaft ggü. solidarisch für Schäden, die dadurch entstehen, dass diese Person ihre Obliegenheiten ggü. der Gesellschaft verletzt.

Im Vorfeld der Insolvenz des Unternehmens kommen aus praktischer Sicht des Beraters folgende Straftatbestände insbesondere in Betracht:

---

[6] OLG Oldenburg, Beschl. v. 8.1.2018 – 12 W 126/17, ZIP 2018, 278
[7] OLG Hamm, ZIZ 2018, 2270 = GmbHR 2018, 1271

B. Allgemeine Straftatbestände mit Relevanz in der Unternehmenskrise

I. Betrug (§ 263 StGB)

912 In der Krise des Unternehmens besteht die Gefahr des **Eingehungsbetruges**[8] gegenüber Lieferanten und Leistungserbringern, die vor Insolvenz unter zumindest billigender Inkaufnahme, dass die Gegenleistung nicht mehr erbracht werden kann, noch zur Vorleistung veranlasst werden.[9] Wird die Lieferung oder Leistung etwa vom Geschäftsführer einer GmbH angenommen, das Entgelt nicht bezahlt und sodann Antrag auf Insolvenzeröffnung gestellt, kommt es häufig zur Strafanzeige wegen Betrugsverdachts durch den Lieferanten bzw. Leistungserbringer, der auf diese Weise das Ziel verfolgt, den Geschäftsführer der GmbH persönlich auf Schadensersatz wegen seines ausfallenden Entgelts in Anspruch zu nehmen (§ 823 Abs. 2 BGB i.V.m. § 263 StGB). Die Tathandlung ist die täuschungsbedingte Erregung eines Irrtums des Geschädigten über die Leistungswilligkeit des Täters.[10] Der Schaden ist dann regelmäßig die nicht erhaltene, vereinbarte Gegenleistung.[11] Alle objektiven tatbestandsmerkmale des § 263 Abs. 1 StGB müssen vom Vorsatz des Täters in seinen kognitiven und voluntativen Bestandteilen erfasst sein.[12]

> **Hinweis**
> In den Zeiten der Aussetzung der Insolvenzantragspflicht durch das COVInsAG (s.u.) war die Gefahr der Begehung eines Eingehungsbetrugs erhöht, da der Geschäftsbtrieb trotz eingetretener Insolvenzreife fortgeführt wurde.
> **Vorbeugung:** Liquiditätsplan, der zeigt, dass bei plangemäßem Verlauf die Rechung des vorleistenden Gläubigers bzahlbar gewesen wäre.

II. Kreditbetrug (§ 265b StGB)

913 Die Gefahr eines Kreditbetruges besteht, wenn mit unrichtigen Angaben über die wirtschaftlichen Verhältnisse des Unternehmens eine Kreditgewährung durch Banken erreicht wird. Für den Straftatbestand ist der Eintritt eines Schadens nicht erforderlich, da es sich um ein abstraktes Gefährdungsdelikt handelt. Auch § 265b StGB ist ein Schutzgesetz i.S.d. § 823 Abs. 2 BGB,[13] sodass die Handelnden, etwa die Geschäftsführer einer GmbH, persönlich auf Schadensersatz, in Anspruch genommen werden können. Die Teilnahme am Kreditbetrug (bei Insolvenzreife) ist

---

[8] S. Pauka ua NZI 2016, 897 ff. (zugleich Besprechung der Entscheidung des BGH im Fall juraXX, NZI 2016, 934).
[9] BGH NJW 2005, 3650.
[10] OLG München GmbHR 2019, 295 = BeckRS 2019, 342.
[11] BGH GmbHR 2013, 587 = NJW 2013, 1460.
[12] OLG München GmbHR 2019, 295 = BeckRS 2019, 342.
[13] OLG Hamm NZG 2004, 289.

bis zur Erbringung der letzten Leistung möglich; wann das ist, hängt von der Art des beantragten Kredits ab.[14]

Die Vorschrift erfasst auch Straftaten zu Lasten ausländischer Kreditgeber, und auch Genussrechtskapital kann die Voraussetzungen eines Kredits i.S.d. §265b Abs. 1 StGB erfüllen.[15]

In diesem Zusammenhang ist auch der Subventionsbetrug nach §264 StGB zu nennen. 914

III. Untreue (§266 StGB)

Generell setzt der Untreuetatbetand eine schuldrechtliche Vermögensbetreuungspflicht voraus, die über die jedermann obliegenden Pflichten zur Wahrung der der Rechtssphäre des jeweils Anderen hinausgehen.[16] 915

Die Gefahr der Begehung einer Untreue besteht in der Krise der GmbH in mehreren Konstellationen:

1. Geschäftsführer

a) Abgrenzung zu Bankrott. Nach der früher vom BGH vertretenen Interessentheorie lag bei eigennützigem Beiseiteschaffen von Vermögensgegenständen Untreue nach §266 StGB vor, bei Handeln im Interesse der Gesellschaft dagegen u.U. Bankrott nach §283 StGB.[17] Der BGH hat diese Interessentheorie jedoch aufgegeben,[18] sodass nun danach zu differenzieren ist, ob der Vertreter (Geschäftsführer) im Geschäftskreis des Vertretenen tätig geworden ist: bejahendenfalls liegt Bankrott auch bei Eigennützigkeit vor.[19] 916

Grundsätzlich besteht keine Vermögensbetreuungspflicht des Schuldners gegenüber seinen Gläubigern (hier für nach Kaufpreisvereinnahmung auszukehrende Provision) mit der Folge, dass auch keine Pflicht zur Offenbarung der Insolvenzreife i.S.d. Missbrauchstatbestandes des §266 StGB besteht[20].

b) Einzelfälle und -fragen. Grundsätzlich setzten als Untreuehandlungen i.S.d. §266 StGB des Geschäftsführers zu beurteilende Zahlungen den Eintritt eines Vermögensnachteils/-schadens bei der Gesellschaft voraus.[21] 917

---

[14] BGH ZInsO 2010, 520 = BeckRS 2010, 5100.
[15] BGH ZIP 2015, 481.
[16] BGH ZIP 2018, 1736.
[17] Überblick über die Rechtsprechung zum Treubruchtatbestand für den Geschäftsführer (einschl. faktischem Geschäftsführer) bei Hoffmann/Liebs, Der GmbH-Geschäftsführer, S. 275–277; sa Fornauf/Jobst GmbHR 2013, 125 ff.
[18] BGH ZInsO 2012, 650 = BeckRS 2012, 2 und BGH ZInsO 2012, 1484 = NZG 2012, 836. Beachte auch BGH ZIP 2011, 2403 = ZInsO 2011, 2332, mit der Folge, dass beide Tatbestände erfüllt sein können, wenn kein tatbestandsausschließendes Einverständnis der Gesellschafter vorliegt oder dieses wegen existenzvernichtenden Eingriffs unbeachtlich ist. Sa Habetha NZG 2012, 1134 ff.
[19] BGH ZInsO 2009, 1011 = NJW 2009, 2225.
[20] OLG Brandenburg ZInsO 2010, 1883 = BeckRS 2010, 12597.
[21] BGH GmbHR 2013, 1321 = BeckRS 2013, 12877.

Unternehmerisches Handlungsermessen: Die sog. business judgenment rules i.S.d. §93 Abs. 1 AktG stellen einen „sicheren Hafen" gegen Untreue dar. Risikogeschäfte sind also i.d.R. keine Untreue, solange sie auf sachlicher Abwägung beruhen und ein unternehmensinternes Risikomanagementsystem und -controlling besteht.[22] Das schließt allerdings nicht aus, dass unter besonderen Umständen bereits die Existenzgefährdung der GmbH die Untreuestrafbarkeit des Geschäftsführers begründen kann.[23] Eine schlechthin unvertretbare Überschreitung der Grenzen des unternehmerischen Handlungsermessens kann strafbare Untreue nach §266 StGB sein.[24]

Zu unternehmerischen Handlungsspielräumen im Insolvenzstrafrecht und zu den Anforderungen an eine ordnungsgemäße Wirtschaft i.S.d. §283 StGB s. Ceffinato, ZIP 2018, 453 ff.

918 Vermögensverfügungen des Geschäftsführers sind ggü. der Gesellschaft treuwidrig (und damit wirkungslos), wenn sie geeignet sind, das Stammkapital der Gesellschaft zu beeinträchtigen, wenn der Gesellschaft die Produktionsgrundlagen entzogen werden oder ihre Liquidität gefährdet wird, indem das zur Erfüllung der Verbindlichkeiten benötigte Vermögen entzogen wird.[25] Auch nach den Änderungen in §30 Abs. 1 GmbHG durch das MoMiG kann Untreue des Geschäftsführers weiterhin in verdeckten Gewinnausschüttungen und in verbotenen, von §30 Abs. 1 Satz 2 GmbHG nicht gedeckten Rückzahlungen von Stammkapital liegen. Hier ist zu beachten, dass die Strafbarkeit nicht etwa durch Einwilligung des Gesellschafters entfallen kann, da diesem die Disposition über das gebundene Vermögen der GmbH aus Gründen des Gläubigerschutzes entzogen ist.

919 Einverständliche Entnahmen bereits erzielter Gewinne und die Zahlung von Gewinnvorschüssen sind für sich allein keine Untreue, und zwar auch dann nicht, wenn sie zu Tarnungszwecken falsch verbucht werden; haben die Zahlungen jedoch darüber hinaus gehende schädliche Folgen für die Gesellschaft, kann dies als rechtswidriger Nachteil für die Gesellschaft gewertet werden. Das gilt auch für den faktischen Geschäftsführer.[26]

920 Nach der Änderung in §30 Abs. 1 Satz 3 GmbHG durch das MoMiG (Aufgabe der Rechtsfigur des eigenkapitalersetzenden Gesellschafterdarlehens) ist die Rückzahlung von Gesellschafterdarlehen (und die Rückgabe von Nutzungsgut) an den Gesellschafter auch rückwirkend keine Untreue (bzw. kein Bankrott) mehr, sofern sie nicht zur Insolvenzreife der Gesellschaft führen.[27] Beachte aber OLG Celle: Nach Aufgabe der Rechtsfigur des eigenkapitalersetzenden Gesellschafterdarlehens soll die Rückzahlung eines Gesellschafterdarlehens „grundsätzlich" den Tatbestand des §283c StGB erfüllen.[28] M.E. kann dies für fällige Darlehensrückforderungen des Gesellschafters nicht gelten.

Zahlungen nach §30 Abs. 1 S. 3 GmbHG sowie Rückzahlung von Stammkapital oder die Gesellschaft aushöhlende Leistungen an den Gesellschafter, die für den

---

[22] BGH BeckRS 2013, 10324.
[23] Wessing/Krawczyk NZG 2014, 59 ff.
[24] BGH ZIP 2016, 2467 = NZG 2017, 116; dazu Baur/Holle ZIP 2017, 555 ff.
[25] BGH ZInsO 2009, 1912 = BeckRS 2009, 25033.
[26] BGH GmbHR 2013, 480 = ZInsO 2013, 876.
[27] OLG Stuttgart BB 2009, 1833 = ZIP 2009, 1864 = ZInsO 2009, 1712.
[28] OLG Celle ZInsO 2014, 1668 = BeckRS 2014, 14248.

Geschäftsführer erkennbar zur Zahlungsunfähigkeit der Gesellschaft führen oder diese vertiefen (Existenzvernichtung), können aber sehr wohl strafbare Untreue sein (Zusammenhang mit § 64 S. 3 GmbHG)[29].

Zahlungen entgegen § 64 Satz 1 und 2 GmbHG sind straffrei, wenn sie „nur" eine Verletzung des Gläubigergleichbehandlungsgebots sind. Andernfalls können sie Untreue nach § 266 StGB oder Gläubigerbegünstigung nach § 283c StGB (s.u.) sein. **921**

Die gegen § 5a Abs. 3 Satz 2 GmbHG verstoßende Verwendung der nach § 5a Abs. 3 Satz 1 GmbHG gebildeten Rücklage der UG (haftungsbeschränkt) ist Untreue nach § 266 StGB. **922**

Die Bildung sog. „schwarzer Kassen" im Ausland unter Verletzung von Buchführungsvorschriften ist Untreue. Ein den Untreuetatbestand ausschließendes Einverständnis der Mehrheit der Gesellschafter der GmbH setzt voraus, dass auch die Minderheit mit der Billigung befasst war.[30] **923**

Beim Director einer EU-Auslandsgesellschaft (Limited) ist zur Bestimmung seiner Pflichten im Rahmen des § 266 StGB auf das ausländische Gesellschaftsrecht zurückzugreifen.[31] **924**

Das Einverständnis der Gesellschafter mit dem Vermögensentzug durch den Geschäftsführer schließt nicht in jedem Fall den Tatbestand der Untreue aus.[32] Es ist bspw. unwirksam, soweit unter Verstoß gegen das Gesellschaftsrecht die wirtschaftliche Existenz der Gesellschaft gefährdet wird, etwa durch Beeinträchtigung des Stammkapitals durch Herbeiführung oder Vertiefung einer Überschuldung oder durch Gefährdung der Liquidität.[33] **925**

2. Gesellschafter, Schuldner

Auch für den Gesellschafter können unbefugte Privatentnahmen[34] oder vorsätzliche Veranlassung einer verbotenen Stammkapitalausschüttung, auch in der Form verdeckter Entnahmen, Untreue sein, ebenso wie für den Gesellschafter ein existenzvernichtender Eingriff[35] Untreue sein kann. **926**

In einem Konzern verletzen die Vorstandsmitglieder der beherrschenden AG dann ihre Vermögensbetreuungspflicht ggü. einer abhängigen GmbH, wenn deren Vermögenswerte in einem solchen Umfang ungesichert im Konzern angelegt werden, dass im Fall ihres Verlustes die Erfüllung von Verbindlichkeiten der Tochtergesellschaft oder deren Existenz gefährdet ist.[36] Erneut hat der BGH zur Untreuestrafbarkeit des Vorstandes der herrschenden Gesellschaft bei existenz- **927**

---

[29] OLG Stuttgart BB 2009, 1833; zur Untreue des Geschäftsführers bei juristischen Personen unter besonderer Berücksichtigung des Eigenkapitalersatzrechts s. Maurer GmbHR 2004, 1549 ff.
[30] BGH ZIP 2010, 1892 = 2010, 2590.
[31] BGH ZIP 2010, 1233.
[32] BGH NZG 2012, 1238.
[33] BGH GmbHR 2012, 30 = LSK 2005, 040211 (Ls.).
[34] Zur Untreuestrafbarkeit des GmbH-Gesellschafters bei einvernehmlichen Vermögensverschiebungen, Beckemper GmbHR 2005, 592 ff. = DStR 2015, 874.
[35] BGHSt 49, 147 = NZI 2004, 717 = ZIP 2004, 1200 (zum Fall Bremer Vulkan: Cashmanagement-System ohne ausreichende Sicherung der Ansprüche der Tochtergesellschaft).
[36] BGH GmbHR 2004, 1010 = NZI 2004, 681 = ZIP 2004, 1200.

vernichtendem Eingriff zulasten einer konzernintegrierten GmbH (Verursachung einer Überschuldung) entschieden;[37] § 64 Satz 3 GmbHG n.F. ist keine abschließende Regelung der Existenzvernichtungshaftung.

Führen die Gesellschafter und faktischen Geschäftsführer die GmbH planmäßig in eine Insolvenz, um mit reduzierter Belegschaft ein neues Unternehmen aufzubauen, so muss dies mangels Vermögensnachteils keine Untreue sein.[38]

928 Grundsätzlich hat der Schuldner keine Vermögensbetreuungspflicht gegenüber seinen Gläubigern (hier für nach Kaufpreisvereinnahmung auszukehrende Provision) mit der Folge, dass auch keine Pflicht zur Offenbarung der Insolvenzreife i.S.d. Missbrauchstatbestandes des § 266 StGB besteht.[39]

3. Vorstände von Kreditinstituten

929 Für den Vorstand eines Kreditinstitutes kann die Kreditvergabe unter gravierendem Verstoß gegen banktübliche Sorgfalts- und Prüfungspflichten[40] oder bei besonders riskanten Krediten[41] Untreue sein.

4. Berater

930 I.d.R. begründet ein Beratervertrag über die Beratung der GmbH in der Krise keine Vermögensbetreuungspflicht des Beraters i.S.d. § 266 StGB. Eine solche Pflicht kann aber dann bestehen, wenn der Berater in Bezug auf das Vermögen der Gesellschaft tatsächliche Entscheidungsmacht erlangt und wie ein Vorstand/Geschäftsführer agiert.[42]

IV. Vorenthalten von Arbeitnehmer-Sozialversicherungsbeiträgen (§ 266a Abs. 1 StGB)

931 Die praktische Relevanz dieser Straftat ist nach meiner Beobachtung für Arbeitgeber, bei der GmbH für den Geschäftsführer in der Krise des Unternehmens besonders hoch. Nach § 266a Abs. 1 StGB ist das **Vorenthalten** von Arbeitnehmeranteilen von **Sozialversicherungsbeiträgen**, d.h. Beiträgen zur Kranken-, Renten-, Pflege- und Arbeitslosenversicherung, strafbar. Vorenthalten ist bereits die Nichtabführung der gemeldeten Beiträge bei Fälligkeit, sodass auch verspätete Zahlungen den Tatbestand erfüllen. Soweit die Verurteilung wegen Vorenthaltens von Arbeitsentgelt nicht auf Beitragsnachweisen beruht, sind genaue Feststellungen zur Höhe der zu zahlenden Beiträge im jeweiligen Fälligkeitszeitpunkt zu treffen,

---

[37] BGH ZIP 2009, 1860; dazu Wessing/Krawczyk NZG 2009, 1176ff.
[38] BGH GmbHR 2013, 820 = BeckRS 2013, 10904.
[39] OLG Brandenburg ZInsO 2010, 1883 = BeckRS 2010, 12597.
[40] BGHSt 47, 148 = DB 2002, 785 = ZIP 2002, 346; zum strafrechtlichen Risiko für Banken bei Unternehmenssanierung sa Aldenhoff/Kuhn ZIP 2004, 103ff.
[41] BGH ZIP 2009, 1854; zur zivilrechtlichen Haftung des Vorstandsmitglieds BGH ZIP 2005, 981.
[42] OLG München EWiR 2005, 519 = ZIP 2004, 2438.

B. Allgemeine Straftatbestände mit Relevanz in der Unternehmenskrise

was bei gleichzeitiger Verletzung der Buchführungspflichten Schwierigkeiten aufwerfen kann.[43]

Die Verfolgungsverjährung beginnt mit dem Vertstreichenlassen des Fälligkeitszeitpunkts für jeden Beitragsmonat nach § 23 Abs. 1 SGB IV.[44]

Nach § 266a Abs. 6 Satz 1 StGB kann von Strafe abgesehen werden, wenn der Arbeitgeber/Geschäftsführer der Beitragseinzugsstelle bei Fälligkeit oder unverzüglich danach die Höhe der vorenthaltenen Beiträge mitteilt und die Gründe für die Nichtzahlung trotz ernsthaften Bemühens mitteilt. Nach § 266a Abs. 6 Satz 2 StGB erlangt der Arbeitgeber/Geschäftsführer nach einer solchen Selbstanzeige Straffreiheit, wenn die Beiträge innerhalb einer von der Einzugsstelle gesetzten angemessenen Frist gezahlt werden. Soweit die Verurteilung wegen Vorenthaltens von Arbeitsentgelt nicht auf Beitragsnachweisen beruht, sind genaue Feststellungen zur Höhe der zu zahlenden Beiträge im jeweiligen Fälligkeitszeitpunkt zu treffen, was bei gleichzeitiger Verletzung der Buchführungspflichten Schwierigkeiten aufwerfen kann.[45]

Die Haftungskollision mit § 15b InsO (früher § 64 GmbHG a.F.) hat der BGH zivilrechtlich dahin gehend gelöst, dass die Zahlung der Arbeitnehmer-Beitragsanteile jedenfalls innerhalb der Drei-Wochen-Frist mit der Sorgfalt des ordentlichen Geschäftsführers vereinbar ist (s.u. bei Geschäftsführerhaftung). In der Literatur wird z.T. angenommen, die Neuregelung in § 15b Abs. 8 InsO, die das vergleichbare Haftungsdilemma für Steuerzahlungen in der bisherigen Rechtsprechung entgegengesetzter Weise auflöst, müsse entsprechend auch auf die Sozialversicherungsbeiträge angewendet werden. Zu den Einzelheiten sei auf die Ausführungen unten bei Geschäftsführerhaftung (→ Rn. 1716 ff.) verwiesen. Strafrechtlich kann sich bei Nichtzahlung evtl. ein Verteidigungsansatz aus § 34 StGB ergeben, wenn bei Zahlung ein aussichtsreicher und erlaubter Sanierungsversuch vereitelt worden wäre.[46]

Seit dem 1.8.2004 (Gesetz zur Bekämpfung der Schwarzarbeit) ist auch das Vorenthalten von Arbeitgeberanteilen von Sozialversicherungsbeiträgen strafbar, wenn es auf unterlassener oder falscher Beitragsmeldung beruht. Das Unvermögen der Beitragsentrichtung wegen fehlender finanzieller Mittel ist regelmäßig nicht tatbestandsausschließend.[47]

Im Einzelnen sei zum Tatbestand auf die betreffenden Ausführungen zur Geschäftsführerhaftung verwiesen (→ Rn. 1699 ff.).

932

933

934

935

> **Praxishinweis:**
> Verteidigungsansätze liegen oft in erheblicher Reduzierung der Fallzahlen, die von der StA aufgrund (ungeprüfter?) Mitteilung der Kassen über Beitragsrückstände vorgeworfen werden, etwa für Zeiträume nach Anordnung der vorläufigen Insolvenzverwaltung oder aufgrund Nichtberücksichtigung von getroffenen Tilgungsbestimmungen.

936

---

[43] OLG Braunschweig, GmbHR 2019, 776 = NZWiST 2019, 402.
[44] BGH NJW 2020, 3469
[45] OLG Braunschweig GmbHR 2019, 776 = NZWiST 2019, 402.
[46] Brand GmbHR 2010, 237 ff.
[47] BGH NJW 2011, 3047.

V. Nichtanzeige bei Verlust der Hälfte des Stammkapitals (§§ 49 Abs. 3, 84 GmbHG)

937 Sobald sich aus einer Bilanz ergibt, dass die Hälfte des Stammkapitals verloren ist, ist der Geschäftsführer verpflichtet, unverzüglich die Gesellschafterversammlung einzuberufen. Verstößt er gegen diese Verpflichtung, kann er sich nach §§ 49 Abs. 3, 84 Abs. 1 GmbHG strafbar machen. Strafbar sind Vorsatz und Fahrlässigkeit, § 84 Abs. 2 GmbHG.

938 Der Verstoß des Geschäftsführers der UG (haftungsbeschränkt) gegen die Einberufungspflicht bei drohender Zahlungsunfähigkeit nach § 5a Abs. 4 GmbHG ist m.E. nicht strafbewehrt, weil der Wortlaut des § 84 Abs. 1 GmbHG nicht entsprechend angepasst wurde.

VI. Falsche Angaben gegenüber dem Handelsregister

939 Falsche Angaben nach § 82 GmbHG sind für den Geschäftsführer strafbar. Die Gefahr steigt mit Insolvenznähe („Sanierungsschwindel"), die Gefahr der Entdeckung ist insb. mit Eröffnung eines Insolvenzverfahrens über das Vermögen der GmbH gegeben. Durch das MoMiG sind diese Strafgefahren erhöht worden, etwa in den Fällen des Hin- und Herzahlens nach § 19 Abs. 5 GmbHG oder der verdeckten Sacheinlage nach § 19 Abs. 4 GmbHG.[48]

940 Die Gefahr der falschen Angaben besteht zudem in folgenden Fällen:
- Gründungsschwindel, § 82 Abs. 1 Nr. 1 GmbHG,
- Sachgründungsschwindel, § 82 Abs. 1 Nr. 2 GmbHG,
- Kapitalerhöhungsschwindel, § 82 Abs. 1 Nr. 3 GmbHG,
- unrichtige Erklärung bei Kapitalerhöhung aus Gesellschaftsmitteln, § 82 Abs. 1 Nr. 4 GmbHG,
- unrichtige Versicherung, § 82 Abs. 1 Nr. 5 GmbHG,
- Kapitalherabsetzungsschwindel, insb. bei vereinfachter Kapitalherabsetzung nach §§ 58a bis 58f GmbHG (falsche Versicherung bei Fehlverwendung des „frei" gewordenen Kapitals), § 82 Abs. 2 Nr. 1 GmbHG,
- Geschäftslagetäuschung, § 82 Abs. 2 Nr. 2 GmbHG.

VII. Sonstige in der Krise relevante Straftaten

941 Hier sind zu nennen:
- Steuerhinterziehung, § 370 AO,
- Begünstigung, § 257 StGB,

---

[48] Gegen eine Strafbarkeit des Geschäftsführers, wenn bei der Anmeldung nur die Angabe der (beabsichtigten) Verkehrsgeschäfte fehlt, Altmeppen ZIP 2009, 1545 ff.

- Vollstreckungsbezogene Straftaten:[49] Widerstand gegen Vollstreckungsbeamte, § 113 StGB, Verstrickungs- oder Siegelbruch, § 136 StGB, Vereitelung der Zwangsvollstreckung, § 288 StGB, Pfandkehr, § 289 StGB,
- Falsche Darstellung der Verhältnisse der Gesellschaft in Lagebericht, Jahres- oder Zwischenabschluss, § 331 HGB,
- Verletzung der Berichtspflicht des Abschlussprüfers, insb. über gefährdende Umstände, §§ 321 Abs. 2, 332 HGB

B. Spezielle Insolvenzdelikte

I. Bankrott (§ 283 StGB)

Wenn der Schuldner bei Überschuldung oder drohender oder eingetretener Zahlungsunfähigkeit Bestandteile seines Vermögens, die für den Fall der Insolvenzeröffnung zur Insolvenzmasse gehören, beiseiteschafft oder verheimlicht, wenn er Waren oder Wertpapiere auf Kredit beschafft und sie oder die aus diesen Waren hergestellten Sachen erheblich unter ihrem Wert in eine den Anforderungen einer ordnungsgemäßen Wirtschaft widersprechenden Weise veräußert oder sonst abgibt, Rechte anderer vortäuscht oder erdichtete Rechte anerkennt, kann dies den Straftatbestand des Bankrotts erfüllen.[50] Auch kann es Bankrott sein, wenn der Schuldner die Überschuldung oder Zahlungsunfähigkeit erst durch Beiseiteschaffen von Vermögensbestandteilen herbeiführt: dann sind die beiseite geschafften Vermögenswerte bei der Beurteilung, ob die Krisenmerkmale tatsächlich gegeben sind, nicht zu berücksichtigen.[51]   942

Zu unternehmerischen Handlungsspielräumen im Insolvenzstrafrecht und zu den Anforderungen an eine ordnungsgemäße Wirtschaft i.S.d. § 283 StGB s. Ceffinato, ZIP 2018, 453 ff.

§ 283 StGB ist ein echtes Sonderdelikt. Täter kann daher nur sein, wer selbst für die Verbindlichkeit haftet. Diese Pflichtenstellung ist ein besonderes persönliches Merkmal i.S.d. § 28 Abs. 1 StGB.[52]   943

Besondere Gefahr besteht bei „**übertragenden Sanierungen**" im Vorfeld einer Insolvenz (zu den Risiken s.o. → Rn. 366 ff.). So kann auch die Übertragung eines belasteten Gegenstandes an einen Dritten gegen Übernahme der gesicherten Verbindlichkeit den Tatbestand des Bankrotts erfüllen. Der Bankrottstraftatbestand umfasst eine Vielzahl tatbestandsmäßiger Handlungen.   944

Nach § 283 **Abs. 1** StGB sind tatbestandsmäßig:
- Nr. 1: Beeinträchtigung des Vermögens oder von Bestandteilen durch Beiseiteschaffen, Verheimlichen oder Zerstören. Beiseiteschaffen liegt nur dann vor, wenn der Zugriff auf den weggegebenen Vermögensbestandteil für einen In-

---

[49] Sa Kießling ZInsO 2008, 531 ff.
[50] Sa Weyand ZInsO 2014, 1033 ff.
[51] BGH ZInsO 2013, 387 = ZIP 2013, 984 = NZG 2013, 310.
[52] BGH ZInsO 2013, 387 = ZIP 2013, 984 = NZG 2013, 310.

solvenzverwalter im Rahmen der Insolvenz wesentlich erschwert wird,[53] etwa durch Verstecken oder Verschleiern von Vermögenswerten.[54] In der Insolvenz einer natürlichen Person kann der Straftatbestand bis zum Abschluss des Restschuldbefreiungsverfahrens (= Erteilung der RSB) verwirklicht werden.[55]
- Nr. 2: Spekulationsgeschäfte und unwirtschaftliche Ausgaben,
- Nr. 3: Verschleuderung von Waren oder Wertpapieren,
- Nr. 4: Scheingeschäfte,
- Nr. 5: Nichtführen oder nicht richtiges Führen der Handelsbücher mit der Folge, dass die Übersicht über den Vermögensstand erschwert wird. Der Geschäftsführer hat auch in der Krise sicherzustellen, dass die Bücher ordnungsgemäß geführt und die Bilanzen erstellt werden; wer sich als Organ einer juristischen Person bestellen lässt, bietet regelmäßig die Gewähr dafür, dass er dazu selbst in der Lage ist.[56]
- Nr. 6: Beiseiteschaffen, Verheimlichen, Zerstören oder Beschädigen von Handelsbüchern oder aufbewahrungspflichtigen Unterlagen vor Ablauf der Aufbewahrungsfrist,
- Nr. 7: Aufstellen unrichtiger oder Unterlassen richtiger Bilanzen und infolgedessen erschwerte Vermögensübersicht.[57] Erforderlich ist Gleichzeitigkeit von Krise und Nichterstellung der Bilanz. Tritt Überschuldung erst später ein, kommt nur eine Strafbarkeit nach § 283b Abs. 1 Nr. 3 Buchst. b) StGB in Betracht.[58]
- Nr. 8 enthält eine Generalklausel. Nach dieser ist tatbestandsmäßig jede Verringerung des Vermögensbestandes in einer anderen, den Anforderungen einer ordnungsgemäßen Wirtschaft grob widersprechenden Weise oder die Verheimlichung oder Verschleierung der wirklichen geschäftlichen Verhältnisse. Letzteres kann vorliegen, wenn ein Gesellschafter-Geschäftsführer nach seinem formellen Rückzug die Gesellschaft faktisch weiter beherrscht (Option auf Rückerwerb, Vollmacht zur umfassenden Vertretung und Geschäftsführung).[59] Zur Verfolgung von sog. Firmenbestattungen (s. → Rn. 1408 ff.) sei auf die Rechtsprechung des BGH[60] und auf spezielle Literatur[61] verwiesen.

Nach § 283 **Abs. 2** StGB ist die Herbeiführung der Überschuldung oder Zahlungsunfähigkeit durch Handlungen i.S.d. Abs. 1 tatbestandsmäßig. Bei der Feststellung der Überschuldung sind die effektiv versteckten Vermögenswerte nicht mit zu berücksichtigen.[62] Mitursächlichkeit der Tathandlung (hier „Auslagerung" von Untermietverträgen) für den Eintritt der Überschuldung oder Zahlungsursächlichkeit reicht.

- Nach § 283 **Abs. 3** StGB ist der Versuch strafbar.

---

[53] BGH ZInsO 2010, 1383 = NJW 2010, 2894 ff.
[54] BGH ZIP 2013, 984.
[55] BGH ZIP 2016, A 27.
[56] BGH ZInsO 2011, 2226 = NStZ 2012, 511.
[57] Zu den Buchführungs- und Bilanzierungsdelikten iSd § 283 StGB nach dem BilMoG s. Reck ZInsO 2011, 1969 ff.
[58] OLG Stuttgart ZIP 2011, 1530 = ZInsO 2011, 1415.
[59] BGH ZIP 2010, 471.
[60] BGH NStZ 2009, 635 = BeckRS 2009, 10769 = ZIP 2010, 471.
[61] Werner NZWiSt 2013, 418; Brand/Reschke ZIP 2010, 2134; Beck/Depré/Pelz, Praxis der Insolvenz, § 37 Rn. 219 ff.
[62] BGH ZInsO 2013, 387 = ZIP 2013, 984 = NZG 2013, 310.

- Nach § 283 **Abs. 4 u. 5** StGB sind bestimmte Begehungshandlungen der Abs. 1 und 2 auch bei fahrlässiger Begehung strafbedroht.
- Nach § 283 **Abs. 6** StGB ist objektive Strafbarkeitsbedingung für alle Taten entweder die Zahlungseinstellung oder die Eröffnung eines Insolvenzverfahrens oder die Ablehnung der Eröffnung mangels Masse.
- § 283a StGB regelt den besonders schweren Fall des Bankrotts.

II. Verletzung der Buchführungspflichten (§ 283b StGB)

Die unterlassene oder nicht vollständige Führung der Handelsbücher, zu deren 945
Führung die Geschäftsführung gesetzlich verpflichtet ist, oder die nicht ordnungsgemäße Aufbewahrung oder Vernichtung der Handelsbücher oder sonstiger Unterlagen vor Ablauf der gesetzlichen Aufbewahrungsfristen können in der Krise des Unternehmens zur Straftat werden.

> **Praxishinweis** 946
> Zu beachten ist, dass die unterlassene oder unordentliche Buchführung außerdem Tathandlungen nach § 283 Abs. 1 Nrn. 5, 6 und 7 StGB, z.B. falsche oder zu späte Bilanzaufstellung (große praktische Relevanz!) und damit Begehungsformen des Bankrotts sein können.

Bei § 283b StGB handelt es sich um ein abstraktes Gefährdungsdelikt. Die Ver- 947
letzung der dort genannten kaufmännischen Pflichten ist als für die geschützten Rechtsgüter gefährliche Verhaltensweise anzusehen.[63]

Ein Zusammenhang mit der Insolvenz ist erforderlich.[64] Die Strafbarkeit nach § 283 Abs. 1 Nr. 7 StGB kann entfallen, wenn der Täter aus fachlichen oder finanziellen Gründen zur Erstellung der Bilanz nicht in der Lage war.[65] Dasselbe gilt für das echte Unterlassungsdelikt des § 283b Abs. 1 Nr. 3b StGB. Allerdings ist der für die Erstellung der Bilanz Verantwortliche verpflichtet, zum Ende eines Geschäftsjahres eine Rückstellung für die Erstellung des Jahresabschlusses zu bilden und den sachkundigen Dritten so rechtzeitig zu beauftragen, dass die Bilanz fristgerecht erstellt werden kann.[66]

Die Tat kann vorsätzlich oder fahrlässig begangen werden. Objektive Strafbarkeitsbedingung ist dieselbe wie in § 283 Abs. 6 StGB, was besonders relevant werden kann bei Handeln außerhalb der Krise.

Nach meiner Beobachtung weist das Rechnungswesen in kleineren und mittle- 948
ren Unternehmen, gerade auch bei Gesellschaften in der Rechtsform der GmbH, in Zeiten der Krise häufig erhebliche Defizite auf, sodass die Verletzung der Buchführungsverpflichtungen eine **in der Praxis häufig vorkommende Straftat** ist.

> **Praxishinweis** 949
> Zu beachten ist, dass **jeder Geschäftsführer** der GmbH zur ordnungsgemäßen Buchführung verpflichtet ist, ungeachtet GmbH-interner Kompetenzverteilung. Der etwa

---

[63] BGH ZInsO 2014, 1058 = NStZ 2014, 469.
[64] BayObLG GmbHR 2002, 1030 = DStR 2020, 1033.
[65] KG NJW 2007, 3449.
[66] OLG Braunschweig, GmbHR 2019, 776 = NZWiSt 2019, 402.

nicht für den kaufmännischen Bereich zuständige Geschäftsführer hat den zuständigen Geschäftsführer ordnungsgemäß zu überwachen.

950 Die Buchführungspflichten nach §§ 283 Abs. 1 Nrn. 5–7, 283b Abs. 1 StGB sind keine Schutzgesetze i.S.d. § 823 Abs. 2 BGB, weil sie in Bezug auf den geschützten Personenkreis nicht hinreichend konkretisiert sind.[67]

III. Gläubigerbegünstigung (§ 283c StGB)

951 Wer in Kenntnis seiner Zahlungsunfähigkeit einem Gläubiger eine Sicherheit oder Befriedigung gewährt, die der Gläubiger nicht oder nicht in der Art oder nicht zu der Zeit zu beanspruchen hatte (inkongruente Leistung), und dadurch den Gläubiger absichtlich oder wissentlich vor den übrigen Gläubigern begünstigt, kann sich wegen Gläubigerbegünstigung strafbar machen. Dem Straftatbestand unterfällt etwa die Befriedigung oder Einräumung einer Sicherheit, die so nicht zu beanspruchen gewesen wäre (inkongruente Deckung) mit der Begünstigung vor anderen Gläubigern. Der Anfechtung nach § 131 InsO und insb. der Vorsatzanfechtung nach § 133 Abs. 1 InsO entspricht im Strafrecht der Tatbestand der Gläubigerbegünstigung. OLG Celle: Nach Aufgabe der Rechtsfigur des eigenkapitalersetzenden Gesellschafterdarlehens soll die Rückzahlung eines Gesellschafterdarlehens „grundsätzlich" den Tatbestand des § 283c StGB erfüllen.[68] M.E. kann dies für fällige Darlehensrückforderungen des Gesellschafters nicht gelten.

952 **Praxishinweis**
Die Straftaten Bankrott, Verletzung der Buchführungspflichten und Gläubigerbegünstigung haben als **objektive Strafbarkeitsbedingung**, dass der Täter seine Zahlungen eingestellt oder über sein Vermögen das Insolvenzverfahren eröffnet oder mangels Masse abgewiesen worden ist. Durch diese objektive Strafbarkeitsbedingung muss somit zwischen der strafbaren Handlung und der Zahlungseinstellung bzw. Eröffnung eines Insolvenzverfahrens oder Abweisung mangels Masse ein gewisser **zeitlicher und tatsächlicher Zusammenhang**, nicht notwendigerweise ein Kausalzusammenhang bestehen. Eine Strafbarkeit entfällt also, wenn die Tathandlungen zwar im Zeitpunkt der Krise vorgenommen wurden, der Täter bzw. das Unternehmen im Folgenden aber die Krise überwindet und es zur Zahlungseinstellung, Eröffnung oder Abweisung eines Insolvenzverfahrens mangels Masse erst wegen eines erneuten, späteren Ereignisses kommt.[69]

IV. Schuldnerbegünstigung (§ 283d StGB)

953 Tathandlung ist gem. § 283 Abs. 1 Nr. 1 StGB bei drohender Zahlungseinstellung eines Anderen und Kenntnis des Täters hiervon oder nach Zahlungseinstellung oder in einem Insolvenzeröffnungsverfahren oder in einem eröffneten Insolvenzverfahren.

---

[67] BGH ZIP 2019, 462
[68] OLG Celle ZInsO 2014, 1668 = BeckRS 2014, 14248.
[69] BGHSt 28, 231 = NJW 1979, 1418.

B. Spezielle Insolvenzdelikte

Tathandlung kann auch die Erteilung einer inhaltlich unzutreffenden Quittung sein, die es dem Schuldner ermöglichen soll, den Zufluss eines Vermögenswertes zu verschleiern. Voraussetzung ist aber weiter, dass aufgrund des Einsatzes der Quittung beim Insolvenzverwalter oder den Gläubigern ein zumindest vorübergehender Täuschungserfolg eintritt.[70]

Die objektive Strafbarkeitsbedingung besteht wie bei § 283 Abs. 6 StGB (relevant bei Handeln außerhalb der Krise).

V. Insolvenz(antrags)verschleppung (§ 15a Abs. 4 und 5 InsO)

Die Straftat der Insolvenzverschleppung bei haftungsbeschränkten Gesellschaften, also solchen, die keine natürliche Person als Vollhafter haben, ist durch das MoMiG aus den einzelnen, die Gesellschaften betreffenden Gesetzen herausgenommen und rechtsformübergreifend in § 15a Abs. 4 (Vorsatztat) und Abs. 5 (Fahrlässigkeitstat) InsO geregelt worden. Dadurch wurde zugleich erreicht, dass die Strafbarkeit wegen Verletzung der Insolvenzantragspflicht auch Geschäftsleiter haftungsbeschränkter Auslandsgesellschaften mit Tätigkeits-/Verwaltungssitz im Inland erfasst.[71] Insbesondere in GmbH-Insolvenzen liegt der Tatbestand in der überwiegenden Zahl der Fälle vor.[72]

954

Fraglich war, ob die Strafandrohung in § 15a InsO auch für den Vorstand eines e.V. gelten würde. Durch das Gesetz zur Verkürzung des Restschuldbefreiungsverfahrens und zur Stärkung der Gläubigerrechte vom 15.7.2013[73] wurde in § 15a Abs. 6 InsO klarstellend geregelt, dass § 15a Abs. 1 - 5 InsO auf Vereine und Stiftungen nach § 42 Abs. 2 BGB nicht anzuwenden sind.

955

Zur **vorübergehenden Aussetzung der Insolvenzantragspflicht** durch das COVInsAG und zu weiteren Einzelheiten s.u. bei Geschäftsführerhaftung, → Rn. 1650 ff.

956

1. Geschäftsführer

Für den Geschäftsführer und ebenso den Liquidator[74] der GmbH ist die Verletzung der Pflicht zur Stellung des Insolvenzantrages strafbar. Die Insolvenzantragspflicht ist verletzt, wenn der Geschäftsführer nach Eintritt der Insolvenzreife (Zahlungsunfähigkeit oder Überschuldung) der Gesellschaft den Insolvenzantrag nicht, nicht rechtzeitig oder nicht richtigstellt. Für den Vorwurf der Insolvenzverschleppung hat das Strafgericht zu prüfen, ob neben einer festgestellten Zahlungsunfähigkeit auch Überschuldung vorgelegen hat (gerichtliche Kognitionspflicht).[75]

957

---

[70] BGH ZIP 2016, 2280.
[71] Zum Straftatbestand der Insolvenzverschleppung bei ausländischen Gesellschaftsformen, faktischen Organen und Führungslosigkeit s. Hefendehl ZIP 2011, 601 ff.
[72] Bitter/Röder ZInsO 2009, 1283 ff.
[73] BGBl I 2013, S. 2379 ff.
[74] Zur Strafbarkeit des Geschäftsführers oder Liquidators der GmbH wegen Insolvenzverschleppung, Bisson GmbHR 2005, 843 ff.
[75] BGH NZG 2018, 234

958 Zur strafrechtlichen Entlastung reichte nach alter Rechtslage (vor MoMiG) die bloße Antragstellung aus, Gläubiger- und Schuldnerverzeichnis mussten nicht bereits beigefügt sein.[76] Dies dürfte nach der Gesetzesänderung durch das MoMiG nicht mehr gelten, da nach der Neuregelung in § 15a Abs. 4 InsO der Antrag nicht nur rechtzeitig, sondern auch „richtig" gestellt sein muss. Also stellt sich auch zur Beurteilung der Strafbarkeit wegen Insolvenzverschleppung die Frage nach den Anforderungen an einen „richtigen" Insolvenzantrag als ein wesentliches Problem dar, das in der Literatur diskutiert wird[77] und, soweit ersichtlich, in der Rechtsprechung noch nicht entschieden ist. Ich gehe davon aus, dass der Antrag mindestens zulässig sein muss (Verständnis „richtig" = zulässig[78]). Ob der Geschäftsführer seiner Insolvenzantragspflicht durch Antragstellung vor einem Gericht eines anderen Mitgliedsstaates der EU genügt,[79] dürfte nach der Neuregelung in § 15a Abs. 4 InsO (Antrag nicht „richtig" gestellt) fraglich,[80] nach meinem Dafürhalten zu verneinen sein. Neben der Zuständigkeit des Gerichts ist für einen zulässigen Insolvenzantrag mindestens erforderlich, dass er schriftlich eingereicht (§ 13 Abs. 1 Satz 1 InsO) und ausreichend begründet wird.[81]

959 Zu beachten ist, dass durch das ESUG die Anforderungen an einen Eigeninsolvenzantrag nach § 13 Abs. 1 Satz 3 InsO für den Fall noch erheblich erhöht wurden, dass der Schuldner einen Geschäftsbetrieb hat. In der Rechtsprechung wird herauszuarbeiten sein, ob ein Geschäftsführer, der zwar rechtzeitig beim zuständigen Gericht den Insolvenzantrag stellt, aber die zusätzlichen formalen Anforderungen an den Insolvenzantrag nicht oder erst verspätet erfüllt, Insolvenzverschleppung begeht, weil er den Antrag „nicht richtig" gestellt hat. Inwieweit auch die Anforderungen nach § 13 Abs. 1 Satz 3 – 6 InsO zum strafrechtlich „richtigen" Antrag gehören, ist m.E. zweifelhaft. Ausgehend davon, dass zum richtigen Antrag alle Angaben gehören, die das Gericht in die Lage versetzen, umgehend die erforderlichen Maßnahmen zugunsten der Massesicherung zu ergreifen, dürften jedenfalls die Verzeichnisse nach § 13 Abs. 1 Satz 3 InsO dazugehören. Auch für das Fehlen der Vollständigkeitserklärung nach § 13 Abs. 1 Satz 7 InsO dürfte gelten, dass die Strafbarkeit nur in Betracht kommt, wenn das Fehlen die Entscheidung über die Eröffnung verhindert oder erheblich erschwert.[82]

In der Beratungspraxis ist also zu berücksichtigen, dass die Anforderungen an einen das Dauerdelikt der Insolvenzverschleppung beendenden Insolvenzantrag erheblich gestiegen sind (zusätzlich vorzulegende Verzeichnisse, etc.)

---

[76] BayObLG ZIP 2000, 1220 = EWiR 2001, 71.
[77] Römermann ZInsO 2010, 353ff.; Weyand ZInsO 2010, 359ff.
[78] So auch Schmah, NZI 2008, 6, 9.
[79] So AG Köln ZIP 2005, 1566 noch zu § 64 Abs. 1 GmbHG a.F.
[80] Zu Haftungsrisiken bei Insolvenzantragstellung nur im Ausland, Wagner ZIP 2006, 1934ff. Zur Antragspflicht organschaftlicher Vertreter einer GmbH vor dem Hintergrund der europäischen InsO (internationale Konzerne, ausländische Gesellschaften mit Mittelpunkt der hauptsächlichen Interessen im Inland oder umgekehrt) s. Vallender/Fuchs ZIP 2004, 829ff.
[81] Zu unzureichend begründetem Insolvenzantrag aus strafrechtlicher Sicht s. Weiß ZInsO 2009, 1520ff.; Römermann ZInsO 2010, 353ff.; Weyand ZInsO 2010, 359ff.
[82] Sa Schmidt ZInsO 2014, 2352ff.

Bei unzutreffender Beurteilung des Begriffs der für die Prüfung der Zahlungs- 960
unfähigkeit anzusetzenden „bereiten Mittel" kann ein den Vorsatz ausschließender
Tatbestandsirrtum vorliegen.[83]

Tauglicher Täter der Insolvenzverschleppung ist auch der faktische Geschäfts- 961
führer,[84] obwohl er nach h.M. eigentlich formal gar nicht insolvenzantragsberechtigt ist.

Ein Gläubigerantrag befreit nicht von der eigenen Insolvenzantragspflicht des 962
Geschäftsführers einer haftungsbeschränkten Gesellschaft.[85]

Zum Strafklageverbrauch einer rechtskräftigen Verurteilung wegen Insol- 963
venzverschleppung auch bei anschließender Fortsetzung der Gesellschaft s. OLG
München, ZInsO 2013, 736 (= NZWiSt 2013, 355).

I.Ü. sei zum Tatbestand der Insolvenzverschleppung auf die Ausführungen zur
Geschäftsführerhaftung verwiesen → Rn. 1642 ff.).

Praxishinweis 964
Verteidigungsansätze liegen oft in der nicht zutreffenden Ermittlung der Insolvenzantragsgründe Überschuldung und Zahlungsunfähigkeit und damit zusammenhängend des Zeitpunktes des Eintritts der Insolvenzreife.

2. Gesellschafter

Durch das MoMiG ist die Insolvenzantragspflicht auf die Gesellschafter erstreckt 965
worden, und zwar bei Führungslosigkeit der GmbH (§ 15a Abs. 3 InsO):

(3) Im Fall der Führungslosigkeit einer GmbH ist auch jeder Gesellschafter, im Fall der
Führungslosigkeit einer AG oder einer e.G. ist auch jedes Mitglied des Aufsichtsrats zur
Stellung des Antrages verpflichtet, es sei denn, diese Person hat von der Zahlungsunfähigkeit und der Überschuldung oder der Führungslosigkeit keine Kenntnis.

Führungslosigkeit der Gesellschaft liegt vor, wenn die Gesellschaft, etwa in den 966
Fällen der sog. Firmenbestattung, keinen Geschäftsführer mehr hat. Sie ist nur dann
gegeben, wenn der organschaftliche Vertreter der Gesellschaft tatsächlich oder rechtlich nicht mehr existiert. Das ist bei bloß unbekanntem Aufenthalt nicht der Fall.[86]

Die Insolvenzantragspflicht des Gesellschafters setzt Kenntnis der Insolvenz- 967
reife und der Führungslosigkeit voraus. Im Gesetzgebungsverfahren hatte der
Bundesrat verlangt, dass vor die Worte „keine Kenntnis" die Worte „ohne grobes
Verschulden" eingefügt werden, sodass nur leicht fahrlässige Unkenntnis entlastet
hätte. Das ist nicht Gesetz geworden.

Die Insolvenzantragspflicht des Gesellschafters kann auch den Insolvenzver- 968
walter des Vermögens eines Schuldners treffen, in dessen Vermögen sich Geschäftsanteile haftungsbeschränkter Gesellschaften befinden, die wiederum keinen
Geschäftsführer (mehr) haben.[87] Ebenso kann die Pflicht Erben von Geschäftsanteilen treffen.[88]

---

[83] AG Frankfurt/Oder, NZG 2020, 1358
[84] BGH NJW 2000, 2285.
[85] BGH BeckRS 2008, 24048.
[86] AG Hamburg ZIP 2009, 333 = ZInsO 2008, 1331 = NJW 2009, 304.
[87] Göcke ZInsO 2008, 1305 ff.
[88] Carrois ZInsO 2009, 373 ff.

969 Nach § 15a Abs. 4 u. 5 InsO ist auch die Verletzung der Insolvenzantragspflicht durch den Gesellschafter strafbedroht.

VI. Insolvenzanzeigeverschleppung (§ 42 Abs. 3 StaRUG)

970 Nach § 42 Abs. 1 StaRUG ruht während der Rechtshängigkeit der Restrukturierungssache (§ 31 StaRUG) die Insolvenzantragspflicht nach § 15a Abs. 1-3 InsO und § 42 Abs. 2 BGB. Jedoch sind die Antragspflichtigen verpflichtet, dem Restrukturierungsgericht den Eintritt einer Zahlungsunfähigkeit i.S.d. § 17 Abs. 2 InsO bzw. einer Überschuldung i.S.d. § 19 Abs. 2 InsO ohne schuldhaftes Zögern anzuzeigen. Die Karenzzeiten von 3 bzw. 6 Wochen wie in § 15a Abs. 1 S. 2 InsO ind hier nicht statuiert. Die vorsätzliche oder fahrlässige Verletzung dieser Anzeigepflicht ist nach § 42 Abs. 3 StaRUG eine Straftat.

971 Zu beachten ist ferner, dass die strafbewehrte Insolvenzantragspflicht nach § 15a InsO bzw. § 42 Abs. 2 BGB sofort dann wieder auflebt, wenn die Restrukturierungssache nach § 31 Abs. 4 StaRUG ihre Wirkung verliert.

§ 8 Haftungsgefahren für Gesellschafter in der Krise der GmbH

Übersicht

		Rn.
A.	Insolvenzgesellschaftsrecht	972
B.	Haftkapitalsystem und Gläubigerschutz	975
C.	Haftung wegen fehlerhafter Kapitalaufbringung	989

- I. Haftung bei Aufnahme der Geschäftstätigkeit im Namen der Gesellschaft vor Eintragung 989
  1. Haftung für Verbindlichkeiten der Vorgründungsgesellschaft ... 989
  2. Haftung für Verbindlichkeiten der Vor-GmbH 990
     - a) Rechtsqualifikation der Vor-GmbH – Teilrechtsfähigkeit.... 991
     - b) Entfallen der Anerkennung der Vor-GmbH 995
     - c) Innenhaftung der Gesellschafter für Verbindlichkeiten der Vor-GmbH 996
     - d) Außenhaftung 1006
  3. Handelndenhaftung 1007
  4. GmbH & Co. KG 1010
- II. Haftung bei fehlerhafter Kapitalaufbringung bei Geldeinlage 1011
  1. Freie Verfügbarkeit, richtiger Zeitpunkt der Einlageleistung, Voreinzahlung 1011
     - a) Gründung 1012
     - b) Kapitalerhöhung 1014
  2. Vorhandensein der Bareinlage bei Anmeldung zur Eintragung... 1023
  3. Richtiges Konto 1025
  4. Freie Verfügbarkeit bei Ein-Personen-GmbH 1027
  5. Keine Zahlung unmittelbar an Gläubiger, debitorisches Konto .. 1028
  6. (Zeitnaher) Einlagenrückfluss an den Inferenten 1032
     - a) Hin- und Herzahlen 1032
     - b) Her- und Hinzahlen 1035
     - c) Zahlungskarussell 1036
     - d) Cash-Pooling 1037
  7. Sonderfall: Vereinbartes Hin- und Herzahlen gegen vollwertigen Rückgewähranspruch 1040
     - a) § 19 Abs. 5 GmbHG 1040
     - b) Begründung und Kritik der Regelung 1042
     - c) Tatbestandsmerkmale, Gefahren und Zweifelsfragen 1046
     - d) Auswirkungen für Kapitalaufbringung im Cash-Pooling-System 1061
  8. Andere Fälle 1064
  9. Keine Befreiung, keine Aufrechnung 1067
- III. Haftung bei fehlerhafter Kapitalaufbringung bei offener Sacheinlage 1071
  1. Formale Voraussetzungen der Sacheinlage, Prüfung durch das Registergericht 1071
  2. Gegenstand der Sacheinlage 1074
  3. Differenzhaftung bei Wertunterschreitung 1078
  4. Typische Probleme bei Sacheinlage 1079
- IV. Haftung bei verdeckter Sacheinlage 1080
  1. Tatbestand, Fallkonstellationen und Beispiele verdeckter Sacheinlagen 1080
     - a) Grundsätze, Allgemeines 1080
     - b) Beispiele für verdeckte Sacheinlagen aus der Rechtsprechung 1089

c) Weitere Einzelfälle 1090
2. Rechtsfolgen der verdeckten Sacheinlage 1096
  a) Seit MoMiG ist die Rechtsfolge nach § 19 Abs. 4 GmbHG: ... 1097
  b) Vorsätzliche verdeckte Sacheinlage weiterhin verboten 1102
  c) Auswirkungen bei Cash-Pooling 1103
  d) Verdeckte gemischte Sacheinlage, Schutzlücke 1104
  e) Steuerliche Aspekte 1106
V. Haftung für die Kapitalaufbringung bei Verwendung von Mantel- und Vorratsgesellschaften, wirtschaftliche Neugründung....... 1107
  1. Tatbestand der wirtschaftlichen Neugründung 1108
  2. Offenlegung und registergerichtliche Kontrolle 1118
  3. Rechtsfolge: Weitgehende Gleichstellung mit der rechtlichen Neugründung betr. die Kapitalaufbringung, Haftung der Gesellschafter... 1122
    a) (Erneute) Aufbringung des Stammkapitals 1122
    b) Darlegungs- und Beweislast 1128
    c) Haftung der Gesellschafter 1129
    d) Haftung des Geschäftsführers bei Falschangabe 1131
VI. Geltendmachung, Darlegungs- und Beweislast, Verjährung der Kapitalaufbringung.. 1132
  1. Geltendmachung....................................... 1132
  2. Darlegungs- und Beweislast............................. 1135
  3. Verjährung 1141
VII. Haftung der Mitgesellschafter und des Anteilserwerbers 1143
  1. Mitgesellschafter...................................... 1143
  2. Ausgeschiedener Mitgesellschafter....................... 1146
  3. Anteilserwerber....................................... 1147
  4. Maßgeblichkeit der Gesellschafterliste 1148
VIII. Haftung bei Falschangaben 1151
IX. Exkurs: Wirksame Einlageleistung bei GmbH & Co. KG und GmbH & Still 1153
  1. Leistung der Stammeinlage der Komplementär-GmbH 1153
  2. Leistung der Kommanditeinlage der KG 1157
  3. GmbH & Still 1158
D. Haftung des Gesellschafters bei Verstößen gegen das Gebot der Kapitalerhaltung – verbotene Rückzahlung des Stammkapitals (§§ 30 Abs. 1, 31 GmbHG) 1159
  I. Tatbestand der verbotenen Stammkapitalrückzahlung 1161
    1. Unterbilanz 1161
    2. Vermögenstransfer 1164
    3. ... an den Gesellschafter 1166
    4. ... causa societatis 1169
  II. Beispiele verbotener Einlagenrückgewähr aus der jüngeren Rechtsprechung 1171
    1. Gewinnauszalung 1171
    2. Gehalt des Gesellschafter-Geschäftsführers 1172
    3. Aufsteigende Sicherheiten 1173
    4. Haftungsübernahmen 1174
  III. Darlehensgewährung an Gesellschafter aus gebundenem Vermögen der GmbH, Cash-Pooling.. 1175
  IV. Keine verbotene Rückgewähr des Stammkapitals 1179
  V. Rechtsfolgen der verbotenen Stammkapitalrückzahlung 1180
    1. Keine Nichtigkeit..................................... 1180
    2. Rückerstattungspflicht des Gesellschafters 1181
    3. Nachträglicher Wegfall der Unterdeckung oder nachträglicher Eintritt einer Privilegierung........................... 1185
    4. Mithaftung der anderen Gesellschafter 1187

		5. Mithaftung des Anteilserwerbers? 1192
	VI.	Vollwertiger Gegenleistungsanspruch, Darlehen aus Stammkapital, Cash-Pooling, EAV – § 30 Abs. 1 S. 2 GmbHG 1194
		1. Inhalt und Begründung der Gesetzesänderung 1194
		2. Vollwertigkeit des Rückgewähranspruchs 1201
		3. Auswirkungen auf das Cash-Pooling und andere Finanzierungssituationen 1207
	VII.	Verjährung und Sonstiges 1211
	VIII.	Rückzahlungen bei der GmbH & Co. KG 1213
	IX.	Rückzahlungen bei der GmbH & Still 1214
E.	Haftung der Gesellschafter für Verbindlichkeiten der GmbH 1215
	I.	Unterkapitalisierung 1216
	II.	Durchgriffshaftung 1218
		1. Missbrauch der Rechtsform 1219
		2. Vermögensvermischung 1221
	III.	Deliktische Verschuldenshaftung gegenüber Gesellschaftsgläubigern nach § 826 BGB 1222
	IV.	Existenzvernichtender Eingriff 1228
		1. Tatbestand, Definition 1228
		2. Tatbestandsabgrenzungen, Beispiele 1231
		3. Kausalität für Gläubigerausfall und Verhältnis zu §§ 30, 31 GmbHG 1238
		4. Betroffener Personenkreis 1240
		5. Rechtsfolge nach Änderungen der Rechtsprechung 1245
		a) Rechtsfolge nach „Bremer Vulkan" – Außenhaftung 1245
		b) Aktuelle Rechtsfolge seit „Trihotel" – Innenhaftung 1248
		6. Darlegungs- und Beweislast, Verjährung 1252
		7. Steuerrechtliche Behandlung 1254
F.	Eigenkapitalersatzhaftung nach alter und für Altfälle fortgeltender Rechtslage 1255
G.	Haftung aus Gesellschafterdarlehen und vergleichbaren Finanzhilfen des Gesellschafters in der Insolvenz der GmbH 1256
	I.	Aufhebung des Eigenkapitalersatzrechts und Verortung in der InsO . 1256
	II.	Erfasste Gesellschaftsformen 1260
	III.	Persönlicher Anwendungsbereich, Erstreckung auf einem Gesellschafter gleichgestellte Dritte 1261
		1. Gesellschafter 1261
		2. Mittelbarer Gesellschafter und einbezogene Dritte, verbundene Unternehmen 1262
		3. Kleingesellschafterprivileg und Sanierungsprivileg 1274
		a) Kleingesellschafterprivileg 1275
		b) Sanierungsprivileg 1276
	IV.	Rückleistungsverpflichtungen nach Insolvenzanfechtung, Unmaßgeblichkeit der Krise der Gesellschaft 1277
	V.	Zweifelsfragen bei Gesellschafterdarlehen 1283
		1. Kein Bargeschäft i.S.d. § 142 InsO 1283
		2. Qualifikation einer Gesellschafterforderung als Gesellschafterdarlehen 1284
		a) Laufende Zinsen 1284
		b) „Stehen gelassene" Forderungen aus entgeltlichen Austauschgeschäften 1285
		c) Gewinnausschüttungen 1286
		3. Finanzplandarlehen, Abfindungsansprüche u.a. 1287
		4. Darlehen im Zusammenhang mit M&A-Transaktionen 1289
		5. Kurzfristige oder fortlaufende Gesellschafterdarlehen, Cash-Pooling 1292
		6. Abtretung der Darlehensforderung an einen Nicht-Gesellschafter 1296

    7. Abtretung des Geschäftsanteils an einen Nicht-Darlehensgeber . . 1300
    8. Doppelinsolvenz, etwa im Konzern 1302
    9. Beseitigung der Gläubigerbenachteiligung 1303
   10. Vorübergehender Ausschluss der Anfechtung von Rückzahlungen von Gesellschafterdarlehen durch das COVInsAG 1304
     a) Tatbestand – nur Neudarlehen im Aussetzungszeitraum 1305
     b) Rechtsfolge 1307
     c) Teleologische Reduktion? 1308
 VI. Einzelfragen bei Gesellschaftersicherheiten (Bonitätsleihe) 1309
   1. Nachrang 1309
   2. Befriedigungsvorrang nach § 44a InsO, Ausfallprinzip 1310
   3. Anfechtung und Anfechtungsprivileg 1312
   4. Besicherung einer Entgeltforderung durch den Gesellschafter ... 1314
   5. Doppelbesicherung des Gläubigers 1315
   6. Verpflichtung des Gesellschafters zum Ankauf von Sicherungsgut 1324
   7. Vorübergehende Geltungsaussetzung 1325
 VII. Einzelfragen bei Nutzungsüberlassungen durch den Gesellschafter . . 1326
   1. Grundsätzliche Geltung der Regelungen für die Nutzungsüberlassung? 1327
   2. Kein Nachrang offener Mietforderungen 1331
   3. Anfechtbarkeit von Miet-/Pachtzahlungen? 1332
   4. Weiternutzung durch den Insolvenzverwalter 1334
     a) Wann liegt Fortführungserheblichkeit vor? 1336
     b) Verhältnis zu §§ 108, 109 InsO 1338
     c) Anfechtbarkeit vorzeitiger Rückgabe des Nutzungsgegenstandes? 1340
     d) Höhe der Ausgleichszahlung nach § 135 Abs. 3 Satz 2 InsO . . . 1341
     e) Verhältnis zum Grundpfandrechtsgläubiger 1343
     f) Doppelinsolvenz 1344
 VIII. Sicherheiten aus Gesellschaftsvermögen für Gesellschafterdarlehen . . 1345
 IX. Bezug zum Strafrecht 1350
 X. Geltendmachung 1351
 XI. Steuerrechtliche Anmerkungen 1352
   1. Verlust des Gesellschafterdarlehens 1352
     a) Im Privatvermögen gehaltene Beteiligung über 1 % 1352
     b) In einem Betriebsvermögen gehaltene Beteiligung 1354
   2. Verzinsung als vGA? 1355
H. Haftung des Gesellschafters bei Beherrschungs- und Ergebnisabführungsverträgen, statutarischen oder vertraglichen Verlustausgleichsregelungen 1356
 I. Beherrschungs- und Gewinnabführungsvertrages in Krise und Insolvenz 1356
   1. Beendigungsmöglichkeiten in der Krise 1356
     a) Aufhebungsvereinbarung 1357
     b) Kündigung 1359
     c) Entscheidungszuständigkeit bei abhängiger GmbH, Form 1368
     d) Folgen 1372
   2. Verlustausgleichsansprüche und -verpflichtungen 1376
     a) Abhängige Gesellschaft 1376
     b) Herrschende Gesellschaft 1378
   3. Schicksal des EAV in der Insolvenz 1379
     a) Beendigung des EAV? 1379
     b) Verlustausgleichsanspruch, Sicherheitenanspruch 1380
 II. Statutarische Verlustausgleichsregelungen 1383
 III. Schuldrechtliche Verlustausgleichsverpflichtungen 1385
I. Zusammenfassung der Risiken bei Cash-Pooling 1386
 I. Kapitalaufbringung und Cash-Pooling 1386

            1. Risiken für den Gesellschafter 1386
            2. Risiken für den Geschäftsführer 1388
        II. Kapitalerhaltung und Cash-Pooling............................ 1391
            1. Risiken für den Gesellschafter 1391
            2. Risiken für den Geschäftsführer 1394
       III. Cash-Pooling und Insolvenzanfechtung....................... 1396
       IV. Weitere Risiken, insbesondere für den Geschäftsführer 1399
    J. Führungslosigkeit, Firmenbestattung und „Insolvenztourismus".......... 1402
        I. Führungslosigkeit 1402
            1. Definition 1402
            2. Insolvenzantragspflicht 1404
        II. Sog. Firmenbestattung 1408
            1. Unwirksamkeit der Geschäfte 1411
            2. Unzulässigkeit des Insolvenzantrags..................... 1413
            3. Zivilrechtliche Haftungen 1415
            4. Strafrechtliche Verantwortlichkeit 1422

Literatur: *Altmeppen*, Aufsteigende Sicherheiten im Konzern, ZIP 2017, 1977 ff.; *Altmeppen*, Cash-Pool, Kapitalaufbringung und Strafbarkeit der Geschäftsleiter wegen falscher Versicherung, ZIP 2009, 1545 ff.; *Altmeppen*, Ist das besicherte Gesellschafterdarlehen im Insolvenzverfahren der Gesellschaft subordiniert oder privilegiert?, ZIP 2013, 1745 ff.; *Altmeppen*, Überflüssigkeit der Anfechtung von Sicherheiten für Gesellschafterdarlehen, NZG 2013, 441 ff.; *Bangba-Szabo*, Die Anfechtbarkeit der Rückzahlung von Gesellschafterdarlehen wegen vorsätzlicher Gläubigerbenachteiligung, ZIP 2013, 1058 ff.; *Bauer*, Haftung des Kommanditisten in der Insolvenz der KG wegen vorheriger Rückzahlung der Kommanditeinlage, ZInsO 2019, 1299 ff.; *Bayer*, Verlorene Gesellschafterdarlehen im Privatvermögen, DStR 2009, 2397 ff.; *Becker*, Limitation Languages bei Upstream-Besicherungen nach dem Urteil des BGH, ZIP 2017, 1599 ff.; *Berkefeld*, Ungelöste Probleme auf der Rechtsfolgeseite bei „wirtschaftlicher Neugründung", GmbHR 2018, 337; *Bitter*, Anfechtbarkeit ursprünglicher Sicherheiten für Gesellschafterdarlehen: Es lebe die Betriebsaufspaltung!, ZIP 2019, 737 ff.; *Bitter*, Anfechtung von Sicherheiten für Gesellschafterdarlehen nach § 135 Abs. 1 Nr. 1 InsO, ZIP 2013, 1497 ff.; *Bitter*, Die typische und atypische stille Gesellschaft im Recht der Gesellschafterdarlehen, ZIP 2019, 146 ff.; *Bitter*, Kurzfristige Waren- und Geldkredite im Recht der Gesellschafterdarlehen, ZInsO 2013, 2289 ff.; *Bitter*, Teufelskreis – Ist das Sanierungsprivileg des § 39 Abs. 4 S. 2 InsO zu sanieren?, ZIP 2013, 398 ff.; *Bitter/Laspeyres*, Kurzfristige Waren- und Geldkredite im Recht der Gesellschafterdarlehen, ZInsO 2013, 2289 ff.; *d'Avoine/Michels*, Darlehen mittelbarer Gesellschafter in der Insolvenz, ZIP 2018, 60 ff.; *Dahl/Schmitz*, Eigenkapitalersatzrecht nach dem MoMiG aus insolvenzrechtlicher Sicht, NZG 2009, 325 ff.; *Florstedt*, Das „materielle" Eigenkapital der verbandsverfassten GmbH & Still, ZIP 2017, 2433; *Foerster*, Die übrigen Gesellschafter gem. § 24 GmbHG, NZG 2019, 366 ff.; *Geist*, Konzerninnenfinanzierung – Gibt es Alternativen zum Darlehen des Gesellschafters?, ZIP 2014, 1662 ff.; *Grunewald*, Können Gesellschaften Verrichtungsgehilfen i.S.d. § 831 Abs. 1 S. 1 BGB sein?, NZG 2018, 481 ff.; *Habersack*, Die Erstreckung des Rechts der Gesellschafterdarlehen auf Dritte, insbesondere im Unternehmensverbund, ZIP 2008, 2385 ff.; *Heckschen/Kreußlein*, Gesellschafterdarlehen und -sicherheiten in der Krise, RNotZ 2016, 351 ff.; *Heerma/Bergmann*, Fortgeltung der Limitation Language in der Insolvenz, ZIP 2017, 803 ff.; *Hirte*, Die Entwicklung des Insolvenz-Gesellschaftsrechts in Deutschland in den Jahren 2005 – 2006, ZInsO 2007, 509 ff.; *Hölzle*, Materielle Unterkapitalisierung und Existenzvernichtungshaftung, ZIP 2004, 1729 ff.; *Hölzle*, Zur Durchsetzbarkeit von Sicherheiten für Gesellschafterdarlehen in der Insolvenz, ZIP 2013, 1992 ff., 1994; *Jacoby*, Der Einwand der Anfechtbarkeit gegen den Nachrang nach § 39 Abs. 1 Nr. 5 InsO – ein Beitrag zur Doppelinsolvenz im Konzern, ZIP 2018, 505 ff.; *Jacoby*, Keine Insolvenzfestigkeit einer gesicherten Ruhegehaltszusage an den Gesellschafter, Beilage zu ZIP 22/2016, 35 ff.; *Kiefner/Bochum*, Aufsteigende Sicherheiten bei AG und GmbH im Licht der neuen Rechtsprechung des BGH zur Kapitalerhaltung, NZG 2017, 1292 ff.; *Kiethe*, Die Renaissance des § 826 BGB im Gesellschaftsrecht, NZG 2005, 333 ff.; *Köhler-Ma/de Bruyn*, Führungslos ins Insolvenzverfahren?, ZIP 2018, 261 ff.;

Komo, Vermeidung von Haftungsrisiken für Geschäftsführer bei Gewährung von Upstream Securities, GmbHR 2010, 230 ff.; *Krolop*, Zur Anwendung der MoMiG-Regelungen zu Gesellschafter-darlehen auf gesellschaftsfremde Dritte, GmbHR 2009, 397 ff.; *Maume*, Geistiges Eigentum in der Unternehmensfinanzierung, NZG 2017, 249 ff.; *Mylich*, Kreditsicherheiten für Gesellschafterdarlehen – Stand der Dinge und offene Fragen, ZIP 2013, 2444 ff.; *Peetz*, Wirtschaftliche Neugründung einer GmbH und Haftung, GmbHR 2011, 178 ff.; *Porzelt*, Die Auszahlungen gemäß § 30 Abs. 1 S. 1 GmbHG, GmbHR 2016, 627 ff.; *Porzelt*, Ungeklärte Fragen der Gründerhaftung der Gesellschafter einer (Vor-)GmbH, GmbHR 2018, 663 ff.; *Schall*, Die Zurechnung von Dritten im neuen Recht der Gesellschafterdarlehen, ZIP 2010, 205 ff.; *Seidel/Wolf*, Gesellschafterdarlehen – keine Rückforderungssperre aus Treuepflichten im Vorfeld der Insolvenz der Gesellschaft, NZG 2016, 921 ff.; *Spliedt*, MoMiG in der Insolvenz – ein Sanierungsversuch, ZIP 2009, 149 ff.; *Theusinger/Kapteina*, Upstream-Sicherheiten und Limitation Language, NZG 2011, 881 ff.; *Thole*, Gesellschafterbesicherte Kredite und die Anfechtung nach § 135 Abs. 2 InsO, ZIP 2015, 1609 ff., 1612, 1613.; *Thole*, Neues zur Doppelbesicherung und § 135 Abs. 2 InsO, ZIP 2017, 1742 ff.; *Verse*, Aufsteigende Sicherheiten und Kapitalerhaltung, GmbHR 2018, 113 ff.; *Vetter*, Die neue dogmatische Grundlage des BGH zur Existenzvernichtungshaftung, BB 2007, 1965 ff.; *Wachter*, Wert trägt die Kosten der wirtschaftlichen Neugründung?, GmbHR 2016, 791 ff.; *Walter*, Alternativen zur unterjährigen Aufhebung eines EAV mit einer GmbH, GmbHR 2015, 965 ff.; *Weller*, GmbH-Bestattung im Ausland, ZIP 2009, 2029 ff.; *Wiese/Göttel*, Verluste aus Gesellschafterdarlehen und -bürgschaften: Die Auswirkungen des MoMiG auf das Steuerrecht, GmbHR 2018, 1169 ff.

A. Insolvenzgesellschaftsrecht

972 Der – freilich nicht exakt definierte – Bereich des Insolvenzgesellschaftsrechts umfasst die gesellschaftsrechtlichen Regelungen, Pflichten und Möglichkeiten in der Insolvenz und die insolvenzrechtlichen Pflichten und Haftungsgefahren in der Gesellschaft.[1] Die Bezüge zwischen Gesellschafts- und Insolvenzrecht sind sehr vielfältig. Die Eröffnung eines Insolvenzverfahrens über das Vermögen einer Gesellschaft oder die Abweisung des Eröffnungsantrages führen zur Auflösung (nicht Löschung) der Gesellschaft (z.B. § 60 Abs. 1 Nrn. 3 u. 4 GmbHG; im Einzelnen s.u. § 12 → Rn. 2069 ff.). Seit je her wirkten und wirken sich einige gesellschaftsrechtliche Regelungen überhaupt erst im Insolvenzverfahren (z.B. § 32a Abs. 1 GmbHG a.F., § 171 Abs. 2 HGB) bzw. bei Eintritt materieller Insolvenzreife aus (z.B. § 64 GmbHG a.F.). Andere geben den gesellschaftsrechtlichen Regelungen Vorrang vor denjenigen des Insolvenzrechts (z.B. § 84 Abs. 1 InsO) und umgekehrt (vgl. etwa § 225a InsO). Manche insolvenzrechtliche Regelungen sind nur mit vertieftem Verständnis des Gesellschaftsrechts zutreffend anwendbar (z.B. §§ 39 Abs. 1 Nr. 5, 135 InsO, § 171 Abs. 2 HGB). Die enge Verzahnung beider Rechtsgebiete wirft immer wieder Fragen der Zuordnung einzelner Normen zum Gesellschafts- oder Insolvenzrecht auf und wird auch durch die wechselnde Verortung einiger Regelungen im Gesellschafts- oder Insolvenzrecht deutlich, so z.B. die Verlagerung der Insolvenzantragspflicht und der verbotenen Zahlungen aus den die Gesellschaften betreffenden Gesetzen (§ 64 GmbHG a.F. für die GmbH, §§ 92, 268 AktG a.F. für die AG, §§ 278 Abs. 3, 283 Nr. 14 AktG a.F. für die KGaA, §§ 130a und 177a HGB a.F. für GmbH & Co. KG, § 99 GenG a.F. für die Genossenschaft) in die

---

[1] Sa Bauer ZNotP 2012, 202 ff., 248 ff. und 287 ff.; Strohn/Simon GmbHR 2010, 1181 ff.

InsO (§§ 15a und 15b InsO) durch das MoMiG bzw. das SanInsFoG. Diese Fragen haben ganz erhebliche praktische Auswirkungen, etwa diejenige, ob die Regelungen auch für Geschäftsleiter ausländischer, im Inland tätiger haftungsbeschränkter Gesellschaften, etwa den director einer englischen „Limited" gelten. Das war für die Erstattungspflicht verbotener Zahlungen im Stadium der Insolvenzreife der Gesellschaft nach § 64 S. 1 u. 2 GmbHG a.F. für den director einer englischen „Limited" nach Vorlage durch den BGH[2] vom EuGH[3] mit „schlanker" Begründung und anschließend vom BGH[4] entschieden worden, da es sich um insolvenzrechtliche Regelungen handelte. Durch die spätere Verortung in der InsO (§ 15b InsO) folgte der Gesetzgeber dieser Rechtsprechung klarstellend.

Eine weitere, in ihren Abgrenzungen erst noch herauszuarbeitende Verzahnung von Insolvenz- und Gesellschaftsrecht ist durch das ESUG herbeigeführt worden, etwa durch die Schaffung einer Eingriffsmöglichkeit in die Anteils- und Mitgliedschaftsrechte der Anteilseigner im Insolvenzplanverfahren über das Vermögen der Gesellschaft. Vergleichbare Abgrenzungsfragen stellen sich im Sanierungsrecht nach dem StaRUG, da auch hier die Möglichkeit des Eingriffs in die Anteils- und Mitgliedschaftsrechte der Anteilseigner im gerichtlichen Restrukturierungsverfahren der Gesellschaft geschaffen wurden (§ 2 Abs. 3 StaRUG). 973

Schließlich sind die Fragen nach den insolvenzrechtlichen Pflichten der Gesellschaftsorgane und den gesellschaftsrechtlichen Befugnissen des Insolvenzverwalters zu beantworten (im Einzelnen unten § 12, → Rn. 2098 ff.). Zu Recht kann also von einem Insolvenz-Gesellschaftsrecht gesprochen werden.[5] 974

B. Haftkapitalsystem und Gläubigerschutz

Der Betrieb einer Unternehmung in einer haftungsbeschränkten Rechtsform birgt für die Gläubiger grds. das Risiko, dass das zur Schuldenregulierung allein zur Verfügung stehende Gesellschaftsvermögen für die Befriedigung aller Gläubiger nicht ausreicht.[6] Dies wird jedoch als „normales" Risiko angesehen, welches mit jedem Unternehmen verbunden ist, sodass die haftungsbeschränkten Rechtsformen im In- und Ausland nicht grds. infrage gestellt werden. Es ist jedoch auch Konsens, dass für die über das „normale" Unternehmensrisiko hinausgehenden Risiken ein gesetzlicher Gläubigerschutz notwendig ist. Eine Frage der konkreten Ausgestaltung ist es jedoch stets, bei Verwirklichung welcher Risiken und in welcher Weise dieser Gläubigerschutz eingreifen soll. 975

Grds. kann zwischen **zwei unterschiedlichen Schutzsystemen** differenziert werden – dem präventiven und dem nachgelagerten Gläubigerschutz (ex post). Zum präventiven Gläubigerschutz gehören die Regelungen über die Aufbringung 976

---

[2] BGH ZIP 2015, 68.
[3] EuGH ZIP 2015, 2468.
[4] BGH ZIP 2016, 821.
[5] Hirte ZInsO 2007, 509 ff.; im Jahr 2007, ZInsO 2008, 577 ff. und im Jahr 2008 ZInsO 2009, 697 ff.; Goette ZInsO 2007, 1177 ff.
[6] K. Schmidt GmbHR 2007, 1 ff.; Kleindiek BB-Spezial 5/2007, 2 ff.; Wüstemann ua BB-Spezial 5/2007, 13 ff.; Bormann GmbHR 2007, 897 ff.; Markwardt BB 2008, 2414 ff.

§ 8 Haftungsgefahren für Gesellschafter in der Krise der GmbH

und Erhaltung des vereinbarten Stammkapitals. Diese Regelungen sollen – zusammen mit den Regelungen über die Sanktion von Verstößen – das Verhalten des Unternehmers ex ante steuern und somit präventiven Gläubigerschutz gewährleisten.

977 Daneben bestehen Regelungen, die opportunistisches Fehlverhalten des Unternehmers, etwa das „Aushöhlen" der Gesellschaft, ex post, also insb. in einem Insolvenzverfahren sanktionieren. Zum nachgelagerten Gläubigerschutz gehören die Regelungen zur Gesellschafterfinanzierung (§§ 39 Abs. 1 Nr. 5, 135 InsO). Beide Gläubigerschutzsysteme weisen gewisse Überschneidungen auf.

978 Die Sicherung der Aufbringung und Erhaltung des Stammkapitals war und ist ein zentraler Grundsatz des GmbH-Rechts. Dabei war die **reale Kapitalaufbringung** stets ein zentrales Anliegen des Gesetzgebers und der sehr strikten Rechtsprechung, denn nur das wirklich aufgebrachte und erhaltene garantierte Stammkapital steht den Gläubigern als Haftungsmasse zur Verfügung. Die bedingungslose Einhaltung der Vorschriften über die Kapitalaufbringung und -erhaltung durch die Gesellschafter ist gewissermaßen die Kehrseite für die Befreiung von persönlicher Haftung. Der Kapitalschutz ist das Kernstück des GmbH-Rechts und kann daher als wichtigstes Element der Finanzverfassung der GmbH angesehen werden. Die Fundamentalnormen sind die §§ 14 und 30 Abs. 1 Satz 1 GmbHG.

979 Auch nach der GmbH-Rechtsreform durch das MoMiG sollte es bei dem strikten Grundsatz der Kapitalaufbringung und -erhaltung und der Haftung der Gesellschafter verbleiben. § 14 GmbHG regelt zur Einlagepflicht:

Auf jeden Geschäftsanteil ist eine Einlage zu leisten. Die Höhe der zu leistenden Einlage richtet sich nach dem bei der Errichtung der Gesellschaft im Gesellschaftsvertrag festgesetzten Nennbetrag des Geschäftsanteils. Im Fall der Kapitalerhöhung bestimmt sich die Höhe der zu leistenden Einlage nach dem in der Übernahmeerklärung festgesetzten Nennbetrag des Geschäftsanteils.

980 § 30 Abs. 1 Satz 1 GmbHG regelt zur Kapitalerhaltung:

Das zur Erhaltung des Stammkapitals erforderliche Vermögen der Gesellschaft darf an die Gesellschafter nicht ausgezahlt werden.

981 Diese Grundsätze gelten jedoch nicht absolut. Nach §§ 19 Abs. 5 und 30 Abs. 1 S. 2 GmbHG kann das Stammkapital auch zugunsten des Gesellschafters genutzt werden, namentlich im Konzern an der Stelle, an der es aus Konzernsicht am stärksten gebraucht wird. Der Grundsatz der realen Kapitalaufbringung durch den Gesellschafter ist also stark eingeschränkt. Aus Gläubigerschutzgründen wurde hingegen die Haftungsverantwortung des Geschäftsführers stark erweitert (s.u. bei Geschäftsführerhaftung).

982 Z.T. wird daher dieser Teil der GmbH-Reform durch das MoMiG als „grandios" gescheitert angesehen und für eine Fortführung der Reform durch ein MoMiG II plädiert.[7] In diesem sollte dann vom Erfordernis der Kapitalaufbringung und -erhaltung abgegangen und entweder ein Insolvenzkapital oder das (evtl. zu modifizierende) KG-Modell eingeführt werden. Auch wäre erwägenswert, die Regelungen über die Aufbringung und Erhaltung eines Mindeststammkapitals zu streichen und damit die Funktion des Stammkapitals darauf zu reduzieren, das

---

[7] Bayer GmbHR 2010, 1289 ff.

Innenverhältnis der Gesellschafter zu ordnen.[8] Das Vertrauen der Gläubigerschaft in das Vorhandensein eines Stammkapitals erweist sich in den meisten GmbH-Insolvenzen ohnehin als trügerisch; ihr Schutz scheint über die Publizitätspflichten besser erreichbar.

Die Einlageforderung der GmbH gegen den Gesellschafter wird im Rahmen der Gründung oder Kapitalerhöhung rechtsgeschäftlich durch Übernahme des Geschäftsanteils gegen Verpflichtung zur Leistung der Einlage auf das Stammkapital (Stammkapital, vgl. § 3 Abs. 1 Nr. 4 GmbHG) durch den Gesellschafter **begründet**, § 14 Satz 1 GmbHG. Dabei kann dem Inferenten auch ohne Vereinbarung einer Befristung oder Bedingung ein Lösungsrecht von dem Übernahmevertrag nach den Grundsätzen über den Wegfall der Geschäftsgrundlage zustehen, wenn ein angemessener Zeitraum für eine Bindung des Übernehmers überschritten ist oder es aus anderen Gründen nicht zur Gründung oder Kapitalerhöhung kommt. Rechtsfolge ist dann ein Rücktrittsrecht des Übernehmers nach § 313 Abs. 3 Satz 1 BGB.[9] 983

Derjenige, der einen Gesellschaftsanteil für einen anderen treuhänderisch hält, haftet selbst für die Einlage.[10] 984

Für die **Fälligkeit** der Einlageforderung ist mangels konkreter Regelung im Gesellschaftsvertrag zu unterscheiden: Die Mindestbeträge der Geldeinlage nach §§ 7 Abs. 2, 56a GmbHG und die vollständige Sacheinlage nach § 7 Abs. 3 GmbHG sind vor Anmeldung zum HReg zu leisten und daher auch ohne vorherigen Gesellschafterbeschluss fällig. Die darüberhinausgehenden Beträge sind erst nach Einforderung durch den Geschäftsführer fällig, die ihrerseits eines Einforderungsbeschlusses der Gesellschafterversammlung nach § 46 Nr. 2 GmbHG bedarf. 985

Gem. §§ 24, 31 Abs. 3 GmbHG haften auch die übrigen Gesellschafter nach dem Verhältnis ihrer Geschäftsanteile, wenn die Ein- oder Rückzahlung vom verpflichteten Gesellschafter nicht zu erlangen ist (und im Fall des § 24 GmbHG die Zahlung auch nicht Verkauf des Anteils gedeckt werden kann). Von einzelnen Gesellschaftern nicht zu erlangende Beiträge werden also wiederum nach dem Verhältnis ihrer Geschäftsanteile auf die übrigen Gesellschafter verteilt. 986

In einer Insolvenz über das Vermögen der GmbH wird durch den Insolvenzverwalter geprüft, ob das Stammkapital der GmbH vollständig aufgebracht und nicht an die Gesellschafter zurückgezahlt wurde. Der Insolvenzverwalter ist berechtigt, eine nicht (vollständig) eingezahlte oder verbotswidrig zurückgezahlte Stammeinlage vom betreffenden Gesellschafter ein- bzw. zurückzufordern. Dasselbe gilt für den Liquidator.[11] Der Insolvenzverwalter braucht für die Erhebung der Ansprüche gegen die Gesellschafter keinen Gesellschafterbeschluss.[12] Ansprüche auf Kapitalaufbringung und -erhaltung sind in der Insolvenz der Gesellschaft in die Berechnungsgrundlage der Insolvenzverwaltervergütung einzubeziehen.[13] Die zahlreichen Fälle der nicht vollständigen Einzahlung oder der Rückzahlung des 987

---

[8] Rittershaus/Mickel FS Hommelhoff, 2012, 927 ff.
[9] BGH ZIP 2015, 2315 = GmbHR 2015, 1315.
[10] OLG Jena NZG 2007, 460.
[11] Märtens in MüKoGmbHG § 19 Rn. 17.
[12] OLG Jena ZInsO 2007, 715 = NZG 2007, 717.
[13] BGH ZIP 2012, 532.

Stammkapitals der GmbH kommen somit regelmäßig erst im Insolvenzverfahren über deren Vermögen ans Licht.

988 Eine wirksam beschlossene, aber noch nicht ins Handelsregister eingetragene Kapitalerhöhung kann der Insolvenzverwalter gegen den Willen der Gesellschafter nicht zur Insolvenzmasse einziehen, weil die Satzungsänderung erst mit ihrer Eintragung Wirkung entfalten kann (konstitutive Wirkung der Eintragung, § 54 Abs. 1 und 3 GmbHG).[14]

C. Haftung wegen fehlerhafter Kapitalaufbringung

I. Haftung bei Aufnahme der Geschäftstätigkeit im Namen der Gesellschaft vor Eintragung

1. Haftung für Verbindlichkeiten der Vorgründungsgesellschaft

989 Die Vorgründungsgesellschaft ist GbR. Sollte die Vorgründungsgesellschaft bereits nach außen tätig geworden sein und Verbindlichkeiten begründet haben, haften den Gläubigern daher sowohl das Gesamthandsvermögen der Vorgründungsgesellschaft als auch nach § 128 HGB (analog) die Gesellschafter mit ihrem Privatvermögen persönlich, gesamtschuldnerisch und unbeschränkt.[15]

2. Haftung für Verbindlichkeiten der Vor-GmbH

990 Die Vor-GmbH[16] entsteht mit notarieller Beurkundung des Gesellschaftsvertrages (§ 2 Abs. 1 GmbHG).

991 **a) Rechtsqualifikation der Vor-GmbH – Teilrechtsfähigkeit.** Die Vor-GmbH ist GbR nach § 705 BGB bzw. OHG nach § 105 HGB, sofern Tätigkeitsgegenstand ein Handelsgewerbe unter gemeinsamer Firma ist. Als GbR ist sie rechtlich weitgehend verselbstständigt, besitzt Rechtsfähigkeit, soweit sie durch Teilnahme am Rechtsverkehr eigene Rechte und Pflichten begründet, und ist aktiv und passiv im Gerichtsprozess parteifähig.[17] Darüber hinaus ist die Vor-GmbH grundbuchfähig[18] und hat, wenn sie ein kaufmännisches Unternehmen i.S.d. §§ 1 ff. HGB betreibt, bereits eine eigene Firma nach § 17 HGB.[19] Außerdem

---

[14] OLG Zweibrücken ZIP 2014, 588.
[15] Sa die hervorragende Darstellung von Heidinger in Heckschen/Heidinger, Die GmbH in der Gestaltungs- und Beratungspraxis, S. 76 ff.
[16] Sa die Darstellungen von Heckschen in Wachter, Handbuch des Fachanwalts für Handels- und Gesellschaftsrecht, S. 888 ff. und Heidinger in Heckschen/Heidinger, Die GmbH in der Gestaltungs- und Beratungspraxis, S. 78 ff.
[17] Urteil des BGH zur GbR, BB 2001, 374 = ZIP 2002, 614.
[18] BGHZ 45, 338, 348 = NJW 1996, 1311
[19] BGHZ 120, 103, 106; OLG Celle ZIP 2006, 1586: Der Firma muss hinreichende Unterscheidungskraft, also Namensfunktion zukommen. Das ist bei unaussprechlichen

kann die Vor-GmbH bereits ein Bankkonto haben,[20] sodass nicht mehr die Konten der Gesellschafter genutzt werden müssen (und sollten). Auf das Konto der Vor-GmbH bspw. können (und sollten) die Einzahlungen auf die Stammeinlagen geleistet werden.

Steuerrechtlich wird die Vor-GmbH bereits als Körperschaft behandelt, ist also steuerpflichtig nach dem KStG, wenn sie später eingetragen wird.[21] Wird sie später nicht eingetragen, ist sie von Anfang an nicht körperschaftsteuerpflichtig.[22]   **992**

Die Vor-GmbH ist liquidations- und insolvenzverfahrensfähig.[23] Sie kann etwa durch Kündigung eines Gesellschafters aus wichtigem Grund entsprechend §723 Abs.1 Sätze 2 u. 3 Nr.1 BGB aufgelöst werden. Wichtiger Grund ist in diesem Zusammenhang bspw., wenn der Fortgang der Gründung daran scheitert, dass ein Gesellschafter seine Einlage nicht erbringen kann.[24] Der Insolvenzverwalter der Vor-GmbH ist entsprechend §93 InsO im Insolvenzverfahren über das Vermögen des Alleingesellschafters zur Anmeldung der Forderungen aus dessen persönlicher Haftung befugt.[25]   **993**

Die Vor-GmbH endet mit der Eintragung der GmbH ins Register. Nach der Kontinuitätslehre[26] gehen Vermögen und Verbindlichkeiten der Vor-GmbH gem. Willensakt auf die GmbH über.   **994**

b) Entfallen der Anerkennung der Vor-GmbH. Die Anerkennung der Vor-GmbH entfällt mit Scheitern der Gründung. Dies ist der Fall, wenn die Gründungsgesellschafter die Eintragung nachhaltig vernachlässigen[27] oder die Eintragungsabsicht aufgeben.[28] Die so fehlgeschlagene Vorgesellschaft ist als Abwicklungs- oder Personengesellschaft parteifähig[29] und muss von allen Gesellschaftern vertreten werden.[30] Eine Vor-GmbH, die später nicht als GmbH ins Handelsregister eingetragen wird, ist nicht körperschaftsteuerpflichtig, sondern wird von Anfang an wie eine Personengesellschaft oder ein Einzelkaufmann (bei Ein-Personen-Vor-GmbH) besteuert.[31] Insofern besteht ein Gleichklang zum zivil- und gesellschaftsrechtlichen Haftungsregime.   **995**

c) Innenhaftung der Gesellschafter für Verbindlichkeiten der Vor-GmbH. Verbindlichkeiten der Vor-GmbH sind solche, die durch Handeln im Namen der Vor-GmbH begründet wurden. Für sie haften neben dem Gesellschaftsvermögen auch die Gründungsgesellschafter persönlich. Sie trifft die Pflicht zur Deckung sämtlicher Verluste, die bis zur Eintragung entstanden sind, als   **996**

Buchstabenkombinationen, die nur Anfangsbuchstaben von Worten einer nicht deutschen Sprache und auch kein Phantasiewort sind, nicht der Fall.
[20] BGHZ 45, 338, 347 = NJW 1996, 1311.
[21] BFH BStBl II 1993, S.352.
[22] BFH GmbHR 2010, 764; zum Verhältnis der Körperschaftsteuerpflicht der Vorgesellschaften zur späteren Eintragung s. Martini DStR 2011, 337 ff.
[23] OLG Hamm ZIP 2012, 338.
[24] BGH ZIP 2006, 2267 = BB 2006, 2773.
[25] OLG Hamburg ZIP 2012, 338.
[26] BGHZ 80, 129, 137 ff. = NJW 1981, 1373.
[27] OLG Hamm ZIP 2006, 2031.
[28] BGH ZIP 2008, 1025 = DStR 2008, 1249.
[29] BGH ZIP 2008, 1025 = DStR 2008, 1249.
[30] S. dazu de Lousanoff NZG 2008, 490 ff.
[31] BFH GmbHR 2010, 764 = NZG 2011, 158.

sog. Verlustdeckungshaftung.³² Nach Eintragung der GmbH setzt sich diese Verpflichtung nach der Kontinuitätslehre als sog. Unterbilanz- oder Vorbelastungshaftung fort.³³ Verlustdeckungs- und Unterbilanzhaftung sind zunächst als reine **Innenhaftung** ausgestaltet, die sich aus den Grundsätzen der ordnungsgemäßen Kapitalaufbringung in der GmbH ergibt. Die Haftung der Gesellschafter gegenüber der Vor-GmbH besteht also i.H.d. Differenz zwischen Verbindlichkeiten und Stammkapital auf der Passivseite und Vermögen auf der Aktivseite der Bilanz. Sie ist also nicht auf die Stammkapitalziffer oder den jeweiligen Nominalbetrag des Geschäftsanteils des Gesellschafters beschränkt.

997 Voraussetzung für die persönliche Vorbelastungshaftung des Gesellschafters ist nach ganz h.M., dass er mit der Aufnahme des Geschäftsbetriebes der Gesellschaft vor ihrer Eintragung einverstanden war.³⁴ Dabei obliegt es dem Gesellschafter, das fehlende Einverständnis nachzuweisen.³⁵

998 **aa) Verlustdeckungshaftung bei Scheitern der Eintragung.** Die Verlustdeckungshaftung besteht als Innenhaftung ggü. der Vor-GmbH. Ein Bedürfnis für eine unmittelbare Außenhaftung der Gründungsgesellschafter ggü. Gläubigern der Vor-GmbH besteht nicht. Einerseits setzt sich die Verlustdeckungshaftung nach Eintragung der GmbH als Unterbilanzhaftung fort. Andererseits könnten die Gläubiger den Verlustdeckungsanspruch der Vor-GmbH ggü. den Gründungsgesellschaftern pfänden. Schließlich würde in einer Insolvenz der Vor-GmbH die Verlustdeckungshaftung durch den Insolvenzverwalter geltend gemacht, sodass auf diese Weise eine gleichmäßige Befriedigung der Gläubiger sichergestellt wird.

999 Der Verlustdeckungsanspruch der Vor-GmbH entsteht mit (endgültigem) Scheitern der Gründung bzw. Eintragung der GmbH und wird fällig mit Eröffnung des Insolvenzverfahrens über das Vermögen der Vor-GmbH bzw. mit dem Beginn der Liquidation der Vor-GmbH.³⁶ Er verjährt nach § 9 Abs. 2 GmbHG³⁷.

1000 **bb) Vorbelastungs- oder Unterbilanzhaftung nach Eintragung.** Nachdem die Rechtsprechung vom früher postulierten Vorbelastungsverbot Abstand genommen hat, ist nun allgemein anerkannt, dass die Verbindlichkeiten der Vor-GmbH, also die im Namen der GmbH vor deren Eintragung in das Handelsregister begründeten Verbindlichkeiten, auf die GmbH durch rechtsgeschäftliche Übertragung (Gesamtrechtsnachfolge) übergehen.³⁸ Dadurch kann es trotz erfolgter Einzahlung des Stammkapitals durch die Gesellschafter dazu kommen,

---

[32] BGHZ 134, 333, 341 = BB 1997, 905 = DB 1997, 867 = GmbHR 1997, 405 = NJW 1997, 1507 = DStR 1997 und BGHZ 152, 290 = BB 2003, 119 = GmbHR 2003, 97 = NJW 2003, 429 = ZIP 2002, 2309.
[33] Grundlegend BGHZ 80, 129, 137 ff. = NJW 1981, 1373; BGHZ 80, 129, 137 ff. = NJW 1981, 1373, 137 ff. = NJW 1981, 1373.
[34] Str.; aA Porzelt GmbHR 2018, 663 ff.
[35] LG Meiningen GmbHR 2017, 302.
[36] BGHZ 134, 333, 341 = BB 1997, 905 = DB 1997, 867 = GmbHR 1997, 405 = NJW 1997, 1507 = DStR 1997, 625.
[37] BGH GmbHR 1997, 405 iVm BGH JZ 2002, 312.
[38] BGHZ 148, 74 = BB 2001, 1543 = DB 2001, 1879 = NJW 2001, 2635 = ZIP 2001, 1418.

dass zum Zeitpunkt der Eintragung der GmbH das Stammkapital nicht mehr vorhanden, d.h., dass das Eigenkapital kleiner als das Stammkapital ist (Unterbilanz).[39]

Aus den Grundsätzen der realen Kapitalaufbringung (§§ 8 Abs. 2, 9, 14 GmbHG) und der Kapitalerhaltung (§§ 30, 31 GmbHG) hat die Rechtsprechung für diese Fälle den Grundsatz der Unterbilanz- oder Vorbelastungshaftung als Differenzhaftung entwickelt.[40] Danach haften alle Gesellschafter, die der Geschäftsaufnahme vor Eintragung zugestimmt haben, für die bei Eintragung bestehende und durch Verbindlichkeiten der Vor-GmbH entstandene Differenz zwischen Stammkapitalziffer und Höhe des Nettovermögens (Wert des Vermögens zu Fortführungswerten abzgl. Verbindlichkeiten) der Gesellschaft.[41] Die Haftung ist nicht auf die Höhe der eigenen Einlage und auch nicht auf die Stammkapitalziffer der GmbH beschränkt, kann also im Fall einer Überschuldung der Vor-GmbH auch deutlich mehr als die Stammkapitalziffer betragen.[42] Für die Haftung gilt § 24 GmbHG entsprechend. Die Gesellschafter haften anteilig entsprechend dem Verhältnis ihrer Einlage. Für von einem Gesellschafter nicht beizubringende Beträge haften die übrigen Gesellschafter wiederum im Verhältnis ihrer Anteile mit.[43] Gegenüber dieser Haftung ist die Aufrechnung des Gesellschafters mit eigenen Ansprüchen gegen die Vorgesellschaft analog § 19 Abs. 2 GmbHG unzulässig.[44]

1001

Die Unterbilanzhaftung ist nach Eintragung der GmbH reine Innenhaftung auch dann, wenn es nur einen Gesellschafter gibt und die GmbH vermögenslos ist.[45] Die (einmal entstandene) Unterbilanzhaftung ist grds. wie ein Anspruch auf Leistung fehlender Bareinlagen zu behandeln und unterliegt denselben strengen Regeln der Kapitalaufbringung wie die ursprüngliche Einlageschuld. Sie erlischt auch nicht durch anderweitige Auffüllung des Haftungsfonds.[46]

1002

Zur Ermittlung der Unterbilanz- bzw. Vorbelastungshaftung ist die Erstellung einer **Vorbelastungsbilanz** (Status) erforderlich.[47] Wegen ihrer besonderen Funktion (nahe Eröffnungsbilanz) sind in dieser Bilanz die Vermögenswerte mit ihren Fortführungswerten anzusetzen.[48] Hat die Ingangsetzung der Vorgesellschaft bereits zu einer unternehmerischen Einheit geführt, ist das Unternehmen als Ganzes – nach der Ertragswertmethode[49] – zu bewerten.[50] Bei fehlender Fortführungsaussicht sind allerdings nur die Veräußerungswerte anzusetzen.[51]

1003

Die Darlegungs- und Beweislast für eine Vorbelastung trägt die Gesellschaft bzw. der Insolvenzverwalter, der den Haftungsanspruch gegen die Gesellschafter geltend macht. Ist jedoch keine Vorbelastungsbilanz erstellt worden und gibt es

1004

---

[39] Zur Darlegungs- und Beweislast im Unterbilanzhaftungsprozess s. Götz GmbHR 2013, 290 ff.
[40] Grundlegend: BGHZ 80, 129, 137 ff. = NJW 1981, 1373.
[41] OLG Brandenburg GmbHR 2010, 200.
[42] BGH GmbHR 1982, 235 = WM 1982, 40.
[43] Emmerich in Scholz, GmbHG, § 24 Rn. 3.
[44] OLG Köln BeckRS 2002, 7529.
[45] BGH BB 2005, 2773 = DZWIR 2006, 118 = ZIP 2005, 2257.
[46] BGHZ 165, 391 = BB 2006, 907 = ZIP 2006, 668 = ZInsO 2006, 374 mit Bespr. Paul ZInsO 2006, 589.
[47] BGHZ 140, 35 = ZIP 1998, 2151.
[48] OLG Celle NJW-RR 2000, 1706.
[49] BGHZ 140, 35 = ZIP 1998, 2151.
[50] BGH BB 2002, 959 = WM 2002, 966.
[51] BGH ZIP 1997, 2008.

Anhaltspunkte für eine Aufzehr des Stammkapitals vor Eintragung, ist es nach den Grundsätzen der sekundären Behauptungslast Sache der Gesellschafter, darzulegen und zu beweisen, dass eine Unterbilanz nicht vorgelegen habe.[52]

1005 In der Insolvenz der GmbH wird die Unterbilanzhaftung durch den Insolvenzverwalter geltend gemacht. Die zum GmbH-Recht entwickelten Grundsätze gelten wegen vergleichbarer Rechts- und Interessenlage auch in der AG[53] und in der e.G.

1006 **d) Außenhaftung.** Eine unbeschränkte unmittelbare Außenhaftung der Gründungsgesellschafter ggü. Gläubigern der Vor-GmbH unmittelbar kommt in folgenden Fällen zum Tragen:
- Bei sog. unechter Vorgesellschaft, d.h. wenn die Gründer von vornherein nicht die Absicht hatten, die GmbH eintragen zu lassen;[54]
- bei Aufgabe der Eintragungsabsicht[55] und bei Fortführung der Geschäfte mit Begründung von Verbindlichkeiten nach Scheitern der Gründung.[56] Diese Außenhaftung umfasst auch die bis zum Scheitern der Gründung entstandenen Verbindlichkeiten (also keine proratarische Innenhaftung bis zum Scheitern der Gründung). Begründung: Hier ist die Personengesellschaft nicht Vorstufe zur GmbH, sodass die Haftungsregeln der GbR[57] bzw. der §§ 128, 129 HGB eingreifen. Der Zeitpunkt der Aufgabe der Eintragungsabsicht ist regelmäßig nicht genau feststellbar, die Anwendung der proratarischen Innenhaftung für bis zum Scheitern der Gründung entstandene Verbindlichkeiten würde die Vor-GmbH überbewerten.
- Begründung: Hier ist die Personengesellschaft nicht Vorstufe zur GmbH, sodass die Haftungsregeln der GbR bzw. der §§ 128, 129 HGB eingreifen;
- unmittelbare Haftung der Gesellschafter ggü. Gesellschaftsgläubigern, wenn die GmbH nicht eingetragen wird und eine Insolvenz mangels Masse abgewiesen wird[58] oder ein zunächst eröffnetes Insolvenzverfahren wegen Masseunzulänglichkeit eingestellt worden ist und die geltend gemachten Ansprüche vollständig ausgefallen sind;[59]
- unmittelbare Haftung nach § 179 BGB, wenn die GmbH noch nicht gegründet wurde.[60]

3. Handelndenhaftung

1007 Nach § 11 Abs. 2 GmbHG haften die Handelnden persönlich und solidarisch, wenn vor Eintragung der GmbH im Namen der Gesellschaft gehandelt worden

---

[52] BGH BB 2003, 704 = ZInsO 2003, 323 = ZIP 2003, 625; OLG Brandenburg GmbHR 2010, 200; OLG Rostock GmbHR 2014, 1264.
[53] BAG ZIP 2005, 350.
[54] BGHZ 22, 240 = DB 1957, 67 = GmbHR 1957, 57 = NJW 1957, 218.
[55] LG Dresden GmbHR 2002, 549.
[56] BGHZ 152, 290 = NJW 2003, 429 = ZIP 2002, 2309 = ZNotP 2003, 67.
[57] BGHZ 146, 341, 358 = BB 2001, 374 = ZInsO 2001, 218 = ZIP 2001, 330.
[58] LG Braunschweig BB 2001, 1703.
[59] BAG DB 2006, 1146 = GmbHR 2006, 756 = ZIP 2006, 1044 (für Gesamtvollstreckungsverfahren).
[60] OLG Koblenz NZG 2003, 32.

ist. Angesichts der zuvor dargestellten Haftungsgrundsätze hat diese Handelndenhaftung heute nur noch eine untergeordnete Gläubigersicherungsfunktion, für die ein Bedürfnis nur noch besteht, wenn es zur Eintragung der GmbH nicht kommt oder, wichtiger, der Geschäftsführer eigenmächtig gehandelt und daher die Vorgesellschaft nicht wirksam verpflichtet hat. Ebenso kommt die Handelndenhaftung zum Tragen, wenn andere Personen ohne Vertretungsmacht wie Geschäftsführer für die Vor-GmbH aufgetreten sind.

Nach ganz h.M. kommt die Handelndenhaftung nach § 11 Abs. 2 GmbHG nur für rechtsgeschäftlich begründete Verbindlichkeiten in Betracht, nicht auch für gesetzliche Verbindlichkeiten.[61] 1008

Handelnder ist nur, wer Geschäftsführer ist oder als solcher auftritt, nicht etwa ein Prokurist.[62] Zeitlich endet die Handelndenhaftung mit der Eintragung der GmbH. 1009

4. GmbH & Co. KG

Für die Kommanditistenhaftung bei Geschäftsbeginn der GmbH & Co. KG vor Eintragung gilt § 176 HGB. Vor Eintragung der KG ins Handelsregister haften also auch die Kommanditisten, die der Geschäftsaufnahme zugestimmt hatten, für die bis zur Eintragung begründeten Gesellschaftsverbindlichkeiten wie ein phG. Allerdings ist bereits die Firmierung als GmbH & Co. KG ausreichend, die persönliche Haftung des Kommanditisten gleich einem persönlich haftenden Gesellschafter nach § 176 Abs. 1 Satz 1 HGB auszuschließen bzw. zu beschränken.[63] 1010

II. Haftung bei fehlerhafter Kapitalaufbringung bei Geldeinlage

1. Freie Verfügbarkeit, richtiger Zeitpunkt der Einlageleistung, Voreinzahlung

Für eine wirksame Einlageleistung des Gesellschafters und damit für die Erfüllung seiner Einlagepflicht muss die Einlage auf den Geschäftsanteil, bei vereinbarter Bareinlage also der Einzahlungsbetrag endgültig zur **freien Verfügung** der Geschäftsführung gestellt werden (§§ 8 Abs. 2, 14 GmbHG).[64] Dies bereitet in der Praxis mitunter Probleme, wie die nachfolgenden Erörterungen und die Vielzahl der ober- und höchstrichterlichen Entscheidungen zeigen. 1011

a) **Gründung.** Vor Gründung der GmbH, d.h. vor Abschluss des notariellen Gesellschaftsvertrages ist eine wirksame Einlageleistung, die die erst danach begründete Einlageschuld erfüllen soll, grds. nicht möglich, da es u.a. noch kein 1012

---

[61] AA Schwab NZG 2012, 481 ff.
[62] BGHZ 72, 45, 46 = NJW 1978, 1978. Für die AG s. BAG BB 2006, 1970 = DB 2006, 1944 = NZG 2006, 751 = ZIP 2006, 1672.
[63] OLG Frankfurt am Main ZIP 2007, 1809.
[64] Zur ordnungsgemäßen Aufbringung der Bareinlage der GmbH auch Geißler GmbHR 2004, 1181 ff.; zu Kapitalerhöhung zu Sanierungszwecken und zu Mitwirkungspflichten der Gesellschafter: Schorlemer/Stupp NZI 2003, 345 ff.

Konto der Vor-GmbH geben kann. Sollte dennoch entgegen den Bankenrichtlinien auf den Namen der noch nicht gegründeten GmbH ein Konto eingerichtet worden sein, ist dieses nach § 154 AO gesperrt mit der Folge, dass die Leistung der Einlage nicht zur freien Verfügung des Geschäftsführers erfolgt. Die spätere Einbringung eines Habensaldos in die GmbH ist eine Sacheinlage. Wird diese nicht als solche offen beschlossen (sondern eine Geldeinlage vereinbart), kann zugunsten des Gesellschafters § 19 Abs. 4 GmbHG eingreifen; für den Geschäftsführer besteht die Gefahr einer falschen Versicherung nach § 82 GmbHG.

1013 In jüngerer Zeit sind von dem Grundsatz des Voreinzahlungsverbots in Rechtsprechung und Literatur unter der Bezeichnung „technische Voreinzahlung" Ausnahmen gemacht worden.[65] Das OLG Frankfurt am Main hat bei einer Einmann-Gründung die Voreinzahlung auf ein Konto des Gesellschafters als Erfüllung der Bareinlagepflicht anerkannt, wenn die Einzahlung mit der zweifelsfreien Zweckbestimmung der Einlageschuldtilgung erfolgte, das Konto auf die Vor-GmbH übertragen und der Einlagebetrag zu diesem Zeitpunkt auf dem Konto unterscheidbar noch vorhanden war.[66] Dennoch rate ich stets, von einer Voreinzahlung bei Gründung der GmbH abzusehen.

1014 **b) Kapitalerhöhung.** Auch bei der Kapitalerhöhung[67] ist grds. eine Einlageleistung/Zahlung vor dem Kapitalerhöhungsbeschluss und Übernahme des Geschäftsanteils (§ 55 GmbHG) nicht schuldtilgend.[68]

1015 In **Sanierungsfällen** hat der BGH früher die **Voreinzahlung** auf die künftige Einlageverpflichtung als schuldtilgende Bareinzahlung angesehen, wenn der Betrag dem Geschäftsführer wertmäßig im Zeitraum zwischen Antrag und Eintragung der Kapitalerhöhung noch zur Verfügung stand.[69] Nicht geklärt war, ob diese Voraussetzung auch noch nach Aufgabe des Prinzips der wertgleichen Deckung bestand.[70] Das OLG Düsseldorf hatte diese Voraussetzung als erfüllt angesehen, wenn mit der Zahlung ein Debetsaldo zurückgeführt wurde, der die eingeräumte Kreditlinie nicht überschritt.[71] Das hat der BGH in jüngeren Entscheidungen nicht bestätigt und die Anforderungen an eine schuldbefreiende Voreinzahlung wesentlich verschärft. Die Zahlung auf eine noch nicht wirksam beschlossene Kapitalerhöhung (Voreinzahlung) ist nur wirksam, d.h. sie befreit von der Einlageverpflichtung nur, wenn sich der Betrag im Zeitpunkt der Entstehung der Einlageverpflichtung noch im Vermögen der Gesellschaft befindet.[72] Das sei bei Zahlung auf ein debitorisches Konto jedoch nicht der Fall.[73] Im Kapitalaufbringungssystem der GmbH bilde der Kapitalerhöhungsbeschluss die maßgebliche

---

[65] Heidinger in Heckschen/Heidinger, Die GmbH in der Gestaltungs- und Beratungspraxis, S. 381 f.
[66] OLG Frankfurt am Main ZIP 2005, 1596.
[67] Zu Vorleistungen auf die Kapitalerhöhung nach MoMiG und ARUG sa Priester DStR 2010, 494 ff.
[68] Zu Vorleistungen auf Kapitalerhöhungen der GmbH sa Wülfing GmbHR 2007, 1124 ff.
[69] BGH DStR 1996, 1416 = ZIP 1996, 1466.
[70] Dazu Heidinger GmbHR 2002, 1045 ff.
[71] OLG Düsseldorf GmbHR 2000, 564.
[72] BGHZ 158, 283 = BB 2004, 957 = ZIP 2004, 849.
[73] BGHZ 168, 201 = BB 2006, 2707 = ZIP 2006, 2214; OLG Celle, ZIP 2010, 2298 = ZInsO 2010, 1843.

Zäsur. Voreinzahlungen auf die künftige Kapitalerhöhung hätten Schuld tilgende Wirkung nur dann, wenn der eingezahlte Betrag im Zeitpunkt der Fassung des Erhöhungsbeschlusses noch als solcher im Vermögen der Gesellschaft vorhanden sei. Dem stehe es nicht gleich, dass auf ein debitorisches Konto der Gesellschaft eingezahlt werde und die Bank nach Verrechnung der Gutschrift eine Verfügung über den Einlagebetrag wieder zulasse.[74]

Folglich kann sich der Gesellschafter durch Voreinzahlung des Einlagebetrages auf ein debitorisches Konto von seiner Einlageverpflichtung nicht befreien und läuft daher Gefahr, erneut zur Zahlung herangezogen zu werden. 1016

Nach dieser jüngeren Rechtsprechung des BGH[75] müssen für eine wirksame Voreinzahlung, d.h. eine die künftige Einlageverpflichtung tilgende Bareinzahlung folgende strenge Voraussetzungen erfüllt sein: 1017

- Es liegt ein akuter Sanierungsfall vor und die Zahlung soll eine Zahlungsunfähigkeit beseitigen, sodass die Gesellschaft wegen des engen zeitlichen Rahmens des § 64 Abs. 1 GmbHG a.F. (heute § 15a Abs. 1 InsO) sofort über die Mittel verfügen muss und daher die Sanierung der Gesellschaft bei Einhaltung der üblichen Reihenfolge der Kapitalerhöhung scheitern würde,
- nach pflichtgemäßer Einschätzung eines objektiven Dritten ist die Gesellschaft aus der ex-ante-Sicht sanierungsfähig (taugliches Sanierungskonzept) und die Voreinzahlung ist objektiv zur Sanierung geeignet,
- andere Maßnahmen, etwa Einzahlung in freie Kapitalrücklagen oder auf ein der Haftung ggü. der Bank nicht unterliegendes Sonderkonto, führen nicht zum Ziel,
- der Gesellschafter handelt mit Sanierungswillen,
- die Beschlussfassung über die Kapitalerhöhung und die Übernahme der Einlage war zum Zahlungszeitpunkt bereits in die Wege geleitet (etwa durch bereits erfolgte Ladung zur Gesellschafterversammlung) und wird im Anschluss an die Voreinzahlung mit der gebotenen Beschleunigung nachgeholt,
- der eingezahlte Betrag ist im Zeitpunkt der Fassung des Erhöhungsbeschlusses noch als solcher im Vermögen der Gesellschaft vorhanden[76] (also keine Zahlung auf debitorisches Konto!).

Außerdem ist die Voreinzahlung als solche im Kapitalerhöhungsbeschluss, in der Anmeldeversicherung und in der Registereintragung offen zu legen.[77] 1018

Ist fraglich, ob eine Voreinzahlung zur Tilgung einer später begründeten Einlagepflicht überhaupt vorliegt, ist maßgeblich die Sicht des Geschäftsführers.[78] Die Darlegungs- und Beweislast für die Voraussetzungen einer wirksamen Voreinzahlung trägt der Gesellschafter.[79] 1019

Die von der Rechtsprechung aufgestellten sehr strengen Voraussetzungen für eine wirksame Voreinzahlung, die in der Praxis so gut wie nicht zu erfüllen sind, 1020

---

[74] BGHZ 158, 283 = NZG 2004, 515 = ZIP 2004, 849 = ZNotP 2004, 366; dazu Sustmann NZG 2004, 760 ff.
[75] BGHZ 158, 283 = NZG 2004, 515 = ZIP 2004, 849 = ZNotP 2004, 366 und BGH ZIP 2006, 2214 = BB 2006, 2707; dazu Ehlke ZIP 2007, 749 ff.
[76] OLG Nürnberg ZIP 2010, 2300: Der Betrag muss noch unverbraucht zur Verfügung stehen.
[77] OLG Celle GmbHR 2006, 433.
[78] OLG Köln ZIP 2001, 1243.
[79] OLG Jena ZIP 2006, 1862 = NZG 2006, 752.

zeigen, dass eine Voreinzahlung in Wahrheit vom BGH nicht gewünscht ist. Im Zweifel sollte daher eine geschehene Voreinzahlung über eine Sacheinlage „geheilt" werden. Bei der Beurkundung einer Kapitalerhöhung hat sich auch der Notar über eventuelle Vorauszahlungen zu vergewissern und über die Voraussetzungen für die Erfüllung der Einlageschuld aufzuklären.[80]

1021 Beispiel für nicht wirksame Voreinzahlung
Die AB-GmbH hat einen Liquiditätsengpass und Überschuldung ist zu befürchten. C ist bereit, sich zu einem Drittel an der AB-GmbH zu beteiligen und zahlt den rechnerisch sich ergebenden Betrag auf die künftig zu übernehmende Stammeinlage i.H.v. 150.000 EUR zur Behebung der Liquiditätskrise sofort auf das Konto der AB-GmbH ein, welches innerhalb der Kontokorrentlinie mit 500.000 EUR im Soll steht. Mit der gebotenen Beschleunigung wird der Kapitalerhöhungsbeschluss formal wirksam nachgeholt. Nach der BGH-Rechtsprechung[81] konnte C seine später durch Übernahme der Stammeinlage i.R.d. Kapitalerhöhung begründete Stammeinlageverpflichtung durch die vorherige Zahlung dennoch nicht erfüllen. Im Insolvenzfall wird er (erneut) auf Zahlung der Stammeinlage in Anspruch genommen.

1022   Ein aus einer fehlgeschlagenen, d.h. die Einlageschuld nicht tilgenden Voreinzahlung resultierender Bereicherungsanspruch nach §812 Abs.1 Satz 2, 2. Alt. BGB kann u.U. als verdeckte Sacheinlage nach §19 Abs.4 GmbHG auf die Einlageschuld angerechnet werden. Das gilt dann nicht, wenn die Einrede des Wegfalls der Bereicherung nach §818 Abs.3 BGB oder das Gebot der Kapitalerhaltung nach §30 Abs.1 Satz 1 GmbHG entgegenstehen.[82] Zahlt der Gesellschafter nach fehlgeschlagener Voreinzahlung den Einlagebetrag erneut an die Gesellschaft mit der Anweisung, die Zahlung an ihn zur Tilgung seiner Bereicherungsforderung aus dem ersten, fehlgeschlagenen Tilgungsversuch wieder an ihn zurück zu überweisen, liegt darin eine verdeckte Sacheinlage.[83]

2. Vorhandensein der Bareinlage bei Anmeldung zur Eintragung

1023   Weiterhin ist für eine wirksame Einlageleistung grds. Voraussetzung, dass der Betrag der Einlageleistung oder ein entsprechender Wert (Prinzip der wertgleichen Deckung des BGH) bis zur Anmeldung der Eintragung zum Handelsregister zur freien Verfügung der Geschäftsführung verbleiben und vorhanden sein muss.

1024   Für die Kapitalerhöhung hat der BGH[84] das Prinzip der wertgleichen Deckung aufgegeben. Danach ist freie Verfügbarkeit auch gegeben, wenn der Betrag nachweislich auf ein frei verfügbares Konto der GmbH eingezahlt wurde und nicht an die Gesellschafter zurückgeflossen ist; nur dies muss in der Anmeldung versichert werden.[85] Maßgeblicher Zeitpunkt für die Richtigkeit der Versicherung ist der des Eingangs beim Registergericht.[86]

---

[80] BGH ZIP 2008, 1928 = GmbHR 2008, 766.
[81] BGHZ 158, 283 = NZG 2004, 515 = ZIP 2004, 849 = ZNotP 2004, 366.
[82] OLG Nürnberg ZIP 2010, 2300.
[83] BGH ZIP 2012, 1857.
[84] ZIP 2002, 799; zur Aufgabe des Prinzips der wertgleichen Deckung sa Henze BB 2002, 955 ff. und Hallweger DStR 2002, 2131 ff.
[85] BGH NZG 2002, 522, 524, 636, 639.
[86] LG Gießen GmbHR 2003, 543.

3. Richtiges Konto

Die Zahlung hat auf ein Konto der GmbH zu erfolgen. Die Zahlung auf ein Konto des Gesellschafter-Geschäftsführers ist zulässig/ausreichend, wenn es als Geschäftskonto der GmbH genutzt wird und aus dem Guthaben tatsächlich Gesellschaftsverbindlichkeiten beglichen werden.[87] **1025**

Die Zahlung kann nicht befreiend auf ein gesperrtes Konto erfolgen. **1026**

4. Freie Verfügbarkeit bei Ein-Personen-GmbH

Erforderlich für eine wirksame Einlagenleistung durch den Gründungsgesellschafter ist, dass der Betrag aus dem Privatvermögen des Gründungsgesellschafters weggegeben wird und in das Sondervermögen der GmbH oder Vor-GmbH gelangt und die Zugehörigkeit des Betrages zu deren Vermögen auch für einen Außenstehenden erkennbar wird. Das ist nicht der Fall, wenn der Gründungsgesellschafter, der gleichzeitig Geschäftsführer der GmbH ist, dem Notar die Geldscheine vorzeigt und die Nummern notiert werden.[88] Ebensowenig genügt eine Barzahlung an den Geschäftsführer, wenn sodann von seinem Privatvermögen nicht deutlich getrennt wird.[89] **1027**

5. Keine Zahlung unmittelbar an Gläubiger, debitorisches Konto

Die Einlagepflicht kann nicht durch Zahlung an einen Gläubiger der Gesellschaft erfüllt werden. **1028**

Bei Zahlung auf ein **debitorisches Konto** wird die Einlageverpflichtung nur erfüllt, wenn und soweit die Kreditlinie noch nicht ausgeschöpft ist oder das Kreditinstitut auf einem anderen Konto entsprechenden Kredit zur Verfügung stellt[90] oder den Geschäftsführer über einen Betrag i.H.d. Einlageleistung anderweitig verfügen lässt, sei es im Rahmen einer formalen Kreditzusage oder aufgrund stillschweigender Gestattung.[91] Achtung! Dies gilt nicht für eine Voreinzahlung (s.o.). Nicht zur Erfüllung der Einlagepflicht führt eine Zahlung auf ein debitorisches Konto, wenn die Bank keine Verfügungen mehr zulässt, sondern den Einzahlungsbetrag mit eigenen Ansprüchen verrechnet. Jedoch kann der Insolvenzverwalter die Einlageleistung nicht erneut fordern, wenn er die durch die Bank vorgenommene Verrechnung der Einlagezahlung mit Forderungen der Bank erfolgreich angefochten hat.[92] **1029**

Das OLG Oldenburg[93] hat entschieden, dass eine wirksame Einlageleistung auf ein Konto, das in kurzen Zeitabständen stark zwischen geduldeten Soll- und **1030**

---

[87] BGH ZIP 2001, 513 für die Leistung des Gesellschafters einer Vor-GmbH.
[88] OLG Oldenburg ZIP 2008, 267.
[89] KG, NZG 2021, 747; dazu Klaiber, NZG 2021, 970f.
[90] BGH ZIP 2002, 799; BGH BB 1990, 2282.
[91] BGH ZIP 2005, 121 = DStR 2005, 164.
[92] OLG Hamm ZIP 2004, 1427.
[93] ZIP 2009, 424 = ZInsO 2008, 1086.

Habenständen schwankte, auch dann möglich ist, wenn zurzeit der Einzahlung ein (nur geduldeter, nicht vereinbarter) Sollstand vorlag, kurze Zeit später aber ein den Einlagebetrag übersteigender Habensaldo gegeben war; unabhängig davon könne die Einlage befreiend auf ein im Soll geführtes Konto erfolgen, wenn der Geschäftsführer die Einzahlung auf dieses Konto angewiesen hatte.[94] Sollte sich diese Entscheidung durchsetzen, wäre dies ein Paradigmenwechsel.

1031 **Praxishinweis**
Ggf. müssen vor Einzahlung auf eine Kapitalerhöhung in Krisenfällen alle Verrechnungsabreden mit der Bank aufgehoben werden, da sonst eine wirksame Leistung der Bareinlage nicht möglich ist.[95] Wenn das, wie regelmäßig, nicht möglich ist, ist es erforderlich, bei einem anderen Kreditinstitut ein Konto zu eröffnen oder die Einlage bar gegen Quittung an die Geschäftsführung zu leisten, damit die Erfüllungswirkung der Einlageneinzahlung eintritt.

6. (Zeitnaher) Einlagenrückfluss an den Inferenten

1032 **a) Hin- und Herzahlen.** Eine wirksame Einlagenleistung ist nicht gegeben, wenn der Einlagebetrag in engem zeitlichem Zusammenhang **gemäß vorheriger Absprache** als Darlehen an Gesellschafter zurückgezahlt wird (sog. Hin- und Herzahlen).[96] Die entsprechende Darlehensabrede ist unwirksam.[97] Mit der (späteren) Zahlung auf die vermeintliche Darlehensschuld tilgt der Inferent die offene Einlageschuld.[98]

1033 In der Krise beschließen die Gesellschafter A und B der AB-GmbH eine Kapitalerhöhung um 250.000 EUR. A übernimmt die zusätzliche Stammeinlage in voller Höhe.
Zwischenergebnis: Der hierdurch entstandene Stammeinlageneinzahlungsanspruch der AB-GmbH gegen den Gesellschafter A ist – bei entsprechender Werthaltigkeit – im Überschuldungsstatus zu aktivieren und kann somit die Überschuldung bereits beseitigen.
Im Folgenden zahlt A die Stammeinlage in voller Höhe auf ein Konto der AB-GmbH. Nach wenigen Tagen zahlt die AB-GmbH den Betrag an den Gesellschafter A als Darlehen wieder aus. Über das Vermögen der AB-GmbH wird 6 Monate später das Insolvenzverfahren eröffnet. A ist flüchtig.
Ergebnis: Wegen der Rückzahlung eines Darlehens hat A seine Stammeinlageverpflichtung nicht erfüllt. Der Insolvenzverwalter kann den Gesellschafter B aufgrund seiner Mithaftung (§ 24 GmbHG) auf Zahlung der nicht erbrachten Stammeinlage in voller Höhe in Anspruch nehmen.

1034 Für eine solche Absprache besteht eine Vermutung bei **engem zeitlichem Zusammenhang** zwischen Einzahlung und Ausreichung. Dazu **Beispiele** aus der jüngeren Rechtsprechung:
- Keine Erbringung der Stammeinlage bei identischer Barein- und -auszahlung vom selben Konto **am selben Tag**.[99]

---

[94] Dazu Haverkamp ZInsO 2008, 1126.
[95] OLG Köln NJW-RR 2000, 1480 = ZInsO 2000, 239 [LS].
[96] BGH ZIP 2003, 211.
[97] BGH ZIP 2005, 2203.
[98] BGH ZIP 2005, 2203.
[99] BGH ZIP 2004, 1046.

- Hin- und Herzahlung **innerhalb weniger Tage** führt zu der unwiderleglichen Annahme, dass der Betrag nicht zur freien Verfügung der Geschäftsführung stand.[100]
- Bei Rückzahlung **innerhalb von 2 Wochen** ist keine Einlageleistung gegeben.[101] Die anschließende Rückzahlung des Darlehens tilgt die Stammeinlageverbindlichkeit des Gesellschafters.[102]
- Bei Rückzahlung **innerhalb von 40 Tagen** liegt es auf der Hand, dass keine endgültige, sondern nur eine vorübergehende Überlassung gewollt war.[103]
- In Fällen des Hin- und Herzahlens ohne gleichzeitige Begründung einer verdeckten Sacheinlage ist der enge zeitliche Zusammenhang, der die Erfüllungswirkung der Zahlung ausschließt, auch dann gewahrt, wenn die Rückzahlung erst nach **2,5 Monaten** erfolgt.[104] Die nachträgliche (erneute) Einzahlung tilgt die Einlageschuld nur, wenn die Zahlung eindeutig zuzuordnen ist.

Die Zusammenhangsvermutung besteht nicht mehr bei einem Zeitabstand von **mehr als 8 Monaten**.[105]

b) Her- und Hinzahlen. Ebenfalls keine wirksame Einlagenleistung liegt vor, wenn der Einlagebetrag in Zusammenhang mit einer Kapitalerhöhung von der Gesellschaft dem Gesellschafter zuvor als Darlehen oder in sonstiger Weise überlassen worden war (sog. Her- und Hinzahlen),[106] weil der Vorgang wirtschaftlich einer nach §19 Abs.2 GmbHG verbotenen Befreiung von der Einlageschuld gleichsteht. In einem solchen Fall leistet der Inferent – wie beim spiegelbildlichen Fall des Hin- und Herzahlens – unter dem Gesichtspunkt der Kapitalaufbringung nichts. Die entsprechende Darlehensabrede ist unwirksam.[107] Mit der Zahlung auf die vermeintliche Darlehensschuld tilgt der Inferent die offene Einlageschuld.[108]

Auch beim Her- und Hinzahlen ist der Sachverhalt abzugrenzen von einer verdeckten Sacheinlage nach §19 Abs.4 GmbHG. Zahlt die Gesellschaft vor Leistung der Bareinlage durch den Gesellschafter an diesen den Betrag aufgrund einer Forderung des Gesellschafters gegen die Gesellschaft aus, so liegt verdeckte Sacheinlage vor.[109]

c) Zahlungskarussell. Ein die Erfüllung ausschließendes Hin- und Herzahlen liegt auch bei einem „Zahlungskarussell" im Zusammenhang mit einer Anteilsveräußerung vor.[110]

d) Cash-Pooling. Beim **physischen** Cash-Pooling werden aufgrund einer Vereinbarung zwischen Bank, Mutter- und Tochtergesellschaften am Ende eines jeden Banktages die Konten der Untergesellschaften/Tochtergesellschaften (Quellkonten) auf null gestellt und der Saldo auf das Konto der Obergesellschaft/

1035

1036

1037

---

[100] BGH BB 2001, 2282.
[101] OLG Schleswig ZIP 2000, 1833.
[102] BGH ZIP 2006, 331; anders zuvor wiederholt OLG Schleswig GmbHR 2005, 35.
[103] OLG Oldenburg GmbHR 2003, 233 = BeckRS 2002, 30236911.
[104] OLG Hamburg ZIP 2007, 580; bestätigt BGH ZIP 2008, 1281.
[105] BGH GmbHR 2002, 1193 = DnotI-Report 2003, 21.
[106] BGH ZIP 2006, 1633 = DStR 2006, 1709; erneut BGH DStR 2007, 731.
[107] BGH ZIP 2006, 1633.
[108] BGH ZIP 2005, 2203 und ZIP 2006, 1633 und DStR 2007, 731.
[109] BGH ZIP 2016, 615.
[110] OLG Oldenburg GmbHR 2007, 1043 = ZIP 2008, 267.

Muttergesellschaft (Zielkonto) transferiert. Dadurch sollen einerseits die im Konzern vorhandene Liquidität bedarfsgerecht verteilt und andererseits Zinsvorteile generiert werden.

1038 Beim **virtuellen** Cash-Pooling erfolgt die Saldierung lediglich rechnerisch für die Zinsberechnung aus dem Gesamtsaldo.

1039 Bei Teilnahme der GmbH an einem physischen Cash-Pool-System ist eine wirksame Einlageleistung nicht möglich, da der Betrag am Ende des Banktages absprachegemäß auf das Cash-Pool-Konto des Gesellschafters/der Muttergesellschaft wieder zurückfließt und somit der Geschäftsführung der Tochtergesellschaft gerade nicht zur freien Verfügung steht.[111] Begründung: Auch die in ein Cash-Pool-System einbezogene GmbH unterliegt bei Gründung und Kapitalerhöhung den Kapitalaufbringungsvorschriften des GmbHG und den dazu entwickelten Rechtsprechungsgrundsätzen.

7. Sonderfall: Vereinbartes Hin- und Herzahlen gegen vollwertigen Rückgewähranspruch

1040 **a) § 19 Abs. 5 GmbHG.** Entgegen der zuvor dargestellten strengen Rechtsprechung kann auch in den Fällen des Hin- und Herzahlens und damit auch des Cash-Pooling (bei Habensaldo der Tochtergesellschaft) die Kapitalaufbringung wirksam sein, mithin die Geldeinlageverpflichtung erfüllt werden, wenn die Voraussetzungen des **§ 19 Abs. 5 GmbHG** genau eingehalten werden:[112]

Ist vor der Einlage eine Leistung an den Gesellschafter vereinbart worden, die wirtschaftlich einer Rückzahlung der Einlage entspricht und die nicht als verdeckte Sacheinlage nach Abs. 4 zu beurteilen ist, so befreit dies den Gesellschafter von seiner Einlageverpflichtung nur dann, wenn die Leistung durch einen vollwertigen Rückgewähranspruch gedeckt ist, der jederzeit fällig ist oder durch fristlose Kündigung durch die Gesellschaft fällig werden kann. Eine solche Leistung oder die Vereinbarung einer solchen Leistung ist in der Anmeldung nach § 8 anzugeben.

1041 Diese Regelung erfasst die spezielle Fallgruppe des sog. „Hin- und Herzahlens", bei der die Einlageleistung aufgrund einer vorherigen Absprache wieder an den Gesellschafter zurückfließt, wenn nicht zugleich die Kriterien der verdeckten Sacheinlage erfüllt werden. Letztere ist gesondert und unterschiedlich in § 19 Abs. 4 GmbHG geregelt (s. → Rn. 1080 ff.).

1042 **b) Begründung und Kritik der Regelung.** Zur Begründung für diese durch das MoMiG vorgenommene gesetzliche Korrektur der restriktiven Rechtsprechung zum Hin- und Herzahlen, insb. zum Cash-Pool wird zutreffend ausgeführt, dass die Rechtsprechung in der Praxis zu erheblichen Rechtsunsicherheiten und Einschränkungen in der wirtschaftlichen Betätigung der Gesellschaften geführt hat. Die Regelung führe ebenso wie im Bereich der Kapitalerhaltung – wieder – eine **bilanzielle Betrachtungsweise** ein, die sich damit „**als roter Faden**" durch die Neuregelungen zum Haftkapitalsystem ziehe. Danach führe eine Verwendungsabsprache, die wirtschaftlich als eine Rückgewähr der Einlage an den

---

[111] BGH ZIP 2006, 665 = BB 2006, 847 und erneut BGH DStR 2007, 773; dazu Bayer/Lieder GmbHR 2006, 449 ff.; Altmeppen ZIP 2006, 1025 ff.; Hentzen DStR 2006, 948 ff.
[112] Sa Maier-Reimer/Wenzel ZIP 2008, 1449 ff.

Gesellschafter zu werten ist, nicht zu einem Verstoß gegen die Voraussetzungen einer ordnungsgemäßen Einlagenbewirkung, sofern die Leistung durch einen vollwertigen Rückzahlungs- oder Gegenleistungsanspruch gegen den Gesellschafter gedeckt ist.

Den vom BGH in den restriktiven Entscheidungen geäußerten Bedenken, dass auf diese Weise der i.R.d. Kapitalaufbringung vorgesehene tatsächliche Geldmittelzufluss im Ergebnis durch eine „schwächere" schuldrechtliche Forderung ersetzt wird, wird in der Begründung des RegE des MoMiG mit dem Argument begegnet, dass mit der Neuregelung im Ergebnis ein angemessener Ausgleich zwischen Gesellschafts- und Gläubigerinteressen erreicht werde. 1043

Im Hinblick auf die im Verhältnis zur Gesamtzahl der GmbH geringe Zahl von konzerneingebundenen und damit an einem Cash-Pooling teilnehmenden GmbHs wurde die Neuregelung bereits als Sonderrecht für Konzerne bezeichnet, die an der realen Kapitalaufbringung kein Interesse haben.[113] 1044

Zur gegenüber dem RegE des MoMiG erheblich verbesserten Sicherstellung der Kapitalaufbringung wurden „in letzter Minute" aufgrund Empfehlung des Rechtsausschusses des Bundestages das Erfordernis der jederzeit gegebenen oder herstellbaren Fälligkeit der Rückforderung und, v.a., die Verpflichtung zur Offenlegung bei der Registeranmeldung aufgenommen, damit das Gericht die Einhaltung der Voraussetzungen des neuen § 19 Abs. 5 GmbHG prüfen kann. Besonders mit dem Erfordernis der Angabe ggü. dem Registergericht, die nach den Entscheidungen des BGH „Quivive"[114] und „Cash-Pool II"[115] konstitutive Voraussetzung für die Erfüllung der Einlageschuld bei Hin- und Herzahlen/Cash-Pool ist, werden nach meinem Dafürhalten die Missbrauchsmöglichkeiten erheblich begrenzt und insb. die „Heilungsmöglichkeiten" für in der Vergangenheit wegen Hin- und Herzahlens nicht wirksam erfolgte Kapitalaufbringungen, die nach der noch im RegE des MoMiG vorgesehenen Neuregelung bestanden hätten, wirksam begrenzt. 1045

c) Tatbestandsmerkmale, Gefahren und Zweifelsfragen. Hinsichtlich der Tatbestandsvoraussetzungen wirft die Regelung einige Zweifelsfragen auf, die durch die Rechtsprechung zu klären sein werden.[116] 1046

aa) Vollwertigkeit des Rückgewähranspruchs. Die konkreten Anforderungen an (die Darstellung der) Vollwertigkeit des Rückgewähranspruchs werden herauszuarbeiten sein. Nach dem Wortlaut müssen **Vermögen und Liquidität** des Inferenten für eine jederzeitige Rückzahlung ausreichen. Während nach Teilen der Lit. bereits geringste Zweifel an der Bonität des Gesellschafters dazu führen dürften, die Vollwertigkeit zu verneinen[117], scheint der BGH nur überwiegende Wahrscheinlichkeit zu verlangen.[118] Ebenfalls ungeklärt ist, ob der Rückgewähranspruch bei eingeschränkter Leistungsfähigkeit des Gesellschafters 1047

---

[113] Goette, Stellungnahme v. 15.1.2008, S. 7 in der öffentlichen Anhörung v. 23.1.2008 zum MoMiG.
[114] ZIP 2009, 713.
[115] ZIP 2009, 1561.
[116] Sa Herrler DStR 2011, 2255 ff.
[117] Altmeppen ZIP 2009, 49, 53.
[118] BGH ZIP 2017, 472 und BGH ZIP 2017, 971 (jeweils zum insoweit vergleichbaren Fall der §§ 57 Abs. 1 S. 3 AktG, 30 Abs. 1 S. 2 GmbHG).

für die (teilweise) Anwendung der Vorschrift in einen werthaltigen und in einen nicht werthaltigen Teil aufgeteilt werden kann. Ich würde dies verneinen, da es sich um eine Ausnahmeregelung zur grundsätzlich erforderlichen realen Kapitalaufbringung handelt.

1048 Noch ungeklärt ist ferner, ob eine marktübliche **Verzinsung** des Rückgewähranspruchs für die Annahme der Vollwertigkeit erforderlich ist.[119] Dies wird in der Literatur z.T. mit dem Argument der vom Gesetzgeber gewünschten bilanziellen Betrachtungsweise bejaht; ein unverzinslicher Rückgewähranspruch müsse auf den aktuellen Barwert abgezinst werden[120] und sei somit mit der Einlageleistung bilanziell nicht gleichwertig.[121] Soweit sich diese Auffassung auf die „MPS"-Entscheidung des BGH[122] beruft, scheint mir dies nicht zwingend. Einerseits betraf die Entscheidung den Fall der Kapitalerhaltung, andererseits hat der BGH die Frage des Verzinsungserfordernisses gerade offengelassen und es allenfalls im Zusammenhang mit dem Nachteilsverbot nach § 311 AktG angenommen. M.E. spricht gegen das Erfordernis einer angemessenen Verzinsung für die Annahme der Vollwertigkeit des Rückgewähranspruchs nach § 19 Abs. 5 GmbHG, dass der Rückgewähranspruch jederzeit fällig oder durch fristlose Kündigung fälligstellbar ist und daher von einer längeren Überlassungsdauer von vornherein nicht ausgegangen werden muss. Zu beachten ist jedoch, dass bei Unverzinslichkeit in der Steuerbilanz nach § 6 Abs. 1 Nr. 3 EStG eine Abzinsung i.H.v. 5,5 % p.a. (mit der Folge entsprechenden Buchertrags) vorzunehmen ist, was sich über mehrere Jahre aggregieren könnte.

1049 In diesem Zusammenhang stellt sich auch die Frage nach evtl. Erforderlichkeit einer **Besicherung** des Rückgewährsanspruchs. Bei zweifelsfreier Bonität des Gesellschafters halte ich eine Besicherung nicht für erforderlich;[123] die Annahme eines solchen Erfordernisses würde den Wortlaut der Regelung überdehnen. Allenfalls könnte daran gedacht werden, dass ein unbesicherter Anspruch wegen des größeren Risikos höher zu verzinsen und folglich für die Barwertermittlung stärker abzuzinsen sein könnte, wenn überhaupt von einem Verzinsungserfordernis auszugehen ist, was m.E. nicht der Fall ist (s. → Rn. 1048). Umgekehrt kann eine ausreichende, vollwertige, jederzeit verwertbare Besicherung die Annahme der Vollwertigkeit des Rückgewähranspruchs stützen.

1050 **Maßgeblicher Zeitpunkt** für die Vollwertigkeit ist derjenige der Rückzahlung der Stammeinlage an den Inferenten. Spätere Bonitätsverschlechterungen berühren die Kapitalaufbringung nach § 19 Abs. 5 GmbHG nicht mehr. Hier ist es aber die Verpflichtung des Geschäftsführers, die Bonität des Gesellschafters laufend

---

[119] Bejahend Blasche GmbHR 2010, 288, 293.
[120] Für die steuerliche Gewinnermittlung muss im umgekehrten Fall eines unverzinslichen Gesellschafterdarlehens eine Abzinsung erfolgen, BFH DStR 2009, 2587. Dies gilt auch dann, wenn das Darlehen keine feste Laufzeit hat, aber am Bilanzstichtag mit der Fortdauer der Kapitalüberlassung für mindestens ein weiteres Jahr zu rechnen ist, BFH DStR 2010, 531.
[121] Märtens in MüKoGmbHG, § 19 Rn. 306 m.w.N.
[122] ZIP 2009, 70.
[123] So auch Märtens in MüKoGmbHG, § 19 Rn. 305.

nachzuhalten und bei ersten Anzeichen einer Verschlechterung Rückzahlung oder Besicherung zu verlangen.[124]

Die **Darlegungs- und Beweislast** für die Vollwertigkeit des Rückgewähranspruchs trägt nach meinem Dafürhalten der Gesellschafter. 1051

bb) Jederzeitige Fälligkeit. Das Kriterium der jederzeitigen oder jederzeit durch fristlose Kündigung herstellbaren Fälligkeit des Rückgewähranspruchs ist nur bei entsprechender vertraglicher Vereinbarung erfüllt. Das gesetzliche Recht zur fristlosen Kündigung nach § 490 Abs. 1 BGB reicht nicht. 1052

cc) Offenlegungspflicht. Zur Offenlegungspflicht wurde und wird in der Literatur vertreten, dass die Angabe bei der Registeranmeldung nicht konstitutives Tatbestandsmerkmal für eine wirksame Einlagepflichterfüllung sondern nur ein formelles Erfordernis zur Ermöglichung einer registergerichtlichen Prüfung ist,[125] dessen Verletzung strafrechtliche (§ 82 Abs. 1 Nrn. 1 o. 3 GmbHG) oder zivilrechtliche (§§ 9a, 43 Abs. 2 GmbHG, § 823 Abs. 2 BGB) Haftungskonsequenzen für den Geschäftsführer haben kann.[126] Dieser Auffassung hat der BGH in den Entscheidungen „Quivive"[127] und „Cash-Pool II"[128] – freilich ohne nähere Begründung – eine Absage erteilt und entschieden, dass die Offenlegung nach § 19 Abs. 5 Satz 2 GmbHG **konstitutive Voraussetzung** für die Erfüllung der Einlageschuld bei Hin- und Herzahlen ist). 1053

Das **Registergericht** kann regelmäßig die Vorlage des Darlehensvertrages und **Nachweise** für die Angaben zu Liquidität und Vermögen des Gesellschafters und damit für die Vollwertigkeit des Rückgewähranspruchs verlangen.[129] Als Bonitätsnachweis kommt eine positive Bewertung des Rückgewährschuldners durch eine anerkannte Ratingagentur in Betracht.[130] 1054

Ist die **Offenlegung unterblieben**, so wird in der Literatur vertreten, dass eine **Heilung** der Kapitalaufbringung durch nunmehrige Offenlegung in einer zweiten Registeranmeldung mit Versicherung nach § 8 Abs. 2 Satz 1 GmbHG möglich ist, wenn der Rückgewähranspruch in diesem Zeitpunkt (noch) vollwertig ist, was durch Gutachten und Darlehensvertrag belegt werden kann.[131] Nach OLG Stuttgart scheidet diese Möglichkeit jedoch aus, weil eine unterbliebene Offenlegung nur bis zur Eintragung der Gesellschaft bzw. der Kapitalerhöhung nachgeholt werden kann, danach nicht mehr.[132] Als andere Möglichkeiten können in Betracht gezogen werden: 1055
1. Kapitalherabsetzung (§ 58 Abs. 2 Satz 2 GmbHG) mit anschließender Kapitalerhöhung; dies dürfte in der Praxis aber wenig attraktiv sein, da die Vorausset-

---

[124] BGH ZIP 2009, 70 (MPS-Urteil) zum mE insoweit vergleichbaren Fall der Darlehensgewährung aus gebundenem Vermögen der GmbH, § 30 Abs. 1 Satz 2 GmbHG.
[125] Avvento BB 2010, 202 ff.; Schockenhoff/Wexler-Uhlich NZG 2009, 1327 ff. (entgegen BGH ZIP 2009, 1561 „Cash Pool II").
[126] Herrler GmbHR 2010, 785 ff.
[127] ZIP 2009, 713.
[128] ZIP 2009, 1561.
[129] OLG München ZIP 2011, 567; OLG Schleswig GmbHR 2012, 908.
[130] OLG München ZIP 2011, 567.
[131] Herrler GmbHR 2010, 785 ff. und DStR 2011, 2301 ff.
[132] OLG Stuttgart ZIP 2011, 1959 (für § 19 Abs. 5 GmbHG und § 27 Abs. 4 AktG).

zungen der Kapitalherabsetzung (u.a. Gläubigeraufruf, Sperrjahr) eingehalten werden müssen.

2. Rückzahlung des Darlehens durch den Gesellschafter und erneute Ausreichung durch die Gesellschaft. Hier sind aber § 30 Abs. 1 Satz 1 GmbHG und der Umstand zu beachten, dass eine tilgungsschädliche Absprache über die abermalige Ausreichung als Darlehen bei einem Zeitraum von weniger als einem halben vermutet werden könnte.

1056   **dd) Zeitpunkt der Absprache.** Weiter wird zu klären sein, ob § 19 Abs. 5 GmbHG auch bei Absprache der Rückzahlung nach Einzahlung aber vor Eintragung der GmbH bzw. der Kapitalerhöhung ins Handelsregister gilt oder ob dann evtl. ein Fall der §§ 30, 31 GmbHG vorliegt. M.E. ist das ein Fall des § 19 Abs. 5 GmbHG.

1057   **ee) Geltung auch für Her- und Hinzahlen?** Aus dem Wortlaut lässt sich nicht entnehmen, ob § 19 Abs. 5 GmbHG den umgekehrten Vorgang des Her- und Hinzahlens ebenfalls erfasst. Da die Rechtsprechung das Her- und Hinzahlen dem Hin- und Herzahlen stets rechtlich gleichgestellt hat,[133] würde ich dies bejahen, selbstverständlich nur, wenn nicht ein Fall der verdeckten Sacheinlage vorliegt.

1058   **ff) Aufrechnung gegen den Rückgewähranspruch oder Erlass?** Es wird zu klären sein, ob für den Rückgewähranspruch ebenfalls die Regeln für die Kapitalaufbringung gelten, also etwa das Erlass- und Aufrechnungsverbot des § 19 Abs. 2 GmbHG. In der Literatur wird dies z.T. wegen „unabweisbaren Bedürfnisses" bejaht.[134] Ich teile diese Auffassung nicht, denn bei dem Rückgewähranspruch handelt es sich nicht mehr um eine Einlageforderung, denn diese ist nach § 19 Abs. 5 GmbHG durch Erfüllung nach § 362 Abs. 1 BGB erloschen. Dass der Rückgewähranspruch etwas anderes ist als die Einlageforderung, ergibt sich bereits aus der Existenz der Regelung des § 19 Abs. 5 GmbHG, denn ansonsten wäre die Regelung entbehrlich und es hätte schlicht bei der (nicht erfüllten) Einlageforderung bleiben können. Andererseits könnten das Befreiungs- und das Aufrechnungsverbot auf diese Weise leicht umgangen werden. Fallgestaltungen und Absprachen zur Umgehung des Erlass- und Aufrechnungsverbots dürften jedoch nach § 134 BGB unwirksam sein, wenn Anhaltspunkte dafür gegeben sind, dass mit dem Hin- und Herzahlen die Verbote des § 19 Abs. 2 GmbHG umgangen werden sollten.

1059   Auch ist zu bedenken, dass der Aufrechnungseinwand die (liquide) Vollwertigkeit des Rückgewähranspruchs ausschließen dürfte.

1060   **gg) Haftung der Mitgesellschafter?** Ob ein Mitgesellschafter für eine später eintretende Uneinbringlichkeit des Rückgewährsanspruchs entsprechend § 24 GmbHG haftet, wird ebenfalls zu klären sein. Ich würde dies verneinen, da es sich bei dem Rückgewähranspruch nicht mehr um eine Einlageforderung handelt, denn diese ist nach § 19 Abs. 5 GmbHG durch Erfüllung nach § 362 Abs. 1 BGB erloschen.

---

[133] Vgl. zuletzt BGH ZIP 2010, 423.
[134] Märtens in MüKoGmbHG, § 19, Rn. 319.

d) Auswirkungen für Kapitalaufbringung im Cash-Pooling-System. Die Regelung in § 19 Abs. 5 GmbHG erlangt in allen Fällen Bedeutung, in denen die Gesellschaft dem Inferenten aufgrund einer Absprache eine Geldeinlage **im Wege eines Neudarlehens** direkt wieder auszahlt, was insb. bei Kapitalaufbringung im Cash-Pool der Fall sein kann.[135] Die vollständige Einhaltung der in § 19 Abs. 5 GmbHG genannten Voraussetzungen (Vollwertigkeit und jederzeit gegebene oder herstellbare Fälligkeit des Rückgewähranspruchs, Angabe bei der Registeranmeldung, Fehlen einer verdeckten Sacheinlage) entscheidet also darüber, ob die Kapitalaufbringung gänzlich erfolgt oder vollständig nicht erfolgt ist.

1061

Die Fälle des sog. Hin- und Herzahlens in § 19 Abs. 5 GmbHG und die Fälle der verdeckten Sacheinlage in § 19 Abs. 4 GmbHG sind sowohl hinsichtlich der Tatbestandsvoraussetzungen als auch hinsichtlich der Rechtsfolgen unterschiedlich geregelt. Die Regelung in § 19 Abs. 5 GmbHG greift nach ihrem Wortlaut (und der Begründung des RegE) nicht ein, wenn eine verdeckte Sacheinlage vorliegt. Das gilt selbstverständlich auch für die Kapitalaufbringung der Tochtergesellschaft im Cash-Pool. Zur Beurteilung der Wirksamkeit der Kapitalaufbringung im Cash-Pool kommt es nun also auf die Feststellung an, ob durch die Rückzahlung des Stammeinlagebetrages eine neue Darlehensforderung (Habensaldo) der Tochter-GmbH begründet oder eine bestehende Verbindlichkeit (Sollsaldo) der Tochter-GmbH ggü. der Muttergesellschaft zurückgeführt wird.[136] Ersterenfalls liegt nach der zutreffenden Rechtsprechung des BGH Hin- und Herzahlen nach § 19 Abs. 5 GmbHG mit vollständiger Erfüllung der Einlagepflicht vor, letzterenfalls verdeckte Sacheinlage[137] nach § 19 Abs. 4 GmbHG mit Anrechnung des Wertes der verdeckt eingelegten Forderung auf die (Bar-)Einlagepflicht.[138] Die Rechtsprechung hat also gezeigt, dass die offensichtlich wenig durchdachten Regelungen das Ziel, die Probleme des Cash-Pooling zu lösen und die Rechtsunsicherheit zu beseitigen, nicht erreicht haben[139] und daher für das Cash-Pooling kaum praktische Bedeutung erlangen würden.[140] Der **sicherste Weg** ist nach wie vor, die Tochtergesellschaft oder zumindest das Konto für die Kapitalaufbringung aus dem Cash-Pool (und auch aus allen sonstigen Verrechnungsabreden) herauszunehmen. Hierauf sollte jedenfalls bei negativem Saldo der Tochter-GmbH zurückgegriffen werden.[141] Da nach der „Rheinmöve"-Entscheidung des BGH[142] ein Einlagenrückfluss keine gegenständliche Identität des ein- und zurückgezahlten Einlagebetrages voraussetzt, sollte zusätzlich sichergestellt werden, dass der Betrag auf dem

1062

---

[135] S. BGH ZIP 2009, 1561 = ZInsO 2009, 1546 („Cash Pool II"); dazu Altmeppen ZIP 2009, 1545 ff.; Lieder GmbHR 2009, 1177 ff.; zu Cash-Pooling und Kapitalaufbringung s. Altmeppen NZG 2010, 441 ff.; Kupjetz/Peter GmbHR 2012, 498 ff.
[136] Ausdrücklich zu genau dieser Abgrenzung BGH ZIP 2009, 1561 = ZInsO 2009, 1546 („Cash Pool II"); dazu auch Altmeppen ZIP 2009, 1545 ff.; Lieder GmbHR 2009, 1177 ff.
[137] BGH DStR 2007, 773: Dadurch fließe der GmbH nicht der Kapitalerhöhungsbetrag zu, sondern die Befreiung von einer Verbindlichkeit, sodass eine verdeckte Sacheinlage vorliege; BGH ZIP 2009, 1561 = ZInsO 2009, 1546 („Cash Pool II").
[138] BGH ZIP 2009, 1561 = ZInsO 2009, 1546 („Cash Pool II").
[139] Sa Benecke ZIP 2010, 105 ff.
[140] So auch Bormann/Urlichs DStR 2009, 641 ff.
[141] So auch Schluck-Amend/Penke DStR 2009, 1433 ff.; Bormann/Ulrichs DStR 2009, 641 ff.
[142] BGH Urt. v. 18.2.2008 – II ZR 132/06, BGHZ 175, 265 = NZG 2008, 425 = ZIP 2008, 788.

gesonderten Konto für Verbindlichkeiten der Tochtergesellschaft verwendet wird und nicht wiederum das in den Cash-Pool eingebundene Konto speist.

1063 Weitere Unsicherheiten der Konzerninnenfinanzierung mit Cash-Pooling können sich aus den Regelungen zur Gesellschafterfinanzierung, insb. der Anfechtbarkeit von Rückzahlungen ergeben (s. → Rn. 1293, 1346).

8. Andere Fälle

1064 Fraglich ist, wie sich sonstige vorherige **Verwendungsabsprachen** auf die freie Verfügbarkeit und damit die Wirksamkeit der Einlageleistung auswirken. Hierzu hat der BGH entschieden,[143] dass die Verwendungsabsprache zwischen Inferenten und Gesellschaft über die Verwendung des Einlagebetrages zur Zahlung an einen Nicht-Gesellschafter für eine wirksame Kapitalaufbringung unschädlich ist.

1065 Das „Verbot" des Hin- und Herzahlens greift auch nicht ein, wenn in unmittelbarem Zusammenhang mit der Bareinlage laufendes **Geschäftsführergehalt** an den Gesellschafter-Geschäftsführer ausgezahlt wird, solange das Gehalt sich im üblichen Rahmen bewegt, also einem Drittvergleich standhält.[144] Das gilt aber nicht für stehen gelassene, rückständige Gehaltsansprüche des Gesellschafter-Geschäftsführers, da es sich insoweit um die Rückzahlung eines Darlehens und damit um eine verdeckte Sacheinlage (s.u. → Rn. 1080 ff.) handeln kann.

1066 Die sofortige Rückzahlung eines neben dem Kapitalerhöhungsbetrag aufzubringenden Aufgeldes (**Agios**) ist für die freie Verfügbarkeit des Kapitalerhöhungsbetrages unschädlich.[145] Dabei muss das Agio klar unterscheidbar sein.

9. Keine Befreiung, keine Aufrechnung

1067 Von der Einlageverpflichtung kann der Gesellschafter nach § 19 Abs. 2 Satz 1 GmbHG nicht befreit werden.

1068 Nach § 19 Abs. 2 Satz 2 GmbHG kann der **Gesellschafter** gegen die Forderung der Gesellschaft auf Leistung der Einlage mit einer Forderung gegen die Gesellschaft nicht aufrechnen, es sei denn, die Einbringung dieser Forderung ist als Sacheinlage vereinbart worden.

1069 Die Verrechnung der Einlageschuld mit einer nach dem Kapitalerhöhungsbeschluss entstandenen Forderung auf Gewinnausschüttung ist jedoch möglich, wenn es an einer verbindlichen Vorabsprache fehlt. Diese wird allerdings bei engem zeitlichem Zusammenhang vermutet.[146] Eine etwa wegen Nichtigkeit des Beschlusses unwirksame Gewinnausschüttung kann jedoch nicht zur Erfüllung der Stammeinlageverpflichtung verwendet werden.[147] Generell ist die Verrechnung mit einer Neuforderung des Gesellschafters nur zulässig, wenn im Zusammenhang

---

[143] BGH ZIP 2007, 528 = DStR 2007, 541.
[144] Habersack FS H.J. Priester, 2007, 157 ff., 171.
[145] OLG München ZIP 2007, 126.
[146] BGHZ 152, 37 = BB 2002, 2461 = ZIP 2002, 2045.
[147] OLG Stuttgart ZInsO 2004, 1375 = NZG 2004, 675.

mit dem Einlagebeschluss oder der Anforderung der Einlage keine Verrechnungsabrede getroffen wurde. Dies muss der Gesellschafter beweisen.[148]

Die Stammeinlageverpflichtung kann dadurch erfüllt werden, dass die **Gesellschaft** gegen Forderungen des Gesellschafters aufrechnet. Voraussetzung ist, dass die Gesellschafterforderung fällig, liquide und vollwertig ist und dass im Zeitpunkt der Begründung der Einlageverpflichtung **keine** sog. **Koppelungsabrede** besteht. Das Vorliegen einer Koppelungsabrede führt zur verdeckten Sacheinlage (ausführlich zur verdeckten Sacheinlage s. → Rn. 1080 ff.). Die Koppelungsabrede wird bei engem zeitlichem und sachlichem Zusammenhang vermutet.[149] Der sachliche Zusammenhang kann sich daraus ergeben, dass die Forderungshöhen übereinstimmen. 1070

III. Haftung bei fehlerhafter Kapitalaufbringung bei offener Sacheinlage

1. Formale Voraussetzungen der Sacheinlage, Prüfung durch das Registergericht

Die Einlageleistung auf den Geschäftsanteil bei Gründung oder Kapitalerhöhung der GmbH kann auch durch Sacheinlage erfolgen, sofern es sich nicht um eine Unternehmergesellschaft (haftungsbeschränkt) handelt, §5a Abs. 2 Satz 2 GmbHG. Erforderlich dafür ist, dass die gesetzlichen Anforderungen in den Regelungen der §§ 5 Abs. 4, 8 Abs. 1 Nr. 4 und Nr. 5, 56 und 56a GmbHG genau beachtet werden: Der Gegenstand und der Betrag des Geschäftsanteils, auf den sich die Sacheinlage bezieht, müssen in dem Gesellschaftsvertrag (bei Gründung) bzw. im Kapitalerhöhungsbeschluss mit zugleich beschlossener Satzungsänderung (bei Kapitalerhöhung)[150] festgelegt werden, ein Sachgründungsbericht (bei Gründung der GmbH) muss erstellt werden, und es muss die Offenlegung durch Anmeldung zum Register erfolgen. Fehlt es an einer dieser Voraussetzungen für eine offene Sacheinlage, wird der Gesellschafter durch die Sacheinlage von seiner Einlageverpflichtung nicht befreit. In Betracht kommen kann bei Vorliegen der Voraussetzungen nach § 19 Abs. 4 GmbHG eine Anrechnung des Sachwertes auf die Einlageverpflichtung als verdeckte Sacheinlage (Ausführlich zur verdeckten Sacheinlage s. → Rn. 1080 ff.). 1071

Das Erfordernis der Anmeldung dient dem Ziel, die Kontrolle durch das Registergericht zu ermöglichen und so die reale Kapitalaufbringung im Interesse der Gesellschaftsgläubiger zu sichern. In diesem Zusammenhang ist auf eine Änderung in § 9c Abs. 1 Satz 2 GmbHG durch das MoMiG hinzuweisen. Danach hat das Registergericht die Eintragung nur abzulehnen, wenn die Sacheinlage nicht unwesentlich überbewertet wurde. Durch Einfügen der Worte „nicht unwesentlich" soll verhindert werden, dass die Eintragung durch das Registergericht abgelehnt werden kann, wenn sich bei der Prüfung der Bewertung der Sacheinlagen nur 1072

---

[148] OLG Hamburg GmbHR 2006, 934 = ZIP 2006, 1908.
[149] OLG Celle GmbHR 2004, 1022 = BeckRs 2004, 6524.
[150] BGH ZIP 2008, 180.

geringfügige Überbewertungen ergeben sollten. Die Verzögerung der Eintragung der Gesellschaft stehe bei nur geringfügigen Überbewertungen in keinem Verhältnis zum Nutzen der Prüfung. Künftig sind nur für den Fall, dass sich auf der Grundlage der mit der Anmeldung eingereichten Unterlagen begründete Zweifel ergeben, die auf eine wesentliche Überbewertung der Sacheinlage hindeuten, weitere Unterlagen anzufordern. Bei Einlage von Geschäftsanteilen reicht eine Stellungnahme eines WP nach vereinfachtem Bewertungsverfahren nach IDW S 1, ein Testat kann nicht ohne Weiteres verlangt werden.[151] Das Gutachten für eine Sachkapitalerhöhung ist vom Registergericht nur eingeschränkt daraufhin zu überprüfen, ob es von zutreffenden Anknüpfungstatsachen ausgeht; die Auswahl des Bewertungsverfahrens obliegt dem Gutachter.[152]

1073 Die Anforderungen nach § 56 GmbHG können bis zur Eintragung der Kapitalerhöhung in das Handelsregister nachgeholt werden.[153]

2. Gegenstand der Sacheinlage

1074 Sacheinlagefähig sind nur Vermögensgegenstände mit objektiv feststellbarem wirtschaftlichem Wert. Dies können auch obligatorische Nutzungsrechte[154] und auch Immaterialgüterrechte (geistiges Eigentum, IP) sein[155], wenn der Lizenzvertrag eine fest vereinbarte (Mindest-)Laufzeit hat. Auch Gesellschaftsanteile sind sacheinlagefähig. Das gilt auch für Anteile an solchen Gesellschaften, die bereits in Mehrheit der Gesellschaft gehören.[156] Nicht sacheinlagefähig ist eine Gesellschafterstellung (hier Kommanditanteil in die Komplementär-GmbH), wenn die GmbH danach Inhaberin einer Forderung gegen den Gesellschafter würde. Offengelassen wurde, ob etwas anderes gilt, wenn die Forderung bei der Bewertung der Sacheinlage ausdrücklich berücksichtigt wurde.[157] Auch eigene Aktien sind nicht sacheinlagefähig,[158] was für eigene Geschäftsanteile entsprechend gelten dürfte.

1075 Bei Sacheinlage eines belasteten Grundstücks ist für die Wertermittlung der Sacheinlage die Belastung vom Grundstückswert abzuziehen.[159] Der Grundstückswert ohne Abzug der Belastung ist aber anzusetzen, wenn die Belastung nur der Sicherung von Verbindlichkeiten der GmbH dient.[160]

1076 I.R.d. Sacheinlage ist auch ein gutgläubiger Erwerb des Sacheinlagegegenstandes durch die Gesellschaft möglich.[161] Gegenstände, die bereits im Besitz der Gesellschaft sind, können nur dann als Sacheinlage eingebracht werden, wenn sie

---

[151] LG Freiburg BB 2009, 892.
[152] KG NZG 2016, 620 (für einen Fall nach § 33a AktG).
[153] OLG Brandenburg ZIP 2007, 969; bestätigt BGH ZIP 2008, 180.
[154] BGH BB 2004, 1925 = GmbHR 2004, 1219 = ZIP 2004, 1642; Hiort BB 2004, 2760 ff.
[155] Sa Maume NZG 2017, 249 ff.
[156] OLG Thüringen GmbHR 2018, 1315 = NZG 2018, 1391
[157] KG ZIP 2005, 1639 = DStR 2005, 1198 = DB 2005, 1679.
[158] BGH ZIP 2011, 2097.
[159] OLG Frankfurt am Main ZIP 2006, 1584 = GmbHR 2006, 817.
[160] LG Bonn NZG 2006, 632.
[161] BGH BB 2003, 14 = NZG 2003, 85 = ZIP 2003, 30.

zurzeit des Kapitalerhöhungsbeschlusses noch gegenständlich im Gesellschaftsvermögen vorhanden sind.[162]

Nach dem sog. „Quivive"-Urteil des BGH sind Dienstleistungen grds. kein sacheinlagefähiger Gegenstand,[163] mit der Folge, dass auch die Grundsätze der verdeckten Sacheinlage (s. → Rn. 1080) auf Dienstleistungen, die ein Gesellschafter nach Leistung einer Bareinlage entgeltlich erbringen soll, keine Anwendung finden. 1077

3. Differenzhaftung bei Wertunterschreitung

Erreicht der Wert der Sacheinlage im Zeitpunkt der Anmeldung zum Handelsregister nicht den Nennbetrag des dafür übernommenen Geschäftsanteils, hat der Gesellschafter i.H.d. Fehlbetrages eine Einlage in Geld zu leisten (§ 9 Abs. 1 GmbHG). Für diesen Differenzanspruch haften die übrigen Gesellschafter entsprechend § 24 GmbHG mit.[164] Darüber hat der Notar jedenfalls bei Zweifeln an der richtigen Bewertung zu belehren.[165] 1078

Ein Vergleich über den Differenzhaftungsanspruch ist bei streitiger Sachbewertung grundsätzlich zulässig.[166] Bei Sach- oder Rechtsmangel der Sacheinlage und daraus resultierender Wertdifferenz dürfte der Differenzhaftungsanspruch (nach Wahl der Gesellschaft) auch durch Nacherfüllung zu befriedigen sein.[167]

Hinzuweisen ist auch darauf, dass ein schenkungsteuerlicher Tatbestand vorliegen kann, wenn der Wert der eingebrachten Sache (deutlich) hinter dem gemeinen Wert der erworbenen Beteiligung zurückbleibt.[168]

4. Typische Probleme bei Sacheinlage

Bei der Sacheinlage sind folgende Punkte zu berücksichtigen: 1079
- Die Kapitalaufbringung durch Sacheinlage erfordert entsprechende Bewertungen durch das Registergericht und beinhaltet grds. die Gefahr der sog. **Differenzhaftung** gem. § 9 GmbHG. Die Haftung trifft i.Ü., ebenso wie bei der Nichterbringung einer Barstammeinlage, alle Gesellschafter solidarisch (§ 24 GmbHG).
- Gegenstände, die bereits im **Besitz** der GmbH sind, können nur dann als Sacheinlage eingebracht werden, wenn sie zurzeit des Kapitalerhöhungsbeschlusses noch gegenständlich im Gesellschaftsvermögen vorhanden sind.[169]
- Bei der Einlage einer Forderung = Abtretung an die Gesellschaft besteht wegen des Sicherungsbedürfnisses des Gesellschafters das folgende Problem: Die Grün-

---

[162] BGH ZInsO 2001, 37 = ZIP 2000, 202.
[163] BGH ZIP 2009, 713 = DStR 2009, 809 = ZInsO 2009, 775. Zu dieser Entscheidung Pentz GmbHR 2009, 505 ff.; Theusinger/Liese NZG 2009, 641 ff.
[164] Streitig; wie hier Emmerich in Scholz, GmbHG, § 24 Rn. 2c und 3.
[165] BGH ZIP 2007, 2126.
[166] BGH NZG 2012, 69 (zu einem Fall nach § 66 Abs. 1 AktG); dazu Wieneke NZG 2012, 136 ff.
[167] Sa Schlößer/Pfeiffer NZG 2012, 1047 ff.
[168] Sa Schulze zur Wiesche GmbHR 2015, 234 ff.
[169] BGHZ 145, 150 = BB 2000, 2323 = ZInsO 2001, 37 = ZIP 2000, 2021.

dung oder Kapitalerhöhung durch Sacheinlage ist wirksam erst mit Eintragung im Handelsregister. Für die Anmeldung zum Register muss der Geschäftsführer versichern, dass ihm die Sacheinlage endgültig zur freien Verfügung steht, §§ 56a, 57 Abs. 2, 7 Abs. 3 GmbHG. Diese Versicherung wäre falsch, wenn der Gesellschafter die gegen die Gesellschaft gerichtete Forderung unter der aufschiebenden Bedingung der Eintragung der Kapitalmaßnahme im Handelsregister abtritt. Ob eine teleologische Auslegung der genannten Vorschriften in Betracht kommt, ist umstritten.

- Bei Nichteinhaltung der Formalien der offenen Sacheinlage besteht die Gefahr der **verdeckten Sacheinlage** (zu dieser s. → Rn. 1080 ff.).
- Von einer **verschleierten offenen Sacheinlage** spricht man, wenn der offen eingelegte Gegenstand absprachegemäß gegen einen anderen (weniger werthaltigen) Gegenstand ausgetauscht wird. Rechtsprechung hierzu liegt, soweit ersichtlich, noch nicht vor. In der Literatur werden unterschiedliche Auffassungen vertreten: Die h.M. sieht den Austausch des Sacheinlagegegenstandes als Einlagenrückgewähr an und wendet § 19 Abs. 5 GmbHG entsprechend an.[170] In Erwägung zu ziehen ist aber auch die Annahme, dass die Einlagepflicht nicht erfüllt ist, so dass eine Differenzhaftung in voller Höhe des Nominalbetrages besteht, auf die der Wert des Austauschgegenstandes entsprechend § 19 Abs. 4 Satz 3 GmbHG angerechnet werden könnte.[171] Für den Inferenten vorteilhafter wäre die Annahme einer bloßen Differenzhaftung nach § 9 GmbHG, weil hier nicht die Beweislastumkehr gilt. Dieselbe Problematik stellt sich, wenn als (offenes) Agio eine Sache (etwa ein Unternehmen) mit negativem Wert eingelegt wird.

IV. Haftung bei verdeckter Sacheinlage

1. Tatbestand, Fallkonstellationen und Beispiele verdeckter Sacheinlagen

1080   a) **Grundsätze, Allgemeines.** Bei der verdeckten Sacheinlage[172] handelt es sich, wie aus der Vielzahl der nachstehend genannten gerichtlichen Entscheidungen zu schließen ist, anscheinend um eine verbreitete „Technik" der Kapitalaufbringung, die, wie zu zeigen sein wird, jedoch ganz erhebliche Haftungsgefahren für die Gesellschafter und Geschäftsführer birgt (zum sog. Debt-Equity-Swap, der ebenfalls verdeckte Sacheinlage sein kann, s. → Rn. 188 ff.). Die Haftungsgefahren für die Gesellschafter sollten freilich nach dem RegE des MoMiG erheblich verringert werden. Durch die Gesetz gewordene Regelung in § 19 Abs. 4 GmbHG ist

---

[170] Veil in Scholz, GmbHG, § 19 Rn. 177 m.w.N.
[171] Heidinger in Heckschen/Heidinger, Die GmbH in der Gestaltungs- und Beratungspraxis, 3. Aufl. 2013, § 11 Rn. 94.
[172] Zum Gesamtkomplex der verdeckten Sacheinlage: Winter FS H.-J. Priester, 2007, 867 ff.; Schöpflin GmbHR 2003, 57 ff.; Langhuber NZG 2003, 211 ff.; Gärtner GmbHR 2003, 1417 f.; Verdeckte Sacheinlage und internationales Privatrecht: Lappe/Schefold GmbHR 2005, 585 ff.; Weitnauer NZG 2006, 298 ff.; Heidenhain GmbHR 2006, 455 ff.; Wächter GmbHR 2006, 1084 ff.; Altrichter-Herzberg GmbHR 2004, 1188 ff.

die verdeckte Sacheinlage jedoch nicht erlaubt worden, vielmehr sind zusätzliche Gefahren für den Geschäftsführer entstanden.

Eine verdeckte Sacheinlage liegt vor, wenn eine Geldeinlage eines Gesellschafters bei wirtschaftlicher Betrachtung und aufgrund einer im Zusammenhang mit der Übernahme der Geldeinlage getroffenen Abrede vollständig oder teilweise als Sacheinlage zu bewerten ist (Legaldefinition in § 19 Abs. 4 Satz 1 GmbHG n.F.), die Gesellschaft also bei wirtschaftlicher Betrachtung einen Sachwert erhalten soll.[173] Bei der verdeckten Sacheinlage wird ein wirtschaftlich einheitlich gewolltes Geschäft rechtlich in zwei Teile zerlegt – das Einlage- und das Umsatzgeschäft. Dabei ist die Reihenfolge und ob Zahlungen oder Verrechnungen stattfinden, gleichgültig.[174] In der Transaktionspraxis haben verdeckte gemischte Sacheinlagen eine gewisse Bedeutung, die ebenfalls das rechtliche Schicksal der verdeckten Sacheinlage teilen.[175]

1081

Von der Rechtsprechung werden als verdeckte Sacheinlage folgende **Konstellationen** angesehen:

Übersicht 18: Von der Rechtsprechung als verdeckte Sacheinlagen entschiedene Konstellationen

- Eine Forderung des Gesellschafters aus dem Umsatzgeschäft wird aus der Bareinlage getilgt,
  Beispiel
  Die GmbH schuldet dem Gläubiger aus Warenlieferung 10.000 EUR. Im Rahmen einer Kapitalerhöhung übernimmt der Gläubiger eine Stammeinlage i.H.v. 10.000 EUR und zahlt den Betrag auf ein Konto der GmbH ein. Nach 6 Wochen bezahlt die GmbH die Forderung des Gläubigers aus der Warenlieferung i.H.v. 10.000 EUR.
- eine Forderung des Gesellschafters aus dem Umsatzgeschäft wird mit der Bareinlageforderung der Gesellschaft verrechnet,
  Beispiel
  Wie zuvor, jedoch vor Einzahlung des Stammkapitals erklärt die GmbH ggü. dem Gläubiger die Verrechnung der Stammeinlageforderung der GmbH mit dem Zahlungsanspruch des Gläubigers.
- dem Gesellschafter wird die Leistung der Bareinlage überhaupt erst aus der Entgeltzahlung aus dem Umsatzgeschäft ermöglicht.
  Beispiel
  Wie zuvor, jedoch bezahlt die GmbH an den Gläubiger die 10.000 EUR; nach 6 Wochen wird die Kapitalerhöhung um 10.000 EUR beschlossen und der Gläubiger leistet auf die von ihm übernommene Stammeinlage den Betrag i.H.v. 10.000 EUR an die GmbH.

1082

Die verdeckte Sacheinlage setzt einen unmittelbaren oder mittelbaren **Einlagenrückfluss** an den Inferenten als Vergütung für eine von ihm **absprachegemäß** erbrachte oder noch zu erbringende Leistung voraus. Bei erkennbarer Umgehung der Sacheinlagevorschriften hat das Registergericht eine gesteigerte Aufklärungspflicht.[176]

1083

---

[173] OLG Düsseldorf DStR 2008, 2079.
[174] OLG Düsseldorf DStR 2008, 2079.
[175] Zu aktuellen Rechtsfragen der verdeckten gemischten Sacheinlage s. Stiller/Redeker ZIP 2010, 865 ff.
[176] OLG Hamm ZIP 2008, 1475.

1084 Zur Abgrenzung gegen zulässige Mittelverwendung ist eine **Abrede** über den wirtschaftlichen Erfolg des verdeckten Rechtsgeschäfts erforderlich,[177] also der inhaltliche Zusammenhang zwischen dem Geschäft mit der Gesellschaft und der Einlage. Ist eine Abrede über den wirtschaftlichen Erfolg einer (verdeckten) Sacheinlage nachgewiesen, kommt es auf die Frage, ob wirklich ein Umsatzgeschäft gegeben ist, nicht an.[178]

1085 Für eine solche Abrede besteht eine **Vermutung** bei engem sachlichem und zeitlichem Zusammenhang mit der Folge der Beweislastumkehr: Der Gesellschafter muss also beweisen, dass keine verdeckte Sacheinlage vorliegt.[179] Die Vermutung greift ein, wenn das die Bareinlage unterlaufende Gegengeschäft innerhalb von 6 Monaten vor oder nach dem Einlagegeschäft liegt.[180] Ist die Abrede anderweitig nachgewiesen, muss also nicht auf die Vermutung zurückgegriffen werden, kann verdeckte Sacheinlage auch bei größeren Zeitabständen zwischen Einlage und Umsatzgeschäft vorliegen.

1086 Bei der Ein-Personen-GmbH reicht ein entsprechendes „Vorhaben", da eine Abrede naturgemäß nicht möglich ist.[181]

1087 Kenntnis davon, dass die Kapitalaufbringungsvorschriften verletzt werden, müssen die Parteien nicht haben;[182] ebensowenig ist eine Umgehungsabsicht betreffend die Kapitalaufbringungsvorschriften oder Täuschungswille in Bezug auf die Gläubiger oder den Geschäftsverkehr erforderlich.[183]

1088 Eine sonstige Verwendungsabsprache zwischen Inferenten und Gesellschaft über die Verwendung des Einlagebetrages ist für die Kapitalaufbringung unschädlich, begründet also keine verdeckte Sacheinlage.[184] Inwieweit bei **gewöhnlichen Umsatzgeschäften** zwischen Gesellschaft und Gesellschafter i.R.d. laufenden Geschäftsbetriebes eine Umgehung der Sacheinlagevorschriften und damit verdeckte Sacheinlage vorliegt, ist Tatfrage, da der BGH auch „gewöhnliche Umsatzgeschäfte i.R.d. laufenden Geschäftsverkehrs" nicht vollständig aus dem Anwendungsbereich der verdeckten Sacheinlage ausklammert.[185] Insoweit kommt es wesentlich darauf an, dass die Geschäftskonditionen einem Fremdvergleich standhalten. Dies gilt gleichermaßen für die GmbH und die AG.[186] Ein gewöhnliches Umsatzgeschäft liegt nicht vor, wenn die im Rahmen einer Kapitalerhöhung einer GmbH erbrachte Bareinlage absprachegemäß zum Kauf eines Unternehmens aus einer Gesellschaft verwendet wird, die ebenfalls dem Konzern der die Einlage leistenden Muttergesellschaft gehört, also alle Beteiligten (GmbH, Einleger und Unternehmensverkäufer) einem Unternehmensverbund angehören, bei dem die gemeinsame Muttergesellschaft jeweils mittelbar oder unmittelbar alle Anteile

---

[177] Vgl. nur Langenbucher NZG 2003, 211 f. mit Rechtsprechungsnachweisen.
[178] LG Frankfurt an der Oder ZInsO 2008, 569 = BeckRS 2008, 12894.
[179] BGHZ 110, 47 = NJW 1990, 982.
[180] BGH ZIP 1994, 701 ff.
[181] BGH ZIP 2008, 643.
[182] OLG Stuttgart NZG 2003, 136.
[183] OLG Saarbrücken GmbHR 2004, 668.
[184] BGH DStR 2007, 541 = ZIP 2007, 528.
[185] BGH ZIP 2008, 643.
[186] OLG Hamm NZG 2005, 184 = ZIP 2005, 1138 für den Fall der Übernahme eines für die Erstausstattung der Gesellschaft notwendigen Warenlagers.

C. Haftung wegen fehlerhafter Kapitalaufbringung

hält.[187] Dennoch hat der BGH in diesem Fall verdeckte Sacheinlage nicht angenommen, da, was entscheidend war, an die die Einlage leistende Muttergesellschaft nichts zurückfloss.[188]

b) Beispiele für verdeckte Sacheinlagen aus der Rechtsprechung

Übersicht 19: Beispiele für verdeckte Sacheinlagen aus der Rechtsprechung

1089

- Forderungsverzicht zur Erfüllung einer Geldeinlageverpflichtung aus Kapitalerhöhung[189] (dies kann u.a. bei Debt-Equity-Swap vorkommen, s. → Rn. 1080)
- einige Konstellationen des Hin- und Herzahlens[190]
- Bezahlung von vorherigen oder nachträglichen Warenlieferungen des Gesellschafters[191]
- Kaufpreisverrechnung ggü. einer anderen GmbH desselben Gesellschafters[192]
- Weiterleitung der Einlage an eine GbR bestehend aus dem Bruder und Ehemann (der zugleich Geschäftsführer der GmbH ist) der Gesellschafterin als Zahlung des Kaufpreises für gelieferte Anlagegüter[193]
- Einbeziehung Dritter/Ehegattendarlehen: Bei Tilgung eines vom Ehegatten des Inferenten der GmbH gewährten Darlehens aus der Bareinlage liegt eine verdeckte Sacheinlage vor, wenn das Darlehen wirtschaftlich vom Inferenten gewährt war oder aus Mitteln, die der Inferent dem Ehegatten zur Verfügung gestellt hatte. Das Näheverhältnis des Inferenten zum Darlehensgeber allein genügt nicht.[194]
- Tilgung einer Forderung des Einlegers im Zeitraum von weniger als einer Woche nach Einzahlung der Bareinlage zur Vermeidung einer förmlichen Auf- oder Verrechnung[195]
- nachträgliche Rückzahlung eines Darlehens an den Gesellschafter oder an eine KG, an der der Gesellschafter ebenfalls beteiligt ist (enger zeitlicher Zusammenhang bei 6 Monaten angenommen)[196]
- vorherige Rückzahlung eines Darlehens an Gesellschafter (enger zeitlicher Zusammenhang bei 7 Monaten angenommen)[197]
- Darlehensgewährung von der GmbH an den Gesellschafter innerhalb von 2 Wochen nach Einzahlung der Stammeinlage.[198] Die anschließende Rückzahlung des Darlehens tilgt die Stammeinlageverbindlichkeit des Gesellschafters nicht.[199]
- Darlehensgewährung von Gesellschaft an Gesellschafter kurz vor Einzahlung der Stammeinlage: keine wirksame Einlagenleistung, auch nicht durch Rückzahlung des Darlehens; für die Umwandlung des bereicherungsrechtlichen Rückgewähranspruchs des Gesellschafters nach § 812 Abs. 1 Satz 2, 2. Alt. BGB in eine Sacheinlage sind ein entsprechender Gesellschafterbeschluss, das Werthaltigkeitstestat eines Wirtschaftsprüfers und die Handelsregisteranmeldung erforderlich.[200]
- Tilgung einer Forderung des Einlegers im Zeitraum von weniger als einer Woche nach Einzahlung der Bareinlage zur Vermeidung einer förmlichen Auf- oder Verrechnung[201]

---

[187] OLG München ZIP 2005, 1923 = BB 2005, 2543.
[188] BGH NZG 2007, 300 mit Bespr. Bork NZG 2007, 375 f.
[189] BGHZ 113, 335 = ZIP 1991, 511 mit Bespr. Crezelius ZIP 1991, 499.
[190] OLG Stuttgart GmbHR 2002, 1123 = NZG 2003, 136.
[191] OLG Köln ZIP 1999, 399.
[192] BGHZ 132, 133 = ZIP 1996, 595.
[193] OLG Hamm ZIP 1999, 1134.
[194] BGH ZIP 2011, 1101.
[195] OLG Celle ZInsO 2004, 93 = GmbHR 2003, 898 = BeckRS 2003, 9074.
[196] BGHZ 125, 141 = NJW 1994, 1477 = ZIP 1994, 70.
[197] OLG Brandenburg ZIP 1998, 1838.
[198] OLG Schleswig ZInsO 2000, 501 = ZIP 2000, 1833.
[199] OLG Schleswig GmbHR 2005, 357 = ZIP 2005, 1827.
[200] OLG München NZG 2005, 311.
[201] OLG Celle GmbHR 2003, 898.

- Beteiligung einer insolventen Gesellschaft zum Zweck ihrer übertragenden Sanierung an einer AG als Auffanggesellschaft mit dem Ziel, dass diese die Aktiva und Passiva übernimmt.[202] Folge: Rückabwicklung nach Bereicherungsrecht, sofern nicht dingliche Ansprüche eingreifen und Fortbestehen des Anspruchs auf (erneute) Zahlung des Ausgabebetrages der Aktien.
- Eine wegen Voreinzahlung nicht schuldtilgende Bareinlageleistung (s.o.) begründet einen Rückgewähranspruch des Gesellschafters nach § 812 BGB. Dieser ist sodann eine (verdeckte) Sacheilage.[203]

c) Weitere Einzelfälle

1090 **aa) Schütt-aus-und-hol-zurück-Verfahren.** Dieses Verfahren ist eine Sonderform der verdeckten Forderungseinlegung. Wird es als Bareinlage durchgeführt, liegt verdeckte Sacheinlage vor (Einlage des gegen die Gesellschaft gerichteten Gewinnauszahlungsanspruchs). Denkbar ist auch, das Verfahren offen durchzuführen und die Voraussetzungen der Kapitalerhöhung aus Gesellschaftsmitteln (§§ 57c ff. GmbHG) einzuhalten (u.a. bei der Registeranmeldung eine Bilanz vorlegen, die nicht älter als 8 Monate ist, Versicherung des Geschäftsführers, dass zwischenzeitlich keine Vermögensminderung eingetreten ist etc.).[204]

1091 **bb) Dienstleistung keine verdeckte Sacheinlage.** Immer wieder und zumal anlässlich der Neuregelung der verdeckten Sacheinlage durch das MoMiG in § 19 Abs. 4 GmbHG (s. → Rn. 1080 ff.) wurde die Frage aufgeworfen, ob die Grundsätze der verdeckten Sacheinlage auch auf Dienstleistungen anwendbar sind, die der Gesellschafter oder eine von ihm abhängige Gesellschaft im zeitlichen Zusammenhang mit der Kapitalaufbringung, etwa im Rahmen einer Kapitalerhöhung, erbringt. Solche Fallkonstellationen können sich u.a. bei Erbringung und Bezahlung der entgeltlichen Tätigkeit des **Gesellschafter-Geschäftsführers** der GmbH[205] oder sonstiger Beratungsleistungen des Gesellschafters aufgrund entgeltlichen Dienstvertrages in zeitlichem Zusammenhang mit der Leistung der Bareinlage ergeben. Außerdem hat die Frage Relevanz für die eventuelle Wertung einer Gehaltsauszahlung an den Gesellschafter-Geschäftsführer oder Bezahlung sonstiger Dienstleistungen als Rückzahlung der Stammeinlage oder als Zahlung auf Eigenkapitalersatz nach alter Rechtslage. Das OLG Düsseldorf[206] hatte die Anwendbarkeit der Grundsätze der verdeckten Sacheinlage auch auf Dienstleistungen in Form von Beratungsleistungen des Gesellschafters bejaht, auch wenn die Dienstleistung selbst nicht als sacheinlagefähiger Gegenstand anzusehen sei.

1092 Der BGH hat im sog. „Quivive"-Urteil jedoch dagegen entschieden, dass die Grundsätze der verdeckten Sacheinlage auf Dienstleistungen, die ein Gesellschafter nach Leistung einer Bareinlage entgeltlich erbringen soll, keine Anwendung finden,[207] da die Dienstleistung grds. kein sacheinlagefähiger Gegenstand sei.[208]

---

[202] BGH ZIP 2008, 788 = DStR 2008, 1052– „Rheinmöve". Zu dieser Entscheidung Böttcher NZG 2008, 416 ff.
[203] sa BGH ZIP 2016, 615.
[204] BGH ZIP 1997, 1337.
[205] Henkel GmbHR 2005, 438 ff.
[206] BB 2009, 180.
[207] BGH ZIP 2009, 713 = DStR 2009, 809 = ZInsO 2009, 775. Zu dieser Entscheidung Pentz GmbHR 2009, 505 ff.; Theusinger/Liese NZG 2009, 641 ff.
[208] Erneut BGH ZIP 2010, 423.

Bei genauer Betrachtung der im „Quivive"-Urteil entschiedenen Konstellation handelt es sich jedoch nicht um eine verdeckte Sacheinlage der Dienstleistung, die ja nicht einlagefähig ist, sondern allenfalls um einen Fall des Hin- und Herzahlens, der nach § 19 Abs. 5 GmbHG zu beurteilen ist.[209] Nach der „Quivive"-Entscheidung wäre die Annahme eines Hin- und Herzahlens nach § 19 Abs. 5 GmbHG n.F. denkbar gewesen, sofern der Inferent die Einlage für die Bezahlung der Dienstleistungen reserviert hatte.[210] In der „Eurobike"-Entscheidung hat der BGH klargestellt, dass auch der Fall des Hin- und Herzahlens bzw. des rechtlich gleichstehenden Her- und Hinzahlens nicht vorliegt, wenn eine tatsächlich erbrachte Dienstleistung abgegolten wird, die Vergütung dem Drittvergleich standhält und die objektiv werthaltige Dienstleistung aus der Sicht der Gesellschaft nicht unbrauchbar und damit wertlos ist.[211]

> **Praxishinweis** 1093
> Bei Gehaltszahlungen an den Gesellschafter-Geschäftsführer im zeitlichen Zusammenhang mit Stammeinlageleistungen sollte genau darauf geachtet werden, dass der Anstellungsvertrag mit dem Gesellschafter-Geschäftsführer vorher schriftlich abgeschlossen ist und dass das vereinbarte Gehalt dem sog. „Fremdvergleich" Stand hält, damit die Gehaltszahlungen eindeutig als Gegenleistung für die später (= nach Einzahlung des Stammkapitals) geleistete Arbeit und nicht als Rückzahlung der Stammeinlage anzusehen sind.

cc) **Verdeckte Sacheinlage bei Gesellschaftersicherheit?** Zusammenhang 1094
mit **Gesellschaftersicherheit**: Es ist keine verdeckte Sacheinlage, wenn mit der Geldeinlage ein Darlehen der Gesellschaft getilgt wird, für das sich der Gesellschafter verbürgt hatte.[212]

dd) **Einbeziehung Dritter/Ehegattendarlehen.** Bei Tilgung eines vom 1095
Ehegatten des Inferenten der GmbH gewährten Darlehens aus der Bareinlage liegt eine verdeckte Sacheinlage vor, wenn das Darlehen wirtschaftlich vom Inferenten gewährt war oder aus Mitteln, die der Inferent dem Ehegatten zur Verfügung gestellt hatte. Das Näheverhältnis des Inferenten zum Darlehensgeber allein genügt nicht.[213]

2. Rechtsfolgen der verdeckten Sacheinlage

Nach der Rechtsprechung des BGH zum alten Recht (vor MoMiG) war § 27 1096
Abs. 3 Satz 1 AktG a.F. im GmbH-Recht analog anwendbar, d.h. das Einlagegeschäft war schuldrechtlich und sachenrechtlich unwirksam.[214] Die Geldeinlagepflicht war vollständig nicht erfüllt, sodass die Geldeinlage (nochmals) zu leisten war, § 19 Abs. 5 i.V.m. § 5 Abs. 4 GmbHG a.F. Für die übrigen Gesellschafter bestand die Gefahr der Mithaftung nach § 24 GmbHG.

---

[209] So auch Giedinghagen/Lakenberg NZG 2009, 201 ff.
[210] BGH ZIP 2009, 713 = DStR 2009, 809 = ZInsO 2009, 775.
[211] BGH ZIP 2010, 423.
[212] BGH ZIP 2011, 1101.
[213] BGH ZIP 2011, 1101.
[214] BGH ZIP 2003, 1540.

1097 a) Seit MoMiG ist die Rechtsfolge nach § 19 Abs. 4 GmbHG:[215]

Ist eine Geldeinlage eines Gesellschafters bei wirtschaftlicher Betrachtung und aufgrund einer im Zusammenhang mit der Übernahme der Geldeinlage getroffenen Abrede vollständig oder teilweise als Sacheinlage zu bewerten (verdeckte Sacheinlage), so **befreit** dies den Gesellschafter **nicht** von seiner Einlageverpflichtung. Jedoch sind die Verträge über die Sacheinlage und die Rechtshandlungen zu ihrer Ausführung nicht unwirksam. Auf die fortbestehende Geldeinlagepflicht des Gesellschafters wird der Wert des Vermögensgegenstandes im Zeitpunkt der Anmeldung der Gesellschaft zur Eintragung in das Handelsregister oder im Zeitpunkt seiner Überlassung an die Gesellschaft, falls diese später erfolgt, **angerechnet**. Die Anrechnung erfolgt **nicht vor Eintragung** der Gesellschaft in das Handelsregister. Die Beweislast für die Werthaltigkeit des Vermögensgegenstandes trägt der Gesellschafter. Die Verjährung des Anspruchs der Gesellschaft beginnt nicht vor dem Zeitpunkt der Überlassung des Vermögensgegenstandes.

(Hervorhebungen durch den Verfasser).

1098 Diese Regelung hat die in der Rechtsprechung des BGH entwickelte Definition der verdeckten Sacheinlage übernommen. Der **Tatbestand** der verdeckten Sacheinlage liegt bei Verwirklichung der beiden Tatbestandsmerkmale *wirtschaftliche Entsprechung* und *im Zusammenhang getroffene Abrede* vor. Auch verbleibt es dabei, dass ein enger zeitlicher Zusammenhang zwischen der Übernahme des Geschäftsanteils/Leistung der Geldeinlage und dem Verkehrsgeschäft als Indiz für eine Abrede über den wirtschaftlichen Erfolg einer Sacheinlage gewertet und dadurch die Vermutung einer verdeckten Sacheinlage begründet wird.

1099 Nach der **geänderten Rechtsfolge**[216] sind nun die Verträge über die (verdeckte) Sacheinlage und die Rechtshandlungen zu ihrer Erfüllung/Ausführung schuld- und sachenrechtlich wirksam. Außerdem wird durch die Möglichkeit der Anrechnung[217] des Wertes der verdeckt eingelegten Sache auf die weiterhin bestehende Geldeinlagepflicht die Haftung des Gesellschafters wirtschaftlich auf eine Differenzhaftung beschränkt.[218]

1100 Für diese Änderung in der Rechtsfolge der verdeckten Sacheinlage wurden in der Begründung zum RegE mehrere Gesichtspunkte angeführt: Die nach der bisherigen Rechtsprechung mögliche Heilung der verdeckten Sacheinlage durch Umwandlung der Bar- in eine (offene) Sacheinlage habe in der Praxis nur eine geringe Bedeutung, da verdeckte Sacheinlagen häufig erst in der Insolvenz entdeckt würden und eine Heilung in diesem Zeitpunkt nicht mehr möglich sei. In Praxis und Wissenschaft sei an den derzeit geltenden drastischen Rechtsfolgen verdeckter Sacheinlagen zunehmend Kritik geübt worden. Der Kenntnisstand der Beteiligten insb. im Bereich kleiner und mittlerer Unternehmen sei häufig nicht ausreichend, verdeckte Sacheinlagen zu vermeiden. Die Neuregelung stelle sicher, dass ein Gesellschafter die Einlage wertmäßig nur einmal leisten müsse. Es erscheine nicht gerechtfertigt, gewissermaßen als „Strafe" für die reine Nichteinhaltung der for-

---

[215] Sa Pentz FS K. Schmidt, 2009, 1265 ff. Zur verdeckten Sacheinlage im Konzern – Vereinfachung durch das MoMiG?, Schnurbein GmbHR 2010, 568 ff.

[216] Zur rechtsdogmatischen Einordnung der Neuregelung s. Veil/Werner GmbHR 2009, 729 ff.; zu Rechtsfolgen verdeckter Sacheinlagen und kritisch zur Neuregelung durch das MoMiG s. Müller NZG 2011, 761 ff.

[217] Zur Rechtsnatur der Anrechnung s. Ulmer ZIP 2009, 293 ff.; Maier-Reimer/Wenzel ZIP 2009, 1185 ff.; Sernetz ZIP 2010, 2173 ff.

[218] Zu Folgefragen der Anrechnungslösung sa Pentz GmbHR 2009, 126 ff.

malen Anforderungen an eine Sachgründung nochmals die volle Einlagenleistung zu fordern. Außerdem werde die Rechtslage erheblich vereinfacht.

Obwohl nach der Neuregelung der tatsächliche Geldmittelzufluss bei der Kapitalaufbringung durch eine schwerer zu bewertende Sache, etwa eine „schwächere" Forderung ersetzt werden kann (worin u.a. die Begründung für die strikte Rechtsprechung des BGH zur alten Rechtslage lag), wird zur Begründung des RegE ausgeführt, dass Gläubigerschutzlücken nicht entstünden. Es reiche unter Gläubigerschutzgesichtspunkten aus, dass durch die Regelungen zur Differenzhaftung der Gesellschafter nach §§ 9 und 9a GmbHG und die Haftung des Geschäftsführers nach § 43 GmbHG auch bei der Neuregelung gewährleistet sei, dass wirtschaftlich die Einlage in voller Höhe geleistet werde. Schließlich bleibe ein gewisses „Sanktionsgefälle" zwischen offener, also unter Einhaltung der Sachgründungsvorschriften beschlossener Sacheinlage und verdeckter Sacheinlage dadurch bestehen, dass im Fall der verdeckten Sacheinlage der Einleger nach § 19 Abs. 4 Satz 3 GmbHG die Beweislast für die Vollwertigkeit seiner Leistung trage und dass nach § 19 Abs. 4 Satz 4 GmbHG der Verjährungsbeginn auf den Zeitpunkt der effektiven Einbringung der Sacheinlage hinausgeschoben sei.

b) Vorsätzliche verdeckte Sacheinlage weiterhin verboten. Zu beachten ist, dass durch die Regelung in § 19 Abs. 4 GmbHG das von der Rechtsprechung postulierte „Verbot" der verdeckten Sacheinlage wegen Umgehung der Sacheinlagevorschriften nicht aufgehoben wird. Die vorsätzliche verdeckte Sacheinlage bleibt weiterhin „verboten" und kann eine Strafbarkeit des Geschäftsführers wegen falscher Versicherung nach § 82 GmbHG begründen.[219] Zwar schließt sich auch die Neuregelung in § 19 Abs. 4 GmbHG der durchgängigen bilanziellen Betrachtungsweise des MoMiG für die Kapitalaufbringung und -erhaltung an, jedoch – anders als noch der RegE – erlaubt sie die vorsätzliche verdeckte Sacheinlage dadurch nicht,[220] dass die Anrechnung erst nach der Registereintragung erfolgen darf. Dies hat zur Folge, dass der Geschäftsführer in den Fällen, in denen der Sachwert bereits vor Anmeldung eingebracht wurde, nicht nach § 8 Abs. 2 GmbHG bereits die vollständige Aufbringung der Bareinlage (nämlich durch Anrechnung des Sachwerts) ggü. dem Handelsregister versichern darf; tut er es dennoch, erfüllt er den Straftatbestand des § 82 GmbHG. Dadurch werden die Missbrauchsmöglichkeiten, die nach der im RegE vorgesehenen Neufassung des § 19 Abs. 4 GmbHG eröffnet gewesen wären, m.E. sehr eingeschränkt.

c) Auswirkungen bei Cash-Pooling. Die Regelung in § 19 Abs. 4 GmbHG kann Bedeutung auch bei der Kapitalaufbringung im Cash-Pool[221] erhalten. Zur Abgrenzung der in § 19 Abs. 5 GmbHG gesondert und mit unterschiedlicher Rechtsfolge geregelten Fällen des Hin- und Herzahlens (s. → Rn. 1040 ff.) kommt es auf die Feststellung an, ob durch die Rückzahlung des Stammeinlagebetrages an die Muttergesellschaft eine neue Darlehensforderung (Habensaldo) der Tochter-GmbH begründet oder eine bestehende Verbindlichkeit (Sollsaldo) der Tochter-GmbH ggü. der Muttergesellschaft zurückgeführt wird. Ersteren-

---

[219] Davon ausgehend BGH ZIP 2009, 1561 Rn. 19; dazu auch Altmeppen ZIP 2009, 1545 ff.
[220] Seibert/Decker ZIP 2008, 1208, 1210.
[221] Sa Altmeppen ZIP 2009, 1545 ff. (zugleich zu BGH ZIP 2009, 1561, Cashpool II).

falls liegt Hin- und Herzahlen nach § 19 Abs. 5 GmbHG mit vollständiger Erfüllung der Einlagepflicht vor,²²² letzterenfalls verdeckte Sacheinlage²²³ nach § 19 Abs. 4 GmbHG mit Anrechnung des Wertes der verdeckt eingelegten Forderung auf die (Bar-)Einlagepflicht (bei Erfüllung aller Tatbestandsvoraussetzungen, s. → Rn. 1080 ff.). Auch wegen dieses weiteren Erfordernisses einer im Einzelfall u.U. komplizierten Abgrenzung dürften die Erleichterungen bei der Kapitalaufbringung für den Cash-Pool praktisch nicht sehr bedeutsam sein.²²⁴ Der sicherste Weg ist nach wie vor, die Gesellschaft bzw. das Konto für die Kapitalaufbringung aus dem Cash Pool herauszunehmen. Auf diesen sollte jedenfalls bei negativem Saldo der Tochter-GmbH zurückgegriffen werden,²²⁵ auch um den Geschäftsführer der Tochtergesellschaft nicht der Gefahr einer nach § 82 Abs. 1 Nr. 1 GmbHG strafbaren falschen Versicherung ggü. dem Handelsregister auszusetzen.

1104   **d) Verdeckte gemischte Sacheinlage, Schutzlücke.** Eine verdeckte gemischte Sacheinlage kann vorliegen, wenn eine nur teilweise offengelegte Sacheinlage mit einer verdeckten Sachübernahme kombiniert wird oder wenn bei einer offenen Sacheinlage die vereinbarte Vergütung unverhältnismäßig überhöht ist oder eine vereinbarte Zusatzvergütung verschwiegen wird. In solchen Fällen kann eine Schutzlücke entstehen, wenn der Wert der verdeckt eingelegten Sache nicht nur die Bareinlageforderung nicht deckt, sondern auch nicht den aus dem Gesellschaftsvermögen (zusätzlich) zu erbringenden Kaufpreis.²²⁶ Die Anrechnung des Wertes der verdeckt eingelegten Sache darf nicht zu Lasten des übrigen Gesellschaftsvermögens gehen. Daher ist vor einer Anrechnung nach § 19 Abs. 4 Satz 3 GmbHG von dem tatsächlichen Wert der verdeckt eingelegten Sache der Betrag abzuziehen, der von der Gesellschaft aus dem Gesellschaftsvermögen über den Nominalbetrag der Bareinlage hinaus als Gegenleistung zu erbringen ist.²²⁷ Anders ausgedrückt: Der Wert des verdeckt eingebrachten Vermögensgegenstandes ist zunächst auf den Betrag anzurechnen, der von der Gesellschaft zusätzlich zu den gewährten Anteilen geleistet wird. Erst danach ist ein evtl. noch verbleibender Wert auf die Einlageforderung anzurechnen. Andernfalls bliebe unberücksichtigt, dass die Gesellschaft den Erwerb des Sachgegenstandes in Höhe des von ihr zusätzlich erbrachten Betrages selbst finanziert, was dem Grundsatz der realen Kapitalaufbringung zuwiderliefe.

1105   Da ja nun die verdeckte Sacheinlage nach § 19 Abs. 4 Satz 2 GmbHG schuld- und sachenrechtlich wirksam ist, muss bei Bestehen einer Unterbilanz zum Schutz des gebundenen Vermögens der Gesellschaft zusätzlich auf die §§ 30, 31 GmbHG als Einwendung gegen die Kaufpreiszahlungspflicht für den Teil der Gegenleistung der Gesellschaft zurückgegriffen werden, der den Nominalbetrag der Bareinlage übersteigt.²²⁸

---

²²² Bei Erfüllung aller Tatbestandsvoraussetzungen.
²²³ BGH DStR 2007, 773: Dadurch fließe der GmbH nicht der Kapitalerhöhungsbetrag zu, sondern die Befreiung von einer Verbindlichkeit, sodass eine verdeckte Sacheinlage vorliege. Ausdrücklich zu genau dieser Abgrenzung BGH ZIP 2009, 1561 = ZInsO 2009, 1546; dazu auch Altmeppen ZIP 2009, 1545 ff.
²²⁴ So auch Bormann/Urlichs DStR 2009, 641 ff.
²²⁵ So auch Schluck-Amend/Penke DStR 2009, 1433 ff.; Bormann/Urlichs DStR 2009, 641 ff.
²²⁶ Sa Ekkenga ZIP 2013, 541 ff.
²²⁷ BGH ZIP 2010, 978 (AdCoCom).
²²⁸ BGH ZIP 2010, 978; dazu Pentz GmbHR 2010, 673 ff.

e) **Steuerliche Aspekte.** Die verdeckte Sacheinlage kann steuerlich eine **1106**
Einlage gegen Gewährung von Anteilen sein.[229] Die häufig nicht gewollte Aufdeckung der stillen Reserven kann ggf. vermieden werden, wenn ein privilegierter Gegenstand verdeckt eingelegt wird und auch die übrigen Voraussetzungen der Einbringung i.S.d. § 20 UmwStG erfüllt sind.

V. Haftung für die Kapitalaufbringung bei Verwendung von Mantel- und Vorratsgesellschaften, wirtschaftliche Neugründung

Die Verwendung von Mantel- oder Vorratsgesellschaften wird seit den Grund- **1107**
satzbeschlüssen des BGH v. 9.12.2002[230] und 7.7.2003[231] als Umgehung der Gründungsvorschriften des GmbH-Gesetzes angesehen, mit der Folge, dass die der Kapitalausstattung dienenden Gründungsvorschriften des GmbHG einschließlich der registergerichtlichen Kontrolle entsprechend anzuwenden sind, damit einer Umgehung der Gründungsvorschriften des GmbHG vorgebeugt wird. In der Literatur ist dies umfangreich kommentiert worden[232] Sowohl der Tatbestand als auch die Rechts- und Haftungsfolgen für die Gesellschafter bedürfen besonderer Aufmerksamkeit, weil offensichtlich in der Praxis erhebliche Unsicherheiten bestehen, wie die Vielzahl obergerichtlicher und höchstrichterlicher Entscheidungen aus jüngster Zeit zeigt.[233]

Die **bedeutsamen Konsequenzen** sind im Folgenden aufzuzeigen.

1. Tatbestand der wirtschaftlichen Neugründung

Die Verwendung[234] oder der Erwerb[235] einer auf Vorrat gegründeten GmbH **1108**
(„**Vorrats-GmbH**") durch Aktivierung, d.h. erstmalige Ausstattung mit einem

---

[229] Zu steuerlichen Aspekten der verdeckten Sacheinlage nach MoMiG s. Altrichter-Herzberg GmbHR 2009, 1190 ff.
[230] BGHZ 153, 158 = BB 2003, 857 = ZIP 2003, 251 = ZNotP 2003, 105, Vorratsgesellschaft.
[231] BGHZ 155, 318 = BB 2003, 2079 = ZIP 2003, 1698 = ZNotP 2003, 462, Mantelgesellschaft.
[232] Sa die Darstellung von Heckschen in Wachter, Handbuch des Fachanwalts für Handels- und Gesellschaftsrecht, S. 909 ff.; Kleindiek FS H.-J. Priester, 2007, 369 ff.; zu den Haftungsrisiken bei Verwendung von GmbH-Mängeln und Vorratsgesellschaften: Altmeppen NZG 2003, 145 ff.; Nolting ZIP 2003, 651 ff.; Meilicke BB 2003, 857 ff.; von Bredow/Schumacher DStR 2003, 1032 ff.; Martin NZG 2003, 1051 ff.; Goette DStR 2004, 461 ff.; K. Schmidt NJW 2004, 1345 ff.; Schütz NZG 2004, 746 ff.; Peetz GmbHR 2004, 1429 ff.; praktische Hinweise für den Umgang mit Vorrats- und Mantelgesellschaften: Bärwaldt/Balda GmbHR 2004, 50 ff.; Wälzholz NZG 2005, 203 ff.; Werner DStR 2005, 525 ff.; Heyer/Reichert-Clauß NZG 2005, 193 ff.; Ettinger/Reiff GmbHR 2005, 324 ff.; Wicke NZG 2005, 409 ff.; Swoboda GmbHR 2005, 649 ff.
[233] Sa Lieder DStR 2012, 137 f.; Herresthal/Servatuis ZIP 2012, 197 ff.
[234] OLG Hamburg ZIP 2004, 2431.
[235] BGHZ 153, 158 = BB 2003, 857 = ZIP 2003, 251 = ZNotP 2003, 105; Praktische Hinweise zum Erwerb einer Vorrats-GmbH nach MoMiG, Müller/Federmann BB 2009, 1375 ff.

Unternehmen und erstmalige Aufnahme der Geschäftstätigkeit ist wirtschaftlich eine Neugründung.[236]

1109 Auch die Verwendung oder der Erwerb einer früher tätigen, jetzt aber unternehmenslosen GmbH („**leere GmbH-Mantel**") durch erneute Ausstattung mit einem Unternehmen und Wiederaufnahme einer Geschäftstätigkeit ist wirtschaftlich eine Neugründung.[237]

1110 „Verwendung" bedeutet in diesem Zusammenhang die erstmalige oder erneute Ausstattung einer unternehmenslosen Kapitalgesellschaft mit einem Unternehmen. **Indizien** für eine wirtschaftliche Neugründung in Abgrenzung zu bloßer Umorganisation oder Sanierung/Restrukturierung der noch aktiven GmbH, die keine erneute registergerichtliche Überprüfung der Kapitalausstattung rechtfertigt,[238] sind:[239]

- bei Übergang der Geschäftsanteile ist die Gesellschaft nicht werbend tätig,
- Änderung des Geschäftszwecks nach Anteilsübertragung,
- Umfirmierung nach Anteilsübertragung,
- Sitzverlegung nach Anteilsübertragung,
- Bestellung eines neuen Geschäftsführers nach Anteilsübertragung,
- u.U. auch symbolischer Kaufpreis für die Anteile von 1 EUR.

1111 **Praxishinweis**
Zu beachten ist, dass die Grundsätze der Haftung bei Verwendung eines „leeren/ruhenden" GmbH-Mantels keinen Gesellschafterwechsel und keine Satzungsänderung voraussetzen, sondern bei jeder Neuaktivierung einer inaktiven GmbH, auch innerhalb eines Konzerns, eingreifen.[240]

1112 In einem Konzern wird für den Asset-Erwerb eines neuen Unternehmens schnell eine GmbH benötigt (SPV – special purpose vehicle). Zu diesem Zweck
a) erwirbt die Konzernmutter von einer Wirtschaftsprüfungsgesellschaft den einzigen Geschäftsanteil einer durch die Wirtschaftsprüfungsgesellschaft auf Vorrat gegründeten GmbH. Diese GmbH erwirbt sodann das Unternehmen im Wege des Asset-Kaufs. Die Wirtschaftsprüfungsgesellschaft hatte die Geschäftsführung der Vorrats-GmbH nach Eintragung der GmbH ins Handelsregister veranlasst, das ursprünglich eingezahlte Stammkapital i.H.v. 25.000 EUR als Darlehen an die Wirtschaftsprüfungsgesellschaft zu zahlen;
b) wird ein noch von der Konzernmutter gehaltener „leerer GmbH-Mantel", also eine vermögenslose GmbH veranlasst, das Unternehmen im Wege des Asset-Kaufs zu erwerben.
In beiden Fällen stellt die Konzernmutter der GmbH die Mittel für den Asset-Erwerb als Darlehen zur Verfügung. Im Folgenden wird durch satzungsändernden Gesellschafterbeschluss der Name und der Geschäftsgegenstand geändert und der Sitz der Gesellschaft verlegt.
Fazit nach der neueren Rechtsprechung: In einer späteren Insolvenz der Erwerber-GmbH kann der Insolvenzverwalter in beiden Fällen von der Konzernmutter Zahlung des Stammkapitals der Erwerber-GmbH verlangen.

---

[236] Auch BGHZ 155, 318 = BB 2003, 2079 = NZG 2003, 972 = ZIP 2003, 1698; OLG Düsseldorf ZIP 2003, 1501.
[237] BGHZ 155, 318 = BB 2003, 2079 = NZG 2003, 972 = ZIP 2003, 1698; OLG Düsseldorf ZIP 2003, 1501.
[238] LG Berlin ZIP 2003, 1398 = DB 2003, 1378.
[239] OLG Celle GmbHR 2005, 1496 und OLG Schleswig ZIP 2007, 822.
[240] OLG Jena BB 2004, 2206 = GmbHR 2004, 1468 = ZIP 2004, 2327.

Eine **Mantelverwendung**, auf die die Regeln der sog. wirtschaftlichen Neugründung anzuwenden sind, kommt nur in Betracht, wenn die Gesellschaft eine „leere Hülse" ist, also kein aktives Unternehmen betreibt, an das die Fortführung des Geschäftsbetriebes – und sei es auch unter wesentlicher Umgestaltung, Einschränkung, Erweiterung des Tätigkeitsgebiets – anknüpfen kann. Die Umorganisation bestehender, operativ tätiger GmbH rechtfertigt eine erneute registergerichtliche Überprüfung der Kapitalausstattung nicht.[241] Von einer inaktiven „leeren Hülse" ist nicht auszugehen, wenn die Gesellschaft (noch oder bereits) eine irgendwie geartete, nach außen gerichtete Geschäftstätigkeit im Rahmen ihres statutarischen Unternehmensgegenstandes entfaltet, an die die Umgestaltung in einer irgendwie wirtschaftlich noch gewichtbaren Weise anknüpfen kann. 1113

Die Grundsätze der wirtschaftlichen Neugründung gelten grundsätzlich auch in der **Liquidation**[242] mit der Folge, dass sie dann eingreifen, wenn zur Zeit des Fortsetzungsbeschlusses bzw. der Neuaufnahme eines Geschäftsbetriebes keine nennenswerte Abwicklungstätigkeit (mehr) betrieben wird. Da die wirtschaftliche Neugründung im Falle einer Verwendung eines alten GmbH-Mantels voraussetzt, dass die Gesellschaft kein aktives Unternehmen mehr betreibt, liegt eine wirtschaftliche Neugründung einer in Liquidation befindlichen GmbH nicht vor, wie die Gesellschaft noch mit der Abwicklung ihres Geschäftsbetriebes befasst ist.[243] 1114

Tätigkeiten, die die Annahme der Verwendung einer **Vorratsgesellschaft** ausschließen, können auch konkrete Aktivitäten zur Planung und Vorbereitung der nach außen gerichteten Geschäftsaufnahme sein; dann liegt eine „leere Hülse" nicht vor.[244] Es ist es keine Verwendung einer Vorratsgesellschaft, wenn sich lediglich die Aufnahme des satzungsgemäßen Geschäftsbetriebes etwa wegen noch erforderlicher Genehmigungen verzögert. 1115

Als Faustformel kann gelten: Solange in der Gründungsphase (Vorratsgesellschaft) und in der Abwicklungsphase Mantelgesellschaft) die Geschäftstätigkeit noch dem Unternehmensgegenstand gemäß Ursprungssatzung entspricht, dürfte keine wirtschaftliche Neugründung vorliegen. 1116

Der **Zeitpunkt der wirtschaftlichen Neugründung** ist derjenige, zu dem die wirtschaftliche Neugründung erstmals nach außen getreten ist. Das kann entweder die Anmeldung der Satzungsänderungen zum Handelsregister sein oder, wenn dieser Zeitpunkt früher liegen sollte, die tatsächliche Aufnahme der wirtschaftlichen Tätigkeit. 1117

2. Offenlegung und registergerichtliche Kontrolle

Die Tatsache der wirtschaftlichen Neugründung etwa unter Wiederverwendung eines „leeren Gesellschaftsmantels" ist dem Registergericht offenzulegen[245] und mit der Versicherung nach § 8 Abs. 2 GmbHG zu verbinden,[246] damit die regis- 1118

---

[241] LG Berlin ZIP 2003, 1398 = DB 2003, 1378.
[242] BGH ZIP 2014, 418 = ZInsO 2014, 400.; sa Priester, GmbHR 2021, 1327 ff.
[243] KG ZIP 2012, 1863; vgl. auch BGH ZIP 2010, 621.
[244] BGH ZIP 2010, 621 = ZInsO 2010, 585.
[245] OLG Nürnberg ZIP 2011, 1670 = GmbHR 2011, 582.
[246] BGH ZIP 2003, 1698 = NZG 2003, 972.

tergerichtliche Kontrolle der Kapitalaufbringung eingreifen kann. Maßgeblicher Stichtag ist der Tag der Anmeldung zum Handelsregister.[247]

1119 Lange war streitig, welche Rechtsfolge eingreift, wenn diese **ausdrückliche Offenlegung** der wirtschaftlichen Neugründung ggü. dem Registergericht **unterbleibt**. Nach einer Entscheidung des OLG München führte dies in entsprechender Anwendung des Haftungsmodells der Unterbilanzhaftung zu einer zeitlich unbeschränkten Haftung der Gesellschafter.[248] Nach einer entgegengesetzten Entscheidung des KG kam eine Unterbilanzhaftung wegen unterlassener Offenlegung der „wirtschaftlichen Neugründung" einer Vorrats-GmbH nicht in Betracht, wenn das Stammkapital vollständig eingezahlt ist und bei Aufnahme der Geschäftstätigkeit noch unverbraucht vorhanden ist.[249] Der **BGH** hat die Frage geklärt:[250] Er ist der Auffassung des OLG München (zeitlich unbegrenzte Verlustdeckungshaftung) nicht gefolgt, sondern hat entschieden, dass es bei unterbliebener Offenlegung darauf ankommt, ob im Zeitpunkt der wirtschaftlichen Neugründung (= Zeitpunkt, zu dem die wirtschaftliche Neugründung entweder durch Anmeldung der Satzungsänderungen oder durch Aufnahme der wirtschaftlichen Tätigkeit erstmals nach außen getreten ist) eine Deckungslücke zwischen dem Vermögen der Gesellschaft und dem satzungsmäßigen Stammkapital bestanden hat. Für diese Deckungslücke haften die Gesellschafter. Sie tragen die Darlegungs- und Beweislast dafür, dass zu diesem Zeitpunkt keine Deckungslücke zwischen statutarischem Stammkapital und Wert des Gesellschaftsvermögens bestanden hat. Die evtl. Verpflichtung der Gesellschafter zum Ausgleich einer Unterbilanz ist eine auf den Geschäftsanteil rückständige Leistung, für die ein Anteilserwerber haftet.[251]

1120 Die Entscheidung des BGH ist zu begrüßen. Die vom OLG München ausgeurteilte unbeschränkte, zeitlich unbegrenzte Vorbelastungshaftung allein wegen fehlender Offenlegung der wirtschaftlichen Neugründung war mit den im Interesse des Gläubigerschutzes bestehenden Vorschriften über die Kapitalaufbringung nicht vereinbar und auch nicht geboten. Sie beruhte lediglich auf der Verletzung formal-technischer Vorschriften.[252] Zumindest muss dem Gesellschafter der haftungsbefreiende Nachweis gestattet sein, dass im Zeitpunkt der wirtschaftlichen Neugründung das Stammkapital durch das Vermögen der Gesellschaft gedeckt war. Ist dies der Fall, ist für eine Vorbelastungshaftung kein Raum, sie griffe auch bei rechtlicher Neugründung nicht ein. Nach einer vermittelnden Lösung sollte die Unterbilanzhaftung wie im Fall der rechtlichen Neugründung mit Eintragung der Änderungen der Gesellschaftsangelegenheiten ins Handelsregister enden.[253] Die in der Literatur zuvor auch geäußerte Gegenauffassung, dass allein das Versäumnis der Offenlegung einer Verwendung von Mantel- oder Vorratsgesellschaft und Zustimmung zur Geschäftsaufnahme zur unbegrenzten Unterbilanzhaftung

---

[247] Sa Heinze GmbHR 2011, 962 ff.
[248] OLG München ZIP 2010, 579 (für Mantelgesellschaft).
[249] KG ZIP 2010, 582 (Abgrenzung zu BGHZ 153, 158 = ZIP 2003, 251 und zu BGHZ 155, 318 = ZIP 2003, 1698).
[250] ZIP 2012, 817.
[251] BGH ZIP 2012, 817 = NZG 2012, 539; dazu Bachmann NZG 2012, 579 ff.; Ulmer ZIP 2012, 1265 ff., Kuszlik GmbHR 2012, 882 ff.; Jeep NZG 2012, 1029 ff.
[252] So auch Schall NZG 2011, 656 ff.; sa Podewils GmbHR 2010, 684 ff.; Wahl/Schult NZG 2010, 611 ff.; Werner GmbHR 2010, 804 ff.
[253] Lehmann-Richter GWR 2010, 389 ff.

der Gesellschafter führt,²⁵⁴ ist nach der BGH-Entscheidung nicht mehr zu vertreten.

Praxishinweis 1121
In jedem Fall sollte zur Vermeidung von Unsicherheiten die Versicherung nach § 8 Abs. 2 Satz 1 GmbHG mit der Offenlegung der Aktivierung einer Vorrats- bzw. Mantelgesellschaft verbunden werden, am besten unter zusätzlicher Verwendung der Begriffe der „wirtschaftliche Neugründung" bzw. „Mantelgesellschaft" oder „Vorratsgesellschaft".

3. Rechtsfolge: Weitgehende Gleichstellung mit der rechtlichen Neugründung betr. die Kapitalaufbringung, Haftung der Gesellschafter

a) (Erneute) Aufbringung des Stammkapitals. Betreffend die Erfordernisse der Kapitalaufbringung stellt die Rechtsprechung die wirtschaftliche Neugründung der rechtlichen weitgehend gleich. Im Zeitpunkt der wirtschaftlichen Neugründung, d.h. bei Anmeldung der Satzungsänderungen zum Handelsregister oder im früheren Zeitpunkt, zu dem die Gesellschaft durch Aufnahme der wirtschaftlichen Tätigkeit erstmals nach außen getreten ist,²⁵⁵ muss die Gesellschaft ein Mindestvermögen i.H.d. statutarischen Stammkapitals haben, von dem sich, wie bei der rechtlichen Neugründung, zumindest die Hälfte (§ 7 Abs. 2 Satz 2 GmbHG) in der freien Verfügung des Geschäftsführers befinden muss;²⁵⁶ für die zweite Hälfte reicht das Bestehen des Einzahlungsanspruchs der Gesellschaft aus.²⁵⁷ Nach LG Berlin kann eine bestehende Unterbilanz mit Gesellschafterdarlehen und Rangrücktritt ausgeglichen werden.²⁵⁸ Das scheint mir fraglich, da grundsätzlich für Fragen der Kapitalaufbringung und -erhaltung die bilanzielle Betrachtung maßgeblich ist.²⁵⁹ 1122

Auf den Stichtag der wirtschaftlichen Neugründung, d.h. auf den Zeitpunkt der Anmeldung beim Handelsregister (oder der davor liegenden tatsächlichen Geschäftsaufnahme) haften die Gesellschafter im Wege der **Unterbilanzhaftung**²⁶⁰ oder der **Vorbelastungshaftung**²⁶¹ (s. → Rn. 990 f.) auf die vollständige Aufbringung des Stammkapitals²⁶².

Sind vor der Offenlegung der wirtschaftlichen Neugründung im Namen der Gesellschaft Geschäfte gemacht worden, kommt die **Handelndenhaftung** anlog § 11 Abs. 2 GmbHG nur dann in Betracht, wenn der Geschäftsaufnahme nicht alle Gesellschafter zugestimmt haben²⁶³.

---

²⁵⁴ Krolop ZIP 2011, 305 ff.; Bachmann NZG 2011, 441 ff.; Hüffer NJW 2011, 1772 ff.
²⁵⁵ BGH ZIP 2012, 817.
²⁵⁶ Sa Peetz GmbHR 2011, 178 ff.; Berkefeld GmbHR 2018, 337
²⁵⁷ OLG Nürnberg GmbHR 2011, 582 = FGPrax 2011, 194.
²⁵⁸ LG Berlin GmbHR 2002, 1066 = LSK 2006, 430857 (Ls.).
²⁵⁹ S. jüngst für die Beurteilung einer nach §§ 30, 31 GmbH verbotenen Stammkapitalrückzahlung OLG Koblenz ZInsO 2011, 1067 = BeckRS 2011, 13515.
²⁶⁰ BGH ZIP 2003, 1698; OLG Hamburg ZIP 2004, 2431; OLG Schleswig ZIP 2007, 279 und erneut ZIP 2007, 822; Kessler ZIP 2003, 1790 ff.
²⁶¹ OLG Jena ZIP 2007, 124.
²⁶² Selbstverständlich auch bei Offenlegung, OLG Düsseldorf GmbHR 2012, 1135 = DnotZ 2013, 70.
²⁶³ BGH ZIP 2003, 1698; BGH ZIP 2011, 1761 = ZInsO 2011, 1755.

1123 Den **Gründungsaufwand** (für die wirtschaftliche Neugründung) kann die Gesellschaft selbst tragen, wenn dies in der neuen Satzung vorgesehen ist und die Vorratsgesellschaft den Gründungsaufwand noch nicht übernommen hatte.[264] Die fünfjährige Sperrfrist für die Aufnahme einer Gründungskostenübernahmeregelung in die Satzung gem. §26 Abs. 4 AktG, der im GmbH-Recht analog angewandt wird, gilt nicht für die wirtschaftliche Neugründung. Im Rahmen dieser kann der Gründungsaufwand von der Gesellschaft übernommen werden, auch wenn dies in der ursprünglichen Satzung der Vorratsgesellschaft nicht vorgesehen war.[265] Auch hier ist aber maßgeblich, dass die Kosten notwendig und angemessen sind.[266]

1124 Die Grundsätze betr. das **Hin- und Herzahlen** gelten entsprechend sowohl bei der Verwendung einer „Mantelgesellschaft"[267] als auch einer „Vorratsgesellschaft".[268] Erweist sich die Verwendung einer Bareinlage – hier zum Erwerb von Sachanlagen – bei Wiederverwendung eines „leeren GmbH-Mantels" als direkter oder indirekter Mittelrückfluss an den Inferenten, ist die freie Verfügbarkeit der Einlage nicht mehr gegeben, sodass bei Wiederbelebung des „leeren GmbH-Mantels" die Gesellschafter grundsätzlich im Rahmen der für die Vor-GmbH entwickelten Vorbelastungshaftung haften.[269]

1125 Wird eine Vorrats-GmbH gegründet und wird die Einlage in unmittelbaren zeitlichen Zusammenhang als Darlehen oder zu treuen Händen an die Gesellschafter zurückgezahlt, war nach alter Rechtslage (vor MoMiG) die Stammeinlage der „Vorrats-GmbH" nicht ordnungsgemäß erbracht (Rückzahlung sofort[270] oder innerhalb von 4 Wochen).[271] Ob eine spätere Rückzahlung des Darlehens die Einlageschuld tilgt, war obergerichtlich unterschiedlich entschieden worden: Nach OLG Schleswig erfolgte keine Tilgung, wenn die Zahlung nur dazu diente, die Vorrats-GmbH verkaufsfähig zu machen[272] bzw. wenn die Tilgungsbestimmung die Zahlung auf das Darlehen bezog.[273] Das OLG Hamburg war ausdrücklich anderer Auffassung, d.h. es nahm die Tilgung der Stammeinlageverbindlichkeit an, wenn die Rückzahlung des Darlehens im Zusammenhang mit der tatsächlichen Geschäftsaufnahme erfolgte.[274] Der BGH hat entgegen OLG Schleswig entschieden, dass die Einlageschuld durch die Zahlung auch dann getilgt wird, wenn sie nur zur Rückzahlung des Darlehens oder zur Erfüllung der Treuhandabrede erfolgt.[275] Begründung: Derjenige Gesellschafter, der den Einzahlungsmangel von sich aus behebt, darf nicht (durch Verpflichtung zur erneuten Zahlung) schlechter-

---

[264] OLG Stuttgart GmbHR 2012, 1301 = DStR 2013, 152.
[265] OLG Stuttgart ZIP 2013, 164 (für den Fall einer Vorrats-AG).
[266] Sa Wachter GmbHR 2016, 791 ff.
[267] OLG Jena ZIP 2007, 124.
[268] OLG Oldenburg GmbHR 2007, 1043 = NZG 2008, 32.
[269] OLG Thüringen ZIP 2004, 2327 = NZG 2004, 1114; vergleichbare Entscheidung OLG Oldenburg GmbHR 2007, 1043 = NZG 2008, 32 für Vorrats-GmbH.
[270] OLG Schleswig ZIP 2005, 1827.
[271] OLG Schleswig NJW-RR 2001, 175.
[272] OLG Schleswig ZIP 2004, 1358 = OLG Schleswig, DStR 2004, 2021 = NZG 2004, 969.
[273] OLG Schleswig ZIP 2005, 1827.
[274] OLG Hamburg ZIP 2004, 2431.
[275] BGH ZIP 2006, 331.

gestellt werden, als der Gesellschafter, der wartet, bis er vom Insolvenzverwalter zur (erstmaligen) Zahlung aufgefordert wird.

Probleme betreffend die ordnungsgemäße Kapitalaufbringung können auch bei der Gründung von Vorratsgesellschaften im Wege der sog. Kaskaden- oder Staffettengründung auftreten. Dabei gründet die zuerst gegründete Gesellschaft mit ihrem Stammkapital sogleich eine weitere Gesellschaft (Tochtergesellschaft) usw. Hier kann durchaus eine verdeckte Sacheinlage vorliegen, weil der zuerst gegründeten Gesellschaft in Wahrheit nicht Geldkapital zufließen soll, sondern der Geschäftsanteil an der Tochtergesellschaft. Auch ist Hin- und Herzahlen denkbar, weil dem Gesellschafter der Erstgesellschaft mittelbar das Geldkapital in der zweitgegründeten Gesellschaft wieder zufließt. Aus Gründen der Vorsicht sollte hier mit nur sehr gering kapitalisierten UG gearbeitet werden. 1126

Das Stammkapital ist nicht aufgebracht, wenn der Erwerber der Vorratsgesellschaft das ihm überreichte Kassenkapital sogleich als Kaufpreis an den Veräußerer zurückreicht.[276] 1127

b) Darlegungs- und Beweislast. Die Gesellschafter tragen die Darlegungs- und Beweislast dafür, dass zu im Zeitpunkt der wirtschaftlichen Neugründung keine Deckungslücke zwischen statutarischem Stammkapital und Wert des Gesellschaftsvermögens bestanden hat.[277] Entsprechend der Vorbelastung bei rechtlicher Neugründung (s. → Rn. 990 ff.) ist hierfür eine Vorbelastungsbilanz erforderlich. 1128

c) Haftung der Gesellschafter. Auf den Stichtag der wirtschaftlichen Neugründung, d.h. auf den Zeitpunkt der Anmeldung beim Handelsregister (oder der davor liegenden tatsächlichen Geschäftsaufnahme) haften die Gesellschafter im Wege der Unterbilanzhaftung[278] oder der Vorbelastungshaftung[279] auf die vollständige Aufbringung des Stammkapitals.[280] Die evtl. Verpflichtung der Gesellschafter zum Ausgleich einer Unterbilanz ist eine auf den Geschäftsanteil rückständige Leistung, für die ein Anteilserwerber analog § 16 Abs. 2 GmbHG haftet.[281] Das gilt für den Erwerb eines „GmbH-Mantels"[282] ebenso wie für den Erwerb einer „Vorrats-GmbH".[283] 1129

Sind vor der Offenlegung der wirtschaftlichen Neugründung im Namen der Gesellschaft Geschäfte gemacht worden, kommt die Handelndenhaftung analog § 11 Abs. 2 GmbHG nur dann in Betracht, wenn der Geschäftsaufnahme nicht alle Gesellschafter zugestimmt haben.[284] 1130

d) Haftung des Geschäftsführers bei Falschangabe. Versichert der Geschäftsführer bei der Offenlegung der wirtschaftlichen Neugründung der Wahr- 1131

---

[276] OLG Düsseldorf GmbHR 2012, 1135 = DnotZ 2013, 70.
[277] Sa Götz GmbHR 2013, 290 ff.
[278] BGH ZIP 2003, 1698; OLG Hamburg ZIP 2004, 2431; OLG Schleswig ZIP 2007, 279 und erneut ZIP 2007, 822; Kessler ZIP 2003, 1790 ff.
[279] OLG Jena ZIP 2007, 124.
[280] Selbstverständlich auch bei Offenlegung, OLG Düsseldorf GmbHR 2012, 1135.
[281] BGH ZIP 2012, 817 = NZG 2012, 539; dazu Bachmann NZG 2012, 579 ff. und sa Ulmer ZIP 2012, 1265 ff.
[282] OLG Düsseldorf ZIP 2003, 1501; OLG Celle GmbHR 2005, 1496 = BeckRS 2005, 10233.
[283] OLG Schleswig GmbHR 2003, 1058 mAnm Emde GmbHR 2003, 1034 ff.
[284] BGH ZIP 2003, 1698; BGH ZIP 2011, 1761 = ZInsO 2011, 1755.

heit zuwider, dass sich das Stammkapital endgültig in seiner freien Verfügung befindet, haftet er analog § 9a Abs. 1 GmbHG.[285]

VI. Geltendmachung, Darlegungs- und Beweislast, Verjährung der Kapitalaufbringung

1. Geltendmachung

1132 Die Einzahlung der Stammeinlage wird durch den Geschäftsführer, in der Liquidation durch den Liquidator eingefordert. Sie wird mit dem Zeitpunkt fällig, der im Gesellschaftsvertrag angegeben ist. Die Mindestbeträge bei Gründung oder Kapitalerhöhung sind mit Übernahme der Geschäftsanteile und Anmeldung zum Handelsregister fällig. Fehlt im Übrigen ein verbindlicher Zahlungstermin, ist für die Einforderung der Einlage ein Einforderungsbeschluss der Gesellschafterversammlung erforderlich.[286] Der Insolvenzverwalter ist zur Einforderung (selbstverständlich) auch ohne vorherigen Beschluss der Gesellschafterversammlung berechtigt.[287]

1133 Eine nicht geleistete Einlage kann außerhalb des Insolvenzverfahrens auch von einem Gläubiger der GmbH mit Klage und Antrag auf Zahlung an die GmbH geltend gemacht werden.[288] Außerdem ist der Einlageanspruch der Gesellschaft für ihre Gläubiger außerhalb des Insolvenzverfahrens pfändbar. Die Pfändung hat die sofortige Fälligkeit des Anspruchs zur Folge.[289]

1134 Zuständig für die Geltendmachung der Einzahlungsansprüche ist das Gericht am Sitz der Gesellschaft.[290]

2. Darlegungs- und Beweislast

1135 Die Erfüllung der Einlageschuld erfordert keine ausdrückliche Tilgungsbestimmung. Es genügt, wenn die Zahlung der Einlageschuld eindeutig zugeordnet werden kann. Dies kann auch der Fall sein, wenn der Einzahlungsbetrag höher ist.[291] Sollte ein Gesellschafter mehrere Geschäftsanteile (etwa zu 1 EUR) übernommen haben und nicht voll einzahlen, muss er allerdings eine Tilgungsbestimmung treffen, auf welchen Geschäftsanteil er welchen Betrag einzahlt.[292]

---

[285] BGH ZIP 2011, 1761; dazu Hüffer NZG 2011, 1257 ff.
[286] Schneider/Westermann in Scholz, GmbHG, § 19 Rn. 10.
[287] OLG Jena ZInsO 2007, 715 = NZG 2007, 717.
[288] OLG Stuttgart GmbHR 2002, 1123 = NZG 2003, 136.
[289] Schneider/Westermann in Scholz, GmbHG, § 19 Rn. 26.
[290] OLG Karlsruhe EWiR 1998, 571.
[291] OLG München GmbHR 2006, 935 = BeckRS 2006, 10433.
[292] OLG Hamm GmbHR 2011, 652 = RNotZ 20011, 437.

Die Darlegungs- und Beweislast[293] für die Erfüllung der Einlageschuld hat der **1136** Gesellschafter.[294] Dies gilt grds. auch dann, wenn die Zahlungsvorgänge bereits sehr lange Zeit zurückliegen.[295] Insbesondere für die Rechtslage vor der Schuldrechtsreform 2002, da die Regelverjährung 30 Jahre betrug, war fraglich, ob und ggf. in welchem Umfang sich die Anforderungen an die Darlegungs- und Beweislast des Gesellschafters mit zunehmender zeitlicher Entfernung mindern. Das OLG Frankfurt am Main[296] hatte eine grundsätzliche Verringerung der Darlegungs- und Beweislast des Gesellschafters bei großer zeitlicher Entfernung angenommen, später jedoch genau entgegengesetzt entschieden.[297] Das galt dann auch für die Haftung eines zwischenzeitlichen Anteilserwerbers nach § 16 Abs. 2 GmbHG.[298] So war die Beweislast nach einer Entscheidung des KG[299] auch nach über 20 Jahren noch beim Gesellschafter; allerdings musste der Insolvenzverwalter nach den Grundsätzen der sekundären Behauptungslast Anhaltspunkte für Zweifel an der damaligen Einzahlung des Stammkapitals durch den Gesellschafter vortragen. Eine vergleichbare Entscheidung hatte das OLG Brandenburg getroffen:[300] Beweiserleichterungen für den Gesellschafter bei 20 Jahre oder mehr zurückliegender Stammeinlageneinzahlung dahingehend, dass der Insolvenzverwalter dann substantiierte Anhaltspunkte für nicht erfolgte Einzahlung vortragen muss; eine Zeitspanne von 13 Jahren genügte nicht.

Nach der Rechtsprechung des BGH[301] ist es bei lange Zeit zurückliegenden **1137** Zahlungsvorgängen eine Frage des vom Tatrichter zu bestimmenden Beweismaßes, wie viele Umstände dargelegt und bewiesen werden müssen; daher können dem Gesellschafter auch die Grundsätze über die sekundäre Behauptungslast zugutekommen. Eine Beweislastumkehr aus Billigkeitsgründen erfolgt aber regelmäßig nicht.[302] Dem Insolvenzverwalter kann lediglich eine gesteigerte Vortragslast obliegen.[303] Wenn der Gesellschafter nicht substantiiert zu den Einzahlungsvorgängen vorträgt, genügt dem Insolvenzverwalter das einfache Bestreiten der Einzahlung; ihn treffen keine weiteren Anforderungen nach den Regeln der sekundären Darlegungslast.[304] Ist die Einzahlung des Einlagebetrages auf ein Konto der Gesellschaft aber unstreitig oder bewiesen, muss der Verwalter darlegen und

---

[293] Zur Rspr. zum Nachweis der Einzahlung der Stammeinlage in der Insolvenz der GmbH: Henkel NZI 2005, 649 ff.; zur Verjährung und dem Folgeproblem zeitbedingter Darlegungsschwierigkeiten: Bräuer ZInsO 2007, 966 ff. Zur Rspr. zum Nachweis der Einzahlung der Stammeinlage in der Insolvenz der GmbH: Henkel NZI 2005, 649 ff. Zur ordnungsgemäßen Aufbringung der Bareinlage der GmbH: Geißler GmbHR 2004, 1181 ff. Zu Problemen bei der sog. Staffetten-Gründung von Kapitalgesellschaften: Wälzholz/Bachner NZG 2006, 361 ff.; Bayer/Illhardt GmbHR 2011, 505 ff. und 638 ff.
[294] OLG Brandenburg GmbHR 2005, 1608 = EwiR 2005, 729.
[295] BGH, DStR 2004, 2112.
[296] NJW-RR 2001, 402.
[297] OLG Frankfurt am Main NZG 2005, 898; ebenso OLG Koblenz GmbHR 2002, 968
[298] OLG Brandenburg ZIP 2009, 1759.
[299] GmbHR 2004, 1388 = NZG 2005, 45.
[300] ZIP 2006, 1343.
[301] DStR 2004, 2112.
[302] OLG Hamm ZIP 2013, 2258.
[303] BGH GmbHR 2014, 319.
[304] OLG Karlsruhe GmbHR 2014, 144 = BeckRS 2003, 25002486.

ggf. beweisen, dass und aus welchen Gründen die Gesellschaft daran gehindert war, über den Betrag zu verfügen.[305]

1138 Der Nachweis über die Einzahlung ist nach allgemeinen Beweisgrundsätzen zu führen; die Vorlage von Einzahlungsbelegen oder Kontounterlagen ist nicht in jedem Fall zu verlangen.[306] Der Tatrichter kann den Nachweis aufgrund unstreitiger oder erwiesener Indiztatsachen als geführt ansehen.[307] Jedenfalls wird der Nachweis nicht durch die Versicherung der Stammkapitaleinzahlung bei der Anmeldung zur Eintragung geführt.[308] Auch der Ausweis in der Jahresbilanz, dass die Gesellschafter die Einlagepflicht erfüllt haben, ist schlechthin zum Nachweis nicht geeignet[309] und reicht nicht einmal für eine substanziierte Darlegung der Einzahlung aus, wenn nicht zugleich erkennbar wird, ob und in welcher Art und Weise sich der Bilanzersteller (Steuerberater oder Wirtschaftsprüfer) von der tatsächlichen Erbringung der Stammeinlage überzeugt hat.[310] Ergibt sich aber aus dem Jahresabschluss die Einzahlung des Stammkapitals und befindet sich auf ihm der Prüfvermerk des Steuerberaters „aufgestellt anhand der vorgelegten Buch- und Inventurunterlagen", so muss der als Zeuge für die Aufbringung des Stammkapitals benannte Steuerberater gehört werden.[311]

1139 Grundsätzlich kann der Insolvenzverwalter die Echtheit von Urkunden, an deren Erstellung er nicht beteiligt war, mit Nichtwissen bestreiten, wenn er aus den Unterlagen und durch Befragen des Schuldners keine Erkenntnisse über die Echtheit der Urkunde erlangen kann und seine diesbezüglichen Bemühungen nachvollziehbar darlegt.[312]

1140 Der Mitgesellschafter, der aus der Mithaftung nach § 24 GmbHG in Anspruch genommen wird, trägt nicht die Beweislast für die Einlagenzahlung der Stammeinlage.[313]

3. Verjährung

1141 Die Verjährung[314] der Stammeinlageforderung war im GmbH-Gesetz nicht speziell geregelt. Die früher herrschende Meinung ging von der Regelverjährung nach § 195 BGB aus, Verjährung trat nach § 195 BGB a.F. also nach 30 Jahren ein. Nach Inkrafttreten der Schuldrechtsreform im Jahr 2002 hätte also mit § 195 BGB n.F. die Regelverjährung von 3 Jahren gegolten. Dies hätte für die Kapitalaufbringung jedoch zu unbefriedigenden Ergebnissen und zudem zu Wertungswidersprüchen im Hinblick auf die spezialgesetzlich angeordneten 5-jährigen Verjährungsfristen z.B. für die Differenzhaftung (§ 9 Abs. 2 GmbHG) und die Rückerstattungspflicht betreffend verbotene Auszahlungen (§ 31 Abs. 5 GmbHG) führen können. Jeden-

---

[305] BGH ZIP 2014, 261.
[306] OLG Zweibrücken GmbHR 2005, 1608 = EwiR 2005, 729.
[307] BGH ZIP 2007, 1755.
[308] OLG Düsseldorf GmbHR 2002, 747 = NZI 2002, 344.
[309] BGH DStR 2004, 2112.
[310] OLG Jena ZIP 2009, 1759; OLG Brandenburg ZIP 2009, 1759.
[311] BGH ZIP 2005, 28.
[312] BGH ZIP 2013, 384.
[313] OLG Köln NZG 2009, 505 = ZInsO 2009, 1114.
[314] Zur Verjährung und dem Folgeproblem zeitbedingter Darlegungsschwierigkeiten s. Bräuer ZInsO 2007, 966 ff.

falls war die Fünfjahresfrist des § 31 Abs. 5 GmbHG nicht auf die ursprüngliche Einlageforderung anzuwenden.[315] In der Literatur gingen die Auffassungen zur Verjährung weit auseinander, teilweise wurde sogar von Unverjährbarkeit der Einlageforderung ausgegangen.[316]

Durch das Gesetz zur Anpassung von Verjährungsvorschriften v. 9.12.2004[317] ist nun gesetzlich geregelt: Der Anspruch der Gesellschaft auf Leistung der Einlage verjährt in **10 Jahren**, im Fall der Insolvenzeröffnung nicht vor Ablauf eines halben Jahres seit Eröffnung, § 19 Abs. 6 GmbHG. Diese Verjährungsfrist gilt auch für Kapitalerhöhungen (§ 55 Abs. 4 GmbHG) und die Differenzhaftung bei Sacheinlagen, § 9 Abs. 2 GmbHG. Die Frist ist ab dem 1.1.2002 zu berechnen, Art. 229 § 12 Abs. 2 EGBGB.[318]

1142

VII. Haftung der Mitgesellschafter und des Anteilserwerbers

1. Mitgesellschafter

Gem. § 24 GmbHG haften auch die übrigen Gesellschafter nach dem Verhältnis ihrer Anteile für nicht geleistete Stammeinlagen, wenn sie weder vom Verpflichteten eingezogen noch durch Verkauf des Anteils gedeckt werden können. Die Haftung eines Mitgesellschafters kann also weit über das Maß und den Betrag seiner eigenen Beteiligung an der GmbH hinausgehen. Für den Fall einer Differenz- und Ausfallhaftung wegen (verdeckter) Sacheinlage mit negativem Wert (Überschuldetes Unternehmen, kontaminiertes Grundstück) kann die Haftung sogar über den Betrag der Stammkapitalziffer hinausgehen. Gegen seine Inanspruchnahme nach § 24 GmbHG kann der Mitgesellschafter das Kleingesellschafterprivileg nach § 32a Abs. 3 Satz 2 GmbHG a.F. bzw. § 39 Abs. 5 InsO nicht einwenden.[319] Maßgeblicher Zeitpunkt ist die (Mit-)Gesellschafterstellung im Zeitpunkt der Fälligkeit der vom anderen Gesellschafter nicht erlangbaren Stammeinlage (entweder lt. Satzung oder mit Einforderung).[320]

1143

Das gilt auch für den Fall der Kaduzierung: Nach § 21 GmbHG kann der Gesellschafter, der seine Einlagepflicht trotz Aufforderung, Nachfristsetzung und Androhung des Ausschlusses nicht erfüllt. seines Geschäftsanteils zugunsten der Gesellschaft für verlustig erklärt werden. Für eine vom ausgeschlossenen Gesellschafter nicht zu erlangende Einlage haften nach § 22 GmbHG alle Rechtsvorgänger, nicht aber ein Gesellschafter, der seinen voll eingezahlten Geschäftsanteil an den später kaduzierten Gesellschafter abgetreten hatte.[321] Der Mitgesellschaf-

---

[315] BGH NZG 2003, 168 ff.
[316] Altmeppen DB 2002, 514 ff.; Müller BB 2002, 1377 ff.; Brinkmann NZG 2002, 855 ff.; Dahl NZI 2003, 428 f.
[317] BGBl 2004 I, S. 3213 ff.; s. dazu ausführlich Gottwald, Verjährung im Zivilrecht, 2005.
[318] OLG Düsseldorf BB 2006, 741; Benecke/Geldsetzer zur Anwendung der 10-Jahres-Frist auf Altfälle, NZG 2006, 7 ff.
[319] OLG Hamm GmbHR 2011, 588 = BeckRS 2011, 7158.
[320] BGHZ 132, 390 = NJW 1996, 2306; BGH ZIP 2015, 1530 = NZG 2015, 1002.
[321] BGH ZIP 2015, 1530 = NZG 2015, 1002; dazu Bayer/Scholz NZG 2015, 1089 ff.

ter haftet nach § 24 GmbHG auch dann, wenn er die Gesellschafterstellung erst nach Fälligkeit der Einlageforderung, deretwegen das Kaduzierungsverfahren eingeleitet wurde, erworben hat. Das gilt auch, wenn sein Geschäftsanteil durch Teilung des nicht eingezahlten Anteils entstanden und ihm übertragen worden ist. Ebenfalls gilt das für den Zwischenerwerber, der den Anteil zwischen Fälligkeit der Einlageforderung und Eintritt der Voraussetzungen der §§ 21–23 GmbHG innehatte.[322]

1144 Die vorgenannten Haftungsvoraussetzungen muss der Insolvenzverwalter, der einen anderen Gesellschafter als Haftungsschuldner in Anspruch nimmt, darlegen. I.d.R. wird dazu ein erfolgloser Vollstreckungsversuch gegen den die Einlage primär schuldenden Gesellschafter erforderlich sein, es sei der Gesellschafter ist selbst insolvent oder unbekannten Aufenthalts.[323] Die rechtskräftige Feststellung im Urteil des ersten Gerichts, dass ein Gesellschafter seine Stammeinlage nicht geleistet hat, entfaltet in dem Nachfolgeprozess, den etwa ein Insolvenzverwalter gegen den Mitgesellschafter auf Zahlung des Fehlbetrages nach § 24 GmbHG führt, keine Bindungswirkung.[324]

1145 Durch das MoMiG nicht geregelt ist die Frage, ob die Mithaftung der anderen Gesellschafter nach § 24 GmbHG auch für einen vom Gesellschafter nicht mehr einbringlichen Rückgewähranspruch nach § 19 Abs. 5 GmbHG gilt. Ich würde dies verneinen, da es sich nicht (mehr) um eine Einlageforderung handelt. Der Kapitalaufbringungsvorgang ist schließlich durch Erfüllung der Einlageschuld nach § 19 Abs. 5 GmbHG abgeschlossen.

2. Ausgeschiedener Mitgesellschafter

1146 Ein Mitgesellschafter, der vor Fälligkeit der Einlageschuld auf den Geschäftsanteil eines anderen Gesellschafters aus der Gesellschaft ausgeschieden ist, haftet, soweit die (später fällig gewordene und nicht erfüllte) Stammeinlage auf den Geschäftsanteil des Mitgesellschafters nach dessen Ausschluss im Wege der Kaduzierung weder von dem Zahlungspflichtigen noch durch den Verkauf des Geschäftsanteils gedeckt werden kann, grundsätzlich für diese Fehlbeträge nicht; das gilt auch, wenn er durch Übertragung seines Geschäftsanteils auf den später mit seinem eigenen Geschäftsanteil kaduzierten Mitgesellschafter aus der Gesellschaft ausgeschieden ist.[325] Auch ein ausgeschiedener Scheingesellschafter, der mangels wirksamen Erwerbs niemals Gesellschafter der GmbH war, kann jedenfalls nach seinem „Ausscheiden" im Insolvenzfall nicht zur Zahlung der ausstehenden Stammeinlage vom Insolvenzverwalter herangezogen werden.[326]

---

[322] BGH ZIP 2018, 2018 = NZG 2018, 1344; zu dieser Entscheidung Foerster NZG 2019, 366 ff.
[323] Zur Ausfallhaftung nach § 24 GmbHG in der Insolvenz s. Pießkalla ZInsO 2014, 1371 ff.
[324] BGH NZG 2005, 180.
[325] BGH ZIP 2015, 1530.
[326] OLG Frankfurt a.M. ZIP 2009, 1521 = ZInsO 2009, 1709.

3. Anteilserwerber

Nach § 16 Abs. 2 GmbHG haftet neben dem Veräußerer auch der Erwerber eines Geschäftsanteils für zurzeit des Erwerbs noch offene Einlageverpflichtungen. Voraussetzung für die Erwerberhaftung ist ein wirksamer Anteilserwerb[327] und Aufnahme in die Gesellschafterliste (s. sogleich → Rn. 1148 ff.). **1147**

4. Maßgeblichkeit der Gesellschafterliste

Nach § 16 Abs. 1 S. 1 GmbHG **gilt im Verhältnis zur Gesellschaft** im Fall einer Veränderung in den Personen der Gesellschafter oder des Umfangs ihrer Beteiligung **als Inhaber eines Geschäftsanteils** nur, wer als solcher in der im Handelsregister aufgenommenen **Gesellschafterliste eingetragen** ist. Für die materiell-rechtliche Beurteilung der Anteilsinhaberschaft bzw. der Wirksamkeit einer Geschäftsanteilsübertragung ist die Aufnahme der Gesellschafterliste im Handelsregister ohne Bedeutung.[328] Die Legitimationswirkung der Gesellschafterliste betrifft nur die Verhältnisse zwischen Gesellschaft und Gesellschafter und der Gesellschafter untereinander. Die Legitimationswirkung der Gesellschafterliste gilt zugunsten und zulasten des eingetragenen Gesellschafters (positive und negative Legitimationswirkung)[329] und ist grundsätzlich unabhängig von der materiellen Rechtslage.[330] Maßgeblich für den Eintritt der (positiven wie negativen) Legitimationswirkung ist der Zeitpunkt der Aufnahme der Gesellschafterliste in den Registerordner des Handelsregisters.[331] Die Verpflichtungen und evtl. Haftungen im Zusammenhang mit Kapitalaufbringung und -erhaltung in der GmbH treffen also nur die in der Liste aufgenommene Person. **1148**

Für die Mithaftung des Anteilserwerbers für im Zeitpunkt des Anteilserwerbs rückständige Stammeinlagen nach § 16 Abs. 2 GmbHG dürfte gelten: Obwohl materiellrechtlich der Erwerb des Geschäftsanteils nicht von der Eintragung des Erwerbers in die Gesellschafterliste abhängt, beginnt die Haftung des Erwerbers erst mit seiner Eintragung in die Gesellschafterliste, weil er zuvor der Gesellschaft gegenüber (noch) nicht als Gesellschafter gilt, § 16 Abs. 1 Satz 1 GmbHG.[332] Entgegen der früheren Rechtslage kann allein der wirksame dingliche Erwerb des Anteils, für den die Listeneintragung nicht konstitutiv ist, eine Mithaftung des Erwerbers (noch) nicht begründen.[333] **1149**

Umgekehrt dürfte der im Zeitpunkt der Eröffnung des Insolvenzverfahrens (etwa wegen wirksamer Anfechtung und daher Nichtigkeit des Anteilserwerbs,

---

[327] BGH GmbHR 2010, 918 = NZG 2010, 908.
[328] Allg. Auffassung, vgl. nur BGH GmbHR 2017, 143 = BeckRS 2006, 13432.
[329] BGH NZG 2019, 979 Rn. 35 unter Verweis auf BGH NZG 2019, 316; zur negativen Legitimationswirkung Miller, ZIP 2020, 62 ff.
[330] OLG Frankfurt/Main, ZIP 2017, 1273 = GmbHR 2017, 868; OLG München, NZG 2021, 1025
[331] OLG München, NZG 2021, 1025; OLG Jena, GmbHR 2021, 1054
[332] Eckert/Harig ZInsO 2013, 16, 17; Heidinger in Heckschen/Heidinger, Die GmbH in der Gestaltungs- und Beratungspraxis, 3. Aufl. 2013, § 13, Rn. 56.
[333] Heidinger in MüKoGmbHG, § 16, Rn. 161.

§ 142 Abs. 1 BGB) materiellrechtlich unrichtig in der Gesellschafterliste eingetragene Anteilserwerber vom Insolvenzverwalter auf Zahlung der Einlage in Anspruch zu nehmen sein.[334]

1150 Dieselben Grundsätze dürften für die Mithaftung des Gesellschafters/„Listengesellschafters" nach § 24 GmbHG gelten.

VIII. Haftung bei Falschangaben

1151 Gesellschafter und Geschäftsführer haften bei Falschangeben nach § 9a GmbHG gesamtschuldnerisch für entstandene Schäden. Zusätzlich besteht die Gefahr der Strafbarkeit nach § 82 GmbHG.

1152 Eine Haftung der **Bank** wegen falscher Bestätigung der Einlageleistung bei der AG ist in §§ 188 Abs. 2, 37 Abs. 1 AktG geregelt. Für die GmbH ist eine Bankbestätigung gesetzlich nicht vorgesehen. Gibt die Bank aber eine Einzahlungsbestätigung, macht sie sich nach § 37 Abs. 1 AktG analog i.V.m. § 823 Abs. 2 BGB und § 399 Abs. 1 Nr. 4 AktG bzw. § 82 Abs. 1 Nr. 1 GmbHG für eine falsche Bestätigung haftbar. Die Bestätigung ist falsch, wenn der Bank Umstände bekannt sind, aus denen sich ergibt, dass der Einlagebetrag nicht oder nicht wirksam zu endgültig freier Verfügung des Geschäftsleiters geleistet worden und die Einlageschuld daher nicht erfüllt ist.[335] Aber: Die Angabe, dass sich ein Kapitalerhöhungsbetrag endgültig in der freien Verfügung der Geschäftsleitung befindet, bezieht sich nur auf die Voraussetzungen der Erfüllung der Einlageschuld und besagt nicht auch, dass sich der Betrag noch unverändert im Vermögen der Gesellschaft befindet.[336]

IX. Exkurs: Wirksame Einlageleistung bei GmbH & Co. KG und GmbH & Still

1. Leistung der Stammeinlage der Komplementär-GmbH

1153 Für die wirksame Aufbringung des Stammkapitals der Komplementär-GmbH der GmbH & Co. KG ist die Zahlung auf ein Konto der GmbH erforderlich. Die Zahlung auf ein Konto der KG befreit nur, wenn das Vermögen der GmbH ausreicht, alle Gläubiger, auch die der KG, zu befriedigen.[337]

1154 Bei der GmbH & Co. KG stellte sich das Problem des **Hin- und Herzahlens** mit der Folge der nicht wirksamen Kapitalaufbringung in der Komplementär-GmbH, wenn absprachegemäß die **Stammeinlage sofort an die KG weitergeleitet** wurde und, wie regelmäßig, die Gesellschafter beider Gesellschaften identisch sind oder die KG die alleinige Gesellschafterin der GmbH ist. Nach

---

[334] Eckert/Harig ZInsO 2013, 16 ff.
[335] BGH NZG 2008, 304.
[336] BGH ZIP 2005, 2013; dazu Döser NJW 2006, 881 ff.
[337] OLG Hamm ZIP 2000, 358.

der Rechtsprechung des BGH[338] ist die gefestigte Rechtsprechung zur Nicht- 1155
erfüllung der Einlageschuld bei Hin- und Herzahlen (s. → Rn. 990) gilt auch im
Verhältnis der Komplementär-GmbH zu der von den Inferenten beherrschten
KG. Bei sofortiger Ausreichung des Stammkapitals durch die GmbH an die KG
als Darlehen ist also die Einlagepflicht ggü. der GmbH nicht erfüllt. Begründung:
Beide Gesellschaften sind rechtlich getrennt zu betrachten. Dabei kommt es nicht
darauf an, dass der einzelne Gesellschafter die KG beherrscht; gemeinschaftliche
Beherrschung der abgestimmt handelnden Gesellschafter reicht aus.[339]

Bei Einhaltung der Voraussetzungen des § 19 Abs. 5 GmbHG (s.o.) ist die sofor- 1156
tige Weiterleitung an die KG für die Wirksamkeit der Stammkapitalaufbringung
in der Komplementär-GmbH unschädlich.[340]

2. Leistung der Kommanditeinlage der KG

Für die wirksame Leistung der Kommanditeinlage des Kommanditisten bei der 1157
GmbH & Co. KG gilt: Die Leistung der Kommanditeinlage auch auf ein debitorisches KG-Konto reicht aus, um die Haftungsbeschränkung herbeizuführen.[341]
Leistet der Kommanditist einer GmbH & Co. KG seine Einlage durch Zahlung
auf ein debitorisches Gesellschaftskonto, kann er – wenn die Gesellschaft nicht
über eine Kreditlinie für das Konto verfügt – seine Einlagepflicht (auch noch in
der Insolvenz der KG) durch Aufrechnung mit seiner Regressforderung nach § 110
HGB zum Erlöschen bringen. Auf die Vollwertigkeit der Kontoausgleichsforderung des Kreditinstituts gegen die KG kommt es für die Wirkung der Aufrechnung
nicht an. Das Aufrechnungsverbot des § 19 Abs. 2 Satz 2 GmbHG findet auf eine
Kommanditeinlageforderung auch dann keine Anwendung, wenn die einzige
persönlich haftende Gesellschafterin eine Kapitalgesellschaft ist.[342]

3. GmbH & Still

Bei einem stillen Gesellschafter mit Mitwirkungsbefugnissen entsprechend 1158
einem Kommanditisten[343] und objektiver Notwendigkeit der Einlage für das Erreichen des Gesellschaftszwecks hat Einlage Stammkapitalcharakter. Das Aufrechnungsverbot § 19 Abs. 2 Satz 2 GmbHG gilt analog.[344] Der stille Gesellschafter mit
Teilnahme am Verlust ist auch im Insolvenzverfahren zur Zahlung der rückständigen Einlage verpflichtet; eine Rangrücktrittserklärung kann die stille Beteiligung
dem haftenden Kapital gleichstellen.[345] Kommt der ratenweise zu erbringenden
Einlage eines atypisch stillen Gesellschafters nach den gesellschaftsvertraglichen

---

[338] ZIP 2008, 174 = BB 2008, 181. Dazu ablehnende Besprechung K. Schmidt ZIP 2008, 481 ff.
[339] OLG Oldenburg ZInsO 2009, 1961 = BeckRS 2009, 24024.
[340] OLG Schleswig GmbHR 2012, 908 = FGPrax 2012, 214.
[341] OLG Dresden GmbHR 2004, 1156 = NZG 2004, 1155.
[342] OLG Dresden ZInsO 2004, 866 = ZIP 2004, 2140 = BB 2004, 2710.
[343] Karsten Schmidt bezeichnet diese typisch atypische stille Gesellschaft als Innen-KG, NZG 2016, 4 ff.
[344] LG Potsdam ZIP 2002, 1819.
[345] OLG Brandenburg GmbHR 2004, 1390 = BeckRS 2004, 11277.

Regelungen Eigenkapitalcharakter zu, ist der stille Gesellschafter auch nach Beendigung der Gesellschaft verpflichtet, seine Zahlungen zu den vereinbarten Fälligkeitszeitpunkten zu leisten, wenn und soweit die Einlage zur Befriedigung der Gesellschaftsgläubiger erforderlich ist.[346]

Mit Eröffnung des Insolvenzverfahrens über das Vermögen des Inhabers ist die stille Gesellschaft zwingend aufgelöst. Der stille Gesellschafter hat eine rückständige Einlage bis zu dem Betrag, der zur Deckung seines Anteils am Verlust erforderlich ist, zur Insolvenzmasse einzuzahlen. Ist er am Verlust gar nicht beteiligt, hat er nichts mehr einzuzahlen.

D. Haftung des Gesellschafters bei Verstößen gegen das Gebot der Kapitalerhaltung – verbotene Rückzahlung des Stammkapitals (§§ 30 Abs. 1, 31 GmbHG)

1159   Die Sicherung der Aufbringung und Erhaltung des Stammkapitals ist ein zentraler Grundsatz des GmbH-Rechts; der Grundsatz der realen Kapitalaufbringung ist ein zentrales Anliegen des Gesetzgebers und der sehr strikten Rechtsprechung, denn nur das tatsächlich aufgebrachte und der Gesellschaft belassene garantierte Stammkapital steht den Gläubigern als Haftungsmasse zur Verfügung.[347] Die bedingungslose Einhaltung der Vorschriften über die Kapitalaufbringung und -erhaltung durch die Gesellschafter ist gewissermaßen die Kehrseite für die Befreiung von persönlicher Haftung. Der Kapitalschutz ist das Kernstück des GmbH-Rechts und kann daher als wichtigstes Element der Finanzverfassung der GmbH angesehen werden. Die Fundamentalnorm der Kapitalerhaltung ist § 30 Abs. 1 Satz 1 GmbHG.[348]

1160   Nach § 30 Abs. 1 Satz 1 GmbHG darf das zur Erhaltung des Stammkapitals erforderliche Vermögen der Gesellschaft nicht an die Gesellschafter aus- bzw. zurückgezahlt werden (Ausschüttungsverbot). Das gilt auch in der Liquidation der Gesellschaft.[349]

---

[346] BGH NZG 2017, 907.
[347] Zur bilanziellen Behandlung und summenmäßigen Begrenzung von Ansprüchen aus § 31 GmbHG: Jungmann DStR 2004, 688 ff.; Haas GmbHR 2006, 505 ff.: Flankierende Maßnahmen für eine Reform des Gläubigerschutzes in der GmbH; Haas DStR 2006, 993 ff.: Mindestkapital und Gläubigerschutz in der GmbH; Haas ZIP 2006, 1373 ff.: Kapitalerhaltung, Insolvenzanfechtung, Schadensersatz und Existenzvernichtung – wann wächst zusammen, was zusammen gehört?; Fastrich DStR 2006, 656 ff.: Optimierung des Gläubigerschutzes bei der GmbH – Praktikabilität und Effizienz.
[348] Für die AG, § 57 Abs. 1 AktG.
[349] BGH ZIP 2009, 1111 = ZInsO 2009, 1018.

I. Tatbestand der verbotenen Stammkapitalrückzahlung

1. Unterbilanz

Der Tatbestand[350], also die Feststellung, ob ein Vermögenstransfer aus dem zur Erhaltung des Stammkapitals erforderlichen Vermögen erfolgte, also eine verbotene Rückzahlung des Stammkapitals ist, ist anhand einer Unterbilanz nach Bilanzierungsgrundsätzen zu treffen.[351] Es kommt also auf die Bilanz an und nicht etwa auf eine Überschuldung oder Rangrücktritte, etc.[352] Ein eventueller Firmenwert ist ebenso außer Betracht zu lassen[353] wie andere nicht konkret bilanzierbare wirtschaftliche Vorteile der Gesellschaft.[354] 1161

In der Liquidation der Gesellschaft hat der Rückerstattungsanspruch nach § 31 GmbHG analog wegen gegen § 73 Abs. 1 u. 2 GmbHG verstoßender Verteilung von Gesellschaftsvermögen nicht die Entstehung einer Unterbilanz zur Voraussetzung.[355] 1162

Zu beachten ist, dass das Vorliegen einer (steuerlichen) vGa nicht notwendig auch eine verbotene Kapitalrückgewähr ist und daher nicht „automatisch" zu Ansprüchen nach § 31 Abs. 1 GmbHG führt.[356] 1163

2. Vermögenstransfer ...

In Betracht kommen nicht nur Geldzahlungen oder Übertragung von Gegenständen aus dem Gesellschaftsvermögen, sondern auch Leistungen aller Art, die wirtschaftlich das Gesellschaftsvermögen verringern, z.B. Weggabe eines Vermögensgegenstandes,[357] kostenlose oder zu preisgünstige Überlassung von Nutzungen oder die Erbringung von Werkleistungen, wenn das Geschäft nicht aus betrieblichen Gründen gerechtfertigt ist und einem Drittvergleich nicht standhält[358] oder überhaupt Leistungen zu nicht marktüblichen Preisen.[359] 1164

Es können offene und verdeckte Zuwendungen an den Gesellschafter sein, die im Gesellschaftsverhältnis begründet sind. Erforderlich ist bei wirtschaftlicher Betrachtungsweise ein Vermögenstransfer von der Gesellschaft an den Gesellschafter oder an mit ihm verbundene Unternehmen.[360] 1165

---

[350] Sa Porzelt GmbHR 2016, 627 ff.
[351] BGH ZIP 2008, 2217.
[352] OLG Koblenz ZInsO 2011, 1067 = BeckRS 2011, 13515.
[353] OLG Celle BB 2003, 713.
[354] BGH ZIP 2011, 1306 (zu einem Fall einer AG); dazu Nodoushani ZIP 2012, 97 ff.
[355] BGH ZIP 2009, 1111 = ZInsO 2009, 1018.
[356] OLG Stuttgart GmbHR 2013, 468; erneut OLG Stuttgart NZG 2013, 869.
[357] BGH ZIP 2008, 922 = DStR 2008, 1055.
[358] OLG Hamburg ZIP 2005, 1968.
[359] BGH DStR 2007, 2270.
[360] OLG Dresden NZG 2003, 546.

3. ... an den Gesellschafter ...

1166 Verbotene Stammkapitalrückzahlungen können auch bei Leistungen an eine andere Gesellschaft vorliegen, die dem Gesellschafter nahe steht[361] oder an der der Gesellschafter maßgeblich beteiligt ist.[362] Maßgebliche Beteiligung ist gegeben, wenn der Gesellschafter an der auszahlenden Gesellschaft und an der empfangenden, verbundenen Gesellschaft mindestens zu 50% beteiligt ist.[363]

1167 Als Gesellschafter i.S.d. Vorschrift sind auch anzusehen:
- der faktische Gesellschafter, der Anteile durch einen Treuhänder halten lässt,
- der künftige Gesellschafter, wenn zwischen den verbotswidrigen Auszahlungen und dem späteren Anteilserwerb ein enger sachlicher und zeitlicher Zusammenhang besteht und die Auszahlungen im Hinblick auf die künftige Gesellschafterstellung erfolgen,[364]
- der ehemalige Gesellschafter nach formalem Ausscheiden, wenn die Forderung im Zusammenhang mit dem Ausscheiden begründet wurde.[365]

1168 Schließlich können nahe, insb. im Haushalt des Gesellschafters lebende Angehörige oder Ehepartner in diesem Zusammenhang als Gesellschafter anzusehen sein,[366] wenn sie nicht darlegen können, dass die der Gesellschaft gewährten Mittel aus eigenem Vermögen stammen.

4. ... causa societatis

1169 Verboten sind nur Zuwendungen an den Gesellschafter, die im Gesellschaftsverhältnis begründet sind. Auch bei Unterbilanz sind also Austausch- bzw. Umsatzgeschäfte zwischen Gesellschafter und Gesellschaft nicht verboten, die durch betriebliche Gründe gerechtfertigt sind und so auch mit fremden Dritten geschlossen worden wären.[367] Es kommt also maßgeblich darauf an, ob das Geschäft dem Fremdvergleich standhält. Das gilt auch für die Gehaltszahlung an den Gesellschafter-Geschäftsführer; diese ist auch bei Unterbilanz erlaubt. Es kommt auf den Fremdvergleich an. Dabei bleibt den Gesellschaftern ein gewisser, der Überprüfung durch das Gericht entzogener Ermessensspielraum.[368]

1170 Es wurde diskutiert, ob es sich bei solchen Leistungen der Gesellschaft an den Gesellschafter um Sonderfälle des Schenkungsrechts handelt.[369] Das hat der BGH mit der zutreffenden Begründung verneint, dass der gemeinsame Gesellschaftszweck, an dessen Erfolg der Gesellschafter teilhaben soll, der Annahme einer

---

[361] BGH DStR 2007, 2270.
[362] OLG Hamburg ZIP 2005, 1968; OLG Düsseldorf GmbHR 2017, 239.
[363] OLG Stuttgart ZIP 2007, 275.
[364] BGH BB 2008, 524 für Aktionär.
[365] OLG Hamburg ZIP 2013, 75; BGH, ZIP 2020, 511.
[366] Arg. e. BGH GmbHR 2008, 535.
[367] OLG Düsseldorf NZG 2012, 103.
[368] OLG Düsseldorf DStR 2012, 309.
[369] OLG Hamburg NZG 2011, 619; OLG Schleswig NZG 2011, 620; dazu Grunewald NZG 2011, 613 ff. (Sonderzahlungsversprechen an stille Gesellschafter zur Vermeidung eines Reputationsverlustes der HSH-Nordbank).

unentgeltlichen Zuwendung i.S.d. § 516 Abs. 1 BGB entgegensteht (ebenso für freiwillige Leistungen des Gesellschafters an die Gesellschaft).[370]

II. Beispiele verbotener Einlagenrückgewähr aus der jüngeren Rechtsprechung

1. Gewinnauszalung

Beim Gewinnauszahlungsbeschluss dürfte zu differenzieren sein: Steht bereits zur Beschlussfassung fest, dass er nur aus dem Stammkapital zu erfüllen wäre, halte ich bereits den Beschluss wegen Verstoßes gegen das Auszahlungsverbot des § 30 Abs. 1 S. 1 GmbHG für nichtig. Verschlechtert sich die Vermögenslage der Gesellschaft später, so dass das Stammkapital nicht mehr gedeckt ist, verstößt erst die **Auszahlung**, also seine Vollziehung gegen das Auszahlungsverbot[371]. 1171

Zum Gläubigerschutz bei Kapitalherabsetzung und Gewinnausschüttung in verschiedenen Fallkonstellationen s. jüngst Priester, NZG 2021, 370 ff.

2. Gehalt des Gesellschafter-Geschäftsführers

Gehaltszahlungen an den **Gesellschafter-Geschäftsführer** können – bei Vorliegen einer Unterbilanz – verbotene Rückzahlungen von Stammkapital sein, wenn die Gehaltshöhe einem Fremdvergleich nicht standhält. Steuerrechtliches Pendant ist die verdeckte Gewinnausschüttung (vGa).[372] In der Krise kann der Gesellschafter-Geschäftsführer nach § 87 Abs. 2 AktG analog verpflichtet sein, sein Gehalt zu reduzieren. Unterlässt er dies, kann sich hieraus ein Schadensersatzanspruch ergeben.[373] Die Auszahlung oder Verpfändung einer Rückdeckungsversicherung für die Altersvorsorge des Mehrheitsgesellschafter-Geschäftsführers ist kein Verstoß gegen Rückzahlungsverbot nach § 30 GmbHG.[374] 1172

3. Aufsteigende Sicherheiten

Nicht ausdrücklich geregelt wird im Gesetz die Gewährung von **Sicherheiten**[375]. Auch das Bestellen von **Sicherheiten aus dem Gesellschaftsvermögen** für Verbindlichkeiten des Gesellschafters kann gegen das Auszahlungsverbot nach § 30 GmbHG verstoßen. Diese Gefahr besteht mitunter bei MBO's oder im 1173

---

[370] BGH ZIP 2013, 19.
[371] BFH, GmbHR 2002, 337
[372] Dazu Schwedhelm GmbHR 2006, 281 ff. Zur Verwendung von Gehaltsstrukturuntersuchungen s. Janssen GmbHR 2007, 749 ff.
[373] OLG Köln NZG 2008, 637.
[374] KG ZIP 2003, 2253.
[375] Sa Tillmann, Upstream-Sicherheiten der GmbH im Lichte der Kapitalerhaltung – Ausblick auf das MoMiG; NZG 2008, 401 ff. Sa Altmeppen ZIP 2017, 1977 ff. (in Bezug auf die Kapitalerhaltung und die mögliche Haftung des Geschäftsführers der die Sicherheit gewährenden Gesellschaft); Kiefner/Bochum NZG 2017, 1292 ff.; Verse GmbHR 2018, 113 ff.

Rahmen der Akquisitionsfinanzierung durch sog. LBO[376] und bei der Konzernfinanzierung, wenn Verbindlichkeiten der Muttergesellschaft durch Vermögensgegenstände der Tochtergesellschaft besichert werden.

Fraglich war, auf welchen Zeitpunkt für die Beurteilung der verbotenen Stammkapitalrückgewähr abzustellen ist – bereits die schuldrechtliche Vereinbarung, die dingliche Bestellung der Sicherheit, die konkrete Gefährdung des Gesellschaftsvermögens oder die Inanspruchnahme bzw. Auszahlung der Sicherheit. Die Antwort dürfte wohl auch von der Art der Sicherheit abhängen. Bereits die Begründung einer schuldrechtlichen Verpflichtung ohne Gegenleistung kann den Tatbestand erfüllen[377]. Nach einigen früheren Entscheidungen entstand die Rückgewährpflicht nach § 31 GmbHG jedenfalls bei Inanspruchnahme der Sicherheit[378], etwa der Verwertung des Sicherungsgutes[379]. Nun hat der **BGH** zunächst für die AG[380] und sodann für die GmbH[381] entschieden, dass bereits in der Bestellung der dinglichen Sicherheit und nicht erst bei Verwertung der Sicherheit die verbotene Auszahlung/Einlagenrückgewähr vorliegt, wenn der Gesellschafter voraussichtlich zur Rückzahlung nicht in der Lage ist und zudem eine Unterbilanz entsteht oder vertieft wird.[382] Dass die Bestellung der Sicherheit in der Bilanz noch nicht abzubilden sei, stehe dem Tatbestand der Auszahlung i.S.d. § 30 Abs. 1 GmbHG nicht entgegen.

Der Rückgewähranspruch i.S.d. § 30 Abs. 1 S. 2 GmbHG (bzw. § 57 Abs. 1 S. 3 AktG) bei Besicherung einer Schuld des Gesellschafters aus Gesellschaftsvermögen ist der Freistellungsanspruch der Gesellschaft gegen den Gesellschafter. Dieser ist vollwertig, wenn bei vernünftiger kaufmännischer Beurteilung im Zeitpunkt der Besicherung ein Forderungsausfall für den Darlehensrückzahlungsanspruch des Darlehensgebers gegen den Gesellschafter während der Darlehenslaufzeit unwahrscheinlich ist.[383] Dann liegt bereits tatbestandsmäßig keine verbotene Rückzahlung von Stammkapital durch die Bestellung der Sicherheit vor. Die bloße Vermögensgefährdung sei nicht bereits die Auszahlung. Auch eine spätere Vermögensverschlechterung des Gesellschafters stelle dann keine Auszahlung i.S.d. § 30 Abs. 1 S. 1 GmbHG dar; es bestehe vielmehr die Verpflichtung des Geschäftsführers zur Reaktion.[384]

Eine weitere Frage kann sein, ob der Gesellschafter vereinbarungsgemäß eine marktübliche Avalprovision zu zahlen hat. Sollte diese nicht vereinbart sein, kann auch darin ein Verstoß gegen § 30 Abs. 1 S. 1 GmbHG liegen.

Bei **Unternehmenstransaktionen** (etwa LBO) haften für die Rückzahlung nach § 31 GmbHG nach Inanspruchnahme der Sicherheit Anteilsveräußerer und Erwerber als Gesamtschuldner[385]. Dieser Gefahr der verbotenen Einlagenrückge-

---

[376] Zum Levereged-Buy-out und Kapitalschutz s. Söhner ZIP 2011, 2085 ff.
[377] Lutter/Hommelhoff GmbHG, § 30 Rn. 8.
[378] OLG München ZIP 1998, 1438.
[379] BGH ZIP 2007, 1705.
[380] BGH ZIP 2017, 472 = NZG 2017, 344 (für eine AG, die Kontoguthaben als Sicherheit für Darlehensrückzahlungsansprüche der Bank gegen die Aktionäre verpfändet hatte).
[381] BGH ZIP 2017, 971.
[382] Zur letztgenannten Entscheidung Heerma/Bergmann ZIP 2017, 1261 ff.
[383] BGH ZIP 2017, 472 = NZG 2017, 344; BGH ZIP 2017, 971.
[384] BGH ZIP 2017, 971; sa Kiefner/Bochum NZG 2017, 1292 ff.
[385] BGH GmbHR 2007, 1102.

währ durch Bestellung bzw. Verwertung der Sicherheit wird regelmäßig versucht, mit Regelungen zur Beschränkung der Inanspruchnahme bei nicht ausreichender Vermögenslage der Gesellschaft/Sicherheitengeberin (sog. **limitation language**) zu begegnen[386]. Solche Regelungen werden nun auf die Anforderungen der zuvor dargestellten jüngsten BGH-Entscheidungen anzupassen sein und gelten dann auch in der Insolvenz[387]. Nach der neuen Rspr. des BGH dürfte eine Limitation Language bei der Bestellung von dinglichen Sicherheiten aus dem Gesellschaftsvermögen nicht mehr erforderlich sein, wenn die Gesellschaft über ausreichend freies Vermögen verfügt oder wenn im Zeitpunkt der Sicherheitenbestellung kein konkretes Ausfallrisiko der Gesellschaft während der Darlehenslaufzeit besteht. In den übrigen Fällen kann die Limitation Language weiterhin sinnvoll sein, insbesondere die Verwertung der Sicherheit auf das freie Vermögen zu beschränken. Auch bietet sich die sog. Limitation-Language an zum Schutz des Geschäftsführers der die Sicherheit gewährenden Gesellschaft.

4. Haftungsübernahmen

Selbstverständlich kann auch die Übernahme von Haftungsverbindlichkeiten des Gesellschafters durch die Gesellschaft, so etwa die Übernahme der Prospekthaftung durch die Gesellschaft selbst verbotene Einlagenrückgewähr sein[388]. **1174**
Keine verbotene Einlagenrückgewähr sind
- keine verbotene Rückzahlung bei angemessenem Vergleich zwischen Gesellschaft und Gesellschafter;[389]
- keine verbotene Rückzahlung bei (werthaltigem) Austauschgeschäft, das einem Fremdvergleich standhält;[390]
- keine verbotene Rückzahlung aus freier Kapitalrücklage;[391]
- keine Einlagenrückgewähr bei Übertragung liquider Mittel auf 100 %ige Tochtergesellschaft, weil dies für die übertragende Gesellschaft vermögensneutral ist, da sich im Maße des Abflusses der Beteiligungswert an der Tochtergesellschaft erhöht.[392]
- Die Auszahlung oder Verpfändung einer Rückdeckungsversicherung für Altersvorsorge des Mehrheitsgesellschafter-Geschäftsführers ist kein Verstoß gegen Rückzahlungsverbot nach § 30 GmbHG.

---

[386] Hierzu s. Kollmorgen ua BB 2009, 1818 ff.; Komo GmbHR 2010, 230 ff.; Theusinger/Kapteina NZG 2011, 881 ff.
[387] Heerma/Bergmann ZIP 2017, 803 ff.; sa Becker ZIP 2017, 1599 ff.
[388] BGH DStR 2011, 1530 (für einen Fall einer AG).
[389] OLG Dresden GmbHR 2002, 1245.
[390] OLG Stuttgart ZIP 2007, 275.
[391] BGH NZG 2008, 76; dazu Haberstock NZG 2008, 220 f. Zu Sonderposten mit Rücklagenanteil s. Schmitt GmbHR 2002, 349 ff.
[392] OLG München GmbHR 2005, 1486 = ZIP 2006, 564.

III. Darlehensgewährung an Gesellschafter aus gebundenem Vermögen der GmbH, Cash-Pooling

1175 Nach der sog. „Novemberentscheidung" des BGH[393] war eine Darlehensgewährung an den Gesellschafter, die aus gebundenem Vermögen der GmbH erfolgte, auch dann eine verbotene Stammkapitalauszahlung, wenn der Darlehensrückzahlungsanspruch voll werthaltig war. Zur Begründung hat der BGH ausgeführt, hier sei nicht die bilanzielle Sichtweise maßgeblich. Vielmehr mache es aus dem Gesichtspunkt des Gläubigerschutzes einen Unterschied, ob der Gläubiger auf unmittelbares Barvermögen der Gesellschaft zugreifen könne, oder ob die Gesellschaft erst eine Forderung gegen den Gesellschafter realisieren müsse.[394]

1176 Die Entscheidung des BGH zum Verbot der Darlehensgewährung aus dem gebundenen Vermögen der GmbH auch bei vollwertigem Rückzahlungsanspruch dürfte in unmittelbarem Zusammenhang mit seiner Rechtsprechung zum existenzgefährdenden bzw. -vernichtenden Eingriff des Gesellschafters in das Gesellschaftsvermögen (s.u.) zu sehen gewesen sein.[395]

1177 Sogleich wurde klar, dass die „November-Entscheidung" des BGH[396] ganz erhebliche Auswirkungen auf die Innenfinanzierung von Konzernen durch **Cash-Pooling** haben konnte, wenn, wovon auszugehen war, sie auch hierauf anwendbar war.[397] Hierzu enthielt das sog. „Novemberurteil" des BGH ein obiter dictum zur evtl. Zulässigkeit von Darlehensvergaben im Rahmen eines Cash Pool-Verfahrens: Es kann dahinstehen, ob die Gewährung eines Darlehens aus dem gebundenen Vermögen ausnahmsweise zulässig sein kann, wenn die Darlehensvergabe im Interesse der Gesellschaft liegt, die Darlehensbedingungen dem Drittvergleich standhalten und die Kreditwürdigkeit des Gesellschafters selbst bei Anlegung strengster Maßstäbe außerhalb jedes vernünftigen Zweifels steht oder die Rückzahlung des Darlehens durch werthaltige Sicherheiten voll gewährleistet ist. Goette warnte allerdings sogleich davor, auf diesen Ausnahmetatbestand zu große Hoffnungen zu setzen.[398] Sodann entschied zunächst das OLG München:[399] Verstoß des Cashpools gegen § 30 GmbHG bei unzureichender Absicherung des Stammkapitals.[400] Dann

---

[393] BGH ZIP 2004, 263.
[394] S. dazu Wachter GmbHR 2004, 1249 ff.: Kreditvergabe und Kapitalschutz bei der GmbH & Co. KG; Wienands/Teufel GmbHR 2004, 1301 ff.: Zur steuerlichen Beratung bei Darlehen der GmbH an den Gesellschafter.
[395] Sa Reiner/Brakemeier BB 2005, 1458 ff.
[396] ZIP 2004, 263.
[397] S. dazu Saenger/Koch NZG 2004, 271 ff.; Wessels ZIP 2004, 793 ff.; Helmreich GmbHR 2004, 457 ff.; Fuhrmann NZG 2004, 552 ff.: Ende des konzernweiten Cash-Managements?; Servatius DStR 2004, 1176; Vetter BB 2004, 1509 ff.; Langner/Mentgen GmbHR 2004, 1121 ff.; Langner GmbHR 2005, 1017 ff.:Cash Pooling auf dem Prüfstand des BGH; Bender BB 2005, 1492 ff.: Das Ende klassischer Konzernfinanzierungen?; Engert BB 2005, 1951 ff.; Grothaus/Halberkamp GmbHR 2005, 1317 ff.; Sieger/Wirtz ZIP 2005, 2277 ff.; Softwaregestützte Ermittlung der verbotenen Auszahlungen bei Cashpool-Systemen, Gaa ZInsO 2006, 476 ff.
[398] ZIP 2005, 1481, 1484, 1485.
[399] ZIP 2006, 25.
[400] Dazu Schilmar DStR 2006, 568 ff. und Pentz ZIP 2006, 781 ff.

folgten Entscheidungen des BGH:[401] Auch die in ein Cash Pool-System einbezogenen GmbHs unterliegen hinsichtlich der Kapitalaufbringung bei Gründung bzw. Erhöhung den Kapitalaufbringungsvorschriften des GmbHG und den dazu von der höchstrichterlichen Rechtsprechung entwickelten Grundsätzen. Ein Sonderrecht für Cash Pools ist nicht anzuerkennen. Zwar ergingen diese Entscheidungen zur Kapitalaufbringung,[402] jedoch zeigte die Argumentation, dass der BGH bzgl. der Kapitalerhaltung nicht anders entscheiden würde.

Später hat der **BGH** – vielleicht auch unter dem Eindruck der zwischenzeitlich erfolgten, jedoch für den entschiedenen Fall noch nicht einschlägigen Gesetzesänderung in §30 Abs. 1 Satz 2 GmbHG n.F. – seine Rechtsprechung aus dem sog. „Novemberurteil" ausdrücklich aufgegeben und auch für Altfälle (vor dem 1.11.2008, Inkrafttreten des MoMiG) entschieden, dass die Darlehensgewährung aus gebundenem Vermögen bei Vollwertigkeit des Rückgewähranspruchs im Zeitpunkt der Darlehensauszahlung keine verbotene Stammkapitalrückzahlung ist.[403]

1178

IV. Keine verbotene Rückgewähr des Stammkapitals

In folgenden Fällen liegt keine verbotene Rückzahlung des Stammkapitals vor:
- bei angemessenem Vergleich zwischen Gesellschaft und Gesellschafter[404],
- bei (werthaltigem) Austauschgeschäft, das einem Fremdvergleich standhält[405],
- bei Zahlung aus freier Kapitalrücklage[406],
- bei Übertragung liquider Mittel auf eine 100%-ige Tochtergesellschaft, weil dies für die übertragende Gesellschaft vermögensneutral ist, da sich im Maße des Abflusses der Beteiligungswert an der Tochtergesellschaft erhöht[407],
- bei Auszahlung oder Verpfändung einer Rückdeckungsversicherung für die Altersvorsorge des Mehrheitsgesellschafter-Geschäftsführers[408].

1179

---

[401] ZIP 2006, 665 und DStR 2007, 773.
[402] Im Fall ZIP 2006, 665 hatte die GmbH aus dem Cash Pool Verbindlichkeiten, sodass der BGH von verdeckter Sacheinlage – Zufluss der Befreiung von einer Verbindlichkeit – ausging, die nach §27 Abs. 3 Satz 3 AktG analog die Nichtigkeit des schuldrechtlichen und des dinglichen Rechtsgeschäfts zur Folge hatte; dazu Schmelz NZG 2006, 456 ff.; im Fall DStR 2007, 773 war der Einlagebetrag am selben Banktag wieder auf das Konto der Muttergesellschaft transferiert worden.
[403] BGH ZIP 2009, 70; dazu Altmeppen ZIP 2009, 49 ff. Zum Verhältnis von Einlagenrückgewähr und Nachteilsausgleich nach §311 AktG im faktischen Konzern s. Kropff NJW 2009, 814 ff.
[404] OLG Dresden, GmbHR 2002, 1245 = BeckRS 2002, 30270761.
[405] OLG Stuttgart, ZIP 2007, 275
[406] BGH NZG 2008, 76; dazu Haberstock, NZG 2008, 220f. Zu Sonderposten mit Rücklagenanteil s. Schmitt, GmbHR 2002, 349 ff.
[407] OLG München, GmbHR 2005, 1486 = ZIP 2006, 564
[408] KG, ZIP 2003, 2253

V. Rechtsfolgen der verbotenen Stammkapitalrückzahlung

1. Keine Nichtigkeit

1180 Der Verstoß gegen §§ 30 GmbHG, 57 AktG führt nicht zur Nichtigkeit des Einlagenrückgewährgeschäfts nach § 134 BGB und zwar weder schuld- noch sachenrechtlich.[409] Damit ist auch insofern der Kapitalschutz vermögensmäßig und nicht gegenständlich ausgestaltet, worin in der Lit. z.T. eine Relativierung des Grundsatzes der Kapitalerhaltung gesehen wurde.[410]

2. Rückerstattungspflicht des Gesellschafters

1181 Eine nach § 30 Abs. 1 Satz 1 GmbHG verbotene Stammkapitalrückzahlung löst die **Rückzahlungsverpflichtung** des Gesellschafters nach § 31 Abs. 1 GmbHG aus. Wurde eine Sache aus dem Gesellschaftsvermögen weggegeben, ist diese zurückzugeben. Eine evtl. zwischenzeitlich eingetretene Wertminderung hat der Gesellschafter auszugleichen, es sei denn, sie wäre auch bei Verbleib der Sache im Gesellschaftsvermögen eingetreten.[411]

1182 Die Rückerstattungspflicht nach §§ 30, 31 GmbHG besteht neben einer evtl. Schadensersatzpflicht des Gesellschafter-Geschäftsführers, wenn die Auszahlung zugleich Untreue war.[412]

1183 Gegen den Anspruch kann der Gesellschafter entsprechend § 19 Abs. 2 GmbHG nicht aufrechnen.[413]

1184 Fraglich ist, ob über den Rückzahlungsanspruch ein Vergleich geschlossen[414] oder er gestundet werden kann. Formal ist das nicht zulässig, da dem Gesellschafter nach § 31 Abs. 4 GmbHG die Rückzahlungsansprüche nicht erlassen werden können. In der Literatur wird z.T. wirtschaftlich argumentiert, dass der Geschäftsführer im Rahmen der Business Judgement Rule ein unternehmerisches Ermessen habe, wenn die sofortige Geltendmachung des Rückerstattungsanspruchs in voller Höhe zur Insolvenz des Gesellschafters und in der Folge zum Forderungsausfall führen würde.[415]

---

[409] OLG München ZIP 2012, 1024; OLG Düsseldorf GmbHR 2012, 793; bestätigt BGH ZIP 2013, 819; dazu Winter NZG 2012, 1371 ff.
[410] Nodoushani NZG 2013, 687 ff.
[411] OLG Celle für Fall der Übertragung von Anteilen an einer Gesellschaft, OLG Celle ZInsO 2006, 1167 = ZIP 2006, 1399 = GmbHR 2006, 940.
[412] OLG Hamm ZIP 2017, 1761 = GmbHR 2017, 703
[413] BGH ZInsO 2001, 264 = ZIP 2001, 157.
[414] Bejahend Kock NZG 2006, 733 f.
[415] Kocher GmbHR 2012, 1221 ff.

3. Nachträglicher Wegfall der Unterdeckung oder nachträglicher Eintritt einer Privilegierung

Der Rückzahlungsanspruch der GmbH bleibt nach einer Entscheidung des BGH auch dann bestehen, wenn nachträglich das Stammkapital (auf andere Weise) wieder hergestellt wurde.[416] [417] Zur Begründung hat der BGH ausgeführt, dass sich ein „automatischer" Wegfall des Erstattungsanspruchs nach § 31 Abs. 1 GmbHG bei anderweitiger Wiederherstellung des Stammkapitals rechtssystematisch nicht begründen lasse und dass die Voraussetzungen für ein Entfallen des Anspruchs abschließend in § 31 Abs. 2 GmbHG geregelt sein. Außerdem könne eine Abhängigkeit des Rückerstattungsanspruchs vom Fortbestand der Unterbilanz die GmbH am Verkauf des Anspruchs hindern, der jedoch eine gute Möglichkeit sei, das Stammkapital wieder aufzufüllen. 1185

Dasselbe gilt nach der Rechtsprechung auch dann, wenn eine Ausschüttung an den Gesellschafter deshalb zu einer Unterbilanz der GmbH führt, weil der Darlehensrückzahlungsanspruch gegen den Gesellschafter wertberichtigt werden muss; dann erlischt der Anspruch aus § 31 Abs. 1 GmbHG nicht schon durch die Rückzahlung des Darlehens.[418]

Dieselbe Frage nach dem Erlöschen des Rückerstattungsanspruchs ist aufgeworfen, wenn nachträglich ein Privilegierungstatbestand des § 30 Abs. 1 Satz 2 GmbHG dadurch eintritt, dass entweder der Rückgewähranspruch (wieder) vollwertig wird oder die Gesellschaft einen Gewinnabführungsvertrag mit Verlustausgleichspflicht nach § 302 AktG abschließt (Bonität der beherrschenden Gesellschaft vorausgesetzt). Dann, so wird in der Literatur vertreten, müsse die GmbH auf ihren Erstattungsanspruch verzichten können (Erlassvertrag nach § 397 BGB), soweit dessen Begleichung im Gläubigerinteresse nicht mehr geboten ist und die Gesellschaft über den Anspruch noch verfügen kann (vgl. § 80 InsO).[419] 1186

4. Mithaftung der anderen Gesellschafter

Für den Rückzahlungsanspruch haften nach § 31 Abs. 3 GmbHG auch **die übrigen Gesellschafter** nach dem Verhältnis ihrer Anteile mit, soweit der Betrag für die Befriedigung der Gläubiger der GmbH erforderlich ist. Die Mithaftung trifft nicht sog. Kleingesellschafter nach § 32a Abs. 3 Satz 2 GmbHG, wenn die Stammkapitalrückzahlung durch Rückzahlung eigenkapitalersetzender Darlehen erfolgte.[420] 1187

Streitig war der Haftungsumfang – unbeschränkt oder beschränkt auf die Summe des Stammkapitals oder beschränkt auf die Stammeinlage? Die Haftung der übrigen Gesellschafter ist beschränkt auf die Summe des Stammkapitals.[421] Es besteht 1188

---

[416] Sa Altmeppen ZIP 2015, 1657 ff.
[417] BGH ZIP 2000, 1256; DStR 2000, 1234; krit. dazu: Beneke ZIP 2000, 1969 ff., und Altmeppen ZIP 2015, 1657, 1658, 1659.
[418] BGH ZIP 2012, 1071 = DStR 2012, 1144.
[419] Altmeppen ZIP 2015, 1697 ff.
[420] BGH BB 2005, 2094 = ZIP 2005, 1638.
[421] BGHZ 150, 61 = NJW 2002, 803 = ZInsO 2002, 582 = ZIP 2002, 848.

also **keine generelle Nachschusspflicht der Gesellschafter** und folglich auch keine Haftung für den gesamten, nicht durch Eigenkapital gedeckten Fehlbetrag. Weiterhin besteht die Haftung nur, soweit die Erstattung zur Befriedigung der Gläubiger erforderlich ist. Die Erforderlichkeit ist nach den **Grundsätzen einer Überschuldungsbilanz** (bei Ansatz von Liquidationswerten) zu beurteilen, wobei auch Rückstellungen für ungewisse Verbindlichkeiten (§ 249 Abs. 1 HGB) zu berücksichtigen sind.[422] Bei der – auf den Betrag der Stammkapitalziffer begrenzten – Ausfallhaftung eines GmbH-Gesellschafters nach § 31 Abs. 3 GmbHG ist dessen eigener Anteil am Stammkapital nicht abzuziehen.[423] Die Mitgesellschafter haften für den Ausfallbetrag im Verhältnis ihrer Beteiligungen.[424]

1189 **Beispiel:** A, B und C sind je zu einem Drittel Gesellschafter der ABC-GmbH, deren Stammkapital insgesamt 100.000 EUR beträgt. Zu einer Zeit, da die Verbindlichkeiten der Gesellschaft 1.000.000 EUR und das Vermögen nur noch 800.000 EUR betragen, lässt sich Gesellschafter A einen Betrag i.H.v. 50.000 EUR ausschütten und ist anschließend flüchtig. In der Insolvenz der ABC-GmbH sind B und C nach § 31 Abs. 3 GmbHG jeweils verpflichtet, einen Betrag i.H.v. 25.000 EUR an den Insolvenzverwalter zu zahlen, da der Betrag zur Befriedigung der Gesellschaftsgläubiger erforderlich ist, die Gesellschafter B und C für die Rückzahlung im Verhältnis ihrer Anteile (also jeder zur Hälfte) haften und die Gesellschafter B und C ihre eigenen, eingezahlten an sie nicht zurückgezahlten Stammkapitalanteile nicht gegenrechnen dürfen.

1190 Die Ausfallhaftung der anderen Gesellschafter für die Rückerstattungspflicht nach §§ 30, 31 GmbHG greift auch neben einer evtl. Schadensersatzpflicht des Gesellschafter-Geschäftsführers, wenn die Auszahlung zugleich Untreue war, da auch in diesem Fall bei Vorliegen einer Unterbilanz eine verbotswidrige Auszahlung vorliegen kann.[425]

1191 Nach Treu und Glauben ist zunächst der durch die verbotene Kapitalrückzahlung begünstigte Gesellschafter in Anspruch zu nehmen, wenn erkennbar keine Interessen von Gläubigern der Gesellschaft betroffen sind.[426]

5. Mithaftung des Anteilserwerbers?

1192 Ob ein Geschäftsanteilserwerber für verbotene Stammkapitalrückzahlungen noch an den Veräußerer für den Rückzahlungsanspruch nach § 31 GmbHG mithaftet, ist, soweit ersichtlich, höchstrichterlich noch nicht generell entschieden. Eine Haftung des Anteilserwerbers für die Rückzahlung von an den Veräußerer früher zurückbezahlte Einlagen gem. § 31 GmbHG hat der BGH angenommen, wenn zwischen den verbotswidrigen Auszahlungen und dem späteren Anteilserwerb ein enger sachlicher und zeitlicher Zusammenhang besteht und die Auszahlungen im Hinblick auf die künftige Gesellschafterstellung erfolgen.[427] Jedenfalls dann haften Veräußerer und Erwerber eines Geschäftsanteils für Rückzahlung ver-

---
[422] BGH DB 2003, 2481 = ZIP 2003, 2068.
[423] BGH DB 2003, 2481 = ZIP 2003, 2068.
[424] OLG Oldenburg EWiR 2001, 761; zur Ausfallhaftung der Mitgesellschafter sa Altmeppen ZIP 2002, 961 ff.; Henze BB 2002, 1011 ff.; Blöse GmbHR 2002, 1107 ff.; Görner/Kling GmbHR 2004, 714 ff. und 778 ff.
[425] OLG Hamm ZIP 2017, 1761 = GmbHR 2017, 703.
[426] OLG Brandenburg ZIP 2006, 1864 = GmbHR 2006, 656.
[427] BGH BB 2008, 524 für Aktionär.

botener Ausschüttungen (noch an den späteren Veräußerer) gesamtschuldnerisch nach § 421 BGB.[428]

In der Literatur ist die Haftung des Erwerbers umstritten. Während die wohl überwiegende Meinung sie verneint, wird von einer anderen Auffassung angenommen, da es sich bei § 31 Abs. 1 GmbHG um eine Vorschrift zur Kapitalerhaltung der Gesellschaft zugunsten der Gläubiger mit mitgliedschaftlichem Charakter nach § 16 Abs. 3 GmbHG a.F. handele.[429] So hat auch das OLG Köln entschieden, dass sich die Haftung des Anteilserwerbers nach § 16 Abs. 2 GmbHG auch auf Ansprüche der Gesellschaft nach § 31 Abs. 1 GmbHG erstreckt.[430] 1193

Wegen der unwiderleglichen Vermutungswirkung der Gesellschafterliste nach § 16 Abs. 1 Satz 1 GmbHG dürfte der Anteilserwerber nach seiner Eintragung in die Gesellschafterliste in die Ausfallhaftung nach § 31 Abs. 3 GmbHG geraten, wenn die Rückzahlung bei dem Anteilsveräußerer (der die verbotene Rückzahlung des Stammkapitals erhalten hat) nicht zu erlangen und der Betrag für die Befriedigung der Gesellschaftsgläubiger erforderlich ist.

VI. Vollwertiger Gegenleistungsanspruch, Darlehen aus Stammkapital, Cash-Pooling, EAV – § 30 Abs. 1 S. 2 GmbHG

1. Inhalt und Begründung der Gesetzesänderung

Durch das MoMiG wurde § 30 Abs. 1 GmbH durch folgenden Satz 2 ergänzt:[431] 1194

Satz 1 gilt nicht bei Leistungen, die bei Bestehen eines Beherrschungs- oder Gewinnabführungsvertrages (§ 291 AktG) erfolgen oder durch einen vollwertigen Gegenleistungs- oder Rückzahlungsanspruch gegen den Gesellschafter gedeckt sind.

Durch diese Regelung wurde zweierlei erreicht: Zum einen wurde die Rechtsunsicherheit beseitigt, ob Auszahlungen aufgrund eines Beherrschungs- oder Gewinnabführungsvertrages (EAV) generell nicht den Tatbestand der verbotenen Rückzahlung nach § 30 Abs. 1 GmbHG erfüllen können. Die analoge Anwendbarkeit des § 291 Abs. 3 AktG im GmbH-Recht wurde in der Vergangenheit zwar vertreten, jedoch bestand keine Rechtssicherheit.[432] Zu beachten ist allerdings, dass die Bereichsausnahme vom Verbot der Stammkapitalrückzahlung nicht gelten dürfte, wenn der Verlustausgleichsanspruch mangels Bonität der Muttergesellschaft nicht voll werthaltig ist.[433] 1195

Zum anderen, und hierin hätte ohne die Änderung seiner Rechtsprechung durch den BGH in der Entscheidung vom 1.12.2008[434] die wesentliche Bedeutung des § 30 Abs. 1 Satz 2 GmbHG gelegen, wurde die Rechtsprechung seit der 1196

---
[428] BGH ZIP 2007, 1705 (für rückständige Einlagen § 16 Abs. 2 GmbHG).
[429] Lutter/Hommelhoff, GmbHG, 18. Aufl. 2012, § 31 Rn. 21.
[430] OLG Köln ZIP 2011, 863.
[431] Sa Mülbert/Leuschner NZG 2009, 281 ff.; Blaschke/König GmbHR 2009, 897 ff.; Schickerling/Blunk GmbHR 2009, 1294 ff.
[432] Westermann in Scholz, GmbHG, 10. Aufl., § 30 Rn. 51.
[433] Altmeppen NZG 2010, 361 ff.
[434] BGH ZIP 2004, 263, 265.

„November-Entscheidung" im Jahr 2003[435] korrigiert und zur bilanziellen Betrachtungsweise für die Beurteilung einer verbotenen Stammkapitalauszahlung zurückgekehrt.

Hinweis
Mit Urt. v. 1.12.2008 hat der BGH selbst seine Rechtsprechung im sog. „Novemberurteil" auch mit Wirkung für die Vergangenheit aufgegeben.[436]

1197 Zur Begründung der Gesetzesänderung ist im RegE ausgeführt, die Rechtsprechung seit dem „Novemberurteil" 2003 habe eine erhebliche Unsicherheit über die Zulässigkeit von Darlehen und anderen Leistungen mit Kreditcharakter durch die GmbH an Gesellschafter (sog. Upstream Loans) im Allgemeinen und der in Konzernen verbreiteten Praxis des Cash-Pooling im Besonderen hervorgerufen. Die Praxis des Cash-Pooling sei ökonomisch sinnvoll und diene regelmäßig auch dem Interesse der Tochtergesellschaften. International tätige Konzerne würden durch die Interpretation des Cash Pooling als verbotene Kapitalrückzahlung durch den BGH vor kaum verständliche Probleme gestellt.

1198 Durch seine Rechtsprechung seit dem Jahr 2003 hatte der BGH für die Beurteilung verbotener Rückzahlungen nach § 30 Abs. 1 GmbHG von der bilanziellen Betrachtungsweise Abstand genommen und den in § 30 Abs. 1 GmbHG geregelten Vermögensschutz zu einem gegenständlichen Schutz erweitert. Dies wird durch die neue Regelung in § 30 Abs. 1 Satz 2 GmbHG mit der zutreffenden Begründung wieder korrigiert, dass das Stammkapital eine bilanzielle Ausschüttungssperre darstellt und den Gläubigern nicht bestimmte Vermögensgegenstände zur Befriedigung zuweist. Der RegE des MoMiG kehrte daher eindeutig zum bilanziellen Denken zurück. Bei vollwertigem und zweifelsfrei durchsetzbarem Gegenleistungs- oder Rückzahlungsanspruch bewirkt die Ausschüttung an den Gesellschafter lediglich einen Aktivtausch, der den durch § 30 Abs. 1 GmbHG bezweckten Vermögensschutz nicht berührt.

1199 Die neue Regelung soll es den Gesellschaften erleichtern, mit ihren Gesellschaftern, insb. im Konzern, alltägliche und wirtschaftlich sinnvolle Leistungsbeziehungen zu unterhalten und abzuwickeln.[437] Die Gefahr der Ausplünderung von Gesellschaften wird durch die neue Regelung nicht heraufbeschworen. Schutzschwelle für die Gläubiger ist die Vollwertigkeit der Rückzahlungsforderung, die bereits dann nicht gegeben sein dürfte, wenn Zweifel an der Durchsetzbarkeit der Forderung bestehen. Darüber hinaus sind die Gläubiger durch weitere gesellschaftsrechtliche Schutzinstrumente geschützt, etwa dem Deliktsrecht, den Rechtsprechungsregelungen über den existenzvernichtenden Eingriff (die weiterhin Gültigkeit behalten), die Geschäftsführerhaftung nach § 43 GmbHG und, nicht zuletzt, die Regelungen über die Insolvenzanfechtung. Zusätzlich ist in diesem Zusammenhang die Erweiterung des § 64 GmbHG um Satz 3 (heute § 15b Abs. 5 InsO, s. → Rn. 1400) zu nennen.

---

[435] BGH ZIP 2004, 263, 265.
[436] BGH ZIP 2009, 70.
[437] Zu den Risiken verdeckter Gewinnausschüttungen bei Darlehensgewährung und Cash-Pool s. Podewils GmbHR 2009, 803 ff.

D. Haftung des Gesellschafters bei Verstößen 393

Nicht ausdrücklich angesprochen wird im MoMiG die Gewährung von **Sicher-** 1200
heiten[438] aus dem Gesellschaftsvermögen für Verbindlichkeiten des Gesellschafters. Hierzu s. im Einzelnen oben → Rn. 1173.

2. Vollwertigkeit des Rückgewähranspruchs

In Zukunft wird es also maßgeblich auf die Vollwertigkeit des Rückgewähr- 1201
anspruchs ankommen. Die konkreten **Anforderungen** an (die Darstellung der) **Vollwertigkeit** des Rückgewähranspruchs werden herauszuarbeiten sein. Noch ist nicht entschieden, welcher Maßstab anzulegen ist. Während in der Literatur davon ausgegangen wird, dass es an der Vollwertigkeit bereits fehlen dürfte, wenn geringste Zweifel an der Bonität des Gesellschafters und damit an der Durchsetzbarkeit der Forderung bestehen[439], scheint der BGH nur darauf abstellen zu wollen, ob der Forderungsausfall unwahrscheinlich ist.[440]

Fraglich könnte sein, ob auch ausreichende Liquidität für eine jederzeitige 1202
Rückzahlung erforderlich ist oder ob das Darlehen aus dem Stammkapital eine gewisse Laufzeit haben darf. Da in § 30 Abs. 1 Satz 2 GmbHG anders als in § 19 Abs. 5 GmbHG die jederzeitige Fälligkeit oder Kündbarkeit als Voraussetzung nicht genannt ist, dürfte die Vereinbarung einer Darlehenslaufzeit zulässig sein.

Sollte also eine gewisse Laufzeit vereinbart werden, stellt sich die Frage, ob 1203
eine marktübliche **Verzinsung** des Rückgewähranspruchs für die Annahme der Vollwertigkeit erforderlich ist. Dies würde ich mit dem Argument der vom Gesetzgeber gewünschten bilanziellen Betrachtungsweise auch dann bejahen, wenn zwar keine feste Darlehenslaufzeit vereinbart ist, die Gesellschaft aber mit einer Fortdauer der Kapitalüberlassung für einen gewissen Zeitraum, etwa ein Jahr rechnen kann.[441] Ein unverzinslicher Anspruch müsste auf den jeweils aktuellen Barwert abgezinst werden[442] und wäre somit bilanziell mit dem tatsächlich vorhandenen Stammkapital (Kasse, Bank etc.) nicht gleichwertig.

In diesem Zusammenhang stellt sich dann die weitere Frage nach evtl. Erfor- 1204
derlichkeit einer **Besicherung** des Rückgewährsanspruchs. Ist die Vollwertigkeit anderweitig zweifelsfrei darstellbar, ist m.E. eine Besicherung nicht erforderlich. Denkbar ist aber, dass ein unbesicherter Anspruch wegen des größeren Risikos höher zu verzinsen und bei Unverzinslichkeit für die aktuelle Barwertermittlung stärker abzuzinsen wäre. Umgekehrt kann eine vollwertige Besicherung die Annahme der Vollwertigkeit des Rückzahlungsanspruchs stützen.

Maßgeblicher Zeitpunkt für die Vollwertigkeit des Rückgewähranspruchs und 1205
damit die Bonität des Gesellschafters ist der **Zeitpunkt** der Auszahlung des Darlehens aus dem Stammkapital der Gesellschaft.

Die **Darlegungs- und Beweislast** für die Vollwertigkeit des Rückgewähr- 1206
anspruchs trägt nach meinem Dafürhalten der Gesellschafter.

---

[438] Sa Tillmann NZG 2008, 401 ff.
[439] Altmeppen ZIP 2009, 49, 53; Spliedt ZIP 2009, 149, 150.
[440] BGH ZIP 2017, 427.
[441] Steuerlich ist für die Zwecke der Gewinnermittlung dann eine Abzinsung vorzunehmen, BFH DStR 2010, 950.
[442] Im umgekehrten Fall der Gesellschafterdarlehens muss für die steuerliche Gewinnermittlung eine Abzinsung erfolgen, BFH DStR 2009, 2587.

3. Auswirkungen auf das Cash-Pooling und andere Finanzierungssituationen

1207 Streitig diskutiert wird, ob für die im Rahmen eines Cash-Pooling[443] regelmäßig nur kurzfristigen Darlehensgewährungen für die Annahme der Vollwertigkeit eine übliche Verzinsung erforderlich ist. M.E. ist das nur bei langfristiger (etwa ab 1 Jahr) Darlehensgewährung der Fall.[444]

1208 Zu **beachten** ist jedoch, dass durch die Neuregelungen im MoMiG die Probleme der Konzerninnenfinanzierung nicht sämtlich gelöst sind. Die sog. Upstream-Loans können sich aufgrund der Neuregelungen der Gesellschafterfinanzierung nach Abschaffung des Eigenkapitalersatzrechts für die Muttergesellschaft sehr nachteilig auswirken.[445]

1209 Problematisch können nach der Neuregelung auch sog. „Upstream"-Darlehen aus gebundenem Vermögen an sog. **Akquisitionsvehikel** durch die erworbene Zielgesellschaft (Rechtsform der GmbH) sein, wenn das Akquisitionsvehikel außer den Anteilen an der Zielgesellschaft kein weiteres Vermögen hat.[446]

1210 Nicht ausdrücklich angesprochen wird im MoMiG die Gewährung von **Sicherheiten**[447] aus dem Gesellschaftsvermögen für Verbindlichkeiten des Gesellschafters. Da nach dem Entwurf die Darlehensvergabe auch bei Unterbilanz zulässig ist und wegen der Rückkehr des MoMiG zur streng bilanziellen Sichtweise dürfte der Fall künftig ebenso wie die Darlehensgewährung nach bilanziellen Regeln zu behandeln sein: Die Sicherheitenbestellung ist bilanzneutral, wenn zur Zeit der Bestellung mit einer Inanspruchnahme der Sicherheit nicht konkret zu rechnen ist.[448]

VII. Verjährung und Sonstiges

1211 Nach der Gesetzesänderung durch das Gesetz zur Anpassung von Verjährungsvorschriften v. 9.12.2004[449] verjährt der Anspruch der Gesellschaft auf Rückzahlung des verbotener Weise ausgeschütteten Stammkapitals gegen den betreffenden Gesellschafter in 10 Jahren; im Fall der Insolvenzeröffnung nicht vor Ablauf eines halben Jahres seit Eröffnung, §§ 31 Abs. 5, 19 Abs. 6 Satz 2 GmbHG. Für die Mithaftung der anderen Gesellschafter nach § 31 Abs. 3 GmbHG beträgt die Verjährungsfrist 5 Jahre, § 31 Abs. 5 GmbHG. Damit dürften die Zweifelsfragen der Verjährung auch für den Fall „böslicher Verhaltensweise"[450] geklärt sein.

---

[443] Zu Cash Pooling und Kapitalerhaltung im faktischen Konzern s. Altmeppen NZG 2010, 401 ff.
[444] So auch Brocker/Rockstroh BB 2009, 730 ff.; stets Drittvergleich und damit angemessene Verzinsung erforderlich Eusani GmbHR 2009, 795 ff.
[445] Burg/Westerheide BB 2008, 62 ff.
[446] Dazu Käpplinger NZG 2010, 1411 ff.
[447] Sa Tillmann NZG 2008, 401 ff.
[448] Drygala/Kremer ZIP 2007, 1289, 1295.
[449] BGBl I 2004, S. 3213 ff.; s. dazu ausführlich Gottwald, Verjährung im Zivilrecht.
[450] Altmeppen DB 2002, 514 ff.; Pentz GmbHR 2002, 632 ff.; zur „böslichen Verhaltensweise" s. Krämer GmbHR 2004, 538 ff.

Zuständig für die Geltendmachung der Rückzahlungsansprüche ist das Gericht am Sitz der Gesellschaft.[451] 1212

VIII. Rückzahlungen bei der GmbH & Co. KG

Die Besonderheiten der Kapitalrückzahlungen aus der GmbH & Co.KG werden unten in § 10, Kap. B erläutert. 1213

IX. Rückzahlungen bei der GmbH & Still

Die analoge Anwendung des § 30 GmbHG auf **atypisch stillen Gesellschafter** ist abhängig von der Ausgestaltung des Gesellschaftsvertrages der StG: Ein an einer GmbH beteiligter stiller Gesellschafter ist in Bezug auf die Kapitalerhaltungsregeln wie ein GmbH-Gesellschafter zu behandeln, wenn er aufgrund der vertraglichen Ausgestaltung des stillen Gesellschaftsverhältnisses hinsichtlich seiner vermögensmäßigen Beteiligung und seines Einflusses auf die Geschicke der GmbH weitgehend einem GmbH-Gesellschafter gleichsteht[452]. Ist dies nicht der Fall, sind §§ 30, 31 GmbHG auf den stillen Gesellschafter nicht anzuwenden[453]. 1214

E. Haftung der Gesellschafter für Verbindlichkeiten der GmbH

Der Wunsch der Gläubiger, den Gesellschafter der GmbH für Verbindlichkeiten der Gesellschaft persönlich in Anspruch zu nehmen,[454] ist so alt wie die Rechtsform selbst.[455] Als Haftungstatbestände werden diskutiert: Unterkapitalisierung, Durchgriffshaftung, sittenwidrige vorsätzliche Gläubigerschädigung und Existenzvernichtung.[456] Ohne Hinzutreten der vg. Haftungstatbestände trifft auch den herrschenden Kommanditisten keine unbeschränkte Durchgriffshaftung.[457] 1215

---

[451] OLG Karlsruhe EWiR 1998, 571.
[452] BGH ZIP 2006, 703 = BB 2006, 792; BGH ZIP 2013, 19.
[453] OLG Stuttgart NZG 2009, 259.
[454] Zu Konzepten der Gesellschafterhaftung s. K. Schmidt FS Goette, 2011, 459 ff.
[455] Sa Hölzle ZIP 2004, 1729 ff.; Kiethe NZG 2005, 333 ff.
[456] Sa Hölzle ZIP 2004, 1729 ff.; Kiethe NZG 2005, 333 ff.; Strohn ZInsO 2008, 706 ff. Altmeppen ZIP 2008, 1201 ff.
[457] Fleischer/Hahn NZG 2018, 1281 ff.

I. Unterkapitalisierung

1216 Materielle Unterkapitalisierung[458] liegt vor, wenn das Eigenkapital der Gesellschaft für den Kapitalbedarf (nach Abzug der Kredite Dritter) nach der Art und des Umfanges des Geschäftsbetriebes nicht ausreicht. Es besteht jedoch kein generelles Unterkapitalisierungsverbot. Folglich gibt es keine allgemeine Durchgriffshaftung der Gesellschafter für Verbindlichkeiten der Gesellschaft allein wegen Unterkapitalisierung.[459] Daran änderte auch die – insoweit vom BGH aufgehobene[460] – Entscheidung des OLG Düsseldorf[461] zum existenzvernichtenden Eingriff bei einer sog. „Aschenputtel-Gesellschaft" (es handelte sich um eine von vornherein zu gering ausgestattete BQG) nichts.[462] Für die Statuierung einer allgemeinen verschuldensabhängigen oder gar verschuldensunabhängigen Haftung des Gesellschafters wegen materieller Unterkapitalisierung besteht mangels Lücke im Haftungssystem des GmbHG kein Raum. Bloßes Unterlassen einer ausreichenden Kapitalisierung ist kein kompensationsloser Eingriff in das im Interesse der Gläubiger gebundene Vermögen der Gesellschaft.[463]

1217 Haftungen kommen also nur in Betracht, wenn die Tatbestände der Durchgriffshaftung oder des § 826 BGB erfüllt sind.

II. Durchgriffshaftung

1218 Die Durchgriffshaftung[464] kann auch den faktischen Alleingesellschafter treffen, der sich eines Strohmanns als formellem Gesellschafter bedient.[465]

1. Missbrauch der Rechtsform

1219 Das Rechtsinstitut der Durchgriffshaftung des Gesellschafters für Verbindlichkeiten der GmbH, etwa eine Kaufvertragsschuld nach § 433 Abs. 2 BGB, greift ein, wenn sich das Berufen auf das Trennungsprinzip des § 13 Abs. 2 GmbHG als unzulässige Rechtsausübung darstellt, die juristische Person offenkundig nur dazu benutzt wurde, ein von der Rechtsordnung nicht mehr gebilligtes Ergebnis

---

[458] Zur Durchgriffshaftung auf den GmbH-Gesellschafter aufgrund Unterkapitalisierung sa Petrak GmbHR 2007, 1009 ff.; Zur Durchbrechung der Haftungsbeschränkung im GmbH-Unternehmensverbund s. Ulrich GmbHR 2007, 1289 ff.
[459] BAG BB 1999, 1385 = GmbHR 1999, 655 = ZIP 1999, 878.
[460] BGH ZIP 2008, 1232 = DStR 2008, 1293 „Gamma".
[461] OLG Düsseldorf ZIP 2007, 227 = GmbHR 2007, 310 „Aschenputtel-Gesellschaft".
[462] So auch Schaefer/Fackler NZG 2007, 377.
[463] BGH ZIP 2008, 1232 = DStR 2008, 1293 „Gamma", entgegen OLG Düsseldorf; dazu Altmeppen ZIP 2008, 1201 ff.; Waclawik DStR 2008, 1486 ff.: Verantwortlichkeit für existenzvernichtendes Unterlassen?; Weber/Sieber ZInsO 2008, 952 ff.; Kleindiek NZG 2008, 686 ff.; Gloger ua ZInsO 2008, 1051 ff.
[464] Zur Durchgriffshaftung auf den GmbH-Gesellschafter aufgrund Unterkapitalisierung sa Petrak GmbHR 2007, 1009 ff.
[465] KG ZIP 2008, 1535 = NZG 2008, 344.

herbeizuführen. Dabei leitet sich die Durchgriffshaftung bereits aus der objektiv zweckwidrigen Verwendung der juristischen Person her; subjektive Elemente wie Vorsatz oder Verschulden sind nicht erforderlich.[466] Ein Missbrauch der haftungsbeschränkten Rechtsform kann etwa vorliegen, wenn ein Konzern für ein bestimmtes, riskantes und kapitalintensives Projekt eine mit nur geringem Kapital ausgestattete GmbH verwendet, sodass sich die Durchführung von vornherein und bereits nach dem Businessplan des Unternehmers als „Spekulation auf Kosten der Gläubiger" darstellt.[467] Immer ist der gesamte konkrete Sachverhalt nach § 242 BGB zu würdigen; von dem Rechtsinstitut ist nur sehr eingeschränkt Gebrauch zu machen, damit die Regel des § 13 Abs. 2 GmbHG nicht aufgehoben und über die juristische Person nicht leichtfertig hinweggegangen wird.

Diese Fallgruppe ist abzugrenzen von der keine Haftung begründenden bloßen Unterkapitalisierung.[468] **1220**

2. Vermögensvermischung

Eine Durchgriffshaftung des Gesellschafters wegen Vermögensvermischung war bejaht worden, wenn durch diese die Beachtung der Kapitalerhaltungsvorschriften des GmbH-Gesetzes unkontrollierbar wurde.[469] Zwar lässt sich die Durchgriffshaftung des Gesellschafters in den Vermögensvermischungsfällen seit der Änderung der Rechtsprechung des BGH zur Rechtsfolge des existenzvernichtenden Eingriffs[470] nicht mehr aus ihrer Einordnung als Existenzvernichtung herleiten. Die Durchgriffshaftung wegen unkontrollierbarer Vermögensvermischung greift aber in Analogie zu § 128 HGB als Verhaltenshaftung für den Gesellschafter ein, der wegen seines wahrgenommenen Einflusses als Allein- oder Mehrheitsgesellschafter auf die GmbH für die Vermögensvermischung verantwortlich ist.[471] Diese Haftung ist keine Zustandshaftung für andere, nicht beteiligte Gesellschafter.[472] Die Durchgriffshaftung des Gesellschafters besteht analog § 9a Abs. 4 GmbHG, wenn die Abgrenzung zwischen Privat- und Gesellschaftsvermögen durch undurchsichtige Buchhaltung verschleiert wird, sich also nicht ermitteln lässt, welcher Vermögensgegenstand zum Vermögen der Gesellschaft und welcher zum Vermögen des Gesellschafters gehört.[473] In Konzernfällen kann es zur Durchgriffshaftung kommen, wenn einzelne Beteiligungsgesellschaften wie unselbständige Betriebsabteilungen geführt werden und im Rahmen der Rechnungslegung wirksame Abgrenzungen zwischen den einzelnen Gesellschaften unterbleiben, etwa wenn einzelne Vermögenswerte hin- und hergeschoben werden, ohne dass dies buchhalterisch nachvollzogen werden kann.[474] **1221**

---

[466] OLG Naumburg ZInsO 2009, 43 = NJW-Spezial 2008.
[467] Kindler BB 2004, 1 ff.; BGH BB 2004, 2432.
[468] BGH ZIP 2008, 1232 = DStR 2008, 1293 – Gamma.
[469] OLG Jena ZIP 2002, 631 = GmbHR 2002, 112 für einen Alleingesellschafter-Geschäftsführer; OLG Celle EWiR 2002, 109.
[470] Entscheidung „Trihotel", ZIP 2007, 1552, keine unmittelbare Außenhaftung mehr.
[471] Erneut BGH DStR 2008, 886.
[472] BGH ZIP 2006, 467 = ZInsO 2006, 328.
[473] KG GmbHR 2008, 703 = NZG 2008, 344.
[474] OLG Dresden, ZIP 2005, 1680 (1685).

III. Deliktische Verschuldenshaftung gegenüber Gesellschaftsgläubigern nach § 826 BGB

1222 In Betracht kommen kann eine Verschuldenshaftung des Gesellschafters ggü. Gläubigern der Gesellschaft aus § 826 BGB wegen **planmäßiger Vermögensverlagerungen**. Der Gesellschafter einer GmbH und eine von ihm beherrschte Schwestergesellschaft der GmbH haften den Gesellschaftsgläubigern nach § 826 BGB auf Schadensersatz, wenn sie der GmbH planmäßig deren Vermögen entziehen und es auf die Schwestergesellschaft verlagern, um den Zugriff der Gesellschaftsgläubiger zu verhindern und auf diese Weise das von der Gesellschaft betriebene Unternehmen ohne Rücksicht auf die entstandenen Schulden fortführen zu können. Dies gilt auch dann, wenn die GmbH zum Zeitpunkt der schädigenden Handlungen schon überschuldet ist, diese Überschuldung aber noch vertieft wird mit der Folge, dass die Gläubiger schlechter dastehen als ohne die schädigenden Handlungen.[475]

1223 Auch wenn der Gesellschafter die **Gewinnchancen** des Geschäfts sich selbst verschafft und die Risiken in der GmbH belässt, kann die Durchgriffshaftung ggü. Gesellschaftsgläubigern eingreifen.[476] Sie kann sich aus dem Zusammenwirken mehrerer Umstände aus § 826 BGB ergeben. Zugleich kann Eingehungsbetrug nach § 263 StGB vorliegen, der wiederum die vorsätzlich sittenwidrige Schädigung der Gläubiger i.S.d. § 826 BGB beinhalten kann.

1224 Ebenso kann die **vorsätzliche Verursachung der Insolvenz** der Gesellschaft durch einen Gesellschafter eine Haftung ggü. Gesellschaftsgläubigern nach § 826 BGB begründen.

1225 Diese Fallgruppen sind abzugrenzen von dem lediglich eine Innenhaftung ggü. der Gesellschaft begründenden existenzvernichtenden Eingriff (s. → Rn. 1228 ff.).

1226 Im Hinblick darauf, dass der BGH das bisherige Konzept des existenzvernichtenden Eingriffs als eigenständige Haftungsfigur des unmittelbaren Durchgriffs(außen)haftung des Gesellschafters ggü. den Gläubigern der Gesellschaft aufgegeben und die Existenzvernichtungshaftung des Gesellschafters nunmehr als bloße Innenhaftung ggü. der Gesellschaft ausgestaltet hat (s. → Rn. 1248),[477] und im Hinblick auf die weiteren Einschränkungen des Gläubigerschutzes durch das **MoMiG**[478] ist denkbar, dass für den Gläubigerschutz künftig verstärkt der Haftungstatbestand des § 826 BGB in den Blickpunkt treten[479] und die Rechtsprechung weitere Fallgruppen für die Schadensersatzhaftung des GmbH-Gesellschafters ggü. Gesellschaftsgläubigern wegen vorsätzlich sittenwidriger Schädigung gem. § 826 BGB herausarbeiten wird.[480] Die Norm des § 826 BGB hat jedoch

---

[475] BGH BB 2004, 2372 = DStR 2004, 2065 = GmbHR 2004, 1528 = ZIP 2004, 2138; Hölzle ZIP 2004, 1729 ff.; Kiethe NZG 2005, 333 ff.
[476] OLG Naumburg GmbHR 2008, 1149.
[477] BGH BB 2007, 1970 = ZIP 2007, 1552 = ZInsO 2007, 881 mit Bespr. Burg/Müller-Seisl ZInsO 2007, 929.
[478] Etwa bei der Kapitalaufbringung bei Hin- und Herzahlen oder verdeckter Sacheinlage oder der Kapitalerhaltung bei Darlehen aus gebundenem Vermögen.
[479] Hölzle GmbHR 2007, 729 ff., 736; Raiser FS H.J. Priester, 2007, 619 ff.
[480] So auch Weller DStR 2007, 1166 ff.

bisher aufgrund nur weniger Entscheidungen und aufgrund der hohen Anforderungen an den subjektiven Tatbestand nur schwache Konturen und bedeutet insoweit eine nicht unerhebliche Rechtsunsicherheit. Diese wird bestehen bleiben, bis wiederum die Rechtsprechung Fallgruppen mit derart scharfen Konturen herausgearbeitet hat, wie dies etwa im früheren Eigenkapitalersatzrecht der Fall war. Dann erst ist eine rechtssichere Beratung möglich.

(Internationaler) Gerichtsstand für die Geltendmachung der Durchgriffshaftung des Gesellschafters ist nach Art. 7 Nr. 2 VO (EU) 1215/2012 (EuGVVO) der Ort, an dem das schädigende Ereignis eintritt. Das ist der Ort, an dem der Geschäftsbetrieb der Gesellschaft ist.[481]

IV. Existenzvernichtender Eingriff

1. Tatbestand, Definition

Mit dem Urteil zum „**Bremer Vulkan**"[482] hat der **BGH** die Rechtsprechung zum qualifiziert faktischen Konzern aufgegeben und entschieden, dass sich die Haftung des Gesellschafters nach den Kapitalerhaltungsregelungen des GmbH-Gesetzes richtet. Die GmbH darf nicht durch Eingriffe des Gesellschafters außerstande gesetzt werden, ihre Verbindlichkeiten zu bedienen.[483] Diese Rechtsprechung hat der BGH im Folgenden fortgeführt und den existenzvernichtenden Eingriff weiter präzisiert:[484]

Die Respektierung der Zweckbindung des Gesellschaftsvermögens zur vorrangigen Befriedigung der Gesellschaftsgläubiger während der Lebensdauer der GmbH ist unabdingbare Voraussetzung für die Inanspruchnahme des Haftungsprivilegs des § 13 Abs. 2 GmbHG. Zugriffe der Gesellschafter auf das Gesellschaftsvermögen, welche die aufgrund dieser Zweckbindung gebotene angemessene Rücksichtnahme auf die Erhaltung der Fähigkeit der Gesellschaft zur Bedienung ihrer Verbindlichkeiten in einem ins Gewicht fallenden Maße vermissen lassen, stellen deshalb einen Missbrauch der Rechtsform der GmbH dar, der zum Verlust des Haftungsprivilegs führt, soweit nicht der der GmbH durch den Eingriff insgesamt zugeführte Nachteil bereits nach den §§ 30, 31 GmbHG ausgeglichen werden kann.

Der **existenzvernichtende Eingriff** ist also wie folgt **definiert**:[485] Missbräuchlicher, zur Insolvenzreife der Gesellschaft führender oder diese vertiefender kompensationsloser Eingriff des Gesellschafters in das zur vorrangigen Befriedi-

---
[481] EuGH NZG 2013, 1073 = ZIP 2013, 1932.
[482] BGH ZInsO 2001, 1051 = ZIP 2001, 1874.
[483] Zur Rspr. zum existenzvernichtenden Eingriff: Kessler GmbHR, 2002, 945 ff.; Altmeppen ZIP 2002, 1553 ff.; Drygala GmbHR 2003, 729 ff.; Bruns WM 2003, 815 ff.; Freitag WM 2003, 805 ff.; Nassall ZIP 2003, 969 ff.; Benecke BB 2003, 1190 ff.; Wilhelm NJW 2003, 175 ff.; Diem ZIP 2003, 1283 ff.; Hölzle ZIP 2003, 1376 ff.; Mansdörfer/Timmerbeil WM 2004, 362 ff.; Wahl GmbHR 2004, 994 ff.; Hölzle ZIP 2004, 1729 ff.; Dauner-Lieb DStR 2006, 2034 ff.; Weller DStR 2007, 116 ff.; Ihrig DStR 2007, 1170 ff.; Kurzwelly FS Goette, 2011, 277 ff.; Stöber ZIP 2013, 2295 ff.
[484] BGHZ 150, 61 = NJW 2002, 803 = ZInsO 2002, 582 = ZIP 2002, 848; BGHZ 151, 181 = BB 2003, 1451 = ZIP 2002, 1578.
[485] Sa jüngst BGH ZIP 2019, 114 = GmbHR 2019, 172.

gung der Gesellschaftsgläubiger zweckgebundene Gesellschaftsvermögen,[486] also fehlende Rücksichtnahme des Gesellschafters auf die Zweckbindung des Gesellschaftsvermögens und Entzug der Mittel, die die Gesellschaft zur Erfüllung ihrer Verbindlichkeiten benötigt.[487] Dabei kann ein solcher Entzug von Gesellschaftsvermögen nicht nur in der Auskehr desselben, sondern auch in entsprechender Belastung mit Verbindlichkeiten außerhalb des Geschäftszwecks liegen.[488]

Eine Existenzvernichtungshaftung des GmbH-Gesellschafters kommt auch – wegen der besonderen Zweckbindung des Gesellschaftsvermögens nach § 73 Abs. 1 u. 2 GmbHG erst recht – für Eingriffe im Stadium der Liquidation in Betracht[489].

1230 *(unbelegt)*

2. Tatbestandsabgrenzungen, Beispiele

1231 Den Tatbestand des existenzvernichtenden Eingriffs erfüllt der **planmäßige Entzug** von Gesellschaftsvermögen durch Vereinnahmung von der Gesellschaft zustehenden Forderungen durch den (Allein-)Gesellschafter,[490] ebenso das Entziehen einer gegen den Alleingesellschafter-Geschäftsführer gerichteten Forderung der Gesellschaft durch Erwirken eines klageabweisenden Versäumnisurteils.[491] Im letztgenannten Fall ist der Ausweis der Forderung in der Bilanz der Gesellschaft ein starkes Beweisindiz für deren Bestehen.[492]

1232 Allerdings ist der **Einzug von Forderungen** der Gesellschaft **auf** einem **Konto des Gesellschafters** kein existenzvernichtender Eingriff, wenn er von diesem die Gesellschaftsverbindlichkeiten begleicht und erhebliches eigenes Vermögen zuschießt.[493]

1233 Die Veräußerung von Gesellschaftsvermögen unter Wert an eine Gesellschaft, die wiederum von den Gesellschafter-Geschäftsführern abhängig ist, kann auch existenzvernichtender Eingriff sein.[494]

1234 Fraglich war, ob die Haftung wegen Existenzvernichtung auch eingreifen kann, wenn der Gesellschaft **von vornherein** die Fähigkeit vorenthalten wurde, die vorhersehbaren Risiken ihres Geschäftsbetriebes zu bewältigen und ihren Verbindlichkeiten nachzukommen, wie es für eine sog. Aschenputtel-Gesellschaft das OLG Düsseldorf entschieden hatte.[495] Diese Entscheidung hat der BGH[496] aufgehoben und zur Begründung ausgeführt: Der existenzvernichtende Eingriff als besondere Fallgruppe der sittenwidrig vorsätzlichen Schädigung der Gesellschaft nach § 826 BGB setzt einen kompensationslosen „Eingriff" in das im Gläubigerinteresse zweckgebundene Gesellschaftsvermögen voraus. Dem steht ein Unter-

---

[486] BGH ZIP 2008, 308; erneut BGH DStR 2008, 1293.
[487] BGH BB 2005, 232 = DStR 2005, 162 = ZInsO 2005, 311 = ZIP 2005, 117.
[488] BGH ZIP 2019, 114 = GmbHR 2019, 172 für einen Fall der Verschmelzung einer insolvenzreifen GmbH auf eine andere GmbH, die dadurch insolvenzreif wurde.
[489] BGH ZIP 2009, 802 = ZInsO 2009, 878.
[490] BGH ZIP 2008, 308.
[491] OLG Celle GmbHR 2010, 87 = NZG 2010, 181.
[492] OLG Celle GmbHR 2010, 87 = NZG 2010, 181.
[493] BGH ZIP 2008, 1329 = DStR 2008, 1545.
[494] BGH ZIP 2012, 1071 = DStR 2012, 1144.
[495] ZIP 2007, 227.
[496] ZIP 2008, 1232 = DStR 2008, 1293 „Gamma".

lassen hinreichender Kapitalausstattung i.S.e. Unterkapitalisierung nicht gleich. Es besteht für die Statuierung einer allgemeinen verschuldensabhängigen oder gar verschuldensunabhängigen Haftung des Gesellschafters wegen materieller Unterkapitalisierung mangels Lücke im Haftungssystem des GmbHG kein Raum. Bloßes Unterlassen einer ausreichenden Kapitalisierung ist also kein kompensationsloser Eingriff in das im Interesse der Gläubiger gebundene Vermögen.[497]

Probleme im Hinblick auf die Existenzvernichtungshaftung (und die Kapitalerhaltungsregelungen) können sich auch beim **MBO** ergeben, wenn das Vermögen der erworbenen Gesellschaft als Sicherheit für die Finanzierung des Anteilskaufs gegeben wird.[498] 1235

Ein existenzvernichtender Eingriff im Rahmen der Gewinnverteilung durch die Konzernmutter ist nicht gegeben, wenn zugleich eine Patronatserklärung vorliegt.[499] 1236

Kein existenzvernichtender Eingriff sind **Managementfehler** des Gesellschafter-Geschäftsführers, da die Haftung wegen eines existenzvernichtenden Eingriffs einen betriebsfremden Zwecken dienenden Eingriff voraussetzt.[500] Auch ist für die Haftung wegen existenzvernichtenden Eingriffs ein Eingriff in den Haftungsfonds der Gesellschaft allgemein Voraussetzung. Der Entzug von Sicherungsgut eines einzelnen Gläubigers genügt dafür nicht.[501] Das bloße Zulassen von Zahlungen auf (Miet-)Forderungen des Gesellschafters, die vor Inkrafttreten des MoMiG als Eigenkapitalersatz gesperrt waren, ist ebenfalls kein existenzvernichtender Eingriff.[502] 1237

3. Kausalität für Gläubigerausfall und Verhältnis zu §§ 30, 31 GmbHG

Für eine Haftung wegen existenzvernichtenden Eingriffs muss zwischen dem Eingriff des Gesellschafters und dem Ausfall des Gläubigers Kausalität bestehen, der Eingriff also den Gläubigerausfall verursachen, vergrößern oder die Überschuldung vertiefen.[503] Der Gesellschafter hat das Recht, seine Inanspruchnahme durch den Vergleich der Vermögenslage der Gesellschaft mit derjenigen, die sich bei redlichem Verhalten ergeben hätte, zu begrenzen.[504] 1238

Das Verhältnis der Existenzvernichtungshaftung zu Ersatzansprüchen nach §§ 30, 31 GmbHG hat ebenso wie das Institut selbst eine Entwicklung in der Rechtsprechung durchlaufen. Für das frühere Haftungskonzept (Durchgriffshaftung) hatte der BGH entschieden, dass die Haftung des Gesellschafters wegen existenzvernichtenden Eingriffs nur in Betracht kommt, wenn und soweit das 1239

---

[497] BGH ZIP 2008, 1232 = DStR 2008, 1293 „Gamma"; dazu Altmeppen ZIP 2008, 1201 ff. und Waclawik DStR 2008, 1486 ff.: Verantwortlichkeit für existenzvernichtendes Unterlassen?; Hennrichs FS Schneider, 2011, 489 ff.
[498] Weitnauer ZIP 2005, 790 ff.; Schulz/Israel NZG 2005, 329 ff.
[499] LAG Berlin-Brandenburg DStR 2012, 615.
[500] BGH BB 2005, 286 = DZWIR 2005, 208 = ZIP 2005, 250; sa Wackerbarth ZIP 2005, 877 ff. Zur Abgrenzung des existenzvernichtenden Eingriffs vom bloßen Managementfehler sa OLG Köln DB 2007, 158 = ZIP 2007, 28.
[501] BGH BB 2005, 286 = DZWIR 2005, 208 = ZIP 2005, 250.
[502] BGH BeckRS 2015, 8530.
[503] OLG Jena ZIP 2007, 1758.
[504] BGH DStR 2005, 162 = ZIP 2005, 117 mAnm Altmeppen.

Basis-Schutzkonzept der §§ 30, 31 GmbHG nicht eingreift, die der Gesellschaft zugefügten Nachteile also nicht nach den Regelungen der §§ 30, 31. GmbHG ausgeglichen werden können.[505] Mit der Änderung des Haftungskonzepts (Ersatzanspruch der Gesellschaft nach § 826 BGB, s.u. „Trihotel") hat der BGH entschieden, dass zu evtl. gleichzeitig bestehenden Ansprüchen der Gesellschaft aus §§ 30, 31 GmbHG Anspruchsgrundlagenkonkurrenz besteht.[506] Dazu scheint mir jedoch die wiederum spätere Entscheidung des BGH[507] nicht zu passen, nach der die Existenzvernichtungshaftung nur in Betracht kommt, wenn und soweit das Basis-Schutzkonzept der §§ 30, 31 GmbHG nicht eingreift. Nach einer jüngeren Entscheidung des BGH[508] ist die Existenzvernichtungshaftung zur Haftung aus §§ 30, 31 GmbHG nicht zwingend subsidiär und beginnt nicht erst jenseits der Grenze der §§ 30, 31 GmbHG. Bei der Existenzvernichtungshaftung gehe es nämlich sowohl hinsichtlich der Bestimmung ihrer Rechtsgrundlagen also auch der sachgerechten Begrenzung der Verantwortlichkeit der Gesellschafter für Eingriffe in das im Gläubigerinteresse gebundene Gesellschaftsvermögen allein darum, die insoweit bestehenden Schutzlücken der §§ 30, 31 GmbHG zu schließen und das Gesellschaftsvermögen wirksam vor derartigen Eingriffen der Gesellschafter zu schützen. Solche Lücken können sich etwa ergeben bei bilanzneutralen Vermögensabschöpfungen oder von §§ 30, 31 GmbHG nicht erfassten Kollateralschäden. Die Existenzvernichtungshaftung ist also eine den Kapitalschutz des GmbHG ergänzende Fallgruppe des § 826 BGB.[509]

4. Betroffener Personenkreis

1240   In die Haftung wegen existenzvernichtenden Eingriffs kommt in erster Linie der den Eingriff **ausführende Gesellschafter**. Für die Mithaftung der Gesellschafter im Rahmen einer Ausfallhaftung wegen existenzvernichtenden Eingriffs in die GmbH ist nicht erforderlich, dass der **mithaftende Gesellschafter** selbst Leistungen empfangen hat; es reicht, dass er durch sein Einverständnis an dem existenzvernichtenden Eingriff mitgewirkt hat.[510] Die Haftung (hier wegen Vermögensvermischung) trifft als Verhaltenshaftung den Gesellschafter, der wegen seines wahrgenommenen Einflusses als Allein- oder Mehrheitsgesellschafter auf die GmbH für die Vermögensvermischung verantwortlich ist; die Haftung ist keine Zustandshaftung für andere, nicht beteiligte Gesellschafter.[511]

1241   Die Haftung aus existenzvernichtendem Eingriff trifft auch den mittelbaren faktischen Gesellschafter, der ihm zustehende Weisungsrechte zum Nachteil der

---
[505] BGH DStR 2005, 162 = ZIP 2005, 117 mAnm Altmeppen.
[506] BGH ZInsO 2007, 881 = NJW 2007, 2689.
[507] DStR 2008, 886.
[508] BGH GmbHR 2015, 644 = BeckRS 2015, 8530.
[509] BGH ZIP 2019, 114 = GmbHR 2019, 172.
[510] BGHZ 150, 61 = NJW 2002, 803 = ZInsO 2002, 582 = ZIP 2002, 848; zur Rspr. zum existenzvernichtenden Eingriff: Kessler GmbHR, 2002, 945 ff.; Altmeppen ZIP 2002, 1553 ff.; Drygala GmbHR 2003, 729 ff.; Bruns WM 2003, 815 ff.; Freitag WM 2003, 805 ff.; Nassall ZIP 2003, 969 ff.; Benecke BB 2003, 1190 ff.; Wilhelm NJW 2003, 175 ff.; Diem ZIP 2003, 1283 ff.; Hölzle ZIP 2003, 1376 ff.; Mansdörfer/Timmerbeil WM 2004, 362 ff.; Wahl GmbHR 2004, 994 ff.; Hölzle ZIP 2004, 1729 ff.
[511] BGH ZIP 2006, 467 = ZInsO 2006, 328.

Gesellschaft ausübt[512] und denjenigen, der zwar nicht Gesellschafter ist, jedoch an einer Gesellschaft beteiligt ist, die ihrerseits Gesellschafterin der GmbH ist, wenn er einen beherrschenden Einfluss auf die Gesellschafterin ausüben kann[513]. Je nach den tatsächlichen Umständen kann ein **Geschäftsherren-/Verrichtungsgehilfenverhältnis** nach § 831 BGB zwischen Konzernunternehmen bestehen.[514] In der Literatur wird teilweise bezweifelt, dass Gesellschaften Verrichtungsgehilfen sein können.[515]

Außerdem können nach dem Konzept der Existenzvernichtungshaftung auch **Nicht-Gesellschafter** oder **ehemalige Gesellschafter** in Haftung genommen werden, weil für eine Haftungszurechnung eine Beteiligung i.S.d. § 830 Abs. 2 BGB (Anstiftung oder Beihilfe) ausreicht.[516] 1242

Der **Anteilserwerber** haftet, wenn er Gehilfe des veräußernden Gesellschafters beim existenzvernichtenden Eingriff war; ansonsten haftet er nicht für einen existenzvernichtenden Eingriff des Veräußerers vor der Anteilsübertragung.[517] 1243

Als Deliktsrecht dürfte das Haftungskonzept auch auf im Inland tätige Gesellschaften ausländischer Rechtsformen anwendbar sein. 1244

5. Rechtsfolge nach Änderungen der Rechtsprechung

a) Rechtsfolge nach „Bremer Vulkan" – Außenhaftung. Als Rechtsfolge des existenzvernichtenden Eingriffs hatte der BGH die unmittelbare Haftung des Gesellschafters für Verbindlichkeiten der Gesellschaft ggü. den Gesellschaftsgläubigern festgestellt, soweit die der Gesellschaft durch den existenzvernichtenden Eingriff zugefügten Nachteile nicht nach den Regelungen der §§ 30 f. GmbHG ausgeglichen werden konnten.[518] 1245

A ist Alleingesellschafter der A-GmbH, deren Stammkapital 50.000 EUR beträgt. Zu einem Zeitpunkt, da sich Verbindlichkeiten und Vermögen der GmbH gerade decken, entzieht A der GmbH liquide Mittel i.H.v. 150.000 EUR, sodass die GmbH nicht mehr in der Lage ist, die fälligen Verbindlichkeiten des Gläubigers G i.H.v. 80.000 EUR zu bezahlen. 1246
Ergebnis:
Nach § 31 Abs. 1 GmbHG kann die GmbH bzw. G von A Zahlung eines Betrages i.H.v. 50.000 EUR an die GmbH fordern, da insoweit eine verbotene Stammkapitalauszahlung vorliegt und der Betrag zur Befriedigung des G erforderlich ist. Nach den Grundsätzen über den existenzvernichtenden Eingriff konnte (bis zur jüngsten Rechtsprechungsänderung, s.u.) G von A darüber hinaus Zahlung i.H.v. 30.000 EUR wegen existenzvernichtenden Eingriffs verlangen, denn der Liquiditätsentzug durch A hat die Insolvenzsituation der A-GmbH (Zahlungsunfähigkeit) herbeigeführt.
Anmerkung:
In einem eröffneten Insolvenzverfahren über das Vermögen der A-GmbH würden beide Ansprüche durch den Insolvenzverwalter geltend zu machen sein.

---

[512] OLG Rostock ZIP 2004, 118.
[513] BGH ZIP 2005, 117; hierzu Gehrlein BB 2005, 613 ff.
[514] BGH ZIP 2013, 77.
[515] Grunewald NZG 2018, 481 ff.
[516] LAG Hamm ZIP 2015, 1392 = GmbHR 2015, 931. Diese Entscheidung fasst zudem die Rechtsprechung des BGH zur Haftung wegen existenzvernichtenden Eingriffs übersichtlich zusammen.
[517] OLG München ZIP 2010, 331.
[518] BGH BB 2005, 232 = ZInsO 2005, 311 = ZIP 2005, 117 mAnm Altmeppen.

1247 Außerhalb des Insolvenzverfahrens **hatten** die Gläubiger der Gesellschaft wegen existenzvernichtenden Eingriffs durch den Gesellschafter einen unmittelbaren Schadensersatzanspruch gegen die an den Eingriffen mitwirkenden Gesellschafter.[519] Im eröffneten Insolvenzverfahren galt § 93 InsO analog; der Anspruch der Gläubiger war durch den Insolvenzverwalter geltend zu machen.[520]

1248 **b) Aktuelle Rechtsfolge seit „Trihotel" – Innenhaftung.** Die Rechtsfolge der unmittelbaren Außenhaftung des Gesellschafters ggü. den Gläubigern der GmbH hat der **BGH** in der Entscheidung „Trihotel"[521] nun aufgegeben und gestaltet die Haftung wegen existenzvernichtenden Eingriffs jetzt um als reine Innenhaftung ggü. der Gesellschaft selbst im Rahmen einer besonderen Fallgruppe der vorsätzlichen sittenwidrigen Schädigung der Gesellschaft i.S.d. § 826 BGB.[522] Die Existenzvernichtungshaftung ist also kein eigenes Rechtsinstitut mehr. Diese Änderung, die sich nur auf der Rechtsfolgenseite auswirkt, war erforderlich, da die bisherige Haftungskonstruktion der unbegrenzten Außenhaftung, dogmatisch konsequent zu Ende gedacht, einer Analogie zu § 128 HGB gleichkam. Ein Bedürfnis, den existenzvernichtenden Eingriff mit einer Durchgriffshaftung wegen Missbrauchs der Rechtsform der GmbH zu sanktionieren, besteht nicht, wenn die der GmbH durch den Eingriff zugefügten Nachteile dieser ggü. ausgeglichen werden.[523]

1249 Weitere Folgen der neuen Haftungskonstruktion sind die Mithaftung von Beteiligten nach § 830 BGB und die Anwendbarkeit als Deliktsrecht auf ausländische Rechtsformen. Zu evtl. gleichzeitig bestehenden Ansprüchen der Gesellschaft aus §§ 30, 31 GmbHG besteht Anspruchsgrundlagenkonkurrenz. Außerhalb der Insolvenz der Gesellschaft sind die Ansprüche der Gesellschaft für ihre Gläubiger pfändbar.

Die Ersatzpflicht umfasst auch Verzugszinsen ab der Entziehung von Geldmitteln.[524]

1250 Entzieht der Gesellschafter der GmbH im Wege eines existenzvernichtenden Eingriffs Mittel, die die GmbH zur Befriedigung ihrer Gläubiger benötigt, so kann darin auch eine Untreue i.S.d. § 266 StGB liegen[525] mit der Folge einer Schadensersatzhaftung nach § 823 Abs. 2 BGB.

1251 Außerhalb der Insolvenz der Gesellschaft sind die Ansprüche der Gesellschaft für ihre Gläubiger pfändbar.

Im Insolvenzverfahren über das Vermögen der Gesellschaft, in das der Gesellschafter in existenzvernichtender Weise eingegriffen hat, macht den Anspruch nach § 826 BGB der Insolvenzverwalter geltend (§ 80 InsO).

---

[519] BGHZ 151, 181 = BB 2003, 1451 = ZIP 2002, 1578; LAG Köln ZIP 2003, 1893.
[520] LAG Köln ZIP 2003, 1893; bestätigt BAGE 133, 121 = BB 2005, 2193 = NJW 2005, 2172 = ZIP 2005, 1174; OLG Celle GmbHR 2001, 1042 = EWiR 2002, 109 und BGHZ 164, 50 = BB 2005, 2144 = DStR 2005, 1743 = ZInsO 2005, 1043.
[521] Sa Kölbl BB 2009, 1194 ff.
[522] BGH ZIP 2007, 1552 und ZInsO 2007, 881.
[523] S. dazu Vetter BB 2007, 1965 ff.; Weller ZIP 2007, 1681 ff.; Theiselmann GmbHR 2007, 904 ff.; Schanze NZG 2007, 681 ff.
[524] BGH ZIP 2008, 455 = ZInsO 2008, 276.
[525] BGH GmbHR 2004, 1010 = NZI 2004, 681 = ZIP 2004, 1200; zu den strafrechtlichen Aspekten sa Fleischer NJW 2004, 2867 ff.; Vetter ZIP 2003, 601 ff.; Mülbert DStR 2001, 1937 ff.

6. Darlegungs- und Beweislast, Verjährung

Fraglich war die Verteilung der Darlegungs- und Beweislast.[526] Das LAG Köln hatte entschieden:[527] Gläubiger, die regelmäßig keinen näheren Einblick in die gesellschaftsinternen Vorgänge haben, genügen ihrer Darlegungs- und Beweislast zur Begründung eines Anspruchs wegen existenzvernichtenden Eingriffs, wenn sie lediglich hinreichende Anhaltspunkte vortragen; es obliegt dann den Gesellschaftern, diese Anhaltspunkte durch substantiierten Vortrag auszuräumen. Anders hatte das OLG München geurteilt:[528] Konkreter Vortrag des Anspruchstellers erforderlich, durch welche Rechtsgeschäfte oder Maßnahmen der GmbH der existenzvernichtende Eingriff zugefügt wurde. Im Jahr 2008 hat der BGH entschieden:[529] Die Darlegungs- und Beweislast trägt die Gesellschaft.

1252

Der Anspruch verjährt nach den allgemeinen Vorschriften. Sie beginnt nach § 199 Abs. 1 BGB erst, wenn dem Gläubiger die anspruchsbegründenden Umstände und die Umstände bekannt oder infolge Fahrlässigkeit unbekannt sind, aus denen sich ergibt, dass der mittelbare Gesellschafter als Schuldner in Betracht kommt.[530]

1253

7. Steuerrechtliche Behandlung

Steuerlich wurde die Durchgriffshaftung wie folgt berücksichtigt: Wird der Gesellschafter einer vermögenslosen GmbH für deren Verbindlichkeiten im Wege des Durchgriffs in Anspruch genommen, so sind die Verbindlichkeiten in seinem Einzelunternehmen Gewinn mindernd zu passivieren, wenn seine zum Ersatz verpflichtende Handlung die Betriebseinnahmen erhöht hatte.[531] Das dürfte nach meinem Dafürhalten auch nach der Änderung der Zivilrechtsprechung (nunmehr Innenhaftung) weiter gelten.

1254

F. Eigenkapitalersatzhaftung nach alter und für Altfälle fortgeltender Rechtslage

Das Eigenkapitalersatzrecht[532] alter Prägung wurde durch das am 1.11.2008 in Kraft getretene **MoMiG** aufgegeben. Die sog. Rechtsprechungsregeln wurden

1255

---

[526] Sa Oechsler FS Schneider, 2011, 913 ff.; Bayer/Illhardt GmbHR 2011, 856 ff.
[527] ZIP 2003, 1893.
[528] ZIP 2006, 564.
[529] BGH ZIP 2008, 308.
[530] BGH ZIP 2012, 1804; dazu Hermann/Woedtke NZG 2012, 1297 ff.
[531] BFHE 202, 128 = BB 2003, 1670 = GmbHR 2003, 959; dazu Weber-Grellet NZG 2003, 808 ff.
[532] Zum Ganzen Goette/Kleindiek, Eigenkapitalersatzrecht in der Praxis; Uhländer BB 2005, 70 ff.; s.a. K. Schmidt GmbHR 2005, 797 ff.: Vom Eigenkapitalersatz in der Krise zur Krise des Eigenkapitalersatzrechts; Altmeppen NJW 2005, 1911 ff.: Änderungen der Kapitalersatzhaftung aus deutsch – europäischer Sicht; Huber/Habersack BB 2006, 1 ff.; Neufang/Oettinger BB 2006, 294 ff.

durch § 30 Abs. 1 Satz 3 GmbHG n.F. aufgehoben. Die sog. Novellenregelungen in §§ 32a und b GmbHG a.F. zu Gesellschafterdarlehen und wirtschaftlich vergleichbaren Leistungen sind nun in teilweise modifizierter Form in der InsO verortet. Wegen misslungener oder zumindest nicht konsequenter Übergangsregelung gelten die Rechtsprechungsregeln des alten Eigenkapitalersatzrechts für Altfälle der Sachverhaltsverwirklichung vor dem 1.11.2008 auch in nach diesem Zeitpunkt eröffneten Insolvenzverfahren weiter. Zwar fällt das Verständnis der Neuregelungen, die nach der Rechtsprechung des BGH auf dem Postulat einer Finanzierungsfolgenverantwortung des seiner Gesellschaft Darlehen gewährenden Gesellschafters gegenüber den anderen Gläubigern der Gesellschaft fußen, mit Kenntnis des früheren Eigenkapitalersatzrechts leichter und darüber hinaus können nach der Rechtsprechung des BGH die von Rechtsprechung und Literatur zum Eigenkapitalersatzrecht entwickelten Grundsätze im Streitfall für die Auslegung des § 135 Abs. 1 Nr. 2 InsO grundsätzlich fruchtbar gemacht werden,[533] jedoch wird hier von der detaillierten Darstellung der alten Rechtslage unter Geltung des Eigenkapitalersatzes abgesehen und insoweit auf die 5. Auflage verwiesen.

G. Haftung aus Gesellschafterdarlehen und vergleichbaren Finanzhilfen des Gesellschafters in der Insolvenz der GmbH

I. Aufhebung des Eigenkapitalersatzrechts und Verortung in der InsO

1256   Durch das MoMiG[534] wurde das frühere Eigenkapitalersatzrecht für Sachverhalte nach seinem Inkrafttreten (1.11.2008) abgeschafft. §§ 32a und 32b GmbHG a.F. (ebenso die §§ 129a und 172a HGB) wurden aufgehoben und einige ihrer Inhalte in die InsO integriert. Außerdem wurden durch die Nichtanwendungsnorm in § 30 Abs. 1 Satz 3 GmbHG die früheren sog. Rechtsprechungsregeln für unanwendbar erklärt. Damit wurde die Rechtsfigur der eigenkapitalersetzenden Gesellschafterleistungen vollständig aufgegeben. Das Schicksal aller Gesellschafterfinanzierungen im Insolvenzfall der haftungsbeschränkten Gesellschaft wird (ausschließlich) in der InsO geregelt. Die Neuregelungen **verzichten** auf die **Merkmale** „eigenkapitalersetzend" und „Krise" der Gesellschaft.[535] Es gibt nach dem neuen Konzept keine „eigenkapitalersetzenden Gesellschafterdarlehen" mehr.

1257   Die Regelungen über das Schicksal von Gesellschafterdarlehen und vergleichbaren Finanzhilfen des Gesellschafters in der Insolvenz der Gesellschaft finden sich nun in der InsO, wohin sie systematisch auch gehören. Jede Darlehensforderung

---

[533] BGH ZIP 2013, 582, 583.
[534] Sa Haas ZInsO 2007, 617 ff.; Habersack ZIP 2007, 2145 ff.; Krolop ZIP 2007, 1738 ff.; Gehrlein BB 2008, 846 ff.; Altmeppen NJW 2008, 3601 ff.; K. Schmidt GmbHR 2009, 1009 ff.; K. Schmidt Beilage ZIP 39/2010, 15 ff.; Geist ZIP 2014, 1662 ff.; Heckschen/Kreußlein RNotZ 2016, 351 ff.
[535] BGH ZIP 2015, 1130; zum Verzicht auf das Krisenkriterium und seine Folgen s. Roth GmbHR 2008, 1184 ff.

eines Gesellschafters und alle Forderungen aus Rechtshandlungen, die einem Gesellschafter-Darlehen wirtschaftlich entsprechen, sind nunmehr in der Insolvenz der Gesellschaft nach § 39 Abs. 1 Nr. 5 InsO nachrangig. Im letzten Jahr vor oder nach dem Insolvenzantrag über das Vermögen der Gesellschaft noch erhaltene Befriedigungen oder innerhalb der letzten 10 Jahre vor oder nach dem Insolvenzantrag noch erhaltene Sicherungen für solche dem Nachrang unterfallende Forderungen sind im eröffneten Insolvenzverfahren vom Insolvenzverwalter nach § 135 Abs. 1 Nr. 2 bzw. § 135 Abs. 1 Nr. 1 InsO anfechtbar. Ebenso anfechtbar ist nach § 135 Abs. 2 InsO die Rückzahlung eines Darlehens eines Dritten durch die Schuldnergesellschaft im letzten Jahr vor oder nach dem Insolvenzantrag über das Vermögen der Gesellschaft, wenn der Gesellschafter dem Dritten eine Sicherheit bestellt hatte oder als Bürge haftete; der Gesellschafter hat dann nach § 143 Abs. 3 InsO die Befriedigungsleistung der Schuldnergesellschaft bis zur Höhe seiner Sicherheit in die Insolvenzmasse zu erstatten. Weder für die Nachrangigkeit noch für die Insolvenzanfechtung ist Voraussetzung, dass das Gesellschafterdarlehen oder die wirtschaftlich vergleichbare Gesellschafterhilfe oder die Sicherheit im Stadium der Krise der Gesellschaft (Insolvenzreife oder Kreditunwürdigkeit) gewährt oder stehen gelassen bzw. befriedigt wurde. Der Nachrang der noch offenen Gesellschafterforderungen und die Insolvenzanfechtbarkeit der noch erhaltenen Befriedigungen oder Sicherheiten greifen im Insolvenzverfahren über das Vermögen der Gesellschaft in jedem Fall ein. Eine willentliche Entscheidung des Gesellschafters, das Darlehen in der Krise stehen zu lassen, ist nicht mehr Tatbestandsvoraussetzung.[536]

Begründet wurde dies im RegE mit dem rechtspolitischen Postulat, der seine Gesellschaft kreditierende Gesellschafter habe ggü. den sonstigen Gläubigern eine **Finanzierungs(folgen)verantwortung**. Da somit die materielle Unterkapitalisierung[537] oder gar eine durch den finanzierenden Gesellschafter angeblich geschaffene Gefahrenlage für den Rechtsverkehr[538] als Legitimation für die Nachrangigkeit der Gesellschafterforderungen und Anfechtbarkeit erhaltener Befriedigungen herhalten muss, bedarf die Neuregelung zu ihrer Rechtfertigung also ebenso des alten Gedankens, dass Finanzierungsleistungen der Gesellschafter quasi Eigenkapital sind, denn nur dieses ist nachrangig.[539] So hat auch der BGH entschieden, dass die von der Rechtsprechung entwickelten Grundsätze des früheren Eigenkapitalersatzrechts (die sog. Rechtsprechungsregeln) bei der Auslegung und Anwendung der Anfechtungsregelungen in § 135 InsO „grundsätzlich fruchtbar gemacht" werden können.[540] Die Rechtsprechung hat die Begründung von Nachrang der Darlehensforderungen des Gesellschafters und Anfechtbarkeit von Tilgungen auf drei Säulen gestellt:

1258

---

[536] AG Potsdam ZIP 2016, 1937.
[537] Hölzle ZIP 2010, 913 m.w.N.
[538] Schäfer ZInsO 2010, 1311 ff.
[539] Altmeppen NJW 2008, 3601 ff.; Spliedt ZIP 2009, 149, 153. So ist mE auch die Begründung zur Insolvenzanfechtbarkeit der Darlehensrückzahlung an einen Nichtgesellschafter-Zessionar zu verstehen, BGH ZIP 2013, 582, nach welcher die von Rechtsprechung und Schrifttum zum Eigenkapitalersatzrecht entwickelten Grundsätze für die Auslegung des § 135 Abs. 1 InsO grundsätzlich fruchtbar zu machen sind.
[540] BGH ZIP 2013, 582

- Finanzierungsfolgenverantwortung[541],
- Störung des Risikogleichgewichts: Darlehensgeber nur Anspruch auf Rückzahlung; Gesellschafter zusätzlich Anspruch auf Überschüsse/Gewinne[542],
- Möglichkeit der Einflussnahme des Gesellschafters auf die Gesellschaft[543].

1259 Wie für alle Insolvenzanfechtungen ist auch für die Anfechtung nach § 135 InsO Voraussetzung, dass die angefochtene Rechtshandlung (etwa die Darlehenstilgung) die Insolvenzgläubiger benachteiligt, § 129 InsO. Anfechtbar sind also nur Darlehenstilgungen, soweit sie die Insolvenzgläubiger benachteiligen.

Zur Beseitigung einer zunächst durch Rückzahlung des Gesellschafterdarlehens eingetretenen Gläubigerbenachteiligung s.u.

II. Erfasste Gesellschaftsformen

1260 Nach §§ 135 Abs. 4, 39 Abs. 4 S. 1 InsO gelten die Regelungen für alle Gesellschaften, die unmittelbar oder mittelbar keine natürliche Person als Vollhafter haben. Durch die Verortung der Regelungen in das Insolvenzrecht wird erreicht, dass alle Gesellschaften, die keine natürliche Person als Vollhafter haben (haftungsbeschränkte Gesellschaften), als Darlehensnehmer erfasst sind. Das gilt für in Deutschland eröffnete Insolvenzverfahren über das Vermögen von **ausländischen haftungsbeschränkten Gesellschaften** (etwa einer ausschließlich in Deutschland tätigen Limited mit Sitz in England, sog. Scheinauslandsgesellschaft)[544]. Nach Art. 13 EuInsVO und nach § 335 InsO gilt das Insolvenzrecht des Eröffnungsstaates. Zu diesem Recht gehören auch die §§ 39 Abs. 1 Nr. 5, 135 InsO.[545]

III. Persönlicher Anwendungsbereich, Erstreckung auf einem Gesellschafter gleichgestellte Dritte

1. Gesellschafter

1261 Grundsätzlich finden die §§ 39 Abs. 1 Nr. 5, 135 InsO Anwendung, wenn der Darlehensgeber unmittelbarer Gesellschafter der darlehensnehmenden Gesellschaft ist, also eine Beteiligung an der darlehensnehmenden Gesellschaft hält.

2. Mittelbarer Gesellschafter und einbezogene Dritte, verbundene Unternehmen

1262 Nach der Rspr. des BGH sind die von Rechtsprechung und Schrifttum zum Eigenkapitalersatzrecht entwickelten Grundsätze für die Auslegung des § 135

---
[541] BGH ZIP 2013, 582
[542] BGH ZIP 2019, 666
[543] BGH ZIP 2020, 1468
[544] AG Hamburg ZInsO 2008, 1332 = BeckRS 2009, 1179.
[545] Brinkmann Beilage zu ZIP 22/2016, 14 ff.

G. Haftung aus Gesellschafterdarlehen und vergleichbaren Finanzhilfen

Abs. 1 InsO grundsätzlich fruchtbar zu machen.[546] Der persönliche Anwendungsbereich der Regelungen über die Gesellschafterfinanzierung, also die Einbeziehung einem Gesellschafter gleichgestellter Dritter bleibt gegenüber dem früheren Eigenkapitalersatzrecht nahezu unverändert.[547] Durch die Gesetzesformulierungen „Forderungen aus Rechtshandlungen, die einem solchen (Gesellschafter-)Darlehen wirtschaftlich entsprechen" in § 39 Abs. 1 Nr. 5 InsO und „gleichgestellte Forderung" bzw. „einem Darlehen wirtschaftlich entsprechen" in § 135 InsO wird der bisherige § 32a Abs. 3 Satz 1 GmbHG a.F. in personeller Hinsicht (gleichgestellte Dritte) übernommen,[548] was insbesondere für mit dem Gesellschafter horizontal oder vertikal verbundene Unternehmen gilt.[549] Somit kann für die Frage der Reichweite der Neuregelungen im Verhältnis zu Dritten weitgehend auf die zum Eigenkapitalersatzrecht entwickelte Rechtsprechung zurückgegriffen werden.[550] Damit ist das Darlehen eines Dritten/Nichtgesellschafters als Gesellschafterdarlehen zu bewerten, wenn der Dritte bei wirtschaftlicher Betrachtungsweise einem Gesellschafter gleichsteht.[551] Die Zurechnung kann auf mehrere Arten erfolgen:

- der darlehensgebende Dritte ist selbst mittelbar an der darlehensnehmenden Gesellschaft beteiligt (mittelbarer Gesellschafter, Gesellschafter-Gesellschafter),
- der darlehensgebende Dritte wird vom (auch mittelbaren, s.u.) Gesellschafter mit bestimmendem Einfluss auf Gewährung oder Abzug des Darlehens beherrscht,
- der darlehensgebende Dritte wird vom Gesellschafter eingeschaltet, um der darlehensnehmenden Gesellschaft Darlehen aus Mitteln des Gesellschafters zu geben (Mittelsperson).

Danach sind die Darlehen folgender formaler Nichtgesellschafter als Darlehensgeber dem Gesellschafterdarlehen i.S.d. §§ 39 Abs. 1 Nr. 5, 135 InsO gleichzustellen und somit in den Anwendungsbereich der Vorschriften einzubeziehen (gesellschaftergleiche Dritte): 1263

(1) Vertikal (Gesellschafter-Gesellschafter als Darlehensgeber): Darlehensgeber ist mittelbar (über eine o. mehrere) Zwischengesellschaften an darlehensnehmender Gesellschaft beteiligt. Die mittelbare Beteiligung muss „durchgerechnet" die Kleinbeteiligungsschwelle von 10 % des § 39 Abs. 5 InsO überschreiten; ein beherrschender Einfluss des Gesellschafters auf die darlehensnehmende Gesellschaft ist nicht erforderlich.[552] 1264

(2) Horizontal, z.B. Schwesterunternehmen als Darlehensgeber: Der – auch über „Zwischengesellschaften" mittelbare – Gesellschafter der darlehensnehmenden Gesellschaft (Ausn.: Kleingesellschafter nach § 39 Abs. 5 InsO) ist an der 1265

---

[546] BGH ZIP 2013, 582, 583.
[547] Habersack ZIP 2008, 2385 ff.; Krolop GmbHR 2009, 397 ff.; Zur Anwendung auf stille Gesellschafter/Beteiligungen an Kapitalgesellschaften s. Manz/Lammel GmbHR 2009, 1121 ff.; Schall ZIP 2010, 205 ff.; d'Avoine/Michels ZIP 2018, 60 ff.; Wilhelm, Grundsätze der Haftung Dritter im Recht der Gesellschafterdarlehen, ZIP 2020, 2210 ff.
[548] BT-Drs. 16/6140, S. 56; BGH ZIP 2013, 582, 583.
[549] BGH ZIP 2011, 575; BGH ZIP 2013, 582.; BGH GmbHR 2019, 170 = NZG 2019, 235.
[550] BGH ZIP 2011, 575; BGH ZIP 2012, 1869; BGH ZIP 2013, 582, 583 = ZInsO 2013, 543.
[551] BGH ZIP 2013, 582, 584.
[552] OLG Hamm ZIP 2017, 2162; BGH GmbHR 2019, 170 = NZG 2019, 235.

darlehensgebenden Gesellschaft maßgeblich beteiligt.[553] Eine maßgebliche Beteiligung ist gegeben, wenn der Gesellschafter der darlehensnehmenden Gesellschaft zu mehr als 50% an der darlehensgebenden Gesellschaft beteiligt oder zu genau 50% Gesellschafter ist und zusätzlich einzel- oder alleinvertretungsbefugter Geschäftsführer des Darlehensgebers ist.[554] Eine maßgebliche Beteiligung des mit mehr als 10% mittelbaren Gesellschafters der darlehensnehmenden Gesellschaft an der darlehensgebenden Gesellschaft wurde auch bejaht, wenn der (mittelbare) Gesellschafter der darlehensnehmenden Gesellschaft auf die Entscheidungen der Geschäftsführung der darlehensgebenden Gesellschaft, etwa die Entscheidung über Gewährung oder Abzug der Darlehensmittel bestimmenden Einfluss ausüben kann, insbesondere durch Gesellschafterbeschlüsse maßgebliche Weisungen erteilen kann.[555] Ob dafür die Mehrheit der Stimmanteile in der Gesellschafterversammlung erforderlich ist oder ob die rein tatsächliche Einflussnahmemöglichkeit, die Entscheidungen allein treffen zu können, ausreicht[556], hat der BGH in der vgl. Entscheidung offengelassen.

1266 **(3) Stiller Gesellschafter**:[557]

Bei der stillen Gesellschaft muss zunächst unterschieden werden, ob der stille Gesellschafter auch (unmittelbar oder mittelbar) regulärer Gesellschafter der haftungsbeschränkten Gesellschaft ist. Bejahendenfalls ist seine zusätzliche stille Einlage einem Gesellschafterdarlehen vergleichbar. Hat ein (mittelbarer) Gesellschafter zusätzlich zu seiner (mittelbaren) Beteiligung an der Gesellschaft (hier: GmbH) eine **(typische) stille Beteiligung** übernommen, stellt der Anspruch auf Rückgewähr der stillen Einlage eine einem Darlehen gleichgestellte Forderung dar, da das MoMiG insoweit die Konzeption des § 32a Abs. 3 GmbHG a.F. übernommen habe.[558]

Darüber hinaus ist ein **atypischer stiller Gesellschafter**[559] mit Verlustbeteiligung *und* Einflussmöglichkeit auf die Geschicke der Gesellschaft in Bezug auf die Kapitalerhaltungs- bzw. früheren Eigenkapitalersatzregeln als GmbH-Gesellschafter anzusehen, mithin nunmehr nachrangiger Insolvenzgläubiger[560]. Für die Beurteilung ist eine Gesamtbetrachtung geboten. Kriterien, die die Einbeziehung des atypisch stillen Gesellschafters in den von § 135 InsO erfassten Personenkreis bewirken, sind[561]:
- im Innenverhältnis wird das Vermögen der Geschäftsinhaberin und des stillen Gesellschafters als gemeinschaftliches Vermögen behandelt,
- die Gewinnermittlung findet wie bei einem Kommanditisten statt,

---

[553] BGH GmbHR 2019, 170 = NZG 2019, 235.
[554] Ua BGH ZIP 2013, 1579.
[555] BGH GmbHR 2019, 170 = NZG 2019, 235.
[556] So OLG Oldenburg ZIP 2018, 544; offen gelassen BGH GmbHR 2019, 170 = NZG 2019, 235.
[557] Sa Bitter ZIP 2019, 146 ff.
[558] BGH ZIP 2017, 2481 = NZG 2018, 109 = GmbHR 2018, 51.
[559] Zu den steuerrechtlichen Kriterien jüngst BFH ZIP 2018, 319.
[560] OLG Köln ZIP 2011, 2208 = ZInsO 2012, 1081; BGH GmbHR 2012, 1181 für einen atypisch stillen Gesellschafter einer GmbH & Co.KG, zugleich zu den Kriterien für eine Gleichstellung des stillen Gesellschafters; OLG Jena ZIP 2016, 1134.
[561] BGH ZIP 2012, 1869 = ZInsO 2012, 1775.

- die Mitwirkungsrechte des stillen Gesellschafters in Grundlagenangelegenheiten kommen den Mitwirkungsmöglichkeiten eines Kommanditisten in ihrer schuldrechtlichen Wirkung nahe,
- die Informations- und Kontrollrechte sind denen eines Kommanditisten nachgebildet.

Liegen diese Kriterien vor, ist es sachgerecht, die Finanzierungsfolgenverantwortung des atypisch stillen Gesellschafters wegen seines (dem unmittelbaren Gesellschafter vergleichbaren) Informationsvorsprungs und seines Einflusspotenzials anzunehmen und ihn in den Anwendungsbereich des § 135 InsO aufzunehmen.[562]

(4) Hat der Darlehensgeber **sonstigen (vertraglichen) beherrschenden Einfluss** auf darlehensnehmende Gesellschaft,[563] ist maßgeblich, dass der (gesellschaftsrechtlich nicht beteiligte) Darlehensgeber bei Gesamtbetrachtung eine Position einnimmt, die der eines Gesellschafters der kreditnehmenden Gesellschaft gleichkommt.[564] Das kann der Fall sein bei einem Nießbraucher am gesamten Geschäftsanteil oder gesamten Ertrag mit Übertragung von Mitwirkungs-, Teilnahme- und Kontrollrechten.[565] Bei einem Genussrechtsgeber mit Nachrangvereinbarung in den Rang des § 39 Abs. 1 Nr. 4 InsO ist es hingegen nicht der Fall.[566]

1267

(5) Darlehensgeber **ohne herrschenden Einfluss** auf die darlehensnehmende Gesellschaft?

1268

Wie die vorstehenden Konstellationen zeigen, war in der bisherigen Rechtsprechung und der h.M. in der Literatur Voraussetzung für die Gleichstellung des Darlehens eines Nichtgesellschafters mit einem Gesellschafterdarlehen stets, dass der Darlehensgeber neben der mit einem Gesellschafter vergleichbaren Vermögensbeteiligung auch mit einem Gesellschafter vergleichbare Möglichkeiten der Einflussnahme auf die darlehensnehmende Gesellschaft hat. Nun sind in zwei jüngeren obergerichtlichen Entscheidungen gesellschaftergleiche Darlehen in Fällen angenommen wurden, in denen zugunsten des darlehensgebenden Nichtgesellschafters eine (nahezu) vollständige Gewinn- und Vermögensabschöpfung, nicht jedoch ausdrücklich gesellschafterähnliche Mitwirkungsrechte vereinbart worden waren, so dass die GmbH letztendlich nur ihre Haftungsbeschränkung zur Verfügung gestellt habe. Dann stelle sich die verschleierte Teilhabe ähnlich einer Gesellschafterstellung dar.[567] Bei genauer Betrachtung der Fälle zeigt sich jedoch, dass der Darlehensgeber jeweils ganz erheblichen unternehmerischen Einfluss auf die Geschäfte der Gesellschaften (faktisch) ausübte, so dass es sich m.E. nicht um eine neue Kategorie gesellschaftergleicher Darlehen i.S.d. § 39 Abs. 1 Nr. 5 Alt. 2 InsO handelt.

Auch **darlehnsgebende Banken** können eine gesellschaftergleiche Stellung einnehmen mit der Folge der Anfechtbarkeit der Darlehenstilgungen nach § 135 Abs. 1 Nr. 2 InsO. Voraussetzung ist, dass sich bei einer Gesamtbetrachtung ihre

1269

---

[562] Florstedt ZIP 2017, 2433 (im Anschluss und zur Besprechung von BGH ZIP 2017, 1365)
[563] Zur Rechtslage nach MoMiG noch nicht entschieden; so bei Eigenkapitalersatz.
[564] OLG Düsseldorf ZIP 2015, 187.
[565] BGH GmbHR 2011, 870.
[566] OLG Düsseldorf, ZIP 2015, 187.
[567] OLG Koblenz GmbHR 2016, 298, und 296 = EwiR 2016, 605; OLG Thüringen GmbHR 2016, 300 und 299 = BeckRS 2016, 4952; zustimmend Kuna GmbHR 2016, 284 ff.=

Rechtsstellung als mit derjenigen eines Gesellschafters der darlehensnehmenden Gesellschaft vergleichbar darstellt (Gesamtvergleich mit der Rechtsposition eines Gesellschafters). Das kann der Fall sein, wenn sich die Tätigkeit der Gesellschaft als eigene unternehmerische Tätigkeit der Banken darstellt. Kriterien hierfür können sein die Gewinnbeteiligung, gesellschaftergleiche Rechte, Teilhabe an der Geschäftsführung, doppelseitiges Treuhandverhältnis, bei dem der Treuhänder die Geschäftsanteile auch zugunsten der Banken hält.[568] Allein das Treuhandverhältnis oder die bloß faktische Möglichkeit der darlehensgebenden Banken, auf Entscheidungen der Gesellschaft Einfluss zu nehmen, reichen aber nicht.[569]

1270 **(6) Künftiger Gesellschafter:**
Auch künftige Gesellschafter sind einbezogen, wenn sie später nach Gewährung der Finanzierungshilfe den Geschäftsanteil erwerben.[570]

1271 **(7) Mittelspersonen:** Das Darlehen wird vom „wirtschaftlichen" Darlehensgeber über eine Mittelsperson an die darlehensnehmende Gesellschaft ausgereicht. Denkbare Konstellationen sind:
- Der Gesellschafter stellt dem Darlehensgeber die Mittel für die Darlehensgewährung zur Verfügung. (z.B. Ehegatte des Gesellschafters als Darlehensgeber),
- Treugeber des Strohmann-Gesellschafters.

Die Forderung aus der Rechtshandlung eines Dritten entspricht einem Gesellschafterdarlehen aber nicht schon deshalb, weil es sich bei dem Dritten um eine nahestehende Person i.S.d § 138 InsO handelt; auch ein ungesichertes Darlehen durch eine nahestehende Person i.S.d § 138 InsO begründet keinen ersten Anschein für eine wirtschaftliche Gleichstellung mit einem Gesellschafterdarlehen.[571]

1272 **(8) Außenstehender Dritter:** Von den §§ 39 Abs. 1 Nr. 5, 135 InsO nicht erfasst sind außenstehende Dritte als Darlehensgeber. So ist bspw. die Rückzahlung eines Darlehens durch die Gesellschaft, die spätere Insolvenzschuldnerin an einen Dritten als Darlehensgeber diesem gegenüber nicht nach § 135 InsO anfechtbar, wenn der außenstehende Dritte dem Gesellschafter das Darlehen gewährt hatte, welches dieser dann (absprachegemäß) an die Gesellschaft ebenfalls als Darlehen weitergereicht hat.[572]

1273 Die Forderung aus der Rechtshandlung eines Dritten entspricht einem Gesellschafterdarlehen auch nicht schon deshalb, weil es sich bei dem Dritten um eine nahestehende Person i.S.d § 138 InsO handelt; auch ein ungesichertes Darlehen durch eine nahestehende Person i.S.d § 138 InsO begründet keinen ersten Anschein für eine wirtschaftliche Gleichstellung mit einem Gesellschafterdarlehen[573].

3. Kleingesellschafterprivileg und Sanierungsprivileg

1274 Beide wurden, wie nachstehend erläutert, in die InsO integriert. Wegen der Rechtsformneutralität der InsO gelten diese Regelungen nicht nur für die Ge-

---

[568] BGH ZIP 2020, 1468 = NZG 2020, 995
[569] BGH ZIP 2020, 1468 = NZG 2020, 995
[570] BGH ZIP 2014, 584 = ZInsO 2014, 598.
[571] BGH ZIP 2011, 575 = BB 2011, 851; dazu Gruschinske GmbHR 2012, 551 ff.
[572] BGH ZIP 2020, 723.
[573] BGH ZIP 2011, 575 = BB 2011, 851; dazu Gruschinske, GmbHR 2012, 551 ff.

sellschafter der GmbH, sondern auch aller anderen Gesellschaften, bei welchen keine natürliche Person Vollhafter ist[574].

a) Kleingesellschafterprivileg. Das sog. Kleingesellschafterprivileg in § 32 a Abs. 3 S. 2 GmbHG a.F. wurde unverändert in § 39 Abs. 5 InsO übernommen. Danach gilt § 39 Abs. 1 Nr. 5 InsO nicht für nicht geschäftsführende Gesellschafter, die mit 10% oder weniger am Haftkapital beteiligt sind. Für die Aktiengesellschaft bzw. den Aktionär bedeutet diese rechtsformneutrale Lösung in der InsO gegenüber der Rechtsprechung zur früheren Rechtslage (Anwendung des Eigenkapitalersatzrechts nur auf Aktionäre mit Finanzierungsverantwortung; dies waren Aktionäre, die mit mindestens 25% + 1 Aktie am Grundkapital beteiligt waren) eine Erweiterung. Es wird also auch der Aktionär von den Regelungen der Gesellschafterfinanzierung erfasst, der mit mehr als 10% am Grundkapital der AG beteiligt ist. 1275

Für die Anwendung des Privilegs kommt es auf den Zeitpunkt der Darlehensgewährung an. Das Privileg kann nicht dadurch erlangt werden, dass nachträglich die Beteiligung unter die Schwelle gesenkt oder die Geschäftsführung der darlehensnehmenden Gesellschaft aufgegeben wird. Umgekehrt kann das Privileg bei späterem Überschreiten der Schwelle oder Aufnahme der Geschäftsführung verloren gehen.

b) Sanierungsprivileg. Das sog. Sanierungsprivileg in § 32a Abs. 3 S. 3 GmbHG a.F. wurde in abgewandelter Form in § 39 Abs. 4 S. 2 und § 135 Abs. 4 InsO übernommen. Es gilt auch weiterhin für solche Gesellschafter, die vor dem Anteilserwerb aus dem Anwendungsbereich des § 39 Abs. 1 Nr. 5 heraus fielen, also weder Gesellschafter noch gleichgestellte Personen waren oder die vor dem Hinzuerwerb weiterer Anteile dem Kleingesellschafterprivileg unterfielen. Infolge der durchgängigen Aufgabe des Merkmals der „Krise" greift das Sanierungsprivileg ab dem Zeitpunkt der drohenden oder eingetretenen Zahlungsunfähigkeit bzw. der Überschuldung der Gesellschaft. Die Anknüpfung an die bereits eingetretene Insolvenzreife könnte das Sanierungsprivileg leerlaufen lassen, weil sich die neuen Gesellschafter i.d.R. ja bereits zur Verhinderung der Insolvenzreife beteiligen werden. Daher wird dafür plädiert, die Eröffnungsgründe im Rahmen des Sanierungsprivilegs anders zu interpretieren als im Rahmen der Insolvenzantragspflicht nach § 15a InsO.[575] Das Sanierungsprivileg dauert bis zur „nachhaltigen Sanierung" an. Das dürfte, ähnlich wie bei der positiven Fortführungsprognose bei § 19 InsO, den Zeitraum des im Zeitpunkt der Sanierungsbeteiligung laufenden und des folgenden Geschäftsjahres umfassen. In einer danach wiederum entstehenden Insolvenz greift das (frühere) Sanierungsprivileg nicht mehr. 1276

---

[574] Entsprechend sah bereits der RegE auch die (tatsächlich erfolgte) Aufhebung etwa der §§ 129a und 172a HGB vor.
[575] Bitter ZIP 2013, 398 ff.

IV. Rückleistungsverpflichtungen nach Insolvenzanfechtung, Unmaßgeblichkeit der Krise der Gesellschaft

1277 Durch die Nichtanwendungsnorm in § 30 Abs. 1 Satz 3 GmbHG wurden die sog. Rechtsprechungsregeln zu den eigenkapitalersetzenden Gesellschafterdarlehen aufgehoben; diese sind nur noch zur Begründung des Nachrangs und der Anfechtbarkeit im Insolvenzverfahren und zur Auslegung und Anwendung der Anfechtungsnorm des § 135 InsO „grundsätzlich fruchtbar" zu machen.[576] Der Insolvenzverwalter kann alle im letzten Jahr vor dem Insolvenzantrag oder danach noch erfolgten Befriedigungen von Forderungen nach § 39 Abs. 1 Nr. 5 InsO (Forderungen auf Rückgewähr eines Gesellschafterdarlehens oder Forderungen aus Rechtshandlungen, die einem Gesellschafterdarlehen wirtschaftlich entsprechen) durch die Gesellschaft oder Befreiungen des Gesellschafters von Sicherheiten für Verbindlichkeiten der Gesellschaft im Wege der Insolvenzanfechtung nach §§ 135, 143 Abs. 3 InsO zurückverlangen. Eine Befriedigung i.S.d. § 135 Abs. 1 Nr. 2 InsO liegt auch vor, wenn die Gesellschafterforderung zu Lasten des Gesellschaftsvermögens mit Hilfe eines Erfüllungssurrogats wie einer Leistung an Erfüllungs statt befriedigt wird.[577]

1278 Die Insolvenzanfechtung nach § 135 Abs. 1 InsO setzt keine Krise der Gesellschaft voraus; dasselbe gilt für die Anfechtung bei Rückgewähr eines durch den Gesellschafter gesicherten Darlehens nach §§ 135 Abs. 2, 143 Abs. 3 InsO[578]. Es kommt also nicht mehr darauf an, dass das Gesellschafterdarlehen oder die vergleichbare Finanzierungshilfe in der Krise der Gesellschaft gegeben oder stehen gelassen wurde oder ob sich die Gesellschaft zur Zeit der Darlehenstilgung in einer Krise befand. Die gesetzliche Regelung geht also davon aus, dass es für die übrigen Gläubiger der Gesellschaft eine Erhöhung ihrer Befriedigungsrisiken darstellt, wenn die Gesellschaft mit Darlehen des Gesellschafters geführt wird. Durch die Darlehensgewährung übernehme der Gesellschafter gegenüber den anderen Gesellschaftsgläubigern eine Finanzierungsfolgen-verantwortung.[579] Diese realisiere sich, wenn das Gesellschafterdarlehen innerhalb des Anfechtungszeitraums (letztes Jahr vor Insolvenzantrag bis Insolvenzeröffnung) zurückgeführt werde oder der Gesellschafter innerhalb dieses Zeitraums von einer gegebenen Sicherheit befreit werde.[580]

1279 Ist dem Gesellschafter innerhalb der letzten 10 Jahre vor dem Insolvenzantrag über das Vermögen der Gesellschaft oder danach für ein Gesellschafterdarlehen oder eine gleichgestellte Forderung eine **Sicherheit aus dem Vermögen der Gesellschaft** gewährt worden, so kann der Insolvenzverwalter diese Rechtshandlung nach § 135 Abs. 1 Nr. 1 InsO anfechten.

---

[576] S.o.; BGH ZIP 2013, 582
[577] OLG Hamm NZG 2017, 824.
[578] BGH ZIP 2015, 1130 = NZG 2015, 924.
[579] BGH ZIP 2013, 582 = ZInsO 2013, 543; kritisch zu dieser Entscheidung Pentz, GmbHR 2013, 393 ff.
[580] Zur ratio legis des Rechts der Gesellschafterdarlehen am Beispiel der Sicherheite s. Altmeppen, ZIP 2019, 1985 ff.

Durch die Ergänzung des § 22 ZPO wird sichergestellt, dass der Insolvenzverwalter die Gesellschafter auch im nun vorgesehenen Wege der Insolvenzanfechtung am besonderen Gerichtsstand des Gesellschaftssitzes in Anspruch nehmen kann und nicht jeden Gesellschafter an seinem allgemeinen Gerichtsstand verklagen muss. 1280

Da ein Anwendungsvorrang des § 135 InsO nicht anzunehmen ist[581], können neben der Anfechtung nach § 135 InsO auch die sonstigen Insolvenzanfechtungen in Betracht kommen, etwa für Darlehensrückzahlungen früher als ein Jahr vor Insolvenzantrag bei Vorliegen der Voraussetzungen die Insolvenzanfechtung nach § 133 Abs. 1 InsO.[582] 1281

Die Ausreichung (auch eines zinslosen) Gesellschafterdarlehens ist keine unentgeltliche Leistung des Gesellschafters an die Gesellschaft, weil ihr der Rückforderungsanspruch nach § 488 BGB entgegensteht, so dass sie im über das Vermögen des Gesellschafters eröffneten Insolvenzverfahren nicht nach § 134 InsO angefochten werden kann.[583] Die Unentgeltlichkeit der Darlehensausreichung kann sich auch nicht aus dem Nachrang nach § 39 Abs. 1 Nr. 5 InsO ergeben. Insoweit gilt für den darlehensgebenden Gesellschafter nichts Anderes als für jeden sonstigen Darlehensgeber, denn bis zur Eröffnung des Insolvenzverfahrens über das Vermögen der darlehensnehmenden Gesellschaft ist der Darlehensrückzahlungsanspruch des Gesellschafters nicht nachrangig. Allerdings ist denkbar, dass der Nachrang, der durch Stehenlassen einer Forderung aus einem Umsatzgeschäft und ihrer daraus folgenden Umqualifizierung als Darlehensforderung (s. → Rn. 1285) entsteht, seinerseits als unentgeltliche Leistung nach § 134 InsO angefochten werden kann (s.u. bei Doppelinsolvenz, → Rn. 1302). 1282

V. Zweifelsfragen bei Gesellschafterdarlehen

1. Kein Bargeschäft i.S.d. § 142 InsO

Unabhängig von der Frage, ob § 142 InsO im Rahmen der Anfechtung nach § 135 InsO überhaupt anwendbar ist – der BGH hat in einem Fall der Bestellung einer Sicherheit aus dem Gesellschaftsvermögen für ein Gesellschafterdarlehen entschieden, dass das Bargeschäftsprivileg des § 142 InsO für die Anfechtung der Bestellung einer Sicherheit für ein Gesellschafterdarlehen nicht gilt[584] – liegen die Voraussetzungen bei der Darlehensrückzahlung nicht vor, da es insoweit an einem Gegenseitigkeitsverhältnis fehlt, welches allenfalls für die Zinszahlungen gegeben sein könnte.[585] 1283

---

[581] Bayer/Graff DStR 2006, 1654, 1657 f.
[582] Sa Bangba-Szabo ZIP 2013, 1058 ff.
[583] BGH ZIP 2016, 2483.
[584] BGH ZIP 2019, 666; iE → Rn. 1294.
[585] OLG Celle NZI 2012, 890; zu Zinszahlungen s. sogleich unten.

2. Qualifikation einer Gesellschafterforderung als Gesellschafterdarlehen

1284 **a) Laufende Zinsen.** Vertragliche Ansprüche eines Gesellschafters auf marktübliche Zinsen für das von ihm gewährte Darlehen sind nach der Klarstellung durch den BGH keine einem Gesellschafterdarlehen gleichgestellten Forderungen[586], so dass die pünktliche Begleichung laufender Zinsansprüche nicht der Anfechtung nach § 135 Abs. 1 Nr. 2 InsO unterfällt.[587] Entgegen noch OLG München[588] dürfte sich also, wenn Zins und Tilgung zusammen geleistet worden sind, die Anfechtung der Tilgung nicht auch auf die geleisteten vertraglichen Darlehenszinsen erstrecken.

Anfechtbarkeit nach dieser Vorschrift ist aber gegeben, wenn die vereinbarten Zinstermine (und -zahlungen) außerhalb jeder verkehrsüblichen Handhabung liegen.[589]

Bei der Beurteilung, ob die vereinbarte Verzinsung des ungesicherten Gesellschafterdarlehens markt-/fremdüblich ist (vGa), steht wegen der Nachrangigkeit nach § 39 Abs. 1 Nr. 5 InsO nach dem BFH ein Risikozuschlag nicht entgegen.[590]

1285 **b) „Stehen gelassene" Forderungen aus entgeltlichen Austauschgeschäften.**[591] Entgeltforderungen eines Gesellschafters aus Verkehrsgeschäften mit seiner Gesellschaft können als Gesellschafterdarlehen i.S.d. § 39 Abs. 1 Nr. 5 InsO umzuqualifizieren sein. Für diese Abgrenzung werden die Grundsätze zum Bargeschäft nach § 142 InsO herangezogen: bei einem „Stehenlassen" bis zu 30 Tagen erfolgt i.d.R. noch keine Umqualifizierung.[592] Werden die Forderungen eines Gesellschafters aus einem üblichen Austauschgeschäft hingegen über einen Zeitraum von mehr als drei Monaten rechtsgeschäftlich oder faktisch gestundet, handelt es sich grundsätzlich um darlehensgleiche Forderungen.[593] Für den Zeitraum zwischen 30 Tagen und 3 Monaten kommt es darauf an, ob die Forderung aufgrund einer vom (markt-)üblichen abweichenden Fälligkeits- oder Stundungsabrede Darlehenscharakter hat.[594] Die nach den Umständen des Einzelfalls zu beurteilende Vergleichbarkeit mit Gesellschafterdarlehen wirkt auch steuerrechtlich.[595]

Vereinnahmen etwa die Gesellschafter von der Gesellschaft **Mietzinszahlungen** innerhalb des letzten Jahres vor Insolvenzeröffnung, die nicht innerhalb

---

[586] BGH ZIP 2019, 1577.
[587] Hirte in Uhlenbruck, InsO § 135 Rn. 7; a.A. (für § 135 Nr. 2 InsO a.F.) OLG Düsseldorf ZIP 2015, 187.
[588] OLG München ZInsO 2014, 897 = BeckRS 2014, 2754.
[589] BGH ZIP 2019, 1577.
[590] BFH NZG 2022, 44.
[591] S.a. Felsch, Stundung, Fälligkeitsvereinbarung und Stehenlassen: Nach welchem Zeitraum sind Forderungen aus Austauschgeschäften darlehensgleich?, ZIP 2021, 123 ff.
[592] OLG Schleswig, ZIP 2013, 1485; BGH ZIP 2019, 1675
[593] BGH ZIP 2019, 1675
[594] S.a. Bitter/Laspeyres, Kurzfristige Waren- und Geldkredite im Recht der Gesellschafterdarlehen, ZInsO 2013, 2289 ff. BGH ZIP 2022, 654 = NZI 2022, 425 = GmbHR 2022, 460 zu Lizenzgebühren, die durch „Stehenlassen" als darlehensgleiche Forderungen angesehen werden können.
[595] BFH GmbHR 2018, 1032 = DStRK 2018, 294.

G. *Haftung aus Gesellschafterdarlehen und vergleichbaren Finanzhilfen*   417

vertraglich üblicher Fälligkeitsregelungen oder nicht innerhalb der durch verkehrsübliche Gepflogenheiten bestimmten Fristen geltend gemacht bzw. bezahlt wurden, so sind die Zahlungen als Rückzahlungen von Gesellschafterdarlehen nach § 135 Abs. 1 Nr. 2 InsO anfechtbar.[596] Mehr als 30 Tage „stehengelassene" Pacht wird zur darlehensgleichen Forderung.[597]

Als Gesellschafterdarlehen mit der Folge des Nachrangs nach § 39 Abs. 1 Nr. 5 InsO sind auch Stundungen von erheblichen **Nettolohnforderungen** über einen längeren Zeitraum durch einen Arbeitnehmer der GmbH zu qualifizieren, der Gesellschafter zu einem Drittel ist (Nichtdurchsetzen über längeren Zeitraum ist als Stundung zu werten); auf eine Krise der Gesellschaft zur Zeit der Rechtshandlung kommt es nicht mehr an.[598] **Gehaltsforderungen** des Gesellschafter-Arbeitnehmers, die innerhalb des Bargeschäftszeitraums (bis zu 30 Tage nach Fälligkeit des Lohnanspruchs für vorgeleistete Arbeit) bezahlt werden, sind keine einem Gesellschafterdarlehen wirtschaftlich entsprechenden Forderungen.[599]

In diesem Zusammenhang wurden auch Forderungen aus **Altersversorgungszusagen** des Gesellschafter-Geschäftsführers diskutiert, denn sie könnten entweder als Schenkung (anfechtbar nach § 134 InsO) oder als stehen gelassenes Entgelt für (frühere) Dienste anzusehen sein. Dann wären diese Forderungen in der Insolvenz der Gesellschaft nachrangig nach § 39 Abs. 1 Nr. 5 InsO und Tilgungen nach § 135 Abs. 1 Nr. 2 InsO anfechtbar. Sollte die Ruhegehaltszusage durch eine Sicherheit aus dem Gesellschaftsvermögen abgesichert sein, wäre das Werthaltigmachen der Sicherheit innerhalb der letzten 10 Jahre vor dem Insolvenzantrag nach § 135 Abs. 1 Nr. 1 InsO anfechtbar.[600] Nun hat der BGH entschieden, dass Ansprüche eines Gesellschafters auf Zahlung eines Altersruhegeldes aus einer bestehenden betrieblichen Altersversorgung keine Forderungen aus Rechtshandlungen darstellen, die einem Gesellschafterdarlehen wirtschaftlich entsprechen.[601]

Die Stundung von **Kaufpreisforderungen** des Gesellschafters gegen die Gesellschaft aus Warengeschäften lässt diese durch „Stehenlassen" zu Gesellschafterdarlehen werden mit der weiteren Folge der Begründung der internationalen Zuständigkeit nach § 22 ZPO.[602]

Die Stundung einer Forderung, die vom Auszahlungsverbot nach § 30 Abs. 1 S. 1 GmbHG erfasst ist, ist keine Rechtshandlung, die einem Gesellschafterdarlehen entspricht.[603]

c) Gewinnausschüttungen. Ob auch Ausschüttungen von Gewinnvorträgen oder vom Gesellschafter gebildeten freien Gewinnrücklagen Zahlungen auf Forderungen sind, die der Forderung auf Rückgewähr von Gesellschafterdarlehen   **1286**

---

[596] OLG Hamm ZIP 2014, 186 = ZInsO 2014, 243.
[597] BGH GmbHR 2015, 420; OLG Hamm GmbHR 2017, 1032.
[598] LAG Niedersachsen ZInsO 2012, 1079 = ZIP 2012, 1925; bestätigt durch BAG ZIP 2014, 927. Ebenso OLG Celle ZInsO 2013, 2557, für die Stundung eines Urlaubsabgeltungsanspruchs eines Gesellschafters.
[599] BGH ZIP 2014, 1491 = ZInsO 2014, 1602.
[600] S.a. Jacoby, Keine Insolvenzfestigkeit einer gesicherten Ruhegehaltszusage an den Gesellschafter, Beilage zu ZIP 22/2016, 35 ff.
[601] BGH ZIP 2020, 2409
[602] LG Krefeld ZInsO 2014, 360 = NZI 2014, 408.
[603] OLG Hamburg GmbHR 2012, 1242 = NZG 2013, 137.

gleichgestellt sind, hatte der BGH zunächst offengelassen[604] und wurde in der obergerichtlichen Rechtsprechung unterschiedlich entschieden und war in der Lit. streitig. Teilweise wurde dies bejaht, weil es keinen Unterschied machen könne, ob die Gesellschafter sich den Gewinn erst auszahlen lassen und dann der Gesellschaft als Darlehen wieder zur Verfügung stellen oder ob sie den Gewinn sogleich als Gewinnrücklage oder Gewinnvortrag in die Bilanz einstellen.[605] Werde ein Gewinn allerdings verzögert ausgeschüttet, weil sich die Gesellschafter über die Gewinnverwendung zunächst nicht einig waren, handele es sich nicht um eine nach § 135 Abs. 1 Nr. 2 InsO anfechtbare Darlehensrückzahlung[606]. Teilweise wurde es verneint, weil mangels Ausschüttungsbeschlusses zunächst kein Auszahlungsanspruch bestand, der einem Gesellschafterdarlehen vergleichbar sein könnte.[607]

Die grundsätzliche Einordnung von Gewinnrücklage oder -vortrag als dem Gesellschafterdarlehen gleichgestellte Forderung wird in der Literatur, soweit ersichtlich überwiegend und m.E. zu Recht bezweifelt,[608] weil es sich bei Gewinnrücklage oder -vortrag bereits bilanziell nicht um Darlehen (= Fremdkapital), sondern um Eigenkapital handelt. Anders als die Darlehensgewährung gewähren Gewinnrücklage oder -vortrag dem Gesellschafter keinen Rückzahlungsanspruch, dessen Geltendmachung seiner eigenen Entscheidung unterliegt; eine Gewinnrücklage muss vor einer Auszahlung erst durch Gesellschafterbeschluss aufgelöst werden, ein Gewinnvortrag kann erst mit der Feststellung der folgenden Bilanz und Beschlussfassung über die Verwendung des Ergebnisses ausgezahlt werden (sofern er nicht durch einen Jahresfehlbetrag aufgezehrt wurde).

Für eine GmbH & Co.KG hatte das OLG Schleswig entschieden, dass Entnahmen des Kommanditisten aus dem Vermögen der Gesellschaft keine Darlehensrückzahlung i.S.d. § 135 Abs. 1 Nr. 2 InsO ist, wenn die Entnahmen vom Kapitalkonto gedeckt sind und das dortige Guthaben eine Beteiligung des Kommanditisten am Eigenkapital der Gesellschaft ausweist; dann nämlich handele es sich nicht um eine Forderung gegen die Gesellschaft.[609] Hingegen ist die Entnahme von Guthaben auf einem Kapitalkonto des Kommanditisten wie die Rückgewähr eines Gesellschafterdarlehens anfechtbar, wenn die Auslegung des Gesellschaftsvertrags ergibt, dass das Guthaben keine Beteiligung des Kommanditisten, sondern eine schuldrechtliche Forderung ausweist.[610]

Ein zusätzliches Argument dafür, dass der „stehen gelassene" Gewinn nicht vergleichbar ist mit einem Gesellschafterdarlehen könnte sein: in der Insolvenz kann auf den Gewinn eine Auszahlung nur als Überschussauskehr nach § 199 S. 2 InsO erfolgen, während ein Gesellschafterdarlehen nach § 39 Abs. 1 Nr. 5 InsO als

---

[604] BGH ZIP 2021, 93 Rn. 30.
[605] OLG Koblenz, ZInsO 2013, 2168 = NZG 2014, 998; dazu Freudenberg, ZInsO 2014, 1544 ff. und Menkel, NZG 2014, 982 ff.; dem OLG zustimmend Mylich, ZIP 2017, 1255 ff.; Gehrlein, NZI 2021, 165 ff. (zuglich zur u.g. BGH-Entscheidung NZI 2021, 180)
[606] LG Hamburg, ZIP 2015, 1795
[607] OLG Schleswig, ZIP 2017, 622 = NZI 2017, 452 (für Zahlung an einen Kommanditisten einer GmbH & Co.KG aus Eigenkapital)
[608] Heckschen/Kreußlein RNotZ 2016, 351 ff., 362; Seibold/Waßmuth GmbHR 2016, 962 ff.; Wünschmann NZG 2017, 51 ff.; Priester GmbHR 2017, 1245 ff.
[609] OLG Schleswig ZIP 2017, 622.
[610] BGH ZIP 2021, 93 = NZI 2021, 180 = GmbHR 2021, 492

nachrangige Forderung zu bedienen wäre. Die Umqualifizierung würde also eine Rangverbesserung bewirken, die sicherlich nicht beabsichtigt ist.

Nun hat der **BGH** die Frage für die spätere Auszahlung eines Gewinnvortrags an einen Alleingesellschafter einer GmbH entschieden: Beschließt der Alleingesellschafter einer GmbH, einen festgestellten Gewinn auf neue Rechnung vorzutragen, kann der aus einem später gefassten, auf Ausschüttung des Gewinnvortrags gerichteten Gewinnverwendungsbeschluss folgende Zahlungsanspruch eine wirtschaftlich einem Darlehen entsprechende Forderung i.S.d. §§ 135 Abs. 1 Nr. 2, 39 Abs. 1 Nr. 5 InsO darstellen. Zur Begründung hat der BGH ausgeführt, dass dass es sich bei der zunächst vom Gesellschafter getroffenen Entscheidung, den Gewinn nicht auszuschütten, sondern auf neue Rechnung vorzutragen, um eine der Darlehensgewährung vergleichbare Finanzierungsentscheidung handelt.[611] Eine Behandlung als wirtschaftlich einem Darlehen entsprechende Forderung scheidet aber aus, wenn bereits zum Zeitpunkt des ersten, auf einen Vortrag des Gewinns auf neue Rechnung gerichteten Gesellschafterbeschlusses eine Gewinnausschüttung nach § 30 Abs. 1 Satz 1 GmbHG nicht vorgenommen werden durfte, weil und soweit die Auszahlung zu diesem Zeitpunkt eine Unterbilanz herbeigeführt oder vertieft hätte.[612]

Eine Gewinnausschüttung, auf welche der Gesellschafter keinen Anspruch hatte, kann als unentgeltliche Leistung nach § 134 InsO anfechtbar sein, wenn hinsichtlich der Leistung kein Bereicherungsanspruch besteht, etwa weil dieser durch § 814 BGB gesperrt ist. Dabei kann § 814 BGB auch dann anwendbar sein, wenn der Jahresabschluss fehlerhaft Gewinne ausweist, dem Schuldner aber aufgrund einer Parallelwertung in der Laiensphäre bekannt war, dass Gewinne tatsächlich nicht erwirtschaftet wurden.[613]

1286a

3. Finanzplandarlehen, Abfindungsansprüche u.a.

Eine Unsicherheit betr. die Anwendbarkeit des § 30 Abs. 1 Satz 3 GmbHG kann sich für sog. Finanzplandarlehen und andere (vereinbarte) Finanzierungsbedingungen, etwa Sanierungs- oder Krisendarlehen mit entsprechenden Kündigungsverzichten oder Rangrücktritte ergeben.[614] Diese waren nach alter Rechtslage keine eigenständige Kategorie i.S.d. Eigenkapitalersatzrechts.[615] Die Neuregelung in § 30 Abs. 1 Satz 3 GmbHG hat lediglich das gesetzlich gebundene Eigenkapital im Blick. Damit ist keineswegs ausgeschlossen, dass es künftig noch rechtsgeschäftlich generiertes Eigenkapital gibt, welches von § 30 Abs. 1 Satz 3 GmbHG unberührt bleibt, für welches also unter Ausweitung der Finanzplanrechtsprechung die Rechtsfolgen des alten Kapitalersatzrechts fortgelten könnten.[616] Insbesondere Gesellschafterdarlehen mit statutarischer oder individualvertraglicher Konsortialvereinbarung unter den Gesellschaftern (Konsortialbindung an die gesellschafter-

1287

---
[611] BGH Urt. v. 22.7.2021 – IX ZR 195/20, ZIP 2021, 1822
[612] BGH Urt. v. 22.7.2021 – IX ZR 195/20, ZIP 2021, 1822
[613] BGH NZG 2022, 458.
[614] Zu Finanzierungsbindungen in der GmbH nach Abschaffung des Eigenkapitalersatzrechts s. Gunßer GmbHR 2010, 1250 ff.
[615] BGH NJW 1999, 2809; K. Schmidt ZIP 1999, 1241 ff.
[616] Knof ZInsO 2007, 128; Buschmann NZG 2009, 91.

liche Willensbildung) sind dem Anwendungsbereich des § 30 Abs. 1 Satz 3 GmbHG entzogen.[617] Ein sog. Finanzplandarlehen kann i.d.R. bei Ausscheiden des darlehensgebenden Gesellschafters aus der Gesellschaft ordentlich gekündigt werden.[618]

1288 Der nach dem Gesellschaftsvertrag in mehreren Jahresraten auszuzahlende Abfindungsbetrag an einen vor Eröffnung des Insolvenzverfahrens über das Vermögen der Gesellschaft aus dieser ausgeschiedenen Gesellschafter unterfällt nicht dem Ausnahmetatbestand des § 30 Abs. 1 S. 3 GmbHG und ist keine dem Gesellschafterdarlehen vergleichbare Forderung gem. § 39 Abs. 1 Nr. 5 InsO. Eine noch erfolgte Auszahlung wäre also nicht nach § 135 Abs. 1 Nr. 2 InsO anfechtbar. Denkbar ist aber bei Vorliegen der Voraussetzungen eine Rückleistungsverpflichtung nach §§ 30, 31 GmbHG.[619]

4. Darlehen im Zusammenhang mit M&A-Transaktionen

1289 Nach alter Rechtslage war es in der Transaktionspraxis vor einer Unternehmensveräußerung im Wege der Abtretung der Geschäftsanteile (etwa einer GmbH) üblich, dass die Gesellschaft dem Veräußerer das von ihm gewährte Darlehen zurückzahlte und der Erwerber nach Erwerb die Gesellschaft wieder mit Darlehen gemäß eigener Unternehmensplanung ausstattete.[620] Diese Praxis ist aus der Sicht des Unternehmensveräußerers nicht mehr zu empfehlen, denn er wäre nach §§ 135 Abs. 1 Nr. 2, 143 Abs. 1 InsO zur Rückzahlung der Darlehenstilgung verpflichtet, wenn binnen Jahresfrist nach der Veräußerung (und der Darlehenstilgung) über das Vermögen der Gesellschaft ein zur Verfahrenseröffnung führender Insolvenzantrag gestellt würde; der Veräußerer begibt sich u.U. in die Hand des Erwerbers.

1290 Zur Vermeidung dieser Gefahr kann m.E. empfohlen werden, zusammen mit dem Geschäftsanteil auch den Darlehensrückzahlungsanspruch abzutreten. Dies dürfte wegen der Gleichzeitigkeit der Abtretungen die Finanzierungsfolgenverantwortung des Gesellschafters unberührt lassen, weil sie nicht beseitigt, sondern nur übertragen wird, so dass der Veräußerer von der Anfechtungsgefahr frei sein dürfte.[621] Ganz sicher ist dieser Rat jedoch nicht, weil abschließende Rechtsprechung hierzu (gleichzeitige Abtretung von Darlehensrückzahlungsanspruch und Geschäftsanteil) noch nicht vorliegt und nach der bisherigen Rechtsprechung des BGH das Risiko der Insolvenzanfechtung den Veräußerer auch (noch) treffen kann, wenn das abgetretene Darlehen anschließend an den Anteilserwerber zurückgezahlt wird (diese Rechtsprechung ist zu Fällen ergangen, in denen entweder der Darlehensrückzahlungsanspruch oder der Geschäftsanteil zur Umgehung der Finanzierungsverantwortung abgetreten wurden, s.u.).

Denkbar wäre auch, die Darlehensansprüche vor Veräußerung des Unternehmens in Eigenkapital umzuwandeln (sog. Debt-Equity-Swap) oder sonst in die Gesellschaft einzulegen. Hier sollten jedoch zuvor die steuerrechtlichen Konse-

---

[617] Ekkenga in MüKoGmbHG § 30 Rn. 261–263.
[618] OLG Frankfurt/Main, ZIP 2020, 75.
[619] BGH, ZIP 2020, 511.
[620] Sa Woedtke GmbHR 2014, 1018 ff.
[621] So auch Reinhard/Schützler ZIP 2013, 1898 ff.; Heckschen in Reul/Heckschen/Wienberg, Insolvenzrecht in der Gestaltungspraxis, Sonderausgabe München 2012, S. 656, Rn. 7; Primozic NJW 2016, 679 ff.

quenzen untersucht werden. Nicht zu verkennen ist außerdem, dass durch die zusätzliche Abtretung des Darlehensanspruchs oder seine Einlage in die Gesellschaft die Transaktionskosten erhöht werden.

Zur Sicherheit für den Veräußerer sind in der Literatur verschiedene weitere Vorschläge erarbeitet worden: Durch spezielle Regelungen im Unternehmenskaufvertrag Vorsorge treffen, dass das Darlehen nicht im anfechtungsrelevanten Zeitraum von der Gesellschaft zurückgezahlt wird. In Betracht kommen hier aufschiebend bedingte Abtretung des Darlehensrückzahlungsanspruchs oder Übertragung des Anspruchs auf einen Treuhänder oder Abtretung des Darlehensrückzahlungsanspruchs an den Unternehmenserwerber und Auszahlung des Darlehens auf ein Treuhandkonto, das erst nach Ablauf der Jahresfrist an den Erwerber ausgezahlt werden kann.[622] Evtl. sollten spezielle Ausgleichsregelungen im Unternehmenskaufvertrag für den Fall einer insolvenzanfechtungsweisen Inanspruchnahme des Unternehmensveräußerers vereinbart werden, etwa eine Freistellung durch den Erwerber mit Besicherung des Freistellungsanspruchs. 1291

5. Kurzfristige oder fortlaufende Gesellschafterdarlehen, Cash-Pooling

Mit Inkrafttreten des MoMiG war fraglich geworden, was für die Anfechtung von Kreditrückzahlungen nach § 135 Abs. 1 Nr. 2 InsO in Fällen einer Kreditgewährung durch den Gesellschafter in der **Art eines Kontokorrentkredits** gilt, insbesondere ob die Kreditrückführungen innerhalb des letzten Jahres vor dem Insolvenzantrag oder danach in ihrer Summe anfechtbar sind.[623] Dazu hat der BGH entschieden: Gewährt ein Gesellschafter fortlaufend zur Vorfinanzierung abzuführender Sozialversicherungs-beiträge Kredite in der Art eines Kontokorrents, die jeweils vor Erhalt des Nachfolgedarlehens (mit Hilfe öffentlicher Beihilfen) wieder von der Gesellschaft zurückgezahlt werden, so ist die Anfechtung wie bei Verrechnungen in einem Kontokorrentkredit auf die Verringerung des Schuldsaldos im Anfechtungszeitraum beschränkt; anfechtbar sind die Kredittilgungen also nicht in Summe, sondern nur bis zur erreichten Kreditobergrenze.[624] Zur Begründung hat der BGH ausgeführt, dass anderenfalls der Masse mehr zurückgewährt würde, als die Schuldnergesellschaft jemals hatte, denn mehr als die ausgeschöpfte Kreditlinie war im Schuldnervermögen niemals vorhanden und für die Befriedigung der Gläubiger einsetzbar.[625] 1292

Trotz der vg. Entscheidung blieb auf mögliche Probleme bei der Konzerninnenfinanzierung durch (physisches) **Cash Pooling** in insolvenznahen Szenarien hinzuweisen.[626] Zwar verfolgte der Gesetzgeber des MoMiG, wie an anderer Stelle ausgeführt, u.a. das Ziel, das Cash-Pooling entgegen der sehr restriktiven Rechtsprechung zur alten Gesetzeslage bei Kapitalaufbringung und -erhaltung wieder problemlos zu ermöglichen. Jedoch ist zu beachten, dass durch die mit 1293

---

[622] Zu den Gestaltungsmöglichkeiten s. Heckschen/Kreußlein RNotZ 2016, 351 ff.
[623] Sa Bitter ZInsO 2013, 2289 ff.
[624] BGH ZIP 2013, 734 = ZInsO 2013, 717.
[625] BGH ZInsO 2013, 717, 719 = NZI 2014, 483.
[626] Sa Fedke NZG 2009, 928 ff.; Thole ZInsO 2011, 1425 ff.

dem MoMiG in Kraft gesetzten Regelungen die Probleme der Konzern-Innenfinanzierung durch Cash Pool nicht sämtlich gelöst sind. Zum einen ist bereits ausgeführt worden, dass für eine wirksame Kapitalaufbringung der in den Cash-Pool eingebundenen GmbH zwischen Neudarlehen i.S.d. § 19 Abs. 5 GmbHG und verdeckter Sacheinlage i.S.d. § 19 Abs. 4 GmbHG zu differenzieren ist. Zum anderen sind durch die bisher ergangene höchstrichterliche Rechtsprechung die Zweifel betreffend die Anfechtbarkeit von wiederholten Darlehenstilgungen im Rahmen des Cash-Pooling nicht vollständig bzw. nicht mit letzter Sicherheit ausgeräumt. Die wiederholten Tilgungen absteigender Darlehen im Rahmen des Cash-Pooling würden sich für die Muttergesellschaft in besonderer Weise nachteilig auswirken,[627] wenn nämlich in einer späteren Insolvenz der Tochtergesellschaft alle Cash-Abführungen innerhalb des letzten Jahres vor Insolvenzantrag oder danach, bei denen es sich rechtlich um Darlehensrückzahlungen handelte, nach § 135 Abs. 1 Nr. 2 InsO in Summe angefochten werden und somit von der Muttergesellschaft auch dann zurückzuzahlen wären, wenn sich die Tochtergesellschaft zur Zeit der Cash-Abführungen (noch) nicht in einer Krise befand.[628] Ob auch in diesem Fall die zuvor genannte Rechtsprechung zu Darlehensgewährungen in der Art des Kontokorrents[629] heranzuziehen ist mit der Folge, dass nur eine Verringerung des Schuldsaldos im Anfechtungszeitraum anfechtbar wäre, konnte nicht als sicher angesehen werden. Denn in dieser Entscheidung hatte der BGH darauf abgestellt, dass der Kredit jeweils nur für kurze Zeit gegeben und vor der jeweiligen erneuten Inanspruchnahme wieder getilgt war und dass eine Kreditobergrenze vereinbart war, beides ist beim regulären Cash-Pooling nicht der Fall. In weiteren Entscheidungen hat der BGH erneut zu kontokorrentartigen Darlehensverhältnissen Stellung genommen. Nach einer dieser Entscheidungen entfällt die mit der im letzten Jahr vor Insolvenzantrag erfolgten Darlehensrückgewährung von der Gesellschaft an den Gesellschafter eingetretene objektive Gläubigerbenachteiligung, wenn (und soweit) der Gesellschafter die erhaltenen Beträge an die Gesellschaft wieder zurückzahlt, um die ursprüngliche Vermögenslage wiederherzustellen.[630] In der Begründung hat der BGH ausgeführt, dass in einem echten Kontokorrent mit vereinbarter Kreditobergrenze eine Gläubigerbenachteiligung durch einzelne Kreditrückführungen ausscheidet, weil ohne sie die Kreditmittel, die der Schuldner danach tatsächlich noch erhalten hat, ihm nicht mehr zugeflossen wären; anfechtbar seien solche Kreditrückführungen daher nicht in Summe, sondern nur bis zur eingeräumten Kreditobergrenze. Diese Grundsätze hat der BGH entsprechend auf Kreditverhältnisse angewandt, in deren Rahmen der Gesellschafter der Gesellschaft fortlaufend Zahlungen gewährt, die durch ihre gleichbleibenden Bedingungen nach Art eines Kontokorrents miteinander verbunden waren. Entscheidend sei, dass die Handhabung des Kreditverhältnisses in der Art eines Kontokorrents durch wechselseitige Ein- und Auszahlungen verlief. Dann würden in rascher Folge erfolgte Rück- und Auszahlungen zwischen Gesellschafter und Gesellschaft in einem einheitlichen Kreditverhältnis verbun-

---

[627] Burg/Westerheide BB 2008, 62ff.
[628] Sa Willemsen/Rechel BB 2009, 2215ff.
[629] BGH ZInsO 2013, 717 = NZI 2014, 483.
[630] BGH ZIP 2013, 1629 = ZInsO 2013, 1686.

den.⁶³¹ Die Anfechtung richtet sich also in der Höhe nach dem höchsten im Anfechtungszeitraum an den Gesellschafter zurückgeführten Darlehensstandes, was schließlich dem vom Gesellschafter übernommenen Insolvenzrisiko entspreche.⁶³² Nach einer weiteren aktuellen BGH-Entscheidung⁶³³ lassen sich also die Voraussetzungen für die Behandlung mehrerer Gesellschafterdarlehen als einheitlicher Kontokorrentkredit wie folgt zusammenfassen: Innere Verbindung der einzelnen Darlehensausreichungen durch

- fortlaufende Kreditgewährung,
- gleichbleibende Bedingungen,
- kurze Dauer,
- einheitlichen, mit der Ausreichung verfolgten Zweck und
- zwischen den Vertragsparteien bestehendes Gesellschaftsverhältnis.

In seiner **jüngsten Entscheidung** zu diesem Komplex hat der **BGH** geurteilt, dass jede Forderung eines Gesellschafters auf Rückzahlung eines aus seinem Vermögen der Gesellschaft zur Verfügung gestellten Geldbetrages darlehensgleich ist, sofern ein solcher Rückzahlungsanspruch durchgängig seit Überlassung des Geldes bestand und beide sich einig waren, dass die Gesellschaft das Geld zurückzuzahlen habe. Dann ist im Rahmen eines kontokorrentähnlichen Gesellschafterdarlehensverhältnisses eine Befriedigung des Darlehensrückzahlungsanspruchs gegenüber dem Gesellschafter nur anfechtbar, soweit der im Anfechtungszeitraum bestehende höchste Saldo bis zur Eröffnung des Insolvenzverfahrens über das Vermögen der Gesellschaft endgültig zurückgeführt worden ist.⁶³⁴

Nach meinem Dafürhalten muss dies auf die Anfechtbarkeit von Rückzahlungen im Rahmen eines physischen Cash-Pooling anwendbar sein, auch wenn eine Obergrenze der Kreditinanspruchnahme nicht zwischen den einzelnen teilnehmenden Gesellschaften, sondern nur gegenüber der Bank vereinbart war. Hierfür könnten zusätzlich die Erwägungen des BGH aus der Entscheidung herangezogen werden, mit der der BGH die Insolvenzanfechtung der im Rahmen des Cash-Pooling vorgenommenen Umbuchungen von Gutschriften von Konten der teilnehmenden Gesellschaften auf das Zielkonto und der anschließenden Verrechnungen gegenüber der Bank abgelehnt hat, wenn alle am Cash-Pooling teilnehmenden Gesellschaften Kreditnehmer des auf dem Zielkonto ausgereichten Kontokorrentkredits sind.⁶³⁵ Zur Begründung hat der BGH ausgeführt, dass die Anfechtbarkeit das Risiko (in diesem Falle der Bank) unkalkulierbar erhöhen würde, wodurch das vom Gesetzgeber gestützte Cash-Pool-Verfahren wesentlich erschwert oder gar unmöglich gemacht würde. Diese Erwägungen dürften auch und gerade für die Anfechtung gegenüber der den Cash-Pool führenden Gesellschaft gelten.

Zusätzlich hat der BGH entschieden – wenn auch wiederum nicht in einem Fall des Cash-Pooling –, dass die in der Tilgung einer Darlehensforderung durch Barzahlung liegende Gläubigerbenachteiligung beseitigt wird, wenn der Darle-

---

⁶³¹ BGH ZIP 2013, 1629, Rn. 33 ff.
⁶³² BGH ZIP 2013, 1629, Rn. 38.
⁶³³ BGH ZInsO 2014, 339 = NZI 2014, 309.
⁶³⁴ BGH ZIP 2019, 1577.
⁶³⁵ BGH ZIP 2013, 1826.

hensgeber dem Schuldner erneut Barmittel zu gleichen Bedingungen wieder zur Verfügung stellt.[636]

1294 **Anwendbarkeit des Bargeschäftsprivilegs nach § 142 InsO auf das Cash-Pooling?**

Ob das Bargeschäftsprivileg des § 142 InsO auf Anfechtungen nach § 135 InsO im Rahmen des Cash-Pooling anwendbar ist, dürfte fraglich sein. Zwar würde ich die Anwendbarkeit des § 142 InsO mit der Begründung bejahen, dass die Gegenleistung, die der Schuldner für seine Liquiditätsabführung erhält, der Anspruch auf sofortige Liquiditätszuführung aus der Cash-Pooling-Abrede ist. Das Kriterium der Unmittelbarkeit (sog. Bargeschäftszeitraum) dürfte durch die i.d.R. tägliche Glattstellung der Kontosalden erfüllt sein.[637] Jedoch hat der BGH in einem Fall der Bestellung einer Sicherheit aus dem Gesellschaftsvermögen für ein Gesellschafterdarlehen entschieden, dass das Bargeschäftsprivileg des § 142 InsO für die Anfechtung der Bestellung einer Sicherheit für ein Gesellschafterdarlehen nicht gilt.[638]

1295 Zu beachten ist, dass unabhängig von der Frage der Anfechtbarkeit der Darlehenstilgungen gegenüber dem Gesellschafter eine Haftung des Geschäftsführers wegen verbotener Zahlungen nach § 64 GmbHG in Frage kommen kann. Das gilt auch für Zinszahlungen.

Ein Untreuerisiko nach § 266 StGB für den Geschäftsführer, der ein fälliges Gesellschafterdarlehen zurückzahlt, dürfte nach § 30 Abs. 1 S. 3 GmbHG nicht (mehr) bestehen.[639]

6. Abtretung der Darlehensforderung an einen Nicht-Gesellschafter

1296 Nach Inkrafttreten des MoMiG waren Zweifel aufgekommen, wie nunmehr eine Tilgung an den Zessionar nach Abtretung der ehemaligen Gesellschafterdarlehensforderung in der Insolvenz der schuldenden Gesellschaft zu behandeln ist. Die Abtretung könnte in gewisser Weise als Befriedigung angesehen werden mit der Folge, dass sie nach § 135 Abs. 1 Nr. 2 InsO anfechtbar wäre, sofern sie binnen eines Jahres vor Insolvenzantrag über das Vermögen der Gesellschaft erfolgte. Dann wären die Darlehensforderung in der Insolvenz nachrangig und Befriedigungen innerhalb des letzten Jahres vor Insolvenzantrag im Wege der Insolvenzanfechtung zurück zu erstatten.[640]

1297 Diese Fallkonstellation hatte zunächst das OLG Stuttgart entschieden:[641] Dem **Zessionar** eines Anspruchs auf Rückzahlung eines Gesellschafterdarlehens kann die Qualifikation als Gesellschafterdarlehen und damit die Nachrangigkeit nach § 39 Abs. 1 Nr. 5 InsO jedenfalls dann nach § 404 BGB entgegen gehalten werden, wenn die Abtretung innerhalb eines Jahres (§ 135 Abs. 1 Nr. 2 InsO) vor dem Insolvenzantrag erfolgte. Dann ist auch eine Darlehenstilgung aus dem Gesellschaftsvermögen an den Zessionar innerhalb des letzten Jahres vor Insolvenzantrag über

---

[636] BGH ZIP 2018, 385.
[637] So auch Schubmann GmbHR 2014, 519 ff.
[638] BGH ZIP 2019, 666.
[639] So auch Rönnau/Krezer ZIP 2010, 2269 ff.
[640] S. dazu Führ/Wahl NZG 2010, 889 ff.
[641] OLG Stuttgart ZIP 2012, 879 = ZInsO 2012, 1072.

das Vermögen der Gesellschaft dem Zessionar gegenüber anfechtbar.[642] Diesen Teil der Entscheidung hat der BGH bestätigt.[643]

Allerdings hatte das OLG Stuttgart auch entschieden, dass der **Gesellschafter/** 1298 **Zedent** für den anfechtungsrechtlichen Rückgewähranspruch nicht gesamtschuldnerisch mithaftet, ihm gegenüber die Anfechtung also nicht auch erfolgen könne.[644] Letzteres hielt ich nicht für richtig, wenn die Abtretung zur Vermeidung der rechtlichen Nachteile des Gesellschafterdarlehens erfolgte und der Zedent (= Gesellschafter) wirtschaftlich die Rückzahlung des Darlehens aus dem Vermögen der Gesellschaft über den „Umweg" des Kaufpreises für die Forderung und Darlehensrückzahlung an den Zessionar erhalten hat.[645] Der BGH hat die Entscheidung des OLG Stuttgart insoweit aufgehoben und entschieden, dass in solchem Fall auch der Gesellschafter als Zedent der Anfechtung des Tilgungserhalts unterliegt, wenn Abtretung und Tilgung des Darlehens innerhalb des letzten Jahres vor Insolvenzantrag erfolgten.[646] Zedent und Zessionar haften für den Rückgewähranspruch aus der Insolvenzanfechtung gesamtschuldnerisch, weil der Gesellschafter durch die Abtretung der Darlehensforderung die Zahlung an seine Geheißperson veranlasst hat. Zur Begründung hat der BGH ausgeführt, dass der Gesellschafter seine Finanzierungsfolgeverantwortung nicht durch Wahl einer bestimmten rechtlichen Konstruktion aufweichen oder unterlaufen könne; die Zahlung an den Dritten erfolge schließlich, weil die Konstruktion auf eine Willensentschließung des Gesellschafters zurückgehe, die der Durchsetzung seines wirtschaftlichen Interesses diene.[647]

Die folgenden tragenden Gründe dieser Entscheidung des BGH[648] dürften auch für weitere Auslegungs- und Anwendungsfragen der Neuregelung der Gesellschafterdarlehen durch das MoMiG richtungsweisend sein:
- Die von Rechtsprechung und Literatur zum Eigenkapitalersatzrecht entwickelten Grundsätze können im Streitfall für die Auslegung des § 135 Abs. 1 Nr. 2 InsO grundsätzlich fruchtbar gemacht werden;
- in Übereinstimmung mit dem früheren Recht ist im Interesse des Gläubigerschutzes dafür Sorge zu tragen, dass die Vielgestaltigkeit der Sachverhalte, die der Darlehensgewährung durch einen Gesellschafter wirtschaftlich entsprechen, von den Neuregelungen auch erfasst wird;
- es ist Vorsorge dagegen zu treffen, dass der Gesellschafter das mit der Darlehensgewährung verbundene Risiko auf die Gemeinschaft der Gesellschaftsgläubiger abwälzt;
- die Finanzierungsfolgeverantwortung des Gesellschafters darf nicht durch die Wahl einer bestimmten rechtlichen (Umgehungs-)Konstruktion unterlaufen werden.

---

[642] OLG Stuttgart ZIP 2012, 879 = NZI 2012, 324.
[643] BGH ZIP 2013, 582 = ZInsO 2013, 543.
[644] OLG Stuttgart ZIP 2012, 879 = NZI 2012, 324.
[645] So auch Thole ZInsO 2012, 661 ff.
[646] BGH ZIP 2013, 582 = ZInsO 2013, 543; zu dieser Entscheidung Preuß ZIP 2013, 1145 ff., und Haas NZG 2013, 1241 ff.
[647] BGH ZIP 2013, 582 = ZInsO 2013, 543; krit. zu dieser Entscheidung Pentz GmbHR 2013, 393 ff.
[648] BGH ZIP 2013, 582 ff. = ZinsO 2013, 543 ff.

Daher ist im Rahmen der Vorschrift die **wirtschaftliche Betrachtungsweise** maßgebend und es ist die im Wege einer Abtretung ebenso wie die durch eine Anweisung bewirkte Drittzahlung als Leistung an den Gesellschafter zu behandeln. Entscheidend ist, dass die Zahlung, auch wenn sie an einen Dritten erfolgt, letztlich auf eine Willensentschließung des Gesellschafters zurückgeht, die der Durchsetzung seines Willens dient.

1299 Seither werden die Auswirkungen dieser Entscheidung auf die **M&A-Praxis** diskutiert. Zwar bin ich der Auffassung, dass bei gleichzeitiger Abtretung des Geschäftsanteils und des Darlehensrückzahlungsanspruchs an den Unternehmenserwerber eine Anfechtung gegenüber dem Veräußerer nach § 135 Abs. 1 Nr. 2 InsO nicht gegeben ist, weil die Finanzierungsfolgeverantwortung nicht umgangen, sondern auf den Erwerber übertragen wird. Jedoch besteht wegen der vg. BGH-Entscheidung insoweit noch keine Rechtssicherheit, so dass das Risiko für den Zedenten durch eine vorherige Einlage des Darlehens in die Gesellschaft oder Vereinbarung eines (besicherten) Freistellungsanspruchs gegenüber dem Zessionar/Unternehmenserwerber oder durch sonstige Regelungen ausgeschlossen werden sollte.[649]

7. Abtretung des Geschäftsanteils an einen Nicht-Darlehensgeber

1300 Auch der umgekehrte Fall, dass die Gesellschafterstellung des Darlehensgebers etwa durch Abtretung des Geschäftsanteils beendet wird, ist nicht gesetzlich geregelt. Der BGH hat dazu entschieden, dass in diesem Fall „allenfalls" der Darlehensanspruch des innerhalb des letzten Jahres vor dem Insolvenzantrag (oder danach) ausgeschiedenen Gesellschafters als nachrangig zu behandeln ist.[650] Ich würde sinngemäß ergänzen, dass dann auch Befriedigungen innerhalb des letzten Jahres vor Insolvenzantrag an den innerhalb dieses Zeitraums aus der Gesellschaft ausgeschiedenen Gesellschafter anfechtbar sind.

1301 Diese Situation kann etwa bei Banken entstehen, die bei einem Börsengang des darlehensnehmenden Unternehmens die Aktien zunächst selbst übernehmen und damit in die Gefahr der Insolvenzanfechtung nach § 135 Abs. 1 Nr. 2 InsO geraten können, wenn innerhalb eines Jahres nach Übertragung der Aktien an die endgültigen Aktionäre über das Vermögen der Gesellschaft ein Insolvenzantrag gestellt wird.

8. Doppelinsolvenz, etwa im Konzern

1302 Bei Doppelinsolvenz des darlehensgebenden Gesellschafters und der darlehensnehmenden Gesellschaft, etwa bei Doppelinsolvenz von Mutter- und Tochtergesellschaft, wird der Insolvenzverwalter der Tochtergesellschaft der Darlehensforderung der Muttergesellschaft regelmäßig den Nachrang nach § 39 Abs. 1 Nr. 5 InsO entgegenhalten und etwaige Rückzahlungen nach § 135 Abs. 1 Nr. 2 InsO anfechten. Dem könnte der Insolvenzverwalter der Muttergesellschaft mit sei-

---

[649] Zur Problematik sa Bauer/Farian GmbHR 2015, 230 ff.
[650] BGH ZIP 2012, 86 = ZInsO 2012, 141; dazu Schäfer ZInsO 2012, 1354 ff.

nerseitiger Insolvenzanfechtung des Nachrangs entgegentreten. Hier wird in der Literatur vertreten, dass der Nachrang, der durch Stehenlassen einer Forderung aus einem Umsatzgeschäft und ihrer daraus folgenden Umqualifizierung als Darlehensforderung (s.o.) entsteht, seinerseits als unentgeltliche Leistung nach § 134 InsO angefochten werden kann. Sollte das Gesellschafterdarlehen bereits bei seiner Gewährung nachrangig sein, kann dies als unmittelbar benachteiligender Vertrag nach § 133 Abs. 4 anfechtbar sein. Ist der Rückgewähranspruch von vorn herein nicht werthaltig, kann die Darlehensgewährung auch deswegen nach § 133 Abs. 4 InsO anfechtbar sein. Die erfolgreiche Nachranganfechtung hat zur Folge, dass der Nachrang nach § 39 Abs. 1 Nr. 5 InsO entfällt und die Anfechtung von vorherigen Darlehenstilgungen durch den Insolvenzverwalter der Tochtergesellschaft nach § 135 Abs. 1 Nr. 2 InsO nicht (mehr) möglich ist.[651] Nun hat der BGH entschieden, dass im Fall der Doppelinsolvenz von Gesellschafter und Gesellschaft die anfechtbare Hingabe des Gesellschafterdarlehens eine Einrede gegen den Anfechtungsanspruch aufgrund der Befriedigung des Anspruchs auf Rückgewähr dieses Darlehens ist.[652]

9. Beseitigung der Gläubigerbenachteiligung

Zahlt ein Gesellschafter die im letzten Jahr vor Insolvenzantrag zur Darlehensrückgewährung von der Gesellschaft erhaltenen Beträge wieder an die Gesellschaft zurück, um die ursprüngliche Vermögenslage wiederherzustellen, entfällt die mit der Rückgewährung eingetretene objektive Gläubigerbenachteiligung[653]. Dafür ist erforderlich, dass die Rückzahlung des Gesellschafters an die Gesellschaft allein auf den (ansonsten später entstehenden) Anfechtungsanspruch angerechnet werden kann. Diese Annahme verbietet sich, wenn auch sonstige Forderungen der Gesellschaft gegen den Gesellschafter begründet sind. So wird die durch Darlehensrückzahlung der Gesellschaft an den Gesellschafter eingetretene Gläubigerbenachteiligung durch eine nachfolgende Zahlung des Gesellschafters an die Gesellschaft nicht wieder beseitigt, wenn der Gesellschaft in diesem Umfang eine weitere Darlehensforderung gegen den Gesellschafter zusteht (etwa aus einer Patronatserklärung).[654] Auch ist es keine Beseitigung der Gläubigerbenachteiligung, wenn der Gesellschafter die empfangenen Darlehensmittel zwecks Erfüllung einer von ihm übernommenen Kommanditeinlagepflicht an die Muttergesellschaft der Schuldnerin weiterleitet, die der Schuldnerin anschließend Gelder in gleicher Höhe auf der Grundlage einer von ihr übernommenen Verlustdeckungspflicht zur Verfügung stellt.[655]

1303

---

[651] Sa Jacoby ZIP 2018, 505 ff.
[652] BGH ZIP 2019, 1577, zugleich zu Fragen der Anfechtbarkeit der Darlehenshingabe als unmittelbar benachteiligende oder als unentgeltliche Rechtshandlung bei Zweifeln an der Leistungsfähigkeit des Darlehensnehmers.
[653] BGH ZIP 2013, 1629.
[654] BGH ZIP 2020, 128.
[655] BGH ZIP 2019, 1128.

10. Vorübergehender Ausschluss der Anfechtung von Rückzahlungen von Gesellschafterdarlehen durch das COVInsAG

1304 Nach § 2 Abs. 1 Nr. 2 COVInsAG[656] gilt die bis zum 30.9.2023 erfolgende Rückgewähr eines neuen Gesellschafterdarlehens, das im Zeitraum der pandemiebedingten Aussetzung der Insolvenzantragspflicht (zu diesem s.u. bei Insolvenzverschleppungshaftung des Geschäftsführers) gewährten wurde, als nicht gläubigerbenachteiligend. Dies gilt nach der ausdrücklichen gesetzlichen Regelung auch für die Rückgewähr von Gesellschafterdarlehen und Zahlungen auf Forderungen aus Rechtshandlungen, die einem solchen Darlehen wirtschaftlich entsprechen, nicht aber deren Besicherung; § 39 Abs. 1 Nr. 5 und § 44a InsO finden insoweit in denjenigen Insolvenzverfahren über das Vermögen des Schuldners, die bis zum 30.9.2023 beantragt wurden, keine Anwendung.[657]

1305 **a) Tatbestand – nur Neudarlehen im Aussetzungszeitraum.** Zunächst ist für die Privilegierung erforderlich, dass die Voraussetzungen für die Aussetzung der Insolvenzantragspflicht nach § 1 COVInsAG vorlagen.[658] Ferner ist für die Privilegierung die Rückführung der erfassten Gesellschafterdarlehen bis zum 30.9.2023 und die Eröffnung des Insolvenzverfahrens über das Vermögen des Schuldners bis zum selben Zeitpunkt erforderlich.

Vom Tatbestand der Privilegierungsregelung erfasst werden sodann nur neue Gesellschafterdarlehen, die im Aussetzungszeitraum ausgereicht wurden. Die bloße schuldrechtliche Vereinbarung solcher Darlehen mit Ausreichung nach Ende des Aussetzungszeitraums dürfte nicht ausreichen. Gesellschafterdarlehen oder vergleichbare Finanzierungshilfen vor Beginn der Aussetzung der Insolvenzantragspflicht (1.3.2020) sind somit nicht erfasst. Besteht also Einigkeit, dass nur die Rückführung neuer Gesellschafterdarlehen privilegiert ist, wird es in zahlreichen Fällen zu Beurteilungsschwierigkeiten und **Zweifelsfragen** kommen, etwa wenn der Gesellschafter im Aussetzungszeitraum Umfinanzierungen bereits zuvor an seine Gesellschaft gewährter Finanzhilfen vornimmt, Gesellschafterforderungen aus Umsatzgeschäften stehen gelassen und somit als Darlehen umqualifiziert werden, Hin- und Herzahlen durch etwa erneute Einzahlung im Aussetzungszeitraum nach vorheriger Rückzahlung eines Altdarlehens, Einschaltung Dritter als neue Darlehensgeber mit deren Rückbesicherung, Auszahlung eines vor dem Aussetzungszeitraum vereinbarten Darlehens im Aussetzungszeitraum (etwa Finanzplandarlehen, Patronatserklärungen), etc.

Ein (weiteres) Anwendungsproblem der Neuregelung kann sich in Fällen des **Cash-Pooling** ergeben. Nach der Rechtsprechung des BGH ist beim Cash-Pooling die Rückführung des höchsten Saldos im Anfechtungszeitraum nach § 135 Abs. 1 Nr. 2 InsO anfechtbar (s.o.). Auch bei Fortführung des Cash-Pooling im

---

[656] Gesetz zur vorübergehenden Aussetzung der Insolvenzantragspflicht und zur Begrenzung der Organhaftung bei einer durch die COVID-19-Pandemie bedingten Insolvenz (COVID-19-Insolvenzaussetzungsgesetz – COVInsAG) v. 27.3.2020, BGBl I S. 569.
[657] S.a. Mock, Gesellschafterdarlehen in Zeiten von Corona, NZG 2020, 505 ff.; Bormann/Backes, Gesellschafterdarlehen in Zeiten von COVID-19, GmbHR 2020, 513 ff.; Bitter, Eine Zwischenbilanz, GmbHR 2020, 861 ff.
[658] Mock NZG 2020, 505, 508.

Aussetzungszeitraum ist es denkbar, dass der im Anfechtungszeitraum (ein Jahr vor Insolvenzantrag) erreichte höchste Soll-Saldo vor dem 1.3.2020 (Beginn des Aussetzungszeitraums) erreicht wurde und sodann im Aussetzungszeitraum oder danach innerhalb des Anfechtungszeitraums (ein Jahr vor Insolvenzantrag, §135 Abs. 1 Nr. 2 InsO) – teilweise – zurückgeführt wurde. Hier wird in der Literatur mit Heranziehung der Argumentation betreffend die Kapitalerhaltungsvorschriften vertreten, dass auch diese Rückführung nach der Neuregelung nicht anfechtbar sein soll.[659] Mir scheint es eher plausibel, dass in einem solchen Fall die Saldoreduzierung in der Zeit vor Beginn des Aussetzungszeitraums (1.3.2020) bis auf den Soll-Saldo bei Beginn des Aussetzungszeitraums nach §135 Abs. 1 Nr. 2 InsO anfechtbar bleibt, weil dieser höhere Soll-Saldo = Kredit ja nicht während des Aussetzungszeitraums gewährt wurde. Der Beginn des Aussetzungszeitraums (1.3.2020) ist also für das Cash-Pooling die Zäsur.

Die Privilegierungsregelung dürfte auch die Besicherung von Drittdarlehen durch den Gesellschafter (Fall des §135 Abs. 2 InsO) erfassen, soweit die Sicherheit im Aussetzungszeitraum gewährt = geleistet wurde.

b) Rechtsfolge. Die Rechtsfolge der Privilegierung ist, dass die von ihr erfassten Rückführungen der Gesellschafterdarlehen und der wirtschaftlich vergleichbaren Forderungen (s.o.) nicht anfechtbar sind, weil die Rückführungen als nicht gläubigerbenachteiligend i.S.d. §129 InsO gelten und es somit an einer notwendigen Voraussetzung für die Insolvenzanfechtung fehlt. Außerdem sind bei Vorliegen der Voraussetzungen im Übrigen im Insolvenzverfahren noch bestehende Forderungen auf Rückzahlungen von Gesellschafterdarlehen nicht nachrangig i.S.d. §39 Abs. 1 Nr. 5 InsO.

Zu beachten ist, dass die Privilegierung **Besicherungen** von Gesellschafterdarlehen aus dem Gesellschaftsvermögen (Fall des §135 Abs. 1 Nr. 1 InsO) generell **nicht erfasst**.

c) Teleologische Reduktion? Schließlich ist darüber nachzudenken, ob die Privilegierung bei der Insolvenzanfechtung teleologisch dahingehend zu reduzieren ist, dass **missbräuchliche/fraudulöse Kreditrückführungen** nach Ende des Aussetzungszeitraums nicht privilegiert werden. Hierzu folgender Beispielsfall: Gewährung eines Gesellschafterdarlehens im Aussetzungszeitraum, Rückführung des Gesellschafterdarlehens etwa im Jahr 2022 aus der restlichen Liquidität der Gesellschaft unmittelbar oder kurz vor der Insolvenzantragstellung, privilegiert? Hier wird in der Literatur vertreten, entsprechend dem Gedanken in §2 Abs. 1 Nr. 4 COVInsAG nur kongruente (einschließlich der dort genannten Erweiterungen) also nur solche Darlehensrückzahlungen zu privilegieren, die von Anfang an vereinbart waren.[660]

---

[659] Hölzle/Schulenberg, ZIP 2020, 633, (644 ff.).
[660] Thole, ZIP 2020, 650 (656).

VI. Einzelfragen bei Gesellschaftersicherheiten (Bonitätsleihe)

1. Nachrang

1309 Durch die Formulierungen „Forderungen aus Rechtshandlungen, die einem solchen (Gesellschafter-) Darlehen wirtschaftlich entsprechen" in § 39 Abs. 1 Nr. 5 InsO und „gleichgestellte Forderung" bzw. „einem Darlehen wirtschaftlich entsprechen" in § 135 InsO wird der bisherige sachliche Anwendungsbereich der eigenkapitalersetzenden Sicherheit jedenfalls für vom Gesellschafter gegebene Sicherheiten für Verbindlichkeiten der Gesellschaft übernommen.[661] Der Anwendungsbereich der §§ 135 Abs. 2, 143 Abs. 3 InsO geht auch über denjenigen der Anfechtung nach § 135 Abs. 1 Nr. 2 InsO hinaus, weil er die Notwendigkeit der Prüfung, ob durch die Zahlung der Gesellschaft an den Drittgläubiger zugleich der Gesellschafter Befriedigung eines (existenten?) Freistellungsanspruchs erhalten hat, die nach § 135 Abs. 1 Nr. 2 InsO anfechtbar wäre, entbehrt. Freilich würde das nur gelten, wenn die Existenz einer nach § 135 Abs. 2 InsO anfechtbaren Sicherheit auch dann angenommen wird, wenn der Gläubiger/Darlehensgeber keinen Anspruch aus der Sicherheit gegen den Gesellschafter unmittelbar hat, den er nach Insolvenzeröffnung gem. § 44a InsO geltend machen kann und der vor Insolvenzeröffnung eine Verpflichtung zur Freistellung der Gesellschaft nicht auslöst. Das OLG Frankfurt a.M. hat dies kürzlich für einen Fall einer Gesellschafterbürgschaft verneint, die nur für den Fall künftiger Vermögensverlagerungen vom Hauptschuldner (Gesellschaft) auf den Bürgen (Gesellschafter) vereinbart war.[662]

2. Befriedigungsvorrang nach § 44a InsO, Ausfallprinzip

1310 Die Regelung des § 32a Abs. 2 GmbHG a.F. (eigenkapitalersetzende Sicherheit) wurde in angepasster Form in § 44a InsO übernommen. Wie im alten Recht hat die Besicherung einer Forderung durch den Gesellschafter auch Einfluss auf die Geltendmachung der Forderung gegen die Gesellschaft durch den Gläubiger. Nach § 44a InsO kann ein Gläubiger nach Maßgabe des § 39 Abs. 1 Nr. 5 InsO für eine Forderung auf Rückgewähr eines Darlehens oder für eine gleichgestellte Forderung, für die ein Gesellschafter eine Sicherheit bestellt oder für die er sich verbürgt hat, im Insolvenzverfahren über das Vermögen der Gesellschaft nur anteilsmäßige Befriedigung aus der Insolvenzmasse verlangen, soweit er bei der Inanspruchnahme der Sicherheit oder des Bürgen ausgefallen ist. Die teilweise diskutierte Zweifelsfrage, ob der Insolvenzverwalter ein Initiativrecht gegenüber dem Gesellschafter hat, wenn ihn der Gläubiger nicht in Anspruch nimmt, scheint mir daher eher akademisch.

1311 Streitig war nach alter Rechtslage und ist auch zu § 44a InsO, in welcher Höhe die Forderung des Dritten bei der Forderungsanmeldung (§§ 174 ff. InsO) und bei der Verteilung (§§ 187 ff. InsO) zu berücksichtigen ist. Nach einer Auffassung

---

[661] Dazu sa K. Schmidt BB 2008, 1966 ff.; Bartsch/Weber DStR 2008, 1884 ff.; Spliedt ZIP 2009, 149 ff.
[662] OLG Frankfurt a.M. ZIP 2016, 733.

kann der Gläubiger im Insolvenzverfahren über das Vermögen der Gesellschaft die Forderung nur in Höhe seines Ausfalls gegenüber dem Gesellschafter anmelden mit der Folge, dass auch seine Quote nur auf diesen geringeren Forderungsteil berechnet wird.[663] Nach anderer Auffassung kann der Gläubiger seine Forderung gem. § 43 InsO in voller Höhe anmelden und seine Quote wird auch auf diese ungekürzte Forderung berechnet; allerdings wird sie nur bis zur Höhe des nachgewiesenen Ausfalls ausgezahlt.[664] Ich würde letzterer Auffassung den Vorzug geben, da nach meinem Dafürhalten § 44a InsO keine materiell-rechtliche Bedeutung hat, sondern nur eine Vorschrift für das Verteilungsverfahren ist und nicht den Drittgläubiger insgesamt schlechterstellen soll.

3. Anfechtung und Anfechtungsprivileg

Die Regelung des § 32b GmbHG a.F. (eigenkapitalersetzende Sicherheit) wurde in rechtsformneutraler Weise in § 135 Abs. 2 InsO und in § 143 Abs. 3 InsO übernommen. Anfechtungsgegner ist der Gesellschafter. Führt die Gesellschaft einen von ihrem Gesellschafter besicherten Kontokorrent zurück, kann die dadurch bewirkte Befreiung des Gesellschafters von der Sicherung gegenüber dem Gesellschafter angefochten werden mit der Folge, dass der Gesellschafter die dem gesicherten Gläubiger gewährte Leistung im Umfang der Sicherheit zur Insolvenzmasse zu erstatten hat. Diese Insolvenzanfechtung setzt keine Krise der Gesellschaft voraus.[665] Die Rückerstattungspflicht besteht auch, wenn ein vom Gesellschafter besicherter Kontokorrentkredit der Gesellschaft dadurch zurückgeführt wird, dass der vorläufige Insolvenzverwalter (mit Verfügungsmacht über die Konten des Schuldners) Abbuchungsaufträge oder Einzugsermächtigungen widerruft.[666]

Zahlt ein Gesellschafter die im letzten Jahr vor Insolvenzantrag zur Darlehensrückgewährung von der Gesellschaft erhaltenen Beträge wieder an die Gesellschaft zurück, um die ursprüngliche Vermögenslage wiederherzustellen, entfällt die mit der Rückgewährung eingetretene objektive Gläubigerbenachteiligung.[667] Erfolgt die Rückzahlung aber auf ein im Soll geführtes Bankkonto der Gesellschaft, für das der Gesellschafter eine Sicherheit bestellt hat oder bürgt, kann die Rückführung des Saldos nach § 135 Abs. 2 InsO anfechtbar sein, weil es dem Gesellschafter verwehrt sein müsse, durch ein und dieselbe Zahlung zugleich die Entstehung eines gegen ihn gerichteten Rückgewähranspruchs zu verhindern und sich von seiner für ein Drittdarlehn bestellten Sicherheit zu befreien.[668] Dabei darf die

1312

---

[663] de Bra in Braun, InsO, 4. Aufl. 2010, § 44a Rn. 5; so auch noch Hirte in Uhlebruck, InsO, 13. Aufl. 2010, § 44a, Rn. 5n; nun aber in Uhlenbruck, InsO, 14. Aufl. 2015, § 44a, Rn. 5 wie die andere Auffassung (s.Fn. 819), d.h. die final gezahlte Quote bezieht sich auf den Forderungsausfall.
[664] Altmeppen ZIP 2011, 741, 743; K. Schmidt in Scholz, GmbHG, Bd. III, 10. Aufl. 2010, Nachtr. MoMiG, §§ 32a/b, Rn. 57; Gehrlein BB 2008, 846, 852.
[665] BGH ZIP 2015, 1130.
[666] BGH ZIP 2014, 584 = ZInsO 2014, 598; anders noch OLG München ZIP 2013, 1777 = ZInsO 2013, 1527: Eine Handlung eines schwachen vorläufigen Insolvenzverwalters, die zu einer Befreiung des Gesellschafters führt, kann der Schuldnerin nicht zugerechnet werden.
[667] BGH ZIP 2013, 1629.
[668] BGH ZIP 2013, 1629, Tz. 1.8.

Summe aus dem Anfechtungsanspruch und der bei nicht vollständiger Tilgung des Sollsaldos verbleibenden Sicherheiten- oder Bürgenhaftung allerdings den Höchstbetrag der eingegangenen Sicherheitsverpflichtungen nicht überschreiten, was in § 143 Abs. 3 Satz 2 InsO nur unvollständig geregelt sei.[669]

1313 Folgende weitere Zweifelsfrage wird durch die Neuregelung aufgeworfen:[670] Zur Vermeidung eines Wertungswiderspruchs muss § 135 Abs. 1 Nr. 1 InsO als Anfechtungsprivileg dahingehend verstanden werden, dass die Anfechtung gegenüber dem Gesellschafter nach § 143 Abs. 3 InsO ausgeschlossen ist, wenn die Sicherung länger als 10 Jahre vor Insolvenzantrag bestellt wurde,[671] was bei Grundpfandrechten praktisch werden könnte.

4. Besicherung einer Entgeltforderung durch den Gesellschafter

1314 Zweifelhaft ist, ob § 135 Abs. 2 InsO anwendbar ist, wenn der Gesellschafter eine Entgeltforderung eines Lieferanten oder Dienstleisters der Gesellschaft besichert. M.E. liegt hier ein Darlehen oder eine diesem wirtschaftlich entsprechende Forderung nicht vor, so dass bei Tilgung der Forderung durch die Gesellschaft eine Anfechtung nach §§ 135 Abs. 2, 143 Abs. 3 InsO nicht in Frage kommt.[672]

Das ist jedoch keineswegs sicher, weil Rechtsprechung hierzu, soweit ersichtlich, noch nicht vorliegt. Nicht zu verkennen ist nämlich, dass die Forderung des Drittgläubigers zum Darlehen werden könnte, wenn er eine im Geschäftsverkehr unübliche Stundung oder Tilgungsaussetzung gewährt, etwa gerade im Hinblick auf die vorhandene, vom Gesellschafter gewährte Sicherheit.

Erfüllt der Schuldner einen Werkvertrag, für den eine Bank eine Auszahlungsbürgschaft übernommen hat, die der Gesellschafter wiederum besichert hat, liegt in der Erfüllung des Werkvertrages durch die Gesellschaft = die spätere Insolvenzschuldnerin keine Rückgewähr einer dem Gesellschafterdarlehen gleichgestellten Forderung, denn die durch die Auszahlungsbürgschaft gesicherten Forderungen waren gar nicht erst entstanden.[673]

5. Doppelbesicherung des Gläubigers

1315 Tilgt eine Gesellschaft ein von ihr selbst und dem Gesellschafter besichertes Darlehen gegenüber dem Darlehensgeber, liegt die Gläubigerbenachteiligung bei der Anfechtung der Befreiung des Gesellschafters von seiner Sicherheit in dem Abfluss der Mittel aus dem Gesellschaftsvermögen, weil der Gesellschafter im Verhältnis zur Gesellschaft zur vorrangigen Befriedigung der von ihm besicherten Verbindlichkeit verpflichtet ist.[674]

---

[669] BGH ZIP 2013, 1629, Tz. 22.
[670] S. iE mit Lösungsansätzen Spliedt ZIP 2009, 149, 154 ff.
[671] Spliedt ZIP 2009, 149, 155.
[672] So auch Thole ZIP 2015, 1609 ff., 1612, 1613.
[673] BGH ZIP 2017, 441.
[674] BGH ZIP 2017, 1632; zu dieser Entscheidung und verbliebenen offenen Fragen s. Thole ZIP 2017, 1742 ff.

Bei Doppelbesicherung des Gläubigers[675] durch Sicherheit aus dem Vermögen der Gesellschaft (etwa Grundschuld am gesellschaftseigenen Grundstück) und Sicherheit aus dem Vermögen des Gesellschafters (etwa Bürgschaft) offenbart die neue Regelung in § 44a InsO jedoch eine vom Gesetzgeber wohl nicht gewollte **Schutzlücke** für den Fall, dass sich der Gläubiger nach Eröffnung des Insolvenzverfahrens über das Vermögen der Gesellschaft aus der von der Gesellschaft gegebenen Sicherheit (etwa Grundschuld) befriedigt. Es stellt sich die Frage, ob und ggf. aus welcher Norm nun die im Haftungsregime der §§ 39 Abs. 1 Nr. 5, 44a und 135 InsO angelegte vorrangige Haftung des Gesellschafters zu realisieren ist. **1316**

Rechtsprechung und die h.M. in der Literatur haben unter Geltung der alten Rechtslage dem gesicherten **Gläubiger** ein **Wahlrecht** eingeräumt, ob er die Gesellschaftssicherheit oder den Gesellschafter in Anspruch nimmt. Ob dies auch für § 44a InsO gilt, war streitig. Nach einer Auffassung ist in solchen Fällen der Doppelsicherung § 44a InsO analog anzuwenden[676] mit der Folge, dass der Gläubiger die Sicherheit aus dem Gesellschaftsvermögen erst und nur in dem Umfang in Anspruch nehmen kann, wenn und soweit er gegen den Gesellschafter ausgefallen ist. Somit läge auch das Kosten- und Prozessrisiko der Inanspruchnahme des Gesellschafters beim Gläubiger. **1317**

Die wohl überwiegende Auffassung im Schrifttum und die Rechtsprechung gehen vom Fortbestand des Wahlrechts des gesicherten Gläubigers auch nach Inkrafttreten des neuen § 44a InsO aus,[677] weil die Verfahrensvorschrift des § 44a InsO die dinglichen Sicherungsrechte des Gläubigers nicht beeinflussen könne; der Gläubiger könne die Bürgschaft des Gesellschafters sogar freigeben, ohne seine dinglichen Sicherheiten aus dem Gesellschaftsvermögen zu verlieren.[678] Auch der BGH ist vom Fortbestehen des Wahlrechts ausgegangen.[679] Nach dieser Auffassung greift § 44a InsO gegenüber dem Gläubiger nur insoweit ein, als er durch die Verwertung der Sicherheit aus dem Gesellschaftsvermögen nicht befriedigt wurde. Kann sich der Gläubiger aus der Gesellschaftssicherheit voll befriedigen, läuft § 44a InsO leer, weil der Gläubiger Insolvenzforderungen nicht mehr anzumelden hat. **1318**

Ist also das Gläubigerwahlrecht auch nach den Neuregelungen gegeben, ist problematisch, wie anschließend die sich aus dem Haftungsregime der §§ 44a, 135 Abs. 2, 143 Abs. 3 InsO ergebende (vorrangige) Haftung des Gesellschafters realisiert werden soll. Vertreten wurden Insolvenzanfechtung nach §§ 135 Abs. 2, 143 Abs. 3 InsO.[680] ggf. unter analoger Anwendung des § 147 InsO,[681] ein Freistellungsanspruch gegen den Gesellschafter, ein insolvenzrechtlicher, nach § 812 Abs. 1 Satz 1 BGB rückabzuwickelnder Verteilungsfehler[682] oder eine Haftung sui generis **1319**

---

[675] Zur Haftung des Gesellschafters für doppelt besicherte Darlehen nach neuester Rspr. s. Mikolajczak ZIP 2011, 1285 ff.
[676] So K. Schmidt in Scholz, GmbHG, Bd. III, 10. Aufl. 2010, Nachtrag MoMiG, §§ 32a/b a.F. Rn. 58; N. Schmidt ZInsO 2010, 70 ff.
[677] Hirte in Uhlenbruck, InsO, 14. Aufl., 2015, § 44a Rn. 7 m.w.N.
[678] Altmeppen ZIP 2011, 741 ff.
[679] BGH ZIP 2011, 2417 = ZInsO 2012, 81; krit. Hill ZInsO 2012, 910 ff.; Wahlrecht besteht, OLG Stuttgart ZInsO 2012, 2051 = BeckRS 2012, 22381.
[680] Spliedt ZIP 2009, 149, 155.
[681] Mitlehner EWiR 2011, 195, 196.
[682] Mikolajczak ZIP 2011, 1285 ff.

aus Krisenfinanzierung zur Vermeidung eines Wertungswiderspruchs[683] oder ein Regress beim Gesellschafter im Wege des Gesamtschuldnerausgleichs nach § 426 Abs. 1 BGB.[684] Keine dieser Auffassungen ist unproblematisch. Nach § 129 InsO unterliegen der Insolvenzanfechtung nur Handlungen vor und nicht Handlungen nach Insolvenzeröffnung. Die hierzu ergangene obergerichtliche Rechtsprechung war uneinheitlich. Unterschiedliche Senate des OLG Hamm haben gegen[685] bzw. für[686] die analoge Anwendung der §§ 135 Abs. 2, 143 Abs. 3 InsO entschieden. Die Ausnahmetatbestände des § 147 InsO dürften nicht analogiefähig sein und eine echte Gesamtschuldnerschaft mit dem Sicherungsgeber (z.B. dem nur bürgenden Gesellschafter) dürfte nicht vorliegen, weil er nicht zugleich Hauptschuldner ist.

1320 Der **BGH** hat die Streitfrage entschieden:[687] Der Gesellschafter ist zur Erstattung des an den Gläubiger ausgekehrten Betrags zur Insolvenzmasse aus §§ 135 Abs. 2, 143 Abs. 3 Satz 1 InsO analog auch dann verpflichtet, wenn die gesicherte Forderung aus der Verwertung der Sicherheit nach Eröffnung des Insolvenzverfahrens über das Vermögen der Gesellschaft befriedigt wird.[688] Zur Begründung hat der BGH eine vom Gesetzgeber nicht beabsichtigte Gesetzeslücke angenommen: es gebe keinen Grund, die Gesellschaft schlechter bzw. den Gesellschafter besser zu stellen, wenn die Sicherheit erst nach der Eröffnung des Insolvenzverfahrens verwertet wird. Dem Gegenargument, dass nach § 129 InsO der Insolvenzanfechtung nur Handlungen vor und nicht Handlungen nach Insolvenzeröffnung unterliegen, begegnet der BGH mit § 147 InsO, der zeige, dass dem Gesetz Anfechtungen von Handlungen nach Insolvenzeröffnung nicht grundsätzlich fremd seien. Letztlich hat der BGH also das eigene Postulat der Finanzierungsfolgeverantwortung des Gesellschafters auch auf diesen Fall angewandt. Dabei ist der Anfechtungsanspruch nach § 143 Abs. 3 S. 1 InsO wegen Befreiung des Gesellschafters aus der Bürgschaft nicht auf die Höhe der bis zum Zeitpunkt der Eröffnung des Insolvenzverfahrens entstandenen Forderung des gesicherten Gläubigers begrenzt. Erhöht sich dessen Forderung nach Eröffnung des Insolvenzverfahrens wegen Verzögerung bei der Verwertung der Gesellschaftssicherheit aufgrund laufender Zinsen, so erstreckt sich der Anfechtungsanspruch gegen den Gesellschafter auch auf diese Zinsansprüche.[689]

1321 In demselben Sinne haben die Obergerichte den Fall entschieden, dass der Gesellschafter auf andere Weise als durch Leistung der Gesellschaft von seiner Sicherung befreit wird, etwa weil der doppelt besicherte Gläubiger (im Vorgriff auf die Befriedigung aus dem Gesellschaftsvermögen) innerhalb der Anfechtungsfrist des § 135 Abs. 1 Nr. 2 InsO oder nach Insolvenzeröffnung einen **Verzicht auf die Bürgschaft/Gesellschaftersicherheit** mit dem Gesellschafter vereinbart: dann besteht gegen den Gesellschafter ein Anspruch aus §§ 135 Abs. 2, 143 Abs. 3 InsO,

---

[683] Altmeppen ZIP 2011, 741, 747 f.
[684] Bork FS Ganther, 2010, 135, 160 f.
[685] OLG Hamm ZIP 2011, 343: keine planwidrige Regelungslücke; n.rkr., Revision beim BGH Az. IX ZR 11/11; dazu Altmeppen ZIP 2011, 741 ff.
[686] OLG Hamm ZIP 2011, 1226 = ZInsO 2011, 1602 mit lesenswerter Begründung auch zu den anderen Vorschlägen zur Schließung der Schutzlücke.
[687] BGH ZIP 2011, 2417 = ZInsO 2012, 81.
[688] Ebenso OLG Düsseldorf ZIP 2016, 833 = NZG 2016, 628; erneut ZInsO 2021, 161 = ZIP 2021, 1231.
[689] BGH ZIP 2022, 229 = NZI 2022, 221 Rn. 29 mAnm Wazlawik.

weil der Verzicht nur zwischen Gläubiger und Gesellschafter wirkt und den Anspruch der Insolvenzschuldnerin gegen den Gesellschafter unberührt lässt.[690] Das halte ich für eine nicht zulässige Überdehnung des Gesetzeswortlauts. Die Anfechtung des Verzichts auf die bzw. des Erlasses der Bürgschaft nach § 135 Abs. 2 InsO scheidet aus, weil an ihr die Schuldnerin nicht beteiligt ist. Eine Anfechtung nach § 143 Abs. 3 InsO analog scheidet aus, weil keine planwidrige Schutzlücke vorliegt.[691] Der BGH hat sich jedoch jüngst der obergerichtlichen Rechtsprechung angeschlossen[692]: werde der Anspruch des Darlehensgebers befriedigt, sei es für die Gläubigerbenachteiligung unerheblich, ob der Darlehensgeber zu diesem Zeitpunkt materiell-rechtlich die Gesellschaftersicherheit noch hätte verwerten können. Das gelte auch, wenn der Anspruch aus der Bürgschaft bereits verjährt gewesen sei. Der Wortlaut des § 135 Abs. 2 InsO sei misslungen. Habe der Gesellschafter wirksam eine Sicherheit für den Darlehensanspruch eines Dritten bestellt, führen spätere Beschränkungen der Ansprüche aus der Sicherheit – jedenfalls innerhalb der Anfechtungsfrist des § 135 Abs. 1 Nr. 2 InsO – nicht dazu, dass der Gesellschafter im Verhältnis zu seiner Gesellschaft von der Haftung frei wird. Rechtshandlung i.S.d. § 135 Abs. 2 InsO ist die Befreiung des Gesellschafters von der Sicherheit.

Die vorbeschriebene Anfechtung nach § 143 Abs. 3 InsO greift auch gegenüber dem die Sicherheit gebenden Gesellschafter, der seine Gesellschafterstellung innerhalb des letzten Jahres vor Insolvenzantrag über das Vermögen der Gesellschaft aufgegeben bzw. verloren hat.[693]   **1322**

Durch die vorstehend dargestellte Rechtsprechung erübrigt sich auch die Frage, ob der Insolvenzverwalter ein Initiativrecht ggü. dem Gesellschafter hat, wenn ihn der Gläubiger nicht in Anspruch nimmt. Es ist nicht erforderlich: Meldet der Gläubiger seine Forderung als Insolvenzforderung an, gilt § 44a InsO; befriedigt sich der Gläubiger aus der Gesellschaftssicherheit, gilt die Anfechtung gegenüber dem Gesellschafter analog §§ 135 Abs. 2, 143 Abs. 3 InsO.   **1323**

6. Verpflichtung des Gesellschafters zum Ankauf von Sicherungsgut

Zum Erhalt einer zwischen dinglich gesichertem Gesellschaftsgläubiger und zusätzlich bürgendem Gesellschafter häufig gewünschten, aber gegen § 32a Abs. 2 GmbHG a.F. verstoßenden[694] lediglich subsidiären Haftung des Gesellschafters wurde unter Geltung des alten Eigenkapitalersatzrechts mitunter eine Verpflichtung des Gesellschafters vereinbart, das dem gesicherten Gläubiger dinglich versprochene Sicherungsgut zu einem von vorn herein bestimmten Preis anzukaufen. Wegen der zuvor beschriebenen Unsicherheit ist folglich auch unklar, ob und ggf.   **1324**

---

[690] OLG Stuttgart ZIP 2012, 834 = BeckRS 2012, 6348 = ZInsO 2012, 885; dazu Ede ZInsO 2012, 853 ff.; OLG Düsseldorf ZIP 2016, 833 = NZG 2016, 628.
[691] So zutreffend (entgegen OLG Stuttgart) entschieden durch LG Kleve ZIP 2015, 988 = NZI 2015, 512 mAnm Bangha-Szabo; a.A. Altmeppen, Der Verzicht des Gläubigers auf eine Gesellschaftersicherheit und der „Richtigkeitsgedanke" im Recht der Gesellschafterdarlehen, ZIP 2016, 2089 ff.
[692] BGH ZIP 2022, 229 Rn. 18 = NZI 2022, 221 mAnm Wazlawik.
[693] OLG Düsseldorf ZIP 2016, 833 = NZG 2016, 628 = GmbHR 2016, 765.
[694] BGH NJW 1988, 824; sa oben zu eigenkapitalersetzender Sicherheit.

mit welcher Wirkung die Neuregelungen in §§ 135 Abs. 2 und 44a InsO auch für eine solche Ankaufsverpflichtung gelten. Zur alten Rechtslage hat das OLG Köln entschieden, dass eine solche Ankaufsverpflichtung nicht als Sicherheit i.S.d. § 32a GmbHG a.F. anzusehen ist.[695]

In Teilen der Literatur wird das Bestehen einer Gesellschafter-Sicherheit i.S.d. § 135 Abs. 2 InsO für die Differenz zwischen niedrigerem Verkehrswert des Sicherheitsgutes und vereinbartem Ankaufspreis bejaht mit der Folge der primären Haftung des Gesellschafters.[696] Auch wenn die wirtschaftliche „Nähe" zur § 135 Abs. 2 InsO unterfallenden Bürgschaft des Gesellschafters nicht zu leugnen ist, ist die zwischen Gesellschafter und Gläubiger vereinbarte Ankaufsverpflichtung m.E. keine Sicherheit i.S.d. § 135 Abs. 2 InsO. Zwar wird der Gesellschafter mittelbar von der Ankaufsverpflichtung befreit, wenn die Gesellschaft vorinsolvenzlich die Darlehensverbindlichkeit gegenüber dem gesicherten Gläubiger tilgt. Jedoch ist keinesfalls sicher, dass die vermeindliche Sicherheit des Gesellschafters andernfalls in Anspruch genommen worden wäre, da eine solche (vorrangige) Verwertungspflicht für den Gläubiger nicht besteht. Außerdem hätte der Gesellschafter im Falle des Ankaufs des Sicherungsguts – anders als ein Bürge – keinen Regressanspruch gegen die Gesellschaft.[697] In diesem Zusammenhang kann die Entscheidung des OLG Frankfurt a.M. Bedeutung haben: Keine Gesellschaftersicherheit i.S.d. § 135 Abs. 2 InsO liegt vor, wenn der Darlehensgeber keinen Anspruch aus der Sicherheit gegen den Gesellschafter hat, den er nach Insolvenzeröffnung nach § 44a InsO geltend machen kann und der vor Insolvenzeröffnung eine Verpflichtung zur Freistellung nicht auslöst, denn in diesem Fall kann der Darlehensgeber allein die Schuldnergesellschaft in Anspruch nehmen.[698]

7. Vorübergehende Geltungsaussetzung

1325 Nach § 2 Abs. 1 Nr. 2 COVInsAG[699] gilt die bis zum 30.9.2023 erfolgende Rückgewähr eines im Zeitraum der Aussetzung der Insolvenzantragpflicht gemäß § 1 COVInsAG gewährten neuen Kredits als nicht gläubigerbenachteiligend. Dies gilt nach der ausdrücklichen gesetzlichen Regelung auch für die Rückgewähr von Gesellschafterdarlehen und Zahlungen auf Forderungen aus Rechtshandlungen, die einem solchen Darlehen wirtschaftlich entsprechen, nicht aber deren Besicherung; § 39 Abs. 1 Nr. 5 und § 44a InsO finden insoweit im Insolvenzverfahren über das Vermögen des Schuldners, die bis zum 30.9.2023 beantragt wurden, keine Anwendung.

---

[695] OLG Köln NZG 1999, 314.
[696] Löser ZInsO 2010, 28 ff.
[697] So auch Thole ZIP 2015, 1609 ff., 1612.
[698] OLG Frankfurt a.M. ZIP 2016, 733.
[699] Gesetz zur vorübergehenden Aussetzung der Insolvenzantragspflicht und zur Begrenzung der Organhaftung bei einer durch die COVID-19-Pandemie bedingten Insolvenz (COVID-19-Insolvenzaussetzungsgesetz – COVInsAG) v. 27.3.2020, BGBl I S. 569.

VII. Einzelfragen bei Nutzungsüberlassungen durch den Gesellschafter

Für die bisherige eigenkapitalersetzende Nutzungsüberlassung[700] ging die Begründung des RegE selbst davon aus, dass die Neuregelung zu einer Änderung der Rechtsfolgen führen wird. Dort heißt es:[701]   **1326**

> Hinsichtlich der ... unter dem Stichwort eigenkapitalersetzende Nutzungsüberlassung diskutierten Fallgruppe werden die Neuregelungen ... hinsichtlich der Rechtsfolgen nicht ohne Auswirkungen bleiben: Bislang nimmt die Rechtsprechung ... u.a. eine Verpflichtung des Gesellschafters an, der Gesellschaft das Wirtschaftsgut für den vertraglich vereinbarten Zeitraum ... unentgeltlich zu belassen. Diese Begründung für eine von den Grundregeln der §§ 103 ff. InsO abweichende Rechtsfolge findet in den Neuregelungen keine Grundlage, da diese nach ihrer Systematik nicht mehr an einen eigenkapitalersetzenden Charakter der Leistung anknüpfen und die Insolvenz selbstverständlich auch weiterhin keine Auswirkung auf die Eigentümerstellung des Gesellschafters an dem überlassenen Gegenstand hat. Eine ausdrückliche gesetzliche Klarstellung in dem (etwa in § 3 Abs. 3 österr. EKEG enthaltenen) Sinne, dass im Fall einer Nutzungsüberlassung die Kreditgewährung nur das Entgelt betreffen, nicht aber in der Nutzungsüberlassung selbst liegen könne, ist vor diesem Hintergrund nicht geboten.

1. Grundsätzliche Geltung der Regelungen für die Nutzungsüberlassung?

Nach der vorstehend zitierten Entwurfsbegründung war bereits fraglich, ob Nutzungsüberlassungen überhaupt als Rechtshandlungen des Gesellschafters angesehen werden können, die einem Gesellschafterdarlehen „wirtschaftlich entsprechen", ob Mietzinsforderungen des Gesellschafters also überhaupt nach § 39 Abs. 1 Nr. 5 InsO nachrangig und innerhalb des letzten Jahres vor Insolvenzantrag erhaltene Mietzahlungen oder Nutzungsbeendigungen nach § 135 Abs. 1 Nr. 2 InsO anfechtbar sind.   **1327**

In der Literatur sind die vorstehend wiedergegebenen Ausführungen in der Entwurfsbegründung z.T. dahin gehend verstanden worden, dass Nutzungsüberlassungen künftig den Neuregelungen über die Gesellschafterfinanzierung (Nachrang, Insolvenzanfechtbarkeit) gar nicht mehr unterfallen werden,[702] da sich die Neuregelung vollkommen vom alten Konzept der Nutzungsüberlassung als einer darlehensähnlichen Finanzierungsform gelöst habe.[703] Nicht jede Gesellschafterforderung unterfalle automatisch dem Nachrang, sondern nur Darlehen und solche Handlungen/Forderungen, die einem Darlehen wirtschaftlich entsprechen, also allenfalls etwa gestundete Mietzinsforderungen.[704] Die Nutzungsüberlassung könne nicht mehr als einem Darlehen wirtschaftlich entsprechende Rechtshand-   **1328**

---

[700] Sa Heinze ZIP 2008, 110 ff.; K. Schmidt DB 2008, 1727 ff.; Marotzke ZInsO 2008, 1281 ff. und ZInsO 2009, 2073 ff.; Rühle ZIP 2009, 1358 ff.
[701] S. 130 Begr. zum RegE; ZIP 2007, Beilage zu Heft 23, S. 32; Haas ZInsO 2007, 617, 624
[702] Noack DB 2007, 1395, 1398.
[703] K. Schmidt DB 2008, 1727 ff.
[704] Gehrlein BB 2008, 846, 850.

lung i.S.d. § 39 Abs. 1 Nr. 5 InsO angesehen werden.⁷⁰⁵ So hat das OLG Schleswig (entgegen zuvor LG Kiel) entschieden mit Verweis auf die Begründung des RegE zum MoMiG entschieden, dass das Recht der Nutzungsüberlassung grundsätzlich aus dem Regelungsbereich der Gesellschafterdarlehen herausgenommen sei.⁷⁰⁶ In einem Fall der Insolvenzanfechtung nach § 135 Abs. 1 Nr. 2 InsO hat das LG Freiburg⁷⁰⁷ entschieden, dass Mietforderungen keine gleichgestellten Forderungen sein. Zur Begründung hat es ausgeführt, Nutzungsüberlassung und Darlehensgewährung seien wirtschaftlich unterschiedliche Sachverhalte, die Nutzungsüberlassung könne nicht ohne Weiteres als Umgehungstatbestand angesehen werden und ansonsten liefe § 135 Abs. 3 InsO praktisch leer, denn es sei anerkannt, dass die geleistete Vergütung um die Beträge zu korrigieren sei, die der Insolvenzverwalter erfolgreich anficht. Unergiebig für diese Frage OLG Hamm: Mietzinsansprüche, die dem Gesellschafter nach § 108 Abs. 1 Satz 1 InsO gegen die insolvente Gesellschaft zustehen, werden von § 39 Abs. 1 Nr. 5 InsO nicht erfasst.⁷⁰⁸

1329 Nach anderer Auffassung sollten die Neuregelungen zur Gesellschafterfinanzierung auf die Nutzungsüberlassung im Hinblick auf die Möglichkeit der Kreditierung des Mietzinses grds. anwendbar sein.⁷⁰⁹ Auch nach meinem Dafürhalten kann es keinen Unterschied machen, ob der Gesellschafter der Gesellschaft die Mittel zum Erwerb des Gegenstandes oder zur Zahlung des Mietzinses an einen fremden Nutzungsgeber als Darlehen gibt oder eine Darlehensaufnahme der Gesellschaft etwa bei einer Bank besichert oder ob der Gesellschafter den Gegenstand selbst erwirbt und der Gesellschaft sodann zur Nutzung überlässt. Aus Sicht der Gesellschaft sind die Gesellschafterleistungen wirtschaftlich gleichwertig.⁷¹⁰ Der den Schutz der übrigen Gläubiger vor Vermögensumschichtung bezweckende materielle Rechtsgedanke der Finanzierungsfolgenverantwortung des „seine" Gesellschaft stützenden Gesellschafters greift für beide Fallkonstellationen gleichermaßen. Diese Auffassung wurde m.E. auch durch die systematische Gesetzesauslegung gestützt: Schließlich hat der Gesetzgeber das Nutzungsrecht des Insolvenzverwalters systemwidrig in § 135 Abs. 3 InsO geregelt, einer Vorschrift, die die Überschrift „Gesellschafterdarlehen" trägt. Schließlich schien mir aus den Erwägungen des BGH zur Anfechtbarkeit der Darlehenstilgung an den Zessionar nach Abtretung der Darlehensforderung durch den Gesellschafter auch gegenüber dem Gesellschafter/Zedenten (Durchsetzung der Finanzierungsfolgeverantwortung gegenüber dem Gesellschafter, Fruchtbarmachung der Erwägungen zum Eigenkapitalersatz für die Auslegung der Regelungen⁷¹¹) zu entnehmen, dass auch die Nutzungsüberlassung durch den Gesellschafter erfasst ist.

1330 Der **BGH** hat die Frage jedoch dahingehend entschieden, dass die Nutzungsüberlassung durch den Gesellschafter mit einem Gesellschafterdarlehen nicht

---

⁷⁰⁵ Bitter ZIP 2010, 1 ff.
⁷⁰⁶ OLG Schleswig ZIP 2012, 885 = ZInsO 2012, 1678 (rechtskräftig).
⁷⁰⁷ LG Freiburg ZInsO 2014, 262 = ZIP 2014, 336.
⁷⁰⁸ OLG Hamm ZIP 2014, 186 = ZInsO 2014, 243.
⁷⁰⁹ Knof ZInsO 2007, 130; Haas ZInsO 2007, 622, 623; Wälzholz GmbHR 2008, 841, 848; Marotzke ZInsO 2008, 1281 ff.; Hölzle ZIP 2009, 1939 ff. unter Hinweis auf die im Interesse eines wirksamen Gläubigerschutzes bestehende Finanzierungsfolgenverantwortung des Gesellschafters.
⁷¹⁰ Marotzke ZInsO 2008, 1281, 1284.
⁷¹¹ BGH ZIP 2013, 582.

gleichzustellen ist.⁷¹² Zur Begründung hat der BGH unter Bezugnahme auf die Begründung im RegE InsO ausgeführt, dass mit der Abkehr vom früheren Eigenkapitalersatzrecht durch das MoMiG die dogmatische Grundlage für eine Gleichstellung der Nutzungsüberlassung mit der Darlehensgewährung entfallen sei, woran auch § 135 Abs. 3 InsO nichts ändere.

Damit dürften auch die Folgefragen entschieden sein: Die Regelungen gelten auch für die Gebrauchsüberlassung durch einen dem Gesellschafter gleichgestellten Dritten nicht.⁷¹³ Die sich ergebenden **Rechtsfolgen** sind:

2. Kein Nachrang offener Mietforderungen

Die vom BGH entschiedene grundsätzliche Nichtgeltung der Neuregelungen für die Nutzungsüberlassung durch den Gesellschafter hat jedenfalls zur Folge, dass ausstehende Mietzinsforderungen des Gesellschafters aus der Zeit vor Insolvenzeröffnung nicht nach § 39 Abs. 1 Nr. 5 InsO nachrangig sind. Wurden sie jedoch gestundet oder anderweitig vom Gesellschafter stehen gelassen, was in der Praxis angesichts der wirtschaftlichen Krise der nutzenden Gesellschaft häufig der Fall sein dürfte, hat dies eine Umqualifizierung der Forderungen in nunmehrige Darlehensforderungen zur Folge (s.o. → Rn. 1285 ff.), die wiederum nach § 39 Abs. 1 Nr. 5 InsO nachrangig sind. 1331

3. Anfechtbarkeit von Miet-/Pachtzahlungen?

Wie oben ausgeführt, können gestundete oder „stehend gelassene" Mietforderungen des Gesellschafters u.U. zu Darlehensforderungen umqualifiziert werden, so dass ihre Bezahlung als Befriedigung einer darlehensgleichen Forderung nach § 135 Abs. 1 Nr. 2 InsO anfechtbar ist.⁷¹⁴ 1332

Pünktliche Mietzahlungen hingegen sind nach der vg. BGH-Entscheidung nicht nach § 135 Abs. 1 Nr. 2 InsO anfechtbar. Als zusätzliches Argument kann gelten, dass dem Gesellschafter selbst in der Insolvenz bei Fortnutzung des Gegenstandes durch die Schuldnergesellschaft bzw. den Insolvenzverwalter ein Entgelt- oder Ausgleichsanspruch entweder als vertraglicher Anspruch aus noch bestehendem Nutzungsvertrag (dann Masseverbindlichkeit) oder nach § 135 Abs. 3 Satz 2 InsO bleibt und dies erst recht vor der Insolvenz gelten müsste.⁷¹⁵ 1333

Zu beachten ist aber, dass eine Anfechtung pünktlicher Mietzahlungen nach den allgemeinen Anfechtungsvorschriften, etwa aus § 133 Abs. 1 InsO in Betracht kommen kann, wenn die Gesellschaft zwar die Mieten an den Gesellschafter pünktlich, andere Gläubiger aber nicht mehr bezahlt hat.

---

⁷¹² BGH ZIP 2015, 589 = GmbHR 2015, 420; zu dieser Entscheidung K. Schmidt NJW 2015, 1057, 1058.
⁷¹³ Bejahend über die Generalklausel in § 39 Abs. 1 Nr. 5 InsO Marotzke ZInsO 2008, 1281, 1284; verneinend Spliedt ZIP 2009, 149, 156.
⁷¹⁴ BGH ZIP 2015, 589.
⁷¹⁵ Koutsos ZInsO 2011, 1626 ff., 1629.

4. Weiternutzung durch den Insolvenzverwalter

1334 Nach der früheren Eigenkapitalersatz-Rechtsprechung hatte der Insolvenzverwalter[716] das Recht zur unentgeltlichen Nutzung des überlassenen Gutes für den vertraglich vereinbarten Zeitraum bzw. für einen angemessenen Mindestzeitraum.[717] Nach der Begründung des RegE wich dies von den Regelungen der §§ 103 ff. InsO ab. Das Schicksal des kostenlosen Nutzungsrechts des Insolvenzverwalters im eröffneten Insolvenzverfahren nach dem RegE wurde in der rechtswissenschaftlichen Literatur unterschiedlich beurteilt. Z.T. wurde vertreten, dass dieses kostenlose Nutzungsrecht entfallen wird,[718] da für die unentgeltliche Weiternutzung nach der Neuregelung kein Raum mehr sei.[719] Andererseits wurde vertreten, dass das kostenlose Nutzungsrecht auch nach Inkrafttreten des MoMiG wegen des Nachranges der Mietzinsansprüche und der Pflicht zur Gebrauchsüberlassung bestehen bleibe.[720] Die §§ 103 ff. InsO seien nicht anwendbar; das Nutzungsrecht sei vielmehr ein Darlehensäquivalent.[721] Ein Aussonderungsanspruch des Eigentümers der zur Nutzung überlassenen Sache nach § 47 InsO bestehe nicht; ihm könne der Insolvenzverwalter die Anfechtbarkeit einer Rückgabe des Gegenstandes nach § 135 InsO einredeweise nach § 146 Abs. 2 InsO entgegenhalten.[722]

1335 Diese nach dem RegE aufgekommenen Zweifelsfragen sind durch die vom Bundestag beschlossene und in Kraft getretene Fassung des MoMiG geklärt. § 135 Abs. 3 InsO sieht nunmehr ein Weiternutzungsrecht des Insolvenzverwalters bei „erheblicher Bedeutung" für die Fortführung des Schuldnerunternehmens für max. ein Jahr vor, allerdings im Unterschied zur Eigenkapitalersatzrechtsprechung nur gegen einen dem Gesellschafter zu zahlenden Ausgleich i.H.d. Durchschnitts der im letzten Jahr vor Insolvenzeröffnung geleisteten Vergütung. Ein kostenloses Nutzungsrecht des Insolvenzverwalters besteht nach Wegfall des Eigenkapitalersatzrechts nicht mehr.[723] Zwar wird durch diese Regelung, die m.E. besser bei den §§ 103 ff. InsO hätte verortet werden sollen, ein pragmatischer Interessenausgleich herbeigeführt, jedoch erscheint sie dogmatisch fragwürdig und hinsichtlich der vom Insolvenzverwalter zu entrichtenden Vergütung streitträchtig, denn sie wirft folgende **Zweifelsfragen** auf:

1336 **a) Wann liegt Fortführungserheblichkeit vor?** Die Neuregelung lässt im Unklaren, ob eine erhebliche Bedeutung der Weiternutzung des vom Gesellschafter überlassenen Gutes für die Fortführung des Schuldnerunternehmens nur gegeben ist, wenn bei Beendigung der Nutzung die Betriebsabläufe erheblich gestört würden, oder auch dann, wenn zwar eine Ersatzbeschaffung durch den Insolvenzverwalter (etwa Anmietung von einem Dritten) möglich wäre, dies

---

[716] Sa Burg/Blasche GmbHR 2008, 1250 ff.
[717] BGHZ 127, 1 ff. = NJW 1994, 2349.
[718] Bitter (bei Hölzle) ZInsO 2007, 421; Gehrlein BB 2008, 846, 851; wohl so zu verstehen K. Schmidt GmbHR 2007, 1, 9.
[719] Habersack ZIP 2007, 2145 ff., 2150.
[720] Hölzle ZInsO 2007, 421 ff.
[721] Knof ZInsO 2007, 125 ff., 131.
[722] Haas ZInsO 2007, 617 ff., 623.
[723] BGH ZIP 2015, 589.

aber die Kosten des Insolvenzverfahrens erhöhen würde, weil die Anmietung von einem Dritten nicht zu dem an den Gesellschafter zu zahlenden ermäßigten Entgelt möglich wäre. Ich würde den letzteren, wirtschaftlichen Begriff der Fortführungserheblichkeit vertreten.[724]

Ebenso offen ist, ob eine Betriebsfortführung durch den Insolvenzverwalter erforderlich ist oder ob die auf ein Jahr begrenzte Weiternutzung auch nach übertragender Sanierung durch den Unternehmenserwerber möglich ist.[725] 1337

b) Verhältnis zu §§ 108, 109 InsO. Das Verhältnis der Regelung in § 135 Abs. 3 Satz 1 InsO zu §§ 108, 109 InsO war nicht geklärt. Findet § 135 Abs. 3 InsO nur Anwendung, wenn und soweit das Nutzungsverhältnis nicht nach §§ 108, 109 InsO ohnehin fortzusetzen ist,[726] oder werden die §§ 108, 109 InsO durch die Spezialregelung in § 135 Abs. 3 InsO verdrängt?[727] Nach entsprechenden instanzgerichtlichen Entscheidungen[728] enthält § 135 Abs. 3 InsO enthält keine abschließende Regelung für Nutzungsüberlassungen durch den Gesellschafter. Besteht das Mietverhältnis nach § 108 Abs. 1 InsO fort, ist § 135 Abs. 3 InsO nicht anwendbar oder andersherum § 135 Abs. 3 Satz 2 InsO kommt nur zur Anwendung, wenn der Vermieter einen (bestehenden) Aussonderungsanspruch geltend macht.[729] Dies hat der BGH bestätigt.[730] 1338

Diese Frage hatte unmittelbare Bedeutung für die Qualifikation und Höhe des Entgeltanspruchs des überlassenden Gesellschafters. Würde er bei nicht beendetem Überlassungsvertrag nur als nachrangige Forderung nach § 39 Abs. 1 Nr. 5 InsO[731] oder als Masseforderung in der vertraglich vereinbarten Höhe oder nur i.H.d. nach § 135 Abs. 3 Satz 2 InsO geschuldeten Ausgleichs[732] bestehen? Letzterenfalls wäre zu klären, ob die Differenz zwischen vertraglichem Nutzungsentgelt und Ausgleich eine nicht nachrangige Insolvenzforderung oder nachrangig nach § 39 Abs. 1 Nr. 5 InsO[733] ist. Schließlich wäre fraglich, ob und ggf. mit welcher Qualifikation der Gesellschafter bei vorzeitiger Kündigung des Mietverhältnisses durch den Insolvenzverwalter einen Schadensersatzanspruch nach § 109 Abs. 1 Satz 3 InsO hat.[734] Auch diese Frage hat der BGH mit der vg. Entscheidung geklärt: Bei nach § 108 Abs. 1 Satz 1 InsO fortbestehendem Mietverhältnis sind die Mietzahlungsansprüche Masseverbindlichkeiten nach § 55 Abs. 1 Nr. 2 Fall 2 InsO.[735] 1339

c) Anfechtbarkeit vorzeitiger Rückgabe des Nutzungsgegenstandes? Aus der Entscheidung des BGH, dass die Nutzungsüberlassung durch den 1340

---

[724] Ebenso Bitter ZIP 2010, 1 ff.
[725] Letzteres vertritt Bitter ZIP 2010, 1 ff.
[726] So Marotzke ZInsO 2008, 1281 ff.
[727] So Spliedt ZIP 2009, 149, 158 und Bitter ZIP 2010, 1 ff.
[728] LG Kiel ZIP 2011, 968.
[729] OLG Hamm ZIP 2014, 186.
[730] BGH ZIP 2015, 589, 595, 596.
[731] So Marotzke ZInsO 2008, 1281 ff.
[732] So Hirte ZInsO 2008, 689, 694, Rühle ZIP 2009, 1358 ff. und Bitter ZIP 2010, 1 ff.
[733] So Spliedt ZIP 2009, 149, 158.
[734] Spliedt ZIP 2009, 149, 158: Nach Ablauf der Jahresfrist endet das Gesellschaftersonderopfer nach § 135 Abs. 3 InsO, sodass für diese Zeit eine nicht nachrangige Insolvenzforderung gegeben ist.
[735] BGH ZIP 2015, 589, 592.

Gesellschafter mit einem Gesellschafterdarlehen nicht gleichzustellen ist,[736] ergibt sich auch, dass eine Nutzungsbeendigung und Rückgabe des Gegenstandes an den Gesellschafter innerhalb des letzten Jahres vor Insolvenzantrag jedenfalls nicht nach § 135 Abs. 1 Nr. 2 InsO anfechtbar ist.[737] Das war teilweise in der Literatur im Hinblick auf § 135 Abs. 3 Satz 1 InsO für die Fälle anders gesehen worden, in denen der Gebrauch des Gegenstandes für die Fortführung des Schuldnerunternehmens von erheblicher Bedeutung ist;[738] andere in der Literatur hatten es mit der m.E. zutreffenden Begründung verneint, dass die Aussonderungssperre und damit die Überlassungspflicht des Gesellschafters nach der Sondernorm des § 135 Abs. 3 InsO erst mit der Insolvenzeröffnung beginnt.[739] Danach könnte dem Gesellschafter zu raten sein, noch vor Insolvenzeröffnung bei der ersten Möglichkeit das Nutzungsverhältnis außerordentlich zu kündigen und die Überlassung zu beenden. In Betracht kann dann allerdings eine Anfechtung nach § 133 Abs. 1 InsO kommen (insbesondere bei einvernehmlichen Beendigungen).

1341 **d) Höhe der Ausgleichszahlung nach § 135 Abs. 3 Satz 2 InsO.** Ungeklärt war die Bestimmung der Höhe des vom Insolvenzverwalter zu zahlenden Ausgleichs. Welcher Anknüpfungszeitpunkt gilt, und ist eine evtl. Anfechtbarkeit von vor Insolvenzeröffnung erfolgten Zahlungen zu berücksichtigen? Ein Problem für die Berechnung der Ausgleichshöhe liegt darin, dass nach dem Wortlaut des § 135 Abs. 3 Satz 2 InsO auf den Durchschnitt der Zahlungen im letzten Jahr vor Insolvenzeröffnung abzustellen ist. Im zumeist vorgeschalteten Insolvenzeröffnungsverfahren wird der vorläufige Insolvenzverwalter i.d.R. Mietzahlungen an den Gesellschafter nicht zustimmen. Dieser verfahrensbedingte Ausfall muss m.E. für die Berechnung unberücksichtigt bleiben, so dass für die Berechnung entweder auf das letzte Jahr vor Insolvenzantrag abzustellen[740] oder von hypothetischer Fortzahlung im Insolvenzeröffnungsverfahren auszugehen ist.[741] Außerdem liegt ein Wertungswiderspruch vor, der entweder dadurch aufzulösen wäre, dass die insolvenzrechtliche Anfechtbarkeit bei der Berechnung insgesamt unberücksichtigt bleibt[742] oder außerhalb der Grenzen des § 142 InsO unberücksichtigt bleibt[743] oder dadurch, dass anfechtbare Mietzahlungen bei der Berechnung des vom Insolvenzverwalter zu zahlenden Nutzungsentgelts unberücksichtigt bleiben und so den Durchschnitt der Zahlungen im letzten Jahr vor Insolvenzeröffnung reduzieren sollen.[744]

Auch diese Fragen hat der BGH mit der vg. Entscheidung geklärt: Abweichend vom auf einem Redaktionsversehen beruhenden Wortlaut des § 135 Abs. 3 Satz 2 InsO ist Anknüpfungspunkt für die Berechnung der Jahresfrist nicht der Zeitpunkt

---

[736] BGH ZIP 2015, 589 = GmbHR 2015, 420.
[737] Sa K. Schmidt NJW 2015, 1057, 1058.
[738] Marotzke ZInsO 2008, 1281 ff.; unter Hinweis auf die Treuepflicht des Gesellschafters K. Schmidt DB 2008, 1727.
[739] Spliedt ZIP 2009, 149, 158.
[740] So Spliedt ZIP 2009, 149, 157.
[741] AA Koutsos ZInsO 2011, 1626, 1631, der in die Berechnung generell nur tatsächlich geleistete und dem Gesellschafter verbliebene Entgeltzahlungen einbeziehen will.
[742] So Marotzke ZInsO 2008, 1281 ff.
[743] So Spliedt ZIP 2009, 149, 157.
[744] Koutsos ZInsO 2011, 1626, 1631.

der Insolvenzeröffnung sondern der Zeitpunkt des Insolvenzantrags.[745] Der Gesellschafter soll dieselbe Vergütung erhalten, die ihm im maßgeblichen Zeitraum vor Insolvenzantrag tatsächlich zugeflossen ist; zu einem weiteren Sonderopfer ist er nicht verpflichtet. Daraus ergibt sich zugleich, dass bei der Berechnung des Ausgleichs die Zahlungen unberücksichtigt bleiben, die anfechtbar sind, weil sie keine dem Gesellschafter verbleibende dauerhafte Befriedigung darstellen.[746]

Hinweis 1342
Ausdrücklich ist darauf hinzuweisen, dass der Insolvenzverwalter den sich aus der Berechnung nach § 135 Abs. 3 Satz 2 Halbs. 2 InsO ergebenden Ausgleich in voller Höhe zu zahlen hat; bei Verzug, etwa nach Verstreichenlassen zweier kalendermäßig bestimmter Zahlungstermine (§§ 543 Abs. 2 Satz 1 Nr. 3, 580 Abs. 2 BGB), kann der Gesellschafter zur fristlosen Kündigung berechtigt sein.[747]

e) Verhältnis zum Grundpfandrechtsgläubiger. Ebenfalls nicht geregelt ist 1343 die Frage, ob § 135 Abs. 3 InsO in die Rechtsposition eines Grundpfandgläubigers eingreift, dem der Gesellschafter, der das Grundstück der GmbH zur Nutzung überlassen hatte, für ein ihm gewährtes Darlehen als Sicherheit ein Grundpfandrecht eingeräumt hatte. Das dürfte zu verneinen sein. Wie auch zum alten Recht dürfte der Zwangsverwalter dem Insolvenzverwalter der Betriebsgesellschaft vorgehen (str.).[748]

f) Doppelinsolvenz. Ebenfalls nicht geregelt und daher ungeklärt ist, ob das 1344 Weiternutzungsrecht des Insolvenzverwalters (der Gesellschaft) nach § 135 Abs. 3 InsO auch in der Doppelinsolvenz, also auch ggü. dem Insolvenzverwalter über das Vermögen des Gesellschafters gilt. Mit dem Argument, es fehle an einer Vorausverfügung, sodass für eine analoge Anwendung des § 110 Abs. 1 InsO kein Raum sei, oder mit Billigkeitserwägungen[749] wird dies bejaht.[750]

VIII. Sicherheiten aus Gesellschaftsvermögen für Gesellschafterdarlehen

Ist dem Gesellschafter innerhalb der letzten 10 Jahre vor dem Insolvenzantrag 1345 über das Vermögen der Gesellschaft oder danach für ein Gesellschafterdarlehen oder eine gleichgestellte Forderung durch eine Rechtshandlung eine **Sicherheit aus dem Vermögen der Gesellschaft** gewährt worden, so kann der Insolvenzverwalter diese Rechtshandlung nach § 135 Abs. 1 Nr. 1 InsO anfechten.
Reichweite und Regelungsgehalt der Vorschrift waren und sind in der Literatur trotz dreier Entscheidungen des BGH umstritten.[751]

---

[745] BGH ZIP 2015, 589, 595.
[746] BGH ZIP 2015, 589, 595.
[747] Marotzke ZInsO 2008, 1281 ff.
[748] Wie hier Fischer/Knees ZInsO 2009, 745 ff. = LS 2009, 170470; aA Göcke/Henkel ZInsO 2009, 170 ff. und Bitter ZIP 2010, 1 ff.
[749] Bitter ZIP 2010, 1 ff.
[750] Göcke/Henkel ZInsO 2009, 170 ff.
[751] Zum (damaligen) Stand der Diskussion und den Zweifelsfragen s. Mylich ZIP 2013, 2444 ff.

Es stellen sich zwei grundlegende Fragen:
1) Ist die Bestellung von Kreditsicherheiten aus dem Gesellschaftsvermögen für Gesellschafterdarlehen ohne Gefahr der Anfechtung nach § 135 Abs. 1 Nr. 1 InsO zumindest bei gleichzeitiger Bestellung mit der Darlehensgewährung möglich (Bargeschäftsprivileg des § 142 InsO)?
2) Wird nach Verwertung einer anfechtbar erlangten Sicherheit früher als ein Jahr vor Insolvenzantrag die 10-Jahres-Anfechtung nach § 135 Abs. 1 Nr. 1 InsO durch die Ein-Jahres-Anfechtung des § 135 Abs. 1 Nr. 2 InsO gesperrt?

1346 **Keine Anwendung des Bargeschäftsprivilegs nach § 142 InsO** (zu Frage 1):

Der BGH hat für den Fall eines atypisch stillen Gesellschafters einer GmbH entschieden, dass dessen Darlehensrückzahlungsanspruch nach § 39 Abs. 1 Nr. 5 InsO nachrangig ist und dass (auch) die Zug um Zug gegen die Darlehenshingabe aus dem Gesellschaftsvermögen gewährte Kreditsicherheit nach § 135 Abs. 1 Nr. 1 InsO anfechtbar ist.[752] In einer weiteren Entscheidung hat der **BGH** geurteilt, dass das **Bargeschäftsprivileg** des § 142 InsO für die Anfechtung der Bestellung einer Sicherheit für ein Gesellschafterdarlehen **nicht gilt**.[753] Zur Begründung hat der BGH auf Sinn und Zweck der §§ 135 Abs. 1 Nr. 1 und 142 InsO verwiesen: das mit der Darlehensgewährung übernommene Risiko dürfe der Gesellschafter nicht auf die Gläubigergemeinschaft abwälzen, die durch die Darlehensgewährung übernommene Finanzierungsfolgenverantwortung sei bei der Auslegung des § 135 Abs. 1 InsO weiterhin beachtlich. Außerdem unterliefe die Privilegierung anfänglicher Sicherheiten das gesetzliche Ziel in § 135 Abs. 1 Nr. 2 InsO, Rückzahlungen von Gesellschafterdarlehen im Jahr vor Insolvenzantragstellung konsequent der Anfechtung zu unterwerfen. Die Unanwendbarkeit des § 142 InsO auf die Besicherung von Gesellschafterdarlehen gilt auch für Insolvenzverfahren, die nach dem 4.4.2017 (Inkrafttreten der Reform des Anfechtungsrechts) eröffnet wurden.[754]

In der Literatur wird die letztgenannte Entscheidung kritisiert und vertreten, dass die Sicherheitsgewährung nach § 142 InsO nicht anfechtbar sein soll, wenn sie bereits Zug um Zug gegen die Darlehensgewährung durch den Gesellschafter erfolgte und werthaltig war und blieb, denn dann habe der Gesellschafter durch seine Darlehensgewährung ein Insolvenzrisiko im Verhältnis zur Gesellschaft bzw. zu deren Gläubigern bzw. eine Finanzierungsfolgenverantwortung gerade nicht übernommen[755] bzw. übernehmen wollen.[756] Letzteres scheint mir mit dem Wortlaut des § 135 Abs. 1 Nr. 1 InsO und der den gesetzlichen Regelungen zugrunde liegenden und vom BGH gestärkten (s.o.) Finanzierungsfolgenverantwortung des Gesellschafters jedoch nicht vereinbar: die Finanzierungsfolgenverantwortung des Gesellschafters folgt bereits aus dem Umstand der Darlehensgewährung.[757] Nicht zu verkennen ist jedoch, dass die Gesellschafter auf die nicht anfechtbare Nutzungsgewährung (s.o., § 135 Abs. 3 InsO) etwa im Rahmen einer Betriebsaufspaltung

---

[752] BGH ZIP 2012 1869.
[753] BGH ZIP 2019, 666.
[754] OLG Düsseldorf, ZIP 2019, 2491.
[755] Bitter ZIP 2013, 1497 ff.; Marotzke ZInsO 2013, 641, 642 ff., 650; iErg ebenso, wenn auch mit anderer Begründung Mylich ZIP 2013, 2444 ff., 2446.
[756] Bitter ZIP 2019, 737 ff.
[757] So auch Altmeppen ZIP 2013, 1745 ff.

ausweichen werden, wodurch der Insolvenzmasse zusätzlich die Pauschalen nach § 171 InsO entgehen werden. Insoweit sieht Bitter in der BGH-Entscheidung zur Unanwendbarkeit des § 142 InsO bei der Besicherung von Gesellschafterdarlehen auch einen Wertungswiderspruch zum gesetzlichen Konzept der Nutzungsüberlassung in § 135 Abs. 3 InsO, da beide Vorgänge wirtschaftlich vergleichbar sind.[758]

Nachträglich bestellte Sicherheiten für Gesellschafterdarlehen sind m.E. in jedem Falle nach § 135 Abs. 1 Nr. 1 InsO anfechtbar.[759]

Nach einer anderen Auffassung in der Literatur sind Kreditsicherheiten aus dem Gesellschaftsvermögen für Gesellschafterdarlehen per se unbeachtlich, weil bereits aus der Sicherungsabrede und dem Nachrang der Gesellschafterforderung folge, dass die Sicherheit für die nach § 39 Abs. 1 Nr. 5 InsO nachrangige Forderung freizugeben ist.[760] Daraus würde sich ergeben, dass die Kreditsicherheiten auch über den Zehn-Jahreszeitraum hinaus unbeachtlich sind[761] und die gesetzliche Vorschrift für die in der Praxis relevanten Fälle überflüssig ist.[762]

Keine Sperrwirkung der Befriedigung früher als ein Jahr vor Insolvenzantrag (zu Frage 2):

1347

In der Literatur wurde außerdem beinahe einhellig vertreten, dass die Anfechtung der Sicherheit ausgeschlossen sein soll, wenn die zur Befriedigung des Gesellschafters führende Verwertung der Sicherheit früher als ein Jahr vor Insolvenzantrag erfolgte (Sperrwirkung des § 135 Abs. 1 Nr. 2 InsO).[763] Das hat der BGH nun anders entschieden.[764] In dem entschiedenen Fall hat der Drittschuldner auf eine an den Gesellschafter zur Sicherheit für sein Gesellschafterdarlehen abgetretene Forderung der (später insolventen) Schuldnergesellschaft ca. 2 Jahre vor Insolvenzantrag an den Sicherungsnehmer/Gesellschafter gezahlt. Wird eine für ein Gesellschafterdarlehen anfechtbar bestellte Sicherheit verwertet, greift die Anfechtung mangels Sperrwirkung des Befriedigungstatbestandes nach § 135 Abs. 1 Nr. 2 InsO auch dann durch, wenn die Verwertung länger als ein Jahr vor Antragstellung erfolgte.[765] Zur Begründung hat der BGH ausgeführt, dass die Insolvenzanfechtungstatbestände unabhängig nebeneinander stehen und dass sich ein Anfechtungsgegner grundsätzlich zu seiner Verteidigung nicht auf anfechtungsfestes hypothetisches Alternativverhalten berufen kann.

Dennoch ist das schwer zu verstehen, denn es führt zu dem merkwürdigen Ergebnis, dass ein Gesellschafter mit Sicherheit aus dem Gesellschaftsvermögen schlechter stehen kann als ohne Sicherheit, denn Letzterer unterliegt bei Rückzahlung seines Darlehens länger als ein Jahr vor Insolvenzantrag nicht der Anfech-

---

[758] Bitter ZIP 2019, 737 ff.
[759] So auch Bitter ZIP 2013, 1497, 1507 und ZIP 2013, 1998, 1999; Mylich ZHR 176 (2012), 547, 568 f. AA Marotzke ZInsO 2013, 641, 654 f. für den Fall, dass keine Gläubigerbenachteiligung vorliegt, was durch die Verhaftung des Sicherungsgutes jedoch kaum je anzunehmen sein dürfte.
[760] Altmeppen NZG 2013, 441 ff.; Hölzle ZIP 2013, 1992 ff., 1994; aA Bitter ZIP 2013, 1497 ff.: Nachrang kann dem Aus- oder Absonderungsrecht des Gesellschafters nicht entgegengehalten werden, Sicherungszweck durch Nachrang der Forderung nicht erledigt.
[761] Altmeppen NZG 2013, 441, 443 und ZIP 2013, 1745, 1747; Hölzle ZIP 2013, 1992, 1995.
[762] Altmeppen NZG 2013, 441 ff. und ZIP 2013, 1745 ff.
[763] Vgl. nur Bitter ZIP 2013, 1497 ff., Fn. 34.
[764] BGH ZIP 2013, 1579 = ZInsO 2013, 1573.
[765] BGH ZIP 2013, 1579 = ZInsO 2013, 1573.

tung nach § 135 InsO.⁷⁶⁶ Altmeppen hat zusätzlich darauf hingewiesen, dass die Entscheidung des BGH auch deshalb nicht richtig sein kann, weil die Gewährung von Sicherheiten aus dem Gesellschaftsvermögen für ein Gesellschafterdarlehen seit Inkrafttreten des MoMiG (1.1.2008) nur dann ein Anfechtungstatbestand sein kann, wenn das Sicherungsgut eine nach § 39 Abs. 1 Nr. 5 InsO nachrangige Gesellschafterforderung besichert. Dieser Nachrang tritt aber erst mit Insolvenzeröffnung oder im Falle vorangegangener Befriedigung innerhalb der Jahresfrist vor Insolvenzantrag ein.⁷⁶⁷

1348 Vor dem Hintergrund der BGH-Entscheidung⁷⁶⁸ muss dem Gesellschafter mit Sicherheit in jedem Falle abgeraten werden, die Sicherheit selbst zu verwerten. Ob es genügt, die ggf. erforderliche Verwertung der Sicherheit der Gesellschaft zu überlassen und sich dann früher als ein Jahr vor Insolvenzantrag das Darlehen zurückzahlen lassen, kann bei zielgemäßer Auslegung der BGH-Entscheidung ebenfalls fraglich sein.⁷⁶⁹ Sicher erscheint nur, auf die Sicherheit zu verzichten und sich dann aus dem sonstigen freien Vermögen früher als ein Jahr vor Insolvenzantrag das Darlehen zurückzahlen zu lassen.⁷⁷⁰

1349 Eine von der Schuldnerin zur Sicherung eines Darlehens gewährte Forderungsabtretung ist nach § 135 Abs. 1 Nr. 1 InsO anfechtbar, wenn der Gesellschafter der Schuldnerin mit 50% an der darlehensgebenden Gesellschaft beteiligt und deren alleinvertretungs-berechtigter Geschäftsführer ist.⁷⁷¹

IX. Bezug zum Strafrecht

1350 Konnte nach früherer Rechtslage die Rückzahlung eines eigenkapitalersetzenden Darlehens in der Krise der Gesellschaft für den Geschäftsführer strafbare Untreue sein, ist nach heutiger Rechtlage (§ 30 Abs. 1 S. 3 GmbHG) zweifelhaft, ob sich der Geschäftsführer, der ein fälliges Gesellschafterdarlehen zurückzahlt, strafbar macht. Nach dem Wortlaut der Regelung dürfte dies zu verneinen sein. Der BGH geht jedoch davon aus, dass dennoch strafbares Beseiteschaffen i.S.d. § 283 Abs. 1 Nr. 1 StGB vorliegen kann. Für die Beurteilung komme es nicht allein auf das zivilrechtliche Bestehen einer Darlehensrückforderung des Gesellschafters an.⁷⁷² Strafbarkeit nach § 283 Abs. 1 Nr. 1 StGB kommt jedenfalls in Betracht, wenn der Gesellschafter für seine Darlehensforderung einen Rangrücktritt vereinbart hatte. Im Übrigen kann eine vorfällige Rückzahlung des Gesellschafterdarlehens als inkongruente Leistung strafbare Gläubigerbegünstigung nach § 283c StGB sein.

---

⁷⁶⁶ Zu Recht kritisch zu der Entscheidung daher Bitter ZIP 2013, 1583 ff.; zust. Plathner/Luttmann ZInsO 2013, 1630 ff.
⁷⁶⁷ Altmeppen ZIP 2013, 1745 ff.
⁷⁶⁸ Die von Hölzle verteidigt wird, ZIP 2013, 1992 ff.
⁷⁶⁹ S. etwa Hölzle ZIP 2013, 1992 ff.
⁷⁷⁰ S. aber zur weiteren Diskussion Bitter ZIP 2013, 1998 ff.; Mylich ZIP 2013, 2444 ff.
⁷⁷¹ BGH ZIP 2013, 1579 = ZInsO 2013, 1573.
⁷⁷² BGH GmbHR 2017, 925.

X. Geltendmachung

Eine vergleichsweise Einigung des IV mit dem Gesellschafter über die Ansprüche nach § 135 InsO ist möglich; eine solche schließt spätere Nachforderungen aus.[773]   1351

Für die Geltendmachung eines Anspruchs gegen den Gesellschafter aus §§ 135 Abs. 2, 143 Abs. 3 InsO gilt der besondere Gerichtsstand für Anfechtungsklagen des Insolvenzverwalters nach § 22 ZPO.[774]

XI. Steuerrechtliche Anmerkungen

1. Verlust des Gesellschafterdarlehens

Für den insolvenzbedingten Verlust des Gesellschafterdarlehens gilt:

a) Im Privatvermögen gehaltene Beteiligung über 1%. Die Auflösung der Körperschaft durch Insolvenz (etwa § 60 Abs. 1 Nr. 4 GmbHG) ist nach § 17 Abs. 4 EStG ein Tatbestand der Veräußerung der Anteile. Nach alter Rechtslage war anerkannt, dass in der Insolvenz der Gesellschaft ausfallende eigenkapitalersetzende Gesellschafter-Darlehen (sog. krisenbestimmte Darlehen) nachträgliche Anschaffungskosten auf die Beteiligung i.S.d § 17 Abs. 2 EStG darstellen[775] und somit den Veräußerungsgewinn schmälerten bzw. den Veräußerungsverlust erhöhten. Dies galt nach der BFH-Rechtsprechung auch in der insolvenzfreien Liquidation der GmbH[776] und sogar für Sanierungsdarlehen, die nach dem Sanierungsprivileg des § 32a Abs. 3 S. 2 GmbHG a.F. nicht als Eigenkapitalersatz zu qualifizieren waren[777], nicht aber für Darlehen sog. Kleingesellschafter[778] (max. 10% Beteiligung und nicht Geschäftsführer) und nicht unternehmerisch beteiligter Aktionäre[779]. Hatte der Kleingesellschafter jedoch den Eigenkapitalersatzcharakter des Darlehens mit der Gesellschaft vereinbart und halten sich die Parteien im Insolvenzverfahren über das Vermögen der Gesellschaft an diese Abrede, so hatte der Verzicht auf das Kleinanlegerprivileg die Folge, dass sein Darlehen wie Eigenkapital zu behandeln und der endgültige Verlust des Darlehensrückzahlungsanspruchs nachträgliche Anschaffungslosten auf die Beteiligung waren.[780] Nachweis der Einlageleistung bei lange zurückliegenden Zahlungsvorgängen (hier: 20 Jahre) erfolgt durch Gesamt-   1352

---

[773] OLG Düsseldorf, ZIP 2020, 2192
[774] OLG Frankfurt a.M. ZIP 2015, 841.
[775] BFH GmbHR 2011, 1281 = BeckRS 2011, 96627. Jedoch keine nachträglichen Anschaffungskosten durch Darlehensgewährung oder Bürgschaftsübernahme für eine AG durch Aktionär, der nicht unternehmerisch beteiligt ist, BFH BB 2008, 1941.
[776] BFH ZIP 2009, 916.
[777] BFH ZIP 2009, 43; dazu auch Geeb DStR 2009, 25 ff. Dazu OFD Rheinland GmbHR 2009, 335 f. = DstRE 2009, 288.
[778] SenFin. Berlin Erlass v. 5. 3. 2010 III B – S 2244 – 1/2009, DStR 2010, 1479.
[779] BFH GmbHR 2009, 1110.
[780] BFH GmbHR 2014, 994 = ZInsO 2014, 1950 = ZIP 2014, 1587 (noch zu § 32a GmbHG aF).

würdigung aller Umstände⁷⁸¹. Auch die Inanspruchnahme aus einer kapitalersetzenden Bürgschaft waren in den Auflösungsverlust einzubeziehende nachträgliche Anschaffungskosten.⁷⁸²

Ob und ggf. unter welchen Voraussetzungen nach der Unternehmenssteuerreform 2008 und der Neuregelung durch das MoMiG ein Gesellschafterdarlehen, welches in der Insolvenz der Gesellschaft ausfällt, zu steuerwirksamen nachträglichen Anschaffungskosten auf die Beteiligung führt, war lange Zeit fraglich⁷⁸³.

Dann hatte der **BFH** entschieden, dass nach der (neuen) Rechtslage nach MoMiG – Aufhebung des Eigenkapitalersatzrechts – Aufwendungen des Gesellschafters aus Verlust einer zugunsten seiner Gesellschaft gegebenen Finanzierungshilfe (§ 39 Abs. 1 Nr. 5 InsO) nicht (mehr) als nachträgliche Anschaffungskosten auf seine Beteiligung im Rahmen der Ermittlung eines Veräußerungs- oder Auflösungsverlusts nach § 17 EStG zu berücksichtigen sind, weil nach Aufhebung des Eigenkapitalersatzrechts das vom Gesellschafter zur Nutzung überlassene Kapital nicht mehr gesellschaftsrechtlich verstrickt sei. Es fehle an einer Zuordnungsvorschrift, die dem Fremdkapital den Charakter funktionellen Eigenkapitals zuweise.⁷⁸⁴ Die bisherigen Grundsätze zur Berücksichtigung des Verlusts eigenkapitalersetzender Darlehen als nachträgliche Anschaffungskosten waren jedoch bis zur Veröffentlichung dieser die Rechtsprechung ändernden Entscheidung (27.9.2017) weiterhin anzuwenden, wenn der Gesellschafter seine eigenkapitalersetzende Finanzierungshilfe bis zur Veröffentlichung dieser die Rechtsprechung ändernden Entscheidung (27.9.2017) gewährt hatte oder die Finanzierungshilfe bis zu diesem Zeitpunkt eigenkapitalersetzend wurde.⁷⁸⁵ M.E. war diese Wende in der Rechtsprechung durch die Aufhebung des Eigenkapitalersatzes nicht geboten, da der Verlust des Darlehensrückzahlungsanspruchs in der Insolvenz der darlehensnehmenden Gesellschaft nach wie vor durch das Gesellschaftsverhältnis veranlasst ist.⁷⁸⁶

Zu den beiden Entscheidungen des BFH v. 11.7.2017 und 20.7.2018 ist eine Verwaltungsanweisung des BMF ergangen.⁷⁸⁷

1353 Sodann hat der **Gesetzgeber**⁷⁸⁸ mit dem neuen **§ 17 Abs. 2a EStG** insoweit die frühere (vor MoMiG und der dargestellten Rspr. des BFH bestehende) Rechtslage wieder hergestellt und die bisherige Berücksichtigung von Ausfällen des Gesellschafters mit seiner Darlehensforderung oder sonstigen Finanzierungshilfe (etwa Ausfall mit einem Bürgenregress) als nachträgliche Anschaffungskosten auf den Geschäftsanteil wieder eingeführt, wenn das Darlehen oder die Finanzierungshilfe

---

⁷⁸¹ BFH GmbHR 2011, 773 = NJW-RR 2011, 1124.
⁷⁸² BFH GmbHR 2014, 263 = BeckRS 2014, 91481.
⁷⁸³ Wiese/Möller GmbHR 2010, 462 ff.
⁷⁸⁴ BFH ZIP 2017, 1905; dazu Ratschow GmbHR 2017, 1204 ff.
⁷⁸⁵ BFH, Urt. v. 11.7.2017 – IX R 36/15, ZIP 2017, 1905; BFH, ZIP 2019, 2460 = NZG 2020, 77
⁷⁸⁶ So auch Wiese/Göttel GmbHR 2018, 1169 ff.
⁷⁸⁷ BMF-Schreiben v. 5.4.2019, GmbHR 2019, 504. Vgl. dazu das BMF-Schreiben betr. Anwendung von BMF-Schreiben, die bis zum 10. März 2020 ergangen sind, v. 11.3.2020, BStBl. I S. 298 = BeckVerw 465400.
⁷⁸⁸ Durch Art. 2 (10) EMobStFG v. 12.12.2019, BGBl. I 2451.

in der Krise der Gesellschaft gegeben oder stehen gelassen worden war.[789] Hier ist also der Krisenbezug als Tatbestandsvoraussetzung erhalten geblieben.

b) In einem Betriebsvermögen gehaltene Beteiligung. Im BV gehaltene Anteile unterliegen den vorrangigen §§ 4, 5 EStG. Hier war fraglich, ob eine Gewinnminderung aus dem Ausfall mit dem Darlehen geltend gemacht werden kann oder ob die Einschränkungen des § 3c Abs. 2 EStG, 8b Abs. 3 S. 3 ff. KStG eingreifen. Der BFH hat entschieden, dass das Abzugsverbot des § 3c Abs. 2 S. 1 EStG nicht greift, und zwar auch nicht für im Betriebsvermögen gehaltene Bürgschaften eines Gesellschafters für Verbindlichkeiten seiner Gesellschaft[790].

2. Verzinsung als vGA?

Bei der Ermittlung des fremdüblichen Darlehenszinssatzes für ein unbesichertes Gesellschafterdarlehen kann für das Gesellschafterdarlehen ein Risikozuschlag wegen der gesetzlich angeordneten Nachrangigkeit nach § 39 Abs. 1 Nr. 5 InsO gemacht werden.[791]

H. Haftung des Gesellschafters bei Beherrschungs- und Ergebnisabführungsverträgen, statutarischen oder vertraglichen Verlustausgleichsregelungen

I. Beherrschungs- und Gewinnabführungsvertrages in Krise und Insolvenz

1. Beendigungsmöglichkeiten in der Krise

Es dürfte zu den kardinalen Beratungsfehlern gehören, eine im Rahmen eines Ergebnisabführungs- oder Beherrschungsvertrages abhängige Gesellschaft in die Insolvenz zu geben. Die herrschende Gesellschaft hätte die Insolvenz vollständig zu alimentieren.[792] Daher wird in der Krise der abhängigen Gesellschaft nach Möglichkeiten der Beendigung des EAV zu suchen sein.

---

[789] Zur Entwicklung und aktuellen Rechtslage betr. die steuerliche Behandlung von Gesellschafterdarlehen seit 2009 s. Rund/Junkers GmbHR 2020, 355 ff.; zur Anwendung des neuen § 17 Abs. 2a EStG und zum verbleibenden Anwendungsbereich des § 20 Abs. 2 EStG s. Ratschow GmbHR 2020, 569 ff.; Levedag, Zum Umgang mit Substanzverlusten aus privaten Gesellschafterdarlehen natürlicher Personen an Kapitalgesellschaften (nach der aktuellen Gesetzeslage), GmbHR 2021, 14 ff.
[790] BFH NZG 2012, 1236.
[791] BFH ZIP 2021, 2445; dazu Levedag, GmbHR 2021, R 373
[792] Zum Verlustausgleichsanspruch bei Beherrschungsvertrag im GmbH-Konzern s. Schreiber, GmbHR 2018, 1003 ff.

Grundsätzlich kann ein Gewinnabführungsvertrag wie jede andere zivilrechtliche Vereinbarung beendet werden.[793] Hier ist in erster Linie Ablauf der von vornherein vereinbarten **Laufzeit** zu nennen.

1357 **a) Aufhebungsvereinbarung.** Weiterer Grund für die Beendigung eines Gewinnabführungsvertrages kann die einvernehmliche Aufhebungsvereinbarung sein. Erforderlich ist Schriftform, § 296 Abs. 1 S. 3 AktG. Gerade in der Krise ist hier jedoch auf folgende Notwendigkeiten hinzuweisen: Auch die Beendigung eines Unternehmensvertrages im GmbH-Konzern ist analog § 296 Abs. 1 S. 1 AktG grundsätzlich nur zum Ende eines Geschäftsjahres der beherrschten Gesellschaft möglich oder zum sonst vertraglich bestimmten Abrechnungszeitraum[794]. Ein gegen § 296 Abs. 1 S. 1 AktG verstoßender Aufhebungsvertrag ist nichtig. Soll die Aufhebung also kurzfristiger bewirkt werden, muss zunächst das Geschäftsjahr verkürzt werden (Rumpfgeschäftsjahr). Dafür ist eine Satzungsänderung mit den jeweiligen gesellschaftsrechtlichen Anforderungen nötig, die auch erst mit Eintragung ins Handelsregister wirksam wird. Diese ist also vor Abschluss der Aufhebungsvereinbarung abzuwarten.[795] Sollte nach Aufhebung des EAV trotz Rückstellung oder Ausgleich des bis dahin entstandenen Verlusts (Abschichtungsbilanz) die Insolvenz der abhängigen Gesellschaft zwingend sein, kann die Aufhebungsvereinbarung evtl. nach §§ 131, 133 Abs. 1 InsO angefochten werden.

1358 Ausnahmsweise kann eine **rückwirkende Aufhebung** eines als **anderer Unternehmensvertrag** i.S.d. § 292 AktG anzusehenden Betriebspachtvertrages über eine GmbH erfolgen, wenn der Schutz der abhängigen Gesellschaft, des Gesellschafters oder der Gläubiger die entsprechende Anwendung des § 296 AktG nicht erfordert.[796] Die Abgrenzung gegen einen EAV bzw. Beherrschungsvertrag hat danach zu erfolgen, ob der gesamte Gewinn abgeführt bzw. die Gesellschaft unmittelbar den Weisungen unterworfen wird.[797]

b) Kündigung

1359 **aa) Ordentliche Kündigung.** Ob bei unbefristeter Laufzeit eine ordentliche Kündigung in Betracht kommt, wenn sie im Vertrag nicht vorgesehen ist, ist umstritten. § 297 Abs. 2 AktG legt die Möglichkeit einer ordentlichen Kündigung nahe. Auch der BGH geht von der Zulässigkeit einer ordentlichen Kündigung zumindest durch die beherrschte Gesellschaft aus.[798] Sollte sie zulässig sein, dürfte die Kündigungsfrist des § 132 HGB eingreifen, also 6 Monate zum Ende eines Geschäftsjahres.

---

[793] Zur Beendigung von Beherrschungs- und EAV in der M&A-Transaktion s. Deilmann NZG 2015, 460 ff.
[794] OLG München NZG 2012, 590 = ZIP 2012, 870 = GmbHR 2012, 645; erneut OLG München GmbHR 2014, 535; bestätigt durch den BGH ZIP 2015, 1483 = GmbHR 2015, 985 m. Komm. Ulrich GmbHR 2015, 988 ff.; abl. Priester NZG 2012, 641 ff.
[795] Sa Walter GmbHR 2015, 965 ff.
[796] OLG Zweibrücken GmbHR 2014, 251 = ZIP 2014, 1020; dazu sa Kürten/Westermann GmbHR 2014, 852 ff.
[797] OLG Zweibrücken GmbHR 2014, 251 = ZIP 2014, 1020.
[798] BGH ZIP 2011, 1465.

Ist die abhängige Gesellschaft eine AG, steht die Entscheidung über die Kündigung durch diese deren Vorstand zu, § 297 AktG. Die ordentliche Kündigung durch die abhängige GmbH bedarf eines Gesellschafterbeschlusses, s.u. 1360

Die Kündigung bedarf der Schriftform (§ 297 Abs. 3 AktG). Die bloße Übergabe des Gesellschafterbeschlusses über die Kündigung an die Geschäftsführung der beherrschten Gesellschaft wahrt die Schriftform nicht.[799] 1361

bb) Außerordentliche Kündigung aus wichtigem Grund. Nach § 297 Abs. 1 AktG kann ein Gewinnabführungsvertrag aus wichtigem Grund außerordentlich/fristlos gekündigt werden. Ein wichtiger Grund ist eine schwerwiegende Vertragsverletzung eines Vertragspartners. Er liegt etwa vor, wenn die beherrschte Gesellschaft nicht ihren ganzen Gewinn abführt oder die herrschende Gesellschaft ihre Verlustausgleichspflicht nicht (vollständig) erfüllt. 1362

Wichtige Kündigungsgründe für die abhängige Gesellschaft: 1363
- Verschlechterung der Ertrags- oder Vermögenslage der herrschenden Gesellschaft: Ein wichtiger Grund ist etwa dann gegeben, wenn der andere Vertragsteil voraussichtlich nicht mehr in der Lage sein wird, seine Pflichten aus dem Gewinnabführungsvertrag, insbesondere die Verlustübernahmepflicht zu erfüllen. Hierfür reicht bereits die drohende Insolvenz; Insolvenzreife muss noch nicht eingetreten sein (h.M.).
- Die Umwandlung der herrschenden Gesellschaft gibt der beherrschten Gesellschaft zumindest dann ein a.o. Kündigungsrecht, wenn die Verlustausgleichspflicht gefährdet wird.

Wichtige Kündigungsgründe für die herrschende Gesellschaft: 1364
- Eine Verschlechterung der Ertragslage der abhängigen Gesellschaft ist kein wichtiger Grund für eine fristlose Kündigung des EAV. Das wirtschaftliche Risiko hat die herrschende Gesellschaft zu tragen. Teilweise wird ein Kündigungsrecht jedoch dann angenommen, wenn dadurch zugleich die Existenz der herrschenden Gesellschaft gefährdet wird.
- Umwandlung der abhängigen Gesellschaft (etwa wenn sie aufnehmender Rechtsträger ist) kann ein a.o. Kündigungsrecht der herrschenden Gesellschaft wegen Erhöhung des Verlustausgleichsrisikos begründen.
- Die Veräußerung der Beteiligung an der abhängigen Gesellschaft ist kein wichtiger Kündigungsgrund, wenn die Veräußerung an eine andere, in den Konzern eingebundene Gesellschaft erfolgt, denn anderenfalls hätte es die herrschende Gesellschaft in der Hand, den EAV jederzeit durch Übertragung der Anteile zu beenden. Die Veräußerung an einen außenstehenden Dritten kann ein wichtiger Grund sein. Zu beachten sind jedoch nicht unerhebliche Haftungsrisiken.[800]
- Die Auflösung der beherrschten GmbH berechtigt den Organträger dann nicht zur fristlosen Kündigung des EAV, wenn er die Auflösung selbst beschlossen hat.[801]

Umstritten ist, ob im EAV selbst weitere Gründe für eine a.o. Kündigung vereinbart werden können. 1365

---

[799] OLG München NZG 2011, 1183.
[800] Zu den Risiken aus der Beendigung von Unternehmensverträgen beim Verkauf der Untergesellschaft s. Goldschmidt/Laeger NZG 2012, 1201 ff.
[801] OLG München DStR 2011, 1476 = ZIP 2011, 1912 = GmbHR 2011, 871.

1366 Die außerordentliche Kündigung kann nur innerhalb angemessener Frist nach Kenntnis des Kündigungsgrundes erfolgen, 10 Monate sind zu lang.[802]

1367 **cc) Steuerrechtliche Anerkennung der Kündigung, Mindestlaufzeit.** Sollte der EAV zur Zeit der Beendigung noch nicht 5 Jahre bestanden haben (§ 14 Abs. 1 Satz 1 Nr. 3 KStG), droht die Gefahr, dass die Organschaft rückwirkend nicht anerkannt wird. Grundsätzlich anerkennt zwar auch das Steuerrecht die Möglichkeit der fristlosen Kündigung der Organschaft aus wichtigem Grund,[803] sodass bei seinem Vorliegen eine kürzere tatsächliche Laufzeit des EAV für die ertragsteuerliche Organschaft unschädlich ist.[804] Dann schadet auch die Verkürzung des Geschäftsjahres der Organgesellschaft auf ein Rumpfgeschäftsjahr nicht.[805] Jedoch hat jüngst das FG Hessen entschieden, dass es keinen Automatismus der Anerkennung gesellschafts- oder vertragsrechtlicher wichtiger Kündigungsgründe gibt. Vielmehr komme es wegen der steuerrechtlichen Besonderheit der Mindestdauer von fünf Jahren darauf an, dass ein objektiver Grund für die Verkürzung der der Mindestlaufzeit besteht.[806]

Steuerrechtlich nicht anerkannt sind:
- Bloße wirtschaftliche Schwierigkeiten der Organgesellschaft sind steuerrechtlich kein wichtiger Grund für die Beendigung des GAV i.S.d. § 14 Abs. 1 Nr. 3 Satz 2 KStG. Etwas Anderes kann gelten, wenn die wirtschaftliche Lebensfähigkeit des ganzen Konzerns bedroht ist. Dann ist maßgeblich für die steuerliche Unschädlichkeit der Beendigung des GAV das Vorliegen des wichtigen Grundes, nicht die Form der Beendigung (Kündigung oder Aufhebungsvertrag).[807]
- vorzeitige Aufhebung des EAV, weil der Zweck der Konzernverlustverrechnung erfüllt ist;[808]
- Verkauf der Organgesellschaft innerhalb des Konzerns ist kein steuerlich anerkannter wichtiger Grund für die Beendigung des EAV, denn anderenfalls wäre die Mindestdauer des EAV innerhalb des Konzerns in das Belieben der beteiligten Gesellschafter gestellt.[809]

1368 **c) Entscheidungszuständigkeit bei abhängiger GmbH, Form.** Die Entscheidung über Aufhebungsvereinbarung oder Kündigung ist durch Beschlussfassung in der Gesellschafterversammlung der kündigenden Gesellschaft zu treffen. Dies folgt aus dem Umstand, dass es sich bei EAV um gesellschaftsrechtliche Organisationsverträge handelt. Damit dürfte zugleich das Erfordernis einer Dreiviertelmehrheit nach § 53 Abs. 2 GmbHG (Satzungsänderung) gegeben sein. Ist die herrschende Gesellschaft die Alleingesellschafterin der beherrschten GmbH, kann der Zustimmungsbeschluss auch noch nach der Aufhebungsvereinbarung

---
[802] OLG München GmbHR 2011, 489 = NZG 2011, 1183 = ZIP 2012, 133.
[803] Zum steuerrechtlich wichtigen Grund zur Beendigung eines Gewinnabführungsvertrages. Heurung ua GmbHR 2012, 1227 ff.
[804] S. FG Niedersachsen GmbHR 2012, 917 = NZG 2012, 1119.
[805] BFH NZG 2014, 558.
[806] FG Hessen GmbHR 2016, 75 (unter Verweis auf BFH GmbHR 2014, 499).
[807] FG Brandenburg GmbHR 2012, 413.
[808] BFH NZG 2014, 558.
[809] FG Niedersachsen GmbHR 2012, 917 = NZG 2012, 1119; Zu Risiken bei der Veräußerung von Organgesellschaften hinsichtlich der Fiktion der tatsächlichen Durchführung s. Forst ua GmbHR 2015, 408 ff.

gefasst werden, ohne dass dies ein Verstoß gegen das Verbot der Rückwirkung nach § 296 Abs. 1 Satz 2 AktG wäre.[810] Bei der Beschlussfassung über die ordentliche Kündigung durch die beherrschte Gesellschaft ist nach der jüngsten dazu ergangenen BGH-Entscheidung der herrschende Gesellschafter stimmberechtigt, der Stimmrechtsausschluss nach § 47 Abs. 4 GmbHG greift nicht.[811]

Die vorstehend genannte BGH-Entscheidung lässt für eine Differenzierung zwischen ordentlicher und außerordentlicher Kündigung aus wichtigem Grund keinen Raum, sodass sie auch für letztere gelten dürfte. Da der herrschende Gesellschafter, der selbst den wichtigen Kündigungsgrund gesetzt hat, nach § 47 Abs. 4 GmbHG dann kein Stimmrecht hat, müsste in diesem Fall, dass der einzige Gesellschafter die Kündigung nicht beschließen würde, die Gesellschafterversammlung entbehrlich sein und die Kündigungszuständigkeit beim Geschäftsführer liegen. Dies gilt umso mehr, als Gegenstand der vg. BGH-Entscheidung der Minderheitenschutz in der Gesellschafterversammlung war. 1369

Ob der Beschluss über die Beendigung des EAV zu beurkunden ist, ist umstritten. Nun liegt hierzu eine erste Entscheidung vor: Nach AG Hamburg ist der Beschluss der Gesellschafterversammlung über die Beendigung (hier: Aufhebung) des EAV zur Eintragung in das Handelsregister in notariell beurkundeter Form vorzulegen.[812] Aus „Vorsichtsgründen" würde ich dazu raten, da die Beendigung als actus contrarius zum Abschluss eines EAV gesehen werden kann.[813] 1370

Die Kündigung selbst bedarf der Schriftform; die Übergabe der Niederschrift des Gesellschafterbeschlusses über die Kündigung reicht nicht.[814] 1371

d) Folgen. Auf den Zeitpunkt der Wirksamkeit der außerordentlichen Kündigung, der regelmäßig nicht mit dem Ende eines Geschäftsjahres zusammenfallen wird, ist für die Zwecke der Ermittlung einer entstandenen Verlustausgleichsverpflichtung eine Abschichtungsbilanz zu erstellen. 1372

Die Beendigung eines Gewinnabführungsvertrages ist ebenfalls im Handelsregister einzutragen, § 298 AktG. Die Eintragung hat nur deklaratorische Wirkung. Das Registergericht hat die Wirksamkeit einer zur Eintragung angemeldeten außerordentlichen Kündigung zu prüfen, wenn Anhaltspunkte dafür vorliegen, dass ein Kündigungsgrund nicht vorliegt.[815] Die Nichtigkeit eines Unternehmensvertrages ist keine eintragungsfähige Tatsache; hier ist das Amtslöschungsverfahren anwendbar.[816] 1373

Das verlustausgleichsverpflichtete Unternehmen hat den Gläubigern der gewinnabführungsverpflichteten Gesellschaft **Sicherheit** für die Forderungen zu **leisten**, die vor Eintragung der Beendigung des Gewinnabführungsvertrages entstanden sind.[817] Der Sicherheitsleistungsanspruch für Verbindlichkeiten, die bis zur Bekanntmachung der Eintragung der Beendigung des Beherrschungs- oder 1374

---

[810] OLG München ZIP 2015, 274 = NZG 2015, 311.
[811] BGH ZIP 2011, 1465 = GmbHR 2011, 922; dazu Müller-Eising/Schmitt NZG 2011, 1100 ff., Peters/Hecker DStR 2012, 86 ff., Beck GmbH 2012, 777 ff.
[812] AG Hamburg GmbHR 2013, 311.
[813] Sa Peters/Hecker DStR 2012, 86, 88.
[814] OLG München GmbHR 2011, 489.
[815] OLG München NZG 2009, 1315.
[816] OLG Hamm ZIP 2010, 229.
[817] Zur Sicherung von Arbeitnehmeransprüchen s. Henssler/Heiden NZG 2010, 328 ff.

Gewinnabführungsvertrages begründet wurden, aber erst danach fällig werden, ist entsprechend den Nachhaftungsregeln in §§ 26, 160 HGB und § 327 Abs. 4 AktG begrenzt auf Ansprüche, die vor Ablauf von 5 Jahren nach Bekanntmachung fällig werden.[818] Den Sicherheitsleistungsanspruch müssen die Gläubiger innerhalb von 6 Monaten nach Bekanntmachung der Eintragung geltend machen, § 303 AktG.

1375 Eine Vereinbarung über die Abgeltung oder gar den Verzicht auf den Anspruch auf Verlustausgleich wird grundsätzlich erst 3 Jahre nach Eintragung der Beendigung des Gewinnabführungsvertrages im Handelsregister wirksam, § 302 Abs. 3 Satz 1 AktG. Hiervon ausgenommen ist nur der Fall, dass der Vergleich zur Abwendung der Insolvenz des verlustausgleichsverpflichteten Unternehmens dient; § 302 Abs. 3 Satz 2, 1. Alt. AktG.

2. Verlustausgleichsansprüche und -verpflichtungen

1376 **a) Abhängige Gesellschaft.** Grundsätzlich kann auch eine abhängige Gesellschaft insolvent werden, etwa wenn die herrschende Gesellschaft ihren Verpflichtungen nicht nachkommt oder nachkommen kann. Beherrschungs- und Gewinnabführungsverträge (Unternehmensverträge nach § 291 AktG) verpflichten die herrschende Gesellschaft, die Verluste der abhängigen Gesellschaft auszugleichen, § 302 AktG. Die Höhe des Verlustausgleichs wird durch den nach ordnungsgemäßer Bilanzierung am Bilanzstichtag ausgewiesenen Jahresfehlbetrag bestimmt, auch wenn die Bilanz (der Tochtergesellschaft) nicht wirksam festgestellt sein sollte[819]. Der Ausgleichsanspruch entsteht zwar grundsätzlich erst mit Ablauf des regulären Geschäftsjahres, ist aber schon vorher im Rahmen der Überschuldungsprüfung auf der Aktivseite zu berücksichtigen, da er der abhängigen Gesellschaft unentziehbar zusteht. Voraussetzung ist natürlich, wie bei allen Aktivpositionen, dass der (künftig) Anspruch werthaltig ist.

1377 Für eine Berücksichtigung eines bereits entstandenen, fälligen Verlustausgleichsanspruchs bei der Zahlungsfähigkeitsprüfung gelten die allgemeinen Regelungen. Ist der Verlustausgleichsanspruch jedoch noch nicht entstanden, seine Entstehung aber sicher, kommt es auf die Frage an, ob der abhängigen Gesellschaft während des laufenden Geschäftsjahres das Recht zusteht, unterjährige Abschlagszahlungen auf den bis dahin noch nicht fälligen Verlustausgleich zu verlangen, sofern die Zahlungsfähigkeit oder Kreditwürdigkeit der abhängigen Gesellschaft ernsthaft bedroht ist. Dies ist, soweit ersichtlich, noch nicht abschließend entschieden. Ich halte die Frage jedoch für akademisch: Sollte die herrschende Gesellschaft unterjährige Abschlagszahlungen verweigern und somit die Insolvenz (Zahlungsunfähigkeit) der abhängigen Gesellschaft heraufbeschwören oder nicht verhindern, würde dies in der späteren Insolvenz nur noch zu größeren Ausgleichsverpflichtungen führen.

1378 **b) Herrschende Gesellschaft.** Im Rahmen ihrer Überschuldungsprüfung hat sie selbstverständlich die entstandenen Verlustausgleichsansprüche der abhängigen Gesellschaft als Verbindlichkeit zu passivieren.

---

[818] BGH ZIP 2014, 2282.
[819] BGH GmbHR 2005, 628.

Für die Fälligkeit von Verlustausgleichsansprüchen i.S.d. § 17 Abs. 2 InsO gelten die allgemeinen Grundsätze. Insbesondere kann eine insolvenzrechtliche Fälligkeit nicht daraus hergeleitet werden, dass eine getroffene Stundungs- oder Stillhaltevereinbarung für unwirksam gehalten wird, weil eine Verpflichtung zur sofortigen Geltendmachung des Verlustausgleichsanspruchs bei Fälligkeit oder bei Feststellung des Jahresabschlusses angenommen wird. Für die insolvenzrechtliche Beurteilung kommt es nicht nur auf Stundungsvereinbarungen mit Rechtsbindungswillen an, sondern auch auf den Willen der abhängigen Gesellschaft, die Forderung (einstweilen) nicht geltend zu machen.[820] Verlustausgleichsansprüche aus einem Beherrschungs- oder Ergebnisabführungsvertrag sind bei der Prüfung der Zahlungsunfähigkeit der herrschenden Gesellschaft also nur zu berücksichtigen, wenn sie ernsthaft eingefordert sind; maßgeblich für diese Beurteilung sind allein die tatsächlichen Umstände und nicht, dass die Geschäftsführung der beherrschten Gesellschaft evtl. zur Einforderung verpflichtet ist.[821]

3. Schicksal des EAV in der Insolvenz

a) Beendigung des EAV? Die Auswirkungen der Insolvenzeröffnung über das Vermögen eines der beteiligten Unternehmen sind umstritten. Mit der herrschenden Meinung gehe ich davon aus, dass mit Eröffnung des Insolvenzverfahrens über eines der beteiligten Unternehmen der Unternehmensvertrag (Gewinnabführungsvertrag) automatisch beendet ist.[822] Zur Begründung ist anzuführen, dass der Fortbestand des Unternehmensvertrages mit dem Insolvenzrecht unvereinbar ist, bspw. kann der Insolvenzverwalter des beherrschten Unternehmens nicht weiterhin den Weisungen des beherrschenden Unternehmens unterworfen und zur Gewinnabführung verpflichtet sein. Die Gegenauffassung[823] stützt sich eher auf das formale Argument, dass ein Insolvenzverfahren über das Vermögen einer Gesellschaft das Konzernorganisationsrecht und die gesellschaftsrechtliche Organisation auch im Übrigen unberührt lässt. Da nach dieser Auffassung aber jedenfalls ein außerordentliches Kündigungsrecht besteht, führen beide Auffassungen in der Praxis nicht zu unterschiedlichen Ergebnissen.

1379

b) Verlustausgleichsanspruch, Sicherheitenanspruch

aa) Insolvenz der abhängigen Gesellschaft. Schließt man sich der herrschenden Auffassung an, nach der mit Eröffnung des Insolvenzverfahrens der Gewinnabführungsvertrag endet, so ist auf diesen Zeitpunkt eine Abschichtungsbilanz zu erstellen. Das gewinnabführungsberechtigte Unternehmen ist verpflichtet, den bis zu dem Stichtag des Rumpfgeschäftsjahres entstandenen Verlust auszugleichen.[824] Der Insolvenzverwalter hat den Anspruch nach § 302 AktG. Fraglich ist noch der Umfang des Verlustausgleichsanspruchs, ob also die insolvenzbedingten

1380

---

[820] OLG Frankfurt a.M. ZIP 2018, 488.
[821] OLG Düsseldorf, ZIP 2019, 2122.
[822] BGH NJW 1988, 1326, 1327; Haas in Gottwald, Insolvenzrechtshandbuch, § 92 Rn. 318.
[823] Etwa OLG Düsseldorf, ZIP 2021, 2546
[824] BGH NJW 1988, 1326 (noch zur KO).

Liquidationsverluste und die Verfahrenskosten und solche Verluste einzubeziehen sind, die unabhängig vom Betrieb des Konzerns entstehen.[825]

Der Ausgleichsanspruch entsteht zwar grundsätzlich erst mit Ablauf des regulären Geschäftsjahres, ist aber schon vorher im Rahmen der Überschuldungsprüfung auf der Aktivseite zu berücksichtigen, da er der abhängigen Gesellschaft unentziehbar zusteht.

1381 Da die Inanspruchnahme der herrschenden Gesellschaft feststeht, macht eine Sicherheitsleistung nach § 303 Abs. 1 AktG zugunsten der Gläubiger der abhängigen Gesellschaft anlässlich der Beendigung des EAV wenig Sinn. Nach h.M wandelt sich der Sicherheitsanspruch der Gläubiger vielmehr in einen Ausgleichsanspruch gegen das herrschende Unternehmen.[826] Uneinigkeit herrscht über die Frage, wer diesen Anspruch geltend machen kann. Nach einer Auffassung ist der Anspruch von den Gläubigern unmittelbar geltend zumachen.[827] Nach der vorzugswürdigen Gegenansicht ist dieser Anspruch entsprechend § 171 Abs. 2 HGB oder § 93 InsO durch den Insolvenzverwalter geltend zu machen und nicht durch jeden einzelnen zu sichernden Gläubiger. Für diese Auffassung spricht m.E. die Regelung in § 309 Abs. 4 Satz 5 AktG. Vor allem aber ist nur so der Wettlauf der Gläubiger zu verhindern und der Gefahr zu begegnen, dass das Insolvenzverfahren ausgehöhlt und die gleichmäßige Befriedigung der Gläubiger gefährdet wird.[828] In diese Richtung kann auch die kürzliche Entscheidung des BGH für den Fall des Gläubigerschutzes durch Mithaftung der an der Spaltung beteiligten Rechtsträger nach § 133 UmwG zu verstehen sein: hier hat der BGH entschieden, dass der Insolvenzverwalter zur Geltendmachung des Haftungsanspruchs nach § 133 UmwG nicht berechtigt ist und zur Begründung ausgeführt, dass die Anwendung des § 93 InsO eine Haftung des Anspruchsgegners gegenüber allen Gläubigern des Schuldners erfordert, was bei § 133 UmwG nicht der Fall ist (Haftung nur gegenüber den Gläubigern des übertragenden Rechtsträgers).[829] Die Haftung nach § 303 AktG besteht aber gerade gegenüber allen Gläubigern der abhängigen Gesellschaft, sofern der EAV wegen der Eröffnung des Insolvenzverfahrens über das Vermögen der abhängigen Gesellschaft beendet wurde.

1382 **bb) Insolvenz der herrschenden Gesellschaft.** In der Insolvenz des herrschenden Unternehmens ist der Verlustausgleichsanspruch des abhängigen Unternehmens eine Insolvenzforderung. Selbstverständlich kann auch hier nur der bis zur Vertragsbeendigung entstandene Fehlbetrag geltend gemacht werden.

---

[825] Zur Problematik s. Haas in Gottwald, Insolvenzrechtshandbuch, 4. Aufl. 2010, § 95 Rn. 11i.
[826] Vom BGH für die qualifiziert faktisch abhängige GmbH angenommen, Altmeppen in MüKoAktG, § 303, Rn. 38 m.w.N.
[827] Altmeppen in MüKoAktG, § 303 Rn. 38 ff., 52; Klöckner ZIP 2011, 1454 ff.
[828] Sa Bork ZIP 2012, 1001 ff.
[829] BGH ZInsO 2013, 1471 = NZG 2013, 1072.

II. Statutarische Verlustausgleichsregelungen

Abreden über ein neben der Einlage zu erbringendes Agio sind sowohl in statutarischer Form nach § 3 Abs. 2 GmbHG bzw. aufgrund formwirksamen Kapitalerhöhungsbeschlusses als auch durch rein schuldrechtliche Vereinbarung (s.u.) möglich.[830]

Eine gesellschaftsvertragliche Regelung, wonach etwaig entstehende Verluste von den Gesellschaftern einer GmbH nach dem Verhältnis der Geschäftsanteile übernommen werden, kann nicht zu einer von einer vorherigen Beschlussfassung der Gesellschafterversammlung unabhängigen und der Höhe nach unbegrenzten Haftung der Gesellschafter ggü. der GmbH für Verluste führen. Eine Verlustausgleichspflicht als statutarische Nebenpflicht, die das Eigenkapital sichern bzw. stärken soll, besteht nur zugunsten der lebensfähigen Gesellschaft, nicht mehr im Insolvenzfall.[831] Etwas Anderes kann nur gelten, wenn sich dies aus ergänzender Auslegung des Gesellschaftsvertrages ergibt.[832]

1383

1384

III. Schuldrechtliche Verlustausgleichsverpflichtungen

Die Erklärung eines Gesellschafters ggü. seiner Gesellschaft, er werde alle ihr entstehenden Verluste ausgleichen, ist nicht eine unentgeltliche, notariell zu beurkundende Verpflichtung, sondern eine causa societatis formfrei eingehbare Verpflichtung. Fällt die Gesellschaft später in die Insolvenz, hat der Gesellschafter diese mit dem Insolvenzeintritt nicht hinfällig gewordene Verpflichtung zu erfüllen, sofern die Beteiligten nicht etwas Gegenteiliges vereinbart haben.[833] Dann ist diese Verpflichtung einer harten Patronatserklärung vergleichbar.[834] Zur Patronatserklärung ausführlich s.o. bei Maßnahmen zur Beseitigung der Überschuldung.

1385

I. Zusammenfassung der Risiken bei Cash-Pooling

I. Kapitalaufbringung und Cash-Pooling

1. Risiken für den Gesellschafter

Die Regelungen in § 19 Abs. 4 u. 5 GmbHG bzw. § 27 Abs. 3 u. 4 AktG können Bedeutung auch bei der Kapitalaufbringung auf ein in das Cash-Pool-Sys-

1386

---

[830] BGH ZIP 2007, 2416.
[831] OLG Brandenburg ZInsO 2006, 654 = ZIP 2006, 1675.
[832] OLG Schleswig ZIP 2015, 1338 = GmbHR 2015, 990 (für eine GmbH).
[833] BGH ZInsO 2006, 650 = ZIP 2006, 1199 – Boris Becker/Sportsgate.
[834] Hierzu auch K. Schmidt NZG 2006, 883 ff. und Wolf ZIP 2006, 1885 ff.

tem einbezogenes Gesellschaftskonto erhalten.⁸³⁵ Da Tatbestandsvoraussetzungen und Rechtsfolgen bei sog. Hin- und Herzahlen und bei verdeckter Sacheinlage unterschiedlich geregelt wurden, kommt es nunmehr auf die Feststellung an, ob durch die Rückzahlung des Stamm- oder Grundkapitalbetrages an die Muttergesellschaft eine neue Darlehensforderung (Habensaldo) der Tochter-Gesellschaft begründet oder eine bestehende Verbindlichkeit (Sollsaldo) der Tochter-Gesellschaft gegenüber der Muttergesellschaft zurückgeführt wird. Wie der BGH in der Entscheidung „Cashpool II" zutreffend entschieden hat, liegt ersterenfalls Hin- und Herzahlen nach § 19 Abs. 5 GmbHG bzw. § 27 Abs. 4 AktG mit vollständiger Erfüllung der Einlagepflicht (bei Erfüllung aller Tatbestandsvoraussetzungen) vor, letzterenfalls verdeckte Sacheinlage⁸³⁶ nach § 19 Abs. 4 GmbHG bzw. § 27 Abs. 3 AktG mit der Möglichkeit zur Anrechnung des Wertes der verdeckt eingelegten Forderung auf die weiter bestehende (Geld-)Einlagepflicht.⁸³⁷ In jedem Fall ist auf die genaue Einhaltung der jeweiligen Tatbestandsvoraussetzungen der genannten Normen zu achten (etwa Anmeldung des Hin-und Herzahlens zum Handelsregister!), weil sonst die greifbare Gefahr besteht, dass die Einlagepflicht nicht erfüllt ist und der Gesellschafter weiter verpflichtet bleibt. Hinzukommt, dass sich die Salden täglich ändern können, so dass eine genaue Bestimmung, ob im Zeitpunkt der Anmeldung oder gar Eintragung im Handelsregister ein Soll- oder Habensaldo bestand, kaum möglich sein wird. Wegen dieser im Einzelfall u.U. komplizierten Abgrenzung steht zu erwarten, dass die Erleichterungen durch die Neuregelungen des MoMiG für den Cashpool praktisch nicht sehr bedeutsam werden.⁸³⁸

1387 Der sicherste Weg ist nach wie vor, das Konto für die Kapitalaufbringung aus dem Cash-Pool herauszunehmen.

2. Risiken für den Geschäftsführer

1388 Auch für den Geschäftsführer können sich ganz erhebliche persönliche Haftungsgefahren durch die Abführung des nach Einlageleistung entstandenen Liquiditätsüberschusses auf dem Geschäftskonto an den Gesellschafter/Cashpool-Führer ergeben. Die Auszahlung wird eine (im Rahmen des Cashpool-Vertrages zuvor vereinbarte) Rückzahlung des Stamm- bzw. Grundkapitalbetrages sein, sodass ein Fall des Hin- und Herzahlens i.S.d. §§ 19 Abs. 5 GmbHG, 27 Abs. 4 AktG vorliegt. Dann gehört es zu den Pflichten des Geschäftsführers, die Vollwertigkeit des Rückgewähranspruchs gegen den Gesellschafter/den Cashpool-Führer zuverlässig zu prüfen, laufend etwaige Änderungen des Kreditrisikos zu überwachen und auf eine sich nach der Ausreichung andeutende Bonitätsverschlechterung mit sofortigem Zahlungsverlangen oder sofortiger Anforderung von liquiden Sicherheiten

---

⁸³⁵ Sa Altmeppen ZIP 2009, 1545 ff. (zugleich zu BGH ZIP 2009, 1561, Cash Pool II).
⁸³⁶ BGH DStR 2007, 773: dadurch fließe der GmbH nicht der Kapitalerhöhungsbetrag zu, sondern die Befreiung von einer Verbindlichkeit, sodass eine verdeckte Sacheinlage vorliege. Ausdrücklich zu genau dieser Abgrenzung BGH ZIP 2009, 1561 = ZInsO 2009, 1546; dazu auch Altmeppen ZIP 2009, 1545 ff.
⁸³⁷ Bei Erfüllung aller Tatbestandsvoraussetzungen.
⁸³⁸ So auch Bormann/Urlichs DStR 2009, 641 ff.

zu reagieren.⁸³⁹ Eine Verletzung dieser Pflichten kann Schadensersatzansprüche nach § 43 Abs. 2 GmbHG bzw. § 93 Abs. 2 AktG auslösen⁸⁴⁰ und außerdem eine persönliche Ausfallhaftung nach § 9a GmbHG im Zusammenhang mit unrichtigen Angaben zum Handelsregister.

Sollte zur Zeit der Rückzahlung des Einlagebetrages an den Gesellschafter der Saldo der Tochter-GmbH gegenüber dem Cashpool-Führer negativ sein, handelt es sich um eine verdeckte Sacheinlage nach §§ 19 Abs. 4 GmbHG, 27 Abs. 3 AktG mit der Gefahr für den Geschäftsführer der Tochtergesellschaft, eine nach §§ 82 Abs. 1 Nr. 1 GmbHG, 399 AktG strafbare falsche Versicherung gegenüber dem Handelsregister abzugeben. Zusätzlich besteht dann auch die persönliche Ausfallhaftung des Geschäftsführers nach § 9a GmbHG. 1389

Auch wegen dieser Gefahren für den Geschäftsführer sollte die Kapitalaufbringung auf ein nicht in das Cashpool-System einbezogenes Konto erfolgen.⁸⁴¹ 1390

II. Kapitalerhaltung und Cash-Pooling

1. Risiken für den Gesellschafter

Sollte die abführende Gesellschaft zur Zeit der Liquiditätsabführung eine Unterbilanz haben, sind §§ 30 Abs. 1 Satz 2 GmbHG, 57 Abs. 1 Satz 3 AktG einschlägig. Nach diesen liegt trotz der Darlehensgewährung aus dem gebundenen Vermögen keine verbotene Kapitalrückgewähr vor, wenn sie durch einen vollwertigen Rückgewähranspruch gedeckt ist. Streitig diskutiert wird, ob für die im Rahmen eines Cash-Pooling regelmäßig nur kurzfristigen Darlehensgewährungen für die Annahme der Vollwertigkeit eine übliche Verzinsung erforderlich ist. M.E ist das nur bei langfristiger (etwa ab 1 Jahr) Darlehensgewährung der Fall.⁸⁴² Jedenfalls sollte die ausreichende Bonität des Gesellschafters im Zeitpunkt des Rückerhalts stets ausreichend dokumentiert werden. 1391

Besteht zusätzlich ein Beherrschungs- oder Gewinnabführungsvertrag i.S.d. § 291 AktG, liegt bereits tatbestandlich keine verbotene Kapitalrückgewähr vor. Das dürfte nur dann nicht gelten, wenn von vornherein der sich bei Verlust ergebende Ausgleichsanspruch mangels Bonität der Muttergesellschaft wertlos ist.⁸⁴³ 1392

Zu beachten ist jedoch, dass durch die Neuregelungen im MoMiG die Probleme der Konzerninnenfinanzierung nicht sämtlich gelöst sind. Die sog. Upstream-Loans können sich als anfechtbare Darlehenstilgungen und somit für die Muttergesellschaft nachteilig auswirken (zum Cash-Pooling → Rn. 1292ff.).⁸⁴⁴ 1393

---

⁸³⁹ BGH ZIP 2009, 70 für den mE vergleichbaren Fall der Darlehensgewährung aus gebundenem Vermögen; dazu Altmeppen ZIP 2009, 49ff.
⁸⁴⁰ Sa Schickerling/Blunk GmbHR 2009, 1294ff.
⁸⁴¹ So auch Schluck-Amend/Penke DStR 2009, 1433ff.; Bormann/Ulrichs DStR 2009, 641ff.
⁸⁴² So auch Brocker/Rockstroh BB 2009, 730ff.; stets Drittvergleich und damit angemessene Verzinsung erforderlich Eusani GmbHR 2009, 795ff.
⁸⁴³ Zu Cash Pooling und Kapitalerhaltung im faktischen Konzern sa Altmeppen NZG 2010, 401ff.
⁸⁴⁴ Burg/Westerheide BB 2008, 62ff.

2. Risiken für den Geschäftsführer

1394 Grundsätzlich darf der Geschäftsführer das zur Erhaltung des Stamm- bzw. Grundkapitals erforderliche Vermögen nicht an den Gesellschafter auszahlen, §§ 30 Abs. 1 Satz 1 GmbHG, 57 Abs. 1 Satz 1 AktG. Tut er es dennoch, macht er sich persönlich schadensersatzpflichtig, §§ 43 Abs. 3 GmbHG, 93 Abs. 3 Nr. 1 AktG. Danach wären Liquiditätsabführungen zur Zeit einer Unterbilanz unzulässig. Dies gilt auch für die Geschäftsleiter von am Cash-Pooling beteiligten Gesellschaften.[845]

1395 Soll ausnahmsweise die Darlehensgewährung aus dem gebundenen Vermögen nach §§ 30 Abs. 1 Satz 2 GmbHG, 57 Abs. 1 Satz 3 AktG erlaubt sein, gehört es zu den Pflichten des Geschäftsführers, die Vollwertigkeit des Rückgewähranspruchs gegen den Gesellschafter/den Cashpool-Führer zuverlässig zu prüfen, laufend etwaige Änderungen des Kreditrisikos zu überwachen und auf eine sich nach der Darlehensausreichung andeutende Bonitätsverschlechterung mit Kündigung oder Sicherheitenanforderung zu reagieren.[846] Eine Verletzung dieser Pflichten kann Schadensersatzansprüche nach § 43 Abs. 2 GmbHG bzw. § 93 Abs. 2 AktG auslösen.[847] Bei Bonitätsverschlechterung der Cash-Pool-Führerin wird der Geschäftsführer der am Cash-Pool teilnehmenden Gesellschaft, insbesondere wenn sie Nettozahlerin ist, zwischen weiterer Bedienung des Cash-Pools und Kündigung abzuwägen haben. Dabei kann ein gewichtiger Gesichtspunkt gegen eine Kündigung sein, wenn dadurch die gesamte Gruppe in die Insolvenz gestürzt würde und die betreffende Gesellschaft auf Stand-alone-Basis nicht fortgeführt werden könnte.[848]

III. Cash-Pooling und Insolvenzanfechtung

1396 In seiner jüngsten Entscheidung zu diesem Komplex hat der BGH geurteilt, dass jede Forderung eines Gesellschafters auf Rückzahlung eines aus seinem Vermögen der Gesellschaft zur Verfügung gestellten Geldbetrages darlehensgleich ist, sofern ein solcher Rückzahlungsanspruch durchgängig seit Überlassung des Geldes bestand und beide sich einig waren, dass die Gesellschaft das Geld zurückzuzahlen habe. Dann ist im Rahmen eines kontokorrentähnlichen Gesellschafterdarlehensverhältnisses eine Befriedigung des Darlehensrückzahlungsanspruchs gegenüber dem Gesellschafter nur anfechtbar, soweit der im Anfechtungszeitraum bestehende höchste Saldo bis zur Eröffnung des Insolvenzverfahrens über das Vermögen der Gesellschaft endgültig zurückgeführt worden ist.[849]

Nach meinem Dafürhalten muss dies auf die Anfechtbarkeit von Rückzahlungen im Rahmen eines physischen Cash-Pooling anwendbar sein, auch wenn eine

---

[845] Weitzel/Socher ZIP 2010, 1069 ff.; Neumann GmbHR 2016, 1016 ff.; Klein ZIP 2017, 258 ff.; Zimmermann, NZG 2021, 1582 ff.
[846] BGH ZIP 2009, 70; dazu Altmeppen ZIP 2009, 49 ff.
[847] Sa Schickerling/Blunk GmbHR 2009, 1294 ff.
[848] Zu dieser Abwägung s. Zimmermann, NZG 2021, 1582 ff.
[849] BGH ZIP 2019, 1577.

I. Zusammenfassung der Risiken bei Cash-Pooling

Obergrenze der Kreditinanspruchnahme nicht zwischen den einzelnen teilnehmenden Gesellschaften sondern nur gegenüber der Bank vereinbart war.

Auch ist es eine nur geringfügig von der vereinbarten Zahlungsweise abweichende und damit nicht zur Inkongruenz führende Zahlungsweise, wenn in einem konzernweiten, seit Jahren (hier über 10 Jahre) betriebenen Cash-Pooling die bei den Konzerngesellschaften eingehenden Gelder bei der den Pool führenden Gesellschaft gesammelt und von dieser die Rechnungen der Konzerngesellschaften vereinbarungsgemäß auch dann bezahlt werden, wenn zu dieser Zeit die internen Verrechnungskonten der Konzerngesellschaften bei der die Zahlung vornehmenden Gesellschaft (Poolführerin) im Soll standen.[850] 1397

Das nach alter Rechtslage wegen Auszahlung statutarischen Haftkapitals bestandene Untreuerisiko nach §266 StGB für die beteiligten Geschäftsführungen dürfte nach den Neuregelungen des MoMiG allerdings nicht mehr bestehen.[851] 1398

IV. Weitere Risiken, insbesondere für den Geschäftsführer

Es ist darauf hinzuweisen, dass der Geschäftsführer grundsätzlich verpflichtet ist, die aktuell nicht benötigten Mittel der von ihm geführten Gesellschaft möglichst gewinnbringend anzulegen. Die Erfüllung dieser Pflicht kann fraglich sein, wenn das Masterkonto, auf das die Liquidität abgeführt wird, unverzinslich ist. Hat die Untergesellschaft aus der Cash-Pooling-Vereinbarung aber auch den Anspruch auf unverzinsliche Zurverfügungstellung von Liquidität und entsteht ein Liquiditätsbedarf auch tatsächlich zumindest zeitweise, kann die Cash-Pooling-Vereinbarung insgesamt noch positiv, d.h. gewinnbringend sein. Das gilt aber jedenfalls dann nicht mehr, wenn die Obergesellschaft in die Krise gerät. 1399

Für die Geschäftsführer der in das Cash-Pooling eingebundenen Gesellschaften muss gesondert auf die nicht unerhebliche Gefahr hingewiesen werden, dass sie nach §15b Abs. 5 InsO (früher §64 S.3 GmbHG a.F. bzw. §130a Abs.1 S.3 HGB a.F.) in einem späteren Insolvenzverfahren persönlich der Insolvenzmasse die in den Cash-Pool geleisteten Zahlungen zu erstatten haben, wenn die Liquiditätsabführung zur Zahlungsunfähigkeit der Gesellschaft geführt hat bzw. führen musste (im Einzelnen s.u. bei Insolvenzverursachungshaftung, → Rn. 1444ff.). So muss den Geschäftsführern der in das Cash-Pooling eingebundenen Gesellschaften vor Abführung der Liquidität an den Poolführer geraten werden, sorgsam zu prüfen bzw. durch eine Liquiditätsplanung sicherzustellen, dass auch nach der Liquiditätsauszahlung die jeweils von ihnen zu führende Gesellschaft zahlungsfähig bleibt bzw. die Auszahlung nicht zur Zahlungsunfähigkeit führen musste. In diese Liquiditätsplanung ist der gesamte, im Cash-Pooling verbundene Konzern einzubeziehen. Die erforderlichen Auskunfts- und Informationsrechte müssen in der Cash-Pooling-Vereinbarung geregelt sein. Im Hinblick auf dieses persönliche Haftungsrisiko der Geschäftsführer kann zu erwägen sein, das Cash-Pooling nicht als sog. Zero Balancing zu vereinbaren und durchzuführen, sondern als sog. Target Balancing, bei welchem die Gesellschaften zur Abführung derjenigen liquiden 1400

---

[850] BGH, Urt. v. 12.9.2019, Az. IX ZR 16/18, ZIP 2019, 1972.
[851] So auch Rönnau/Krezer ZIP 2010, 2269ff.

Mittel an den Cash-Pool nicht verpflichtet sind, die zur Aufrechterhaltung der eigenen Liquidität für die eigenen fälligen Verbindlichkeiten erforderlich ist. Im Übrigen s.u. bei Geschäftsführerhaftung betr. Aufbringung und Erhaltung des Stammkapitals.

1401 Ferner ist darauf hinzuweisen, dass sich Zulässigkeitsbeschränkungen für das Cash-Pooling aus Konsortialkreditverträgen oder aus Kreditvereinbarungen mit sonstigen Gläubigern sowie aus Vereinbarungen einer sog. „Limitation Language" bei Darlehen oder Sicherheiten im Intergruppen-Verhältnis ergeben können.[852]

J. Führungslosigkeit, Firmenbestattung und „Insolvenztourismus"

I. Führungslosigkeit

1. Definition

1402 Führungslosigkeit der Gesellschaft liegt nach der Legaldefinition in § 10 Abs. 2 S. 2 InsO vor, wenn die Gesellschaft keinen Geschäftsführer bzw. keine organschaftliche Vertretung mehr hat. Diese Situation kann auch durch rechtskräftige Verurteilung des bestellten Geschäftsführers wegen einer Katalogtat nach § 6 Abs. 2 S. 2 Nr. 3 GmbHG eintreten, weil die Rechtskraft einer entsprechenden Verurteilung unmittelbar zur „automatischen" Beendigung des Organverhältnisses eines bereits bestellten Geschäftsführers führt[853] und seine Eintragung als Geschäftsführer von Amts wegen aus dem HReg. zu löschen ist.[854] In diesem Zusammenhang ist darauf hinzuweisen, dass die Gesellschafter, die vorsätzlich oder grob fahrlässig einer Person, die nicht Geschäftsführer sein kann, die Führung der Geschäfte überlassen, der Gesellschaft solidarisch für den Schaden haften, der dadurch entsteht, dass diese Person die ihr gegenüber der Gesellschaft bestehenden Obliegenheiten verletzt. Besonders interessant wäre hier die, soweit ersichtlich, noch nicht entschiedene Frage, ob sich diese Haftung auch auf die Ersatzpflicht nach § 15b InsO erstreckt.

1403 Fraglich aber ist, was in dem nach meiner Beobachtung häufigeren Fall gilt, wenn zwar ein bestellter Geschäftsführer noch existiert, dieser aber nachrichtenlos abgetaucht, unerreichbar oder handlungsunwillig ist. Nach bisheriger Rechtsprechung und h.M. liegt Führungslosigkeit dann, etwa bei bloß unbekanntem Aufenthalt des Geschäftsführers, nicht vor[855]. In der Literatur wird aber auch vertreten, dass Führungslosigkeit gegeben ist, wenn der Geschäftsführer nicht

---

[852] S. zu diesen Risiken Jansen FS Hommelhoff, 2012, 495 ff.
[853] Weyand, ZInsO 2007, 754, 757; BayObLG WM 1983, 1170 und DB 1987, 1882
[854] OLG Naumburg, ZIP 2017, 1519; KG, GmbHR 2018, 1206 = DNotZ 2019, 312; BGH, ZIP 2020, 73 = NZG 2020, 145
[855] AG Hamburg ZIP 2009, 333 = ZInsO 2008, 1331; AG Potsdam ZInsO 2013, 515 = NZI 2013, 602.

auffindbar oder nicht greifbar ist⁸⁵⁶. Letzterer Auffassung sollte der Vorzug gegeben werden, weil sie mir mit dem vom MoMiG verfolgten Ziel effektiver Missbrauchsbekämpfung besser vereinbar scheint. Auch unter Inkaufnahme einer Pflichtenverdoppelung (etwa bei der Insolvenzantragspflicht, organschaftlich bestellter Geschäftsführer neben Gesellschafter, § 15a Abs. 1 und 3 InsO) würde ich in diesem Falle Führungslosigkeit annehmen.⁸⁵⁷

Ist der organschaftliche Vertreter der Gesellschaft tatsächlich oder rechtlich nicht mehr existent, dürfte Führungslosigkeit auch gegeben sein, wenn die Geschäfte durch einen **faktischen Geschäftsführer** geführt werden. Das widerspricht auch nicht der Rechtsprechung, nach der auch der faktische Geschäftsführer einer GmbH die Insolvenzantragspflicht nach § 15a GmbHG hat.⁸⁵⁸

2. Insolvenzantragspflicht

Nach § 15a Abs. 3 InsO hat bei Führungslosigkeit auch **jeder Gesellschafter** 1404
der GmbH (bzw. jedes Mitglied des Aufsichtsrats der AG) die (strafbewehrte, § 15a Abs. 4 u. 5 InsO) Pflicht, den Insolvenzantrag über das Vermögen der Gesellschaft zu stellen, es sei denn, er hat von der Insolvenzreife oder der Führungslosigkeit der Gesellschaft keine Kenntnis.⁸⁵⁹ Auch der nach § 15a Abs. 3 InsO zum Insolvenzantrag verpflichtete Gesellschafter muss die Antragserfordernisse nach § 13 InsO (etwa Gläubiger- und Forderungsverzeichnis) erfüllen⁸⁶⁰.

Die Insolvenzantragspflicht kann auch die Erben von Geschäftsanteilen treffen⁸⁶¹. Darüber hinaus kann die Insolvenzantragspflicht auch den Insolvenzverwalter des Vermögens eines Schuldners treffen, in dessen Vermögen sich Geschäftsanteile haftungsbeschränkter Gesellschaften befinden, die wiederum keinen Geschäftsführer (mehr) haben⁸⁶². Auch trifft die Pflicht die Gesellschafter einer führungslosen Muttergesellschaft, über das Vermögen der führungslosen Tochtergesellschaft Insolvenzantrag zu stellen.⁸⁶³ 1405

Bei einer GmbH & Co.KG, deren Komplementär-GmbH führungslos ist, hat 1406
der Gesellschafter der GmbH, der nach § 15 Abs. 1 S. 2 InsO antragsberechtigt ist, nach § 15 Abs. 3 InsO das Insolvenzantragsrecht auch für die KG. Bei einer Einheits-GmbH & Co.KG dürften diese Regelungen allerdings leerlaufen.

Zu beachten ist jedoch, dass der durch den Gesellschafter oder den faktischen 1407
Geschäftsführer der GmbH im Fall bestehender Führungslosigkeit gestellte Insolvenzantrag als unzulässig abzuweisen ist, wenn nachfolgend kein gesetzlicher Vertreter, etwa auf Betreiben der Gesellschafter ein Notgeschäftsführer nach § 29 BGB oder ein Verfahrenspfleger nach §§ 4 InsO, 57 ZPO bestellt wird, weil die

---

⁸⁵⁶ Thole, Gesellschaftsrechtliche Maßnahmen in der Insolvenz, Rn. 31; Passarge GmbHR 2010, 295, 297 ff.; Gehrlein BB 2008, 846, 848.
⁸⁵⁷ So auch Passarge GmbHR 2010, 295 ff.
⁸⁵⁸ BGH ZIP 2002, 848, 851; Gleichlauf mit den Pflichten aus § 64 GmbHG, BGH ZIP 2008, 1596.
⁸⁵⁹ Für eine teleologische Reduzierung bei minderjährigen GmbH-Gesellschaftern Jungmann, ZIP 2020, 1690 ff.
⁸⁶⁰ AG Mönchengladbach ZInsO 2012, 2299 = BeckRS 2012, 24801.
⁸⁶¹ Carrois ZInsO 2009, 373 ff.
⁸⁶² Göcke ZInsO 2008, 1305 ff. = BeckRS 2009, 20430.
⁸⁶³ LG München I ZIP 2013, 1739.

Gesellschaft ohne Geschäftsführer nicht prozessfähig ist.[864]. Diese – mangels Einlegung der vom LG zugelassenen Rechtsbeschwerde rechtskräftige – Entscheidung wird in der Literatur kritisiert. Bei Eigenantrag durch den Gesellschafter solle die führungslose GmbH für die Dauer und Zwecke des Insolvenzverfahrens als verfahrensfähig angesehen werden.[865]

II. Sog. Firmenbestattung

1408 Sog. Firmenbestattungen[866] sind ein Phänomen jüngerer Zeit. Zur Abwicklung einer insolvenzreifen GmbH ohne Einhaltung der dazu vorgesehenen gesetzlichen Regelungen werden die Geschäftsanteile an einen Erwerber veräußert, der zur Fortsetzung der Geschäfte weder geeignet noch willens ist, die Firma der Gesellschaft wird (mehrfach) geändert, der Sitz der Gesellschaft wird möglichst weit weg verlegt und eine i.d.R. vermögenslose, nicht selten im Ausland ansässige Person als neue Geschäftsführung, oft als Strohmann eingesetzt. Unterlagen der Gesellschaft sind dann regelmäßig nicht mehr auffindbar. Häufig steckt dahinter lediglich die Absicht, das restliche Vermögen der Gesellschaft zu realisieren, ohne es für die Befriedigung der Gläubiger zu verwenden,[867] die Gesellschaft und evtl. den Altgesellschafter-Geschäftsführer also dem Gläubigerzugriff zu entziehen und nach Abweisung des (durch die neue Geschäftsführung am neuen Ort gestellten) Insolvenzantrags mangels Masse die Löschung der Gesellschaft im HReg. herbeizuführen.

1409 Zusätzlich war in Zusammenschau mit der rechtsformneutralen Insolvenzantragspflicht nach § 15a InsO befürchtet worden, dass sich die im Inland tätigen haftungsbeschränkten Gesellschaften (auch die deutsche GmbH) durch Verlegung des Verwaltungssitzes ins (EU-)Ausland dem deutschen Insolvenzrecht entziehen könnten, also ein gewisser „**Insolvenztourismus**" einsetzen könnte[868]. Für die Feststellung des zuständigkeitsbestimmenden COMI nach Art. 3 EuInsVO ist jedoch zu beachten: Soll sich der Ort der Hauptverwaltung der Gesellschaft nicht am Satzungssitz befinden, müssen alle relevanten, von Dritten überprüfbare Faktoren zur Beurteilung herangezogen werden, von wo aus die Führung und Kontrolle der Gesellschaft tatsächlich erfolgt. Geschäftsaktiva und Verträge zu deren Nutzung reichen dafür allein nicht aus[869]. Eine Sitzverlegung nur zum Schein verstößt gegen den deutschen Ordre public und ist daher unwirksam, d.h. sie kann die Zuständigkeit des ausländischen Insolvenzgerichts nicht begründen[870]. Auch bei „gewerbsmäßiger Unternehmensbestattung" sind entsprechende Abwicklungstätigkeiten u.U. nicht als selbständige wirtschaftliche Tätigkeit anzusehen und somit nicht

---

[864] LG Kleve ZIP 2017, 1955.
[865] Köhler-Ma/de Bruyn ZIP 2018, 261 ff.
[866] Zur Strafbarkeit des Vermittlers der ordentlichen Abwicklung einer GmbH wegen Teilnahme an einer Insolvenzverschleppung s. Pananis/Börner GmbHR 2006, 513 ff.
[867] Sa Weller ZIP 2009, 2029 ff.
[868] Knof/Mock GmbHR 2007, 852 ff. Für die örtliche Zuständigkeit in einem grenzüberschreitenden Insolvenzverfahren sind die Verhältnisse im Zeitpunkt der Antragstellung maßgeblich, BGH ZInsO 2008, 1382 = BeckRS 2008, 24714.
[869] EuGH ZIP 2011, 2153 = ZInsO 2011, 2123. So auch für das bloße Vorhandensein eines Grundstücks BGH ZInsO 2012, 1491 = NZI 2012, 725.
[870] LG Köln ZIP 2011, 2119.

geeignet, Anknüpfungspunkt für die örtliche Zuständigkeit des Insolvenzgerichts (vgl. § 3 Abs. 1 S. 2 InsO) zu sein[871]. Ferner ist zu beachten, dass für Klagen aus § 64 GmbHG das Gericht am Sitz der Insolvenzschuldnerin zuständig ist, auch wenn der (faktische) Geschäftsführer seinen Wohnsitz zuvor ins Ausland verlegt hat[872].

Dem „Forum-Shopping" soll durch die am 26.6.2017 in Kraft tretende Reform der EuInsVO (u.a. Sperrfristen in Art. 3 EuInsVO, sog. „suspect period") Einhalt geboten werden.[873]

Die Folge ist, dass Insolvenzgerichte und Staatsanwaltschaften sich schwer tun, Sachverhalte/Delikte aufzuklären und es Gläubigern häufig überhaupt nicht mehr möglich ist, berechtigte Haftungsansprüche gegen die (ehemaligen) Geschäftsführer und Gesellschafter zu verfolgen, sodass sie wirtschaftlich leer ausgehen. 1410

1. Unwirksamkeit der Geschäfte

Nach ganz überwiegender Auffassung sind die mit dem Ziel der Firmenbestattung ausgeführten Rechtsgeschäfte, wie etwa Anteilsübertragung bzw. Geschäftsführerwechsel, als Scheingeschäfte nach § 117 BGB oder wegen Verstoßes gegen gesetzliche Verbote = Umgehung der Gläubigerschutzvorschriften des GmbH-Rechts nach § 134 BGB nichtig. So sind auch die entsprechenden Eintragungen im Handelsregister (Satzungsänderungen, Geschäftsführerwechsel, etc.) nicht vorzunehmen.[874] Das OLG Karlsruhe hat allerdings die Neubestellung des (Stroh-)Geschäftsführers nicht als nichtig angesehen, da für die Nichtigkeit von Gesellschafterbeschlüssen der GmbH abschließend auf § 241 AktG abzustellen sei.[875] Nach einer – m.E. zutreffenden – Entscheidung des OLG Zweibrücken sind die Beschlüsse zur Satzungsänderung und Geschäftsführerwechsel einer GmbH im Rahmen einer sog. Firmenbestattung nach Verkauf aller Geschäftsanteile nichtig und nicht in das HReg. einzutragen.[876] 1411

Auch muss der Notar seine Mitwirkung versagen, wenn für ihn erkennbar der Verdacht besteht, dass unerlaubte oder unredliche Zwecke verfolgt werden.[877] 1412

2. Unzulässigkeit des Insolvenzantrags

Bei Vortäuschung von Vermögenslosigkeit ist ein Eigenantrag der GmbH zum Zweck der Firmenbestattung wegen Verfolgung verfahrensfremder Zwecke rechtsmissbräuchlich und daher unzulässig.[878] Dasselbe – Unzulässigkeit des Eröffnungsantrags – gilt, wenn der Antrag ausschließlich auf Abweisung mangels 1413

---

[871] OLG Stuttgart ZIP 2009, 1928; Weller ZIP 2009, 2029ff.
[872] OLG Köln ZInsO 2011, 2199 = NZI 2012, 52.
[873] Dazu Frind/Pannen ZIP 2016, 398ff.
[874] OLG Saarbrücken NZG 2013, 1113 = ZInsO 2013, 2165 = GmbHR 2013, 1093, zugleich zu den Voraussetzungen, unter denen das Registergericht eine sog. „Firmenbestattung" annehmen kann.
[875] OLG Karlsruhe ZIP 2013, 1915 = ZInsO 2013, 1313 m abl Anm Weyand.
[876] OLG Zweibrücken ZIP 2013, 2463.
[877] BGH GmbHR 2016, 114 = DNotZ 2016, 227.
[878] AG Duisburg NZI 2007, 439.

Masse gerichtet ist, weil dann das Rechtsschutzbedürfnis fehlt.[879] Auf dieses Ziel kann aus grob obstruktivem Verhalten des Schuldners geschlossen werden, wenn er etwa seine Vermögenslosigkeit nur vortäuscht oder seine Vermögensverhältnisse vorsätzlich so verschleiert, dass das Bestehen von Haftungs- oder Anfechtungsansprüchen der Gesellschaft gegen Gesellschafter oder Geschäftsführer nicht sinnvoll ermittelt werden kann und damit das Verfahrensziel einer gemeinschaftlichen Befriedigung der Gläubiger nicht erreicht werden kann.[880]

1414 Für die Zuständigkeit des Insolvenzgerichts bei „gewerbsmäßiger Unternehmensbestattung" gilt: Bloße restliche Abwicklungstätigkeiten sind keine selbstständige wirtschaftliche Tätigkeit i.S.d. § 3 Abs. 1 InsO und begründen daher nicht die örtliche Zuständigkeit, sodass örtlich zuständiges Insolvenzgericht das Gericht am Satzungssitz bleibt.[881] Erforderlich sind vielmehr Abwicklungstätigkeiten „von einigem Gewicht".[882]

3. Zivilrechtliche Haftungen

1415 Nunmehr liegen erste zivilrechtliche Entscheidungen vor. Auch sind mit dem MoMiG Regelungen in Kraft getreten, die einem solchen Missbrauch entgegenwirken sollen.[883]

1416 Die Sitzverlegung zum Zweck der „Firmenbestattung" ist missbräuchlich und kann nicht ins Handelsregister eingetragen werden; auf solchen Missbrauch kann das Registergericht schließen, wenn die Gesellschaft bereits die eidesstattliche Versicherung abgegeben hat.[884]

1417 Tilgt die schuldende GmbH mit Mitteln des Gesellschaftsvermögens einen von einem Gesellschafter eigenkapitalersetzend besicherten Kredit und wird sie anschließend gemäß vorgefasster Absicht nach Sitzverlegung ins Ausland sofort still liquidiert, kann eine anfechtbare Rechtshandlung der Schuldnerin darin bestanden haben, dass sie es unterlassen hat, einen Freistellungs-/Erstattungsanspruch nach den Rechtsprechungsregeln zum Kapitalersatzrecht gegen den Gesellschafter geltend zu machen. Werden die Geschäftsanteile an einen Erwerber veräußert, der eine faktische Liquidation durchführen soll, ohne etwa noch offene Forderungen der Gesellschaft zu realisieren und Gläubiger zu befriedigen, begründet dies ein erhebliches Beweisanzeichen dafür, dass die Durchsetzung eines nach den Rechtsprechungsregeln zum Kapitalersatzrecht bestehenden Erstattungsanspruchs bewusst unterlassen wird. Wenn eine Gesellschaft ohne ordnungsgemäße Liquidation beseitigt werden soll, um so alle Verbindlichkeiten zu „erledigen", liegt dem der Vorsatz der Gläubigerbenachteiligung zugrunde. Dann löst die gegen die Rechtsprechungsregeln zum Kapitalersatzrecht verstoßende Rückzahlung eines gesellschafterbesicherten Drittdarlehens durch die Gesellschaft eine Erstattungspflicht des Gesellschafters aus, wenn die Gesellschaftsgläubiger dadurch – wenigstens mittelbar – benachteiligt werden und wenn zugleich der Zugriff auf

---

[879] BGH, Beschl. v. 7.5.2020 – IX ZB 84/19, ZIP 2020, 1250 = BeckRS 2020, 10846.
[880] BGH, Beschl. v. 7.5.2020 – IX ZB 84/19, ZIP 2020, 1250 = BeckRS 2020, 10846.
[881] OLG Stuttgart NZG 2009, 393 = ZIP 2009, 1928.
[882] LG Bonn ZInsO 2012, 938 = BeckRS 2012, 8387.
[883] Sa Geißler GmbHR 2013, 1302
[884] KG ZIP 2011, 1566.

diesen Erstattungsanspruch wesentlich erschwert wird, etwa durch Verlegung des Gesellschaftssitzes ins Ausland und stille Liquidation.[885]

Ein Vertrag, durch den ein Schuldner sein letztes zur Gläubigerbefriedigung **1418** taugliches Vermögen einem bestimmten Gläubiger überträgt, ist regelmäßig sittenwidrig (§ 138 BGB), wenn dadurch gegenwärtige oder künftige Gläubiger über die Kreditwürdigkeit des Schuldners getäuscht werden und beide Vertragspartner bei dieser Täuschung zusammengewirkt haben. Die Täuschung muss nicht bezweckt sein. Für ihre Annahme kann es genügen, wenn die Vertragspartner nur mit der Möglichkeit gerechnet haben, dass andere Gläubiger geschädigt werden. Kennt der begünstigte Gläubiger die Umstände, die den Schluss auf einen bevorstehenden Zusammenbruch des Schuldners aufdrängen, so handelt er schon dann sittenwidrig, wenn er sich über diese Erkenntnisse mindestens grob fahrlässig hinwegsetzt. Unterlässt der Zessionar die gebotene Prüfung der Auswirkungen der Zession auf das Vermögen des Zedenten, so trifft ihn der Vorwurf, sich leichtfertig über die Gefährdung der anderen Gläubiger durch Kredittäuschung hinweggesetzt zu haben. Diese Ausführungen gelten erst recht bei unbedingten und unentgeltlichen Abtretungen und bei der damit unmittelbaren und endgültigen Entziehung haftbaren Vermögens.[886]

Zahlungen des Geschäftsführers der späteren Insolvenzschuldnerin an einen **1419** Firmenbestatter sind nach §§ 129 ff. InsO anfechtbar. Das gilt auch dann, wenn die Zahlung an einen im Ausland ansässigen Investor geleistet wurde, an den die Gesellschaftsanteile abgetreten worden sind.[887]

Erbringt der Geschäftsführer einer GmbH nach Stellung des Insolvenzantrages **1420** Zahlungen aus dem Vermögen der Gesellschaft an einen Firmenbestatter, so ist er nach § 64 GmbHG zum Ersatz verpflichtet. Die Haftung entfällt auch nicht durch eine Vereinbarung mit dem Firmenbestatter, nach welcher die empfangenen Gelder treuhänderisch für die GmbH verwahrt werden sollen.[888] Die Zahlungen an den Firmenbestatter sind außerdem nach §§ 129 ff. InsO anfechtbar. Der Firmenbestatter ist auch dann zur Rückgewähr verpflichtet, wenn er die empfangenen Gelder auf Weisung des Geschäftsführers an einen im Ausland ansässigen Investor ausgezahlt hat, an den die Geschäftsanteile abgetreten worden sind. Der Firmenbestatter kann sich insoweit nicht darauf berufen, es sei keine Masseschmälerung eingetreten, da die Gelder durch die Auszahlung an den Investor wieder in das Vermögen der Insolvenzschuldnerin zurückgeflossen seien.[889]

Eine weitere Konstellation unzulässiger Firmenbestattung hat der BGH in **1421** folgendem Fall gesehen: Verschmelzung einer insolvenzreifen GmbH auf eine „gesunde" GmbH zur Aufnahme mit anschließender Insolvenz der aufnehmenden Gesellschaft. Zwar greife eine Differenzhaftung der Anteilseigner des übertragenden Rechtsträgers wegen Überbewertung des Vermögens des übertragenden Rechtsträgers nicht ein, da es sich um einen originären Anteilserwerb handele (wenn überhaupt Anteile am Zielrechtsträger an die Gesellschafter des Ausgangsrechtsträgers gewährt werden); eine solche Haftung könne sich nur aus einer ge-

---

[885] BGHZ 165, 343 = BB 2006, 401 = ZInsO 2006, 140 = ZIP 2006, 243.
[886] OLG Brandenburg ZInsO 2005, 42 = BeckRS 2004, 12190.
[887] LG Berlin ZInsO 2006, 722 = ZIP 2006, 862.
[888] LG Berlin DB 2006, 1313 = ZIP 2006, 865.
[889] LG Berlin ZInsO 2006, 722 = ZIP 2006, 862.

sondert gegebenen Kapitaldeckungszusage ergeben, die aber nicht schon in dem Verschmelzungsprozess an sich liege.[890] Hingegen hafteten die beteiligten Gesellschafter wegen existenzvernichtenden Eingriffs, weil durch die Verschmelzung die Insolvenz des übernehmenden Rechtsträgers durch geschäftszweckfremde Belastung mit den Verbindlichkeiten der übertragenden Gesellschaft herbeigeführt oder vertieft wurde.[891] Die Sittenwidrigkeit der Schädigung liege darin, dass die insolvente Gesellschaft liquidationslos ohne das gebotene Verfahren (Liquidations- oder Insolvenzverfahren) beseitigt werden sollte. Offengelassen hat der BGH, ob im Rahmen einer Verschmelzung durch Überleitung negativen Vermögens die Kapitalerhaltungsgrundsätze verletzt sind und daher eine Haftung nach §§ 30, 31 GmbHG in Frage kommt.[892]

4. Strafrechtliche Verantwortlichkeit

1422   Zur strafrechtlichen Verfolgung von sog. Firmenbestattungen sei auf die jüngere Rechtsprechung verwiesen.[893] Bei einer Übertragung der Geschäftsanteile einer GmbH auf einen zur Fortführung ungeeigneten und unwilligen Strohmann kann davon ausgegangen werden, dass sie zum Zweck der Firmenbestattung erfolgte; darin liegt eine Verschleierung der wirtschaftlichen geschäftlichen Verhältnisse, was eine Bankrottstrafbarkeit nach § 283 Abs. 1 Nr. 8, 2. Alt. StGB nach sich ziehen kann.[894] Dasselbe kann gelten, wenn der Geschäftsführer durch einen Strohgeschäftsführer ersetzt wird, der nicht beabsichtigt, das Unternehmen fortzuführen, und die Sitzverlegung ins Ausland und die Liquidation bereits beschlossen sind.[895]

Hinzuweisen ist auch auf die Gefahr der Strafbarkeit wegen Insolvenzverschleppung nach § 15a InsO für den faktischen Geschäftsführer[896] und den Gesellschafter bei Führungslosigkeit der Gesellschaft.

1423   In Betracht kommt u.U. auch eine Strafbarkeit des Vermittlers der ordentlichen Abwicklung einer GmbH wegen Teilnahme an einer Insolvenzverschleppung.[897]

1424   Schließlich kann die Mitwirkung eines Notars an einer sog. Firmenbestattung (→ Rn. 1408 ff.) disziplinarisch geahndet werden.[898]

---

[890] BGH Urt. v. 6.11.2018 – II ZR 199/17, ZIP 2019, 114 = GmbHR 2019, 172; zustimmend zu dieser Entscheidung Heckschen, Differenzhaftung und existenzvernichtender Eingriff bei der Verschmelzung in der Krise, NZG 2019, 561 ff. und EWiR 2019, 101 f.
[891] BGH NJW 2019, 589 mAnm König = NZI 2019, 289 = ZIP 2019, 114.
[892] Heckschen, Differenzhaftung und existenzvernichtender Eingriff bei Verschmelzung in der Krise, NZG 2019, 561 ff.
[893] BGH ZIP 2010, 471.
[894] Dazu Brand/Reschke ZIP 2010, 2134 ff.; erneut BGH ZIP 2013, 514 = ZInsO 2013, 555.
[895] BGH ZIP 2013, 514 = ZInsO 2013, 555.
[896] BGH ZIP 2002, 848, 851.
[897] Pananis/Börner GmbHR 2006, 513 ff.
[898] BGH ZIP 2019, 1534.

§9 Haftungsgefahren für Geschäftsführer in der Krise der GmbH

Übersicht

	Rn.
A. Grundsätzliches zur Geschäftsführerhaftung	1425
I. Übersicht über die Haftungstatbestände	1428
1. Tatbestände der Innenhaftung	1429
a) Allgemeiner Haftungstatbestand	1429
b) Weitere relevante gesetzlich geregelte Einzeltatbestände sind	1430
c) Als besondere Tatbestände sind zu berücksichtigen	1431
d) Haftungstatbestände in der Krise	1432
2. Tatbestände der Außenhaftung	1433
II. Haftungsgrundtatbestand – Culpahaftung, §43 Abs. 1 und 2 GmbHG	1434
1. Tatbestand	1434
2. Darlegungs- und Beweislast	1435
3. Unternehmerisches Handlungsermessen als Sorgfaltsmaßstab	1436
a) Grundsatz: Business judgement rule	1436
b) Einfluss der COVID-19-Pandemie und des COVInsAG?	1443
c) Veränderung des Sorgfaltsmaßstabs bei Eintritt der Krise bzw. Insolvenzreife der Gesellschaft	1445
3. Pflichtenkollision bei Mehrfachvertretung	1451
4. Schadensbegriff, Kausalität	1453
5. Verschulden	1456
6. Haftung gegenüber Dritten?	1457
7. Keine Geltung bei Ein-Personen-GmbH	1462
8. Geltendmachung und Verjährung, Gesamtschuldnerregress	1463
III. Faktischer Geschäftsführer	1471
IV. Möglichkeiten der Haftungsbegrenzung	1476
1. Vertragliche und gesellschaftsrechtliche Maßnahmen	1477
2. Geschäftsführerhaftpflichtversicherung (D&O-Versicherung)	1479
a) Zum Versicherungsvertrag	1480
b) Sonderproblem: Insolvenznahe Haftungsgefahren, insbesondere §15b InsO (früher §64 GmbHG a.F.)	1481
c) Abtretung des Freistellungsanspruchs	1482
d) Claims-made-Klausel (Anspruchserhebungsprinzip)	1483
e) Insolvenz der Gesellschaft	1489
f) Prozessuales	1490
8. Einsichtsrecht in die Insolvenzverfahrensakte	1492
9. Eigenes Insolvenzverfahren	1493
B. Insolvenzverursachungshaftung	1495
I. Pflicht zur Krisenfrüherkennung	1495
II. Pflicht zum Krisenmanagement, Sanierungspflicht	1499
III. Gehaltsreduzierung	1500
IV. Pflichtverletzungen im Zusammenhang mit Aufbringung und Erhaltung des Stammkapitals	1505
1. Kapitalaufbringung	1506
2. Kapitalerhaltung	1510
3. Cash-Pooling, „Verjährungskarussell" und Sonstiges	1512
4. Darlehen an Geschäftsführer	1517
V. Verbotene Zahlungen an Gesellschafter, §15b Abs. 5 InsO	1518
1. Regelungsgegenstand und Tatbestand	1519
2. Anwendungsbereich, Überschneidungen und Rechtsfolge	1520

§ 9 *Haftungsgefahren für Geschäftsführer in der Krise der GmbH*

   3. Anwendbarkeit in inländischen Insolvenzverfahren über das Vermögen (EU-) ausländischer Gesellschaften mit Verwaltungssitz im Inland 1527
 VI. Haftung bei existenzvernichtenden Eingriffen; vorsätzliche Verursachung der Insolvenz 1528
 VII. Nichteinberufung der Gesellschafterversammlung................. 1531
 VIII. Rechte und Pflichten des GmbH-Geschäftsführers bei drohender Zahlungsunfähigkeit 1535
   1. Reorganisationsverschleppungshaftung? 1536
   2. Reorganisationsdurchführungshaftung 1538
    a) Veränderung des Sorgfaltsmaßstabs im gerichtlichen Restrukturierungsverfahren („shift of duties") 1539
    b) Haftungserleichterung bei verbotenen Zahlungen und neue „verbotene" Zahlungen im gerichtlichen Restrukturierungsverfahren 1542
    c) Ruhen der Insolvenzantragspflicht 1543
    d) Haftung bei Verletzung der Pflicht zur Anzeige eingetretener Zahlungsunfähigkeit oder Überschuldung 1544
    e) Anzeigepflicht bei voraussichtlicher Erfolglosigkeit 1545
    f) Haftungen bei Stabilisierungsanordnungen 1546
    g) Zustimmungserfordernis der Gesellschafterversammlung vor der Restrukturierungsanzeige? 1547
   3. Insolvenzantragstellung 1549
C. Insolvenzverschleppungshaftung 1552
 I. Ersatzpflicht für verbotene Zahlungen an Gläubiger der Gesellschaft, § 15b InsO 1552
   1. Allgemeines, Rechtscharakter der Norm 1552
   2. Tatbestand, Zahlungen, Beispiele 1558
   3. Maßgeblicher Zeitpunkt: Insolvenzreife 1561
   4. Masseverkürzung 1563
    a) Zahlungen gegen unmittelbaren Massezufluss, wertgedeckte Zahlungen 1564
    b) Mittelbare Massemehrungen 1571
    c) Anderweitiger Ausgleich der Masseschmälerung 1574
    d) Veranlassung von Einzahlungen auf debitorische Bankkonten der Gesellschaft 1575
    e) Zahlungen an aus- und absonderungsberechtigte Gläubiger .. 1579
    f) Zusammenfassung für Forderungseinzug auf debitorischem Konto und Sicherungszession 1583
    g) Zahlungen aus debitorischem Konto 1585
   5. Zahlungsveranlassungen, Normadressaten 1586
   6. Verschulden und Sorgfalt des ordentlichen Geschäftsmannes 1593
    a) Erkennbarkeit der Insolvenzreife 1594
    b) Hinzuziehung von Beratern 1596
    c) Sorgfalt des ordentlichen Geschäftsmanns 1599
   7. Rechtsfolgen, Umfang der Ersatzpflicht 1606
    a) Grundsatz 1606
    b) Wesentliche Änderung durch § 15b Abs. 4 S. 2 InsO 1609
   8. Verhältnis zur Insolvenzanfechtung 1613
    a) Anspruchsgrundlagenkonkurrenz 1613
    b) Keine Haftungsverringerung aufgrund anderweitiger Anfechtungserfolge 1615
    c) Keine nachträgliche Entstehung der Haftung durch Insolvenzanfechtung 1617
    d) Abtretung des anfechtungsrechtlichen Rückgewähranspruchs 1618
   9. Aufrechnung mit Gegenansprüchen? 1620
   10. Verteilung der Darlegungs- und Beweislast 1621

J. Führungslosigkeit, Firmenbestattung und „Insolvenztourismus"

	a) Insolvenzreife	1621
	b) Zahlungen	1623
	c) Sorgfalt des ordentlichen Geschäftsmannes	1624
11.	Geltendmachung, Übergangsregelung, Verjährung, Prozessuales	1626
	a) Geltendmachung	1626
	b) Übergangsregelung zur Anwendung des § 15b InsO	1628
	c) Verjährung	1629
	d) Zuständiges Gericht	1630
	e) Vorbehaltsurteil	1631
	f) Persönliche Insolvenz des Geschäftsführers	1632
12.	Bezug zum Strafrecht	1633
13.	Vorübergehende Haftungserleichterung bei den „verbotenen" Zahlungen gemäß § 64 S. 1 u. 2 GmbHG und den Parallelvorschriften	1634
	a) Regelungssystematik	1634
	b) Tatbestand	1635
	c) Rechtsfolge	1636
	d) Kein Freibrief	1637
14.	Zusammenfassung der Änderungen durch § 15b InsO	1639
15.	Abschließende Anmerkung und Praxishinweis	1640
II. Insolvenzverschleppung – Schutzgesetzverletzung		1642
1.	Allgemeines	1642
	a) Insolvenzantragspflicht	1642
	b) Schutzgesetz	1649
	c) Vorübergehende Aussetzung der Insolvenzantragspflicht durch COVInsAG	1650
2.	Sorgfaltsmaßstab, Beginn der Drei-Wochen-Frist	1657
3.	Verteilung der Darlegungs- und Beweislast	1662
4.	Rechtsfolge, Umfang der Schadensersatzansprüche	1666
	a) „Alt"-Gläubiger	1668
	b) „Neu"-Gläubiger	1669
5.	Fallgruppen	1677
	a) Verschleppungshaftung für Arbeitnehmerlohn	1677
	b) Verschleppungshaftung für gezahltes Insolvenzgeld	1687
	c) Keine Verschleppungshaftung für Sozialversicherungsbeiträge	1688
	d) Sonstige Dauerschuldverhältnisse	1689
	e) Ausweitung einer Kreditinanspruchnahme	1690
	f) Cash Pooling	1691
	g) Gewährleistungsansprüche	1692
	h) Eigenkapital(ähnliche) Einzahlungen von Gesellschaftern	1693
	i) Geschlossene Vergleichsvereinbarung	1694
6.	Verjährung	1695
7.	Weitere Haftungstatbestände	1696
D. Sonstige typische Haftungsgefahren in der Krise der Gesellschaft		1699
I. Sozialversicherungsbeitragsvorenthaltung		1699
1.	Tatbestand	1699
2.	Verantwortlicher Arbeitgeber/Geschäftsführer	1704
3.	Vorsatz	1707
4.	Schaden und insolvenzrechtliche Anfechtbarkeit hypothetischer Zahlungen	1709
5.	Darlegungs- und Beweislast, Geltendmachung	1714
6.	Verhältnis zu verbotenen Zahlungen nach § 15b InsO	1716
	a) Klärung durch die Rechtsprechung zur alten Rechtslage	1717
	b) Erneutes Auftreten des Problems	1722
7.	Verjährung	1725
II. Unterlassene Insolvenzsicherung von Altersteilzeit–Wertguthaben		1726
III. Rückständige Steuern		1728

1. Allgemeines 1728
   a) Persönliche Verantwortung des Geschäftsführers 1728
   b) Haftungsbescheid und Einwendungen 1733
2. Lohnsteuer 1735
   a) Haftung auch bei späterer (Teil-)Erledigung der Steuerforderung 1736
   b) Haftung auch bei insolvenzrechtlicher Anfechtbarkeit hypothetischer Zahlungen 1737
   c) Haftung nach erfolgreicher Insolvenzanfechtung der noch erfolgten Steuerzahlung 1741
   d) Haftung bei Nichtabführung im Insolvenzeröffnungsverfahren oder nach Lastschriftwiderruf durch den vorläufigen Insolvenzverwalter? - wesentliche Rechtsänderung durch das SanInsFoG 1742
   e) Haftung auch bei Kollision mit den Zahlungsverboten nach § 15b InsO (früher § 64 GmbHG a.F.)?. – wesentliche Rechtsänderung durch das SanInsFoG 1744
3. Körperschaft-, Gewerbe-, pauschalierte Lohn- und Umsatzsteuer 1748
4. Verschulden... 1754

IV. Schadensersatzpflicht aus Eingehungsbetrug, Bankrott, § 826 BGB, cic 1757

Literatur: *Altmeppen*, Haftung für Delikte „aus dem Unternehmen", dargestellt am Fall „Dieselgate", ZIP 2016, 97 ff.; *Altmeppen*, Konkurrenz zwischen Erstattungshaftung von Geschäftsleitern und Anfechtungsschuldnern bei verbotenen Zahlungen, Beilage zu ZIP 22/2016, 3 ff.; *Altmeppen*, Massemschmälernde Zahlungen, NZG 2016, 521 ff.; *Altmeppen*, Organhaftung für verbotene Zahlungen, ZIP 2017, 1833 ff.; *Armbrüster*, Interessenkonflikte in der D&O-Versicherung, NJW 2016, 897 ff.; *Armbrüster*, Neues vom BGH zur D&O-Versicherung, NJW 2016, 2155 ff.; *Bayer/Scholz*, Vom Dogma der Unzulässigkeit des Mitverschuldenseinwands bei der GmbH-Geschäftsführerhaftung, GmbHR 2016, 841 ff.; *Beck*, Haftung der Gesellschafter für Zahlungen nach Eintritt der Insolvenzreife bei Führungslosigkeit der GmbH, GmbHR 2017, 181 ff.; *Beuthien*, Von welcher Last befreit die Entlastung?, GmbHR 2014, 682 ff.; *Brammsen/Sonnenburg*, Geschäftsführeraußenhaftung in der GmbH, NZG 2019, 681 ff.; *Brand/Strauß*, Untreuestrafbarkeit durch Rückzahlung von Gesellschafterdarlehen unter Verstoß gegen § 64 GmbHG?, GmbHR 2019, 214 ff.; *Brinkmann*, Die prozessualen Konsequenzen der Abtretung des Freistellungsanspruchs aus einer D&O-Versicherung, ZIP 2017, 301 ff.; *Burgard/Heimann*, Haftungsrisiken des Alleingesellschafter-Geschäftsführers einer Einpersonen-GmbH, NZG 2018, 601 ff.; *Casper*, Die Haftung für massemschmälernde Zahlungen nach § 64 S. 1 GmbHG, ZIP 2016, 793 ff.; *Cyrus*, Neue Entwicklungen in der D&O-Versicherung, NZG 2018, 7 ff.; *Decker*, Organhaftung und Expertenrat, GmbHR 2014, 72 ff.; *Enge*, Die Geschäftsführerhaftung aus § 69 AO in der Insolvenz, GmbHR 2018, 625 ff.; *Fleischer*, Ruinöse Managerhaftung: Reaktionsmöglichkeiten de lege lata und ferenda (betr. Vorstand der AG), ZIP 2014, 1305 ff.; *Fleischer*, Zur GmbH-rechtlichen Verantwortlichkeit des faktischen Geschäftsführers, GmbHR 2011, 337 ff.; *Flöther/Korb*, Das Verhältnis zwischen dem Erstattungsanspruch aus § 64 GmbHG und der Insolvenzanfechtung, ZIP 2012, 2333 ff.; *Freund*, Gesamtschuldnerregress in der Organhaftung, GmbHR 2013, 785 ff.; *Geissler*, Haftung des eingetragenen oder faktischen directors einer englischen Limited, GmbHR 2016, 1130 ff.; *Geißler*, Wertgedeckte und nicht wertgedeckte Zahlungen bei Insolvenzreife, GmbHR 2011, 907 ff.; *Holthausen*, Entlastung und Generalbereinigung – unverzichtbare Instrumente zur Erlangung von Rechtssicherheit und persönlicher Haftungsbeschränkung, GmbHR 2019, 634 ff.; *Hülsmann*, Aktuelle BGH-Rechtsprechung zum Geschäftsführer in Krise und Insolvenz, GmbHR 2018, 506 ff.; *Hülsmann*, Anforderungen an die Geschäftsverteilung, GmbHR 2019, 209 ff.; *Klein*, Pflichten und Haftungsrisiken der Geschäftsleitung beim Cash-Pooling, ZIP 2017, 258 ff.; *Knöfel*, Strukturprobleme der D&O-Exzedentenversicherung, ZIP 2018, 1814 ff.; *Lange*, Selbstschutzmaßnahmen des Geschäftsführers einer kriselnden GmbH, GmbHR 2015, 1009 ff. und 1133 ff. und 1254 ff.; *Markgraf/Heinrich*, Scheinassekuranz oder Risikoübernahme?, NZG 2018, 1290 ff.; *Melot de Beauregard/Gleich*, Aktuelle Problemfelder bei der D&O-Versicherung, NJW 2013, 824 ff.; *Müller*, Geschäftsführerhaftung für Zahlungen auf debitorische Konten, NZG 2015, 1021 ff.; *Neumann*, Cash-Pooling bei konzernangehörigen GmbH – Risiken und Sorgfaltspflichten des Geschäftsführers, GmbHR 2016, 1016 ff.; *Nowak*, Haftungsvermeidungsstrategien für den Geschäftsführer einer GmbH in der Krise, GmbHR 2012, 1294 ff.; *Peetz*, Der faktische Geschäftsführer – faktisch oder eine Fiktion, GmbHR 2017, 57 ff.; *Peitsmeyer/Klesse*, Anforderung an die Aufgabenverteilung zwischen den Geschäftsführern einer GmbH, NZG 2019, 501 ff.; *Peltzer*, Konstruktions- und Handhabungsschwierigkeiten bei der D&O-Versicherung, NZG 2009, 970 ff.; *Priebe*, Die Haftung des GmbH-Geschäftsführers gem. §64 GmbHG, ZInsO 2014, 1681 ff.; *Ruchartz*, Praxisprobleme der Entlastung des Geschäftsführers bei bestehendem D&O-Versicherungsschutz, GmbHR 2016, 681 ff.; *Schiefelbein*, Was GmbH-Geschäftsführer aktuell verdienen, GmbHR 2018, R 356 ff.; *Schirrmacher/Schneider*, Zum Schutzbereich der Insolvenzantragspflicht, ZIP 2018, 2463 ff.; *Schlosser/Stephan-Wimmer*, Der Schutzgesetzcharakter von Buchführungsdelikten im Rahmen deliktischer Geschäftsleiterhaftung, GmbHR 2019, 449 ff.; *Schockenhoff*, Ressortaufteilung unter GmbH-Geschäftsführern: Ein Minenfeld, GmbHR 2019, 514 ff.; *Schroer-Conigliello/Schmittmann*, Aktuelle Rechtsprechung des BGH zur Haftung des GmbH-Geschäftsführers bei Verletzung der Massesicherungspflicht aus der Praktiker-Perspektive, ZIP 2017, 1548 ff.; *Schulz*, Die Haftung wegen masseschädigender Zahlungen als EuInsVO-Annexverfahren, NZG 2015, 146 ff.; *v. Schenck*, Handlungsbedarf bei der D&O-Versicherung, NZG 2015, 494 ff.; *Wedemann*, Die D&O-Versicherung im Spiegel des internationalen Zivilverfahrens- und Kollisionsrechts, ZIP 2014, 2469 ff.; *Weiß*, D&O-Versicherung: Grundzüge und aktuelle Fragen, GmbHR 2014, 574 ff.; *Werner*, Auswirkungen der Insolvenz der Versicherungsnehmerin auf die D&O-Versicherung, ZInsO 2014, 1940 ff.; *Werner*, Der Informationsanspruch des ausgeschiedenen Geschäftsführers, GmbHR 2013, 68 ff.; *Werner*, Möglichkeiten einer privatautonomen Beschränkung der Geschäftsführerhaftung, GmbHR 2014, 792 ff.

A. Grundsätzliches zur Geschäftsführerhaftung

In der Krise des Unternehmens, und ganz besonders, wenn das Unternehmen in einer haftungsbeschränkten Rechtsform geführt wird, trifft die Geschäftsleiter nicht nur die Verantwortlichkeit für das Interesse der von ihnen geführten Gesellschaft, sondern auch verstärkt eine Verantwortlichkeit für Gläubigerinteressen.[1] Letztere und damit die Haftungsgefahren für den Geschäftsführer insgesamt wurden in jüngerer Zeit sowohl durch die GmbH-Rechtsreform durch das MoMiG[2] – Karsten Schmidt sprach zu Recht von einer Reform zulasten des Geschäftsführers[3] – als auch durch das SanInsFoG. nennenswert verstärkt.[4]

1425

Die praktische Erfahrung zeigt, dass dem GmbH-Geschäftsführer kleiner und mittlerer Gesellschaften die Pflichten und zivil- und strafrechtlichen Haftungsgefahren, die bei Eintritt der Krise der Gesellschaft entstehen, häufig nicht ge-

1426

---

[1] Zur Haftung von Gesellschaftern und Geschäftsführern in der Insolvenz der GmbH sa Bitter ZInsO 2010, 1505 ff. (Innenhaftung) und 1561 ff. (Außenhaftung). Zu Haftungsfällen für Gesellschafter und Geschäftsführer im Recht der GmbH: Strohn/Simon GmbHR 2010, 1181 ff.; Kleindiek FS Schneider, 2011, 617 ff.; Strohn NZG 2011, 1161 ff.; Priebe ZInsO 2014, 2013 ff.; Hülsmann GmbHR 2018, 506 ff.
[2] K. Schmidt GmbHR 2008, 449 ff.; Meyer BB 2008, 1742 ff.; Rodewald GmbHR 2009, 1301 ff.
[3] K. Schmidt GmbHR 2008, 449 ff.
[4] Brünkmans, Geschäftsleiterpflichten und -haftung nach dem StaRUG und SanInsFoG, ZInsO 2021, 1 ff., 125 ff.

läufig sind. Noch stärker gilt dies für Gesellschafter-Geschäftsführer der inhabergeführten Gesellschaften. Häufig decken sich die kaufmännischen Bestrebungen des Geschäftsführers, den Geschäftsbetrieb zum Zwecke der Sanierung oder Veräußerung aufrecht zu erhalten nicht mit den rechtlichen Anforderungen des Gläubigerschutzes. Immer wieder wird der Berater hier wesentliche Aufklärungsarbeit zu leisten haben.

1427 Die folgende Darstellung folgt dem Krisenverlauf und zeigt die sich mit Fortgang der Unternehmenskrise verändernden Geschäftsleiterpflichten und die sich erhöhenden Haftungsgefahren auf: von der allgemeinen Culpa-Haftung über die Insolvenzverursachungshaftung bis zur Insolvenzverschleppungshaftung, selbstverständlich einschließlich der **teilweisen Neujustierung** durch das am 1.1.2021 in Kraft getretene **SanInsFoG**.[5] Außerdem werden die sonstigen „krisennahen" Haftungsrisiken dargestellt.

I. Übersicht über die Haftungstatbestände

1428 Zunächst ist sinnvoll, sich einen Überblick über die Vielzahl der Haftungsgefahren zu verschaffen, denen der GmbH-Geschäftsführer in der Krise der Gesellschaft ausgesetzt ist.[6] Für die Haftung des Geschäftsführers ist zu unterscheiden zwischen der **Innenhaftung** (= Haftung ggü. der Gesellschaft)[7] und der **Außenhaftung** (= Haftung ggü. Gläubigern der Gesellschaft).[8]

1. Tatbestände der Innenhaftung

1429 **a) Allgemeiner Haftungstatbestand.** Selbstverständlich hat der Geschäftsführer auch in der Krise der Gesellschaft nach § 43 Abs. 1 GmbHG die Geschäfte mit der Sorgfalt eines ordentlichen Geschäftsmannes zu führen. Bei Verletzung dieser Pflicht kommt eine Schadensersatzpflicht nach § 43 Abs. 2 GmbHG, die sog. Culpahaftung in Betracht.

1430 **b) Weitere relevante gesetzlich geregelte Einzeltatbestände sind**:
- Falsche Angaben zum Zweck der Errichtung (§ 9a GmbHG),
- Verletzung der Pflicht zur ordnungsgemäßen Führung der Gesellschafterliste, (§ 40 Abs. 3 GmbHG),
- Nichtbefolgung von Gesellschafterweisungen (§ 37 Abs. 1 GmbHG),
- Verletzung der Pflicht zur ordnungsgemäßen Buchführung (§ 41 GmbHG).

---

[5] S.a. Brinkmann, Die Haftung der Geschäftsleiter in der Krise nach dem SanInsFoG, ZIP 2020, 2361 ff.; Brünkmans, Geschäftsleiterpflichten und -haftung nach dem StaRUG und SanInsFoG, ZInsO 2021, 1 ff. und 125 ff.; Scholz, Die Krisenpflichten von Geschäftsleitern nach Inkrafttreten des StaRUG, ZIP 2021, 219 ff.; Bitter, Geschäftsleiterhaftung in der Insolvenz – alles neu durch SanInsFoG und StaRUG?, ZIP 2021, 321 ff.

[6] Überblick zur Organhaftung von Vorständen und Geschäftsführern, Freund GmbHR 2009, 1185 ff.

[7] Sa Freund NZG 2015, 1419 ff.

[8] Sa Strohn ZInsO 2009, 1417 ff.; Brammsen/Sonnenburg NZG 2019, 681 ff.

c) **Als besondere Tatbestände sind zu berücksichtigen:**   1431
- Pflicht zur Erhaltung des Stammkapitals mit Ersatzpflicht für entgegen § 30 GmbHG verbotenerweise ausgezahltes Stammkapital (§ 43 Abs. 3 GmbHG),
- Verbot, an Geschäftsführer, Prokuristen oder Handlungsbevollmächtigte der Gesellschaft Darlehen aus dem gebundenen Vermögen der Gesellschaft auszureichen (§ 43a GmbHG):[9] Nach § 43a GmbHG dürfen an die Geschäftsführer und die weiteren dort genannten Führungspersonen Kredite aus dem gebundenen Vermögen nicht gewährt werden.[10] Die Vorschrift erfasst nur die Darlehensausreichung. Gerät die Gesellschaft später in eine Unterbilanz, ist § 43a GmbHG nicht anwendbar.[11]
- Mitwirkung bei existenzvernichtenden Eingriffen der Gesellschafter (§§ 826, 830 BGB),
- Ersatzpflicht für Zahlungen an die Gesellschafter, die zur Zahlungsunfähigkeit der Gesellschaft geführt haben bzw. führen mussten (§ 15b Abs. 5 InsO; früher § 64 Satz 3 GmbHG a.F.).

d) **Haftungstatbestände in der Krise.** Als Haftungstatbestände, die ausdrücklich an die eingetretene Krise der Gesellschaft anknüpfen, sind zu nennen: 1432
- Verletzung der Pflicht zur Einberufung der Gesellschafterversammlung bei Verlust der Hälfte des Stammkapitals, § 49 Abs. 3 GmbHG. Die Verletzung dieser Pflicht ist nach § 84 GmbHG sogar strafbewehrt. Für den Geschäftsführer der UG (haftungsbeschränkt) besteht die Einberufungspflicht nach § 5a Abs. 4 GmbHG bei drohender Zahlungsunfähigkeit der UG; diese Pflichtverletzung ist nicht strafbewehrt.
- Pflicht zur Unterlassung verbotener Zahlungen bei Insolvenzreife (§ 15b InsO; früher § 64 GmbHG a.F.).
- Verletzung der Pflichten eines ordentlichen und gewissenhaften Sanierungsgeschäftsleiters im Restrukturierungsverfahren nach StaRUG, §§ 32 Abs. 1, 43 Abs. 1 StaRUG.

2. Tatbestände der Außenhaftung

a) Handelndenhaftung im Gründungsstadium, § 11 Abs. 2 GmbHG   1433
b) Schutzgesetzverletzungen nach § 823 Abs. 2 BGB i.V.m.
- Insolvenz(antrags)verschleppung. § 15a Abs. 1 u. Abs. 2 InsO,
- Insolvenzanzeigeverschleppung, §§ 32 Abs. 3, 42 Abs. 3 StaRUG,
- Nichtabführung von Arbeitnehmeranteilen zur Sozialversicherung, § 266a StGB,
- Eingehungsbetrug, § 263 StGB.
- Darauf hinzuweisen ist, dass die Verletzung dieser Pflichten zusätzlich strafbewehrt ist (s. zusätzlich § 15a Abs. 4 u. 5 InsO und § 42 Abs. 3 StaRUG).

---

[9] Sa Fromm 2008, 537 ff.
[10] Sa OLG Naumburg ZIP 1999, 118 ff.
[11] BGH NZG 2012, 667.

- Nicht einen konkreten Gläubigerkreis schützende Regelungen sind die Buchführungspflichten nach § 283 Abs. 1 Nrn. 5 – 7 StGB, da diese auf die Gläubigerinteressen nicht konkrete, sondern nur allgemeine Auswirkungen haben.[12]
c) Steuerhaftung (§§ 34 Abs. 1, 69 AO),
d) Weitere Tatbestände
- aus cic/§ 311 Abs. 2 BGB: Falsche Angaben über Vermögen und Zahlungsfähigkeit der GmbH,[13]
- aus Delikt, etwa Verletzung der Verkehrssicherungspflicht,[14]
- aus § 826 BGB für bewusste Falschangaben bzw. bewusstes Verschweigen von wesentlichen Umständen,[15]
- Verletzung der Pflicht zur ordnungsgemäßen Führung der Gesellschafterliste, § 40 Abs. 3 GmbHG.

II. Haftungsgrundtatbestand – Culpahaftung, § 43 Abs. 1 und 2 GmbHG

1. Tatbestand

1434   Die Geschäftsführer haben nach § 43 Abs. 1 GmbHG die **Sorgfalt eines ordentlichen Geschäftsmannes** anzuwenden.[16] Das gilt auch für den Geschäftsführer der Komplementär-GmbH, wenn er zugleich Gesellschafter der KG ist.[17] Für jeden Verstoß, d.h. für jede Verletzung ihrer Obliegenheiten haften sie der Gesellschaft auf Schadensersatz solidarisch, § 43 Abs. 2 GmbHG (Innenhaftung). Diese Innenhaftung der Geschäftsführer nach § 43 Abs. 2 GmbHG ist gesetzlicher Standard, von dem nicht abgewichen werden kann. Sie trifft jeden Geschäftsführer und ist der Höhe nach unbeschränkt, worin ein erhebliches wirtschaftliches Risiko für den Geschäftsführer liegt.[18] Die Innenhaftung greift auch bei deliktischen (§ 31 BGB) Haftungen etwa aus unerlaubten Handlungen. Das gilt auch, wenn die unerlaubte Handlung nicht vom Organ selbst begangen wurde, sondern etwa von einem Mitarbeiter der Gesellschaft. Dann ist für die Culpa-Haftung des Organs aber Voraussetzung, dass es eine Sorgfaltspflicht schuldhaft verletzt hat, das deliktische Handeln zu verhindern.[19]

2. Darlegungs- und Beweislast

1435   Für die Pflichtwidrigkeit, d.h. die Anwendung der Sorgfalt des ordentlichen Geschäftsmannes wenden Rechtsprechung und allgemeine Literaturauffassung § 93

---
[12] OLG Hamm ZInsO 2014, 840 = BeckRS 2014, 6531.
[13] OLG Zweibrücken, NZG 2002, 423.
[14] OLG Stuttgart, NJW 2008, 2514
[15] BGH EWiR 2003, 1185
[16] Zum Sorgfaltsmaßstab des § 43 Abs. 1 GmbHG s. Joussen GmbHR 2005, 441 ff.
[17] BGH ZIP 2020, 2117 = GmbHR 2020, 1344
[18] OLG Frankfurt a.M. GmbHR 2009, 317.
[19] Sa Altmeppen ZIP 2016, 97 ff.

Abs. 2 S. 2 AktG entsprechend an[20]. Die Gesellschaft trifft die Darlegungs- und Beweislast für den behaupteten Vermögensschaden und die Verursachung durch ein Verhalten des Geschäftsführers, das als pflichtwidrig in Betracht kommt, sich also möglicherweise als pflichtwidrig darstellt.[21] Dabei kommen der Gesellschaft die Beweiserleichterungen des § 287 ZPO zugute[22]. Bei einer wertneutralen Handlung des Geschäftsführers, die als solche keine Anhaltspunkte für eine Pflichtwidrigkeit liefert, dass der Geschäftsführer möglicherweise pflichtwidrig gehandelt hat (hier: bloße Erstattung von Kosten einer Dienstreise) muss die Gesellschaft weitere Umstände oder Indiztatsachen darlegen und ggf. beweisen, die zumindest den Anschein begründen, dass das Verhalten des Geschäftsführers pflichtwidrig gewesen sein könnte.[23]

Hat die Gesellschaft die vorstehend beschriebene Darlegungslast erfüllt, muss der Geschäftsführer darlegen und ggf. beweisen, dass er seinen Sorgfaltspflichten des ordentlichen Geschäftsmannes nach § 43 Abs. 1 GmbHG nachgekommen ist oder der Schaden auch bei Alternativverhalten unter Einhaltung der Sorgfaltspflicht eingetreten wäre oder ihn kein Verschulden trifft[24].

Da derartige Haftungsprozesse häufig **nach Ausscheiden** des Geschäftsführers geführt werden, wird er nicht selten in Beweisnot geraten, weil er keinen Zugriff mehr auf die Unterlagen hat. Er hat daher nach ganz überwiegender Ansicht ein Recht auf Einsicht in die Unterlagen nach § 810 BGB. Ob dem Geschäftsführer unverhoffte „Schützenhilfe" aus dem Auskunftsrecht nach Art 15 DSGVO über all seine persönlichen Daten enthaltende Unterlagen (etwa von ihm geschriebene oder empfangene e-mails) erwachsen kann, scheint mir fraglich.[25] Wird der Geschäftsführer vom Insolvenzverwalter wegen einer Pflichtverletzung nach § 43 Abs. 2 GmbHG in Anspruch genommen, hat er als dritte Person Anspruch auf Einsicht in die Insolvenzakte nach § 4 InsO i.V.m. § 299 Abs. 2 ZPO nur, wenn er wegen des konkreten rechtlichen Bezugs seiner Verteidigung zum Inhalt der Insolvenzakte die Einsicht benötigt (etwa hinsichtlich des Insolvenzantrags, des Eröffnungsgutachtens, des Berichts des Insolvenzverwalters zum Berichtstermin, der nachfolgenden Berichte, der Forderungsanmeldungen der Insolvenzgläubiger sowie der Insolvenztabelle).[26]

Aufgrund der vorstehend dargelegten Verteilung der Darlegungs- und Beweislasten ist dem Geschäftsführer anzuraten, die Entscheidungsgrundlagen insbesondere von Risikogeschäften genau zu dokumentieren. Da die gesetzlichen Auskunfts- und Einsichtsrechte des Geschäftsführers die aus der Beweislastumkehr folgenden Nachteile insbesondere für ausgeschiedene Geschäftsführer nicht auf-

---

[20] vgl. nur BGHZ 152, 280, 283; BGHZ 179, 71
[21] BGH GmbHR 2021, 917 = ZIP 2021, 2229
[22] OLG Koblenz, NZG 2015, 272 = GmbHR 2015, 357
[23] OLG Nürnberg, ZIP 2015, 427 und ZIP 2015, 430 (für Haftung des Vorstands nach § 93 Abs. 2 S. 1 u.2 AktG); dazu Bauer, NZG 2015, 549 ff.
[24] OLG Koblenz, NZG 2015, 272 im Anschluss an BGHZ 152, 280; BGH GmbHR 2021, 917 = ZIP 2021, 2229
[25] Zu diesem Komplex s. Korch/Chatard, NZG 2020, 893 ff.; Hirschfeld/Gerhold, ZIP 2021, 394 ff.; Reichert/Groh, NZG 2021, 1381 ff.
[26] OLG Düsseldorf, ZIP 2021, 701= GmbHR 2021, 495

wiegen, sollte versucht werden, im Dienstvertrag Vorsorge zu treffen, etwa durch Aufbewahrungspflichten, vertragliche Einsichtsrechte, etc.[27]

3. Unternehmerisches Handlungsermessen als Sorgfaltsmaßstab

1436 a) **Grundsatz: Business judgement rule.** Bei seinen Geschäftsführungshandlungen hat der Geschäftsführer die **Sorgfalt eines ordentlichen Geschäftsmannes** anzuwenden. Bei **unternehmerischen Entscheidungen** im Rahmen des Unternehmensgegenstandes ein erhebliches unternehmerisches **Handlungsermessen**, mithin einen haftungsfreien Handlungsspielraum haben, weil regelmäßig Geschäftschancen auch mit Risiken verbunden sind. Allein die Entstehung eines Verlustes der Gesellschaft kann nicht zum Schadensersatz verpflichten, weil § 43 GmbHG gerade keine Haftung für wirtschaftlichen Misserfolg an sich begründet.[28] Da unternehmerisches Handeln vom bewussten Eingehen geschäftlicher Risiken wesentlich geprägt wird, umfasst es grundsätzlich auch Fehleinschätzungen.[29] Diese Haftungsprivilegierung setzt jedoch voraus, dass die Geschäftsführer ihr Ermessen fehlerfrei ausgeübt haben. Dafür muss das unternehmerische Handeln aus einer ex ante-Perspektive auf einer sorgfältigen Ermittlung der Entscheidungsgrundlagen mit allen verfügbaren tatsächlichen und rechtlichen Informationsquellen unter genauer Abwägung der Vor- und Nachteile und insbesondere der Risiken aller bestehenden Handlungsoptionen beruhen.[30] Ist diese sorgfältige Ermittlung der Entscheidungsgrundlagen und die Abwägung des Für und Wider verschiedener Vorgehensweisen unterblieben, ist kein Raum für das Haftungsprivileg wegen unternehmerischen Handlungsermessens.[31] Das Ermessen ist fehlerhaft ausgeübt, wenn die Handlung aus der gebotenen Ex-ante-Perspektive unvertretbar erscheint. **Risikogeschäfte**, deren Misslingen die Existenz der Gesellschaft gefährdet, hat der Geschäftsführer i.d.R. zu unterlassen.[32]

Die Gerichte haben das unternehmerische Handeln nur darauf zu prüfen, ob dem Geschäftsführer ein Ermessensspielraum zugestanden hat und ob er das Ermessen ordnungsgemäß ausgeübt hat; nachträgliche „Besserwisserei" kommt nicht in Betracht.[33]

1437 Danach wird man für den Geschäftsführer folgende **business judgement rule** aufstellen können:[34]
- Vorliegen einer unternehmerischen Entscheidung,
- Handeln zum Wohl der Gesellschaft,
- kein Interessenkonflikt,

---

[27] S.a. Meckbach, Organhaftung und Beweisrisiken, NZG 2015, 580 ff.
[28] BGH ZIP 2006, 2087; OLG Koblenz NZG 2015, 272 = GmbHR 2015, 357.
[29] OLG Koblenz NZG 2015, 272 im Anschluss an BGHZ 135, 244, 253.
[30] BGH ZIP 2008, 1675 = DStR 2008, 1839.
[31] BGH ZIP 2009, 223 für Vorstand einer eG.
[32] OLG Jena DStR 2001, 863.
[33] OLG Koblenz NZG 2015, 272.
[34] BGHZ 135, 244 „ARAG Garmenbeck"; zu Grundlagen und Grenzen des unternehmerischen Handlungsermessens im Rahmen der „business judgement rules" s. Kindler FS Goette, 2011, 231 ff.; sa Faßbender 18 Jahre ARAG Garmenbeck – und alle Fragen offen?, NZG 2015, 501 ff.; Zur Einordnung gesetzlicher Beurteilungsspielräume als „spezialgesetzliche BJR" s. Fuhrmann/Schilz, NZG 2020, 1368 ff.

- Handeln aufgrund angemessener Informationen[35],
- keine übergroßen Risiken.

Diese Grundsätze finden auch Anwendung für die Beurteilung der Haftung des Geschäftsleiters wegen Verschwendung von Gesellschaftsvermögen.[36] 1438

Zu beachten ist aber, dass der Geschäftsführer jedenfalls pflichtwidrig handelt, wenn er vom Unternehmens-/Gesellschaftszweck nicht gedeckte Geschäfte vornimmt; bei mehreren solchen gleichartigen Geschäften (hier: unzulässige Spekulationsgeschäfte) muss sich die Gesellschaft auf einen Schadensersatzanspruch wegen der entstandenen Verluste die Gewinne anrechnen lassen.[37] Auch die Insolvenzantragstellung wegen drohender Zahlungsunfähigkeit ohne vorherige Zustimmung der Gesellschafterversammlung ist eine haftungsbegründende Pflichtverletzung.[38]

Beispiele für Verstöße 1439
- Bedienung einer nicht fälligen Forderung trotz knapper Mittel,[39]
- Vereitelung von Geschäftschancen,[40]
- Abschlusses eines Geschäfts zu nicht kostendeckenden Preisen,[41]
- tatenloses Zulassen von Entnahmen durch Gesellschafter ohne Gesellschafterbeschluss,[42]
- Gewinnauszahlungen an Kommanditisten einer GmbH & Co. KG bei Insolvenzreife der KG,[43]
- Überschreitung von Geschäftsführungsbefugnissen, etwa Vornahme eines genehmigungsbedürftigen Geschäfts ohne (vorherige) Genehmigung der Gesellschafterversammlung,[44]
- Anzahlung an eine GmbH i.G. für einen Kfz-Kauf ohne Absicherung durch Aval oder Ausfallbürgschaft.[45]

Zu beachten ist, dass eine schlechthin unvertretbare Überschreitung der Grenzen des unternehmerischen Handlungsermessens strafbare Untreue nach § 266 StGB sein kann.[46] 1440

Die in der Literatur umstrittene Frage, ob durch Geschäftsführerhandeln ausgelöste **Unternehmensgeldbußen** über die Culpa-Haftung auf den Geschäftsführer abgewälzt werden können, hat kürzlich das LAG Düsseldorf verneint. Die Trennung zwischen ordnungsrechtlicher Sanktionierung und zivilrechtlicher Lastentragung spreche dafür, dass eine Geldbuße nicht automatisch ein ein ersatzpflichtiger Schaden ist.[47] 1441

Bei der **Ein-Personen-GmbH** scheidet eine haftungsbegründende Pflichtverletzung des Alleingesellschafter-Geschäftsführers regelmäßig aus, da der Geschäftsführer zur Befolgung der Gesellschafterweisung verpflichtet ist, sofern 1442

---

[35] S.a. Graumann, Angemessene Informationsgrundlage von Prognosen bei unternehmerischen Entscheidungen, ZIP 2021, 61 ff.
[36] BGH NZG 2013, 1021; dazu Bachmann NZG 2013, 1121 ff.
[37] BGH ZIP 2013, 455.
[38] OLG München ZIP 2013, 1121 = GmbHR 2013, 590 (Haftung des Geschäftsführers der Komplementär-GmbH gegenüber der KG).
[39] OLG Koblenz DStR 2000, 1447.
[40] KG DStR 2001, 1042.
[41] BGH DStR 2008, 2026.
[42] OLG Celle GmbHR 2006, 377 = NJOZ 2006, 1563.
[43] OLG München ZIP 2014, 69.
[44] OLG Köln NZG 2009, 1223.
[45] OLG Koblenz NZG 2015, 272.
[46] BGH ZIP 2016, 2467 = NZG 2017, 116.
[47] LAG Düsseldorf NZG 2015, 599; dazu Suchy NZG 2015, 591 ff.

er dadurch nicht gegen drittschützende Pflichten verstößt. Es besteht **keine allgemeine Schadensersatzpflicht** des Alleingesellschafter-Geschäftsführers gegenüber der Gesellschaft, wenn durch seine Pflichtverletzung das Gesellschaftsvermögen dadurch belastet wird, dass ein Dritter gegenüber der Gesellschaft einen Schadensersatzanspruch erlangt hat, und zwar auch dann nicht, wenn durch diesen Anspruch das Stammkapital aufgezehrt wird oder Insolvenz eintritt.[48]

Das gilt auch dann, wenn der Gesellschafter Geschäftsanteile – zugleich – treuhänderisch für einen Dritten hält.[49] Daher kann eine Verfügung eines Alleingesellschafter-Geschäftsführers über das Vermögen der GmbH nur dann eine Schadensersatzpflicht nach § 43 Abs. 2 GmbHG auslösen, wenn der Geschäftsführer damit gegen ein Verbot verstößt, das – wie etwa §§ 30 oder 64 GmbHG – durch eine Weisung der Gesellschafterversammlung nicht außer Kraft gesetzt werden kann.[50]

b) Einfluss der COVID-19-Pandemie und des COVInsAG?

1443   **aa) Geschäftsführer der Krisengesellschaft.** Durch das COVInsAG[51] sind vorübergehend die Insolvenzantragspflicht nach § 15a InsO und die Haftungsfolgen für sog. „verbotene" Zahlungen nach Eintritt der Insolvenzreife nach § 15b InsO (früher § 64 S. 1 u. 2 GmbHG a.F. und den entsprechenden Parallelvorschriften) aufgesetzt worden.[52] In der Literatur wird deshalb darüber diskutiert, ob während des Aussetzungszeitraums nunmehr verstärkt Haftungsgefahren für den Geschäftsführer nach § 43 GmbHG und den entsprechenden Parallelvorschriften für die anderen Gesellschaftsformen in Betracht kommen.[53] Diese Gefahr für den Geschäftsführer würde ich als gering ansehen, weil der beschränkte Sorgfaltsmaßstab bei § 15b InsO bzw. bei 64 GmbHG a.F. für die Frage der Pflichtverletzung nach § 43 GmbHG ebenfalls zu berücksichtigen sein dürfte.

1444   **bb) Geschäftsführer von Geschäftspartnern der Krisengesellschaft.** Für Geschäftsführer solcher Gesellschaften, die Geschäfte mit einer insolvenzreifen Gesellschaft tätigen, für welche die Aussetzung der Insolvenzantragspflicht besteht (etwa Lieferanten), stellt sich ebenfalls die Frage nach dem anzuwendenden Sorgfaltsmaßstab.[54] Hier wird der Geschäftsführer einerseits erhöhte Sorgfaltspflichten betreffend die Beobachtung der wirtschaftlichen Situation seiner Geschäftspartner haben und bei Krisenanzeichen die geeigneten Sicherungsmaßnahmen gegen Forderungsausfälle (Vorkasse, Bonitätsnachweise, Sicherheiten, supply-chain finance-Lösungen wie z.B. reverse factoring oderdynamic discounting, etc.) treffen müssen, andererseits wird ihm im Hinblick auf die allgemein erheblich erhöhten Prognoseunsicherheiten ein erweiterter Ermessensspielraum zuzubilligen sein. Ein generelles Misstrauen dergestalt, dass er grundsätzlich von fehlender Bonität

---

[48] BGH ZIP 2000, 493.
[49] OLG Brandenburg GmbHR 2015, 353 = BeckRS 2015, 2328.
[50] BGH ZIP 2009, 2335 = ZInsO 2009, 2304; sa Burgard/Heimann NZG 2018, 601 ff.
[51] Gesetz zur vorübergehenden Aussetzung der Insolvenzantragspflicht und zur Begrenzung der Organhaftung bei einer durch die COVID-19-Pandemie bedingten Insolvenz (COVID-19-Insolvenzaussetzungsgesetz – COVInsAG) v. 27.3.2020, BGBl I S. 569
[52] Im Einzelnen siehe in den jeweiligen Kapiteln.
[53] s. Thole, ZIP 2020, 650, 655
[54] Zu diesem Fragenkomplex s. Theiselmann/Verhoeven, ZIP 2020, 797 ff.; Kubiciel, NJW 2020, 1249 ff.

oder gar Insolvenzreife seines Geschäftspartners ausgehen muss, würde ich nicht annehmen. Konkrete Hinweise oder Anzeichen oder evtl. auch branchentypische Risiken muss er jedoch berücksichtigen.

c) Veränderung des Sorgfaltsmaßstabs bei Eintritt der Krise bzw. Insolvenzreife der Gesellschaft. Hier sei zunächst auf die im Folgenden erörterten Haftungsgefahren „Insolvenzverursachungshaftung" und „Insolvenzverschleppungshaftung" verwiesen. 1445

Insbesondere aus Anlass des StaRUG wird in der Literatur wieder verstärkt diskutiert, ob und ggf. in welchem Umfang sich der Sorgfaltsmaßstab bei der Beurteilung der allgemeinen Sorgfaltspflicht des ordentlichen Geschäftsmannes bei Eintritt der Krise der Gesellschaft ändert.

aa) Eintritt materieller Insolvenzreife. Jedenfalls nach Eintritt der materiellen Insolvenzreife der Gesellschaft (Zahlungsunfähigkeit oder Überschuldung) wandelt sich die Schutzrichtung der allgemeinen Culpa-Haftung in §43 Abs. 1 GmbHG bzw. §92 Abs. 1 AktG und den Parallelvorschriften im o.g. Sinne. Wie die Rechtsprechung zur Existenzvernichtungshaftung nach §826 BGB und §64 GmbHG (heute §15b InsO) deutlich zeigen, ist das Geschäftsführerhandeln nunmehr am Interesse der Gläubigergesamtheit und nicht mehr am Gesellschafterinteresse auszurichten. 1446

bb) Eintritt drohender Zahlungsunfähigkeit. Nach §2 Abs. 1 StaRUG-RegE sollte der Geschäftsführer ab dem Eintritt der drohenden Zahlungsunfähigkeit (§18 InsO) der Gesellschaft gesetzlich zur Wahrung der Interessen der Gläubigergesamtheit verpflichtet werden, entgegenstehende Gesellschafterweisungen sollten nach §2 Abs. 2 StaRUG-RegE unbeachtlich sein und die Verletzung dieser Pflicht sollte nach §3 Abs. 1 StaRUG-RegE die persönliche Schadensersatzpflicht gegenüber der Gesellschaft nach sich ziehen (sog. **shift of fiduciary duties**). Diese Entwurfsregelungen sind jedoch wegen des vollkommen unklaren Verhältnisses zu den gesellschaftsrechtlich verankerten Sorgfalts- und Sanierungspflichten zu Recht nicht Gesetz geworden. 1447

Dennoch wird nach auch nach Inkrafttreten des StaRUG weiterhin lebhaft diskutiert, ob sich dennoch die allgemeine Sorgfaltspflicht des Geschäftsführers nach §43 GmbHG allein mit Eintritt der drohenden Zahlungsunfähigkeit der Gesellschaft dahingehend verändert, dass das Geschäftsführerhandeln nunmehr zuvorderst und unmittelbar an den Interessen der Gläubigergesamtheit auszurichten ist, §43 StaRUG also gewissermaßen bereits vor Rechtshängigkeit der Restrukturierungsache analog anzuwenden ist.[55] In der amtlichen Begründung des SanInsFoG und teilweise in der jüngeren Literatur wird davon ausgegangen, dass sich der Maßstab für die vom Geschäftsführer aufzuwendende Sorgfalt des ordentlichen Geschäftsmannes bereits zu dem Zeitpunkt ändert, zu dem die Gesellschaft drohend zahlungsunfähig wird: auch ab diesem Zeitpunkt sei zuerst das Interesse der Gläubigergesamtheit und nicht mehr das Interesse der Gesellschaft bzw. der Gesellschafter maßgeblich (sog. shift of duties).[56] Die bereits ab diesem

---

[55] Zur Problmatik s. Kuntz, Geschäftsleiterhaftung bei drohender Zahlungsunfähigkeit nach StaRUG, ZIP 2021, 597 ff.

[56] s. Bitter, ZIP 2020, 685, 691 m.w.N.

Zeitpunkt gegebene Möglichkeit, durch das StaRUG-Verfahren erheblich in die Rechte der Gläubiger einzugreifen, gebiete auch aus verfassungsrechtlicher Sicht eine Kompensation durch die haftungsbewehrte Verpflichtung der Geschäftsleitungen auf das Gläubigerinteresse („Kehrseitenargument").[57]

Als problematisch erweisen sich die Fälle der Eingehung unverantwortlicher, bestandsgefährdender Risiken in der Krise der Gesellschaft (etwa Spekulieren auf Kosten der Gläubiger) und /oder der Befolgung von nicht im Interesse der Gläubiger ergehender Weisungen der Gesellschafter. Hier stellt sich die Frage nach dem Maßstab für die Sorgfaltspflichten des Geschäftsführers bzw. ob die Billigung oder Weisung oder ein Entlastungsbeschluss der Gesellschafter den Geschäftsführer haftungsrechtlich, wie außerhalb der Krise anerkannt ist, entlasten kann.

1448 Für einen sog. „shift of duties" und gegen die Entlastungswirkung der Gesellschafterweisung werden folgende Argumente angeführt:
- Die drohende Zahlungsunfähigkeit indiziert bereits die Gefährdung der Gläubigerinteressen;
- der Insolvenzantragsgrund Überschuldung wurde durch das SanInsFoG durch Verkürzung des Prognosezeitraums abgeschwächt; vorübergehender Liquiditätsgewinn über den Prognosezeitraum nur aus der Vermögensverwertung müsse verhindert werden;
- Verhinderung allzu riskanten Handelns, zu dem die Gesellschafter auffordern, um den Wert ihrer Beteiligung zu retten oder weil sie ohnehin „nichts mehr zu verlieren" haben.

1449 Gegen einen sog. „shift of duties" und für die Entlastungswirkung der Gesellschafterweisung sprechen folgende Argumente:
- Eine analoge Anwendung des § 43 Abs. 1 StaRUG auf den Zeitraum vor Rechtshängigkeit der Restrukturierungssache verbietet sich, da nach der Gesetzgebungshistorie von einer planwidrigen Regelungslücke nicht ausgegangen werden kann;
- auch im Stadium drohender Zahlungsunfähigkeit unterliegt der Geschäftsführer noch den Weisungen der Gesellschafter (§ 37 Abs. 1 GmbHG). Bisher ist in der Rechtsprechung noch keineswegs anerkannt, dass der Geschäftsführer die Befolgung von Gesellschafterweisungen mit der Begründung verweigern kann, sie liefe dem Interesse der Gläubigergesamtheit zuwider[58]. Wären die Interessen der Gläubigergesamtheit bereits unmittelbar und nicht nur im Rahmen des Gesellschaftsinteresses zu berücksichtigen (sog. shift of duties), geriete der Geschäftsführer bei Weisungen, deren Befolgung mit den Gläubigerinteressen unvereinbar ist, in ein nicht lösbares Haftungsdilemma[59];
- in keinem Verband ist bisher gesetzlich geregelt, dass der Geschäftsführer bereits im Vorfeld der Insolvenz die Pflicht hat, das Unternehmen im Gläubigerinteresse zu führen.[60] So knüpft die gesetzliche Verpflichtung zur Wahrung der Interessen der Gläubigergesamtheit in §§ 32 Abs. 1, 43 Abs. 1 StaRUG auch (erst) an die Rechtshängigkeit der Restrukturierungssache an und entfaltet so keine

---

[57] Eckert u.a., NZI 2021, 153 ff.
[58] BGH NJW 2008, 2437 – GAMMA; OLG Frankfurt/Main, NJW-RR 1997, 736, 737; Brünkmans, ZInsO 2021, 125, 126.
[59] s.a. Kuntz, ZIP 2020, 2423 (noch zu §§ 2 u. 3 StaRUG-RegE)
[60] Scholz, ZIP 2021, 219 ff.; 230.

unmittelbare Vorauswirkung, zumal eine Verpflichtung des Geschäftsführers zur Einleitung eines gerichtlichen Restrukturierungsverfahrens nach dem StaRUG nicht bestehen dürfte, sondern es für die Wahl der Sanierungsinstrumente bei seinem unternehmerischen Handlungsermessen verbleibt (s.u.).
- eine der Disposition der Anteilseigner entzogene Insolvenzverursachungshaftung ist gesetzlich nur in § 826 BGB (existenzvernichtender Eingriff) und in § 15b Abs. 5 InsO (früher etwa § 64 S. 3 GmbHG) geregelt;[61]
- auch eine richtlinienkonforme Auslegung der allgemeinen Haftungsregelungen gebietet die analoge Anwendung des § 43 Abs. 1 StaRUG nicht: sie enthält kein Verbot bestandsgefährdenden Verhaltens, sondern überlässt den Mitgliedstaaten die Regelung der Rangfolge der Interessen.

M.E. erfolgt der sog. shift of duties nicht bereits mit bloßem Eintritt der drohenden Zahlungsunfähigkeit der Gesellschaft. Wie die gesetzlichen Regelungen in §§ 32 Abs. 1, 43 Abs. 1 StaRUG zeigen, ist zusätzliche Voraussetzung die Rechtshängigkeit der Restrukturierungssache.[62] Die Rechtsprechung wird hier Klarheit schaffen müssen. Bis dahin bestehen nach, soweit ersichtlich, einhelliger Auffassung in der Lit. für den Geschäftsführer **erhebliche Rechtsunsicherheiten**. Bis zur höchstrichterlichen Klärung kann als **Beratungsansatz** m.E. mit der Annahme einer gleitenden Pflichtenverlagerung gearbeitet werden: zunächst hat der Geschäftsführer sein Handeln weiterhin am Gesellschaftsinteresse auszurichten und die Interessen der Gläubigergesamtheit sind nur in diesem Rahmen (und im Rahmen der sonstigen gläubigerschützenden Regelungen) relevant. Je mehr sich die Krise aber verdichtet, je konkreter also die Gefährdung der Gläubiger wird, insbesondere wenn der zukünftige Zeitpunkt des wahrscheinlichen Eintritts von Zahlungsunfähigkeit nur noch ein Jahr oder weniger entfernt ist, desto stärker wird der Geschäftsführer sein Handeln primär am Interesse der Gläubigergesamtheit auszurichten haben. Insbesondere darf er Fehlanreizen nicht unterliegen, indem er einzelnen Stakeholdern nicht berechtigte Vorteile gewährt. In jedem Falle ist dem Geschäftsführer zu raten, die Kriterien für seine Entscheidungen zu dokumentieren. **1450**

3. Pflichtenkollision bei Mehrfachvertretung

Gerade in Konzernstrukturen kommt es häufig vor, dass ein Geschäftsführer einer Obergesellschaft „abkommandiert" wird, die Geschäftsführung einer Untergesellschaft zumindest zeitweise zu übernehmen, ohne dass zugleich die Organfunktion in der Obergesellschaft beendet wird.[63] Besonders häufig ist dies zu beobachten, wenn es sich bei der Untergesellschaft um ein bloßes SPV handelt. Geschäftsleitungsdoppelmandate sind zwar zulässig, jedoch gerät der Geschäftsführer hierdurch nicht selten, insbesondere im Fall der Krise einer der Gesellschaften in eine im Ergebnis nicht auflösbare Pflichtenkollision, wenn die **1451**

---

[61] Scholz, ZIP 2021, 219, 221, der im insoweitigen Fehlen einer gesetzlichen Regelung sogar eine nicht vollständige Umsetzung der EU-Restrukturierungsrichtlinie RL (EU) 2019/1023, dort Auslegung des Art. 19 lit. c) sieht

[62] So auch Birnbreier, NZI-Sonderbeilage 1/2021, 25, 26; Korch, Restrukturierungshaftung der Geschäftsleiter nach dem StaRUG, GmbHR 201, 793 ff.

[63] Sa Otte NZG 2011, 1013 ff.; Jooß NZG 2011, 1130 ff.

wirtschaftlichen und rechtlichen Interessen der Ober- und der Untergesellschaft nicht (mehr) gleich laufen. Solche Interessenkollisionen sind namentlich denkbar in Fällen der Liquiditätsabführung (Cash-Pooling) aus gebundenem Vermögen, der Geltendmachung und Fälligstellung gegenseitiger Forderungen (etwa aus Darlehen oder wegen verbotener Einlagenrückgewähr, nach Hin- und Herzahlen) etc. Der Geschäftsführer ist aus seiner Organfunktion beiden Gesellschaften gegenüber verpflichtet, die Vermögensinteressen beider Gesellschaften optimal wahrzunehmen. Stellt er bspw. das Interesse der einen Gesellschaft dem Interesse der anderen Gesellschaft hinten an, ist dies eine Pflichtverletzung. Dem Geschäftsführer stehen auch keine Haftungserleichterungen wegen dieser Pflichtkollision zur Seite; die Pflichtenkollision ist weder ein Rechtfertigungs- noch ein Entschuldigungsgrund.

1452 Zusätzlich kann die Mehrfachvertretung ein Verstoß gegen das Selbstkontrahierungsverbot nach § 181 BGB sein,[64] wenn der Geschäftsführer nicht von diesem befreit ist. Ist die phG zweier GmbH & Co. KG identisch, muss der Geschäftsführer der GmbH bei einem Rechtsgeschäft zwischen den beiden KG durch diese nicht von den Beschränkungen des § 181 BGB befreit werden, wenn die KG'en jeweils der GmbH die Mehrfachvertretung gestattet haben.[65]

4. Schadensbegriff, Kausalität

1453 Der Schadensbegriff des § 43 Abs. 2 GmbHG weist keine Besonderheiten auf. Für ihn gelten §§ 249 ff. BGB, so dass ein Schaden vorliegt, wenn eine Vermögensminderung der Gesellschaft eingetreten ist, der kein mit dem schädigenden Ereignis in Zusammenhang stehender Vermögenszuwachs gegenüber steht.[66] Einen solchen zusammenhängenden Vermögensvorteil hat der BGH in einem Fall der Vornahme mehrerer, vom Unternehmens-/Gesellschaftszweck nicht gedeckter Spekulationsgeschäfte angenommen mit der Folge, dass sich die Gesellschaft auf einen Schadensersatzanspruch wegen der entstandenen Verluste die Gewinne anrechnen lassen muss.[67]

Zum ersatzpflichtigen Schaden im Rahmen der Organhaftung zählen grundsätzlich auch die Kosten interner Ermittlungen und sonstiger Rechtsberatung.[68]

1454 Zwischen pflichtwidrigem Handeln und Vermögensschaden der Gesellschaft muss Kausalität nach den allgemeinen Grundsätzen des Schadensersatzrechts einschl. der Adäquanztheorie vorliegen. Der Geschäftsführer kann also ggf. darlegen, dass der Schaden auch bei alternativem, pflichtgemäßem Handeln eingetreten wäre. Ein völlig untätiger Geschäftsführer kann sich jedoch nicht darauf zurückziehen, dass seine Mitgeschäftsführer ohnehin nicht auf ihn gehört hätten, wenn nicht konkrete Anhaltspunkte dafür vorliegen, dass auch vorherige Interventionen die Mitgeschäftsführer nicht davon abgehalten haben, die Gesellschaft vorsätzlich sittenwidrig zu schädigen.[69]

---

[64] Sa Stenzel GmbHR 2011, 1129ff.
[65] KG ZIP 2013, 162.
[66] OLG Frankfurt a.M. NZG 2012, 145.
[67] BGH ZIP 2013, 455.
[68] Sa Lüneborg/Resch NZG 2018, 209ff.
[69] OLG Hamburg DStR 2021, 2983 = GmbHR 2022, 201; Revision beim BGH anhängig unter Az. II ZR 162/21.

Bringt der Geschäftsführer einer GmbH die Gesellschaft durch grobes Fehlverhalten in eine ihre Existenz bedrohende Lage, so dass sich die frühere Betriebstreue des Geschäftsführers als wertlos oder zumindest erheblich entwertet herausstellt, kann die GmbH den Ansprüchen des Geschäftsführers aus einer erteilten Versorgungszusage den Einwand des Rechtsmissbrauchs entgegenhalten.[70]

5. Verschulden

Nach allg. Meinung setzt die Schadensersatzpflicht nach § 43 Abs. 2 GmbHG Verschulden voraus. Das ergibt sich aus der Funktion des § 43 Abs. 1 GmbHG, der neben der objektiven Sorgfalt auch einen typisierten Verschuldensmaßstab beschreibt.[71] Nach ganz h.M. ist der Einwand eines Mitverschuldens der Gesellschafterversammlung ausgeschlossen.[72]

6. Haftung gegenüber Dritten?

Es besteht **keine Garantenstellung** des Geschäftsführers oder Vorstands **gegenüber Dritten**, eine Schädigung deren Vermögens zu vermeiden. Die Pflichten aus §§ 43 Abs. 1 GmbHG, 93 Abs. 1 Satz 1 AktG bestehen nur gegenüber der Gesellschaft. Die Verletzung von Organisationspflichten oder der Pflicht zu rechtmäßigem Handeln durch den Geschäftsführer führt grundsätzlich nur zu einer Haftung gegenüber der Gesellschaft[73] und eventuell der Gesellschaft gegenüber dem Dritten; eine Eigenhaftung des Geschäftsführers Dritten gegenüber käme nur in Betracht, wenn die Organisation der GmbH zwangsläufig auf die Schädigung Dritter hinausläuft.[74]

Auch ist § 43 Abs. 2 GmbHG kein Schutzgesetz i.S.d. § 823 Abs. 2 BGB zugunsten der **Gesellschafter** der GmbH. Der Schadensersatzanspruch steht nur der Gesellschaft, nicht einzelnen Gesellschaftern zu.[75] Der Grundsatz, dass der Gesellschafter einer GmbH wegen Minderung des Wertes seiner Beteiligung, die aus der Schädigung der Gesellschaft herrührt (mittelbarer oder Reflexschaden), nicht an sich persönlich, sondern nur an die Gesellschaft verlangen kann, gilt auch dann, wenn die Gesellschaft durch Eröffnung eines Insolvenzverfahrens aufgelöst wird.[76]

Ebenso wenig hat der Anstellungsvertrag des Geschäftsführers Schutzwirkung zugunsten des Gesellschafters, wenn dieser geltend macht, der Geschäftsführer habe einen für die Gesellschaft nachteiligen Vergleich geschlossen.[77]

Auch die Verletzung von Verkehrssicherungspflichten durch den Geschäftsführer etwa aus von der GmbH in Verkehr gebrachter Gefahrenquelle führt nur zur Innenhaftung des Geschäftsführers gegenüber der Gesellschaft. Etwas Anderes kann nur gelten, wenn eine drittschützende Norm verletzt wurde.[78]

---

[70] BGH ZIP 2019, 1612.
[71] Fleischer in MüKoGmbHG, § 43, Rn. 255.
[72] Dazu krit. Bayer/Scholz GmbHR 2016, 841 ff.
[73] BGH ZIP 2012, 1552.
[74] OLG Schleswig DStR 2011, 2161.
[75] OLG Frankfurt a.M. GmbHR 2013, 139.
[76] BGH ZIP 2013, 1376 = ZInsO 2013, 1416 = NZG 2013, 867.
[77] OLG Stuttgart GmbHR 2006, 760 = NJOZ 2006, 2211.
[78] OLG Karlsruhe GmbHR 2013, 267 = BeckRS 2013, 780.

1460 Eine persönliche Haftung bzw. Garantenstellung des Geschäftsführers **gegenüber Dritten** kann sich nur aus zusätzlichen besonderen Umständen ergeben.[79]

1461 Bei der **GmbH & Co. KG**[80] gilt: Der Geschäftsführer der Komplementärin einer personalistisch strukturierten GmbH & Co.KG hat bei der Führung der Geschäfte der Gesellschaft auch dann die Sorgfalt des ordentlichen Geschäftsmannes anzuwenden, wenn er Gesellschafter (Kommanditist) der KG ist; es gilt nicht etwa der Haftungsmaßstab der Sorgfalt in eigenen Dingen nach §§ 708, 277 BGB.[81] Bei Verletzung dieser Pflicht haftet der Geschäftsführer der Komplementär-GmbH auch für die durch die Sorgfaltsverstöße entstandenen Schäden der KG[82], und zwar unabhängig vom Bestehen eines Dienstverhältnisses allein aufgrund der drittschützenden Wirkung seiner Organstellung entspr. § 43 Abs. 2 GmbHG, wenn die alleinige oder wesentliche Aufgabe der GmbH darin besteht, die Geschäfte der KG zu führen.[83] So kann im Falle der Gewinnauszahlungen an Kommanditisten einer GmbH & Co. KG bei Insolvenzreife der KG der Insolvenzverwalter der KG den Schadensersatzanspruch gegen den Geschäftsführer geltend machen.[84] Außerdem ist die KG in den Schutzzweck des Geschäftsführerdienstvertrages zwischen Geschäftsführer und Komplementär-GmbH einbezogen.[85] Dieselben Haftungsgrundsätze gelten auch für den Geschäftsführer einer geschäftsführenden Kommanditisten-GmbH.[86] Für die Geltendmachung des Schadensersatzanspruchs durch die KG bedarf es keines Beschlusses nach § 46 Nr. 8 GmbHG, und zwar auch dann nicht, wenn die KG aus abgetretenem Recht der GmbH vorgeht.[87]

7. Keine Geltung bei Ein-Personen-GmbH

1462 Bei der Ein-Personen-GmbH scheidet eine haftungsbegründende Pflichtverletzung des Alleingesellschafter-Geschäftsführers nach § 43 Abs. 1 u. 2 GmbHG regelmäßig aus, da der Geschäftsführer zur Befolgung der Gesellschafterweisung verpflichtet ist, sofern er dadurch nicht gegen drittschützende Pflichten verstößt. Es besteht **keine allgemeine Schadensersatzpflicht** des Alleingesellschafter-Geschäftsführers gegenüber der Gesellschaft, wenn durch seine Pflichtverletzung das Gesellschaftsvermögen dadurch belastet wird, dass ein Dritter gegenüber der Gesellschaft einen Schadensersatzanspruch erlangt hat, und zwar auch dann nicht, wenn durch diesen Anspruch das Stammkapital aufgezehrt wird oder Insolvenz eintritt[88].

Das gilt auch dann, wenn der Gesellschafter Geschäftsanteile – zugleich – treuhänderisch für einen Dritten hält[89]. Daher kann eine Verfügung eines Alleingesell-

---

[79] OLG Rostock GmbHR 2007, 762 = BeckRS 2007, 4321.
[80] Zur Geschäftsführerhaftung bei der GmbH & Co. KG s. Nietsch GmbHR 2014, 348 ff.
[81] BGH NZG 2020, 1343
[82] OLG Köln, NZG 2009, 1223; BGH NZG 2020, 1343
[83] KG NZG 2011, 429, bestätigt BGH ZIP 2013, 1712 = ZInsO 2013, 1753.
[84] OLG München ZIP 2014, 69.
[85] BGH ZIP 2002, 984.
[86] OLG Hamburg DStR 2021, 2983 = GmbHR 2022, 201; Revision beim BGH anhängig unter Az. II ZR 162/21.
[87] KG NZG 2011, 429; OLG Karlsruhe ZIP 2013, 1767.
[88] BGH ZIP 2000, 493.
[89] OLG Brandenburg, GmbHR 2015, 353 = BeckRS 2015, 2328.

schafter-Geschäftsführers über das Vermögen der GmbH nur dann eine Schadensersatzpflicht nach §43 Abs. 2 GmbHG auslösen, wenn der Geschäftsführer damit gegen ein Verbot verstößt. das – wie etwa §§30 oder 64 GmbHG – durch eine Weisung der Gesellschafterversammlung nicht außer Kraft gesetzt werden kann[90].

8. Geltendmachung und Verjährung, Gesamtschuldnerregress

Evtl. Schadensersatzansprüche aus Verletzung von Innenhaftungstatbeständen stehen der Gesellschaft zu, nicht dem Gesellschafter, auch nicht dem Alleingesellschafter.[91] Für die **Geltendmachung** von Schadensersatzansprüchen aus Innenhaftung durch die Gesellschaft gegen den Geschäftsführer ist ein Gesellschafterbeschluss erforderlich. Dieser kann im Prozess nachgeholt werden.[92] Für die Geltendmachung der Schadensersatzansprüche durch den Insolvenzverwalter im Insolvenzverfahren über das Vermögen der GmbH ist ein Gesellschafterbeschluss nicht mehr erforderlich.[93] 1463

Gerichtsstand ist nach §§29, 36 Abs. 1 Nr. 3 ZPO der Sitz der Gesellschaft.[94]

Bei der **GmbH & Co. KG** ist für die Geltendmachung des Schadensersatzanspruchs durch die KG gegen den Geschäftsführer ein Beschluss nach §46 Nr. 8 GmbHG nicht erforderlich; auch nicht der Komplementär-GmbH. Das gilt auch für die Geltendmachung des Anspruchs durch die GmbH aus abgetretenem Recht.[95] 1464

Art. 3 Abs. 1 EuInsVO gilt nicht nur für Anfechtungsklagen, sondern für alle Verfahren, die unter den Begriff der Insolvenz nach Art 1 Abs. 1 EuInsVO fallen. Dies gilt auch für Ansprüche aus §§64 Satz 1, 43 Abs. 3 GmbHG.[96] Zur internationalen Zuständigkeit für Ansprüche aus unerlaubter Handlung s. BGH, ZIP 2014, 1997. 1465

Grundsätzlich sind auch Schiedsabreden zwischen Gesellschaft und Geschäftsleiter für die Regelung von Streitigkeiten über die Organhaftung möglich. M.E. handelt der Geschäftsleiter insoweit als Verbraucher i.S.d. §13 BGB mit der Folge des Formerfordernisses nach §1031 Abs. 5 ZPO. Dieses wiederum scheint mir die Inhaltskontrolle nach §§305 ff., 310 Abs. 3 BGB auszulösen.[97] 1466

Die **Verjährung** von Schadensersatzansprüchen aus Innenhaftung beträgt nach §43 Abs. 4 GmbHG 5 Jahre. Die Verjährung beginnt mit der Entstehung des Anspruchs, auch wenn der Schaden noch nicht bezifferbar ist und auch, wenn der Geschäftsführer das schädigende Verhalten verheimlicht hat.[98] Die Verjährungsfrist für Ansprüche nach §43 Abs. 2 GmbHG kann vertraglich verkürzt werden, sofern die Pflichtverletzung nicht in einer Mitwirkung an verbotener Stammkapitalauszahlung liegt.[99] 1467

---

[90] BGH ZIP 2009, 2335 = ZInsO 2009, 2304.
[91] OLG Hamm ZIP 2005, 1486.
[92] BGH GmbH-Steuerpraxis 1999, 277.
[93] BGH ZIP 2004, 1708 = DStR 2004, 1755.
[94] OLG München (für AG, §93 Abs. 2 AktG) NZG 2017, 235.
[95] OLG Karlsruhe GmbHR 2013, 1051.
[96] BGH ZInsO 2014, 1962 = NZI 2014, 881.
[97] AA Herresthal ZIP 2014, 345 ff.
[98] BGH ZIP 2005, 852 = DStR 2005, 659.
[99] BGH ZIP 2002, 2129.

1468 Die Verjährung von Ersatzansprüchen wegen verbotener Stammkapitalauszahlung (§ 43 Abs. 3 GmbHG) beträgt nach § 43 Abs. 4 GmbH ebenfalls 5 Jahre und beginnt im Zeitpunkt der verbotenen Auszahlung. Unterlässt der Geschäftsführer bis zum Verjährungseintritt die Rückforderung vom Gesellschafter, wird dadurch keine weitere Schadensersatzverpflichtung nach § 43 Abs. 2 GmbHG mit einer erst von da an laufenden Verjährung ausgelöst.[100]

1469 Das Verhalten des Geschäftsführers kann zugleich auch einen Tatbestand nach § 823 Abs. 2 BGB erfüllen. Dieser Schadensersatzanspruch besteht dann neben dem aus § 43 GmbHG und verjährt selbstständig nach den allgemeinen Regeln (§§ 195 ff., 199 BGB).[101] Die für den Verjährungsbeginn erforderliche Kenntnis der anspruchsbegründenden Tatsachen kann der Gesellschaft nicht durch ihren Geschäftsführer vermittelt werden, wenn er selbst Schuldner ist.[102]

1470 Nicht selten haften mehrere Organmitglieder gesamtschuldnerisch nach § 421 BGB. Dann hat der den Geschädigten befriedigende Geschäftsführer gegen die übrigen Gesamtschuldner den Ausgleichsanspruch nach § 426 BGB: Regress und gesetzlicher Forderungsübergang. Da der Regressanspruch nicht erst mit der Befriedigung des Geschädigten, sondern bereits mit der Begründung der Gesamtschuld entsteht, sollte der Geschäftsführer die gesonderte Verjährung des Regressanspruchs nach § 195 BGB im Blick behalten, denn sie kann im Einzelfall früher enden als der Schadensersatzanspruch des Geschädigten, etwa der Gesellschaft (z.B. fünfjährige Verjährung nach § 43 Abs. 4 GmbHG).[103]

III. Faktischer Geschäftsführer

1471 Die Haftungsverpflichtungen treffen nicht nur den durch Gesellschafterbeschluss bestellten und ins Register eingetragenen Geschäftsführer, sondern auch den faktischen Geschäftsführer.[104] Dies gilt sowohl für die Sorgfaltspflichten nach § 43 Abs. 1 GmbHG[105] als auch für die deliktische Haftung und die strafrechtliche Verantwortlichkeit[106] des faktischen Geschäftsführers.

1472 Wer faktischer Geschäftsführer ist, ist unter Gesamtwürdigung aller Umstände zu ermitteln. Faktischer Geschäftsführer ist, wer ohne förmliche Bestellung zum Geschäftsführer mit Einverständnis oder Duldung der Gesellschafter die Geschäftsführung tatsächlich übernommen hat. Dazu ist erforderlich, dass er auf die förmlich bestellte Geschäftsführung im Rahmen eines faktischen „Übergewichts" tatsächlich einwirkt **und** nach außen als Geschäftsführer auftritt.[107] Erforderlich ist über die interne Einwirkung auf die satzungsgemäße Geschäftsführung hinaus,

---
[100] BGH ZIP 2008, 2217.
[101] BGH ZIP 2005, 852 = DStR 2005, 659. Sa Schockenhoff/Fiege ZIP 2002, 917 ff.
[102] BGH NZG 2011, 628; dazu Klose GmbHR 2012, 1288 ff.
[103] Zur Verjährung beim Gesamtschuldnerregress unter Organmitgliedern Fischer ZIP 2014, 406 ff.
[104] Zur Haftung des faktischen Geschäftsführers sa Geißler GmbHR 2003, 1106 ff.; Fleischer GmbHR 2011, 337 ff.; Peetz GmbHR 2017, 57 ff.
[105] OLG München NZG 2019, 544.
[106] BGH ZIP 2013, 313 (zur Untreuestrafbarkeit).
[107] BGH ZIP 2002, 848.

dass der faktische Geschäftsführer durch eigenes Handeln im Außenverhältnis, das die Tätigkeit des rechtlichen Geschäftsführungsorgans nachhaltig prägt, die Geschicke der Gesellschaft in die Hand genommen hat.[108] Faktische Geschäftsführung ist etwa anzunehmen, wenn keinerlei Tätigkeit des im HReg. eingetragenen Geschäftsführers erkennbar ist, stets nur der faktische Geschäftsführer in Erscheinung getreten ist und der nominelle Geschäftsführer ihm die Geschäftsführung überlässt.[109]

Nicht maßgeblich ist allerdings, ob der faktische Geschäftsführer den bestellten Geschäftsführer völlig aus seiner Position verdrängt hat[110]. Voraussetzung für eine Haftung des faktischen Geschäftsführers (etwa nach §§ 64 GmbHG, 130a HGB) ist ebenfalls nicht, dass dessen Tätigkeit von einer Gesellschaftermehrheit getragen wird.[111] 1473

Das Institut der faktischen Geschäftsführung und die sich daraus ergebenden Haftungsfolgen sind restriktiv anzuwenden, wenn wenig eigenes Verhalten nach außen hervorgetreten ist und dieses zum Zwecke der Konsolidierung/Rettung eines finanziell angeschlagenen Unternehmens vorgenommen wurde.[112] Die bloße Verfügungsgewalt über das Bankkonto der Gesellschaft genügt für die Qualifikation als faktischer Geschäftsführer nicht;[113] ebenso wenig die eigenverantwortliche Tätigkeit im Bereich der Lohnbuchhaltung/Buchhaltung/Personal.[114] 1474

Zur Beendigung einer faktischen Geschäftsführerstellung dürfte die bloße Untätigkeit nicht genügen. Erforderlich dürfte sein, dass sich der Betreffende auch für Dritte deutlich erkennbar von seiner Position lossagt.[115] 1475

IV. Möglichkeiten der Haftungsbegrenzung

Angesichts der nicht selten ruinösen Haftungsvolumina ist unbedingt anzuraten, rechtzeitig Vorkehrungen zur Haftungsbegrenzung für den Geschäftsführer zu treffen.[116] 1476

1. Vertragliche und gesellschaftsrechtliche Maßnahmen

Die Haftung für Vermögensminderungen der Gesellschaft kann grundsätzlich ausgeschlossen sein, etwa wenn der Geschäftsführer auf **Anweisung der Gesellschafter oder** im – auch stillschweigenden – **Einverständnis** mit den 1477

---

[108] BGH ZIP 2005, 1414 = DStR 2005, 1455; OLG Hamm NZG 2014, 459 = GmbHR 2014, 821.
[109] OLG München NZG 2019, 544.
[110] OLG Köln GmbHR 2012, 1358 = BeckRS 2012, 18361.
[111] OLG Köln ZInsO 2012, 1574 = BeckRS 2012, 18361.
[112] OLG München ZIP 2010, 2295 = ZInsO 2010, 1891.
[113] BGH ZIP 2008, 1026.
[114] LG Augsburg ZInsO 2014, 2579 = BeckRS 2014, 20778.
[115] Sa Böge GmbHR 2014, 1121 ff.
[116] Sa Nowak GmbHR 2012, 1294 ff.; Fleischer ZIP 2014, 1305 ff.; Werner GmbHR 2014, 792 ff.; Lange GmbHR 2015, 1009 ff. und 1133 ff. und 1254 ff. = BeckRS 2004, 25007955.

Gesellschaftern handelte. Bsp.: Einvernehmliche Nichtüberwachung eines Gesellschafters[117]. Zu beachten ist jedoch, dass solche Haftungsausschlüsse oder -beschränkungen nicht möglich und damit unwirksam sind, soweit Haftungen aus der Verletzung gläubigerschützender Normen betroffen sind. Das gilt etwa für den Anwendungsbereich des § 43 Abs. 3 GmbHG, die in der Praxis bedeutsamen Fälle der Rückzahlung des Stammkapitals (§ 30 GmbHG) sowie der Insolvenzverschleppung, der verbotenen Zahlungen (z.B. § 64 GmbHG a.F., nunmehr § 15b InsO) und der Mitwirkung an existenzvernichtenden Eingriffen[118]. Die Unwirksamkeit von Weisungen der Gesellschafterversammlung oder von Vereinbarungen zur Haftungsbeschränkung gegenüber Rückzahlungsansprüchen wegen verbotener Zahlungen (früher etwa § 64 GmbHG a.F.) ist nunmehr in § 15b Abs. 4 S. 3 u. 4 InsO sogar ausdrücklich geregelt.

Ohnehin nicht möglich ist die Haftungsbegrenzung oder -befreiung für die Außenhaftung. Ggf. muss der Geschäftsführer den genannten Verboten widersprechende Gesellschafterweisungen zurückweisen[119].

Ähnliches gilt für **Vereinbarungen zur Haftungsbeschränkung** (in der Satzung, durch einstimmigen Gesellschafterbeschluss oder im Dienstvertrag), für Verzicht auf oder Vergleiche über Haftungsansprüche der Gesellschaft gegen den Geschäftsführer im Wege der Vereinbarung zwischen ihm und der Gesellschafterversammlung[120]. Für Vergleiche über Haftungs-/Schadensersatzansprüche mit dem Vorstand der AG sind zusätzlich die Regelungen in § 93 Abs. 4 S. 3 u. 4 AktG (Dreijahresfrist) zu beachten.[121]

In diesem Zusammenhang sich auch zu nennen:
- **Freistellungsvereinbarung** mit Drittem, etwa dem Gesellschafter/Konzernobergesellschaft (Achtung! Wirkt nur zivilrechtlich). Verweigern die Gesellschafter einer GmbH im Stadium der drohenden Zahlungsunfähigkeit die Genehmigung zur Stellung eines Insolvenzantrags, kann der Geschäftsführer zur Abwehr seiner Risiken insbesondere aus § 64 GmbHG a.F. (heute § 15b InsO) eine umfassende Freistellung verlangen[122],
- Vertragliche Haftungsbeschränkungen (in der Satzung, durch einstimmigen Gesellschafterbeschluss oder im Dienstvertrag, Ressortaufteilungen zwischen verschiedenen Geschäftsführern[123]). Achtung: diese Haftungsbeschränkungen gelten nicht im Anwendungsbereich des § 43 Abs. 3 GmbHG (s.o.); wegen der Satzungsstrenge nach § 23 Abs. 5 AktG auch keine Geltung für Vorstandsmitglieder der AG,
- Billigung, Weisung der Gesellschafterversammlung, § 37 Abs. 1 GmbHG (aber wesentliche Ausnahmen, s.o.),
- **Entlastung** durch Gesellschafterbeschluss, § 46 Nr. 5 GmbHG:[124] Die Präklusionswirkung tritt nur für solche Ansprüche der Gesellschaft ein, deren Voraussetzungen zur Zeit der Beschlussfassung bekannt oder bei sorgfältiger Prüfung erkennbar waren und der Geschäftsführer die hierfür erforderlichen

---

[117] BGH ZIP 2003, 945.
[118] Lutter/Banerjea, ZIP 2003, 2177 ff.
[119] Bsp.: OLG Koblenz GmbHR 2003, 1062 = BeckRS 2003, 30312678.
[120] dazu Haas ZInsO 2007, 464 ff.
[121] Sa Harbarth/Höfer NZG 2016, 686 ff.
[122] LG München I ZIP 2015, 1634 = NZG 2015, 954.
[123] dazu Leuering/Dornhegge NZG 2010, 13 ff.
[124] Sa Ruchartz GmbHR 2016, 681 ff.

A. Grundsätzliches zur Geschäftsführerhaftung

Angaben gemacht bzw. Unterlagen verfügbar gemacht hat[125]. Bei einer Gesellschafter-Gesellschaft ist maßgeblich die Kenntnis oder das Kennenmüssen des organschaftlichen Vertreters, die nach § 166 Abs. 1 BGB zuzurechnen sind.[126] Für die Erkennbarkeit kann auch auf Informationen aus einem Prüfbericht zum Jahresabschluss abzustellen sein.[127] Damit hat die Entlastung in erster Linie die Wirkung einer Umkehr der Darlegungs- und Beweislast.[128]
Die vorbehaltlose Entlastung der Komplementärin einer **GmbH & Co.KG** durch ihre Mitgesellschafter bewirkt zugleich die Entlastung des Geschäftsführers der Komplementär-GmbH im Verhältnis zur KG.[129]
Grundsätzlich kommt den Gesellschaftern bei der Entscheidung über die Entlastung der Geschäftsführung ein weiter Ermessensspielraum zu. Dieser wird begrenzt durch die gesellschafterliche Treuepflicht, die es gegenüber der Gesellschaft und den Mitgesellschaftern gebietet, an der Verfolgung des gemeinsamen Gesellschaftszwecks mitzuwirken. Die Entscheidung über die Entlastung eines Geschäftsführers der GmbH ist treuwidrig, wenn sie zu einem Zeitpunkt erzwungen wird, zu dem die Gesellschafter zwar von der Pflichtverletzung erfahren haben, aber noch nicht beurteilen können, ob und ggf. in welcher Höhe ein Schaden entstanden ist, und die Entlastung nur dazu dient, weitere Untersuchungen zu verhindern und den Geschäftsführer der Verantwortung für sein Verhalten zu entziehen[130]. Der Entlastungsbeschluss ist wegen gravierenden Verstoßes gegen die Treuepflichten nichtig, wenn keine andere Entscheidung als die Versagung denkbar und der Beschluss damit rechtsmissbräuchlich ist, weil dem Geschäftsführer schwere Pflichtverletzungen vorzuwerfen sind und der Gesellschaft erheblicher Schaden zugefügt wurde.[131] Ausgenommen von der Entlastung sind selbstverständlich jegliche Ansprüche wegen der Verletzung drittschützender Normen.
- Vereinbarung über eine **Generalbereinigung** oder eine Abgeltungsvereinbarung (etwa bei Ausscheiden des Geschäftsführers)[132]. Auf eine solche kann sich der Geschäftsführer aber nicht berufen, wenn er Pflichtverletzungen arglistig verschwiegen hat. Aus dem Grundsatz von Treu und Glauben muss er über solche Umstände aufklären, die für die andere Seite offensichtlich von ausschlaggebender Bedeutung sind[133],
- Verzichtsvereinbarung mit Zustimmung der Gesellschafterversammlung, § 46 Nr. 8 GmbHG analog (aber wesentliche Ausnahmen, s.o.),[134]
- Faktische Nichtgeltendmachung bis Verjährung, §§ 43 Abs. 4 GmbHG, 195 ff. BGB eintritt.

---

[125] OLG München GmbHR 2013, 813 = BeckRS 2013, 3726.
[126] OLG Düsseldorf, GmbHR 2021, 30 = BeckRS 2019, 52006.
[127] OLG Düsseldorf, GmbHR 2021, 30 = BeckRS 2019, 52006.
[128] Sa Beuthien GmbHR 2014, 682 ff.
[129] BGH ZIP 2020, 2117 = GmbHR 2020, 1344 = NZG 2020, 1343
[130] BGH DStR 2009, 2545 = ZIP 2009, 2195.
[131] OLG Frankfurt a.M. GmbHR 2019, 940 = BeckRS 2019, 16088.
[132] Zu einer solchen Vereinbarung s. Vath GmbHR 2013, 1137 ff.; sa Holthausen GmbHR 2019, 634 ff.
[133] OLG München GmbHR 2018, 733 = BeckRS 2018, 8417.
[134] Zu den Grenzen solcher Gestaltungen bei Übernahme gegen Organmitglieder verhängte Geldstrafen, Verteidigerkosten etc. durch die Gesellschaft aus GmbH- rechtlichem Blickwinkel s. Bunz/Küpper GmbHR 2015, 510 ff.

1478 Darauf hinzuweisen ist, dass **Ressortaufteilungen**[135] i.d.R. nicht von der Haftung für in einem anderen Geschäftsführungsressort begangenen Pflichtverletzungen befreien. Meist wird dem Geschäftsführer des unbeteiligten Ressorts dann ein Organisations- oder Überwachungsverschulden[136] vorzuwerfen sein, wobei in der Krise der Gesellschaft noch gesteigerte Überwachungspflichten bestehen[137] (sog. anlassabhängige Überwachung). Auch bei Geschäfts- bzw. Ressortaufteilungen unter mehreren Geschäftsführern ist zu beachten, dass die Einhaltung gesetzlicher Vorschriften, gerade auch die Erfüllung der insolvenzrechtlichen Pflichten (etwa Unterlassung von verbotenen Zahlungen nach §15b InsO, Insolvenzantragspflicht nach §15a InsO) allen Geschäftsführern persönlich obliegt und nicht delegiert werden kann. Eine Ressortaufteilung entbindet grundsätzlich nicht von der Verantwortung für die ordnungsgemäße Führung der Geschäfte der Gesellschaft. Gerade im Hinblick auf die insolvenzrechtlichen Pflichten bestehen besonders weitgehende Kontroll- und Überwachungspflichten gegenüber Mitgeschäftsführern. Will ein Mitgeschäftsführer geltend machen, dass ihn an den Verfehlungen (etwa gegen §15b InsO) wegen der Ressortaufteilung kein Verschulden trifft, insbesondere weil er die Insolvenzreife nicht hat erkennen können, so ist eine klare und eindeutige, von allen Mitgliedern des Organs getragene, nicht notwendigerweise schriftlich dokumentierte Aufgabenzuweisung erforderlich, die die vollständige Wahrnehmung der Geschäftsführungsaufgaben durch hierfür fachlich und persönlich geeignete Personen sicherstellt und ungeachtet der Ressortzuständigkeit eines einzelnen Geschäftsführers die Zuständigkeit des Gesamtorgans für nicht delegierbare Aufgaben wahrt.[138] Dies vorausgeschickt kann es für den Mitgeschäftsführer ausnahmsweise an der Erkennbarkeit der Insolvenzreife fehlen, wenn der für die Überwachung des laufenden Geschäftsverkehrs zuständige Geschäftsführer seinen Informationspflichten nicht nachkommt, etwa weil er die notwendigen Informationen schon selbst nicht hat, und dem sich ordnungsgemäß um Kontrolle bemühenden Mitgeschäftsführer bewusst Informationen vorenthält.[139]

Kann dieser sich gegen den Ressortleiter mit der Untersagung pflichtwidrigen Verhaltens nicht durchsetzen, hat er notfalls zur Vermeidung eigener Haftung sein Amt niederzulegen[140]. Nach Haftungsinanspruchnahme des Organmitglieds kann ein Innenregressanspruch nach §426 BGB in Betracht kommen, wobei das Problem der Bestimmung der Haftungsanteile nach den zu §254 BGB entwickelten Grundsätzen entsteht[141].

---

[135] Zur Haftungsbeschränkung durch Geschäftsverteilung in der Geschäftsführung s. Hoffmann-Becking, NZG 2021, 93 ff.
[136] Zu den Überwachungspflichten bei Kollegialorganen sa Nietsch ZIP 2013, 1449 ff.
[137] OLG Köln ZInsO 2013, 1031 = BeckRS 2013, 6279 (für einen Fall der Haftung für nicht abgeführte Sozialversicherungsbeiträge nach §823 Abs. 2 BGB iVm §266a StGB.
[138] BGH ZIP 2019, 261; dazu Hülsmann, Anforderungen an die Geschäftsverteilung, GmbHR 2019, 209 ff.; Peitsmeyer/Klesse, Anforderung an die Aufgabenverteilung zwischen den Geschäftsführern einer GmbH, NZG 2019, 501 ff.; Schockenhoff, Ressortaufteilung unter GmbH-Geschäftsführern: Ein Minenfeld, GmbHR 2019, 514 ff.
[139] BGH ZIP 2019, 261, 264
[140] FG München BB 2011, 227 für die Haftung eines GmbH-Geschäftsführers bei interner Aufgabenverteilung für Steuerschulden.
[141] Sa Freund GmbHR 2013, 785 ff.

Sonstiges: Die Verschuldenshaftung des Geschäftsführers ist nicht nach den arbeitsrechtlichen Grundsätzen zur Beschränkung der Arbeitnehmerhaftung auf Vorsatz und grobe Fahrlässigkeit beschränkt[142].

Die Amtsniederlegung kann von realisierten Haftungstatbeständen nicht befreien. Die Amtsniederlegung des Allein-Gesellschafter-Geschäftsführers ohne gleichzeitige Bestellung eines neuen Geschäftsführers ist unwirksam[143].

Eine im Ausland unzulässig, etwa unter Vortäuschung eines tatsächlichen Wohnsitzes erlangte Restschuldbefreiung kann zur Abwehr von Schadensersatzansprüchen nicht eingewandt werden[144].

Eine weitere Möglichkeit der Haftungsvermeidung kann in der Einholung von Expertenrat liegen.[145] Beratungsgemäßes Verhalten kann das Verschulden des Geschäftsführers beseitigen. Die Voraussetzungen sind jedoch streng. Zu ihnen gehört stets, dass der Berater nach seiner Kompetenz sorgfältig ausgewählt wurde, dass er mit allen für die Beurteilung relevanten Sachverhaltsinformationen versehen wurde und dass das vom Berater erarbeitete Prüfungsergebnis einer sorgfältigen Plausibilitätskontrolle unterzogen wird. Dem Geschäftsführer ist im Hinblick auf seine Darlegungs- und Beweislast zu raten, diese einzelnen Schritte genau zu dokumentieren.

2. Geschäftsführerhaftpflichtversicherung (D&O-Versicherung)

Angesichts des strengen Haftungsregimes kann der Abschluss einer Geschäftsführerhaftpflichtversicherung, einer sog. D&O-Versicherung angeraten sein. Grundsätzlich können die Risiken bzw. Schäden aus Geschäftsführungsmaßnahmen durch eine D&O – Versicherung[146] abgesichert werden. 1479

a) Zum Versicherungsvertrag. Versicherungsnehmer ist regelmäßig die Gesellschaft, versicherte Person der Geschäftsführer. Es handelt sich insoweit also um einen Vertrag zugunsten Dritter. 1480

Es besteht grundsätzlich kein Anspruch des Geschäftsführers auf Abschluss einer speziellen D&O-Versicherung.[147] Streitig ist, wer zur Entscheidung über den Abschluss einer D&O-Versicherung zuständig ist. Sollte sie Teil der Vergütung des Geschäftsführers sein, spricht viel dafür, dass entsprechend § 46 Nr. 5 GmbHG die

---

[142] so auch OLG Koblenz NZG 2008, 280.; für die Haftung aus §64 GmbHG a.F. so vom BGH entschieden, ZIP 2020, 1239; aA Wilhelmi NZG 2017, 681 ff.
[143] OLG Düsseldorf ZIP 2001, 25.
[144] LG Köln ZInsO 2012, 1379 = NZI 2011, 957.
[145] Sa Decker GmbHR 2014, 72 ff.
[146] Sa Rechtliche Fragen zur D&O-Versicherung Notthoff NJW 2003, 1350 ff., Koch GmbHR 2004, 18 ff. Ausführlich zu den Rechtsbeziehungen bei D&O-Versicherung Koch GmbHR 2004, 18 ff., 160 ff., 288 ff.; Bäcker, GmbH-Steuerpraxis 2000, 299 ff.; Peltzer NZG 2009, 970 ff.; Andresen/Schaumann ZInsO 2010, 1908 ff.; Melot de Beauregard/Gleich NJW 2013, 824 ff.; Weiß GmbHR 2014, 574 ff.; Werner ZInsO 2014, 1940 ff.; Wedemann ZIP 2014, 2469 ff.; v. Schenck NZG 2015, 494 ff.; Armbrüster NJW 2016, 897 ff.; Armbrüster NJW 2016, 2155 ff.; Cyrus NZG 2018, 7 ff. Zur rechtlichen Durchdringung der D&O-Versicherung s. Knöfel, Strukturprobleme der D&O-Exzedentenversicherung, ZIP 2018, 1814 ff.; Holthausen/Held, D&O ist Chefsache – rechtliche Hintergründe und Handlungsempfehlungen, GmbHR 2020, 741 ff.
[147] OLG Koblenz NZG 2008, 280.

Gesellschafterversammlung zuständig ist. Es wird aber auch die Auffassung vertreten, dass es sich um eine Geschäftsführungsmaßnahme handele.

Bei Vorständen einer AG ist ein Selbstbehalt zu vereinbaren (§ 93 Abs. 2 Satz 3 AktG).[148] Diese Pflicht besteht für den Geschäftsführer der GmbH nicht.

Der Abschluss der Versicherung ist i.d.R. anzuraten, jedoch sollte viel Aufmerksamkeit auf die genaue **Ausgestaltung des Vertrages** gelegt werden[149].

Besonders ist darauf zu achten, dass die **wesentlichen Gefahren abgesichert** sind. Ein Problem kann sich aus der Vertragsklausel „Pflichtverletzungen bei Ausübung der versicherten Tätigkeit" ergeben, wenn der Schaden aus einer Tätigkeit nur „bei Gelegenheit" der versicherten Tätigkeit entstanden ist.[150]

Die **Versicherungssumme** muss zur Höhe des abzusichernden Risikos passen. Sollte nämlich die Versicherungssumme nicht für alle Schadensfälle in einem Versicherungszeitraum ausreichen, ist die Verteilung der Versicherungssumme auf den einen oder anderen Versicherungsfall (insbesondere bei Verursachung durch verschiedene Geschäftsführer) ein bislang ungelöstes Problem. In Betracht kommen Prioritätsprinzip, Proportionalitätsprinzip entspr. § 109 S. 1 VVG, entspr. Anwendung der §§ 420 ff. BGB bis hin zu ergänzender Vertragsauslegung.

Dieses Problem kann nennenswert noch dadurch verschärft werden, wenn die mitunter hohen Kosten für die Abwehr der Schadensersatzansprüche Dritter auf die Versicherungssumme angerechnet werden, was nach den AVB standardmäßig der Fall ist, obwohl eine solche Anrechnungsklausel gegen das Leitbild des § 101 Abs. 2 S, 1 VVG verstoßen dürfte und daher i.S.d § 307 Abs. 2 Nr. 1 BGB unangemessen sein dürfte.[151]

Anmerkung: Der Interessenkonflikt zwischen der Gesellschaft an einer Freistellung vom Schaden und des Geschäftsführers an einer vorrangigen Abwehr der Schadensersatzansprüche Dritter wird i.d.R. durch das der Versicherung zustehende Wahlrecht gelöst. Wählt die Versicherung Abwehr, kann sie sich u.U. in Widerspruch zu den Interessen der Gesellschaft stellen.

Der Versicherungsschutz sollte auch die **Rechtsverteidigungskosten** bei Vorsatzvorwurf, ggf. auflösend bedingt, umfassen (vorläufige Abwehrdeckung).[152]

Die Bedingungen dürfen keine **Eigenschadenklausel** enthalten, wenn der Geschäftsführer zugleich Gesellschafter ist[153]. Klauseln, nach denen in diesem Fall kein Versicherungsschutz für den Teil des Anspruchs besteht, welcher der Beteiligung der versicherten Person, die die Pflichtverletzung begangen hat, an der Gesellschaft als Versicherungsnehmerin entspricht, sind wirksam; das gilt (bei entsprechendem Einschluss, s.u.) auch für Ansprüche aus § 64 GmbHG.[154] Im Übrigen sollte bei der Eigenschadenversicherung, die eine unmittelbare Geltendmachung des Anspruchs gegen den Versicherer ermöglicht, darauf geachtet werden, dass die

---

[148] Dazu Olbrich/Kassing BB 2009, 1659 ff.; Dauner-Lieb/Tettinger ZIP 2009, 1555 ff.
[149] Kiethe BB 2003, 537 ff.
[150] OLG München ZIP 2018, 27; dazu Koch ZIP 2018, 301 ff.
[151] OLG Frankfurt a.M. r + s 2011, 509.
[152] Sa Dilling, Die Wirksamkeit der Risikoausschlüsse für wissentliche und vorsätzliche Pflichtverletzungen in der D&O-Versicherung, (Diss.) Köln 2014.
[153] Dazu auch Lange ZIP 2003, 466 ff.
[154] OLG Düsseldorf, ZIP 2020, 2018 = GmbHR 2020, 1078

Versicherungsleistung die Managerhaftung reduziert und nicht etwa Ansprüche etwa nach § 43 Abs. 2 GmbHG auf die Versicherung übergehen.[155]

b) Sonderproblem: Insolvenznahe Haftungsgefahren, insbesondere § 15b InsO (früher § 64 GmbHG a.F.). Streitig war, ob eine D&O-Versicherung ohne ausdrückliche Regelung, also nur auf der Grundlage der Allgemeinen Versicherungsbedingungen für die Vermögensschaden-Haftpflichtversicherung von Unternehmensleitern und leitenden Angestellten (ULLA), den Organen Versicherungsschutz wegen verbotener Zahlungen nach Insolvenzreife (Haftungstatbestände etwa der §§ 64 S. 1 u. 2 GmbHG, 92 Abs. 2, 93 Abs. 3 Nr. 6 AktG, 130a Abs. 1 u. 2, 177a HGB jeweils a.F., heute § 15b InsO) gewährt. Nach der Rechtsprechung des BGH handelt es sich um Ansprüche sui generis, die zwar der Gesellschaft den Ersatzanspruch gegen den Geschäftsleiter geben, endgültig aber nicht den Schutz des Gesellschaftsvermögens, sondern den der Gläubiger bezwecken. Davon ausgehend sind in unveröffentlichten Entscheidungen das OLG Celle (summarische Prüfung im Rahmen einer Entscheidung nach § 91a ZPO) und das OLG Frankfurt/Main davon ausgegangen, dass für diese Schäden in der D&O-Versicherung kein Versicherungsschutz bestehe, da es sich im Ergebnis nicht um Schäden der Gesellschaft sondern der Gläubigergesamtheit handele; der Anspruch aus § 64 S. 1 GmbHG sei kein vom Versicherungsvertrag erfasster Haftpflichtanspruch.[156] Dieser Auffassung hat sich das **OLG Düsseldorf** mit der ausführlichen Begründung angeschlossen, bei dem Anspruch nach § 64 S. 1 GmbHG handele es sich nicht um einen Schadensersatzanspruch, der Schutzzweck sei nicht das Vermögen der Gesellschaft sondern der Erhalt der Insolvenzmasse zur Befriedigung der Gläubiger und der Anspruch entstehe unabhängig davon, ob der Gesellschaft überhaupt ein Schaden entstanden sei.[157] Es bestand also die große Gefahr, dass die D&O-Versicherung mit den regelmäßigen Versicherungsbedingungen den Schutz insoweit verweigern kann. Daher war anzuraten, die bestehenden Versicherungsverträge um den Einschluss von Ansprüchen nach § 64 GmbHG zu ergänzen. Nun hat der **BGH anders entschieden**: Der in § 64 S. 1 GmbHG a.F. geregelte Anspruch der Gesellschaft gegen den Geschäftsführer sei ein gesetzlicher Haftpflichtanspruch auf Schadensersatz i.S.v. Nr. 1.1 ULLA.[158] Zur Begründung hat der BGH ausgeführt, die Auslegung der betr. Klausel nach dem Verständnis eines durchschnittlichen Versicherungsnehmers bzw. Versicherten ergebe nach dem erkennbaren Zweck des Versicherungsvertrages den Einschluss der Ansprüche in den Versicherungsschutz; selbst von einem geschäftserfahrenen und mit AGB vertrauten, jedoch nicht juristisch oder versicherungsrechtlich vorgebildeten Versicherungsnehmer könne das Verständnis der zum Ausschluss des Anspruchs führenden komplexen Dogmatik, nach welcher im Fall des § 64 GmbHG a.F. der

---

[155] Zur Problematik s. Fortmann, NJW 2020, 3064 ff.
[156] OLG Celle zit. nach Cyrus NZG 2018, 7 ff., Fn. 16 u. 17.
[157] OLG Düsseldorf ZIP 2018, 1542 (n.rkr., Nichtzulassungsbeschwerde ist eingelegt); kritisch zu dieser Entscheidung die überwiegende Lit., etwa Armbrüster/Schilbach ZIP 2018, 1853 ff.; Bauer/Malitz ZIP 2018, 2149 ff.; Markgraf/Heinrich NZG 2018, 1290 ff.; Jaschinski/Wentz GmbHR 2018, 1289 ff.; erneut OLG Düsseldorf, ZIP 2020, 2018 = GmbHR 2020, 1078 (ohne die Revision zuzulassen); dazu ablehnend Fiedler, ZIP 2020, 2112 ff.
[158] BGH ZIP 2020, 2510; zu dieser Entscheidung Wentz, NZG 2021, 288 f.

Schaden nicht bei der Gesellschaft sondern der Gläubigerschaft eintrete, nicht erwartet werden.

Freilich ist darauf hinzuweisen, dass sich auch die Versicherer auf die vorstehend genannte Rechtsprechung einstellen, so dass bei Abschluss der Versicherung gesondert darauf geachtet werden sollte, dass die häufig hohen, nicht selten existenzbedrohenden Haftpflichten des Geschäftsführers aus § 15b InsO (früher § 64 GmbHG a.F. und Parallelvorschriften) in den Versicherungsschutz einbezogen sind.

Zu beachten ist ferner, dass nach den von der Versicherung gestellten Bedingungen mitunter **insolvenzbedingte Risiken** ausgeschlossen sind. Nach Nr. 3 Abs. 5 der AVB-AVG sollen im Fall der Insolvenz der Versicherungsnehmerin nur solche Pflichtverletzungen der versicherten Personen gedeckt sein, die bis zum Eintritt der Insolvenzreife begangen wurden. Ob diese Klausel einer Inhaltskontrolle nach §§ 307, 305c Abs. 2 BGB standhält, ist, soweit ersichtlich, noch nicht geklärt.

1482 **c) Abtretung des Freistellungsanspruchs.** In der Praxis wird sich anbieten, den Freistellungsanspruch des versicherten Geschäftsführers gegen die D&O-Versicherung an die geschädigte Gesellschaft abzutreten, damit nicht zunächst die Gesellschaft gegen den noch amtierenden Geschäftsführer vorgehen muss.[159] Die Abtretbarkeit des Freistellungsanspruchs kann die Versicherung durch AVB auch nicht ausschließen, § 108 Abs. 2 VVG. Aus erfolgter Abtretung kann die Versicherung auch nicht den Schluss ziehen, die geschädigte Gesellschaft beabsichtige nicht, den Geschäftsführer als Schädiger in Anspruch zu nehmen, weshalb die Inanspruchnahme nicht ernstlich sei. Mit dieser Begründung kann die Versicherung eine bedingungsgemäße Inanspruchnahme des Versicherten i.S.d. claims-made-Prinzips nicht verneinen.[160] Auch auf eine Versicherungsklausel, nach der der Versicherungsschutz nur durch die versicherten Personen geltend gemacht werden kann, kann sich die Versicherung nach Treu und Glauben nicht berufen, wenn sie den Deckungsanspruch abgelehnt hat, die versicherten Personen keinen Anspruch geltend machen und schützenswerte Interessen der Versicherung einer Geltendmachung durch die Gesellschaft als Versicherungsnehmer nicht entgegenstehen.[161]

1483 **d) Claims-made-Klausel (Anspruchserhebungsprinzip).** Die allgemeinen Versicherungsbedingungen für die Vermögensschaden-Haftpflichtversicherung von Unternehmensleitern und leitenden Angestellten (ULLA) enthalten regelmäßig die sog. **Claims-made-Klausel** (Anspruchserhebungsprinzip). Diese Klausel besagt, dass während der Gültigkeit der Versicherung erstmals geltend gemachte Ansprüche versichert sind. Es kommt also darauf nicht darauf an, dass der Versicherungsschutz zur Zeit des schadenstiftenden Verhaltens besteht, sondern zu der Zeit, zu der der daraus entstandene Anspruch geltend gemacht wird.

Nach wie vor halte ich für hinterfragbar, ob diese AGB-Klausel einer Inhaltskontrolle nach §§ 305 ff., 307 BGB standhält, insbesondere ob die Claims-Made-Klausel in § 2 Nr. 2.2 der AVB rechtlichen Bedenken im Hinblick auf § 100 VVG begegnet.[162] In den wenigen vorliegenden Gerichtsentscheidungen wurde die

---

[159] Sa Brinkmann ZIP 2017, 301 ff.
[160] BGH ZIP 2016, 976; dazu Harzenetter NZG 2016, 728 ff.
[161] BGH ZIP 2017, 881 = NZG 2017, 1078; dazu Looschelders/Derkum ZIP 2017, 1249 ff.
[162] Dazu Baumann NZG 2010, 1366 ff.

Regelung zwar als Benachteiligung i.S.d. §307 BGB, jedoch in den Einzelfällen als wirksam angesehen. Sie sei keine unangemessene Benachteiligung i.S.d. §307 Abs. 1 Satz 1 BGB, wenn die Nachteile des Claims-Made-Prinzips ausreichend kompensiert werden. Solche ausreichende Kompensation liege in der Wirkung der Klausel als unbegrenzte Rückwärtsversicherung, in einer vereinbarten Nachhaftungszeit (hier 1–2 Jahre) und in der Möglichkeit einer Umstandsmeldung bei vom Versicherungsnehmer nicht verursachten (etwa durch Zahlungsverzug) und von ihm auch nicht zu verhindernden Kündigung des Versicherers (60 Tage; relevant auch bei Vertragserneuerung, um Schadensfälle einer laufenden Versicherungsperiode zurechnen zu können).[163] Die Klausel sei ferner nicht ungewöhnlich oder überraschend.[164]

Im Jahr 2015 hat das OLG Hamburg[165] entschieden: Die mit dem sog. Claims-Made-Prinzip verbundenen Nachteile in einer D&O-Versicherung stellen eine unangemessene Benachteiligung dar, wenn die regelmäßige dreijährige Nachmeldefrist für den Fall der Insolvenzantragstellung der Gesellschaft vollständig ausgeschlossen ist.

Zu achten ist aber darauf, dass die Rückwärtsversicherung sich nur auf bei Vertragsschluss unbekannte Rückwärtsrisiken erstreckt. Zeitlich sollte sie möglichst nicht kürzer greifen als die Verjährung der möglichen Ansprüche. Eine vereinbarte Nachhaftungszeit sollte nach Ablauf der Versicherung möglichst den ganzen Zeitraum der Anspruchsverjährung umfassen. Darauf hinzuweisen ist aber, dass nach der v.g. Rechtsprechung[166] für die Wirksamkeit der Claims-Made-Klausel ein Gleichlauf mit den Verjährungsfristen für evtl. Schadensersatzansprüche nicht erforderlich ist. Das OLG München hat eine Nachhaftungsfrist von einem Jahr je Versicherungsjahr, als LG Wiesbaden eine Nachhaftungsfrist von pauschal 2–3 Jahren als ausreichend angesehen.[167] 1484

Zur Anzeigepflicht bei Gefahrerhöhung hat der BGH entschieden, dass die Regelung in den allgemeinen Versicherungsbedingungen für die Vermögensschaden-Haftpflichtversicherung von Unternehmensleitern und leitenden Angestellten (ULLA) abschließend ist. Ob Gesellschafterwechsel oder Abschluss eines EAV (Beherrschungswechsel) eine Gefahrerhöhung ist, blieb offen.[168] 1485

Der im Voraus in den Versicherungsbedingungen erklärte pauschale Verzicht der Versicherung auf die Täuschungsanfechtung nach §123 BGB ist unwirksam.[169] Damit besteht doch die Gefahr, dass die Versicherung den Versicherungsvertrag anficht, wenn ihr bei Abschluss ein Umstand arglistig verschwiegen wurde, der nun im Rahmen der Rückwärtsversicherung aufgrund des Claims-Made-Prinzips vom Versicherungsschutz erfasst wäre. 1486

Zu beachten ist für die steuerliche Behandlung,[170] dass von der Gesellschaft getragene Versicherungsbeiträge steuerbares Entgelt des Geschäftsführers sein 1487

---

[163] OLG München NZG 2009, 714.
[164] OLG Frankfurt a.M. BeckRS 2009, 23648; LG Wiesbaden BeckRS 2013, 02549.
[165] OLG Hamburg ZIP 2015, 1840.
[166] OLG München NZG 2009, 714; vorgehend LG München I VersR 2009, 210.
[167] OLG Frankfurt a.M. r+s 2013, 319; vorgehend LG Wiesbaden BeckRS 2013, 02549.
[168] BGH ZIP 2012, 2112.
[169] BGH NJW 2012, 296.
[170] OFD Berlin BB 2002, 1245 und Schuppen/Sanna ZIP 2002, 550 ff.

können, wenn die Gesellschaft sie trägt und die Versicherung überwiegend den Interessen des Geschäftsführers dient.

1488 Nach OLG Hamburg kam eine Pflichtverletzung des Insolvenzverwalters in Betracht, wenn er unabgestimmt und unangekündigt die für den Geschäftsführer bestehende D&O-Versicherung beendet[171]. Diese Entscheidung hat der BGH jedoch insoweit aufgehoben und entschieden, dass der Insolvenzverwalter einer GmbH dem Geschäftsführer gegenüber nicht verpflichtet ist, eine zu dessen Gunsten abgeschlossene Haftpflichtversicherung aufrechtzuerhalten, um ihn aus einer Inanspruchnahme wegen verbotener Zahlungen freizustellen.[172] In dieser Entscheidung weist der BGH aber auch darauf hin, dass der Insolvenzverwalter gegenüber der Gläubigergesamtheit durchaus verpflichtet sein kann, die D&O-Versicherung aufrecht zu erhalten, um Ansprüche gegen den Geschäftsführer (wirtschaftlich) erfolgreich durchsetzen zu können.

1489 **e) Insolvenz der Gesellschaft.** Versicherungsnehmer wird regelmäßig die Gesellschaft sein, Versicherter der Geschäftsführer (= Versicherung für fremde Rechnung). Dann stehen dem Geschäftsführer als Versicherten die Rechte aus dem Versicherungsvertrag zu, während grds. verfügungsbefugt die Gesellschaft als Versicherungsnehmerin bleibt, wozu auch die Geltendmachung der Rechte der versicherten Person aus dem Versicherungsvertrag gehört, §§ 44, 45 VVG. In der Insolvenz der Gesellschaft als Versicherungsnehmerin geht die Verfügungsbefugnis über die Versicherungsansprüche also nach § 80 Abs. 1 InsO auf den Insolvenzverwalter über. Ist im Versicherungsvertrag jedoch geregelt (z.B. durch Nr. 9.1 ULLA), dass Ansprüche auf den Versicherungsschutz nur durch die versicherte Person geltend gemacht werden können, kommt es für die Verfügungsbefugnis allein auf die versicherte Person an und eine Insolvenz der Gesellschaft ist ohne Belang, weil der Versicherungsanspruch nicht in die Masse fällt.[173]

1490 **f) Prozessuales.** Im Haftpflichtprozess gegen den Geschäftsführer ist die D&O-Versicherung zum Beitritt als Streithelfer berechtigt, da sie ein berechtigtes Interesse i.S.d. § 66 Abs. 1 ZPO am Ausgang des Haftpflichtprozesses hat.[174]

1491 **Praxishinweis**
Vor Abschluss der Versicherung ist die Ausgestaltung des Vertrages und damit der Umfang der vom Versicherungsschutz umfassten Haftungsrisiken genau zu prüfen. Nur so kann ausgeschlossen werden, dass für die i.d.R. hohen Prämien nur Scheinsicherheit erkauft wird und die wirklich drohenden, wesentlichen Haftungsgefahren nicht gedeckt sind.

8. Einsichtsrecht in die Insolvenzverfahrensakte

1492 Zur Verteidigung gegen Inanspruchnahmen durch den Insolvenzverwalter wird ggf. die Einsichtnahme in die Insolvenzakte erforderlich oder nützlich sein. Der amtierende Geschäftsführer hat als gesetzlicher Vertreter der Schuldnerge-

---

[171] OLG Hamburg ZIP 2015, 1840.
[172] BGH ZIP 2016, 1126.
[173] BGH ZIP 2020, 672.
[174] OLG Hamm, ZIP 2020, 1371.

sellschaft als Verfahrensbeteiligter jederzeit das Einsichtsrecht aus § 4 InsO i.V.m. § 299 Abs. 2 ZPO.

Der ehemalige Geschäftsführer hat als dritte, nicht am Verfahren beteiligte Person das Einsichtsrecht in die Insolvenzakten, nicht die Unterlagen des Schuldners (!), nur wenn er vom Insolvenzverwalter wegen einer Pflichtverletzung (gerichtlich) in Anspruch genommen wird und zu seiner Verteidigung wegen eines konkreten rechtlichen Bezugs zum Inhalt der Insolvenzakte Informationen aus derselben (z.B. hinsichtlich des Insolvenzantrags, des Eröffnungsgutachtens, des Berichts des Insolvenzverwalters zum Berichtstermin oder weiterer Berichte, der Forderungsanmeldungen der Gläubiger oder der Insolvenztabelle) die Einsicht benötigt.[175]

Der Einsicht begehrende (ehemalige) Geschäftsführer muss also sein rechtliches Einsichtsinteresse darlegen und glaubhaft machen. Das Gericht hat bei der Entscheidung dieses gegen das Interesse der Verfahrensbeteiligten an der Geheimhaltung des Verfahrensstoffes abzuwägen. Das Ergebnis kann eine Erlaubnis zur Einsicht nur in Teile der Akten oder die Schwärzung einzelner Teile sein.[176]

Zur Frage, welcher Rechtsbehelf gegen die Versagung der Akteneinsicht statthaft ist, bestehen unterschiedliche obergerichtliche Entscheidungen: Einerseits: über die Ablehnung des Akteneinsichtsgesuchs eines Verfahrensbeteiligten i.S.d. § 299 Abs. 1 ZPO ist im Wege der sofortigen Beschwerde nach §§ 567 ff. ZPO und nicht im Antragsverfahren nach den §§ 23 ff. EGGVG zu entscheiden; das LG ist das zuständige Beschwerdegericht.[177]

Andererseits: die Akteneinsicht wird mit Bescheid des Insolvenzgerichts versagt. Dagegen ist der Antrag auf gerichtliche Entscheidung nach § 23 Abs. 1 S. 1 EGGVG statthaft, da es sich bei der Versagung der Akteneinsicht um eine Maßnahme der Justizbehörde auf dem Gebiet des bürgerlichen Rechts i.S.d. Regelung handelt.[178]

9. Eigenes Insolvenzverfahren

Unter Umständen bleibt dem (Gesellschafter-)Geschäftsführer nach dem Scheitern seiner Unternehmung oder/und der Inanspruchnahme durch den Insolvenzverwalter nur die Durchführung eines eigenen Insolvenzverfahrens über sein eigenes Vermögen mit anschließender Restschuldbefreiung. Hier sei jedoch bereits darauf hingewiesen, dass die Restschuldbefreiung solche Verbindlichkeiten nicht erfasst, die als aus vorsätzlich begangener unerlaubter Handlung resultierend zur Insolvenztabelle festgestellt wurden (§ 302 Nr. 1 InsO). Im Übrigen sei auf die Ausführungen zum persönlichen Insolvenzverfahren in § 13 verwiesen.

1493

Eine im Ausland unzulässig, etwa unter Vortäuschung eines tatsächlichen Wohnsitzes erlangte Restschuldbefreiung kann zur Abwehr von Schadensersatzansprüchen nicht eingewandt werden.[179]

1494

---

[175] OLG Düsseldorf, NZG 2021, 1410 (für einen ehemaligen Geschäftsführer einer GmbH, der vom Insolvenzverwalter nach § 43 Abs. 2 GmbHG wegen Buchführungspflichtverpflichtungen im Wege einer Zahlungsklage in Anspruch genommen wurde).
[176] BayObLG ZIP 2022, 233 = NZI 2021, 1078 mAnm Keller.
[177] OLG Düsseldorf ZInsO 2021, 958 = NZI 2021, 508 mAnm Kontny.
[178] BayObLG ZIP 2020, 978 = NZI 2020, 491.
[179] LG Köln ZInsO 2012, 1379 = NZI 2011, 957.

B. Insolvenzverursachungshaftung

I. Pflicht zur Krisenfrüherkennung

1495   Nach § 91 Abs. 2 AktG ist der Vorstand der AG verpflichtet, geeignete Maßnahmen zu treffen, insbesondere ein Überwachungssystem einzurichten, damit den Fortbestand der Gesellschaft gefährdende Entwicklungen frühzeitig erkannt werden können. Welche konkreten Pflichten daraus herzuleiten sind, was also unter einem Überwachungssystem i.S.d. Vorschrift zu verstehen ist, ist in der Literatur umstritten. Teilweise wird vertreten, dass ein vollständiges betriebswirtschaftliches Risikomanagementsystem einzurichten ist, dessen Teil das eigentliche Krisenfrühwarnsystem ist[180]. Die wohl h.M. sieht in der Vorschrift lediglich eine Konkretisierung der Kontroll- und Überwachungspflichten des Vorstandes, also die Pflicht zur Einrichtung einer Organisation, die bestandsgefährdende Entwicklungen frühzeitig erkennen lässt[181]. Jedenfalls muss der Vorstand das Risikomanagementsystem nicht nur einrichten, sondern auch umfassend dokumentieren[182].

1496   Eine dem § 91 Abs. 2 AktG vergleichbare Regelung für die GmbH bestand nicht. Nach dem Willen des Gesetzgebers sollte die Regelung eine Ausstrahlwirkung auch auf Unternehmen in anderen Rechtsformen, insb. der GmbH entwickeln.[183] In der Literatur wurde aber vertreten, dass die in § 43 GmbHG verlangte Ordnungsgemäßheit der Geschäftsführung zumindest bei der großen GmbH, in der Regel auch bei der mittelgroßen GmbH (Kriterien für Größeneinteilung in § 267 HGB) die Einrichtung eines entsprechenden Frühwarnsystems erfordert[184].

1497   Nach nunmehr ausdrücklicher gesetzlicher Regelung in **§ 1 StaRUG** sind die Geschäftsleitungen aller haftungsbeschränkter Gesellschaften (Gesellschaften ohne natürliche Person als Vollhafter) verpflichtet, fortlaufend über die Entwicklungen, welche den Fortbestand der Gesellschaft gefährden können, zu wachen[185] und, sobald sie Kenntnis von einer solchen Entwicklung erhalten, geeignete Gegenmaßnahmen zu ergreifen und den Überwachungsorganen unverzüglich Bericht zu erstatten.[186] Sofern die zu ergreifenden Maßnahmen Zuständigkeiten anderer Organe berühren, haben die Geschäftsleitungen unverzüglich auf deren Befassung hinzuwirken.

Nach § 101 StaRUG hat das BMJV (jetzt BMJ) auf seiner Internetadresse www.bmjv.bund (jetzt www.bmj.de) Informationen über die Verfügbarkeit der von

---

[180] Eggermann/Konradt, BB 2000, 503 ff.
[181] Bork, ZIP 2011, 101, 104 f.
[182] LG München I, BB 2007, 2170; dazu Huth, BB 2007, 2167 ff. und Theusinger/Liese, NZG 2008, 2898 ff.
[183] BT-Drs. 13/9712, S. 15.
[184] Drygala, ZIP 2000, 297 ff.; Hopp, GmbH-Steuerpraxis 2000, 266 ff.; zur Pflicht des Geschäftsführers der GmbH zur Einführung eines Krisenüberwachungssystems auch Thiele, ZInsO 2014, 1882 ff.
[185] Zu Anforderungen und Nutzen an das Früherkennungssystem als Instrument der Krisenfrüherkennung nach dem StaRGU Nickert/Nickert, GmbHR 2021, 401 ff.
[186] Sa Brande/Rabenau, Früherkennung und Bewältigung bestandsgefährdender Risiken im Unternehmen, ZIP 2021, 2374 ff. und 2566 ff.

öffentlichen Stellen bereitzustellenden Instrumentarien zur frühzeitigen Identifizierung von Krisen zugänglich zu machen.

Das „ob" einer Risikoüberwachung und der Einrichtung eines Frühwarnsystems steht also nicht (mehr) im unternehmerischen Handlungsermessen. Zum „wie" eines klaren und transparenten Frühwarnsystems enthalten die EU-Richtlinie und das StaRUG nicht einmal ansatzweise Regelungen.[187] Die Ausgestaltung des Früherkennungssystems dürfte also abhängig sein vom konkreten Einzelfall, insbesondere Art, Größe, Komplexität der Unternehmensstruktur, Finanzierbarkeit des Systems, etc. Als Mindeststandard scheint in der Praxis eine rollierende Liquiditätsplanung über einen Zeitraum von 3 Monaten, bei größeren Unternehmen zusätzlich eine mittelfristige integrierte Vermögens-, Ertrags- und Finanzplanung über einen Zeitraum von 2 – 3 Jahren angenommen zu werden.[188]

1498

Für die Verletzungen dieser Pflichten enthält das StaRUG keine gesonderten Haftungsregelungen. Bei Verletzung diese Pflichten kann sich der Geschäftsführer also nach den allgemeinen gesetzlichen Regelungen in den einzelnen Gesellschaftsgesetzen schadensersatzpflichtig machen, etwa nach § 43 Abs. 2 GmbHG oder § 93 AktG.

II. Pflicht zum Krisenmanagement, Sanierungspflicht

Nach Aus §§ 76 Abs. 1 AkG, 43 Abs. 1 GmbHG ergibt sich zudem die Pflicht der Geschäftsleiter zum Krisenmanagement. Im Rahmen der allgemeinen Geschäftsleiterpflichten gehört zur Sorgfalt eines ordentlichen Geschäftsmannes bei Eintritt einer Unternehmenskrise jedenfalls die Ermittlung der Krisenursachen und die Prüfung der Handlungsoptionen, insbesondere ob eine Sanierung möglich und sinnvoll ist, ggf. die Erstellung einer Sanierungskonzeption und die Einleitung von geeigneten Sanierungsmaßnahmen (s.o.).

1499

Diese Pflichten sind nunmehr zumindest bei Erkennen einer den Bestand der Gesellschaft gefährdenden Entwicklung in **§ 1 StaRUG** gesetzlich ausdrücklich normiert, worin freilich eine Neuerung der Rechtslage nicht zu erblicken ist. Zusätzlich ist die Verpflichtung der Geschäftsleiter normiert, den Überwachungsorganen unverzüglich Bericht zu erstatten (und nicht erst etwa bei Verlust der Hälfte des Stammkapitals, § 49 GmbHG) und auf deren Befassung hinzuwirken, wenn die notwendigen Sanierungsmaßnahmen deren Zuständigkeit berühren, z.B. eine Kapitalerhöhung. Umfang der Prüfungen und der notwendigen Sanierungsmaßnahmen werden dann vom Einzelfall und von der Absprache mit den Unternehmenseignern/Gesellschaftern abhängen.

Auch für die Verletzungen dieser Pflichten enthält das StaRUG keine gesonderten Haftungsregelungen. Bei Verletzung diese Pflichten kann sich der Geschäftsführer also nach den allgemeinen gesetzlichen Regelungen in den einzelnen Gesellschaftsgesetzen schadensersatzpflichtig machen, etwa nach § 43 Abs. 2 GmbHG oder § 93 AktG.

---

[187] Schwintowski, Das neue Frühwarnsystem nach § 1 StaRUG- Konzept, Funktionen, Zugang, Haftung, NZG 2021, 901 ff.
[188] Brünkmans, ZInsO 2021, 1 ff., 2.

III. Gehaltsreduzierung

1500 Die Festlegung einer angemessenen Vergütung für den Geschäftsführer der GmbH ist zivil-/gesellschafts- und steuerrechtlich (vGa beim Gesellschafter-Geschäftsführer) ein Dauerthema.[189]

1501 Die Gesamtvergütung des Geschäftsführers hat in angemessenem Verhältnis zu den Aufgaben und Leistungen und der wirtschaftlichen Situation der Gesellschaft zu stehen und darf die übliche Vergütung[190] nicht ohne besondere Gründe überschreiten. Für den Vorstand der AG ist das in § 87 AktG ausdrücklich geregelt.[191] Nach § 87 Abs. 2 AktG soll der Aufsichtsrat die Vorstandsvergütungen in der Krise der AG auf angemessene Höhe herabsetzen. Dies ist ein einseitiges Gestaltungsrecht der AG, das der Aufsichtsrat in Vertretung der AG durch Erklärung ggü. dem Vorstand ausübt.[192] Die tatbestandsmäßige Verschlechterung der Lage der Gesellschaft ist jedenfalls bei Insolvenzreife eingetreten.[193] Es kommt nicht darauf an, ob dem Vorstand pflichtwidriges Verhalten vorzuwerfen ist; es reicht, dass die Verschlechterung der Lage der Gesellschaft in die Zeit seiner Verantwortung fällt und ihm zurechenbar ist.[194] Die Vergütung ist auf einen Betrag herabzusetzen, der angesichts der Verschlechterung der Lage der Gesellschaft nicht mehr unbillig ist. Dabei hat der Aufsichtsrat eine Ermessensentscheidung zu treffen, die sich zugleich an dem Nutzen der Vorstandstätigkeit für die Gesellschaft und den berechtigten Interessen des Vorstandes orientiert; ein Maßstab kann die Gehaltshöhe sein, die ein vergleichbares Unternehmen für die Neueinstellung eines Vorstands aufwenden müsste.[195]

1502 Die Regelung in § 87 Abs. 2 AktG in der Neufassung durch das VorstAG gilt für den Geschäftsführer der GmbH nicht unmittelbar bzw. entsprechend, weil er im Unterschied zum Vorstand der AG die Geschäfte nicht in eigener Verantwortung leite (§ 76 Abs. 1 AktG).[196] In der Krise der Gesellschaft kann der Geschäftsführer in entsprechender Anwendung des § 87 Abs. 2 AktG aber durchaus verpflichtet sein, sein Gehalt angemessen zu reduzieren.[197] Dies dürfte insbesondere für den Gesellschafter-Geschäftsführer gelten.[198] Unterlässt der Geschäftsführer das, kann

---

[189] Anhaltspunkte für die Vergütung von GmbH-Geschäftsführern liefert Schiefelbein GmbHR 2018, R 356 ff.
[190] Empirische Anhaltspunkte für die Vergütung von GmbH-Geschäftsführern liefert erneut Schiefelbein GmbHR 2022, R 36 ff.
[191] Zur dogmatischen und verfassungsrechtlich stimmigen Präzisierung des Herabsetzungsrechts s. Raitzsch NZG 2019, 495 ff.; zur Anwendung s. Rahlmeyer/von Eiff, NZG 2021, 397 ff.
[192] BGH NZG 2016, 264.
[193] BGH NZG 2016, 264.
[194] BGH NZG 2016, 264.
[195] OLG Stuttgart NZG 2015, 194.
[196] BGH AG 2016, 214, 215; so auch Mohr GmbHR 2011, 402 ff. m.w.N.; Greven BB 2009, 2154 ff.; Feddersen/v.Cube NJW 2010, 576 ff.; Zur Frage der Ausstrahlung des VorstAG auf die GmbH s. Wübbelsmann GmbHR 2009, 988 ff.; für analoge Anwendung Schnitzler GmbHR 2016, 1026 ff.
[197] Zu Herabsetzung der Geschäftsführervergütung in Krise und Insolvenz s. Lindemann GmbHR 2009, 737 ff.
[198] OLG Düsseldorf NZG 2012, 103 = DStR 2012, 309.

sich hieraus ein Schadensersatzanspruch der Gesellschaft ergeben.[199] Die Gehaltsreduzierung ist sowohl für das „Ob" also auch das „Wie" eine Ermessensentscheidung, in die alle Umstände des Einzelfalls einzubeziehen sind. Die angemessene Höhe richtet sich nicht vorrangig nach dem weiteren Nutzen der Geschäftsführungstätigkeit für die Gesellschaft, sondern zugleich nach den berechtigten Interessen des Geschäftsführers. Sie orientiert sich regelmäßig an der Vergütung, die ein vergleichbares Unternehmen für die Neuanstellung eines Geschäftsführers aufwenden müsste.[200]

Der Geschäftsführer haftet nach § 43 Abs. 2 GmbHG auf Rückzahlung nebst abgeführter Lohnsteuer, wenn er sich eine nicht geschuldete bzw. ihm nicht zustehende Vergütung anweisen lässt.[201] Der Haftungstatbestand des § 43 Abs. 2 GmbHG kommt bei Zahlungen des Geschäftsführers an sich selbst in der Krise der Gesellschaft in Betracht, wenn der Zahlungsanspruch nicht zweifelsfrei feststeht.[202] Der Geschäftsführer einer GmbH haftet nach § 43 Abs. 2 GmbHG auf Schadensersatz auch, wenn er für ihn erkennbare pflichtwidrige Gehaltsauszahlungen eines Mitgeschäftsführers an sich selbst nicht verhindert.[203]

1503

Zusätzlich kann die Zahlung eines deutlich überhöhten Geschäftsführergehalts Untreue nach § 266 StGB oder Bankrott nach § 283 Abs. 1 Nr. 2 StGB (unwirtschaftliche Ausgaben) sein.

Steuerliche Anmerkung:

1504

Bei der Gehaltsreduzierung sollte auch darauf geachtet werden, dass eine eventuelle Altersversorgungszusage entsprechend gekürzt wird, damit die vom BFH aufgestellte 75%-Grenze für die Annahme einer Überversorgung[204] nicht überschritten wird mit der Folge, dass überschreitende Pensionsrückstellungen gewinnerhöhend aufzulösen wären.[205]

Der Verzicht des beherrschenden Gesellschafter-Geschäftsführers auf bestehende oder künftige Gehaltsansprüche in der Krise der GmbH führt nicht zu Einnahmen aus unselbstständiger Tätigkeit.[206]

IV. Pflichtverletzungen im Zusammenhang mit Aufbringung und Erhaltung des Stammkapitals

Es ist grundsätzlich Aufgabe des Geschäftsführers, die ordnungsgemäße Einzahlung des Stammkapitals zu fordern und Rückerstattung desselben an die Gesellschafter zu unterlassen. In diesem Zusammenhang ist besonders darauf hin-

1505

---

[199] OLG Köln ZIP 2009, 36.
[200] OLG München ZIP 2014, 2497 (zur Reduzierung der Vorstandsvergütung nach § 87 Abs. 2 AktG).
[201] BGH ZIP 2008, 117.
[202] BGH ZIP 2009, 1467 = ZInsO 2009, 1455.
[203] OLG München GmbHR 2015, 1324 = BeckRS 2015, 18376.
[204] BFH GmbHR 2006, 95, und GmbHR 2004, 1227: Überversorgung liegt vor, wenn die Summe aller Ansprüche auf Altersbezüge zum Bilanzstichtag 75% des Aktiveinkommens überschreitet.
[205] Sa Kohlhaas GmbHR 2009, 685 ff.
[206] BFH BB 2011, 1064.

zuweisen, dass die Flexibilisierungsregelungen bei der Kapitalaufbringung und -erhaltung zugunsten des Gesellschafters (etwa §§ 19 Abs. 5 u. 4, 30 Abs. 1 S. 2 u. 3 GmbHG) mit einer nicht unerheblichen Mehrung der Verantwortlichkeiten und damit Haftungsrisiken des Geschäftsführers (etwa § 15b Abs. 5 InsO, früher § 64 S. 3 GmbHG a.F.) einhergehen.[207] Wegen dieser, nachfolgend zu erläuternden zusätzlichen Haftungsrisiken wurde die Reform des GmbH-Rechts durch das MoMiG zu Recht als eine Reform auf Kosten des Geschäftsführers bezeichnet.[208]

1. Kapitalaufbringung

1506   Zu den Pflichten des Geschäftsführers nach § 43 Abs. 2 GmbHG gehört zweifelsfrei, die Einlageleistungen auf die Geschäftsanteile von den Gesellschaftern einzufordern und diese Forderungen der Gesellschaft nicht verjähren zu lassen. Die Verletzung dieser Pflichten begründet eine Haftung nach § 43 Abs. 2 GmbHG.[209]

1507   Lässt der Geschäftsführer die **Kapitalaufbringung durch Hin- und Herzahlen nach § 19 Abs. 5 GmbHG** im Interesse des Gesellschafters zu, hat er die Vollwertigkeit des Rückgewähranspruchs gegen den Gesellschafter zu beurteilen. Dazu muss er dessen Bonität (Vermögen und Liquidität) zuverlässig zu prüfen. Ggf. muss er sich Nachweise vorlegen lasse. Im Folgenden hat der Geschäftsführer etwaige Änderungen des Kreditrisikos laufend zu überwachen und auf eine sich nach der Darlehensausreichung bzw. Rückzahlung andeutende Bonitätsverschlechterung mit sofortiger Kündigung oder Sicherheitenanforderung zu reagieren. Eine Verletzung dieser Pflichten kann Schadensersatzansprüche nach § 43 Abs. 2 GmbHG auslösen.[210]

1508   Bei der Kapitalaufbringung in Konstellationen der **verdeckten Sacheinlage nach § 19 Abs. 4 GmbHG** (beachte hier auch und gerade den DES, s.o. → Rn. 180ff.) hat der Geschäftsführer den Wert der verdeckt eingelegten Sache zutreffend, d.h. jedenfalls nicht zu hoch einzuschätzen, um den Differenzhaftungsanspruch gegen die Gesellschafter in ausreichender Höhe geltend zu machen.

1509   Zusätzlich läuft der Geschäftsführer bei Anwendung der Regelungen in § 19 Abs. 4 u. 5 GmbHG Gefahr, zum Zweck der Eintragung der Gesellschaft oder der Kapitalerhöhung ins Handelsregister falsche Angaben zu machen. Zu beachten ist, dass das von der Rechtsprechung seit je her postulierte „Verbot" der verdeckten Sacheinlage wegen Umgehung der Sacheinlagevorschriften auch nach § 19 Abs. 4 GmbHG besteht. Die vorsätzliche verdeckte Sacheinlage ist „verboten" und kann eine Strafbarkeit des Geschäftsführers wegen falscher Versicherung nach § 82 GmbHG begründen.[211] § 19 Abs. 4 GmbHG ist lediglich Ausdruck der durchgängigen bilanziellen Betrachtungsweise bei der Kapitalaufbringung und -erhaltung. Das Verbot der vorsätzlichen verdeckten Sacheinlage ergibt sich daraus, dass nach

---

[207] Unterschiedliche Ansichten Ulmer ZIP 2008, 45, 51 und K. Schmidt GmbHR 2008, 449, 452. Sa GmbHR 2008, 449ff.; Meyer BB 2008, 1742ff.
[208] K. Schmidt GmbHR 2008, 449ff.
[209] LG Wiesbaden GmbHR 2013, 596.
[210] BGH ZIP 2009, 70; dazu Altmeppen ZIP 2009, 49ff. für den insoweit vergleichbaren Fall des § 30 Abs. 1 Satz 2 GmbHG.
[211] Davon ausgehend BGH ZIP 2009, 1561 Rn. 19; dazu auch Altmeppen ZIP 2009, 1545ff.

der genannten Regelung einerseits die Geldeinlagepflicht durch die verdeckte Sacheinlage nicht erfüllt wird, und, vor allem, andererseits die Anrechnung des Wertes der verdeckt eingelegten Sache auf die Geldeinlagepflicht erst nach der Registereintragung erfolgen darf.[212] Zum Zweck der Eintragung der Gesellschaft bei Gründung bzw. der Kapitalerhöhung muss der Geschäftsführer jedoch bereits die Versicherungen über die freie Verfügbarkeit der Einlagebeträge nach §§ 8 Abs. 2 S. 1, 57 Abs. 2 S. 1 GmbHG abgeben. Diese Reihenfolge hat zur Folge, dass der Geschäftsführer in den Fällen der (erfolgten oder beabsichtigten) verdeckten Sacheinlage die Aufbringung der Geldeinlage (die ja nur durch Anrechnung des Sachwerts gewährleistet wäre) ggü. dem Handelsregister nicht versichern darf; tut er es dennoch, erfüllt er den Straftatbestand des § 82 Abs. 1 Nr. 1 bzw. 3 GmbHG. Die falsche Angabe kann nach § 9a Abs. 1 GmbHG außerdem zu persönlicher, mit den Gesellschaftern gesamtschuldnerischer Haftung des Geschäftsführers für fehlende Einzahlungen führen.

2. Kapitalerhaltung

Der Geschäftsführer hat eine nach § 30 Abs. 1 S. 1 GmbHG verbotene Stammkapitalrückgewähr zu unterlassen.[213] Nach § 43 Abs. 3 GmbHG trifft den Geschäftsführer (neben den Gesellschaftern nach §§ 30, 31 GmbHG, s.o.) eine Ersatzpflicht für verbotenerweise an die Gesellschafter zurückgezahltes Stammkapital. Dies galt ebenso für Rückzahlung eigenkapitalersetzender Darlehen in der Krise.[214] Letzteres hat sich durch das MoMiG, § 30 Abs. 1 Satz 3 GmbHG geändert, sodass die Darlehensrückzahlung nicht mehr zu einer Haftung des Geschäftsführers nach § 43 Abs. 3 GmbHG führt. Sollte die Darlehensrückzahlung an den Gesellschafter aber die Zahlungsunfähigkeit der Gesellschaft heraufbeschwören, kommt eine Ersatzpflicht des Geschäftsführers nach § 15b Abs. 5 InsO (§ 64 Satz 3 GmbHG) in Betracht (s. → Rn. 1518 ff.).

1510

Will der Geschäftsführer nach der Regelung in § 30 Abs. 1 Satz 2 GmbHG erlaubterweise dem Gesellschafter **aus dem gebundenen Vermögen** der Gesellschaft **Darlehen** geben, gehört es zu seinen Pflichten, die Vollwertigkeit des Rückgewähranspruchs zuverlässig zu prüfen, laufend etwaige Änderungen des Kreditrisikos zu überwachen und auf eine sich nach der Darlehensausreichung andeutende Bonitätsverschlechterung mit Kündigung oder Sicherheitenanforderung zu reagieren.[215] Eine Verletzung dieser Pflichten kann Schadensersatzansprüche nach § 43 Abs. 2 GmbHG auslösen,[216] wenn deshalb später der Rückzahlungsanspruch beim Gesellschafter nicht oder nicht mehr vollständig einbringlich ist.

1511

---

[212] Seibert/Decker ZIP 2008, 1208, 1210.
[213] Sa Kleindiek FS K. Schmidt, 2009, 893 ff.
[214] HM, vgl. nur Roth/Altmeppen GmbHG, § 43 Rn. 51. ME zu weitgehend LG Dresden ZIP 2005, 1511: Zahlung von Arbeitnehmerbeiträgen zur Sozialversicherung trotz Insolvenzreife durch den geschäftsführenden Gesellschafter ist dann verbotene Stammkapitalrückzahlung, wenn er durch die Zahlung von einer Haftung nach §§ 823 Abs. 2 BGB iVm 266a StGB frei wird.
[215] BGH ZIP 2009, 70; dazu Altmeppen ZIP 2009, 49 ff.
[216] Sa Schickerling/Blunk GmbHR 2009, 1294 ff.

3. Cash-Pooling, „Verjährungskarussell" und Sonstiges

1512 Die vorgenannten Haftungsrisiken können sich auch und gerade für die Geschäftsleiter von am Cash-Pooling beteiligten Gesellschaften verwirklichen.[217] Grundsätzlich hat jeder Geschäftsführer sein Verhalten am Wohl der von ihm geführten Gesellschaft auszurichten und dabei auch auf die Erhaltung des Stammkapitals zu achten (s.o.). Bei Bonitätsverschlechterung der Cash-Pool-Führerin wird der Geschäftsführer der am Cash-Pool teilnehmenden Gesellschaft, insbesondere wenn sie Nettozahlerin ist, zwischen weiterer Bedienung des Cash-Pools und Kündigung abzuwägen haben. Dabei kann ein gewichtiger Gesichtspunkt gegen eine Kündigung sein, wenn dadurch die gesamte Gruppe in die Insolvenz gestürzt würde und die betreffende Gesellschaft auf Stand-alone-Basis nicht fortgeführt werden könnte.[218]

1513 Zur Pflicht des Geschäftsführers nach § 43 Abs. 2 GmbHG gehört grundsätzlich auch, Kapitaleinzahlungsansprüche der Gesellschaft oder Erstattungsansprüche der Gesellschaft nach § 31 Abs. 1 GmbHG nicht verjähren zu lassen[219]. Das gilt auch, wenn er selbst als Gesellschafter Schuldner der Ansprüche ist. Insoweit hat er als Geschäftsführer die Pflicht, die Ansprüche der Gesellschaft auch gegen sich selbst als Gesellschafter zu verfolgen. Tut er dies nicht und lässt die Ansprüche der Gesellschaft gegen sich als Gesellschafter verjähren, ist dies eine erneute Pflichtverletzung als Geschäftsführer, für die nach § 43 Abs. 2 GmbHG der Gesellschaft haftet. Die Verjährung dieses Haftungs-/Schadensersatzanspruchs der Gesellschaft beginnt mit dem Eintritt der Verjährung des gegen den Gesellschafter nicht rechtzeitig geltend gemachten Kapitaleinzahlungs- oder -rückzahlungsanspruchs (sog. Verjährungskarussell).[220] Unterlässt aber ein Geschäftsführer, der bereits wegen der verbotenen Stammkapitalauszahlung nach § 43 Abs. 3 GmbHG verantwortlich ist, bis zum Verjährungseintritt die Rückforderung vom Gesellschafter, wird dadurch keine weitere Schadensersatzverpflichtung nach § 43 Abs. 2 GmbHG mit einer erst von da an laufenden Verjährung ausgelöst[221].

1514 Bei der **GmbH & Co. KG** haftet der Geschäftsführer der Komplementär-GmbH nach § 43 Abs. 3 GmbHG für nach § 30 Abs. 1 GmbHG verbotene Auszahlungen aus dem Vermögen der KG an einen Gesellschafter der Komplementär-GmbH gegenüber der KG.[222]

---

[217] Weitzel/Socher ZIP 2010, 1069 ff.; Neumann GmbHR 2016, 1016 ff.; Klein ZIP 2017, 258 ff.; Zimmermann, NZG 2021, 1582 ff.
[218] Zu dieser Abwägung s. Zimmermann, NZG 2021, 1582 ff.
[219] OLG Koblenz v. 30.11.2006, Az. 6 U 330/06, BeckRS 2007, 1040; dazu Dahl/Schmitz, NZG 2008, 653 ff.
[220] BGH ZIP 2018, 2117 (für die Verjährung der Haftung eines Aufsichtsratsmitglieds einer AG, welches verbotenerweise Grundkapital zurückerhalten und bis zur Verjährung des Rückzahlungsanspruchs nicht für die Verfolgung des Rückzahlungsanspruchs gesorgt hatte); Altmeppen, Organhaftung wegen Verjährenlassens von Ansprüchen der Kapitalgesellschaft, ZIP 2019, 1253 ff.
[221] BGH ZIP 2008, 2217 (Aufhebung von OLG Koblenz); dazu Bormann ZInsO 2009, 127 ff.
[222] BGH ZIP 2015, 332 = GmbHR 2015, 248.

Die Darlegungs- und Beweislast liegt bei der Gesellschaft bzw. in der Insolvenz 1515
beim Insolvenzverwalter. Eine sekundäre Darlegungslast kann den Geschäftsführer
auch dann treffen, wenn er schon aus dem Amt ausgeschieden ist, aber noch über
Unterlagen, Erkundigungsmöglichkeiten oder Kenntnisse verfügt.[223]
(unbelegt) 1516

4. Darlehen an Geschäftsführer

Nach § 43a GmbHG dürfen an die Geschäftsführer und die weiteren dort ge- 1517
nannten Führungspersonen Kredite aus dem gebundenen Vermögen nicht gewährt
werden.[224] Ein entgegen dieser Vorschrift gewährter Kredit ist sofort zurückzugewähren.

Ein auf Anweisung des Gesellschafters handelnder Prokurist haftet nicht.[225]

V. Verbotene Zahlungen an Gesellschafter, § 15b Abs. 5 InsO

Nach § 15b Abs. 5 InsO (früher die durch das MoMiG eingeführten §§ 64 S. 3 1518
GmbHG, § 130a Abs. 1 S. 3 HGB und § 92 Abs. 2 S. 3 AktG jeweils a.F.) dürfen
die Geschäftsleiter an Personen, die an der Gesellschaft beteiligt sind, keine Zahlungen mehr leisten bzw. sind zum Ersatz solcher Zahlungen verpflichtet, soweit
diese Zahlungen zur Zahlungsunfähigkeit der Gesellschaft führen mussten, es sei
denn, dies war auch bei Beachtung der in Abs. 1 S. 2 bezeichneten Sorgfalt nicht
erkennbar.

1. Regelungsgegenstand und Tatbestand

Durch diese nunmehr durch Art. 5 SanInsFoG[226] in § 15b Abs. 5 InsO verortete 1519
Regelung werden die Haftung der Geschäftsführer und damit der Gläubigerschutz auch auf die Fälle ausgedehnt, dass ein Vermögenstransfer aus der Gesellschaft an die Gesellschafter den Insolvenztatbestand der Zahlungsunfähigkeit erst
begründet,[227] die sog. Insolvenzverursachungshaftung.[228] Nach der Vorstellung
des MoMiG-Gesetzgebers sollten die Regelungen eine Kompensation für die
Schwächung des Gläubigerschutzes sein, die durch die gleichzeitig zugunsten der
Gesellschafter ermöglichten Liquiditätsabflüsse nach den in Regelungen zum er-

---

[223] BGH ZIP 2006, 805 = BB 2006, 1070.
[224] Sa Fromm GmbHR 2008, 537 ff.; OLG Naumburg ZIP 1999, 118 ff.
[225] OLG Brandenburg ZIP 2002, 1530.
[226] BGBl. I 2020,
[227] Knof DStR 2007, 1536 ff. und 1580 ff. Sa Poertzgen GmbHR 2007, 1258 ff.; Greulich/Rau NZG 2008, 284 ff.; Seulen/Osterloh ZInsO 2010, 881 ff.; Haas NZG 2013, 41 ff.; Nolting-Hauff/Greulich GmbHR 2013, 169 ff.
[228] Sa Die Insolvenzverursachungshaftung des GmbH-Geschäftsführers in Erle/Goette ua FS Hommelhoff, 2012, 961 ff.; zu den aktuellen Problemen des § 64 S. 3 GmbHG s. Poertzgen ZInsO 2012, 249 ff.; Jost ZInsO 2014, 2471 ff.; Porzelt, Die Haftung nach § 64 S. 1 u. 3 GmbHG, insbesondere die eingetretene bzw. herbeigeführte Zahlungsunfähigkeit als Voraussetzung der Haftung, GmbHR 2019, 1037 ff.

laubten Hin- und Herzahlen bei der Kapitalaufbringung nach § 19 Abs. 5 GmbHG, zur erlaubten Darlehensgewährung aus gebundenem Vermögen nach § 30 Abs. 1 Satz 2 GmbH und zur erlaubten Bedienung von Gesellschafterdarlehen bis zur Insolvenzeröffnung nach § 30 Abs. 1 Satz 3 GmbHG eingetreten ist: allen vorgenannten Regelungen ist gemein, dass der Liquiditätsabfluss aus der Gesellschaft an den Gesellschafter und damit tendenziell eine Mehrung der Risiken der Gesellschaftsgläubiger zunächst hinzunehmen ist. Nach § 15b Abs. 5 InsO (früher § 64 Satz 3 GmbHG a.F.) hat der Geschäftsführer darauf zu achten, dass sich die durch den Liquiditätsabfluss erhöhten Gläubigerrisiken nicht verwirklichen. Nach meinem Dafürhalten ist auch dies ein weiterer Beleg dafür, dass es sich bei der GmbH-Rechtsreform durch das MoMiG um eine Reform auf Kosten des (Fremd-)Geschäftsführers und damit gegenüber dem Gesellschafter tendenziell Schwächeren handelte.

Außerdem dürfte die Regelung auf die Fälle der sog. Firmenbestattungen zugeschnitten sein.

Eine Erstattungspflicht nach § 15b Abs. 5 InsO besteht für solche Zahlungen an die Gesellschafter, die erkennbar zur Zahlungsunfähigkeit der Gesellschaft führen mussten, auch dann, wenn die Gesellschafter den Eintritt der Insolvenz (etwa zur Vermeidung von Insolvenzanfechtungen) durch freiwillig Stützungszahlungen noch 13 Monate hinauszögern[229]. Tatbestandsmäßig können auch sog. aufsteigende Kreditsicherheiten (upstream securities) sein[230].

Gleichgestellt sind Zahlungen an Dritte, die einer Zahlung an den Gesellschafter wirtschaftlich entsprechen.

Die Privilegierung des § 15b Abs. 1 S. 2 InsO ist nach der ausdrücklichen Regelung auch auf die Haftung nach § 15b Abs. 5 InsO anwendbar.[231]

2. Anwendungsbereich, Überschneidungen und Rechtsfolge

1520   Die Regelung weist **Überschneidungen** mit mehreren anderen Gläubigerschutzinstrumenten auf:
- Bei einem Verstoß gegen das Verbot der Ausschüttung des Stammkapitals in §§ 30, 31 GmbHG haftet der Geschäftsführer ebenfalls auf Schadensersatz nach § 43 Abs. 3 GmbHG;
- Rückzahlungen von Gesellschafterdarlehen oder stillen Beteiligungen sind nach § 30 Abs. 1 Satz 3 GmbHG kein Eingriff in das Stammkapital.[232] Bis zur Eröffnung eines Insolvenzverfahrens über das Vermögen der Gesellschaft kann sich eine Rückzahlungssperre für **Gesellschafterdarlehen** aber aus § 15b Abs. 5 InsO ergeben (s.u.).
- Bei einem existenzvernichtenden Eingriff in das Vermögen der GmbH kommt nach der von der Rechtsprechung des BGH geprägten Rechtsfigur neben der Haftung des Gesellschafters gegenüber der Gesellschaft im Wege der Innen-

---
[229] OLG Celle GmbHR 2012, 1185 = BeckRS 2012, 22297.
[230] Sa Mahler GmbHR 2012, 504 ff.; Brand ZIP 2012, 1010 ff. und NZG 2012, 1374 ff.
[231] Zur Rechtslage nach § 64 GmbHG a.F. Porzelt, Die Haftung nach § 64 S. 1 u. 3 GmbHG, insbesondere die eingetretene bzw. herbeigeführte Zahlungsunfähigkeit als Voraussetzung der Haftung, GmbHR 2019, 1037 ff., 1041 m.w.N.
[232] KG GmbHR 2010, 201 = BeckRS 2010, 3522.

B. *Insolvenzverursachungshaftung* 509

haftung wegen vorsätzlich sittenwidriger Schädigung nach § 826 BGB[233] auch eine Haftung des Geschäftsführers als Gehilfe nach § 830 BGB in Betracht[234]. I.Ü. berührt die Regelung des § 15b Abs. 5 InsO (früher § 64 Satz 3 GmbHG a.F.) die bisherige straf- und zivilgerichtliche Rechtsprechung zur Haftung des Gesellschafters für existenzgefährdende bzw. -vernichtende Eingriffe nicht.[235]

Diskutiert wurde der **Anwendungsbereich** der Vorgängervorschrift des § 64 Satz 3 GmbHG a.F.[236] Dies betraf einerseits die Frage nach der Kausalität zwischen der Zahlung an den Gesellschafter und dem Eintritt der Zahlungsunfähigkeit der Gesellschaft und andererseits die Frage, ob die mögliche Erstattungspflicht des Geschäftsführers der Gesellschaft ein Leistungsverweigerungsrecht gegenüber dem Gesellschafter gewährt. Bei genauer Betrachtung hat die Vorschrift eigentlich keinen relevanten Anwendungsbereich:[237] Zahlungen auf nicht bestehende oder noch nicht fällige Gesellschafterforderungen darf der Geschäftsführer nach § 43 Abs. 1 GmbHG nicht leisten; tut er es dennoch, greift die Culpahaftung nach § 43 Abs. 2 GmbHG (s.o.) ein, weil die Herbeiführung der Insolvenz der Gesellschaft, deren Interessen er zu schützen hat, ein evidenter Verstoß gegen die Pflichten des ordentlichen Geschäftsmannes ist. Fällige Gesellschafterforderungen hingegen sind bei der Prüfung bereits eingetretener Zahlungsunfähigkeit zu berücksichtigen. Ggf. sind die Zahlungen dann nach § 15b Abs. 1 InsO (früher 64 S. 1 u. 2 GmbHG a.F.) verboten. Bei im Zeitpunkt der Zahlung bereits bestehender Zahlungsunfähigkeit fehlt es somit an der Kausalität der Zahlung für den Eintritt der Zahlungsunfähigkeit.[238] Bei dieser Auslegung könnte die Vorschrift auch kein gesondertes Leistungsverweigerungsrecht begründen.[239] Ein solches kann sich aus §§ 30, 31 GmbHG ergeben oder es besteht bereits mangels Bestehens oder Fälligkeit der Gesellschafterforderung. Nicht zu verkennen ist, dass bei dieser Auslegung der Anwendungsbereich des Regelung – wenn es ihn überhaupt gibt – vernachlässigbar klein ist, ja auf den wohl eher theoretischen Fall der Vergrößerung einer unwesentlichen (kleiner als 10 %) zu einer wesentlichen (größer als 10 %) Liquiditätsdeckungslücke beschränkt ist.

1521

Der BGH hat zu diesen Fragen Stellung genommen:[240] § 64 Satz 3 GmbHG a.F. greift nicht ein, wenn die Zahlungsunfähigkeit der Gesellschaft zur Zeit der Zahlung an den Gesellschafter bereits besteht; dann fehlt es an der erforderlichen Kausalität der Zahlung für den Insolvenzeintritt. Allerdings sei die Forderung des Gesellschafters bei der Beurteilung der (künftigen) Zahlungsunfähigkeit der Gesellschaft zu berücksichtigen, weil im Rahmen des § 64 GmbHG a.F. kein anderer Begriff der Zahlungsunfähigkeit gelte als für §§ 17, 18 InsO. I.Ü. hat der BGH

1522

---

[233] BGH ZIP 2007, 1552; zu evtl. Ansprüchen aus §§ 30, 31 GmbHG besteht echte Anspruchsgrundlagen-konkurrenz.
[234] IErg abl Schneider FS Schneider, 2011, 1177 ff. und GmbHR 2011, 685 ff.
[235] BGH ZInsO 2009, 1912 = NZG 2009, 1152.
[236] Zu den aktuellen Problemen des § 64 S. 3 GmbHG s. Poertzgen ZInsO 2012, 249 ff.
[237] Überzeugend Altmeppen ZIP 2013, 801 ff.
[238] Scholz/K. Schmidt GmbHG, § 64 Rn. 83.
[239] OLG München ZIP 2010, 1236; zu dieser Frage auch Haas DStR 2010, 1991 f.; Desch BB 2010, 2586 ff.; für ein Leistungsverweigerungsrecht Winstel ua GmbHR 2011, 185 ff.
[240] BGH ZIP 2012, 2391 = ZInsO 2012, 2291; dazu Haas NZG 2013, 41 ff.; Nolting-Hauff/Greulich GmbHR 2013, 169 ff.

einen verbleibenden (kleinen) **Anwendungsbereich** des § 64 Satz 3 GmbHG a.F. definiert:
- Vergrößerung der Liquiditätsunterdeckung auf über 10% durch die Zahlung an den Gesellschafter,
- Zahlung auf eine nur wirtschaftlich (nicht rechtlich) gestundete Forderung des Gesellschafters (= nicht ernsthaft eingeforderte Forderung des Gesellschafters),
- Zahlungen auf Gesellschafterdarlehensforderungen, für die ein Rangrücktritt vereinbart war,
- die Zahlung an den Gesellschafter führt absehbar zur Rückforderung von Kreditleistungen durch Dritte bzw. Zahlungen auf Gesellschafterforderungen, von deren Belassen dritte Kreditgeber die Gewährung oder den Fortbestand oder die Verlängerung der Kredite abhängig machen.

Die Kausalität der Zahlung an den Gesellschafter für die Zahlungsunfähigkeit der Gesellschaft ist ex post zu beurteilen.

1523 Außerdem hat der BGH entschieden, dass die **Gesellschaft** im Fall des § 64 Satz 3 GmbHG a.F. ggü. dem Gesellschafter **ein Leistungsverweigerungsrecht zusteht**, obwohl sich das Zahlungsverbot wörtlich nur an den Geschäftsführer richtet. Begründung: Im Sinne des Gläubigerschutzes soll bereits der Mittelabfluss verhindert werden.[241] Nach einer Entscheidung des KG Berlin kommt es für die Beurteilung des Leistungsverweigerungsrechts auf eine Prognose zum Zeitpunkt der Fälligkeit des Zahlungsanspruchs an, d.h. ob aus der Sicht des Geschäftsführers die Zahlung ohne Hinzutreten weiterer Umstände unmittelbar zur Zahlungsunfähigkeit der Gesellschaft führen musste.[242] Das würde sich nicht mit dem in → Rn. 1522 (4. Aufzählungspunkt) genannten Anwendungsfall der Vorschrift decken. Entgegen einer in der Literatur vertretenen Auffassung[243] würde ich aber für die Beratungspraxis nicht so weit gehen, dass wegen dieses Leistungsverweigerungsrechts Gesellschafterforderungen bei der Beurteilung der Zahlungsunfähigkeit der Gesellschaft unberücksichtigt bleiben können. Diese Auffassung verkennt, dass das Zahlungsverbot nur für solche Zahlungen gilt, die zur Zahlungsunfähigkeit führen müssen.

1524 Keine Aussage trifft die vg. BGH-Entscheidung dazu, ob bereits die bloße Eingehung einer schuldrechtlichen Verbindlichkeit gegenüber dem Gesellschafter oder die Bestellung einer dinglichen Sicherheit aus dem Gesellschaftsvermögen zugunsten des Gesellschafters (sog. Upstream Security) vom Verbot des § 64 Satz 3 GmbHG erfasst sind. Das ist m.E. für die bloße Begründung einer schuldrechtlichen Verbindlichkeit gegenüber dem Gesellschafter zu verneinen, für die Bestellung einer dinglichen Sicherheit aus dem Gesellschaftsvermögen zugunsten des Gesellschafters zu bejahen, zumindest dann, wenn die Inanspruchnahme der Sicherheit ernsthaft droht. Hier muss also eine sog. Limitation Language vereinbart werden.

1525 Tatbestandsmäßig kann neben Zahlungen auch die Gewährung sog. aufsteigender Kreditsicherheiten (Upstream Securities), also die Gewährung von Sicherheiten

---

[241] BGH ZIP 2012, 2391 = ZInsO 2012, 2291; dazu Haas NZG 2013, 41 ff.; Nolting-Hauff/Greulich GmbHR 2013, 169 ff.
[242] KG GmbHR 2010, 201 = BeckRS 2010, 3522.
[243] Poertzgen/Meyer ZInsO 2012, 249, 254.

aus dem Gesellschaftsvermögen für Verbindlichkeiten des Gesellschafters sein.[244] Ebenso sind nach §15b Abs. 5 InsO Zahlungen an die Gesellschafter verboten, die erkennbar zur Zahlungsunfähigkeit der Gesellschaft führen mussten, auch dann, wenn die Gesellschafter den Eintritt der Insolvenz (etwa zur Vermeidung von Insolvenzanfechtungen) durch freiwillig Stützungszahlungen noch 13 Monate hinauszögern.[245]

Bei Ansprüchen mehrerer Gesellschafter bzw. Zahlungen an mehrere Gesellschafter, die nicht mehr alle ohne Verstoß gegen §15b Abs. 5 InsO befriedigt bzw. bewirkt werden können, dürften Quoten zu bilden sein.[246] **1526**

3. Anwendbarkeit in inländischen Insolvenzverfahren über das Vermögen (EU-) ausländischer Gesellschaften mit Verwaltungssitz im Inland

Nach der Begründung des RegE des MoMiG hatte die Regelung in §64 Satz 3 GmbHG a.F. insolvenzrechtlichen Bezug und ist somit nach der Entwurfsbegründung als insolvenzrechtliche Norm zu qualifizieren, sodass sie gem. Art. 3 Abs. 1, Art. 4 Abs. 1 und 2 Satz 1 EuInsVO bzw. §335 InsO auch in Insolvenzverfahren über das Vermögen ausländischer haftungsbeschränkter Gesellschaften anzuwenden ist, deren Verwaltungssitz bzw. Tätigkeitsmittelpunkt (COMI) in Deutschland liegt. Der BGH hatte dies für §64 Satz 1 GmbHG a.F. bejaht, die Frage jedoch dem EuGH vorgelegt.[247] Dieser hat entschieden, dass Art. 49, 54 AEUV der Anwendung der Vorschrift des §64 Satz 1. GmbHG a.F. auf einen director einer Gesellschaft englischen oder walisischen Rechts nicht entgegenstehen.[248] Daraufhin hat der BGH entschieden, dass §64 Satz 1 GmbHG a.F. auf einen director einer private company limited by shares, über deren Vermögen ein inländisches Insolvenzverfahren eröffnet worden ist, anwendbar ist.[249] Nach meinem Dafürhalten war das auch auf §64 Satz 3 GmbHG a.F. anwendbar.[250] Die Anwendbarkeit dürfe nun durch die Verortung der Regelung in der InsO außer Frage stehen. **1527**

VI. Haftung bei existenzvernichtenden Eingriffen; vorsätzliche Verursachung der Insolvenz

Pflichtverletzungen des Geschäftsführers nach §43 Abs. 1 u. 2 GmbHG führen grundsätzlich nicht zu einer Außenhaftung (s.o.). Jedoch kann sich eine Außenhaftung des Geschäftsführers für mittelbare Schädigungen etwa von Gesellschafts- **1528**

---
[244] Sa Mahler GmbHR 2012, 504ff.; Brand ZIP 2012, 1010ff. und NZG 2012, 1374ff.
[245] OLG Celle GmbHR 2012, 1185 = DStR 2013, 55.
[246] Winstel ua GmbHR 2011, 185ff.
[247] BGH ZIP 2015, 68 = GmbHR 2015, 79.
[248] EuGH ZIP 2015, 2468 = GmbHR 2016, 24; zu dieser Entscheidung und der entsprechenden Anwendung auf andere „inländische" Haftungsnormen s. Schall ZIP 2016, 289ff., und Mankowski NZG 2016, 281ff.
[249] BGH ZIP 2016, 821.
[250] So auch Schall ZIP 2016, 289ff.

gläubigern wegen vorsätzlich sittenwidriger Schädigung nach § 826 BGB ergeben. Voraussetzung ist, dass den Schädiger das Unwerturteil, sittenwidrig gehandelt zu haben, gerade auch in Bezug auf die Schäden desjenigen trifft, der den Anspruch aus § 826 BGB erhebt.[251] Das kann gegeben sein, wenn der Geschäftsführer die Insolvenz der Gesellschaft vorsätzlich herbeiführt. Allein der vorsätzliche „Griff in die Gesellschaftskasse" durch den Geschäftsführer dürfte dafür aber nicht genügen.[252]

1529 In Betracht kommt auch die Haftung des Geschäftsführers bei Mitwirkung an Existenz vernichtenden Eingriffen[253] des Gesellschafters nach §§ 826, 830 BGB.[254] Entsprechende Weisungen darf der Geschäftsführer nicht befolgen.[255]

1530 Zur Überschneidung mit der Haftung des Geschäftsführers nach § 15b Abs. 5 InsO s. → Rn. 1520 ff.

VII. Nichteinberufung der Gesellschafterversammlung

1531 Nach § 49 Abs. 3 GmbHG hat der Geschäftsführer bei Verlust der Hälfte des Stammkapitals, d.h. zu dem Zeitpunkt, in dem das Vermögen der Gesellschaft nur noch die Verbindlichkeiten und die Hälfte des Stammkapitals deckt, unverzüglich die Gesellschafterversammlung einzuberufen. Maßgeblich sind die Bewertungsregeln der Jahresbilanz. Bei der Vermögensbeurteilung ist der bilanzielle Ansatz maßgeblich, stille Reserven sind nach h.M. nicht zu berücksichtigen.[256] Die Einberufungspflicht besteht entgegen dem Wortlaut der Vorschrift nicht erst nach Aufstellung der Bilanz, sondern auch zwischendurch, da der Geschäftsführer die Vermögenslage der Gesellschaft laufend im Blick zu halten hat und die Warnfunktion gegenüber den Gesellschaftern ein Zuwarten nicht gestattet.

1532 Verletzt er diese Pflicht, kann er sich nach § 43 Abs. 2 GmbHG schadensersatzpflichtig machen.

1533 Die Durchführung einer Versammlung in der GmbH ist **entbehrlich**[257], wenn sämtliche Gesellschafter auch als Geschäftsführer tätig sind und die Thematik beraten. Auch muss die Versammlung nicht durchgeführt werden, wenn die Gesellschafter in Kenntnis der Situation auf die Durchführung verzichten. Eine bloße schriftliche Information an die Gesellschafter dürfte hingegen nicht ausreichen.

Achtung
Zusätzlich ist die Verletzung der Anzeige- und Einberufungspflicht mit Strafe bedroht, § 84 GmbHG.

---

[251] BGH NJW 2019, 2164 = GmbHR 2019, 887.
[252] BGH NJW 2019, 2164 = GmbHR 2019, 887.
[253] Zur Existenzvernichtungshaftung von Vorständen und Aufsichtsräten s. Hoffmann NJW 2012, 1393 ff.
[254] Zur Bedeutung des Trihotel-Urteils des BGH für die Organhaftung (unter Einbeziehung der englischen Ltd.) s. Heitsch ZInsO 2007, 961 ff.
[255] Lutter/Banerjea ZIP 2003, 2177 ff.
[256] Anders noch der BGH in seiner Entscheidung aus 1958, BGH WM 1958, 1416, 1417.
[257] Sa Ulrich GmbHR 2016, R 261.

Der Geschäftsführer der UG (haftungsbeschränkt) hat nach § 5a Abs. 4 GmbHG   1534
hiervon abweichend die – nicht strafbewehrte – Pflicht zur Einberufung der Gesellschafterversammlung bei drohender Zahlungsunfähigkeit der Gesellschaft.

VIII. Rechte und Pflichten des GmbH-Geschäftsführers bei drohender Zahlungsunfähigkeit

Jedenfalls ab dem Zeitpunkt des Eintritts der drohenden Zahlungsunfähigkeit (Beurteilungszeitraum „in der Regel" 24 Monate, nach § 18 Abs. 2 S. 2 InsO n.F.[258]) der Gesellschaft hat der Geschäftsführer mehrere Verfahren zur Sanierung des Unternehmens zur Auswahl: 1535
- die sog. „freie" Sanierung (s.o.),
- die (flexible und auch selektive) Inanspruchnahme der Möglichkeiten des Stabilisierungs- und Restrukturierungsrahmens nach dem StaRUG mit eigener oder gerichtlicher Durchführung des Verfahrens,
- das sog. Schutzschirmverfahren nach § 270d InsO n.F. (s.u.) sowie
- das Insolvenzverfahren als Regelinsolvenzverfahren oder in Eigenverwaltung, beide auch als Insolvenzplanverfahren.

Nicht zu verkennen ist, dass die Sanierungswerkzeuge nach dem StaRUG und der InsO, insbesondere dem Insolvenzplanverfahren in der Eigenverwaltung Überschneidungen aufweisen. Das StaRUG-Verfahren wird dabei tendenziell eher für die finanzielle Sanierung des Unternehmens zu wählen sein, das Insolvenzverfahren dann, wenn daneben auch eine operative Neuordnung und evtl. gesellschaftsrechtliche Umstrukturierungen erforderlich sein sollten.[259]

1. Reorganisationsverschleppungshaftung?

Zunächst ist darauf hinzuweisen, dass der Geschäftsführer bei Eintritt einer   1536
Krise der Gesellschaft verpflichtet ist, Sanierungsmöglichkeiten zu prüfen (s.
→ Rn. 1499). Dies gilt natürlich auch und gerade bei Eintritt drohender Zahlungsunfähigkeit.

In § 2 StaRUG-RegE[260] war eine ausdrückliche gesetzliche Verpflichtung von   1537
Geschäftsleitern von haftungsbeschränkten Gesellschaften vorgesehen, bei Eintritt drohender Zahlungsunfähigkeit gem. § 18 InsO die Interessen der Gläubigergesamtheit zu wahren (sog. **shift of duties**); entgegenstehende Weisungen der Gesellschafter sollten unbeachtlich sein. Nach § 3 StaRUG-RegE sollte die Verletzung dieser Pflichten eine persönliche Schadensersatzhaftung des Geschäftsführers gegenüber der Gesellschaft nach sich ziehen (Reorganisationsverschleppungshaftung,

---

[258] Änderung durch Art. 5 SanInsFoG v. 22.12.2020, BGBL I 2020, 256 ff., in Kraft getreten am 1.1.2021
[259] S.a. de Bruyn/Ehmke, Sanierungswerkzeuge des Restrukturierungs- und Insolvenzverfahrens, NZG 2021, 661 ff.
[260] Teil des RegE SanInsFoG v. 14.10.2020

ähnlich § 43 Abs. u. 2 GmbHG)²⁶¹. Das ist nach teilweise erheblicher und berechtigter Kritik in der Lit.²⁶² wegen des vollkommen ungeklärten Verhältnisses zu den gesellschaftsrechtlich verankerten Sorgfalts- und Sanierungspflichten (s.o.) gemäß der Empfehlung des Rechtsausschusses des Bundestags²⁶³ nicht Gesetz geworden.

Gleichzeitig hat der Rechtsausschuss jedoch seiner Rechtsauffassung Ausdruck gegeben, dass sich entsprechende Geschäftsführerpflichten mit Schadensersatzfolge bei Verletzung bereits aus den allgemeinen Sorgfaltspflichten der Geschäftsleiter etwa nach §§ 43 GmbHG, 93 AktG ergäben. Auch in der jüngeren Literatur wird vertreten, dass nach Eintritt der materiellen Insolvenzreife der Gesellschaft sich die Schutzrichtung der allgemeinen culpa-Haftung in § 43 GmbHG und den Parallelvorschriften bereits im o.g. Sinne wandelt: das Geschäftsführerhandeln ist nunmehr (auch) am Gläubigerinteresse und nicht mehr allein am Gesellschafterinteresse auszurichten (sog. shift of duties).²⁶⁴ Nach der bisherigen Rechtsprechung²⁶⁵ bewirkt § 43 GmbHG einen Gläubigerschutz nur als Reflexwirkung; eine unmittelbare Verpflichtung der Geschäftsführung zur Wahrung (in erster Linie) der Gläubigerinteressen ergibt sich aus dieser Vorschrift nicht.²⁶⁶ Was dem wirtschaftlichen Interesse der Gesellschaft dient, dürfte mittelbar auch dem Befriedigungsinteresse der Gesellschaftsgläubiger dienen. Insbesondere dürfte es auch bei dem unternehmerischen Ermessensspielraum der Geschäftsleiter, der sog. business judgement Rule, s.o., verbleiben. Mit Fortschreiten der Krise werden sich die Sorgfaltspflichten der Geschäftsführer verlagern: von der Wahrung der Interessen der Gesellschafter hin zur stärkeren Betonung der Interessen der Gesellschaftsgläubiger.²⁶⁷ Konkret wird dies danach zu beurteilen sein, zu welchem Zeitpunkt gemäß der von der Geschäftsführung aufzustellenden Liquiditätsplanung Zahlungsunfähigkeit wahrscheinlich eintreten wird: bereits nach 3 bis 6 Monaten oder erst nach 18 oder gar 24 Monaten? Nicht zu verkennen ist dabei, dass für den Geschäftsführer damit eine komplexe und konfliktträchtige Gemengelage entsteht, in welcher streitträchtige und u.U. haftungsrelevante Abgrenzungsfragen erst durch die Rechtsprechung zu klären sein werden.

Im Übrigen sei auf die Ausführungen oben bei der sog. Culpa-Haftung (§ 43 GmbHG) verwiesen.

2. Reorganisationsdurchführungshaftung

1538 Die drohende Zahlungsunfähigkeit ist der Eingriffszeitpunkt für die (freiwillige) Inanspruchnahme der gerichtlichen Instrumente Stabilisierungs- und Restrukturierungsrahmens nach §§ 29 ff. StaRUG²⁶⁸, was in der Lit. teilweise und m.E. zu

---

²⁶¹ S.a. Brinkmann, Die Haftung der Geschäftsleiter in der Krise nach dem SanInsFoG, ZIP 2020, 2361 ff.
²⁶² Pointiert etwa Kuntz, ZIP 2020, 2423
²⁶³ BT-Drucks. 19/25353, S. 6
²⁶⁴ s. Bitter, ZIP 2020, 685, 691 m.w.N.; Thole, ZIP 2020, 1985 ff., 1987
²⁶⁵ etwa BGH ZIP 2000, 493
²⁶⁶ Thole, ZIP 2020, 1985 ff., 1986 m.w.N.
²⁶⁷ Thole, ZIP 2020, 1985 ff., 1987
²⁶⁸ S.a. Balthasar, Allgemeine Zugangsvoraussetzungen zu den Restrukturierungsinstrumenten, NZI Sonderbeilage 1/2021, 18 ff.

Unrecht als zu später Zeitpunkt kritisiert wurde.[269] Da auch in diesem Stadium noch das unternehmerische Handlungsermessen der Geschäftsleitungen etwa nach §§ 43 Abs. 1 GmbHG, 93 Abs. 1 AktG gegeben ist, besteht m.E. keine Pflicht zur Nutzung der Instrumente und Möglichkeiten des Stabilisierungs- und Restrukturierungsrahmens nach dem StaRUG. Vielmehr hat der Geschäftsführer nach pflichtgemäßem Ermessen zu entscheiden, welche Maßnahmen er zur Beseitigung der Krise und zur Sanierung der Gesellschaft bzw. des Unternehmens trifft.[270]

a) Veränderung des Sorgfaltsmaßstabs im gerichtlichen Restrukturierungsverfahren („shift of duties")[271]. Entscheidet sich der Schuldner/Geschäftsführer für die Durchführung des Restrukturierungsvorhabens mit den gerichtlichen Instrumenten nach § 29 Abs. 2 StaRUG und zeigt dieses nach § 31 Abs. 1 StaRUG dem Restrukturierungsgericht an mit der Folge, dass die Restrukturierungssache rechtshängig wird (§ 31 Abs. 3 StaRUG), so hat der Schuldner nach §§ 32 Abs. 1 S. 1, 43 Abs. 1 S. 1 StaRUG die Pflicht, die Restrukturierungssache mit der **Sorgfalt eines ordentlichen und gewissenhaften Sanierungsgeschäftsführers** zu betreiben <u>und</u> **dabei die Interessen der Gläubigergesamtheit zu wahren sog.** (sog. shift of duties, Primat der Gläubigerinteressen). Insbesondere hat er Maßnahmen zu unterlassen, welche sich mit dem Restrukturierungsziel nicht vereinbaren lassen oder welche die Erfolgsaussichten der in Aussicht genommenen Restrukturierung gefährden. Das Gesetz sieht dabei Zahlungen auf solche Forderungen als „in der Regel" mit dem Restrukturierungsziel unvereinbar an, die im Restrukturierungsplan gestaltet werden können. 1539

Begründet wird diese Verlagerung des Sorgfaltspflichten mit der erhöhten Schutzbedürftigkeit der Gläubiger, die einerseits aus der drohenden Zahlungsunfähigkeit der Gesellschaft und andererseits aus dem Umstand folgt, dass einzelne Instrumente des Stabilisierungs- und Restrukturierungsverfahrens z.T. erheblich in ihre Rechte eingreifen können.[272]

Nach § 43 Abs. 1 S. 2 StaRUG haften die Geschäftsführer haftungsbeschränkter Gesellschaften für die Verletzung der vorstehend genannten Pflichten dem Schuldner (der Gesellschaft) in Höhe des den Gläubigern entstandenen Schadens, es sei denn, sie haben die Pflichtverletzung nicht zu vertreten.[273] Dieser Maßstab für die Schadensberechnung ist neu und unterstreicht die Bedeutung der Pflicht zur Wahrung der Gläubigerinteressen. Auch diese Haftung ist als Innenhaftung ausgestaltet. Die Regelung ist kein Schutzgesetz i.S.d. § 823 Abs. 2 BGB.[274] Das Verschulden des Geschäftsführers wird vermutet. 1540

Die Regelung birgt einige, erst von der Rechtsprechung zu klärende **Zweifelsfragen**: 1541

- Die nunmehr statuierten Sanierungspflichten sind etwas diffus und könnten evtl. sogar zu einem sog. „chilling effect" führen, dass der Geschäftsführer also aus Sorge vor persönlichen Haftungsgefahren vor unternehmerischen

---

[269] Müller, ZIP 2020, 2253 ff., 2254
[270] So auch Ristelhuber, NZI 2021, 417 ff.
[271] S.a. Birnbreier, Sorgfaltspflichten der Geschäftsführung während der Vornahme von Restrukturierungsmaßnahmen, NZI-Sonderbeilage 1/2021, 25 ff.
[272] S.a. Brünkmans, ZInsO 2012, 1 ff., 8.
[273] Zu diesem Haftungstatbestand Smid, ZInsO 2021, 117 ff.
[274] Scholz, ZIP 2021, 219, 226; Korch, GmbHR 2021, 793, 799.

(Sanierungs-)Entscheidungen zurückschreckt.[275] Im Stadium der evtl. erst in 18–24 Monaten drohenden Zahlungsunfähigkeit kann es denkbar sein, dass bei einer sofortigen Liquidation der Gesellschaft sämtliche Gläubigerforderungen vollständig befriedigt werden könnten und diese sich somit als der für die Gläubigerbefriedigung sicherste Weg darstellt, weil die mit jeder Unternehmensfortführung, zumal zu Sanierungszwecken verbundenen Risiken und Sanierungsaufwendungen entfallen. Die Liquidation aber wäre genau das Gegenteil der Intentionen des Restrukturierungsverfahrens. Hier bleibt zu hoffen, dass die Rechtsprechung die Haftungsmaßstäbe für den Geschäftsführer trotz seiner nun ausdrücklichen und nicht mehr nur reflexhaften Verpflichtung auf die Gläubigerinteressen nicht zu sehr erhöht, sondern es im Grunde bei dem unternehmerischen Handlungsermessen gemäß der business judgemet rule, lediglich nunmehr ausgerichtet am Sanierungszweck, belässt. Der Ansatz hierfür kann in der gesetzlichen Formulierung „Sorgfalt eines ordentlichen und gewissenhaften Sanierungsgeschäftsführers" gesehen werden.

- Auch die weiteren, vorstehend beschriebenen Vergleichbarkeiten mit der Haftung nach §93 Abs.2 AktG, der im GmbH-Recht entsprechend angewendet wird (s.o.), lassen hoffen, dass dem (Sanierungs-)Geschäftsführer auch hier das unternehmerische Handlungsermessen, die business judgemet rules, nunmehr bezogen auf den Sanierungszweck zugestanden wird.[276] Gibt es mehrere Möglichkeiten von (StaRUG-)Sanierungsmaßnahmen, die die Interessen der Gläubigergesamtheit aus der ex ante-Sicht vergleichbar wahren und weist die Gesellschafterversammlung zu einer bestimmten Maßnahme an, entfällt der Pflichtwidrigkeitsvorwurf für den Geschäftsführer.[277]

- Können entgegengesetzte Weisungen der Gesellschafterversammlung den Geschäftsführer binden (§37 Abs.1 GmbHG) mit der Folge der Haftungsentlastung bei Befolgung? Eine dem §276a InsO für das (vorläufige) Eigenverwaltungsverfahren entsprechende Regelung ist im StaRUG nicht enthalten. Weisungen der Gesellschafterversammlung sind also innerhalb des unternehmerischen Handlungsermessens des Sanierungsgeschäftsführers betreffend das „Wie" der Maßnahmen zulässig (s.o.). Rechtswidrig und vom Geschäftsführer nicht zu befolgen sind sie, soweit sie den Interessen der Gläubigergesamtheit zuwiderlaufen, da diese in dem gerichtlichen Restrukturierungsverfahren gemäß der zwingenden gesetzlichen Regelung in §43 Abs.1 S.1 StaRUG jedenfalls Vorrang haben.

- Schwierigkeiten werden sich bei der Berechnung des Schadens ergeben. Es wird wohl der Quotengesamtschaden sein; jedoch ist der Vergleichsmaßstab fraglich. Er kann das wirtschaftliche Ergebnis bei unterstelltem pflichtgemäßen Verhalten sein;[278] auf die zu §92 InsO entwickelten Grundsätze dürfte zurückzugreifen sein.[279]

---

[275] Koch, NZG 2020, 1299ff., 1301.
[276] So Scholz, ZIP 2021, 219, 224.
[277] Ristelhuber, Gläubigerinteresse versus Gesellschafterweisung, NZI 2021, 417, 420.
[278] a.A. Smid, ZInsO 2021, 118: Schaden ist die Differenz zwischen der Summe der Verbindlichkeiten nach dem Pflichtwidrigen Verhalten und Summe der Verbindlichkeiten vor dem pflichtwidrigen Verhalten.
[279] Ristelhuber, NZI 2021, 417, 420.

- Eine weitere Frage ist, wer den evtl. Schadensersatzanspruch geltend macht: mangels einer Spezialregelung im StaRUG dürften dies die Aufsichtsorgane (§ 112 S. 1 AktG) bzw. die Gesellschafterversammlung (§ 46 Nr. 8 GmbHG bzw. der Geschäftsführer (§§ 125 Abs. 1, 126 Abs. 1 HGB) sein. In Betracht käme evtl. auch der Restrukturierungsbeauftragte (analog § 93 InsO). Sollte die Pflichtverletzung des Geschäftsführers nach § 33 Abs. 2 Nr. 3 StaRUG zur Aufhebung der Restrukturierungssache führen mit anschließendem Insolvenzverfahren, macht den Schadensersatzanspruch der Insolvenzverwalter geltend.

Angesichts dieser Zweifelsfragen sorgt die Haftungsregelung in § 43 Abs. 1 StaRUG also für einige Rechtsunsicherheit[280], was für den (Sanierungs-)Geschäftsführer misslich ist. In jedem Falle wird ihm zu raten sein, seine Entscheidungen auf der Grundlage des Sanierungs- bzw. Restrukturierungsplans (einschl. Liquiditätsplanung) zu dokumentieren und mit einem bestellten Restrukturierungsbeauftragten abzustimmen.

b) Haftungserleichterung bei verbotenen Zahlungen und neue „verbotene" Zahlungen im gerichtlichen Restrukturierungsverfahren. Nach § 89 Abs. 3 S. 1 StaRUG gelten während der Rechtshängigkeit des gerichtlichen Restrukturierungsverfahrens nach Anzeige der Insolvenzreife an das Restrukturierungsgericht bis zur Aufhebung der Restrukturierungssache nach § 33 Abs. 2 Satz 1 Nr. 1 StaRUG alle Zahlungen im ordnungsgemäßen Geschäftsgang, insbesondere Zahlungen, die für die Fortführung der gewöhnlichen Geschäftstätigkeit und die Vorbereitung und Umsetzung des angezeigten Restrukturierungsvorhabens erforderlich sind, als mit der Sorgfalt eines ordentlichen Geschäftsleiters vereinbar.

Von dieser begrüßenswerten Haftungsentlastung mach das Gesetz aber eine **missglückte,** den Geschäftsführer vor sehr schwierige, kaum lösbare Abwägungsfragen stellende **Rückausnahme** in § 89 Abs. 3 S. 2 StaRUG: danach sind solche Zahlungen nicht mit der Sorgfalt eines ordentlichen Geschäftsleiters vereinbar, die bis zu der absehbar zu erwartenden Entscheidung des Restrukturierungsgerichts über Aufhebung oder Fortsetzung der Restrukturierungssache zurückgehalten werden können, ohne dass damit Nachteile für eine Fortsetzung des Restrukturierungsvorhabens verbunden sind. Diese Rückausnahme ist nach meinem Dafürhalten für den Geschäftsführer in der Praxis kaum rechtssicher umsetzbar; ebenso wird der Berater vor eine kaum lösbare Aufgabe gestellt: bis zu welcher Höhe können etwa (Teil-)Zahlungen unterlassen bzw. zurückgehalten werden, ohne den Erfolg der Restrukturierungssache z.B. durch Vertragskündigungen des Gläubigers zu gefährden? M.E. wäre diese Rückausnahme mit ihrer Haftungsverschärfung für den Geschäftsführer entbehrlich gewesen. Es bleibt zu hoffen, dass die Rechtsprechung dies erkennt.

Nach § 32 Abs. 1 S. 3 StaRUG sind Zahlungen auf solche Forderungen als „in der Regel" mit dem Restrukturierungsziel unvereinbar und können nach § 43 Abs. 1 S. 2 StaRUG zu persönlicher Schadensersatzpflicht des Geschäftsführers führen, die im Restrukturierungsplan gestaltet werden können. Da nach §§ 2 u. 3 StaRUG die allermeisten Forderungen im Restrukturierungsplan gestaltbar sind (Ausnahmen finden sich nur in §§ 3 Abs. 2, 4 StaRUG für die dort genannten Forderungen), erzeugt diese Pflichtregelung für die Geschäftsführer, auf deren

---

[280] So aucg Smid, ZInsO 2021, 124.

Organpflichten die vorstehenden Pflichten der Schuldnerin (der Gesellschaft) nach der gesellschaftsinternen Legalitätspflicht überwirken[281], die Notwendigkeit, frühzeitig den Restrukturierungsplan mit der Festlegung der zu gestaltenden Forderungen aufzustellen und sich mit dem Zahlungsverhalten danach zu richten.

1543   **c) Ruhen der Insolvenzantragspflicht.** Nach § 42 Abs. 1 StaRUG ruhen während der Rechtshängigkeit der Restrukturierungssache die Insolvenzantragspflichten nach §§ 15a Abs. 1 – 3 InsO, 42 Abs. 2 BGB. Jedoch sind die Antragspflichtigen verpflichtet, dem Restrukturierungsgericht den Eintritt von Zahlungsunfähigkeit bzw. Überschuldung unverzüglich anzuzeigen. Die vorsätzliche oder fahrlässige Verletzung dieser Anzeigepflicht ist nach § 42 Abs. 3 StaRUG strafbar (s.u.).
Die Insolvenzantragspflicht lebt sofort und ohne Gewährung der „Überlegungsfristen" von 3 bzw. 6 Wochen wieder auf, wenn die Anzeige der Restrukturierungssache ihre Wirkung verliert, § 42 Abs. 4 StarUG. Das ist nach § 31 Abs. 4 StaRUG dann der Fall, wenn der Schuldner die Anzeige zurücknimmt, die Entscheidung über die Planbestätigung rechtskräftig wird, das Gericht die Restrukturierungssache nach § 33 StaRUG aufhebt oder seit der Anzeige 6 Monate, oder bei rechtzeitiger Erneuerung 12 Monate vergangen sind.

1544   **d) Haftung bei Verletzung der Pflicht zur Anzeige eingetretener Zahlungsunfähigkeit oder Überschuldung.** Nach § 42 Abs. 1 S. 2 StaRUG sind die Insolvenzantragspflichtigen verpflichtet, dem Restrukturierungsgericht den Eintritt von Zahlungsunfähigkeit bzw. Überschuldung unverzüglich anzuzeigen. Dies dürfte sowohl für nach Rechtshängigkeit der Restrukturierungssache eingetretene als auch für zwar schon zuvor eingetretene, aber erst danach entdeckte Zahlungsunfähigkeit bzw. Überschuldung gelten.[282] M.E. gelten für die Anzeigepflicht die „Überlegungsfristen" von 3 bzw. 6 Wochen für die Insolvenzantragstellung nicht, da sie in § 32 Abs. 3 StaRUG nicht genannt sind, sondern die Anzeige „unverzüglich" zu machen ist.
Die vorsätzliche oder fahrlässige Verletzung dieser Anzeigepflicht ist nach § 42 Abs. 3 StARUG strafbar. Ich gehe davon aus, dass es sich bei dieser Norm ebenso wie bei der Insolvenzantragspflicht nach § 15a InsO um eine gläubigerschützende Norm handelt[283] mit der Folge, dass die durch die Verletzung der Anzeigepflicht geschädigten Gläubiger nach § 823 Abs. 2 BGB ähnlich wie bei Insolvenzverschleppung Schadensersatzansprüche gegen den Geschäftsführer haben können.

1545   **e) Anzeigepflicht bei voraussichtlicher Erfolglosigkeit.** Nach § 32 Abs. 4 StaRUG ist der Schuldner verpflichtet, dem Gericht unverzüglich anzuzeigen, wenn das Restrukturierungsvorhaben keine Aussicht auf Umsetzung (mehr) hat, insbesondere wenn durch Ablehnung durch die Gläubiger erkennbar geworden ist, dass die erforderlichen Mehrheiten bei der Planabstimmung nicht erreicht werden können. Folge dieser Anzeige ist, dass das Gericht die Restrukturierungssache aufhebt, § 33 Abs. 2 Nr. 2 StaRUG.

---

[281] Thole, ZIP 2020, 1985 ff., 1987.
[282] So auch Brünkmans, ZInsO 2021, 1, 9; Thole, ZIP 2020, 1985, 1991.
[283] So auch Brünkmans, ZInsO 2021, 1 ff., 10.

f) Haftungen bei Stabilisierungsanordnungen. Nach § 29 Abs. 2 Nr. 3 1546
StaRUG gehören auch gerichtliche Stabilisierungsanordnungen zu den Instrumenten, die im gerichtlichen Stabilisierungs- und Restrukturierungsverfahren in Anspruch genommen werden können. Nach § 57 StaRUG haften Geschäftsleiter haftungsbeschränkter Gesellschaften den durch eine gerichtliche Stabilisierungsanordnung betroffenen Gläubigern auf Ersatz des Schadens, den sie durch die Anordnung erlitten haben, wenn der Geschäftsführer die Stabilisierungsanordnung aufgrund vorsätzlich oder fahrlässig unrichtiger Angaben erwirkt hat, es sei, dass ihn kein Verschulden trifft.

Dieselbe Haftung trifft den Geschäftsleiter, wenn er nach gerichtlicher Anordnung einer Verwertungssperre für die Gläubiger Gegenstände, die im Insolvenzverfahren Aus- oder Absonderungsrechte begründen würden (insbesondere die sog. revolvierenden Sicherheiten wie Eigentumsvorbehalt, verlängerter Eigentumsvorbehalt, Sicherungszession[284]), verwertet und die dabei erzielten Erlöse nicht an die berechtigten Gläubiger auskehrt oder nicht unterscheidbar verwahrt, es sei denn, dass mit dem Berechtigten eine anderweitige Vereinbarung getroffen wurde, §§ 57 Satz 2, 54 Abs. 2 StaRUG. Das kann sich als Sanierungshindernis erweisen.

g) Zustimmungserfordernis der Gesellschafterversammlung vor der 1547
Restrukturierungsanzeige? Eine weitere, in der Literatur umstrittene Frage ist, ob der Geschäftsführer für die Einleitung zumindest des gerichtlichen Stabilisierungs- und Restrukturierungsverfahrens, also die Anzeige des Restrukturierungsvorhabens nach § 31 Abs. 1 StaRUG die Zustimmung der Gesellschafterversammlung benötigt. Das wird in der Literatur teilweise verneint.[285] Ich würde dies bejahen[286], und zwar aus folgenden Gründen: Das (gerichtliche) Restrukturierungsverfahren bewirkt eine teilweise Änderung des Gesellschaftszwecks: nach § 43 Abs. 1 S. 1 StaRUG ist er nunmehr am Interesse der Gläubigergesamtheit auszurichten. Zudem sind im Restrukturierungsplan Eingriffe in die Gesellschafterrechte (§ 2 Abs. 3 StaRUG) möglich und diese können über die Möglichkeiten des cross-class cram-down evtl. auch gegen den Willen (einzelner) betroffener Gesellschafter erfolgen. Dann verfängt das Argument der h.M. für die Zustimmungsbedürftigkeit der Insolvenzantragstellung bei nur drohender Zahlungsunfähigkeit (s.u.) hier wegen gleichermaßen einschneidender Eingriffe in die Rechte der Gesellschafter ebenso. Auch aus dem Umstand, dass der noch im RegE StaRUG vorgesehene sog. shift of duties (§§ 2, 3 StaRUG-RegE) nicht Gesetz geworden ist, ist abzuleiten, dass die nur drohende Zahlungsunfähig-

---

[284] S.a. Knauth, Revolvierende Kreditsicherheiten und vorinsolvenzliche Restrukturierung nach StaRUG, NZI 2021, 158 ff.
[285] Keine Zustimmung erforderlich: Brinkmann, ZIP 2020, 2361, 2363; Thole, ZIP 2020, 1985, 1986; Brünkmans, ZInsO 2021, 1, 6, zumindest wenn das Verfahren die einzig realistische Möglichkeit zur Abwendung bzw. Beseitigung der drohenden Zahlungsunfähigkeit ist; Muhlert/Steiner, NZG 2021, 673, auch dann nicht, wenn der Restrukturierungsplan in die Gesellschafterrechte eingreift.
[286] Ebenso = Zustimmung erforderlich: Schäfer, ZIP 2020, 2164; Scholz, ZIP 2021, 219, 236 ff., allein wegen der nun eingreifenden gläubigerbezogenen Pflichten des Geschäftsführers (s.o.); Balthasar, Allgemeine Zugangsvoraussetzungen zu den Restrukturierungsinstrumenten, NZI-Sonderbeilage 1/2021, 18 ff.; Rauhut, NZI-Sonderbeilage 1/2021, 52 ff.; Ristelhuber, NZI 2021, 417, 419; Fuhrmann u.a., NZG 2021, 684 ff.

keit noch keine Kompetenzverlagerung bei den Gesellschaftsorganen bewirkt.[287] Schließlich gehört es generell zu den gemäß § 1 Abs. 3 StaRUG unberührt bleibenden weitergehenden Pflichten des Geschäftsführers, nach § 49 Abs. 2 GmbHG die Gesellschafterversammlung einzuberufen, wenn das Interesse der Gesellschaft dies erfordert. Nicht zu verkennen ist jedoch, dass nach dieser Auffassung gerade bei Publikumsgesellschaften die Einleitung eines StaRUG-Verfahrens wegen der unerwünschten Publizität der Gesellschafter- bzw. Hauptversammlung einerseits und evtl. verfehlter Stimmenmehrheiten andererseits problematisch sein kann.

Bei Annahme eines Zustimmungserfordernisses wird auch die Folgefrage zu entscheiden sein, welche Mehrheit der Zustimmungsbeschluss erfordert: einfache oder Dreiviertel-Mehrheit.[288]

1548 Abgesehen von der rechtlichen Wertung dürfte sich aus tatsächlichen Gründen die Notwendigkeit der Zustimmung der Gesellschafterversammlung wie folgt ergeben: Es handelt sich um ein freiwilliges, nur vom Schuldner zu initiierendes Verfahren. Eingriffszeitpunkt für das gerichtliche Stabilisierungs- und Restrukturierungsverfahren, mithin die gerichtliche Planbestätigung mit der Verbindlichkeitswirkung nach § 67 Abs. 1 StaRUG ist nach § 29 Abs. 1 StaRUG der Zeitpunkt der drohenden Zahlungsunfähigkeit der Gesellschaft gemäß § 18 InsO. Sollte also ein Geschäftsführer etwa der GmbH gegen den Willen der Gesellschaftermehrheit ein solches Verfahren beginnen (wollen), hätte die Gesellschafterversammlung die Möglichkeit, dem Geschäftsführer entweder eine entgegengesetzte Weisung zu erteilen oder den Geschäftsführer abzuberufen und einen neuen Geschäftsführer zu bestellen, der sodann die das Verfahren einleitende Anzeige des Restrukturierungsvorhabens an das Restrukturierungsgericht zurücknimmt, was nach § 31 Abs. 4 Nr. 1 StaRUG zulässig ist.

3. Insolvenzantragstellung

1549 Nach § 18 InsO hat der Schuldner das Recht, nicht die Pflicht, bereits bei drohender Zahlungsunfähigkeit einen Antrag auf Eröffnung des Insolvenzverfahrens über das Vermögen der Gesellschaft zu stellen.[289] In der Praxis ist gelegentlich zu beobachten, dass Eigen-Insolvenzanträge über das Vermögen von GmbHs mit drohender Zahlungsunfähigkeit begründet werden, die Prüfung dann aber ergibt, dass Zahlungsunfähigkeit bereits eingetreten ist. Dieses Vorgehen kann den Geschäftsführer auch deswegen in Haftungsgefahren bringen, weil ein solcher Insolvenzantrag u.U. nicht den Anforderungen des § 13 InsO entspricht, also nicht richtig gestellt ist, wodurch der Insolvenzantragspflicht nach § 15a InsO bei eingetretener Zahlungsunfähigkeit (§ 17 InsO) nicht genügt und somit das Dauerdelikt der Insolvenzverschleppung nicht beendet wird. Dies gilt umso mehr, wenn der auf § 18 InsO gestützte Insolvenzantrag dann sogar abzuweisen wäre.[290]

---

[287] Zur diesbezüglichen Dikussion s. aber oben bei Reorganisationsverschleppungshaftung, → Rn. 1536 ff.
[288] Scholz, ZIP 2021, 219, 226 ff.: einfache Mehrheit reiche, da kein Grundlagengeschäft; Fuhrmann u.a., Die gesellschaftsrechtlichen Aspekte des StaRUG, NZG 2021, 684 ff., 688: ¾-Mehrheit erforderlich.
[289] Sa Geißler ZInsO 2013, 919 ff.
[290] So etwa Geißler ZInsO 2013, 919 ff., 924.

Zu beachten ist jedoch, dass für Geschäftsführer von Gesellschaften – auch nach **1550** Einführung der Möglichkeiten in §§ 270a, 270b InsO a.F. – die eigenmächtige Insolvenzantragstellung wegen drohender Zahlungsunfähigkeit ohne vorherige Zustimmung der Gesellschafterversammlung nach h.M. eine Pflichtverletzung des Geschäftsführers sein dürfte.[291] Weil die antragsgemäße Eröffnung des Insolvenzverfahrens (oder auch die Abweisung des Antrags mangels Masse) ein Grund für die Auflösung der Gesellschaft ist (§ 60 Abs. 1 Nrn. 4 u. 5 GmbHG), wird die Entscheidung über die Insolvenzantragstellung nicht als unternehmerische Entscheidung angesehen.[292] Dem Geschäftsführer ist also unbedingt zu raten, vor Stellung eines Insolvenzantrages wegen drohender Zahlungsunfähigkeit die Weisung bzw. das Einverständnis der Gesellschafterversammlung einzuholen. Der Beschluss bedarf mangels anderer Regelung im Gesellschafsvertrag der ¾-Mehrheit (entspr. § 60 Abs. 1 Nr. 2 GmbHG). Verweigern die Gesellschafter einer GmbH im Stadium der drohenden Zahlungsunfähigkeit die Genehmigung zur Stellung eines Insolvenzantrags, kann der Geschäftsführer zur Abwehr seiner Risiken insbesondere aus § 64 GmbHG a.F. (nunmehr § 15b InsO) eine umfassende Freistellung verlangen.[293]

Der Geschäftsführer der UG (haftungsbeschränkt) hat nach § 5a Abs. 4 GmbHG **1551** die – nicht strafbewehrte – Pflicht zur Einberufung der Gesellschafterversammlung bei drohender Zahlungsunfähigkeit.

C. Insolvenzverschleppungshaftung

I. Ersatzpflicht für verbotene Zahlungen an Gläubiger der Gesellschaft, § 15b InsO

1. Allgemeines, Rechtscharakter der Norm

Nach §§ 64 S. 1 u. 2 GmbHG, §§ 92 Abs. 2, 93 Abs. 3 Nr. 6 AktG, §§ 130a Abs. 1 **1552** u. 2, 177a HGB, 99 GenG jeweils a.F. bestand für den Geschäftsleiter die Pflicht gegenüber der Gesellschaft zum Ersatz von Zahlungen, die nach Eintritt der Zahlungsunfähigkeit oder Feststellung der Überschuldung geleistet wurden, sofern die Zahlungen nicht der Sorgfalt eines ordentlichen Geschäftsleiters entsprachen[294]. Durch Art 5 SanInsFoG[295] wurden diese bisher in den genannten Gesellschafts-

---

[291] Leinekugel/Skauradszun GmbHR 2011, 1121 ff.; OLG München GmbHR 2013, 590; zustimmend Saenger/Al-Wraikat NZG 2013, 1201 ff.; zu diesem Konflikt sa Hölzle ZIP 2013, 1846 ff.; Meyer-Löwy/Pickerill GmbHR 2013, 1065 ff.; für Zustimmungserfordernis auch bei der AG (Hauptversammlung) Schäfer, ZIP 2020, 1950; a.A. = keine Zustimmungspflicht der Gesellschafter mit m.E. nicht sehr überzeugenden Argumenten Fehrenbach, ZIP 2020, 2370 ff.
[292] LG Frankfurt a.M. ZIP 2013, 1720 = ZInsO 2013, 1793: keine unternehmerische Entscheidung, sondern gesellschaftsrechtliches Grundlagengeschäft, zu dem der Geschäftsführer im Innenverhältnis eines Gesellschafterbeschlusses bedarf.
[293] LG München I ZIP 2015, 1634 = NZG 2015, 954.
[294] Zur Haftung eines Stiftungsvorstandes für in der Krise geleistete Zahlungen analog § 92 Abs. 3 AktG s. Passarge, NZG 2008, 605 ff.
[295] v. 22.12.2020, BGBl. I 2020, 3256 ff.

gesetzen geregelten sog. Zahlungsverbote und die Anordnung der entsprechenden Ersatzpflicht mit Wirkung ab 1.1.2021 in dem neuen § 15b Abs. 1 InsO zusammengefasst[296]; die vorgenannten Regelungen in den Gesellschaftsgesetzen wurden durch Art. 14 – 17 SanInsFoG aufgehoben bzw. angepasst (§ 177a HBG). Hierdurch wurden die inhaltlich zusammengehörenden, durch das MoMiG getrennten Regelungen zur Insolvenzantragspflicht (§ 15a InsO) und der Ersatzpflicht der sog. verbotenen Zahlungen wieder zusammengeführt, und zwar nunmehr in der InsO.

§ 15b Abs. 1 InsO regelt die Zahlungsverbote und die Ausnahme hiervon, sofern die Zahlungen mit der Sorgfalt eines ordentlichen und gewissenhaften Geschäftsleiters vereinbar sind, und entspricht damit im Wesentlichen den bisherigen Regelungen in den die einzelnen Gesellschaften betreffenden Gesetzen. Die Regelungen in § 15b Abs. 2–8 InsO enthalten jedoch z.T. gravierende Änderungen gegenüber den früheren gesellschaftsrechtlichen Regelungen. In den folgenden Erläuterungen werden daher sowohl die Rechtsprechung zu den Vorgängervorschiften, soweit sie fortgelten dürfte, als auch die Änderungen durch § 15b InsO unter besonderer Hervorhebung erörtert.

1553 Im Unterschied zur Insolvenzanfechtung nach §§ 129 ff. InsO ist Voraussetzung für das Entstehen des Erstattungsanspruchs nicht die Eröffnung des Insolvenzverfahrens über das Vermögen der Gesellschaft, sondern lediglich deren Insolvenzreife[297]. Die Eröffnung des Insolvenzverfahrens über das Vermögen der Gesellschaft hat nur Bedeutung für die Durchsetzung des Anspruchs: dann nämlich durch den Insolvenzverwalter. Das erlangt z.B. Bedeutung, wenn der Insolvenzantrag mangels Masse abgewiesen oder das Insolvenzverfahren nach Bestätigung eines Insolvenzplans aufgehoben wurde.[298] Außerhalb eines Insolvenzverfahrens über das Vermögen der Gesellschaft ist der Anspruch der Gesellschaft für deren Gläubiger pfändbar[299].

1554 Nach ständiger Rechtsprechung des BGH ist der **Rechtscharakter** der früheren gesellschaftsrechtlichen Normen eine eigenständige Anspruchsgrundlage der Gesellschaft, ein **Ersatzanspruch eigener Art** (sui generis) und kein Schutzgesetz i.S.d. § 823 Abs. 2 zu Gunsten der Gesellschaft, mithin kein Schadensersatzanspruch.[300] Auch nach Abschluss der Liquidation der GmbH sei § 64 S. 1 GmbHG a.F. kein Schutzgesetz zugunsten eines Gläubigers der Gesellschaft.[301] Zweck ist in erster Linie, im Interesse einer Gleichbehandlung der Gläubiger eine Schmälerung der Masse nach Eintritt der Insolvenzreife auszugleichen.[302] Allerdings sei der Anspruch aus § 64 Abs. 2 GmbHG a.F. ein Anspruch aus unerlaubter Handlung i.S.d. Art. 7 Nr. 2 EuGVVO für die Begründung der Zuständigkeit des Gerichts für die Klage des Insolvenzverwalters gegen einen im Ausland wohnenden Geschäfts-

---

[296] Übersicht über die Neufassung der Zahlungsverbote ab Insolvenzreife nach § 15b InsO bei Hodgson, NZI-Sonderbeilage 1/2021, 85 ff.
[297] BGH ZIP 2015, 71; BGH ZIP 2015, 1480.
[298] OLG Karlsruhe GmbHR 2018, 913 für einen Fall, in dem ein vermeintlicher Anspruch nach § 64 GmbHG zur Aufrechnung gegen eine Forderung gestellt wurde.
[299] Boujong NZG 2003, 497 ff.
[300] Nunmehr ständige Rspr. des BGH, zuletzt BGH ZIP 2019, 1719 und BGH GmbHR 2020, 476 m.w.N.; kritisch dazu Altmeppen, Neue und alte Irrtümer zur Dogmatik der Haftung für masseschmälernde Zahlungen, ZIP 2020, 937 ff.
[301] BGH, NZG 2020, 260
[302] BGH ZIP 2000, 1896; BGH ZIP 2015, 1480.

führer.³⁰³ Durch die neue Regelung in § 15b Abs. 4 S. 2 InsO – Begrenzung der Ersatzpflicht auf einen geringeren Schaden der Gläubigerschaft (s.u.) – ändert sich der Rechtscharakter m.E. nicht

Dass es sich bei § 64 GmbHG a.F. um eine insolvenzrechtliche Vorschrift handelte, die somit in inländischen Insolvenzverfahren über das Vermögen haftungsbeschränkter Auslandsgesellschaften auch auf deren Geschäftsführer anwendbar war, hatten nach Vorlage durch den BGH³⁰⁴ der EuGH³⁰⁵ und in der Folge der BGH³⁰⁶ für den director einer britischen private company limited by shares („Limited") entschieden und dürfte nun durch die Verortung in der InsO zweifelsfrei sein. 1555

Praxishinweise 1556
Nach meiner Beobachtung ist die Haftung nach § 64 GmbHG a.F. für den Geschäftsführer die größte, wirtschaftlich bedeutendste Gefahr, der er sich bei Fortführung des Geschäftsbetriebes in der Krise der Gesellschaft aussetzt. Dies gilt umso mehr, als Insolvenzanträge über das Vermögen von GmbH'en häufig erheblich zu spät gestellt werden und so der Tatbestand von Zahlungsveranlassungen im Stadium der materiellen Insolvenzreife oft erfüllt ist. Durch die Neuregelungen des MoMiG ist die Haftungsgefahr für den Geschäftsführer bei Zahlungen an den Gesellschafter, etwa beim Cash-Pooling sogar noch gestiegen (s.o.).³⁰⁷
Das Haftungsvolumen ist nicht selten für den Geschäftsführer selbst wirtschaftlich ruinös. Da Gesellschaften, deren Geschäftsbetrieb im Stadium der Insolvenzreife durch den Geschäftsführer unter Fortsetzung des Zahlungsverkehrs aufrechterhalten wird, regelmäßig keine Gewinne erwirtschaften, kann als Faustformel für das potenzielle Haftungsvolumen der von der Gesellschaft erwirtschaftete (zahlungswirksame) Umsatz gelten.

Im Insolvenzverfahren über das Vermögen der GmbH bzw. der GmbH & Co. KG wird der Insolvenzverwalter regelmäßig Ansprüche gegen den Geschäftsführer nach § 15b InsO prüfen und ggf. erheben. Die Ersatzansprüche wegen verbotener Zahlungen sind mit dem voraussichtlichen Realisierungswert in die Berechnungsgrundlage für die Vergütung des vorläufigen Insolvenzverwalters aufzunehmen.³⁰⁸ 1557

2. Tatbestand, Zahlungen, Beispiele

Da die Normen (§§ 64 GmbHG a.F., 130a, 177a HGB a.F., heute § 15b InsO) ausschließlich einer gleichmäßigen und ranggerechten Befriedigung der Gläubiger in der Insolvenz gelten und in diesem Interesse Masseschmälerungen verhindern sollen,³⁰⁹ ist in der Literatur anerkannt, dass nicht nur Geldabflüsse erfasst sind, 1558

---

³⁰³ OLG Karlsruhe GmbHR 2010, 315; dazu Haas NZG 2010, 495 ff.
³⁰⁴ BGH GmbHR 2015, 79.
³⁰⁵ EuGH ZIP 2015, 2468 = GmbHR 2016, 24; zu dieser Entscheidung und der entsprechenden Anwendung auf andere „inländische" Haftungsnormen s. Schall ZIP 2016, 289 ff., und Mankowski NZG 2016, 281 ff.
³⁰⁶ BGH ZIP 2016, 821.
³⁰⁷ Willemsen/Rechel GmbHR 2010, 349 f.
³⁰⁸ BGH ZIP 2010, 2107.
³⁰⁹ BGH GmbHR 2007, 936, 937 = NZI 2007, 679.

sondern auch andere, das Gesellschaftsvermögen schmälernde Vermögenstransfers.[310]

1559 Beispiele für den Tatbestand erfüllende Zahlungsveranlassungen durch den Geschäftsführer
- Zahlung von Arbeitgeberbeiträgen zur Sozialversicherung.[311]
- Einreichung eines Kundenschecks auf debitorischem Bankkonto bei bestehender Verrechnungsabrede, und zwar auch dann, wenn der Kreditrahmen nicht ausgeschöpft ist.[312]
- Zulassen oder Veranlassen von Einzahlungen durch Kunden der Schuldnergesellschaft auf ein debitorisches Bankkonto der Gesellschaft nach Insolvenzreife bei bestehender Verrechnungsabrede etwa dadurch, dass ihnen noch nach Eintritt der Zahlungsunfähigkeit Rechnungen auf dem Briefkopf mit der Angabe des Kontos zugesandt worden sind.[313] Der Geschäftsführer hat aufgrund seiner Masseerhaltungspflicht dafür zu sorgen, dass Zahlungen von Gesellschaftsschuldnern nicht auf ein debitorisches Konto der Gesellschaft erfolgen.[314] Dadurch wird die Anwendung der Vorschrift mitunter erheblich ausgedehnt, weil Überschuldung oft vom Geschäftsführer (vorwerfbar) nicht selten unbemerkt eintritt.[315] Die Entscheidungen zur tatbestandsausschließenden Kompensation der Masseverkürzung durch Massezufluss und betr. Zahlungen an absonderungsberechtigte Gläubiger (im Einzelnen s.u.) haben im Ergebnis nicht zu einer nennenswerten Haftungsentlastung des Geschäftsführers geführt, da der BGH einerseits bei der sog. Trennungslehre (s.u.) bleibt, nach der die masseverkürzende Wirkung jeder einzelnen Zahlung isoliert zu beurteilen sei (und nicht etwa eine Saldierung von Ein- und Auszahlungen vorzunehmen ist), und andererseits in der durch den Zahlungseingang auf dem debitorischen Konto bei Fortdauer der Kontokorrentkreditabrede wieder eröffneten Möglichkeit der Kreditinanspruchnahme keinen kompensierenden Massezufluss sieht (s.u.).
- Pflichtverletzung auch bei Zahlung mit Mitteln, die ein Dritter gerade zu diesem Zweck zur Verfügung gestellt hat.[316] Aber: Weisungsgemäße Verwendung/Auszahlung von Treuhandgeldern ist i.d.R. mit der Sorgfalt des ordentlichen Geschäftsmannes vereinbar, wenn andernfalls ein Verstoß gegen § 266 StGB vorläge.[317]
- Zahlungen der Komplementär-GmbH an die KG nach Eintritt der Insolvenzreife.[318]
- Kontoverrechnungen zwischen Konten der Gesellschaft und des Gesellschafters aufgrund einer sog. „Cross-Pledge"-Vereinbarung.[319]
- Aufrechnung mit Gegenforderungen.

1560 Praxishinweis
Die vorstehenden Beispiele aus der Rechtsprechung zeigen, wie gefährlich die Haftung nach § 64 GmbHG für den Geschäftsführer nach Eintritt der erkennbaren Insolvenzreife der GmbH werden kann; es handelt sich sämtlich um Fälle, in denen sich der Geschäftsführer regelmäßig keines Fehlverhaltens bewusst ist, sondern den Geschäftsverkehr und damit den Zahlungsverkehr der Gesellschaft auch nach Eintritt der materiellen Insolvenzreife mit dem Ziel der Sanierung oder Übertragung aufrechterhält.

---

[310] Müller in MüKoGmbHG, § 64 Rn. 132.; Brünkmans, ZInsO 2021, 1, 16
[311] BGH ZIP 2009, 1468.
[312] BGH GmbHR 2000, 182 = BB 2000, 267.
[313] OLG Oldenburg ZIP 2004, 1315.
[314] BGH ZIP 2007, 1006 = BB 2007, 1241 zu § 130 Abs. 3 S. 1 HGB.
[315] Ebenso mit überzeugenden Argumenten krit. K. Schmidt ZIP 2008, 1401 ff. und Werres ZInsO 2008, 1001 ff.
[316] BGH ZIP 2003, 1005 = BB 2003, 1143.
[317] BGH ZIP 2008, 1229 = DStR 2008, 1346; dazu Dahl/Schmitz NZG 2008, 532 ff.; Theiselmann/Redeker GmbHR 2008, 961 ff.
[318] OLG Celle ZIP 2007, 2210.
[319] OLG München ZInsO 2013, 446 = GmbHR 2013, 316.

3. Maßgeblicher Zeitpunkt: Insolvenzreife

Das Zahlungsverbot gilt ab Eintritt der materiellen Insolvenzreife, nicht erst **1561** ab dem Ende der Insolvenzantragsfrist.[320] Materielle Insolvenzreife ist Zahlungsunfähigkeit oder Überschuldung. Überschuldung wird durch handelsbilanzielle Überschuldung indiziert.[321] Zu ihrer Ermittlung reichen eine Handelsbilanz, die eine rechnerische Überschuldung ausweist, und die Feststellung, dass stille Reserven nicht vorhanden sind.[322] Darlegungen zu stillen Reserven sind jedoch nur erforderlich, wenn Anhaltspunkte gegeben sind.[323] An einer Überschuldung kann es fehlen bei bestehender (ausreichender), werthaltiger Forderung der Gesellschaft gegen den Gesellschafter.[324] Für den Insolvenztatbestand der Zahlungsunfähigkeit ist zu berücksichtigen, dass dieser nach § 17 Abs. 2 S. 2 InsO bei Zahlungseinstellung vermutet wird.

Merke: Eine Erweiterung der Haftungsgefahren für Geschäftsleiter wegen verbotener Zahlungen ergibt sich also auch durch die oben bei der Zahlungsunfähigkeit dargestellte Erweiterung der Indiztatsachen für die Annahme der Zahlungseinstellung durch die jüngere Rechtsprechung.[325]

Ist ernsthaft zu erwarten, dass die Insolvenzreife innerhalb der Insolvenzantragsfrist des § 15a Abs. 1 InsO von 3 bzw. 6 Wochen beseitigt wird, kann der **1562** Geschäftsbetrieb durch Zahlungen so lange aufrechterhalten werden.[326] Anders als vom OLG Hamburg[327] angedeutet, dürfte aber auch in diesem Fall keine „maßvolle Verlängerung" der Drei-Wochen-Frist in Betracht kommen.[328]

4. Masseverkürzung

Entsprechend dem Ziel der Vorschrift, im Interesse der Gläubigergleichbehandlung eine Schmälerung der Masse nach Eintritt der Insolvenzreife zu verhindern bzw. auszugleichen,[329] sind nur solche Zahlungen „verboten" und vom **1563** Geschäftsführer wieder zu erstatten, die zu einer Verkürzung der den Gläubigern (Gläubigergesamtheit) zu einer gleichmäßigen Befriedigung zur Verfügung stehenden Haftungsmasse führen; maßgeblich ist wirtschaftliche Betrachtungsweise.[330] Folglich entfällt ein Ersatzanspruch nach § 15b InsO, wenn für die Zahlung eine adäquate Gegenleistung in die Masse gelangt ist. An eine solche Kompensation

---

[320] BGH ZIP 2009, 860 = ZInsO 2009, 876.
[321] OLG Celle GmbHR 2008, 1034.
[322] OLG Brandenburg ZInsO 2008, 1081 = LSK 2008, 440050 (Ls.).
[323] OLG Celle ZInsO 2008, 1328 = BeckRS 2008, 12929.
[324] BGH DStR 2007, 1360.
[325] Vgl. zB OLG München GmbHR 2014, 139 = BeckRS 2013, 19365.
[326] Zum Sorgfaltsmaßstab bei Aufrechterhaltung des Geschäftsbetriebes s. aber sogleich u.
[327] GmbHR 2011, 371 = NZG 2010, 1225 = ZIP 2010, 2448.
[328] So auch Geißler ZInsO 2013, 167 ff. = BeckRS 2013, 19365.
[329] St. Rspr., s. zuletzt BGH ZIP 2015, 71 (für die Parallelvorschrift § 130a HGB) m.w.N.
[330] OLG Brandenburg GmbHR 2002, 910 = OLG-NL 2003, 180.

durch Massezufluss sind nach der Rechtsprechung des BGH jedoch die im Folgenden darzustellenden Anforderungen zu stellen:[331]

1564 **a) Zahlungen gegen unmittelbaren Massezufluss, wertgedeckte Zahlungen**[332]. Zahlungen, für die eine äquivalente Gegenleistung in die Masse gelangt, also bei Vorliegen lediglich eines Aktiventauschs, sind nicht verboten und lösen den Erstattungsanspruch nicht aus.[333] Dabei ist ein unmittelbarer Zusammenhang zwischen Zahlung und Massezufluss erforderlich, damit der Massezufluss der Masseschmälerung nach wirtschaftlicher Betrachtung zugeordnet werden kann;[334] für die Beurteilung des unmittelbaren Zusammenhangs sind die Regeln des Bargeschäfts nach § 142 InsO a.F. nicht entsprechend anwendbar.[335]

1565 Soweit aus der früheren Rechtsprechung das Erfordernis herauszulesen war, dass der Gegenstand des Massezuflusses oder der Wert der massemehrenden Gegenleistung im Insolvenzverfahren, d.h. bei Eröffnung desselben noch vorhanden sein musste,[336] hält der BGH in seiner jüngeren Rechtsprechung daran ausdrücklich nicht mehr fest.[337] Maßgeblich ist der Zeitpunkt, in dem die Masseverkürzung durch den in unmittelbarem Zusammenhang stehenden Massezufluss ausgeglichen wird, nicht der Zeitpunkt der Insolvenzeröffnung.[338] Die Masseverkürzung ist ausgeglichen und die Haftung des Organs entfällt, wenn und soweit ein ausgleichender Wert endgültig in das Gesellschaftsvermögen gelangt ist.[339]

1566 Dabei bleibt es auch bei einer durch das Organ veranlassten Verarbeitung oder ähnlichen Verwendung des als Ausgleich für die Masseschmälerung/Zahlung in die Masse gelangten Gegenstandes. Es ist weiter vom Fehlen der Masseschmälerung durch die Zahlung auszugehen, wenn und soweit der dadurch geschaffene Wert im Vermögen der Gesellschaft verbleibt oder eine Gegenleistung erwirtschaftet wird.[340] Zwischenzeitliche zufällige, also nicht vom Geschäftsführer veranlasste Wertverluste des Ausgleichsgegenstandes fallen nicht unter den Schutzzweck der Vorschrift und gehen folglich nicht zu Lasten des Geschäftsführers.[341]

1567 Auch kann es an einer Masseschmälerung fehlen, wenn durch die Zahlung zugleich ein größerer Nachteil für die Insolvenzmasse abgewendet wurde,[342] z.B. bei Einhaltung von Vergleichen mit Wiederauflebensklausel.[343]

1568 Nach einer älteren Entscheidung des OLG Hamburg ist das Merkmal der Masseschmälerung nicht statisch sondern dynamisch im Sinne eines Vergleichs mit dem hypothetischen Verhalten eines Geschäftsführers zu beurteilen, dem daran gelegen ist, die Masse zu erhalten und Bevorzugungen einzelner Gläubiger zu ver-

---

[331] S.a. Gehrlein, Kompensation verbotener Zahlungen – eine unendliche Geschichte?, NZG 2021, 59 ff.
[332] Sa Geißler GmbHR 2011, 907 ff.
[333] BGH ZIP 2015, 71.
[334] BGH ZIP 2015, 71, 72.
[335] BGH ZIP 2017, 1619 = NZG 2017, 1034.
[336] BGH NJW 1974, 1088, 1089.
[337] BGH ZIP 2015, 71, 72.
[338] BGH ZIP 2015, 71, 72.
[339] BGH ZIP 2015, 71, 72.
[340] BGH ZIP 2015, 71, 72.
[341] BGH ZIP 2015, 71, 72.
[342] BGH ZInsO 2007, 1349 = ZIP 2008, 72.
[343] BGH NZG 2001, 361.

meiden.³⁴⁴ Jedenfalls aber muss der in die Masse gelangende Gegenstand für eine Verwertung durch die Gläubiger geeignet sein. Das ist bei Arbeits- oder Dienstleistungen oder geringwertigen Verbrauchsgütern i.d.R. nicht der Fall.³⁴⁵ Daher sind Zahlungen, mit denen Dienst- oder Arbeitsleistungen abgegolten werden, masseschmälernde Zahlungen i.S.d. § 64 S. 1 GmbHG a.F.³⁴⁶ Für die Beurteilung des unmittelbaren Massezuflusses sind die Regeln des Bargeschäfts nach § 142 InsO nicht entsprechend anwendbar, denn das Anfechtungsrecht dient dem Schutz des Vertragspartners, der Geschäftsführer ist jedoch nicht schutzbedürftig, da zum Insolvenzantrag verpflichtet.³⁴⁷ Wenn die Gesellschaft insolvenzreif ist und eine Liquidation zugrunde zu legen ist, ist die in die Masse gelangende Gegenleistung grundsätzlich nach Liquidationswerten zu bemessen.³⁴⁸

Zur **Reihenfolge** bei der Kompensation durch Massezufluss hat der BGH jüngst klargestellt, dass die Masseschmälerung durch die (verbotene) Zahlung grundsätzlich nicht durch eine Vorleistung des Zahlungsempfängers kompensiert werden kann; das gilt für Sach- und auch Geldleistungen (z.B. Vorauszahlungen).³⁴⁹   **1569**

Ob und unter welchen Umständen bereits durch die Begründung einer Forderung gegen den Empfänger der masseverkürzenden Zahlung ein ausgleichender Wert in das Gesellschaftsvermögen fließt und damit die Masseverkürzung ausgeglichen ist, hat der BGH ausdrücklich offen gelassen.³⁵⁰   **1570**

b) Mittelbare Massemehrungen. Es ist ständige Rechtsprechung, dass anderweitige, nur mittelbar durch die Zahlung bewirkte Massemehrungen³⁵¹ vom Geschäftsführer nicht entgegengehalten werden können.³⁵² In der Literatur ist diese Frage umstritten.³⁵³   **1571**

Nach der v.g. Entscheidung des BGH zum kompensatorischen unmittelbaren Massezufluss³⁵⁴ blieb abzuwarten, ob und ggf. inwieweit der BGH eine Änderung seiner Rechtsprechung hin zur Berücksichtigung auch mittelbar durch die Zahlung bewirkter Masseflüsse vollziehen würde. Insbesondere hatte der BGH in dieser Entscheidung nämlich ausdrücklich offen gelassen, ob und unter welchen Umständen bereits durch die Begründung einer Forderung gegen den Empfänger der masseverkürzenden Zahlung ein ausgleichender Wert in das Gesellschaftsvermögen fließt und damit die Masseverkürzung ausgeglichen ist.³⁵⁵ Es keimte die Hoffnung auf, dass der BGH eine Entwicklung der Rechtsprechung weg von den teilweise absurden Haftungsfolgen hin zu für die Geschäftsleiter von haftungs-   **1572**

---

³⁴⁴ OLG Hamburg GmbHR 2006, 1036 ff.
³⁴⁵ BGH ZIP 2017, 1619 = NZG 2017, 1034; zu dieser Entscheidung Altmeppen ZIP 2017, 1833 ff.; OLG Düsseldorf GmbHR 2022, 414 = NZI 2022, 337.
³⁴⁶ OLG München ZIP 2017, 1368.
³⁴⁷ BGH ZIP 2017, 1619 = NZG 2017, 1034.
³⁴⁸ BGH ZIP 2017, 1619 = NZG 2017, 1034.
³⁴⁹ BGH Urt. v. 27.10.2020 – II ZR 355/18, ZIP 2020, 2433
³⁵⁰ BGH ZIP 2015, 71, 72.
³⁵¹ Etwa, dass durch die den Tatbestand erfüllende Zahlungsveranlassung auf ein debitorisches Konto (su) nicht tatbestandsmäßige Auszahlungen (su) wieder möglich wurden, die zu einer im Insolvenzverfahren noch vorhandenen Vermögensmehrung geführt haben.
³⁵² BGH ZIP 2015, 71, 72; BGH GmbHR 2014, 982.
³⁵³ Vgl. Geißler GmbHR 2011, 907, 912.
³⁵⁴ BGH ZIP 2015, 71.
³⁵⁵ BGH ZIP 2015, 71, 72.

beschränkten Gesellschaften in der Krise tragbaren Ergebnissen eingeleitet hat.[356] Die weiteren, im Folgenden darzustellenden Entscheidungen zeigten jedoch, dass der BGH (wohl in Übereinstimmung mit der h.M. in der Literatur) weiter der Trennungslehre folgt und damit durch die Zahlungen mittelbar bewirkte Massemehrungen unberücksichtigt bleiben, vielmehr für die Beurteilung der Haftung des Geschäftsführers jede einzelne Zahlungsveranlassung im Hinblick auf ihre masseschmälernde Wirkung zu betrachten ist und es nicht im Sinne der sog. Einheitslehre darauf ankommt, ob die Masse in der gesamten Insolvenzverschleppungsphase per Saldo aus Vermögenszu- und -abflüssen verkürzt worden ist. Dies sei der Unterschied zum Insolvenzverschleppungsschaden (Quotenschaden) nach § 823 Abs. 2 BGB i.V.m. § 15a InsO. Zusätzliche Nahrung schien die Trennungslehre durch die Reform des GmbH-Rechts durch das MoMiG erhalten zu haben, durch welche die Insolvenzantragspflicht, die zuvor u.a. in § 64 Abs. 1 GmbH a.F. geregelt war, nunmehr in § 15a InsO verortet wurde, während die Zahlungsverbote in § 64 GmbHG a.F. verblieben sind. Mit dieser gesetzlichen Trennung schien der Gesetzgeber der Trennungslehre den Vorzug gegeben zu haben.[357] So warnten die Richter des II. Zivilsenats des BGH auch in Vorträgen davor, die Entscheidungen zum kompensierenden Massezufluss[358] auf andere Fälle zu übertragen. Entschieden worden sein stets Einzelfälle, die Entscheidungen stellten keine grundsätzliche Abkehr von der bisherigen, auch kürzlich wieder bestätigten Rechtsprechung dar.

In der Literatur wurde und wird dagegen auch vertreten, dass es für die Beurteilung der masseverkürzenden Wirkung einer Zahlung nicht allein auf diese Zahlung ankommen könne, sondern auf die Betrachtung, ob die Masse in der gesamten Insolvenzverschleppungsphase per Saldo aus Vermögenszu- und -abflüssen verkürzt worden ist (sog. Einheitslehre).[359] Dieser Auffassung war und ist m.E. der Vorzug zu geben, da sie einerseits die teilweise ruinösen Haftungsergebnisse für die Geschäftsführer vermeiden und andererseits von der Notwendigkeit entlasten kann, die sehr komplizierten Erwägungen des BGH in Einzelfällen der Zahlungen an absonderungsberechtigte Gläubiger (im einzelnen s.u.) nachzuvollziehen. Der Tatbestand des § 64 GmbHG a.F. würde für den nicht im entspr. juristischen Spezialgebiet ausgebildeten Geschäftsführer wieder verständlicher. Für die Beratungspraxis bleibt jedoch darauf hinzuweisen, dass der BGH dieser Auffassung nicht folgte.

1573 Inwiefern die Neuregelung in § 15b Abs. 4 S. 2 InsO, nach welcher die Ersatzpflicht des Geschäftsführers auf einen der Gläubigerschaft entstandenen geringeren Schaden beschränkt ist, hier eine grundlegende Änderung herbeiführt, wird weiter unten zu diskutieren und, im Wesentlichen, von der Rechtsprechung zu entscheiden sein.

1574 **c) Anderweitiger Ausgleich der Masseschmälerung.** Selbstverständlich entfällt die Masseschmälerung und damit die Haftung des Organs, wenn der

---

[356] Zu dieser Entscheidung ua K. Schmidt NZG 2015, 129 ff.; Altmeppen ZIP 2015, 949 ff.
[357] Müller DB 2015, 723 ff.
[358] Ua BGH ZIP 2015, 71.
[359] So Altmeppen ZIP 2015, 949 ff., 952 f. und Altmeppen NZG 2016, 521 ff.; K. Schmidt in Scholz, GmbHG § 64 Rn. 40 ff.

Zahlungsempfänger die erhaltene Zahlung vor Insolvenzeröffnung wieder an die Gesellschaft zurückleistet.[360]

Zum Verhältnis zwischen dem Ersatzanspruch nach § 15b InsO (früher 64 GmbHG a.F.) und Insolvenzanfechtung der masseschmälernden Zahlung s.u.

d) Veranlassung von Einzahlungen auf debitorische Bankkonten der Gesellschaft. Nach ständiger Rechtsprechung des BGH ist das Zulassen oder Veranlassen von **Einzahlungen** von Schuldnern der Gesellschaft (z.B. Kunden) **auf ein debitorisches Konto**[361] der Gesellschaft nach Insolvenzreife etwa dadurch, dass den Kunden noch nach Eintritt der Zahlungsunfähigkeit Briefbögen mit der Angabe des im Soll stehenden Kontos zugesandt worden sind,[362] verbotene und damit ersatzpflichtige Zahlungen i.S.d. § 64 Satz 1 GmbHG a.F.[363] Der Geschäftsführer hat aufgrund seiner Masseerhaltungspflicht dafür zu sorgen, dass Zahlungen von Gesellschaftsschuldnern nicht auf ein debitorisches Konto der Gesellschaft erfolgen, weil dadurch aufgrund der mit der Bank getroffenen Verrechnungsabrede die der Masse zustehende Forderung einem Gläubiger (der Bank) zugewendet wird.[364] Erforderlichenfalls hat der Geschäftsführer ein kreditorisch geführtes Konto der Gesellschaft bei einer anderen Bank zu eröffnen und den aktuellen Geschäftskunden die geänderte Bankverbindung unverzüglich bekannt zu geben.[365] Dadurch wird m.E. die Anwendung der Vorschrift unverhältnismäßig ausgedehnt, weil Überschuldung oft vom Geschäftsführer (vorwerfbar) unbemerkt eintritt.[366]

Nach der BGH-Entscheidung zur tatbestandsausschließenden Kompensation durch Massezufluss[367] (s. → Rn. 1565) blieb abzuwarten, ob und ggf. inwieweit diese Entscheidung auch für den am meisten praxisrelevanten Fall der Abwicklung des Zahlungsverkehrs der Krisengesellschaft über debitorische Konten mit Kontokorrentkreditrahmen fruchtbar zu machen sein würde, insbesondere weil der BGH in der vg. Entscheidung[368] ausdrücklich offen gelassen hatte, ob auch bereits durch die Begründung einer Forderung gegen den Empfänger der masseverkürzenden Zahlung ein ausgleichender Wert in das Gesellschaftsvermögen fließt und damit die Masseverkürzung ausgeglichen ist. Sehr bald hat der BGH jedoch entschieden, dass die bloße Möglichkeit, nach Einzug einer Forderung auf dem debitorischen Konto einen zuvor ausgeschöpften Kreditrahmen wieder in Anspruch nehmen zu können, noch keinen Massezufluss darstellt; das gilt grundsätzlich auch dann, wenn die Bank im Anschluss tatsächlich Zahlungen aus dem debitorischen Konto wieder zugelassen hat.[369] Auch für die Frage, ob sich hier durch die Neuregelung in § 15b Abs. 4 S. 2 InsO eine Änderung i.S. einer Beschränkung der Haftung auf eine Saldovergrößerung ergibt, sei auf die Ausführungen weiter unten verwiesen.

1575

1576

---

[360] BGH ZIP 2015, 71.
[361] Müller NZG 2015, 1021 ff.
[362] OLG Oldenburg ZIP 2004, 1315.
[363] BGH ZIP 2007, 1006; BGH ZIP 2014, 1523; BGH ZIP 2015, 1480.
[364] BGH ZIP 2007, 1006 = BB 2007, 1241 (zu § 130a Abs. 3 S. 1 HGB).
[365] BGH ZIP 2007, 1006 m. Bespr. K. Schmidt ZIP 2008, 1401 ff.
[366] Ebenso mit überzeugenden Argumenten krit. K. Schmidt ZIP 2008, 1401 ff., und Werres ZInsO 2008, 1001 ff.
[367] BGH ZIP 2015, 71.
[368] BGH ZIP 2015, 71, 72.
[369] BGH ZIP 2015, 1480, 1483.

1577 **Fazit:**
Bis zur Klärung der Rechtslage unter Anwendung des neuen § 15b Abs. 4 S. 2 InsO durch ober- bzw. höchstrichterliche Rechtsprechung würde ich in der anwaltlichen Beratung des Geschäftsführers der Krisengesellschaft aus Gründen anwaltlicher Vorsicht gemäß der bisher vom BGH vertretenen und in § 15b Abs. 1 S. 1 InsO kodifizierten Trennungslehre davon ausgehen, dass der im Stadium der Insolvenzreife praktisch häufigste Fall der Vereinnahmung einer Forderung der Schuldnerin auf einem Soll-Konto der Gesellschaft als Gegenleistung für eine (vorherige) Lieferung und Leistung an den Forderungsschuldner eine masseschmälernde, nach § 15b InsO verbotene Zahlung ist, weil einerseits nach der Trennungslehre für die Beurteilung der Masseverkürzung nicht „automatisch" (s.u.) auf eine Saldoverschlechterung im gesamten Insolvenzverschleppungszeitraum abzustellen ist und andererseits die bloße Wiedereröffnung eines Kreditauszahlungsanspruchs in Höhe der Saldoverringerung (bei fortbestehenden Kontokorrentkredit) nach bisheriger Rechtsprechung nicht als die Masseverringerung kompensierender unmittelbarer Massezufluss anzusehen ist.[370] Nach bisheriger Rechtsprechung fehlt die auf das debitorische Konto gelangte und mit dem Kreditrückzahlungsanspruch der Bank verrechnete Zahlung des Drittschuldners der Masse auch dann, wenn später andere Gläubiger mit Mitteln dieses debitorischen Kontos befriedigt werden. Das gilt auch dann, wenn die späteren Auszahlungen aus dem debitorischen Konto nur durch den vorherigen Zahlungseingang ermöglicht wurden, denn insoweit handele es sich um einen bloßen Gläubigertausch und nicht um einen Massezufluss.[371]

1578 Nach einer Entscheidung des OLG Hamburg sollte die Vereinnahmung einer Kundenvorauszahlung auf einem debitorischen Gesellschaftskonto nicht masseschmälernd i.S.d. § 130a Abs. 2 S. 1 HGB a.F. sein, wenn diese Vorauszahlung bei pflichtgemäßem Verhalten des Geschäftsführers (etwa Insolvenzantrag oder Mitteilung eines kreditorisch geführten Kontos der Gesellschaft bei einer anderen Bank) nicht mehr zur Masse gelangt wäre und auch vom Insolvenzverwalter nicht mehr hätte beansprucht werden können.[372] Dies hielt ich im Hinblick auf die vorstehend dargelegte Dogmatik für fraglich. So hat der BGH die Entscheidung des OLG erwartungsgemäß aufgehoben: die Einziehung einer Vorauszahlung auf ein debitorisches Konto führt unabhängig davon, ob die Vorauszahlungsforderung in einem Insolvenzverfahren zu Gunsten der Gläubiger hätte verwertet werden können, zu einer Masseschmälerung, da hypothetische Kausalverläufe nicht zu berücksichtigen sind.[373]

1579 **e) Zahlungen an aus- und absonderungsberechtigte Gläubiger.** Zahlungen an aus- oder absonderungsberechtigte Gläubiger in den Wert der Sicherheit nicht übersteigender Höhe sind von § 15b InsO (früher § 64 Satz 1 GmbHG a.F.) nicht erfasst. Wenn also durch die Zahlungen (gleichwertige oder höherwertige) Eigentumsvorbehalte, Sicherungsübereignungen, Sicherungszessionen oder andere Sicherheiten ausgelöst werden und somit der Gläubigergesamtheit wieder zur Verfügung stehen, sind die Zahlungen nicht verboten;[374] es liegt dann ein bloßer Aktiventausch vor.[375]

---

[370] Müller NZG 2015, 1021, 1023; v. Woedtke GmbHR 2016, 280, 284.
[371] BGH GmbHR 2014, 982, 984 = ZIP 2014, 1523; BGH ZIP 2015, 1480, 1483.
[372] OLG Hamburg ZIP 2019, 416 (für einen Fall der Vorauszahlung eines Kunden für von der Gesellschaft später zu erbringende Charterreise).
[373] BGH ZIP 2020, 666.
[374] OLG Hamburg NZG 2010, 1225 ff. m.w.N.
[375] BGH ZIP 2016, 1119.

So führt auch der Einzug von Forderungen auf ein debitorisch geführtes Bankkonto des Schuldners und anschließende Verrechnung mit dem Sollsaldo nicht zu einer Masseschmälerung und ist daher keine verbotene Zahlung an die Bank, wenn die eingezogene Forderung von einer wirksamen Globalzession an die Bank erfasst war, also vor Insolvenzreife die Sicherungs-(Global-)zession vereinbart worden und die Forderung vor Eintritt der Insolvenzreife entstanden oder werthaltig geworden ist.[376] Eine verbotene Zahlung kann auch ausscheiden, soweit durch die Verringerung des Debetsaldos nach Einziehung und Verrechnung der Forderung weitere sicherungsabgetretene Forderungen frei werden.[377] Das Entfallen der Kostenbeiträge nach §§ 170 Abs. 1 Satz 1, 171 InsO ist keine Massenschmälerung, da diese nicht der Anreicherung der Masse dienen, sondern nur Mehrkosten ausgleichen sollen.[378]

Darauf hinzuweisen ist, dass diese Ergebnisse nicht dadurch rückwirkend zunichte gemacht werden können, dass die Sicherungszession und die anschließende Verrechnung der Bank nach §§ 129 ff. InsO vom Insolvenzverwalter angefochten werden. Nach zutreffender Ansicht des BGH hat dies keinen Einfluss auf die Haftung des Geschäftsführers aus § 64 Satz 1 GmbHG a.F.,[379] weil eine zunächst nicht masseschmälernde Zahlung nicht nachträglich durch Eröffnung des Insolvenzverfahrens und Anfechtung rückwirkend zu einer masseschmälernden werden kann.[380] In der Literatur wird hingegen teilweise vertreten, dass bei Anfechtbarkeit der Zession die Haftungsprivilegierung für den Geschäftsführer nicht greifen kann.[381]

1580

> **Beachte aber:**
> Eine verbotene, masseschmälernde Zahlung i.S.d. § 64 Satz 1 GmbHG a.F. an die Bank liegt jedoch vor, wenn die eingezogene Forderung des Schuldners zwar vor Insolvenzreife zur Sicherheit an die Bank vorausabgetreten war, jedoch erst nach Insolvenzreife entstanden ist oder werthaltig wurde und der Geschäftsführer die Entstehung oder das Werthaltigwerden der vorausabgetretenen Forderung hätte verhindern können. Der Geschäftsführer darf nicht bewirken, dass der Zessionar zulasten der Masse nach Insolvenzreife noch eine werthaltige Forderung erwirbt.[382] Das betrifft vor allem Verträge, die die Schuldnerin nach Eintritt der Insolvenzreife eingeht und bei denen der Anspruch auf die Gegenleistung für eine von der Schuldnerin erbrachte Leistung aufgrund der Sicherungsabtretung der Bank zusteht. Das Gleiche gilt, wenn der abgetretene Anspruch erst nach Eintritt der Insolvenzreife zulasten des Vermögens der Schuldnerin etwa dadurch werthaltig gemacht wird, dass die Schuldnerin die von ihr vertraglich zugesagte Leistung erbringt.

1581

Dagegen liegt keine masseschmälernde, verbotene Zahlung an die Bank vor, wenn auf debitorischem Konto der Gesellschaft eine Forderung eingezogen wird, die zwar erst nach Eintritt der Insolvenzreife entstanden oder werthaltig geworden

1582

---

[376] OLG Hamburg ZIP 2015, 867 = NZG 2015, 756; BGH ZIP 2015, 1480 = NZG 2015, 998.
[377] BGH ZIP 2015, 1480 = NZG 2015, 998.
[378] BGH NZG 2015, 366; NJW 2012, 2517 Rn. 28.
[379] BGH NZG 2015, 998, Rn. 27 ff. (anders die Vorinstanz OLG Düsseldorf).
[380] BGH NZG 2015, 998, Rn. 27 ff. (anders die Vorinstanz OLG Düsseldorf); BGH ZIP 2015, 1480, 1483.
[381] Müller NZG 2015, 1021 ff., 1023.
[382] BGH ZIP 2015, 1480 = GmbHR 2015, 925.

ist, aber die als Gegenleistung von der Gesellschaft gelieferte Ware ebenfalls im Sicherungseigentum der Bank stand. Dann handelt es sich nämlich lediglich um einen für die Masse neutralen Sicherheitentausch.[383]

1583 **f) Zusammenfassung für Forderungseinzug auf debitorischem Konto und Sicherungszession.** Die vorstehend dargestellte kasuistische Rechtsprechung lässt sich wie folgt zusammenfassen:[384]
- Grundsätzlich masseschmälernde Zahlung des Geschäftsführers, wenn er nach Eintritt der Insolvenzreife eine Forderung der Gesellschaft auf ein im Soll befindliches Konto einzieht.[385]
- Keine masseschmälernde Zahlung, wenn die durch den Einzug frei werdenden Kreditmittel (des ungekündigten Kontokorrents) in **unmittelbarem Zusammenhang** dazu genutzt werden, einen werthaltigen Gegenstand für die Masse zu erwerben und dadurch die zunächst eingetretene Masseschmälerung ausgeglichen wird.[386] Dabei kommt es entgegen der früheren Rechtsprechung nicht mehr darauf an, dass der Gegenstand des Massezuflusses im Zeitpunkt der Eröffnung des Insolvenzverfahrens noch vorhanden ist.[387]
- Keine masseschmälernde Zahlung, wenn die Verringerung des Debetsaldos dazu führt, dass andere Sicherheiten der kontoführenden Bank zugunsten der Masse (wieder) frei werden (Sicherheitentausch).[388]
- Keine masseschmälernde Zahlung, wenn die auf dem Soll-Konto eingezogene Forderung der Schuldnerin vor Insolvenzreife an die Bank abgetreten und entstanden bzw. werthaltig geworden ist.[389]
- Masseschmälernde Zahlung, wenn die auf dem Soll-Konto eingezogene Forderung der Schuldnerin zwar vor Insolvenzreife an die Bank wirksam abgetreten worden war, jedoch erst nach Insolvenzreife der Gesellschaft entstanden bzw. werthaltig geworden ist.[390]
- Keine masseschmälernde Zahlung, wenn die auf dem Soll-Konto eingezogene Forderung der Schuldnerin zwar erst nach Insolvenzreife an die Bank abgetreten oder entstanden bzw. werthaltig geworden ist, jedoch die Forderung dadurch entstanden oder werthaltig geworden ist, dass die Schuldnerin Waren an den Forderungsschuldner geliefert hat, die zuvor im Sicherungseigentum der Bank standen (masseneutraler Sicherheitentausch).[391]

1584 **Beachte**
Auch nach den vorstehend genannten Entscheidungen, die die Haftungsgefahren für den Geschäftsführer in einigen bestimmten Fällen reduzieren, verbleibt es dabei, dass der praktisch häufigste Fall der Vereinnahmung einer Forderung der Schuldnerin auf

---

[383] BGH ZIP 2016, 364 = GmbHR 2016, 213 mAnm Clemens; dazu auch Baumert NZG 2016, 379 ff.
[384] Sa Kreuzberg NZG 2016, 371 ff.; Casper ZIP 2016, 793 ff. (zugleich Besprechung der drei jüngsten Entscheidungen des BGH ZIP 2015, 71, ZIP 2015, 1480 und ZIP 2016, 364); sa Altmeppen NZG 2016, 521 ff.
[385] Ständige Rspr. des BGH ua ZIP 2015, 1480 u. GmbHR 2016, 213.
[386] BGH ZIP 2015, 1480 = GmbHR 2015, 925.
[387] BGH GmbHR 2015, 137.
[388] BGH ZIP 2015, 1480 = GmbHR 2015, 925.
[389] BGH ZIP 2015, 1480 = GmbHR 2015, 925.
[390] BGH ZIP 2015, 1480 = GmbHR 2015, 925.
[391] BGH GmbHR 2016, 213.

einem Soll-Konto als Gegenleistung für eine (vorherige) Lieferung und Leistung an den Forderungsschuldner eine masseschmälernde, nach § 64 Satz 1 GmbHG a.F. verbotene und daher zu erstattende Zahlung ist, weil die bloße Wiedereröffnung eines Kreditauszahlungsanspruchs in Höhe der Saldoverringerung (bei fortbestehenden Kontokorrentkredit) einerseits und/oder anschließende Auszahlungen ohne unmittelbaren Massezufluss andererseits nicht als die Masseverringerung kompensierender unmittelbarer Massezufluss anzusehen ist.

g) Zahlungen aus debitorischem Konto. Zahlungen aus einem debitorischen Konto fallen nicht unter den Schutz des der Gläubigergesamtheit dienenden § 64 GmHG a.F. (heute § 15b InsO), da insoweit lediglich ein masseneutraler Gläubigeraustausch stattfindet und das Befriedigungs-Interesse der Gläubigergesamtheit nicht berührt ist.[392] Das gilt jedenfalls, wenn die Bank nicht über den Kontokorrent absichernde Sicherheiten aus dem Gesellschaftsvermögen verfügt[393] (bzw. nicht über bessere Sicherheiten als der befriedigte Gläubiger). Auszahlungen von einem aus Gesellschaftsvermögen besicherten debitorischen Konto sind also ebenso tatbestandsmäßig wie die Veranlassungen von Einzahlungen auf ein aus Gesellschaftsvermögen nicht besichertes debitorisches Konto.[394]

5. Zahlungsveranlassungen, Normadressaten

(1) Grundsätzlich ist der bestellte **Geschäftsführer** der Gesellschaft Normadressat. Das gilt auch, wenn er nach den Vorstellungen der Gesellschafter nur „kommissarischer" Geschäftsführer sein soll.[395]
Er kann nur für solche Schmälerungen des Gesellschaftsvermögens verantwortlich gemacht werden, die mit seinem Wissen und Willen geschehen sind oder die er hätte verhindern können. Für § 130a HGB a.F. ist entschieden, dass die Zahlungsveranlassung durch den Geschäftsführer erfolgt bzw. ihm zurechenbar sein muss, was bei Kontopfändung durch einen Gläubiger nicht der Fall ist.[396] Die Zahlungsveranlassung durch den Geschäftsführer ist also anspruchsbegründende Tatsache,[397] die Zahlungsveranlassung muss dem Geschäftsführer zurechenbar sein. Das ist bei einer Kontopfändung durch einen Gläubiger nicht der Fall.[398] Daher kommt eine Haftung des Geschäftsführers nach § 64 GmbHG nicht in Betracht, wenn die Zahlungen an einen Gläubiger (hier: das Finanzamt) aufgrund Zwangsvollstreckungsmaßnahmen (hier: Pfändungs- und Überweisungsbeschluss) erfolgten.[399]

---

[392] BGH ZIP 2007, 1006 = BB 2007, 1241 zu § 130 Abs. 3 S. 1 HGB; erneut BGH ZIP 2010, 470; BGH ZIP 2015, 1480.
[393] OLG Hamm NZG 2009, 1116; BGH ZIP 2010, 470.
[394] OLG München GmbHR 2014, 139.
[395] OLG München GmbHR 2017, 147.
[396] BGH GmbHR 2009, 937.
[397] BGH ZIP 2009, 956.
[398] BGH GmbHR 2009, 937.
[399] OLG München ZIP 2011, 277.

1587 (2) Neben dem bestellten Geschäftsführer trifft die Erstattungspflicht auch den **faktischen Geschäftsführer**[400] und den Geschäftsführer mehrerer Gesellschaften für jede Gesellschaft gesondert.[401] Das Institut der faktischen Geschäftsführung und die sich daraus ergebenden Haftungsfolgen sind restriktiv anzuwenden, wenn wenig eigenes Verhalten nach außen hervorgetreten ist und dieses zum Zwecke der Konsolidierung/Rettung eines finanziell angeschlagenen Unternehmens vorgenommen wurde.[402]

1588 (3) Dass es sich bei § 64 GmbHG a.F. um eine insolvenzrechtliche Vorschrift handelte, die somit in inländischen Insolvenzverfahren über das Vermögen haftungsbeschränkter Auslandsgesellschaften auch auf deren Geschäftsführer anwendbar war, hatten nach Vorlage durch den BGH[403] der EuGH[404] und in der Folge der BGH[405] für den director einer britischen private company limited by shares („Limited") entschieden und dürfte nun durch die Verortung in der InsO zweifelsfrei sein.

1589 (4) Der **Aufsichtsrat** ist nicht unmittelbarer Normadressat. Stellt der Aufsichtsrat[406] einer AG fest, dass die Gesellschaft insolvenzreif ist, hat er darauf hinzuwirken, dass der Vorstand keine mit der Sorgfalt des ordentlichen Geschäftsmannes unvereinbaren Zahlungen mehr leistet und rechtzeitig den Insolvenzantrag stellt; ggf. hat der Aufsichtsrat den Vorstand abzuberufen.[407] Verstößt er hiergegen schuldhaft, kann er der Gesellschaft gegenüber zum Schadensersatz verpflichtet sein.[408] Hat der Aufsichtsrat von einer Krise der Gesellschaft Kenntnis, hat er gesteigerte Überwachungspflichten, die auch die Pflicht umfasst, sich über die wirtschaftliche Lage der Gesellschaft einschl. evtl. Insolvenzreife unter Ausschöpfung aller zugänglicher Erkenntnisquellen ein genaues Bild zu machen.[409] Haben fehlende oder nicht ausreichende Überwachung der Geschäftsleitung durch den Aufsichtsrat zu Zahlungen unter Verstoß gegen §§ 64 GmbHG u.a. geführt, haften die Aufsichtsratsmitglieder selbst.[410] Die Haftung des Aufsichtsrats ergibt sich bereits aus der Verweisungsnorm des § 116 AktG.

Diese Verpflichtung und Haftungsgefahr kann den **fakultativen Aufsichtsrat einer GmbH** nur treffen, wenn der GmbH selbst ein Schaden entstanden ist; für die bloße Verkürzung der Haftungsmasse den Gläubigern gegenüber haftet der fakultative Aufsichtsrat einer GmbH nicht.[411]

---

[400] BGH ZIP 2005, 1550 und OLG Schleswig ZInsO 2007, 948 = BeckRS 2007, 09519; dazu Nauschütz NZG 2005, 921 f.
[401] OLG München ZIP 2008, 2169.
[402] OLG München ZInsO 2010, 1891 = BKR 2010, 505.
[403] BGH GmbHR 2015, 79 = NZG 2015, 101.
[404] EuGH ZIP 2015, 2468 = GmbHR 2016, 24; zu dieser Entscheidung und der entsprechenden Anwendung auf andere „inländische" Haftungsnormen s. Schall ZIP 2016, 289 ff., und Mankowski NZG 2016, 281 ff.
[405] BGH ZIP 2016, 821.
[406] Zu den gesteigerten Aufsichtsratspflichten in der Krise der Gesellschaft sa OLG Stuttgart ZIP 2012, 1965.
[407] OLG Düsseldorf ZIP 2012, 2299.
[408] BGH ZIP 2009, 860 = ZInsO 2009, 876.
[409] BGH NZG 2009, 550; OLG Hamburg NZG 2015, 756.
[410] BGH NZI 2010, 1338.
[411] BGH ZIP 2010, 1988 („Doberlug", entgegen OLG Brandenburg ZIP 2009, 866) = ZInsO 2010, 1943; dazu Altmeppen ZIP 2010, 1973 ff.

(5) Ob auch die **Gesellschafter bei Führungslosigkeit** der GmbH zum Ersatz verbotener Zahlungen nach § 15b InsO verpflichtet sind, ist umstritten. In der Literatur wird dies für die Vorgängervorschrift teilweise mit der Begründung des insoweitigen Gleichlaufs der Insolvenzantragspflicht in § 15a InsO und der Ersatzverpflichtung nach § 64 S. 1 GmbHG a.F. für den Fall bejaht, dass die Insolvenzantragspflicht des Gesellschafters besteht, also wenn er die Insolvenzreife und die Führungslosigkeit der Gesellschaft kennt.[412]   1590

(6) Teilnahme Dritter ist **nicht möglich**, da § 64 Abs. 2 GmbHG a.F. kein einer Teilnahme Dritter (§ 830 BGB) zugänglicher Deliktstatbestand ist, sondern einen Ersatzanspruch eigener Art statuiert.[413] § 64 Abs. 2 GmbHG a.F. und ebenso § 93 Abs. 3 Nr. 6 AktG sind keine Schutzgesetze i.S.d. § 823 Abs. 2 BGB; Verbindlichkeiten aus diesen Vorschriften sind von der Restschuldbefreiung nicht nach § 302 Nr. 1 InsO ausgenommen.[414]   1591

(7) Ein **Vorstand** eines **eingetragenen Vereins** haftet nicht nach § 64 GmbHG analog.[415] Für ihn bleibt es bei der Insolvenzverschleppungshaftung nach § 42 Abs. 2 Satz 2 BGB; diese Regelung enthält keine planwidrige Lücke.[416]   1592

6. Verschulden und Sorgfalt des ordentlichen Geschäftsmannes

Die Ersatzhaftung nach § 15b InsO (ebenso wie früher § 64 GmbHG, 130a Abs. 1 u. 2 HGB jeweils a.F.) setzt **Verschulden** des Geschäftsleiters voraus.[417] Bei Zahlungen nach Eintritt der Insolvenzreife wird das Verschulden des Geschäftsführers vermutet.[418] Einfache Fahrlässigkeit genügt; Maßstab ist die Sorgfalt des ordentlichen Geschäftsmanns; auf individuelle Fähigkeiten oder etwa mangelnde Sachkenntnis des Geschäftsführers kommt es nicht an.[419] Ebenso scheidet ein Rückgriff auf die Grundsätze innerbetrieblicher Haftungsfreistellung von Arbeitnehmern bei leichter Fahrlässigkeit aus.[420]   1593

a) Erkennbarkeit der Insolvenzreife. Für das Verschulden des Geschäftsführers ist erforderlich, dass er die Insolvenzreife kennt oder fahrlässig nicht kennt.[421] Es genügt also Erkennbarkeit der Insolvenzantragsvoraussetzungen. Diese wird zulasten des Geschäftsführers vermutet.[422] Die Erkennbarkeit der Insolvenzreife kann sich auch aus Kenntnis von Tatsachen ergeben, die der Geschäftsführer aus anderen Quellen als in seiner Eigenschaft als Geschäftsführer erlangt hat (bspw. als Geschäftsführer der Muttergesellschaft).[423] Die Erkennbarkeit wird   1594

---

[412] Beck GmbHR 2017, 181 ff.
[413] BGH ZIP 2008, 1026.
[414] OLG Brandenburg ZInsO 2008, 1081 = LSK 2008, 440050 (Ls.).
[415] Zur Vereinsvorstandshaftung wegen Insolvenzverschleppung s. Poertzgen NZG 2010, 772 ff.
[416] OLG Hamburg ZIP 2009, 757 = ZInsO 2009, 835; OLG Karlsruhe ZIP 2009, 1716 = NZG 2009, 995; bestätigt BGH ZIP 2010, 1080.
[417] BGH DStR 2007, 1641.
[418] Ständige Rspr. des BGH, vgl. nur BGH ZIP 2019, 261 und BGH ZIP 2020, 1239
[419] BGH ZIP 2019, 261 m.w.N.
[420] BGH ZIP 2020, 1239
[421] OLG Celle ZInsO 2008, 1328 = BeckRS 2008, 12929.
[422] OLG Hamm, ZInsO 2021, 962 = BeckRS 2021, 11809,
[423] OLG München GmbHR 2017, 147 = LSK 2016, 113188 (Ls.).

für den Geschäftsführer widerleglich vermutet.[424] Böswillige Unkenntnis der Überschuldung begründet die Haftung ebenfalls.[425] Auf fehlende Kenntnis kann sich der Geschäftsführer nicht berufen, wenn er seiner Beobachtungspflicht nicht nachgekommen ist, also etwa entgegen § 49 Abs. 3 GmbHG die Gesellschafterversammlung nicht einberufen hat oder bei handelsbilanzieller Überschuldung einen Überschuldungsstatus nicht erstellt und fortgeschrieben hat.[426] Der Geschäftsführer einer GmbH muss für eine Organisation sorgen, die ihm die zur Wahrnehmung seiner Pflichten erforderliche Übersicht über die wirtschaftliche Situation der Gesellschaft jederzeit ermöglicht.[427] Dies gilt besonders bei ersten Krisenanzeichen.

Fazit: Bei Zahlungen in der objektiven Lage des § 64 GmbHG (Insolvenzreife der Gesellschaft) werden sowohl die Erkennbarkeit der Insolvenzreife als auch das Verschulden des Geschäftsführers vermutet.[428]

1595 Bei **Geschäfts- bzw. Ressortaufteilungen** unter mehreren Geschäftsführern ist zu beachten, dass die Einhaltung gesetzlicher Vorschriften, hier die Erfüllung der Pflichten aus § 64 GmbHG sowie der Insolvenzantragspflicht allen Geschäftsführern persönlich obliegt und nicht delegiert werden kann. Eine Ressortaufteilung entbindet grundsätzlich nicht von der Verantwortung für die ordnungsgemäße Führung der Geschäfte der Gesellschaft. Gerade im Hinblick auf die Pflichten nach § 64 GmbHG bestehen besonders weitgehende Kontroll- und Überwachungspflichten gegenüber Mitgeschäftsführern. Will ein Mitgeschäftsführer geltend machen, dass ihn an den Verfehlungen gegen § 64 GmbHG wegen der Ressortaufteilung kein Verschulden trifft, insbesondere weil er die Insolvenzreife nicht hat erkennen können, so ist eine klare und eindeutige, von allen Mitgliedern des Organs getragene, nicht notwendigerweise schriftlich dokumentierte Aufgabenzuweisung erforderlich, die die vollständige Wahrnehmung der Geschäftsführungsaufgaben durch hierfür fachlich und persönlich geeignete Personen sicherstellt und ungeachtet der Ressortzuständigkeit eines einzelnen Geschäftsführers die Zuständigkeit des Gesamtorgans für nicht delegierbare Aufgaben wahrt.[429]

Dies vorausgeschickt kann es für den Mitgeschäftsführer ausnahmsweise an der Erkennbarkeit der Insolvenzreife fehlen, wenn der für die Überwachung des laufenden Geschäftsverkehrs zuständige Geschäftsführer seinen Informationspflichten nicht nachkommt, etwa weil er die notwendigen Informationen schon selbst nicht hat, und dem sich ordnungsgemäß um Kontrolle bemühenden Mitgeschäftsführer bewusst Informationen vorenthält.[430]

1596 **b) Hinzuziehung von Beratern.** Der Geschäftsführer kann sich auch nicht auf fachliche Unkenntnis in steuer- oder handelsrechtlichen Dingen berufen; vielmehr muss er sich diese bei Übernahme des Geschäftsführeramtes in eigener

---

[424] BGH BB 2000, 267 und OLG München GmbHR 2008, 320.
[425] OLG Frankfurt a.M. NZG 2004, 1157 Zu Plausibilitäten s. Blöse GmbHR 2005, 832 ff.
[426] OLG Celle GmbHR 2008, 1034 = BeckRS 2008, 12929.
[427] BGH ZIP 2012, 1557 = ZInsO 2012, 1536.
[428] OLG München GmbHR 2014, 139 = BeckRS 2013, 19365.
[429] BGH ZIP 2019, 261; dazu Hülsmann GmbHR 2019, 209 ff.; Peitsmeyer/Klesse NZG 2019, 501 ff.; Schockenhoff GmbHR 2019, 514 ff.
[430] BGH ZIP 2019, 261, 264.

Person verschaffen.⁴³¹ Dies gilt auch, soweit der Geschäftsführer Rat durch einen Steuerberater oder Rechtsanwalt einholt; diesen muss er sorgfältig auswählen und überwachen und den erteilten Rat auf Plausibilität überprüfen können.⁴³²

Die Befolgung von eingeholtem Rechtsrat kann das Verschulden des Geschäftsführers ausschließen. Allerdings muss der Geschäftsführer dem Berater alle maßgeblichen Sachverhaltsdetails mitteilen und den erteilten Rat auf Plausibilität prüfen. Das Verschulden kann nicht mit der Begründung verneint werden, der Geschäftsleiter habe Rechtsrat eingeholt, wenn nicht einmal behauptet worden ist, dass eine kompetente Person zu einer Stellungnahme zur Insolvenzreife der Gesellschaft aufgefordert und über die Vermögenslage umfassend unterrichtet worden ist.⁴³³ **1597**

Ist der Geschäftsführer aus eigener Kompetenz nicht in der Lage, die Insolvenzreife bzw. das Zahlungsverbot nach §64 GmbHG zu beurteilen, muss er fachkundigen Rat einholen. Für seine Entlastung, d.h. für den Ausschluss eigenen Verschuldens ist erforderlich,⁴³⁴ dass der Geschäftsführer **1598**
- dem Berater den im Hinblick auf §64 GmbHG richtigen Prüfungsauftrag erteilt (also den Auftrag zur Prüfung der Insolvenzreife der Gesellschaft; ein etwaiger allgemeiner „Sanierungsauftrag" reicht nicht),
- dem Berater sämtliche für die zuverlässige Prüfung erforderliche Unterlagen zur Verfügung stellt,
- die Kompetenz des Beraters prüft: unabhängige, für die zu klärenden Fragestellungen fachlich qualifizierte Person⁴³⁵,
- die zeitnahe Vorlage des Prüfungsergebnisses einfordert und
- das Prüfungsergebnis auf Plausibilität prüft (unabhängige, für die zu klärenden Fragestellungen fachlich qualifizierte Person⁴³⁶).

Das Verschulden kann nicht mit der Begründung verneint werden, der Geschäftsleiter habe Rechtsrat eingeholt, wenn nicht einmal behauptet worden ist, dass eine kompetente Person zu einer Stellungnahme zur Insolvenzreife der Gesellschaft aufgefordert und über die Vermögenslage umfassend unterrichtet worden ist.

c) Sorgfalt des ordentlichen und gewissenhaften Geschäftsmanns. (1) **1599**
Für den Maßstab für die Sorgfalt eines ordentlichen Geschäftsmannes ist zunächst davon auszugehen, dass der Geschäftsführer nach §15b Abs.1 InsO (früher 64 Satz 1 GmbHG a.F.) grds. verpflichtet ist, nach Eintritt der Insolvenzreife der GmbH Masseschmälerungen zulasten einzelner Gläubiger zu verhindern. Erlaubt sind nach Satz 2 nur Zahlungen, die der Sorgfalt des ordentlichen Geschäftsmannes entsprechen. Dies können also – in der Praxis nicht relevante – **quotale Befriedigungen** der Gläubiger sein, wodurch eine bevorzugte Befriedigung einzelner Gläubiger verhindert wird.⁴³⁷

---

⁴³¹ OLG Schleswig ZIP 2010, 516 = DStR 2010, 564.
⁴³² OLG Schleswig ZIP 2010, 516 = DStR 2010, 564.
⁴³³ BGH DStR 2007, 1641 für einen Fall nach §§130a, 177a HGB.
⁴³⁴ BGH ZIP 2012, 1174.
⁴³⁵ BGH GmbHR 2020, 772 = NZI 2020, 180.
⁴³⁶ BGH GmbHR 2020, 772 = NZI 2020, 180.
⁴³⁷ BGH ZInsO 2001, 143 = ZIP 2001, 235.

§ 9 Haftungsgefahren für Geschäftsführer in der Krise der GmbH

1600   **aa)** Zahlungen, die zur **Aufrechterhaltung des Geschäftsbetriebes**[438] zur Erhaltung von Sanierungschancen und zur Vermeidung des sofortigen Zusammenbruchs der Gesellschaft erforderlich sind[439], können ausnahmsweise mit der Sorgfalt des ordentlichen und gewissenhaften Geschäftsmanns i.S.d. § 64 Abs. 2 S. 2 GmbHG a.F. vereinbar sein, wenn durch sie größere Nachteile für die Insolvenzmasse abgewendet werden[440]. Das kommt insbesondere für Zahlungen in Betracht, ohne die der Betrieb sofort hätte eingestellt werden müssen, was jede konkrete Sanierungschance zunichte gemacht hätte.[441] Der Betrachtungszeitraum für diese von der Lit. so genannte **Notgeschäftsführung** wird jedoch drei Wochen (bzw. nun bei Überschuldung 6 Wochen, s. § 15a Abs. 1 S. 2 InsO) nicht überschreiten können.[442]

1601   • Ausnahmsweise können solche Zahlungen mit der Sorgfalt eines ordentlichen Geschäftsführers vereinbar sein und damit das Verschulden entfallen lassen, ohne die eine konkrete Aussicht auf Sanierung und Fortführung im Insolvenzverfahren zunichte gemacht und noch größere Nachteile für die Insolvenzmasse vermieden werden.[443] Das können Zahlungen sein, die in der Absicht geleistet werden, den Betrieb im Interesse einer **ernstlich erwarteten Sanierung**[444] **oder** für eine ernstlich zu erwartende **spätere Veräußerung** im Insolvenzverfahren[445] aufrecht zu erhalten und die somit geeignet sind, größere Nachteile für die Masse durch sofortigen Zusammenbruch des Geschäftsbetriebes zu vermeiden (etwa Zahlungen für Strom, Gas, Wasser, Telekommunikation, etc.)[446]. Hierzu muss ein tragfähiges Sanierungskonzept vorliegen und der Geschäftsführer muss sich über die wirtschaftliche Lage der Gesellschaft genau Klarheit verschaffen, bevor er aufwendige Sanierungsbemühungen beauftragt und honoriert[447]. Die bloße Sanierungsabsicht genügt nicht.[448]

• Der Geschäftsführer ist nach § 64 Abs. 2 GmbHG a.F. grundsätzlich verpflichtet, Masseschmälerungen zu verhindern. Er darf aber – zur Aufrechterhaltung des Geschäftsbetriebes **für die Zwecke des Insolvenzverfahrens** – nach § 64 Abs. 2 S. 2 GmbHG a.F. bestimmte Leistungen noch erbringen, also etwa Zahlungen, die die Erfüllung von für die Gesellschaft vorteilhaften zweiseitigen Verträgen betreffen, die auch vom Insolvenzverwalter (vgl. § 103 InsO) erfüllt würden, die der Abwendung höherer Schäden aus einer sofortigen Betriebseinstellung dienen, da auch nach Eintritt der Insolvenz – aber vor einer Insolvenz-

---

[438] BGH NJW 2001, 1280 = ZIP 2001, 235.
[439] OLG Celle ZInsO 2006, 440 (442) = LSK 2006, 350298 (Ls.).
[440] BGH DStR 2008, 1246 = NZI 2008, 1226 = ZInsO 2007, 1349.
[441] BGH DStR 2008, 1246 = NZI 2008, 1226 = ZInsO 2007, 1349; OLG München NZG 2019, 941 = GmbHR 2019, 236.
[442] OLG München BeckRS 2018, 276 = GmbHR 2018, 368; OLG München NZG 2019, 941 = GmbHR 2019, 236.
[443] BGH ZIP 2020, 1239
[444] OLG Hamburg, GmbHR 2004, 797 = LSK 2004, 300167 (Ls.); erneut OLG Hamburg, GmbHR 2011, 371 = DStR 2010, 247 : Zahlungen führen dazu, dass ein laufender ernsthafter Sanierungsversuch bei positiver Prognose nicht scheitert (Energie, Gehälter, Miete).
[445] OLG Celle, GmbHR 2008, 1034 = BeckRS 2008, 12929.
[446] vgl. BGH ZInsO 2007, 1349
[447] BGH ZIP 2007, 1501 = DStR 2007, 1544
[448] BGH ZIP 2020, 1239

verfahrenseröffnung – der Geschäfts- und Zahlungsverkehr aufrecht erhalten werden muss und einer Entscheidung des Insolvenzverwalters oder eines nach § 22 InsO eingesetzten vorläufigen Insolvenzverwalters nicht vorgegriffen und dessen Entscheidungsspielraum nicht eingeschränkt werden soll[449]. Unbedenklich können insoweit Zahlungen sein, die zur reduzierten Aufrechterhaltung des Geschäftsbetriebes unabweisbar sind, etwa Kosten für Miete, Energie, Kommunikationstechnik[450]. Zu beachten ist aber, dass solche Zahlungen nicht zwangsläufig zur Abwendung eines noch größeren Schadens für die Gläubiger erforderlich sind.[451]

Da es aber ebenfalls zur Sorgfalt des Geschäftsführers als „ordentlichem Kaufmann" gehört, rechtzeitig nach Maßgabe des § 64 Abs. 1 GmbHG a.F. (heute § 15a Abs. 1 u. 2 InsO) den Antrag auf Eröffnung des Insolvenzverfahrens zu stellen, können nur solche Zahlungen als nicht ersatzpflichtig nach § 64 Abs. 2 S. 2 GmbHG a.F. qualifiziert werden, die seitens der Gesellschaft auch bei rechtzeitiger Stellung des Insolvenzantrages noch geleistet worden wären; dafür wiederum ist entscheidend, wann ein voraussichtlich eingesetzter Insolvenzverwalter insbesondere die Beendigung von Dauerschuldverhältnissen hätte bewirken können[452].

bb) Im Rahmen der Unternehmenssanierung hat der Geschäftsführer, der weiß, dass die materielle Insolvenz der Gesellschaft nur durch ein tragfähiges Sanierungskonzept überwunden werden kann, dafür Sorge zu tragen, dass das Gesellschaftsvermögen für den Fall gesichert wird, dass die Sanierungsbemühungen fehlschlagen. Der Sorgfalt des ordentlichen Geschäftsmannes entsprechen also nur solche Zahlungen, die zur Aufrechterhaltung der Sanierungschancen unter Beachtung der Pflicht zum Masseerhalt erforderlich sind.[453]

1602

Die Zahlung der Umsatzsteuer (im Rahmen einer Lieferantenrechnung) ist nicht deshalb mit der Sorgfalt des ordentlichen Geschäftsmannes i.S.d. § 64 S. 2 GmbHG vereinbar, weil die Aussicht darauf besteht, dass sie als Vorsteuer wieder gutgebracht wird.[454] Zum Haftungsdilemma wegen Steuerzahlungen s.u. bei Steuerhaftung.

1603

Fazit
Generell ist die Privilegierung des § 15b Abs. 1 S. 2 InsO (früher § 64 S. 2 GmbHG a.F.) restriktiv anzuwenden, denn es gehört genauso zu den Pflichten des Geschäftsführers, nach Eintritt der Insolvenzreife unverzüglich, spätestens aber innerhalb von 3 Wochen Insolvenzantrag über das Vermögen der Gesellschaft zu stellen (§ 15a InsO). Der Zweck der Vorschriften, im Interesse einer Gleichbehandlung der Gläubiger eine Schmälerung der Masse nach Eintritt der Insolvenzreife auszugleichen, verbietet dem Geschäftsführer, das Unternehmen auf Kosten der Gläubigergesamtheit mit dem Risiko (weiterer) Masseschmälerungen fortzuführen. Es ist somit eine Reflexwirkung des „Zahlungsverbots" nach § 64 GmbHG a.F., dass der Geschäftsführer daran gehindert wird, das Unternehmen nach Eintritt der Insolvenzreife fortzuführen.[455] Die Verletzung der Insolvenzantragspflicht nach § 15a InsO ist mit der Sorgfalt des ordentlichen Geschäftsmannes nie

1604

---

[449] OLG Celle, GmbHR 2004, 568 = BeckRS 2004, 2461.
[450] OLG Hamburg, GmbHR 2011, 371, 374 = DStR 2010, 2047.
[451] BGH ZIP 2020, 1239 (für Zahlungen an Energieversorger).
[452] OLG Celle, GmbHR 2004, 568 = BeckRS 2004, 2461.
[453] OLG Brandenburg ZIP 2016, 923.
[454] OLG Hamburg ZIP 2017, 2197.
[455] st. Rspr. BGH ZIP 2015, 68, 71; BGH ZIP 2015, 1480, 1482; BGH ZIP 2019, 1719.

zu vereinbaren. Daher können Zahlungen zur Aufrechterhaltung des Geschäftsbetriebes zu Sanierungszwecken nach Ablauf der Drei-Wochen-Frist grundsätzlich nicht mehr der Sorgfalt des ordentlichen Geschäftsführers entsprechen. Nur ganz ausnahmsweise kann in besonderen Einzelfällen eine maßvolle Verlängerung der Frist in Betracht kommen[456]. Folgende Formel mag als Leitlinie der Beratung gelten: Allenfalls soweit ausnahmsweise eine konkrete Chance auf Sanierung und Fortführung im Insolvenzverfahren zunichte gemacht würde, können Zahlungen zur Vermeidung noch größerer Nachteile mit der Sorgfalt des ordentlichen Geschäftsmanns vereinbar sein und damit das Verschulden entfallen lassen.[457]

Insbesondere nicht maßgeblich ist der Einwand des Geschäftsführers, sein (Zahlungs-)Verhalten sei besonders umsichtig gewesen und ein gedachter Insolvenzverwalter hätte auch kein besseres Ergebnis für die Masse erzielen können; das ist nicht der Maßstab.[458]

1605 **cc) Modifizierung des Sorgfaltsmaßstabs** durch die **Neuregelung in § 15b Abs. 2 u. 3 InsO**[459]: Eine Modifizierung einschl. einer gewissen Haftungserleichterung tritt durch die Neuregelungen in § 15b Abs. 2 S. 1 u. 2 InsO ein. Danach gelten Zahlungen im **ordnungsgemäßen Geschäftsgang**, insbesondere solche, die der Aufrechterhaltung des Geschäftsbetriebes dienen, vorbehaltlich des Abs. 3 als mit der Sorgfalt eines ordentlichen und gewissenhaften Geschäftsleiters vereinbar. Was in diesem Sinne unter dem aus § 2 Abs. 1 Nr. 1 COVInsAG stammenden Begriff des ordnungsgemäßen Geschäftsganges zu verstehen ist, wird die Rechtsprechung herauszuarbeiten haben. Leistungen außerhalb eines ausgeglichenen Verhältnisses zur Gegenleistung, Schenkungen, schlichte Erfüllung (evtl. seit geraumer Zeit) offener Altverbindlichkeiten ohne neue Beiträge des Zahlungsempfängers zur Unternehmensfortführung, Rückführungen von Gesellschafterdarlehen (§ 39 Abs. 1 Nr. 5 InsO) sowie alle Zahlungen, die zur Überbrückung des Karenzzeitraums für die Insolvenzantragstellung nicht erforderlich sind (bspw. größere Investitionen) dürften nicht dazugehören, während Bezahlungen von (Netto-)Löhnen, Mieten, Leasingraten, Energielieferungen, Telekommunikationsdienstleistungen, aktuellen Warnlieferungen und Dienstleistungen, etc. wohl dazugehören dürften. Für die Inanspruchnahme dieses Privilegs im Zeitraum vor Insolvenzantragstellung ist **zusätzlich erforderlich**, dass der Geschäftsführer die Karenzzeit für die Insolvenzantragstellung nach § 15a Abs. 1 InsO (3 bzw. 6 Wochen) einhält und Maßnahmen zur nachhaltigen Beseitigung der Insolvenzreife oder zur Vorbereitung des Insolvenzantrags ebenfalls mit der Sorgfalt eines ordentlichen und gewissenhaften Geschäftsleiters betreibt.

Nach § 15b Abs. 2 S. 3 InsO sind außerdem Zahlungen, die im Zeitraum zwischen der Insolvenzantragstellung und der Eröffnung des Verfahrens geleistet werden, mit der Sorgfalt eines ordentlichen und gewissenhaften Geschäftsleiters vereinbar, wenn diese Zahlungen mit Zustimmung eines vorläufigen Insolvenzverwalters vorgenommen wurden.

Nach § 15b Abs. 3 InsO gelten die vorgenannten Privilegierungen des Absatzes 2 rückwirkend nicht (mehr), wenn die Frist für die Insolvenzantragstellung

---

[456] OLG Hamburg GmbHR 2011, 371, 374 = DStR 2010, 2047 (auf 4 Wochen).
[457] BGH ZIP 2019, 1719.
[458] OLG München GmbHR 2019, 236.
[459] Zu der weiteren, erheblichen Modifizierung durch § 15b Abs. 8 InsO s.u. bei Haftung wegen nicht abgeführter Sozialversicherungsbeiträge und Steuern, → Rn. 1722, → Rn. 1743, → Rn. 1747, → Rn. 2247.

verstrichen ist und der Geschäftsleiter keinen Insolvenzantrag gestellt hat. Nach einer in der Literatur vertretenen Auffassung greifen dann auch die früheren Privilegierungen durch die sog. Notgeschäftsführung nicht mehr.[460]

7. Rechtsfolgen, Umfang der Ersatzpflicht

a) Grundsatz. Nach § 15b Abs. 4 S. 1 InsO hat der Geschäftsführer die entgegen dem Zahlungsverbot aus § 15b Abs. 1 InsO geleisteten Zahlungen der Gesellschaft zu erstatten. Aus dem Schutzzweck der Norm ergibt sich, dass die Erstattungspflicht des Geschäftsführers in Höhe des objektiven Wertes des von ihm verbotswidriger Weise veranlassten Vermögensabflusses besteht, jedoch nur soweit der Ersatzbetrag zur Befriedigung der Insolvenzgläubiger erforderlich ist. Darüber hinausgehende Erstattungen würden nach § 199 S. 2 InsO zu einer Auskehr des Erlösüberschusses an die Gesellschafter führen, die jedoch vom Schutzzweck des § 15b InsO nicht erfasst sind. Als Reflexwirkung verbietet § 64 GmbHG a.F. (heute § 15b InsO) dem Geschäftsführer, das insolvenzreife Unternehmen auf Kosten der Gläubigergesamtheit mit dem Risiko (weiterer) Masseschmälerungen fortzuführen.[461] Verbindlichkeiten aus diesem Haftungstatbestand sind von der Restschuldbefreiung nicht nach § 302 Nr. 1 InsO ausgenommen.[462] 1606

Die Ersatzpflicht nach Satz 1 besteht in voller Höhe und nicht nur in Höhe des entstandenen Quotenschadens[463]. Von der Ersatzverpflichtung des Geschäftsführers ist die fiktive Insolvenzquote des Zahlungsempfängers nicht abzuziehen[464]. 1607

Der Anspruch nach § 64 S. GmbHG a.F. unterliegt einem Verzichts- und Vergleichsverbot; das gilt auch dann, wenn der vorläufige Insolvenzverwalter mit Zustimmungsvorbehalt dem zugestimmt hat.[465] 1608

b) Wesentliche Änderung durch § 15b Abs. 4 S. 2 InsO. Nach der ständigen Rechtsprechung des BGH[466] und entgegen einer in der Literatur geäußerten Auffassung[467] bestand die Ersatzpflicht nach § 64 GmbHG a.F. in voller Höhe jeder einzelnen verbotswidrig geleisteten Zahlung und nicht nur in Höhe des entstandenen Quotenschadens. 1609

Eine wesentliche Neuerung findet sich nun in § 15b Abs. 4 InsO. Dort ist in S. 1 geregelt, dass zwar sämtliche entgegen dem Verbot in Absatz 1 geleisteten Zahlungen einzeln zu ersetzen sind. Ist der Gläubigerschaft der Gesellschaft jedoch ein geringerer Schaden entstanden, wird die Ersatzpflicht des Geschäftsführers nach S. 2 auf den Ausgleich dieses geringeren Schadens beschränkt.[468]

---

[460] Bitter, Massesicherung nach Insolvenzreife, GmbHR 2022, 57 ff., Rn. 10.
[461] BGH ZIP 2019, 1719.
[462] OLG Brandenburg ZInsO 2008, 1081 = LSK 2008, 440050 (Ls.).
[463] BGH ZIP 2007, 1006 = BB 2007, 1241 zu § 130a Abs. 2, 3 S. 1 aF HGB.
[464] BGH ZIP 2007, 1501
[465] BGH ZIP 2021, 1109 = GmbHR 2021, 868
[466] Sog. Trennungslehre, s.o. BGH ZIP 2007, 1006 = BB 2007, 1241 zu § 130a Abs. 2, 3 S. 1 a.F. HGB
[467] Etwa m.E. zu Recht Altmeppen, ZIP 2015, 949 ff., 952 f.; Karsten Schmidt in Scholz, GmbHG, 11. Aufl., § 64, Rn, 40 ff.; erneut Altmeppen, Masseschmälernde Zahlungen, NZG 2016, 521 ff.
[468] S.a. Müller, Die Begrenzung der Haftung wegen masseschmälernder Zahlungen nach dem SanInsFoG, GmbHR 2021, 737 ff.

§ 9 Haftungsgefahren für Geschäftsführer in der Krise der GmbH

1610 Diese Regelung betrifft direkt die umstrittene Rechtsnatur der Ersatzpflicht: Ersatzanspruch eigener Art mit der Folge voller Ersatzpflicht jeder einzelnen verbotenen Zahlung (Trennungslehre, Einzelbetrachtung, so bisher der BGH) oder Schadensersatzanspruch (Gesamtbetrachtung der Vermögenszu- und -abflüsse im Zeitraum der Insolvenzreife, so Teile der Lit.). Zwar wollte der Gesetzgeber ausweislich der Begründung zum RegE des SanInsFoG diesen grundsätzlichen Streit nicht entscheiden[469], scheint sich jedoch gegenüber der in der Literatur[470] wiederholt geäußerten Kritik an der Rechtsprechung des BGH zu öffnen und die Möglichkeit schaffen zu wollen, die Ersatzpflicht des Geschäftsführers auf den der Gläubigergesamtheit entstandenen geringeren **Schaden** zu begrenzen, wodurch dem Haftungstatbestand der sog. verbotenen Zahlungen seine bisherige überschießende Schärfe genommen würde.[471]

Nach meinem Dafürhalten gehörte die Rechtsprechung zum Haftungstatbestand des § 64 GmbHG a.F. insgesamt auf den Prüfstand. Vor dem Hintergrund der durchschnittlich zu erwartenden Rechtskenntnisse von GmbH-Geschäftsführern (nicht selten des Unternehmers selbst) schienen mir die von der Rechtsprechung im Laufe der Jahre immer größer gewordenen Anforderungen an den Geschäftsführer einerseits überzogen[472], andererseits betreffend die jüngsten Eingrenzungsversuche des BGH mit den Erwägungen zur Masseverkürzung für den „normalen" Geschäftsführer nicht mehr so nachvollziehbar, dass er sein Verhalten im Sanierungsgeschehen darauf einstellen könnte. Dies gilt umso mehr, als das vom Geschäftsführer im Bestreben der „Rettung" des Unternehmens unbemerkt angehäufte Haftungsvolumen nicht selten seine eigene, persönliche Insolvenz nach sich ziehen konnte. Aufgrund des klaren Wortlauts der Vorschrift sah sich der BGH an die Trennungstheorie gebunden, d.h. dass es war zu erwarten, dass er auch künftig auf jede einzelne Zahlung während der eingetretenen Insolvenzreife und nicht stattdessen mit der Einheitstheorie auf eine Saldoverkürzung im gesamten Verschleppungszeitraum abstellen würde. Daher schien mir der Gesetzgeber gefordert, weil sich der BGH „verrannt" zu haben schien.[473] Das Argument, der BGH gebe mit den zahlreichen Entscheidungen zur Masseverkürzung dem Geschäftsführer keine Handlungsanweisung – diese sei eindeutig: Stellung des Insolvenzantrags bei Eintritt der Insolvenzreife –, sondern beschränke die Haftung auf die tatsächliche Masseverkürzung, war für die tatsächliche Praxis ein eher schwacher Trost.

Die vorstehend dargestellte Neuregelung in § 15b Abs. 4 S. 2 InsO mit der Begrenzung der Haftung auf den der Gläubigerschaft entstandenen geringeren Schaden scheint nun der Kritik an der Rechtsprechung des BGH Rechnung zu tragen und, so bleibt aus der Sicht der Praxis zu hoffen, dass die Rechtsprechung

---

[469] RegE zu Art. 5 Nr. 9 Abs. 4, S. 230
[470] Altmeppen, ZIP 2015, 949 ff., 952 f.; Karsten Schmidt, NZG 2015, 129 ff. und in Scholz, GmbHG, 11. Aufl., § 64, Rn. 40 ff.; erneut Altmeppen, Masseschmälernde Zahlungen, NZG 2016, 521 ff.; Bitter/Buschnagel, ZInsO 2018, 557 ff.
[471] S.a. Bitter, Neues Zahlungsverbot in § 15b InsO-E und Streichung des § 64 GmbHG, GmbHR 2020, 1157 ff.; Brinkmann, ZIP 2020, 2361, 2367
[472] In diesem Sinne auch Karsten Schmidt, ZIP 2005, 2177 ff.
[473] Insbesondere ist der am meisten praxisrelevante Fall des Einzugs von Forderungen auf debitorischem Konto der Gesellschaft für den „normalen" Geschäftsführer nach den aktuellen BGH-Entscheidungen kaum mehr handhabbar. S.a. Casper, ZIP 2016, 793 ff.; Bitter, Beilage zu ZIP 22/2016, 6 ff.

nun das Maß der Haftungsverantwortung der Geschäftsführer auf ein tragbares Maß beschränken wird.

Dieser wird es bedürfen, denn die Neuregelung wird in der Literatur sehr unterschiedlich bewertet: von effektiver Haftungsbegrenzung[474] bis hin zu annähernder Wirkungslosigkeit.[475]

Auszugehen ist zunächst davon, dass die Regelungssystematik mit § 15b Abs. 4 S. 1 InsO die widerlegliche Vermutung enthält, dass jede verbotswidrig geleistete Zahlung einen Gesamtgläubigerschaden in genau ihrer Höhe verursacht.[476] Daraus folgt, dass die **Darlegungs- und Beweislast** für einen geringeren Schaden der Gläubigergesamtheit **beim Geschäftsführer** liegt[477], weshalb diese Haftungsbeschränkung kein Selbstläufer oder Automatismus ist. Ob den Geschäftsführern die Darlegung und der Beweis eines geringeren Schadens der Gläubigerschaft in der Praxis gelingen wird, ob also die Regelung größere praktische Relevanz erlangt, wird wesentlich davon abhängen, wie der Gesamtgläubigerschaden zu berechnen sein wird und wie hoch die **Anforderungen** an die Darlegungs- und Beweislast gesetzt werden. Würde man exakte Bestimmung des kompletten Zeitraums der Insolvenzreife und die genaue Darlegung und Beweis eines geringeren Quotenschadens ähnlich dem der Altgläubiger bei der Insolvenzverschleppungshaftung nach § 823 Abs. 2 BGB i.V.m. § 15a InsO verlangen, was auch dort regelmäßig kaum möglich ist, liefe die Regelung in Satz 2 praktisch leer.[478] Würde man dem Geschäftsführer erlauben, pauschal zu behaupten, der Gläubigerschaft sei kein oder ein geringerer Schaden entstanden und sich zum Beweis eines geringeren Schadens lediglich auf Sachverständigengutachten zu beziehen, liefe die Ersatzpflicht nach Satz 1 praktisch leer.

Zwischen den Extrempositionen werden in der Literatur unterschiedliche Ansätze favorisiert: Minderung des Wertes des Gesellschaftsvermögens, die während der Geltungsdauer des Zahlungsverbots eingetreten ist[479] oder der durch eine verspätete Insolvenzantragstellung verursachte Vermögensverlust,[480] wobei der Gegenbeweis nicht auf den ganzen Zeitraum der Geschäftstätigkeit während der Insolvenzreife bezogen werden, sondern die Darlegung und der Beweis genügen sollte, dass die einzelne Zahlung Teil eines insgesamt und unter Erweiterung der Grundsätze zum Aktiventausch mit Gewinn abgeschlossenen Geschäftsvorfalls war.[481]

---

[474] Poertzgen, ZInsO 2020, 2509, 2516; Bitter, GmbHR 2020, 1157, 1158.
[475] Gehrlein, DB 2020, 2393, 2397; Hacker/Schumann, WpG 2020, 1453, 1456
[476] Begr. RegE SanInsFoG, BT-Drucks. 19/24181, S. 195
[477] Gehrlein, DB 2020, 2393, 2398; Poertzgen, ZInsO 2020, 2509, 2516; Brünkmans, ZInsO 2021, 1, 18.
[478] So Gehrlein, DB 2020, 2393, 2398; Brünkmans, ZInsO 2021, 1, 18.
[479] Müller GmbHR 2021, 737 (741): Ähnlich der Vermögensschadensberechnung bei Beraterhaftung.
[480] Bitter ZIP 2021, 321 (329); a.A. Baumert NZG 2021, 443 (448): Gemäß der bisherigen Rechtsprechung konkreter Vortrag des Geschäftsführers erforderlich, ggf. Einsicht in Insolvenzankte, § 4 InsO i.V.m. § 299 ZPO.
[481] Bitter GmbHR 2022, 57 ff., Rn. 84

8. Verhältnis zur Insolvenzanfechtung

1613 **a) Anspruchsgrundlagenkonkurrenz.** Der Ersatzanspruch gegen den Geschäftsführer aus § 64 GmbHG a.F. besteht neben einem evtl. Rückerstattungsanspruch aus Insolvenzanfechtung gegen den Zahlungsempfänger nach §§ 129 ff., § 143 InsO der nämlichen Zahlung.[482]

Ob zwischen beiden Anspruchsgegnern Gesamtschuldnerschaft besteht, ist fraglich. Vereinzelt wird vertreten, dass sich aus der Grundsatzentscheidung des BGH zur gesamtschuldnerischen Haftung des Delikts- und des Kondiktionsschuldners[483] eine Gesamtschuld ergebe.[484] Das ist m.E. bereits deshalb unrichtig, weil der Anfechtungsgegner in jedem Fall zur Rückerstattung in die Masse verpflichtet ist, ohne auf die Erstattung durch den Geschäftsführer verweisen zu können.[485]

1614 Die Masseverkürzung und damit die Haftung des Organs entfällt, wenn und soweit es dem Insolvenzverwalter gelingt, die – zuvor nach § 64 S. 1. GmbHG a.F. verbotene – Zahlung im Wege der Insolvenzanfechtung vom Zahlungsempfänger zurückzuerhalten.[486]

Allerdings kann auch der Geschäftsführer den Insolvenzverwalter nicht primär an den Zahlungsempfänger als Anfechtungsgegner verweisen.[487]

1615 **b) Keine Haftungsverringerung aufgrund anderweitiger Anfechtungserfolge.** Zu beachten ist aber, dass eine erfolgreich durchgeführte Insolvenzanfechtung der von einem debitorischen Konto geleisteten Zahlung gegenüber dem Zahlungsempfänger bei der Haftung/Erstattungspflicht des Geschäftsführers wegen der Veranlassung von (vorherigen) Zahlungseingängen auf dem debitorischen Konto nicht anspruchsmindernd zu berücksichtigen ist.[488] Das folgt unmittelbar aus der vom BGH (und der wohl h.M. in der Literatur) verfolgten sog. Trennungslehre, nach der für die Beurteilung der Haftung des Geschäftsführers jede einzelne Zahlungsveranlassung im Hinblick auf ihre masseschmälernde Wirkung zu betrachten ist und es nicht im Sinne der sog. Einheitslehre darauf ankommt, ob die Masse in der gesamten Insolvenzverschleppungsphase per Saldo aus Vermögenszu- und -abflüssen verkürzt worden ist.[489]

1616 Umfasst jedoch eine durch Insolvenzanfechtung erreichte Rückzahlung der Bank nicht konkrete einzelne Gutschriften sondern die Saldodifferenz aus Ein- und Auszahlungen in ein einem bestimmten Zeitraum, werden die in die Saldodifferenz einfließenden Gutschriften im Verhältnis der Saldodifferenz zur Gesamtsumme der Gutschriften, mithin zum selben Anteil ausgeglichen, wenn die

---

[482] OLG Oldenburg GmbHR 2004, 1014; zur konkurrierenden Insolvenzanfechtung nach § 134 InsO s. Geißler GmbHR 2016, 337 ff. Sa Altmeppen Beilage zu ZIP 22/2016, 3 ff.; Gehrlein, Differenzierung zwischen Gläubigerbenachteiligung (§ 129 InsO) und der Minderung des Aktivvermögens (§ 64 GmbHG a.F., § 15b InsO)?, NZG 2022, 291 ff.
[483] BGHZ 52, 39, 43 ff. = NJW 1969, 1165.
[484] Habersack/Foerster ZHR 178 (2014), 378, 409.
[485] So auch Altmeppen Beilage zu ZIP 22/2016, 3 ff.
[486] BGH ZIP 2014, 1523; BGH ZIP 2015, 71.
[487] BGH ZIP 2001, 235.
[488] BGH ZIP 2014, 1523 = ZInsO 2014, 1615.
[489] So aber mE zu Recht Altmeppen ZIP 2015, 949 ff., 952 f.; K. Schmidt in Scholz, GmbHG, 11. Aufl., § 64 Rn. 40 ff.

Differenz die Summe der Gutschriften nicht erreicht,[490] was zu einer Reduzierung des Anspruchs gegen den Geschäftsführer nach §64 GmbHG a.F. führen kann.

c) Keine nachträgliche Entstehung der Haftung durch Insolvenzanfechtung. Eine masseschmälernde Zahlung liegt nicht vor, wenn die auf dem debitorischen Konto eingezogene Forderung wirksam an die Bank abgetreten war oder durch den Einzug und die Verrechnung mit dem Soll-Saldo anderweitige Sicherheiten für die Masse wieder frei werden. Diese Ergebnisse können nun nicht dadurch rückwirkend zunichtegemacht werden, dass die Sicherungszession und die anschließende Verrechnung der Bank nach §§129ff. InsO vom Insolvenzverwalter angefochten werden. Nach zutreffender Ansicht des BGH hat dies keinen Einfluss auf die Haftung des Geschäftsführers aus §64 Satz 1 GmbHG,[491] weil eine zunächst nicht masseschmälernde Zahlung nicht nachträglich durch Eröffnung des Insolvenzverfahrens und Anfechtung rückwirkend zu einer masseschmälernden werden kann. In der Literatur wird hingegen teilweise vertreten, dass bei Anfechtbarkeit der Zession die Haftungsprivilegierung für den Geschäftsführer nicht greifen kann.[492]

1617

d) Abtretung des anfechtungsrechtlichen Rückgewähranspruchs. Nach der jüngeren Rechtsprechung des BGH kann der aus der Insolvenzanfechtung folgende Rückgewähranspruch abgetreten werden.[493] Daher kann der nach §64 GmbHG Ersatz leistende Geschäftsführer nach ganz h.M. entspr. §255 BGB Zug um Zug die Abtretung des anfechtungsrechtlichen Rückgewähranspruchs verlangen[494]. Es kann aus Sicht des Geschäftsführers also sinnvoll sein, den Zahlungsempfänger in der Krise der Gesellschaft im insolvenzanfechtungsrechtlichen Sinne bösgläubig zu machen, ihm also die Tatsachen mitzuteilen, die eine spätere Insolvenzanfechtung begründen können. Die Abtretung des aus der Insolvenzanfechtung folgenden Rückgewähranspruchs nach §143 Abs.1 S.2 InsO kann der Geschäftsführer m.E. nicht verlangen, wenn er sich auf den geringeren Gesamtschaden nach §15b Abs.4 S.2 InsO beruft.

1618

Nicht geklärt sind hingegen die sich ergebenden **Folgefragen:**
(1) Was gilt, wenn der Insolvenzverwalter die Anfechtung nicht erklärt hat oder sie wegen Fristablaufs/Verjährung (§146 InsO) nicht mehr in Betracht kommt? Auch dann kann der Geschäftsführer seine Leistung nicht verweigern. Vielmehr begründet das Versäumnis des Insolvenzverwalters einen Schadensersatzanspruch der Masse nach §60 InsO, dessen Abtretung der Geschäftsführer verlangen kann.[495]
(2) Ist die Verfolgung des Insolvenzanfechtungsanspruchs nach Aufhebung des Insolvenzverfahrens (§200 InsO) ausgeschlossen? Nach meinem Dafürhalten ist dies zu verneinen, da andernfalls die vom BGH gewährte Möglichkeit der Masse-

1619

---

[490] BGH ZIP 2020, 666.
[491] BGH NZG 2015, 998 Rn.27ff. (anders die Vorinstanz OLG Düsseldorf).
[492] Müller NZG 2015, 1021ff., 1023.
[493] BGH ZIP 2011, 1114.
[494] BGHZ 146, 264 (279); OLG Oldenburg GmbHR 2004, 1014; Müller in MüKoGmbHG, §64, Rn.169 m.w.N.; so auch Flöther/Korb ZIP 2012, 2333ff. und Priebe ZInsO 2014, 1681ff.; idS auch OLG Oldenburg GmbHR 2004, 1014; Lange GmbHR 2015, 1254, 1258; Altmeppen Beilage zu ZIP 22/2016, 3ff.
[495] Müller in MüKoGmbHG, §64, Rn.170 m.w.N.

mehrung durch Veräußerung des aus der Insolvenzanfechtung folgenden Rückgewähranspruchs (wirtschaftlich) unterlaufen würde.

9. Aufrechnung mit Gegenansprüchen?

1620 Der Geschäftsführer kann gegen den Erstattungsanspruch aus §64 GmbHG mit eigenen, vor Insolvenzeröffnung erworbenen und zur Tabelle festgestellten Gehaltsansprüchen gegen die Gesellschaft, etwa Gehaltsforderungen nicht aufrechnen, weil der Geschäftsführer die Aufrechnungslage durch eine anfechtbare Rechtshandlung erworben habe, § 96 Abs. 1 Nr. 3 i.V.m. § 131 Abs. 1 Nr. 1 InsO.[496] Zur Begründung hat der BGH ausgeführt, dass die verbotenen Zahlungen eine Benachteiligung der Insolvenzgläubiger zur Folge hatten, weil sie zu einem Anspruch der insolventen Gesellschaft gegen den Geschäftsführer und damit zu der Möglichkeit der Aufrechnung führten, welche den Erstattungsanspruch nach § 64 GmbHG der Gläubigergesamtheit entzog, während der Geschäftsführer ohne die Aufrechnung nur eine einfache Insolvenzforderung hätte geltend machen können. Diese Herstellung der Aufrechnungslage sei inkongruent gewesen, weil der Geschäftsführer gegen die Gesellschaft keinen Anspruch auf eine Begründung gegenseitiger Forderungen hatte.[497] Außerdem widerspreche die Aufrechnung der Eigenart des Ersatzanspruchs nach §64 GmbHG, so dass §242 BGB entgegenstehe, denn die Aufrechnung würde die Auffüllung der Masse zur gleichmäßigen Befriedigung der Insolvenzgläubiger verhindern.[498]

10. Verteilung der Darlegungs- und Beweislast

1621 **a) Insolvenzreife.** Der Insolvenzverwalter hat die Darlegungs- und Beweislast für die Insolvenzreife.[499] Er genügt seiner Darlegungslast, wenn er eine Handelsbilanz mit dem Ausweis eines nicht durch Eigenkapital gedeckten Fehlbetrages vorlegt und erläutert, ob ggf. Abweichungen zum Überschuldungsstatus zu berücksichtigen sind[500] bzw. dass stille Reserven nicht vorhanden sind.[501] Den Geschäftsführer trifft dann die sekundäre Darlegungs- und Beweislast, im Einzelnen vorzutragen, in welchen Punkten die für den Überschuldungsstatus maßgeblichen Werte nicht oder nicht richtig abgebildet sind.[502] Er genügt seiner sekundären Darlegungslast nicht, wenn er lediglich von der Handelsbilanz abweichende Werte behauptet; vielmehr hat er substantiiert zu etwaigen stillen Reserven oder in der Bilanz nicht oder nicht richtig abgebildeten Werten vorzutragen.[503]

Auch genügt dem Insolvenzverwalter, der sich auf Überschuldung i.S.d. § 19 InsO in der bis zum 17.10.2008 geltenden Fassung beruft, die Darlegung der rech-

---

[496] BGH ZIP 2014, 22 = ZInsO 2014, 36 = NZG 2014, 69.
[497] BGH ZIP 2014, 22.
[498] BGH NZI 2019, 932.
[499] OLG Brandenburg GmbHR 2015, 1094 = BeckRS 2015, 1192.
[500] BGH ZInsO 2007, 1349 = NZG 2008, 75.
[501] BGH ZIP 2014, 168 = ZInsO 2014, 197.
[502] OLG Brandenburg GmbHR 2015, 1094 = BeckRS 2015, 1192.
[503] BGH ZIP 2014, 168 = ZInsO 2014, 197.

nerischen Überschuldung zu Liquidationswerten. Eine positive Fortführungsprognose (mit der Folge des Ansatzes von Fortführungswerten) hat der Geschäftsführer darzulegen und ggf. zu beweisen.[504]

Für die Darlegung der Zahlungsunfähigkeit genügt dem Insolvenzverwalter die Darlegung der Zahlungseinstellung, da bei dieser die Zahlungsunfähigkeit nach § 17 Abs. 2 Satz 2 InsO zu vermuten ist; die Vorlage einer Liquiditätsbilanz ist dann nicht erforderlich.[505] Wesentliches Indiz für die Zahlungseinstellung als Voraussetzung für die Vermutung der Zahlungsunfähigkeit ist, dass der Schuldner nur noch Neuschulden begleicht, Altforderung, insb. solche, die wesentlich höher sind als die neuen Verbindlichkeiten, aber nicht innerhalb eines Zeitraumes von einem Monat bedient.[506]

b) Zahlungen. Der Insolvenzverwalter muss die geleistete Zahlung, deren Ersatz er fordert, hinreichend genau darlegen, also Datum, Empfänger und Zahlungsgrund angeben, wenn dies zur Identifizierung des Zahlungsvorgangs erforderlich ist.[507] Ferner muss der Kläger die Zahlungsveranlassung durch den beklagten Geschäftsführer darlegen. An einer haftungsbegründenden Veranlassung kann es fehlen, wenn die Belastung des Kontos auf einer Kontopfändung beruht.[508]

c) Sorgfalt des ordentlichen Geschäftsmannes. Zulasten eines Geschäftsführers, der nach Eintritt einer Zahlungsunfähigkeit Zahlungen aus dem Vermögen der Gesellschaft leistet, wird vermutet, dass er dabei nicht mit der von einem Vertretungsorgan der GmbH zu erwartenden Sorgfalt gehandelt hat.[509] Diese Beweislastverteilung zulasten des Geschäftsführers, der nach Eintritt der Insolvenzantragsvoraussetzungen Zahlungen noch geleistet hat, ergibt sich auch aus dem Regel-Ausnahmeverhältnis in § 64 Sätzen 1 und 2 GmbHG. Der Geschäftsführer muss für Zahlungen nach Insolvenzreife darlegen und beweisen, dass sie zur Masseerhaltung notwendig waren.[510]

Verweigert der Insolvenzverwalter, der im Besitz der Unterlagen ist, dem in Anspruch genommenen Geschäftsführer jedoch die Unterlageneinsicht, obwohl die Rückzahlung einer großen Zahl von bereits geraume Zeit zurückliegenden Zahlungen verlangt wird, kehrt sich die Darlegungslast für die Frage der Vereinbarkeit der Zahlungen mit der Sorgfalt des ordentlichen Geschäftsmannes zulasten des Insolvenzverwalters um.[511]

11. Geltendmachung, Übergangsregelung, Verjährung, Prozessuales

a) Geltendmachung. Im Unterschied zur Insolvenzanfechtung nach §§ 129 ff. InsO ist Voraussetzung für die Entstehung des Anspruchs nach den vg. Normen

---
[504] BGH ZInsO 2007, 36 = NZI 2007, 44; BGH ZIP 2010, 2400 = ZInsO 2010, 2396.
[505] BGH GmbHR 2013, 482 = BeckRS 2013, 5645.
[506] OLG Hamburg GmbHR 2004, 797 = LSK 2004, 300167 (Ls.).
[507] OLG München GmbHR 2009, 490 = BeckRS 2008, 25350.
[508] BGH DStR 2009, 1104 = ZInsO 2009, 917.
[509] OLG Hamburg GmbHR 2004, 797 = LSK 2004, 300167 (Ls.).
[510] BGH DB 2007, 1689 = DStR 2007, 1544 = ZIP 2007, 1501.
[511] LG München I ZIP 2007, 1960.

nicht die Eröffnung des Insolvenzverfahrens, sondern lediglich die Insolvenzreife[512]. Durchsetzbar ist der Anspruch jedoch erst nach Insolvenzeröffnung[513] durch den Insolvenzverwalter oder den Sachwalter bei Eigenverwaltung.

Bei Abweisung der Insolvenzeröffnung mangels Masse oder nach Einstellung des Insolvenzverfahrens ist aber ebenfalls kein Grund ersichtlich, den Geschäftsführer in diesen Fällen besser zu stellen.[514] Dann können die Gläubiger der Gesellschaft den Erstattungsanspruch pfänden und sich überweisen lassen.

1627 Der Ersatzanspruch aus § 64 S. 1 GmbHG a.F. kann vom Insolvenzverwalter (etwa im Rahmen eines Vergleichs) wirksam abgetreten werden. § 9b Abs. 1 S. 1 GmbHG steht dem nicht entgegen, da die Vorschrift für den Insolvenzverwalter nicht gilt.[515] Außerhalb eines Insolvenzverfahrens über das Vermögen der Gesellschaft ist der Anspruch der Gesellschaft für deren Gläubiger pfändbar[516].

1628 **b) Übergangsregelung zur Anwendung des § 15b InsO.** Eine ausdrückliche Übergangsregelung für die Anwendung des § 15b InsO fehlte zunächst. Durch eine Ergänzung des Art. 103m EGInsO um die Sätze 2 u. 3 ist nunmehr klargestellt, dass für den Tatbestand erfüllende Zahlungen bis 31.12.2020 das alte Recht anwendbar (§ 64 GmbHG a.F. und die Parallelvorschriften) ist und für Zahlungen ab dem 1.1.2021 § 15b InsO gilt[517], und zwar unabhängig von der Frage, ob das Insolvenzverfahren vor dem 1.1.2021 beantragt oder eröffnet wurde.[518]

1629 **c) Verjährung.** Der Erstattungsanspruch verjährt nach der klaren Regelung in §§ 64 S. 4, 43 Abs. 4 GmbHG in fünf Jahren nach seiner Entstehung durch die Vornahme der (verbotenen) Zahlung im Stadium der Insolvenzreife.[519] Dies ist nun in § 15b Abs. 7 S. 1 InsO geregelt. Die Entstehung des Anspruchs hängt hingegen nicht von der Eröffnung des Insolvenzverfahrens oder seiner Abweisung mangels Masse ab[520], sondern nur die Durchsetzbarkeit (s. → Rn. 1626).

1630 **d) Zuständiges Gericht.** Welches Gericht für Klagen aus § 64 GmbHG zuständig ist, war lange nicht abschließend geklärt. Zum Teil wurde vertreten, das Gericht am Sitz der Gesellschaft/Insolvenzschuldnerin sei nach § 29 ZPO zuständig, da Anspruchsinhaber die Gesellschaft sei und der Anspruch dort zu erfüllen sei.[521] Dies gelte auch wenn der (faktische) Geschäftsführer seinen Wohnsitz zuvor ins Ausland verlegt hat[522]. Da der BGH den zugunsten der Gesellschaftsgläubiger bestehenden Anspruch aus § 64 S. 1 GmbHG als eine Ersatzforderung eigener Art ansieht, die nicht unbedingt an die Geschäftsführerpflichten der Gesellschaft

---

[512] BGH GmbHR 2010, 1264; BGH ZIP 2015, 71; BGH ZIP 2015, 1480.
[513] BGH GmbHR 2000, 1149 = NZI 2001, 87.
[514] BGH GmbHR 2000, 1149 = NZI 2001, 8.7
[515] BGH ZIP 2018, 1451.
[516] Boujong NZG 2003, 497 ff.
[517] So auch Bitter, ZIP 2021, 321, 332
[518] So auch Hentschl/Rustr, ZInsO 2021, 637 ff.
[519] OLG München, GmbHR 2020, 372 = LSK 2002, 210595 (Ls.).
[520] BGH GmbHR 2010, 1264 = NZI 2011, 73; OLG München GmbHR 2017, 1090 = BeckRS 2017, 112376.
[521] OLG München NZG 2017, 749 = ZIP 2018, 100; erneut OLG München GmbHR 2018, 1027 = ZIP 2019, 73.
[522] OLG Köln ZInsO 2011, 2199 = NZI 2012, 52.

gegenüber anknüpft[523], ist der Gerichtsstand des §29 ZPO jedoch nicht sicher. Daher hat das OLG Stuttgart bei unterschiedlichen allgemeinen Gerichtsständen mehrerer Geschäftsführer, die Streitgenossen nach §60 ZPO sind, die Möglichkeit einer Bestimmung des örtlich zuständigen Gerichts nach §36 Abs. 1 Nr. 3 ZPO angenommen.[524] Für diese Entscheidung brauche die Frage nach der Rechtsnatur des Anspruchs (und damit die Zuständigkeit nach §29 ZPO) nicht abschließend geklärt zu werden; zur Vermeidung langwieriger Auseinandersetzungen und zur Verfahrensbeschleunigung sei der Gerichtsstand nach §§36, 37 ZPO bereits dann gerichtlich zu bestimmen, wenn ein gemeinsamer Gerichtsstand der potenziell Beklagten nicht einfach und zuverlässig festzustellen ist.[525] Nun hat der **BGH** entschieden, dass für Ansprüche aus den insoweit vergleichbaren Vorschriften der §§130a Abs. 1 S. 1 u. 2, 177a HGB gem. §29 Abs. 1 ZPO der Gerichtsstand am Sitz der Gesellschaft begründet ist.[526]

Das LG Darmstadt hatte die Frage, ob für die Klage des Insolvenzverwalters gegen einen im Ausland wohnhaften Geschäftsführer die Gerichte des Eröffnungsstaates zuständig sind, dem EuGH vorgelegt.[527] Der EuGH hat daraufhin entschieden, dass die Auslegung des Art. 3 Abs. 1 EuInsVO ergibt, dass für Klagen wegen der Haftung nach §64 GmbHG n.F. die Gerichte des Mitgliedsstaates zuständig sind, in dessen Gebiet das Insolvenzverfahren eröffnet wurde.[528] Da die Ansprüche des Insolvenzverwalters aus §64 S. 1 GmbHG als insolvenzrechtliche einzuordnen sind (s.o.), sind nach der Entscheidung des EuGH v. 16.1.2014[529] gemäß Art. 3 Abs. 1 EuInsVO die Gerichte des Eröffnungsstaates zuständig.[530]

e) Vorbehaltsurteil. Dem Geschäftsführer ist im Urteil vorzubehalten, Erstattungsansprüche gegenüber dem Insolvenzverwalter in Höhe der hypothetischen Quote (Rang und Höhe) des durch die verbotene Zahlung begünstigten Gläubigers geltend zu machen[531]. Dieser Vorbehalt ist von Amts wegen aufzunehmen, weil eine ungerechtfertigte Bereicherung der Masse auszuschließen ist[532]. Gegenstandswert des Rechtsmittels wegen nicht erteilten Vorbehalts ist höchstens die Quote.[533] Der Vorbehalt kommt m.E. nicht in Betracht, wenn der Geschäftsführer sich auf den geringeren Gesamtschaden nach §15b Abs. 4 S. 2 InsO beruft. Das OLG Hamburg hat verfahrens- und materiellrechtliche Bedenken gegen die „Vorbehaltsurteils"-Rechtsprechung geäußert[534]. 1631

f) Persönliche Insolvenz des Geschäftsführers. Sollte der Anspruch aus §15b InsO (früher §64 GmbHG a.F.) die persönliche Insolvenz des Geschäftsfüh- 1632

---

[523] BGH GmbHR 2008, 702 = NZG 2008, 468.
[524] OLG Stuttgart GmbHR 2016, 124 = BeckRS 2015, 19637.
[525] OLG Naumburg NZG 2018, 270 = GmbHR 2017, 1273.
[526] BGH ZIP 2019, 1659.
[527] LG Darmstadt NZG 2013, 797 = ZInsO 2013, 1802.
[528] EuGH ZIP 2015, 196 = NZG 2015, 154; sa Schulz NZG 2015, 146 ff.
[529] EuGH ZIP 2014, 181.
[530] BGH ZIP 2014, 1986.
[531] OLG Jena ZIP 2002, 986 und OLG Schleswig ZIP 2003, 856; BGH ZInsO 2013, 952 = NZI 2013, 395.
[532] BGH ZIP 2005, 1550.
[533] BGH ZIP 2013, 1251.
[534] OLG Hamburg GmbHR 2007, 1036 = BeckRS 2008, 2305.

rers nach sich ziehen, erfasst die mögliche Restschuldbefreiung auch die Verbindlichkeit aus § 64 GmbHG, da es keine Verbindlichkeit aus vorsätzlich begangener unerlaubter Handlung nach § 302 Nr. 1 InsO ist[535].

12. Bezug zum Strafrecht

1633 M.E. ist die Bezahlung eines fälligen Gesellschafterdarlehens auch unter Verstoß gegen §§ 64 S. 1 oder S. 3 GmbHG keine strafbare Untreue nach § 266 StGB, weil es an einem Vermögensschaden der Gesellschaft fehlt.[536] Dies dürfte auch nach der Neuregelung in § 15b Abs. 4 InsO gelten.

13. Vorübergehende Haftungserleichterung bei den „verbotenen" Zahlungen gemäß § 64 S. 1 u. 2 GmbHG und den Parallelvorschriften

1634 a) **Regelungssystematik.** Nach § 2 Abs. 1 Nr. 1 COVInsAG[537] gelten, „soweit" nach § 1 die Pflicht zur Stellung des Insolvenzantrags ausgesetzt ist[538], Zahlungen, die im ordnungsgemäßen Geschäftsgang erfolgen, insbesondere solche Zahlungen, die der Aufrechterhaltung oder Wiederaufnahme des Geschäftsbetriebs oder der Umsetzung eines Sanierungskonzepts dienen, als mit der Sorgfalt eines ordentlichen und gewissenhaften Geschäftsleiters i.S.d. § 64 Satz 2 GmbHG bzw. der Parallelvorschriften in § 92 Abs. 2 Satz 2 AktG, 130a Abs. 1 Satz 2, auch in Verbindung mit § 177a Satz 1 HGB, § 99 Satz 2 Genossenschaftsgesetz (GenG) jeweils a.F. (heute § 15b InsO) vereinbar.[539] Dies gilt nach § 2 Abs. 5 COVInsAG auch für die dort genannten Fälle der weiteren Aussetzungen der Insolvenzantragspflicht.

Diese Komplementärregelung war unbedingt erforderlich, um der Aussetzung der Insolvenzantragspflicht Geltung bzw. Bedeutung zu verschaffen, denn andernfalls hätte der Geschäftsführer befürchten müssen, in einem später eröffneten Insolvenzverfahren über das Vermögen der Gesellschaft sämtliche Zahlungen, die er im Aussetzungszeitraum, also nach Eintritt der Zahlungsunfähigkeit oder Überschuldung geleistet hat, persönlich ersetzen zu müssen.

Systematisch knüpft die Regelung im COVInsAG zutreffend an die Sorgfaltsvorschrift in § 64 Satz 2 GmbHG a.F. (und die entsprechenden Regelungen in den Parallelvorschriften), heute § 15b Abs. 1 S. 2 InsO an, weil der Aussetzungszeitraum nach § 1 COVInsAG vergleichbar ist mit der 3- bzw. 6-Wochen-Frist in § 15a Abs. 1 InsO: in beiden Zeiträumen sind Zahlungen, die der Aufrechterhaltung des Geschäftsbetriebes und somit dem Erhalt der Insolvenzmasse für die Gläubiger dienen, mit der Sorgfalt des ordentlichen Geschäftsmanns vereinbar.

---

[535] OLG Hamm ZIP 2012, 2106.
[536] So auch Brand/Strauß GmbHR 2019, 214 ff.
[537] Gesetz zur vorübergehenden Aussetzung der Insolvenzantragspflicht und zur Begrenzung der Organhaftung bei einer durch die COVID-19-Pandemie bedingten Insolvenz (COVID-19-Insolvenzaussetzungsgesetz – COVInsAG) v. 27.3.2020, BGBl I S. 569.
[538] Hierzu detailliert die Ausführungen zur Insolvenzverschleppung, → Rn. 1558 ff.
[539] S.a. Born, Auswirkungen des COVInsAG auf die Organhaftung im Zusammenhang mit der materiellen Insolvenz, NZG 2020, 521 ff.

b) Tatbestand. Der Tatbestand der Neuregelung greift ein, wenn folgende **Voraussetzungen** vorliegen: 1635
- die Insolvenzreife der Gesellschaft besteht,
- die vom Geschäftsführer veranlasste bzw. zu verantwortende Zahlung (zu den einzelnen Fallkonstellationen s.o.) erfolgte während des Zeitraums der Aussetzung der Insolvenzantragspflicht und
- die Zahlung diente der Aufrechterhaltung oder Wiederherstellung des Geschäftsbetriebs, d.h. dazu, größere Nachteile im Insolvenzverfahren für die Gläubiger abzuwenden und die Masse für die Gläubiger zu sichern, oder der Umsetzung eines Sanierungskonzepts.

c) Rechtsfolge. Als Rechtsfolge ordnet die Neuregelung als unwiderlegliche Vermutung an, dass solche Zahlungen mit der Sorgfalt des ordentlichen Geschäftsmanns vereinbar sind mit der Folge, dass der Geschäftsführer sie in einem evtl. späteren Insolvenzverfahren über das Vermögen der Gesellschaft nicht zu ersetzen braucht. 1636

d) Kein Freibrief. Zu beachten ist, dass diese Haftungserleichterung für den Geschäftsführer keineswegs ein unumschränkter Freibrief ist. Zunächst hat er laufend zu prüfen, ob bei Fortbestehen der Insolvenzreife die Insolvenzantragspflicht nach §1 COVInsAG weiterhin ausgesetzt bleibt; die Aussetzung der Insolvenzantragspflicht endet etwa, wenn die Aussichten auf Beseitigung einer bestehenden Zahlungsunfähigkeit entfallen. Nach Ende der Aussetzung der Insolvenzantragspflicht sind die weiterhin vom Geschäftsführer veranlassten oder zu verantwortenden Zahlungen wieder nicht mehr mit der Sorgfalt des ordentlichen Geschäftsmannes zu vereinbaren, mit der Folge, dass die persönliche Ersatzpflicht in einem späteren Insolvenzverfahren wieder eingreift. 1637

Außerdem hat der Geschäftsführer zu berücksichtigen, dass die Neuregelung die Schutzrichtung des §64 GmbHG a.F. und der Parallelvorschriften, heute §15b InsO keineswegs verkehrt oder beseitigt. Da die Gesellschaft ja materiell insolvenzreif ist, besteht für die Gläubiger ein erheblich erhöhtes Risiko künftiger Forderungsausfälle. Deshalb hat der Geschäftsführer seine Geschäftsführung am Gläubigerinteresse auszurichten und nicht mehr am Gesellschafterinteresse. Der Geschäftsführer wird also ggf. darzulegen und zu beweisen haben, dass die Zahlungen der Aufrechterhaltung oder Wiederaufnahme des Geschäftsbetriebes oder der Umsetzung eines Sanierungskonzepts jeweils mit dem Ziel bestmöglichen Masseerhalts für die Gläubiger dienten. Dazu wird er eine Planung und ein genaues Monitoring vorhalten müssen.

In der Literatur wird darüber diskutiert, ob wegen der Reduzierung der Haftungen nach §64 GmbHG und den Parallelvorschriften nunmehr verstärkt Haftungsgefahren für den Geschäftsführer nach §43 GmbHG und den entsprechenden Parallelvorschriften für die anderen Gesellschaftsformen in Betracht kommen.[540] Diese Gefahr für den Geschäftsführer würde ich als gering ansehen, weil der beschränkte Sorgfaltsmaßstab bei §64 GmbHG für die Frage der Pflichtverletzung nach §43 GmbHG ebenfalls zu berücksichtigen sein dürfte. Außerdem wird nach jüngerer Literaturauffassung vertreten, dass nach Eintritt der materiellen Insol- 1638

---

[540] s. Thole, ZIP 2020, 650, 655

venzreife der Gesellschaft sich die Schutzrichtung der allgemeinen culpa-Haftung in § 43 GmbHG und den Parallelvorschriften im bereits o.g. Sinne wandelt: das Geschäftsführerhandeln ist nunmehr am Gläubigerinteresse und nicht mehr am Gesellschafterinteresse auszurichten.[541]

14. Zusammenfassung der Änderungen durch § 15b InsO

1639 Durch Art 5 SanInsFoG[542] wurden die bisher in den einzelnen Gesellschaftsgesetzen (§ 64 GmbHG, § 92 Abs. 2 i.V.m. § 93 Abs. 3 Nr. 6 AktG, § 130a Abs. 1, 2 und § 177a HGB, § 99 GenG jeweils a.F.) geregelten sog. Zahlungsverbote und die Anordnung der entsprechenden Ersatzpflicht mit Wirkung ab 1.1.2021 in dem neuen § 15b InsO zusammengefasst; die vorgenannten Regelungen in den Gesellschaftsgesetzen wurden durch Art. 14 – 17 SanInsFoG aufgehoben. Hierdurch wurden die inhaltlich zusammengehörenden, durch das MoMiG getrennten Regelungen zur Insolvenzantragspflicht (§ 15a InsO) und der Ersatzpflicht der sog. verbotenen Zahlungen wieder zusammengeführt, und zwar nunmehr in der InsO.

§ 15b Abs. 1 InsO regelt die Zahlungsverbote und die Ausnahme hiervon, sofern die Zahlungen mit der Sorgfalt eines ordentlichen und gewissenhaften Geschäftsleiters vereinbar sind, und entspricht damit im Wesentlichen den bisherigen Regelungen und dem Regel-/Ausnahmeverhältnis in den die einzelnen Gesellschaften betreffenden Gesetzen.

Gewisse Haftungserleichterungen sind in den Neuregelungen in **§ 15b Abs. 2 u. 3 InsO** enthalten, die stets zusammen zu betrachten sind. Danach sind drei Phasen zu unterscheiden:
- Phase 1 – die Karenzzeit für die Insolvenzantragstellung: Zahlungen, die im ordnungsgemäßen Geschäftsgang erfolgen, insbesondere Zahlungen, die der Aufrechterhaltung des Geschäftsbetriebs dienen, sind als mit der Sorgfalt eines ordentlichen und gewissenhaften Geschäftsleiters vereinbar anzusehen, solange die Geschäftsleitungen Maßnahmen zur nachhaltigen Beseitigung der Insolvenzreife oder zur Vorbereitung des Insolvenzantrags ebenfalls mit der Sorgfalt eines ordentlichen und gewissenhaften Geschäftsleiters betreiben;
- Phase 2 – zwischen Insolvenzantrag und Verfahrenseröffnung: Zahlungen, die im Zeitraum zwischen der Insolvenzantragstellung und der Eröffnung des Verfahrens geleistet werden, sind mit der Sorgfalt eines ordentlichen und gewissenhaften Geschäftsleiters vereinbar, wenn diese Zahlungen mit Zustimmung eines vorläufigen Insolvenzverwalters vorgenommen wurden;
- Phase 3 – Karenzzeit für den Insolvenzantrag abgelaufen und Antrag vom Schuldner nicht gestellt: Nach 15b Abs. 3 InsO gelten die Privilegierungen des Absatzes 2 rückwirkend nicht mehr, wenn die Frist für die Insolvenzantragstellung verstrichen ist und der Geschäftsleiter keinen Insolvenzantrag gestellt hat. Dann sind die Zahlungen „i.d.R." nicht mehr mit der Sorgfalt vereinbar, ausgenommen nur die sog. Notgeschäftsführung gem. der bisherigen Rspr.

Eine wesentliche Neuerung findet sich in **§ 15b Abs. 4 InsO**. Dort ist geregelt, dass zwar sämtliche entgegen dem Verbot in Absatz 1 geleisteten Zahlungen ein-

---
[541] s. Bitter, ZIP 2020, 685, 691
[542] SanInsFoG v. 17.12.2020, BGBl. I 3256 ff.

zeln zu ersetzen sind. Ist der Gläubigerschaft der Gesellschaft jedoch ein geringerer Schaden entstanden, wird die Ersatzpflicht des Geschäftsführers auf den Ausgleich dieses Schadens beschränkt. Hier scheint der Gesetzgeber der in der Literatur[543] wiederholt geäußerten Kritik an der Rechtsprechung des BGH zu folgen und die Ersatzpflicht des Geschäftsführers auf den der Gläubigergesamtheit entstandenen geringeren Schaden begrenzen zu wollen, wodurch dem Haftungstatbestand der sog. verbotenen Zahlungen seine bisherige überschießende Schärfe genommen würde.[544] Entscheidend wird hier sein, welche Anforderungen die Rechtsprechung an die Berechnung des geringeren Gesamtschadens und an die beim Geschäftsführer liegende Darlegungs- und Beweislast stellen wird.

In § 15b Abs. 5 InsO werden die bisher in den Gesellschaftsgesetzen geregelten (etwa § 64 Satz 3 GmbHG) Ersatzpflichten für verbotene Zahlungen an Gesellschafter geregelt.

§ 15b Abs. 6 InsO erstreckt die Ersatzpflichten auch auf die anderen zum Insolvenzantrag verpflichteten Gesellschaftsorgane, etwa die Gesellschafter der GmbH bei Führungslosigkeit.

In § 15b Abs. 7 InsO ist nunmehr die Verjährung der Ersatzansprüche geregelt.

§ 15b Ab. 8 InsO löst die Pflichtenkollision mit der Steuerhaftung entgegengesetzt der bisherigen Rechtsprechung des BGH und des BFH auf (s.u. → Rn. 1744, 1747). Ob dies auch für das vergleichbare Haftungsdilemma betreffend die (Nicht-) abführung der Arbeitnehmeranteile zur Sozialversicherung gilt, ist in der Literatur streitig. Zu beidem sei auf die Ausführungen zur Steuerhaftung bzw. zur Haftung wegen nicht abgeführter Arbeitnehmeranteile zur Sozialversicherung verwiesen.

Nach der Übergangsregelung zur Anwendung des § 15b InsO in Art. 103m S. 2 u. 3 EGInsO gelten die Neuregelungen für den Tatbestand erfüllende Zahlungen ab dem 1.1.2021, und zwar unabhängig vom Zeitpunkt des Insolvenzantrags oder der Eröffnung des Verfahrens.

15. Abschließende Anmerkung und Praxishinweis

Die Haftungsgefahr bzw. Ersatzpflicht nach § 64 GmbHG a.F. und den Parallelvorschriften war in der Vergangenheit die nach meinem Dafürhalten bedrohlichste, die den Geschäftsleitungen haftungsbeschränkter Gesellschaften, namentlich der GmbH bzw. GmbH & Co.KG in der Krise der Gesellschaft drohte. Wesentlicher Grund war, dass die kaufmännische Beurteilung der Geschäftsführer, den Geschäftsbetrieb solange unter Fortsetzung der Zahlungen aufrecht erhalten zu dürfen oder gar zu müssen, wie noch Sanierungsaussichten bestehen, oft im Widerspruch zu ihrer rechtlichen Verpflichtungen zur Zahlungseinstellung und zum Insolvenzantrag steht. Ob hier nennenswerte Haftungsentlastungen durch die Neuregelungen in § 15b InsO, insbesondere durch § 15b Abs. 4 S. 2 InsO

1640

---

[543] Altmeppen, ZIP 2015, 949 ff., 952 f.; Karsten Schmidt, NZG 2015, 129 ff. und in Scholz, GmbHG, 11. Aufl., § 64, Rn, 40 ff.; erneut Altmeppen, Masseschmälernde Zahlungen, NZG 2016, 521 ff.; Bitter/Buschnagel, ZInsO 2018, 557 ff.
[544] S.a. Bitter, Neues Zahlungsverbot in § 15b InsO-E und Streichung des § 64 GmbHG, GmbHR 2020, 1157 ff.; Brinkmann, ZIP 2020, 2361, 2367

eintreten, wird sich erst herausstellen, wenn erste ober- oder höchstrichterliche Entscheidungen vorliegen.

1641 **Fazit und Praxishinweis**
Die Gefahr, vom Insolvenzverwalter auf Erstattung verbotener Zahlungen nach § 15b InsO in Anspruch genommen zu werden, sollte der Geschäftsführer auch weiterhin sehr ernst nehmen. Für das mögliche Haftungsvolumen kann die Umsatzgröße im Zeitraum der materiellen Insolvenzreife einen Anhaltspunkt bieten: da die Gesellschaft in der Krise meist keine Gewinne mehr erwirtschaftet, dürften die (verbotenen) Auszahlungen also ungefähr den Zahlungszuflüssen aus den getätigten Umsätzen entsprechen. Nach der dargestellten bisherigen Rechtsprechung genügt es dem Insolvenzverwalter, den Zeitpunkt der objektiven Insolvenzreife der Gesellschaft zu bestimmen und (beinahe) alle anschließenden, vom Geschäftsführer noch veranlassten bzw. zu verantwortenden Zahlungen, die aus der Buchhaltung ersichtlich sind, als verboten i.S.d. § 15b Abs. 1 InsO und somit vom Geschäftsführer zu ersetzen einzustufen. Es ist dann Aufgabe des Geschäftsführers, sich gegen die u.U. ganz erhebliche Inanspruchnahme zu verteidigen und im Einzelnen für jede Zahlung darzulegen und erforderlichenfalls zu beweisen, dass sie der Sorgfalt des ordentlichen Geschäftsmannes entsprach bzw. dass der Gläubigerschaft ein geringerer Gesamtschaden entstanden ist. Im Hinblick darauf, dass nach allen empirischen Untersuchungen Insolvenzanträge über das Vermögen von GmbH'en meist erst geraume Zeit nach Eintritt der Insolvenzreife gestellt[545] und die Zahlungen (wenigstens teilweise) solange aufrechterhalten werden, besteht – vorbehaltlich einer bestehenden und die Ansprüche auch umfassenden D&O-Versicherung (s.o.) – die durchaus reale Gefahr, dass das in Rede stehende Haftungsvolumen die persönliche Leistungsfähigkeit des Geschäftsführers übersteigt, sodass für den Geschäftsführer auch ein persönliches Insolvenzrisiko besteht.

II. Insolvenzverschleppung – Schutzgesetzverletzung

1. Allgemeines

1642 a) **Insolvenzantragspflicht.** Nach § 15a Abs. 1 u. 2 InsO haben die Mitglieder des Vertretungsorgans (die Geschäftsleiter) einer haftungsbeschränkten Gesellschaft (bei der keine natürliche Person unmittelbar oder mittelbar Vollhafter ist) nach Eintritt der Zahlungsunfähigkeit oder Überschuldung der Gesellschaft ohne schuldhaftes Zögern, d.h. unverzüglich, § 121 Abs. 1 S. 1 BGB, Antrag auf Eröffnung des Insolvenzverfahrens über das Vermögen der Gesellschaft zu stellen. Nach der Neufassung des § 15a Abs. 1 InsO durch Art. 5 SanInsFoG[546] ist der Insolvenzantrag bei Eintritt der **Zahlungsunfähigkeit** spätestens innerhalb von **3 Wochen**, bei Eintritt der **Überschuldung** spätestens innerhalb von **6 Wochen**[547] zu stellen. Für die Geschäftsführungen von Finanzinstituten besteht nicht diese unmittelbare Insolvenzantragspflicht, sondern die Anzeigepflicht ggü. der BaFin nach § 46b Abs. 1 KWG.

1643 Die Insolvenzantragspflicht besteht für jedes einzelne Mitglied des Vertretungsorgans, unabhängig von konkreten Vertretungs- oder Geschäftsführungsregelun-

---
[545] Vgl. nur Haarmeyer ZInsO 2009, 1273 ff. m.w.N.
[546] v. 17.12.2020, BGBl. I 2020
[547] Zur Organhaftung während des 3-Wochen-Zeitraums nach § 15a Abs. 1 InsO s. Poertzgen, ZInsO 2008, 1196 ff.

gen. Dies ergibt sich aus den Formulierungen „jedes Mitglied des Vertretungsorgans" in § 15 Abs. 1 InsO sowie „die Mitglieder des Vertretungsorgans" in § 15a Abs. 1 InsO.

Die Drei- bzw. Sechs-Wochen-Frist für die Insolvenzantragstellung darf der Geschäftsführer nur ausnutzen, wenn begründete Sanierungsaussicht besteht,[548] also aus der ex ante-Betrachtung die begründete Aussicht, dass die Insolvenzreife der Gesellschaft innerhalb von höchstens drei Wochen beseitigt wird.

Die Insolvenzantragspflicht des Geschäftsführers entfällt nicht bereits durch Insolvenzantragstellung eines Gläubigers, sondern erst mit Eröffnung des Insolvenzverfahrens.[549] Ob der Schuldner in diesem Fall einen eigenen Insolvenzantrag unter der prozessualen Bedingung stellen kann, dass das Insolvenzgericht auf einen Gläubigerantrag aufgrund vom Schuldner bestrittener Forderung das Insolvenzverfahren eröffnet, ist, soweit ersichtlich, noch nicht entschieden.[550]

1644

Zur Frage der ordnungsgemäßen Erfüllung der Insolvenzantragspflicht durch den Geschäftsführer durch rechtzeitige und „richtige" Antragstellung i.S.d. § 15a Abs. 4 InsO sei verwiesen auf die Ausführungen zum Straftatbestand der Insolvenzverschleppung.

1645

Die Insolvenzverschleppungshaftung kann auch einen Teilnehmer (§ 831 BGB) treffen.[551] So kann Beihilfe darin liegen, dass gesellschaftsfremde Dritte (z.B. Unternehmenserwerbsinteressenten, Banken, einzelne Gläubiger etc.) den Geschäftsführer von der gebotenen Insolvenzantragstellung abhalten.

1646

Die Insolvenzantragspflicht trifft auch den **faktischen Geschäftsführer**.[552] In der Literatur wird zudem vertreten, dass der faktische Geschäftsführer für die Insolvenzantragstellung durch die Gesellschafter oder den Aufsichtsrat zu sorgen hat.

1647

Bei Führungslosigkeit der GmbH sind nach § 15a Abs. 3 InsO die **Gesellschafter** zur Insolvenzantragstellung verpflichtet, es sei denn, sie hätten von der Zahlungsunfähigkeit und der Überschuldung oder der Führungslosigkeit der Gesellschaft keine Kenntnis. Nach der Entwurfsbegründung soll bewusstes Verschließen vor der Kenntnis der positiven Kenntnis gleich stehen.[553]

1648

b) Schutzgesetz. Nach ständiger Rechtsprechung haben die Regelungen, welche Geschäftsführer haftungsbeschränkter Gesellschaften bei Eintritt der Insolvenzreife (Zahlungsunfähigkeit oder Überschuldung) zur Insolvenzantragstellung verpflichten, gläubigerschützenden Charakter. Ihre Verletzung kann also Schadensersatzansprüche nach § 823 Abs. 2 BGB gegen den die Insolvenz verschleppenden Geschäftsführer persönlich begründen.[554]

1649

---

[548] BGH DStR 2001, 1537.
[549] BGH ZIP 2008, 2308.
[550] Nur bejahend entschieden für den Fall der – vom Schuldner bestrittenen – Annahme der internationalen Zuständigkeit durch das Insolvenzgericht, BGH ZIP 2012, 582.
[551] Zur Haftung des Teilnehmers an Insolvenzverschleppung s. BGH DStR 2005, 1743; zu Vertrauensschaden wegen Insolvenzverschleppung und Haftung des Teilnehmers, Bayer/Lieder WM 2006, 1ff.
[552] Ständige Rspr. des BGH, etwa BGH ZIP 2005, 1550; BGH ZIP 2002, 848.
[553] Zur Insolvenzantragspflicht bei Führungslosigkeit sa Berger ZInsO 2009, 1977ff.
[554] Zur Außen- und Innenhaftung bei der verschleppten Insolvenz, Heitzsch ZInsO 2006, 568ff.; Poertzgen GmbHR 2006, 1182ff.; zur Organhaftung während des Drei-Wochen-Zeitraums nach § 15a Abs. 1 InsO s. Poertzgen ZInsO 2008, 1196ff.; Wagner FS K. Schmidt, 2009, 1665ff.

1650 **c) Vorübergehende Aussetzung der Insolvenzantragspflicht durch CO-VInsAG.** Durch § 1 des Gesetzes zur Abmilderung der Folgen der COVID-19-Pandemie im Zivil-, Insolvenz- und Strafverfahrensrecht (COVInsAG)[555] war die Pflicht zur Stellung eines Insolvenzantrags nach § 15a InsO und nach § 42 Abs. 2 BGB vom 1.3.2020 bis zum 30.09.2020 ausgesetzt.[556] Für den Tatbestand der Überschuldung war die Aussetzung der Insolvenzantragspflicht bis zum 31.12.2020 verlängert worden[557].

Dies galt nach den genannten Regelungen nicht, wenn die Insolvenzreife nicht auf den Folgen der COVID-19-Pandemie beruhte oder wenn keine Aussichten darauf bestanden, eine bestehende Zahlungsunfähigkeit zu beseitigen. War der Schuldner am 31.12.2019 nicht zahlungsunfähig, wurde vermutet, dass die Insolvenzreife auf den Auswirkungen der COVID-19-Pandemie beruht und Aussichten darauf bestanden, eine bestehende Zahlungsunfähigkeit zu beseitigen.

1651 Durch Art. 10 SanInsFoG[558] wurde mit dem neuen § 1 Abs. 3 COVInsAG die Insolvenzantragspflicht für den Zeitraum vom 1.1. – 31.1.2021 für solche Schuldner „nach Maßgabe des Abs. 1" ausgesetzt, die in der Zeit vom 1.11. – 31.12.2020 einen Antrag auf Gewährung staatlicher Hilfen im Rahmen staatlicher Hilfsprogramme zur Abmilderung der Folgen der COVID-19-Pandemie gestellt haben, es sei denn, dass keine Aussicht zur Erlangung der staatlichen Hilfen bestand oder dass die erlangbaren Hilfen zur Vermeidung oder Beseitigung der Insolvenzreife unzureichend sind. Durch das Gesetz zur Verlängerung der Aussetzung der Insolvenzantragspflicht … vom 15.2.2021[559] wurde diese Aussetzung bis zum 30.4.2021 für den Fall verlängert, dass das Unternehmen in der Zeit vom 1.11. – 28.2.2021 einen Antrag auf Gewährung staatlicher Hilfen im Rahmen staatlicher Hilfsprogramme zur Abmilderung der Folgen der COVID-19-Pandemie gestellt hat. Da diese erneute Aussetzung „nach Maßgabe des Abs. 1" erfolgt, müssen also zusätzlich zu den neuen Voraussetzungen (Hilfsantrag mit Erfolgsaussicht und Ausreichen der Hilfsmittel) auch die weiteren, im folgenden darzustellenden Voraussetzungen erfüllt sein.

Durch das Gesetz zur vorübergehenden Aussetzung der Insolvenzantragspflicht wegen Starkregenfällen und Hochwassern im Juli 2021[560] ist die Insolvenzantragspflicht bis zum 31.1.2022, durch Verordnung verlängerbar bis 30.4.2022, ausgesetzt, wenn der Eintritt der Insolvenzreife auf den Auswirkungen der Starkregenfälle oder des Hochwassers im Juli 2021, solange die Antragspflichtigen ernsthafte Finanzierungs- und Sanierungsverhandlungen führen und solange dadurch begründete Aussichten auf Sanierung bestehen. Auf diesen Spezialtatbestand wird in den folgenden Ausführungen nicht weiter eingegangen.

Ausgangslage für die Prüfung, ob die Voraussetzungen für die Aussetzung der Insolvenzantragspflicht vorliegen, ist zunächst die Insolvenzreifeprüfung, also

---

[555] v. 27.03.2020, BGBl I 2020, 569
[556] Zur Aussetzung der Insolvenzantragspflicht durch das COVInsAG s.a. Hölzle/Schulenberg, ZIP 2020, 633 ff.; Thole, ZIP 2020, 650 ff.; Bitter, ZIP 2020, 685 ff.; Römermann, NJW 2020, 1108 ff.; S.a. Born, Auswirkungen des COVInsAG auf die Organhaftung im Zusammenhang mit der materiellen Insolvenz, NZG 2020, 521 ff.
[557] COVInsÄndG v. 25.9.2020, BGBl. I, 2016; dazu s. Bitter, GmbHR 2020, R 292 ff.
[558] SanInsFoG v. 22.12.2020, BGBl. I 3256 ff., 3292.
[559] BGBl. I, 237
[560] BGBl. I, 4149

die Feststellung, ob die haftungsbeschränkte Gesellschaft zahlungsunfähig oder überschuldet i.S.d. §§ 17, 19 InsO ist. Für die Prüfung der Überschuldung ergibt sich dabei folgende Unsicherheit: Reicht das Vermögen der Gesellschaft nicht aus, sämtliche Verbindlichkeiten zu decken, dürfen in die Vermögensberechnung Fortführungswerte nur eingestellt und das Fehlen einer Überschuldung nur angenommen werden, wenn für die Gesellschaft eine positive Fortführungsprognose besteht (s.o.). Eine solche Zahlungsfähigkeitsprognose für den Prognosezeitraum des laufenden und folgenden Geschäftsjahres ist in den „Corona"-Zeiten mit zusammenbrechenden Absatzsituationen seriös jedoch kaum möglich.

aa) Aussetzung ist die Regel. Nach der gesetzlichen Konstruktion war die Aussetzung der Insolvenzantragspflicht bis zum 30.09.2020 bzw. bis zum 31.12.2020 die Regel, das Fortbestehen der Insolvenzantragspflicht die Ausnahme. 1652

bb) Ausnahme bei fehlender Kausalität der COVID-19-Pandemie für die Insolvenzreife. Für die Beurteilung, ob die Ausnahmen eingreifen, mithin die Insolvenzantragspflicht bei Insolvenzreife mit all den daraus folgenden Haftungsgefahren für die Geschäftsführer (s.u.) fortbestand, ist das komplexe Regelungsgeflecht in § 1 Sätze 2 und 3 zu beurteilen. 1653

Zweifelsfrei und einfach zu lösen ist der Fall, dass die Gesellschaft bereits per 31.12.2019 zahlungsunfähig war. Dann war die Insolvenzantragspflicht nicht ausgesetzt, sondern besteht unverändert fort.

Komplizierter zu beurteilen ist der Fall, dass die Gesellschaft per 31.12.2019 zwar noch zahlungsfähig, jedoch bereits überschuldet i.S.d. § 19 InsO war. Für diese Überschuldung dürfte die COVID-19-Pandemie zwar objektiv nicht ursächlich sein, dennoch kann sich der Geschäftsführer nach § 1 Satz 3 COVInsAG auf die Vermutung berufen, dass die Insolvenzreife (Überschuldung) auf den Auswirkungen der COVID-19-Pandemie beruhte, da die Gesellschaft ja per 31.12.2019 nicht zahlungsunfähig war. In diesem Falle muss also der Geschäftsführer darlegen und ggf. beweisen, dass die Gesellschaft per 31.12.2019 nicht zahlungsunfähig war. Derjenige, der den Geschäftsführer wegen Insolvenzverschleppung in Anspruch nehmen will (Gläubiger, Insolvenzverwalter) muss darlegen und beweisen, dass die Insolvenzreife (Überschuldung) nicht auf der COVID-19-Pandemie beruhte. An den letztgenannten Beweis sind nach der Gesetzesbegründung „höchste Anforderungen" zu stellen (str.).

Sollte die Insolvenzreife der Gesellschaft im Jahr 2020 bis zum 01.03.2020 (Beginn der Aussetzung der Insolvenzantragspflicht nach § 1 COVInsAG), also in den Monaten Januar oder Februar 2020 eingetreten sein, hat der Anspruchsteller (Gläubiger, Insolvenzverwalter) darzulegen und ggf. zu beweisen, dass die Insolvenzreife nicht auf der COVID-19-Pandemie beruht.

Sollte die Insolvenzreife der Gesellschaft (nach Darstellung des Anspruchstellers) erst nach dem 01.03.2020 eingetreten sein und hat der Geschäftsführer die fehlende Zahlungsunfähigkeit per 31.12.2019 belegt, dürfte dem Anspruchsteller (Gläubiger, Insolvenzverwalter) der ihm wegen der Vermutungsregelung in § 1 Satz 3 COVInsAG obliegende Beweis, dass die COVID-19-Pandemie für die Insolvenzreife nicht ursächlich ist, kaum je gelingen; dies gilt umso mehr, als an diesen Beweis nach der Gesetzesbegründung „höchste Anforderungen" zu stellen sind.

In diesem Zusammenhang ist darauf hinzuweisen, dass mittelbare Ursächlichkeit und auch bloße Mitursächlichkeit, nicht jedoch aber völlig unbedeutende Verursachungsanteile, für das Eingreifen der zugunsten des Geschäftsführers sprechenden Vermutungsregelung in § 1 Abs. 1 S. 3 COVInsAG ausreicht.[561] Dies gilt auch für die Überschuldung, wenn z.b. wegen der COVID-19-Pandemie die positive Fortführungsprognose entfallen ist.

1654 **cc) Ausnahme bei fehlender Aussicht zur Beseitigung der Zahlungsunfähigkeit.** Nach § 1 Abs. 1 S. 2 COVInsAG war die Insolvenzantragspflicht ebenfalls nicht ausgesetzt, sondern bestand mit allen persönlichen Haftungsgefahren für die Geschäftsleitung fort, wenn keine Aussichten gegeben waren, eine bestehende Zahlungsunfähigkeit zu beseitigen.

Die Voraussetzungen für die Wiederherstellung der Zahlungsfähigkeit nach der Rechtsprechung des BGH (s.o.) müssen erfüllt sein. Es muss also eine Finanzplanung vorhanden sein, die die Wiederherstellung der Zahlungsfähigkeit zeigt. Diese Planung muss plausibel sein; die staatlichen Hilfen für Unternehmen dürfen mit eingeplant werden.

Streitig ist der Zeitraum, innerhalb dessen planungsgemäß die Zahlungsfähigkeit wieder hergestellt sein musste. Hier wird in der Literatur ein Zeitraum von bis zu drei Monaten genannt[562] oder ein Zeitraum bis zum Ende des Aussetzungszeitraums (30.9.2020 bzw. 31.12.2020)[563] oder gar ein Zeitpunkt, der erst nach Ablauf des Aussetzungszeitraums liegt.[564] Nach meinem Dafürhalten konnte der Zeitraum nur bis zum Ende der Aussetzungsfrist (30.09.2020 bzw. 31.12.2020) bemessen sein, weil bei Fortbestehen der Insolvenzreife nach dem Ende des Aussetzungszeitraums die Insolvenzantragspflicht wieder bestand und besteht (→ Rn. 1565h).

Hat der Geschäftsführer dargelegt, dass die Gesellschaft per 31.12.2019 nicht zahlungsunfähig war, hat wegen der Vermutungsregelung in § 1 Abs. 1 S. 3 COVInsAG den Umstand, dass keine Aussichten gegeben sind bzw. waren, eine bestehende Zahlungsunfähigkeit zu beseitigen, der Anspruchsteller (Gläubiger, Insolvenzverwalter) darzulegen und ggf. zu beweisen. Nach der Gesetzesbegründung ist dieser Beweis nur dann zu führen, wenn keine Zweifel daran bestehen, dass die Beseitigung der Zahlungsunfähigkeit nicht gelingen konnte. Wegen der umfangreichen staatlichen Hilfsprogramme zur Überwindung der Unternehmenskrisen dürfte dieser Beweis kaum je gelingen.

Nicht zu verkennen ist, dass in der „Corona"-Zeit wegen der besonders großen Unsicherheit betreffend die Umsätze und Ergebnisse eine verlässliche Finanzplanung nur sehr schwer zu erstellen ist. Für die Praxis dürfte dies bedeuten, dass die Anforderungen an den Geschäftsführer wohl nur dann nicht erfüllt sind, wenn er gegen die Selbstbeobachtungspflicht in der Krise der Gesellschaft verstößt oder keine Liquiditätsplanung vorhält oder die Liquiditätsplanung bereits im Ausgangspunkt offensichtlich unzutreffend ist.

Eine fehlende Aussicht auf Beseitigung einer (nach Beginn der Aussetzung entstandenen) **Überschuldung** steht – zumindest nach dem Wortlaut der Rege-

---

[561] Hölzle/Schulenberg ZIP 2020, 633 ff.
[562] Gehrlein DB 2020, 713 (714).
[563] Thole ZIP 2020, 650 (653); Römermann NJW 2020, 1108 (1109); Bitter ZIP 2020, 685 (690).
[564] Hölzle/Schulenberg ZIP 2020, 637.

lung – der Aussetzung der Insolvenzantragspflicht nicht entgegen[565], weil nach den Regelungen in § 1 Abs. 1 Sätze 1-3 COVInsAG nur die fehlende Aussicht, eine Zahlungsunfähigkeit zu beseitigen, die Ausnahme von der Aussetzung der Insolvenzantragspflicht darstellt. Jedoch dürfte die zur Beseitigung der Zahlungsunfähigkeit erforderliche Liquiditätsprognose zugleich die positive Fortführungsprognose i.S.d. Überschuldungsprüfung sein.

Nach Ablauf der Aussetzung der Insolvenzantragspflicht lebte bei bestehender Insolvenzreife die Insolvenzantragspflicht des Geschäftsführers mit allen Haftungsgefahren bei Verletzung der Pflichten (s.u.) sofort wieder auf. Die 3- bzw. 6-Wochen-Frist in § 15a Abs. 1 InsO stand m.E. nicht zur Verfügung. In der Literatur wurde teilweise dafür plädiert, dem Geschäftsführer eine „krisenadjustierte", also mit etwas geringeren Anforderungen versehene Fortführungsprognose zu gestatten.[566]

1655

> **Zur Beachtung und Fazit:**
> Die Regelungen des COVInsAG, also die vorübergehende Aussetzung der Insolvenzantragspflicht, die Verkürzung des Prognosezeitraums bei der Überschuldungsprüfung auf 4 Monate während des Jahres 2021 durch und unter den Voraussetzungen des § 4 COVInsAG (s.o.) und die Haftungserleichterungen bei den sog. „verbotenen Zahlungen" (früher § 64 GmbHG und Parallelvorschriften für die anderen haftungsbeschränkten Gesellschaftsformen, heute § 15b InsO) ware **kein „Freibrief"** für die Geschäftsleitungen, denn die Aussetzung der Antragspflicht war kein „Automatismus" und erfolgte nicht voraussetzungslos. So hatten die Geschäftsführer bspw. im Rahmen der Selbstbeobachtungspflicht weiterhin den evtl. Eintritt der Insolvenzreife und die Fortführungsprognose bzw. das Vorliegen der Tatbestandsmerkmale für die unterschiedlichen Aussetzungstatbestände stets zu prüfen, für Masseerhalt zu sorgen und Eingehungsbetrug zu vermeiden.[567] Es steht zu erwarten, dass in den kommenden Haftungsprozessen sich die damaligen Annahmen ex post in einigen Fällen als unrichtig erweisen werden. Auch angesichts der Vielzahl der unbestimmten Rechtsbegriffe im COVInsAG war bzw. ist dem Geschäftsführer also dringend fachkundiger Rechtsrat und die Dokumentation der damaligen Entscheidungsgrundlagen zu raten.

1656

2. Sorgfaltsmaßstab, Beginn der Drei-Wochen-Frist

Es handelt sich um eine Verschuldenshaftung. Maßstab ist die Sorgfalt eines ordentlichen Geschäftsführers.[568] Das Verschulden des Geschäftsführers wird vermutet.[569] Neben der Verpflichtung, die wirtschaftliche Lage des Unternehmens laufend zu beobachten, hat der Geschäftsführer bei Anzeichen einer wirtschaftlichen und finanziellen Krise der Gesellschaft die Pflicht, sich durch Aufstellung eines Vermögensstatus einen Überblick über den Vermögensstand zu verschaffen und notfalls unter fachkundiger Prüfung zu entscheiden, ob eine positive Fortbestehensprognose besteht. Verstößt der Geschäftsführer gegen diese Pflicht und hat er deswegen keine Kenntnis von der Überschuldung, handelt er mit bedingtem

1657

---

[565] Hölzle/Schulenberg, ZIP 2020, 633 (637); Thole, ZIP 2020, 650, 653 (654).
[566] Hölzle/Schulenberg, ZIP 2020, 633 (639).
[567] S.a. Tresselt/Kienast, COVID 19 und insolvenzrectliche Krisen-Compliance, CO-VuR 2020, 21 ff.
[568] Zum Drei-Wochen-Zeitraum i.R.d. Insolvenzantragspflicht nach § 15a InsO sa Poertzgen ZInsO 2008, 944 ff.
[569] Ständ. Rspr. des BGH, etwa ZIP 2021, 1643, 1654

Vorsatz.[570] Besonders sichtbare Zeitpunkte für eine Verletzung der Pflicht zur Prüfung der Insolvenzreife durch den Geschäftsleiter sind, wenn die (fristgerecht erstellte) Bilanz einen nicht durch Eigenkapital gedeckten Fehlbetrag zeigt (Überschuldungsprüfung) bzw. wenn eine bestimmte, nicht ganz unwesentliche fällige Verbindlichkeit im Fälligkeitszeitpunkt mangels vorhandener liquider Mittel nicht bezahlt werden kann (Zahlungsunfähigkeit).

1658 Verstößt der Geschäftsführer gegen diese Prüfungspflichten und hat er deswegen keine Kenntnis von der Überschuldung, handelt er mit bedingtem Vorsatz.[571] Eine Überschuldungsbilanz muss nicht aufgestellt werden, wenn die Fortführung des Unternehmens aufgrund zeitnah zu erwartender Zahlungseingänge, deren Fälligkeit der Geschäftsführer nach einer verlässlichen Rechtsauskunft auch nicht bezweifeln muss, ohne Eintritt der Zahlungsunfähigkeit überwiegend wahrscheinlich ist.[572]

1659 Nach ständiger Rechtsprechung des BGH handelt der Geschäftsführer nicht schuldhaft, wenn er bei fehlender eigener Sachkunde zur Klärung der Insolvenzreife der Gesellschaft den Rat eines unabhängigen, fachlich qualifizierten Beraters einholt, diesen über alle maßgeblichen Umstände vollständig und richtig unterrichtet und dann dem auf Plausibilität geprüften Rat entsprechend von der Insolvenzantragstellung absieht.[573] Allerdings muss der Geschäftsführer einer GmbH, der nicht selbst über ausreichend eigene Kenntnisse verfügt, die für eine zutreffende Beurteilung der Insolvenzreife der Gesellschaft erforderlich sind, bei den ersten Anzeichen einer Krise der Gesellschaft unverzüglich unter umfassender Darlegung der Verhältnisse der Gesellschaft und Offenlegung der erforderlichen Unterlagen von einer unabhängigen, für die zu klärenden Fragestellungen fachlich qualifizierten Person Rat einholen und auf unverzügliche Vorlage der Prüfungsergebnisse hinwirken.[574] Der erteilte Rat ist sodann auf Plausibilität zu prüfen.

1660 Die Drei- bzw. Sechs-Wochen-Frist beginnt bei „erkennbarer" Überschuldung oder Zahlungsunfähigkeit.[575] Das ist nicht der Zeitpunkt des objektiven Überschuldungseintritts, sondern der Zeitpunkt der positiven Kenntnis oder böswilligen Unkenntnis des Vorstandes vom Eintritt der Überschuldung.[576]

1661 **Praxishinweis**
Laufende und Erfolg versprechende Sanierungsbemühungen heben – entgegen einer bei Geschäftsführern verbreiteten Ansicht – bei fortbestehender Insolvenzreife über die Drei-Wochen-Frist hinaus die Insolvenzantragspflicht nicht auf.[577]

---

[570] OLG Oldenburg, GmbHR 2008, 1101 = NZG 2008, 778.
[571] OLG Oldenburg GmbHR 2008, 1101 = NZG 2008, 778.
[572] OLG Hamburg GmbHR 2003, 587 = LSK 2003, 290297 (Ls.).
[573] BGH ZInsO 2007, 660 = DStR 2007, 1174.
[574] BGH ZIP 2012, 1174 = DStR 2012, 1286 = ZInsO 2012, 1177.
[575] BGH ZIP 2000, 184.
[576] OLG Frankfurt a.M. NZG 2004, 1157; ähnlich OLG Koblenz ZIP 2005, 211: Die Drei-Wochen-Frist des § 92 Abs. 2 AktG beginnt im Zeitpunkt der positiven Kenntnis des Vorstandes vom Eintritt der Zahlungsunfähigkeit oder der Überschuldung.
[577] BGH NZG 2007, 396 = ZInsO 2007, 374 = ZIP 2007, 674.

3. Verteilung der Darlegungs- und Beweislast

Der den Schadensersatzanspruch erhebende Gläubiger muss die Überschuldung beweisen, dann muss der Geschäftsführer die positive Prognose und die Vertretbarkeit seiner Entscheidung beweisen.[578] Der (Neu-)Gläubiger muss darlegen und beweisen, dass die Voraussetzungen des § 15a Abs. 1 u. 2 InsO bereits im Zeitpunkt der den Schaden auslösenden Bestellung bzw. des Vertragsschlusses bzw. der Lieferung oder Leistung vorlagen. Darlegungs- und Beweiserleichterungen kommen dem Gläubiger nicht zugute, wenn bei der Bestellung bzw. beim Vertragsschluss Anzeichen für eine Krise der GmbH noch nicht gegeben waren. Ist die Insolvenzreife aber für einen früheren Zeitpunkt bewiesen, gilt der Nachweis auch für die Zeit des späteren Geschäftsabschlusses als geführt, sofern der beklagte Geschäftsführer nicht darlegt, dass die Insolvenzreife nachhaltig beseitigt und damit die Antragpflicht wieder entfallen war.[579]   1662

Fraglich kann sein, was gilt, wenn die **Buchführungsunterlagen** der Gesellschaft **nicht vollständig** sind und dem Gläubiger daher eine substantiierte Darlegung der Anspruchsvoraussetzungen für die Insolvenzverschleppungshaftung nicht möglich ist. Zunächst ist mit der obergerichtlichen Rechtsprechung davon auszugehen, dass ein Verstoß gegen § 283b StGB keine eigenständige Haftung des Geschäftsführers für einen Zeitraum begründen kann, in dem Anzeichen für eine Krise der Gesellschaft noch nicht vorlagen, mit der Folge, dass insoweit auch keine Verlagerung der Darlegungs- und Beweislast nach den Regeln der sekundären Behauptungslast erfolgt.[580] Allerdings können die Voraussetzungen der Zahlungseinstellung nach den Grundsätzen der Beweislastverteilung als bewiesen gelten, wenn der Geschäftsführer in der Krise einer GmbH seine Pflicht zur Führung und Aufbewahrung von Büchern und Belegen verletzt hat und dem Gläubiger deshalb die Darlegung und der Beweis näherer Einzelheiten nicht möglich ist.[581]   1663

Ferner können die Voraussetzungen der Insolvenzreife nach den Grundsätzen der Beweisvereitelung als bewiesen gelten. Beweisvereitelung liegt vor, wenn der Geschäftsführer seine Pflicht zur Führung und Aufbewahrung der Bücher nach §§ 238, 257 HGB, § 41 GmbHG schuldhaft verletzt hat und dem Gläubiger daher die Darlegung weiterer Einzelheiten nicht möglich ist.[582] Dabei muss sich das Verschulden sowohl auf die Vernichtung der Unterlagen als auch auf die Beseitigung der Beweisfunktion beziehen. Diese Grundsätze dürften m.E. jedenfalls ab dem – vom Gläubiger darzulegenden – Eintritt der Krise der Gesellschaft gelten.   1664

Der Bundesrat hatte in seiner Stellungnahme zum MoMiG zusätzlich angeregt, zu prüfen, ob die Insolvenzverschleppungshaftung mit einer Beweislastumkehr verbunden werden soll, sodass die Beweislast dafür, dass die Befriedigungsaussichten der Gläubiger durch die Insolvenzverschleppung nicht verschlechtert worden sind, den Insolvenzverschlepper getroffen hätte.[583] Dies hätte erhebliche   1665

---

[578] OLG Koblenz ZIP 2003, 571 = NZG 2003, 776.
[579] BGH NZI 2020, 167.
[580] OLG Brandenburg ZIP 2005, 1073.
[581] BGH ZIP 2012, 723.
[582] BGH ZInsO 2007, 543 = NZG 2007, 466.
[583] BR-Drs. Nr. 354/07 v. 6.7.2007, Nr. 31.

Auswirkungen auf die Haftung ggü. Altgläubigern für den sog. Quotenschaden (s. → Rn. 1668) gehabt. Diese Anregung ist nicht Gesetz geworden.

4. Rechtsfolge, Umfang der Schadensersatzansprüche

1666 Die Normen über die Insolvenzantragspflicht werden von der ganz herrschenden Meinung und der Rechtsprechung als Schutzgesetze i.S.d. § 823 Abs. 2 BGB angesehen.[584] Daraus folgt eine Schadensersatzpflicht bei schuldhaftem Verstoß gegen die Insolvenzantragspflicht aus § 15a Abs. 1 u. 2 InsO i.V.m. § 823 Abs. 2 BGB ggü. Gläubigern der Gesellschaft.

1667 Für den Umfang und die Geltendmachung der Schadensersatzansprüche der durch die Insolvenzverschleppung geschädigten Gläubiger der Gesellschaft gegen den Geschäftsführer wird zwischen Alt- und Neugläubigern differenziert.

1668 a) „Alt"-Gläubiger. Altgläubiger sind Gläubiger mit Forderungen gegen die Gesellschaft, die bereits bei Beginn der Insolvenzverschleppung bestanden. Sie haben Anspruch auf Ersatz der Quotendifferenz, also des Betrages, um welchen sich ihre Befriedigungsquote in der Insolvenz durch die vorausgegangene Insolvenzverschleppung verringert hat. Der Quotenschaden ist bis zum Abschluss des Insolvenzverfahrens durch den Insolvenzverwalter ggü. dem Geschäftsführer geltend zu machen (§ 92 InsO).[585]

b) „Neu"-Gläubiger

1669 aa) Qualifikation als Neugläubiger. Neugläubiger[586] sind solche, die ihre Forderung gegen die insolvente Gesellschaft als Gegenleistung für das Zuschießen neuen Fremdkapitals nach dem Zeitpunkt erworben haben, zu dem der Insolvenzantrag hätte gestellt werden müssen.[587] Bei Dauerschuldverhältnissen kann der Vertragspartner sowohl Alt- als auch Neugläubiger sein.[588] Entscheidend ist, ob der Gläubiger seine Leistung noch hätte zurückhalten können, etwa durch Kündigung, Zurückbehaltungsrecht, etc.[589] Nach h.M. sollen Neugesellschafter, die nach der Insolvenzreife in deren Unkenntnis noch Eigenkapital zuführen, oder Zweiterwerber von Fremd- oder Eigenkapitalpositionen nicht als Neugläubiger gelten. Das ist kürzlich wieder in Frage gestellt worden.[590] Nach einer jüngsten Entscheidung des BGH kann der Kommanditist, der auch nach Beginn der Insolvenzverschleppung Zahlungen auf seine Einlage weiter leistet bzw. fortsetzt, einen

---

[584] AA Wübbelsmann GmbHR 2008, 1303 ff.; für eine Innenhaftung nach Vorbild des „Trihotel"-Haftungsmodells (bei existenzvernichtendem Eingriff) auch Haas ZIP 2009, 1257 ff.; für Innenhaftung nach § 43 Abs. 2 GmbHG neben Außenhaftung nach § 823 Abs. 2 BGB Heitsch ZInsO 2009, 1571 ff.
[585] BGHZ 159, 25 = ZInsO 2004, 676 = ZIP 2004, 1218.
[586] Zur Haftung des Geschäftsführers ggü. Neugläubigern nach § 15a InsO sa Poertzgen ZInsO 2009, 1833 ff.; Barthen/Staab, ZInsO 2019, 1285 ff.
[587] BGH ZIP 1994, 1103.
[588] BGH ZIP 2007, 676.
[589] OLG Stuttgart ZIP 2012, 2342.
[590] Schirrmacher/Schneider ZIP 2018, 2463 ff.

dem Kontrahierungsschaden eines Neugläubigers vergleichbaren Einzelschaden geltend machen.⁵⁹¹

bb) Umfang des Schadensersatzanspruchs. Der Schadensersatzanspruch des Neugläubigers richtet sich auf den Ersatz des **negativen Interesses**. Neugläubiger haben Anspruch auf Ersatz des Vertrauensschadens, der dadurch entstanden ist, dass der Gläubiger in Rechtsbeziehung zu der insolventen Gesellschaft getreten ist und dieser Kredit gewährt oder sonstige Vorleistungen erbracht hat.⁵⁹² Daher richtet sich der Anspruch nicht auf Ersatz des positiven Erfüllungsinteresses, sondern nur auf vollen Ersatz des negativen Interesses, also des Vertrauensschadens.⁵⁹³ Die Schadensersatzpflicht umfasst auch die Rechtsverfolgungskosten, die einem Neugläubiger noch vergeblich für die Verfolgung der Ansprüche gegen die insolvente Gesellschaft entstanden sind,⁵⁹⁴ etwa auch die Kosten eines im Nachhinein wirtschaftlich vergeblichen selbständigen Beweissicherungsverfahrens.⁵⁹⁵ 1670

Der Schutzbereich der Insolvenzantragspflicht umfasst auch solche Schäden des Neugläubigers, die durch fehlerhafte Bauleistung der insolvenzreifen Gesellschaft am Bauwerk verursacht werden und von dieser wegen fehlender Mittel nicht mehr beseitigt werden können.⁵⁹⁶ Bei Vertragsschluss bereits im Stadium der Insolvenzreife und Erbringung mangelhafter Leistung durch den späteren Insolvenzschuldner besteht aber kein Anspruch auf Schadensersatz statt der Leistung, etwa Mängelbeseitigungskosten, sondern es kann ein Anspruch auf Rückzahlung des Kaufpreises oder Werklohns bestehen, da der Schuldner keine mangelfreie Sache geliefert hat.⁵⁹⁷ 1671

Ausnahmsweise kann der Schadensersatzanspruch des Neugläubigers auch das positive Interesse umfassen. Ersatz entgangener Einkünfte oder des entgangenen Gewinns kann der Neugläubiger ausnahmsweise verlangen, wenn ihm durch den Vertragsschluss mit der insolventen Gesellschaft Gewinn entgangen ist, den er ohne den Vertragsschluss anderweitig erzielt hätte.⁵⁹⁸ Diese Kausalität muss der Neugläubiger dann zweifelsfrei darlegen und ggf. beweisen. 1672

Der Schadensersatzanspruch des Neugläubigers gegen den Geschäftsführer ist nicht um die Insolvenzquote des Neugläubigers zu kürzen.⁵⁹⁹ Vielmehr ist dem Geschäftsführer entsprechend § 255 BGB i.V.m. § 273 BGB wie bei einer Inanspruchnahme aus § 64 Satz 1 GmbHG Zug um Zug gegen die Schadensersatzleistung der Anspruch auf Abtretung der Insolvenzforderung des Gläubigers zuzusprechen,⁶⁰⁰ um dem schadensersatzrechtlichen Bereicherungsverbot Rechnung zu tragen.⁶⁰¹ 1673

---

⁵⁹¹ BGH ZIP 2019, A 13.
⁵⁹² BGH NZG 2003, 923 und BGH ZIP 2005, 1734.
⁵⁹³ BGH ZIP 1994, 1103 und BGH ZIP 2009, 1220 = ZInsO 2009, 1159.
⁵⁹⁴ BGH ZIP 2009, 1220 = ZInsO 2009, 1159.
⁵⁹⁵ OLG Karlsruhe, ZIP 2021, 1396; bestätigt BGH Urt. v. 27.7.2021 – II ZR 164/20, ZIP 2021, A65
⁵⁹⁶ BGH NZG 2012, 864 = ZInsO 2012, 1367.
⁵⁹⁷ BGH NZG 2012, 864 = ZInsO 2012, 1367; dazu Plathner/Sajogo ZInsO 2012, 2236 ff.
⁵⁹⁸ OLG Koblenz NZI 2000, 27 = GmbHR 2000, 31.; BGH ZIP 2009, 1220 = ZInsO 2009, 1159; dazu Römermann NZG 2009, 854 ff.
⁵⁹⁹ BGHZ 171, 46 = BB 2007, 791 = ZInsO 2007, 376 = ZIP 2007, 676.
⁶⁰⁰ BGH ZIP 2001, 235.
⁶⁰¹ BGH ZInsO 2007, 376; BGH ZInsO 2009, 1159, 1161 = DStR 2009, 1384.

1674 Der Schadensersatzanspruch des Neugläubigers ist auch nicht um Beträge zu kürzen, die er in der Zeit der Insolvenzverschleppung noch auf Altforderungen erhalten hat; eine solche Vorteilsausgleichung würde zu einer unbilligen, dem Zweck der Ersatzpflicht widersprechenden Entlastung des Schädigers führen.[602]

1675 Wurde durch die Insolvenzverschleppung die Schädigung des Gläubigers durch einen Dritten begünstigt, kann dieser Schaden gegen den die Insolvenz verschleppenden Geschäftsführer nicht geltend gemacht werden, weil es am Schutzzweckzusammenhang der Insolvenzantragspflicht fehlt.[603]

1675a cc) **Kausalität.** Eine früher einmal gegebene Insolvenzverschleppung, die durch zwischenzeitliche Erholung der Gesellschaft beendet worden war, macht den Täter nicht für alle späteren einem vertraglichen Neugläubiger durch die Gesellschaft verursachten Schäden haftbar, weil diese bei Erfüllung der damaligen Insolvenzantragspflicht nicht entstanden wären; der objektive und subjektive Tatbestand der Insolvenzverschleppung als Dauerdelikt muss zur Zeit des zum Schaden führenden Geschäftsabschlusses mit dem Neugläubiger noch bestehen.[604]

1676 dd) **Geltendmachung.** Der Schadensersatzanspruch des Neugläubigers ist nicht durch den Insolvenzverwalter, sondern außerhalb des Insolvenzverfahrens durch den Gläubiger selbst geltend zu machen.[605] Auch bei mehreren geschädigten Neugläubigern liegt kein durch den Insolvenzverwalter geltend zu machender Gesamtschaden nach § 92 InsO vor.[606] Für die Geltendmachung des Anspruchs hat der Neugläubiger ggü. dem Insolvenzverwalter jedoch keinen durchsetzbaren Anspruch auf Auskunft zum Zeitpunkt des Eintritts der Insolvenzreife.[607]

Zur internationalen Zuständigkeit für Schadensersatzklagen s. EuGH, ZIP 2013, 1932, und Freitag, ZIP 2014, 302 ff.: Nach Art. 7 Nr. 2 EuGVVO am COMI des Insolvenzschuldners/der Gesellschaft, da dort die Schädigungshandlung stattfindet und der Schädigungserfolg eintritt.

5. Fallgruppen

1677 a) **Verschleppungshaftung für Arbeitnehmerlohn.** Hier werden zwei Rechtsfragen bislang unterschiedlich beurteilt: welcher Rechtsweg ist eröffnet (ordentliche oder Arbeitsgerichtsbarkeit?) und sind Arbeitnehmer wegen der Lohnansprüche nach Beginn der Insolvenzverschleppung Alt- oder Neugläubiger?

1678 aa) **Rechtsweg.** Zum eröffneten Rechtsweg liegt bisher nur uneinheitliche Rechtsprechung vor:

1679 Das OLG Hamburg[608] hat für die Schadensersatzklage den Weg zu den ordentlichen Gerichten als eröffnet angesehen. Das ist m.E. zutreffend, da es sich um

---

[602] BGH BB 2007, 1243 = ZInsO 2007, 543 = ZIP 2007, 1060.
[603] BGH ZIP 2015, 267.
[604] BGH NZI 2020, 167.
[605] BGHZ 138, 211 = BB 1998, 969 = WM 1999, 944 = ZInsO 1998, 41; OLG Karlsruhe ZInsO 2002, 935 = ZIP 2002, 2001.
[606] OLG Köln BeckRS 2006, 15018 = ZInsO 2007, 218.
[607] AG Köln ZInsO 2002, 595 = NZG 2002, 589.
[608] ZIP 2007, 2318.

die Geltendmachung eines allgemeinen Schadensersatzanspruchs aus unerlaubter Handlung handelt.

Nach der arbeitsgerichtlichen Rechtsprechung ist für Schadensersatzklagen des Arbeitnehmers der Rechtsweg zu den Arbeitsgerichten gegeben, weil eine Streitigkeit nach § 2 Abs. 1 Nr. 3d ArbGG vorliege.[609] Das halte ich nicht für richtig, weil die Streitigkeit nicht zwischen Arbeitnehmer und Arbeitgeber besteht: der in Anspruch genommene Geschäftsführer der GmbH ist nicht der Arbeitgeber. 1680

bb) Alt- oder Neugläubiger? Ob Arbeitnehmer wegen rückständigen Arbeitnehmerlohns für Zeiträume nach Beginn der Insolvenzverschleppung Alt- oder Neugläubiger sind, wird bislang unterschiedlich entschieden. 1681

Das OLG Hamburg[610] hat entschieden, dass die Arbeitnehmer auch wegen nach Eintritt der Insolvenzreife entstandener Einzelansprüche als Alt- und nicht als Neugläubiger zu behandeln sind, wenn, wie regelmäßig, das Arbeitsverhältnis vor Eintritt der Insolvenzreife begründet worden ist. 1682

Nach dem LAG Hamm[611] können Arbeitnehmer wegen ihrer Lohn- und Gehaltsansprüche sowohl Alt- als auch Neugläubiger sein, je nachdem, ob die rückständige Lohnforderung vor oder nach Beginn der Insolvenzverschleppung entstanden ist. Auch das LAG Hessen geht davon aus, dass Arbeitnehmer Neugläubiger sein können.[612] 1683

cc) Umfang des Schadens. Der Schadensersatzanspruch des Arbeitnehmers richtet sich allerdings nur auf den Ersatz des Vertrauensschadens und nicht des Erfüllungsschadens, also nicht auf Ersatz der vollen Nettovergütung und auch nicht auf Ersatz nach § 628 Abs. 2 BGB.[613] Ein Neugläubigeranspruch des Arbeitnehmers auf Schadensersatz i.H.d. Arbeitsentgelts besteht nur, wenn der Arbeitnehmer nachweisen kann, dass er bei rechtzeitiger Insolvenzantragstellung mit seiner Arbeitskraft sofort, d.h. in dem Zeitraum, für den er mit dem Lohn ausfällt, hätte anderweitig den Lohn verdienen können.[614] 1684

Jedenfalls sind Ansprüche der Arbeitnehmer nicht gegeben, soweit sie Insolvenzgeld nach §§ 165 ff. SGB III erhalten. Eine Klage gegen den Geschäftsführer ist nicht möglich vor einer Entscheidung der Arbeitsverwaltung über das Insolvenzgeld.[615] Der Anspruch auf Schadensersatz geht nach Zahlung des Insolvenzgeldes auf die Bundesagentur für Arbeit über. Zuständig für die klageweise Geltendmachung des übergegangenen Schadensersatzanspruchs sind die Zivilgerichte.[616] 1685

Eine Insolvenzverschleppungshaftung des Geschäftsführers für Ansprüche auf Entgeltfortzahlung nach § 3 EFZG gibt es nicht.[617] Auch keine „automatische" 1686

---

[609] Vgl. nur LAG Rheinland-Pfalz ZInsO 2008, 760 = BeckRS 2008, 15981.
[610] ZIP 2007, 2318.
[611] EWiR 1998, 129.
[612] LAG Hessen ZInsO 2010, 2136 = BeckRS 2010, 71495.
[613] LAG Hessen ZInsO 2010, 2136 = BeckRS 2010, 71495.
[614] LAG Brandenburg ZInsO 2005, 1344 = BeckRS 2005, 42398; ebenso LAG Nürnberg DB 2012, 2227.
[615] LAG Hamm EWiR 2001, 871.
[616] Entgegen LAG Mainz ZIP 2002, 1460 nun BAG BB 2002, 1427.
[617] BGH ZIP 2009, 366 = ZInsO 2009, 329.

Sachverwalterhaftung der Organe der Gesellschaft, wenn verhandelte Abfindungen wegen Insolvenz der Gesellschaft nicht mehr zur Auszahlung gelangen.[618]

1687 **b) Verschleppungshaftung für gezahltes Insolvenzgeld.** Für die Rechtslage vor MoMiG hat der BGH entschieden, dass der Geschäftsführer wegen Insolvenzverschleppung[619] ggü. der Bundesagentur für Arbeit für gezahltes Insolvenzgeld nicht nach § 823 Abs. 2 BGB i.V.m. § 64 Abs. 1 GmbHG a.F. (heute § 15a Abs. 1 InsO) auf Schadensersatz haftet, weil es sich beim Insolvenzgeld nach §§ 183 ff. SGB III a.F. (jetzt: §§ 165 ff. SGB III) um ein gesetzliches Schuldverhältnis handelt, für das § 823 Abs. 2 BGB i.V.m. der Insolvenzantragspflicht nicht gilt und die Bundesagentur nicht in den Schutzweck der Normen (fehlender Schutzzweckzusammenhang) einbezogen sei.[620] Eine Haftung des Geschäftsführers kommt jedoch aus § 826 BGB in Betracht.[621]

Voraussetzung für diesen Schadensersatzanspruch ist selbstverständlich, dass der Bundesagentur durch die Insolvenzverschleppung ein Schaden entstanden ist. Dafür muss die geschädigte Bundesagentur für Arbeit – jedenfalls nach dem erheblichen Einwand des beklagten Geschäftsführers, Insolvenzgeld hätte auch bei rechtzeitiger Insolvenzantragstellung in derselben Höhe gezahlt werden müssen[622] – darlegen und ggf. beweisen, dass die Zahlung von Insolvenzgeld bei rechtzeitiger Insolvenzantragstellung vermieden worden wäre oder sie einen werthaltigen Regressanspruch gegen die Masse erworben hätte. Beweiserleichterungen stehen ihr nicht zur Verfügung.[623] Erforderlich ist also die Darlegung, dass die Pflicht zur Zahlung von Insolvenzgeld gerade deshalb entstanden ist, weil der Geschäftsführer seine Insolvenzantragspflicht verletzt hat.[624] Gegenüber dieser Haftung kann sich der Geschäftsführer dann nicht darauf berufen, dass der vorläufige Insolvenzverwalter bei früherer Insolvenzantragstellung ebenfalls den Insolvenzgeldzeitraum voll ausgeschöpft hätte.[625]

1688 **c) Keine Verschleppungshaftung für Sozialversicherungsbeiträge.** Für gesetzliche Neuverbindlichkeiten haftet der Geschäftsführer aus Insolvenzverschleppung nicht. Eine Neugläubigerhaftung des Geschäftsführers aus Insolvenzverschleppung für nicht abgeführte Sozialversicherungsbeiträge kommt also nicht in Betracht, weil Ansprüche nach SGB IV kraft Gesetzes und nicht durch freiwilliges Kontrahieren entstanden sind.[626] Es besteht auch keine Vermutung, dass die Arbeitnehmer bei rechtzeitigem Insolvenzantrag schneller wieder eine Anstellung gefunden hätten und somit Beiträge abgeführt worden wären.[627]

---

[618] BAG ZInsO 2014, 2167 = BeckRS 2014, 70508.
[619] Sa Wagner/Bronny ZInsO 2009, 622 ff.; Blank ZInsO 2007, 188 ff.; Schmülling ZIP 2007, 1095 ff.; Beck ZInsO 2008, 713 ff.; Piekenbrock ZIP 2010, 2421 ff.
[620] BGH NJW 1989, 3277.
[621] BGH NJW 1989, 3277.
[622] BGH ZIP 2009, 2439 = ZInsO 2010, 41.
[623] OLG Saarbrücken ZIP 2007, 328 = NZG 2007, 105 und BGH ZIP 2008, 361 = ZInsO 2008, 384.
[624] OLG Stuttgart ZInsO 2010, 245 = BeckRS 2010, 901.
[625] OLG Koblenz DStR 2006, 2271 = ZIP 2007, 120.
[626] BGH ZIP 1999, 967; aA Reiff/Arnold ZIP 1998, 1893 ff. und Poertzgen ZInsO 2007, 285
[627] BGH ZIP 2003, 1713 = NZG 2003, 923.

C. Insolvenzverschleppungshaftung

d) Sonstige Dauerschuldverhältnisse. Bei Dauerschuldverhältnissen kann 1689 fraglich sein, ob der Gläubiger hinsichtlich einzelner Zahlungsansprüche nach Beginn der Insolvenzverschleppung Alt- oder Neugläubiger ist. Für diese Beurteilung ist u.U. nicht allein auf den Vertragsschluss abzustellen, sondern auf den Zeitpunkt, zu dem der Gläubiger bei Kenntnis der Krise hätte kündigen können.[628] Mietzinsansprüche entstehen durch Vertragsschluss und tatsächliche Überlassung der Mietsache zum Anfangstermin des jeweiligen Zeitraums.[629] Daher ist der Vermieter von Räumen regelmäßig Alt- und nicht Neugläubiger, weil der Verstoß gegen die Insolvenzantragspflicht nicht ursächlich für den Vertragsschluss und damit die Vorleistung des Vermieters in der Zeit der Insolvenzreife des Mieters ist.[630] Anders ist dies dann, wenn das Dauerschuldverhältnis mit Insolvenzeröffnung endet oder gekündigt werden kann[631] oder eine Lösung vom Vertrag bei Insolvenzantragstellung möglich ist. Dann ist der Vermieter Neugläubiger hinsichtlich der Mietzinsansprüche, die nach Wirksamkeit einer (möglichen) fristlosen Kündigung entstanden sind.[632] Für die Darlegung eines Schadens i.H.d. vereinbarten Mietzinses durch Insolvenzverschleppung muss er zusätzlich darlegen und ggf. beweisen, dass er ohne die Insolvenzverschleppung anderweitig hätte vermieten und Mieteinnahmen erzielen können.[633]

e) Ausweitung einer Kreditinanspruchnahme. Eine Schadensersatzhaftung kann auch für die Ausweitung der Inanspruchnahme einer Kontokorrent-Kreditlinie im Stadium der Insolvenzverschleppung in Betracht kommen.[634] 1690

f) Cash Pooling. Die Geschäftsleitung (etwa Vorstandsmitglieder der AG) einer haftungsbeschränkten Konzernholding haften auf Schadensersatz nach § 823 Abs. 2 BGB i.V.m. § 15a InsO wegen Insolvenzverschleppung, wenn Tochtergesellschaften weiter in den Cash-Pool des Konzerns einzahlen, aber keine werthaltigen Erstattungsansprüche mehr dafür erhalten, weil bereits Zahlungsunfähigkeit der Konzernmutter eingetreten ist und die Geschäftsführer der Konzernmutter (noch) keinen Insolvenzantrag gestellt haben.[635] 1691

g) Gewährleistungsansprüche. Keine Verschleppungshaftung besteht für Gewährleistungsansprüche (Mängelbeseitigungskosten), da diese außerhalb des Schutzbereichs des § 64 Abs. 1 GmbHG a.F. liegen.[636] 1692

h) Eigenkapital(ähnliche) Einzahlungen von Gesellschaftern. Nach h.M. sollen Neugesellschafter, die nach der Insolvenzreife in deren Unkenntnis noch Eigenkapital zuführen, oder Zweiterwerber von Fremd- oder Eigenkapitalpositionen nicht als Neugläubiger gelten; es besteht keine Verschleppungshaftung 1693

---

[628] LG Göttingen ZInsO 2011, 1310 = BeckRS 2011, 13788.
[629] BGH NJW 2007, 1588 für die insolvenzrechtliche Einordnung.
[630] BGH ZIP 2014, 23 = ZInsO 2013, 2556 = GmbHR 2014, 89.
[631] BGH ZIP 2007, 676.
[632] BGH ZIP 2007, 676.
[633] OLG Stuttgart ZIP 2012, 2342.
[634] BGH ZIP 2007, 676 = ZInsO 2007, 376.
[635] OLG Düsseldorf ZIP 2015, 73 = GmbHR 2015, 303; dazu Beck GmbHR 2015, 287 ff.
[636] OLG Koblenz GmbHR 2011, 249 = BeckRS 2010, 18592.

für eigenkapitalähnliche Einzahlungen von Gesellschaftern.[637] Das ist kürzlich wieder in Frage gestellt worden.[638] Nach einer jüngsten Entscheidung des BGH kann der Kommanditist, der auch nach Beginn der Insolvenzverschleppung Zahlungen auf seine Einlage weiter leistet bzw. fortsetzt, einen dem Kontrahierungsschaden eines Neugläubigers vergleichbaren Einzelschaden geltend machen.[639]

1694   **i) Geschlossene Vergleichsvereinbarung.** Der Abschluss eines nach Insolvenzreife geschlossenen Vergleichs begründet nur dann eigene und neue Ansprüche des Gläubigers, wenn hierin eine eigene Leistung oder Leistungsverpflichtung begründet wird; das bloße Hinausschieben der Fälligkeit reicht dazu nicht aus.[640]

6. Verjährung

1695   Die Verjährung der Schadensersatzansprüche richtet sich nach den allgemeinen Vorschriften der §§ 195, 199 Abs. 1 BGB, und nicht nach § 43 Abs. 4 GmbHG.[641]

7. Weitere Haftungstatbestände

1696   Nach § 26 Abs. 3 InsO hat der insolvenzverschleppende Geschäftsführer einem Gläubiger einen von diesem gezahlten Massekostenvorschuss zu erstatten. Ist streitig, ob der Geschäftsführer pflichtwidrig und schuldhaft gehandelt hat, trifft ihn die Beweislast. Die Haftung besteht jedoch nicht, wenn die Verfahrenskosten auch sonst durch die Masse gedeckt sind.[642]

1697   Durch das ESUG ist § 26 InsO um Abs. 4 ergänzt worden. Nach § 26 Abs. 4 InsO ist der Insolvenzverschlepper, der entgegen den gesellschafts- oder insolvenzrechtlichen Pflichten den Insolvenzantrag pflichtwidrig und schuldhaft nicht gestellt hat, zur Leistung des Kostenvorschusses für die Verfahrenseröffnung verpflichtet. Ist streitig, ob derjenige pflichtwidrig und schuldhaft gehandelt hat, trifft ihn die Beweislast. Den Vorschuss können der vorläufige Insolvenzverwalter oder ein Gläubiger verlangen.[643] Eine gerichtliche Vorschusszahlungsanordnung ist nicht möglich.[644] Allein zur Durchsetzung dieses Vorschussanspruchs kann die Anordnung vorläufiger Insolvenzverwaltung gerechtfertigt sein.[645] Ob diese Regelung in der Praxis große Bedeutung erlangen wird, bleibt abzuwarten:[646] Während des Eröffnungsverfahrens wird der Vorschuss meist nicht erlangbar sein, nach Verfahrenseröffnung ist die Vorschrift nicht mehr anwendbar.

---

[637] AG Göttingen ZIP 2011, 475.
[638] Schirrmacher/Schneider ZIP 2018, 2463 ff.
[639] BGH ZIP 2019, A 13.
[640] OLG Koblenz GmbHR 2015, 582 = BeckRS 2015, 9758.
[641] OLG Saarbrücken NZG 2008, 638; BGH ZInsO 2011, 970; dazu Haas NZG 2011, 691 ff.
[642] OLG Brandenburg ZIP 2003, 451.
[643] Zum Konzept eines Massekostenvorschusses s. K. Schmidt NJW 2011, 1255 ff.
[644] AG Hannover, ZIP 2019, 2363.
[645] AG München ZIP 2015, 491.
[646] Eher verneinend Marotzke ZInsO 2013, 1940 ff.; Zimmermann ZInsO 2012, 396 ff. „Zahnloser Tiger".

Im Zusammenspiel mit § 4a GmbHG, wonach die GmbH einen vom notwendigerweise im Inland belegenen Satzungssitz abweichenden Verwaltungssitz haben darf, damit die deutsche GmbH exportfähig werde,[647] wurde ein „**Insolvenztourismus**" der GmbH durch Verlegung des Verwaltungssitzes der GmbH ins Ausland befürchtet,[648] wodurch das mit dem MoMiG gleichsam verfolgte Ziel der Missbrauchsbekämpfung in Fällen der sog. „Firmenbestattung" konterkariert würde.[649] Nach meiner Beobachtung hat sich diese Befürchtung nicht in erwähnenswertem Umfang bewahrheitet.

1698

D. Sonstige typische Haftungsgefahren in der Krise der Gesellschaft

I. Sozialversicherungsbeitragsvorenthaltung

1. Tatbestand

§ 266a StGB ist ein Schutzgesetz i.S.d. § 823 Abs. 2 BGB. Der Geschäftsführer der GmbH ist als deren gesetzlicher Vertreter Normadressat nach § 14 StGB.[650] Daraus folgt eine persönliche Schadensersatzhaftung des Geschäftsführers wegen Vorenthaltens von Beiträgen der Arbeitnehmer zur Sozialversicherung einschließlich der Arbeitsförderung nach § 823 Abs. 2 BGB i.V.m. § 266a StGB. Der Tatbestand ist erfüllt, wenn bei Fälligkeit die **Arbeitnehmeranteile** nicht an die Einzugsstelle abgeführt werden.[651] Maßgeblich ist der Fälligkeitszeitpunkt für die Beitragsabführung. Ob eine Stundung der Beiträge durch den Sozialversicherungsträger den Tatbestand der Beitragsvorenthaltung entfallen lässt, ist, soweit ersichtlich, noch nicht vom BGH entschieden. Ich würde das bejahen. Die bloße stillschweigende Duldung verspäteter Zahlungen durch den Sozialversicherungsträger ist nicht zwingend bereits eine wirksame Stundung.[652] Daher sollte der Geschäftsführer/Arbeitgeber rechtzeitig Stundungsanträge stellen und bescheiden lassen.

1699

Die Beitragsansprüche entstehen unabhängig davon, ob das Arbeitsentgelt fällig ist.[653] Daher kommt die Haftung des Geschäftsführers/Arbeitgebers auch dann zum Tragen, wenn gar **kein Lohn** mehr an die Arbeitnehmer ausgezahlt wurde.[654] Die Beitragsabführungspflicht besteht auch dann fort, wenn der Arbeit-

1700

---

[647] Hoffmann ZIP 2007, 1581 ff.
[648] Mit der Folge, dass nach der EuInsVO die ausländischen Gerichte für das Insolvenzverfahren zuständig sind und das Verfahren dort geführt wird.
[649] Sa Knof/Mock GmbHR 2007, 852 ff.
[650] St. Rspr., s. kürzlich OLG Düsseldorf GmbHR 2015, 708 = NZI 2015, 517.
[651] Vgl. dazu: Medicus GmbHR 2000, 7 ff. Groß ZIP 2001, 945 ff.; Kiethe ZIP 2003, 1957 ff.: Haftung von Geschäftsleitern für Arbeitnehmer-Sozialversicherungsbeiträge in der Krise des Unternehmens; Brückl/Kersten NJW 2003, 272 f. Schneider/Brouwer ZIP 2007, 1033 ff.; Wilhelm ZIP 2007, 1781 ff.; Heeg DStR 2007, 2134.
[652] OLG Brandenburg ZIP 2005, 1073 = DB 2005, 1210 = GmbHR 2003, 595.
[653] LSG Stuttgart ZIP 2015, 396.
[654] BGHZ 144, 311 = BB 2000, 1800 = DStR 2000, 1318 = ZInsO 2001, 124; Kommentierung Ranft DStR 2001, 132.

nehmer bis zum rechtlichen Ende des Arbeitsverhältnisses von der Arbeitsleistung freigestellt ist.[655]

1701 Ferner kann die Haftung des Geschäftsführers/Arbeitgebers selbst dann eintreten, wenn zum Fälligkeitszeitpunkt **keine liquiden Mittel** für die Abführung der Beiträge mehr vorhanden sind, der Geschäftsführer es jedoch unterlassen hat, bei Anzeichen von Liquiditätsproblemen rechtzeitig ausreichende Rücklagen zu bilden.[656] Ggf. muss der Geschäftsführer Zahlungen an andere Gläubiger unterlassen bzw. aussetzen, notfalls auch die Lohnzahlungen kürzen.[657]

Die Haftung **entfällt nur bei vollständiger Zahlungsunfähigkeit**,[658] also etwa, wenn keine ausschöpfbare Kreditlinie mehr vorhanden ist.[659] Letzteres kann jedoch im Hinblick auf §64 GmbHG (zum Verhältnis zu §64 GmbHG s. sogleich unten) und den Grundsatz der Gläubigergleichbehandlung im Insolvenzrecht[660] nicht recht überzeugen.

1702 Für Säumniszuschläge haftet der Geschäftsführer nicht, da §24 Abs. 1 SGB IV kein Schutzgesetz i.S.d. §823 Abs. 2 BGB ist.[661]

Auch für Beiträge an die Urlaubs- und Lohnausgleichskasse der Bauwirtschaft gilt §266a Abs. 1 StGB nicht. Damit besteht auch insoweit keine Haftung bei Nichtabführung.[662]

Arbeitnehmeranteile der Beiträge für freiwillige gesetzliche oder private Krankenversicherung unterfallen nicht der Regelung des §266a Abs. 1 StGB. Nach §266a Abs. 3 StGB macht sich der Arbeitgeber aber strafbar, wenn er diese Arbeitnehmeranteile einbehält, aber nicht abführt und den Arbeitnehmer nicht unverzüglich darüber unterrichtet.

1703 Nach §266a Abs. 2 StGB ist auch das Vorenthalten von **Arbeitgeberanteilen** zur Sozialversicherung strafbar und kann zur Schadensersatzverpflichtung des Geschäftsführers/Arbeitgebers führen, wenn es auf falscher oder unterlassener Meldung zur Sozialversicherung beruht.[663]

2. Verantwortlicher Arbeitgeber/Geschäftsführer

1704 §266a StGB ist ein Schutzgesetz i.S.d §823 Abs. 2 BGB. Der Geschäftsführer der GmbH ist als deren gesetzlicher Vertreter Normadressat nach §14 StGB.[664] Es genügt die rein formelle Stellung als Geschäftsführer, auch wenn ihm im Innenverhältnis keine (bedeutsamen) Kompetenzen übertragen sind („Stroh-

---

[655] BSG ZInsO 2009, 782 = BB 2009, 782.
[656] BGHSt 47, 318 = DZWIR 2003, 24 = NJW 2002, 2480 = NZG 2002, 721 = ZIP 2002, 2143; OLG Saarbrücken GmbHR 2002, 907; erneut BGH DB 2006, 2681 = DStR 2006, 2185 = ZIP 2006, 2127; OLG Köln ZInsO 2013, 1031 = BeckRS 2013, 6279.
[657] OLG Düsseldorf NZG 2015, 629 = GmbHR 2015, 708.
[658] OLG Naumburg ZIP 1999, 1362; BGH ZInsO 2007, 265 = ZIP 2007, 541.
[659] OLG Hamm ZInsO 2000, 118 = ZIP 2000, 198 = GmbHR 2000, 237.
[660] Zu diesem eingehend Bauer, Ungleichbehandlung der Gläubiger im geltenden Insolvenzrecht, 2007.
[661] KG ZIP 2008, 506; bestätigt BGH ZIP 2008, 2075.
[662] BAG ZIP 2005, 2028.
[663] S. hierzu auch Laitenberger NJW 2004, 2703ff.
[664] St. Rspr., s. etwa OLG Düsseldorf GmbHR 2015, 708 = NZI 2015, 517.

mann"-Geschäftsführer).⁶⁶⁵ Der „Strohmann"-Geschäftsführer, der die Führung der Geschäfte einem anderen überlässt, nimmt die Nichtabführung zumindest billigend in Kauf.⁶⁶⁶

Die Haftung trifft (neben dem bestellten) auch den **faktischen Geschäftsführer**, etwa nach wirksamer Niederlegung mit anschließender faktischer Lenkung der Geschicke.⁶⁶⁷

Ebenso haftet der **später bestellte Geschäftsführer** für bereits bestehende Rückstände, wenn er weiter vorenthält.⁶⁶⁸ Jedoch keine Haftung des später bestellten Geschäftsführers für Verschulden des Vorgängers.⁶⁶⁹

Auch vertretungsberechtigte Organe von (im Inland tätigen) ausländischen Gesellschaften sind taugliche Täter.⁶⁷⁰

Der Abführungspflicht kann sich der Geschäftsführer nicht durch Delegation auf eine andere Person entledigen, es bestehen Überwachungs- und Einschreitenspflichten.⁶⁷¹ Ebenso keine Entlastung durch interne Zuständigkeitsverteilung/ Ressortaufteilung.⁶⁷²   **1705**

Bei Aufteilung der **Verantwortungsbereiche** verschiedener Geschäftsführer trifft den nicht für die Lohnbuchhaltung zuständigen Geschäftsführer eine Überwachungspflicht in Krisenzeiten.⁶⁷³ Bestehen Anhaltspunkte für die Annahme, dass der kaufmännische Geschäftsführer einer GmbH fällige Arbeitnehmeranteile nicht an die Einzugsstelle abführt, so hat der technische Geschäftsführer kraft verbliebener Überwachungspflichten Sorge dafür zu tragen, dass aus eingehenden liquiden Mitteln vorrangig Beiträge abgeführt werden. Ein in diesem Sinne hinreichender Anlass zum Tätigwerden ist spätestens dann gegeben, wenn auch dem technischen Geschäftsführer bekannt wird, dass die liquiden Mittel nicht mehr hinreichen, sämtliche fälligen Verbindlichkeiten sofort zu erfüllen.⁶⁷⁴

Den nicht eingetragenen Fremdgeschäftsführer einer Vor-GmbH trifft die Haftung nicht.⁶⁷⁵   **1706**

3. Vorsatz

Die Beitragsvorenthaltung kann nur vorsätzlich begangen werden, **bedingter Vorsatz** (dolus eventualis) reicht aus.⁶⁷⁶ Dabei muss sich der (zumindest bedingte) Vorsatz auch darauf erstrecken, die Arbeitgeberposition innezuhaben, ansonsten evtl. Tatbestandsirrtum.⁶⁷⁷ Daran kann es u.U. beim faktischen Geschäftsführer fehlen. Auch kann es an diesem Vorsatz fehlen, wenn nachträglich festgestellt   **1707**

---

⁶⁶⁵ BGH ZIP 2017, 224.
⁶⁶⁶ OLG Celle ZIP 2017, 1325.
⁶⁶⁷ OLG Naumburg GmbHR 2000, 558.
⁶⁶⁸ OLG Naumburg NJW-RR 2000, 1280.
⁶⁶⁹ BGH BB 2002, 322.
⁶⁷⁰ BGH ZIP 2013, 1519.
⁶⁷¹ OLG Koblenz NZG 2011, 300 = ZInsO 2011, 335 (für GbR-Geschäftsführer).
⁶⁷² OLG Düsseldorf NZG 2015, 629 = GmbHR 2015, 708.
⁶⁷³ OLG Schleswig ZIP 2002, 216.
⁶⁷⁴ OLG Frankfurt a.M. NZG 2004, 388.
⁶⁷⁵ KG ZIP 2002, 438.
⁶⁷⁶ OLG Schleswig GmbHR 2002, 216 = IBRRS 37502.
⁶⁷⁷ BGH, NJW 2019, 3532

wird, das eine als freier Mitarbeiter oder Selbständiger geführte Person in Wahrheit Arbeitnehmer war und nunmehr der Geschäftsführer persönlich nach § 823 Abs. 2 BGB i.V.m. § 266a StGB für die nachträglich errechneten, nicht abgeführten Sozialversicherungsbeiträge in Anspruch genommen werden soll.[678]

1708 Eine Haftung kommt nicht zum Tragen, wenn der Geschäftsführer keine Kenntnis davon hatte, dass die Abführung der Beiträge aufgrund der Liquiditätssituation gefährdet sein könnte.[679] Der Geschäftsführer darf Dispositionen der Bank nicht widerspruchslos hinnehmen.[680] Der Vorsatz des Arbeitgebers ist gegeben, wenn er die Möglichkeit der Beitragsvorenthaltung sieht und billigt.[681] Vorsatz ist gegeben, wenn sich der Beitragsschuldner in Kenntnis der Beitragsschuld gegen die Zahlung an die Sozialkassen entscheidet (und Lohn an die Arbeitnehmer auszahlt).[682]

4. Schaden und insolvenzrechtliche Anfechtbarkeit hypothetischer Zahlungen

1709 Es handelt sich um eine Schadensersatzhaftung. Folglich ist Haftungsvoraussetzung, dass die Vorenthaltung für einen Schaden der Sozialkasse **kausal** ist. Ein Schaden bzw. die Kausalität ist dann zu verneinen, wenn Zahlungen, wären sie noch erfolgt, nach §§ 129 ff. InsO in einem Insolvenzverfahren über das Vermögen der Gesellschaft/des Arbeitgebers anfechtbar gewesen wären.[683] Auch Arbeitnehmer-Sozialversicherungsbeiträge genießen im Insolvenz-Anfechtungszeitraum keinen Vorrang, vielmehr ist unter den Voraussetzungen der §§ 129 ff. InsO auch die Zahlung des Arbeitnehmeranteils anfechtbar.[684] Zu beachten ist aber, dass die Strafbarkeit der Nichtabführung nicht mangels Schadens entfällt.[685]

1710 Exkurs: Mit Wirkung ab 1.1.2008 hat der Gesetzgeber § 28e Abs. 1 Satz 2 SGB IV dahingehend geändert, dass die Zahlung des vom Arbeitnehmer zu tragenden Teils der Sozialversicherungsbeiträge als aus dem Vermögen des Arbeitnehmers erbracht gilt. Diese Neuregelung sollte die Arbeitnehmeranteile der Beitragszahlungen in der Insolvenz des Arbeitgebers der Insolvenzanfechtung entziehen. Abgesehen davon, dass diese Regelung massiv mit dem Gläubiger-

---

[678] Grundsätzlich auch dann persönliche Haftung des Geschäftsführers für die unter seiner Ägide nicht abgeführten AN-Anteile der Sozialversicherungsbeiträge, BGH GmbHR 1997, 305. Aber OLG Frankfurt/Main, GmbHR 2020, 594 m. Anm. Brand, GmbHR 2020, 599 ff. GWR 2020, 265: keine SE-Verpflichtung des Geschäftsführers einer UG für nicht abgeführte Beiträge für sich selbst, nachdem festgestellt worden war, dass er mangels Gesellschafterstellung abhängig Beschäftigter war.
[679] LG Braunschweig NZI 2001, 486.
[680] OLG Hamburg GmbHR 2000, 185 = NJW-RR 2000, 1281.
[681] OLG Brandenburg ZIP 2005, 1073 = DB 2005, 1210 = GmbHR 2003, 595.
[682] BGH ZIP 2003, 921.
[683] Ständige Rechtsprechung: BGH ZInsO 2001, 225 = ZIP 2001, 80; erneut BGH DStR 2005, 978 = ZInsO 2005, 650 = ZIP 2005, 1026.; OLG München ZInsO 2011, 675.; OLG Düsseldorf NZG 2015, 629 = GmbHR 2015, 708.
[684] BGH ZIP 2003, 755 = NZI 2003, 542 = ZIP 2003, 1666; OLG Hamburg ZIP 2002, 1360; aA OLG Dresden ZInsO 2003, 376 = ZIP 2003, 360 = NZI 2003, 375: Die Zahlung von Arbeitnehmerbeiträgen sei nicht anfechtbar.
[685] BGH ZIP 2011, 37 = ZInsO 2011, 41.

gleichbehandlungsgrundsatz kollidiert,[686] war in der Literatur streitig und wurde von den Instanzgerichten unterschiedlich entschieden, ob die Regelung insolvenzanfechtungsrechtlich überhaupt wirksam ist, die für eine Insolvenzanfechtung erforderliche Gläubigerbenachteiligung i.S.d. §129 InsO also auszuschließen vermag.[687] Dass dies nicht der Fall ist, wurde auch sehr bald höchstrichterlich zutreffend entschieden. Bei Vorliegen der gesetzlichen Voraussetzungen i.Ü. bleibt trotz der gesetzlichen Fiktion die Zahlung der Arbeitnehmeranteile des Sozialversicherungsbeitrages in der Insolvenz des Arbeitgebers (wie vor der Gesetzesänderung) als mittelbare Zuwendung an die Einzugsstellen anfechtbar.[688]

> **Praxistipp** 1711
> In bestimmten Fällen könnte es also zu empfehlen sein, die Sozialkassen frühzeitig über bestehende Liquiditätsprobleme zu unterrichten, etwa zusammen mit einem Stundungsantrag, und so evtl. die Voraussetzungen für eine spätere Insolvenzanfechtung (etwa Kongruenzanfechtung nach §130 Abs.1 Satz 1, Abs.2 InsO) zu schaffen. Zu beachten ist jedoch, die Empfehlung, die Sozialkassen bzw. die Einzugsstelle etwa durch einen begründeten Stundungsantrag im insolvenzanfechtungsrechtlichen Sinne „bösgläubig" zu machen, nur zur Vermeidung einer zivilrechtlichen Haftung des Geschäftsführers sinnvoll sein kann. Die Strafbarkeit der Nichtabführung nach §266a StGB bleibt davon unberührt!

Bei Zahlungen ohne **Tilgungsbestimmung** erfolgt nach der Beitragsverordnung die hälftige Anrechnung der Zahlung jeweils auf Arbeitgeber- und Arbeitnehmeranteil. Sollte also eine an die Sozialkasse gerichtete Zahlung nicht vollständig für die Tilgung von Rückständen sowohl der Arbeitnehmer- als auch der Arbeitgeberanteile ausreichen, so ist zur Vermeidung der Strafbarkeit und Haftung wegen Vorenthaltens der Arbeitnehmer-Sozialversicherungsanteile unbedingt eine eindeutige Tilgungsbestimmung nach §366 Abs.1 BGB erforderlich. Die Tilgungsbestimmung sollte schriftlich erfolgen. Sie kann auch konkludent erfolgen,[689] muss jedoch nach außen getreten sein.[690] 1712

---

[686] Dazu Bauer ZInsO 2008, 119 ff.
[687] Für Unwirksamkeit: Bauer ZInsO 2008, 119 ff.; Bräuer ZInsO 2008, 169 ff. Brinkmann/Luttermann ZIP 2008, 901 ff.; Blank ZInsO 2008, 1 ff. <.; v.d. Heydt ZInsO 2008, 178 ff.; Bräuer/Otto ZInsO 2009, 1894 ff.; Rohlfing NJW 2009, 3407 f.; LG Schwerin ZIP 2009, 43; LG Kiel ZIP 2009, 632, AG Tempelhof-Kreuzberg ZInsO 2009, 970 = BeckRS 2009, 17488: Wirkung nur inter partes zwischen Arbeitnehmer und Sozialversicherungsträger, Regelung steht der Insolvenzanfechtung in der Insolvenz des Arbeitgebers nicht entgegen; AG Oldenburg ZInsO 2009, 1400 = BeckRS 2009, 20922; AG Hamburg-Altona ZInsO 2009, 1772 = NZI 2009, 730; aA Anfechtung in der Insolvenz des Arbeitgebers ausgeschlossen: Plagemann/Radtke-Schwenzer ZIP 2009, 899 ff.; Bruhn NZI 2009, 628 ff.; AG Offenburg ZInsO 2009, 100 = BeckRS 2010, 22276; LG Offenburg ZInsO 2009, 670; LG Stendal ZIP 2009, 1291; zusätzlich LG Stendal ZIP 2009, 1291: Anfechtung ausgeschlossen, wenn Handlung vor 1.1.2008 erfolgte, das Insolvenzverfahren aber erst danach eröffnet wurde; LG Berlin ZInsO 2009, 1398 und 1918 = BeckRS 2009, 20920.
[688] BGH ZIP 2009, 2301= NJW 2010, 870; die ausdrücklich entgegen vorgenannter BGH-Entscheidung getroffene Entscheidung des LG Köln ZIP 2010, 41 hat der BGH aufgehoben und damit seine frühere Entscheidung (ZIP 2009, 2301) bestätigt, BGH ZIP 2010, 2209; erneut BGH ZIP 2011, 966 = ZInsO 2011, 916.
[689] BGH ZInsO 2001, 367 = ZIP 2001, 422.
[690] BGH BB 2001, 1600 = GmbHR 2001, 721 = ZIP 2001, 1474.

1713 Der Sozialversicherungsträger muss vor Inanspruchnahme des Geschäftsführers die Ansprüche nicht erst im Insolvenzverfahren über das Vermögen der Gesellschaft anmelden und den Ausgang abwarten.[691]

5. Darlegungs- und Beweislast, Geltendmachung

1714 Die Darlegungs- und Beweislast für die Voraussetzungen eines Schadensersatzanspruchs einschließlich der Möglichkeit der Beitragsabführung trägt der Sozialversicherungsträger.[692] Es besteht keine sekundäre Beweislast hinsichtlich der Zahlungsunfähigkeit für den Geschäftsführer,[693] und es sind keine die Verteilung der Vortragslast umkehrenden Anforderungen an die sekundäre Darlegungs- und Beweislast des Geschäftsführers zu stellen. Der Geschäftsführer hat keine Dokumentationspflicht zur Haftungsabwehr.[694] Auch eine evtl. Verletzung der Insolvenzantragspflicht erhöht die Darlegungs- und Beweislast des Geschäftsführers nicht.[695] Der Sozialversicherungsträger hat auch die Darlegungs- und Beweislast hinsichtlich des Vorsatzes des Geschäftsführers einer Gesellschaft; diesen trifft lediglich eine sekundäre Darlegungslast.[696] Der BGH hat klargestellt, dass der Sozialversicherungsträger die Darlegungs- und Beweislast für den Vorsatz des Geschäftsführers auch dann trifft, wenn die Pflichtwidrigkeit dessen Verhaltens feststeht. Die „automatische" Herleitung des Verschuldens aus der Pflichtwidrigkeit könne für Vorsatz nicht gelten.[697]

1715 Zuständigkeit für die prozessuale Durchsetzung sind die ordentlichen Gerichte.[698]

6. Verhältnis zu verbotenen Zahlungen nach § 15b InsO

1716 Der Geschäftsführer der GmbH befindet sich in der Krise der Gesellschaft, insbesondere in den Karenzzeiträumen für den Insolvenzantrag nach § 15a Abs. 1 S. 2 InsO in einem Dilemma:[699] Einerseits ist er für Zahlungen nach Eintritt der Insolvenzreife der Gesellschaft nach § 15b Abs. 1 InsO ersatzpflichtig (s. → Rn. 1552 ff.), andererseits kann er sich bei Nichtabführung der Arbeitnehmeranteile zur Sozialversicherung einschließlich der Arbeitsförderung nach § 266a StGB strafbar und nach § 823 Abs. 2 BGB persönlich schadensersatzpflichtig machen.[700]

1717 **a) Klärung durch die Rechtsprechung zur alten Rechtslage.** Diesen Widerspruch hatte ich in meiner Praxis dahingehend aufzulösen angeraten, dass die Arbeitnehmeranteile zur Sozialversicherung (mit entsprechender Tilgungsbe-

---

[691] OLG Düsseldorf NZG 2015, 629.
[692] BGH GmbHR 2002, 213 = NZG 2002, 289 = ZIP 2002, 524.
[693] BGH GmbHR 2002, 213 = NZG 2002, 289 = ZIP 2002, 524.
[694] BGH DStR 2005, 978 = ZInsO 2005, 650 = ZIP 2005, 1026.
[695] BGH DStR 2005, 978 = ZInsO 2005, 650 = ZIP 2005, 1026.
[696] BGH GmbHR 2013, 265 = NZG 2013, 301.
[697] BGH ZIP 2016, 1283 = GmbHR 2016, 806.
[698] BAG ZIP 2002, 992.
[699] Wilhelm ZIP 2007, 1781 ff.; Tiedtke/Peterek GmbHR 2008, 617 ff. =
[700] Zum Haftungsdilemma des Geschäftsführers s. Bauer ZInsO 2004, 645 ff.; Gundlach ua NZI 2003, 418 ff.; Groß ua NZI 2004, 358 ff.; Rieger NZI 2004, 370 ff.

stimmung) jedenfalls abgeführt werden, weil ich mich auf den Standpunkt stellte, dass Zahlungen, deren Unterlassen einen Strafvorwurf und Schadensersatzpflicht begründen können, nicht im Widerspruch zur Sorgfalt des ordentlichen Geschäftsmannes stehen können. Der Strafsenat des BGH hat den Widerspruch in einer Entscheidung aus dem Jahr 2003 jedoch genau entgegengesetzt entschieden:[701] Unterlässt der Verantwortliche während des Laufs der Insolvenzantragsfrist nach § 64 Abs. 1 GmbHG a.F. (heute § 15a Abs. 1 S. 2 InsO) die Abführung von Arbeitnehmerbeiträgen an die Sozialversicherung, macht er sich nicht nach § 266a Abs. 1 StGB strafbar. Zur Begründung hat der BGH ausgeführt, die Wertung des § 64 Abs. 2 GmbHG a.F. zeige, dass die verteilungsfähige Vermögensmasse einer insolvenzreifen GmbH im Interesse der Gesamtheit der Gläubiger zu erhalten sei und daher eine zu ihrem Nachteil gehende bevorzugte Befriedigung einzelner Gläubiger verhindert werden müsse. Dem ist der Zivilsenat des BGH nur teilweise und, v.a., mit abweichender Begründung gefolgt:[702] Sofern und soweit die Zahlung der Sozialversicherungsbeiträge nach §§ 129 ff. InsO anfechtbar gewesen wäre, entsteht mangels Kausalität durch die Nichtzahlung kein vom Geschäftsführer zu ersetzender Schaden bei der Sozialversicherung. Ein Geschäftsführer, der in der Insolvenzsituation der GmbH die Sozialversicherungsbeiträge noch abführt, handele daher nicht mit der Sorgfalt des ordentlichen Geschäftsmannes i.S.d. § 64 Abs. 2 GmbHG a.F. Von dieser Linie ist sodann jedoch der Strafsenat des BGH wieder teilweise abgewichen:[703] Der Grundsatz der Massesicherung des § 64 Abs. 2 GmbHG a.F. rechtfertige die Nichtabführung der Beiträge nicht, wenn der Verantwortliche bei Insolvenzreife die fehlende Sanierungsmöglichkeit erkennt und das Unternehmen dennoch weiterführt, ohne Insolvenzantrag zu stellen. Ließ der Geschäftsführer also die Frist für die Stellung des Insolvenzantrages verstreichen, fiel die sich aus § 64 Abs. 2 GmbHG a.F. ergebende Rechtfertigung für die Nichtabführung der Sozialversicherungsbeiträge weg mit der Folge, dass die Nichtabführung der Arbeitnehmer-Sozialversicherungsbeiträge (wieder) strafbar wurde. Auf die Pflichtenkollision konnte sich zur Verteidigung gegen die Inanspruchnahme wegen Nichtabführung der Beiträge ebenfalls nicht berufen, wer mit der Sorgfalt des ordentlichen Geschäftsmannes i.S.d. § 64 GmbHG a.F. unvereinbare Zahlungen an andere Gläubiger geleistet hat.[704]

Angesichts dieser uneinheitlichen Linie des BGH haben sodann zwei OLG'e erneut, und zwar wiederum gegensätzlich zu dem Haftungsdilemma entschieden: Nach OLG Brandenburg[705] besteht auch nach Ablauf der Drei-Wochen-Frist keine Haftung des Geschäftsführers für nicht abgeführte Sozialversicherungsbeiträge, wenn die Gesellschaft zahlungsunfähig ist. Nach OLG Hamburg[706] haftet der Geschäftsführer nach Ablauf der Drei-Wochen-Frist für nicht abgeführte Sozialversicherungsbeiträge, auch wenn die Gesellschaft zahlungsunfähig ist.

1718

---

[701] BGHSt 48, 307 = NJW 2003, 3787 = ZInsO 2004, 39 = ZIP 2003, 2213.
[702] BGH DStR 2005, 978 = ZInsO 2005, 650 = ZIP 2005, 1026.
[703] BGH BB 2006, 437 = GmbHR 2005, 1419 = ZInsO 2005, 986 = ZIP 2005, 1678.
[704] BGH ZInsO 2008, 1205 = DZWIR 2009, 243; BGH ZIP 2010, 368 = NZG 2010, 305.
[705] OLG Brandenburg DB 2007, 1075 = ZIP 2007, 724.
[706] OLG Hamburg ZIP 2007, 725.

1719 Endlich hat der **BGH** in seiner Entscheidung v. 14.5.2007[707] zivilrechtlich Klarheit geschaffen: Ein organschaftlicher Vertreter, der bei Insolvenzreife der Gesellschaft den sozial- und steuerrechtlichen Normbefehlen folgend Arbeitnehmeranteile zur Sozialversicherung und Lohnsteuer abführt, handelt mit der Sorgfalt eines ordentlichen Geschäftsmannes und ist nicht nach § 64 Abs. 2 GmbHG a.F. erstattungspflichtig. Zur Begründung hat der BGH sehr zutreffend auf die Einheit der Rechtsordnung verwiesen.[708] Bei dieser Linie ist der BGH trotz Kritik (s. → Rn. 1720) auch in nachfolgenden Entscheidungen[709] geblieben: Der Geschäftsführer haftet nicht nach § 64 Satz 1 GmbHG a.F., wenn er nach Eintritt der Insolvenzreife rückständige Umsatz- und Lohnsteuer an das Finanzamt und rückständige Arbeitnehmeranteile zur Sozialversicherung an die Einzugsstelle zahlt. Das gilt auch für Zahlungen nach Ablauf der Insolvenzantragsfrist.

1720 Kritisiert wurden diese Entscheidungen mit der Begründung, sie privilegierten die Sozialkassen bzw. den Fiskus unter den Insolvenzgläubigern nach § 38 InsO.[710] Zwar sei richtig und notwendig, die Geschäftsleiter von dem Haftungsdilemma freizuhalten. Eine Pflichtenkollision bestünde jedoch gar nicht erst, wenn ab Eintritt der Insolvenzreife die Beitragsabführungspflicht enden würde.[711] Auch könne am Zahlungsbegriff des § 64 GmbHG a.F. angesetzt werden: eine Zahlung i.S.d. § 64 GmbHG a.F. liege nicht vor, wenn in der Verschleppungsphase keine Verluste erwirtschaftet und so die Gläubiger nicht benachteiligt werden.[712] M.E. geht diese Kritik der Rechtsprechung fehl: die Bevorzugung der Sozialkassen und des Fiskus erfolgen nicht durch die i.S.d. Einheit der Rechtsordnung gebotenen Entscheidungen des BGH, sondern durch die gesetzlichen Regelungen, die anders als für die Nichtbedienung „gewöhnlicher" Gläubiger für die Nichtleistung der Sozialversicherungsbeiträge und der Steuern (s.u.) eine persönliche Haftung bzw. Strafbarkeit des Geschäftsführers begründen.

1721 **Praxishinweis**
Achtung: Auf die Pflichtenkollision kann sich der Geschäftsführer zur Verteidigung gegen die Inanspruchnahme wegen Nichtabführung der Beiträge auch nach früherer Rechtsprechung nicht berufen, wenn er mit der Sorgfalt des ordentlichen Geschäftsmannes i.S.d. § 15b InsO (früher § 64 GmbHG a.F.) unvereinbare Zahlungen an andere Gläubiger geleistet hat.[713] Somit wird dem Geschäftsführer die Abführung der Arbeitnehmeranteile zur Sozialversicherung in jedem Fall bis zur völligen Zahlungseinstellung und Insolvenzantragstellung zu empfehlen sein.

1722 **b) Erneutes Auftreten des Problems in der aktuellen Rechtslage.** Für die Pflichtenkollision mit der Haftung wegen nicht abgeführter Steuern findet sich nun in **§ 15b Abs. 8 InsO** eine genau entgegengesetzte Auflösung des Haftungsdilemmas: Bei Beachtung der Insolvenzantragspflicht ist die Nichtzahlung der Steuern keine Verletzung der steuerrechtlichen Zahlungspflichten (s.u. bei Steuer-

---

[707] BGH DStR 2007, 1174 = ZInsO 2007, 660 = ZIP 2007, 1265.
[708] So bereits Bauer ZInsO 2004, 645 ff.
[709] ZIP 2008, 1275 und erneut ZIP 2011, 422 = ZInsO 2011, 440.
[710] Schuhmann GmbHR 2008, 418 ff.; Altmeppen FS Goette, 2011, 1 ff.
[711] Blank ZInsO 2013, 461 ff.
[712] Altmeppen FS Goette, 2011, 1 ff.
[713] BGH ZInsO 2008, 1205 = DZWIR 2009, 243; erneut BGH ZIP 2010, 368 = NZG 2010, 305.

haftung, → Rn. 1744 ff.). In der Literatur wird z.T. vertreten, dies gelte wegen der Vergleichbarkeit des Haftungsdilemmas nun analog auch für die Arbeitnehmeranteile der Sozialversicherungsbeiträge.[714] Zur Begründung wird ausgeführt, der BGH habe mit seiner Entscheidung aus dem Jahr 2007[715] zu Unrecht die vom Geschäftsführer selbst durch unterlassene Insolvenzantragstellung herbeigeführte Pflichtenkollision privilegiert.[716] Diese Auffassung halte ich nicht für richtig, weil es in § 15b Abs. 8 InsO gerade nicht geregelt wurde. Die Gesetzgebungshistorie legt den Schluss nahe, dass der Gesetzgeber mit § 15b Abs. 8 InsO nur die insoweit unrichtige Rechtsprechung des BGH und vor allem des BFH zur zivilrechtlichen Haftung korrigieren und nicht in den Schutzgesetzcharakter der Strafvorschrift des § 266a StGB eingreifen wollte.[717] Der Verweis, der Rechtsausschuss des Bundestages als Verfasser des § 15b Abs. 8 InsO habe den seit Jahren stets in gleicher Weise diskutierten und gleich behandelten Fall der Sozialversicherungsbeiträge „in der Hektik" des Gesetzgebungsverfahrens übersehen[718], scheint mir wenig belastbar. Auch die Befürworter einer analogen Anwendung räumen daher ein, dass es keineswegs sicher ist, dass die Zivil- und Strafgerichte einheitlich eine Analogie bejahen werden.[719] So ist es wieder einmal erforderlich und bleibt zu hoffen, dass entweder der Gesetzgeber oder die Rechtsprechung bald Klarheit schafft.

Praxishinweis 1723
Für die Beratungspraxis scheint die Abwägung zu bestehen, ob der Berater den Geschäftsführer dem Risiko der Strafbarkeit (§ 266a StGB) oder der zivilrechtlichen Haftung bei grober Fahrlässigkeit (§§ 34, 69 AO) aussetzt. Bis zur Klärung durch die Rechtsprechung würde ich bei der Empfehlung zur Abführung der Arbeitnehmeranteile zur Sozialversicherung bleiben, da so einerseits das Risiko eines Strafvorwurfs wegen Nichtabführung vermieden wird und andererseits die Erfolgschance für eine Verteidigung gegen eine evtl. Inanspruchnahme nach § 15b InsO durch Hinweis auf die nach aktueller Rechtsprechung noch gegebene Vereinbarkeit der Zahlung mit der Sorgfalt des ordentlichen und gewissenhaften Geschäftsführers recht groß sein dürfte.

Unbedingt ist zusätzlich zu beachten: mangels Pflichtenkollision ist die Zahlung 1724 von **Arbeitgeberbeiträgen** zur Sozialversicherung im kritischen Zeitraum mit der Sorgfalt des ordentlichen Geschäftsführers nicht vereinbar und kann daher zur Ersatzpflicht nach § 15b InsO führen.[720] Bereits aus diesem Grunde muss bzw. kann (s.o.) dem Geschäftsführer in dem „kritischen" Drei- bzw. Sechs-Wochen-Zeitraum des § 15a Abs. 1 S. 2 InsO die Zahlung nur der Arbeitnehmeranteile zur Sozialversicherung und die entsprechende Tilgungsbestimmung empfohlen werden.

---

[714] Bitter ZIP 2021, 321, 328; Heinrich NZI 2021, 258 ff.; Altmeppen ZIP 2021, 2413 ff., der allerdings davon ausgeht, dass das der gesetzlichen Regelung zugrundeliegende Haftungskonzept aus dogmatischen Gründen unrichtig sei, da eine Haftung des Geschäftsführers, der in der Zeit der Insolvenzreife der Gesellschaft Steuern oder Sozialversicherungsbeiträge nicht abführt, mangels Schadens des Fiskus oder der Sozialkassen grundsätzlich nicht zu vertreten sei.
[715] DStR 2007, 1174 = ZIP 2007, 1265 = ZInsO 2007, 660.
[716] Bitter GmbHR 2022, 57 ff.
[717] Baumert NZG 443 (449).
[718] Bitter GmbHR 2022, 57 ff., Rn. 41
[719] Heinrich NZI 2021, 258 (262).
[720] BGH ZIP 2009, 1468.

7. Verjährung

1725 Die Verjährung richtet sich nach den allgemeinen Regeln (§§ 195 ff. BGB) und nicht nach § 25 Abs. 1 SGB IV.[721]

II. Unterlassene Insolvenzsicherung von Altersteilzeit-Wertguthaben

1726 Das Wertguthaben aus Altersteilzeit ist gegen die Insolvenz des Arbeitgebers zu sichern und diese Sicherung ist dem Arbeitnehmer nachzuweisen, § 8a ATG.[722] § 8a Abs. 1 ATG (§ 7d Abs. 1 SGB IV a.F.) ist kein Schutzgesetz i.S.d. § 823 Abs. 2 BGB.[723] Auch Tarifverträge, die vorsehen, dass der Arbeitgeber für Wertguthaben, die ein Arbeitnehmer im Altersteilzeitarbeitsverhältnis aufbaut, eine Insolvenzsicherung schaffen muss, können eine Ausweitung des Haftungssystems (etwa nach GmbHG) nicht begründen. Daher ist das Unterlassen der Insolvenzsicherung kein Verstoß des Geschäftsführers gegen ein Schutzgesetz i.S.d. § 823 Abs. 2 BGB und führt nicht automatisch zu einer persönlichen Schadensersatzverpflichtung des Geschäftsführers.[724] Auch die Durchgriffshaftung nach § 7e SGB IV findet auf die Insolvenzsicherung von Wertguthaben aus Altersteilzeitverträgen nach § 8a ATG keine Anwendung.[725]

1727 Eine solche kommt aber in Betracht nach § 826 BGB, wenn für den Geschäftsführer der Insolvenzausfall der Arbeitnehmer absehbar ist und er sie wahrheitswidrig unterrichtet, es bestehe eine geeignete Insolvenzsicherung.[726] Persönliche Haftung des Geschäftsleiters nach §§ 823 Abs. 2 BGB i.V.m. § 263 StGB auch, wenn er über das Bestehen einer Insolvenzsicherung täuscht.[727]

III. Rückständige Steuern

1. Allgemeines

1728 **a) Persönliche Verantwortung des Geschäftsführers.** Eine persönliche Haftung des Geschäftsführers nach §§ 69, 34 AO kann sich für vorsätzliche oder (grob) fahrlässige Verletzungen steuerrechtlicher Pflichten ergeben[728], z.B. Verletzung der Buchführungs- und Aufzeichnungspflichten (§§ 143 bis 146 AO), der Pflicht zur Abgabe der Steuererklärungen, § 149 AO, der Auskunftspflichten nach

---

[721] BGH ZInsO 2006, 489 = NZI 2007, 245.
[722] Zum Nachweis der Insolvenzsicherung s. LAG Stuttgart ZIP 2014, 894.
[723] BGH NZG 2011, 1422.
[724] BAG ZIP 2006, 344; erneut BAG ZIP 2006, 1213 und ZIP 2007, 692; ebenso für § 8a ATG a.F. BAG ZIP 2010, 1361 = BB 2010, 2506 und 2698.
[725] LAG Rostock ZIP 2015, 1844; bestätigt BAG ZIP 2016, 885.
[726] LAG Düsseldorf GmbHR 2005, 932 = NZA-RR 2005, 313.
[727] BAG ZIP 2007, 1334; BAG NZG 2011, 1422 = ZInsO 2012, 495.
[728] Lesenswert: Enge GmbHR 2018, 625 ff.

§§ 90, 91, 137 AO und die Pflicht zur Abführung der Steuern, insb. der Lohnsteuer.[729]

Die Haftung trifft auch den faktischen Geschäftsführer. Es ist aber ermessensfehlerhaft, wenn die Finanzverwaltung nur den faktischen Geschäftsführer, nicht aber auch den eingetragenen Geschäftsführer in Haftung nimmt.[730] 1729

Die persönliche Haftung trifft auch den Geschäftsführer der Komplementär-GmbH einer KG.[731] 1730

Die von § 34 AO erfassten Personen müssen dafür Sorge tragen, dass die Steuern aus den Mitteln, die sie verwalten, auch bezahlt werden.[732] Dies gilt auch bei Teilnahme am sog. **Cash-Management.** Die steuerlichen Pflichten der Geschäftsleiter der teilnehmenden Gesellschaften bleiben in vollem Umfang als eigene Pflichten bestehen, d.h. die Teilnehmer haben darauf zu achten, dass sie trotz Cash-Managements, also etwa Abführung von Liquidität an einen Cash-Pool in der Muttergesellschaft, ihre eigenen steuerlichen Pflichten bei Fälligkeit stets erfüllen können.[733] Dies gilt ferner in einer Situation, in der über das Vermögen der Gesellschaft der Insolvenzantrag bereits hätte gestellt werden müssen (15a Abs. 1 InsO) oder können (§ 18 InsO) – auch in dieser Lage hat der Geschäftsführer die nötige Vorsorge dafür zu treffen, dass die durch den Weiterbetrieb der Gesellschaft erkennbar entstehenden Steuern im Zeitpunkt der Fälligkeit auch bezahlt werden können; das kann z.B. durch Insolvenzantragstellung geschehen, die bewirkt, dass die insoweit anfallenden Steuern zu Masseverbindlichkeiten werden.[734] 1731

Fehlende steuerrechtliche Kenntnisse können den Geschäftsführer nicht entlasten.[735] Er muss sich diese selbst verschaffen, der alleinige Hinweis auf einen beauftragten Steuerberater entlastet nicht.[736] Verlässt sich der Geschäftsführer aber auf den **Rat** eines eingeschalteten **Rechtsanwalts** oder **Steuerberaters** zur Erfüllung der steuerlichen Pflichten, ist er von der Haftung für rückständige USt frei.[737] 1732

b) Haftungsbescheid und Einwendungen. Die Sperrwirkung des § 93 InsO hindert das FA nicht an der Inanspruchnahme des Geschäftsführers mit gesondertem Haftungsbescheid.[738] Die Sperrwirkung des § 93 InsO hindert das FA auch nicht an der Inanspruchnahme des persönlich haftenden Gesellschafters mit gesondertem Haftungsbescheid nach §§ 34, 69 AO.[739] 1733

---

[729] Zur Steuerhaftung des GmbH-Geschäftsführers und seinen Mitwirkungspflichten s. Peetz GmbHR 2009, 186 ff.; Kahlert ZIP 2009, 2368 ff.; Müller GmbHR 2003, 389 ff.; Ehrig GmbHR 2003, 1174 ff.; Leibner GmbHR 2003, 996 ff.; Sontheimer DStR 2004, 1005; Stahlschmidt GmbHR 2005, 677 ff.; Schuhmann GmbHR 2006, 529 f.; Haftung für die Hälfte der Säumniszuschläge in der Sequestrationsphase der GmbH, BFH GmbHR 2005, 501 = BeckRS 2004, 25007440.
[730] BFHE 205, 14 = BFH/NV 2004, 852 = BB 2004, 1092.
[731] FG Münster ZInsO 2009, 1868 = BeckRS 2009, 26027599; FG Rheinland-Pfalz GmbHR 2014, 442 = DStRE 2015, 434.
[732] FG Münster ZInsO 2009, 1868 = BeckRS 2009, 26027599.
[733] FG Bremen ZIP 2005, 2159.
[734] OVG Münster, ZIP 2020, 818 (Geldspielgerätesteuer).
[735] FG Düsseldorf DStRE 2000, 819; FG Sachsen GmbHR 2010, 1006.
[736] OLG Schleswig GmbHR 2010, 864 = NZI 2010, 492.
[737] BFH/NV 2004, 1363 = GmbHR 2004, 1244.
[738] BFHE 197, 1 = BFH/NV 2002, 242 = ZInsO 2002, 126 = ZIP 2002, 179.
[739] BGHZ 151, 245 = ZInsO 2002, 764 = ZIP 2002, 1492; dazu Kesseler ZIP 2002, 1974 ff.

1734 Voraussetzung für die Haftung des Geschäftsführers ist stets, dass die Pflichtverletzung ursächlich für den Steuerausfall ist.[740] Bei insolvenzrechtlicher Begründung einer Haftungsforderung ist Voraussetzung für die Haftung, dass die maßgebliche Handlung oder Unterlassung vor Eröffnung des Insolvenzverfahrens begangen wurde.[741]

Im Haftungsverfahren kann der Geschäftsführer keine Einwendungen mehr gegen die Begründetheit der Steuerforderungen geltend machen, wenn die Festsetzung nach den Regelungen der AO unanfechtbar geworden ist, § 166 AO.[742] Das gilt auch für Schätzungsbescheide, wenn die Forderung gemäß Schätzungsbescheid in der Insolvenztabelle eingetragen und im Prüfungstermin kein Widerspruch erhoben wurde.[743] Dem Geschäftsführer ist also zu raten, gegen die Festsetzung der Steuerforderung auch bei absehbarer Insolvenz der die Steuer schuldenden Gesellschaft vorzugehen.

Der Geschäftsführer ist im Haftungsverfahren nach § 166 AO mit Einwendungen gegen die Steuerforderung selbst auch dann ausgeschlossen, wenn die Steuerforderung zur Insolvenztabelle widerspruchslos festgestellt ist,[744] etwa wenn der Geschäftsführer der Forderungsanmeldung hätte widersprechen können, dies aber unterlassen hat, weil er im Prüfungstermin nicht anwesend war und deshalb gegen die Steuerforderung keinen Widerspruch erhoben hat, so dass die Forderung zur Tabelle festgestellt worden ist.[745] Der Tabelleneintrag entfaltet auch im Haftungsverfahren Bindungswirkung nach § 178 Abs. 3 InsO und ersetzt den Steuerbescheid.[746] Gegen diesen Einwendungsausschluss sprechen nach Auffassung des BFH auch keine verfassungsrechtlichen Bedenken.[747] Der Geschäftsführer muss also darauf achten, dass entweder der Insolvenzverwalter gegen den gegen die Gesellschaft gerichteten Steuerbescheid Einspruch einlegt oder die Forderung nicht zur Tabelle feststellt; tut der Insolvenzverwalter das nicht, so muss der Geschäftsführer selbst die entsprechenden Schritte einleiten: Rechtsbehelf gegen den Steuerbescheid bzw. Widerspruch gegen die Forderung im Prüfungstermin oder im schriftlichen Verfahren. Der Widerspruch des Schuldners ist zwar in die Tabelle einzutragen, § 178 Abs. 2 S. 2 InsO, steht der Feststellung der Forderung zur Tabelle jedoch nicht entgegen, § 178 Abs. 1 S. 1 InsO. Wenn weder der Insolvenzverwalter noch ein Gläubiger noch der Schuldner der Feststellung einer Umsatzsteuerforderung zur Insolvenztabelle widersprochen haben, ist die Feststellung zur Tabelle, die als Steuerfestsetzung wirkt, mit einem förmlichen Rechtsbehelf (Einspruch, Klage, Nichtzulassungsbeschwerde, Revision) nicht mehr anfechtbar.[748]

Hat der Geschäftsführer namens der GmbH aber die Änderung eines unter dem Vorbehalt der Nachprüfung ergangenen Steuerbescheids beantragt, ist er im Verfahren über seine Haftung nach §§ 34, 69 AO nicht mit Einwendungen gegen die

---

[740] BFH GmbHR 2007, 611 = BeckRS 2006, 25011410.
[741] BFH ZIP 2021, 1663
[742] BFH ZIP 2017, 1464.
[743] FG Düsseldorf ZIP 2018, 1402.
[744] FG München NZI 2017, 83; bestätigt BFH ZIP 2017, 2401.
[745] BFH ZIP 2017, 1464.
[746] BFH ZIP 2020, 186 = GmbHR 2020, 219.
[747] BFH GmbHR 2019, 131 = BeckRS 2018, 12467.
[748] BFH ZIP 2018, 1938.

Richtigkeit der Steuerfestsetzung ausgeschlossen, solange der Vorbehalt wirksam ist[749].

2. Lohnsteuer

Grds. haftet der Geschäftsführer für nicht abgeführte Lohnsteuer persönlich.[750] 1735
Steht am Lohnzahlungstag nicht fest, ob die Liquidität zur Bezahlung/Abführung der Lohnsteuer ausreicht, muss sie auf einem Anderkonto sichergestellt werden, da sonst die persönliche Haftung eingreift. Der Grundsatz der Haftung gemäß der anteiligen Tilgung bezieht sich bei der Lohnsteuer nur auf die gleichmäßige Befriedigung des FA und des Arbeitnehmers.[751] Erforderlichenfalls muss der Arbeitgeber die Nettolohnzahlungen entsprechend kürzen, um die anteilige Lohnsteuer abführen zu können.[752] Zahlt der Arbeitgeber den Nettolohn in voller Höhe aus, haftet er für die Lohnsteuer in voller Höhe.[753] Dies gilt auch, wenn der Geschäftsführer zwar die Nettolöhne aus privater Tasche gezahlt hat, nicht aber die Lohnsteuer.[754]

a) Haftung auch bei späterer (Teil-)Erledigung der Steuerforderung. Der Fortbestand einer Steuerhaftung bleibt von einer späteren (Teil-)Erledigung der Steuerforderung, etwa in einem späteren Insolvenzplanverfahren, unberührt.[755] Die Haftung des Geschäftsleiters nach §§ 34, 69 AO wird nicht auch dadurch ausgeschlossen, dass die zugrundeliegende Steuerforderung in einem Insolvenzplan abschließend geregelt (und teilweise befriedigt) wird, denn der Insolvenzplan berühre den Bestand der Steuerforderung nicht, sei kein Erlass und stehe daher der weiteren Inanspruchnahme des Haftungsschuldners nicht entgegen.[756] 1736

b) Haftung auch bei insolvenzrechtlicher Anfechtbarkeit hypothetischer Zahlungen. Grundsätzlich ist Voraussetzung für eine persönliche Haftung des Geschäftsführers stets, dass seine steuerliche Pflichtverletzung ursächlich für den Steuerausfall ist.[757] 1737

Ob die volle Haftung des GmbH-Geschäftsführers für nicht abgeführte Lohnsteuer auch dann eingreift, wenn eine **hypothetische Zahlung nach §§ 129 ff. InsO anfechtbar** gewesen wäre, war von den Finanzgerichten unterschiedlich entschieden worden.[758] Zwar hatte der BFH in einer früheren Entscheidung[759] 1738

---

[749] BFH GmbHR 2015, 893 = DStRE 2015, 941.
[750] Zu Zweifelsfragen und Prüfungsschwerpunkten der Lohnsteuerhaftung s. Nacke DStR 2005, 1297 ff.
[751] FG Köln ZIP 2006, 471 = GmbHR 2006, 49.
[752] FG München ZInsO 2009, 924 = DStRE 2010, 131.
[753] BFH GmbHR 2005, 1315 = BeckRS 2005, 25008508.
[754] BFH DStR 2006, 181; dazu Tiedtke GmbHR 2007, 21 ff.
[755] FG Saarbrücken ZIP 2012, 1191; dazu Fölsing ZInsO 2012, 1409 ff.
[756] BFH ZIP 2013, 1732 = ZInsO 2013, 1901
[757] BFH/NV 2007, 1067 = GmbHR 2007, 611.
[758] FG Köln ZIP 2006, 471 = GmbHR 2006, 49 und FG Düsseldorf ZIP 2006, 1447: Volle Haftung; aA (keine persönliche Haftung bei Anfechtbarkeit der Zahlung) FG Berlin ZIP 2006, 1444 und Frotscher BB 2006, 351 ff.
[759] ZIP 2005, 1797, 1799; dazu Kayser ZIP 2007, 49 ff.; Laws/Stahlschmidt BB 2006, 1031 ff., Remmert/Horn NZG 2006, 881 ff. und Sauer ZInsO 2006, 1200 ff.

entschieden, die Auffassung, dass eine Anfechtbarkeit bei Lohnsteuerzahlungen die Kausalität der Pflichtverletzung für den Schadenseintritt unberührt lasse, stehe im Widerspruch zur Rechtsprechung des BGH (betr. Sozialversicherungsbeiträge). Jedoch hatte der BFH zugleich ernstliche Zweifel geäußert, ob die Abführung der Lohnsteuer innerhalb der letzten 3 Monate vor dem Insolvenzantrag nach § 130 InsO anfechtbar ist oder ob nicht vielmehr ein unanfechtbares Bargeschäft nach § 142 InsO vorliegt.

1739 Selbstverständlich konnte die Pflichtenkollision aus der unterschiedlichen steuerrechtlichen und insolvenzrechtlichen Bewertung der Lohnsteuerabführungspflicht den Geschäftsführer von der persönlichen Haftung nicht entlasten, wenn eine gedachte Lohnsteuerzahlung mangels der Voraussetzungen nach §§ 129 ff. InsO nicht anfechtbar gewesen wäre.[760] Kommt es mangels Masse nicht zur Eröffnung eines Insolvenzverfahrens über das Vermögen der GmbH, können bei der haftungsrechtlichen Inanspruchnahme des Geschäftsführers nach § 69 AO hypothetische Betrachtungen über eine Insolvenzanfechtung etwaiger Steuerzahlungen nicht berücksichtigt werden.[761]

1740 Im Jahr 2007 schließlich hat der **BFH** in einem Haftungsfall wegen nicht abgeführter Lohnsteuer entschieden, dass der Geschäftsführer für nicht abgeführte Steuern auch dann haftet, wenn der Insolvenzverwalter eine hypothetische Zahlung im Wege der Insolvenzanfechtung wieder hätte zurückfordern können, da die Funktion und der Schutzzweck des § 69 AO die Berücksichtigung hypothetischer Kausalverläufe bei der haftungsrechtlichen Inanspruchnahme grds. nicht zulasse.[762] Das halte ich im Hinblick auf die Einheit der Rechtsordnung für problematisch.

Anders hat das FG Köln zur Kausalität zwischen Pflichtverletzung des Geschäftsführers der Steuerschuldnerin und Steuerschaden für einen Haftungsfall wegen unterlassener Umsatzsteuervorauszahlungen entschieden: Der Haftungsbescheid nach §§ 34, 35, 69 AO gegen den Geschäftsführer der GmbH & Co. KG wegen unterlassener Umsatzsteuervorauszahlungen der KG ist jedenfalls dann rechtswidrig, wenn in der Folge das Insolvenzverfahren über das Vermögen der KG eröffnet wurde, der Insolvenzverwalter die Steuervorauszahlung für den Monat, der dem streitigen Monat vorausging, angefochten hat und das Finanzamt zum Zeitpunkt des Erlasses der Haftungsbescheide mit an Sicherheit davon ausgehen konnte, dass die streitgegenständlichen, ausgebliebenen hypothetischen Zahlungen ebenfalls angefochten worden wären.[763]

1741 **c) Haftung nach erfolgreicher Insolvenzanfechtung der noch erfolgten Steuerzahlung.** Die persönliche Haftung des Geschäftsführers nach §§ 34, 69 AO entsteht auch dann, wenn er die Lohnsteuer verspätet an das FA gezahlt hat und der Insolvenzverwalter die **verspätet erfolgte Zahlung** erfolgreich **angefochten** und das FA sie zurückgezahlt hat und eine rechtzeitige Bezahlung der Lohnsteuer im Zeitpunkt der Fälligkeit noch vor dem Insolvenzanfechtungszeitraum gelegen hätte und somit im Insolvenzverfahren nicht anfechtbar gewesen wäre.[764] Dann ist die haftungsbegründende Pflichtverletzung die verspätete Steuerzahlung. Ähnlich

---

[760] BFH ZIP 2007, 1604.
[761] BFH ZIP 2007, 1659 = ZInsO 2007, 945.
[762] BFH ZIP 2007, 1856 = DStR 2007, 1722.
[763] FG Köln ZIP 2015, 743.
[764] BFH DStR 2009, 427 = ZIP 2009, 516.

dürfte der Fall der Beitreibung der Steuer durch Vollstreckung mit anschließender Inkongruenzanfechtung nach § 131 InsO zu beurteilen sein.

Sollte die **rechtzeitige Zahlung** der Lohnsteuer vom Insolvenzverwalter erfolgreich gegenüber dem Finanzamt angefochten werden, kann durch die Rückzahlung die persönliche Haftung des Geschäftsführers nach §§ 34, 69 AO nach meinem Dafürhalten nicht entstehen, weil es an einer haftungsbegründenden Pflichtverletzung fehlt.

d) Haftung bei Nichtabführung im Insolvenzeröffnungsverfahren oder nach Lastschriftwiderruf durch den vorläufigen Insolvenzverwalter? – wesentliche Rechtsänderung durch das SanInsFoG. Grundsätzlich besteht bei Vorhandensein liquider Mittel im Zeitpunkt der Fälligkeit die Verpflichtung des Geschäftsführers zur Abführung der Lohnsteuer solange, bis ihm die Verfügungsbefugnis durch Bestellung eines starken vorläufigen Verwalters oder die Insolvenzeröffnung entzogen wird.[765] 1742

Fraglich kann sein, ob eine persönliche Haftung des Geschäftsführers für die Lohnsteuer entsteht, wenn sie im Insolvenzeröffnungsverfahren mit vorläufiger Insolvenzverwaltung mit Zustimmungsvorbehalt nicht abgeführt wird oder wenn der vorläufige Insolvenzverwalter mit Zustimmungsvorbehalt eine noch im Wege der Lastschrift im Einzugsermächtigungsverfahren erfolgte Lohnsteuerzahlung durch Widerruf vom Finanzamt zurückholt. Nach nunmehr ständiger Rechtsprechung des BFH wird der Geschäftsführer auch während des Insolvenzeröffnungsverfahrens mit einem vorläufigen Insolvenzverwalter mit allgemeinem Zustimmungsvorbehalt in seiner Pflichtenstellung nicht verdrängt, sondern hat selbst weiterhin dafür zu sorgen, dass die Steuern aus den Mitteln der Gesellschaft (hier: GmbH) entrichtet werden.[766] Der pauschale Hinweis oder gar die Annahme des Geschäftsführers, dass der vorläufige Verwalter die Steuerzahlung nicht genehmigt hätte, reicht zur Entlastung des Geschäftsführers nicht, weil hypothetische Kausalverläufe nicht zu berücksichtigen sind.[767] Vielmehr muss der Geschäftsführer darlegen, dass und wie er die Steuerzahlung vornehmen bzw. die Genehmigung des vorläufigen Verwalters einholen wollte.[768] Nur bei eindeutigen objektiven Anhaltspunkten für die Sinnlosigkeit einer solchen Anfrage kann auf diese verzichtet werden.[769] Das halte ich zwar für etwas praxisfremd, dem Geschäftsführer muss aber entsprechend zur Veranlassung bzw. Anfrage geraten werden.

Hier dürfte sich mit Wirkung ab 1.1.2021 eine **wesentliche Änderung der Rechtslage durch das SanInsFoG** ergeben haben. Nach § 15b Abs. 8 InsO liegt eine Verletzung steuerrechtlicher Zahlungspflichten nicht vor, wenn zwischen dem Eintritt der Zahlungsunfähigkeit oder der Überschuldung und der Entscheidung des Insolvenzgerichts über den Insolvenzantrag Ansprüche aus dem Steuerschuldverhältnis nicht oder nicht rechtzeitig erfüllt werden, sofern die Antragspflichtigen ihrer Insolvenzantragspflicht nach § 15a InsO nachkommen. Sollte der Insolvenzantrag nach § 15a InsO verspätet gestellt werden, gilt dies nur für die nach Bestellung eines vorläufigen Insolvenzverwalters oder Anordnung der vorläufigen 1743

---

[765] FG Köln ZInsO 2014, 1672 = DStRE 2015, 945.
[766] Zuletzt BFH Urt. v. 26.9.2017 – VII R 40/16, ZIP 2018, 22 = GmbHR 2018, 221
[767] BGH ZIP 2018, 22; BGH ZIP 2020, 911.
[768] BGH ZIP 2018, 22; BGH ZIP 2020, 911.
[769] BGH ZIP 2020, 911.

Eigenverwaltung fällig werdenden Ansprüche aus dem Steuerschuldverhältnis. Sollte das Insolvenzverfahren wegen der Verletzung der Insolvenzantragspflicht nicht eröffnet werden, gelten die vorstehenden Regelungen nicht.

Ist also nach Bestellung eines vorläufigen Insolvenzverwalters oder Anordnung der vorläufigen Eigenverwaltung die Nichtabführung der Steuern keine Pflichtverletzung (mehr), entfällt folgerichtig auch die Haftung des Geschäftsführers.

1744 **e) Haftung auch bei Kollision mit den Zahlungsverboten nach §15b InsO (früher §64 GmbHG a.F.)?. – wesentliche Rechtsänderung durch das SanInsFoG.** Hier ergab sich für den Geschäftsführer dasselbe Haftungsdilemma[770] wie bei den Arbeitnehmeranteilen der Sozialversicherungsbeiträge.[771] Nach einer Phase erheblicher Rechtsunsicherheiten hatte der BGH am 14.5.2007[772] entschieden, dass ein organschaftlicher Vertreter, der bei Insolvenzreife der Gesellschaft den sozial- und steuerrechtlichen Normbefehlen folgend Arbeitnehmeranteile zur Sozialversicherung und Lohnsteuer abführt, mit der Sorgfalt eines ordentlichen Geschäftsmannes handelt und nicht nach §64 Abs. 2 GmbHG a.F. erstattungspflichtig ist. Zur Begründung hat der BGH zutreffend die Einheit der Rechtsordnung herangezogen. Kritisiert wurde die Entscheidung mit der Begründung, sie privilegiere die Sozialkassen bzw. den Fiskus unter den Insolvenzgläubigern nach §38 InsO.[773] Jedoch ist der BGH[774] dabei geblieben: Mit den Pflichten eines ordentlichen gewissenhaften Geschäftsleiters ist es vereinbar mit der Folge, dass der Geschäftsführer nicht nach §64 Satz 1 GmbHG haftet, wenn er nach Eintritt der Insolvenzreife rückständige Umsatz- und Lohnsteuer an das Finanzamt und rückständige Arbeitnehmeranteile zur Sozialversicherung an die Einzugsstelle zahlt.

1745 Die Rechtsprechung des **BFH** stimmte aber mit der vorstehend genannten Entscheidung des BGH-Zivilsenats leider nicht überein. Der BFH hatte ebenfalls im Jahr 2007 – insoweit auf der Linie des 5. Strafsenats des BGH[775] – entschieden, dass die insolvenzrechtliche Massesicherungspflicht nach §64 Abs. 2 GmbHG a.F. das die Haftung des Geschäftsführers begründende Verschulden nach §69 AO nur in dem (damaligen) Drei-Wochen-Zeitraum des §64 Abs. 1 GmbHG a.F. ausschließen kann, in dem er die Sanierungsfähigkeit der GmbH prüft und Sanierungsversuche durchführt.[776] Somit hätte das den Geschäftsführer eigentlich entlastende und daher begrüßenswerte Urteil des BGH v. 14.5.2007[777] die paradoxe Konsequenz gehabt, dass Zahlungen innerhalb der Drei-Wochen-Frist des §64 Abs. 1 GmbHG a.F. nicht mit der Sorgfalt des ordentlichen Geschäfts-

---

[770] Zum Haftungsdilemma für den Geschäftsführer s. Bauer KKZ 2008, 49 ff.; sa Tiedtke/Peterek GmbHR 2008, 617 ff.
[771] FG Köln ZIP 2006, 471 = GmbHR 2006, 49 und FG Düsseldorf ZIP 2006, 1447: Volle Haftung des GmbH-Geschäftsführers für nicht abgeführte Lohnsteuer auch bei Kollision mit Pflichten aus §64 Abs. 2 GmbHG. AA zumindest für den Drei-Wochen-Zeitraum des §64 Abs. 1 GmbHG: Schumann GmbHR 2005, 1292 ff.
[772] DStR 2007, 1174 = ZIP 2007, 1265 = ZInsO 2007, 660. So bereits Bauer ZInsO 2004, 645 ff.
[773] Schuhmann GmbHR 2008, 418 ff.
[774] ZIP 2008, 1275.
[775] BGH ZIP 2005, 1678 = GmbHR 2005, 1419.
[776] BFH ZIP 2007, 1604 = BB 2007, 1711.
[777] DStR 2007, 1174 = ZIP 2007, 1265 = ZInsO 2007, 660.

mannes vereinbar sind, da in diesem Zeitraum der steuerliche Normbefehl nicht gilt. Hier war eine baldige Klarstellung durch den BFH nötig.[778] Diese ist dann endlich Ende des Jahres 2008 erfolgt:[779] Der Geschäftsführer haftet ggü. dem FA persönlich auch dann, wenn er bei Insolvenzreife der Gesellschaft innerhalb der dreiwöchigen Schonfrist bei vorhandenen Mitteln die einbehaltene Lohsteuer nicht abführt. Allein der Insolvenzantrag befreit noch nicht von der Haftung. Durch dieses Urteil hat der BFH seine Rechtsprechung ausdrücklich derjenigen des II. BGH-Zivilsenats v. 14.5.2007[780] angepasst.

1746 Damit sind auch während des (damaligen) Drei-Wochen-Zeitraums die Lohnsteuer und die Arbeitnehmeranteile zur Sozialversicherung abzuführen, weil sonst persönliche Haftung für den Geschäftsführer droht. Nicht zu verkennen ist freilich, dass durch diese Rechtsprechung die genannten öffentlichen Gläubiger entgegen dem insolvenzrechtlichen Gläubiger-Gleichbehandlungsgrundsatz[781] privilegiert werden.[782]

1747 **Achtung! Wesentliche Änderung durch das SanInsFoG:**
Die vorstehend dargestellte Privilegierung des Fiskus hat der Gesetzgeber nunmehr teilweise beseitigt. Nach § 15b Abs. 8 InsO liegt eine Verletzung steuerrechtlicher Zahlungspflichten nicht vor, wenn zwischen dem Eintritt der Zahlungsunfähigkeit oder der Überschuldung und der Entscheidung des Insolvenzgerichts über den Insolvenzantrag Ansprüche aus dem Steuerschuldverhältnis nicht oder nicht rechtzeitig erfüllt werden, sofern die Antragspflichtigen ihrer Insolvenzantragspflicht nach § 15a InsO nachkommen. Sollte der Insolvenzantrag nach § 15a InsO verspätet gestellt werden, gilt dies nur für die nach Bestellung eines vorläufigen Insolvenzverwalters oder Anordnung der vorläufigen Eigenverwaltung fällig werdenden Ansprüche aus dem Steuerschuldverhältnis. Sollte das Insolvenzverfahren wegen der Verletzung der Insolvenzantragspflicht nicht eröffnet werden, gelten die vorstehenden Regelungen nicht.

Damit ist das vorstehend beschriebene **Haftungsdilemma** zumindest für den die Insolvenzantragspflicht befolgenden Geschäftsführer gegenüber der vorstehend beschriebenen früheren Auflösung durch die BGH- und BFH-Rechtsprechung aus den Jahren 2007 und 2009 genau **entgegengesetzt aufgelöst**: bei rechtzeitiger Insolvenzantragstellung (und jedenfalls für den Zeitraum vorläufiger Insolvenzverwaltung oder vorläufiger Eigenverwaltung) entfällt der steuerrechtliche Normbefehl, so dass eine Zahlung mit der Sorgfalt des ordentlichen und gewissenhaften Geschäftsführers i.S.d. § 15b Abs. 1 S. 2 InsO nicht vereinbar, sondern in einem späteren Insolvenzverfahren nach § 15b Abs. 4 InsO vom Geschäftsführer zu erstatten wäre.

> **Praxishinweis**
> Im Gegensatz zur früheren Rechtslage ist dem Geschäftsführer seit dem 1.1.2021 zu raten, in den Karenzzeiträumen für den Insolvenzantrag nach § 15a Abs. 1 S. 2 InsO die Steuern nicht zu zahlen, denn die Zahlungen könnten unter das Zahlungsverbot nach

---

[778] Sa Bauer KKZ 2008, 49 ff.; Heeg DStR 2007, 2134 ff.; Beck ZInsO 2007, 1233 ff.
[779] BFH ZIP 2009, 122.
[780] BGH ZIP 2007, 1265.
[781] Zu diesem eingehend Bauer, Ungleichbehandlung der Gläubiger im geltenden Insolvenzrecht, 2007.
[782] Dagegen zB Liebscher ZInsO 2009, 1386 ff.

§ 15b Abs. 1 InsO mit der Folge der persönlichen Rückzahlungsverpflichtung des Geschäftsführers nach § 15b Abs. 4 InsO fallen. Zu beachten ist allerdings, dass dies nur gilt, sofern der Geschäftsführer seiner Insolvenzantragspflicht nach § 15a InsO nachkommt. Davon muss sich der Berater für bei Erteilung seines Rats überzeugen.

3. Körperschaft-, Gewerbe-, pauschalierte Lohn- und Umsatzsteuer

1748   Für nicht abgeführte Umsatz-, Gewerbe-, Körperschaft- und pauschalierte Lohnsteuer haftet der Geschäftsführer nach § 69 AO persönlich, wenn die Gesellschaft zzt. der Voranmeldung bzw. im Zeitpunkt der Fälligkeit der unterlassenen (Voraus-)Zahlung noch genügend Liquidität hatte.[783] Erforderlichenfalls muss der Geschäftsführer bei Liquiditätsproblemen bereits vor Fälligkeit der Steuer Vorsorge für die spätere Tilgung treffen.[784] Der Geschäftsführer verletzt also seine Pflicht mit der Folge persönlicher Haftung, wenn er sich durch Vorwegbefriedigung anderer Gläubiger außer Stande setzt, die absehbar künftig fällig werdende Steuer (hier USt am 10. des Folgemonats) zu tilgen.[785]

Der Geschäftsführer der GmbH haftet außerdem für die rechtzeitige Abgabe der Gewerbesteuererklärung der GmbH.[786]

1749   Für die persönliche Haftung des Geschäftsführers für Umsatz-, Gewerbe- und pauschalierte Lohnsteuer hat der BFH das **Prinzip der Haftung nur entsprechend der anteilsmäßigen Tilgung** entwickelt,[787] weil er bei unzureichenden Zahlungsmitteln nur verpflichtet ist, die fälligen Steuern in etwa der gleichen Höhe zu tilgen wie die fälligen Forderungen anderer Gläubiger.[788] Dieses Prinzip gilt auch für die Hinterziehungshaftung und für Verspätungszuschläge[789] und für die Umsatzsteuerabzugsbeträge i.S.d. § 18 Abs. 8 UStG[790], nicht jedoch für die Haftung wegen nicht abgeführter Lohnsteuer, da sie eine fremde Schuld ist. Außerdem ist die gezahlte Lohnsteuer bei der Ermittlung der Haftungsquote für die Umsatzsteuer weder bei den Gesamtverbindlichkeiten noch bei den geleisteten Zahlungen zu berücksichtigen[791].

Nach dem Prinzip der Haftung entsprechend der anteilsmäßigen Tilgung haftet der Geschäftsführer für rückständige Steuern persönlich in dem Maße, in dem er andere Gläubiger noch besser befriedigt hat als das FA. Der Beginn des Haftungszeitraums ist der Fälligkeitszeitpunkt der ältesten nicht mehr bezahlten Steuer, das Ende des Haftungszeitraums ist der Zeitpunkt der Insolvenzentscheidung (Eröffnung, ggf. Einsatz eines vorläufigen Verwalters oder Abweisung mangels Masse). Für den Haftungszeitraum erfragt das FA sodann auf entsprechendem Formular vom Geschäftsführer, ob und ggf. in welcher Höhe die sonstigen Gläubiger noch bedient wurden. In dem Maße, in dem das FA zu einem geringeren Anteil als

---

[783] Für einen Fall der USt FG Hamburg DStRE 2006, 502.
[784] Für einen Fall der Körperschaftsteuer BFH/NV 2005, 2149 = GmbHR 2006, 48.
[785] FG Münster GmbHR 2013, 501.
[786] VG Gelsenkirchen ZInsO 2010, 54 = BeckRS 2009, 36359.
[787] BFHE 164, 203 = BStBl II 1991, S. 678 = GmbHR 1991, 478.
[788] OVG Münster, NZI 2021, 586.
[789] BFHE 192, 249 = BFH/NV 2001, 84 = DStR 2000, 1954.
[790] FG Berlin GmbHR 2004, 983 = BeckRS 2003, 26015631.
[791] BFH BB 2007, 1714.

die sonstigen Gläubiger befriedigt wurde, greift die persönliche Haftung des Geschäftsführers ein.

Beispiel (nicht abgeführter USt): 1750
Aufstellung
Bei Beginn des Haftungszeitraums (Fälligkeit der ältesten offenen
Steuer oder letzte Zahlung an das FA) Verbindlichkeit USt 200,00 EUR
sonstige Verbindlichkeiten 2.000,00 EUR
Zahlungen auf USt bis Ende des Haftungszeitraums (Insolvenzeröffnung
oder bis zum Zeitpunkt der letzten vom Geschäftsführer vorgenommenen
Zahlung an irgendeinen Gläubiger 10,00 EUR
Zahlungen auf sonstige Verbindlichkeiten im vg. Zeitraum 430,00 EUR
Tilgungsquote 440,00 von 2.200,00 EUR aller Verbindlichkeiten = $1/5$
Gleichbehandlung des FA mit den anderen Gläubigern
USt: $1/5$ von 200,00 EUR = 40,00 EUR
abzgl. erbrachte Zahlung auf USt 10,00 EUR
persönliche Haftung/Inanspruchnahme des Geschäftsführers 30,00 EUR

> **Praxishinweis** 1751
> Aufgrund von Nichtanwendungserlassen gilt dieses Prinzip nicht auch für die Lohnsteuer, da sie eine fremde Schuld ist. Außerdem ist die gezahlte Lohnsteuer bei der Ermittlung der Haftungsquote für die USt weder bei den Gesamtverbindlichkeiten noch bei den geleisteten Zahlungen zu berücksichtigen.[792] Der Grundsatz der anteiligen Tilgung ist auch nicht anzuwenden (mit der Folge der vollen Haftung), wenn der Geschäftsführer im Insolvenzeröffnungsverfahren mit vorläufigem Insolvenzverwalter mit allgemeinem Zustimmungsvorbehalt nicht dafür Sorge trägt, dass Einfuhrumsatzsteuer mit laufendem Zahlungsaufschub bei Fälligkeit nicht vorrangig ohne Rücksicht auf das Bestehen anderweitiger Zahlungsverpflichtungen entrichtet wird.[793] Zu den Besonderheiten ab 1.1.2021 durch die Neuregelung in § 15b Abs. 8 InsO s.o. bei Lohnsteuer.

Für die Fragen persönlicher Haftungen des Geschäftsführers für nicht abgeführte betriebliche Steuern auch bei insolvenzrechtlicher Anfechtbarkeit oder Verstoß hypothetischer Zahlungen gegen das Zahlungsverbot nach § 15b InsO (früher § 64 Satz 1 und 2 GmbHG a.F.) sei auf die vorstehend bei „Lohnsteuer" gemachten Ausführungen verwiesen. 1752

Darauf hinzuweisen ist, dass die Haftung des Geschäftsleiters nach §§ 34, 69 AO nicht dadurch ausgeschlossen wird, dass die zugrundeliegende Steuerforderung in einem Insolvenzplan abschließend geregelt (und teilweise befriedigt) wird, denn der Insolvenzplan berühre den Bestand der Steuerforderung nicht, sei kein Erlass und stehe daher der weiteren Inanspruchnahme des Haftungsschuldners nicht entgegen.[794] Zudem ist zu berücksichtigen, dass das Finanzamt bei der steuerlichen Gewinnermittlung nicht an die rechtlichen Beurteilungen gebunden ist, die der Steuerpflichtige der aufgestellten (Handels-)Bilanz zugrunde gelegt hat.[795] 1753

Ggf. ist dem Geschäftsführer zu raten, bereits gegen die Feststellung unberechtigter Steuerforderungen zur Insolvenztabelle vorzugehen, da im Haftungsprozess der materiell-rechtliche Bestand der Steuerforderung nicht mehr korrigiert werden kann.

---

[792] BFH BB 2007, 1714.
[793] BFH ZIP 2018, 22 = GmbHR 2018, 221.
[794] BFH ZIP 2013, 1732 = ZInsO 2013, 1901.
[795] BFH GmbHR 2013, 547; dazu Drüen GmbHR 2013, 505 ff.

4. Verschulden

1754 Der Geschäftsführer haftet für eine vorsätzliche oder grob fahrlässige Verletzung der steuerrechtlichen Pflichten nach § 34 AO. Allein eine Ressortaufteilung unter mehreren Geschäftsführern entlastet i.d.R. nicht, weil in der Krise gesteigerte Überwachungspflichten bestehen.[796]

1755 Auch der Umstand, dass der Geschäftsführer sich von einem Steuerberater hat beraten lassen, entlastet nicht, wenn er sich nicht in ausreichendem Maße selbst über seine Pflichten unterrichtet hat.[797] I.d.R. wird die Einschaltung eines Rechtsanwalts oder Steuerberaters zur Erfüllung der steuerlichen Pflichten jedoch dazu führen dass sich der Geschäftsführer auf den erteilten Rat verlassen darf und somit eine Haftung für rückständige USt ausscheidet.[798]

1756 Zum **Insolvenzeröffnungsverfahren**: Der Geschäftsführer einer insolventen GmbH haftete auch nach alter Rechtslage für im vorläufigen Eigenverwaltungsverfahren entstandene und nicht bezahlte Umsatzsteuer mangels groben Verschuldens nicht persönlich, wenn der vorläufige Sachwalter mit Zustimmungsvorbehalt die Zustimmung zur Steuerzahlung ausdrücklich nicht erteilt hat.[799] Das galt auch für die vorläufige Insolvenzverwaltung mit Zustimmungsvorbehalt im Regelinsolvenzverfahren und ist nun in § 15b Abs. 8 S. 2 InsO ausdrücklich geregelt.

IV. Schadensersatzpflicht aus Eingehungsbetrug, Bankrott, § 826 BGB, cic

1757 Der Geschäftsführer, der in der Krise der Gesellschaft Waren oder Dienstleistungen bestellt und annimmt, kann sich dem Vorwurf des **Eingehungsbetruges** ausgesetzt sehen, wenn die Gesellschaft die Gegenleistung bei Fälligkeit der Rechnung nicht mehr erbringt und verhältnismäßig zeitnah Insolvenzantrag gestellt wird. Nicht selten führt dies auch zu Strafanzeigen der enttäuschten Gläubiger in der Hoffnung, dass die Staatsanwaltschaft den Sachverhalt für die spätere Erhebung der Schadensersatzansprüche gegen den Geschäftsführer persönlich nach § 823 Abs. 2 BGB i.V.m. § 263 StGB ermitteln möge. Sollte bereits bei Bestellung bzw. Annahme der Ware/Dienstleistung festgestanden haben, dass sie im Zeitpunkt der Fälligkeit der Rechnung aus Mangel an liquiden Mitteln der Gesellschaft nicht bezahlt werden kann, liegt der Tatbestand des Eingehungsbetruges nahe. Dieses Risiko dürfte gerade bei Geschäftsfortführung im Stadium der Insolvenzreife während der Zeiträume, in denen durch das COVInsAG die Insolvenzantragspflicht ausgesetzt ist bzw. war, erheblich erhöht (gewesen) sein. Tathandlung ist die Täuschung über die fehlende Zahlungswilligkeit mangels Zahlungsfähigkeit. Tathandlung kann auch sein das unrichtige Vorspiegeln von Zahlungsfähigkeit;

---

[796] FG Rheinland-Pfalz GmbHR 2014, 442 = DStRE 2015, 434.
[797] BFH ZInsO 2009, 440 = BeckRS 2008, 25014440 zur persönlichen Umsatzsteuerhaftung des Geschäftsführers nach § 69 AO bei nicht ausreichender Erkundigung über die Erklärungspflichten.
[798] BFH GmbHR 2004, 1244 = BeckRS 2004, 25006732.
[799] FG Münster, ZIP 2017, 1174.

diese liegt jedoch nicht allein in der Übernahme einer Bürgschaft durch den Gesellschafter-Geschäftsführer[800]. Im weiteren Zusammenhang können Tathandlungen im Rahmen der Vertragsverhandlungen auch sein der Nichthinweis, dass es sich um eine ausländische Gesellschaft handelt[801] oder der Nichthinweis auf erhebliche negative Umstände[802].

Zwar liegt die Darlegungs- und Beweislast für alle Tatbestandsmerkmale des Betruges beim Anspruchsteller,[803] jedoch ist dem Geschäftsführer in der Krise zu raten, Liquiditätspläne vorzuhalten, aus denen sich ergibt, dass bei plangemäßem Verlauf im Zeitpunkt der Bestellung bzw. Annahme der Waren bzw. Dienstleistungen die Erbringung der Gegenleistung im Zeitpunkt der Fälligkeit möglich war. Dann entfällt zumindest der subjektive Betrugstatbestand. 1758

Bankrott: Verschiebt der (Geschäftsführer des) Schuldners vor Eröffnung des Insolvenzverfahrens Vermögen, um es den Insolvenzgläubigern vorzuenthalten, können Schadensersatzansprüche der Gläubiger aus § 823 Abs. 2 BGB i.V.m. § 283 Abs. 1 Nr. 1 StGB oder aus § 826 BGB entstehen. Fraglich war, wer nach Eröffnung des Insolvenzverfahrens diese Ansprüche geltend zu machen hat. Z.T. wurde vertreten, dass im Hinblick auf den Schutzzweck des § 283 StGB, die Masse im Interesse der Gläubigergesamtheit zu sichern, die Schadensersatzansprüche aus einer Bankrottstraftat ihre Ursache in einer Masseschmälerung hätten und daher als Altgläubigerschaden grundsätzlich ausschließlich vom Insolvenzverwalter geltend zu machen sein.[804] Der BGH hat jedoch jüngst entschieden, dass der Insolvenzverwalter dazu nicht berechtigt ist; § 92 InsO erfasse diese Ansprüche nicht.[805] 1759

Verletzungen der **Buchführungspflichten** in den Fällen der §§ 283 Abs. 1 Nrn. 5–7, 283b StGB führen nicht zu einer Schadensersatzpflicht gegenüber Gesellschaftsgläubigern nach § 823 Abs. 2 BGB, da diese Gesetze keine Schutzgesetze i.S. der Vorschrift sind, weil sie in Bezug auf den geschützten Personenkreis nicht hinreichend konkretisiert sind.[806] 1760

Der Geschäftsführer einer GmbH kann sich nach § 823 Abs. 2 BGB i.V.m. § 1 BauFordSiG wegen Fehlverwendung von Baugeld schadensersatzpflichtig machen, wenn eine Werklohnforderung eines Bauunternehmers in der Insolvenz des Bauträgers nicht mehr bezahlt werden kann und der Geschäftsführer die zweckgerechte Verwendung des erhaltenen Baugeldes nicht nachweisen kann.[807] 1761

Den Prozessgegner (Geschäftsführer) kann eine sekundäre Darlegungslast treffen, wenn die nähere Darlegung der primär darlegungsbelasteten Partei (etwa geschädigte Gesellschaft bei § 266 StGB) nicht möglich oder nicht zumutbar ist, während der Prozessgegner alle Tatsachen kennt und es ihm zumutbar ist, nähere Angaben zu machen. Diese Grundsätze gelten auch bei Schadensersatzansprüchen 1762

---

[800] OLG Koblenz GmbHR 2011, 485 = DStR 2011, 929.
[801] BGH ZIP 2002, 1771.
[802] BGH EWiR 2003, 1185.
[803] BGH ZIP 2011, 1821.
[804] LG Hamburg ZIP 2019, 432.
[805] BGH ZIP 2022, 42
[806] OLG Hamm GmbHR 2014, 1044; BGH ZIP 2019, 462; dazu Schlosser/Stephan-Wimmer GmbHR 2019, 449 ff.
[807] OLG Celle ZIP 2019, 420.

wegen Verletzung eines strafrechtlichen Schutzgesetzes. Dabei spielt es keine Rolle, ob ein entsprechender Auskunftsanspruch gegen den Schädiger besteht[808].

1763 Weiter sind hier Haftungsgefahren aus **Delikt**, etwa Verletzung von Verkehrssicherungspflichten[809] sowie aus **§ 826 BGB**, etwa wegen bewusster Falschangaben bzw. bewussten Verschweigens von wesentlichen Umständen[810] zu nennen. In Betracht kommt auch Beihilfe des Geschäftsführers zur vorsätzlich sittenwidrigen Schädigung von Gläubigern der GmbH.[811]

Es gehört zu den Pflichten des Geschäftsführers, darauf zu achten, dass nach Insolvenzantragstellung Aufträge an vorleistungspflichtige Vertragspartner der GmbH nicht mehr erteilt werden. Eine Verletzung dieser Pflicht kann zu einer Schadensersatzhaftung des Geschäftsführers nach § 826 BGB gegenüber dem Gläubiger führen.[812] Ferner kommt in Betracht Beihilfe des Geschäftsführers zur vorsätzlich sittenwidrigen Schädigung von Gläubigern der GmbH.[813] Die vorsätzlich begangene Insolvenzverschleppung (§ 15a InsO) kann zugleich sittenwidrige Schädigung der Gläubiger der Gesellschaft gemäß § 826 BGB sein, wenn sie in der Absicht geschieht, das als unabwendbar erkannte Ende des Unternehmens so lange wie möglich hinauszuzögern und dabei die Schädigung der Unternehmensgläubiger billigend in Kauf genommen wird.[814]

Geschäftsführer (auch faktische) haften Gläubigern der Gesellschaft nach § 826 BGB auf Schadensersatz, wenn das von ihnen ins Werk gesetzte Geschäftsmodell der Gesellschaft von vorn herein auf Täuschung oder Schädigung der Kunden ausgelegt ist, es sich also um ein **Schwindelunternehmen** handelt.[815]

1764 Fraglich kann sein, ob neben einer Insolvenzverschleppungshaftung des Geschäftsführers nach § 823 Abs. 2 BGB i.V.m. § 15a Abs. 4 InsO auch eine Schadensersatzhaftung insb. ggü. Neugläubigern aus **culpa in contrahendo (cic)/§ 311 Abs. 2 u. 3 BGB** eingreifen kann.[816] Ich würde dies bejahen, wenn der Geschäftsführer falsche Angaben über Vermögen und Zahlungsfähigkeit der GmbH gemacht haben sollte.[817] Das Vorspiegeln von Zahlungsfähigkeit kann hierunter fallen, nicht jedoch allein durch Übernahme einer Bürgschaft durch den Gesellschafter-Geschäftsführer.[818]

1765 Wie verhält es sich aber, wenn der Geschäftsführer bestimmte Umstände verschwiegen hat, etwa dass es sich um eine ausländische Gesellschaft handelt,[819] oder andere erhebliche negative Umstände,[820] insb. die Insolvenzreife? Zu einer Haftung des Geschäftsführers selbst kann man hier nur kommen, wenn man eine Haftung nicht nur des Geschäftsherrn, also der GmbH, die sich das Verhalten des

---

[808] BGH ZIP 2015, 790.
[809] OLG Stuttgart NJW 2008, 2514.
[810] BGH EWiR 2003, 1185.
[811] BGH ZIP 2005, 158.
[812] OLG Köln GmbHR 2014, 1039 = ZInsO 2014, 2453.
[813] BGH ZIP 2005, 158.
[814] BGH Urt. v. 27.7.2021 – II ZR 164/20, ZIP 2021, 1856
[815] BGH ZIP 2015, A 85.
[816] Zur Problematik s. Poertzgen ZInsO 2010, 416 ff. und 460 ff.
[817] OLG Zweibrücken NZG 2002, 423.
[818] OLG Koblenz GmbHR 2011, 485 = DStR 2011, 929.
[819] BGH ZIP 2002, 1771.
[820] BGH EWiR 2003, 1185.

Vertreters, des Geschäftsführers nach §§ 278, 31, 831 BGB zurechnen lassen muss, sondern auch eine Eigenhaftung des Nichtgeschäftsherrn annimmt und zusätzlich eine Aufklärungspflicht über die negativen Umstände, etwa die Insolvenzreife bejaht. Die Eigenhaftung des Nichtgeschäftsherrn ist angenommen worden bei Inanspruchnahme besonderen (persönlichen) Vertrauens (nun Regelbeispiel in § 311 Abs. 3 Satz 2 BGB) und bei gesteigertem wirtschaftlichem Eigeninteresse.[821]

Im Übrigen führen Verletzungen von Organisationspflichten oder schädigendes Verhalten von Mitarbeitern der GmbH gegenüber deren Kunden nicht zu einer Außenhaftung des Geschäftsführers.[822]

1766

---

[821] Emmerich in MüKoBGB, § 311 Rn. 236 ff.
[822] OLG Schleswig GmbHR 2011, 1143 = NZG 2012, 104.

§ 10 Besonderheiten bei Unternehmergesellschaft/UG (haftungsbeschränkt), GmbH & Co. KG, EU-ausländischen Gesellschaften und der englischen „Limited"

Übersicht

	Rn.
A. Die Unternehmergesellschaft/UG (haftungsbeschränkt)	1767
I. Die UG als GmbH mit Sonderregelungen	1769
II. Abweichungen von der „normalen" GmbH	1770
III. Gefahren und Zweifelsfragen	1771
1. Erhöhte Insolvenzgefahr durch Überschuldung, Gläubigergefährdung	1772
2. Firma, Unzulässiges Handeln mit dem Rechtsformzusatz „GmbH"	1774
a) Genaue Einhaltung der Firmenvorschrift	1774
b) Haftung bei fehlendem oder unrichtigem Rechtsformzusatz	1775
c) Beibehaltung der Firma nach Upgrade	1782
3. Ordnungsgemäße Kapitalaufbringung	1783
a) Verlustdeckungs- oder Vorbelastungshaftung	1784
b) Sacheinlageverbot, Sachagio	1785
c) Verdeckte Sacheinlage	1786
d) Sachkapitalerhöhungen	1787
e) Umwandlungsfälle	1790
4. Pflicht zur Rücklagenbildung	1791
a) Umgehung der Rücklagenbildungspflicht	1791
b) Gemeinnützige UG oder UG als Komplementärin der KG	1793
c) UG als Vertragspartner von Unternehmensverträgen	1795
5. Einberufungspflicht	1796
6. Erstarken der UG zur Voll-GmbH, Wegfall der Beschränkungen	1797
a) Wegfall der Beschränkungen	1798
b) Kapitalerhöhung aus Gesellschaftsmitteln	1801
c) Kosten der Kapitalerhöhung keine Gründungskosten	1802
d) Beibehaltung der Firma	1803
B. Besonderheiten bei der GmbH & Co. KG (ohne natürliche Person als Vollhafter)	1804
I. Haftung bei fehlerhafter Aufbringung des Kommandit- und Stammkapitals	1804
1. Vor Eintragung der Gesellschaften	1804
2. Hin- und Herzahlen	1805
III. Haftung bei Rückzahlung des Kommandit- und Stammkapitals	1807
1. Rückzahlung des Stammkapitals, § 30 GmbHG (analog)	1807
2. Rückzahlung des Kommanditkapitals, § 172 Abs. 4 HGB	1808
a) Tatbestand der Rückzahlung der Kommanditeinlage	1809
b) Rechtsfolge	1811
c) Erstattungsanspruch in der Insolvenz der KG	1814
d) Auswahl der in Anspruch zu nehmenden Kommanditisten?	1824
e) Verjährung	1825
f) Einsichtsrecht des Kommanditisten in die Insolvenzakte	1826
g) Prozessuales und Verfahrensfragen	1828
h) Doppelstöckige Kommanditgesellschaften, Dachfonds	1829
IV. Gesellschafterdarlehen und vergleichbare Finanzierungen	1830

V. Haftung des Geschäftsführers 1831
   1. Culpahaftung, § 43 Abs. 1 u. 2 GmbHG 1831
   2. Verbotene Auszahlungen des Stammkapitals 1832
   3. Verbotene Zahlungen, § 15b InsO (früher 130a HGB a.F.) 1833
VI. Insolvenz.. 1834
   1. Insolvenz der Komplementär-GmbH...................... 1835
     a) Überschuldung....................................... 1835
     b) Folgen der Insolvenz................................. 1836
   2. Insolvenz des Kommanditisten 1839
   3. Simultaninsolvenz..................................... 1841
C. EU-ausländische Gesellschaften 1843
   I. Rechtsformwahlfreiheit und Freizügigkeit in der EU 1843
  II. Persönliche Haftungsgefahren für die Gesellschafter und Geschäftsführer, Anwendbarkeit deutschen Rechts? 1846
   1. Persönliche Haftungen der Gesellschafter 1846
   2. Persönliche Haftungen der Geschäftsführer 1851
     a) Eingehungsbetrug................................... 1853
     b) Insolvenzverschleppung 1854
     c) Verbotene Zahlungen, § 15b InsO 1855
     d) Steuerhaftung...................................... 1856
   3. Exkurs zur „Limited" 1857

Literatur: *Bauer,* Haftung des Kommanditisten in der Insolvenz der KG wegen vorheriger Rückzahlung der Kommanditeinlage, ZInsO 2019, 1299 ff.; *Beurskens,* Rechtsformzusatz und Haftungsbeschränkung, NZG 2016, 681 ff.; *Bischoff,* Missbrauch der Limited in Deutschland, ZInsO 2009, 164 ff.; *Fichtelmann,* Die Rechtsstellung des GmbH-Geschäftsführers in der Insolvenz der Gesellschaft, GmbHR 2008, 76 ff.; *Heerma,* Der (insolvente) Kommanditist als Risiko für die KG?, ZIP 2011, 981 ff.; *Kessel,* Umgehungsmöglichkeiten der Thesaurierungsverpflichtung und wie man ihnen begegnet, GmbHR 2016, 199 ff.; *Kienle,* Zur Strafbarkeit des Geschäftsleiters einer in Deutschland ansässigen Limited, GmbHR 2007, 696 ff.; *Ladiges/Pegel,* Neue Pflichten des Directors einer Limited durch den Companies Act 2006, DStR 2007, 2069 ff.; *Lange,* Wenn die UG erwachsen werden soll – „Umwandlung" in eine GmbH, NJW 2010, 3686 ff.; *Lieder/Hoffmann,* Upgrade von UG, GmbHR 2011, 561 ff.; *Markgraf/Remuta,* Auswirkung der Eröffnung eines Insolvenzverfahrens auf die Kommanditistenstellung der Schuldnerin, NZG 2014, 81 ff.; *Otte-Gräbener,* Rechtsfolgen der Löschung einer Limited mit Verwaltungssitz in Deutschland, GmbHR 2017, 907 ff.; *Peetz,* Gewinnthesaurierung wider Gewinnabsaugung – ein Praxisproblem der UG, GmbHR 2012, 1160 ff.; *Pietzarka,* Vertreterhaftung bei fehlerhaftem Rechtsformzusatz – Auswirkungen der Rechtsscheinhaftung analog § 179 BGB, GmbHR 2017, 73 ff.; *Ries/Schulte,* Die UG wird erwachsen: Das Erstarken der UG zur Voll-GmbH, NZG 2018, 571 ff.; *Schirrmacher,* Haftungsrechtliche Folgen der Nutzung eines falschen Rechtsformzusatzes, GmbHR 2018, 942 ff.; *Schmidt,* Verfahren und Gefahren bei der Liquidation einer Rest-Limited, ZIP 2008, 2400 ff.; *Werner,* Aktuelle Entwicklungen des Rechts der UG, GmbHR 2011, 459 ff.; *Witt,* Verdeckte Sacheinlage, ZIP 2009, 1102 ff.

A. Die Unternehmergesellschaft/UG (haftungsbeschränkt)

1767 Mit der Unternehmergesellschaft/UG (haftungsbeschränkt) (im Folgenden: UG) hat der Gesetzgeber Existenzgründern eine „preiswerte" Variante der Gesellschaft mit beschränkter Haftung zur Verfügung gestellt.

Die Statistik zeigt, dass die UG bei der Wahl der Rechtsform für Unternehmensgründungen sehr gut angenommen wird.[1] Auswertungen für die bis zum 15.10.2010 eingetragenen UG ergaben – erwartungsgemäß – eine geringe Stammkapitalausstattung der UG: 10,4% mit einem Stammkapital i.H.v. 1,00 EUR, weitere 13,9% bis 100,00 EUR, weitere 28% bis 500,00 EUR, weitere 25,3% bis 1.000 EUR, weitere 17,9% bis 5.000 EUR und nur 4,9% über 5.000 EUR.[2] Entsprechend schwach sind die Bonitäten.

Nach § 5a GmbHG kann eine GmbH als „Unternehmergesellschaft/UG (haftungsbeschränkt)" **gegründet** werden. Nach dem eindeutigen Gesetzeswortlaut kann die UG also nicht durch Herabsetzung des Stammkapitals der „normalen" GmbH auf unter 25.000 EUR erreicht werden; das ist unzulässig.

1768

I. Die UG als GmbH mit Sonderregelungen

Die UG ist eine GmbH und keine gesonderte Gesellschaftsform. Die UG ist allein dadurch definiert, dass die GmbH bei ihrer Gründung ein Stammkapital von unter 25.000 EUR hat. I.Ü. ist die UG eine „vollwertige" GmbH, für die das gesamte GmbH-Recht gilt, soweit nicht Besonderheiten in § 5a GmbHG geregelt sind.

1769

II. Abweichungen von der „normalen" GmbH

Die in § 5a GmbHG für die UG geregelten Abweichungen vom Recht der „normalen" GmbH sind:
- *Anlage B.1:* Die Firma der Gesellschaft muss die Bezeichnung „Unternehmergesellschaft" oder „UG" und außerdem den in Klammern gesetzten Zusatz „haftungsbeschränkt" enthalten.
- *Anlage B.2:* Die Anmeldung der Gesellschaft darf erst erfolgen, wenn das (unter dem Mindeststammkapital i.H.v. 25.000 EUR liegende) Stammkapital in voller Höhe in bar eingezahlt ist. Der Liquiditätsvorteil bei der Gesellschaftsgründung kann sich also nur bis zur Höhe eines Stammkapitals von 12.500 EUR auswirken;
- *Anlage B.3:* Die Stammeinlage ist in bar zu leisten. Sacheinlagen sind ausgeschlossen.
- *Anlage B.4:* Gewinne sind so lange anteilig in eine gesetzliche Rücklage einzustellen, bis das Stammkapital im Wege der Satzungsänderung auf mindestens 25.000 EUR erhöht ist. Eine zeitliche Grenze ist nicht gesetzt;
- *Anlage B.5:* Die zu bildende Rücklage darf lediglich für die in § 5a Abs. 3 GmbHG genannten Zwecke verwendet werden.

1770

---

[1] Am 1.1.2021 waren 163.507 UG in den Handelsregistern eingetragen, Kornblum GmbHR 2021, 681 ff., 682.
[2] Gude ZInsO 2010, 2385 ff.

- *Anlage B.6:* Die Pflicht zur Einberufung der Gesellschafterversammlung nach § 49 Abs. 3 GmbHG knüpft nicht an den Verlust der Hälfte des Stammkapitals an, was insbesondere bei einem Stammkapital von etwa nur einem Euro sinnlos wäre, sondern an den Tatbestand der drohenden Zahlungsunfähigkeit (s. § 18 InsO);
- *Anlage B.7:* Die Verpflichtung zur Einhaltung der vorstehenden Sonderregelungen entfällt erst, wenn das Mindeststammkapital der UG auf mindestens 25.000,00 EUR heraufgesetzt wird.

III. Gefahren und Zweifelsfragen

1771 Für die UG, die typischerweise mit nur sehr geringem Stammkapital ausgestattet wird, sollten folgende Risiken bedacht werden:[3]

1. Erhöhte Insolvenzgefahr durch Überschuldung, Gläubigergefährdung

1772 Die UG unterliegt gegenüber der „normalen" GmbH einem erhöhten Insolvenzrisiko und die Quote der Ablehnung von Insolvenzverfahrenseröffnungen mangels Masse ist höher.

Der nur mit einem oder wenigen EUR kapitalisierten UG kann von Anfang an, d.h. bei Begründung der ersten Verbindlichkeiten die Gefahr der Überschuldung mit der strafbewehrten Insolvenzantragspflicht für den Geschäftsführer nach § 15a InsO drohen. Dies gilt umso mehr, wenn die Gesellschaft selbst die Gründungskosten aufbringt,[4] was bei vereinfachter Gründung mit Musterprotokoll bis max. 300 EUR bzw. bei künftiger (ab 1.8.2022 möglicher) online-Gründung bis max. 600,00 EUR, höchstens jedoch bis zum Betrag ihres Stammkapitals sogar vorgesehen ist. Hier ist besonders darauf zu achten, dass eine positive Fortführungsprognose besteht, so dass der Tatbestand der Überschuldung nach § 19 Abs. 2 InsO nicht gegeben ist (s.o.). Da aber zu befürchten steht, dass den UG-Geschäftsführern weder der Überschuldungsbegriff des § 19 InsO noch die Anforderungen an eine positive Prognose bekannt sind, sollten sie zur Vermeidung persönlicher Haftungsrisiken im Rahmen der Gründungsberatung auf die u.U. greifbare Gefahr der Überschuldung der UG hingewiesen werden.

1773 Eine UG ist als Verwalterin einer WEG jedenfalls dann ungeeignet, wenn das nach Abzug der Gründungskosten verbleibende Kapital eine Inanspruchnahme des Verwalters wegen Pflichtverletzungen regelmäßig ins Leere laufen ließe und keine ausreichende Versicherung besteht.[5]

---

[3] Überblick bei Schäfer ZIP 2011, 53 ff.; Werner GmbHR 2011, 459 ff.; Miras NZG 2012, 486 ff.; sa Plagemann/Plagemann DStR 2009, 1809 ff.
[4] Kleindiek BB 2007, 1 ff.; Drygala NZG 2007, 561, 565.
[5] LG Karlsruhe NZG 2011, 1275.

2. Firma, Unzulässiges Handeln mit dem Rechtsformzusatz „GmbH"

a) Genaue Einhaltung der Firmenvorschrift. Die in § 5a Abs. 1 GmbHG vorgeschriebene Firmierung ist exakt einzuhalten. Das Wort „haftungsbeschränkt" darf nicht abgekürzt (etwa UGh) und nicht übersetzt (etwa: „limited") werden. Ebenso sind Zwischeneinfügungen weiterer Namensbestandteile (etwa: „Unternehmergesellschaft für … [haftungsbeschränkt])" verboten.[6] Ist alleine eine Unternehmergesellschaft phG einer KG, darf die Firmierung nicht auf „… GmbH & Co. …" lauten.[7]

Entgegen OLG Karlsruhe[8] und entsprechend der bereits verbreiteten Registerpraxis ist die Firmierung „gUG (haftungsbeschränkt)" für eine gemeinnützige UG nach der klärenden Entscheidung des BGH zulässig, § 5a Abs. 1 GmbHG geht insoweit § 4 S. 2 GmbHG nicht vor.[9]

b) Haftung bei fehlendem oder unrichtigem Rechtsformzusatz. Welche Folgen eine unzulässige Firmierung als „GmbH" haben würde, wurde mit unterschiedlichen Lösungsansätzen diskutiert.[10] In Betracht gezogen wurden eine persönliche Haftung der Geschäftsführer wegen Schutzgesetzverletzung nach § 823 Abs. 2 BGB oder Anfechtbarkeit von geschlossenen Verträgen nach § 119 Abs. 2 BGB.[11] Nach anderer Auffassung ist zu unterscheiden, ob die Gesellschaft wirksam vertreten wurde. Bejahendenfalls komme entgegen der h.M. eine Haftung des Vertreters nach § 179 BGB nicht in Betracht, da so dem Vertragspartner ein zusätzlicher Schuldner zur Verfügung gestellt würde, was im Haftungskonzept des falsus procurator nach § 179 BGB nicht vorgesehen sei. Vielmehr könne der getäuschte Gläubiger Ansprüche nur gegen die Gesellschaft geltend machen. Dabei müsse er so gestellt werden, wie er stünde, wenn er mit einer GmbH paktiert hätte. Sollte die UG also die Ansprüche des Gläubigers nicht befriedigen können, müsse der unter falscher Firmierung handelnde Geschäftsführer nach §§ 43 Abs. 2 GmbHG bzw. § 280 BGB den Kapitalstock der Gesellschaft auf 25.000 EUR erhöhen, wodurch sich die Insolvenzquote des getäuschten Gläubigers erhöht.[12] Für die GmbH wird die Anwendung des § 11 Abs. 2 GmbHG vertreten.[13] Dem Verstoß gegen das

1774

1775

---

[6] OLG Hamburg GmbHR 2011, 657 = NZG 2011, 872.
[7] KG DStR 2009, 2114.
[8] OLG Karlsruhe, NZG 2019, 864; zu dieser Entscheidung und der Genese der Firmierung s. Pietzarka, NZG 2020, 774 ff.
[9] BGH, ZIP 2020, 1236 (entgegen OLG Karlsruhe, ZIP 2019, 1327); Ende 2020 gab s ca. 600 gUG (haftungsbeschränkt); s.a. Lieder/Becker, Das Sonderrecht der Rechtsformvarianten am Beispiel der UG, zugleich ein Beitrag zu gemeinnützigen „g"-Gesellschaften, NZG 2021, 357 ff.
[10] Guter Überblick über die verschiedenen Konstellationen der Rechtsscheinhaftung bei falscher Firmierung: Beck ZIP 2017, 1748 ff.; zur Falschfirmierung im elektronischen Rechtsverkehr s. Beurskens NJW 2017, 1265 ff.
[11] Meckbach NZG 2011, 968 ff.
[12] Schirrmacher GmbHR 2018, 942 ff.
[13] Pietzarka GmbHR 2017, 73 ff.

Firmenrecht könne durch eine auf das negative Interesse gerichtete Schadensersatzhaftung aus § 823 Abs. 2 BGB oder das Anfechtung Rechnung getragen werden.[14]

1776 Der BGH vertritt in wiederholter Rechtsprechung, zuletzt in einem Fall, in dem für eine UG mit dem unrichtigen Rechtsformzusatz „GmbH" gehandelt wurde, dass die Rechtsscheinhaftung des Handelnden persönlich analog § 179 BGB gilt. Der Handelnde haftet also nicht nach den Grundsätzen der Unterbilanzhaftung, sondern dem auf den Rechtsschein vertrauenden Vertragspartner persönlich[15]. Zur Begründung hat der BGH ausgeführt, dass nur so dem Sinn und Zweck der Anordnung des Rechtsformzusatzes in § 5a Abs. 1 GmbHG entsprochen werden könne. Die Begründung mit § 179 BGB scheint mir nicht zwingend. Denkbar wäre hier auch eine Haftung aus cic gewesen.

1777 Offen geblieben ist in der Entscheidung, bis zu welcher Höhe die Haftung reicht. Im entschiedenen Fall ging es nur um ca. 12.000 EUR. M.E. muss die Haftung auf die Höhe der Differenz zwischen Stammkapital der UG und dem gesetzlichen Mindestkapital der GmbH (25.000 EUR) begrenzt sein, denn das Handeln mit dem bloßen Rechtsformzusatz „GmbH" kann ohne weitere Angaben ein Vertrauen auf das Vorhandensein eines über das gesetzliche Mindestkapital hinausgehenden Stammkapitals nicht begründen. Nach der Begründung des BGH ist jedoch auch eine darüberhinausgehende Haftung denkbar.

1778 Ebenfalls ungeklärt ist, ob die persönliche Haftung gegenüber mehreren Gläubigern quotal begrenzt ist oder jedem Gläubiger gegenüber bis zu 25.000 EUR gehen kann.

1779 Zu beachten ist, dass die verschuldensunabhängige Rechtscheinhaftung nach § 179 BGB auch nach der h.M. nicht zum Tragen kommen kann, wenn die vertretene Gesellschaft insolvent ist, denn dann würde dem Vertragspartner über die Erfüllungshaftung über mehr gegeben, als er bei tatsächlich bestehender Vertretungsmacht erhalten hätte.

1780 Verwendet der geschäftsführende Gesellschafter einer UG (haftungsbeschränkt) bei Vertragsunterzeichnung nur das Kürzel „UG" ohne den Zusatz „(haftungsbeschränkt)", führt dies allein noch nicht zu einer persönlichen Rechtsscheinhaftung des Geschäftsführer; vielmehr bedarf es für eine Haftung des Geschäftsführers eines konkreten Vertrauens und einer tatsächlichen Irreführung des Vertragspartners; ist dieser Kaufmann, hat er eine Erkundigungsobliegenheit aus der Sorgfalt eines ordentlichen Kaufmanns.[16]

1781 Auch die Verwendung des Begriffs „1-Euro-GmbH" als Synonym für die UG (etwa bei der Bewerbung einer Vorrats-UG) ist irreführend, weil sich die UG gerade nicht als GmbH bezeichnen darf.[17]

1782 **c) Beibehaltung der Firma nach Upgrade.** Die erlaubte Beibehaltung der Firmierung als UG auch nach Erhöhung des Stammkapitals auf mindestens 25.000 EUR gemäß § 5a Abs. 5 letzter HS GmbHG ist eine Irreführung der Ver-

---

[14] Klein NJW 2015, 3607 ff.
[15] BGH GmbHR 2012, 953 = ZIP 2012, 1659; dazu Miras NZG 2012, 1095 ff.; Beck/Schaub GmbHR 2012, 1331 ff.; zur Haftung bei täuschendem Rechtsformzusatz s. Altmeppen NJW 2012, 2833 ff.; sa Beurskens NZG 2016, 681 ff.
[16] LG Düsseldorf ZIP 2014, 1174 = GmbHR 2014, 33; dazu Beck GmbHR 2014, 402 ff.
[17] OLG Dresden GmbHR 2013, 715.

kehrskreise, die aufgrund der Firmierung weiterhin, aber dann zu Unrecht davon ausgehen, dass die Pflicht zur anteiligen Gewinnrücklage besteht.

3. Ordnungsgemäße Kapitalaufbringung

Probleme infolge nicht ordnungsgemäßer Kapitalaufbringung[18] und infolge Verstößen gegen die Pflicht zur Kapitalerhaltung (verbotene Rückzahlung) können ebenso entstehen wie bei der „richtigen" GmbH. 1783

a) Verlustdeckungs- oder Vorbelastungshaftung. Die Verlustdeckungs- oder Vorbelastungshaftung aufgrund Handelns für die UG i.G. ist keineswegs auf den Betrag des niedrigen Stammkapitals begrenzt. Die Regelungen bei Hin- und Herzahlen (§ 19 Abs. 5 GmbHG) gelten ebenfalls. 1784

b) Sacheinlageverbot, Sachagio. Nach § 5a Abs. 2 Satz 2 GmbHG sind Sacheinlagen ausgeschlossen. 1785

Fraglich kann die rechtliche Beurteilung sein, wenn im Zusammenhang mit der Gründung der UG und Volleinzahlung des Stammkapitals ein Sachagio in Form der Einbringung eines einzelkaufmännischen Unternehmens geleistet wird und in diesem Zusammenhang auch die Verbindlichkeiten des einzelkaufmännischen Unternehmens auf die UG übergehen. Nach OLG Karlsruhe liegt in diesem Fall keine (verdeckte) Sacheinlage vor, solange die Einbringung nicht die tatsächliche Geldeinlage der neu gegründeten Gesellschaft ersetzen oder auf diese angerechnet werden soll[19] oder die Gesellschaft für den Erwerb der Sache eine Gegenleistung zu erbringen hat. Der Gläubigerschutz werde ggf. durch eine Vorbelastungshaftung der Gründer gewährleistet. Nach a.A. ist dieser Vorgang dem Registergericht offenzulegen, damit dieses die ordnungsgemäße Kapitalaufbringung prüfen kann.[20]

c) Verdeckte Sacheinlage. Steht eine verdeckte Sachgründung fest, kann die UG m.E. nicht ins Handelsregister eingetragen werden. 1786

Streitig ist noch immer, was bei verdeckter Sacheinlage[21] gilt, ob also die verdeckte Sacheinlage nach § 19 Abs. 4 Satz 2 GmbHG schuld- und sachenrechtlich wirksam ist und der verdeckt eingelegte Sachwert auf die Bareinlageverpflichtung nach § 19 Abs. 4 Satz 3 GmbHG angerechnet werden kann. Dies wird von Teilen der Literatur mit der Begründung bejaht, nach der Konstruktion des § 19 Abs. 4 GmbHG sei die (vorsätzliche) verdeckte Sacheinlage ebenfalls verboten und dies stehe nicht im Widerspruch zu § 5a Abs. 2 Satz 2 GmbHG; § 19 Abs. 4 sei also zumindest analog bei der UG anwendbar.[22] Ich würde die Anwendbarkeit des § 19 Abs. 4 GmbHG bei der UG verneinen, weil m.E. die Anwendbarkeit des § 19 Abs. 4 GmbHG die generelle Zulässigkeit einer (offenen) Sacheinlage voraussetzt; diese ist

---

[18] Zur Stammkapitalerhöhung s. Klose GmbHR 2009, 294 ff.
[19] OLG Karlsruhe GmbHR 2014, 752 = NZG 2014, 622.
[20] Wicke GmbHR 2018, 1105 ff., 1108.
[21] Witt ZIP 2009, 1102 ff.
[22] Pentz FS Goette, 2011, 355 ff.; Wansleben/Niggemann NZG 2012, 1412 ff., Witt ZIP 2009, 1102 ff., Hennrichs NZG 2009, 1161 ff., Rieder in MüKoGmbHG, § 5a, Rn. 23.

jedoch durch § 5a Abs. 2 Satz 2 GmbHG bei der UG gerade ausgeschlossen.[23] Nach meiner Auffassung verbleibt es also für die Kapitalaufbringung bei Gründung einer UG und bei Kapitalerhöhung bis unter 25.000 EUR im Fall der verdeckten Sacheinlage bei der strengen Rechtsprechung aus der Zeit vor Inkrafttreten des MoMiG: die verdeckte Sacheinlage ist unwirksam, die Geldeinlageschuld besteht in voller Höhe, eine Anrechnung des verdeckt eingelegten Sachwerts erfolgt nicht.

1787 **d) Sachkapitalerhöhungen.** Unklar und daher umstritten war, ob das Sacheinlageverbot auch für Kapitalerhöhungen gilt. Zweifelsfrei gilt das Verbot, wenn auch nach der Kapitalerhöhung der Status der UG erhalten bleibt, also auch nach Erhöhung das Stammkapital 25.000 EUR nicht erreicht.[24] Die Gegenauffassung, nach der das Sacheinlageverbot nur für die Gründung der UG, nicht aber auch für die Kapitalerhöhung gelte,[25] scheint mir jedenfalls nach BGH GmbHR 2011, 699 = ZInsO 2011, 1021 nicht (mehr) vertretbar.

1788 Ferner war umstritten, ob das Sacheinlageverbot auch für solche Kapitalerhöhungen gilt, mit denen ein Stammkapitalbetrag i.H.v. 25.000 EUR erreicht oder überschritten wird. Für die Geltung des Sacheinlageverbots auch in diesen Fällen wurde angeführt, die Beschränkungen des § 5a GmbHG entfielen erst mit Eintragung der Kapitalerhöhung im Handelsregister, sodass der notwendig davor liegende Erhöhungsbeschluss nicht wirksam gefasst werden könne.[26] Die Gesellschafter seien also darauf zu verweisen, zuerst ausreichend Barkapital aufzubringen, um das Mindeststammkapital der GmbH zu erreichen. Ich wäre eher der Gegenauffassung[27] gefolgt: Sinn des Sacheinlageverbots bei der UG ist gerade nicht, den Übergang in die reguläre GmbH zu behindern. Diese kann durch Sacheinlage entstehen (§ 5 Abs. 4 GmbHG).

1789 Der BGH hat die Rechtsfrage i.S.d. letztgenannten Auffassung entschieden:[28] Aus der Auslegung des § 5a Abs. 2 Satz 2 und Abs. 5 GmbHG nach dem Sinn und Zweck ergibt sich, dass das Sacheinlageverbot nicht für eine das Stammkapital von 25.000 EUR erreichende oder übersteigende Sachkapitalerhöhung gilt.[29]

1790 **e) Umwandlungsfälle.** Grundsätzlich ist die UG ein umwandlungsfähiger Rechtsträger nach § 3 Abs. 1 Nr. 2 UmwG. Wegen des Sacheinlageverbots kann die UG in den einigen Umwandlungsfällen nach UmwG aber nicht Zielrechtsträger sein,[30] so z.B. ist die Neugründung einer UG im Wege der Umwandlung durch Abspaltung ausgeschlossen.[31] Wird jedoch von einer (Sach-)Kapitalerhöhung

---

[23] So auch Heckschen in Heckschen/Heidinger, Die GmbH in der Gestaltungs- und Beratungspraxis, 3. Aufl. 2013, § 5 Rn. 52, 53, Weber BB 2009, 842 ff., Ulmer GmbHR 2010, 1298 ff.
[24] So auch Berninger GmbHR 2010, 63 ff.; Schulte GmbHR 2010, 1128 ff.; BGH (obiter dictum) ZInsO 2011, 1021 = MittBayNot 2011, 413.
[25] Hennrichs NZG 2009, 1161 ff.
[26] Fastrich in Baumbach/Hueck, GmbHG, 19. Aufl., § 5a, Rn. 33; Ulmer GmbHR 2010, 1298 ff.
[27] Rieder in MüKoGmbHG, § 5a, Rn. 42; Berninger GmbHR 2010, 63 ff.
[28] BGH ZIP 2011, 955 = GmbHR 2011, 699 = ZInsO 2011, 1021.
[29] Dazu Miras DStR 2011, 1379 ff., Berninger GmbHR 2011, 953 ff., Wachter NJW 2011, 2620 ff.
[30] Sa Heinemann NZG 2008, 820 ff.; Berninger GmbHR 2010, 63 ff.
[31] OLG Frankfurt a.M. ZIP 2010, 1798 = DStR 2010, 2093; bestätigt BGH ZIP 2011, 1054 = ZInsO 2011, 1023.

abgesehen, kann die UG aber aufnehmender Rechtsträger im Rahmen einer Verschmelzung sein.[32]

4. Pflicht zur Rücklagenbildung

a) Umgehung der Rücklagenbildungspflicht. Die möglicherweise als lästig empfundene Pflicht zur Rücklagenbildung[33] kann durch entsprechende bilanzielle Darstellung oder Gestaltung von Geschäftsvorfällen leicht umgangen werden,[34] etwa durch entsprechend hohe Gehälter des Gesellschafter-Geschäftsführers.[35] Hier wäre effektiver eine zeitliche Höchstfrist für die Bildung einer ausreichenden Rücklage gewesen. 1791

Nicht geregelt ist die **Rechtsfolge** eines Verstoßes gegen die Pflicht zur Rücklagenbildung. Hier wird vertreten, dass der Jahresabschluss analog § 256 Abs. 1 Nr. 4 AktG nichtig ist.[36] Hier ist jedoch die „Heilungsfrist" des § 256 Abs. 6 AktG zu beachten. Die Nichtigkeit des Jahresabschlusses wiederum zieht die Nichtigkeit des Gewinnverwendungsbeschlusses nach § 243 AktG analog nach sich. Aus der Nichtigkeit der Beschlüsse resultieren dann zivilrechtliche Rückzahlungsansprüche gegen die Gesellschafter nach §§ 30, 31 GmbHG. Wird entgegen § 5a Abs. 3 GmbHG der gesamte Gewinn an die Gesellschafter ausgekehrt, hat die UG einen Rückerstattungsanspruch aus § 812 Abs. 1 Satz 1 BGB. Diesen Anspruch können Gesellschaftsgläubiger (außerhalb eines Insolvenzverfahrens) pfänden. 1792

Außerdem macht sich der Geschäftsführer nach § 43 Abs. 3 GmbHG schadensersatzpflichtig.[37] Darüber hinaus sind Schadensersatzansprüche der Gesellschaftsgläubiger gegen den Geschäftsführer nach § 823 Abs. 2 BGB i.V.m. § 5a Abs. 3 GmbHG denkbar, wenn die Norm als gläubigerschützend zu qualifizieren sein sollte, was ich annehmen würde, weil sie eine Stärkung der den Gläubigern zur Verfügung stehenden Haftungsmasse bezweckt.

b) Gemeinnützige UG oder UG als Komplementärin der KG. Im Hinblick auf die Rücklagenbildungspflicht nach § 5a Abs. 3 Satz 1 GmbHG wurde diskutiert, ob es eine gemeinnützige UG überhaupt geben kann. Ebenso stellte sich die Frage nach der Wirksamkeit eines Gesellschaftsvertrages einer UG (haftungsbeschränkt) & Co. KG, wenn die UG am Vermögen der KG nicht beteiligt ist. In beiden Fällen ist die Entstehung rücklagefähiger Gewinne gesellschaftsvertragsgemäß ausgeschlossen. 1793

Die Verwendung der UG für diese Zwecke ist nicht ausgeschlossen, da die Rücklagenbildungspflicht nur als Folge der Gewinnentstehung ausgestaltet ist, nicht aber die Gewinnentstehung Voraussetzung für die Zulässigkeit der UG ist. Der Gesetzgeber hat davon abgesehen, für die Bildung einer ausreichenden Rücklage bis zum Betrag des Stammkapitals i.H.v. 25.000 EUR eine Höchstfrist zu setzen. So ist auch eine dauerhaft ertraglose gewerbliche UG zweifelsfrei zu- 1794

---

[32] Rousseau/Hoyer GmbHR 2016, 1023 ff.
[33] Sa Kessel GmbHR 2016, 199 ff.
[34] Sa Kessel GmbHR 2016, 199 ff.
[35] Freilich ist das Problem der vGa zu beachten, sa Peetz GmbHR 2012, 1160 ff.
[36] Schwedhelm ua GmbHR 2008, 1233, 1236.; Hennrichs NZG 2009, 1161 ff.
[37] Neideck GmbHR 2010, 624 ff.

lässig. Damit sind auch die gemeinnützige UG (haftungsbeschränkt)[38] und die UG (haftungsbeschränkt) & Co. KG[39] zulässig.[40]

1795 **c) UG als Vertragspartner von Unternehmensverträgen.** Schließlich ist wegen der Rücklagenbildungspflicht nach § 5a Abs. 3 Satz 1 GmbHG die Frage aufzuwerfen, ob die UG abführungsverpflichtete Gesellschaft im Rahmen eines Gewinnabführungsvertrages sein kann. Ich würde dies grundsätzlich bejahen, die Gewinnabführungsverpflichtung muss sich aber auf den nicht für die Rücklagenbildung erforderlichen Teil des Gewinns beschränken, sodass nur ein Teilgewinnabführungsvertrag möglich ist.[41] Inwieweit dieser die Voraussetzungen für eine ertragsteuerliche Organschaft nach den Regelungen des KStG bzw. des GewStG erfüllt, sollte jeweils genau geprüft werden. Evtl. ist die Gewinnrücklage als vorgehende gesetzliche Rücklage i.S.d. § 300 AktG anzusehen.

5. Einberufungspflicht

1796 Die Pflicht des Geschäftsführers, bei drohender Zahlungsunfähigkeit sofort die Gesellschafterversammlung einzuberufen, ist kaum genau greifbar, weil der Zeitpunkt der drohenden Zahlungsunfähigkeit sich nicht eindeutig definieren lässt.[42] Es steht zu erwarten, dass interne Kontrollmechanismen regelmäßig fehlen werden. Zwar ist nicht eindeutig geregelt, ob die Strafandrohung des (unveränderten) § 84 GmbHG auch für die Verletzung der Einberufungspflicht bei der UG gilt; ich würde dies verneinen, weil § 84 GmbHG insoweit nicht geändert bzw. ergänzt wurde.

6. Erstarken der UG zur Voll-GmbH, Wegfall der Beschränkungen

1797 Wie die Verpflichtung zur Rücklagenbildung zeigt, verfolgte auch der Gesetzgeber das Ziel, dass die als UG gegründete GmbH möglichst bald zur Voll-GmbH erstarkt. Bis zum 1.11.2012 hatten 4.328 UG ihr Stammkapital auf mindestens 25.000 EUR erhöht[43], per 1.11.2014 hatten das 8.464 UG geschafft.[44] Voraussetzungen und Rechtsfolgen des Erstarkens sind jedoch mit einigen Rechtsfragen verbunden.[45]

---

[38] So auch Oberbeck/Winheller DStR 2009, 516 ff.; Verfügung des Bayr. Landesamtes f. Steuern v. 31.3.2009 GmbHR 2009, 784; Ullrich GmbHR 2009, 750 ff.
[39] Davon ausgehend zur Firmierung KG ZIP 2009, 2293; so auch Stenzel NZG 2009, 168 ff.; Kock ua BB 2009, 848 ff. (haftungsbeschränkt) & Co. KG.
[40] So auch Römermann/Passarge ZIP 2009, 1497 ff.
[41] AA Rubel GmbHR 2010, 470 ff., der den Fall über eine entsprechende Anwendung der Thesaurierungsgebote nach §§ 300, 301 AktG lösen will.
[42] Joost ZIP 2007, 2242 ff.
[43] Ulrich GmbHR 2012, R 321, 322.
[44] Bayer GmbHR 2014, 359 f.
[45] Sa Ries/Schulte NZG 2018, 571 ff. Sa Lange NJW 2010, 3686 ff. und Lieder/Hoffmann GmbHR 2011, 561 ff.

a) **Wegfall der Beschränkungen.** Erhöht die Gesellschaft ihr Stammkapital auf mindestens 25.000 EUR, finden nach § 5a Abs. 5 GmbHG die Abs. 1 bis 4 keine Anwendung mehr.   1798

Fraglich war, ab welchem Zeitpunkt die Beschränkungen der UG gegenüber der „normalen" GmbH entfallen. Nach früherer Auffassung des OLG München war das nicht bereits mit der Beschlussfassung über die Kapitalerhöhung auf mindestens 25.000 EUR, sondern erst mit erbrachter Volleinzahlung des Stammkapitals i.S.d. § 5 Abs. 1 GmbHG der Fall.[46] Nach der Gegenauffassung gelten die Beschränkungen des § 5a GmbHG, also auch das Volleinzahlungsgebot nach § 5a Abs. 2 Satz 1 GmbHG, bereits nicht mehr für die Kapitalerhöhung auf mindestens 25.000 EUR,[47] weil nicht einzusehen ist, dass die UG insoweit schärferen Anforderungen ausgesetzt ist, als die reguläre GmbH.[48] Unter dem Eindruck der Rechtsprechung des BGH zur teleologischen Auslegung des § 5a GmbHG[49] hat sich das OLG München unter ausdrücklicher Aufgabe seiner früheren Rechtsprechung nun auch der letztgenannten Auffassung angeschlossen.[50]   1799

Freilich hätte diese Rechtsprechung dazu führen können, dass die UG in bestimmten Konstellationen besser behandelt wird als die „normale" GmbH. Wird bspw. eine UG mit einem Stammkapital i.H.v. 1,00 EUR gegründet und wird sodann das Stammkapital um 24.999 EUR auf 25.000 EUR erhöht, so könnte es genügen, auf den neuen Geschäftsanteil i.H.v. 24.999 EUR nur ein Viertel = ca. 6.250 EUR einzuzahlen, weil § 56a GmbHG nur auf § 7 Abs. 2 S. 1 GmbHG und nicht auch auf § 7 Abs. 2 S. 2 GmbHG verweist. Anstatt bei der unmittelbaren Neugründung einer „normalen" GmbH nach § 7 Abs. 2 GmbHG für die Eintragung mindestens 12.500 EUR aufbringen zu müssen, hätte nun bei dem „Umweg" über die UG die Aufbringung von 6.251 EUR für die Eintragung der GmbH gereicht[51]. Die UG kann jedoch durch Barkapital-Erhöhung nur zur Voll-GmbH erstarken, wenn die Volleinzahlungen auf das Stammkapital der UG und die Teileinzahlungen auf die Kapitalerhöhung zusammen dem Halbeinzahlungsgrundsatz genügen.[52]   1800

b) **Kapitalerhöhung aus Gesellschaftsmitteln.** Im Übrigen ist die Kapitalerhöhung aus Gesellschaftsmitteln (aus der Rücklage, § 57c Abs. 1 GmbHG) wegen des Erfordernisses der Bilanzprüfung und der damit zusammenhängenden Kosten, §§ 57c Abs. 4, 57f Abs. 2 GmbHG nicht sehr populär. Zusätzlich ist zu beachten, dass eine fehlgeschlagene Kapitalerhöhung aus Gesellschaftsmitteln nach § 57c GmbHG durch Neuvornahme und Neueintragung oder – bei Vorliegen der Voraussetzung des Acht-Monats-Zeitraums nach § 57i Abs. 2 GmbHG – durch bestätigenden Beschluss nach § 141 BGB zwar mit ex-nunc-Wirkung geheilt   1801

---

[46] OLG München ZIP 2010, 1991 = BB 2010, 2529; dazu Priester ZIP 2010, 2182 ff., Römermann NZG 2010, 1375 ff., Klein NZG 2011, 377 ff.
[47] OLG Hamm GmbHR 2011, 655 = RNotZ 2011, 439; OLG Stuttgart DStR 2011, 2261.
[48] So auch Lieder/Hoffmann GmbHR 2011, 561, 564.; Miras DStR 20111, 1379 ff.
[49] BGH ZIP 2011, 955 = GmbHR 2011, 699 = ZInsO 2011, 1021.
[50] OLG München ZIP 2011, 2198.
[51] Zu diesem Bsp. s. Wachter NJW 2011, 2620, 2623.
[52] OLG Celle ZIP 2017, 1805.

werden kann, die Gesellschafter in der Zwischenzeit aber der Differenzhaftung unterliegen.⁵³

1802 **c) Kosten der Kapitalerhöhung keine Gründungskosten.** Die mit der Kapitalerhöhung (zur Voll-GmbH) verbundenen Kosten können nicht als Gründungskosten auf die Gesellschaft abgewälzt werden, weil der Übergang der UG zur Voll-GmbH keine Gründung des Rechtsträgers ist, denn dieser besteht schon.⁵⁴

1803 **d) Beibehaltung der Firma.** Die erlaubte Beibehaltung der Firmierung als UG auch nach Erhöhung des Stammkapitals auf mindestens 25.000 EUR gem. § 5a Abs. 5 1e. Halbs GmbHG ist eine Irreführung der Verkehrskreise, die aufgrund der Firmierung weiterhin, aber dann zu Unrecht davon ausgehen, dass die Pflicht zur anteiligen Gewinnrücklage besteht.

B. Besonderheiten bei der GmbH & Co. KG (ohne natürliche Person als Vollhafter)

I. Haftung bei fehlerhafter Aufbringung des Kommandit- und Stammkapitals

1. Vor Eintragung der Gesellschaften

1804 Bei Aufnahme der Geschäfte vor Eintragung der Gesellschaften ergeben sich für die bis zur Eintragung begründeten Verbindlichkeiten für die Haftung der Gesellschafter der GmbH gegenüber der „einfachen" GmbH keine Besonderheiten.

Vor Eintragung der KG ins Handelsregister haften auch die Kommanditisten, die der Geschäftsaufnahme zugestimmt hatten, für die bis zur Eintragung begründeten Gesellschaftsverbindlichkeiten wie ein phG, § 176 Abs. 1 HGB. Die Firmierung als GmbH & Co.KG ist aber ausreichend, die persönliche Haftung des Kommanditisten gleich einem persönlich haftenden Gesellschafter nach § 176 Abs. 1 S. 1 HGB auszuschließen⁵⁵.

2. Hin- und Herzahlen

1805 Für die wirksame Aufbringung des **Stammkapitals der Komplementär-GmbH** der GmbH & Co.KG ist die Zahlung auf ein Konto der GmbH erforderlich. Die Zahlung auf ein Konto der KG befreit nur, wenn das Vermögen der GmbH ausreicht, alle Gläubiger, auch die der KG zu befriedigen⁵⁶.

Zur Rechtsfolge **absprachegemäßer (sofortiger) Weiterleitung der Stammeinlage der Komplementär-GmbH an die KG (Hin- und Her-**

---

⁵³ OLG Thüringen GmbHR 2016, 291.
⁵⁴ OLG Celle NZG 2018, 261 = ZIP 2018, 636.
⁵⁵ OLG Frankfurt a.M. ZIP 2007, 1809.
⁵⁶ OLG Hamm ZIP 2000, 358.

zahlen), wenn die Gesellschafter beider Gesellschaften identisch sind oder die KG die alleinige Gesellschafterin der GmbH ist hat der BGH hat m.E. konsequent entschieden und Klarheit geschaffen[57], indem er die gefestigte Rechtsprechung zur Nichterfüllung der Einlageschuld bei Hin- und Herzahlen (s. → Rn. 990 ff.) auch im Verhältnis der Komplementär-GmbH zu der von den Inferenten beherrschten KG anwendet. Bei sofortiger Ausreichung des Stammkapitals durch die GmbH an die KG (etwa als Darlehen) ist also die Einlagepflicht gegenüber der GmbH nicht erfüllt. Begründung: beide Gesellschaften sind rechtlich getrennt zu betrachten. Dabei kommt es nicht darauf an, dass der einzelne Gesellschafter die KG beherrscht; gemeinschaftliche Beherrschung der abgestimmt handelnden Gesellschafter reicht aus[58].

Bei genauer Einhaltung der Voraussetzungen des §19 Abs. 5 GmbHG ist die sofortige Weiterleitung an die KG für die Wirksamkeit der Stammkapitalaufbringung in der Komplementär-GmbH allerdings unschädlich[59].

Für die Zahlung der **Kommanditeinlage** des Kommanditisten bei GmbH & Co. KG[60] gilt: Die Leistung der Kommanditeinlage auf ein debitorisches KG-Konto reicht aus, um die Haftungsbeschränkung herbeizuführen[61]. Leistet der Kommanditist einer GmbH & Co. KG seine Einlage durch Zahlung auf eine debitorisches Gesellschaftskonto, kann er – wenn die Gesellschaft nicht über eine Kreditlinie über das Konto verfügt – seine Einlagepflicht (auch noch in der Insolvenz der KG) durch Aufrechnung seiner Regressforderung nach § 110 HGB zum Erlöschen bringen. Auf die Vollwertigkeit der Kontoausgleichsforderung der Bank gegen die KG kommt es für die Wirkung der Aufrechnung nicht an. Das Aufrechnungsverbot des § 19 Abs. 2 S. 2 GmbHG findet auf die Kommanditeinlageforderung auch dann keine entsprechende Anwendung, wenn die einzige persönlich haftende Gesellschafterin eine Kapitalgesellschaft ist.

1806

II. Haftung bei Rückzahlung des Kommandit- und Stammkapitals

1. Rückzahlung des Stammkapitals, § 30 GmbHG (analog)

Bei der GmbH & Co.KG sind – neben den Haftungsvorschriften der §§ 171 ff. HGB – die Kapitalerhaltungsregeln der §§ 30, 31 GmbHG grundsätzlich entsprechend anzuwenden.[62] Bei der GmbH & Co. KG ist eine Zahlung aus dem Vermögen der KG an einen Gesellschafter der Komplementär-GmbH oder einen Kommanditisten eine nach § 30 GmbHG analog verbotene Auszahlung, wenn dadurch das Vermögen der GmbH unter die Stammkapitalziffer sinkt oder eine

1807

---

[57] ZIP 2008, 174 = BB 2008, 181. Dazu ablehnende Besprechung K. Schmidt ZIP 2008, 481 ff.
[58] OLG Oldenburg ZInsO 2009, 1961 = BeckRS 2009, 24024.
[59] OLG Schleswig GmbHR 2012, 908 = FGPrax 2012, 214.
[60] OLG Dresden ZIP 2004, 2141 = BB 2004, 2710.
[61] OLG Dresden GmbHR 2004, 1156 = NZG 2004, 1155.
[62] St. Rspr., zuletzt BGH, ZIP 2020, 511, 513 m.w.N.

bilanzielle Überschuldung vertieft wird.⁶³ Wenn der Zahlungsempfänger (auch) Gesellschafter der Komplementär-GmbH ist, ist es für seine Haftung (gegenüber der KG) nach § 30 Abs. 1 GmbHG grundsätzlich ohne Bedeutung, ob daneben eine natürliche Person Vollhafter ist.⁶⁴ Dem liegt die Rechtsprechung des BGH zugrunde, dass die Komplementär-GmbH stets für die Verbindlichkeiten der KG, für die sie nach § 128 HGB haftet, entsprechende Passivposten bilden muss, die bei ausreichender Vermögenslage der KG durch den Ausgleichsanspruch nach § 110 HGB kompensiert werden.⁶⁵ Ist zugleich auch eine natürliche Person Vollhafter in der KG, kann ein (anteiliger) Freistellungsanspruch zu aktivieren sein.

Der Nur-Kommanditist (der nicht zugleich Gesellschafter der Komplementär-GmbH ist) haftet für die mittelbare Auszahlung aus dem gebundenen Vermögen der GmbH nach § 30 Abs. 1 GmbHG nur, wenn in der KG keine natürliche Person Vollhafter ist.⁶⁶

Die ungesicherte darlehensweise Weiterreichung der **Stammeinlage** der **Komplementär-GmbH** an die KG ist nach § 30 Abs. 1 Satz 1 GmbHG verbotene Rückzahlung, wenn das Vermögen der GmbH nicht ausreicht, um die Gläubiger der GmbH und der KG zu befriedigen.⁶⁷ Etwas anderes gilt nach § 30 Abs. 1 Satz 2 GmbHG, wenn zugleich ein vollwertiger Darlehensrückforderungsanspruch begründet wird (s. → Rn. 1194 ff.).

2. Rückzahlung des Kommanditkapitals, § 172 Abs. 4 HGB

1808 Rückzahlungen des Kommanditkapitals, der Hafteinlage an den Kommanditisten lassen seine persönliche Haftung für Verbindlichkeiten der KG gegenüber den Gesellschaftsgläubigern nach § 172 Abs. 4 HGB wiederaufleben.⁶⁸ Über dieses Risiko hat ein Anlageberater auch dann aufzuklären, wenn die Haftung des Kommanditisten auf 10% des Anlagebetrags begrenzt ist.⁶⁹

1809 **a) Tatbestand der Rückzahlung der Kommanditeinlage.** Eine Rückzahlung der Einlage des Kommanditisten gem. § 172 Abs. 4 HGB liegt bei jeder Zuwendung an den Kommanditisten aus dem Gesellschaftsvermögen vor, durch die dem Gesellschaftsvermögen ein Wert ohne entsprechende Gegenleistung zu einer Zeit entzogen wird, zu der die Bilanzsituation zeigt, dass der den Kapitalanteil zeigende Stand des Kapitalkontos (ggf. des Saldos mehrerer Kapitalkonten) unter den Betrag der Einlage herabgemindert war oder durch die Auszahlung wird (arg. aus § 172 Abs. 4 S. 2 HGB). Das kann auch bei Austauschgeschäften bei

---

⁶³ St. Rspr., zuletzt BGH, ZIP 2020, 511, 514 m.w.N.
⁶⁴ BGH ZIP 2015, 322 = GmbHR 2015, 248.
⁶⁵ BGH ZIP 2015, 322 = GmbHR 2015, 248.
⁶⁶ Zu Haftung und Haftungsrisiken des Kommanditisten in der GmbH & Co. KG s. Geißler GmbHR 2014, 458; Pöschke/Steenbreker NZG 2015, 614 ff.
⁶⁷ BGH ZIP 2007, 2319. Sa Wachter GmbHR 2004, 1249 ff.: Kreditvergabe und Kapitalschutz bei der GmbH & Co. KG; sa Wachter GmbHR 2004, 1249 ff.: Kreditvergabe und Kapitalschutz bei der GmbH & Co. KG.
⁶⁸ Sa Bauer ZInsO 2019, 1299 ff.; Zur verdeckten Einlagenrückgewähr an den (un-)tätigen Kommanditisten sa Anzinger FS Schneider, 2011, 15 ff.; Gehrlein, Reichweite der Haftung von Kommanditisten; GmbHR 2021, 692 ff.
⁶⁹ BGH ZIP 2015, 79; BGH ZIP 2016, 528

zu niedriger Gegenleistung der Fall sein.[70] „Typische" Beispiele bei Fonds-Gesellschaften in der Rechtsform der KG (Immobilien-, Schiffs- oder Medienfonds) sind Auszahlungen aus der Liquidität aufgrund gesellschaftsvertraglich vereinbarter Garantieausschüttungen oder Gewinnzusagen. Auch kommen Zahlungen unter sonstigen Bezeichnungen in Betracht.[71] Ob eine Rückzahlung des Kommanditkapitals vorliegt, richtet sich allein nach der Bilanz und nicht nach dem guten Glauben des Gesellschafters (maßgeblich z.B. bei Gewinnvoraus- oder Garantiezahlungen an Fondszeichner)[72]. Eine Rückzahlung der Kommanditeinlage kann auch bei Leistung an eine andere Gesellschaft vorliegen, an der der Kommanditist beteiligt ist und auf deren Geschäftsführung er maßgeblichen Einfluss hat[73].

Eine Rückzahlung mit der Folge des Wiederauflebens der persönlichen Haftung des Kommanditisten kann auch in der Rückzahlung eines **Agios** an den Kommanditisten liegen, sofern dadurch der Stand seines Kapitalkontos unter den Betrag seiner Haftsumme sinkt[74]. 1810

b) Rechtsfolge. Bei Rückzahlung der Kommanditeinlage an den Kommanditisten gilt sie nach § 172 Abs. 4 S. 1 HGB den Gläubigern gegenüber als nicht geleistet mit der Folge, dass die persönliche Haftung des Kommanditisten für Verbindlichkeiten der KG gegenüber den Gesellschaftsgläubigern nach § 171 Abs. 1 HGB wieder auflebt. Dies gilt nach § 172 Abs. 5 HGB nur dann nicht, wenn die (unrichtige) Bilanz in gutem Glauben errichtet wurde und der Kommanditist die Zahlung in gutem Glauben als Gewinn erhielt. Diese Regelung ist durch das bereits verkündete MoPeG[75] ab 1.1.2024 aufgehoben. 1811

Ein Rückforderungsanspruch der Gesellschaft selbst kann sich nur aus einer insoweit eindeutigen Regelung im Gesellschaftsvertrag ergeben.[76] Dazu reicht die Bestimmung im Gesellschaftsvertrag nicht, dass Liquiditätsausschüttungen als Darlehen gewährt werden, sofern sie nicht durch Guthaben auf den Gesellschafterkonten gedeckt sind, wenn unklar ist, wie die durch Beschlussfassung entstandenen Ausschüttungsansprüche auf den Gesellschafterkonten zu verbuchen sind.[77] Gläubiger der KG können den Kommanditisten dann nach §§ 171, 172 Abs. 4 HGB in Anspruch nehmen, auch wenn sie wissen, dass der Kommanditist nicht zur Erstattung der zurückgezahlten Hafteinlage an die KG verpflichtet ist[78]. 1812

Vor Eröffnung des Insolvenzverfahrens über das Vermögen der KG kann der Kommanditist grundsätzlich jeden beliebigen Gesellschaftsgläubiger mit der Wirkung befriedigen, dass er in Höhe des Nennwerts der getilgten Forderung von seiner Außenhaftung nach § 171 Abs. 1 HGB frei wird.[79] Auch kann die Rückzahlung eines von der KG an den Kommanditisten gewährten Darlehens (etwa 1813

---

[70] BGH ZIP 2017, 77.
[71] LG Ansbach ZIP 2017, 1729.
[72] BGH DStR 2009, 1489.
[73] BGH ZIP 2009, 1273.
[74] BGH ZIP 2007, 2074 = BB 2007, 2249; erneut BGH ZIP 2008, 1175 = BB 2008, 1356; dazu Bayer/Lieder ZIP 2008, 809 ff. und Böttcher/Kautzsch NZG 2008, 583 ff.; zu den steuerlichen Folgen der Rückzahlung eines Agios s. BFH NZG 2008, 718.
[75] BGBl. I 2021, 3436
[76] BGH NZG 2013, 738.
[77] BGH ZIP 2016, 518.
[78] BGH ZIP 2008, A 75.
[79] BGH ZIP 2017, 1948 = NZG 2017, 1217.

Bezeichnung als gewinnunabhängige Ausschüttung, s. → Rn. 1178) als erneute (konkludente) Leistung der Hafteinlage angesehen werden.[80] Jedoch sind freiwillige Zahlungen der Kommanditisten zur Abwendung einer Krise der KG vor einer Haftungsinanspruchnahme ein nach § 110 HGB zu erstattendes Sonderopfer[81].

1814 **c) Erstattungsanspruch in der Insolvenz der KG.** In der Insolvenz der KG macht der **Insolvenzverwalter** die (wieder aufgelebten) Haftungsansprüche gegen die Kommanditisten geltend, §§ 171 Abs. 2 HGB, 93 InsO. Er handelt mit treuhänderischer Einziehungsermächtigung und ist insoweit gesetzlicher Prozessstandschafter der einzelnen Gläubiger; der in Anspruch genommene Kommanditist bringt durch Zahlung konkrete Gläubigerforderungen zum Erlöschen.[82]

Für den Tatbestand der Rückzahlung der Kommanditeinlage als Voraussetzung für das Wiederaufleben der Haftung des Kommanditisten genügt der Insolvenzverwalter seiner **Darlegungs- und Beweislast** durch Vorlage der festgestellten Jahresabschlüsse, die belegen, dass in den Jahren, in denen der Kommanditist Zahlungen erhielt, Verluste zu verzeichnen waren und keine Gewinne erzielt wurden[83].

1815 **aa) Von der Haftung des Kommanditisten erfasste Verbindlichkeiten.** Der Insolvenzverwalter ist nur berechtigt, einen Kommanditisten wegen Rückzahlung seiner Kommanditeinlage (bis zu deren Höhe) für solche Gesellschaftsverbindlichkeiten in Anspruch zu nehmen, für die der Kommanditist nach §§ 128, 171, 172 HGB haftet. In der Insolvenz der Gesellschaft ist die Haftung des Kommanditisten teleologisch reduziert, mit der Folge, dass der Kommanditist nur für die **Verbindlichkeiten** der Gesellschaft haftet, **die bis zur Eröffnung des Insolvenzverfahrens begründet** waren. Insoweit sei die Stellung des Kommanditisten mit derjenigen eines ausgeschiedenen Gesellschafters gemäß § 160 HGB vergleichbar. Ist die Verbindlichkeit vor der Insolvenz der KG begründet worden, kommt es für die Haftung des Kommanditisten dann nicht mehr auf die spätere insolvenzrechtliche Einordnung der Verbindlichkeit (etwa als Masseverbindlichkeit) an.[84] Das gilt auch für eine im Insolvenzeröffnungsverfahren von der Schuldnergesellschaft mit Zustimmung eines (schwachen) vorläufigen Verwalters begründete Verbindlichkeit (etwa im Fall des § 55 Abs. 4 InsO)[85] oder eine später als Masseverbindlichkeit zu behandelnde Gewerbesteuerforderung, die auf der Hinzurechnung des Unterschiedsbetrags zum Gewinn der Schuldnerin beruht.[86]

1816 Sollten die Gläubigerforderungen gegen die Schuldnergesellschaft widerspruchslos zur Insolvenztabelle festgestellt worden sein, erstreckt sich diese Rechtskraftwirkung nach § 178 Abs. 3 InsO gemäß § 201 Abs. 2 InsO mittelbar auch auf

---

[80] BGH NZG 2018, 100; dazu Menkel NZG 2018, 731 ff.
[81] BGH ZIP 2005, 1552.
[82] OLG Dresden, NZG 2020, 268.
[83] OLG München ZIP 2015, 2137.
[84] BGH ZIP 2021, 285 = NJW 2021, 928 (für einen Fall vor Insolvenzeröffnung begründeter, später als Masseverbindlichkeit eingeordneter Gewerbesteuerschuld)
[85] BGH ZIP 2021, 528 = ZInsO 2021, 516 (für später als Masseverbindlichkeit eingeordnete Gewerbesteuerschuld aus Veräußerung des Schiffs der insolventen Fonds-Gesellschaft im Insolvenzeröffnungsverfahren mit Zustimmung des schwachen vorläufigen Insolvenzverwalters) und entgegen OLG Karlsruhe, ZIP 2020, 1363
[86] BGH NZG 2021, 1031

B. Besonderheiten bei der GmbH & Co. KG 609

den Kommanditisten, dem folglich gem. §§ 161 Abs. 2, 129 Abs. 1 HGB die der Gesellschaft zustehenden Einwendungen gegen die Gläubigerforderungen selbst ebenfalls abgeschnitten ist.[87] Der Kommanditist kann sich im Insolvenzverfahren über das Vermögen der KG über seinen Informationsanspruch nach § 166 Abs. 1 HGB ggü. dem Insolvenzverwalter oder sein Einsichtsrecht in die Insolvenzakte nach § 4 InsO i.V.m. § 299 Abs. 2 ZPO (s.u.) über die angemeldeten Gläubigerforderungen unterrichten und sich wegen der Erhebung des Widerspruchs an den vertretungsberechtigten Gesellschafter bzw. den Liquidator oder den Insolvenzverwalter wenden.[88] Sollte der Kommanditist hierbei aufgrund der Ausgestaltung der Gesellschafterstellung im Gesellschaftsvertrag dadurch Schwierigkeiten haben, dass nur sehr geringe Einflussnahme auf die Geschäftsführung vorgesehen ist (etwa bei mehrstöckigen Gesellschaftskonstruktionen oder bei Treuhandgesellschaften), wäre es seine Sache gewesen, auf eine angemessene Ausgestaltung des Gesellschaftsvertrages hinzuwirken; so ist der evtl. geringe Einfluss des Kommanditisten nur die Kehrseite der Schwierigkeiten der Gläubiger bei der Ermittlung der haftenden Personen.[89]

Der Insolvenzverwalter kann die Kommanditistenhaftung nicht wegen solcher Forderungen geltend machen, für die der Kommanditist nicht persönlich haftet. Der Kommanditist haftet grundsätzlich nicht für vom Insolvenzverwalter begründete **Masseverbindlichkeiten,** die durch Verwaltungs- oder Verwertungshandlungen des Verwalters entstehen (Masseverbindlichkeiten nach § 55 Abs. 1 Nr. 1 InsO) und auch nicht für die **Verfahrenskosten.**[90] Die Masseverbindlichkeiten und Massekosten dürfen folgerichtig in die Erforderlichkeitsberechnung (s.u. bb)) nicht einbezogen werden.[91] 1817

Eine andere und für die Begründung der Kommanditistenhaftung unerhebliche Frage ist, ob die von den Kommanditisten beigetriebenen Haftsummen für diese Positionen verwendet werden dürfen. Der BGH hat bislang ausdrücklich offen gelassen hat, ob die vom Insolvenzverwalter von den Kommanditisten im Wege der Haftung nach § 93 InsO eingezogenen Mittel (auch) zur Deckung der Prozess- und Verfahrenskosten (§ 54 InsO) oder der von ihm begründeten Masseverbindlichkeiten verwendet werden dürfen;[92] für die Begründetheit der Haftungsklage des Insolvenzverwalters hat der BGH nur darauf abgestellt, dass aus der Insolvenzmasse nicht zu befriedigende Gläubigerforderungen in die Klageforderung übersteigender Höhe bestehen.[93] Die Frage der Verwendung wird obergerichtlich bislang unterschiedlich entschieden: Keine Verwendung der von Kommanditisten beigetriebenen Beträge für die Befriedigung von Masseverbindlichkeiten oder Verfahrenskosten;[94] doch Verwendung der Beträge für diese Positionen;[95] es bestehe 1818

---

[87] BGH, Urt. v. 20.2.2018 – II ZR 272/16, NZG 2018, 497 = GmbHR 2018, 468 = ZIP 2018, 640; erneut BGH ZIP 2021, 1806 (Rn. 43 ff.).
[88] BGH ZIP 2018, 640; BGH ZIP 2021, 1806 (Rn. 47)
[89] BGH ZIP 2021, 1806 (Rn. 47)
[90] OLG Celle, NZG 2019, 304; OLG Hamm, NZG 2019, 505; OLG Stuttgart, ZIP 2020, 136; BGH ZIP 2009, 2209 = ZInsO 2009, 2198; BGH ZIP 2016, 274
[91] OLG Karlsruhe, ZIP 2021, 1121
[92] BGH ZIP 2020, 1869, 1871
[93] BGH ZIP 2018, 640
[94] OLG München, ZIP 2019, 2072; OLG Stuttgart, ZIP 2020, 136
[95] OLG München, ZIP 2020, 1028

keine Verpflichtung des Insolvenzverwalters, aus der vorhandenen Insolvenzmasse vorrangig solche Verbindlichkeiten zu bezahlen, für die die Kommanditisten haften, weil die Kommanditistenhaftung nicht subsidiär sei.[96] Das halte ich aus Gründen der in der InsO festgelegten Befriedigungsreihenfolge für richtig. Dieser Streit ist auch für den Fall der Masseunzulänglichkeit relevant. Nach einer Auffassung kann der Insolvenzverwalter die Haftsumme vom Kommanditisten dann nicht einfordern, weil sie nicht der Befriedigung der Gesellschafts- (=Insolvenz-) gläubiger dient.[97] Der Insolvenzverwalter kann jedoch darlegen, dass durch die Einziehung der Haftsummen die Masseunzulänglichkeit beseitigt und zum Regelinsolvenzverfahren zurückgekehrt werden könnte.[98]

1819 Auch haftet der Kommanditist nicht für von (anderen) Kommanditisten angemeldete Forderungen auf (erneute) Ausschüttungen. Diese bleiben bei der Beurteilung der Erforderlichkeit zur Befriedigung der Insolvenzgläubiger unberücksichtigt[99], denn dies betrifft nur den Innenausgleich zwischen den Kommanditisten und dieser setzt voraus, dass der Insolvenzverwalter – sofern er überhaupt dafür zuständig ist – eine Schlussabrechnung erstellt hat.[100] Das gilt auch für die Regressforderungen des Kommanditisten nach § 110 HGB. Grundsätzlich ist jedoch davon auszugehen, dass dem Insolvenzverwalter der KG die Einziehungsbefugnis zur Vornahme des Innenausgleichs zwischen den Kommanditisten fehlt.[101]

1820 **bb) Erforderlichkeit der Kommanditistenleistung zur Befriedigung der Insolvenzgläubiger.** Der Insolvenzverwalter kann die Haftung des Kommanditisten nur insoweit geltend machen, als seine Leistung **zur Befriedigung der Insolvenzgläubiger erforderlich** ist.[102] Welche Gläubigerforderungen in dieser Berechnung zu berücksichtigen sind, war streitig. Jedenfalls sind Gläubigerforderungen zu berücksichtigen, die anerkannt oder sonst rechtskräftig festgestellt sind. Das gilt auch für Forderungen, die für den Ausfall festgestellt sind.[103] Ob auch angemeldete, aber vom Insolvenzverwalter bestrittene Forderungen zu berücksichtigen sind, wurde obergerichtlich unterschiedlich gesehen: nicht zu berücksichtigen[104] oder zu berücksichtigen, weil sich auch auf diese Forderungen die Einziehungsbefugnis des Insolvenzverwalters erstrecke.[105] Diese Frage hat der BGH nun m.E. zu Recht dahingehend entschieden, dass auch die bestrittenen Forderungen zu berücksichtigen sind, solange das Bestreiten noch nicht „rechtskräftig" ist, solange also ein Feststellungsprozess und -urteil noch ernsthaft in Betracht kommt.[106] Das OLG München hat entschieden, dass im Interesse der effektiven und zielorientierten Abwicklung des Insolvenzverfahrens den Gläubigerinteressen der Vorrang vor den Interessen der Kommanditisten einzuräumen

---

[96] OLG München, ZIP 2019, 1727
[97] LG Traunstein, ZIP 2018, 1459
[98] OLG Hamm, ZIP 2018, 1648
[99] OLG Hamburg, ZIP 2019, 70
[100] OLG Hamburg, ZIP 2019, 70
[101] OLG Hamm, ZIP 2019, 429
[102] OLG Hamm, ZIP 2019, 429
[103] BGH ZIP 2020, 1869, 1871
[104] OLG Hamburg, ZIP 2018, 1940; erneut OLG Hamburg, ZIP 2019, 185; OLG Celle, NZG 2019, 304
[105] OLG Hamm, ZIP 2019, 429, 430
[106] BGH ZIP 2021, 473

sei, die die Einzahlungen ihres Kommanditkapitals zurückerhalten haben; mithin sei die zur Befriedigung der Insolvenzgläubiger zur Verfügung stehende Insolvenzmasse zur Feststellung der Erforderlichkeit der Haftbeiträge der Kommanditisten für die Befriedigung der Insolvenzgläubiger nicht um die fiktiven Beträge der Verfahrenskosten zu erhöhen.[107] Das scheint mir nach der Rechtsprechung des BGH[108] nicht mehr vertretbar.

Auch die Anforderungen an die **Darlegungs- und Beweislast** des Insolvenzverwalters für die Erforderlichkeit der Leistung des Kommanditisten für die Befriedigung der Gläubiger werden unterschiedlich gesehen: Für die Darlegung der aus der einzuziehenden Hafteinlage zu befriedigenden Gläubigerforderungen ist es ausreichend, dass der Insolvenzverwalter die Insolvenztabelle mit den festgestellten Forderungen vorlegt, die nicht aus der Insolvenzmasse befriedigt werden können[109]. Dabei steht der hinreichenden Individualisierung des Klageanspruchs nicht entgegen, wenn die angemeldeten Forderungen in der Insolvenztabelle nur schlagwortartig bezeichnet werden.[110] Auch bedarf es nicht der Angabe, in welcher Reihenfolge die zur Tabelle festgestellten Gläubigerforderungen geltend gemacht werden, weil die durch den Insolvenzverwalter vom Kommanditisten einzuziehende Hafteinlage nur noch zur gleichmäßigen (anteiligen) Befriedigung der Insolvenzgläubiger eingesetzt werden darf.[111] Dies gilt jedenfalls, wenn die Hafteinlage des Kommanditisten vollständig geltend gemacht wird.[112] Die Erforderlichkeit der Leistung des Haftungsbeitrags des Kommanditisten zur Befriedigung der Gläubiger der KG (Insolvenzgläubiger) wird nach Eröffnung des Insolvenzverfahrens über das Vermögen der KG grundsätzlich vermutet.[113] Der Insolvenzverwalter hat die für die Befriedigung der Gläubiger bedeutsamen Verhältnisse der Gesellschaft darzulegen, soweit er dazu imstande ist.[114] Dazu genüge nach OLG München, dass der Insolvenzverwalter die nicht zur Befriedigung der Gläubigerforderungen ausreichenden Kontostände der Insolvenzsonderkonten aufzeige; es müsse nicht mit hinreichender Sicherheit festgestellt werden, dass die Inanspruchnahme des Kommanditisten zur Befriedigung der Insolvenzgläubiger notwendig ist.[115] Das halte ich für nicht richtig.[116]

Macht der Kommanditist geltend, seine Inanspruchnahme sei zur Befriedigung der Gesellschaftsgläubiger nicht erforderlich, trägt er die Darlegungs- und Beweislast.[117] Das kann m.E. aber nur gelten, wenn der Insolvenzverwalter zuvor seiner vorgenannten Darlegungslast entsprochen hat.

Nicht mehr zur Befriedigung der Insolvenzgläubiger erforderlich und daher nicht mehr möglich ist die Inanspruchnahme eines Kommanditisten, wenn der

---

[107] OLG München, ZIP 2019, 1727
[108] BGH ZIP 2021, 285 = NJW 2021, 928, s.o.
[109] BGH ZIP 2020, 1869, 1870; erneut BGH ZIP 2021, 1806 (Rn. 31)
[110] BGH NZG 2021, 431 = ZInsO 2021, 914; erneut BGH ZIP 2021, 1806 (Rn. 31)
[111] BGH, Urt. v. 20.2.2018 – II ZR 272/16, NZG 2018, 497 = GmbHR 2018, 468 = ZIP 2018, 640
[112] OLG Hamm, NZG 2019, 505
[113] OLG Hamm, ZIP 2019, 429, 430
[114] BGH ZIP 2018, 640
[115] OLG München, ZIP 2020, 1028
[116] So auch OLG Stuttgart, ZIP 2020, 136
[117] OLG München, ZIP 2019, 1727

Insolvenzverwalter bereits andere Kommanditisten in Anspruch genommen hatte und nach deren Erstattungszahlungen das Aktivvermögen der Schuldnerin zur Befriedigung aller Insolvenzgläubiger, für die der Kommanditist haftet, wieder ausreicht.[118] Damit zusammenhängt auch der Umfang der Darlegungs- und Beweislast des Insolvenzverwalters, der bereits von anderen Kommanditisten Erstattungsforderungen erfolgreich beigetrieben hat. Ist dies der Fall, kann der nun/weiterhin in Anspruch genommene Kommanditist nach §§ 422 Abs. 1 S. 1, 362 Abs. 1 BGB einwenden, dass wegen der Zahlungen der anderen Kommanditisten der zur Deckung der von der Kommanditistenhaftung erfassten Gesellschaftsschulden nötige Betrag bereits aufgebracht wurde. Die Erforderlichkeit der Inanspruchnahme des Kommanditisten hängt also nicht allein davon ab, dass diese Gesellschaftsschulden aus der aktuell zur Verfügung stehenden Insolvenzmasse nicht gedeckt werden können.[119] Hat der Insolvenzverwalter bereits andere Kommanditisten erfolgreich in Anspruch genommen, obliegt ihm im Rahmen der sekundären Darlegungslast die konkrete Darstellung der Höhe und der Verwendung dieser beigetriebenen Erstattungsbeträge; dadurch soll sichergestellt werden, dass der Insolvenzverwalter die Erforderlichkeit der (nunmehrigen) Inanspruchnahme des Kommanditisten nicht nur dadurch begründen kann, dass er die bereits eingezogenen Beträge zur Begleichung von Forderungen einsetzt, für die der Kommanditist nicht haftet (etwa sonstige Masseverbindlichkeiten oder -kosten) und so die Summe der nicht gedeckten zur Insolvenztabelle festgestellten Insolvenzforderungen wieder „auffüllt".[120]

1824 **d) Auswahl der in Anspruch zu nehmenden Kommanditisten?** Da die Kommanditisten gesamtschuldnerisch haften (§§ 172 Abs. 4, 171 1. HS, 161 Abs. 2, 128 S. 1 HGB), kann der Insolvenzverwalter grundsätzlich jeden Kommanditisten in Anspruch nehmen. In der Literatur wird jedoch vertreten, dass die Auswahl nach § 421 Abs. 1 BGB in den Fällen, in denen der Gesamtschuldnerregress aus tatsächlichen Gründen nicht durchgeführt werden kann (wie wohl meist in den Fällen insolventer Publikums-KG'en, etwa Schiffsfonds) eingeschränkt sei und der Insolvenzverwalter die Kommanditisten daher nur quotal in Anspruch nehmen könne.[121]

1825 **e) Verjährung.** Nach § 159 HGB verjährt die Kommanditistenhaftung in 5 Jahren nach Auflösung der Gesellschaft. Die Eröffnung des Insolvenzverfahrens über das Vermögen der KG ist nach §§ 161 Abs. 2, 131 Abs. 1 Nr. 3 HGB ein Auflösungstatbestand. Gemäß § 204 Abs. 1 Nr. 10 BGB wird die Verjährung des Anspruchs gegen die Gesellschaft durch Anmeldung des Anspruchs mit Anspruchsbegründung im Insolvenzverfahren über das Vermögen der Gesellschaft gehemmt.[122] Nach § 159 Abs. 4 HGB wirken Hemmung und Neubeginn der Verjährung der Forderung gegen die aufgelöste Gesellschaft nach § 204 BGB auch für die Haftungsverjährung gegenüber den Kommanditisten, die der Gesellschaft zur Zeit der Auflösung angehört haben. Für den vor Auflösung der Gesellschaft

---

[118] OLG Celle, NZG 2019, 304; bestätigt durch BGH NZG 2022, 406.
[119] BGH ZIP 2020, 1869 = ZInsO 2021, 102
[120] OLG Celle, NZG 2019, 304; OLG Stuttgart, ZIP 2020, 136
[121] Menkel, Auswahlverpflichtung des Insolvenzverwalters trotz gesamtschuldnerischer Haftung, NZG 2021, 497 ff.
[122] BGH ZInsO 2021, 914 = BeckRS 2020, 45182.

ausgeschiedenen Kommanditisten gilt die 5-jährige Nachhaftungsbegrenzung nach § 160 HGB. Diese ist entsprechend auch auf eine Haftkapitalherabsetzung anzuwenden.[123] Sollte der Gläubiger Kenntnis vom Ausscheiden oder der Haftkapitalherabsetzung haben, beginnt die 5-Jahres-Frist nicht erst mit der späteren Eintragung im Handelsregister.[124]

f) Einsichtsrecht des Kommanditisten in die Insolvenzakte. Das für ein Einsichtsrecht des Kommanditisten in die Insolvenzakte erforderliche rechtliche Interesse besteht für den Kommanditisten nicht allein aus seiner Kommanditistenstellung und den Informationsrechten nach § 166 HGB. Erforderlich ist, dass er die Einsichtnahme zur Gewinnung von Informationen zur Verteidigung gegen eine mögliche Inanspruchnahme aus §§ 171 Abs. 2, 172 Abs. 4 HGB benötigt. Dazu muss er die Tatsachen darlegen und glaubhaft machen, aus denen sich die ursprüngliche Nichteinzahlung oder der Rückerhalt der Kommanditeinlage ergeben können und daher mit seiner Inanspruchnahme (etwa nach § 172 Abs. 4 HGB) ernsthaft zu rechnen ist.[125] Dann kann für den Kommanditisten ein Einsichtsrecht in die Insolvenzverfahrensakte schon vor Eröffnung des Verfahrens über das Vermögen der KG bestehen.[126] 1826

Ein Einsichtsrecht besteht für den Kommanditisten nicht aus dem Grund, dass er sich mit Mitgesellschaftern abstimmen möchte, um etwa den Komplementär anzuweisen, gegen Feststellungen von Gläubigerforderungen zur Insolvenztabelle Widerspruch zu erheben, weil er nicht Beteiligter des Insolvenzverfahrens sei.[127] 1827

g) Prozessuales und Verfahrensfragen. Die Klage des Insolvenzverwalters einer Fonds-KG gegen einen Kommanditisten nach § 171 Abs. 2 HGB ist keine Handelssache i.S.d. § 95 Abs. 1 Nr. 4a GVG und fällt daher in die Zuständigkeit der Zivilkammer.[128] 1828

Im Wege der objektiven Klagehäufung kann der Insolvenzverwalter zugleich einen Anfechtungsanspruch nach § 133 Abs. 1 InsO gegen den Kommanditisten erheben, muss dann jedoch den jeweiligen Streitgegenstand, also eine Reihenfolge der Geltendmachung genau bestimmen[129].

Die Ermächtigung des Insolvenzverwalters zur Einziehung gem. § 171 Abs. 2 HGB und die damit verbundene Sperrwirkung für die Gläubiger enden mit der Aufhebung des Insolvenzverfahrens über das Vermögen der KG.[130]

h) Doppelstöckige Kommanditgesellschaften, Dachfonds. Die vorstehenden Grundsätze für die Haftung des Kommanditisten gegenüber den Gesellschaftsgläubigern hat der BGH auch auf doppelstöckige Kommanditgesellschaften angewendet. Der Kommanditist einer KG, die als Obergesellschaft/Dachfonds wiederum als Kommanditist an der Untergesellschaft (der späteren Insolvenz- 1829

---

[123] OLG Hamburg, ZIP 2020, 765; bestätigt BGH NZG 2021, 1014 = ZIP 2021, 1391
[124] OLG Hamburg, ZIP 2020, 765 m.w.N.
[125] OLG Hamburg, NZG 2020, 547; BGH ZIP 2020, 2519 = ZInsO 2021, 97 = NZI 2021, 123
[126] OLG Hamburg, NZG 2020, 547
[127] BGH ZIP 2020, 2519 = ZInsO 2021, 97 = NZI 2021, 123
[128] OLG Frankfurt/Main, ZIP 2019, 292; OLG Nürnberg, ZIP 2019, 736
[129] BGH ZInsO 2014, 1679 = BeckRS 2014, 14711.
[130] BayObLG, ZIP 2020, 978

schuldnerin) beteiligt ist, haftet auch gegenüber den Gläubigern der Untergesellschaft, wenn der Dachfonds/die Obergesellschaft nicht durch Gewinne gedeckte Ausschüttungen aus der Untergesellschaft und der Kommanditist nicht durch Gewinne gedeckte Ausschüttungen aus der Obergesellschaft erhalten hat. In der Insolvenz der Untergesellschaft wird der Haftungsanspruch durch den Insolvenzverwalter geltend gemacht, solange nicht auch ein Insolvenzverfahren über das Vermögen der Obergesellschaft eröffnet ist.[131] Die Haftung folgt ebenfalls aus §§ 171 Abs. 1, 172 Abs. 4 HGB mit dem Einziehungsrecht des Insolvenzverwalters aus § 171 Abs. 2 HGB. Die wieder aufgelebte Haftungsverbindlichkeit der Obergesellschaft gegenüber der Untergesellschaft nach §§ 171, 172 HGB ist eine Verbindlichkeit nach § 128 HGB, für die wiederum der Kommanditist nach §§ 171, 172 HGB haftet.

III. Gesellschafterdarlehen und vergleichbare Finanzierungen

1830   Hier ergeben sich gegenüber der „einfachen" GmbH keine Besonderheiten, da die Regelungen der InsO (u.a. §§ 39 Abs. 1 Nr. 5, 135 InsO) für alle haftungsbeschränkten Gesellschaften gelten.

IV. Haftung des Geschäftsführers

1. Culpahaftung, § 43 Abs. 1 u. 2 GmbHG

1831   Für die Culpahaftung des Geschäftsführers der GmbH & Co.KG[132] gilt: Von dem Grundsatz, dass aus § 43 GmbHG keine Garantenstellung des Geschäftsführers gegenüber Dritten besteht, eine Schädigung deren Vermögens zu vermeiden, die Pflichten aus § 43 Abs. 1 GmbHG also grundsätzlich nur gegenüber der Gesellschaft (GmbH) bestehen, macht die Rechtsprechung bei der GmbH & Co.KG eine Ausnahme.[133] Hier haftet der Geschäftsführer der Komplementär-GmbH bei Sorgfaltsverstößen auch für Schäden der KG[134], und zwar unabhängig vom Bestehen eines Dienstverhältnisses allein aufgrund der drittschützenden Wirkung seiner Organstellung entspr. § 43 Abs. 2 GmbHG, wenn die alleinige oder wesentliche Aufgabe der GmbH darin besteht, die Geschäfte der KG zu führen[135]. Der Geschäftsführer der Komplementärin einer personalistisch strukturierten GmbH & Co.KG hat bei der Führung der Geschäfte der Gesellschaft auch dann die Sorgfalt des ordentlichen Geschäftsmannes anzuwenden, wenn er Gesellschafter (Kommanditist) der KG ist; es gilt nicht etwa der Haftungsmaßstab der Sorgfalt

---

[131] BGH ZIP 2021, 1806
[132] Zur Geschäftsführerhaftung bei der GmbH & Co.KG s. Nietsch, GmbHR 2014, 348 ff.
[133] Zur Geschäftsführerhaftung bei der GmbH & Co.KG s. Nietsch, GmbHR 2014, 348 ff.
[134] OLG Köln NZG 2009, 1223.
[135] KG NZG 2011, 429, bestätigt BGH ZIP 2013, 1712 = ZInsO 2013, 1753.

in eigenen Dingen nach §§ 708, 277 BGB.¹³⁶ So kann im Falle der Gewinnauszahlungen an Kommanditisten einer GmbH & Co.KG bei Insolvenzreife der KG der Insolvenzverwalter der KG den Schadensersatzanspruch gegen den Geschäftsführer geltend machen,¹³⁷ Außerdem ist die KG in den Schutzzweck des Geschäftsführerdienstvertrages zwischen Geschäftsführer und Komplementär-GmbH einbezogen.¹³⁸ Dieselben Haftungsgrundsätze gelten auch für den Geschäftsführer einer geschäftsführenden Kommanditisten-GmbH.¹³⁹ Für die Geltendmachung des Schadensersatzanspruchs durch die KG bedarf es keines Beschlusses nach § 46 Nr. 8 GmbHG, und zwar auch dann nicht, wenn die KG aus abgetretenem Recht der GmbH vorgeht¹⁴⁰.

2. Verbotene Auszahlungen des Stammkapitals

Bei der **GmbH & Co. KG** haftet der Geschäftsführer der Komplementär-GmbH nach § 43 Abs. 3 GmbHG für nach § 30 Abs. 1 S. 1 GmbHG verbotene Auszahlungen an einen Gesellschafter der Komplementär-GmbH, die tatbestandlich auch bei Zahlungen aus dem Vermögen der KG vorliegen können (s.o.), gegenüber der KG.¹⁴¹ 1832

3. Verbotene Zahlungen, § 15b InsO (früher 130a HGB a.F.)

Die dem § 64 GmbHG a.F. entsprechende Vorschrift für die GmbH & Co.KG war § 130a HGB a.F. Beide Vorschriften würden mit Wirkung ab 1.1.2021 durch das SanInsFoG aufgehoben und die verbotenen Zahlungen nun rechtsformübergreifend in § 15b InsO geregelt. Für die Haftung, d.h. die Rückerstattungsverpflichtung des Geschäftsführers, der dem Verbot zuwiderhandelt und nach Eintritt der Insolvenzreife der GmbH & Co.KG Zahlungen leistet, ergeben sich keine Besonderheiten, so das auf die obigen Ausführungen zur Geschäftsführerhaftung verwiesen werden kann, zumal auch einige der dort genannten Entscheidungen zu § 130a HGB a.F. ergangen sind. 1833

V. Insolvenz¹⁴²

Gerät eine GmbH & Co.KG in die Insolvenz, ist kein einheitliches Insolvenzverfahren zu führen, sondern gemäß dem Grundsatz in § 11 InsO ggf. zwei Verfahren: eins über das Vermögen der KG, eins über das Vermögen der (Komplementär-)GmbH. Im Hinblick auf die Auflösung der Rechtsträger gem. §§ 161 1834

---

¹³⁶ BGH NZG 2020, 1343
¹³⁷ OLG München ZIP 2014, 69.
¹³⁸ BGH ZIP 2002, 984.
¹³⁹ OLG Hamburg DStR 2021, 2983 = GmbHR 2022, 201.
¹⁴⁰ KG NZG 2011, 429; OLG Karlsruhe ZIP 2013, 1767.
¹⁴¹ BGH ZIP 2015, 332 = GmbHR 2015, 248.
¹⁴² Besonderheiten bei der insolventen GmbH & Co.KG. Schmittmann ZInsO 2005, 1314 ff.= BeckRS 2006, 6789.

Abs. 2, 131 Abs. 1 Nr. 3 HGB bzw. § 60 Abs. 1 Nr. 4 GmbHG durch die Eröffnung der Insolvenzverfahren oder der GmbH durch Abweisung des Eröffnungsantrags mangels Masse nach § 60 Abs. 1 Nr. 5 GmbHG und das Ausscheiden der GmbH aus der KG nach §§ 161 Abs. 2, 131 Abs. 3 Nr. 2 HGB sind jedoch zahlreiche Folgefragen insbesondere auch und gerade betreffend die Haftungsgefahren für die Kommanditisten (meist natürliche Personen) zu klären.[143]

1. Insolvenz der Komplementär-GmbH

1835 **a) Überschuldung.** Für die Beurteilung der Überschuldung der Komplementär-GmbH einer KG (die im Übrigen keine natürliche Person als Vollhafter hat) geht der BGH davon aus, dass die Komplementär-GmbH stets für die Verbindlichkeiten der KG, für die sie nach § 128 HGB haftet, entsprechende Passivposten bilden muss, die nur bei ausreichender Vermögenslage der KG durch den Ausgleichsanspruch nach § 110 HGB kompensiert werden.[144] Die Insolvenzreife tritt also für beide Gesellschaften gleichzeitig ein.

1836 **b) Folgen der Insolvenz.** Die **Eröffnung** des Insolvenzverfahrens über das Vermögen der Komplementär-GmbH einer mehrgliedrigen KG führt nach § 161 Abs. 2, § 131 Abs. 3 Nr. 2 HGB zum Ausscheiden der Komplementärin aus der KG, mangels anderweitiger Regelung im Gesellschaftsvertrag aber nicht zur Auflösung der KG. Vielmehr wachsen alle Schulden der KG zu und unterfallen damit der persönlichen Haftung der Kommanditisten (nach § 128 HGB)[145]. Soll die Gesellschaft als KG fortgesetzt werden, müssen die Kommanditisten dies spätestens binnen drei Monaten unter Aufnahme eines neuen Komplementärs beschließen. Wegen des engen Zeitrahmens sollte für den Fall der Insolvenz der Komplementär-GmbH im Gesellschaftsvertrag der KG durch geeignete Regelungen Vorsorge getroffen werden, etwa die Verpflichtung der Kommanditisten zur Gründung und Aufnahme einer neuen Komplementär-GmbH.

1837 Die Eröffnung des Insolvenzverfahrens über das Vermögen einer Komplementär-GmbH einer GmbH & Co.KG **mit nur einem Kommanditisten** führt zum Ausscheiden der GmbH aus der KG (§§ 161 Abs. 2, 131 Abs. 3 Nr. 2 HGB) und zur liquidationslosen Vollbeendigung der KG unter Gesamtrechtsnachfolge des Kommanditisten. Hier wird vertreten, das der Kommanditist für Gesellschaftsverbindlichkeiten nur mit dem übergegangenen Vermögen haftet, wenn er die Geschäfte der KG nicht fortführt[146]. Im Erkenntnisverfahren über seine Haftung kann der Kommanditist sich entsprechend § 780 ZPO darauf beschränken, sich die Haftung beschränkt auf das angewachsene Gesellschaftsvermögen vorbehalten zu lassen.[147] Insoweit kann über dieses Vermögen ein gesondertes Insolvenzverfahren (Partikularinsolvenzverfahren) analog § 27 HGB geführt werden[148]. Dafür ist ein gesonderter

---

[143] S.a. Kaiser, Die „typische" GmbH & Co.KG in der Insolvenz, ZIP 2021, 1478 ff.
[144] BGH ZIP 2015, 322 = GmbHR 2015, 248.
[145] BGH NZG 2000, 474.
[146] BGH NZG 2004, 611; dazu Albertus/Fischer ZInsO 2005, 246 ff. = BeckRS 2004, 40829; BAG ZIP 2019, 1110.
[147] OLG Frankfurt/Main, NZG 2021, 1505
[148] LG Dresden ZInsO 2005, 384 = NZA 2004, 1181.

Insolvenzantrag nicht erforderlich; mit der Vollbeendigung der zweigliedrigen KG im Insolvenzverfahren (wegen Ausscheidens der Komplementär-GmbH nach Abweisung des Insolvenzantrags über deren Vermögen und Löschung im Register) setzt sich das Insolvenzverfahren automatisch an dem übergegangenen Sondervermögen fort.[149]

Wird die Eröffnung eines Insolvenzverfahrens über das Vermögen der Komplementär-GmbH in der zweigliedrigen GmbH & Co.KG **mangels Masse abgelehnt**, scheidet die GmbH erst mit ihrer Vollbeendigung aus der KG aus, was nach §§ 161 Abs. 2, 131 Abs. 3 Nr. 1 HGB analog zur liquidationslosen Vollbeendigung der KG unter Gesamtrechtsnachfolge des Kommanditisten führt[150]. Wurde vorher über das Vermögen der KG ein Insolvenzverfahren eröffnet, geht dieses dann ohne Weiteres in ein Partikularinsolvenzverfahren nach §§ 315 ff. InsO analog (in Rechtsträgerschaft des Gesamtrechtsnachfolgers) über[151]. Da in einem solchen Fall die Fortsetzung der GmbH nicht beschlossen werden kann[152] und eine GmbH i.L. die Geschäfte der KG nicht führen kann, ist es erforderlich, im Gesellschaftsvertrag der KG vorzusehen, dass die Kommanditisten in einem solchen Fall einen neuen Komplementär bestellen können (Ausschluss- und Fortsetzungsklausel). 1838

2. Insolvenz des Kommanditisten[153]

Die Eröffnung eines Insolvenzverfahrens über das Vermögen eines **Kommanditisten** hat mangels abweichender Regelungen im Gesellschaftsvertrag dessen Ausscheiden aus der Gesellschaft zur Folge, §§ 161 Abs. 2, 131 Abs. 3 Nr. 2 HGB[154]. Das gilt auch dann, wenn zugleich über das Vermögen der KG ein Insolvenzverfahren eröffnet wird[155]. 1839

Noch nicht geklärt ist, ob der Gesellschaftsvertrag die Fortsetzung der nicht ihrerseits insolventen Gesellschaft mit dem insolventen Kommanditisten vorsehen kann oder ob als Regelungsmöglichkeit nur die Auflösung der Gesellschaft besteht[156]. Bei Fortsetzung der Gesellschaft dürfte der Insolvenzverwalter entsprechend § 135 HGB das Recht zur Kündigung der Gesellschaft haben mit der Folge des Auseinandersetzungsguthabens.

Bei Ausscheiden des einzigen Kommanditisten aus einer zweigliedrigen GmbH & Co. KG wird die einzige Komplementärin als Gesamtrechtsnachfolgerin Rechtsträgerin der Vermögensmasse der erloschenen KG und die KG wird liquidationslos vollbeendet[157]. Über die übergegangene Vermögensmasse kann ein Sonderinsolvenzverfahren analog §§ 315 ff. InsO geführt werden[158]. Entsprechendes gilt bei Ausscheiden aller Gesellschafter bis auf einen aus der KG[159]. 1840

---

[149] LG Essen ZIP 2019, 1031.
[150] OLG Hamm ZIP 2007, 1233.
[151] OLG Hamm ZIP 2007, 1233.
[152] OLG Köln NZG 2010, 507.
[153] Sa Markgraf/Remuta NZG 2014, 81 ff.
[154] VGH Kassel ZIP 2010, 880.
[155] BVerwG ZIP 2011, 1868 = ZInsO 2011, 1891.
[156] Zu dieser Frage s. Voigt NZG 2007, 695 ff.; Fichtelmann GmbHR 2008, 76 ff.; Heerma ZIP 2011, 981 ff.
[157] VGH Kassel ZIP 2010, 880.
[158] AG Hamburg ZIP 2006, 390.
[159] BVerwG ZIP 2011, 1868.

3. Simultaninsolvenz[160]

1841 Eine Bestimmung im Gesellschaftsvertrag einer KG, nach der ein Gesellschafter im Fall der Eröffnung eines Insolvenzverfahrens über sein Vermögen aus der Gesellschaft ausscheidet, findet auch bei Simultaninsolvenz von KG und Komplementär-GmbH jedenfalls dann Anwendung, wenn noch weitere Gesellschafter verbleiben.[161]

1842 Da in der typischen GmbH & Co.KG die Insolvenz der KG regelmäßig die Insolvenz der Komplementär-GmbH nach sich ziehen wird, dürfte Eigenverwaltung in der typischen GmbH & Co.KG nicht funktionieren. Ob es einen Ausweg darstellt, vor Beantragung der Eigenverwaltung der KG bei dieser die Eigenverwaltung als Fremdorgan zu bestellen, oder ob dies am Prinzip der Fremdorganschaft (§ 114 HGB) scheitert, ist nicht entschieden.[162]

C. EU-ausländische Gesellschaften

I. Rechtsformwahlfreiheit und Freizügigkeit in der EU

1843 Am 30.9.2003 hat der EuGH entschieden, dass in der EU für Gesellschaftsneugründungen Rechtswahlfreiheit besteht, die Gründung einer Gesellschaft mit bestimmter (nationaler) Rechtsform also in jedem EU-Mitgliedstaat erfolgen kann.[163] Dies hatte zur Folge, dass die bisherige nationale/deutsche Rechtspraxis nach der sog. Sitztheorie, nach der die ausländischen Gesellschaften bei Verlegung ihres Verwaltungssitzes ins Inland für die inländische Behandlung ihre ausländische Rechtsform verloren und als GbR bzw. OHG behandelt wurden, zumindest für Gesellschaften, die in einem EU-, EWR- oder zu Art. 54 EUV gleichgestellten Staat (also zusätzlich Liechtenstein, Island und Norwegen) wirksam gegründet wurden, aufgegeben werden musste. Nach dieser Entscheidung erfolgten, intensiv beworben auch durch professionelle Anbieter, in Deutschland vermehrt Gründungen von englischen private companies limited by shares (Ltd., im Folgenden „Limited"). Schätzungen[164] gingen in der Spitze von ca. 46.000 in Deutschland gegründeten Limiteds aus.[165] Die Politik sah sich aus „gefühltem Wettbewerbs-

---

[160] Zur Abwicklung der Simultaninsolvenz der Gesellschaften in der GmbH & Co. KG K. Schmidt GmbHR 2002, 1209 ff. und GmbHR 2003, 1404 ff. und Gundlach ua DStR 2004, 1658 ff.
[161] BGH ZInsO 2014, 871.
[162] S.a. Kaiser, Eigenverwaltung bei der „typischen" GmbH & Co.KG – geht das überhaupt?, ZIP 2019, 1597 ff.
[163] EuGH NJW 2003, 3331.
[164] Auf diese ist man angewiesen, weil zahlreiche Limited-"Betreiber" entgegen den handelsrechtlichen Pflichten keine Zweigniederlassung in das deutsche Handelsregister haben eintragen lassen. Am 1.1.2010 waren 17.551 Limiteds in deutschen Handelsregistern eingetragen, Kornblum GmbHR 2010, R 53.
[165] Westhoff GmbHR 2007, 474 ff. Diese hohe Zahl wurde von Niemeier bezweifelt, der per Ende 2006 von max. 30.000 in Deutschland gegründeten Limiteds ausging, ZIP 2007,

druck"¹⁶⁶ auf die deutsche GmbH herausgefordert, die Rechtsform der deutschen GmbH international wettbewerbsfähiger zu machen.¹⁶⁷

Gewissermaßen als Antwort des deutschen Gesetzgebers auf die massenhafte Wahl der Rechtsform der englischen „Limited" durch Unternehmer in Deutschland ist mit dem am 1.11.2008 in Kraft getretenen MoMiG die Möglichkeit zur Gründung einer GmbH in der Sonderform der Unternehmergesellschaft/UG (haftungsbeschränkt) als eine GmbH mit einem Stammkapital unter 25.000 EUR, im Extremfall mit nur einem EUR, geschaffen worden, was auch als Überraschungs-Coup bezeichnet worden ist.¹⁶⁸ Um die Seriosität der Rechtsform der GmbH, die nach der Begründung des RegE zum MoMiG auch vom Vorhandensein eines gewissen Mindeststammkapitals abhängt, nicht zu gefährden, hat der Gesetzgeber davon abgesehen, auf ein Mindeststammkapitalerfordernis für die „normale" GmbH zu verzichten, und stellt der GmbH stattdessen die in der Firma auch so zu bezeichnende „Unternehmergesellschaft (haftungsbeschränkt)" mit § 5a GmbHG als Sonderform zur Seite. Zu den Einzelheiten s.o. A. 1844

Teilweise gemäß aber auch teilweise über den Schlussantrag des Generalanwalts beim EuGH¹⁶⁹ hinausgehend hat der **EuGH** in der „**Polbud**"**-Entscheidung** geurteilt, dass das nationale Recht des Wegzugsstaates bei grenzüberschreitenden Umwandlungen jedenfalls dann die Löschung der Gesellschaft im Register des EU-Herkunftsstaates nicht von einer vorherigen Liquidation abhängig machen darf, wenn die Gesellschaft im EU-Zuzugsstaat sich zur tatsächlichen Ausübung der Geschäftätigkeit angesiedelt hat bzw. beabsichtigt, sich dort anzusiedeln und die dortigen Bestimmungen zur Umwandlung erfüllt. Dann wäre das vorherige Liquidationserfordernis eine unzulässige Beschränkung der Niederlassungsfreiheit.¹⁷⁰ 1845

In diesem Urteil hat der EuGH noch weitergehend entschieden, dass bei Einhaltung der Umwandlungsbestimmungen des EU-Zuzugsstaates der Formwechsel nach EU-Recht auch dann zugelassen werden muss, wenn die Gesellschaft nur ihren Satzungs-, nicht aber auch den Verwaltungssitz verlegt. Im konkreten Fall nahm eine polnische Gesellschaft unter Verlegung lediglich des Satzungssitzes einen Formwechsel in die Rechtsform einer Gesellschaft nach luxemburgischem Recht vor, beließ aber den Verwaltungssitz in Polen; mit dieser Sitzaufspaltung sollte also nur das anwendbare Gesellschaftsrecht geändert werden.¹⁷¹ Der EuGH

1794, 1795. Zur (damaligen) Bedeutung der GmbH und der Ltd. im Markt der Unternehmensträger s. Niemeier ZIP 2006, 2237 ff.

¹⁶⁶ Jung, Stellungnahme v. 20.1.2008 zum MoMiG vor dem Rechtsausschuss des Deutschen Bundestages (Sitzung am 23.1.2008), S. 3.

¹⁶⁷ Am 17.3.2005 hat der damalige Bundeskanzler Schröder im Bundestag ua eine substanzielle Absenkung des Mindestkapitals der GmbH angekündigt, BT-Drs. 15/166, S. 15491.

¹⁶⁸ Römermann GmbHR 2007, R 193.

¹⁶⁹ Schlussantrag im Verfahren vor dem EuGH Az. Rs. C-106/16, ZIP 2017, 1319 = GmbHR 2017, 650 (für eine Gesellschaft aus Polen)

¹⁷⁰ EuGH Urt. v. 25.10.2017, Az. Rs C-106/16 „Polbud", ZIP 2017, 2145 = GmbHR 2017, 1261

¹⁷¹ EuGH Urt. v. 25.10.2017, Az. Rs C-106/16 „Polbud", ZIP 2017, 2145 = GmbHR 2017, 1261; zu dieser Entscheidung Bayer/Schmidt, Grenzüberschreitende Mobilität von Gesellschaften: Formwechsel durch isolierte Satzungssitzverlegung, ZIP 2017, 2225 ff.; Teichmann/Knaier, Grenzüberschreitender Formwechsel nach „Polbud", GmbHR 2017,

hat also die Niederlassungsfreiheit auch als eine Rechtswahlfreiheit angesehen. Das wird in der Literatur unter Hinweis auf die Missbrauchsgefahren etwa im Hinblick auf den Formwechsel in eine Briefkastengesellschaft, den Schutz der Altgläubiger oder der Minderheitsgesellschafter oder die Umgehung des AN-Mitbestimmungsrechts kritisiert.[172] Dennoch dürfte der Herein-Formwechsel in eine GmbH deutschen Rechts ohne Begründung eines Verwaltungssitzes in Deutschland nach der „Polbud"-Entscheidung des EuGH nicht zu verweigern sein, da nach ganz h.M. § 4a GmbHG gestattet, dass der Verwaltungssitz der GmbH vom Satzungssitz abweichen und auch im Ausland liegen darf, so dass nach deutschem Recht die Eintragungsvoraussetzungen auch in diesem Fall vorliegen.

II. Persönliche Haftungsgefahren für die Gesellschafter und Geschäftsführer, Anwendbarkeit deutschen Rechts?

1. Persönliche Haftungen der Gesellschafter

1846 Wesentlicher Gegenstand der Diskussion in der deutschen Rechtsliteratur war (und ist) die Frage, wie der Gefahr des Missbrauchs der ausländischen Gesellschaftsformen zum Nachteil der Gläubiger begegnet werden kann, ob und ggf. unter welchen Umständen und in welchem Ausmaß die Gesellschafter oder die Handelnden/Geschäftsführer solcher nach ausländischem Recht gegründeten, im Inland tätigen haftungsbeschränkten Gesellschaften (Scheinauslandsgesellschaften) für deren Verbindlichkeiten persönlich in Anspruch genommen werden können oder ob und ggf. wie wenigstens Insolvenzschutz gewährt werden kann.[173]

1847 Die zulässige Wahl der ausländischen Rechtsform für den Betrieb der Unternehmung kann allein eine persönliche Haftung des Unternehmers nicht begründen, denn dies verstieße gegen den Grundsatz der Rechtswahlfreiheit. So besteht eine Handelnden- oder Durchgriffshaftung wegen Unterkapitalisierung nach deutschem Recht nicht, da die bewusste Ausnutzung unterschiedlicher Rechtssysteme für sich genommen noch kein Rechtsmissbrauch ist.[174]

1314 ff.; Mörsdorf, Die überraschende Umdeutung der Niederlassungsfreiheit zur Rechtswahlfreiheit durch den EuGH im Urteil „Polbud", ZIP 2017, 2381 ff.; Kovács, Der grenzüberschreitende (Herein-)Formwechsel in der Praxis nach dem Polbud-Urteil des EuGH, ZIP 2018, 253 ff.

[172] Teichmann, Formwechsel in die Briefkastengesellschaft, GmbHR 2017, R 356 ff.; Kindler, Unternehmensmobilität nach „Polbud": Der grenzüberschreitende Formwechsel in Gestaltungspraxis und Rechtspolitik, NZG 2018, 1 ff.; Heckschen/Strnad, Aktuelles zum grenzüberschreitenden Formwechsel und seiner praktischen Umsetzung, Notar 2018, 83 ff.

[173] Literatur zu Haftungsfragen: Borges ZIP 2004, 733 ff.; Lanzius ZInsO 2004, 296 ff.; Ulmer NJW 2004, 1201 ff.; Fischer ZIP 2004, 1477 ff.; Paefgen ZIP 2004, 2253 ff.; Burg GmbHR 2004, 1379 ff.; Schall ZIP 2005, 965 ff.; Wachter DStR 2005, 1817 ff.; Eisner ZInsO 2005, 20 ff. Schröder/Schneider GmbHR 2005, 1288 ff.; Goette ZIP 2006, 541 ff.; Fröhlich/Strasser ZIP 2006, 1182 ff.; Schall DStR 2006, 1229 ff.; Bittmann GmbHR 2007, 70 ff.; Kienle GmbHR 2007, 696 ff.; Krüger ZInsO 2007, 861 ff.; Steffek GmbHR 2007, 810 ff.; Ladiges/Pegel DStR 2007, 2069 ff.; zu Haftungsgefahren für Berater: Grütters BB 2005, 1523 ff.; Dierksmeier BB 2005, 1516 ff.; Krüger ZInsO 2007, 861 ff.; Gloger ua DStR 2008, 1141 ff. und 1194 ff.

[174] OLG Hamm NZG 2006, 826.

Wegen der Überlagerung mit EU-Recht (u.a. Gewähr der Freizügigkeit, s.o.) **1848**
gilt trotz der in Deutschland vertretenen Sitztheorie das Recht des Gründungsstaates der EU-ausländischen Gesellschaft. Die persönliche Haftung der Gesellschafter für die Aufbringung und Erhaltung des Gesellschaftskapitals[175] und die Fragen evtl. persönlicher Haftung der Geschäftsführer richten sich nach dem Recht des Gründungsstaates, auch wenn die werbende Tätigkeit und der Verwaltungssitz in Deutschland liegen.[176]

Gemäß dem früheren Tatortprinzip nach Art. 40 Abs. 1 Satz 1 EGBGB war **1849**
und seit Inkrafttreten der Rom II-Verordnung am 11.1.2009 (Verordnung [EG] 864/2007, Art. 4) ist nach dem Ort des Schadenseintritts die Haftung des Gesellschafters nach deutschem Recht denkbar, wenn auch noch nicht in allen Einzelfragen endgültig geklärt. Denkbar ist eine Haftung des Gesellschafters nach §826 BGB, wenn sich die Verwendung der ausländischen haftungsbeschränkten Rechtsform als vorsätzliche sittenwidrige Schädigung, etwa Spekulation auf Kosten der (inländischen) Gläubiger herausstellt[177] oder die Gesellschaft nur als Fassade für die Aktivitäten des Gesellschafters dient.[178]

In Betracht kommt ferner die Existenzvernichtungshaftung des Gesellschafters **1850**
ggü. der Gesellschaft nach §826 BGB,[179] die bereits verschiedentlich durch Gerichte angenommen wurde.[180] Ferner ist eine Haftung wegen Vermögensmischung ggü. Gläubigern der Gesellschaft denkbar, §826 BGB.[181]

2. Persönliche Haftungen der Geschäftsführer

Für gesellschaftsrechtliche Haftungen eines Geschäftsführers einer EU-aus- **1851**
ländischen Gesellschaft mit tatsächlichem Verwaltungssitz in Deutschland ist entschieden, dass sie sich grds. nach dem am Ort der Gründung geltenden Recht richtet; der Rückgriff auf §11 Abs. 2 GmbHG wäre mit der Niederlassungsfreiheit nach Art. 43, 48 EG unvereinbar.[182]

Für deliktische Ansprüche gilt nach dem Rom II-Vertrag jedoch das Recht des **1852**
Staates des Schadenseintritts. So kommen als mögliche Grundlagen für Haftungsansprüche gegen den Director in Betracht:[183]

a) Eingehungsbetrug. Nach §823 Abs. 2 BGB i.V.m. §263 StGB ist eine **1853**
Haftung des Geschäftsführers denkbar, wenn anhand der Liquiditätssituation nachgewiesen werden kann, dass bereits bei Vertragsschluss oder bei Annahme der Lieferung oder Leistung absehbar war, dass sie nicht mehr bezahlt wird.

---

[175] S. hierzu Krüger ZInsO 2009, 2169 ff.
[176] BGH ZInsO 2005, 541 = NJW 2005, 1648; BGH GmbHR 2004, 1225 für eine amerikanische Inc., wenn die Gesellschaft auch in dem Gründungsstaat Aktivitäten entfaltet.
[177] Kindler BB 2004, 1 ff.; BGH BB 2004, 2432.
[178] Bischoff ZInsO 2009, 164 ff.
[179] BGH ZIP 2007, 1552 „Trihotel".
[180] LG Bonn ZInsO 2009, 157; LG Berlin ZInsO 2009, 157 = BeckRS 2009, 6177.
[181] BGH ZIP 2006, 467.
[182] BGH ZIP 2005, 805 = DStR 2005, 839 (für den director einer „Limited"); dazu Paefgen GmbHR 2005, 957 ff.
[183] Sa Fornauf/Jobst GmbHR 2013, 125 ff.

1854 **b) Insolvenzverschleppung.** Nach § 823 Abs. 2 BGB i.V.m. § 15a InsO kann der Geschäftsführer gleich dem Geschäftsführer der GmbH für Insolvenzverschleppungsschäden in Anspruch genommen werden. Das war vor der Verortung der Insolvenzantragspflicht in der InsO für Geschäftsführer ausländischer Gesellschaften, deren „Heimatrecht" eine Insolvenzantragspflicht nicht kennt (etwa die britische Limited), fraglich. Durch Verortung der früher (vor MoMiG) in den Gesellschaftsgesetzen (etwa § 64 Abs. 1 GmbHG a.F.) geregelten Insolvenzantragspflicht in der InsO sollte der dogmatische Streit entschieden werden, dass es sich bei der Insolvenzantragspflicht nicht um eine gesellschaftsrechtliche, sondern um eine insolvenzrechtliche Pflicht handelt.[184] So sollte erreicht werden, dass die Insolvenzantragspflicht auch für Geschäftsführer vergleichbarer haftungsbeschränkter Auslandsgesellschaften gilt, die ihren Verwaltungssitz und Betrieb im Inland haben und somit deutschem Insolvenzrecht unterfallen.[185] Ob dieses Ziel gerade im Hinblick auf solche EU-ausländischen Gesellschaften, deren „Heimatrecht" eine Insolvenzantragspflicht nicht kennt, jedoch erreicht wird oder ob die Regelung insoweit ein europarechtlich unzulässiger Eingriff in fremdes Gesellschaftsrecht ist, wird möglicherweise erst durch den BGH oder den EuGH zu klären sein.[186] Bis dahin sollte in der Beratung von einer – strafbewehrten (§ 15a Abs. 4 u. 5 InsO n.F.) – Insolvenzantragspflicht auch der Geschäftsführer der haftungsbeschränkten EU-Auslandsgesellschaften ausgegangen werden.

1855 **c) Verbotene Zahlungen, § 15b InsO.** Durch Verortung der früher in den Gesellschaftsgesetzen (etwa § 64 GmbHG a.F.) geregelten Ersatzpflicht für verbotene Zahlungen nach Eintritt der Insolvenzreife der Gesellschaft in der InsO ist klargestellt, dass auch die Geschäftsführer EU-ausländischer, im Inland tätiger Gesellschaften der Regelung unterfallen. Darin ist (ebenfalls) kein Verstoß gegen EU-Recht zu sehen: der BGH hatte die Frage, ob eine Klage nach § 64 GmbHG a.F. gegen einen director einer britischen Limited (während der damaligen Mitgliedschaft Großbritanniens in der EU) gegen die Niederlassungsfreiheit nach Art. 49, 54 AEUV verstößt, dem EuGH vorgelegt[187] und der EuGH hat entschieden, dass Art. 49, 54 AEUV der Anwendung der Vorschrift des § 64 GmbHG a.F. auf einen director einer Gesellschaft englischen oder walisischen Rechts nicht entgegenstehen.[188] Daraufhin hat der BGH § 64 Satz 1 GmbHG a.F. auf einen director einer private company limited by shares, über deren Vermögen ein inländisches Insolvenzverfahren eröffnet worden ist, für anwendbar erklärt.[189]

1856 **d) Steuerhaftung.** Die Steuerhaftung des Geschäftsführers einer ausländischen Gesellschaft für im Inland zu entrichtende Steuern ergibt sich aus §§ 34, 69 AO.[190]

---

[184] Das LG Kiel ZInsO 2006, 1227 = ZIP 2006, 1248 hatte die Insolvenzantragspflicht als insolvenzrechtliche eingestuft und den Director einer englischen Limited zur Haftung wegen Verletzung der Insolvenzantragspflicht nach § 64 Abs. 1 GmbHG verurteilt.
[185] Knof/Mock GmbHR 2007, 852 ff., 858.
[186] Bittmann/Gruber GmbHR 2008, 867 ff.
[187] BGH GmbHR 2015, 79 = NZG 2015, 101.
[188] EuGH ZIP 2015, 2468 = GmbHR 2016, 24.
[189] BGH ZIP 2016, 821.
[190] FG München GmbHR 2010, 951 = BeckRS 2010, 26029195.

3. Exkurs zur „Limited"

Dass ich im Wesentlichen wegen der erheblich höheren Kostenbelastung und schwieriger Haftungsfragen auch vor Einführung der UG einem inländischen Unternehmer die Wahl der Rechtsform der englischen private company limited by shares (im Folgenden: „Limited") nicht empfohlen habe, habe ich bereits in der 4. Auflage dieses Buchs dargelegt. Auf diese Ausführungen sei verwiesen. **1857**

Zu den Fragen der persönlichen Haftungsgefahren für Gesellschafter (shareholder) und Geschäftsführer (director) der Limited während er EU-rechtlich gebotenen Anerkennung der Rechtsform sei auf die Ausführungen in der Vorauflage verwiesen.

Zum vollzogenen Brexit: Nach Vollzug des Austritts Großbritanniens aus der EU (sog. Brexit) hat die Niederlassungsfreiheit in der EU für nach dem Recht des Vereinigten Königreichs gegründete Kapitalgesellschaften (etwa die englische „Limited") mit Verwaltungssitz in Deutschland geendet. Die englische „Limited" mit Verwaltungssitz in Deutschland hat also nach der hier vertretenen Sitztheorie die Anerkennung ihrer Rechtsfähigkeit verloren und kann sich auf die Niederlassungsfreiheit in der EU nicht mehr berufen; das Unionsrecht findet nach dem 31.12.2020 keine Anwendung mehr.[191] Auch das Handels- und Kooperationsabkommen zwischen der EU und Großbritannien gewährt keine vergleichbaren Rechtspositionen. Die „Limited" in Deutschland ist nunmehr in Anwendung der „Trabrennbahn"-Entscheidung des BGH also (wieder), je nach Zahl der Gesellschafter (shareholder), als GbR bzw. OHG oder einzelkaufmännisches Unternehmen zu behandeln[192], in jedem Fall mit der gravierenden Folge der persönlichen Haftung der Gesellschafter für die Verbindlichkeiten der „Limited".[193] **1858**

Auch kann ein Insolvenzverfahren über das Vermögen der „Limited" in Deutschland nicht mehr geführt werden; die Bildung einer Sondermasse aus dem auf den Einzelgesellschafter übergegangenen Vermögen der „Limited" in dessen Insolvenzverfahren ist ebenfalls nicht möglich.[194]

Im Fall der **Löschung der Limited im britischen Handelsregister** fällt das in England belegene Vermögen der Limited an die Krone anheim (sec. 1012 Companies Act). **1859**

Das in Deutschland belegene Vermögen fällt nicht an die englische Krone[195], da das hoheitliche Anfallsrecht nach dem Territorialprinzip des Art. 43 Abs. 1 EGBGB nicht das Auslandsvermögen umfasst[196]. Bezüglich des in Deutschland belegenen Vermögens besteht die Limited als Restgesellschaft zum Zwecke der Liquidation

---

[191] BGH ZIP 2021, 566 = GmbHR 2021, 486
[192] OLG München, Urt. v. 5.8.2021 – 29 U 2411/21, ZIP 2021, 2178; kritisch dazu Behme, ZIP 2021, 2557 ff.; BGH NZG 2021, 702 = GmbHR 2021, 486
[193] S.a. Schmidt, Implikationen des Brexit bzw. des EU-UK TCA im Bereich des Gesellschaftsrechts, GmbHR 2021, 229 ff.; Schollmeyer, NZG 2021, 692 f.; BMF-Schr. V. 30.12.2020, dazu Ulrich, GmbHR 2021, R 67.
[194] Gelbrich, NZI 2021, 256 ff.
[195] OLG Thüringen GmbHR 2007, 1109; dazu Leible/Lehmann GmbHR 2007, 1095 ff.; OLG Brandenburg ZIP 2016, 1871; KG ZIP 2019, 123.
[196] OLG Nürnberg NZG 2008, 76, 77.

im Interesse der Gläubiger und der Gesellschafter fort[197], und zwar so lange, wie die Liquidation inländischen Vermögens noch nicht beendet ist[198]. Fraglich war, in welcher Rechtsform die „Limited" als fortbestehend anzusehen war: als juristische Person[199] oder als GbR oder OHG[200]. Seit dem Vollzug des Brexit kommt eine Behandlung als juristische Person nicht mehr in Betracht (s.o.).

---

[197] OLG Nürnberg NZG 2008, 76; LG Gera NZG 2009, 310; darauf aufbauend OFD Hannover zu den steuerlichen Folgen der Löschung, NZG 2009, 1219; jetzt auch BGH GmbHR 2017, 367 = NZG 2017, 347.
[198] OLG Düsseldorf ZIP 2010, 1852.
[199] OLG Brandenburg ZIP 2016, 1871 = GmbHR 2016, 1099 m.w.N.
[200] OLG Celle NZG 2012, 738; OLG Düsseldorf NZG 2010, 1226.

§ 11 Haftungsgefahren für Berater im Sanierungsprozess der GmbH

Übersicht

	Rn.
A. Zivilrechtliche Haftungsgefahren	1860
I. Haftung gegenüber dem Mandanten	1861
1. Sicherster Weg	1863
2. Berücksichtigung der Rechtsentwicklung	1865
3. Pflichten bei Insolvenzreife der Mandantengesellschaft	1868
a) Rechtsanwalt	1870
b) Steuerberater	1879
c) Wirtschaftsprüfer	1885
d) Sanierungs- bzw. Restrukturierungsberater	1886
4. Haftungsfalle verdeckte Sacheinlage	1887
5. Sekundärhaftung	1888
6. Begrenzung nach Mandatsgegenstand	1889
II. Haftung gegenüber Dritten	1892
1. Einbeziehung Dritter in den Schutzzweck des Mandatsvertrages	1893
a) Rechtsanwalt	1894
b) Wirtschaftsprüfer	1898
c) Steuerberater	1902
d) Gutachter	1908
2. Deliktische Schadensersatzpflicht	1911
III. Vermögensschaden	1912
IV. Kausalität der Pflichtverletzung für den Schaden	1913
V. Haftung in der Sozietät	1916
B. Gefahren für Berater als Beteiligte an Straftaten	1917
I. Täterschaft und Teilnahme	1918
II. Mitwirkung bei übertragender Sanierung	1921
III. Insolvenzverschleppung	1924
IV. Buchführungs-, Bilanzierungsdelikte, Verletzung der Berichtpflicht	1926
V. Gläubigerbegünstigung (§ 283c StGB)	1929
VI. Vorenthaltung von Sozialversicherungsbeiträgen (§ 266a StGB) und Steuerhinterziehung (§ 370 AO)	1930
VII. Betrug (§ 263 StGB) und Kreditbetrug (§ 265b StGB)	1931
VIII. Sanierungsschwindel	1932
C. Mandatsbeendigung	1933

Literatur: *Kayser*, Beraterhaftung für falsche oder unterlassene Auskünfte zur Insolvenzreife, ZIP 2014, 597 ff.; *Schmitt*, Steuerberaterhaftung für Insolvenzverschleppungsschäden im Rahmen der Jahresabschlusserstellung, ZIP 2017, 2235 ff.; *Wagner*, Der Steuerberater in der Zwickmühle – Wahl zwischen Mandatsniederlegung und Beihilfe zur Insolvenzverschleppung, ZInsO 2009, 449 ff.

A. Zivilrechtliche Haftungsgefahren

Die Sanierungsberatung ist ein vielschichtiges und anspruchsvolles Tätigkeitsfeld. Insbesondere nach Inkrafttreten des ESUG und sicher weiter befördert durch **1860** das StaRUG erschließen sich auch Insolvenzverwalter mehr und mehr das Feld der Sanierungsberatung. Grds. sind Beratungsfehler in der Krise und im Vorfeld der Insolvenz der Gesellschaft besonders haftungsrelevant. Dies gilt umso mehr im Vorfeld der Insolvenz der Mandantengesellschaft, da sich die Gegenstände des Mandatsverhältnisses verändern können und jedenfalls die Anforderungen an die Beratungsleistungen steigen.[1] Haftungsträchtig für den Berater ist hier vor allem, die zahlreichen Haftungsgefahren für Gesellschafter und Geschäftsführer (s. → Rn. 972 ff., 1425 ff.) in der Krise der Gesellschaft, besonders die Insolvenzreife nicht zu erkennen und die Mandantin und ggf. auch die Geschäftsführer und Gesellschafter daher nicht zutreffend oder nicht vollständig über die deutlich gestiegenen Haftungsrisiken zu unterrichten bzw. von erkennbarem, beabsichtigtem Fehlverhalten nicht abzuraten.[2]

I. Haftung gegenüber dem Mandanten

1861 Grundsätzlich sind Beratungsfehler haftungsrelevant.[3] Dies gilt auch und gerade in der Krise oder gar bei Insolvenzreife der Mandantengesellschaft, da sich durch eine unbedachte Auskunft zu eigentlich vom Mandatsgegenstand nicht erfassten insolvenzrechtlichen Themen der Inhalt des Mandatsvertrages erweitern kann und damit wiederum die Anforderungen an die Beratungsleistungen steigen.[4] Insbesondere der **Sanierungsberater**[5] geht ein hohes Haftungsrisiko ein, wenn die von ihm gefertigten Bilanzen oder Gutachten fehlerhaft sind oder er den Mandanten auf die zahlreichen Haftungsgefahren (etwa für Gesellschafter und Geschäftsführer, s. §§ 8, 9 dieses Buches, → Rn. 972 ff., 1425 ff.) im Vorfeld der Insolvenz nicht hinweist (wenn er bspw. die Insolvenzreife selbst nicht erkannt hat) und den Mandanten daher nicht von erkennbarem, beabsichtigtem Fehlverhalten abrät. Schließlich wird das Haftungsrisiko noch durch die von der Rechtsprechung vorgenommene Einbeziehung Dritter (etwa Geschäftsführer oder Gesellschafter) in den Mandatsvertrag (mit der Gesellschaft) erhöht, s.u. → Rn. 1893 ff.[6]

1862 Bei der Rechts- oder Steuerberaterhaftung bestimmen sich die Beweiserleichterungen für den Ursachenzusammenhang zwischen Pflichtverletzung und Schaden nach den Grundsätzen des Anscheinsbeweises.[7] Bereits wegen wahrscheinlichen Schadenseintritts aus Beratungsfehler kann eine Feststellungsklage gegen den Berater zulässig sein.[8]

---

[1] Sa Ehlers ZInsO 2009, 1194 ff.
[2] Sa Ehlers ZInsO 2013, 105 ff.
[3] Zum Umfang anwaltlicher Beratungspflichten s. allg. BGH ZIP 2007, 1410.
[4] Sa Ehlers ZInsO 2009, 1194 ff.
[5] Zur Beraterhaftung des Sanierungsberaters s. Smid ZInsO 2014, 1127 ff. und 1181 ff.
[6] Sa Müller ZInsO 2013, 2181 ff.
[7] BGH NZG 2016, 74.
[8] BGH ZIP 2014, 2150 (Steuerberater).

1. Sicherster Weg

Der anwaltliche und der steuerliche Berater haben dem Mandanten den sichersten Weg zur Erlangung seiner Ziele zu raten.[9] Das kann bei unsicherer oder zweifelhafter Rechtslage auch der relativ sicherste und ungefährlichste Weg sein.[10] Bei der Auslegung eines unbestimmten Rechtsbegriffs (hier: verdeckte Gewinnausschüttung) besteht eine Hinweispflicht des Steuerberaters auf Risiken für Mandanten.[11] Auch hat der Steuerberater im Rahmen eines körperschaft- und gewerbesteuerlichen Dauermandats die Pflicht, auf Risiken aus einer vGa hinzuweisen.[12] Der Steuerberater, der mit der Vertretung im Verfahren über den Einspruch gegen einen Steuerbescheid beauftragt ist, muss nicht auf mögliche Regressansprüche gegen einen früheren Steuerberater hinweisen.[13] 1863

Nach dem Gebot des sichersten Weges kann vor einer Anteilsveräußerung (Unternehmensveräußerung) die Einholung einer verbindlichen Auskunft des FA anzuraten sein.[14] Bei Vergleichen besteht die Pflicht zur eindeutigen Formulierung[15] und zur Aufklärung über Inhalt und alle Wirkungen des Vergleichs.[16] 1864

2. Berücksichtigung der Rechtsentwicklung

Der Berater hat die generelle Verpflichtung, sich stets über die **aktuelle Entwicklung der Rechtsprechung und Literatur** auf den vom Mandat betroffenen Gebieten durch die amtlichen Sammlungen und die einschlägigen Veröffentlichungen in Fachzeitschriften unterrichtet zu halten.[17] Er hat jedenfalls obergerichtliche und höchstrichterliche Entscheidungen zur Kenntnis zu nehmen und zu berücksichtigen; für obergerichtliche Entscheidungen ist dem Berater eine längere Karenzzeit zuzubilligen als für höchstrichterliche Entscheidungen.[18] Eine nicht mit einem Leitsatz versehene und nur einer amtlichen Entscheidungssammlung, nicht aber in einer Fachzeitschrift veröffentlichte Entscheidung des BFH braucht der Steuerberater nicht zu kennen.[19] 1865

Bereits feststehende künftige Gesetzesänderungen und die dazu ergangenen Veröffentlichungen sind vom Steuerberater bei der Beratung im konkreten Mandat zu berücksichtigen.[20] Wird in der Tages- oder der Fachpresse über Vorschläge zur Änderung des Steuerrechts berichtet, die im Fall ihrer Verwirklichung das von dem Mandanten des Beraters erstrebte Ziel u.U. vereiteln oder beein- 1866

---

[9] Ständige Rspr., etwa BGH DStR 2009, 1032 = NJW 2009, 2949.
[10] BGH NJW 2009, 2949; dazu Römermann NJW 2009, 2924, 2926; OLG Koblenz EWiR 2002, 1093.
[11] BGH ZIP 2006, 1538.
[12] BGH ZIP 2012, 777.
[13] BGH ZIP 2015, 2378.
[14] BGH DStR 2007, 1098.
[15] BGH NJW 2002, 1048.
[16] BGH NJW 2009, 1589.
[17] BGH DStR 2000, 1924 = WM 2001, 2431.
[18] OLG Stuttgart DStR 2010, 407 (Steuerberater).
[19] BGH DStR 2010, 2374.
[20] OLG Düsseldorf DStR 2007, 923.

trächtigen, kann der Steuerberater gehalten sein, sich aus allgemein zugänglichen Quellen über den näheren Inhalt und den Verfahrensstand solcher Überlegungen zu unterrichten.[21]

1867 Der Berater haftet **nicht** für **Fehler der Rechtsprechung**.[22]

3. Pflichten bei Insolvenzreife der Mandantengesellschaft

1868 Hier ist zunächst auf die seit 1.1.2021 gültige Rechtslage hinzuweisen: Nach § 102 StaRUG[23] haben StB, WP oder RA'e bei der Erstellung eines Jahresabschlusses den Mandanten auf das Vorliegen eines Insolvenzantragsgrundes nach §§ 17–19 InsO und die sich daran anknüpfenden Pflichten der Geschäftsleiter und der Überwachungsorgane hinzuweisen, wenn entsprechende Anhaltspunkte offenkundig sind und sie annehmen müssen, dass dem Mandanten die mögliche Insolvenzreife nicht bewusst ist.

1869 Auch jenseits der (nunmehrigen) Geltung des § 102 StaRUG ist mit zahlreichen, nachfolgend darzustellenden gerichtlichen Entscheidungen in jüngerer Zeit die Beraterhaftung für Insolvenzverschleppungsschäden – und zwar sowohl gegenüber dem Mandanten (der Gesellschaft) als auch gegenüber Dritten, etwa Geschäftsführern oder Gläubigern der Mandanten-Gesellschaft (s.u.) – verstärkt in den Blick geraten und es kann nur jedem Berater eines Mandanten(unternehmens) in der Krise zu größtmöglicher Vorsicht bzw. Sensibilität für diesen Gesichtspunkt geraten werden.[24]

Bei Beauftragung und Beratung in einer Insolvenzangelegenheit muss der Berater den Weg wählen, der vermeidbare Vermögensschäden vom Mandanten abwendet, etwa Wahl zwischen Regelinsolvenzverfahren oder Schaffung der Voraussetzungen für ein Verbraucherinsolvenzverfahren; der Berater muss die Chancen und Risiken der Handlungsmöglichkeiten bei persönlicher Zahlungsunfähigkeit kennen[25]. Es besteht Hinweispflicht, dass evtl. Vergleiche mit einzelnen Gläubigern die Insolvenzreife nicht beseitigen[26]. Die Verletzung solcher Hinweispflichten kann zu Ansprüchen auf Ersatz eines Verschleppungsschadens gegen den Berater führen[27].

---

[21] BGH BB 2004, 2211 = DStR 2004, 1677 = ZIP 2004, 2058.
[22] BVerfG NJW 2002, 2937 = ZIP 2002, 1770.
[23] v. 22.12.2020, BGBl. I 2020, 3256 ff.
[24] Zu fraglichen Haftungen des Steuerberaters im Insolvenzfall der Mandats-GmbH s.a. Weber/Buchert, ZInsO 2009, 1731 ff.; Zu betriebswirtschaftlichen Beratungsleistungen an insolvenzgefährdete Unternehmen – im Anschluss an OLG Celle, ZIP 2003, 2119 s. Volk, DStR 2004, 287 ff.; Commandeur/Utsch, Haftung des Steuerberaters für Insolvenzverschleppungsschäden, NZG 2012, 1376 ff.; Gehrlein, Höchstrichterliche Rechtsprechung zur Haftung des Steuerberaters wegen fehlerhafter Insolvenzprüfung, NZG 2013, 961 ff.; Baumert, Pflichten von Steuerberatern und Wirtschaftsprüfern bei Insolvenzreife im Lichte des RDG, ZIP 2013, 1851 ff.; Müller, Beraterhaftung für Insolvenzverschleppungsschäden, ZInsO 2013, 2181 ff.; zu Fragen des Mitverschuldens bei fehlerhafter Insolvenzprüfung s. Gehrlein, ZInsO 2013, 2296 ff.
[25] OLG Naumburg, BRAK-Mittlg. 2008, 111
[26] OLG Düsseldorf, BRAK-Mittlg. 2010, 127
[27] LG Saarbrücken, ZInsO 2012, 330 = BeckRS 2012, 4834.

A. Zivilrechtliche Haftungsgefahren

a) Rechtsanwalt. Für die Annahme von **Hinweispflichten** des Rechtsanwalts bei Insolvenzreife des Mandanten kommt es außerhalb des Anwendungsbereichs des § 102 StaRUG zunähst **maßgeblich** auf den **Inhalt des Mandatsvertrages**, der ggf. durch Auslegung zu ermitteln ist. Ist der Mandatsgegenstand die **Sanierungsberatung**, besteht für den Rechtsanwalt selbstverständlich bei eingetretener oder drohender Insolvenzreife des Mandanten eine **Hinweispflicht**[28]. Die Beteiligung des Beraters an Sanierungsmaßnahmen im Vorfeld der Insolvenzantragstellung kann zu persönlicher Haftung des Beraters wegen Schädigung des Mandanten diesem gegenüber und wegen Schädigung der Gläubiger des Mandanten auch gegenüber diesen führen, wenn der Berater nicht auf die Insolvenzreife des Mandanten hinweist, ihn nicht zur Insolvenzantragstellung auffordert und ihn nicht über die Folgen unterlassener Antragstellung (u.a. §§ 15a InsO und 15b InsO, früher § 64 GmbHG a.F.) unterrichtet. Diese Pflichten des Beraters werden auch nicht durch den Umstand suspendiert, dass der Mandant auch anderweitig beraten ist.[29] Ebenfalls darf sich der Berater auch nicht auf die Angabe des Mandanten verlassen, er sei nicht insolvenzreif, da es sich hierbei um eine rechtliche Beurteilung handelt.[30]

1870

> **Praxishinweis**
> Für den anwaltlichen Berater führt dies zu der Empfehlung, auch eine entsprechende Äußerung des Steuerberaters, die Mandantengesellschaft sei noch nicht insolvenzreif, genau zu prüfen.

1871

Aber auch dann, wenn das **Mandat** einen **anderen Gegenstand** als insolvenzrechtliche Beratung hat, kann der Anwalt zu entsprechenden Hinweisen verpflichtet sein, wenn sich im Rahmen dieses Mandats Anhaltspunkte für eine Insolvenzgefahr ergeben. Nach der Rechtsprechung des BGH kann der Rechtsanwalt nämlich grundsätzlich zu Warnungen und Hinweisen auch außerhalb des ihm erteilten Mandats verpflichtet sein, wenn er die tatsächlichen und rechtlichen Gegebenheiten kannte, aus denen die dem Mandanten drohende Gefahr folgte, oder wenn diese offenkundig waren.[31] So haben jüngst das OLG Düsseldorf und das OLG Klön entschieden, dass für den Anwalt auch in einem nicht insolvenzrechtlichen Mandat die Nebenpflicht besteht, die Mandantin entsprechend hinzuweisen, wenn sich im Rahmen des Mandats Anhaltspunkte für eine Insolvenzgefahr ergeben.[32]

1872

> **Praxisbeispiel**
> In einem Passivprozess unterrichtet die beklagte Mandantin ihren Anwalt, dass sie bei Verurteilung zur Zahlung gemäß dem Klageantrag ohnehin „pleite" sei.

1873

---

[28] Ständige Rechtsprechung, u.a. BGH NJW 2001, 517 (für RA); für StB LG Wuppertal, ZInsO 2011, 1997; LG Saarbrücken, ZInsO 2012, 330 = BeckRS 2012, 4834; s.a. Schmittmann, ZInsO 2008, 1170, 1172 m.w.N.; Kayser, Beraterhaftung für falsche oder unterlassene Auskünfte zur Insolvenzreife, ZIP 2014, 597 ff.
[29] S. insbesondere BGH NJW 2001, 517 = ZInsO 2001, 72; für einen Rechtsanwalt als Sanierungsberater.
[30] Zur Anwaltshaftung bei Vertrauen auf die Angaben des Mandanten s. BGH NJW 2019, 1151 (betr. Zugangsdatum einer Willenserklärung).
[31] BGH ZIP 2019, 521 (diese Entscheidung ist allerdings nicht in einem insolvenzrechtlichen Fall ergangen)
[32] OLG Düsseldorf, GmbHR 2021, 1214 = NZG 2021, 1642; OLG Köln ZIP 2022, 169.

1874 Zu beachten ist ferner, dass auch ein **stillschweigender Abschluss eines Auskunftsvertrags** in Betracht kommen kann. Dies ist dann anzunehmen, wenn die Auskunft für den Empfänger erkennbar von erheblicher Bedeutung ist und er sie zur Grundlage wesentlicher Entscheidungen machen will, sofern der Auskunftsgeber (Rechtsanwalt) für die Erteilung der Auskunft besonders sachkundig ist oder er hierbei eigene wirtschaftliche Interessen verfolgt.[33]

1875 **Praxisbeispiel**
Der Geschäftsführer der Mandanten-GmbH erkundigt sich bei dem Anwalt nach seinen persönlichen Pflichten nach Eintritt der Insolvenzreife der Gesellschaft und der Anwalt erteilt die Auskünfte (etwa zur Insolvenzantragspflicht nach § 15a InsO, betr. verbotene Zahlungen nach § 15b InsO, etc.)

1876 Grundsätzlich kommt auch eine Haftung des Beraters für Rat und Auskunft außerhalb des Mandats[34] oder aus cic bei Anbahnung eines Mandats[35] in Betracht. Jedoch ist der Anwalt nur dann zu Warnungen und Hinweisen außerhalb des Mandats verpflichtet, wenn er die tatsächlichen und rechtlichen Gegebenheiten kannte, aus denen die dem Mandanten drohende Gefahr folgte, oder wenn diese offenkundig waren.[36]

1877 **Anwalt mehrerer Gesamtschuldner.** Der Anwalt mehrerer Gesamtschuldner verstößt gegen das Verbot der Vertretung widerstreitender Interessen nach § 43a Abs. 4 BRAO, wenn das Mandat nicht auf die Abwehr der Gläubigerforderung insgesamt im gemeinsamen Interesse der Gesamtschuldner beschränkt ist.[37]

1878 **Gläubigeranwalt.** Der mit der Durchsetzung einer Forderung beauftragte Anwalt kann (bei entsprechenden Anzeichen für eine Krise des Schuldners) verpflichtet sein, den Mandanten auf insolvenzrechtliche Anfechtbarkeiten von freiwilligen Zahlungen des Schuldners hinzuweisen. Bei der Durchsetzung der Forderung im Wege der Zwangsvollstreckung hat der Anwalt die gebotene Beschleunigung walten zu lassen (im Hinblick auf die Rückschlagsperre des § 88 InsO) und/oder auf die Anfechtungsrisiken wegen Inkongruenz hinzuweisen.[38]

Vertritt der Anwalt **mehrere Gläubiger** gegenüber demselben Schuldner, liegt ein Verstoß gegen das Verbot widerstreitender Interessen nicht allein deswegen vor, weil bei nicht für alle Gläubiger ausreichenden Mitteln des Schuldners die Befriedigung des einen Mandanten automatisch die Befriedigung(saussichten) des anderen Mandanten reduziert.[39] Der Abschluss eines für alle seine Mandanten wirkenden Vergleichs mit dem Schuldner führt jedoch zur Vertretung widerstreitender Interessen und ist daher unzulässig. Will der Anwalt für seinen Mandanten nur eingeschränkt tätig werden, muss er dies dem Mandanten vor Mandatserteilung mitteilen, damit dieser sich ggf. einen anderen Anwalt nehmen kann.

---

[33] OLG Hamm, ZInsO 2021, 962 = NJOZ 2022, 22; betreffend die Beratung des Geschäftsführers der Mandanten-GmbH zu Fragen verbotener Zahlungen nach Eintritt der Insolvenzreife der Gesellschaft.
[34] Menkel, DStR 2010, 2477 ff.; LG Wuppertal, ZInsO 2011, 1997 = NZI 2011, 877.
[35] OLG Karlsruhe, DStR 2011, 191
[36] BGH NJW 2018, 2476
[37] BGH ZIP 2019, 423
[38] BGH WM 2017, 1938.
[39] BGH WM 2017, 1938.

b) Steuerberater. Die Hinweispflichten des mit der Erstellung des Jahresab- 1879
schlusses beauftragten Steuerberaters bei Insolvenzreife sind nun in § 102 StaRUG
kodifiziert (s.o.).

Auch **vor der neuen gesetzlichen Regelung** kamen für den Steuerberater, 1880
der mit der Erstellung des Jahresabschlusses nach § 252 HGB beauftragt war, Hinweispflichten bei Insolvenzreife in Betracht[40]. Ob der Steuerberater auch ungefragt auf eine bilanzielle Überschuldung hinweisen und die Prüfung der Überschuldung anregen musste, wenn dem Mandanten selbst die bilanzielle Überschuldung nicht bereits bekannt war, war immer wieder Gegenstand von instanzgerichtlichen Entscheidungen[41]. Zunächst wurde davon ausgegangen, dass der mit der allgemeinen steuerlichen Beratung einer Gesellschaft beauftragte Steuerberater im Rahmen seines steuerrechtlichen (Dauer-)Mandats nicht verpflichtet war, den Geschäftsführer auf eine mögliche Insolvenzreife der Gesellschaft und die daraus resultierenden Pflichten (insbesondere Insolvenzantragspflicht nach § 15a InsO) hinzuweisen, da dies seine Verantwortlichkeit über den erteilten Mandatsauftrag hinaus erweitern würde. Auch aus der Nebenpflicht, den Mandanten vor Schaden zu bewahren, ließe sich eine solche Prüfungs- und Hinweispflicht nicht herleiten. Maßgeblich ist also der Zuschnitt bzw. der Gegenstand des Mandats. So hatte auch der BGH entschieden, dass der Steuerberater aus einem steuerberatenden Dauermandat von einer GmbH bei „üblichem Zuschnitt" keine Pflicht hat, die Mandantin bei einer Unterdeckung in der Handelsbilanz auf die Pflicht des Geschäftsführers hinzuweisen, eine Prüfung in Auftrag zu geben, ob Insolvenzreife besteht.[42] Diese Rechtsprechung hat der BGH später aber teilweise aufgegeben: Der Steuerberater einer GmbH sei sehr wohl verpflichtet, zu prüfen, ob sich aufgrund ihm bekannter tatsächlicher oder rechtlicher Gegebenheiten Umstände ergeben, die einer Fortführung der Unternehmenstätigkeit entgegenstehen. Dann darf er nicht mehr von Fortführungswerten ausgehen, sondern hat die Mandantin auf einen möglichen Insolvenzgrund hinzuweisen, wenn entsprechende Anhaltspunkte offenkundig sind und er annehmen muss, dass die mögliche Insolvenzreife der Mandantin nicht bewusst ist. Zur Erstellung einer Fortführungsprognose ist er aber von sich aus nicht verpflichtet.[43] Für den Steuerberater konnte es also ein Haftungstatbestand sein, wenn er angesichts der Insolvenzreife objektiv zu Unrecht von Fortführungswerten ausgeht.[44] Das Werk (die Bilanz) sei jedoch mangelfrei, wenn die Gesellschaft den Steuerberater ausdrücklich zum Ansatz der Fortführungswerte angewiesen hat.[45] Das schien mir aber im Hinblick auf die Gefahr der Beihilfe zur Insolvenzverschleppung zur Entlastung des Steuerberaters nur denkbar, wenn die Fortführung der Gesellschaft zumindest möglich bzw. unklar war. Sehr deutlich

---

[40] S.a. Schmitt, Steuerberaterhaftung für Insolvenzverschleppungsschäden im Rahmen der Jahresabschlusserstellung, ZIP 2017, 2235 ff.
[41] Etwa OLG Schleswig, ZInsO 2011, 2280; OLG Celle, DStR 2012, 539; OLG Dresden, NZG 2015, 1198; OLG Saarbrücken, NZG 2016, 385
[42] BGH ZIP 2013, 829 = ZInsO 2013, 826; dazu Klusmeier, ZInsO 2013, 1347 f.; Schwarz/Schwarz, ZInsO 2013, 1344 ff.
[43] BGH ZIP 2017, 427 = GmbHR 2017, 348
[44] BGH ZIP 2017, 427 = GmbHR 2017, 348
[45] BGH ZIP 2017, 427 = GmbHR 2017, 348; zu dieser Entscheidung u.a. Mader/Seitz, DStR 2018, 1 ff.

dagegen das OLG Schleswig[46]: Der mit der Erstellung des Jahresabschlusses einer GmbH beauftragte Steuerberater hat die Nebenpflicht, bei bilanzieller Überschuldung die Mandantin auf eine drohende Insolvenz hinzuweisen: dieser Pflicht genügt er, wenn er unmissverständlich die zunächst bilanzielle Überschuldung feststellt und auf die gesetzliche Insolvenzantragsverpflichtung hinweist; einen Überschuldungsstatus muss er nur auf gesonderten Auftrag erstellen.

1881 Erst recht gilt natürlich: Tritt der Steuerberater bei einem steuerrechtlichen Mandat in konkrete Erörterungen zur Insolvenzreife der von ihm beratenen Gesellschaft ein, ohne die Frage konkret zu beantworten, hat er das Vertretungsorgan darauf hinzuweisen, dass eine verbindliche Klärung nur durch fachlich qualifizierten Rat nach entsprechendem Prüfauftrag zu erreichen ist.[47] Erklärt der lediglich mit der Bilanzerstellung beauftragte Steuerberater allerdings rechtlich zu Unrecht, eine Überschuldung der Gesellschaft liege nicht vor, haftet er der Gesellschaft für die Folgen der verspäteten Insolvenzantragstellung. Der Schaden ist durch Vergleich der Vermögenslage zum Zeitpunkt rechtzeitiger Insolvenzantragstellung und zum Zeitpunkt der tatsächlichen Antragstellung zu ermitteln. Regelmäßig dürfte die Gesellschaft aufgrund ihrer Selbstprüfungspflicht ein Mitverschulden treffen.[48]

1882 Zu beachten ist dabei zusätzlich, dass die § 102 StaRUG entsprechenden Hinweise, etwa wenn der Jahresabschluss einen nicht durch Eigenkapital gedeckten Fehlbetrag ausweist, den Steuerberater u.U. nicht von allen folgenden Haftungsrisiken entlastet. Der Steuerberater hat zwischen Niederlegung des Mandats und weiterer Unterstützung des Geschäftsführers bei der Fortführung der Gesellschaft (mit der Gefahr der Teilnahme an Insolvenzverschleppung) zu entscheiden. Einen Königsweg gibt es nicht[49].

1883 Ein **„Beratungsvertrag Sanierung"** mit einem Steuerberater ist nicht wegen Verstoßes gegen § 57 Abs. 4 StBerG nichtig[50].

1884 Auch bei **beschränktem Mandat**[51] besteht für den Steuerberater die Pflicht zur Warnung vor außerhalb des Mandats liegenden Fehlentscheidungen des Mandanten, wenn sie ihm bekannt werden oder auf den ersten Blick erkennbar sind[52]. Allerdings kann der Steuerberater, der nur steuerlich zu beraten hatte, für ausgebliebenen Unternehmenserfolg nach Anteilserwerb nicht haftbar gemacht werden[53].

Ebenso ist eine Haftung für Fehler der Rechtsprechung ausgeschlossen[54].

Schließlich besteht eine Hinweispflicht des Beraters (hier: Steuerberater) auf die Möglichkeit seiner eigenen Haftung wegen Beratungsfehlers (Wertermittlung eines in eine GmbH einzubringenden Einzelunternehmens mit Risikoabschlag von 20% auf den Jahresumsatz, obwohl absehbar keine entnahmefähigen Gewinne

---

[46] OLG Schleswig, NZG 2020, 1236
[47] BGH ZIP 2014, 583 = ZInsO 2014, 546
[48] BGH ZIP 2013, 1332 = = ZInsO 2013, 1411 = NZG 2013, 911
[49] Wagner, Der Steuerberater in der Zwickmühle – Wahl zwischen Mandatsniederlegung und Beihilfe zur Insolvenzverschleppung, ZInsO 2009, 449 ff.
[50] BGH ZIP 2011, 1367 = ZInsO 2011, 1303
[51] S.a. Zugehör, Das beschränkte Mandat des Rechtsanwalts und des steuerlichen Beraters, DStR 2010, 2595 ff.
[52] BGH ZInsO 2009, 327 = NJW 2009, 1141.
[53] BGH, BRAK-Mitteilungen 2003, 121
[54] BVerfG ZIP 2002, 1770

entstehen); bei Verletzung der Hinweispflicht greift die Sekundärhaftung auch nach Ablauf der dreijährigen Verjährung⁵⁵.

c) Wirtschaftsprüfer. Hier ist zunächst ebenfalls auf die Pflichten nach § 102 StaRUG hinzuweisen. Für Mandatsgegenstände außerhalb des § 102 StaRUG wird in Rechtsprechung und Literatur die Rechtsprechung des BGH zur Haftung des Steuerberaters wegen unterlassenen Hinweises auf die Insolvenzreife als auf den Wirtschaftsprüfer übertragbar angesehen.⁵⁶ Ein im Zusammenhang mit einer Unternehmenssanierung mit einer WP-Gesellschaft geschlossener Beratungsvertrag bedarf hinsichtlich der spezifischen Beratungspflichten bei Insolvenzreife mangels gesetzlicher Regelung ebenfalls der Auslegung. Da die Prüfung der Insolvenzreife des Unternehmens jedenfalls in einer Liquiditätskrise für den Sanierungserfolg von so maßgebender Bedeutung ist, ist von den Vertragsparteien zu erwarten, dass sie diese Pflicht in den vertraglichen Pflichtenkatalog aufnehmen. Fehlt dies, ist daraus zu schließen, dass die Prüfung der Zahlungsunfähigkeit nicht zum Pflichtenkatalog des Beraters gehört.⁵⁷

1885

d) Sanierungs- bzw. Restrukturierungsberater. Davon, dass der betriebswirtschaftliche **Sanierungs- bzw. Restrukturierungsberater** eine Hinweispflicht auf eine evtl. eingetretene Insolvenzreife bzw. Pflichten zur Beratung über eine Insolvenzantragspflicht hat, würde ich grundsätzlich ausgehen.⁵⁸ Für eine insoweit anderweitige Vertragsauslegung ist nur Raum, wenn der Vertrag unter Zugrundelegung des Regelungskonzepts eine Lücke aufweist. Das ist nicht der Fall, wenn die Leistungspflichten des Restrukturierungsberaters mit 14 konkret umschriebenen und abschließend zu verstehenden Leistungsgegenständen unter Ausschluss der Beratung in steuerlichen oder rechtlichen Angelegenheiten geregelt sind. Dann schuldet der Restrukturierungsberater nicht auch die Beratung zur Insolvenzantragspflicht.⁵⁹

1886

4. Haftungsfalle verdeckte Sacheinlage

Der **rechtliche Berater** kann bei von ihm beratungsseitig begleiteter verdeckter Sacheinlage zum Schadensersatz i.H.d. vom Gesellschafter noch zu erbringenden Bareinlage zzgl. eventuellen Wertverlusts des von ihm verdeckt eingelegten Sachwerts verpflichtet sein.⁶⁰ Zusätzlich hat er die erheblichen zivil- und strafrechtlichen Risiken für den Geschäftsführer der Gesellschaft, deren Kapital erhöht werden soll, im Blick zu behalten (s.o. → Rn. 1508f.). Auch ein **Steuerberater** verletzt seine Beratungspflichten und macht sich schadensersatzpflichtig, wenn er gesellschaftsrechtliche Auswirkungen (hier: verdeckte Sacheinlage) bei seiner aus steuerlichen Gründen gegebenen Gestaltungsempfehlung außer Acht lässt und der

1887

---

⁵⁵ OLG Koblenz, GmbHR 2003, 1437 = NJOZ 2005, 651.
⁵⁶ BayObLG, ZIP 2021, 2496; Gessner, Die Haftung des WP bei unterlassenem Hinweis auf Insolvenzreife, ZIP 2020, 544ff.
⁵⁷ OLG Frankfurt a.M. ZIP 2018, 488.
⁵⁸ OLG Köln ZIP 2022, 384 = BeckRS 2021, 36066.
⁵⁹ OLG Frankfurt a.M. ZIP 2019, 1178.
⁶⁰ BGH ZIP 2009, 1427 = ZInsO 2009, 1344.

Gesellschafter daher seine Einlage in bar nochmals leisten muss.[61] Ein Steuerberater hat aber nicht die Pflicht zur Belehrung über die Voraussetzungen einer ordnungsgemäßen Zahlung der künftigen Einlageschuld bei Kapitalerhöhung, wenn diese Belehrungspflichten in den Belehrungsbereich eines eingeschalteten Notars fallen.[62] Bei der Beurkundung einer Stammkapitalerhöhung durch Bareinlage hat der **Notar** über die Bedeutung des Begriffs „Bareinlage" aufzuklären, weil häufig Fehlvorstellungen über die Erfüllungsmöglichkeiten bestehen.[63] Der Notar hat, wenn im Rahmen einer Kapitalerhöhung Zweifel an der zutreffenden Bewertung der Sacheinlage bestehen, auf die Differenzhaftung hinzuweisen; dabei kann auch die Frage aufzuklären sein, ob eine einzubringende Gesellschafterforderung gegen die GmbH vollwertig ist.[64]

5. Sekundärhaftung

1888 Ferner besteht eine **Hinweispflicht** des Beraters (Rechtsanwalt oder Steuerberater) auf die Möglichkeit seiner **eigenen Haftung** wegen Beratungsfehlern. Bei Verletzung dieser Hinweispflicht greift die **Sekundärhaftung** auch nach Ablauf der 3-jährigen Verjährung ein.[65] Der als Jahresabschlussprüfer tätige Wirtschaftsprüfer unterliegt dieser Sekundärhaftung nicht.[66]

6. Begrenzung nach Mandatsgegenstand

1889 Die nach meinem Dafürhalten wirkungsvollste Begrenzung von Haftungsgefahren ist die genaue schriftliche Festlegung des Mandatsgegenstandes im Mandatsvertrag und die Beschränkung der Tätigkeit darauf.

1890 Zu beachten ist aber, dass grundsätzlich auch eine Haftung des Beraters für Rat und Auskunft außerhalb des Mandats[67] oder aus cic bei Anbahnung eines Mandats[68] in Betracht kommen kann. Jedoch ist der Anwalt nur dann zu Warnungen und Hinweisen außerhalb des Mandats verpflichtet, wenn er die tatsächlichen und rechtlichen Gegebenheiten kannte, aus denen die dem Mandanten drohende Gefahr folgte, oder wenn diese offenkundig waren.[69]

1891 Auch bei beschränktem Mandat[70] kann allerdings die Pflicht zur Warnung vor außerhalb des Mandats liegenden Fehlentscheidungen des Mandanten bestehen, wenn sie dem Berater bekannt werden oder auf den ersten Blick erkennbar sind.[71]

---

[61] OLG Frankfurt a.M. ZInsO 2009, 1852 = BeckRS 2009, 26488.
[62] LG Bremen DStR 2009, 1556.
[63] OLG Naumburg DStR 2010, 564.
[64] BGH GmbHR 2007, 1331 = NJW 2007, 3566.
[65] OLG Koblenz GmbHR 2003, 1437 (Haftung eines Steuerberaters wegen unrichtiger Wertermittlung eines in eine GmbH einzubringenden Einzelunternehmens mit Risikoabschlag von 20% auf den Jahresumsatz, obwohl absehbar keine entnahmefähigen Gewinne entstehen).
[66] BGH DStR 2010, 774.
[67] Menkel DStR 2010, 2477 ff.; LG Wuppertal ZInsO 2011, 1997 = NZI 2011, 877.
[68] OLG Karlsruhe DStR 2011, 191.
[69] BGH NJW 2018, 2476.
[70] Sa Zugehör DStR 2010, 2595 ff.
[71] BGH ZInsO 2009, 327 = NJW 2009, 1141 (entschieden für den Steuerberater).

II. Haftung gegenüber Dritten

Eine Haftung des Beraters gegenüber Dritten[72] kommt in Betracht aus 1892
- Auskunftsvertrag, der auch konkludent geschlossen werden kann,
- echtem Vertrag zugunsten Dritter, § 328 BGB, der ebenfalls konkludent oder nach Auslegung der Willenserklärungen der Parteien geschlossen sein kann, wenn dem Dritten unmittelbar das Recht zustand, die Beraterleistung fordern zu können,
- Vertrag mit Schutzwirkung zugunsten Dritter/Einbeziehung Dritter in den Schutzzweck des Mandatsvertrages, wenn der Dritte bestimmungsgemäß mit der Beraterleistung in Berührung kommt und damit den Gefahren einer Schutzpflichtverletzung genauso ausgesetzt ist, wie der Gläubiger selbst.[73] Dies scheint mir die am meisten relevante Konstruktion der Dritthaftung zu sein.

1. Einbeziehung Dritter in den Schutzzweck des Mandatsvertrages

Seit langem ist in der Rechtsprechung anerkannt, dass auch Dritte in den 1893 Schutzzweck des Beratervertrags einbezogen sein können mit der Folge, dass der Berater bei Verletzung von Vertragspflichten auch ihnen gegenüber in die Haftung geraten kann. Die Voraussetzungen für die Einbeziehung Dritter in den Schutzzweck des Mandatsvertrages hat der BGH jüngst nochmals klargestellt:[74]
- der Dritte kommt mit der Hauptleistung des Beraters bestimmungsgemäß in Berührung,
- der Gläubiger hat ein schutzwürdiges Interesse an der Einbeziehung des Dritten in den Schutzbereich des Beratervertrags,
- dem Berater als Vertragsschuldner ist die Einbeziehung des Dritten in den Vertragszweck bekannt oder zumindest erkennbar,
- der Dritte hat wegen des mandatsgegenständlichen Sachverhalts keinen eigenen inhaltsgleichen vertraglichen Anspruch (auch nicht gegen einen anderen Berater).

Mehrere Schädiger, die wegen eines gleichgelagerten Schadens aus Vertrag mit Schutzwirkung zugunsten Dritter in Anspruch genommen werden können, haften als Gesamtschuldner.[75]

a) Rechtsanwalt. Der Anwaltsvertrag hat im Allgemeinen keine Schutzwir- 1894 kung zugunsten des **(gesetzlichen) Vertreters** des Mandanten für Vermögenseinbußen, die darauf zurückzuführen sind, dass dem Vertreter im Zusammenhang mit der anwaltlichen Beratung zu Recht oder zu Unrecht eigene Pflichtverletzungen vorgeworfen werden.[76] Voraussetzung für eine drittschützende Wirkung des Mandatsvertrags sei eine ausreichende Leistungsnähe des Dritte. Diese richte

---
[72] Zur beruflichen Dritthaftung von Rechtsanwälten, Steuerberatern und Wirtschaftsprüfern s. Zugehör NJW 2000, 1601 ff.
[73] LG Wuppertal ZInsO 2011, 1997 = NZI 2011, 877.
[74] BGH ZIP 2020, 1720 (für einen Mandatsvertrag mit einem Anwalt)
[75] BGH ZIP 2018, 483 = GmbHR 2018, 410.
[76] BGH ZIP 2016, 1586 = NZG 2016, 1396 (Fall Mappus, Baden-Württemberg).

sich nach dem spezifischen Risikozusammenhang der vertraglich geschuldeten Leistung und den Interessen des Dritten, eine mittelbare Betroffenheit reiche nicht aus. Eine drittschützende Wirkung scheide jedenfalls aus, wenn die vertraglich geschuldete Leistung nicht Vermögenspositionen des Dritten dient, sondern nur der Vorbereitung von Entscheidungen des Mandanten. Zu beachten ist aber, dass diese Entscheidung des BGH nicht eine insolvenzrechtliche Beratung betraf.

In den Schutzbereich des Mandatsvertrages mit der GmbH, der explicit (auch) insolvenzrechtliche Beratungsgegenstände umfasst, ist der **Geschäftsführer** einbezogen mit der Folge, dass er gegen den Anwalt, der auf Zahlungsverbote nach § 64 S. 1 GmbHG a.F. (heute § 15b InsO) nicht hingewiesen hat, Schadensersatzansprüche erheben kann, wenn er vom Insolvenzverwalter auf Rückzahlung in Anspruch genommen wurde.[77] Diesen Schadensersatzanspruch kann der Geschäftsführer an den Verwalter abtreten, so dass dieser ihn unmittelbar gegen den Anwalt geltend machen kann.[78] Eine Einbeziehung des Geschäftsführers betreffend das Haftungsrisiko aus § 64 GmbHG a.F. in den Mandatsvertrag kommt nicht in Betracht, wenn das Mandat einen anderen Gegenstand als insolvenzrechtliche Beratung hat und sich nur im Rahmen dieses Mandats Anhaltspunkte für eine Insolvenzgefahr ergeben und deshalb die Nebenpflicht bestand, die Mandantin drauf hinzuweisen.[79]

1895 Die Haftung des Anwalts/rechtlichen Beraters für Schäden der **Altgesellschafter** (Inanspruchnahme nach § 24 GmbHG) wurde bejaht, der im Auftrag der GmbH die zur Kapitalerhöhung und Übernahme des neuen Geschäftsanteils durch einen beitretenden Gesellschafter erforderlichen Erklärungen vorbereitet hatte und die Kapitalmaßnahme sich später als verdeckte Sacheinlage herausstellte. Es besteht Schutzwirkung des Mandatsvertrages zugunsten der an der Kapitalerhöhung teilnehmenden Altgesellschafter.[80]

Dass die Umgestaltung gesellschaftsrechtlicher Beteiligungen regelmäßig auch Auswirkungen auf die wirtschaftliche Lage der beteiligten Gesellschafter hat, reicht für die Annahme einer drittschützenden Wirkung des Beratungsvertrages zwischen Gesellschaft und Anwalt nicht aus, wenn ausdrücklich vereinbart wurde, dass der Gesellschafter nicht in den Schutzzweck einbezogen ist.[81]

1896 Jedoch besteht keine Haftung des im Interesse des Betriebsrates beratenden Anwalts wegen Schlechterfüllung ggü. einem einzelnen Arbeitnehmer. Dieser ist nicht in den Schutzzweck des Mandatsvertrages einbezogen, denn es fehlt am anzunehmenden Parteiwillen des Betriebsrates, neben den kollektivrechtlichen Interessen der Belegschaft zugleich die individuellen Partikularinteressen einzelner Arbeitnehmer wahrnehmen zulassen.[82]

1897 Die **Insolvenzgläubiger** des Mandanten stehen nicht im Schutzbereich des Mandatsvertrages, der die Beratung des Mandanten wegen drohender Insolvenz

---

[77] OLG Hamm, ZInsO 2021, 962 = NJOZ 2022, 22; OLG Düsseldorf, GmbHR 2021, 1214
[78] OLG Hamm, ZInsO 2021, 962 = NJOZ 2022, 22
[79] OLG Düsseldorf, GmbHR 2021, 1212 (1214) = NZG 2021, 1266; OLG Köln ZIP 2022, 169 = NZG 2021, 642.
[80] BGH GmbHR 2000, 131 = NJW 2000, 725. Zur Schadensersatzhöhe BGH NZG 2009, 865.
[81] OLG Koblenz GmbHR 2013, 1269 = NZG 2014, 102.
[82] BAG BRAK-Mittlg. 2007, 59.

zum Gegenstand hat.[83] In Betracht kommen kann aber eine Haftung gegenüber den Gläubigern des Mandanten aus Beihilfe zur Insolvenzverschleppung des Mandanten.

b) Wirtschaftsprüfer. Die Sachverständigenhaftung für Vermögensschäden nicht nur ggü. dem Vertragspartner, sondern auch ggü. Drittgeschädigten[84] ist seit Langem anerkannt, so z.B. die Einbeziehung des GmbH-Anteilserwerbers in den Schutzzweck des WP-Testats[85] oder die Haftung des WP ggü. Anlegern eines Kapitalanlagemodells.[86] Fraglich ist, ob dies auch auf Krisenberater anwendbar ist. 1898

Für den Abschlussprüfer gilt § 323 HGB: Schadensersatz ggü. der Gesellschaft und evtl. ggü. Dritten. Die Haftung wegen fehlerhafter Abschlussprüfung ggü. Dritten setzt voraus, dass dem Prüfer deutlich wurde, dass von ihm im Drittinteresse eine besondere Leistung erwartet wird, die über die Erbringung der Prüfungsleistung hinausgeht und dem Dritten als Grundlage für bestimmte (Kredit-)Entscheidungen dienen soll.[87] Die Haftung des Abschlussprüfers bei Bestätigung fehlerhafter Jahresabschlüsse ergibt sich aus § 323 Abs. 1 Satz 3 HGB.[88] 1899

Auch die von der Rechtsprechung entwickelten Grundsätze zur Dritthaftung Sachkundiger können den Abschlussprüfer treffen; eine Bank ist allerdings nicht allein aufgrund § 18 Satz 1 KWG vorrangig in die Schutzwirkung einbezogen.[89] 1900

Der geschäftsführende Alleingesellschafter einer GmbH ist nur dann in den Schutzbereich eines zwischen der Gesellschaft und einem Wirtschaftsprüfer abgeschlossenen, auf die Erstellung eines Zwischenabschlusses gerichteten Vertrages einbezogen, wenn konkrete Umstände die Drittbezogenheit der Leistung und die Gläubigernähe des Alleingesellschafters belegen; allein die allgemeine Erwägung, dass eine finanzielle Beteiligung des Alleingesellschafters in der Krise der Gesellschaft nicht fernliegt, reicht hierzu nicht aus.[90] 1901

c) Steuerberater. Die Haftung des Steuerberaters für die Richtigkeit der von ihm erstellten Bilanz wurde auch ggü. dem **Unternehmenserwerber** angenommen. Dies gilt jedoch dann nicht, wenn der Dritte eigenes fachkundiges Personal zur Prüfung einsetzt.[91] In diesem Zusammenhang ist auch zu nennen die Haftung eines Steuerberaters für fehlerhafte Darstellung der Vorteile und Risiken einer Gesellschaftsbeteiligung. Denkbar ist dies auch ggü. Dritten, sobald der StB erfährt, dass diese anstelle des Mandanten in das Anlagevorhaben eintreten werden.[92] 1902

---

[83] OLG Düsseldorf BRAK-Mittlg. 2010, 127.
[84] Zur Dritthaftung eines Wirtschaftsprüfers auch Schuster BB 2005, 987 ff.
[85] BGH ZIP 1998, 826. Zu den Grenzen der Einbeziehung Dritter in den Schutzzweck des Prüfvertrages bei Pflichtprüfung nach §§ 316 ff. HGB, BGH ZIP 2006, 954 = NJW 2006, 1975, dazu Lettl NJW 2006, 2817 ff.
[86] BGH EWiR 2001, 109.
[87] OLG Düsseldorf DStR 2010, 136.
[88] Bärenz BB 2003, 1781 ff.
[89] OLG Köln ZIP 2012, 1084.
[90] OLG Saarbrücken GmbHR, 2007, 1108.
[91] OLG Düsseldorf OLG-Report 2000, 355.
[92] BGH ZIP 2003, 806.

1903 Eine Dritthaftung ist auch ggü. einer **Bank** möglich, jedoch dann nicht, wenn diese gegen ihre eigenen Mindestanforderungen für die Kreditgewährung, etwa aus § 18 KWG, verstößt.[93]

1904 Weiterhin kann eine Haftung auf Schadensersatz für Mehrsteuern aus **vGA** gegeben sein, die wegen unklarer Regelung nicht als Betriebsausgaben anerkannt wurde[94] (besonders zu beachten bei Gesellschafter-Geschäftsführergehältern und Tantiemen).

1905 Der Steuerberatungsvertrag mit einer **KG** kann Schutzwirkungen zugunsten der Kommanditisten entfalten. Das gilt insb. für Steuererklärungen, die Auswirkungen auf die Einkommensbesteuerung der Kommanditisten haben.[95]

1906 Ob der **Geschäftsführer** „automatisch" in den Schutzbereich des Mandatsvertrages der **GmbH** mit dem Steuerberater einbezogen ist, ist in jüngster Zeit wiederholt Gegenstand von ober- und höchstrichterlichen Entscheidungen gewesen. Nach OLG Köln haftete ein von der GmbH mandatierter Steuerberater dem Geschäftsführer für dessen Inanspruchnahme aus § 64 Satz 1 GmbHG weder aus Auskunftsvertrag noch aus Vertrag mit Schutzwirkung zugunsten Dritter.[96] Nach OLG Celle hat der Steuerberater der GmbH bei der Erteilung eines steuerlichen Rates keine Verpflichtung, den Geschäftsführer über Risiken einer persönlichen Haftung nach § 64 Abs. 2 GmbHG a.F. hinzuweisen.[97] Auch kam nach OLG Schleswig nicht automatisch ein Auskunftsvertrag mit dem Geschäftsführer zustande, wenn die im Mandatsverhältnis mit der GmbH dem Geschäftsführer erteilte Auskunft zugleich für eine evtl. Haftung des Geschäftsführers nach §§ 34, 69 AO von Bedeutung ist.[98] Dies hat der BGH in einer jüngsten Entscheidung ebenfalls so gesehen: Das steuerberatende Dauermandat von einer GmbH begründet bei „üblichem Zuschnitt" keine Pflicht, die Mandantin bei einer Unterdeckung in der Handelsbilanz auf die Pflicht des Geschäftsführers hinzuweisen, eine Prüfung in Auftrag zu geben, ob Insolvenzreife besteht und begründet insoweit auch keine drittschützende Pflicht gegenüber dem Geschäftsführer.[99]

1907 Jedoch ist eine Haftung des Steuerberaters in solchen „Drittfällen" durchaus denkbar. Ein GmbH-Geschäftsführer, der nach §§ 34, 69 AO haftet, kann durchaus als Dritter in den Schutzbereich des Umsatzsteuermandatsvertrages mit der GmbH einbezogen sein und daher wegen Fehlverhaltens des Steuerberaters der GmbH Schadensersatzansprüche gegen den Steuerberater geltend machen (Vertrag mit Schutzwirkung zugunsten Dritter).[100] Der Gesellschafter und der Geschäftsführer können in den Schutzbereich des Mandatsvertrages einer GmbH mit dem Steuerberater einbezogen sein, der die Prüfung einer möglichen Insolvenzreife der GmbH zum Gegenstand hat.[101] Danach kommt auch eine Haftung des Steuerbe-

---

[93] OLG Frankfurt a.M. DStR 2008, 795.
[94] BGH ZIP 1998, 648.
[95] OLG Köln DStR 2009, 555.
[96] OLG Köln DStR 2012, 923 = NZG 2012, 504 (n.rk.).
[97] OLG Celle GmbHR 2012, 1245 = ZIP 2012, 2353.
[98] OLG Schleswig ZInsO 2011, 2280 = NZG 2012, 307 (aufgehoben durch BGH ZIP 2012, 1353).
[99] BGH ZIP 2013, 829 = ZInsO 2013, 826 = GmbHR 2013, 543.
[100] BGH ZInsO 2011, 2274 = DStR 2012, 720 (Aufhebung von OLG Köln DStR 2011, 737).
[101] BGH ZIP 2012, 1353 = ZInsO 2012, 1312.

raters der GmbH für Schäden des Geschäftsführers nach Inanspruchnahme wegen verbotener Zahlungen nach § 64 GmbHG in Betracht.[102] Besonderes Augenmerk ist also auf den Gegenstand bzw. Umfang des Mandatsvertrages zu richten.

d) Gutachter. Ebenfalls diskutiert wird die Haftung des Grundstückswertgutachters aus Einbeziehung einer nicht bekannten Vielzahl von Anlegern in den Bewertungsauftrag, der erkennbar zur Werbung für ein Anlagemodell erteilt wurde.[103] Maßgeblich für die Frage, ob Dritte in den Schutzzweck einbezogen sind, sind die Angaben im Gutachten über den Zweck des Gutachtens und die sonstigen Inhalte des Gutachtens.[104] 1908

Auch kann sich eine Haftung eines WP für die Prüfung eines Anlageprospekts aus Vertrag mit Schutzwirkung zugunsten Dritter ggü. Anlegern neben der Prospekthaftung[105] ergeben. 1909

> **Praxishinweis und Vorsichtswarnung insbesondere für den anwaltlichen und steuerlichen Berater** 1910
> Aus dem Sanierungsmandat folgt selbstverständlich die Pflicht, ggf. auf eingetretene Insolvenzreife hinzuweisen. Diese Hinweispflicht kann sich aber als Nebenpflicht auch aus Mandatsverträgen ergeben, die hauptsächlich auf andere Gegenstände als die Sanierung gerichtet sind. Für den Berater besteht also die greifbare Gefahr der Schadensersatzhaftung gegenüber dem Geschäftsführer der Mandanten-GmbH, wenn dieser im späteren Insolvenzverfahren über das Vermögen der Gesellschaft vom Insolvenzverwalter erfolgreich auf Ersatz verbotener Zahlungen nach § 15b InsO in Anspruch genommen wird. Das Volumen dieser Haftung kann, wie oben zur Geschäftsführerhaftung gezeigt, erheblich sein. Diesen Schadensersatzanspruch kann der Geschäftsführer an den Insolvenzverwalter abtreten, so dass dieser ihn unmittelbar gegen den (anwaltlichen) Berater geltend machen kann

2. Deliktische Schadensersatzpflicht

Berater können auch in die Gefahr geraten, sich als Gehilfen an unerlaubten Handlungen des Mandanten, namentlich an Insolvenzverschleppung, Eingehungsbetrug oder existenzvernichtenden Eingriffen zu beteiligen und so in eine Haftung aus §§ 823, 830 BGB zu geraten. Die Beiträge des Beraters müssen aber über das berufstypische Verhalten hinausgehen. Voraussetzung ist i.d.R., dass das Verhalten des Haupttäters ausschließlich auf die Begehung der unerlaubten Handlung gerichtet ist und der Berater dies weiß.[106] 1911

---

[102] Schmittmann ZInsO 2008, 1170 ff.
[103] Zur Haftung des Sachverständigen für fehlerhafte Wertgutachten ggü. Dritten s. Finn NJW 2004, 3752 ff.
[104] BGH ZIP 2004, 1814.
[105] BGH ZIP 2004, 1810; dazu Zacher/Stöcker DStR 2004 1494 ff. und 1537 ff.
[106] Zur Schadensersatzpflicht des Steuerberaters wegen Beihilfe zur Insolvenzverschleppung eines GmbH-Geschäftsführers s. Lange DStR 2007, 954 ff.; Froehner ZInsO 2011, 1617 ff.

III. Vermögensschaden

1912 Für die Ermittlung des durch Beratungsfehler entstandenen Schadens gilt auch bei der Beraterhaftung die Differenzhypothese. Dabei sind nach § 249 BGB alle durch das haftungsbegründende Ereignis ausgelösten Vermögensvor- und -nachteile zu berücksichtigen. Für die Ermittlung eines Insolvenzverschleppungsschadens (etwa wegen fehlenden, aber gebotenen Hinweises auf die Insolvenzreife) hat der Insolvenzverwalter die stichtagsbezogenen Vermögenszu- und -abflüsse, die nach der erkennbaren Insolvenzreife der Gesellschaft erfolgt sind, darzulegen; der Beweisantrag „Sachverständigengutachten" für die Feststellung der Höhe des Vertiefungsschadens ist unzulässiger Ausforschungsbeweis.[107]

Bei der Schadensberechnung ist grundsätzlich nur das Vermögen des Geschädigten selbst zu betrachten; Vermögensvor- und -nachteile, die Dritte durch den Beratungsfehler erleiden bleiben unberücksichtigt. Das kann dann unbillig sein, wenn durch das schädigende Ereignis einem dem geschädigten Mandanten nahestehenden Dritten ein Vermögensvorteil zufließt, insbesondere dann, wenn die Begünstigung dieser Person Teil des Beratungsvertrages ist.[108] Dabei ist die Zurechnung nicht auf nahe Angehörige beschränkt, sondern sie findet Anwendung auch in Konstellationen mit gesellschaftsrechtlicher Verbindung. Hat etwa der (steuerliche) Berater nach dem Mandatsvertrag auch die Interessen vom Mandanten beherrschter Gesellschaften zu berücksichtigen, ist im Falle einer Pflichtverletzung der Schaden unter Einbeziehung der Vermögenslage auch dieser Gesellschaften zu berechnen.[109] Hat die steuerliche Beratung einer GbR nach dem Inhalt des Mandatsvertrags auch die Interessen der Gesellschafter zum Gegenstand, ist der Schaden unter Einbeziehung der Vermögenslagen der Gesellschafter zu berechnen.[110]

IV. Kausalität der Pflichtverletzung für den Schaden

1913 Es bestehen erleichterte Anforderungen an den Beweis der Ursächlichkeit der Pflichtverletzung für den Schaden.[111] Bei der Rechts- oder Steuerberaterhaftung bestimmen sich die Beweiserleichterungen für den Ursachenzusammenhang zwischen Pflichtverletzung und Schaden nach den Grundsätzen des Anscheinsbeweises.[112] Bereits wegen wahrscheinlichen Schadenseintritts aus Beratungsfehler kann eine Feststellungsklage gegen den Berater zulässig sein.[113]

Nach den Grundsätzen des Anscheinsbeweises wird also vermutet, dass sich der Mandant gemäß dem (richtigen) Rat des Beraters entsprechend verhalten hätte,

---

[107] OLG Frankfurt a.M. GmbHR 2020, 267 = BeckRS 2018, 50745.
[108] BGH NJW 2015, 1373.
[109] BGH ZIP 2016, 1541 = NZG 2016, 238; dazu Riedel/Grabmann, Konsolidierte Schadensbetrachtung im Konzern?, NZG 2016, 650 ff.
[110] BGH ZIP 2017, 287.
[111] BGH DStR 2000, 889 = NJW 2000, 2814.
[112] BGH ZIP 2014, 1490 = NJW 21014, 2857; erneut BGH ZIP 2015, 1684 = NZG 2016, 74.
[113] BGH ZIP 2014, 2150 (Steuerberater).

sofern dies aus damaliger Sicht bei vernünftiger Betrachtungsweise nahe gelegen hätte.[114] Diese Beweiserleichterung gilt jedoch nicht generell; erforderlich ist, dass aufgrund anderer objektiver Umstände beratungskonformes Verhalten des Mandanten wahrscheinlich gewesen wäre.[115] Die Vermutung beratungskonformen Verhaltens greift nicht, wenn der Mandant den richtigen Vorschlag des Anwalts ablehnt.[116]

Der Zurechnungszusammenhang wird auch dann nicht unterbrochen, wenn der Mandant vor Schadenseintritt einen anderen Anwalt mit der Erhebung von Schadensersatzansprüchen beauftragt.[117] Ebensowenig entfällt der Zurechnungszusammenhang zwischen anwaltlicher Pflichtverletzung und Schaden des Mandanten bereits durch die naheliegende Möglichkeit, den Schaden in einem Rechtsmittelverfahren beseitigen zu können.[118] Ggf. kommt zwischen „allgemeinem" Steuerberater und Spezialisten im Hinblick auf die Haftung für ein fehlerhaftes Konzept eine gesamtschuldnerische Haftung in Betracht.[119]

1914

Denkbar ist die Berücksichtigung eines Mitverschuldens des Geschäftsführers der GmbH nach §§ 31, 254 Abs. 1 BGB, so z.B. entschieden für die Haftung eines Abschlussprüfers nach § 51 WPO a.F. auch für Verursachungsbeiträge, die vor Beginn der Prüfung lagen.[120]

1915

V. Haftung in der Sozietät

In einer Sozietät (GbR) besteht gesamtschuldnerische Haftung der Sozien analog § 128 HGB. Bei interprofessioneller Sozietät (etwa bestehend aus Rechtsanwälten und Steuerberatern) haften für Regressansprüche des Mandanten aus der Verletzung anwaltlicher Beratungspflichten auch diejenigen Sozien persönlich, die nicht Rechtsanwälte sind.[121] Ein Anspruch des Mandanten aus der Sekundärhaftung besteht auch gegen den Anwalt, der als Scheinsozius wegen der primären Pflichtverletzung nur analog § 128 HGB haftet, aber im Rahmen eines persönlichen Folgemandats die sekundäre Hinweispflicht verletzt.[122]

1916

---

[114] BGH ZInsO 2009, 328 = NJW 2009, 502.
[115] BGH NJW 2009, 1591.
[116] BGH BB 2007, 1468.
[117] BGH NJW 2002, 1117 = ZIP 2002, A12.
[118] BGH ZIP 2019, 1483.
[119] BGH DStR 2000, 1525; OLG Hamm GI 2000, 193; BGH EWiR 2001, 997.
[120] BGH NZG 2010, 146.
[121] BGH ZIP 2012, 1413 = NJW 2012, 2435.
[122] BGH ZIP 2015, 1684.

B. Gefahren für Berater als Beteiligte an Straftaten

1917   Berater können im Rahmen ihrer Tätigkeit in Krisensituationen auch in die Gefahr strafrechtlicher Verantwortung geraten.[123]

I. Täterschaft und Teilnahme

1918   Eine Straftat kann der Berater als Täter, § 25 StGB, oder als Teilnehmer durch Anstiftung, § 26 StGB, oder Beihilfe, § 27 StGB, begehen. Bei vielen Delikten kommt der Berater als Täter nicht in Betracht, weil er die persönlichen Merkmale nicht erfüllt, etwa Geschäftsführereigenschaft im Tatbestand der Insolvenzverschleppung (§ 84 GmbHG) oder als Person, über deren Vermögen das Insolvenzverfahren eröffnet wird, im Tatbestand des Bankrotts (§ 283 StGB).

1919   Denkbar ist jedoch, dass dem Berater einzelne, eigentlich den Unternehmer treffende Pflichten übertragen sind. Hier sind in erster Linie die **Buchführungspflichten** zu nennen. Diese können durch einen Mandatsvertrag vollständig auf den Berater übertragen werden, der dann auch Täter der Verletzung der Buchführungspflicht nach § 283b StGB sein kann.

1920   Größer scheint mir für den Berater die Gefahr der Anstiftung und Beihilfe zu Delikten der Geschäftsleitung. In der Krise des Mandanten ist es häufig nur ein kleiner Schritt von der zulässigen Beratung zur strafbaren Anstiftung oder Beihilfe. Im Einzelnen sind hier zu nennen:

II. Mitwirkung bei übertragender Sanierung

1921   In der Krise des Unternehmens wird mitunter noch eine sog. übertragende Sanierung versucht (zu den Risiken der übertragenden Sanierung im Insolvenzvorfeld s.o. → Rn. 1746 ff.). Nachdem die Krise der Gesellschaft und ein Insolvenzverfahren als unvermeidlich erkannt sind, wird eine zweite Gesellschaft gegründet, auf die sodann die wichtigsten Gegenstände des Anlage- und Umlaufvermögens, erteilte und noch nicht ausgeführte Aufträge, Kundenkartei etc. übertragen werden, die auf diese Weise dem Zugriff der Gläubiger der „alten" Gesellschaft entzogen werden. U.U. werden auch die Gegenstände gewissen Gläubigern scheinbar zur Sicherheit übertragen. Nach den Übertragungen wird sodann Insolvenzantrag über das Vermögen der „alten" Gesellschaft gestellt.

1922   Ob es sich bei diesen Tätigkeiten um Bankrott (§ 283 StGB) oder Untreue (§ 266 StGB) handelt, richtet sich danach, ob der Täter im Interesse des Unternehmens

---

[123] Weyand ZInsO 2000, 413 ff.; Sundermeier/Gruber DStR 2000, 929 ff.; Reck ZAP-Ost, Fach 21, S. 381 ff.; Bilzdorfer NWB, Fach 13, S. 975 ff.; Graf BB 2001, 562 ff.; Zur Schadensersatzpflicht des Steuerberaters wegen Beihilfe zur Insolvenzverschleppung eines GmbH-Geschäftsführers s. Lange DStR 2007, 954 ff.; Wessing NZI 2003, 1 ff.; Wessing NJW 2003, 2265 ff.

(dann Bankrott) oder im Interesse eines Dritten oder im eigenen Interesse (dann Untreue) handelte. Entscheidend ist, ob im Einzelfall den Gläubigern Haftungsvermögen entzogen wurde oder der jeweiligen Gesellschaft ein Vermögensschaden entstanden ist.

Der Berater, der zu den Handlungen rät bzw. die Verträge entwirft, kann sich wegen Anstiftung oder Beihilfe strafbar machen. Der Beihilfe zum Bankrott ist schuldig, wer in der Krise einer GmbH die vertraglichen Grundlagen für einen Asset-Deal erstellt, mit dem fast die gesamten Aktiva der GmbH an eine Auffanggesellschaft verkauft und übertragen werden und die Durchsetzung des daraus resultierenden Kaufpreisanspruchs aufgrund der vertraglichen Ausgestaltung mit erheblichen Risiken behaftet ist.[124]   1923

III. Insolvenzverschleppung

Eine Strafbarkeit des Beraters als Täter kommt nur in Betracht, wenn er selbst als Liquidator oder Sanierer in organähnlicher Stellung (faktische Geschäftsführung) bzw. als Geschäftsführer oder Vorstand der insolventen Gesellschaft tätig wird.[125]   1924

Eine Strafbarkeit des Beraters als Teilnehmer kommt in Betracht, wenn der jeweilige Geschäftsführer vorsätzlich Insolvenzverschleppung begeht. Anstiftung kann etwa vorliegen, wenn der Geschäftsführer den Vorsatz zur Insolvenzverschleppung erst aufgrund der Beratung fasst. Beihilfe kann vorliegen, wenn der Berater den bereits zur Insolvenzverschleppung entschlossenen Geschäftsführer bei einzelnen Maßnahmen, z.B. der Gründung einer Auffanggesellschaft, Übertragung von Vermögensgegenständen etc. unterstützt. Beihilfe des Steuerberaters zur Insolvenzverschleppung liegt nicht vor, wenn er den Mandanten auf die Pflicht zur Insolvenzantragstellung hinweist und das Mandat fortsetzt; aber auch berufstypische, eigentlich „neutrale" Handlungen wie etwa die Weiterführung der steuerberatenden Tätigkeit durch Buchführungsarbeiten, Abgabe von Steuererklärungen, etc. können strafbare Beihilfe zur Insolvenzverschleppung sein, wenn das Handeln des Haupttäters ausschließlich auf eine strafbare Handlung gerichtet ist und der Berater das weiß.[126] Im Zweifel kann es sich zur Vermeidung eigener Haftungsgefahren empfehlen, das Mandat niederzulegen.   1925

IV. Buchführungs-, Bilanzierungsdelikte, Verletzung der Berichtspflicht

Nach § 283 Abs. 1 Nrn. 5 u. 7 und § 283b Abs. 1 StGB ist die unterlassene oder mangelhafte Buchführung bzw. die unterlassene oder mangelhafte Bilanzerstellung strafbar. Sofern diese Aufgaben vollständig dem Berater übertragen wurden, kommt er als **Täter** in Betracht. Voraussetzung für eine Strafbarkeit des Beraters   1926

---

[124] AG Ingolstadt EWiR 2004, 1245.
[125] Sa Wagner ZInsO 2009, 449 ff.; Römermann GmbHR 2013, 513 ff.
[126] OLG Köln DStR 2011, 1195 = ZInsO 2011, 288.

ist jedoch, dass ihm die Pflichterfüllung objektiv möglich ist. Gerade in der Krise liefert der Mandant häufig nur unvollständige oder ungeordnete Unterlagen oder zahlt das Honorar nicht. Dann macht sich der Berater nicht wegen Verzögerungen oder Mängeln der Buchführung oder Bilanzierung strafbar. Unmögliches oder Unzumutbares kann von ihm nicht verlangt werden. Insoweit schließen zivilrechtliche Mängel des Mandatsvertragsverhältnisses eine Strafbarkeit aus. Dementsprechend sollte der Berater schriftliche Vollständigkeitserklärungen des Mandanten verlangen und schriftlich darauf hinweisen, dass er ohne Honorierung nicht tätig wird.

1927 Die Vornahme einer Buchung in der Unternehmenskrise, die den Grundsätzen der GoB widerspricht, kann psychische Beihilfe zum Bankrott sein.[127]

1928 § 332 HGB stellt für den Abschlussprüfer die vorsätzlich falsche Berichterstattung unter Strafe. Zu beachten ist, dass durch das KonTraG die zu prüfenden Gegenstände nach §§ 317, 321, 322 HGB erheblich erweitert worden sind (Problem- und risikoorientierter Prüfungsansatz).

V. Gläubigerbegünstigung (§ 283c StGB)

1929 Hier kommt eine Strafbarkeit des Beraters als Anstifter in Betracht, wenn er einem erkannt zahlungsunfähigen Mandanten zur Abtretung von Forderungen (etwa Steuererstattungsansprüche) oder zu Sicherungsübereignungen veranlasst, um auf diese Weise rückständige Honoraransprüche zu befriedigen bzw. sicherzustellen (inkongruente Deckung).[128] Dagegen ist die Anforderung eines Vorschusses für künftige Beraterleistungen nicht strafbar.

VI. Vorenthaltung von Sozialversicherungsbeiträgen (§ 266a StGB) und Steuerhinterziehung (§ 370 AO)

1930 Für die Teilnahme des Beraters an diesen Delikten gelten die Ausführungen betreffend die Insolvenzverschleppung (s. → Rn. 1924 f.) entsprechend. Zur Beihilfe zur Steuerhinterziehung bei Erklärung von Umsätzen ggü. dem FA, die nicht auf ordnungsgemäßen Aufzeichnungen beruhen, vgl. die Entscheidung des BFH v. 13.8.2007 – VII B 345/06, BeckRS 2007, 25012494.[129]

VII. Betrug (§ 263 StGB) und Kreditbetrug (§ 265b StGB)

1931 Hier kommt eine Strafbarkeit des Beraters als Gehilfe in Betracht, wenn er z.B. eine manipulierte Bilanz erstellt.

---

[127] LG Lübeck ZInsO 2012, 1481.
[128] AG Nürnberg ZInsO 2012, 339 = BeckRS 2012, 4836.
[129] Vorinstanz: FG Münster EFG 2007, 488.

VIII. Sanierungsschwindel

Hier kommt eine Strafbarkeit des Beraters als Gehilfe in Betracht, wenn er den Geschäftsführer bei falschen Angaben zum Zweck der Eintragung über die Kapitalaufbringung (§ 82 Abs. 1 Nr. 3 GmbHG: verdeckte Sacheinlage!) oder bei einer unwahren Versicherung zum Zweck der vereinfachten Kapitalherabsetzung (§ 82 Abs. 2 Nr. 1 GmbHG) unterstützt. **1932**

C. Mandatsbeendigung

Wegen der vorbeschriebenen Haftungsgefahren kann es insbesondere für den steuerlichen (Dauer-)Berater angeraten sein, das Mandat zu beenden, eine regelrechte Pflicht hierzu besteht jedoch nicht.[130] Zum Zurückbehaltungs- und Leistungsverweigerungsrecht des Steuerberaters nach Mandatsbeendigung s. Weber, DStR 2011, 2168 ff.; zu Stolpersteinen bei der (anwaltlichen) Mandatsniederlegung s. Ritter, NJW 2015, 2008 ff. **1933**

---

[130] S. hierzu Kaiser/Oetjen DStR 2011, 2488 ff.

§ 12 Sanierung im Insolvenzverfahren

Übersicht

	Rn.
A. Vorbemerkungen, Vorbereitung der Sanierung	1934
B. Insolvenzeröffnungsverfahren	1941
I. Insolvenzeröffnungsantrag	1943
1. Antragsrecht	1944
2. Antragspflicht des Schuldners	1946
3. Einzelheiten zum Schuldnerantrag	1950
a) Persönliche Zuständigkeit	1950
b) Zulässigkeitsanforderungen	1952
c) Rücknahme des Eröffnungsantrags	1957
4. Einzelheiten zum Gläubigerantrag	1958
a) Antragsberechtigte; Voraussetzungen	1958
b) Glaubhaftmachung oder Beweis der Forderung	1961
c) Entscheidungen zum Insolvenzantrag von Sozialversicherungsträgern oder Finanzamt	1966
d) Glaubhaftmachung des Insolvenzeröffnungsgrundes	1969
e) Rechtliches Interesse, Verbot des Rechtsmissbrauchs	1972
f) Zusätzliche Entscheidungen zum Rechtsschutzinteresse des Finanzamtes:	1974
g) Druckantrag	1979
h) Anhörung des Schuldners	1983
i) Erfüllung der Forderung des antragstellenden Gläubigers	1984
j) Kostentragung	1986
k) Rechtsmittel	1992
l) Vorübergehende Einschränkung des Gläubigerantragsrechts	1993
II. Einsetzung eines vorläufigen Gläubigerausschusses; Einfluss auf die Wahl des Insolvenzverwalters	1994
III. Mitwirkungs- und Auskunftspflicht des Schuldners, Sicherungsmaßnahmen	1999
IV. Vorläufige Insolvenzverwaltung (§§ 21 Abs. 2 Nr. 1, 22 InsO)	2002
1. Auswahl	2003
2. Einfluss des vorläufigen Gläubigerausschusses	2004
3. Rechtsstellung, Pflichten und Befugnisse des vorläufigen Verwalters	2006
a) Pflicht zur Fortführung des Unternehmens	2009
b) Recht zur Stilllegung?	2010
c) Recht zur Veräußerung des Betriebs/-teils?	2013
d) Einzelne Verwertungshandlungen	2016
V. Fortführung des Unternehmens im Insolvenzeröffnungsverfahren, Sanierungsvorbereitung	2017
1. Insolvenzgeldvorfinanzierung (§§ 165 ff. SGB III)	2018
2. Echtes und unechtes Massedarlehen	2022
3. Widerspruch gegen Lastschriften	2024
4. Sicherung von neuen Gläubigeransprüchen im Insolvenzeröffnungsverfahren, Masseverbindlichkeiten	2025
5. Rechte der Sicherungsgläubiger im Insolvenzeröffnungsverfahren	2033
VI. Entlassung und Haftung des vorläufigen Insolvenzverwalters	2037
C. Einfluss der Gläubiger auf das Insolvenzverfahren	2041
I. Gläubigerversammlung	2042
II. Abwahl des Verwalters	2044

III. Stimmrechtsentscheidungen 2047
IV. Gläubigerausschuss 2048
   1. Einsetzung 2048
   2. Aufgaben, Befugnisse und Haftung 2051
   3. Beschlussfassung 2056
V. Einsichtsrecht in die Insolvenzakte 2057
   1. Vor Verfahrenseröffnung 2057
   2. Nach Verfahrenseröffnung 2058
   3. Nach Verfahrensabschluss 2060
   4. Bei Nichteröffnung des Insolvenzverfahrens 2061
      a) Abweisung mangels Masse 2061
      b) Anderweitige Nichteröffnung 2062
   5. Rechtsbehelf gegen Versagung der Akteneinsicht 2064
D. Gesellschaftsrechtliche Auswirkungen des Insolvenzverfahrens auf
   die GmbH 2065
   I. Auflösung der Gesellschaft 2069
      1. Eröffnung des Insolvenzverfahrens 2069
      2. Abweisung mangels Masse 2072
   II. Stellung der Geschäftsführer 2075
      1. Organstellung 2075
         a) Erforderlichkeit des Geschäftsführers 2075
         b) Einfluss auf die Organstellung, Befugnisse 2076
         c) Amtsniederlegung 2078
         d) Wettbewerbsverbot 2079
         e) Eigenverwaltung 2080
      2. Dienst-/Anstellungsverhältnis 2081
      3. Insolvenzspezifische Pflichten 2083
      4. Sonstige Pflichten, Offenlegungspflichten, Pflicht zur Rech-
         nungslegung 2086
   III. Stellung der Gesellschafter 2091
   IV. Gesellschaftsrechtliche Befugnisse des Insolvenzverwalters 2098
      1. Allgemeines 2098
      2. Ausnahmen 2099
      3. Umfirmierung der insolventen Gesellschaft? 2104
E. Übertragende Sanierung und Unternehmenskauf als Asset-Deal aus der
   Insolvenz (Distressed M&A) 2105
   I. Verfahrenswege 2106
      1. Sanierungsgesellschaft 2107
      2. Auffanggesellschaft 2108
      3. Betriebsübernahmegesellschaft, „unechte Auffanggesellschaft" .. 2109
   II. Zeitfaktor 2112
   III. Besonderheiten bei der Due Diligence 2114
   IV. Unternehmenskauf bereits im Insolvenzeröffnungsverfahren? 2115
      1. Vom Schuldner 2115
      2. Vom vorläufigen Insolvenzverwalter 2116
   V. Unternehmenskauf unmittelbar nach Verfahrenseröffnung vor
      dem Berichtstermin 2120
   VI. Exklusivität und andere Absicherungen des Verkaufsprozesses 2121
   VII. Fortführung des Unternehmens im Insolvenzeröffnungsverfahren
      und Transaktionsvorbereitung 2122
      1. Fortführungsvereinbarungen 2122
      2. Echtes und unechtes Massedarlehen 2123
      3. Einfluss auf die Wahl des Insolvenzverwalters durch perso-
         nengebundenes Massedarlehen? 2124
   VIII. Asset Deal aus dem eröffneten Insolvenzverfahren der GmbH 2125
      1. Festlegung des Kaufgegenstandes – einzelne Wirtschaftsgüter
         bzw. Sachgesamtheit 2126

a) Bestimmtheit der einzelnen Wirtschaftsgüter 2127
b) Verfügungsbefugnis des Insolvenzverwalters, belastete
   Gegenstände, Sicherungsgut 2129
c) Immaterielle Wirtschaftsgüter 2134
d) Handelsfirma 2135
e) Vertragsbeziehungen 2137
f) Formerfordernisse 2139
    2. Kaufpreisbemessung 2142
    3. Haftungserleichterungen für den Erwerber 2143
    4. „Wirtschaftliche" Erwerberhaftung 2146
    5. Gewährleistungsregelungen 2147
F. Arbeitsrechtliche Gestaltungsmöglichkeiten 2151
  I. Betriebsübergang nach § 613a BGB als Sanierungshindernis? 2152
    1. Teleologische Reduktion bei Betriebs(teil-)erwerb vom In-
       solvenzverwalter 2154
    2. Betriebsbedingte Kündigung nach Erwerberkonzept? 2160
    3. § 128 InsO 2161
    4. Gestaltung mit einer Transfergesellschaft (früher: Beschäfti-
       gungs- und Qualifizierungsgesellschaft) 2162
       a) Durchführung 2162
       b) Umgehung des § 613a BGB? 2163
  II. Weitere arbeitsrechtliche Gestaltungsmöglichkeiten 2170
    1. Kündigung und Kündigungsschutz 2171
    2. Betriebsänderungen 2177
    3. Insolvenzgeld (§§ 165 ff. SGB III) 2184
    4. Urlaubs(abgeltungs)ansprüche 2187
    5. Halteprämien 2188
    6. Betriebliche Altersvorsorge 2189
       a) Unmittelbare Versorgungszusagen (Direktzusagen) 2190
       b) Direktversicherung 2191
       c) Unternehmerpensionszusagen, Rückdeckungsversiche-
          rung, Unterstützungskasse 2197
    7. Behandlung von Arbeitszeitguthaben und
       Block-Altersteilzeit 2200
G. Eigenverwaltung (§§ 270 ff. InsO) 2203
  I. Kriterien für die Wahl der Eigenverwaltung und Vorbereitung 2206
    1. Eignungsprüfung des Verfahrens 2206
    2. Persönliche Eignung/Fähigkeiten des Geschäftsführers 2207
    3. Vorgespräch mit dem Insolvenzgericht 2210
  II. Voraussetzungen für die Anordnung der (vorläufigen) Eigenver-
      waltung 2211
    1. Schuldnerantrag 2211
    2. Anordnung der (vorläufigen) Eigenverwaltung 2212
    3. Ablehnung des Antrags 2213
  III. Betriebsfortführung in der vorläufigen Eigenverwaltung 2217
    1. Schutzschirmverfahren, § 270d InsO 2218
       a) Keine Zahlungsunfähigkeit 2219
       b) Öffentliche Bekanntmachungen 2220
       c) Bescheinigung nach § 270d Abs. 1 Satz 1 InsO 2221
       d) Spezielle Haftungsgefahren für den Schuldner im Schutz-
          schirmverfahren 2225
       e) Ende des Schutzschirmverfahrens 2228
    2. Vorläufiger Sachwalter 2229
    3. Begründung von Masseverbindlichkeiten 2232
    4. Vorfinanzierung von Insolvenzgeld 2236
    5. Gefahr der Insolvenzanfechtung 2238
    6. Gesellschaftsrechtliche Einflüsse 2239

§ 12 Sanierung im Insolvenzverfahren

      7. Beendigung der vorläufigen Eigenverwaltung 2240
  IV. Haftungsgefahren für den vorläufig eigenverwaltenden Schuldner . . . 2241
      1. Nicht gebotene Insolvenzantragstellung 2242
      2. Legalitätspflicht 2243
         a) Spezifische insolvenzrechtliche Pflichten 2243
         b) Pflicht zur Sorgfalt des ordentlichen Geschäftsmannes 2244
      3. Außenhaftung gegenüber den Gläubigern nach §§ 60, 61 InsO . . . 2246
      4. Geschäftsführerhaftung wegen nicht abgeführter Steuern und
         Sozialversicherungsbeiträge 2247
      5. Ersatzpflicht für verbotene Zahlungen nach § 15b InsO? 2248
  V. Durchführung der Eigenverwaltung nach Verfahrenseröffnung 2252
      1. Gläubigerversammlung 2252
      2. Sachwalter 2253
      3. Verfügungsmacht des Schuldners 2254
      4. Gesellschaftsrechtliche Einflüsse auf den eigenverwaltenden
         Schuldner 2258
      5. Aufhebung der Eigenverwaltung 2259
H. Insolvenzplan (§§ 217 ff. InsO) 2260
  I. Vorbemerkungen und Kriterien für die Wahl des Insolvenzplans
    als Sanierungsmittel 2260
  II. Insolvenzplanverfahren 2265
      1. Übersicht 2265
      2. Vorlage, gerichtliche Prüfung 2266
      3. Erörterungs- und Abstimmungstermin, §§ 235 ff. InsO 2268
      4. Obstruktionsverbot (§ 245 InsO) 2269
      5. Gerichtliche Bestätigung des Plans, § 248 InsO und Wirkun-
         gen des bestätigten Insolvenzplans; Risiken für den Erwerber . . . 2274
      6. Versagung der Planbestätigung und Rechtsmittel 2281
         a) Versagung der Planbestätigung 2281
         b) Minderheitenschutzantrag, § 251 InsO 2282
         c) Sofortige Beschwerde, § 253 InsO 2284
      7. Aufhebung des Insolvenzverfahrens und Plandurchführung 2287
      8. Nichtdurchführung des Plans 2294
  III. Inhalt des Insolvenzplans 2295
      1. Gliederungsübersicht 2296
      2. Darstellender Teil 2297
      3. Gestaltender Teil 2298
      4. Plananlagen 2299
I. Einbezug der Anteils- und Mitgliedschaftsrechte der Gesellschafter in
den Insolvenzplan, Kapitalmaßnahmen und Unternehmensakquisition
im Insolvenzplanverfahren; Distressed M&A 2300
  I. Vorbemerkung und Allgemeines 2300
      1. Distressed M&A 2300
      2. Die maßgeblichen Regelungen im Einzelnen 2303
  II. Gesellschaftsrechtliche Zweifelsfragen – Kollision zwischen Ge-
    sellschafts- und Insolvenzrecht? 2315
      1. Eingriffe in die Rechte der Anteilsinhaber 2316
         a) Einbezug der Rechte der Anteilsinhaber an der Schuldner-
           gesellschaft in das Insolvenzplanverfahren erforderlich? 2316
         b) Abstrakte (numerus clausus) oder konkrete Zulässigkeit
           der gesellschaftsrechtlichen Maßnahme? 2317
         c) Geltung der gesellschaftsrechtlichen Treuepflichten? 2320
         d) Ausschluss des Bezugsrechts beteiligungswilliger Altge-
           sellschafter auf neue Anteile? 2328
         e) Ungleichbehandlung der Gesellschafter im Insolvenzplan? . . . 2330

    f) Abfindung ausscheidender Gesellschafter – Reduzierung
       der Gesellschafterstellung auf den wirtschaftlichen Liqui-
       dationswert der Beteiligung?........................... 2332
    g) Austrittsrecht des Gesellschafters...................... 2336
    h) Stellungnahme...................................... 2337
  2. Weitere gesellschaftsrechtliche Zweifelsfragen............... 2340
  3. Einzelfragen zum Debt-Equity-Swap (DES)................ 2347
    a) Gläubigergefährdung?................................ 2347
    b) Zusätzliche Abwägungskriterien aus Sicht der umwan-
       delnden Gläubiger 2354
  III. Umwandlungen nach dem UmwG aus der Insolvenz............. 2356
    1. Grundsätzliches....................................... 2356
    2. Ausgliederung statt Asset-Deal?........................ 2359
J. Schutzschirm- und Insolvenzplanverfahren als Mittel innergesellschaft-
  licher Auseinandersetzungen?.................................... 2362
  I. Der Fall des Suhrkamp-Verlages............................. 2363
    1. Sachverhaltsskizze 2363
    2. Gerichtliche Entscheidungen........................... 2364
  II. Literaturauffassungen und Stellungnahme 2365
  III. Mögliche Rechtsbehelfe der Gesellschafter im Insolvenzverfahren... 2374
    1. Insolvenzeingangsschutz gegen die Eröffnung des Insolvenz-
       verfahrens 2375
    2. Sofortige Beschwerde gegen Eröffnungsbeschluss? 2377
    3. Erwirkung von Gesellschafterbeschlüssen außerhalb des In-
       solvenzverfahrens 2378
    4. „Antrag" auf Zurückweisung des Plans bzw. Versagung der
       Bestätigung... 2379
    5. Minderheitenschutz und sofortige Beschwerde, §§ 251, 253 InsO   2380
    6. Keine Nichtigkeits- oder Anfechtungsklage............... 2384
    7. Rechtsmittel außerhalb des Insolvenzverfahrens 2385
  IV. Schlussbetrachtung....................................... 2386
K. Abwägung der Vor- und Nachteile einer „freien" Sanierung und einer
  Sanierung im Insolvenzverfahren.................................. 2387
  I. „Freie" Sanierung... 2389
    1. Vorteile... 2390
    2. Nachteile, Gefahren 2391
  II. Sanierung im Insolvenzverfahren 2392
    1. Vorteile... 2393
    2. Nachteile.. 2394
L. Insolvenz im Konzern... 2395

Literatur: *Bachmann*, Organhaftung in der Eigenverwaltung, ZIP 2015, 101 ff.; *Becker*, Umwandlungsmaßnahmen im Insolvenzplan und die Grenzen einer Überlagerung des Gesellschaftsrechts durch das Insolvenzrecht, ZInsO 2013, 1885 ff.; *Bork*, Die Erfüllung von Sachleistungsansprüchen im vorläufigen Eigenverwaltungsverfahren, ZIP 2018, 1613 ff.; *Brünkmans*, Die Unternehmensakquisition über einen Kapitalschnitt im Insolvenzplanverfahren, ZIP 2014, 1857 ff.; *Brünkmans*, Rechtliche Möglichkeiten und Grenzen von Umwandlungen im Insolvenzplanverfahren, ZInsO 2014, 2533 ff.; *Brzoza*, Die Grundsätze des (insolvenzrechtlich)unzulässigen Druckantrags, NJW 2019, 335 ff.; *Decher/Voland*, Kapitalschnitt und Bezugsrechtsausschluss im Insolvenzplan – kalte Enteignung oder Konsequenz des ESUG?, ZIP 2013, 103 ff.; *Frind*, Eigenverwaltung für „dolos handelnde" Unternehmen?, ZIP 2017, 993 ff.; *Geißler*, Die Stellung und Funktion des GmbH-Geschäftsführers als Liquidator bei einem mangels Masse abgewiesenen Insolvenzantrag, GmbHR 2018, 1048 ff.; *Graf Bockdorff u.a.*, "Change of Control" im Planinsolvenzverfahren, BB 2014, 1950 ff., 1953; *Haas*, Mehr Gesellschaftsrecht im Insolvenzplanverfahren, NZG 2012, 961 ff., 967; *Henkel*, Die Voraussetzungen für die Anordnung der (vorläufigen) Eigenverwaltung, ZIP 2015, 562 ff.; *Hofmann*, Die Haftung der Geschäftsleiter in Eigenverwaltung der Gesellschaft, ZIP 2018, 1429 ff., 1430; *Hölzle*, Folgen der „faktischen Verwalterhaftung" für die Grundsätze ordnungsgemäßer Eigenverwaltung und den Nachteilsbegriff i.S.d. § 270 Abs. 2 Nr. 2 InsO, ZIP 2018, 1669 ff.; *Hölzle/Beyß*, Gesellschaftsrechtliche Zweifelsfragen im Insolvenzplanverfahren, ZIP 2016, 1461 ff.; *Kaiser/Berbuer*, Die Ersetzung des Abschlussprüfers in der Insolvenz der Berichtsfirma, ZIP 2017, 161 ff.; *Klausmann*, Gesellschaftsrechtlich zulässige Regelungen im Insolvenzplan im Sinne von § 225a InsO, NZG 2015, 1300 ff.; *Klöhn*, Die Grenzen des Einflusses auf die Geschäftsführung gemäß § 276a S. 1 InsO, NZG 2013, 81 ff.; *Kübler/Rendels*, Aspekte des M&A-Prozesses in der (vorläufigen) Eigenverwaltung, ZIP 2018, 1369 ff.; *Leuering*, Die Änderung der Firma zwecks übertragender Sanierung, NJW 2016, 3265 ff.; *Madaus*, Möglichkeiten und Grenzen von Insolvenzplanregelungen, ZIP 2016, 1141 ff.; *Madaus*, Umwandlungen als Gegenstand eines Insolvenzplans nach ESUG, ZIP 2012, 2133, 2136; *Mielke/Sedlitz*, Die Aporie des Geschäftsführers in der vorläufigen Eigenverwaltung wegen (nicht) abzuführender Steuerverbindlichkeiten, ZIP 2017, 1646 ff.; *Pape/Schultz*, Der Gläubigerausschuss im Eröffnungsverfahren und im eröffneten Insolvenzverfahren mit Eigenverwaltung des Schuldners, ZIP 2016, 506 ff.; *Perwein*, Die Rückdeckungsversicherung in der Insolvenz der GmbH, GmbHR 2011, 79 ff.; *Pleister/Kunkel*, Reparaturbedarf am ESUG-Baukasten, ZIP 2017, 153 ff.; *Poertzgen*, Die Haftung des GmbH-Geschäftsführers vor und nach Stellung des Insolvenzantrags, GmbHR 2018, 881 ff.; *Schäfer*, Unzulässiger Umgestaltung von Gesellschaftsanteilen im Insolvenzplan, ZIP 2014, 2417 ff.; *Schäfer*, Zur Einbeziehung der Anteilsinhaber in den Insolvenzplan, ZIP 2016, 1911; *Schäfer/Wüstemann*, Unternehmensbewertung, Kapitalmaßnahmen und Insolvenzplan, ZIP 2014, 1757 ff.; *K. Schmidt*, Konsistenzprobleme im gesellschafts- und insolvenzrechtlichen Pflichtenkreis, ZIP 2018, 853 ff.; *Schmidt*, Arbeitnehmerbeiträge zur Sozialversicherung im Insolvenzeröffnungsverfahren, ZIP 2017, 1357 ff.; *Schmittmann/Dannemann*, Massesicherungs- versus Steuerzahlungspflicht im Schutzschirmverfahren, ZIP 2014, 1405 ff.; *Schulte-Kaubrügger*, Die Haftung der Beteiligten in der Eigenverwaltung, ZIP 2019, 345 ff.; *Seibt/Bulgrin*, Strategische Insolvenz: Insolvenzplanverfahren als Gestaltungsinstrument zur Überwindung bestandsgefährdender Umstände, ZIP 2017, 353 ff.; *Seidel/Wolf*, Gesellschafterdarlehen – keine Rückforderungssperre aus Treuepflichten im Vorfeld der Insolvenz der Gesellschaft, NZG 2016, 921 ff.; *Thole*, Die Ersatzabsonderung bei Einziehung sicherungszedierter Kundenforderungen und beim verlängerten Eigentumsvorbehalt, ZIP 2019, 552 ff.; *Uebele*, Corporate Governance in der (vorläufigen) Eigenverwaltung und im Schutzschirmverfahren, NZG 2018, 881 ff.; *Undritz/Schur*, Das Recht des (vorläufigen) Sachwalters zur Kassenführung, ZIP 2016, 549 ff.; *Waldmüller/Karwe*, Pensionsverpflichtungen bei Betriebsübergang nach Insolvenz, BB 2010, 879 ff.; *Weber/Knapp*, Umgang mit Rechtsprechung und Literatur in der Praxis des Eigenverwaltungs- und Schutzschirmverfahrens, ZInsO 2014, 2245 ff.; *Westermann*, Der „Suhrkamp"-Gesellschafter unter dem Schutzschirm der Gesellschaftsinsolvenz, NZG 2015, 134 ff.; *Windel*, Modelle der Unternehmensfortführung in Insolvenzverfahren, ZIP 2009, 101 ff. (Treuhandkontenmodelle).; *Zipperer*, Wem kann der Geschäftsverkehr beim Abschluss von Rechtsgeschäften mit dem (vorläufig) eigenverwaltenden Schuldner vertrauen?, ZIP 2019, 689 ff.; *Zobel*, Gestaltung oder Umgehung?, ZInsO 2006, 576 ff.

A. Vorbemerkungen, Vorbereitung der Sanierung

1934 Die Sanierung eines Unternehmens kann auch im Wege des Insolvenzverfahrens herbeigeführt werden.[1]

1935 Obwohl die deutsche Insolvenzordnung bereits bei Inkrafttreten einige gesonderte Sanierungsinstrumente (etwa den Insolvenzplan) enthielt, konnte man

---

[1] Beitrag zu Sanierung durch Insolvenz: Heinrich FS Greiner, 2005, 111 ff.

A. Vorbemerkungen, Vorbereitung der Sanierung

nicht davon sprechen, dass das deutsche Insolvenzrecht ein Sanierungsrecht war.[2] Die Sanierung war (und ist) kein eigenständiges Ziel der InsO. Sie kann lediglich ein Mittel zur bestmöglichen Befriedigung der Gläubiger sein. Für eine Sanierung im Insolvenzverfahren wurden einige erhebliche Sanierungshindernisse ins Feld geführt, von welchen nachfolgend nur genannt seien:
- das Fehlen einer Konzerninsolvenz,[3] d.h. mitunter unkoordinierter Einsatz verschiedener Insolvenzverwalter bei Zusammenbruch eines Konzerns,
- „automatischer" Verlust der eigenen Verfügungsmacht des Schuldners, da Eigenverwaltung so gut wie nie angeordnet wurde,
- die Unsicherheit, welche Person Insolvenzverwalter wird,
- die fehlende Möglichkeit, etwa mit einem Insolvenz-/Sanierungsplan in die Gesellschafterrechte einzugreifen, sodass die mitunter nur durch erhebliche Beiträge der Gläubiger zu bewirkende Sanierung des Unternehmens letztlich die Beteiligung der Altgesellschafter wieder werthaltig machen würde; die Insolvenzplansanierung sei also nicht die Sanierung des Unternehmens, sondern des Unternehmers,
- keine Steuerfreiheit von Sanierungsgewinnen.

Durch zahlreiche Gesetzesänderungen, etwa das **ESUG**, das KIG, das **SanIns-** **1936** **FoG** und, nicht zu unterschätzen, die jüngere Steuergesetzgebung, sind diese Hindernisse recht weitgehend abgebaut worden, so dass in geeigneten Fällen durchaus daran gedacht werden kann und sollte, eine Unternehmenssanierung durch ein Insolvenzverfahren zu gestalten. Die bereits im RegE-ESUG vorgesehene und sinnvolle Konzentration der Insolvenzgerichte ist allerdings immer noch nicht Gesetz geworden.

Allgemeine Hinweise:
Grundsätzlich gilt für Sanierungen im Insolvenzverfahren:
- früh planen, nicht zu lange Verlustfinanzierung betreiben, frühzeitig Insolvenzantrag stellen[4],
- gewünschten/geeigneten Verwalter wählen bzw. ansprechen (entweder mit Bereitschaft des Gerichts oder durch vorläufigen Gläubigerausschuss oder nach vorherigem Einsatz als CIO mit anschließender Eigenverwaltung) oder
- Eigenverwaltung anstreben mit Wahl/Ansprache des (vorläufigen) Sachwalters,
- frühe Kommunikation zwischen allen wesentlichen Beteiligten/wesentlichen Stakeholdern,
- Einbezug/Vorgespräch mit dem Insolvenzgericht (§ 10a InsO),
- Massemehrung durch Insolvenzanfechtung und Verwalterrechte zur Vertragsgestaltung nach §§ 103 ff. InsO bedenken,
- Liquiditätsgewinnung durch Vorfinanzierung des Insolvenzgelds bedenken.
- Zur Abwägung der Vor- und Nachteile einer Insolvenzsanierung s.u.

Nicht zu verkennen ist jedoch, dass ein Insolvenzverfahren auch eine Stigmatisierung des Unternehmens bedeuten kann. Es muss also auch abgewogen werden,

---
[2] Zur Reformbedürftigkeit des dt. Insolvenz-Sanierungsrechts: Westpfahl/Janjuah Beilage zu ZIP 3/2008.
[3] Seit dem 28.8.2013 lag ein RegE für ein KonzerninsolvenzG vor, Beilage 4 zu ZIP 37/2013; erneut v. 30.1.2014, BT-Drs. 18/407, ZInsO 2014, 286 ff.
[4] Zum Problem beim Steuerberater als potenziellem Weichensteller für eine Sanierung im Insolvenzverfahren s. Fischer, ZInsO 2013, 2348 ff.

ob die wesentlichen, für die Fortführung des Unternehmens nötigen Liefer- und Leistungsbeziehungen auch in einem Insolvenzverfahren fortzuführen sind.

1937 **Praxishinweis**
Über den Sanierungsweg – außerinsolvenzliche Sanierung oder Sanierung im Insolvenzverfahren – sollte bei Beginn des Sanierungsprozesses durch eine Abwägung der nachstehend zu erörternden Vor- und Nachteile frühzeitig entschieden werden. Ist die Krise bereits so weit fortgeschritten oder zeigt die Sanierungsplanung, dass ein Insolvenzverfahren etwa wegen nicht ausreichend schnell zu beseitigender oder nicht genügend sicher zu vermeidender Insolvenzreife und der damit verbundenen persönlichen Haftungsgefahren voraussichtlich nicht zu vermeiden ist, sollte sofort der Sanierungsprozess aus dem Insolvenzverfahren geplant und vorbereitet werden. Keinesfalls sollte, wie in der Praxis leider viel zu oft zu beobachten, über lange Zeiträume – oft auch noch mit erheblichem Berater(kosten)einsatz (!) – Verlustfinanzierung vor dem letztlich doch nicht zu vermeidenden Insolvenzverfahren betrieben werden mit der Folge, dass nun die Sanierungsmittel fehlen.

1938 **Abstimmung mit den wesentlichen Stakeholdern.** Für eine erfolgreiche Sanierung des Unternehmens im Insolvenzverfahren ist regelmäßig eine frühzeitige Kommunikation zwischen allen wesentlichen Beteiligten/Stakeholdern (wesentliche Kunden, Hauptlieferanten, wesentliche Gläubiger, Belegschaft) sinnvoll bzw. nötig.

Auch den Gläubigern kommt bereits bei der Vorbereitung des Insolvenzverfahrens eine wichtige Rolle zu: Sie haben über den vorläufigen Gläubigerausschuss Einfluss auf die Wahl des Insolvenzverwalters (§ 56a InsO) und können im Insolvenzplanverfahren sogar das Unternehmen übernehmen (Debt-Equity-Swap, § 225a Abs. 2 InsO, → Rn. 2347 ff.). Diese Erkenntnis, dass die Gläubiger den entscheidenden Einfluss auf den Sanierungsprozess haben, sollte den Schuldner zu frühzeitiger Kommunikation und Abstimmung bewegen.

1939 **Vorgespräch mit dem Insolvenzgericht.** Für einen zielgerichteten Einsatz der Sanierungsinstrumente der InsO ist neben der zuvor genannten Kommunikation mit den wesentlichen Sanierungsbeteiligten auch anzuraten, im Vorfeld der Antragstellung unterstützt von einem erfahrenen Sanierungsberater ein gut strukturiertes Vorgespräch mit dem Insolvenzgericht zu führen, um dieses in die Lage zu versetzen, nach Antragstellung sehr zügig über die Anordnung der Eigenverwaltung zu entscheiden, damit nicht in einem verzögerten Antragsverfahren für die Sanierung erforderliche Liquidität „verbrannt" wird. Grundlage und Inhalt des Gesprächs werden im Zweifel der bereits im Entwurf vorliegende Insolvenz- und Eigenverwaltungsantrag sowie sämtliche Zulassungs- bzw. Anordnungsvoraussetzungen einschl. Vorschlagsliste für den vorläufigen Gläubigerausschuss und Einverständniserklärungen der (künftigen) Mitglieder sein. Dem Problem wechselnder Richterzuständigkeit nach Turnus wird für größere Unternehmen mit § 10a InsO (Zuständigkeitserhalt, § 10a Abs. 3 InsO) begegnet und kann für kleinere Unternehmen u.U. durch Aufnahme der Sache in das allgemeine Register mit Zuweisung an die später (nach erfolgter Antragstellung) zuständige Abteilung begegnet werden.[5]

Nach dem neuen § 10a InsO hat der Schuldner, der mindestens zwei der drei in § 22a Abs. 1 InsO genannten Kriterien erfüllt, an dem für ihn zuständigen

---
[5] Zum Vorgespräch s. Buchalik/Lojowski ZInsO 2013, 1017 ff.

Insolvenzgericht einen Anspruch auf ein Vorgespräch mit dem Insolvenzrichter über die für das Verfahren relevanten Gegenstände, insbesondere die Voraussetzungen für eine Eigenverwaltung, die Eigenverwaltungsplanung, die Besetzung eines eventuellen vorläufigen Gläubigerausschusses, die Person des vorläufigen Insolvenzverwalters oder Sachwalters, etwaige weitere Sicherungsanordnungen und die Ermächtigung zur Begründung von Masseverbindlichkeiten. Nach § 10a Abs. 3 InsO bleibt derjenige Richter, mit welchem das Vorgespräch geführt wurde, zuständig, wenn der Insolvenzantrag innerhalb von sechs Monaten nach dem Vorgespräch gestellt wird.

Diese Regelung wurde notwendig nach Einführung des sog. Turnusverfahrens auch bei den Insolvenzgerichten und ist für die Planung einer Unternehmenssanierung im Insolvenzverfahren sehr sinnvoll. Von ihr sollte unbedingt Gebrauch gemacht werden. Nicht zu verkennen ist jedoch, dass der Anspruch auf ein solches Vorgespräch nur für größere Unternehmen besteht, die die Voraussetzungen für die zugleich zwingende Bestellung eines vorläufigen Gläubigerausschusses gemäß § 22a Abs. 1 InsO erfüllen. Nach § 10a Abs. 1 Satz 2 liegt die Führung eines solchen Vorgesprächs bei Unternehmen, die die Größenklassen nicht erreichen, im Ermessen des Gerichts. Es bleibt zu hoffen, dass die Gerichte sich dem nicht verschließen.

Übersicht 20: Möglicher Ablauf einer geplanten Sanierung im Insolvenzverfahren
- Auswahl der und Abstimmung/Verständigung mit der infrage kommende Person des Insolvenzverwalters, ggf. als CIO des eigenverwaltenden Schuldners, bzw. des infrage kommenden Sachwalters; ggf. Bildung eines vorläufigen Gläubigerausschusses mit Verständigung auf einen (vorläufigen) Insolvenzverwalter (§ 56a Abs. 2 InsO).
- Schuldnerantrag Eröffnung des Insolvenzverfahrens bereits bei drohender Zahlungsunfähigkeit nach § 18 InsO (nach vorheriger Abstimmung mit den Gesellschaftern, s.o.).
- Mit dem Insolvenzantrag gleichzeitige Vorlage des vom Schuldner erstellten, mit den wesentlichen Gläubigern/Stakeholdern bereits im Wesentlichen abgestimmten Insolvenzplans (sog. Prepackaged Plan), damit auf diese Weise die Mitwirkung und die erforderlichen Mehrheiten im Abstimmungstermin absehbar sind, oder
- mit Insolvenzantragstellung gleichzeitiger, ebenfalls mit den wesentlichen Gläubigern und dem Insolvenzgericht (§ 10a InsO) vorher abgestimmter Antrag auf Eigenverwaltung, ggf. im sog. „Schutzschirmverfahren" nach § 270d InsO und nunmehr kurzfristige Erarbeitung eines Insolvenzplans.
- Einzahlung eines Massekostenvorschusses durch den Schuldner, um eine evtl. längere Gutachtenphase zu vermeiden, während der festgestellt werden muss, ob genügend Masse vorhanden ist, um die Verfahrenskosten zu decken.
- Somit kann das Insolvenzgericht das Insolvenzverfahren unverzüglich (bzw. sofort nach Vorlage des Insolvenzplans) eröffnen und kurzfristig (spätestens innerhalb von 6 Wochen, § 29 InsO) einen Termin für die Gläubigerversammlung (Berichtstermin) bestimmen.
- Mit dem Berichtstermin können der Forderungsprüfungstermin (§ 29 InsO) und der Erörterungs- und Abstimmungstermin über den Insolvenzplan (§§ 235, 236 InsO) verbunden wären. Somit kann die Planbestätigung durch Beschluss (§ 248 InsO) und damit verbunden auch die RSB des Schuldners nach § 227 InsO günstigstenfalls bereits nach 6 bis 8 Wochen möglich sein.

B. Insolvenzeröffnungsverfahren

1941 Ein Insolvenzverfahren kann nur auf schriftlichen Antrag eröffnet werden (§ 13 Abs. 1 Satz 1 InsO).

1942 Praxistipp
Häufig werden die vorbereitenden Maßnahmen für ein „selbstbestimmtes" Insolvenzverfahren zur Sanierung des Unternehmens (vorläufiger Gläubigerausschuss, Schutzschirmverfahren, Insolvenzplan, etc.) wegen eingetretener oder kurzfristig bevorstehender Zahlungsunfähigkeit und nicht (mehr) ausreichender Sanierungsmittel nicht infrage kommen und die (sofortige) Insolvenzantragstellung ist unvermeidbar. Auch wenn der Schuldner nur die Kriterien der Soll-Vorschriften in §§ 13 Abs. 1 Sätze 3 u. 4, 22a InsO erfüllt, ist es für die einstweilige Fortführung des Unternehmens im Insolvenzverfahren mit dem Ziel der Sanierung bzw. des (teilweisen) Erhalts des Unternehmens sehr empfehlenswert, im Insolvenzantrag über die Darlegung des Insolvenzgrundes hinaus die Angaben nach § 13 Abs. 1 Sätze 4–7 InsO zu machen, also mitzuteilen, dass und mit welchem Unternehmensgegenstand der Geschäftsbetrieb aufrechterhalten und daher die sofortige Anordnung vorläufiger Insolvenzverwaltung sinnvoll ist. Nötig sind ferner Angaben zur Bilanzsumme, zum jährlichen Umsatzvolumen und zur Zahl der Mitarbeiter. Weiterhin sollte die Stellung des Insolvenzantrages vorab telefonisch bei der Geschäftsstelle des zuständigen Insolvenzgerichts angekündigt und, wenn möglich, der Insolvenzantrag durch die Geschäftsleitung persönlich beim zuständigen Insolvenzrichter abgegeben werden. So wird das Gericht in die Lage versetzt, die Eilbedürftigkeit zu erkennen, einen geeigneten (vorläufigen) Insolvenzverwalter auszuwählen und sofort, nach meiner Erfahrung häufig taggleich, einzusetzen. Der sofortige Einsatz eines i.d.R. mit Zustimmungsvorbehalt ausgestatteten vorläufigen Verwalters ist einerseits für die Stabilisierung des Unternehmens nach innen (z.B. ggü. der Belegschaft) und nach außen (z.B. Liefer- und Leistungsbeziehungen) sinnvoll bzw. erforderlich und hat andererseits für den in Insolvenzsachen meist unerfahrenen Schuldner-Geschäftsführer zudem eine ganz erhebliche beruhigende Wirkung: er wird gewissermaßen „aus der Schusslinie genommen", kann Geschäftsführungsmaßnahmen mit dem vorläufigen Insolvenzverwalter abstimmen und setzt sich nicht weiter eventuellen persönlichen Haftungsgefahren wegen Fehlverhaltens aus.

I. Insolvenzeröffnungsantrag

1943 Zuständig ist das Insolvenzgericht, in dessen Bezirk die Gesellschaft (hier GmbH) bei Antragseingang ihren Satzungssitz hat; spätere Verlegungen des Satzungssitzes sind unbeachtlich.[6] Grundsätzlich ist der Insolvenzantrag als verfahrenseinleitende Prozesshandlung **bedingungsfeindlich**. Ein Schuldnerinsolvenzantrag, der nur unter der Bedingung gestellt wird, dass ein zuvor gestellter Gläubigerantrag zulässig und begründet ist, ist unzulässig. Von der Bedingungsfeindlichkeit hat der BGH, m.E. zu Unrecht, eine Ausnahme für den Fall einer bloßen innerprozessualen Bedingung gemacht, hier der Bejahung der internationalen Zuständigkeit des angerufenen Gerichts.[7]

---

[6] OLG Hamm, GmbHR 2020, 156 = NZI 2019, 998.
[7] BGH ZInsO 2012, 545 = NJW-RR 2012, 503.

1. Antragsrecht

Nach § 13 Abs. 1 InsO können der Schuldner und Gläubiger des Schuldners den Eröffnungsantrag stellen.[8] Bis zur Eröffnung des Insolvenzverfahrens oder rechtskräftiger Abweisung des Insolvenzantrages kann der Antrag zurückgenommen werden, § 13 Abs. 2 InsO. Der verbliebene Geschäftsführer einer GmbH kann den vom abberufenen Geschäftsführer zuvor noch gestellten Insolvenzantrag unter den Voraussetzungen des § 13 Abs. 2 InsO zurücknehmen, wenn dies nicht rechtsmissbräuchlich ist.[9]

1944

Nach Eröffnung des Insolvenzverfahrens wird jeder weitere Insolvenzantrag unzulässig, auch wenn er noch vor Eröffnung des Verfahrens gestellt worden war (allerdings nicht zur Verfahrenseröffnung geführt hat).[10]

1945

2. Antragspflicht des Schuldners

(Strafbewehrte) Insolvenzantragspflicht besteht nach § 15a Abs. 1 u. 2 InsO für Geschäftsleiter von haftungsbeschränkten Gesellschaften, bei der GmbH also die Geschäftsführer, und zwar jeden einzeln, auch wenn sie nur gemeinschaftliche Geschäftsführungsbefugnis und Vertretungsmacht haben.[11] Die Antragsverpflichtung trifft auch den faktischen Geschäftsführer.

1946

Der abberufene Geschäftsführer ist von der Pflicht befreit. Eine Amtsniederlegung zur Zeit des Vorliegens eines Insolvenzgrundes kann selbstverständlich nicht rückwirkend von der Antragspflicht und der Haftung wegen Verletzung dieser Pflicht bewahren.

1947

Praxistipp
Ob die Amtsniederlegung des Geschäftsführers in der Insolvenzsituation „klug" ist, sollte im Einzelfall genau abgewogen werden. Der Nachfolger-Geschäftsführer wird sich im anschließenden Insolvenzverfahren gegen jeglichen Haftungsvorwurf mit Hinweisen auf angebliche Pflichtverletzungen des Vorgängers verteidigen und dieser hat kaum mehr Möglichkeiten der Einsichtnahme in Unterlagen und der Einflussnahme.

1948

Bei Führungslosigkeit einer GmbH haben nach § 15a Abs. 3 InsO die Gesellschafter der GmbH die Insolvenzantragspflicht, es sei denn, sie haben von der Insolvenzreife oder der Führungslosigkeit der Gesellschaft keine Kenntnis. Ist eine führungslose GmbH Gesellschafterin einer ebenfalls führungslosen GmbH, dann sind die Gesellschafter der Obergesellschaft nach § 15a Abs. 3 InsO zum Insolvenzantrag verpflichtet.[12]

1949

---

[8] Zu Rechtsanwendungsproblemen bei Gläubiger- und Schuldneranträgen s. Pape ZInsO 2011, 2155 ff.
[9] BGH ZIP 2008, 1596.
[10] BGH ZIP 2008, 1976.
[11] Zum Eigenantrag nach neuem Recht s. Stapper/Jacobi ZInsO 2012, 628 ff.
[12] LG München ZInsO 2014, 1166 = BeckRS 2013, 15720.

3. Einzelheiten zum Schuldnerantrag

1950   a) **Persönliche Zuständigkeit.** Bei juristischen Personen hat das Vertretungsorgan das Insolvenzantragsrecht, auch dessen einzelne Mitglieder.[13] Prokuristen und Beiräte haben kein Antragsrecht. Gesellschafter, und zwar jeder für sich, haben nur bei Führungslosigkeit der GmbH das Insolvenzantragsrecht.[14]

1951   Bei Gesellschaften ohne Rechtspersönlichkeit hat jeder persönlich haftende Gesellschafter das Insolvenzantragsrecht.

1952   b) **Zulässigkeitsanforderungen.** Zur Zulässigkeit des Eigeninsolvenzantrages ist erforderlich, dass der Schuldner den Eröffnungsgrund substantiiert und nachvollziehbar darlegt; Glaubhaftmachung ist nicht erforderlich.[15]

1953   Durch das ESUG sind gemäß § 13 Abs. 1 Satz 3 bis 7 InsO die Anforderungen an den Insolvenzantrag des Schuldners erheblich erweitert worden. In jedem Fall sind dem Insolvenzantrag ein Verzeichnis der Gläubiger und ihrer Forderungen sowie die Versicherung der Richtigkeit beizufügen.

Für den Fall, dass der Schuldner einen Geschäftsbetrieb hat, der nicht eingestellt ist, muss der Schuldner die zusätzlichen in § 13 Abs. 1 Satz 5 InsO genannten Angaben machen und deren Richtigkeit versichern, und er soll zusätzlich die in § 13 Abs. 1 Satz 4 InsO genannten Angaben machen. Diese Angaben sind wiederum verpflichtend, wenn der Schuldner Eigenverwaltung beantragt, die Voraussetzungen für die zwingende Bestellung eines vorläufigen Gläubigerausschusses nach § 22a Abs. 1 InsO vorliegen oder die Einsetzung eines vorläufigen Gläubigerausschusses beantragt wird. Zusätzlich hat der Schuldner die Richtigkeit der Verzeichnisse und der Angaben zu erklären. Diese Erfordernisse dienen dazu, dem Gericht möglichst kurzfristig die Entscheidung über die Einsetzung eines vorläufigen Gläubigerausschusses zu ermöglichen. Zusätzlich hat der Schuldner die Richtigkeit der Verzeichnisse und der Angaben zu versichern.

1954   Seit der Aufnahme dieser zusätzlichen Erfordernisse wird diskutiert, ob bei Fehlen der Antrag unzulässig ist.[16] Ein Schuldnerantrag ohne die Angaben (etwa Gläubigerverzeichnis mit eindeutiger Bezeichnung mit Rechtsform, Vertretungsverhältnissen, ladungsfähiger Anschrift) und ohne die Versicherung/Richtigkeitserklärung dürfte unzulässig sein.[17] Bei nicht eingestelltem Geschäftsbetrieb ist für die Zulässigkeit eines Insolvenzantrags erforderlich, dass der Schuldner Angaben zur Bilanzsumme, den Umsatzerlösen und der durchschnittlichen Mitarbeiterzahl des vorangegangenen Geschäftsjahres macht, § 13 Abs. 1 Satz 5 und 7 InsO.[18] Nach einer internen Statistik des AG Charlottenburg waren seit Inkrafttreten des ESUG 91 % aller Eigeninsolvenzanträge unzulässig.[19] So wird die gesetzliche

---

[13] AG Göttingen ZIP 2011, 394.
[14] Sa Horstkotte ZInsO 2009, 209 ff.
[15] AG Köln ZIP 2009, 822.
[16] Müller/Rautmann ZInsO 2012, 918 ff.
[17] AG Mönchengladbach ZIP 2013, 536; LG Potsdam ZInsO 2013, 2501; AG Mannheim ZIP 2014, 484; AG Hannover ZIP 2015, 2088 (bei erkennbar unvollständigem Gläubigerverzeichnis).
[18] AG Essen ZIP 2015, 939.
[19] ZInsO 2012, Heft 34, S. III.

Regelung auch als verunglückt bzw. verfehlt angesehen.[20] Bei bloßem Fehlen der Vollständigkeitserklärung nach § 13 Abs. 1 Satz 7 InsO wird dafür plädiert, den Antrag nicht als unzulässig anzusehen, damit das gesetzliche Ziel der frühzeitigen Antragstellung und frühzeitigen Verfahrenseröffnung nicht konterkariert wird.[21] Nach AG Essen[22] ist die Vollständigkeitserklärung eine höchstpersönliche, deren Abgabe der Vertretung nicht zugänglich ist. Zu den möglichen strafrechtlichen Auswirkungen nach § 15a Abs. 4 und 5 InsO s.o.

Ein Insolvenzantrag lediglich zu einer sog. Firmenbestattung kann wegen verfahrensfremden Zwecks unzulässig sein.[23] **1955**

Der bei Führungslosigkeit der GmbH von einem Gesellschafter gestellte Insolvenzantrag ist als unzulässig zurückzuweisen, wenn nachfolgend kein gesetzlicher Vertreter bestellt wird.[24] Die Bestellung eines Notgeschäftsführers nach § 29 BGB zur Herstellung der Prozessfähigkeit der GmbH ist nicht durch das Insolvenzgericht zu betreiben, sondern von den Gesellschaftern.[25] **1956**

c) **Rücknahme des Eröffnungsantrags.** Die Rücknahme eines Eröffnungsantrags durch einen offensichtlich nur zu diesem Zweck neu berufenen Geschäftsführer nach Abberufung des antragstellenden Geschäftsführers ist u.U. rechtsmissbräuchlich.[26] **1957**

4. Einzelheiten zum Gläubigerantrag

a) **Antragsberechtigte; Voraussetzungen.** Außer dem Schuldner haben dessen Gläubiger das Recht, den Antrag auf Eröffnung des Insolvenzverfahrens über das Vermögen des Schuldners zu stellen.[27] Auch ein nachrangiger Gläubiger hat das Insolvenzantragsrecht, und zwar auch dann, wenn er im eröffneten Verfahren keine Befriedigung erwarten kann.[28] **1958**

Ein einmal zurückgewiesener Insolvenzantrag eines Gläubigers kann nochmals gestellt werden.[29] **1959**

Solange nicht alle Möglichkeiten, eine zustellungsfähige Anschrift der GmbH oder deren gesetzlicher Vertreter ausfindig zu machen, ausgeschöpft sind, hat ein Gläubiger keinen Anspruch darauf, dass sein Insolvenzantrag öffentlich zugestellt wird; wegen des Eilcharakters des Insolvenzverfahrens sind mehrfache Fristverlängerungen für weitere Adressermittlungen nicht zu gewähren.[30]

Für den Gläubigerantrag gelten die zusätzlichen Voraussetzungen des § 14 InsO. Danach sind Voraussetzungen für einen zulässigen Gläubigerantrag, dass der Gläubiger ein rechtliches Interesse an der Eröffnung des Insolvenzverfahrens hat und **1960**

---

[20] Blankenburg ZInsO 2013, 2196 ff.
[21] Sa Schmidt ZInsO 2014, 2352 ff.
[22] AG Essen ZIP 2015, 287.
[23] AG Duisburg ZIP 2007, 690.
[24] LG Kleve ZIP 2017, 1955.
[25] LG Kleve ZIP 2017, 1955.
[26] AG Freiburg NZG 2019, 671.
[27] Zu taktischen Aspekten beim Gläubigerantrag s. Geißler ZInsO 2014, 14 ff.
[28] BGH ZIP 2010, 2055.
[29] BGH ZIP 2002, 1695.
[30] LG Hamburg ZIP 2017, 192.

seine Forderung sowie den Eröffnungsgrund glaubhaft macht, §§ 14 Abs. 1 InsO, 294 ZPO. Der antragstellende Gläubiger hat die uneingeschränkte Darlegungslast. Dies gilt auch für Sozialversicherungsträger und Finanzämter.[31]

1961 **b) Glaubhaftmachung oder Beweis der Forderung.** Der Gläubiger hat seine Forderung darzulegen und glaubhaft zu machen. Hierfür reicht ein vorläufig vollstreckbares Urteil aus.[32] Ein nur vorläufig vollstreckbarer Vollstreckungsbescheid reicht jedoch nicht, da ihm keine materielle Anspruchsprüfung zugrunde liegt.[33]

1962 Zweifel an der Berechtigung der Forderung sind durch den Schuldner im Rahmen seiner Anhörung geltend zu machen.[34] Bei Glaubhaftmachung der Forderung durch den Gläubiger hat der Schuldner seinen abweichenden Vortrag ebenfalls glaubhaft zu machen.[35]

1963 Bei Vorlage eines Vollstreckungstitels durch den Gläubiger kann der Schuldner Einwendungen gegen die Forderung nur in dem dafür vorgesehenen Verfahren geltend machen.[36] Die nicht rechtskräftige Zuerkennung einer Forderung bindet den Insolvenzrichter nicht. Er hat vielmehr die Rechtsmittelaussichten des Schuldners nach freiem Ermessen zu würdigen.[37] Allerdings hat das AG Köln entschieden:[38] Ist die insolvenzbegründende Forderung des antragstellenden Gläubigers nur vorläufig vollstreckbar tituliert, sind Einwendungen des Schuldners gegen die Forderung im Rahmen der Eröffnungsentscheidung nur beachtlich, wenn dem vorläufig vollstreckbaren Titel keine gerichtliche Sachprüfung unter Berücksichtigung der Einwendungen des Schuldners zugrunde liegt.

1964 Soll der Eröffnungsgrund nur aus einer einzigen Forderung des antragstellenden Gläubigers abgeleitet werden und ist die Forderung vom Schuldner bestritten, muss das Bestehen der Forderung für die Eröffnung des Verfahrens bewiesen sein.[39] Das gilt auch, wenn der Gläubiger seinen Eröffnungsantrag auf mehrere Forderungen aus gleichgelagerten Lebenssachverhalten stützt und diese Forderungen den Eröffnungsgrund ausmachen.[40] Ein solcher Beweis ist eine vollstreckbare Urkunde (hier notarielle Vollstreckungsunterwerfungserklärung)[41].

1965 Die Vorlage eines deklaratorischen Schuldanerkenntnisses des Schuldners durch den antragstellenden Gläubiger ersetzt die Glaubhaftmachung der Forderung, weil der Schuldner mit allen Einwendungen präkludiert ist.[42]

1966 **c) Entscheidungen zum Insolvenzantrag von Sozialversicherungsträgern oder Finanzamt:** Zur Glaubhaftmachung der Forderung durch die den

---

[31] BGH ZInsO 2006, 97 = NZI 2006, 172.
[32] OLG Köln EWiR 2000, 635.
[33] AG Dresden EWiR 2001, 535.
[34] OLG Naumburg NZI 2000, 263.
[35] LG Dresden ZIP 2004, 1062.
[36] BGH ZIP 2006, 1452.
[37] LG Potsdam ZInsO 2007, 999 = BeckRS 2008, 3029.
[38] AG Köln ZIP 2015, 1404.
[39] BGH ZInsO 2006, 145 = NJW-RR 2006 1061; ebenfalls in diese Richtung BGH ZIP 2006, 1456 = ZInsO 2006, 828; zu diesem Komplex Henkel ZInsO 2011, 1237 ff.
[40] BGH ZIP 2021, 302
[41] BGH ZIP 2016, 1447.
[42] BGH ZInsO 2009, 767 = BeckRS 2009, 9185.

Insolvenzantrag stellende **Sozialversicherung** gehört die genaue Aufschlüsselung der Antragsforderungen,[43] das ist dann nicht erforderlich, wenn vom Schuldner gefertigte Datensätze vorgelegt werden.[44] Für die Glaubhaftmachung der Forderungen durch das **Finanzamt** ist erforderlich, dass Steuerbescheide oder Steueranmeldungen des Schuldners vorgelegt werden. Das kann ausnahmsweise entbehrlich sein, wenn der Schuldner die Forderungen nicht bestreitet.[45]

Bei Bestreiten der Forderungen durch den Schuldner reichen zur Glaubhaftmachung der antragsbegründenden Forderungen durch die Sozialversicherung oder das Finanzamt als Antragsteller bloße Listen angeblicher Rückstände nicht aus, vielmehr müssen zumindest die Bescheide oder andere Nachweise vorgelegt werden.[46] Bei Bestreiten durch den Schuldner ist der Insolvenzantrag des Finanzamtes grundsätzlich nur zulässig, wenn Steuerbescheide und ggf. etwaige Steueranmeldungen des Schuldners zur Glaubhaftmachung der Forderung vorgelegt werden. Eine Auflistung der in Vollstreckung befindlichen Beträge allein reicht nicht aus.[47] Hängt der Eröffnungsgrund allein vom Bestehen der Forderung des Finanzamtes ab, muss der Vollbeweis erbracht werden; diese Klärung muss auf dem dafür vorgesehenen Rechtsweg erfolgen.[48] 1967

Bis zur Entscheidung über den Eröffnungsantrag kann der Gläubiger weitere Forderungen mit entsprechender Glaubhaftmachung zur Begründung seines Antrages nachschieben.[49] 1968

d) Glaubhaftmachung des Insolvenzeröffnungsgrundes. An die Glaubhaftmachung des Eröffnungsgrundes sind nach der Rechtsprechung keine überzogenen Anforderungen zu stellen, insbesondere ist kein Vollbeweis zu verlangen, sondern es reicht die überwiegende Wahrscheinlichkeit nach § 294 ZPO aus.[50] Insbesondere ist die Vorlage einer Fruchtlosigkeitsbescheinigung für die Glaubhaftmachung nicht erforderlich Die Vorlage einer aktuellen Fruchtlosigkeitsbescheinigung aus ergebnisloser Zwangsvollstreckung ist allerdings regelmäßig ausreichend. Bei älteren, etwa mehr als 6 Monate alten Bescheinigungen (hier 7 $1/2$ Monate) sind weitere, möglichst aktuellere Indizien notwendig.[51] 1969

Zur Darlegung, Glaubhaftmachung und Beurteilung des Eröffnungsgrundes können auch sonstige Erkenntnisse des Gläubigers über eine Insolvenz des Schuldners herangezogen werden.[52] Bspw. reicht die monatelange Nichtzahlung der Sozialversicherungsbeiträge trotz gesetzlicher Abführungspflicht,[53] etwa ein Zahlungsrückstand mit den Gesamtsozialversicherungsbeiträgen für 6 Monate zur Glaubhaftmachung der Zahlungsunfähigkeit aus.[54] Einwendungen des Schuldners 1970

---

[43] LG Hamburg ZInsO 2010, 1842 = BeckRS 2010, 24150.
[44] BGH ZIP 2015, 1445 (Aufgabe von BGH ZIP 2004, 1466).
[45] BGH ZInsO 2012, 1418 = BeckRS 2012, 15958.
[46] BGH ZInsO 2006, 828; AG München ZIP 2009, 820.
[47] BGH ZIP 2011, 1971; BGH ZInsO 2012, 1418; BGH NZI 2012, 95.
[48] AG Göttingen ZIP 2013, 1347.
[49] BGH ZIP 2004, 1466; BGH ZInsO 2012, 593.
[50] IE Pape NJW 2001, 31, 32.
[51] AG Leipzig ZInsO 2011, 2097 = BeckRS 2011, 25946.
[52] OLG Celle NJW-RR 2001, 702.
[53] OLG Naumburg ZInsO 2000, 349 = NZI 2000, 263.
[54] BGH ZIP 2006, 1457 = ZInsO 2006, 827.

gegen die Forderung des antragstellenden Gläubigers sind unerheblich, wenn ein Eröffnungsgrund auch sonst vorliegt.[55]

1971 Indiz für fehlende Zahlungsfähigkeit (und damit Zahlungsunfähigkeit) kann sein, wenn der Schuldner auf Zahlungsaufforderungen (durch das Finanzamt) nicht reagiert und einem angekündigten Vollstreckungsversuch nicht entgegentritt und den Zugang zur Wohnung nicht ermöglicht.[56] Dies deckt sich mit den Rechtswertungen, nach denen eine Zahlung aufgrund angedrohter Zwangsvollstreckung innerhalb der Fristen des § 131 InsO inkongruent ist (s. dort, → Rn. 488 ff.). Das Risiko einer Nichterweisbarkeit des Eröffnungsgrundes trägt der antragstellende Gläubiger; in diesem Fall wird der Antrag als unbegründet abgewiesen.[57]

1972 **e) Rechtliches Interesse, Verbot des Rechtsmissbrauchs.** Ein Gläubiger, der Eröffnungsgrund und Forderung glaubhaft macht, hat regelmäßig ein berechtigtes Interesse an der Eröffnung des Insolvenzverfahrens. Es entfällt auch nicht im Hinblick auf das Wahlrecht des Insolvenzverwalters nach § 103 InsO.[58] Dem Gläubiger fehlt das Rechtsschutzinteresse nicht bereits deshalb, weil er vor dem Insolvenzantrag nicht die Zwangsvollstreckung versucht hat.[59]

1973 Ist die Forderung des Gläubigers jedoch zweifelsfrei vollständig dinglich gesichert, ist sein Insolvenzantrag unzulässig.[60] Eine Rückausnahme wurde gemacht bei zwar vollständiger Sicherung durch Grundpfandrecht, aber unsicherer Befriedigungsaussicht wegen Suizidalität des Schuldners.[61]

1974 **f) Zusätzliche Entscheidungen zum Rechtsschutzinteresse des Finanzamtes:**[62]

1975 Der Antrag des Finanzamtes ist kein Verwaltungsakt. Als vorläufiger Rechtsschutz können also eine einstweilige Anordnung nach § 114 FGO und in der Hauptsache eine Leistungsklage in Betracht kommen.[63]

1976 Die Insolvenzantragstellung durch das Finanzamt ist auch mit dem Ziel zulässig, die Entstehung weiterer Steuerrückstände zu vermeiden.[64] Die Erlangung ausstehender Steuererklärungen begründet dagegen kein Rechtsschutzinteresse des Finanzamtes an der Einleitung eines Insolvenzverfahrens.[65]

1977 Auch darf der Insolvenzantrag nicht lediglich mit dem Ziel der Vernichtung der wirtschaftlichen Existenz des Schuldners gestellt werden.[66] Finanzbehörden sind wegen der einschneidenden Wirkung auf die wirtschaftliche Existenz des Schuldners gehalten, Insolvenzanträge mit einer gewissen Zurückhaltung zu stellen; vorrangig muss die Einzelzwangsvollstreckung betrieben werden.[67] Verspricht

---

[55] OLG Celle ZIP 2001, 619.
[56] BGH ZInsO 2012, 1418 = BeckRS 2012, 15958.
[57] AG Ludwigshafen ZIP 2017, 586.
[58] BGH ZIP 2006, 1452.
[59] BGH BB 2004, 2024.
[60] BGH NJW 2008, 1380; erneut BGH ZInsO 2011, 1216 = NJW-Spezial 2011, 693.
[61] BGH, ZIP 2021, 135
[62] Zum Rechtsschutz gegen Insolvenzanträge des Finanzamtes s. Fu DStR 2010, 1411.
[63] BFH ZIP 2011, 724.
[64] FG München ZInsO 2009, 2348 = BeckRS 2009, 26027876.
[65] AG Kaiserslautern ZInsO 2006, 111 = BeckRS 2005, 12723.
[66] BFH ZInsO 2006, 603 = BeckRS 2005, 25009578.
[67] LG Hildesheim ZIP 2008, 325.

diese allerdings aus der ex-ante-Sicht kaum Erfolgsaussicht, kann bereits ein zügig (bereits drei Monate nach Fälligkeit der Steuerforderung) gestellter Insolvenzantrag ermessensfehlerfrei sein.[68] Ermessensfehlgebrauch liegt auch nicht bereits deswegen vor, weil die Vollstreckungsrückstände noch nicht bestandskräftig festgesetzt sind und auch dann nicht, wenn es sich um Forderungen aus Schätzungsbescheiden handelt.[69] Ebenfalls nicht ermessensfehlerhaft ist der Antrag des FA, wenn es einen Ratenzahlungsplan des Schuldners wegen Anfechtbarkeit etwaiger Ratenzahlungen nach § 130 InsO ablehnt.[70] Bei Steuerrückstand in geringer Höhe kann der Insolvenzantrag des Finanzamtes ermessensfehlerhaft sein; dabei kann eine endgültige Regelung bereits im einstweiligen Rechtsschutzverfahren ergehen, wenn die wirtschaftliche Existenz des Schuldners unmittelbar bedroht ist.[71]

U.U. kann sogar einstweiliger Rechtsschutz gegen den Insolvenzantrag des Finanzamts als schlichtes Verwaltungshandeln und der damit verbundenen Ermessensentscheidung vor den Finanzgerichten in Betracht kommen.[72]

g) Druckantrag: Insolvenzanträge, durch die auf den Schuldner lediglich Druck zur Zahlung ausgeübt werden soll, sind rechtsmissbräuchlich und daher unzulässig.[73] Indiz für Rechtsmissbräuchlichkeit ist der Versuch, mit einem Insolvenzantrag eine bestrittene Forderung durchzusetzen.[74] Indiz für einen unzulässigen Druckantrag kann auch sein, wenn der Gläubiger im Insolvenzeröffnungsverfahren eine Ratenzahlungsvereinbarung schließt und anschließend den Insolvenzantrag zurücknimmt.[75]

Ein Dauerthema ist die Frage, ob es ein Indiz für einen (von Anfang an unzulässigen) Druckantrag sein kann, wenn der Gläubiger unmittelbar nach Erfüllung seiner Forderung den Insolvenzantrag zurücknimmt, obwohl er das Verfahren hätte „laufen lassen" können, da ja nach § 14 Abs. 3 S. 1 InsO bei Abweisung des Antrags als unbegründet nach Erfüllung der Forderung des antragstellenden Gläubigers der Schuldner die Kosten des Verfahrens zu tragen hat. Dies war für die frühere Rechtslage für den Fall so entschieden worden, dass der Gläubiger in Kenntnis der Möglichkeit und des Vorliegens der Voraussetzungen des § 14 Abs. 1 S. 2 InsO a.F. davon keinen Gebrauch machte, sondern das Insolvenzverfahren nach seiner Befriedigung endgültig für erledigt erklärte; dies sei ein hinreichendes Indiz für einen Druckantrag mit der Folge, dass der Gläubiger auch die Kosten des Verfahrens zu tragen hat, weil der Antrag von Anfang an unzulässig war[76]. Für die aktuelle Rechtslage des § 14 Abs. 1 S. 2 InsO liegen gleiche Entscheidungen vor: Indiz für einen unzulässigen Druckantrag ist die Vereinnahmung der Zahlung im Insolvenzeröffnungsverfahren mit anschließender Erledigungserklärung durch

---

[68] FG Hamburg ZIP 2015, 599.
[69] FG Hamburg ZIP 2015, 599.
[70] FG Hamburg ZIP 2018, 890.
[71] FG Niedersachsen ZInsO 2011, 587 = BeckRS 2011, 95840; aA AG Göttingen ZIP 2011, 1539 = ZInsO 2011, 1258, das Insolvenzanträge des FA vom FG nicht im einstweiligen Rechtsschutz für überprüfbar hält. Zu Insolvenzanträgen aus Sicht des Finanzamts s. Schaake ZInsO 2011, 1581 ff.
[72] Schmittmann ZInsO 2013, 1992 ff.
[73] AG Hamburg ZIP 2000, 1019; sa Brzoza NJW 2019, 335 ff.
[74] LG Meiningen ZIP 2000, 1541.
[75] AG Oldenburg NZI 2002, 391.
[76] AG Göttingen ZIP 2011, 1977 = ZInsO 2011, 1515; AG Hamburg ZInsO 2011, 2092.

den Gläubiger[77], obwohl das Verfahren nach § 14 Abs. 1 S. 2 InsO nicht unzulässig wurde und damit die Möglichkeit der Fortsetzung des Insolvenzeröffnungsverfahrens bestanden hätte (str).[78] Bei einem „Zwangsgläubiger" (etwa Finanzamt, Sozialkasse) rechtfertigt die Rücknahme des Insolvenzantrags nach Erfüllung der Forderung durch den Schuldner allein nicht den Schluss auf einen unzulässigen Druckantrag; dann bedarf es weitere Umstände, die diesen Schluss zulassen.[79]

1981 Auch ist ein Insolvenzantrag rechtsmissbräuchlich, wenn mit dem Insolvenzverfahren ausschließlich der Zweck verfolgt wird, einen Konkurrenten aus dem Markt zu entfernen.[80]

1982 Ein Anspruch des Schuldners auf Unterlassung eines Gläubigerantrages ist gegeben, wenn sich der Gläubiger wegen unberechtigten Antrages schadensersatzpflichtig machen würde.[81] Hinzu kommt, dass die wahrheitswidrige Behauptung des Gläubigers, der Schuldner sei zahlungsunfähig, den Tatbestand einer falschen Verdächtigung nach § 164 Abs. 2 StGB erfüllen kann.[82]

1983 h) Anhörung des Schuldners. Grundsätzlich ist zu einem zulässigen Gläubigerantrag, auch und gerade vor Abweisung mangels Masse der Schuldner zu hören,[83] § 14 Abs. 2 InsO. Mit der Eröffnung des Insolvenzverfahrens aufgrund des Gläubigerantrages darf das Insolvenzgericht nach Vorliegen der Eröffnungsvoraussetzungen nur zuwarten, wenn der Schuldner eine konkrete, zeitnahe Erholungsprognose glaubhaft macht, die zum Inhalt hat, dass der Eröffnungsgrund beseitigt wird (etwa durch Vereinbarungen mit allen Gläubigern); ansonsten ist der Schuldner auf § 212 InsO zu verweisen.[84]

1984 i) Erfüllung der Forderung des antragstellenden Gläubigers. Nach § 14 Abs. 1 S. 2 InsO wird der Gläubigerantrag nicht allein dadurch unzulässig, dass die Forderung des antragstellenden Gläubigers erfüllt wird. Das Insolvenzverfahren kann also aufgrund des Antrags des Gläubigers, der nun befriedigt wurde, fortgeführt werden.[85]

1985 Nach § 14 Abs. 3 S. 1 InsO hat der Schuldner die Kosten des Verfahrens zu tragen, wenn die Forderung des Antragstellers nach Antragstellung erfüllt und der Antrag als unbegründet zurückgewiesen wird.[86] Aus teleologischer Auslegung ergibt sich, dass der frühere Insolvenzantrag kein Eigenantrag des Schuldners sein kann[87]. Ferner ist die Regelung wohl einschränkend dahingehend auszulegen, dass die Kostentragungspflicht nicht besteht, wenn der Antrag von Anfang an unbegründet war, etwa weil der Schuldner nicht insolvenzreif war.[88] Eine Kosten-

---

[77] AG Hamburg NZI 2002, 561.
[78] LG Köln ZIP 2018, 1610; aA AG Göttingen ZIP 2018, 992 und AG Hannover ZIP 2019, 1080.
[79] BGH ZIP 2020, 2291
[80] BGH ZIP 2011, 1161.
[81] OLG Koblenz ZIP 2006, 1833.
[82] OLG Koblenz ZIP 2012, 2259.
[83] BGH EWiR 2004, 665.
[84] AG Hamburg ZIP 2013, 134.
[85] Zur Erfüllung im Antragsverfahren und zur Anwendung des § 14 Abs. 1 S. 2 InsO s. Spiekermann ZIP 2019, 749 ff.
[86] Zur Neuregelung Marotzke ZInsO 2011, 841 ff.
[87] LG Koblenz, ZInsO 2011, 1986
[88] Gundlach/Rautmann DStR 2011, 82 ff.

tragungspflicht des Gläubigers, der nach Erfüllung seines Anspruchs den Eröffnungsantrag für erledigt erklärt, kann nicht allein damit begründet werden, dass der Insolvenzantrag auch weiterhin zulässig wäre.[89] Nach § 14 Abs. 3 S. 2 InsO hat der Schuldner die Kosten auch dann zu tragen, wenn der Gläubigerantrag wegen vorheriger unveröffentlichter Stabilisierungsanordnung nach dem StaRUG abgewiesen wird und der Gläubiger von der Stabilisierungsanordnung keine Kenntnis haben konnte.

j) Kostentragung. Bei Abweisung des Insolvenzantrages mangels Masse besteht nach § 31 Abs. 2 Satz 1 GKG für den antragstellenden Gläubiger eine Zweitschuldnerhaftung sowohl für die Verfahrensgebühr nach § 23 Abs. 1 Satz 1 GKG als auch für die Auslagen, wie etwa Sachverständigenkosten, nach § 23 Abs. 1 Satz 2 GKG.[90]   1986

Grundsätzlich ist eine einseitige Erledigungserklärung im Insolvenzeröffnungsverfahren möglich. Die Erledigungserklärung eines antragstellenden Gläubigers, der nach Anordnung einer Verfügungsbeschränkung vom Schuldner Zahlung angenommen hat, kann rechtsmissbräuchlich und daher unwirksam sein, wenn der Gläubiger keine Anzeichen dafür hat, dass der Insolvenzgrund entfallen ist.[91]   1987

Die Kostenentscheidung bei Erledigungserklärung ist nach § 91a ZPO zulasten des Schuldners zu treffen, wenn bis zur Erledigung (z.B. Zahlung) der Gläubigerantrag zulässig war.[92] Jedoch hat der Gläubiger die Kosten des Verfahrens nach § 91a ZPO zu tragen, wenn er bei Stellung des Eröffnungsantrages die Zahlungsunfähigkeit des Schuldners glaubhaft gemacht hat und sodann den Antrag wegen einer späteren Zahlung des Schuldners oder einer Zahlungsvereinbarung in der Hauptsache für erledigt erklärt, ohne zugleich glaubhaft zu machen, dass zum Zeitpunkt der Erledigung hinreichender Grund zu der Annahme besteht, die Zahlungsunfähigkeit des Schuldners sei nunmehr beseitigt.[93]   1988

Ob bei Erledigung des Antrags der Gläubiger-Antragsteller neben den Verfahrenskosten auch für die Auslagen (Entschädigung des Sachverständigen) haftet, wird unterschiedlich entschieden.[94]   1989

Der Gläubiger-Antragsteller hat jedenfalls dann die Kosten zu tragen, wenn er nach Zahlung des Schuldners ohne Zustimmung des vorläufigen Insolvenzverwalters mit Zustimmungsvorbehalt den Antrag für erledigt erklärt, da die Zahlung unwirksam ist,[95] also nicht zum Erlöschen der Forderung führt.[96]   1990

Bei Abweisung des Antrages mangels Masse hat der Antragsteller die Kosten des Verfahrens, bspw. die Kosten des Gutachtens zu tragen.[97] Anders LG Stuttgart:[98] Bei vom vorläufigen Insolvenzverwalter mangels Masse angeregter Rücknahme   1991

---

[89] BGH ZIP 2021, 2399
[90] LG Göttingen ZIP 2010, 147.
[91] LG Duisburg ZIP 2009, 342.
[92] AG Göttingen ZIP 2001, 798.
[93] AG Duisburg NZI 2002, 669.
[94] LG Göttingen NZI 2004, 501: Keine Haftung für die Auslagen; AG Düsseldorf ZInsO 2006, 1116: Haftung für die Auslagen; dagegen OLG Düsseldorf ZIP 2007, 400: Keine Haftungsausdehnung nach § 91a ZPO auf die Auslagen.
[95] AG Hamburg ZIP 2005, 364.
[96] AG Göttingen ZIP 2011, 1977.
[97] LG Gera ZIP 2002, 1735.
[98] ZIP 2004, 2395.

des Insolvenzantrages durch den Gläubiger hat der Schuldner und nicht der Gläubiger die Vergütung des vorläufigen Insolvenzverwalters zu tragen.

1992 **k) Rechtsmittel.** Gegen die Eröffnung des Insolvenzverfahrens aufgrund Gläubigerantrages steht dem Schuldner nach § 34 Abs. 2 InsO die sofortige Beschwerde zu. Ihre Frist beginnt regelmäßig 2 Tage nach der öffentlichen Bekanntmachung des Eröffnungsbeschlusses im Internet, selbst wenn der Beschluss dem Schuldner anschließend noch persönlich zugestellt wird.[99]

1993 **l) Vorübergehende Einschränkung des Gläubigerantragsrechts.** Nach § 3 COVInsAG[100] setzte die Eröffnung des Insolvenzverfahrens aufgrund eines zwischen dem 28.3.2020 und 28.6.2020 gestellten Gläubigerinsolvenzantrags voraus, dass der Eröffnungsgrund bereits am 1.3.2020 vorlag.

II. Einsetzung eines vorläufigen Gläubigerausschusses; Einfluss auf die Wahl des Insolvenzverwalters

1994 Zur Absicherung/Unterstützung des vorläufigen Insolvenzverwalters wurde auch in der Vergangenheit häufig, auch auf Wunsch des vorläufigen Insolvenzverwalters, ein vorläufiger Gläubigerausschuss eingesetzt, obwohl diese Institution in der InsO bis zum Inkrafttreten des ESUG nicht vorgesehen war. Nach der Gesetzesänderung durch das ESUG kommt der Einsatz eines vorläufigen Gläubigerausschusses in drei Fällen in Betracht:
- Er ist nach § 22a Abs. 1 InsO zwingend bei Unternehmensinsolvenzantrag, wenn das Unternehmen die in der Vorschrift genannten Schwellenwerte (es sind diejenigen für mittelgroße Kapitalgesellschaften nach § 267 Abs. 2 HGB) erreicht;
- ist die in § 22a Abs. 1 InsO genannte Größenordnung des Schuldnerunternehmens nicht erreicht, soll das Gericht einen vorläufigen Gläubigerausschuss einsetzen, wenn der Schuldner, ein Gläubiger oder der vorläufige Insolvenzverwalter dies beantragt und die potenziellen Ausschussmitglieder bereits benannt und deren Einverständniserklärungen beigefügt werden, § 22a Abs. 2 InsO;
- von Amts wegen nach § 21 Abs. 2 Nr. 1a InsO.

1995 Ein vorläufiger Gläubigerausschuss ist nach § 22a Abs. 3 InsO nicht einzusetzen, wenn der Geschäftsbetrieb des Schuldners eingestellt ist[101] oder die Einstellung noch im Eröffnungsverfahren konkret absehbar ist,[102] die mit dem Einsatz verbundene Verzögerung zu einer nachteiligen Veränderung der Vermögenslage des Schuldners führen würde oder der Einsatz, gemeint sind wohl die Kosten, im Hinblick auf die zu erwartende Insolvenzmasse unverhältnismäßig wären. Unver-

---

[99] BGH ZIP 2014, 1133.
[100] Gesetz zur vorübergehenden Aussetzung der Insolvenzantragspflicht und zur Begrenzung der Organhaftung bei einer durch die COVID-19-Pandemie bedingten Insolvenz (COVID-19-Insolvenzaussetzungsgesetz – COVInsAG) v. 27.3.2020, BGBl I S. 569.
[101] AG Hamburg ZInsO 2013, 1804; Einstellung des Geschäftsbetriebes liegt auch vor, wenn die Gesellschaft nicht mehr werbend tätig, sondern im Abwicklungsstadium ist, AG Hamburg ZInsO 2013, 2166.
[102] AG Hamburg ZIP 2013, 1391 = ZInsO 2013, 1803.

hältnismäßigkeit liegt vor, wenn die Ausschusskosten über 7% der zu erwartenden Teilungsmasse betragen.[103]

Einsatz und Zusammensetzung des vorläufigen Gläubigerausschusses werden vom Insolvenzgericht bestimmt. Mitglieder des vorläufigen Gläubigerausschusses können nur Gläubiger oder Personen sein, die spätestens mit Verfahrenseröffnung zu Gläubigern werden, § 21 Abs. 2 Satz 1 Nr. 1a InsO. Nach dieser Vorschrift gelten für die Mitglieder die §§ 67 Abs. 2, 69–73 InsO entsprechend. Daraus folgt, dass bei institutionellen Gläubigern (z.B. Kreditinstitut) der Gläubiger selbst und nicht ein Mitarbeiter Ausschussmitglied wird; eine juristische Person wird also durch das Vertretungsorgan vertreten, das sich wiederum vertreten lassen kann.[104] Die Mitglieder des vorläufigen Gläubigerausschusses müssen die Gläubigerschaft ausreichend repräsentieren.[105] Ob und ggf. welche weiteren Qualifikationsmerkmale die Mitglieder zu erfüllen haben, wird in der Rechtsprechung herauszuarbeiten sein.[106] Zwar ist die Mindestmitgliederzahl gesetzlich nicht vorgegeben; das AG Ludwigshafen hat jedoch entschieden, dass bei einer Betriebsfortführung der vorläufige Gläubigerausschuss mindestens über 5 Mitglieder verfügen muss.[107] Nach dem AG Kaiserslautern[108] ist es geboten und zweckmäßig, neben einem Mitglied der Gläubigerbanken den Konsortialführer als weiteres Mitglied in den vorläufigen Gläubigerausschuss nach § 67 Abs. 2 InsO zu bestellen. 1996

Schuldner bzw. vorläufiger Verwalter haben auf Aufforderung des Gerichts in Betracht kommende Mitglieder zu benennen, § 22a Abs. 4 InsO. Ein einmal eingesetzter vorläufiger Gläubigerausschuss kann nachträglich durch einen Beschluss des Insolvenzgerichts um weitere Gläubiger erweitert werden.[109]

Der vorläufige Gläubigerausschuss kann bestimmenden Einfluss auf die Wahl des (vorläufigen) Insolvenzverwalters nehmen, §§ 21 Abs. 2 Nr. 1, 56a Abs. 2 InsO. In der Praxis dürfte sich dieser wesentliche Zweck des vorläufigen Gläubigerausschusses, Einfluss auf die Wahl des (vorläufigen) Insolvenzverwalters zu nehmen, nur erreichen lassen, wenn seine Einsetzung vor Antragstellung ausreichend vorbereitet ist durch Vorauswahl der potenziellen Mitglieder, Benennung gegenüber dem Insolvenzgericht und Vorlage der Versicherung/Erklärung deren Bereitschaft[110] und Kontaktaufnahme mit dem Insolvenzgericht. Es bleibt zu hoffen, dass das Insolvenzgericht diese gesetzgeberische Intention nicht dadurch wirkungslos werden lässt, dass es vor Bestellung eines vorläufigen Gläubigerausschusses zunächst einen vorläufigen Insolvenzverwalter einsetzt, den der vorläufige Gläubigerausschuss nicht abberufen kann. 1997

Gegen die Auswahl einzelner Mitglieder des vorläufigen Gläubigerausschusses hat der Schuldner kein Beschwerderecht; das Beschwerderecht nach § 21 Abs. 1 1998

---

[103] AG Ludwigshafen ZIP 2012, 2310.
[104] Huber ZInsO 2013, 1 ff., 4.
[105] Haarmeyer ZInsO 2012, 2109 ff.
[106] Sa Frind ZInsO 2013, 279 ff.
[107] AG Ludwigshafen ZIP 2012, 2310.
[108] AG Kaiserslautern NZI 2004, 676.
[109] AG Kaiserslautern NZI 2004, 676.
[110] Das AG Hamburg sieht dies sogar als Zulässigkeitsvoraussetzungen für den Antrag an, ZIP 2013, 1135.

Satz 2 InsO erfasst nur das „Ob" der Bestellung eines vorläufigen Gläubigerausschusses.[111]

Nunmehr ist die Einsetzung eines vorläufigen Gläubigerausschusses als Möglichkeit in § 21 Abs. 2 Satz 1 Nr. 1a InsO, als Soll-Vorschrift in § 22a Abs. 2 InsO und als verbindliche Anordnung unter den Voraussetzungen des § 22a Abs. 1 InsO geregelt; unter den Voraussetzungen des § 22a Abs. 3 InsO ist vom Einsatz dagegen abzusehen.

III. Mitwirkungs- und Auskunftspflicht des Schuldners, Sicherungsmaßnahmen

1999 Nach Insolvenzantragstellung ist zu befürchten, dass einerseits der Schuldner keine Motivation mehr haben wird, den Geschäftsbetrieb aufrechtzuerhalten und dass andererseits Gläubiger bestrebt sein könnten, sich Sicherungen oder Befriedigungen aus dem Schuldnervermögen zu beschaffen. Die Folge ist in jedem Fall die Gefährdung des Schuldnervermögens. Um dieser entgegenzutreten, hat das Gericht die Möglichkeit, Sicherungsmaßnahmen nach § 21 InsO anzuordnen. Denkbar sind alle zur Sicherung des Schuldnervermögens geeigneten Maßnahmen. Dabei müssen die Anordnungen hinreichend konkret sein, formularmäßige Pauschalanordnungen von Verwertungs- und Einziehungsverboten für künftige Aus- und Absonderungsrechte nach § 21 Abs. 2 Nr. 5 InsO sind unzulässig.[112] Selbstverständlich ist der Verhältnismäßigkeitsgrundsatz zu wahren, irreversible Schäden beim Schuldner dürfen nicht eintreten. Rechtliches Gehör ist dem Schuldner nur zu gewähren, wenn hierdurch der Sicherungszweck nicht gefährdet wird.[113] Gegen die Anordnung der Sicherungsmaßnahmen steht dem Schuldner das Recht der sofortigen Beschwerde zu (§ 21 Abs. 1 Satz 2 InsO).

2000 In besonderen Fällen sind Sicherungsmaßnahmen auch schon vor Feststellung der Zulässigkeit des Insolvenzantrages zulässig.[114]

2001 Der Schuldner ist nach § 20 InsO zu umfangreicher Auskunftserteilung und Mitwirkung verpflichtet. Die Auskunftsverpflichtung des Schuldners bzw. des Geschäftsführers nach §§ 97 Abs. 1, 101 Abs. 1 InsO ist zwangsweise durchsetzbar.[115] Sie erstreckt sich auf alle tatsächlichen, wirtschaftlichen und rechtlichen Verhältnisse der von ihm vertretenen Gesellschaft einschließlich der gegen den Gesellschafter bzw. den Auskunft erteilenden Geschäftsführer gerichteten Ansprüche.[116] Insoweit dürfte also ein Zeugnisverweigerungsrecht nach § 384 ZPO nicht bestehen.[117] Die Auskunftsverpflichtung des Geschäftsführers erstreckt sich aber nicht auf seine eigenen Vermögensverhältnisse und die Realisierbarkeit evtl.

---

[111] LG Kleve ZIP 2013, 992 = ZInsO 2013, 1037.
[112] BGH NZG 2010, 197.
[113] OLG Köln EWiR 2000, 635.
[114] BGH DZWIR 2007, 347 = ZInsO 2007, 440 = ZIP 2007, 878.
[115] LG Göttingen ZIP 2002, 1048.
[116] BGH ZIP 2015, A 29.
[117] Anders noch LG Ingolstadt ZIP 2005, 275, das ein Zeugnisverweigerungsrecht annahm, wenn nicht auszuschließen ist, dass die erteilten Auskünfte die Durchsetzung von Haftungsansprüchen gegen den Zeugen (= Geschäftsführer) erleichtern würden.

gegen ihn zu richtender Ansprüche der Gesellschaft.[118] Der (nicht vertretungsberechtigte) Gesellschafter bzw. der Insolvenzverwalter über dessen Vermögen sind nicht zur Auskunft verpflichtet.[119]

IV. Vorläufige Insolvenzverwaltung (§§ 21 Abs. 2 Nr. 1, 22 InsO)

Betreibt der Schuldner ein Unternehmen, dessen Geschäftsbetrieb (noch) nicht eingestellt ist, ordnet das Insolvenzgericht in aller Regel vorläufige Insolvenzverwaltung an.

2002

1. Auswahl

Zum Insolvenzverwalter kann nur eine natürliche Person bestellt werden, § 56 Abs. 1 Satz 1 InsO. Eine GmbH etwa kann nicht zum Insolvenzverwalter bestellt werden.[120] Die Verfassungskompatibilität dieser Beschränkung wurde streitig diskutiert.[121] Das BVerfG hat entschieden, dass der Ausschluss juristischer Personen von der Bestellung zum Insolvenzverwalter verfassungsgemäß ist, insbesondere nicht gegen die Grundrechte der Berufsfreiheit aus Art. 12 Abs. 1 GG und auf Gleichbehandlung aus Art. 3 Abs. 1 GG verstößt.[122] Sofern der EU-Heimatstaat auch juristischen Personen das Insolvenzverwalteramt gestattet, dürfte der Ausschluss eines ausländischen Verwalters von der Vorauswahlliste gegen EU-Recht (Dienstleistungsrichtlinie) verstoßen.[123]

2003

Durch § 56 Abs. 1 Satz 2 InsO sind die Regelungen über die erforderliche Unabhängigkeit des Insolvenzverwalters etwas gelockert worden.[124] So ist er nicht allein aus dem Grund disqualifiziert, dass er vom Schuldner vorgeschlagen wurde oder den Schuldner vor dem Eröffnungsantrag in allgemeiner Form über Ablauf und Folgen des Insolvenzverfahrens beraten hat. Seit Inkrafttreten dieser Regelungen wird in der Literatur lebhaft diskutiert, ob nunmehr die Unabhängigkeit des Insolvenzverwalters disponibel und die Bestellung desselben faktisch in die Hand einiger Großgläubiger gelegt sei.[125] Zwar kann dieser Gefahr durch die von Amts wegen vorzunehmende Unabhängigkeitsprüfung des Insolvenzgerichts begegnet werden,[126] jedoch kann diese Prüfung wiederum den Sinn der Neuregelungen, schnell einen von den Gläubigern gewünschten Verwalter tätig werden zu lassen,

---

[118] BGH ZIP 2015, 791.
[119] AG Köln ZIP 2015, 1602.
[120] BGH ZIP 2013, 2070, der die Beschränkung in § 56 Abs. 1 S. 1 InsO für verfassungsgemäß hält.
[121] Gegen den Beschluss des BGH ist Verfassungsbeschwerde eingelegt; zum Thema sa Gehrlein NJW 2013, 3756 ff.; Höflein ZIP 2015, 1568 ff. (Beschränkung auf natürliche Personen ist verfassungskonform).
[122] BVerfG ZIP 2016, 321.
[123] AG Mannheim ZIP 2016, 132.
[124] Dazu Schmidt/Hölzle ZIP 2012, 2238 ff.
[125] Schmidt/Hölzle ZIP 2012, 2238 ff.; Vallender/Zippert ZIP 2013, 149 ff.; Bork ZIP 2013, 145 ff.; Replik von Hölzle ZIP 2013, 447 ff. Gruber NJW 2013, 584 ff.; Römermann ZInsO 2013, 218 f.
[126] Frind ZInsO 2013, 59 f.

konterkarieren, insbesondere wenn sie nicht verständig oder nicht schnell vorgenommen oder gar einstweilen ein anderer vorläufiger Verwalter (evtl. sogar mit Verfügungsmacht) eingesetzt wird.

2. Einfluss des vorläufigen Gläubigerausschusses

2004 Nach der Neuregelung in § 56a InsO haben die Gläubiger vermittels des vorläufigen Gläubigerausschusses nunmehr Einfluss auf die Wahl des (vorläufigen) Insolvenzverwalters bei Unternehmensinsolvenz. Von einem einstimmigen Vorschlag des vorläufigen Gläubigerausschusses darf das Gericht nur abweichen, wenn die vorgeschlagene Person für das Amt nicht geeignet ist, § 56a Abs. 2 Satz 1 InsO.

2005 In jedem Fall ist dem vorläufigen Gläubigerausschuss vor der Bestellung des Verwalters Gelegenheit zur Stellungnahme zu Anforderungen und Person des Verwalters zu geben, wenn dies nicht offensichtlich zu nachteiligen Veränderungen der Vermögenslage des Schuldners führt, § 56a Abs. 1 InsO. Wurde ein Verwalter bestellt, ohne dem vorläufigen Gläubigerausschuss zuvor Gelegenheit zur Stellungnahme zu geben, hat der Ausschuss in seiner ersten Sitzung die Möglichkeit, einstimmig einen anderen Verwalter zu wählen, § 56a Abs. 3 InsO.

3. Rechtsstellung, Pflichten und Befugnisse des vorläufigen Verwalters

2006 Der vorläufige Insolvenzverwalter kann eingesetzt werden mit gleichzeitiger Anordnung eines allgemeinen Verfügungsverbots ggü. dem Schuldner (sog. starker vorläufiger Insolvenzverwalter, § 22 Abs. 1 InsO) oder ohne ein solches, dem Schuldner auferlegtes Verfügungsverbot (sog. schwacher vorläufiger Insolvenzverwalter, § 22 Abs. 2 InsO).[127] Überwiegende Praxis der Insolvenzgerichte ist es, einen schwachen vorläufigen Insolvenzverwalter einzusetzen und dem weiterhin verfügungsbefugt bleibenden Schuldner aufzuerlegen, Verfügungen über sein Vermögen nur mit Zustimmung des schwachen vorläufigen Verwalters vorzunehmen (§§ 21 Abs. 2 Nr. 1 und 2. 22 Abs. 2 InsO, vorläufiger Insolvenzverwalter mit Zustimmungsvorbehalt, „halbstarker" vorläufiger Verwalter). Dann sind Verfügungen des Schuldners ohne Zustimmung des vorläufigen Insolvenzverwalters unwirksam. Hat er dennoch einen Überweisungsauftrag an seine Bank erteilt und die Bank diesen ausgeführt, kann der Insolvenzverwalter die Leistung beim Empfänger als rechtsgrundlose Leistung kondizieren.[128] Die Verurteilung des Schuldners zur Abgabe einer Willenserklärung gem. § 894 S. 1 ZPO ersetzt die nach § 21 Abs. 2 S. 1 Nr. 2 Alt. 2 InsO erforderliche Zustimmung des vorläufigen Insolvenzverwalters nicht.[129]

---

[127] Wellensiek FS Uhlenbruck, 2000, 199 ff.; Spliedt ZIP 2001, 1941 ff.; Bork ZIP 2001, 1521; Prütting/Stickelbrock ZIP 2002, 1608 ff.; Pape ZIP 2002, 2277 ff.; Undritz NZG 2003, 136 ff.
[128] BGH NZG 2014, 549.
[129] BGH ZIP 2018, 1506.

Auch der zum (vorläufigen) Insolvenzverwalter bestellte Rechtsanwalt hat das berufsrechtliche Verbot der Umgehung des Gegenanwalts nach § 12 BORA zu beachten.[130]

2007

Durch Bestellung eines „schwachen" vorläufigen Insolvenzverwalters, auch eines solchen mit Zustimmungsvorbehalt, werden anhängige Rechtsstreite nicht unterbrochen[131] und eine umsatzsteuerliche Organschaft bleibt erhalten (bis zur Verfahrenseröffnung).[132]

2008

a) Pflicht zur Fortführung des Unternehmens. Allgemeine Aufgabe des vorläufigen Insolvenzverwalters ist, eine Verschlechterung des Schuldnervermögens zu verhindern. Dazu hat der vorläufige Insolvenzverwalter grundsätzlich das Schuldnerunternehmen bis zum Berichtstermin im eröffneten Insolvenzverfahren fortzuführen.

2009

b) Recht zur Stilllegung? Vor dem Berichtstermin kommt eine Stilllegung des Schuldnerunternehmens allenfalls nach § 158 InsO in Betracht. Ob Stilllegung zu einem früheren Zeitpunkt, etwa in Ausnahmefällen nach ausdrücklicher Zustimmung des Gerichts zulässig ist, ist fraglich. U.U. kann eine Stilllegung geboten sein.[133] Eine an den Schuldner ergangene gewerberechtliche Untersagungsverfügung rechtfertigt die gerichtliche Zustimmung zur Stilllegung nicht.[134]

2010

Praxishinweis
Personalabbau in größerem Umfang kann Betriebs(teil)stilllegung sein. Folge: Die Genehmigung durch das Insolvenzgericht ist erforderlich. Die verkürzte Frist zur Kündigung von Arbeitnehmern nach § 113 InsO gilt nicht für den vorläufigen Verwalter, auch nicht den sog. starken.[135] Für die Wirksamkeit der Kündigung eines Arbeitsverhältnisses durch den starken vorläufigen Verwalter wegen geplanter Stilllegung ist nicht erforderlich, dass die Zustimmung des Gerichts nach § 22 InsO zur Stilllegung im Zeitpunkt des Kündigungsausspruchs bereits vorliegt.[136]

2011

Der schwache vorläufige Verwalter hat keine Kündigungsbefugnis im eigenen Namen.[137] Der Zustimmungsvorbehalt ggü. dem Schuldner zugunsten des schwachen vorläufigen Verwalters erfasst auch Kündigungen von Arbeitsverhältnissen.[138]

2012

c) Recht zur Veräußerung des Betriebs/-teils? Immer wieder wird diskutiert, ob dem vorläufigen Insolvenzverwalter im Rahmen einer Gesetzesänderung das Recht eingeräumt werden soll, bereits im Insolvenzeröffnungsverfahren das

2013

---

[130] BGH ZIP 2015, 1546.
[131] BGH WM 1999, 1621.
[132] BFH ZInsO 2009, 191.
[133] AG Aachen ZIP 1999, 1494.
[134] AG Hannover, ZIP 2020, 984
[135] LAG Hamburg ZIP 2004, 869, bestätigt durch BAGE 133, 199 = BB 2005, 1685 = DB 2005, 1691 = ZInsO 2005, 1342.
[136] BAGE 116, 168 = ZInsO 2006, 388 = ZIP 2006, 585 entgegen LAG Düsseldorf ZInsO 2003, 819 = ZIP 2003, 1811.
[137] LAG Hamm ZIP 2004, 727.
[138] BAGE 103, 123 = ZInsO 2003, 817 = ZIP 2003, 1161.

Unternehmen zu veräußern. Davon hat der Gesetzgeber bisher abgesehen. Dieses Recht besteht nach herrschender Meinung nicht.[139]

Seit der Änderung der InsO zum 1.7.2007 gestattet der ergänzte § 158 InsO dem Insolvenzverwalter die Veräußerung des Unternehmens nach Eröffnung des Insolvenzverfahrens aber vor dem Berichtstermin mit Zustimmung des Gläubigerausschusses oder, falls ein solcher nicht besteht, nach eigenem Ermessen.

2014 Nach einer jüngeren Entscheidung des OLG Rostock kann vor diesem Zeitpunkt eine Verpachtung des Unternehmens an den potenziellen Erwerber zulässig sein.[140]

2015 Sollte es ausnahmsweise (etwa als einzelne Verwertungshandlung) doch zu einer Unternehmensteilveräußerung im vorläufigen Insolvenzverfahren kommen, haftet der Erwerber analog § 75 Abs. 2 AO nicht für rückständige Steuerschulden,[141] während die Haftung für rückständige Verbindlichkeiten ggü. Arbeitnehmern, deren Arbeitsverhältnisse nach § 613a BGB auf den Erwerber übergehen, unbeschränkt eingreift, da die vom BAG entwickelte teleologische Reduktion der Anwendung des § 613a BGB bei Betriebsübergang vor Insolvenzeröffnung nicht gilt.[142]

2016 **d) Einzelne Verwertungshandlungen.** Einzelne Verwertungshandlungen sind zulässig, wenn nur durch eine schnelle Verwertung bereits im Insolvenzeröffnungsverfahren Nachteile für die Insolvenzmasse abgewehrt werden können. Eine Billigung durch die Gläubiger, insb. aus- und absonderungsberechtigter, wird als Legitimationsgrundlage allein nicht ausreichen, da die Verwertung grundsätzlich auf Risiko des vorläufigen Insolvenzverwalters mit Haftungskonsequenz bei Verletzung von Aus- und Absonderungsrechten geschieht und die Masse um die Verwertungskostenbeiträge nach §§ 171 ff. InsO gebracht wird.

V. Fortführung des Unternehmens im Insolvenzeröffnungsverfahren, Sanierungsvorbereitung

2017 Hierfür und insb. für eine erfolgreiche Unternehmenssanierung ist häufig der Abschluss folgender Vereinbarungen erforderlich:
- Vereinbarungen zur Finanzierung des Insolvenzeröffnungsverfahrens,[143]

---

[139] S. nur Schröder in Hamburger Kommentar InsO, § 22 Rn. 41; Eine Veräußerung des Unternehmens durch den früheren Sequester war zulässig, wenn sie einer ordnungsgemäßen Verwaltung entsprach, wirtschaftlich vernünftig war und im Interesse der Gläubiger war und von späterer Verfahrenseröffnung auszugehen war. Da die Stellung des vorläufigen Insolvenzverwalters eher noch stärker ist als die des Sequesters, könnten nach einer M.M. Veräußerungen weiterhin als zulässig angesehen werden, Lohkemper ZIP 1999, 1251 ff.; Menke BB 2003, 1133 ff.: Veräußerung des Unternehmens durch starken vorläufigen Verwalter auch ohne Zustimmung des Gerichts wirksam. Zu Betriebsübergang im Insolvenzeröffnungsverfahren und Verwertungsrecht des vorläufigen Insolvenzverwalters Menke NZI 2003, 522 ff.
[140] OLG Rostock ZInsO 2011, 1511.
[141] BFHE 186, 318 = BFH/NV 1999, 99 = ZIP 1998, 1845 (noch zur KO).
[142] BAG BB 2003, 423 = DB 2003, 100 = ZInsO 2003, 139 = ZIP 2003, 222.
[143] S.a. Windel, Modelle der Unternehmensfortführung im Insolvenzeröffnungsverfahren, ZIP 2009, 101 ff. (Treuhandkontenmodelle); zu zweifelhaften Methoden der Liquiditätsbeschaffung im Insolvenzeröffnungsverfahren s. Kayser, ZIP 2020, 97 ff.

- Vereinbarungen zur Aufrechterhaltung des Geschäftsbetriebes,
- Vereinbarungen mit Sicherungsgläubigern.

1. Insolvenzgeldvorfinanzierung (§§ 165 ff. SGB III)

Nach §§ 165 ff. SGB III haben die Arbeitnehmer Anspruch auf Insolvenzgeld für Lohnrückstände bzw. -ausfälle für die letzten 3 Monate vor dem Insolvenzereignis, etwa der Insolvenzverfahrenseröffnung. Das Insolvenzgeld ist auf die Beitragsbemessungsgrenze der Sozialversicherung begrenzt. Das Insolvenzgeld würde jedoch erst nach Verfahrenseröffnung ausgezahlt, sodass die Arbeitnehmer bei Nichtzahlung der Vergütung bis dahin ein Zurückbehaltungs- oder das Kündigungsrecht hätten. Daher kann das Insolvenzgeld durch ein Kreditinstitut gegen Ankauf der Arbeitsentgeltansprüche der Arbeitnehmer vorfinanziert werden.[144] Nach Eintritt des Insolvenzereignisses, etwa der Verfahrenseröffnung mutiert der erworbene Arbeitsentgeltanspruch zum Anspruch des Kreditinstituts auf Auszahlung des Insolvenzgeldes, § 170 Abs. 1 SGB III. Dafür ist erforderlich, dass die Bundesagentur für Arbeit der vor dem Insolvenzereignis erfolgten Abtretung zugestimmt hat, § 170 Abs. 4 SGB III. Die Zustimmung wird nur erteilt, wenn Tatsachen für die Annahme vorliegen, dass durch die Vorfinanzierung ein erheblicher Teil der Arbeitsplätze erhalten bleibt. Das ist ggf. durch ein Sanierungs- bzw. Fortführungskonzept (i.d.R. durch den Insolvenzverwalter) zu belegen.

Für das Kreditinstitut besteht das Risiko, dass das Insolvenzereignis etwa wegen Rücknahme des Insolvenzantrages ausbleibt oder dass sich die Verfahrenseröffnung über den Insolvenzgeldzeitraum hinaus verzögert. Ersterem kann durch persönliche Verpflichtungserklärungen des Geschäftsführers begegnet werden, Letzterem durch rollierende Insolvenzgeldvorfinanzierung, d.h. Rückzahlung des ersten Monats vor ursprünglich beabsichtigtem Eröffnungszeitpunkt[145] oder vor Auszahlung des nächsten (vierten) Monats. Außerdem wird der Verwalter regelmäßig eine Zusage für die Bearbeitungskosten und die Verzinsung des Darlehens geben müssen.

Nach § 55 Abs. 3 InsO sind auch die von einem „starken" (= mit Verfügungsbefugnis ausgestatteten) vorläufigen Insolvenzverwalter begründeten Entgeltansprüche der Arbeitnehmer zwar Masseverbindlichkeiten, jedoch geht dieses Vorzugsrecht nach Gewährung von Insolvenzgeld nicht auf die Bundesagentur für Arbeit über.

Da der Insolvenzgeldzeitraum auf 3 Monate vor Entscheidung über den Insolvenzantrag begrenzt ist, können bei länger andauerndem Insolvenzeröffnungsverfahren bzw. entsprechenden Rückständen die älteren Lohnzahlungen/-ansprüche nicht mehr gedeckt sein, d.h. es fallen Lohnsteuer und Sozialversicherungsbeiträge an. Fraglich ist, ob der vorläufige Insolvenzverwalter die Pflicht zur Abführung hat.[146]

Zu beachten ist, dass mit Zustimmung des schwachen vorläufigen Insolvenzverwalters gezahlte Löhne/Gehälter, etwa zur Abwendung eines Zurückbehal-

---

[144] Zu dieser aus Bankensicht s. Cranshaw ZInsO 2013, 1493 ff.; sa die Dienstanweisung der Bundesagentur für Arbeit HEGA-06-2013.
[145] Weil dann ein Bargeschäft durch den „schwachen" vorläufigen Insolvenzverwalter vorliege, AG Hamburg ZIP 2014, 1091.
[146] S. hierzu Sinz FS Uhlenbruck, 2000, 157 ff.: Keine Pflicht, da Abführung anfechtbare Leistungen wären.

tungsrechts der Arbeitnehmer, im eröffneten Insolvenzverfahren anfechtbar sein können.[147]

2. Echtes und unechtes Massedarlehen

2022 Für die Aufnahme eines echten Massedarlehens (welches im eröffneten Verfahren Masseverbindlichkeit ist) benötigt der schwache vorläufige Verwalter eine Ermächtigung des Insolvenzgerichts.
Für den Darlehensgeber kann deshalb die Darlehensgewährung mit erheblichen Risiken verbunden sein, etwa dem Risiko späterer Masseunzulänglichkeit.

2023 **Einfluss auf die Wahl des Insolvenzverwalters durch personengebundenes Massedarlehen?**[148]
In der Praxis ist mitunter zu beobachten, dass der Schuldner in Abstimmung mit dem (schwachen) vorläufigen Verwalter oder vorläufigen Sachwalter ein Massedarlehen aufnimmt und dabei mit der kreditierenden Bank ein Sonderkündigungsrecht nach Art einer Change-of-control-Klausel für den Fall vereinbart, dass der vorläufige nicht der endgültige Verwalter bzw. Sachwalter wird. Es ist denkbar, dass sich die Bank auf diese Klausel nicht berufen, also die Kündigung darauf nicht stützen kann, wenn ihr auch die Bestellung eines anderen Verwalters zumutbar ist. Für die Geschäftsführung des Schuldners, etwa den Geschäftsführer der GmbH kann dieses Vorgehen eine Pflichtverletzung nach § 43 Abs. 1 GmbHG sein, denn er hat für jeden Fall für die bestmögliche Fortführung des Geschäftsbetriebes zu sorge. Schließlich kann sich der vorläufige Verwalter, der auf diese Weise seine Position festigen möchte, nach § 60 InsO haftbar machen.

3. Widerspruch gegen Lastschriften

2024 Von der Darstellung der mit Urteilen des IX. Zivilsenates[149] und des XI. Zivilsenates[150] des BGH jeweils vom 20.7.2010 entwickelten einheitlichen Grundsätze zur Insolvenzfestigkeit von Lastschriften im Wege des Einzugsermächtigungsverfahrens und der anschließenden Verlagerung des Streitfeldes auf die Fragen einer früheren ausdrücklichen oder konkludenten Genehmigung der Belastungsbuchungen durch den zu dieser Zeit noch verfügungsbefugten Schuldner kann hier abgesehen und auf die Literatur verwiesen[151] werden, da sich die Ausgangslage durch Einführung des SEPA-Lastschriftverfahrens[152] geändert hat. Eine Zahlung, die mittels des im Nov. 2009 eingeführten SEPA-Lastschriftverfahrens bewirkt wurde, ist insolvenzfest.[153]

---

[147] OLG Celle NZI 2003, 266; BAGE 122, 266 = ZInsO 2005, 529 = ZIP 2005, 86.
[148] Sa Ganter ZIP 2013, 597 ff.
[149] BGH ZInsO 2010, 1534.
[150] BGH ZIP 2010, 1556 = ZInsO 2010, 1538.
[151] Zur aktuellen Zusammenfassung der Rechtsprechung zu Lastschriften im Einzugsermächtigungsverfahren s. Nobbe ZIP 2012, 1937 ff.
[152] Zu diesem Verfahren s. Obermüller/Kuder ZIP 2010, 349 ff.
[153] BGH NZG 2010, 1115.

4. Sicherung von neuen Gläubigeransprüchen im Insolvenzeröffnungsverfahren, Masseverbindlichkeiten

Masseverbindlichkeiten,[154] für die eine **persönliche Haftung des vorläufigen Insolvenzverwalters** in Betracht käme, werden nur durch den sog. starken vorläufigen Insolvenzverwalter begründet.[155] Der schwache vorläufige Insolvenzverwalter begründet Masseverbindlichkeiten nur, wenn und soweit er zuvor vom Insolvenzgericht zur Eingehung bestimmter Verbindlichkeiten gesondert ermächtigt wurde.[156] Eine allgemeine Ermächtigung des schwachen vorläufigen Insolvenzverwalters zur Eingehung von Masseverbindlichkeiten ist unzulässig.[157] Der „schwache" vorläufige Insolvenzverwalter kann außerhalb einer gerichtlichen Einzelermächtigung Masseverbindlichkeiten nicht begründen.[158] Hat der schwache vorläufige Insolvenzverwalter die Einholung der Ermächtigung versäumt, kann das Insolvenzgericht ihm nicht nachträglich gestatten, im Wege des Treuhandkontenmodells ein Aussonderungsrecht zu schaffen.[159] Die bloße Zahlungszusage des „schwachen" vorläufigen Verwalters begründet keine Masseverbindlichkeit.[160]

2025

§ 55 Abs. 2 InsO findet nur Anwendung, wenn die Verfügungsbefugnis auf den starken vorläufigen Insolvenzverwalter übertragen wurde; die Anordnung lediglich eines allgemeinen Zustimmungsvorbehalts reicht nicht.[161]

2026

Zur Sicherung der Gegenleistungsansprüche der Gläubiger, die im Insolvenzeröffnungsverfahren ihre Leistungen erbringen, wurde daher in der Praxis das sog. **Treuhandkontenmodell** entwickelt: Zur Abwicklung von Lieferverträgen richtet der schwache vorläufige Insolvenzverwalter ein gesondertes, regelmäßig durch einen Sozius treuhänderisch geführtes Anderkonto ein, auf welches die Kunden des Schuldners schuldbefreiend leisten, während die treuhänderisch eingezogenen Beträge zur Befriedigung der während des Insolvenzeröffnungsverfahrens entstehenden Lieferantenverbindlichkeiten des Schuldners bestimmt sind. Die Zulässigkeit dieses Treuhandkontenmodells wird von der herrschenden Meinung angenommen, ist aber nicht unumstritten.[162]

2027

---

[154] Sa Hamburger Leitlinien zur Befugnis des vorläufigen Insolvenzverwalters, Masseverbindlichkeiten zu begründen.
[155] Sa Stapper/Schädlich ZInsO 2011.
[156] LG Leipzig ZInsO 2001, 1114 = ZIP 2001, 1778 = EWiR 2001, 1061; OLG Köln EWiR 2001, 1011; Louven/Böckmann NZI 2004, S. 128 ff.
[157] BGHZ 151, 353 = NZI 2002, 543; ZInsO 2002, 819 = ZIP 2002, 1625.
[158] BGH ZInsO 2009, 1102.
[159] AG Hamburg ZInsO 2006, 218 = LSK 2007, 070352 (Ls.).
[160] BGH ZIP 2006, 1641 = BB 2006, 1931.
[161] BGHZ 151, 353 = BB 2002, 1927 = NJW 2002, 3326 = ZInsO 2002, 819 mAnm Haarmeyer ZInsO 2002, 845. Zu einem Fall der Begründung von Masseverbindlichkeiten durch Verwertungsbereicherung s. BAG ZIP 2007, 2173.
[162] Zum Stand der Diskussion s. Schröder in Hamburger Kommentar InsO, § 22 Rn. 98 ff. Das AG Hamburg EWiR 2003, 1091 = ZInsO 2003, 816 = ZIP 2003, 1809 hält das Treuhandkontenmodell für unzulässig, weil es von der InsO nicht vorgesehen sei. Dafür gebe es die starke vorläufige Verwaltung mit der Folge der Begründung von Masseverbindlichkeiten, Frind ZInsO 2006, 918 ff. Dagegen steht die hM, etwa Bork ZIP 2003, 1421 ff.: Treuhandkontenmodell, auch in der Form der Doppeltreuhand, ist zulässig; sa Landwehr/Thonfeld NZI 2004, 7 ff.

2028 Vor dem Hintergrund, dass auch Rechtshandlungen des Schuldners mit Zustimmung des schwachen vorläufigen Insolvenzverwalters in der eröffneten Insolvenz vom Insolvenzverwalter **angefochten** werden können[163] und im eröffneten Insolvenzverfahren bei Massearmut auch Masseverbindlichkeiten ausfallen können, wird es eine absolute Sicherheit für die Realisierbarkeit der Gegenansprüche für Lieferanten und sonstige Leistungserbringer, die ihre Leistungen im Insolvenzeröffnungsverfahren mit dem vorläufigen Insolvenzverwalter vereinbart haben, nicht geben können. Relative Sicherheit kann für diese Gläubiger erreicht werden durch beschränkte Ermächtigung des schwachen vorläufigen Verwalters durch das Insolvenzgericht zur Eingehung bestimmter Masseverbindlichkeiten.[164] Die bloße Zahlungszusage des „schwachen" vorläufigen Verwalters begründet jedoch keine Masseverbindlichkeit.[165]

2029 Ein einfaches Zahlungsversprechen des schwachen vorläufigen Insolvenzverwalters ist zudem problematisch wegen späterer Anfechtbarkeit. Ggf. ist eine Haftung des schwachen vorläufigen Insolvenzverwalters aus cic denkbar, etwa wenn er die Zusage gegeben hat, dass die Gegenleistungen für Warenlieferungen ab dem Zeitpunkt der Anordnung der vorläufigen Insolvenzverwaltung aus der Insolvenzmasse übernommen werden.[166] Stimmt der vorläufige Verwalter mit Zustimmungsvorbehalt einem Vertrag des Schuldners zu, der die künftige Leistung des Gläubigers zum Gegenstand hat, begründet dies einen **Vertrauensschutz** zugunsten des Vertragspartners, den der vorläufige Verwalter bei Vornahme der Erfüllungshandlung durch den Schuldner (Zahlung) nicht mehr zerstören kann; stimmt er einer Rechtshandlung des Schuldners zu, durch die nur Altverbindlichkeiten erfüllt werden ohne Zusammenhang mit noch weiteren Leistungen des Gläubigers, so kann der Insolvenzverwalter nach Eröffnung des Insolvenzverfahrens die Erfüllungshandlung des Schuldners anfechten.[167] Mit der Bestätigung, dass die Bezahlung künftiger Leistungen an den Schuldner durch das Insolvenzsonderkonto sichergestellt sei, begründet der vorläufige schwache Verwalter Zahlungsverbindlichkeiten aus einem Garantievertrag.[168]

2030 Die Zustimmung des mit Zustimmungsvorbehalt ausgestatteten vorläufigen Insolvenzverwalters begründet grds. einen anfechtungsfesten Vertrauenstatbestand, wenn er der Befriedigung einer Altverbindlichkeit im Rahmen einer Vereinbarung zustimmt, die den Gläubiger zugleich zu weiteren Leistungen verpflichtet.[169] Hat der vorläufige Verwalter zugleich die Absicht, die Zahlung später anzufechten, kann darin eine arglistige Täuschung zu sehen sein, die Vertrauensschutz des arg-

---

[163] OLG Celle ZInsO 2003, 185 = ZIP 2003, 412; BAGE 122, 266 = ZInsO 2005, 529 = ZIP 2005, 86.
[164] OLG Köln EWiR 2001, 1011 = ZInsO 2001, 762; Bork ZIP 2003, S. 1421 ff.; Hamburger Leitlinien zur Befugnis des vorläufigen Insolvenzverwalters Masseverbindlichkeiten zu begründen, ZInsO 2004, 24.
[165] BGH BB 2006, 1931 = NZI 2006, 587 = ZInsO 2006, 938 = ZIP 2006, 1641. Hamburger Leitlinien zur Befugnis des vorläufigen Insolvenzverwalters, Masseverbindlichkeiten zu begründen, ZInsO 2004, 24.
[166] OLG Schleswig EWiR 2004, 393 = NZI 2004, 92; ähnlich auch OLG Rostock EWiR 2005, 313 = ZIP 2005, 220.
[167] BGHZ 161, 315 = ZInsO 2005, 88 und 209 = ZIP 2005, 314 mAnm Bork ZIP 2006, 589.
[168] OLG Celle NZI 2004, 89.
[169] BGH ZIP 2006, 431; OLG Koblenz ZIP 2011, 345.

losen Gläubigers rechtfertigt.[170] Dies gilt aber dann nicht, wenn der vorläufige Insolvenzverwalter seinen zunächst geäußerten Widerstand nur wegen der Marktmacht des Gläubigers aufgegeben hat und dies zur Fortführung des Unternehmens erforderlich war; dann ist im eröffneten Insolvenzverfahren die Anfechtung möglich.[171] Die spätere Anfechtung kann ausgeschlossen sein, wenn der schwache, mit Zustimmungsvorbehalt ausgestattete vorläufige Verwalter zuvor zugesagt hatte, als später bestellter Verwalter nicht anzufechten.[172]

Durch das HBeglG 2011[173] wurde §55 InsO um folgenden Abs. 4 erweitert: 2031

Verbindlichkeiten des Insolvenzschuldners aus dem Steuerverhältnis, die von einem vorläufigen Insolvenzverwalter oder vom Schuldner mit Zustimmung eines vorläufigen Insolvenzverwalters begründet worden sind, gelten nach Eröffnung des Insolvenzverfahrens als Masseverbindlichkeiten.

Diese Reglung, die in vergleichbarer Form bereits in dem früheren Entwurf 2032 eines Gesetzes zum Pfändungsschutz der Altersvorsorge und zur Anpassung des Rechts der Insolvenzanfechtung[174] vorgesehen war, ist ein massiver Verstoß gegen den insolvenzrechtlichen Grundsatz der Gläubigergleichbehandlung.[175] Im Hinblick auf die Einführung des §55 Abs. 4 InsO zum 1.1.2011 kann es dem vom Insolvenzgericht bei der Anordnung von Sicherungsmaßnahmen zu beachtenden Grundsatz der Verhältnismäßigkeit entsprechen, den Wirkungskreis des vorläufigen Insolvenzverwalters auf die Sicherung bestimmter Rechte zu beschränken, um zu verhindern, dass die Insolvenzmasse nach Verfahrenseröffnung mit nicht notwendigen Masseverbindlichkeiten belastet wird.[176]

5. Rechte der Sicherungsgläubiger im Insolvenzeröffnungsverfahren

Bei Verwertungsreife kann der Sicherungsnehmer seine Sicherheiten noch bis 2033 zur Eröffnung des Insolvenzverfahrens verwerten. Der vorläufige Verwalter kann nicht die Pauschalen nach §170 InsO verlangen und auch nach Eröffnung nicht wegen Entgehens der Pauschalen anfechten.[177]

Nach §21 Abs. 2 Satz 1 Nr. 5 InsO kann das Gericht Verwertungs- und Ein- 2034 ziehungsverbote ggü. den (Sicherungs-)Gläubigern anordnen, damit der Abzug der Gegenstände die Fortführung des Unternehmens im Insolvenzeröffnungsverfahren nicht erschwert oder unmöglich macht.[178] Pauschalanordnungen mit bloßer Wiedergabe des Gesetzestextes ohne Prüfung der gesetzlichen Voraussetzungen

---

[170] OLG Koblenz ZIP 2011, 345.
[171] BGH BB 2006, 577 = ZInsO 2006, 204 = ZIP 2006, 431; dazu auch Spliedt ZInsO 2007, 405 ff.
[172] BGH ZIP 2013, 528.
[173] V. 9.12.2010, BGBl I 2010, S. 1885 ff.
[174] V. 10.8.2005, DZWIR 2005, 418 ff.
[175] Bauer, Ungleichbehandlung der Gläubiger im geltenden Insolvenzrecht, S. 119 ff.
[176] AG Düsseldorf ZIP 2011, 443.
[177] BGH DZWIR 2005, 123 = ZInsO 2005, 148 = ZIP 2005, 40.
[178] Zum Verhältnis zum Kündigungsrecht des Vermieters wegen in der Zeit des Insolvenzeröffnungsverfahrens entstandener Mitrückstände (ein solches wird im Umkehrschluss aus §112 InsO angenommen) s. Ganter ZIP 2015, 1767 ff.

sind jedoch unwirksam.[179] Die Ermächtigung zum Forderungseinzug außerhalb des laufenden Geschäftsbetriebes kommt nur in Betracht, wenn ansonsten Verjährung oder Uneinbringlichkeit der Forderung droht.[180] Ist der vorläufige Insolvenzverwalter zum Forderungseinzug ermächtigt, ist er auch Adressat von eventuellen Einwendungen oder Einreden des Forderungsschuldners.[181] Hat der vorläufige Insolvenzverwalter aufgrund richterlicher Ermächtigung eine zur Sicherheit abgetretene Forderung eingezogen, ist der (endgültige) Insolvenzverwalter zur abgesonderten Befriedigung des Sicherungsgläubigers aus dem Erlös verpflichtet.[182]

Zur Einziehung sicherungsabgetretener Forderungen und Veräußerung sicherungsübereigneter oder unter (verlängertem) Eigentumsvorbehalt erworbener Waren hat der BGH jüngst eine wegweisende Entscheidung getroffen: Der Schuldner verliert die ihm in der Sicherungsvereinbarung und im Kaufvertrag eingeräumten Befugnisse zur Einziehung bzw. Veräußerung im Insolvenzeröffnungsverfahren mit Einsatz eines vorläufigen Insolvenzverwalters mit Zustimmungsvorbehalt und Einziehungsbefugnis nicht ohne Weiteres.[183] Dennoch muss den Sicherungsinteressen des gesicherten Gläubigers Rechnung getragen werden. Ansonsten kommt Ersatzabsonderung in Betracht.[184]

2035 Wird dem vorläufigen Insolvenzverwalter nach §21 Abs.2 Satz 1 Nr.5 InsO gestattet, Aussonderungsgut weiter zu nutzen (etwa vom Schuldner gemietete Gegenstände), so hat der Aussonderungsberechtigte gegen den vorläufigen Insolvenzverwalter für die ersten 3 Monate nach der Anordnung einen Anspruch auf Nutzungsausfallsentschädigung nach §169 Satz 2 InsO. Zusätzlich hat der Aussonderungsberechtigte Anspruch auf Ersatz von durch Nutzung oder Beschädigung eingetretenen Wertverlusten, aber nicht kumulativ, wenn und soweit mit der Nutzungsausfallsentschädigung die normale Abnutzung bereits abgegolten ist.[185]

2036 Bei Vorhandensein mehrerer Sicherungsgläubiger kann der Abschluss von Vereinbarungen zur Herstellung einer Sicherheitenverwertungsgemeinschaft (Sicherheitenpool) sinnvoll sein, insb. auch zur Abgrenzung konkurrierender und/oder revolvierender Sicherheiten, etwa bei Zusammentreffen von verlängertem Eigentumsvorbehalt zugunsten mehrerer Lieferanten oder von Lieferanten und Global-Sicherungszession zugunsten eines Kreditinstituts.

VI. Entlassung und Haftung des vorläufigen Insolvenzverwalters

2037 Die Entlassung des vorläufigen Insolvenzverwalters ist möglich, wenn das Vertrauensverhältnis zwischen dem vorläufigen Insolvenzverwalter und dem Gericht

---

[179] BGHZ 183, 269 = NZG 2010, 197.
[180] BGH ZInsO 2012, 693.
[181] BGH ZInsO 2012, 693.
[182] BGH ZIP 2010, 739 = ZInsO 2010, 714.; sa Mitlehner ZIP 2010, 1934ff.
[183] BGH ZIP 2019, 472; zum Problem der Verwertung sicherungszedierter Forderungen im Insolvenzeröffnungsverfahren sa BGHZ 144, 192 = ZIP 2000, 895 und BGH ZIP 2010, 739 und Mitlehner ZIP 2010, 1934ff.
[184] Zur vorstehenden Entscheidung Thole ZIP 2019, 552ff.
[185] BGH ZInsO 2012, 702.

derart gestört bzw. „zerrüttet" ist, dass ein gedeihliches Zusammenwirken ausgeschlossen ist.[186] Die Aufhebung der Bestellung zum vorläufigen Insolvenzverwalter ist bei einhelligen Zweifeln der Großgläubiger möglich.[187] Ein Insolvenzverwalter ist zu entlassen, wenn nachträglich bekannt wird, dass er im Zuge seiner Bestellung vorsätzlich Umstände verschwiegen hat, die geeignet sind, ernstliche Zweifel an seiner Unabhängigkeit zu begründen, und eine Bestellung als Verwalter nicht zuließen.[188]

Nach §§ 21 Abs. 2 Nr. 1, 61 InsO haftet der starke vorläufige Insolvenzverwalter den Massegläubigern dafür, dass alle von ihm begründeten Masseverbindlichkeiten auch aus der Masse befriedigt werden können. Der vorläufige Insolvenzverwalter handelt nur dann rechtmäßig, wenn er die Erwartung haben durfte, dass die von ihm begründeten Schulden aus der Masse auch befriedigt werden können.[189] Die Rechtsprechung stellt hohe Anforderungen an den Entlastungsbeweis des starken vorläufigen Insolvenzverwalters.[190] Die Folge ist für den starken vorläufigen Insolvenzverwalter misslich: Einerseits ist er zur Fortführung des Schuldnerunternehmens bis zur ersten Gläubigerversammlung verpflichtet, andererseits haftet er persönlich für die aus der Erfüllung dieser Pflicht entstandenen Verbindlichkeiten. Aus dieser möglichen Pflichtenkollision wird in der Rechtsprechung daher teilweise auch hergeleitet, dass die Haftung des starken vorläufigen Insolvenzverwalters bei Nichterfüllung von Masseverbindlichkeiten nach § 60 Abs. 1 Satz 1 InsO eingeschränkt sei; ein zu strenger Haftungsmaßstab sei fortführungsschädlich; an die Liquiditätsplanung des Insolvenzverwalters seien keine all zu strengen Maßstäbe anzulegen, es genüge, dass der Insolvenzverwalter ex ante wie ein ordentlicher Kaufmann von der Realisierung der für die Erhaltung der Liquidität erforderlichen Außenstände ernsthaft ausgehen durfte.[191] Nun hat der BGH entschieden, dass ein zuvor sorgfältig erstellter Liquiditätsplan den (vorläufigen) Verwalter von der persönlichen Haftung entlastet.[192] Denkbar ist auch eine Haftung des vorläufigen Insolvenzverwalters mit Zustimmungsvorbehalt wegen unterbliebener freihändiger Veräußerung von Absonderungsgut.[193]

2038

Für Steuerschulden des Insolvenzschuldners haftet der vorläufige Insolvenzverwalter mit Zustimmungsvorbehalt nicht, da er weder Vermögensverwalter i.S.d. § 34 Abs. 3 AO noch Verfügungsberechtigter i.S.d. § 35 InsO ist.[194]

2039

Ob der Verwalter für unternehmerische Fehlentscheidungen im Rahmen der Betriebsfortführung haftet, ist am Insolvenzzweck der Befriedigung der Insolvenzgläubiger unter Berücksichtigung der von ihnen getroffenen Entscheidungen zu beurteilen; § 93 Abs. 1 S. 2 AktG und die sog. business judgement rules sind nicht entsprechend anwendbar; § 60 Abs. 1 S. 2 InsO eröffnet den ausreichenden Rechts-

2040

---

[186] OLG Zweibrücken NJW-RR 2001, 631.
[187] AG Flensburg ZIP 2003, 920.
[188] BGH ZIP 2017, 1230.
[189] OLG Brandenburg NZI 2003, 552.
[190] OLG Hamm ZInsO 2003, 474 = ZIP 2003, 1165 = EWiR 2003, 1093.
[191] LG Dresden ZIP 2004, 2016; zur Haftung des (vorläufigen) Insolvenzverwalters – Gratwanderung zwischen Fortführungs- und Einstandspflicht s. Pape NZI 2004, 63 ff.
[192] BGH BB 2005, 463 = ZInsO 2005, 205 = ZIP 2005, 311.
[193] BGH ZIP 2011, 1419.
[194] BFH ZIP 2009, 2255.

rahmen.[195] Der dem Insolvenzverwalter bei unternehmerischen Entscheidungen zuzubilligende Ermessensspielraum ist überschritten, wenn die Maßnahme aus der Perspektive ex ante angesichts der mit ihr verbundenen Kosten, Aufwendungen und Risiken gemessen am vorgenannten Maßstab nicht mehr vertretbar ist.[196] Geschäftschancen, die dem von ihm verwalteten Unternehmen zuzuordnen sind, darf der Verwalter nicht persönlich nutzen.[197]

Der Insolvenzverwalter hat Verschulden eines von ihm mit der Durchsetzung von Masseforderungen beauftragten Anwalts in gleichem Umfang zu vertreten wie eigenes Verschulden.[198]

C. Einfluss der Gläubiger auf das Insolvenzverfahren

2041 Die Gläubigergesamtheit ist die Herrin des Insolvenzverfahrens, da es in erster Linie ihrer bestmöglichen, gleichmäßigen Befriedigung gilt. Daher hat sie auch den entscheidenden Einfluss auf das Verfahren.[199] Zum Einfluss auf die Bestellung des (vorläufigen) Insolvenzverwalters und bei der Entscheidung über die (vorläufige) Eigenverwaltung vermittels eines vorläufigen Gläubigerausschusses s. → Rn. 1997, 2004 f., 2216.

I. Gläubigerversammlung

2042 Die Gläubigerversammlung ist der Herr des Insolvenzverfahrens. Auch absonderungsberechtigte Gläubiger sind mit ihren persönlichen Forderungen in der Gläubigerversammlung in vollem Umfang zugelassen, nicht hingegen aussonderungsberechtigte Gläubiger.[200] Die Gläubigerversammlung entscheidet grds. mit der Mehrheit der Stimmen nach der Forderungshöhe. Sie ist auch dann beschlussfähig, wenn nur ein einziger Gläubiger anwesend sein sollte. Für bedeutsame Verwertungshandlungen benötigt der Insolvenzverwalter die Zustimmung der Gläubigerversammlung. Nach § 160 Abs. 1 Satz 3 InsO gilt die Zustimmungsfiktion, wenn die Gläubigerversammlung beschlussunfähig sein sollte, etwa weil kein stimmberechtigter Gläubiger anwesend ist.

2043 Ein Gläubiger, der in der Gläubigerversammlung die Mehrheit der Forderungen auf sich vereint, ist bei einer Beschlussfassung mit seinem Stimmrecht ausgeschlossen, wenn er durch den Beschlussgegenstand über das übliche Eigeninteresse hinaus tangiert wird. Das ist bspw. der Fall, wenn die Beschlussfassung ein Insichgeschäft des Gläubigers mit der Insolvenzmasse oder die Geltendmachung

---

[195] BGH ZIP 2020, 1080; zu dieser Entscheidung Bauer, Keine Business Judgement Rule für den Insolvenzverwalter, ZIP 2020, 2272 ff.
[196] BGH ZIP 2020, 1080
[197] BGH ZIP 2017, 779 = GmbHR 2017, 583.
[198] BGH ZIP 2016, A 25.
[199] Zur Durchsetzung von Gläubigerinteressen im Insolvenzverfahren s. Zeuner NRW 2007, 2952 ff.
[200] OLG Celle ZInsO 2001, 320 = ZIP 2001, 658 = EWiR 2001, 587.

von Schadensersatz- oder Anfechtungsansprüchen gegen ihn betrifft.[201] Auch und gerade vor dem Hintergrund des ESUG, welches die Gläubigerautonomie gestärkt hat, wird diskutiert, ob Mehrheitsgläubiger in der Gläubigerversammlung dem Insolvenzverwalter in Angelegenheiten nach § 160 InsO (besonders bedeutsame Rechtshandlungen) konkrete Weisungen erteilen können, etwa Anfechtungsansprüche gegen sie nicht geltend zu machen. Ich würde dies verneinen, da es am Stimmrecht fehlen dürfte.[202]

Beschlussmängelverfahren gegen Beschlüsse der Gläubigerversammlung sind nicht statthaft.[203] Eine Inhaltskontrolle solcher Beschlüsse eröffnet nur § 78 InsO. Einen Beschluss der Gläubigerversammlung, den Betrieb des Schuldners einzustellen, darf das Insolvenzgericht auf Antrag nur dann aufheben, wenn eine ordnungsgemäße Fortführungsplanung eindeutig bessere Quotenaussichten bei Fortführung ergibt.[204]

II. Abwahl des Verwalters

In der ersten Gläubigerversammlung, die auf die Bestellung des Insolvenzverwalters folgt, können die Gläubiger an dessen Stelle eine andere Person mit der Mehrheit nach Forderungssumme und Gläubigerkopfzahl wählen (§ 57 InsO).[205] Im schriftlichen Verfahren ist der Gläubigerantrag auf Wahl eines neuen Insolvenzverwalters an dieses Quorum nicht gebunden.[206] Ein zulässiger Antrag nach § 57 S. 1 InsO setzt Nennung eines konkret zu wählenden anderen Insolvenzverwalters voraus.[207]

2044

Der Beschluss der Gläubigerversammlung ist, wie alle Beschlüsse der Gläubigerversammlung, grds. unanfechtbar.[208] Denkbar wäre nur eine Überprüfung des Beschlusses über die Einsetzung des neuen Verwalters nach § 78 InsO daraufhin, ob der Beschluss dem gemeinsamen Interesse der Insolvenzgläubiger widerspricht. Jedoch ist entschieden, dass die Vorschrift des § 78 InsO für die Abwahlentscheidung nicht gilt; § 57 InsO ist insoweit **lex specialis**.[209] Somit kann das Gericht lediglich die grds. Eignung des von der Gläubigerversammlung gewählten Verwalters prüfen und die Bestellung nur bei mangelnder Eignung versagen.[210]

2045

Beispiele für Versagungsgründe aus der Rechtsprechung sind
- Der Verwalter handelt möglicherweise den Interessen der Gläubigergesamtheit zuwider;[211]

---

[201] AG Kaiserslautern ZIP 2006, 531.
[202] Sa Wimmer ZIP 2013, 2038 ff.
[203] AG Düsseldorf ZIP 2018, 1992.
[204] BGH ZIP 2017, 1377.
[205] Zur Abwahl des Insolvenzverwalters s. Braun FS Uhlenbruck, 2000, 463 ff.
[206] BGH ZIP 2013, 1286 = ZInsO 2013, 1307.
[207] AG Hamburg, ZIP 2020, 1929
[208] OLG Saarbrücken NZI 2000, 179.
[209] OLG Naumburg DZWIR 2000, 376 = ZInsO 2000, 503 = ZIP 2000, 1394; KG ZIP 2001, 2240.
[210] KG ZIP 2001, 2240.
[211] LG Hechingen ZIP 2001, 1970.

- eine Interessenkollision ist anzunehmen, wenn der Verwalter Mitglied einer Sozietät ist, die von einem Großgläubiger des betreffenden Insolvenzverfahrens mehrere Mandate hat;[212]
- es liegt eine Interessenkollision wegen Vorbefassung vor;[213]
- die Telefonnummer des gewählten Verwalters ist nicht bekannt bzw. sein Büro ist zu den üblichen Bürozeiten nicht besetzt.[214]

2046 In den vorgenannten Fällen ist die Bestellung des gewählten Insolvenzverwalters zu versagen. Gegen den Versagungsbeschluss können nur die Gläubiger Beschwerde einlegen, die den Verwalter gewählt haben.[215] Der abgesetzte Verwalter hat kein Rechtsmittel. Dies ist verfassungsrechtlich unbedenklich.[216]

III. Stimmrechtsentscheidungen

2047 In der ersten Gläubigerversammlung, dem Berichtstermin, liegt eine endgültige Forderungstabelle noch nicht vor. Die **Stimmrechte der Gläubiger** nach ihren **Forderungsvolumina** werden also entsprechend einer vorläufigen Anerkennung oder vorläufigen Ablehnung der jeweiligen Forderung durch den Verwalter festgelegt.[217] Ist ein Gläubiger mit der vorläufigen Ablehnung seiner Forderung und damit seines Stimmrechts nicht einverstanden, so muss er für eine Stimmrechtsentscheidung und einen Antrag nach § 78 Abs. 1 InsO beachten, dass er diese Anträge sofort in der Versammlung stellt und beantragt, eine richterliche Entscheidung herbeizuführen (§ 18 Abs. 3 RPflG), da sonst keinerlei Rechtsmittel zulässig ist.[218] Die daraufhin zu treffende Entscheidung des Richters muss eine **aussagekräftige Begründung** enthalten.[219] Über die Feststellung der Abstimmungsberechtigung als Vorfrage des Stimmrechts entscheidet das Insolvenzgericht abschließend.[220] Das ist verfassungsgemäß.[221]

IV. Gläubigerausschuss

1. Einsetzung

2048 Die Einsetzung eines Gläubigerausschusses ist **fakultativ**. Sie erfolgt durch die Gläubigerversammlung mit Stimmenmehrheit (§§ 68, 72 InsO). Ein Gläubigerausschuss muss mit mindestens zwei Mitgliedern besetzt sein.[222]

---

[212] BGH ZIP 2004, 1113.
[213] OLG Celle ZInsO 2001, 755 = ZIP 2001, 1597.
[214] AG Göttingen EWiR 2003, 1039.
[215] AG Göttingen EWiR 2003, 1039.
[216] BVerfG DZWIR 2005, 242 = ZInsO 2005, 368 = ZIP 2005, 537.
[217] Zur Frage des Stimmrechts bei möglichem Anspruch aus Eigenkapitalersatz AG Dresden ZInsO 2006, 888.
[218] OLG Celle ZInsO 2001, 320 = ZIP 2001, 658.
[219] BVerfG ZInsO 2004, 1027 = ZIP 2004, 1762.
[220] BGH ZIP 2008, 2428.
[221] BVerfG ZIP 2010, 237.
[222] BGH BB 2009, 1153.

Durch einen Gläubigerausschuss kann die Einflussmöglichkeit der Gläubiger 2049
auf das Insolvenzverfahren gesteigert werden. Im Gläubigerausschuss sollen die
absonderungsberechtigten Gläubiger, die **Insolvenzgläubiger mit den
höchsten Forderungen** und die **Kleingläubiger** vertreten sein. Außerdem soll
dem Gläubigerausschuss ein **Vertreter der Arbeitnehmer** angehören, wenn diese
nicht unerhebliche Forderungen haben (§ 67 Abs. 2 InsO). Schließlich können
auch Nichtgläubiger zu Ausschussmitgliedern bestellt werden (§ 67 Abs. 3 InsO).

Aus wichtigem Grund können Mitglieder des Gläubigerausschusses entlassen
werden (§ 70 InsO). Ein betroffenes Mitglied hat ein Anhörungs- und sofortiges
Beschwerderecht.

Die Mitglieder des Gläubigerausschusses haben Anspruch auf eine Tätigkeits- 2050
vergütung und auf Auslagenersatz (§ 73 Abs. 1 InsO). Die Vergütung bemisst sich
i.d.R. nach Zeitaufwand und beträgt 35,00 bis 95,00 EUR je Stunde. Im Einzelnen s. zur Vergütung § 17 InsVV.

2. Aufgaben, Befugnisse und Haftung

Der Gläubigerausschuss hat den **Insolvenzverwalter** zu **unterstützen** und zu 2051
überwachen.[223] Er hat die Pflicht, sich über den Geschäftsverlauf zu unterrichten
und Einsicht in die Bücher zu nehmen. Insbesondere hat er den Geldverkehr, d.h.
Kasse und Konten mit den Belegen zu prüfen.[224]

Für besonders bedeutsame Verwertungshandlungen bedarf der Verwalter 2052
nach § 160 Abs. 2 InsO der **Zustimmung** des Gläubigerausschusses. Jedoch sind
bei Verstoß die Handlungen des Verwalters nicht unwirksam (§ 164 InsO).

Es drohen ihm lediglich aufsichtsrechtliche Maßnahmen (§§ 58, 59 InsO) und 2053
evtl. Haftungsfolgen (§ 60 InsO). Die Genehmigung von Maßnahmen des Insolvenzverwalters durch den Gläubigerausschuss entlastet den Verwalter, sofern
dessen Information an den Gläubigerausschuss vollständig und richtig war.

Der Gläubigerausschuss hat das Recht, die **Einberufung einer Gläubigerver-** 2054
sammlung zu beantragen (§ 75 Abs. 1 Nr. 2 InsO). Die Gläubigerversammlung
hat ggü. dem Gläubigerausschuss kein Weisungsrecht und kann Entscheidungen
des Gläubigerausschusses nicht ersetzen.

Darüber hinaus hat der Gläubigerausschuss zahlreiche weitere **Einzelkompe-**
tenzen, u.a. Mitwirkung und Zustimmung im Insolvenzplanverfahren, Zustimmung im Verteilungsverfahren, Genehmigung bei Eigenverwaltung.

Die Haftung der Ausschussmitglieder richtet sich nach § 71 InsO.[225] Insbeson- 2055
dere der Geldverkehr, d.h. Kasse und Konten mit den Belegen sind zu prüfen.[226]

---

[223] Pape/Schultz ZIP 2015, 1662 ff.
[224] OLG Celle ZIP 2010, 1862.
[225] Zur Haftung wegen Verletzung der Überwachungspflicht s. Gundlach ua ZInsO
2009, 1095 ff.
[226] OLG Celle ZIP 2010, 1862; zur Haftung wegen unzureichender Überwachung bei
Geldtransfer auf Poolkonto BGH ZIP 2013, 1235; zur Haftung wegen unzureichender
Kassenprüfung sa BGH ZIP 2014, 2242.; s.a. Cranshaw ua ZInsO 2015, 1 ff.

3. Beschlussfassung

2056 Beschlüsse des Gläubigerausschusses werden mit einfacher Mehrheit nach Köpfen gefasst. Ein Beschluss eines Gläubigerausschusses ist jedoch nur gültig, wenn die Mehrheit der Mitglieder an der Beschlussfassung teilgenommen haben (§ 72 InsO). Bei Stimmengleichheit ist ein Antrag abgelehnt. Über die Sitzungen und Beschlüsse des Gläubigerausschusses sind Protokolle zu führen.

V. Einsichtsrecht in die Insolvenzakte

1. Vor Verfahrenseröffnung

2057 Vor Verfahrenseröffnung dürfte ein Akteneinsichtsrecht eines Insolvenzgläubigers kaum in Betracht kommen. Die Entscheidung des OLG Hamburg, nach der ein Kommanditist, der vom Insolvenzverwalter wegen Rückerhalts der Kommanditeinlage nach § 172 Abs. 4 HGB in Anspruch genommen wird oder mit seiner Inanspruchnahme zumindest ernsthaft zu rechnen hat, ein Einsichtsrecht in die Insolvenzverfahrensakte schon vor Eröffnung des Verfahrens über das Vermögen der KG hat,[227] dürfte für Insolvenzgläubiger kaum fruchtbar zu machen sein. Zum Einsichtsrecht nach Abweisung des Insolvenzantrags mangels Masse s.u.

2. Nach Verfahrenseröffnung

2058 Grundsätzlich haben die **Insolvenzgläubiger** als Verfahrensbeteiligte Anspruch auf Einsicht in die gerichtliche Insolvenzakte.[228] Das ergibt sich aus der Verweisung auf die ZPO in § 4 InsO auf § 299 Abs. 1 u. 2 ZPO. Mit Hinweis auf das Recht des Schuldners auf informationelle Selbstbestimmung wird mitunter die Einsichtnahme der Gläubiger insbesondere in das Gutachten des Sachverständigen/vorläufigen Verwalters verwehrt. Das halte ich aus Gründen des Gläubigerschutzes nicht für richtig. Jedenfalls muss ein rechtliches Interesse an der Akteneinsicht bestehen; ein nur wirtschaftliches reicht nicht.[229]

Das Akteneinsichtsrecht nach § 4 InsO i.V.m. § 299 ZPO steht auch Gläubigern zu, die ihre Forderung aufschiebend bedingt zur Tabelle angemeldet haben: hier Insolvenzanfechtungsgegner für seine im Anfechtungserfolg entstehende Insolvenzforderung.[230]

Das Akteneinsichtsrecht besteht auch für solche Insolvenzgläubiger, die den – unbestrittenen – Anspruch gegen den Schuldner aus gewerblichem Interesse erworben haben; es kann nicht mit der Begründung verweigert werden, der Gläubiger wolle die durch Akteneinsicht erworbenen Kenntnisse dazu nutzen, den anderen Gläubigern Kaufangebote zu unterbreiten.[231]

---
[227] OLG Hamburg, NZG 2020, 547
[228] Zum Akteneinsichtsrecht im eröffneten Insolvenzverfahren s. Schuster/Friedrich ZIP 2009, 2418 ff.
[229] Zur Abgrenzung BayObLG ZIP 2020, 333.
[230] OLG Stuttgart, NZI 2021, 274 = ZInsO 2021, 908
[231] LG München I ZIP 2020, 230.

Die Unterlagen des Gläubigerausschusses (einschließlich solcher Schriftstücke, 2059
die einen unlösbaren Bezug zu diesen Unterlagen haben) sind nicht Bestandteil
der gerichtlichen Insolvenzakte und daher einem Einsichtsrecht nach § 299 Abs. 1
ZPO entzogen.[232]

Ob und ggf. unter welchen Voraussetzungen **Dritte** ein Einsichtsrecht haben
können, wird obergerichtlich bislang unterschiedlich entschieden. Bei berechtigtem rechtlichem Interesse könne ein Einsichtsrecht gegeben sein, wenn die
Einsicht zur Verfolgung oder Abwehr von Ansprüchen (hier Abwehr von Insolvenzanfechtung) benötigt wird und einen rechtlichen Bezug zu dem Verfahren
aufweist.[233] Verweigert wurde das Einsichtsrecht einer WP-Gesellschaft, die vom
Insolvenzverwalter auf Schadensersatz wegen vorinsolvenzlicher Pflichtverletzungen (hier Verletzung der Hinweispflicht bei Insolvenzreife) gegenüber dem
Schuldner in Anspruch genommen wurde.[234] Der ehemalige Geschäftsführer, der
vom Insolvenzverwalter im Wege einer Zahlungsklage wegen Verletzung seiner
Pflichten nach § 43 Abs. 2 GmbHG in Anspruch genommen wird, könne hingegen
als dritte Person Einsicht in die Insolvenzakte nehmen, wenn er genau darlegt, dass
er konkrete Inhalte der Akte zu seiner Verteidigung benötigt.[235]

3. Nach Verfahrensabschluss

Auch nach Abschluss des Insolvenzverfahrens kann Insolvenzgläubigern ein 2060
rechtliches Interesse auf Einsicht in die Insolvenzakte zustehen, etwa um Ansprüche nach § 60 InsO gegen den Insolvenzverwalter zu prüfen bzw. zu erheben oder
evtl. doppelte Inanspruchnahme nach § 172 Abs. 4 HGB zu klären.[236]

4. Bei Nichteröffnung des Insolvenzverfahrens

a) Abweisung mangels Masse. Das Akteneinsichtsrecht der Gläubiger bei 2061
Abweisung eines Insolvenzantrages mangels Masse, etwa zur Vorbereitung möglicher Schadensersatzansprüche wegen Insolvenzverschleppung, war in der obergerichtlichen Rechtsprechung unterschiedlich entschieden worden.[237] Nunmehr
hat der BGH entschieden.[238] Auch nach Abweisung des Antrages auf Insolvenzeröffnung mangels Masse besteht für einen Gläubiger der Insolvenzschuldnerin
das rechtliche Interesse im Sinne des § 4 InsO, § 299 Abs. 2 ZPO an der Einsicht
in die Insolvenzakten fort. Dieses rechtliche Interesse entfällt nicht dadurch, dass

---

[232] LG Landshut ZIP 2015, 1554.
[233] OLG Stuttgart, ZIP 2021, 2098
[234] BayObLG ZIP 2021, 2496
[235] OLG Düsseldorf, GmbHR 2021, 495 = NJW 2021, 1022
[236] BayObLG, ZIP 2020, 978
[237] OLG Köln InVo 1998, 126 und OLG Brandenburg ZIP 2000, 1541 und ZIP 2001, 1922: Kein ausreichendes rechtliches Interesse im Sinne des § 299 Abs. 2 ZPO. Entscheidung OLG Düsseldorf ZIP 2000, 322, und OLG Hamm ZIP 2004, 283: Zulässige Akteneinsicht eines Gläubigers in Insolvenzgutachten zur Prüfung möglicher Schadensersatzansprüche gegen Geschäftsführer. OLG Celle ZIP 2002, 446, und ZIP 2004, 368, und OLG Hamburg ZIP 2002, 266: Einsichtsrecht besteht.
[238] ZIP 2006, 1154 = ZInsO 2006, 597.

der Gläubiger die Akteneinsicht begehrt, um festzustellen, ob ihm Durchgriffs- und Schadensersatzansprüche gegen Dritte, insbesondere Geschäftsführer oder Gesellschafter der Schuldnerin zustehen. Akteneinsichtsrecht auch für ehemaligen Gesellschafter-Geschäftsführer.[239]

2062 **b) Anderweitige Nichteröffnung.** Etwas Anderes gilt aber, wenn das Insolvenzeröffnungsverfahren durch Erledigungserklärung oder durch Abweisung des Insolvenzantrages als unzulässig oder unbegründet oder durch Rücknahme des Antrages beendet wurde. Dann besteht kein Einsichtsrecht, weil nicht feststeht, dass überhaupt eine Insolvenz vorlag.[240] Demgegenüber bejaht das OLG Schleswig[241] ein Akteneinsichtsrecht, wenn der Schuldner keine natürliche Person, sondern eine nach erfolgter Löschung nicht mehr bestehende GmbH ist.[242]

Bei Erledigung eines Insolvenzantrages kann ein Akteneinsichtsrecht gegeben sein, wenn das Recht des Schuldners auf informationelle Selbstbestimmung nicht höher zu bewerten ist.[243]

2063 Der Verwalter ist Neugläubigern nicht zur Auskunft hinsichtlich Zeitpunkt der Insolvenzreife verpflichtet.[244] Ein Auskunftsanspruch gegen den Insolvenzverwalter zur Vorbereitung von Klagen gegen den Geschäftsführer einer insolventen GmbH besteht nicht.[245]

5. Rechtsbehelf gegen Versagung der Akteneinsicht

2064 Die Akteneinsicht wird mit Bescheid des Insolvenzgerichts versagt. Dagegen ist der Antrag auf gerichtliche Entscheidung nach § 23 Abs. 1 S. 1 EGGVG statthaft, da es sich bei der Versagung der Akteneinsicht um eine Maßnahme der Justizbehörde auf dem Gebiet des bürgerlichen Rechts i.S.d. Regelung handelt.[246]

Soweit der Ablehnung eines mit seiner Beteiligtenstellung begründeten Akteneinsichtsgesuchs ein Justizverwaltungsakt nicht zugrunde liegt, ist gegen die Versagung ein Antrag nach §§ 23 ff. EGGVG nicht statthaft, sondern über die Ablehnung des Akteneinsichtsgesuchs eines Verfahrensbeteiligten i.S.d. § 4 InsO i.V.m. § 299 Abs. 1 ZPO ist dann im Wege der sofortigen Beschwerde nach §§ 567 ff. ZPO zu entscheiden; das LG ist das zuständige Beschwerdegericht.[247]

---

[239] OLG Celle ZIP 2006, 1465.
[240] AG Göttingen ZIP 2005, 1841.
[241] OLG Schleswig BeckRS 2009, 1232.
[242] Zur Problematik sa Paulick ZInsO 2009, 906 ff.
[243] OLG Schleswig NZG 2008, 947.
[244] BGH ZIP 2005, 1325.
[245] BGH DStR 2006, 47.
[246] BayObLG, ZIP 2020, 978
[247] OLG Düsseldorf, ZInsO 2021, 958 (für das Akteneinsichtsgesuch des ehemaligen, vom Insolvenzverwalter nach § 43 Abs. 1 u. 2 GmbHG in Anspruch genommenen Geschäftsführers).

D. Gesellschaftsrechtliche Auswirkungen des Insolvenzverfahrens auf die GmbH

Die InsO enthält keine speziellen Regelungen für Gesellschaftsinsolvenzen. In § 11 InsO ist die Insolvenzfähigkeit von Gesellschaften, also die Zulässigkeit des Insolvenzverfahrens, geregelt. § 11 Abs. 2 InsO nennt die Personengesellschaften, über deren Vermögen die Eröffnung des Insolvenzverfahrens zulässig ist. Über das Vermögen einer stillen Gesellschaft (§§ 230 ff. HGB), etwa GmbH & Still als reiner Innengesellschaft kann ein Insolvenzverfahren nicht eröffnet werden. 2065

Zu den Kapitalgesellschaften bzw. juristischen Personen, über deren Vermögen nach § 11 Abs. 1 InsO die Eröffnung des Insolvenzverfahrens zulässig ist, gehört die GmbH (§ 13 GmbHG). Auch eine in Vollzug gesetzte fehlerhafte Gesellschaft ist hinsichtlich des von ihr gebildeten Gesellschaftsvermögens insolvenzfähig i.S.d. § 11 Abs. 1, 2 Nr. 1 InsO.[248] Ebenso ist die Vor-GmbH (Stadium zwischen Beurkundung der Satzung und Eintragung der Gesellschaft im Handelsregister) liquidations- und insolvenzverfahrensfähig.[249] 2066

Eine insolvenzreife GmbH hat keine Existenzberechtigung, da eine solche von der Rechtsordnung nur anerkannt wird, wenn die GmbH ihre Ziele aus eigener Kraft erreichen kann. Deshalb kann eine einstweilige Leistungsverfügung auf Zahlung zur Abwendung einer Insolvenz nicht ergehen.[250] 2067

In der Praxis der Unternehmensinsolvenzen haben die Insolvenz der GmbH und der GmbH & Co KG eine große Bedeutung. Seit Jahren entfällt etwa die Hälfte der Unternehmensinsolvenzen auf die GmbH (einschl. UG (haftungsbeschränkt)) und die GmbH & Co KG[251]. 2068

I. Auflösung der Gesellschaft

1. Eröffnung des Insolvenzverfahrens

Die Eröffnung des Insolvenzverfahrens über das Vermögen der GmbH ist ein Auflösungsgrund (§ 60 Abs. 1 Nr. 4 GmbHG). Auch nach Eröffnung des Insolvenzverfahrens über ihr Vermögen besteht die Gesellschaft als solche weiter; sie ist weiterhin Träger von Rechten und Pflichten. 2069

Während des Insolvenzverfahrens können die Gesellschafter die Fortsetzung der Gesellschaft nicht beschließen. Diese Möglichkeit besteht nach § 60 Abs. 1 Nr. 4 GmbHG nur, wenn das Insolvenzverfahren eingestellt wird (§ 212 InsO) oder ein Insolvenzplan gerichtlich bestätigt (§ 248 InsO) und das Insolvenzverfahren an- 2070

---

[248] BGH DStR 2007, 79 = ZIP 2006, 2174 (betreffend eine nach TreuhG nicht zulässig umgewandelte GmbH i.A.).
[249] OLG Hamm ZIP 2012, 338.
[250] OLG München ZIP 2018, 1780.
[251] Quelle: Regelmäßige Veröffentlichungen des Statistischen Bundesamtes.

schließend aufgehoben wurde (§§ 258, 259 InsO).²⁵² Aus Gläubigerschutzgründen kann die Fortsetzung der Gesellschaft nicht aus anderen Gründen beschlossen werden, auch nicht, wenn im Insolvenzverfahren alle Gläubiger befriedigt wurden und noch weiteres Vermögen vorhanden ist.²⁵³ Die Gesellschafter können die Gesellschaft (GmbH) nach der Schlussverteilung nicht durch Beschluss fortsetzen²⁵⁴. Dies gilt auch dann, wenn im Insolvenzverfahren alle Gläubiger befriedigt wurden und sogar noch ein Liquidationsüberschuss in Höhe des Stammkapitals vorhanden ist. Zeichnet sich eine Vollbefriedigung ab, kann der Schuldner allenfalls vor Beendigung des Insolvenzverfahrens dessen Einstellung wegen Wegfalls des Eröffnungsgrundes nach § 212 InsO beantragen.

Die Fortsetzungsmöglichkeiten nach § 60 Abs. 1 Nr. 4 GmbHG nach Einstellung des Verfahrens oder nach Bestätigung eines die Fortsetzung vorsehenden Insolvenzplans sind abschließend.²⁵⁵ Dafür ist es ausreichend, dass der Insolvenzplan lediglich die Möglichkeit der Fortsetzung der Gesellschaft vorsieht, der Fortsetzungsbeschluss aber im Planverfahren noch nicht gefasst wurde, sondern erst nach gerichtlicher Bestätigung des Insolvenzplans und gerichtlicher Aufhebung des Insolvenzverfahrens durch die Gesellschafter gefasst wird.²⁵⁶ Ein solcher Fortsetzungsbeschluss setzt allerdings voraus, dass mit der Verteilung des Gesellschaftsvermögens unter die Gesellschafter noch nicht begonnen wurde.²⁵⁷

2071 Nach Abschluss des Insolvenzverfahrens und Schlussverteilung wird die GmbH von Amts wegen im Handelsregister gelöscht, § 394 Abs. 1 Satz. 2 FamFG (früher: § 141a Abs. 1 Satz 2 FGG). Die Gesellschafter können die Gesellschaft (GmbH) nach der Schlussverteilung nicht durch Beschluss fortsetzen²⁵⁸. Dies gilt auch dann, wenn im Insolvenzverfahren alle Gläubiger befriedigt wurden und sogar nach ein Liquidationsüberschuss in Höhe des Stammkapitals vorhanden ist. Stellt sich nach Abschluss und Aufhebung des Insolvenzverfahrens noch Vermögen der Gesellschaft heraus, kommt der insolvenzrechtlichen Nachtragsverteilung nach § 203 InsO der Vorrang gegenüber der Bestellung eines Nachtragsliquidators analog § 246 Abs. 3 AktG zu.²⁵⁹

2. Abweisung mangels Masse

2072 Die **Abweisung** eines Insolvenzeröffnungsantrags **mangels Masse** ist für die juristischen Personen und solche Personengesellschaften, bei der keine natürliche Person Vollhafter ist, ebenfalls ein Grund für die Auflösung, z.B. § 60 Abs. 1 Nr. 5 GmbHG für die GmbH. Die Eröffnung des Insolvenzverfahrens wird nach § 26 InsO mangels Masse abgelehnt, wenn das Vermögen der GmbH nicht ausreicht, um die Kosten des Verfahrens zu decken.

---

[252] Sa Miras GmbHR 2015, 1349 ff.
[253] BGH ZIP 2015, 814; dazu Miras NZG 2015, 1349.
[254] BGH, Beschl. v. 28.4.2015 – II ZB 13/14, ZIP 2015, 814.
[255] OLG Schleswig NZG 2014, 698; BGH GmbHR 2015, 814 = NJW-RR 2015, 1132; dazu Miras NZG 2015, 1349 ff.
[256] BGH ZIP 2020, 1124.
[257] BGH ZIP 2020, 1124.
[258] OLG Celle BeckRS 2011, 2423.
[259] OLG Hamm ZIP 2011, 1782.

D. Gesellschaftsrechtliche Auswirkungen des Insolvenzverfahrens auf die GmbH 689

Nach einer solchen Ablehnung des Insolvenzeröffnungsantrags muss die Gesellschaft **liquidiert** werden. Streitig war, ob die Gesellschafter die Fortsetzung der Gesellschaft beschließen können.[260] In der obergerichtlichen Rechtsprechung wird dies, soweit ersichtlich, verneint[261]. Dies ergebe sich aus Gründen des Gläubigerschutzes, da nicht einmal das zur Eröffnung des Insolvenzverfahrens erforderliche Vermögen vorhanden sei. Damit fehle es an den Voraussetzungen für die Fortsetzung, so dass es nicht darauf ankomme, ob die Voraussetzungen für eine wirtschaftliche Neugründung vorliegen.[262] Auch wenn der Geschäftsführer das Vorhandensein des Stammkapitals versichert und die Insolvenzreife zwischenzeitlich beseitigt ist, könne die Fortsetzung der GmbH nach Abweisung des Insolvenzantrags mangels Masse von den Gesellschaftern nicht beschlossen werden.[263] Nun hat der BGH diese Frage dahingehend entschieden, dass nach rechtskräftiger Ablehnung der Eröffnung des Insolvenzverfahrens über das Vermögen der GmbH mangels Masse die Gesellschaft nicht fortgesetzt werden kann. Dies gilt auch dann, wenn die Gesellschaft über ein das satzungsmäßige Stammkapital übersteigendes Vermögen verfügt und die Insolvenzgründe beseitigt wurden.[264]

2073

Die Liquidation richtet sich dann nicht nach den Regeln der InsO, sondern nach den speziellen gesellschaftsrechtlichen Regelungen, z.B. §§ 66 ff. GmbHG für die GmbH mit dem Geschäftsführer als sog. geborenem Liquidator.[265] Eine Löschung der GmbH nach § 394 FamFG (früher: § 141a FGG) ist untunlich, wenn absehbar noch Abwicklungsmaßnahmen anstehen, etwa die Gesellschaft Eigentümerin eines wertausschöpfend mit Grundpfandrechten belasteten Grundstücks ist, das noch verwertet werden muss.[266]

2074

II. Stellung der Geschäftsführer

1. Organstellung

a) Erforderlichkeit des Geschäftsführers. Die Eröffnung des Insolvenzverfahrens über das Vermögen der Gesellschaft hat auf die Struktur der betroffenen Gesellschaft keinen Einfluss, berührt insbesondere die Organstellung der Organe, etwa des Geschäftsführers der GmbH, als solche nicht. Die Organe bleiben im Amt.[267]

2075

Nach der herrschenden Amtstheorie ist der Insolvenzverwalter nicht gesetzlicher Vertreter der Gesellschaft. Er hat auch keine Möglichkeit, die Organstellung des Geschäftsleiters zu beenden. Lediglich die Verfügungsbefugnis über das Vermögen der Gesellschaft wird dieser und damit dem Geschäftsführer entzogen und geht auf

---

[260] Dazu s. Kallweit NZG 2009, 1416 ff.
[261] OLG Köln ZIP 2010, 1183 = ZInsO 2010, 682; KG ZIP 2017, 178 = NZG 2017, 307.
[262] KG ZIP 2017, 178.
[263] OLG Frankfurt a.M. GmbHR 2018, 808 = BeckRS 2017, 140366.
[264] BGH ZIP 2022, 839 = DStR 2022, 1013 = GmbHR 2022, 591.
[265] Sa Geißler GmbHR 2018, 1048 ff.
[266] OLG Frankfurt a.M. ZIP 2006, 235.
[267] OLG Hamm GmbHR 2015, 143 = BeckRS 2014, 18313 (für Geschäftsführer einer GmbH).

den Insolvenzverwalter über, § 180 Abs. 1 InsO. Dessen Befugnisse beziehen sich nur auf das vom Insolvenzbeschlag umfasste Vermögen der Gesellschaft, § 35 InsO.

Die Existenz eines Geschäftsführers, also das Fortbestehen ordnungsgemäßer Vertretung der Gesellschaft, ist **verfahrensrechtlich erforderlich**. Stirbt bspw. der einzige Geschäftsführer einer GmbH im Insolvenzeröffnungsverfahren, so fehlt es der Gesellschaft an der insolvenzrechtlichen Verfahrensfähigkeit.[268] Das gilt auch nach Insolvenzantragstellung durch den Gesellschafter im Fall des § 15 Abs. 1 S. 2 InsO, da sich die insoweitige Vertretungsbefugnis des Gesellschafters auf das Insolvenzeröffnungsverfahren beschränkt.[269] Es ist also die Bestellung eines Prozesspflegers nach §§ 4 InsO, 57 ZPO oder eines Notgeschäftsführers nach § 29 BGB erforderlich. Ausnahmsweise ist dies nicht der Fall, wenn vor dem Versterben einem Anwalt noch ordnungsgemäß Vollmacht für das Verfahren erteilt worden ist.[270] In einem vom Insolvenzverwalter angestrengten Prozess der GmbH ist ein Prozesspfleger zu bestellen, wenn beide Geschäftsführer ihr Amt niederlegen.[271]

2076 **b) Einfluss auf die Organstellung, Befugnisse.** Die Eröffnung des Regelinsolvenzverfahrens über das Vermögen der Gesellschaft berührt die Organstellung der Vertretungsorgane, etwa des Geschäftsführers der GmbH, als solche nicht.[272] Die **Organfunktion** des Geschäftsführers **bleibt bestehen** und seine gesetzliche Vertretungsmacht erhalten[273] Insbesondere können die Geschäftsführer für die GmbH einen Antrag auf Einstellung des Verfahrens nach § 212 InsO stellen.[274] Allerdings ist die Vertretungsmacht der Geschäftsführer im Insolvenzverfahren stark eingeschränkt durch die auf den Insolvenzverwalter übergegangene Befugnis zur Verwaltung und Verwertung des Vermögens (§ 80 Abs. 1 InsO). Der Geschäftsführer bleibt zwar im Amt,[275] er nimmt allerdings nur noch die Aufgaben wahr, die nicht die Insolvenzmasse betreffen.[276] Er behält etwa die Befugnis zur Einberufung der Gesellschafterversammlung, nicht jedoch die Befugnis zur Einberufung einer Versammlung der Schuldverschreibungsgläubiger.[277] Dies alles gilt auch für Liquidatoren bei Eröffnung eines Insolvenzverfahrens aus einer Liquidation der Gesellschaft heraus.[278]

2077 Im **insolvenzfreien Bereich** der Gesellschaft bestehen die Kompetenzen des Geschäftsführers allerdings unverändert weiter.[279] So wird die GmbH etwa in

---

[268] AG Hamburg ZInsO 2006, 1120 = BeckRS 2006, 17830.
[269] AG Hannover ZIP 2022, 1065 = NZI 2022, 270 m. Anm. Sternal.
[270] AG Hamburg ZInsO 2006, 1120 = BeckRS 2006, 17830.
[271] OLG München ZInsO 2006, 882 = LSK 2006, 390524 (Ls.).
[272] OLG Düsseldorf ZIP 2013, 1022; Zur Rechtsstellung des Geschäftsführers in der Insolvenz der GmbH s. Uhlenbruck GmbHR 2005, 817 ff.; Fichtelmann GmbHR 2008, 76 ff.
[273] KG ZIP 2012, 1352; OLG Düsseldorf GmbHR 2011, 252 = BeckRS 2011, 1436 für die Fähigkeit eines GmbH-Geschäftsführers, wirksam Zustellungen für die GmbH entgegenzunehmen.
[274] BGH NZG 2016, 552.
[275] OLG Hamm GmbHR 2015, 143 = BeckRS 2014, 18313 (für Geschäftsführer einer GmbH).
[276] OLG Hamm ZInsO 2014, 2452 = BeckRS 2014, 18313.
[277] OLG Stuttgart ZIP 2017, 142.
[278] OLG Düsseldorf GmbHR 2011, 252 = BeckRS 2011, 1436.
[279] OLG Karlsruhe ZIP 1993, 133.

D. Gesellschaftsrechtliche Auswirkungen des Insolvenzverfahrens auf die GmbH   691

einem Verwaltungsprozess wegen Gewerbeuntersagung[280] nach Eröffnung des Insolvenzverfahrens nicht vom Insolvenzverwalter, sondern vom Geschäftsführer vertreten, weil sich die Gewerbeuntersagungsverfügung nicht gegen die Insolvenzmasse, sondern gegen die Gesellschaft richtet.[281] Der Insolvenzverwalter ist nur Beigeladener.[282] Die Gewerbeuntersagung kann auch noch nach Anordnung vorläufiger Insolvenzverwaltung erfolgen, wenn Grund nicht allein ungeordnete Vermögensverhältnisse sind[283].

Auch verbleibt die Klage- und Prozessführungsbefugnis einer Personengesellschaft (etwa GmbH & Co.KG) gegen Gewinnfeststellungsbescheide des Finanzamts (zumindest für frühere Jahre) bei der Gesellschaft und geht nicht auf den Insolvenzverwalter über. Die nach Eröffnung des Insolvenzverfahrens über ihr Vermögen in Liquidation befindliche Personengesellschaft wird in diesem Verfahren dann durch ihren Liquidator vertreten.[284]

Etwa nach **Freigabe eines Vermögensgegenstands** durch den Insolvenzverwalter (§ 32 Abs. 3 InsO) lebt insoweit die Verfügungsbefugnis der Gesellschaft und damit auch die insoweitige Verantwortung des Geschäftsführers wieder auf. Die Geschäftsführer können betreffend den freigegebenen Gegenstand die Gesellschaft verpflichten.[285] Da die Gesellschaft durch den Insolvenzeröffnungsbeschluss aufgelöst ist (z.B. § 60 Abs. 1 Nr. 4 GmbHG), sind die Geschäftsführer m.E. geborene Liquidatoren.[286] Dies hat besondere Bedeutung im Fall der Freigabe eines kontaminierten Grundstücks. Der Insolvenzverwalter kann dann nicht als Handlungsstörer in Anspruch genommen werden.[287] Dasselbe gilt nach Freigabe von Abfallgegenständen, wenn der Insolvenzverwalter den Betrieb der den Abfall verursachenden Anlage nicht aufgenommen hatte.[288]

Nach Freigabe eines Massegegenstandes oder einer Forderung im laufenden Klageverfahren, die bereits bei Insolvenzeröffnung vorhanden waren, findet entgegen § 265 ZPO ein Parteiwechsel mit der Wirkung statt, dass der Insolvenzschuldner Partei des Prozesses wird. Das gilt nicht, wenn der freigegebene Gegenstand oder die Forderung erst im Laufe des Insolvenzverfahrens erworben wurde; dann hat der Insolvenzverwalter den Prozess als Prozessstandschafter weiterzuführen.[289]

c) **Amtsniederlegung.** Auch in der Insolvenz der Gesellschaft kann die **Amtsniederlegung** des Geschäftsführers rechtsmissbräuchlich und daher unwirksam sein. Legt beispielsweise der Gesellschafter-Geschäftsführer einer **Ein-Personen-GmbH** das Geschäftsführeramt ohne einen wichtigen Grund nieder, ohne zugleich einen neuen Geschäftsführer zu bestellen, ist diese Amtsniederlegung rechtsmissbräuchlich, da sie die GmbH handlungsunfähig macht. Das gilt auch in

2078

---

[280] Wirksamkeit der Gewerbeuntersagung und Entscheidung über Klage durch Eröffnung des Insolvenzverfahrens über das Vermögen der Gesellschaft nicht gehindert, OVG Bautzen ZIP 2015, 1507.
[281] BVerwG ZIP 2006, 530.
[282] BVerwG NJW 2006, 1687.
[283] OVG Münster ZIP 2010, 746.
[284] BFH ZIP 2019, 39.
[285] OLG München DNotZ 2011, 951.
[286] So OLG Dresden für eine GmbH & Co.KG, RNotZ 2012, 290.
[287] VGH Kassel ZIP 2010, 92.
[288] OVG Lüneburg ZIP 2010, 999.
[289] OLG Rostock ZIP 2018, 842.

der Insolvenz trotz Einführung von § 35 Abs. 1 Satz 2 GmbHG und § 15a Abs. 3 InsO durch das MoMiG.[290]

2079 **d) Wettbewerbsverbot.** Das aus der Organstellung des Geschäftsführers erwachsende Wettbewerbsverbot endet nach insoweit konsequenter Entscheidung des OLG Rostock nicht bereits mit dem Verlust der Verfügungsbefugnis sondern erst mit der Beendigung der Organstellung.[291] Ein im Dienstverhältnis vereinbartes nachvertragliches Wettbewerbsverbot (mit Karenzentschädigungspflicht) dürfte hingegen dem Wahlrecht des Insolvenzverwalters nach § 103 InsO unterfallen.

2080 **e) Eigenverwaltung.** Eine **Sonderstellung** des Geschäftsführers ergibt sich selbstverständlich bei **Eigenverwaltung** nach §§ 270 ff. InsO (zur Eigenverwaltung s. → Rn. 2203 ff.), wenn der Geschäftsführer unter Aufsicht des Sachwalters (§§ 270 Abs. 3, 274, 275 InsO) gewissermaßen als geschäftsführender Insolvenzverwalter die Insolvenz der Gesellschaft selbst abwickelt.

2. Dienst-/Anstellungsverhältnis

2081 Von der Organstellung des Geschäftsleiters ist das Dienst-/Anstellungsverhältnis zu unterscheiden. Es wird ebenfalls durch die Eröffnung des Insolvenzverfahrens über das Vermögen der Gesellschaft **nicht automatisch beendet**. Der Insolvenzverwalter hat jedoch die Möglichkeit, es nach § 113 InsO mit einer Frist von höchstens 3 Monaten zum Monatsende zu kündigen. In der Literatur wird dies teilweise zumindest für den Alleingesellschafter-Geschäftsführer als unbillig angesehen und vertreten, dass der Insolvenzverwalter bzgl. des Anstellungsverhältnisses das Wahlrecht nach § 103 InsO habe.[292]

2082 Nach Eröffnung des Insolvenzverfahrens über das Vermögen der Gesellschaft mutiert der Geschäftsführer auch dann nicht zum Arbeitnehmer des Insolvenzverwalters, wenn er diesem seine Arbeitskraft in der Betriebsfortführung zur Verfügung stellt.[293]

Sofern der Insolvenzverwalter für die Abwicklung des Insolvenzverfahrens die Mitwirkung bzw. Tätigkeit des Geschäftsführers über das Maß der Auskunfts- und Mitwirkungspflichten nach § 97 InsO hinaus in einem erheblichen Ausmaß benötigt, das sich zu einer ständigen Mitarbeit auswächst, darf er mit dem Geschäftsführer einen Dienstvertrag schließen und eine angemessene Vergütung vereinbaren. Eine erfolgsabhängige Vergütung i.H.v. 20% des verbleibenden Reinerlöses führt jedoch zu einer nicht notwendigen Belastung der Masse und damit Schlechterstellung der Insolvenzgläubiger.[294]

---

[290] OLG Frankfurt a.M. ZIP 2015, 478 = GmbHR 2015, 363.
[291] OLG Rostock, NZG 2020, 1152; dazu Schall NZG 2020, 1417 f. und Peetz GmbHR 2022, 130 ff.
[292] Jaeger/Henckel, InsO, § 23 Rn. 13.
[293] LAG Rh-Pf. ZInsO 2009, 679.
[294] LG Münster ZIP 2019, 1819.

3. Insolvenzspezifische Pflichten

Der Geschäftsführer hat im Insolvenzeröffnungsverfahren die **Auskunfts- 2083 pflichten** nach §§ 20, 97, 101 InsO und, abhängig von der Stellung des vorläufigen Insolvenzverwalters („starker" vorläufiger Verwalter, Zustimmungsvorbehalt), die **Mitwirkungspflichten** nach §§ 20, 22, 97, 101 InsO. Die Wahrnehmung dieser Pflichten kann nach § 98 InsO zwangsweise durchgesetzt werden. Darüberhinausgehende Pflichten im eröffneten Insolvenzverfahren etwa die aktive Fortführung der Geschäfte der Gesellschaft auf Wunsch oder in Zusammenarbeit mit dem Insolvenzverwalter hat er nicht, wenn er nicht aus der Insolvenzmasse bezahlt wird.

Die vorstehenden Verpflichtungen treffen nicht auch den **faktischen Ge- 2084 schäftsführer**, wenn er bisher nur faktisch Einfluss auf die ordentliche bestellte Geschäftsführung genommen hatte und die ordentlich bestellte Geschäftsführung weiterhin existent ist.

Frühere Geschäftsführer haben die vorgenannten Verpflichtungen, wenn sie 2085 ihr Amt zur Unzeit niedergelegt haben sollten und eine Neubestellung anderer Geschäftsführer noch nicht erfolgt ist. Außerdem besteht auch bei Beendigung der Geschäftsführerstellung innerhalb von 2 Jahren vor dem Insolvenzantrag nach § 101 Abs. 1 Satz 2 InsO eine Fortdauer der insolvenzrechtlichen Auskunfts- und Mitwirkungspflichten.

4. Sonstige Pflichten, Offenlegungspflichten, Pflicht zur Rechnungslegung

Auch nach Eröffnung des Insolvenzverfahrens hat der Geschäftsführer evtl. Än- 2086 derungen der Vertretungsverhältnisse[295] oder der Geschäftsanschrift zum Register anzumelden, etwa die aktuelle inländische Geschäftsanschrift; er ist insoweit auch Adressat einer Zwangsgeldandrohung.[296] Die Anschrift des Insolvenzverwalters kann als c/o-Anschrift verwendet werden, wenn der Geschäftsführer dem Insolvenzverwalter eine Zustellvollmacht erteilt hat.[297]

Der Geschäftsführer (und nicht der Insolvenzverwalter[298]) ist zur handels- und 2087 steuerrechtlichen Rechnungslegung verpflichtet, § 155 Abs. 1 Satz 1 InsO; der Insolvenzverwalter hat diese Pflichten nur bezogen auf die Insolvenzmasse, § 155 Abs. 1 Satz 2 InsO. Die Kommanditisten oder Komplementäre einer KG haben einen Anspruch gegen den Insolvenzverwalter auf Erstellung und Vorlage steuerlicher Jahresabschlüsse für die Insolvenzmasse, etwa zur Durchführung der einheitlichen und gesonderten Gewinnfeststellung. Evtl. allein im fremden Interesse entstehende Kosten haben die Gesellschafter zu bevorschussen oder zu erstatten.[299]

So trifft auch die Pflicht zur Offenlegung des Abschlusses nach § 325 HGB 2088 weiterhin die Insolvenzgesellschaft und damit den Geschäftsführer und nicht den

---
[295] OLG Hamm NZG 2017, 747.
[296] OLG Hamburg GmbHR 2011, 828 = BeckRS 2011, 19553; KG ZIP 2012, 1352.
[297] OLG Hamm ZIP 2011, 2014 = GmbHR 2011, 595.
[298] LG Bonn ZInsO 2009, 340 = BeckRS 2009, 02625.
[299] BGH DStR 2010, 2364 (entgegen KG BB 2009, 2531).

Insolvenzverwalter;[300] der Insolvenzverwalter ist nicht Adressat einer Ordnungsverfügung nach § 335 HGB.[301] Auch eine Zustellung einer Ordnungsgeldverfügung an die Kapitalgesellschaft „c/o Insolvenzverwalter" ist nicht wirksam.[302] Ein Beschwerdeverfahren nach § 335 HGB gegen eine Ordnungsgeldverfügung wird durch die Eröffnung des Insolvenzverfahrens über das Vermögen der Gesellschaft nicht unterbrochen.[303] Die Insolvenzgesellschaft ohne Mittel trifft an der Unterlassung der Offenlegung aber kein Verschulden.[304] Der noch im Amt befindliche Geschäftsführer ist nicht verpflichtet, die Mittel für die Erfüllung der Offenlegungspflicht aus dem Privatvermögen zu finanzieren.[305]

2089 Ein Prüfauftrag des bestellten Jahresabschlussprüfers endet mit Eröffnung des Insolvenzverfahrens, wenn nicht ein Fall des § 155 Abs. 3 Satz 2 InsO vorliegt oder der Verwalter Erfüllung wählt.[306] Ein neuer Prüfer ist vom Insolvenzverwalter zu bestellen. Dafür ist aber die Eintragung des geänderten Geschäftsjahres (Insolvenzgeschäftsjahres) nach § 155 Abs. 2 InsO erforderlich.[307]

2090 Auch die Steuererklärung kann nach Eröffnung des Insolvenzverfahrens nur noch vom Insolvenzverwalter beim Finanzamt abgegeben werden.[308]

III. Stellung der Gesellschafter

2091 Da das Regelinsolvenzverfahren die Kompetenzen der Gesellschaftsorgane im gesellschaftsinternen Insolvenzschuldnerbereich unberührt lässt (sog. „insolvenzneutraler Schuldnerbereich"),[309] wird durch die Eröffnung des Insolvenzverfahrens auch die Stellung der Gesellschafter grds. nicht beeinflusst. Insb. erfasst das Insolvenzverfahren über das Vermögen der Gesellschaft nicht die an ihr bestehenden Geschäftsanteile. Eine Ausnahme gilt nur für das Insolvenzplanverfahren, wenn die Gesellschaftsanteile in den Plan einbezogen sind, § 225a InsO, s.u. So können die Gesellschafter auch während des Regelinsolvenzverfahrens über ihre Anteile verfügen und **Gesellschafterbeschlüsse** fassen, etwa über Kapitalmaßnahmen, Feststellung des Jahresabschlusses, Bestellung oder Abberufung eines Geschäftsführers[310] etc. Befugt zur Vornahme der Anmeldungen für die **Eintragungen ins Handelsregister** ist nicht der Insolvenzverwalter, sondern der Geschäftsführer.

2092 Ein noch vor Eröffnung des Insolvenzverfahrens gefasster Beschluss über eine Kapitalerhöhung kann auch während des Insolvenzverfahrens noch zurückgenommen bzw. aufgehoben werden, wenn die Kapitalerhöhung noch nicht ins Handels-

---

[300] LG Bonn NZG 2009, 593 und erneut LG Bonn NZG 2010, 193.
[301] LG Bonn ZInsO 2009, 340 = BeckRS 2009, 02625; dazu Henri ZInsO 2009, 510 ff.
[302] LG Bonn NZG 2009, 593.
[303] LG Bonn ZIP 2011, 2031.
[304] LG Bonn ZIP 2009, 1242 und erneut LG Bonn NZG 2010, 193.
[305] LG Bonn ZIP 2009, 2107 = BB 2009, 2474 und erneut LG Bonn NZG 2010, 193.
[306] OLG Dresden NZG 2010, 396.
[307] OLG Frankfurt a.M. ZIP 2012, 1617.
[308] LG Duisburg ZInsO 2011, 1252 = BeckRS 2011, 8436.
[309] OLG Düsseldorf ZIP 2013, 1022.
[310] OLG Hamm GmbHR 2015, 143 = BeckRS 2014, 18313; KG Beschl. v. 29.11.2021 – 22 W 55/1, ZIP 2022, 30 = NZG 2022, 315 (beide für Abberufung und Neubestellung eines Geschäftsführers einer GmbH).

register eingetragen ist,[311] weil die Satzungsänderung erst mit ihrer Eintragung Wirkung entfalten kann (konstitutive Wirkung der Eintragung, § 54 Abs. 1 und 3 GmbHG).[312] Dann kann der Insolvenzverwalter den Betrag der Kapitalerhöhung gegen den Willen der Gesellschafter nicht zur Insolvenzmasse einziehen.[313] Nach wirksamer Übernahme der Stammeinlageverpflichtung durch einen Gesellschafter und Eintragung der Kapitalerhöhung ins Handelsregister kann der Anspruch der Gesellschaft durch abweichende Gesellschafterbeschlüsse nicht mehr beseitigt werden, da der Anspruch zur Insolvenzmasse gehört, über die nur der Insolvenzverwalter verfügen kann.

Nach Eröffnung eines Insolvenzverfahrens über das Vermögen einer GmbH können die Gesellschafter die Fortsetzung der Gesellschaft nur in den Fällen des § 60 Abs. 1 Nr. 4 GmbHG beschließen, also wenn das Verfahren auf Antrag des Schuldners eingestellt wird oder das Insolvenzverfahren nach Bestätigung eines die Fortsetzung vorsehenden Insolvenzplans aufgehoben wird.[314] Für die Fortsetzung der Gesellschaft gelten die Regeln über die wirtschaftliche Neugründung entsprechend.[315] Sieht der Insolvenzplan aber die Fortführung der Gesellschaft nicht vor bzw. enthält dieser keine Fortführungsplanung, was vom Registergericht selbständig zu prüfen ist, können die Gesellschafter nach Aufhebung des Insolvenzplanverfahrens die Fortführung der Gesellschaft nicht beschließen.[316]

2093

Nach der Schlussverteilung im Insolvenzverfahren kann die Fortsetzung der GmbH nicht wirksam beschlossen werden, auch wenn sie im Handelsregister noch nicht gelöscht ist[317].

Die Gesellschafter haben ggü. dem Insolvenzverwalter **keine Weisungsbefugnis** und auch **nicht** das **Auskunftsrecht** nach § 51a Abs. 1 GmbHG; der Auskunftsanspruch der Gesellschafter wird durch das Informationsrecht der Insolvenzgläubiger verdrängt.[318]

2094

Für neu aufzustellende Jahresabschlüsse erfolgt die Bestellung des Abschlussprüfers durch das Registergericht auf Antrag des Insolvenzverwalters; die Befugnis der Gesellschafter nach § 318 HGB ist im Insolvenzverfahren nicht mehr angemessen.[319] Für vor der Eröffnung des Insolvenzverfahrens endende Geschäftsjahre gilt dies ebenfalls, es sei denn, dass für diese Geschäftsjahre der Abschlussprüfer bereits wirksam von der Gesellschafterversammlung gewählt und bestellt und beauftragt worden ist; dann verbleibt es dabei, § 155 Abs. 3 S. 2 InsO.[320]

2095

Der (nicht vertretungsberechtigte) Gesellschafter bzw. der Insolvenzverwalter über dessen Vermögen sind nicht zur Auskunftserteilung nach §§ 97, 101 InsO verpflichtet.[321]

2096

---

[311] BGH NJW 1995, 460.
[312] OLG Zweibrücken ZIP 2014, 588 = ZInsO 2014, 673.
[313] OLG Zweibrücken ZIP 2014, 588.
[314] OLG Schleswig ZIP 2014, 1428 = ZInsO 2014, 1449; bestätigt BGH ZIP 2015, 1533.
[315] BGH ZIP 2020, 1124
[316] OLG Celle ZIP 2019, 611.
[317] OLG Celle ZIP 2011, 278 = GmbHR 2011, 257; OLG Schleswig ZIP 2014, 1428 = ZInsO 2014, 1449.
[318] BayObLG ZIP 2005, 1087.
[319] LG Dresden ZInsO 2009, 1921 = BeckRS 2009, 09823.
[320] OLG Karlsruhe NZG 2017, 1036; bestätigt BGH GmbHR 2018, 844 = DStR 2018, 1931. Sa Kaiser/Berbuer ZIP 2017, 161 ff.
[321] AG Köln ZIP 2015, 1602.

2097 Zur Stellung der Gesellschafter, in deren Anteils- oder Mitgliedschaftsrechte durch Insolvenzplan eingegriffen wird, sei auf die dortigen Ausführungen verwiesen.

IV. Gesellschaftsrechtliche Befugnisse des Insolvenzverwalters

1. Allgemeines

2098 Die Eröffnung des Insolvenzverfahrens gibt dem Insolvenzverwalter **grds. keine gesellschaftsrechtlichen Befugnisse**. Er hat also generell nicht die Kompetenzen der Gesellschafterversammlung. Er ist z.B. nicht befugt, Geschäftsführer zu bestellen oder Prokura zu erteilen. Durch das Insolvenzgericht kann der (vorläufige) Insolvenzverwalter auch nicht ermächtigt werden, in die organschaftliche Stellung der Vertreter der Gesellschaft einzugreifen.[322]

2. Ausnahmen

2099 Der Insolvenzverwalter hat jedoch auch ohne vorherige Gesellschafterbeschlüsse die Befugnis,
- eine Kaduzierung von Geschäftsanteilen nach §§ 21 ff. GmbHG vorzunehmen,
- rückständige Stammeinlagen einzufordern,
- die Rückzahlungsansprüche nach §§ 30 Abs. 1 Satz 1, 31 GmbHG geltend zu machen und
- Schadensersatzansprüche gegen den Geschäftsführer nach § 43 GmbHG geltend zu machen,
- innerhalb des ersten laufenden Geschäftsjahres nach Insolvenzeröffnung den mit Eröffnung des Insolvenzverfahrens neu beginnenden Geschäftsjahresrhythmus zu ändern, etwa zum bisherigen satzungsmäßigen Geschäftsjahr zurückzukehren. Das kann geschehen durch Anmeldung und Eintragung im HReg. oder durch sonstige Mitteilung an das Registergericht.[323] Eine bloße Mitteilung an das Finanzamt genügt nicht.[324]

2100 Der Insolvenzverwalter ist zur Erhebung einer Klage auf Feststellung der Nichtigkeit der Bilanz (Bilanznichtigkeitsklage) nach § 256 Abs. 7 AktG gegen die AG befugt, deren Vermögen er zu verwalten hat, soweit die Insolvenzmasse betroffen ist.[325] Der Rechtsanwalt, der die Gesellschaft in diesem Prozess vertritt, hat wegen der Erstattung der Prozesskosten keinen Masseanspruch gegen den Insolvenzverwalter, sondern ist als Neugläubiger zu behandeln.[326]

2101 Auch sind Anfechtungs- und Nichtigkeitsklagen gegen Beschlüsse der Gesellschafterversammlung einer GmbH, die die Feststellung des Jahresabschlusses, die Entlastung des Geschäftsführers oder die Übernahme von Personalkosten zum

---

[322] BGH ZIP 2007, 438.
[323] BGH ZIP 2015, 88 = NZG 2015, 157 = GmbHR 2015, 132.
[324] OLG Frankfurt a.M. ZIP 2016, 228 = GmbHR 2016, 217.
[325] OLG Dresden ZIP 2017, 2003; OLG Dresden ZIP 2018, 1069; bestätigt durch BGH NZG 2021, 1603.
[326] OLG Dresden ZIP 2018, 137.

Gegenstand haben, gegen den Insolvenzverwalter zu richten, da er nach § 80 InsO die Befugnis zur Vermögensverwaltung hat.[327]

Fraglich war, wer Berufsgeheimnisträger, die von der zwischenzeitlich insolventen Gesellschaft mandatiert waren, in einem Strafverfahren gegen deren Geschäftsführer von der **Schweigepflicht entbinden** kann bzw. deren Straftaten offenlegen kann. Hier ist die obergerichtliche Rechtsprechung uneinheitlich: 2102
- Entbindung des Wirtschaftsprüfers allein durch den Insolvenzverwalter,[328]
- Entbindung des Steuerberaters (betr. Offenlegung von Straftaten des Organs) allein durch den Insolvenzverwalter nicht ausreichend,[329]
- Entbindung des Anwalts (betr. Offenbarung wirtschaftlicher Geheimnisse) allein durch den Insolvenzverwalter,[330]
- bei Doppelmandat durch die Gesellschaft und den Geschäftsführer an den Berufsgeheimnisträger kann die Schweigepflichtentbindungserklärung kumulativ durch den Insolvenzverwalter und den Organträger erforderlich sein.[331]
- Nun hat der BGH entschieden, dass der Insolvenzverwalter zur Schweigepflichtentbindung eines Wirtschaftsprüfers berechtigt ist, soweit das Vertrauensverhältnis Angelegenheiten der Insolvenzmasse betrifft.[332]

Ist über das Vermögen eines Gesellschafters einer GmbH das Insolvenzverfahren eröffnet, übt der Insolvenzverwalter die Gesellschafterrechte, insbesondere das Stimmrecht aus.[333] 2103

3. Umfirmierung der insolventen Gesellschaft?

In jüngerer Zeit war fraglich geworden, ob und ggf. unter welchen Voraussetzungen der Insolvenzverwalter befugt ist, die handelsrechtliche Firma der insolventen Gesellschaft, deren Vermögen er verwaltet, anlässlich der Veräußerung des Unternehmens einschl. Übertragung der Handelsfirma der insolventen Gesellschaft, zu ändern (Umfirmierung = Bildung einer Ersatzfirma etwa bei übertragender Sanierung).[334] 2104

Das Recht des Insolvenzverwalters, die Firma einer GmbH zusammen mit dem Handelsgeschäft zu veräußern, auch wenn sie den Namen eines Gesellschafters enthält, ist heute allgemein anerkannt.[335] Obwohl der BGH bereits früher entschieden hat, dass nach einer Übertragung des Unternehmens mit der Handelsfirma (übertragende Sanierung) der Insolvenzschuldner noch unter der alten Firma jedenfalls für einen begrenzten Zeitraum abgewickelt werden kann[336], ging die moderne obergerichtliche Rechtsprechung davon aus, dass nach der übertragen-

---

[327] OLG München ZIP 2010, 2369 = ZInsO 2010, 2142.
[328] OLG Nürnberg ZIP 2010, 386.
[329] OLG Zweibrücken ZIP 2017, 537.
[330] OLG Köln ZIP 2016, 331.
[331] OLG Hamm ZIP 2018, 91.
[332] BGH ZIP 2021, 475 = ZInsO 2021, 494
[333] OLG München ZIP 2010, 1756 = NZG 2010, 1314.
[334] Sa Leuering NJW 2016, 3265 ff.
[335] Ua BGHZ 109, 364, 367 = NJW 1990, 1605 Mobile +49 (0) 15784271605; KG DNotZ 1930, 373; LG Essen für Firmenänderung nach Beendigung eines Markenlizenzvertrages, ZIP 2009, 1583.
[336] BGH NJW 1991, 1353.

den Sanierung mit Veräußerung der Firma die Bildung einer Ersatzfirma der insolventen Gesellschaft (Umfirmierung) notwendig ist. Welche Erfordernisse bzw. Zuständigkeiten hierfür erfüllt sein müssen, ist, soweit ersichtlich, höchstrichterlich nicht entschieden. Obergerichtlich entschieden ist umgekehrt, dass die Änderung der Firma einer insolventen Gesellschaft nicht ohne Zustimmung des Insolvenzverwalters wirksam ist.[337]

Nach LG Essen ist die Bildung und Eintragung einer Ersatzfirma durch den Insolvenzverwalter ohne Satzungsänderung zulässig.[338] In einer alten Entscheidung hat das KG geurteilt, dass die Umfirmierung erforderlich ist und dass die Bildung einer Ersatzfirma einer Satzungsänderung bedarf.[339] Auch die moderne obergerichtliche Rechtsprechung geht davon aus, dass die Änderung der Firma der insolventen Gesellschaft einer Satzungsänderung bedarf.[340] Unterschiedlich entschieden ist jedoch, wer diese Satzungsänderung gemäß den Anforderungen des jeweiligen Gesellschaftsrechts vornehmen darf. Nach dem KG[341] und OLG Hamm[342] darf dies der Insolvenzverwalter. Nach OLG München bedarf die Eintragung der Ersatzfirma im Handelsregister durch den Insolvenzverwalter einer Satzungsänderung, für die die Gesellschafterversammlung zuständig ist.[343] Das OLG München scheint das dadurch ermöglichte Blockadepotenzial der Gesellschafter hinzunehmen. Um dies zu vermeiden bin ich aus Gründen der Praktikabilität mit Teilen der Literatur der Auffassung, dass die Satzungsänderung für die Bildung und Eintragung der Ersatzfirma entweder nicht erforderlich ist oder der Insolvenzverwalter hierfür kraft Amtes zuständig ist.[344]

Nun hat der **BGH** die Streitfrage geklärt und entschieden, dass der Insolvenzverwalter auch im Fall der Verwertung der Firma einer AG nicht befugt ist, die Satzung hinsichtlich der Firma zu ändern und dass er eine Firmenänderung auch nicht außerhalb der Satzung kraft eigener Rechtsstellung herbeiführen kann.[345] Außerdem hat der BGH an seiner Rechtsprechung festgehalten, dass die Weiterführung der alten Firma durch die insolvente Gesellschaft bis zur endgültigen Abwicklung, also eine sog. Doppelfirmierung nicht grundsätzlich unzulässig ist; die Notwendigkeit einer Firmenänderung hänge von den Umständen des Einzelfalls ab.[346]

E. Übertragende Sanierung und Unternehmenskauf als Asset-Deal aus der Insolvenz (Distressed M&A)

2105 Selbstverständlich sind auch aus der Insolvenz heraus Unternehmenstransaktionen als Asset-Deals, auch und gerade zu Sanierungszwecken (übertragende

---

[337] KG ZInsO 2014, 1157; OLG Karlsruhe NJW 1993, 1931 (für den Konkursverwalter).
[338] LG Essen für Firmenänderung nach Beendigung eines Markenlizenzvertrages, ZIP 2009, 1583.
[339] KG DNotZ 1930, 373.
[340] OLG München NZG 2016, 837 = GmbHR 2016, 928; KG ZIP 2017, 1564.
[341] KG ZIP 2017, 1564 = GmbHR 2017, 982 (für eine AG).
[342] OLG Hamm ZIP 2018, 596.
[343] OLG München NZG 2016, 837 = GmbHR 2016, 928.
[344] So auch K. Schmidt in Scholz, GmbHG, 10. Aufl., vor § 64, Rn. 100.
[345] BGH, ZIP 2020, 266; dazu Noack, NZG 2020, 257 f.
[346] BGH, ZIP 2020, 267, 268; dazu Noack, NZG 2020, 257 f.

Sanierung) möglich und im Einzelfall sinnvoll.³⁴⁷ Zum Geschäftsanteilserwerb Share-Deal aus dem Insolvenzplanverfahren sei auf die Ausführungen zum Insolvenzplan verwiesen.

I. Verfahrenswege

Die Grundintention ist stets die Fortführung des Geschäftszweckes oder profitabler Teile des insolventen Unternehmens, möglichst nach Trennung des Unternehmens von den Verbindlichkeiten. In der Praxis haben sich neben der Unternehmensübertragung als asset-deal weitere drei Varianten herausgebildet: die Sanierungsgesellschaft, die Betriebsübernahmegesellschaft und die Auffanggesellschaft. Diese Maßnahmen zur übertragenden Sanierung sind aus der Sicht der Masse besonders bedeutsame Verwertungshandlungen, zu deren Vornahme der Verwalter der Zustimmung durch die Gläubigerversammlung bedarf (§ 160 InsO). 2106

1. Sanierungsgesellschaft

Mit **zusätzlicher Kapitalbeteiligung** soll die Sanierung des Krisenunternehmens herbeigeführt werden. Dies geschieht entweder durch Beteiligung neuer Gesellschafter an der insolventen Gesellschaft oder durch Übernahme des ganzen Unternehmens im Wege des Share- oder Asset-Deal oder evtl. auch durch Umwandlung (Ausgliederung). Über die Anteile – shares – kann der Insolvenzverwalter über das Vermögen der Gesellschaft nicht verfügen. Ein share-deal bedarf also der Mitwirkung der Anteilsinhaber. Zur Ausnahme im Insolvenzplanverfahren s. → Rn. 2300 ff. Die Sanierungsgesellschaft bleibt aber für die Verbindlichkeiten des insolventen Unternehmens verantwortlich. 2107

2. Auffanggesellschaft

Neben das Krisenunternehmen tritt eine neue Gesellschaft, die im Wege eines Pachtvertrages den Geschäftsgegenstand der insolventen Gesellschaft fortführt. I.d.R. sind Gläubiger der insolventen Gesellschaft maßgeblich an der neuen Gesellschaft beteiligt und werden aus den Gewinnen der Auffanggesellschaft zumindest teilweise befriedigt. Meist wird eine Auffanggesellschaft zur vorläufigen Fortführung des Geschäftsgegenstandes eingerichtet, um ausreichend Zeit für die Prüfung der Sanierung bzw. der Veräußerung der insolventen Gesellschaft zu 2108

---

³⁴⁷ Zu übertragender Sanierung im Insolvenzverfahren: Schmerbach/Staufenbiel ZInsO 2009, 458 ff.; zu den Auswirkungen der Finanzmarktkrise auf die übertragende Sanierung s. Sittel ZInsO 2009, 858 ff.; zu übertragender Sanierung: Wellensiek NZI 2002, 233 ff.; Spieker NZI 2002, 472 ff.; Menke BB 2003, 1133 ff.; Vallender GmbHR 2004, 543 ff. und 642 ff.; van Betteray/Gass BB 2004, 2309 ff.: Vorverträge, Asset-Deals und Unternehmenskaufverträge in der Insolvenz; Piepenburg FS Greiner, 2005, 271 ff.; Verkauf eines insolventen Unternehmens Handlungsleitfaden zur Realisierung übertragender Sanierungen, Fröhlich/Köchling ZInsO 2005, 1121 ff.; Arends/Hofert-von Weiss BB 2009, 1538 ff.; Morshäuser/Falkner NZG 2010, 881 ff.; Classen BB 2010, 2898 ff.

gewinnen. Regelmäßig lassen sich die Gesellschafter der Auffanggesellschaft eine Option einräumen, entweder eine Beteiligung an der Krisengesellschaft zu erhalten oder die Krisengesellschaft bzw. deren Unternehmen erwerben zu können. Auf solche Auffanggesellschaften dürfte das Sanierungsprivileg des §39 Abs. 4 Satz 2 InsO anwendbar sein.[348]

Gesellschafter der Sanierungs- oder Auffanggesellschaft können u.a. die Gläubiger oder der Insolvenzverwalter sein. Ist der Insolvenzverwalter an der Gesellschaft beteiligt und ist diese eine GmbH, stellt sich die Frage, wer in die Gesellschafterliste einzutragen ist. Soweit ersichtlich, ist dies in der Rechtsprechung noch nicht diskutiert bzw. geklärt. M.E. ist der Insolvenzverwalter einzutragen.[349]

3. Betriebsübernahmegesellschaft, „unechte Auffanggesellschaft"

2109 Es handelt sich um den häufigsten Fall der übertragenden Sanierung. Eine andere, evtl. neu gegründete Gesellschaft übernimmt durch Erwerb die das Erfolgspotenzial der insolventen Gesellschaft bildenden assets ohne die Schulden (**asset-deal**). Für die Berechnung der Betriebszugehörigkeitsdauer für eine spätere Kündigung durch den Übernehmer wird auch bei Aufhebung der Arbeitsverhältnisse durch Vereinbarung zwischen Insolvenzverwalter und Arbeitnehmer die frühere Betriebszugehörigkeit mitgerechnet.[350]

2110 Das Problem der Forthaftung für alte Schulden des Vorgängers nach §§ 75 AO, 25 HGB (§ 419 BGB ist durch Art. 33 EGInsO entfallen) stellt sich hier nicht. Nach §75 Abs. 2 AO haftet der Erwerber des Unternehmens aus Insolvenz nicht für Steuerschulden des insolventen Rechtsträgers. Nach ständiger Rechtsprechung des BGH[351] kommt es auch nicht zu Forthaftungen des Erwerbers eines Unternehmens aus der Insolven zgem. § 25 Abs. 1 HGB bei Firmenfortführung nach Erwerb des Unternehmens aus der Insolvenz, weil dies bestimmenden Grundsätzen des Insolvenzverfahrens zuwiderliefe: die Verwertung der Insolvenzmasse würde erschwert und es käme zu einer systemwidrigen Bevorzugung einzelner Gläubiger zum Nachteil anderer Gläubiger, auf die wegen der Erlösschmälerung nur eine geringere Verteilungsmasse entfalle. Allerdings gilt §25 HGB, wenn das in Insolvenz befindliche Unternehmen von einem Dritten unter Gebrauch der Firma außerhalb des Insolvenzverfahrens ohne Mitwirkung des Insolvenzverwalters fortgeführt wird.[352]

2111 Problematisch ist häufig die Regelung des §613a BGB Übergang der Arbeitsverhältnisse. S. hierzu unten bei arbeitsrechtlichen Gestaltungsmöglichkeiten.

---

[348] So auch Blöse ZIP 2011, 1191 ff.
[349] AA Heckschen in Reul/Heckschen/Wienberg, Insolvenzrecht in der Gestaltungspraxis, 2012, S. 545.
[350] LAG Nürnberg NZI 2005, 464.
[351] zuletzt BAG, ZInsO 2007, 328; BGH NZG 2020, 318; s.a. Neuberger, Die Haftung des Erwerbers nach §25 HGB in der Insolvenz des Beräußerers, ZIP 2020, 606 ff.
[352] BGH ZIP 2014, 29 = ZInsO 2014, 84.

II. Zeitfaktor

Unternehmenstransaktionen im Rahmen eines Insolvenzverfahrens sind regelmäßig durch großen Zeitdruck gekennzeichnet. Dies liegt daran, dass dem Insolvenzverwalter meist nur sehr wenig Zeit für die Unternehmensveräußerung verbleibt, weil er durch Fortführung des i.d.R. defizitären Unternehmens in der Insolvenz Masse „verbrennt". Mithilfe der Insolvenzgeldregelung nach §§ 165 ff. SGB III kann der vorläufige Insolvenzverwalter das Unternehmen nur für den Insolvenzgeldzeitraum, also höchstens für 3 Monate vor Eröffnung des Insolvenzverfahrens unter Zuhilfenahme des Insolvenzgeldes, also weitgehend entlastet von den Personalkosten führen. Nach Eröffnung des Insolvenzverfahrens hingegen muss der Insolvenzverwalter wieder für den Ausgleich der Personalkosten sorgen, wodurch eine Betriebsfortführung betriebswirtschaftlich häufig nicht mehr möglich bzw. sinnvoll ist. Hinzu kommt, dass nach Insolvenzeröffnung auch alle anderen durch den Betrieb des Unternehmens verursachten Verbindlichkeiten Masseverbindlichkeiten sind, für deren Befriedigung der Insolvenzverwalter u.U. nach § 61 InsO persönlich in die Haftung geraten kann. Regelmäßig wird es also darauf ankommen, dass der Verkauf des Unternehmens möglichst unmittelbar nach Eröffnung des Insolvenzverfahrens durchgeführt werden kann. Die Fortführung eines Unternehmens im eröffneten Insolvenzverfahren wäre nur zulässig, wenn hierdurch die Möglichkeit geschaffen oder erhalten wird, das Unternehmen zeitnah zu veräußern und der Veräußerungserlös (zusammen mit der weiteren Kostenersparnis) die vorherigen Verluste und die Liquidationserlöse nach Stilllegung übersteigt, sodass sich für die Insolvenzgläubiger unter dem Strich eine höhere Insolvenzquote ergibt.

Dieses zeitliche Korsett verlangt regelmäßig, dass bereits der vorläufige Insolvenzverwalter mit potenziellen Erwerbsinteressenten verhandelt und die Transaktion vorbereitet, sie also mit den wesentlichen Gläubigern bzw. dem vorläufigen Gläubigerausschuss abspricht. Außerdem verlangt das zeitliche Korsett vom Erwerbsinteressenten, dass er sehr zügig die Entscheidung über den Erwerb trifft und ein verbindliches Angebot unterbreitet. Meist kann nur so gewährleistet werden, dass wirklich unmittelbar nach Eröffnung des Insolvenzverfahrens die Transaktion vollzogen werden kann.

2112

2113

III. Besonderheiten bei der Due Diligence

Die Anforderungen an eine Due Diligence sind grundsätzlich dieselben wie bei einem Unternehmenserwerb außerhalb Krise und Insolvenz. Es gilt jedoch, folgende gravierende Besonderheiten zu beachten.

2114

Wegen der Krise des zu erwerbenden Unternehmens bzw. des Veräußerers muss besonderes Augenmerk auf die zahlreichen Haftungstatbestände (z.B. Aufbringung u. Erhaltung des Stammkapitals, Haftung nach §§ 25 HGB, 75 AO, Fortbestehen der Insolvenzreife des erworbenen Unternehmens, Wahlrechte des

Insolvenzverwalters und Insolvenzanfechtungen, etc.) für den Erwerber gelegt werden. Zudem sind die Sanierungsaussichten einzuschätzen (Sanierungskonzept).

Erschwert wird die Due Diligence häufig durch den besonderen Zeitdruck (s.o.) und durch die Schwierigkeit der Beschaffung aussagekräftiger und verlässlicher Informationen. Der Insolvenzverwalter wird hierzu regelmäßig nur in geringem Umfang in der Lage sein. (Leitende) Mitarbeiter des Krisenunternehmens sind entweder nicht mehr verfügbar oder haben ein sehr eigenes Interesse an der Auskunftsgestaltung (etwa Erhalt des eigenen Arbeitsplatzes).

IV. Unternehmenskauf bereits im Insolvenzeröffnungsverfahren?

1. Vom Schuldner

2115   I.d.R. wird der Schuldner nicht mehr die notwendige Verfügungsbefugnis haben, weil entweder ein starker vorläufiger Verwalter nach § 22 Abs. 1 InsO (eher selten) oder ein sog. schwacher vorläufiger Verwalter mit Zustimmungsvorbehalt nach § 22 Abs. 2 InsO eingesetzt ist. Selbst wenn aber ausnahmsweise vorläufige Insolvenzverwaltung nicht angeordnet worden sein sollte, dürfte sich ein Unternehmenserwerb vom Schuldner für den Erwerber wegen der Gefahr späterer Insolvenzanfechtung verbieten.

2. Vom vorläufigen Insolvenzverwalter

2116   Der vorläufige Insolvenzverwalter ist zur Veräußerung des Unternehmens nicht berechtigt. Das ergibt sich zum einen aus § 22 Abs. 1 Satz 2 Nr. 2 InsO, in dem nur Fortführung oder, mit Zustimmung des Gerichts, Stilllegung des Unternehmens als Aufgaben genannt sind, und zum anderen aus § 158 InsO, der nachträglich in die InsO aufgenommen wurde und die Veräußerung des Schuldnerunternehmens nach Insolvenzeröffnung und vor dem Berichtstermin regelt. Die andere Auffassung, die ein Recht des vorläufigen Insolvenzverwalters zur Veräußerung des Schuldnerunternehmens annahm, deutete sich in einer BGH-Entscheidung[353] an und wurde teilweise auch in der Literatur vertreten,[354] dürfte aber seit Einführung des § 158 InsO zum 1.7.2007 nicht mehr vertretbar sein.

2117   Auch vom **vorläufigen Eigenverwalter** (etwa im Schutzschirmverfahren) kommt ein Kauf des Unternehmens nicht in Betracht. Dennoch wird der M&A-Prozess bereits in dieser Phase zu beginnen haben. Hierzu siehe ausführlich und kenntnisreich Kübler/Rendels, Aspekte des M&A-Prozesses in der (vorläufigen) Eigenverwaltung, ZIP 2018, 1369 ff.

2118   Wegen der im Unternehmensinteresse i.d.R. gebotenen Beschleunigung ist es jedenfalls sinnvoll, den Unternehmenskauf bereits mit dem vorläufigen Insolvenzverwalter zu verhandeln und ggf. zu vereinbaren, aufschiebend bedingt durch

---

[353] BGH NZI 2006, 235.
[354] Lohkemper ZIP 1999, 1251 ff.; Hoenig/Meyer-Löwy ZIP 2002, 2162 ff.

die Verfahrenseröffnung und die Zustimmung des Gläubigerausschusses bzw. der Gläubigerversammlung.

Evtl. kommt auch eine Unternehmenspacht durch den potenziellen Erwerber vom vorläufigen Insolvenzverwalter bis zum Zeitpunkt der Übertragung in Betracht.[355]

Einzelne Verwertungshandlungen sind zulässig. Eine Billigung durch aus- oder absonderungsberechtigte Gläubiger ist u.U. problematisch, da die Masse um die Verwertungskostenbeiträge nach § 171 InsO gebracht werden könnte.

2119

V. Unternehmenskauf unmittelbar nach Verfahrenseröffnung vor dem Berichtstermin

Nach § 158 Abs. 1 InsO hat der Insolvenzverwalter die Möglichkeit, das Unternehmen sofort nach Eröffnung des Insolvenzverfahrens noch vor dem Berichtstermin mit Zustimmung des Gläubigerausschusses zu veräußern. Fehlende Zustimmung des vorhandenen Gläubigerausschusses berührt die Wirksamkeit einer dennoch erfolgten Veräußerung durch den Verwalter nicht, weil der Verwalter mit Eröffnung des Insolvenzverfahrens sofort die uneingeschränkte Verfügungsbefugnis über das Schuldnervermögen gem. § 80 InsO hat. I.d.R. wird der vorläufige Verwalter darauf drängen, dass ein (vor-)vorläufiger Gläubigerausschuss nach seinen Vorschlägen bestellt wird, der dann der Veräußerung zustimmt.[356]

2120

Besteht ein Gläubigerausschuss (noch) nicht, entscheidet der Insolvenzverwalter in eigener Zuständigkeit.

VI. Exklusivität und andere Absicherungen des Verkaufsprozesses

Wenn, wie vorstehend gezeigt, der Unternehmenserwerb bereits vom vorläufigen Insolvenzverwalter nicht erreichbar ist, der Erwerbsinteressent wegen des Zeitdrucks aber möglicherweise kostenintensive Maßnahmen (Sanierungskonzept, Due Diligence) schon durchführen muss, wird der Erwerbsinteressent ein Interesse haben, in irgendeiner Weise abzusichern, dass er später im eröffneten Insolvenzverfahren auch sogleich zum Zuge kommt und nicht etwa vom Insolvenzverwalter ein strukturiertes Bieterverfahren (etwa zu seiner eigenen Absicherung) aufgesetzt wird. Dies kann der Erwerbsinteressent mit einer Exklusivitätsvereinbarung, evtl. verbunden mit der Vereinbarung zu bestimmten Verhaltenspflichten (No-shop- oder No-talk- Vereinbarungen) und mit weiteren Vereinbarungen, wie Kostentragungsklauseln, Vertragsstrafen, sog. Break-Up Fees, Overbid Protections oder sogar mit einer Kaufoption (Asset Lock-Up) versuchen. Indes wird der (vorläufige) Insolvenzverwalter zum Abschluss solcher Vereinbarungen i.d.R. nicht bereit sein,

2121

---

[355] OLG Rostock ZInsO 2011, 1511.
[356] Dazu und zur insoweitigen Einschränkung der Gläubigerautonomie s. Meyer-Löwy ZInsO 2011, 613 f.

da er dadurch in die Gefahr gerät, die Masse unzulässig zu belasten. Ausnahmsweise können solche Vereinbarungen in Betracht kommen, wenn die sehr reale Möglichkeit einer erheblichen Massemehrung damit verbunden ist.

VII. Fortführung des Unternehmens im Insolvenzeröffnungsverfahren und Transaktionsvorbereitung

1. Fortführungsvereinbarungen

2122 Hierfür und insbesondere für eine erfolgreiche Unternehmenstransaktion ist häufig der Abschluss folgender Vereinbarungen erforderlich:
- Vereinbarungen zur Finanzierung des Insolvenzeröffnungsverfahrens,[357]
- Vereinbarungen zur Aufrechterhaltung des Geschäftsbetriebes (evtl. Unternehmenspacht),
- Vereinbarungen mit Sicherungsgläubigern,
- u.U. bereits Abschluss des Unternehmenskaufvertrages aufschiebend bedingt durch die Zustimmung der Gläubigerversammlung oder die Durchführung des Verfahrens nach § 158 InsO,
- Vereinbarungen zur Insolvenzgeldvorfinanzierung, §§ 165 ff. SGB III (s. → Rn. 2018 ff.).
- u.U. Abschluss eines Unternehmenspachtvertrages.

2. Echtes und unechtes Massedarlehen

2123 Für die Aufnahme eines echten Massedarlehens (welches im eröffneten Verfahren Masseverbindlichkeit ist) benötigt der schwache vorläufige Verwalter eine Ermächtigung des Insolvenzgerichts.

Für den Darlehensgeber kann die Darlehensgewährung mit erheblichen Risiken verbunden sein, etwa das Risiko späterer Masseunzulänglichkeit.

3. Einfluss auf die Wahl des Insolvenzverwalters durch personengebundenes Massedarlehen?

2124 In der Praxis ist mitunter zu beobachten, dass der Schuldner in Abstimmung mit dem (schwachen) vorläufigen Verwalter oder vorläufigen Sachwalter ein Massedarlehen aufnimmt und dabei mit der kreditierenden Bank ein Sonderkündigungsrecht nach Art einer Change-of-control-Klausel für den Fall vereinbart, dass der vorläufige nicht der endgültige Verwalter bzw. Sachwalter wird.[358] Es ist denkbar, dass sich die Bank auf diese Klausel nicht berufen, also die Kündigung darauf nicht stützen kann, wenn ihr auch die Bestellung eines anderen Verwalters zumutbar ist. Für die Geschäftsführung des Schuldners, etwa den Geschäftsführer der GmbH kann dieses Vorgehen eine Pflichtverletzung nach § 43 Abs. 1 GmbHG sein, denn

---

[357] Sa Windel ZIP 2009, 101 ff. (Treuhandkontenmodelle).
[358] Sa Ganter ZIP 2013, 597 ff.

er hat für jeden Fall für die bestmögliche Fortführung des Geschäftsbetriebes zu sorge. Schließlich kann sich der vorläufige Verwalter, der auf diese Weise seine Position festigen möchte, nach § 60 InsO haftbar machen.

VIII. Asset Deal aus dem eröffneten Insolvenzverfahren der GmbH

Da der Insolvenzverwalter des Vermögens der insolventen GmbH im Regelinsolvenzverfahren keine Verfügungsmacht über die Geschäftsanteile hat, kann von ihm das Unternehmen im Wege des Asset-Deal erworben werden.[359] Die übertragende Sanierung, also die Veräußerung des Schuldnerunternehmens ist aus der Sicht der Masse eine besonders bedeutsame Verwertungshandlung, zu deren Vornahme der Verwalter der Zustimmung durch den Gläubigerausschuss oder die Gläubigerversammlung bedarf (§ 160 InsO). Bei Veräußerung an besonders Interessierte ist in jedem Fall die Zustimmung der Gläubigerversammlung erforderlich (§ 162 InsO). Fehlen die Zustimmungen, sind die Verfügungen des Insolvenzverwalters jedoch nicht unwirksam (§ 80 InsO); er kann sich aber ggf. schadensersatzpflichtig machen.

2125

1. Festlegung des Kaufgegenstandes – einzelne Wirtschaftsgüter bzw. Sachgesamtheit

Der Unternehmenskauf kann als Kauf einer Summe einzelner Wirtschaftsgüter, also von Einzelgegenständen oder als Kauf einer Sach- und Rechtsgesamtheit (sog. Asset-Deal) ausgestaltet sein. Aus § 433 Abs. 1 BGB folgt die Pflicht des Verkäufers, dem Käufer die Kaufsache zu übergeben und das Eigentum daran zu verschaffen. Der Verkäufer eines Rechts ist verpflichtet, dem Käufer das Recht zu verschaffen und, wenn das Recht zum Besitz einer Sache berechtigt, die Sache zu übergeben. Neben der Übertragung von Sachen und Rechten ist aber auch die Einweisung des Erwerbers in den Tätigkeitsbereich geschuldet, da der Erwerber nur so die Unternehmung fortführen kann.[360]

2126

a) Bestimmtheit der einzelnen Wirtschaftsgüter. Schuldrechtlich kann man sich wirksam zur Übertragung von Sachgesamtheiten verpflichten. Von der schuldrechtlichen Verpflichtung nach § 433 BGB, deren Gegenstand auch eine Sach- und Rechtsgesamtheit sein kann, ist jedoch die Erfüllung der Verpflichtung, die sachenrechtliche Übertragung, also die Verschaffung des Eigentums an den Kaufsachen bzw. der Inhaberschaft an den Rechten zu unterscheiden. Das Unternehmen als solches kann nicht Gegenstand des sachenrechtlichen Übertragungsvorganges sein; es bedarf nach dem Grundsatz der sachenrechtlichen Bestimmtheit der klaren und zweifelsfrei unterscheidbaren Festlegung, welche Einzelbestandteile des Unternehmens im Wege des sachenrechtlichen Geschäftes übertragen werden sollen. Die verkauften, dem Unternehmensträger gehörenden Sachen und Rechte

2127

---
[359] Sa Arends/Hofert-von Weiss BB 2009, 1538 ff.
[360] BGH NJW 1968, 392.

sind daher nach Maßgabe der jeweiligen zivilrechtlichen Vorschriften (§§ 398, 873 ff., 929 ff. BGB) genau zu bezeichnen zu übertragen (Singularsukzession).

> **Beachte**
> Probleme können sich bei Bezugnahme auf die Bilanz nebst Inventarverzeichnis ergeben. Vermögensgegenstände, die entweder nicht bilanziert werden müssen oder nicht bilanzierungsfähig sind, wie z.B. sofort abschreibungsfähige Wirtschaftsgüter, Schutzrechte und nicht entgeltlich erworbene Firma, sind ebenso korrekt zu bestimmen wie etwa die voll abgeschriebenen Wirtschaftsgüter oder die im Sonderbetriebsvermögen eines Gesellschafters stehenden Wirtschaftsgüter, die dieser nur selbst vertraglich übertragen kann.

2128 > **Praxistipp**
> Es ist zu empfehlen, Auffangklauseln in den Vertrag aufnehmen, wonach z.B. alle dem Unternehmenszweck dienenden Gegenstände am bestimmten Standort bzw. in bestimmten Räumen bzw. an bestimmter Produktionsstätte verkauft und übertragen werden und dass die Parteien sich verpflichten, evtl. noch erforderliche Rechtshandlungen zur Übereignung nachzuholen. Allein wegen dieser sog. Catch-all-Klausel wird der Vertrag m.E. nicht wegen Vermögensveräußerung im Ganzen nach § 311b Abs. 3 BGB beurkundungsbedürftig (s.u.).

2129 **b) Verfügungsbefugnis des Insolvenzverwalters, belastete Gegenstände, Sicherungsgut.** Nach § 80 InsO hat der Insolvenzverwalter die uneingeschränkte Befugnis, über die Insolvenzmasse zu verfügen. Diese ist nach § 35 Abs. 1 InsO das dem Schuldner gehörende Vermögen. Insbesondere bei Unternehmensveräußerungen kurz nach Verfahrenseröffnung wird die Insolvenzmasse und damit die Verfügungsbefugnis des Insolvenzverwalters noch nicht in allen Fällen vollständig und zweifelsfrei feststehen. Garantien werden dann vom Insolvenzverwalter nicht bzw. nicht umfassend zu erhalten sein.

2130 Über Gegenstände mit einfachem **Eigentumsvorbehalt** kann der Verwalter nicht verfügen; der Vorbehaltseigentümer hat ein Aussonderungsrecht nach § 47 InsO. Verfügt der Verwalter dennoch, kann der Vorbehaltseigentümer vom Erwerber Herausgabe (str.) oder nach Genehmigung der Verfügung vom Insolvenzverwalter Ersatzaussonderung nach § 48 InsO verlangen.

2131 Gehören zur Insolvenzmasse **Gesellschaftsanteile** an anderen Gesellschaften, sind evtl. Vinkulierungsregelungen in den jeweiligen Gesellschaftsverträgen für den Insolvenzverwalter unbeachtlich.

2132 Für Gegenstände mit **dinglichen Sicherungsrechten** kann die Verfügungsbzw. Verwertungsbefugnis des Insolvenzverwalters nach §§ 166, 168, 173 InsO i.V.m. §§ 50, 51 InsO eingeschränkt oder ausgeschlossen sein. Sie sollte also genau geprüft werden Dies gilt besonders für sicherungsübereignete bzw. verpfändete Patente, Marken, Lizenzen, Gesellschaftsanteile, Miteigentumsanteile, Anwartschaften, da streitig ist, ob sie unter § 166 Abs. 1 oder 2 InsO fallen (nur dann wäre die Verwertungsbefugnis des Verwalters gegeben). Auch hier wird der Verwalter keine Garantien geben. Zudem können sich Schwierigkeiten bei der Abgrenzung dinglicher Sicherheiten ergeben. Hier kann ein Sicherheitenpool helfen.

2133 Auch damit später keine Vorwürfe wegen zu geringer Erlöse aus der Verwertung von Sicherungsgut erhoben werden können, wird es in der Praxis häufig darauf ankommen, dass die Sicherungsgläubiger der Veräußerung zustimmen. In diesem

Zusammenhang kann die Übernahme von Verbindlichkeiten der Sicherungsgläubiger, die über den Verwertungserlös für das Sicherungsgut hinausgehen, durch den Erwerber problematisch sein, wenn der Erwerber dies kaufpreismindernd berücksichtigt. Dann nämlich steht für die übrigen Insolvenzgläubiger weniger Verteilungsmasse zur Verfügung sie wären durch den Insolvenzverwalter gegenüber den Sicherungsgläubigern unzulässig benachteiligt, was Haftungen des Insolvenzverwalters nach § 60 InsO auslösen könnte.

c) Immaterielle Wirtschaftsgüter. Eine Marke kann durch formlosen Vertrag verkauft und übertragen werden. Der Rechtsnachfolger kann die Marke allerdings erst nach der Eintragung des Übergangs in die Markenrolle Dritten ggü. geltend machen. Die erforderlichen Umschreibungsanträge sind allerdings öffentlich zu beglaubigen.[361] 2134

d) Handelsfirma. Für die Frage, ob der Insolvenzverwalter auch ohne Zustimmung des Gemeinschuldners mit dem Unternehmen auch den Firmennamen (§§ 17 ff. HGB) veräußern und übertragen darf, muss differenziert werden. Für die GmbH und die GmbH & Co. KG hat der BGH dies allgemein bejaht.[362] Bei einer juristischen Person oder einer GmbH & Co. KG unterliegen Firma, Marken oder Ausstattung auch dann der uneingeschränkten Verfügungsmacht des Insolvenzverwalters, wenn sie den Familiennamen eines Gesellschafters enthalten. 2135

> **Beachte:**
> Eine Firmenänderung durch satzungsändernden Beschluss der Gesellschafterversammlung ist nicht möglich, da in Bezug auf Vermögensgegenstände der Gesellschaft die Satzungsänderungskompetenz der Gesellschafter durch die Insolvenzeröffnung verdrängt wird.

Bei der Firma eines Einzelkaufmanns oder einer Personengesellschaft wird die Verfügungsmacht des Insolvenzverwalters teilweise abgelehnt, wenn in der Firma der Familienname des Gemeinschuldners bzw. Gesellschafters enthalten ist. Der BGH hielt bei einer Einzelfirma die Zustimmung des Gemeinschuldners immer für erforderlich, weil die namensrechtlichen Interessen in diesem Fall den vermögensrechtlichen Interessen der Insolvenzgläubiger vorgehen.[363] Ob dies auch noch seit dem Handelsrechtsreformgesetz vom 22.6.1998 gilt, wird z.T. infrage gestellt, da seither die Wahl der Firma und damit auch die Wahl des Familiennamens als Firmenbestandteil in das Belieben des Kaufmanns gestellt ist. Hier wird argumentiert, dass Gläubigerinteressen dem Persönlichkeitsinteresse des Schuldners vorgehen müssten.[364] M.E. gehört auch die Firma des Schuldnerunternehmens zur Insolvenzmasse, auch wenn sie den persönlichen Namen des Schuldners/Geschäftsinhabers enthält. Daher kann sie der Verwalter veräußern und anschließend das Schuldnerunternehmen umfirmieren. 2136

---

[361] Zu Urheberrechten und Nutzungsrechten an Urheberrechten Partsch/Reich NJW 2002, 3286 ff.
[362] BGH NJW 1990, 1605.
[363] BGHZ 32, 103 = GRUR 1960, 490.
[364] Arends/Hofert-von Weiss BB 2009, 1538 ff.

Zur Frage, ob im Zusammenhang mit der Veräußerung der Handelsfirma der insolventen Gesellschaft deren Umfirmierung notwendig ist, und den entsprechenden Befugnissen des Insolvenzverwalters s. → Rn. 2104.

2137 **e) Vertragsbeziehungen.** Die Überleitung von Verträgen/Dauerschuldverhältnissen (Lieferbeziehungen, einzelne Aufträge, Energie, Miete, Versicherungen, etc.) geschieht nicht „automatisch". Sie muss im Einzelnen genau geregelt werden, und zwar ist für die Überleitung die Zustimmung des bzw. die Vereinbarung mit dem jeweiligen Vertragspartner erforderlich. Mitwirkungshandlungen sind zu vereinbaren!

2138 Eine andere Möglichkeit kann darin bestehen, Gegenstände und Verträge in eine Umwandlungsgesellschaft auszugliedern und anschließend deren Anteile zu veräußern. Nach herrschender Meinung ist dazu die Zustimmung der dritten Vertragspartner nicht erforderlich, wenn die jeweiligen Verträge keine sog. Change-of-control-Klausel enthalten.

2139 **f) Formerfordernisse.** Selbstverständlich sind evtl. Formerfordernisse für den Verkauf bzw. die Übertragung bestimmter Gegenstände zu beachten. Ist also bspw. ein Grundstück mit zu übertragen, ist notarielle Form erforderlich, § 311b Abs. 1 BGB.

2140 Darüber hinaus wird diskutiert, ob für den Unternehmensverkauf durch Asset-Deal notarielle Form auch wegen § 311b Abs. 3 BGB (Verpflichtung zur Übertragung des ganzen gegenwärtigen Vermögens oder eines Bruchteils davon) erforderlich ist. Das hat das OLG Hamm für den Verkauf des Vermögens einer GmbH „in Bausch und Bogen", also bei Bezeichnung der verkauften Gegenstände als „Inventar" oder „Aktiva" und mit Verwendung einer Auffangklausel bejaht.[365]

2141 Sind hingegen alle Kaufgegenstände im Vertrag genau bezeichnet (was wegen des sachenrechtlichen Spezialitätsgrundsatzes ohnehin angeraten ist), richtet sich die Verpflichtung zur Übertragung also nicht pauschal auf die Übertragung des „gesamten" Vermögens oder eines „Teils" des Vermögens, sondern ergibt die Auflistung der zu veräußernden Gegenstände lediglich in Summe das gesamte Vermögen, dürfte § 311b Abs. 3 BGB nicht anwendbar sein.[366] Enthält der Vertrag aber zusätzlich eine sog. Catch-All-Klausel, so wird vereinzelt vertreten, dass § 311b Abs. 3 BGB anwendbar ist.[367] Ich teile diese Auffassung nicht, da die Schutzfunktion der Vorschrift hier nicht erforderlich ist.

2. Kaufpreisbemessung

2142 Die Kaufpreisuntergrenze kann der Liquidationswert des insolventen Unternehmens sein. Dieser Wert wird jedoch noch unterschritten durch solche im Rahmen der Stilllegung und Abwicklung des Schuldnerunternehmens mit Sicherheit entstehenden Masseverbindlichkeiten, z.B. Sozialplankosten, Kosten aus gegenseitigen

---

[365] OLG Hamm ZIP 2010, 2304 = DStR 2010, 2093; dazu Böttcher/Fischer NZG 2010, 1332 ff.
[366] BGH ZIP 1990, 1541; so auch Böttcher/Grewe NZG 2005, 950 ff.; Müller NZG 2007, 201 ff.; Hermann ZIP 2006, 2296 ff. AA Heckschen NZG 2006, 772 ff.
[367] Werner GmbHR 2008, 1135 ff.

Verträgen bis zu ihrer Beendigung etc. Die Ersparnis solcher Massekosten bei Unternehmensveräußerung unmittelbar nach Insolvenzverfahrenseröffnung ist also aus der Sicht des Insolvenzverwalters/der Gläubigergemeinschaft wirtschaftlich Kaufpreis, den der Erwerber nicht gesondert aufzubringen hat.

3. Haftungserleichterungen für den Erwerber

Das Problem der Forthaftung des Erwerbers für alte Schulden des Veräußerers nach § 25 HGB (§ 419 BGB ist durch Art. 33 EGInsO entfallen) stellt sich hier nicht. Nach ständiger höchstrichterlicher Rechtsprechung gilt auch die Forthaftung wegen Firmenfortführung nach § 25 HGB nicht bei Erwerb aus Konkurs bzw. Insolvenz vom Konkurs- bzw. Insolvenzverwalter.[368] (im Einzelnen s.o. → Rn. 2110).   2143

Nach § 75 Abs. 2 AO haftet der Erwerber des Unternehmens aus Insolvenz nicht für rückständige Steuerschulden des Gemeinschuldners.   2144

In der Praxis stellt die Anwendbarkeit der Vorschrift des § 613a BGB auch für einen Erwerb aus der Insolvenz nicht selten ein Problem dar, auch wenn nach der Rechtsprechung des BAG hier eine teleologische Reduktion greift. Im Einzelnen sei auf die folgenden Ausführungen zu arbeitsrechtlichen Gestaltungen verwiesen.   2145

4. „Wirtschaftliche" Erwerberhaftung

Der Erwerber, insbesondere der Erwerber, der die Handelsfirma des erworbenen, insolventen Unternehmens fortführt, muss sich darüber im Klaren sein, dass er am Markt mit dem früheren insolventen Unternehmen identifiziert wird, dass der Markt also nicht in der Lage und Willens ist, rechtlich eindeutig zwischen dem insolventen Rechtsträger und dem neuen Rechtsträger des Unternehmens zu unterscheiden. Dies kann dazu führen, dass Kunden des früheren insolventen Unternehmens ihre Gewährleistungsansprüche aus früheren Lieferungen und Leistungen nunmehr gegen den Unternehmenserwerber/neuen Rechtsträger versuchen durchzusetzen. Dies ist zwar rechtlich nicht zulässig, kann jedoch bei Zurückweisung dazu führen, dass die Altkunden für das neue, erworbene Unternehmen verloren gehen. Dieses Risiko wird der Erwerber eines Unternehmens aus der Insolvenz wirtschaftlich zu gewichten und ggf. durch einen Abschlag beim Kaufpreis zu berücksichtigen haben.   2146

5. Gewährleistungsregelungen

Verbindlichkeiten, die der Insolvenzverwalter selbst begründet, sind stets Masseverbindlichkeiten nach § 55 Abs. 1 Nr. 1 InsO. Für deren Erfüllung kann der Insolvenzverwalter nach § 61 InsO persönlich in die Haftung geraten. Verbindlichkeiten aus einem Unternehmenskaufvertrag, den der Insolvenzverwalter schließt, sind also stets derartige Masseverbindlichkeiten.   2147

---

[368] Zuletzt BAG BB 2007, 401 = DB 2007, 455 = ZInsO 2007, 328.

2148 Um sowohl die Entstehung derartiger Masseverbindlichkeiten als auch seine eventuelle persönliche Haftung auszuschließen, wird der Insolvenzverwalter regelmäßig nur sehr eingeschränkte Gewährleistungen übernehmen bzw. nur eingeschränkte Garantiezusagen geben.[369] Der Erwerber wird einem solchen i.d.R. vom Insolvenzverwalter vorgelegten Kaufvertragsentwurf meist nicht viel entgegensetzen können.[370] Er wird sich auf eine möglichst sorgfältige Due Diligence verlassen müssen. Nicht zu verkennen ist jedoch, dass eine solche sorgfältige Due Diligence wegen des Zeitdrucks und wegen evtl. im Einzelnen nicht aufklärbarer Sachverhalte oftmals nicht mit der gewünschten Sicherheit möglich ist. I.Ü. ist die Durchführung einer Due Diligence für den Käufer oft ein Wettlauf mit der für die Unternehmensfortführung verbleibenden Zeit. Einerseits ist dem Erwerber der Erwerb möglichst unmittelbar nach Eröffnung des Insolvenzverfahrens anzuraten, da er so den Insolvenzverwalter von dessen Sowieso-Kosten entlasten kann, die für den Erwerber wirtschaftlich als (nicht zu zahlender) Kaufpreis wirken. Außerdem ist die Gefahr der Verschlechterung des Geschäftsbetriebes durch zunehmende Verfahrensdauer groß. Andererseits steht so für eine Due Diligence und insb. für u.U. erforderliche arbeitsrechtliche Maßnahmen noch durch den Insolvenzverwalter keine Zeit zur Verfügung.

2149 Letztlich bleibt dem Erwerber nur die Möglichkeit, die möglichen Risiken wirtschaftlich zu gewichten und entsprechende Abschläge beim Kaufpreis vorzunehmen.

2150 Die Zusage, dass der Betrieb bis zum Übergabestichtag in ordnungsgemäßer Weise geführt wird und Maßnahmen außerhalb des gewöhnlichen Geschäftsbetriebes unterbleiben, wird der Insolvenzverwalter i.d.R. abgeben.

F. Arbeitsrechtliche Gestaltungsmöglichkeiten

2151 Bei Unternehmenssanierungen aus der Insolvenz spielen regelmäßig arbeitsrechtliche Fragen eine gewichtige Rolle.[371] Bei insolvenzbedingter Aufhebung des Arbeitsvertrages gilt keine Sperrzeit für ALG I.[372]

I. Betriebsübergang nach § 613a BGB als Sanierungshindernis?

2152 § 613a BGB – Eintritt des Betriebsübernehmers in die bestehenden Arbeitsverhältnisse – gilt auch bei Übertragung des Betriebes durch den Insolvenzverwalter

---

[369] Typische Garantieregelung im idR vom Insolvenzverwalter vorgelegten Kaufvertragsentwurf bei Windhöfel/Ziegenhagen/Denkhaus, Unternehmenskauf in Krise und Insolvenz, S. 74 f.
[370] Typische Garantieregelung im idR vom Insolvenzverwalter vorgelegten Kaufvertragsentwurf bei Windhöfel/Ziegenhagen/Denkhaus, Unternehmenskauf in Krise und Insolvenz, S. 74 f.
[371] Die neuere Rspr. des BAG in Insolvenzsachen, Zwanziger BB 2008, 946 ff. und BB 2009, 668 ff.; Schmidt ZInsO 2009, 353 ff.; Leister ZInsO 2009, 1944 ff.; Annuss/Lembke ZInsO 2014, 1431 ff.
[372] Pohlmann-Weide/Ahrendt ZIP 2008, 589 ff.

aus dem Insolvenzverfahren heraus und erweist sich in der Praxis trotz einiger arbeitsrechtlicher Gestaltungsmöglichkeiten des Insolvenzverwalters (s.u.) mitunter Sanierungsbremse.[373] Auch vom Insolvenzverwalter gekündigte Arbeitsverhältnisse gehen über, wenn der Betriebsübergang vor Ablauf der Kündigungsfrist erfolgt; Betriebsstilllegung und Betriebsübergang schließen sich aus.[374] Vom Insolvenzverwalter geschlossene Sanierungstarifverträge gelten beim Erwerber fort.[375] Der Erwerber kann sich nicht auf einen Zustimmungsbescheid des Integrationsamtes zur Kündigung eines Schwerbehinderten berufen, den der Insolvenzverwalter zwar noch vor dem Betriebsübergang beantragt, aber erst danach erhalten hat.[376]

Ein Betriebsübergang liegt nicht vor bei Zerschlagung des Betriebes durch den Insolvenzverwalter und späterem Wiederaufleben ohne sein Zutun.[377]

2153

1. Teleologische Reduktion bei Betriebs(teil-)erwerb vom Insolvenzverwalter

Bei einem Betriebsübergang aus der Insolvenz ist die Anwendbarkeit des § 613a BGB nach der Rechtsprechung des BAG teleologisch reduziert.[378] Grundsätzlich gilt, dass der Betriebserwerber nicht für Insolvenzforderungen der Arbeitnehmer haftet, also nicht für solche Forderungen, die bereits vor Insolvenzeröffnung bzw. für diese Zeit entstanden sind.[379] Zur Begründung ist auszuführen, dass eine Bevorzugung der Arbeitnehmer hinsichtlich ihrer insoweitigen Forderungen vermieden werden soll, weil dies mit dem Grundsatz der gleichmäßigen Gläubigerbefriedigung im Insolvenzverfahren kollidieren würde. Durch den Betriebsübergang sollen die Arbeitnehmer hinsichtlich ihrer bereits bestehenden Forderungen gegen den insolventen Arbeitgeber nicht bessergestellt werden sollen. Daraus ergibt sich zugleich, dass Ansprüche der Arbeitnehmer aus der bzw. für die Zeit nach Insolvenzeröffnung bis zum Betriebsübergang (Masseverbindlichkeiten) nach § 613a Abs. 1 Satz 1 BGB gegen den Erwerber geltend gemacht werden können (Haftungsnachfolge). Beim Betriebsübergang in der Insolvenz haftet der Erwerber nur für Masseverbindlichkeiten, nicht für Insolvenzforderungen.[380] Diese Rechtsprechung dürfte im Einklang mit EU-Recht stehen.[381]

2154

Beachte: Die teleologische Reduktion gilt nicht bei Betriebsübergängen aus dem Insolvenzeröffnungsverfahren.[382]

Der Betriebserwerber aus der eröffneten Insolvenz hat nicht für **rückständige** Altverbindlichkeiten (z.B. **Löhne**) einzustehen und auch nicht für rückständige

2155

---

[373] Zur Haftung des Betriebserwerbers beim Betriebsübergang in der Insolvenz s. Lindemann ZInsO 2010, 792 ff.; Mückl ZIP 2012, 2373 ff.
[374] BAG ZInsO 2010, 542.
[375] BAG ZInsO 2009, 1927.
[376] BAG ZIP 2013, 537.
[377] LAG Köln ZIP 2005, 1433.
[378] Sa Plößner NZI 2003, 401 ff.; Danko/Cramer BB-Spezial 4/2004, 9 ff.
[379] LAG Köln ZInsO 2011, 1265.
[380] BAG NJW 2010, 2154.
[381] Vgl. EuGH ZIP 2015, 652 = NZG 2015, 720 für einen spanischen Rechtsfall mit vergleichbarere nationaler Regelung bzw. Handhabung.
[382] BAG BB 2003, 423 = DB 2003, 835 = NJW 2003, 2405 = ZInsO 2003, 139.

Sozialplanverpflichtungen des Veräußerers.[383] Der Erwerber haftet auch nicht für die im Zeitpunkt der Insolvenzeröffnung bereits erdiente endgehaltsbezogene Dynamik.[384]

2156 Ebenso wenig gehen nach bisheriger Rspr. des BAG die Verpflichtungen aus bereits erdienten betrieblichen **Altersversorgungsanwartschaften** der berechtigten Arbeitnehmer auf ihn über.[385] Das BAG hatte diese Frage dann aber dem EuGH zur Prüfung auf Vereinbarkeit mit zwingendem europäischem Recht vorgelegt.[386] Der EuGH hält die bisherige Rechtspraxis des BAG (kein Übergang der erdienten Anwartschaften auf den Betriebserwerber) für vereinbar mit der einschlägigen EU-Richtlinie, sofern für den Teil, für den der Erwerber nicht haftet, Maßnahmen getroffen sind, die für den Arbeitnehmer ein dem Art. 8 RL 2008/94 EG entsprechendes Schutzniveau bieten.[387] Verpflichtungen aus Anwartschaften, die seit Insolvenzeröffnung erworben wurden, gehen allerdings auf den Erwerber über[388], so dass der Erwerber nach § 613a Abs. 1 BGB für Ansprüche aus der betrieblichen Altersversorgung zeitanteilig für die nach Insolvenzeröffnung zurückgelegte Dauer der Betriebszugehörigkeit haftet.[389]

Eine Verpflichtung aus Anwartschaft, die seit Insolvenzeröffnung erworben wurde, geht allerdings auf den Erwerber über[390].

2157 Dieselben Abwägungen gelten bei **Altersteilzeit**:[391] Der Betriebsübergang nach § 613a BGB erfasst die Blockaltersteilzeit sowohl in der Arbeitsphase[392] als auch in der Freistellungsphase.[393] Die teleologische Reduktion des § 613a BGB nach dem BAG gilt hierfür wie folgt: Das Entgelt während des Zeitraumes der Freistellung ist „spiegelbildlich" für die entsprechenden Monate der Arbeitsphase zu zahlen. Daher sind die Arbeitnehmer Insolvenzgläubiger, soweit ihre Entgeltansprüche in der Freistellungsphase „spiegelbildlich" für entsprechende Zeiträume der Arbeitsphase bestehen, und Massegläubiger, soweit ihnen die Vergütung für die Zeit nach Verfahrenseröffnung zu zahlen ist. Folglich haftet der Erwerber nur für die Masseforderungen der in Altersteilzeit befindlichen Arbeitnehmer.[394] Der Erwerber hat auch Ansprüche auf Altersteilzeitvergütung zu erfüllen, die auf Arbeitsleistung vor Übergang aber nach Eröffnung beruhen und die erst nach dem Übergang fällig werden.[395]

---

[383] BAGE 100, 166 = BB 2002, 1967 = DZWIR 2002, 508 = ZIP 2002, 1543.
[384] LAG Düsseldorf ZIP 2017, 442.
[385] st. Rspr. seit BAG ZIP 1980, 117; LAG Mainz ZIP 2017, 741; erneut für einen weiteren Aspekt bei Anwartschaften auf betriebliche Altersversorgung aus Beschäftigungszeiten vor Insolvenzeröffnung BAG ZIP 2021, 918.
[386] BAG ZIP 2018, 2179.
[387] EuGH ZIP 2020, 1930
[388] BAG ZIP 2005, 1706. S.a. Waldmüller/Karwe, Pensionsverpflichtungen bei Betriebsübergang nach Insolvenz, BB 2010, 879ff.
[389] BAG ZIP 2021, A 9
[390] BAG ZIP 2005, 1706. Sa Waldmüller/Karwe BB 2010, 879ff.
[391] Zur Behandlung von Entgeltansprüchen aus einem Altersteilzeitverhältnis nach Insolvenzeröffnung und nach Betriebsübergang, Schrader/Straube ZInsO 2005, 184ff. und 234ff.
[392] ArbG Düsseldorf ZInsO 2004, 406 = ZIP 2004, 133.
[393] LAG Düsseldorf ZIP 2004, 272.
[394] BAG BB 2007, 1281 = DB 2007, 1707.
[395] LAG Frankfurt a.M. ZIP 2007, 391.

F. Arbeitsrechtliche Gestaltungsmöglichkeiten   713

Die teleologische Reduktion des § 613a BGB gilt nicht für **Urlaubsansprüche**, 2158
die nicht eindeutig dem Zeitraum vor Eröffnung der Insolvenz zugeordnet werden
können.[396] Ansonsten gehen rückständige Urlaubsansprüche der Arbeitnehmer
auch bei Erwerb aus der Insolvenz auf den Erwerber über.[397]

Das Arbeitsverhältnis eines GmbH-Geschäftsführers geht nicht nach § 613a BGB 2159
auf den Erwerber über.[398]

2. Betriebsbedingte Kündigung nach Erwerberkonzept?

Nach § 613a Abs. 4 BGB ist die Kündigung des Arbeitsverhältnisses eines Arbeit- 2160
nehmers durch den bisherigen Arbeitgeber oder durch den neuen Inhaber wegen
des Übergangs eines Betriebes oder Betriebsteils unwirksam. Jedoch hat das BAG
entschieden, dass sich die Betriebsbedingtheit und damit die Wirksamkeit einer
noch vom Veräußerer, mithin dem Insolvenzverwalter, unter Ausnutzung der
vereinfachten Kündigungsmöglichkeiten (s.u.) ausgesprochenen Kündigung aus
einem „greifbaren" Erwerberkonzept ergeben kann.[399] Voraussetzung ist, dass die
Betriebsstilllegung für den Fall, dass die Übertragung des Unternehmens nicht
innerhalb eines definierten Zeitraums erfolgt, bereits beschlossen ist.[400]

Findet nach Ablauf der Frist einer insolvenzbedingten Kündigung ein Betriebsübergang statt, so besteht kein Anspruch auf Wiedereinstellung bzw. Fortsetzung
des Arbeitsverhältnisses.[401]

In diesem Zusammenhang ist sogar eine echte Druckkündigung (auf Druck des
Sanierungserwerbers) als betriebsbedingte Kündigung möglich.[402]

3. § 128 InsO

Im Fall von **Betriebsänderungen** (s. → Rn. 2177 ff.) werden die vereinfachten 2161
Regelungen für die Herbeiführung einer Betriebsänderung durch den Insolvenzverwalter in §§ 125 bis 127 nicht dadurch ausgeschlossen, dass die Betriebsänderung erst nach einer Betriebsveräußerung durchgeführt werden soll (§ 128 Abs. 1
InsO). Im Fall des Betriebsübergangs erstreckt sich die Vermutung oder die Feststellung der Betriebsbedingtheit einer Kündigung auch darauf, dass die Kündigung
des Arbeitsverhältnisses nicht wegen des Betriebsübergangs erfolgt (§ 128 Abs. 2
InsO). Durch diese Regelungen wird also die Geltung des § 613a Abs. 4 BGB für
den Fall des Betriebs(teil-)übergangs aus der Insolvenz erheblich eingeschränkt.

---

[396] BAG BB 2003, 423 = DB 2003, 835 = NJW 2003, 2405 = ZInsO 2003, 139.
[397] BAGE 108, 357 = DB 2004, 1267 = NZI 2005, 118 = ZInsO 2004, 1325.
[398] BAGE 104, 358 = DB 2003, 942 = GmbHR 2003, 765 = ZIP 2003, 1010.
[399] BAGE 105, 338 = BB 2003, 2180 = DB 2003, 1906 = ZInsO 2003, 1057 = ZIP 2003, 1671.
[400] Zur erforderlichen „greifbaren" Form der bevorstehenden Betriebsstilllegung als Kündigungsgrund LAG Rheinland-Pfalz, ZInsO 2021, 809.
[401] BAGE 110, 336 = BB 2005, 383 = DB 2004, 2107 = ZInsO 2004, 876.
[402] BAG ZIP 2014, 391.

4. Gestaltung mit einer Transfergesellschaft (früher: Beschäftigungs- und Qualifizierungsgesellschaft)

2162 **a) Durchführung.** Sind umfangreiche Personalreduzierungen im insolventen Unternehmen mit dem Ziel erforderlich, das von Personalkosten in erheblichem Maße entlastete Unternehmen bzw. einen Betriebsteil an einen Erwerber zur Fortführung (wenigstens in geringerem Umfang) zu übertragen, so hat sich als wirksames Mittel die Gestaltung mithilfe einer Transfergesellschaft (früher: Beschäftigungs- und Qualifizierungsgesellschaft, BQG), erwiesen.[403] Hierzu schließen der Insolvenzverwalter, die Arbeitnehmer (möglichst alle) des insolventen Unternehmens und die Transfergesellschaft eine dreiseitige Vereinbarung, durch die die Arbeitsverhältnisse zwischen den Arbeitnehmern und dem insolventen Unternehmen i.d.R. ohne Einhaltung der Kündigungsfristen einvernehmlich beendet und neue, befristete Beschäftigungsverhältnisse zwischen den Arbeitnehmern und der Transfergesellschaft begründet werden. Gegenstand der neuen Beschäftigungsverhältnisse zwischen den Arbeitnehmern und der Transfergesellschaft ist nicht die eigentliche Erbringung von Arbeitsleistung, sondern „Kurzarbeit null" und die aktive Teilnahme an Qualifizierungs- und Vermittlungsmaßnahmen. Neben dieser dreiseitigen Vereinbarung schließt der Insolvenzverwalter mit der Transfergesellschaft einen Vertrag über die „Alimentierung" der auf sie übertragenen Beschäftigungsverhältnisse. Grundlage hierfür ist jedenfalls das Transferkurzarbeitergeld nach § 216b SGB III. Anschließend veräußert der Insolvenzverwalter das Unternehmen oder einen Teil des Unternehmens an einen Erwerber bzw. lässt den Betrieb durch eine Auffanggesellschaft fortführen. Erwerber bzw. Auffanggesellschaft rekrutieren ihr Personal zumindest auch aus der Transfergesellschaft unter Abschluss neuer Arbeitsverträge.

Setzt sich die Vergütung im Transferarbeitsverhältnis aus dem Transferkurzarbeitergeld und einer Aufstockungsleistung des bisherigen Arbeitgebers zusammen, besteht ohne besondere Anhaltspunkte im Arbeitsvertrag keine eigenständige Vergütungspflicht der Transfergesellschaft.[404]

2163 **b) Umgehung des § 613a BGB?** Zu achten ist darauf, dass eine derartige Konstruktion nicht als Umgehung des § 613a Abs. 1 Satz 1 BGB anzusehen ist mit der Folge, dass die Verträge über die Aufhebung der Arbeitsverhältnisse zwischen Insolvenzverwalter und Arbeitnehmern nach § 134 BGB nichtig wären. Gerade in der jüngeren Rechtsprechung haben Konstruktionen zur Umgehung des § 613a BGB eine Rolle gespielt.

2164 Auf **Umgehung** § 613a BGB mit der Folge der Nichtigkeit des Aufhebungsvertrages hat das BAG entschieden, wenn zugleich ein neues Arbeitsverhältnis vereinbart oder verbindlich in Aussicht gestellt wird.[405] Dabei kann verbindliches Inaussichtstellen eines Arbeitsplatzes beim Erwerber auch vorliegen, wenn die ge-

---

[403] Sa Ries NZI 2002, 521 ff.; Lembke BB 2004, 773 ff.; Zobel ZInsO 2006, 576 ff.; Krieger/Fischinger NJW 2007, 2289 ff.; Staufenbiel ZInsO 2010, 497 ff.; Zu Fallstricken bei der Einbindung von Transfergesellschaften in der Insolvenz s. Lindemann ZInsO 2012, 605 ff.; Hinrichs/Kleinschmidt ZInsO 2012, 949 ff.
[404] BAG ZIP 2014, 2102.
[405] BAG ZInsO 2012, 793.

plante Fortführung des Betriebes ohne Unterbrechung nur mit einem erheblichen Teil der Belegschaft möglich ist.[406] Ebenfalls als Umgehung wurden Gestaltungen angesehen, die nicht auf tatsächliches Ausscheiden der Arbeitnehmer gerichtet waren, sondern nur den Abschluss neuer Arbeitsverträge zu schlechteren Bedingungen ermöglichen[407] oder die Kontinuität des Arbeitsverhältnisses ausschließen sollten.[408] Zur Vermeidung der Nichtigkeit muss also darauf geachtet werden, dass die Aufhebungsverträge auf endgültiges Ausscheiden der Arbeitnehmer gerichtet sind und nicht zugleich ein neues Arbeitsverhältnis nach Betriebsübergang vereinbart oder verbindlich in Aussicht gestellt wird.[409] Ein neues Arbeitsverhältnis mit einer Transfergesellschaft ist insoweit unschädlich.[410] Die Transfergesellschaft darf auch nicht nur zum Schein vorgeschoben werden, um so nur die Sozialauswahl bei Kündigungen zu umgehen.[411] Der im Zusammenhang mit einem Betriebsübergang zwischen Insolvenzverwalter und Arbeitnehmer geschlossene Aufhebungsvertrag ist als unzulässige Umgehung des Kündigungsverbots in § 613a Abs. 4 BGB unwirksam, wenn er nicht dem endgültigen Ausscheiden des Arbeitnehmers dient, sondern dazu, dass der Erwerber einen neuen Arbeitsvertrag mit dem Arbeitnehmer schließen kann.[412] Auch die Begründung eines Arbeitsverhältnisses mit der BQG für nur einen Tag ist Umgehung.[413] Schließlich ist es eine Umgehung des § 613a BGB, wenn alle AN den Übergang in eine Transfergesellschaft vereinbaren und gleichzeitig verbindliche Angebote zum Abschluss eines (befristeten) Arbeitsverhältnisses mit dem Erwerber abgeben und zugleich in einem Tarifvertrag festgelegt wird, dass und wie viele Arbeitnehmer mit welcher Befristung beim Erwerber beschäftigt werden und der Erwerber die vorherige Beendigung der Arbeitsverhältnisse zur Bedingung der Unternehmensübernahme gemacht hat; dann ist das Ziel der Vereinbarung die „personelle Bereinigung" des Betriebes zum Zweck der Übernahme, die die Vereinbarungen nach § 134 BGB nichtig macht.[414]

Bei arglistiger Täuschung über die Stilllegungsabsicht kann der Aufhebungsvertrag mit den Arbeitnehmern nach § 123 BGB anfechtbar sein.[415] Auch unvollständige oder unklare Aufklärung der Arbeitnehmer kann die Aufhebungsvereinbarung wegen arglistiger Täuschung anfechtbar machen.[416] **2165**

Die Versetzung von Arbeitnehmern in eine BQG gegen ihren Willen kann nicht wirksam durch einen Tarifvertrag vereinbart werden, weil die Regelungsmacht der Tarifvertragsparteien durch § 2 KSchG begrenzt ist.[417] **2166**

Keine Umgehung des § 613a BGB angenommen hat das BAG in einem Fall, in dem zzt. des Abschlusses der Aufhebungsverträge noch offen war, ob und **2167**

---

[406] LAG Köln ZIP 2012, 2171.
[407] BAGE 55, 228 = ZIP 1988, 120.
[408] BAG ZIP 2011, A 66.
[409] BAGE 115, 340 = BB 2006, 665 = ZIP 2006, 148; dazu auch Gaul/Otto ZIP 2006, 644 ff.; erneut BAG BB 2007, 1054 = ZIP 2007, 643.
[410] BAG BB 2007, 1054 = ZIP 2007, 643.
[411] BAG BB 2007, 1054 = ZIP 2007, 643.
[412] BAG ZInsO 2008, 572.
[413] LAG Niedersachsen ZIP 2010, 2066 = ZInsO 2010, 1196, bestätigt BAG ZIP 2011, 2426.
[414] LAG Köln ZIP 2011, 1633.
[415] LAG Hamburg ZIP 2015, 700.
[416] ArbG Freiburg ZIP 2008, 2039.
[417] LAG Düsseldorf ZInsO 2014, 1169.

ggf. welche Arbeitnehmer zu ggf. welchen Arbeitsbedingungen beim Erwerber des Unternehmens bzw. in der Auffanggesellschaft wieder angestellt werden konnten, also nicht gleichzeitig mit dem Erwerber ein neues Arbeitsverhältnis vereinbart oder in Aussicht gestellt war, sodass der Vertragsschluss für die Arbeitnehmer einem Risikogeschäft gleichkam.[418] Dagegen hat nun ganz ausdrücklich das LAG Bremen entschieden, dass die vorgenannte BAG-Entscheidung nur zur Entwicklung von Umgehungsstrategien anleite, etwa dadurch, dass die Namen der Arbeitnehmer, die den Betrieb beim Erwerber nahtlos fortführen sollen, bis zum Abschluss der dreiseitigen Vereinbarung nicht genannt werden, obwohl sie schon feststehen, und daher das vom BAG genannte Kriterium (Risikogeschäft) allein nicht dazu führen kann, die Konstruktion nicht als Umgehung anzusehen.[419] Dagegen scheint das LAG Baden-Württemberg den dreiseitigen Vertrag zwischen Arbeitnehmer, Insolvenzverwalter und Transfergesellschaft grds. nicht als nichtig nach § 134 BGB anzusehen.[420]

Eine vom Arbeitgeber veranlasste Eigenkündigung ist vergleichbar mit einem Aufhebungsvertrag. Dies ist keine Umgehung des § 613a BGB, wenn der Erwerber Wiedereinstellung weder ausdrücklich noch konkludent in Aussicht gestellt hat.[421]

In der Einstellung der Arbeitnehmer in der Auffanggesellschaft zu verschlechterten Bedingungen nach Aufhebung des Arbeitsverhältnisses mit dem früheren Arbeitgeber liegt noch keine Umgehung des § 613a BGB, wenn die Änderung der Bedingungen sachlich gerechtfertigt ist.[422] Auch ist ein Aufhebungsvertrag, den ein Arbeitnehmer mit dem Insolvenzverwalter vor Betriebsübergang schließt, weil ihm darin die bloße Chance auf ein Arbeitsverhältnis mit dem Betriebserwerber eingeräumt wird, ist nicht wegen unzulässiger Umgehung des § 613a BGB nichtig.[423]

Eine Umgehung ist ebenfalls nicht, wenn dem Arbeitnehmer für den Fall des Wechsels in die Beschäftigungsgesellschaft die Begründung eines Arbeitsverhältnisses mit dem Betriebserwerber nicht zugesagt wird.[424]

2168 Zusätzlich zu beachten ist, dass eine Existenzvernichtungshaftung der Gesellschafter einer Transfergesellschaft, die die fehlende Insolvenzsicherung der Remanenzkosten ggü. den Arbeitnehmern verschwiegen haben, eingreifen kann.[425]

2169 **Praxishinweis**
Wegen evtl. Gefahr der Umgehung des § 613a BGB kann es für den Insolvenzverwalter sinnvoll sein, neben dem Abschluss der Aufhebungsverträge mit den Arbeitnehmern auch arbeitgeberseitige Kündigungen der Arbeitsverhältnisse unter Ausnutzung der vereinfachten Kündigungsmöglichkeiten (s. → Rn. 2171 ff.) auszusprechen.

---

[418] Vgl. BAG BB 1999, 1274 = DB 1999, 537 = ZIP 1999, 320.
[419] LAG Bremen ZIP 2004, 2452.
[420] LAG Baden-Württemberg EWiR 2005, 19.
[421] BAG ZIP 2013, 1186.
[422] BAGE 115, 340 = BB 2006, 665 = ZIP 2006, 148.
[423] ArbG Lübeck ZIP 2010, 2316.
[424] LAG Hessen ZInsO 2014, 790.
[425] BAG DStR 2008, 1293.

II. Weitere arbeitsrechtliche Gestaltungsmöglichkeiten

Grds. besteht im Insolvenzverfahren kein Schutz der Arbeitsplatzinteressen 2170
gegen den Markt, jedoch sind die Arbeitnehmerinteressen und arbeitsrechtlichen
Regelungen[426] auch im Insolvenzverfahren zu berücksichtigen.[427]

1. Kündigung und Kündigungsschutz

Verkürzte Kündigungsfrist 2171
Nach § 113 Abs. 1 InsO hat der Insolvenzverwalter die Möglichkeit, Arbeitsverhältnisse mit einer Frist von längstens 3 Monaten zum Monatsende zu kündigen, wenn nicht ohnehin eine kürzere Frist maßgeblich ist. Diese Regelung gilt auch ggü. tarifvertraglich längeren Kündigungsfristen oder tarifvertraglicher Unkündbarkeit.[428] Bis zur gesetzlichen Frist von 3 Monaten ist eine kürzere vertragliche Frist maßgeblich.[429] Das BAG hält die Regelung (entgegen vereinzelten Arbeitsgerichten) für verfassungsgemäß und wendet sie an.[430]

Eine Kündigungserklärung „zum nächstmöglichen Zeitpunkt" ist ausreichend bestimmt.[431] Die Kündigung mit der Höchstfrist des § 113 Satz 2 InsO unterliegt keiner Billigkeitskontrolle.[432]

Die verkürzte Kündigungsfrist gilt auch gegenüber Arbeitnehmern in Elternteilzeit.[433] Auch die Kündigung eines schwerbehinderten Arbeitnehmers ist bei Einhaltung der Voraussetzungen im Übrigen mit der verkürzten Kündigungsfrist des § 113 InsO möglich; die in § 81 Abs. 4 SGB IX vorgesehenen Ansprüche sind nur bei der Prüfung von Weiterbeschäftigungsmöglichkeiten zu berücksichtigen.[434]

Zu beachten ist, dass § 113 InsO dem Insolvenzverwalter kein eigenständiges 2172
Kündigungsrecht gibt; für eine Kündigung muss er einen Kündigungsgrund haben, etwa betriebsbedingte Kündigung, für die dann unter Geltung des KSchG auch die Sozialauswahl erforderlich ist[435].

Auch eine Druckkündigung (Kündigung aufgrund wirtschaftlichen Drucks eines Gläubigers oder Sanierungsbeteiligten) kann sozial gerechtfertigt sein, wenn sie die einzige Möglichkeit ist, eine Fortführung des Unternehmens zu erreichen und eine Stilllegung und so schwere wirtschaftliche Schäden des Arbeitgebers zu vermeiden (strenge Anforderungen).[436]

---

[426] Zu insolvenzbedingtem Forderungsverzicht und arbeitsrechtlichen Erlassverboten s. Rieble ZIP 2007, 1389 ff.
[427] Sa Wisskirchen/Bissels BB 2009, 2142 ff.; Schmidt ZInsO 2009, 365 ff.
[428] BAG BB 2000, 1409 = DB 2000, 1184 = ZIP 2000, 985.
[429] BAG BB 1999, 745 = DB 1999, 748 = ZIP 1999, 370.
[430] BAG BB 1999, 2459 = NZI 2000, 39 = ZIP 1999, 1933 und BAG BB 2000, 1409 = DB 2000, 1184 = ZIP 2000, 985.
[431] BAG ZIP 2013, 1835.
[432] BAG NZG 2014, 795.
[433] BAG BeckRS 2014, 68695.
[434] BAG ZIP 2019, 1877.
[435] LAG Berlin/Brandenburg ZIP 2019, 341.
[436] BAG ZInsO 2014, 161.

2173 § 113 InsO findet auch auf Kündigungen vor Dienstantritt Anwendung; die Kündigungsfrist des § 113 S. 2 InsO beginnt mit Zugang der Kündigung.[437]

2174 **Praxishinweis**
- Zu beachten ist, dass eine vom Insolvenzverwalter ausgesprochene betriebsbedingte Kündigung unwirksam sein kann, sofern die Gläubigerversammlung die Fortführung des Unternehmens beschlossen hat.[438] Die Freistellung eines Teils der Belegschaft kann jedoch auch schon im Vorgriff auf eine von der Gläubigerversammlung zu beschließende Betriebsstilllegung erfolgen.[439]
- Zu beachten ist, dass auch der Insolvenzverwalter bei Kündigungen an die arbeitsrechtlichen Regelungen des Kündigungsschutzes i.Ü. gebunden ist. Auch ist es keine betriebsbedingte Kündigung wegen beabsichtigter Betriebsstilllegung, wenn ein Übernahmeangebot eines Interessenten vorliegt, mit dem wenige Tage nach Wirksamkeit der Kündigung Verhandlungen aufgenommen werden, die sodann zur Teilbetriebsübernahme führen.[440]

2175 Das Erfordernis der Zustimmung durch den Betriebsrat wird durch § 113 InsO ebenso wenig verdrängt[441] wie der besondere Kündigungsschutz der Betriebsratsmitglieder.[442]

2176 Der Verfrühungsschaden nach § 113 Satz 3 InsO ist auf die Höhe des Verdienstausfalls begrenzt, der durch die Verkürzung der sonst anwendbaren Kündigungsfrist entstanden ist; andere Nachteile sind nicht zu ersetzen.[443] Auch der vom Insolvenzverwalter nach § 113 S. 1 InsO gekündigte Geschäftsführer der GmbH kann seine Ersatzansprüche für die restliche Laufzeit seines befristeten Vertrags nach § 113 S. 3 InsO ungekürzt zur Insolvenztabelle feststellen lassen.[444]

2. Betriebsänderungen

2177 **Stilllegungen** und **Massenentlassungen** sind Betriebsänderungen i.S.d. § 111 BetrVG. Auch der Insolvenzverwalter ist verpflichtet, vor einer Betriebsänderung den Betriebsrat umfassend zu unterrichten und einen Interessenausgleich herbeizuführen. Diese Verpflichtung des Insolvenzverwalters besteht auch dann, wenn der Betriebsrat erst nach der Insolvenzeröffnung gewählt wurde.[445] Nimmt der Insolvenzverwalter eine Betriebsänderung ohne vorherige Vereinbarung eines Interessenausgleichs vor, entsteht für die Arbeitnehmer ein Nachteilsausgleichsanspruch, der auch nicht wegen der Insolvenzsituation der Höhe nach begrenzt ist.[446] Für den Schaden, der den übrigen Insolvenzgläubigern durch eine verringerte Quote wegen des zusätzlichen Nachteilsausgleichsanspruchs der Arbeitnehmer entsteht,

---

[437] BAG ZIP 2017, 1083 = NZG 2018, 271.
[438] LAG Düsseldorf ZInsO 2003, 100 = ZIP 2003, 415.
[439] LAG Hamm DZWIR 2001, 148 = ZInsO 2001, 333 = ZIP 2001, 435.
[440] BAG DZWIR 2006, 461.
[441] LAG Düsseldorf ZIP 2008, 2328.
[442] BAG ZIP 2006, 918, bespr. in Insbüro 2006, 236.
[443] LAG Frankfurt a.M. ZIP 2013, 1137.
[444] OLG Celle GmbHR 2018, 1314 = NZI 2018, 946.
[445] BAGE 108, 294 = BB 2004, 556 = DB 2004, 2820 = ZInsO 2004, 286 = ZIP 2004, 235.
[446] BAGE 107, 91 = DB 2003, 2708 = NZI 2004, 99 = ZInsO 2004, 107.

haftet der Insolvenzverwalter nach § 61 InsO.⁴⁴⁷ Auch die unwiderrufliche Freistellung aller Arbeitnehmer durch den Insolvenzverwalter kann der Beginn einer Betriebsänderung (mit Nachteilsausgleichsanspruch der Arbeitnehmer) sein.⁴⁴⁸

Kommt für den Fall einer geplanten Betriebsänderung ein Interessenausgleich zwischen Insolvenzverwalter und Betriebsrat zustande, in welchem die zu kündigenden Arbeitnehmer namentlich bezeichnet werden, so wird die Betriebsbedingtheit der Kündigungen vermutet und ist die **Sozialauswahl** nur eingeschränkt überprüfbar (§ 125 InsO). Die nach § 125 Abs. 1 InsO eingeschränkte Prüfung der Kriterien der Sozialauswahl, der Bestimmung des relevanten Vergleichspersonenkreises und des gesamten Auswahlprozesses erfolgt nur auf grobe Fehlerhaftigkeit.⁴⁴⁹ Erforderlich ist eine feste Verbindung der Namensliste.⁴⁵⁰ Als speziellere Norm geht § 125 InsO dem allgemeinen Kündigungsschutzrecht nach § 1 Abs. 5 KSchG vor.⁴⁵¹ Zur Berücksichtigung von Unterhaltspflichten beim Interessenausgleich mit Namensliste s. BAG, ZIP 2012, 1927. 2178

Ist eine Betriebsänderung geplant und kommt zwischen dem Insolvenzverwalter und dem **Betriebsrat** der **Interessenausgleich**⁴⁵² nach § 112 BetrVG nicht innerhalb von 3 Wochen nach Verhandlungsbeginn oder schriftlicher Aufforderung zur Aufnahme von Verhandlungen zustande, obwohl der Verwalter den Betriebsrat rechtzeitig und umfassend unterrichtet hat, so kann der Verwalter die **Zustimmung des ArbG zur Durchführung der Betriebsänderung** beantragen, ohne dass das Einigungsverfahren nach § 112 Abs. 2 BetrVG durchgeführt wurde (§ 122 InsO). Die Dreiwochenfrist läuft nicht erst ab Eröffnung des Insolvenzverfahrens oder Bestellung eines Insolvenzverwalters.⁴⁵³ Die Zustimmung des ArbG wird erteilt, wenn es die wirtschaftliche Lage des Unternehmens erfordert, also das Unternehmen seine Personalkosten nicht aus dem laufenden Betrieb decken kann.⁴⁵⁴ Das arbeitsgerichtliche Verfahren ist nach § 61a ArbGG vorrangig zu entscheiden. Bei Erteilung der Zustimmung des ArbG zur Durchführung der Betriebsänderung sind Nachteilsausgleichsansprüche der Arbeitnehmer nach § 113 Abs. 3 BetrVG ausgeschlossen (§ 122 Abs. 1 Satz 2 InsO). Die Regelung des § 122 InsO bewirkt eine ganz erhebliche **Verfahrensbeschleunigung**.⁴⁵⁵ 2179

Hat der Betrieb keinen Betriebsrat oder kommt aus anderen Gründen innerhalb von 3 Wochen nach Verhandlungsbeginn oder schriftlicher Aufforderung zur Aufnahme von Verhandlungen ein Interessenausgleich nach § 125 Abs. 1 InsO nicht zustande, obwohl der Verwalter den Betriebsrat rechtzeitig und umfassend unterrichtet hat, so kann der Insolvenzverwalter beim ArbG beantragen festzustellen, dass die Kündigung der Arbeitsverhältnisse bestimmter, im Antrag bezeichneter 2180

---

⁴⁴⁷ BAGE 107, 91 = DB 2003, 2708 = NZI 2004, 99 = ZInsO 2004, 107.
⁴⁴⁸ LAG Berlin ZIP 2012, 1429.
⁴⁴⁹ BAG BB 2004, 2692 = ZIP 2004, 1271: genauer zu § 125 InsO; Bsp. für grob fehlerhafte Sozialauswahl s. LAG Hamm ZIP 2004, 1863.
⁴⁵⁰ LAG Hamm EWiR 2001, 125.
⁴⁵¹ BAG ZInsO 2012, 1851.
⁴⁵² Zu Interessenausgleichsverhandlungen und Nachteilsausgleichsansprüchen im Eröffnungsverfahren und nach Insolvenzeröffnung sa Schrader/Straube ZInsO 2005, 910ff.
⁴⁵³ ArbG Lingen ZInsO 1999, 656 = ZIP 1999, 1892.
⁴⁵⁴ ArbG Lingen ZInsO 1999, 656 = ZIP 1999, 1892.
⁴⁵⁵ LAG Hamm ZIP 1997, 2210 = EWiR 1998, 153; LAG Hamburg ZIP 1997, 2205 mAnm Berscheid.

Arbeitnehmer durch dringende betriebliche Erfordernisse bedingt und sozial gerechtfertigt ist. I.R.d. Entscheidung ist die Sozialauswahl nur eingeschränkt überprüfbar (§ 126 Abs. 1 InsO). Dieses arbeitsgerichtliche Verfahren ist auch möglich, wenn die Kündigungen bereits vor Eröffnung des Insolvenzverfahrens durch den vorläufigen Insolvenzverwalter ausgesprochen wurden.[456]

2181 Bei (betriebsverfassungswidriger, also ohne Vereinbarung eines Sozialplans erfolgender) Stilllegung des Betriebs durch den starken vorläufigen Verwalter vor Eröffnung des Insolvenzverfahrens, § 22 Abs. 1 Nr. 2 InsO erhalten Arbeitnehmer einen Nachteilsausgleichsanspruch nach § 113 BetrVG als Masseverbindlichkeit, § 55 Abs. 2 InsO. Das gilt auch für betriebsverfassungswidriges Verhalten des Insolvenzverwalters im eröffneten Insolvenzverfahren.[457]

2182 Ein Betriebsrat kann auch noch im Insolvenzverfahren gewählt werden, so dass bei Maßnahmen ohne seine Beteiligung Nachteilsausgleichsansprüche entstehen können[458].

2183 Nach § 123 InsO ist ein nach Eröffnung des Insolvenzverfahrens aufgestellter Sozialplan wie folgt begrenzt: Für jeden Arbeitnehmer höchstens zweieinhalb Monatsverdienste; die Sozialplankosten insgesamt auf höchstens ein Drittel der Masse.

3. Insolvenzgeld (§§ 165 ff. SGB III)

2184 Das Insolvenzgeld wird, wie früher das Konkursausfallgeld, nach §§ 165 ff. SGB III für die letzten 3 Monate vor Eröffnung des Insolvenzverfahrens oder Abweisung mangels Masse gewährt, nunmehr auch, wenn der Arbeitnehmer vorher verstorben ist. Es umfasst auch Gratifikationen u.Ä. Ein Anspruch auf Vorschuss besteht erst ab Eröffnung des Verfahrens. Vorher ist eine Vorschusszahlung unzulässig.[459] Das Insolvenzgeld ist auf die monatliche Beitragsbemessungsgrenze für die Rentenversicherung (§ 341 SGB III) begrenzt.[460] Zur Vorfinanzierung → Rn. 2018 ff.

2185 Der Insolvenzgeldanspruch besteht auch, wenn das Arbeitsverhältnis erst im Insolvenzeröffnungsverfahren begründet wurde.[461] Es entsteht aber kein erneuter Anspruch auf Insolvenzgeld, wenn die auf einem bestimmten Insolvenzereignis beruhende Insolvenzreife fortbesteht. Das kann vorkommen, wenn nach Aufhebung eines Insolvenzverfahrens nach Bestätigung des Insolvenzplans nach Nichterfüllung des Plans (§ 255 InsO) ein erneutes Insolvenzverfahren beginnt.[462]

Mit dem Antrag auf Insolvenzgeld geht der Bruttolohnanspruch des Arbeitnehmers auf die BA über.[463]

---

[456] BAGE 95, 197 = DB 2000, 2021 = ZInsO 2000, 664 = ZIP 2000, 1588.
[457] BAG ZIP 2018, 848.
[458] BAG ZIP 2004, 235; zum zuständigen Betriebsratsgremium beim Personalabbau in der Insolvenz s. Röger ZIP 2018, 2045 ff.
[459] LSG Nordrhein-Westfalen NZI 2000, 343 = ZIP 2000, 1119.
[460] BSG ZIP 2014, 188.
[461] LSG Stuttgart ZIP 2009, 777.
[462] BSG ZIP 2013, 795 = ZInsO 2013, 830.
[463] BAG ZIP 2014, 2147.

Der Insolvenzgeldzeitraum endet mit vorinsolvenzlichem Betriebsübergang nach § 613a BGB.[464]

Ein Anspruch auf Insolvenzgeld entsteht nicht, wenn der Arbeitgeber von Anfang an insolvenzreif war.[465]

Insolvenzgeld für den **Geschäftsführer**?[466] 2186

- Der Fremdgeschäftsführer der GmbH hat Anspruch auf Insolvenzgeld.
- Der Gesellschafter-Geschäftsführer hat keinen Anspruch auf Insolvenzgeld, wenn er die Geschäftsanteile mehrheitlich hält bzw. bestimmenden Einfluss auf die Gesellschaft hat. Ein Anspruch auf Insolvenzgeld für den Gesellschafter-Geschäftsführer besteht auch dann nicht, wenn zwei Gesellschafter-Geschäftsführer **zusammen** die Mehrheit der Anteile haben.[467]
- Ein Vorstand einer AG hat niemals Anspruch auf Insolvenzgeld.

4. Urlaubs(abgeltungs)ansprüche

Urlaubs- und Urlaubsabgeltungsansprüche sind Masseforderungen, auch soweit 2187
sie aus Kalenderjahren vor der Insolvenzeröffnung stammen.[468] Dies gilt auch für tarifliche Urlaubsgeldansprüche.[469] Ein insolvenzspezifisches Freistellungsrecht des Insolvenzverwalters ohne Verpflichtung zur Zahlung von Urlaubsentgelt besteht nicht.[470] Aktuell zur insolvenzrechtlichen Einordnung des Urlaubsabgeltungsanspruchs s. Anfragebeschluss des BAG vom 10.9.2020, NJW 2021, 183.

5. Halteprämien

Zwischen dem Schuldner und dem Arbeitnehmer vereinbarte Halteprämien sind 2188
nicht als unentgeltliche Leistung anfechtbar,[471] wohl aber kommt eine Anfechtung nach § 133 Abs. 1 InsO wegen Inkongruenz als Beweisanzeichen in Betracht.[472] Sollte die Halteprämie jedoch wirksam vereinbart sein, führt ihre Fälligkeit im Insolvenzverfahren zu einer Masseverbindlichkeit.[473]

6. Betriebliche Altersvorsorge

Altersversorgungsbeiträge aus umgewandelten Lohnbestandteilen, die der später 2189
insolvente Arbeitgeber entgegen seiner Verpflichtung nicht auf ein Versorgungskonto eingezahlt hat, können nicht ausgesondert werden.[474] Dasselbe gilt für aber

---

[464] LSG Berlin-Brandenburg, ZInsO 2021, 619
[465] SG Heilbronn ZIP 2018, A 95.
[466] Für GmbH-Geschäftsführer sa Grams GmbHR 2003, 29 ff.
[467] OLG Düsseldorf GmbHR 2002, 1031 = DB 2002, 1929 = ZIP 2002, 1774.
[468] BAGE 133, 371 = BB 2006, 670 = ZInsO 2006, 670 = ZIP 2005, 1653.
[469] BAGE 133, 371 = BB 2006, 670 = DB 2005, 2197 = ZInsO 2006, 670.
[470] LAG Frankfurt a.M. ZIP 2018, 647.
[471] BAG ZIP 2014, 139.
[472] BAG ZIP 2014, 37.
[473] BAG ZIP 2014, 37 und 139.
[474] EuGH ZIP 2017, 98 = NZG 2017, 190.

nicht an die Pensionskasse abgeführte Beiträge, weil das Aussonderungsrecht nach § 47 InsO eine Trennung des auszusondernden Vermögens vom übrigen Vermögen des Schuldners erfordert.[475]

Für die Behandlung der betrieblichen Altersvorsorge in der Insolvenz des zusagenden Unternehmens[476] ist zu differenzieren:

2190 **a) Unmittelbare Versorgungszusagen (Direktzusagen).** Unmittelbare Versorgungszusagen bzw. betriebliche Altersversorgungen (Direktzusagen) nach § 1 Abs. 1 Satz 1 BetrAVG gegenüber Beschäftigten/Arbeitnehmern i.S.d. § 17 BetrAVG unterfallen der Insolvenzsicherungs- und Beitragspflicht nach §§ 7 ff. BetrAVG auch dann, wenn sie durch eine Rückdeckungsversicherung und Verpfändung des Versicherungsanspruchs an den Versorgungsberechtigten gesichert sind.[477] Auch der Insolvenzverwalter ist an das Verbot der Kündigung einer Direktversicherung nach § 2 Abs. 2 Satz 5,6 BetrAVG gebunden.[478] Ist der Arbeitnehmer zugleich Gesellschafter der Kapitalgesellschaft, zu der das Arbeitsverhältnis besteht, kommt es darauf an, ob die Altersversorgung ihren Anlass im Arbeitsverhältnis hat (dann Insolvenzschutz nach §§ 7 ff. BetrAVG) oder im Gesellschaftsverhältnis (dann kein Insolvenzschutz nach §§ 7 ff. BetrAVG).[479]

Gegen die zur Tabelle angemeldeten Forderungen des GmbH-Geschäftsführers kann der Insolvenzverwalter mit Masseforderungen (etwa aus Ersatzansprüchen gegen den Geschäftsführer trotz der kapitalisierten Anmeldung nach § 45 f. InsO nicht aufrechnen. Dieses Aufrechnungsverbot nach § 394 BGB i.V.m. §§ 850 ff. ZPO gilt auch für Erlösauskehransprüche nach § 170 Abs. 1 S. 2 InsO.[480]

2191 **b) Direktversicherung.** Fraglich kann sein, wem die bei der Versicherung angesammelten Werte der unternehmensfinanzierten Direkt-Lebensversicherung in der Insolvenz des Arbeitgebers als Versicherungsnehmer zustehen, wenn die Anwartschaft im Zeitpunkt der Insolvenzeröffnung noch nicht unverfallbar ist: der Insolvenzmasse oder dem Arbeitnehmer.[481]

Will der Insolvenzverwalter den Rückkaufswert einer Kapitallebensversicherung zur Insolvenzmasse ziehen, muss er die Versicherung kündigen. Das kann er auch, wenn der Schuldner mit der Versicherung Unkündbarkeit vereinbart hat.[482]

---

[475] BAG ZIP 2017, 1340.
[476] Zur Betriebsrentenzusage in der Insolvenz s.a. Gantenberg u.a., ZInsO 2009, 1000 ff.; Cranshw, (Betriebliche) Altersversorgung, Massezugehörigkeit, Übertragung und (Ver) Pfändung von Ansprüchen, ZInsO 2021, 469 ff. und 525 ff.; Stöhr, betriebliche Altersversorgung für GmbH-Geschäftsführer, GmbHR 2021, 354 ff.
[477] BVerwG ZIP 2010, 2363.
[478] OLG Hamm ZIP 2013, 1922.
[479] BAG NZG 2015, 1081 ff. (zur Einstandspflicht des PSV).
[480] OLG Oldenburg ZIP 2018, 1311.
[481] Guter Überblick zu Lebensversicherung und Insolvenz von Priebe ZInsO 2010, 2307 ff. Zur Wirksamkeit der Abtretung von Ansprüchen aus unwiderruflichem Bezugsrecht OLG Frankfurt a.M. ZInsO 2006, 997, bei Verbindung mit BUZ s. OLG Hamm ZInsO 2006, 878.; zu betrieblicher Altersvorsorge in der Insolvenz: Viegener ZInsO 2006, 352 ff. Insolvenzrechtliche Abwicklung der Direktversicherung, Westhelle/Miksch ZIP 2003, 2054 ff.
[482] BGH ZIP 2012, 34.

Eine vor Insolvenzeröffnung anfechtungsfest zur Sicherheit abgetretene oder verpfändete Lebensversicherung fällt nicht in die Insolvenzmasse.[483] Die Vorausabtretung des mit Eintritt des Versicherungsfalls fälligen Anspruchs auf Auszahlung der Versicherungsleistung unterliegt nicht dem Verbot des § 2 Abs. 2 S. 4 BetrAVG.[484] 2192

Auch bei **unwiderruflicher Einräumung des Bezugsrechts** auf die Versicherungsleistung an die versicherte Person fällt die Versicherung nicht in die Insolvenzmasse;[485] vielmehr entsteht der Versicherungsanspruch bei Eintritt des Versicherungsfalles unmittelbar in der Person des bezugsberechtigten begünstigten Versicherten.[486] Das gilt auch, wenn unwiderruflich Bezugsberechtigter der Gesellschafter-Geschäftsführer ist.[487] Das Bezugsrecht selbst allerdings ist lediglich eine ungesicherte Hoffnung auf den Erwerb eines künftigen Anspruchs, mithin ein rechtliches Nullum.[488] 2193

Hat der Arbeitgeber für den Arbeitnehmer eine Direktversicherung zur betrieblichen Altersvorsorge abgeschlossen und das im Übrigen unwiderrufliche **Bezugsrecht unter** den **Vorbehalt** gestellt, dass das Arbeitsverhältnis nicht vor Eintritt des Versorgungsfalles und der Unverfallbarkeit endet, so gehört das Bezugsrecht bei durch die Insolvenz des Arbeitgebers bedingter Beendigung des Arbeitsverhältnisses zum Vermögen des Arbeitnehmers (str.).[489] Zur Auslegung eines „unwiderruflichen Bezugsrechts mit Vorbehalt" des Arbeitnehmers in der Insolvenz des Arbeitgebers s. BGH, ZIP 2014, 384 = ZInsO 2014, 398.

Bei **eingeschränkt unwiderruflichem Bezugsrecht**[490] der Direktversicherung für betriebliche Altersvorsorge hat der versicherte Geschäftsführer in der Insolvenz der Gesellschaft kein Aussonderungsrecht, wenn der Insolvenzverwalter berechtigt das Bezugsrecht widerruft.[491] Dasselbe gilt bei widerruflichem Bezugsrecht des versicherten Arbeitnehmers, wenn der Insolvenzverwalter des Arbeitgebers das Bezugsrecht widerruft. Sollte der Widerruf aber gegen arbeitsrechtliche Vorschriften bzw. Regelungen verstoßen, kann der Insolvenzverwalter zum Schadensersatz durch Ausgleich des Versorgungsschadens verpflichtet sein.[492] Bei eingeschränkt unwiderruflichem Bezugsrecht kann das Bezugsrecht nicht widerrufen werden, wenn die Voraussetzungen des Vorbehalts nicht gegeben sind.[493] 2194

Nach der Änderung des BetrAVG durch Art. 91 EGInsO können Anwartschaften nach Eröffnung des Insolvenzverfahrens einmalig abgefunden werden. Zur 2195

---

[483] BGH ZIP 2012, 638.
[484] BGH ZIP 2020, 1313
[485] BAG ZIP 2010, 1915 = ZInsO 2010, 1664, sodass der Insolvenzverwalter über die Direktversicherung nicht zulasten des Arbeitnehmers verfügen kann, BAG ZIP 2010, 2260.
[486] St. Rspr. des BGH, ua BGH ZInsO 2010, 997 = ZEV 2010, 589.
[487] AG Göttingen ZIP 2012, 2121.
[488] BGH ZInsO 2010, 997 = ZEV 2010, 589.
[489] BGH ZIP 2006, 1309 = Bestätigung von BGH ZIP 2005, 1373; dazu Hinkel/Laskos ZInsO 2006, 1253 ff.; LG Kleve ZIP 2012, 2028; aA BAG ZIP 2010, 1915.
[490] Zur Auslegung eines Widerrufsvorbehalts zum Bezugsrecht (bei eingeschränkt unwiderruflichem Bezugsrecht) s. BGH ZIP 2015, 1647.
[491] OLG Hamm ZIP 2006, 719 = ZInsO 2006, 881.
[492] BAG ZIP 2012, 2269 = ZInsO 2013, 33.
[493] BGH ZIP 2014, 2251 = ZInsO 2014, 2271; zur Problematik siehe Reinecke, Betriebsrentenrechtliche Anwartschaften im Durchführungsweg Direktversicherung bei Insolvenz des Arbeitgebers, ZIP 2014, 1970 ff.

Insolvenzsicherung s. §§ 7 ff. BetrAVG. Eine Feststellungsklage gegen den PSV ist möglich.[494]

2196 Beachte: Die Übertragung des Anspruchs auf Auszahlung einer Direktversicherung auf den Arbeitnehmer vor Insolvenzeröffnung ist dann insolvenzrechtlich anfechtbar, wenn der Arbeitnehmer noch keine unverfallbare Anwartschaft hatte.[495] Auch die Einräumung eines widerruflichen Bezugsrechts benachteiligt die Gläubiger im anfechtungsrechtlichen Sinne.[496]

2197 **c) Unternehmerpensionszusagen, Rückdeckungsversicherung, Unterstützungskasse.** Die Rückdeckungsversicherung ist kein Durchführungsweg der betrieblichen Altersvorsorge, sondern eine (kongruente) Finanzierungsmaßnahme für die unmittelbare Versorgungszusage (Direktzusage).[497] Ob die Rechte aus der Rückdeckungsversicherung dem (insolventen) Arbeitgeber zustehen und in welcher Weise er darauf zugreifen kann, richtet sich allein nach der versicherungsrechtlichen Lage.[498] Grundsätzlich kann der Rückkaufswert einer Rückdeckungsversicherung in die Insolvenzmasse fallen.[499] Die Verwertung einer an den Gesellschafter-Geschäftsführer verpfändeten Rückdeckungsversicherung mit widerruflichem Bezugsrecht erfolgt in der Insolvenz der Gesellschaft.[500] Der Anspruch auf den Rückkaufswert ist ein aufschiebend bedingter Anspruch, der bei Abschluss des Versicherungsvertrages bereits entstanden ist und nur noch von der Bedingung abhängt. Er ist zudem eine andere Erscheinungsform des Anspruchs auf die Versicherungssumme. Er wird fällig bei Eintritt des Versicherungsfalles oder bei vorzeitiger Beendigung des Versicherungsvertrages, etwa durch Kündigung. Wem der Anspruch zusteht, bestimmt sich nach dem Abtretungsvertrag;[501] eine Abtretung, die der Versicherung nicht schriftlich angezeigt ist, ist absolut unwirksam.[502]

2198 Bei widerruflichem Bezugsrecht[503] (nach § 159 VVG gesetzlicher Normalfall) und bei eingeschränkt unwiderruflichem Bezugsrecht[504] der Rückdeckungsversicherung für betriebliche Altersvorsorge entscheidet sich die Frage, ob der Versicherte ein Aussonderungsrecht hat oder ob der Versicherungsanspruch in der Insolvenz des Arbeitgebers = Versicherungsnehmers der Masse zusteht, danach, ob der Insolvenzverwalter nach dem Versicherungsvertrag das Recht hat, das Bezugsrecht des Versicherten zu widerrufen.

---

[494] BGH DStR 2005, 258.
[495] BAG EWiR 2004, 299.
[496] BGH ZIP 2012, 636.
[497] Zur Insolvenzfestigkeit von Unternehmerpensionszusagen s. Artega ZIP 1998, 276 ff. im Anschluss an BAG ZIP 97, 2131 ff.; Versorgungsansprüche des Gesellschafter-Geschäftsführers in der Insolvenz, Krumm ZIP 2010, 1782. Zu Lebensversicherungen in der Insolvenz des Versicherungsnehmers/Unternehmens: Flitsch/Herbst BB 2003, 317 ff.; Küppers/Louven BB 2004, 337 ff.; Güther/Kohly ZIP 2006, 1229 ff.; Fröhling ZInsO 2006, 249 ff.; Kayser FS Kreft, 2004, 341 ff.; Perwein GmbHR 2011, 79 ff.
[498] BAG ZInsO 2012, 1265 = LSK 2010, 300375 (Ls.).
[499] BAG BB 2012, 1099.
[500] BGH ZIP 2005, 909.
[501] OLG Düsseldorf ZInsO 2006, 1270.
[502] BAG BB 2012, 1099 = LSK 2011, 260213 (Ls.).
[503] BAG ZInsO 2011, 185.
[504] BAG BB 2011, 253.

Hat der Arbeitgeber mit der Durchführung der Altersversorgung eine Unterstützungskasse beauftragt, die ihre Leistungen kongruent durch eine Rückdeckungsversicherung rückdeckt, stehen die Rechte an der Rückdeckungsversicherung nicht dem Arbeitgeber, sondern der Unterstützungskasse zu. Der Insolvenzverwalter kann also den Rückkaufswert der Rückdeckungsversicherung nicht zur Masse ziehen.[505]   2199

Der in einem Auftrags- oder Geschäftsbesorgungsverhältnis allgemein und insolvenzunabhängig erklärte Verzicht auf die Herausgabeansprüche (nach § 667 BGB) ist wirksam. Die vom Schuldner als Auftraggeber der Unterstützungskasse als Auftragnehmer zur Ausführung des Auftrags (Rentenzahlungen) zugewendeten Mittel sind keine unentgeltlichen Leistungen an den Auftragnehmer. Auch der Verzicht auf Herausgabeansprüche ist keine unentgeltliche Leistung, wenn der Auftragnehmer dem Auftraggeber (Schuldner) hierfür einen diesem Verzicht entsprechenden Vermögensvorteil (Zahlung der Renten) verspricht.[506]

Fallen Ansprüche aus einer betrieblichen Altersversorgung einer durch den Arbeitgeber abgeschlossenen Direktversicherung in die Insolvenzmasse, unterliegen sie einer evtl. Nachtragsverwaltung.[507]

7. Behandlung von Arbeitszeitguthaben und Block-Altersteilzeit

Bei Block-Altersteilzeit ist ein zentrales Problem die Absicherung des Arbeitnehmers für den Fall der Insolvenz des Arbeitgebers.[508] Das BAG hat entschieden, dass dann, wenn zur Absicherung eines Altersteilzeitguthabens des Arbeitnehmers eine sog. Doppeltreuhand vereinbart ist, die zugunsten des Arbeitnehmers vereinbarte Sicherungstreuhand i.d.R. insolvenzfest ist und in der Insolvenz des Arbeitgebers (Treugebers) ein Absonderungsrecht an dem Sicherungsgegenstand begründet.[509]   2200

Bereitgestellte Gelder für Arbeitszeitguthaben[510] von Arbeitnehmern unterliegen nicht der Aussonderung, wenn der insolvente Arbeitgeber Kontoinhaber ist.[511] Aus der Arbeitsphase der Altersteilzeit nach § 8a Abs. 1 i.V.m. Abs. 4 ATG zu

---

[505] BAG ZIP 2011, 347.
[506] BGH ZIP 2017, 91.
[507] BGH ZIP 2019, 229.
[508] Zur Behandlung von Entgeltansprüchen bei Altersteilzeit im Blockmodell in der Insolvenz des Arbeitgebers s. BAG ZIP 2005, 457, und BAG ZIP 2005, 873; zur Behandlung von Entgeltansprüchen aus einem Altersteilzeitverhältnis nach Insolvenzeröffnung und nach Betriebsübergang, Schrader/Straube ZInsO 2005, 184 ff. u. 234 ff.; zur Insolvenzsicherung nach dem Altersteilzeitgesetz vom 1.7.2004 s. Kovacs ua NZI 2004, 415 ff.; zur Absicherung von Wertguthaben aus Altersteilzeitarbeit in der Insolvenz s. Baldringer ZInsO 2006, 690 ff.
[509] BAG ZIP 2013, 2025 = ZInsO 2013, 2120; zur insolvenzfesten Sicherung des Wertguthabens aus Altersteilzeit durch Doppeltreuhand auch LAG Hamm ZIP 2013, 1294.
[510] Zum Flexi-Gesetz II s. Cisch/Ulbrich BB 2009, 550 ff.; Zu Rahmenbedingungen für die Insolvenzsicherung von Arbeitszeitkonten s. Huke/Lepping ZIP 2009, 1204 ff.
[511] BAGE 18, 1 = ZInsO 2004, 104 = ZIP 2004, 124. Zur Behandlung von Entgeltansprüchen bei Altersteilzeit im Blockmodell in der Insolvenz des Arbeitgebers s. BAGE 122, 214 = ZInsO 2005, 695 = ZIP 2005, 457 und BAGE 114, 13 = ZInsO 2005, 695 = ZIP 2005, 873.

sichernde Entgeltansprüche sind nur Insolvenzforderungen, wenn das Insolvenzverfahren während der Freistellungsphase eröffnet wird.[512]

2201 Die Stilllegung des Betriebes ist kein dringendes betriebliches Erfordernis für eine Kündigung eines Block-Altersteilzeit-Arbeitnehmers,[513] der sich in der Freistellungsphase befindet.[514]

2202 Der Betriebsübergang nach § 613a BGB erfasst die Blockaltersteilzeit sowohl in der Arbeitsphase[515] als auch in der Freistellungsphase.[516] Die teleologische Reduktion des § 613a BGB nach dem BAG gilt hierfür wie folgt: Das Entgelt während des Zeitraumes der Freistellung ist „spiegelbildlich für die entsprechenden Monate der Arbeitsphase zu zahlen. Daher sind die Arbeitnehmer Insolvenzgläubiger, soweit ihre Entgeltansprüche in der Freistellungsphase „spiegelbildlich für entsprechende Zeiträume der Arbeitsphase bestehen, und Massegläubiger, soweit ihnen die Vergütung für die Zeit nach Verfahrenseröffnung zu zahlen ist. Folglich haftet der Erwerber nur für die Masseforderungen der in Altersteilzeit befindlichen Arbeitnehmer.[517]

G. Eigenverwaltung (§§ 270 ff. InsO)

2203 Die Durchführung des Insolvenzverfahrens durch den Schuldner als Eigenverwalter unter Aufsicht eines Sachwalters kann im Einzelfall den Vorteil haben, dass Kenntnisse und Erfahrungen der Geschäftsführung so am besten genutzt werden können.[518] Auch soll das Institut der Eigenverwaltung die Akzeptanz des Insolvenzverfahrens für den Schuldner erhöhen, da er nicht aus der Geschäftsführung ausgeschlossen wird, sondern die Verfügungsmacht behält. Dies soll den Schuldner veranlassen, frühzeitig ein Sanierungsverfahren im Insolvenzverfahren einzuleiten. Als weitere Vorteile werden geringerer Einarbeitungsaufwand und geringere Verfahrenskosten gegenüber Verfahren mit einem (fremden) Insolvenzverwalter genannt. Schließlich kann der Schuldner im Schutzschirmverfahren nach § 270d Abs. 2 S. 2 u. 3 InsO die Person des vorläufigen Sachwalters wählen.

2204 In der Insolvenzpraxis spielte die mit der InsO in das deutsche Recht eingeführte Eigenverwaltung jahrelang eine nur untergeordnete Rolle. Gläubiger und

---

[512] BAG ZInsO 2013, 680 = NZA-RR 2013, 303.
[513] Zur Behandlung von Entgeltansprüchen bei Altersteilzeit im Blockmodell in der Insolvenz des Arbeitgebers s. BAG ZIP 2005, 457 und BAG ZIP 2005, 873; zur Behandlung von Entgeltansprüchen aus einem Altersteilzeitverhältnis nach Insolvenzeröffnung und nach Betriebsübergang, Schrader/Straube ZInsO 2005, 184 ff. u. 234 ff.; zur Insolvenzsicherung nach dem Altersteilzeitgesetz vom 1.7.2004 s. Kovacs ua NZI 2004, 415 ff.; zur Absicherung von Wertguthaben aus Altersteilzeitarbeit in der Insolvenz s. Baldringer ZInsO 2006, 690 ff.
[514] BAGE 104, 131 = BB 2003, 1339 = DB 2003, 1334 = ZInsO 2003, 480.
[515] ArbG Düsseldorf ZIP 2004, 133.
[516] LAG Düsseldorf ZIP 2004, 272.
[517] BAG BB 2007, 1281.
[518] Schlegel ZIP 1999, 954 ff.; Hess/Ruppe NZI 2002, 577 ff.; zur Holzmüller-Eigenverwaltung, Noack ZIP 2002, 1873 ff.; Prütting/Huhn ZIP 2002, 777 ff.; Bichlmeier DZWIR 2000, 62 ff.; Ehricke ZIP 2002, 782 ff.; Friedhoff ZIP 2002, 497 ff.; Westrick NZI 2003, 65 ff.; Braun NZI 2003, 588 ff.; Spieß ZInsO 2005, 1254 ff.; Hofmann ZIP 2007, 260 ff.; Körner NZI 2007, 270 ff.

Gerichte standen ihr skeptisch gegenüber, da man nicht „den Bock zum Gärtner" machen wollte. Eine gewisse Bedeutung hatte die Eigenverwaltung allenfalls als Mittel erlangt, den gewünschten Insolvenzverwalter dadurch zu erhalten, dass er vor Insolvenzantragstellung zum Geschäftsführungsorgan des Schuldners bestellt wurde.[519] Aber auch bei einer solchen Verfahrensweise konnte u.U. nicht von Sicherungsmaßnahmen im Insolvenzeröffnungsverfahren abgesehen werden; gegen die uneingeschränkte Vertrauenswürdigkeit eines neuen, insolvenzerfahrenen Geschäftsführers, die einen Verzicht auf Sicherungsmaßnahmen rechtfertigen würde, sprach etwa die kurz vor Antragstellung erfolgte Zahlung eines die Liquidität des Schuldners erheblich schwächenden Vorschusshonorars ohne Absprache mit den Gläubigern.[520]

Nach Inkrafttreten des ESUG am 1.3.2012 hat die Eigenverwaltung gemäß der Intention des Gesetzgebers im Insolvenzgeschehen an Bedeutung gewonnen. Die Evaluierung des ESUG im Jahr 2018 zeigte zwar die grundsätzliche Geeignetheit des Verfahrens, deckte jedoch einige Unstimmigkeiten und Rechtsunsicherheiten auf. Mit dem am 1.1.2021 in Kraft getretenen SanInsFoG wurden u.a. einige Regelungen der InsO zur Eigenverwaltung in §§ 270 ff. InsO z.T. erheblich überarbeitet, einerseits um die aufgedeckten Unstimmigkeiten und Rechtsunsicherheiten zu beseitigen und die Attraktivität des Eigenverwaltungsverfahrens weiter zu erhöhen, andererseits aber auch, um für die Eigenverwaltung ungeeignete Geschäftsführungen frühzeitig erkennen und deren Eigenverwaltungsanträge abweisen zu können.[521]

I. Kriterien für die Wahl der Eigenverwaltung und Vorbereitung

1. Eignungsprüfung des Verfahrens

Nicht zu verkennen ist, dass es sich bei allem Bestreben, die Sanierung eines in die Krise geratenen Unternehmens zu befördern, bei den Regelungen der §§ 270 ff. InsO selbstverständlich nur um Verfahrensregeln handelt, die die betriebswirtschaftliche Sanierungsfähigkeit nicht aus sich heraus herbeiführen können. Zu beachten ist ferner, dass auch das eröffnete Eigenverwaltungsverfahren ein nach § 273 öffentlich bekannt zu machendes Insolvenzverfahren ist, was sich wegen der nach wie vor bestehenden Stigmatisierung negativ auf die wirtschaftliche Entwicklung des Unternehmens auswirken kann, etwa wenn Liefer- und Leistungsbeziehungen zusammenbrechen.[522] Schließlich ist zu berücksichtigen, dass die Unternehmenssanierung kein eigenständiges Ziel des Insolvenzverfahrens ist,

---
[519] AG Duisburg ZInsO 2003, 940 [LS] = ZIP 2003, 1460; AG Duisburg ZInsO 2002, 885, 886 = ZIP 2002, 1700; AG Duisburg DZWIR 2002, 522 = ZInsO 2002, 1046 = ZIP 2002, 1636 hält dies allerdings für mit dem Zweck des Instituts der Eigenverwaltung unvereinbar.
[520] LG Bonn ZInsO 2003, 806, 808 = ZIP 2003, 1412.
[521] Übersicht zur Reform der Eigenverwaltung bei Thole, NZI-Sonderbeilage 1/2021, 90 ff.; zur Neuregelung der Eigenverwaltung gemäß SanInsFoG s.a. Frind, ZIP 2021, 171 ff.
[522] Zur Betriebsfortführung unter dem Schutzschirm betr. Beteiligung insolventer Unternehmen an öffentlichen Ausschreibungen s. Heuvels, ZIP 2014, 397 ff.

also nicht auf Kosten von „Sozial"-Beiträgen der Gläubiger, sondern nur bei bestmöglicher Befriedigung oder sonstiger Zustimmung der Gläubiger durchgeführt werden kann.[523]

Bei Insolvenzantrag ausreichende Liquidität des Unternehmens ist einerseits wirtschaftliche Sanierungsvoraussetzung und im sog. „Schutzschirmverfahren" nach § 270d InsO (→ Rn. 2218 ff.) zusätzlich Zulässigkeitsvoraussetzung.

2. Persönliche Eignung/Fähigkeiten des Geschäftsführers

2207 Insbesondere nach Inkrafttreten des ESUG kamen immer wieder Zweifelsfragen auf, wann ein Schuldner für das Eigenverwaltungsverfahren nicht geeignet ist mit der Folge, dass die Anordnung zu versagen war. Um einem Missbrauch des Eigenverwaltungsverfahrens vorzubeugen wird dafür plädiert, das Verfahren nur solchen Schuldnern zu eröffnen, die über eine vollständige und aktuelle Buchführung (einschließlich der Jahresabschlüsse) verfügen, die ihre steuer- und sozialversicherungsrechtlichen Verpflichtungen erfüllen und bei denen gegen die Geschäftsführer bzw. herrschenden Gesellschafter nicht strafrechtlich ermittelt werde.[524]

Das AG Hamburg hat entschieden, dass das Eigenverwaltungsverfahren nur für „wohl vorbereitete" Insolvenzanträge geeignet ist, bei welchen die Geschäftsleitung deutlich macht, dass sie über die erforderlichen Kenntnisse verfügt, etwa zum Führen der Tabelle, zur gleichmäßigen Befriedigung der Gläubiger, der regelgerechten Begründung von Masseverbindlichkeiten, etc.[525] Bei Zweifeln an der Zuverlässigkeit des Schuldners ist die Eigenverwaltung abzulehnen, weil Nachteil für die Gläubiger zu befürchten sind. Solche Zweifel sin gegeben, wenn der Schuldner seit Jahren zahlungsunfähig ist und nicht in der Lage war, seine Vermögensverhältnisse zu überschauen und erst unter dem Druck eines Gläubigerantrags einen Eigenantrag auf Eröffnung des Insolvenzverfahrens gestellt und nun erst begonnen hat, seine Buchhaltung aufarbeiten zu lassen.[526]

2208 Diese Fragen sind nun durch die Neuregelung in § 270a InsO weitgehend geklärt, nach welcher die Anforderungen an einen Eigenverwaltungsantrag erheblich gestiegen sind. So hat der Schuldner dem Antrag eine **Eigenverwaltungsplanung** mit den in § 270a Abs. 1 InsO genannten Inhalten (u.a. Finanzplan, Konzept für die Durchführung mit Nennung der Krisenursachen und der Maßnahmen zu ihrer Behebung, Mitteilung der Verhandlungsstände mit den Stakeholdern, Sicherstellung der Fähigkeit zur Erfüllung der insolvenzrechtlichen Pflichten, Kostendarstellung im Vergleich zum Regelinsolvenzverfahren) sowie die in § 270a Abs. 2 InsO genannten Erklärungen über seine **bisherige Zuverlässigkeit** (u.a. betr. die Erfüllung von Verbindlichkeiten gegenüber Arbeitnehmern, Lieferanten,

---

[523] Zur Frage, wann die (vorläufige) Eigenverwaltung das richtige Verfahren zur Unternehmenssanierung ist (etwa wegen des Stigmas der Insolvenz an sich) s. Wallner, ZIP 2015, 997 ff.; zur Frage, welches Eigenverwaltungsverfahren (unter Einbezug eines vorläufigen Gläubigerausschusses) für welchen Beteiligten die besseren Einflussmöglichkeiten auf die Abwicklung bietet, s. Pape, Das janusköpfige Insolvenzeröffnungsverfahren bei der Eigenverwaltung, ZInsO 2013, 2077 ff. (beide noch zur Rechtslage vor SanInsFoG).
[524] VID ZInsO 46/2013, III; sa Frind ZIP 2017, 993 ff.
[525] AG Hamburg ZInsO 2014, 363 = NZI 2014, 312.
[526] AG Köln ZIP 2017, 889.

Sozialversicherungen und Fiskus und Erfüllung der Offenlegungspflichten nach §§ 325 ff. HGB) beizufügen.

Regelmäßig wird der die Sanierung des Unternehmens in Eigenverwaltung anstrebende Schuldner-Geschäftsführer dafür erforderlichen Spezialkenntnisse nicht haben, so dass er erhebliche Unterstützung durch (Sanierungs-)Berater mit den erforderlichen Spezialkenntnissen in der Unternehmenssanierung und des Eigenverwaltungsverfahrens benötigen wird – stärker noch: ohne eine solche Unterstützung wird dem Schuldner mangels Spezialkenntnissen im Insolvenzrecht die Sanierung des Unternehmens im eigenverwalteten Insolvenzverfahren regelmäßig nicht möglich sein. Der (vorherige) Einsatz eines erfahrenen Sanierungsgeschäftsführers (CRO, CIO) wird also regelmäßig erforderlich sein, um die Erfolgsaussichten für Antrag und Durchführung der Eigenverwaltung zu erhöhen.[527] 2209

3. Vorgespräch mit dem Insolvenzgericht

Grundsätzlich dürfte anzuraten sein, im Vorfeld der Antragstellung – unterstützt von einem erfahrenen Sanierungsberater (s.o.) – ein gut strukturiertes Vorgespräch mit dem Insolvenzgericht zu führen, um dieses in die Lage zu versetzen, nach Antragstellung sehr zügig über die Anordnung der Eigenverwaltung zu entscheiden, damit nicht in einem verzögerten Antragsverfahren für die Sanierung erforderliche Liquidität „verbrannt" wird. Grundlage und Inhalt des Gesprächs werden im Zweifel der bereits im Entwurf vorliegende Insolvenz- und Eigenverwaltungsantrag sowie sämtliche Zulassungs- bzw. Anordnungsvoraussetzungen bzw. Antragsinhalte (s.o.) einschl. Vorschlagsliste für einen evtl. vorläufigen Gläubigerausschuss und Einverständniserklärungen der (künftigen) Mitglieder sein. Ein Anspruch auf ein solches Vorgespräch ist für Unternehmen, die die Größenvoraussetzungen nach § 22a Abs. 1 InsO erfüllen, nun nach dem neuen § 10a Abs. 1 InsO gegeben; für kleinere Unternehmen steht er im richterlichen Ermessen. Dem Problem der Richterzuständigkeit nach Turnus wurde in § 10a Abs. 3 InsO dadurch begegnet, dass die Abteilung, für die der Richter das Vorgespräch geführt hat, zuständig bleibt, wenn der Insolvenzantrag innerhalb von 6 Monaten gestellt wird. 2210

II. Voraussetzungen für die Anordnung der (vorläufigen) Eigenverwaltung

1. Schuldnerantrag

Die Anordnung der (vorläufigen) Eigenverwaltung kommt nur in Betracht, wenn der Schuldner sie beantragt (§ 270f Abs. 1 InsO). Die erforderlichen Inhalte des Antrags sind in § 270a InsO genannt. 2211

---

[527] Sa Klein/Thiele ZInsO 2013, 2233 ff.; Specovius/Uffmann ZIP 2016, 295 ff.; zu den Haftungsrisiken des Beraters im Eigenverwaltungsverfahren. Smid, ZInsO 2014, 1181 ff.

2. Anordnung der (vorläufigen) Eigenverwaltung

2212 Nach der gesetzlichen Regelung in den §§ 270b Abs. 1 S. 1 und 270f Abs. 1 InsO hat der Schuldner grundsätzlich **„Anspruch" auf Anordnung** der (vorläufigen) Eigenverwaltung: sie ist vom Gericht zwingend anzuordnen, es sei denn, dass eine vorläufige Eigenverwaltung nach § 270b Abs. 2 InsO nicht anzuordnen oder nach § 270e InsO aufzuheben wäre.

Weist die Eigenverwaltungsplanung behebbare Mängel auf, kann das Gericht die vorläufige Eigenverwaltung nach § 270b Abs. 1 S. 2 InsO einstweilen anordnen und dem Schuldner eine Frist von höchstens 20 Tagen zur Behebung der Mängel setzen, nach deren erfolglosem Ablauf die vorläufige Eigenverwaltung nach § 270e Abs. 1 Nr. 2 InsO wieder aufgehoben wird.

3. Ablehnung des Antrags

2213 Nach alter Rechtslage (bis zum 31.12.2020, § 270 Abs. 2 Nr. 2 InsO a.F.) setzte die Anordnung der Eigenverwaltung voraus, dass keine Umstände bekannt waren, die eine nachteilige Wirkung der Anordnung für die Gläubiger erwarten ließen. Diese Regelung wurde durch das SanInsFoG aufgehoben. Der Antrag auf (vorläufige) Eigenverwaltung ist nur abzulehnen, wenn die in den §§ 270b und 270e InsO genannten Gründe für die Versagung der Anordnung oder die Aufhebung der vorläufigen Eigenverwaltung vorliegen. Die in diesen Vorschriften genannten Ablehnungs- oder Aufhebungsgründe sind im Wesentlichen die nunmehrige gesetzliche, katalogartige Auflistung der von der Rechtsprechung und Literatur zur alten Rechtslage angenommenen Gründe, aus welchen die Anordnung der (vorläufigen) Eigenverwaltung wegen einer für die Gläubiger nachteiligen Wirkung der Eigenverwaltung zu versagen war. Zur Auslegung der Neuregelungen, etwa des Aufhebungsgrundes in § 270e Abs. 1 Nr. 1 InsO, dass der Schuldner „auf sonstige Weise zeigt, dass er nicht in der Lage ist, seine Geschäftsführung am Interesse der Gläubiger auszurichten", dürften die von der Rechtsprechung und Literatur herausgearbeiteten Versagungsgründe weiterhin fruchtbar zu machen sein, weshalb sie nachfolgend (weiterhin) ausgeführt werden.

2214 Rspr. und Lit. zu den **Versagungsgründen** nach § 270 Abs. 2 Nr. 2 InsO a.F.: Auch nach der Neuregelung ist die Eigenverwaltung kein Selbstzweck. Vielmehr muss ein Eigenverwaltungsantrag des Schuldners auch daraufhin geprüft werden, ob die Gläubiger, um deren Befriedigung es im Insolvenzverfahren geht, noch Vertrauen zum Management der Schuldnerin haben.[528] Ist bereits bekannt, dass wesentliche Gläubiger oder Lieferanten bei Anordnung der Eigenverwaltung nicht mehr kooperieren werden und somit die Sanierungschancen sinken, sind dies Nachteile i.S.d. § 270 Abs. 2 Nr. 2 InsO a.F., so dass die Eigenverwaltung abzulehnen ist.[529] Der Antrag ist abzulehnen, wenn der Schuldner trotz anwaltlicher Beratung seiner Pflicht zur vollständigen und wahrheitsgemäßen Auskunftserteilung über seine Tätigkeit im vorläufigen Eigenverwaltungsverfahren nicht

---

[528] AG Köln ZInsO 2013, 353 = NZI 2012, 375.
[529] AG Köln ZIP 2013, 1390.

nachkommt (sondern sogar ein Vertragsangebot eines Investors wider besseres Wissen vortäuscht), auch wenn dies noch nicht zu einem konkreten Nachteil für die Gläubiger geführt hat.[530] Auch sonstiges, zur Verzögerung des Verfahrens führendes Verhalten des Schuldners (etwa Vorlage eines nicht abgestimmten Insolvenzplans, zunächst fehlende Verzeichnisse, Nichtanzeige relevanter Umstände etc.) kann ein Umstand sein, der Nachteile für die Gläubiger i.S.d. § 270 Abs. 2 Nr. 2 InsO a.F. erwarten lässt.[531] Auch wenn zwei alleinvertretungsberechtigte Geschäftsführer nicht im Konsens handeln, ist der Antrag auf Eigenverwaltung abzulehnen.[532] Für die Nachteilsprognose, die zur Ablehnung des Antrages auf Eigenverwaltung führt, sind konkrete Umstände erforderlich. Solche können u.a. sein insolvenzspezifische Ansprüche gegen die Geschäftsführung, private Eigeninteressen an bestimmte Verfahrensergebnisse (z.B. Vergabe der übertragenden Sanierung),[533] strafrechtliche Ermittlungen gegen den Schuldner bzw. einzelne Gesellschafter/Geschäftsführer.[534]

Die Eigenverwaltung ist ferner ausgeschlossen, wenn eine Gefährdung von Ansprüchen gegen Gesellschafter oder Geschäftsführer zu befürchten ist.[535]

Schließlich bestehen konkrete Anhaltspunkte für erhebliche Nachteile für die Gläubiger, wenn die Kosten der Eigenverwaltung (etwa wegen zusätzlichen Berateraufwands) mehr als 30% über den Kosten eines Regelinsolvenzverfahrens liegen.[536]

Folgende Gründe können gegen die Beantragung bzw. Anordnung der Eigenverwaltung sprechen:[537]

- keine Vorabsprache mit dem Insolvenzgericht,
- Druckantrag oder Antrag zur Verfolgung (ausschließlich) insolvenzverfahrensfremder Ziele,
- bereits seit längerem eingetretene Zahlungsunfähigkeit (etwa rückständige Löhne und Sozialversicherungsbeiträge, rückständige Verbindlichkeiten gegenüber Lieferanten über 3–6 Monate),
- fehlender insolvenzrechtlicher Sachverstand des Schuldners,
- fehlendes Sanierungskonzept,
- fehlende Unabhängigkeit des vorgeschlagenen Sachwalters, der zudem zuvor nicht mit dem Gericht abgestimmt wurde,
- fehlende Dokumentation einer vorherigen Konsultation mit den wesentlichen Gläubigern,
- vorgeschlagene Mitglieder eines vorläufigen Gläubigerausschusses sind dem Schuldner nahestehende Personen,
- der Insolvenzantrag erfüllt nicht die Voraussetzungen des § 13 InsO.

Vor der Entscheidung über die Einsetzung eines vorläufigen Insolvenzverwalters, also der Ablehnung des Antrags auf vorläufige Eigenverwaltung ist nach § 270b Abs. 3 InsO einem vorhandenen vorläufigen Gläubigerausschuss Gelegen-

2215

2216

---
[530] AG Potsdam ZIP 2013, 181.
[531] AG Hamburg ZIP 2013, 1684.
[532] AG Mannheim ZIP 2014, 484.
[533] AG Hamburg ZInsO 2014, 566 = NZI 2014, 566.
[534] AG Hamburg ZIP 2014, 390.
[535] AG Köln ZIP 1999, 1646 (konkret zu Anspruch aus § 64 Abs. 2 GmbHG).
[536] AG Freiburg ZIP 2015, 2238.
[537] Haarmeyer ZInsO 2013, 2345 ff.

heit zur Äußerung zu geben. Ohne dessen Äußerung darf das Gericht nur in dem in § 270b Abs. 3 S. 2 InsO genannten Eilfall entscheiden. An ein einstimmiges Votum des vorläufigen Gläubigerausschusses ist das Gericht in beiden Richtungen (Anordnung oder Ablehnung der vorläufigen Eigenverwaltung) gebunden. Die Ablehnung des Antrags auf Eigenverwaltung ist schriftlich zu begründen, § 270 Abs. 4 InsO. Ein Rechtsmittel gegen die Ablehnung der Eigenverwaltung ist nicht gegeben.[538] Das gilt auch nach Inkrafttreten des ESUG. Auch das Rechtsmittel der sofortigen Beschwerde gegen den Eröffnungsbeschluss kann dazu nicht genutzt werden.[539]

Hat der Schuldner den Insolvenzantrag bei drohender Zahlungsunfähigkeit gestellt und Eigenverwaltung beantragt, hat das Gericht vor einer ablehnenden Entscheidung zur Eigenverwaltung dem Schuldner Gelegenheit zur Rücknahme des Eröffnungsantrags zu geben, § 270c Abs. 5 InsO.

Die Entscheidung des Insolvenzgerichts über die Ablehnung der Eigenverwaltung ist unanfechtbar; auch das Rechtsmittel der sofortigen Beschwerde gegen den Eröffnungsbeschluss kann dazu nicht genutzt werden.[540] Lediglich die Entscheidung über die Aufhebung der bereits angeordneten vorläufigen Eigenverwaltung ist für den Schuldner bzw. den beantragenden Gläubiger mit der sofortigen Beschwerde anfechtbar, § 270e Abs. 2 S. 3 InsO.

III. Betriebsfortführung in der vorläufigen Eigenverwaltung

2217 Die frühere Dualität der beiden unterschiedlichen vorläufigen Eigenverwaltungsverfahren in §§ 270a und 270b InsO a.F. mit insbesondere der unterschiedlichen Regelung zur Ermächtigung des Schuldners zur Begründung von Masseverbindlichkeiten[541] ist durch das SanInsFoG nun im Wesentlichen beseitigt.

1. Schutzschirmverfahren, § 270d InsO

2218 Insbesondere zur Vorbereitung einer Sanierung des Unternehmens steht dem Schuldner das Schutzschirmverfahren nach § 270d InsO als eine Variante der vorläufigen Eigenverwaltung zur Verfügung.[542] Dieses Verfahren ist unabhängig von weiteren Eröffnungsanträgen. Wird bspw. der Antrag auf Einleitung des Schutzschirmverfahrens zurückgewiesen, kann dennoch die Anordnung vorläufiger Eigenverwaltung nach § 270b InsO in Betracht kommen.[543]

---

[538] BGH ZIP 2007, 394 (zur Rechtslage vor ESUG, insoweit mE unverändert).
[539] LG Frankfurt a.M. ZIP 2014, 742.
[540] LG Frankfurt/Main, ZIP 2014, 742
[541] Siehe hierzu noch die Vorauflage
[542] Zu Herausforderungen für die Praxis s. Hözle, ZIP 2012, 158 ff.; Zum Schutzschirmverfahren und Musteranträge s. Buchalik, ZInsO 2012, 349 ff.; Weber/Knapp, Umgang mit Rechtsprechung und Literatur in der Praxis des Eigenverwaltungs- und Schutzschirmverfahrens, ZInsO 2014, 2245 ff.; Hinweise zur praktischen Handhabung durch den Geschäftsleiter: Uebele, Corporate Governance in der (vorläufigen) Eigenverwaltung und im Schutzschirmverfahren, NZG 2018, 881 ff.
[543] AG Ludwigshafen, ZIP 2014, 1746

a) Keine Zahlungsunfähigkeit. Voraussetzung ist, dass die Schuldnergesellschaft nicht zahlungsunfähig ist. Dann kann der Schuldner, der mit dem Antrag auf Eigenverwaltung eine mit Gründen versehene Bescheinigung eines in Insolvenzsachen erfahrenen Steuerberaters, Wirtschaftsprüfers oder Rechtsanwalts oder einer Person mit vergleichbarer Qualifikation vorlegt, aus der sich ergibt, dass drohende Zahlungsunfähigkeit oder Überschuldung, aber keine Zahlungsunfähigkeit vorliegt und dass die angestrebte Sanierung nicht offensichtlich aussichtslos ist, zugleich beantragen, dass das Insolvenzgericht eine Frist zur Vorlage eines Insolvenzplans von höchstens drei Monaten bestimmt. Diesem Antrag hat das Gericht Folge zu leisten und zugleich – ebenfalls auf Antrag des Schuldners – Zwangsvollstreckungsmaßnahmen gegen den Schuldner zu untersagen bzw. einstweilen einzustellen, §§ 270d Abs. 3, 21 Abs. 2 S. 1 Nr. 3 InsO. Der Schuldner kann ich auf diese Weise also ein zeitweiliges Moratorium verschaffen.

Fortgeltung des alten (bis 31.12.2020 geltenden) **Rechts und zeitweiliger Zugang zum Schutzschirmverfahren sogar bei eingetretener Zahlungsunfähigkeit bis 31.12.2021**[544] 2219

Gemäß § 5 COVInsAG waren die durch das SanInsFoG geänderten Regelungen des Eigenverwaltungsverfahrens auf Eigenverwaltungsverfahren, die zwischen dem 01.01. und 31.12.2021 beantragt werden, nicht, sondern die bis zum 31.12.2020 geltenden §§ 270–285 InsO a.F. anzuwenden, wenn die Zahlungsunfähigkeit oder die Überschuldung des Schuldners auf die COVID-19-Pandemie zurückzuführen ist. Dabei gilt die Insolvenzreife als auf die COVID-19-Pandemie zurückführbar, wenn der Schuldner eine von einem in Insolvenzsachen erfahrenen Steuerberater, Wirtschaftsprüfer oder Rechtsanwalt oder einer Person mit vergleichbarer Qualifikation ausgestellte Bescheinigung vorlegt, aus der sich ergibt, dass

- der Schuldner am 31.12.2019 weder zahlungsunfähig noch überschuldet war,
- der Schuldner im letzten vor dem 01.01.2020 abgeschlossenen Geschäftsjahr ein positives Ergebnis aus der gewöhnlichen Geschäftstätigkeit erwirtschaftet hat und
- der Umsatz aus der gewöhnlichen Geschäftstätigkeit im Kalenderjahr 2020 im Vergleich zum Vorjahr um mehr als 30 % eingebrochen ist.

Die Insolvenzreife gilt auch dann als auf die COVID-19-Pandemie zurückführbar, wenn der Schuldner im Eröffnungsantrag darlegt, dass keine Verbindlichkeiten bestehen, die am 31.12.2019 bereits fällig waren.

Nach § 6 COVInsAG erhielt der Schuldner in der Zeit vom 01.01. – 31.12.2021 Zugang zum Schutzschirmverfahren nach § 270b InsO a.F. sogar bei eingetretener Zahlungsfähigkeit, wenn in der vorzulegenden Bescheinigung zugleich bestätigt wird, dass

- der Schuldner am 31.12.2019 weder zahlungsunfähig noch überschuldet war,
- der Schuldner im letzten vor dem 01.01.2020 abgeschlossenen Geschäftsjahr ein positives Ergebnis aus der gewöhnlichen Geschäftstätigkeit erwirtschaftet hat und
- der Umsatz aus der gewöhnlichen Geschäftstätigkeit im Kalenderjahr 2020 im Vergleich zum Vorjahr um mehr als 30 % eingebrochen ist.

---

[544] Dazu s. Morgen/Arends, ZIP 2021, 447, 452 ff.

2220 **b) Öffentliche Bekanntmachungen.** Aus Sicht des Schuldners hängt der Erfolg der Sanierung des Unternehmens mit vorgeschaltetem Schutzschirmverfahren evtl. auch davon ab, dass die Geschäftspartner nicht durch unkommentiertes Bekanntwerden des Insolvenzantrages irritiert werden. In diesem Zusammenhang erhebt sich die Frage, ob gerichtliche Anordnungen im vorläufigen Eigenverwaltungsverfahren, also etwa die Bestellung eines vorläufigen Sachwalters öffentlich bekannt zu machen sind. Das war zur alten Rechtslage streitig.[545] Mir scheint die Veröffentlichung des vorläufigen Verfahrens durch das Gericht nicht geboten und auch gegen den Willen des Schuldners nicht zulässig, weil § 23 InsO die betr. Beschlüsse im vorläufigen Eigenverwaltungsverfahren nicht nennt und nach § 273 InsO nur die Anordnung bzw. die Aufhebung der Eigenverwaltung im eröffneten Verfahren öffentlich bekannt zu machen ist. Für einen offenen Umgang mit der Situation, die Gläubigern gegenüber geboten sein kann, kann sich allerdings empfehlen, beim Insolvenzgericht den Antrag zu stellen, die Bestellung eines vorläufigen Sachwalters unter www.insolvenzbekanntmachungen.de bekannt zu machen.

2221 **c) Bescheinigung nach § 270d Abs. 1 Satz 1 InsO**

aa) Inhaltliche Anforderungen. Für die Anforderungen an die vorzulegende Bescheinigung nach § 270b InsO a.F. hatte das IDW den Standard IDW S 9[546] erstellt. Nach den Änderungen durch das SanInsFoG hat das IDW am 9.2.2022 den Standard neu gefasst und den Entwurf des Standard IDW ES 9 zum Inhalt der Bescheinigung nach § 270d InsO n.F. und zu den neu geschaffenen Anforderungen für die Eigenverwaltung nach § 270a InsO, insbesondere für eine vollständige und schlüssig Eigenverwaltungsplanung vorgelegt.[547] Auch die Bundessteuerberaterkammer hatte ein Muster[548] und der BDU e.V. hatte einen Entwurf eines Leitfadens für die Struktur eines Grobkonzepts im Rahmen der Bescheinigung nach § 270b a.F. InsO vorgelegt.[549] M.E. dürfen die Anforderungen an die Bescheinigung nicht so hochgesetzt werden, dass die Bescheinigung schon das Sanierungskonzept ist. Vielmehr wird es ein Grobkonzept zur Sanierungsaussicht sein, etwa vergleichbar mit demjenigen, dass der BGH für die Vergabe eines Überbrückungskredits zur Vermeidung des Benachteiligungsvorsatzes bei späterer Insolvenzanfechtung verlangt.[550] Eine integrierte Ergebnis-, Bilanz- und Finanzplanung dürfte m.E. (noch) verzichtbar sein. Zur Absicherung des Bescheinigers gegen mögliche Haftungen wegen seiner Sanierungsaussage wird er zu beurteilen haben, wieviel eines Sanierungskonzepts bereits vorliegen muss.

---

[545] AG Göttingen ZInsO 2012, 2297: Bekanntmachung im Ermessen des Gerichts; Horstkotte ZInsO 2012, 1161 f.: Veröffentlichung hat zu unterbleiben; Frind ZInsO 2013, 279, 287 f.: Veröffentlichung geboten.
[546] IDW S 9 v. 18.8.2014, gebilligt durch den HFA am 30.9.2014; abrufbar unter www.idw.de; ZInsO 2014, 2366 ff., ZIP 2014, 2275 ff.; dazu Stefan/Solmecke ZIP 2014, 2271 ff., Frind ZInsO 2014, 2264 f.
[547] Abrufbar unter idw.de; Mitteilung in ZIP 2022, R5.
[548] Abrufbar unter www.bstbk.de.
[549] ZInsO 2013, 2095 ff.; dazu Anmerkungen von Hermanns ZInsO 2014, 922 ff.
[550] Etwa BGHZ 75, 96, 112 = NJW 1979, 1823.

bb) Anforderungen an den Bescheinigungsaussteller[551]. Neben der beruflichen Qualifikation muss der Bescheiniger Erfahrungen in Insolvenzsachen haben. Dazu gehört die Fähigkeit, das Vorliegen von Insolvenzgründen sicher zu beurteilen und Aussagen zur Sanierungsaussicht des Unternehmens zu treffen. In beidem muss er Erfahrungen aus bisheriger, mehrjähriger Tätigkeit haben. Das AG München hat entschieden, dass an den Bescheiniger ähnlich strenge Anforderungen zu stellen sind, wie an die Auswahl eines vorläufigen Insolvenzverwalters nach §§ 21 Abs. 2 Nr. 1, 56 InsO und dass es an der erforderlichen Qualifikation fehle, wenn die Person zwar früher Insolvenzverwalter gewesen sei, diese Tätigkeit aber seit Jahren nicht mehr ausgeübt habe.[552] 2222

Der Bescheiniger hat vom Schuldner ähnlich **unabhängig** zu sein, wie ein vorläufiger Insolvenzverwalter. Daher dürfte der langjährige Steuerberater des Schuldners für die Erteilung der Bescheinigung nicht infrage kommen.[553] Auch hat der Bescheiniger unabhängig vom Sachwalter zu sein – er darf als solcher nicht bestellt werden, § 270d Abs. 2 S. 1 InsO. Entsprechend den Regularien für die Wirtschaftsprüfung darf der Bescheiniger weiterhin in die vorherige Erstellung des Sanierungsgutachtens nicht zu stark eingebunden sein, denn er kann nicht zusätzlich bescheinigen, was er zuvor erstellt hat. 2223

Ob und ggf. wem gegenüber der Bescheiniger für eine unrichtige Bescheinigung haftet, wird in der Rechtsprechung zu klären sein. Dabei wird auch zu entscheiden sein, ob die Bescheinigung drittschützende Wirkung hat, eine Haftung also nicht nur gegenüber dem Auftrag gebenden Schuldner sondern auch gegenüber den Gläubigern entstehen kann.[554] Schließlich wird zu klären sein, worin der Schaden durch eine unrichtige Bescheinigung liegt. 2224

d) Spezielle Haftungsgefahren für den Schuldner im Schutzschirmverfahren. Wegen der Haftungsgefahren des vorläufig eigenverwaltenden Schuldners bzw. dessen Geschäftsführers im Allgemeinen siehe unten. 2225

aa) Anzeigepflicht bei Zahlungsunfähigkeit. Nach § 270d Abs. 4 S. 1 InsO haben der Schuldner, für ihn der Geschäftsführer oder der vorläufige Sachwalter dem Insolvenzgericht den Eintritt einer Zahlungsunfähigkeit unverzüglich anzuzeigen. 2226

bb) Recht oder Pflicht zur Vorlage des Insolvenzplans? Soweit ersichtlich, ist nicht geklärt, ob der Geschäftsführer für die Vorlage eines Insolvenzplans, der in die Stellung der Gesellschafter eingreift, einen Gesellschafterbeschluss braucht. Dieses gesellschaftsrechtliche Erfordernis wird in der Literatur teilweise angenommen[555]. Dagegen könnte sprechen, dass die Gesellschafterrechte im förmlichen Insolvenzverfahren suspendiert sein könnten. Insolvenzrechtlich dürfte die Planvorlage jedenfalls auch ohne Einverständnis der Gesellschafter wirksam sein. 2227

Auch wenn im Schutzschirmverfahren nach § 270b InsO verfahrensrechtlich für den Schuldner nicht die Pflicht besteht, selbst einen Insolvenzplan vorzulegen,

---

[551] Zu den Anforderungen an die Person des Ausstellers der Bescheinigung s. Schröder/Schulz ZIP 2017, 1096 ff.
[552] AG München ZInsO 2012, 745 = BeckRS 2012, 8678.
[553] Ulrich GmbHR 2012, R 5,6.
[554] Gutmann/Lauberau ZInsO 2012, 1861 ff.: Haftung nur ggü. dem Schuldner.
[555] Graf Bockdorff ua BB 2014, 1950 ff., 1953.

dürfte der Geschäftsführer einerseits aus dem Verfahrensziel und andererseits aus seiner Verpflichtung zur Vornahme geeigneter Sanierungshandlungen nach §§ 43 Abs. 1 GmbHG, 93 Abs. 2 AktG regelmäßig zur Planvorlage verpflichtet sein. Die Kausalität der Verletzung dieser Pflicht für einen evtl. Schaden der Gesellschaft wäre jedoch genau zu prüfen.

2228 **e) Ende des Schutzschirmverfahrens.** Das Schutzschirmverfahren endet nach § 270d Abs. 4 S. 2 InsO mit Aufhebung seiner Anordnung oder mit Ablauf der Vorlagefrist für den Insolvenzplan; dann treten auch die Anordnungen nach § 270b Abs. 3 InsO außer Kraft.[556]

2. Vorläufiger Sachwalter

2229 Nach § 270b Abs. 1 InsO bestellt das Gericht mit Anordnung der vorläufigen Eigenverwaltung einen vorläufigen Sachwalter, auf den die §§ 274, 275 InsO entsprechend anzuwenden sind.[557] Die Anordnung eines Zustimmungsvorbehalts ist nur noch im Fall der einstweiligen Anordnung der vorläufigen Eigenverwaltung nach § 270b Abs. 1 S. 2 InsO möglich, § 270c Abs. 3 S. 2 InsO. Nach § 270c Abs. 1 InsO kann das Gericht den vorläufigen Sachwalter mit der Prüfung der Validität der Eigenverwaltungsplanung, der Vollständigkeit der Rechnungslegung, Buchführung und Finanzplanung und des Bestehens von Haftungsansprüchen des Schuldners gegen seine Organe (sämtlich evtl. Aufhebungsgründe nach § 270e InsO) beauftragen.

2230 Der vorläufige Sachwalter muss unabhängig sein, was sich aus §§ 270b Abs. 1, 274 Abs. 1, 56 Abs. 1 InsO ergibt. Die Unabhängigkeit kann fehlen, wenn zwischen dem Sanierungs-Geschäftsführer und dem Sachwalter eine umfangreiche Geschäftsbeziehung durch mehrere Unternehmenssanierungen besteht.[558] Der Schuldner kann den vorläufigen Sachwalter auch nicht mit (Insolvenz-)Beratungsleistungen beauftragen; das wäre insolvenzzweckwidrig und damit unwirksam, weil es die nach §§ 270b Abs. 1, 274 Abs. 1, 56 Abs. 1 InsO erforderliche Unabhängigkeit des (vorläufigen) Sachwalters aufhebt.[559] Die Anfechtung der gerichtlichen Bestellung eines (anderen als vom Schuldner vorgeschlagenen) vorläufigen Sachwalters durch den nicht zum Zuge gekommenen Prätendenten dürfte ausgeschlossen sein.[560]

2231 Der vorläufige Sachwalter einer GmbH im Schutzschirmverfahren haftet trotz Kassenführung nicht für nicht abgeführte Lohnsteuer, da er weder gesetzlicher Vertreter oder Vermögensverwalter noch Verfügungsberechtigter i.S.d. § 35 AO ist, der die steuerlichen Pflichten zu vertreten hat.[561]

---

[556] AG Ludwigshafen ZInsO 2014, 853 = BeckRS 2014, 9643.
[557] Zu Rechtsstellung und Aufgaben des vorläufigen Sachwalters s. Flöther ZInsO 2014, 465 ff.
[558] AG Stendal ZIP 2012, 1875.
[559] OLG Dresden ZIP 2015, 1937.
[560] OLG Düsseldorf ZIP 2016, 2234.
[561] FG Düsseldorf, ZIP 2021, 1410

3. Begründung von Masseverbindlichkeiten

Zur Fortführung des Unternehmens in vorläufiger Eigenverwaltung wird regelmäßig die Begründung von Masseverbindlichkeiten erforderlich sein. Masseverbindlichkeiten kann der Schuldner im vorläufigen Eigenverwaltungsverfahren nur begründen, wenn er dazu vom Insolvenzgericht ermächtigt worden ist.[562] Ohne entsprechenden gerichtlichen Beschluss ist die Begründung von Masseverbindlichkeiten im vorläufigen Eigenverwaltungsverfahren nicht möglich.[563]

2232

Die diesbezügliche frühere Unterscheidung zwischen dem regulären vorläufigen Eigenverwaltungsverfahren nach § 270a InsO a.F. und dem Schutzschirmverfahren nach § 270b InsO a.F. wurde durch das SanInsFoG aufgehoben; nunmehr ist einheitlich in § 270c Abs. 4 InsO geregelt, dass das Gericht dem Schuldner die Begründung von Masseverbindlichkeiten auf Antrag zu gestatten hat. Für im Finanzplan nicht vorgesehene Verbindlichkeiten bedarf es einer gesonderten Begründung.[564]

Die Anordnung nach § 270c Abs. 4 InsO, dass dem Schuldner die Begründung von Masseverbindlichkeiten zu gestatten ist, erfolgt ohne materielle Prüfung des Gerichts. Ob der Schuldner bei seinem Gestattungsantrag zwischen einer globalen/generellen Ermächtigung und einer Einzel- oder Gruppenermächtigung zur Begründung von Masseverbindlichkeiten wählen kann[565] und ob dann die Ermächtigung auf einzelne Masseverbindlichkeiten reduziert werden kann, erscheint mir fraglich,[566] da dies im Gesetzestext nicht vorgesehen ist. Es könnte sich aus einem Erst-Recht-Schluss/a maiore ad minus ergeben. M.E. kann die Begründung der Masseverbindlichkeiten nicht an die Zustimmung des vorläufigen Sachwalters geknüpft werden[567], da dies in der gesetzlichen Regelung nicht vorgesehen ist.

Die Ermächtigung des vorläufig eigenverwaltenden Schuldners zur Begründung von Masseverbindlichkeiten kann nur nach der Ermächtigung zu begründende Verbindlichkeiten erfassen und nicht bereits bestehende Verbindlichkeiten zu Masseverbindlichkeiten aufwerten.[568]

Hat das Gericht generell angeordnet, dass der vorläufig eigenverwaltende Schuldner Masseverbindlichkeiten begründen kann, hat der Schuldner insoweit kein Wahlrecht.[569] Sämtliche von ihm begründeten Verbindlichkeiten sind dann Masseverbindlichkeiten.[570] Die Anordnung der Begründung von (finanzplangemäßen) Masseverbindlichkeiten gilt auch für die Arbeitnehmeranteile zur Sozial-

---

[562] LG Köln, ZIP 2014, 1849; BGH ZIP 2016, 831.; BGH ZIP 2018, 2488 = NZG 2019, 193 = NJW 2019, 224; dazu Commandeur/Utsch NZG 2019, 102 ff.
[563] OLG Köln, ZIP 2014, 2523; BGH ZIP 2016, 831 (noch zum Schutzschirmverfahren nach § 270b InsO a.F.)
[564] S.a. Klinck, Die Begründung von Masseverbindlichkeiten im vorläufigen Eigenverwaltungsverfahren nach dem SanInsFoG, ZIP 2021, 1189 ff.
[565] So OLG Dresden ZIP 2015, 1937 für die insoweit nicht geregelte Situation in § 270a InsO a.F.
[566] bejahend AG Ludwigshafen, ZInsO 2014, 853 = BeckRS 2014, 9643.
[567] So AG München ZIP 2012, 1470 für die insoweit nicht geregelte Situation in § 270a InsO a.F.
[568] AG Köln ZIP 2018, 2234.
[569] BGH ZIP 2016, 1295 = NZG 2016, 1274.
[570] OLG Karlsruhe ZIP 2017, 1649.

versicherung, die wegen der Beschäftigung der Arbeitnehmer entstanden sind.[571] § 55 Abs. 3 InsO ist entsprechend anwendbar. Allenfalls kann die Begründung von Verbindlichkeiten wegen Insolvenzzweckwidrigkeit unwirksam sein.[572]

2233 Fraglich dürfte zur neuen Rechtslage sein, ob die Entscheidung des Insolvenzgerichts, dem Schuldner die Begründung von solchen Masseverbindlichkeiten nicht zu gestatten, die im Finanzplan nicht berücksichtigt sind, anfechtbar ist. Zu § 270a InsO a.F. hatte der BGH geurteilt, dass die Entscheidung des Insolvenzgerichts, den Schuldner im Eröffnungsverfahren nach Antrag auf Anordnung der Eigenverwaltung nicht zur Begründung von Masseverbindlichkeiten zu ermächtigen, nicht mit der sofortigen Beschwerde angefochten werden kann.[573]

2234 Macht der Schuldner von der Möglichkeit des § 270c Abs. 4 InsO keinen Gebrauch, liegt lediglich „schwache" vorläufige Eigenverwaltung vor mit der Folge, dass die von ihm vor Insolvenzeröffnung begründeten Verbindlichkeiten im eröffneten Verfahren Insolvenzforderungen nach § 38 InsO sind. Befriedigungen können im eröffneten Insolvenzverfahren nach §§ 129 ff. InsO anfechtbar sein (s. → Rn. 2238).[574]

2235 Außerdem hat der BGH entschieden, dass § 55 Abs. 4 InsO im vorläufigen Eigenverwaltungsverfahren nicht entsprechend anwendbar ist.[575] Folgerichtig hat auch das FG Münster entschieden, dass unter vorläufiger Eigenverwaltung entstandene Umsatzsteuer nicht als Masseverbindlichkeit gegenüber dem späteren Insolvenzverwalter festzusetzen ist, weil der vorläufig eigenverwaltende Schuldner eben nicht „automatisch" Masseverbindlichkeiten begründet. § 55 Abs. 4 InsO ist auf die vorläufige Eigenverwaltung nicht entsprechend anzuwenden, weil die Rechtsstellung des vorläufigen Eigenverwalters mit derjenigen des vorläufigen Insolvenzverwalters nicht gleich ist.[576]

Dies ist genau abzugrenzen von der Rechtsprechung des BFH, nach der Masseverbindlichkeiten i.S.d. § 55 Abs. 1 Nr. 1 InsO entstehen, wenn der Schuldner im eröffneten Eigenverwaltungsverfahren das Entgelt für vor Verfahrenseröffnung ausgeführte Leistungen vereinnahmt.[577] Relevant wird die Frage auch bei der Beurteilung evtl. Haftungen des Geschäftsführers in der Eigenverwaltung nach §§ 60, 61 InsO.

4. Vorfinanzierung von Insolvenzgeld

2236 Auch in der vorläufigen Eigenverwaltung kann Insolvenzgeld nach §§ 165 ff. SGB III vorfinanziert werden.[578] Das Risiko für die Bank ist jedoch u.U. größer, wenn es die Akteure (eigenverwaltenden Schuldner, vorl. Sachwalter) nicht kennt.

---

[571] BGH ZIP 2016, 1295
[572] OLG Karlsruhe ZIP 2017, 1649 (für sog. Binnenverbindlichkeiten gegenüber dem Vertretungsorgan der Schuldnergesellschaft).
[573] BGH ZIP 2013, 525 = ZInsO 2013, 460; dazu Römermann/Praß ZInsO 2013, 482 ff.
[574] LG Köln ZInsO 2014, 1503 = NZI 2014, 816.
[575] BGH ZIP 2018, 2488.
[576] FG Münster ZIP 2019, 1238.
[577] BFH ZIP 2018, 2232; BFH ZIP 2011, 782.
[578] S. Anweisung der Bundesagentur für Arbeit HEGA-03/12-08.

Außerdem sind Besonderheiten für die Vorfinanzierung von Insolvenzgeld nach § 170 Abs. 4 SGB III zu beachten, insbesondere dass der Eintritt des erforderlichen Insolvenzereignisses (Eröffnung des Insolvenzverfahrens oder Ablehnung mangels Masse) nicht sicher ist,[579] etwa weil der bei drohender Zahlungsunfähigkeit gestellte Insolvenzantrag wieder zurückgenommen werden kann. Dem trägt das Gesetz durch die neue Regelung in § 274 Abs. 2 S. 2 InsO Rechnung, nach welcher das Gericht anordnen kann, dass der (vorläufige) Sachwalter den Schuldner im Rahmen der Vorfinanzierung von Insolvenzgeld, bei der insolvenzrechtlichen Buchhaltung und den Verhandlungen mit Kunden und Lieferanten unterstützen kann. Nicht zu verkennen ist jedoch, dass eine solche Anordnung in zweierlei Hinsicht ein Systembruch ist: einerseits soll der vorläufige Sachwalter unabhängig sein, andererseits muss der Schuldner eigenverwaltungsfähig sein, mithin die Expertise für solche Verhandlungen selbst haben oder durch eigene Berater einkaufen können.[580]

Sollte auf Antrag des eigenverwaltenden Schuldners nach § 270c Abs. 4 InsO angeordnet werden, dass er Masseverbindlichkeiten begründet, ist Folgendes zu beachten: Durch diese Anordnung wird der Schuldner quasi zum starken vorläufigen Eigenverwalter. Die Entgeltansprüche der Arbeitnehmer für in dieser Zeit geleistete Arbeit sind im eröffneten Insolvenzverfahren also Masseverbindlichkeiten. Sollte bei der Bundesagentur für Arbeit Insolvenzgeld nach §§ 165 ff. SGB III beantragt worden sein, gehen die Entgeltansprüche der Arbeitnehmer nach § 169 SGB III auf die Bundesagentur über. Für den starken vorläufigen Insolvenz(fremd)verwaltung regelt § 55 Abs. 3 InsO, dass die auf die Bundesagentur übergegangenen Ansprüche im eröffneten Verfahren dennoch keine Masseverbindlichkeiten sind, sondern die Bundesagentur sie nur als Insolvenzgläubiger geltend machen kann. Für den „starken" vorläufigen Eigenverwalter verweist § 270c Abs. 4 InsO jedoch nur auf § 55 Abs. 2 InsO und nicht auch auf § 55 Abs. 3 InsO. Daher besteht das Risiko, dass die auf die Bundesagentur übergegangenen Entgeltansprüche mangels Rückstufung im eröffneten Insolvenzverfahren sodann Masseverbindlichkeiten sind, wodurch die Sanierung erschwert oder sogar verhindert werden kann. Daher wird dafür plädiert, bis zur insoweit leider ausgebliebenen und damit weiter erforderlichen gesetzlichen Klarstellung § 270c Abs. 4 InsO teleologisch so zu reduzieren, dass der Schuldner nicht allgemein, sondern so wie ein starker vorläufiger Insolvenzverwalter Masseverbindlichkeiten begründet.[581]

2237

5. Gefahr der Insolvenzanfechtung

Für die in der vorläufigen Eigenverwaltung befriedigten Gläubiger kann das Risiko der Insolvenzanfechtung nach Eröffnung des Insolvenzverfahrens bestehen,[582] und zwar auch für Zahlungen, die der weiterhin verfügungsbefugte vorläufig eigenverwaltende Schuldner mit Zustimmung des vorläufigen Sachwalters geleistet hat. Dies kann zur Folge haben, dass für die Betriebsfortführung notwendige Geschäftspartner ihre Lieferungen und Leistungen zurückhalten.

2238

---

[579] S. BA für Arbeit zu den Auswirkungen des ESUG in ZIP 2012, 699 f.
[580] Frind, ZIP 2021, 171, 177
[581] Geißler ZInsO 2013, 531 ff.
[582] Dazu Schmittmann/Dannemann ZIP 2013, 760 ff.

AN-Anteile zur Sozialversicherung seien aber als Bargeschäfte nicht anfechtbar und von einem Benachteiligungsvorsatz i.S.d. § 133 Abs. 1 InsO könne bei Fortführung des Unternehmens nicht ausgegangen werden.[583]

Die im nach Anordnung gemäß § 270c Abs. 4 InsO vom Schuldner begründeten Masseverbindlichkeiten unterliegen grundsätzlich nicht der Insolvenzanfechtung.[584] Ist der vorläufig eigenverwaltende Schuldner wirksam ermächtigt, Masseverbindlichkeiten zu begründen, steht er insoweit einem starken vorläufigen Insolvenzverwalter gleich. Dann sind die von ihm veranlassten Zahlungen im späteren Insolvenzverfahren nicht anfechtbar. Das gilt auch für die Arbeitnehmeranteile zur Sozialversicherung, die wegen der Beschäftigung der Arbeitnehmer entstanden sind.[585] Zur Absicherung einer Gewinnbeteiligung über die Rückzahlung eines Massedarlehens hinaus kann eine Masseverbindlichkeit allerdings nicht angeordnet werden, weil dies die gesetzlich angeordnete Befriedigungsreihenfolge verschieben würde.[586]

Im Übrigen kann erwogen werden, durch Absprachen mit dem vorläufigen Sachwalter die Gefahr der späteren Insolvenzanfechtung auszuschließen.[587]

6. Gesellschaftsrechtliche Einflüsse

2239 Gesellschaftsrechtliche Maßnahmen evtl. obstruktiver Gesellschafter, etwa Abberufung des vorläufig eigenverwaltenden Geschäftsführers, könnten den Sanierungserfolg gefährden.[588] Ist Eigenverwaltung angeordnet, haben nach § 276a Abs. 1 InsO die Gesellschafterversammlung oder der Aufsichtsrat keinen Einfluss auf die Geschäftsführung des Schuldners. Abberufung und Neubestellung des Geschäftsführers bedürfen der Zustimmung des Sachwalters, die zu erteilen ist, wenn die Maßnahme nicht zu Nachteilen für die Gläubiger führt[589]. Diese Regelung gilt nach der nunmehrigen gesetzlichen Regelung in § 276a Abs. 3 InsO auch bereits im vorläufigen Eigenverwaltungsverfahren, wofür zumindest für das Schutzschirmverfahren bereits vor der Gesetzesergänzung plädiert worden war, um den Sanierungserfolg durch den späteren Insolvenzplan nicht durch gesellschaftsrechtliche Maßnahmen evtl. obstruktiver Gesellschafter zu gefährden[590].

Die Reichweite § 276a InsO ist jedoch fraglich und ungenau.[591] Nach OLG München hindern § 276a InsO (und die Eröffnung des Insolvenzverfahrens oder die Einleitung des Insolvenzplanverfahrens) nicht die gerichtliche Ermächtigung einer Aktionärsminderheit nach § 122 Abs. 3 AktG zur Einberufung einer Hauptversammlung. Taugliche Gegenstände der Hauptversammlung sind alle

---

[583] LG Dresden ZInsO 2014, 1061 = NZI 2014, 654.
[584] OLG Karlsruhe ZIP 2016, 1649.
[585] BGH ZIP 2016, 1295; krit. dazu Pleister/Kunkel ZIP 2017, 153 ff.
[586] AG Hamburg ZIP 2019, 882.
[587] S. Zipperer ZIP 2019, 689 ff.
[588] zum Ganzen s. Thole, Gesellschaftsrechtliche Maßnahmen in der Insolvenz, Köln 2014.
[589] Zu dieser Vorschrift Zipperer, ZIP 2012, 1492 ff.; zum Ablauf des Verfahrens Schmidt/Linker, ZIP 2012, 963 ff.; s.a. Klöhn, Die Grenzen des Einflusses auf die Geschäftsführung gemäß § 276a S. 1 InsO, NZG 2013, 81 ff.
[590] Hölzle, ZIP 2012, 2427 ff.
[591] Schäfer, ZRI 2020, 20 ff.; Thole, ZIP 2018, 1565 ff.

masseneutralen insolvenzfreien Bereiche, etwa Abberufung und Bestellung von Aufsichtsratsmitgliedern, Vertrauensentzug gegenüber dem Vorstand, Satzungsänderungen über Abstimmungsmehrheiten, Kapitalerhöhungen (außerhalb des Insolvenzplans) unter Belassung des Bezugsrechts der Altgesellschafter sowie gewisse Sonderprüfungen.[592]

7. Beendigung der vorläufigen Eigenverwaltung

Die vorläufige Eigenverwaltung kann nach § 270e Abs. 1 InsO durch gerichtliche Bestellung eines vorläufigen Insolvenzverwalters von Amts wegen oder auf (Gläubiger-)Antrag aufgehoben werden, wenn die dort genannten Gründe vorliegen. Vor der Entscheidung über die Aufhebung der vorläufigen Eigenverwaltung ist einem vorhandenen vorläufigen Gläubigerausschuss Gelegenheit zur Äußerung zu geben, § 270e Abs. 4 InsO. Die vorläufige Eigenverwaltung endet durch gerichtliche Aufhebungsentscheidung nach § 270e InsO oder gerichtliche Entscheidung über den Eröffnungsantrag. Das Schutzschirmverfahren endet nach Aufhebung seiner Anordnung oder nach Ablauf der Vorlagefrist für den Insolvenzplan durch Entscheidung über den Eröffnungsantrag. **2240**

IV. Haftungsgefahren für den vorläufig eigenverwaltenden Schuldner

Ein Problem für den (vorläufig) eigenverwaltenden Schuldner bzw. dessen Geschäftsführer[593] besteht in den zahlreichen Haftungsgefahren,[594] die grundsätzlich auch den Sanierungs-Geschäftsführer unverändert treffen können und die von der Rechtsprechung noch keinesfalls abschließend geklärt sind. Zu den Haftungsgefahren gehören bspw. die Haftungen wegen Verletzung der Sorgfaltspflichten des ordentlichen Geschäftsmannes nach §§ 43 Abs. 2 GmbHG, 93 Abs. 2 AktG, wegen verbotener Zahlungen nach § 15b InsO, die Steuerhaftung nach §§ 69, 34 AO[595] und die Haftungen wegen nicht abgeführter Sozialversicherungsbeiträge nach § 823 Abs. 2 BGB i.V.m. § 266a StGB. Außerdem bestehen die Haftungsgefahren nach §§ 60 – 62 InsO. **2241**

1. Nicht gebotene Insolvenzantragstellung

Zu beachten ist zunächst, dass für Geschäftsführer von Gesellschaften – auch nach Einführung der „Incentivierung" durch die Möglichkeit des Schutzschirmverfahrens (heute § 270d InsO) – die eigenmächtige Insolvenzantragstellung wegen **2242**

---

[592] OLG München, ZIP 2018, 1038 für einen Fall eines Insolvenzplans mit Kapitalschnitt zu Null und Übernahme des Unternehmens im Wege des Debt-Equity-Swap durch einen Finanzinvestor, der zuvor die wesentlichen Insolvenzforderungen von den Banken als Hauptgläubigern erworben hatte.
[593] Sa Bachmann ZIP 2015, 101 ff.
[594] Sa Thole/Brünkmans ZIP 2013, 1097 ff.; Bachmann ZIP 2015, 101 ff.
[595] Schmittmann/Dannemann ZIP 2014, 1405 ff.

drohender Zahlungsunfähigkeit regelmäßig eine Pflichtverletzung des Geschäftsführers sein dürfte,[596] weil die Eröffnung eines Insolvenzverfahrens einen Auflösungstatbestand für die Gesellschaft darstellt (§ 60 Abs. 1 Nr. 4 GmbHG) und die Entscheidung über die Auflösung der Gesellschaft den Gesellschaftern zugewiesen ist. Der Geschäftsführer muss also vor Stellung eines Insolvenzantrages über das Vermögen der Gesellschaft wegen drohender Zahlungsunfähigkeit die Weisung bzw. das Einverständnis der Gesellschafterversammlung einzuholen.[597] Der Beschluss bedarf mangels anderer Regelung im Gesellschafsvertrag der ³/₄-Mehrheit (entspr. § 60 Abs. 1 Nr. 2 GmbHG).

2. Legalitätspflicht

2243   a) **Spezifische insolvenzrechtliche Pflichten.** Der Geschäftsführer des (vorläufig) eigenverwaltenden Schuldners hat selbstverständlich die spezifischen insolvenzverfahrensrechtlichen Pflichten, vergleichbar den Pflichten des (vorläufigen) Insolvenzverwalters zu wahren, zu welchen u.a. gehören:[598]
- Sicherung der Insolvenzmasse,
- Beachtung von Aus- und Absonderungsrechten,
- ordnungsgemäße Fortführung des Unternehmens unter Aufrechterhaltung des Zahlungsverkehrs, soweit nicht der (vorläufige) Sachwalter die Kassenführung nach §§ 270b Abs. 1, 275 Abs. 2 InsO an sich gezogen hat (zur evtl. Haftung des Geschäftsführers nach § 15b InsO s. → Rn. 2248ff.),
- Erstellung und Erstattung der Berichte an die Gläubigerversammlung, § 156 InsO,
- Ausübung der Wahlrechte nach §§ 103ff. InsO.

2244   b) **Pflicht zur Sorgfalt des ordentlichen Geschäftsmannes.** Nach wohl h.M. hat der Geschäftsführer in (vorläufiger) Eigenverwaltung die allgemeinen Sorgfaltspflichten gegenüber der Gesellschaft etwa nach §§ 43 Abs. 1 GmbHG, 93 Abs. 1 AktG zu beachten.[599] Dabei ist das vom Geschäftsführer zu befolgende Interesse entsprechend dem Zweck des Insolvenzverfahrens des Befriedigungsinteresse der Gläubigergesamtheit. Ob der (vorläufige) Eigenverwalter für unternehmerische Fehlentscheidungen im Rahmen der Betriebsfortführung haftet, ist somit nach dem Insolvenzzweck der bestmöglichen gemeinschaftlichen Befriedigung der Insolvenzgläubiger unter Berücksichtigung der von ihnen getroffenen Entscheidungen zu beurteilen; § 93 Abs. 1 S. 2 AktG und die sog. business judgement rules sind nicht entsprechend anwendbar; § 60 Abs. 1 S. 2 InsO eröffnet einen ausreichenden Rechtsrahmen.[600]

---

[596] Leinekugel/Skauradszun GmbHR 2011, 1121 ff.; OLG München GmbHR 2013, 590 (n. rkr., Az. des BGH II ZR 152/13); zust. Saenger/Al-Wraikat NZG 2013, 1201 ff.; zu diesem Konflikt sa Hölzle ZIP 2013, 1846 ff., Meyer-Löwy/Pickerill GmbHR 2013, 1065 ff.
[597] Frankfurt a.M. ZIP 2013, 1720 = ZInsO 2013, 1793: keine unternehmerische Entscheidung, sondern gesellschaftsrechtliches Grundlagengeschäft, zu dem der Geschäftsführer im Innenverhältnis eines Gesellschafterbeschlusses bedarf.
[598] Sa Thole/Brünkmans ZIP 2013, 1097.
[599] Bachmann ZIP 2015, 101 ff., 104 m.w.N.
[600] BGH ZIP 2020, 1080 für den Insolvenzverwalter; zu dieser Entscheidung Bauer, Keine Business Judgement Rule für den Insolvenzverwalter, ZIP 2020, 2272 ff.

Die Rechtsfolge der Verletzung dieser Pflichten im Insolvenzeröffnungsverfahren ist, soweit ersichtlich, noch nicht ausgeurteilt. Nach der wohl h.M. führen Verletzungen der v.g. Pflichten zur Haftung der Geschäftsleiter nach §§ 43 Abs. 2 GmbHG, 93 Abs. 2 AktG. Trotz der Ausrichtung des Gesellschaftsinteresses am Gläubigerinteresse bleibt die Haftung des Geschäftsführers nach diesen Vorschriften reine Innenhaftung gegenüber der Gesellschaft. Dies hat der BGH in seiner Entscheidung zur Außenhaftung des eigenverwaltenden Geschäftsleiters gegenüber Gläubigern nach §§ 60, 61 InsO analog (s. → Rn. 2246 ff.) bestätigt.[601] Die Innenhaftung kann der Sachwalter geltend machen, § 280 InsO. Nach § 276a InsO abweichende Weisungen der Gesellschafterversammlung unbeachtlich bzw. unwirksam, weil diese den Geschäftsführer von den im Interesse des Gläubigerschutzes bestehenden Verpflichtungen (Legalitätspflicht) nicht befreien können.

2245

3. Außenhaftung gegenüber den Gläubigern nach §§ 60, 61 InsO

Einige Zeit nach Inkrafttreten des ESUG war zunächst ungeklärt, ob das Organ des eigenverwaltenden Schuldners die Außenhaftungen gegenüber den Gläubigern nach §§ 60, 61 InsO analog treffen können[602], etwa durch Masseverbrauch, wenn nach § 270b Abs. 3 InsO a.F. unbegrenzt Masseverbindlichkeiten begründet werden können. Hier war schon fraglich, wer der Eigenverwalter ist – der Schuldner oder sein Organ. Der Gravenbrucher Kreis schien davon auszugehen, dass Eigenverwalter das Organ des Schuldners ist und dieses eine dem (vorläufigen) Insolvenzverwalter vergleichbare Stellung einnimmt.[603] Nach dieser Auffassung könnte den Geschäftsführer des Schuldners unmittelbar die Außenhaftung nach §§ 60, 61 InsO treffen. Damit zeigte sich das Problem als eine Frage, welchem Haftungskonzept der Vorzug zu geben ist: gesellschaftsrechtliche Innenhaftung oder insolvenzrechtliche Außenhaftung. In der Literatur wurden zur Außenhaftung Konzepte einer Vertrauenshaftung nach §§ 280 Abs. 1, 241 Abs. 2, 311 Abs. 3 BGB oder einer dritt-/gläubigerschützenden Wirkung etwa der §§ 43 Abs. 2 GmbHG, 93 Abs. 2 AktG diskutiert.

2246

Solchen Konzepten hat der **BGH** in einer **grundsätzlichen Entscheidung** eine Absage erteilt. Entgegen der Vorinstanz, nach welcher eine analoge Anwendung der §§ 60, 61 InsO auf den (vorläufig) eigenverwaltenden Schuldner nicht in Frage komme, weil es bereits an einer planwidrigen Regelungslücke fehle[604], hat der BGH unter genauer Abwägung der Haftungskonzepte entschieden, dass im eröffneten Eigenverwaltungsverfahren der Geschäftsleiter der Schuldnergesellschaft den Beteiligten gegenüber analog §§ 60, 61 InsO haftet.[605] Zur Begründung hat der BGH darauf verwiesen, dass der eigenverwaltende Schuldner dem Insolvenzverwalter im Regelverfahren weitgehend gleichgestellt sei und eine Haftungsprivilegierung des Eigenverwalters gegenüber dem Insolvenzverwalter nicht zu rechtfertigen sei (Gleichklang von Verantwortung bzw. Kompetenz und Haftung).

---

[601] BGH ZIP 2018, 977 (mAnm Bitter) = GmbHR 2018, 632.
[602] Verneinend Bachmann, Organhaftung in der Eigenverwaltung, ZIP 2015, 101 ff., 109
[603] Gravenbrucher Kreis, ESUG: Erfahrungen, Probleme, Änderungsnotwendigkeiten, ZIP 2015, 2159 ff., 2163
[604] OLG Düsseldorf Urt. v. 7.9.2017 – I-16 U 33/17, GmbHR 2018, 21 = ZIP 2017, 2211
[605] BGH, Urt. v. 26.4.2018 – IX ZR 238/17, ZIP 2018, 977 (mit Anmerkung Bitter) = GmbHR 2018, 632; zu dieser Entscheidung Schwartz, NZG 2018, 1013 ff.

Die insolvenzrechtliche Außenhaftung des Geschäftsleiters des eigenverwaltenden Schuldners gegenüber den geschädigten Gläubigern sei also erforderlich, weil sonst eine Schlechterstellung der Gläubiger bzw. Beteiligten im Eigenverwaltungsverfahren gegenüber dem Regelinsolvenzverfahren i.S.d. 270 Abs. 2 Nr. 2 InsO a.F. nicht auszuschließen sei. Weitere Begründung ist, dass gerade bei Einzelschäden individueller Beteiligter (im entschiedenen Fall Warenlieferanten als Masseverbindlichkeit) durch die bloße Innenhaftung gemäß den gesellschaftsrechtlichen Haftungstatbeständen kein befriedigender Ausgleich zu erreichen sei, denn der Schadensersatz fließe in die Masse und nicht an den einzelnen geschädigten Gläubiger. Nach meinem Dafürhalten kommen beim (vorläufigen) Eigenverwalter die Grundsätze des § 93 Abs. 1 S. 2 AktG und die business judgement rules ebenfalls nicht zur Anwendung.[606]

M.E. musste diese Entscheidung wegen des Gleichlaufs von Kompetenz und Haftung auch für den Geschäftsführer in der **vorläufigen Eigenverwaltung** gelten, da die tragenden Entscheidungsgründe auch hier zutreffen.[607] Zumindest soweit er zur Begründung von Masseverbindlichkeiten ermächtigt war und solche begründet hat, haftet er den Massegläubigern nach §§ 60, 61 analog.[608]

Durch Art. 5 SanInsFoG[609] wurde in § 276a Abs. 2 u. 3 InsO nunmehr gesetzlich geregelt, dass der Geschäftsführer des (auch vorläufig) eigenverwaltenden Schuldners nach Maßgabe der §§ 60 – 62 InsO haftet, also die Interessen der Gläubigergesamtheit zu wahren hat und der insolvenzverfahrensspezifischen Massesicherungspflicht unterliegt.

Die weitere Frage, ob neben den Außenhaftungen nach §§ 60 – 62 InsO zusätzlich die Haftungen des (vorläufig) eigenverwaltenden Geschäftsleiters nach den gesellschaftsrechtlichen Haftungsnormen, etwa §§ 43, oder § 93 AktG, oder nach § 15b InsO eingreifen, ist nicht geregelt.

Für § 15b InsO wird – durchaus im Einklang mit der Begründung zum RegE des SanInsFoG[610] – vertreten, dass die den Schutz der Insolvenzmasse betreffenden Normen der früheren §§ 64 GmbHG, 93 Abs. 2 u. 3 Nr. 6, 92 Abs. 2 AktG, heute § 15b InsO nicht eingreifen, weil es dieses zusätzlichen Schutzes neben §§ 60 ff. InsO nicht bedürfe[611] bzw. diese Norm durch den Vorrang des § 276a Abs. 2 u. 3 InsO verdrängt werde.[612]

---

[606] Unanwendbarkeit der business judgement rule für den Insolvenzverwalter: BGH ZIP 2020, 1080; zu dieser Entscheidung Korch, ZIP 2020, 1596 ff., Bauer, ZIP 2020, 2272 ff., Gehrlein, NZG 2020, 801 ff.

[607] So auch Hölzle, Folgen der „faktischen Verwalterhaftung" für die Grundsätze ordnungsgemäßer Eigenverwaltung und den Nachteilsbegriff i.S.d. § 270 Abs. 2 Nr. 2 InsO, ZIP 2018, 1669 ff.; Schulte-Kaubrügger, Die Haftung der Beteiligten in der Eigenverwaltung, ZIP 2019, 345 ff., 347, 348; a.A. Poertzgen, Die Haftung des GmbH-Geschäftsführers vor und nach Stellung des Insolvenzantrags, GmbHR 2018, 881 ff., 887, der § 64 GmbHG in dieser Phase für anwendbar hält

[608] So auch Bitter, ZIP 2018, 988 und Hofmann, Die Haftung der Geschäftsleiter in Eigenverwaltung der Gesellschaft, ZIP 2018, 1429 ff., 1430

[609] v. 22.12.2020, BGBl. I, 3256, 3288

[610] RegE Art. 5, Nr. 9, zu Nr. 41 Buchst. b, S. 248

[611] Hofmann, Die Haftung der Geschäftsleiter in Eigenverwaltung der Gesellschaft, ZIP 2018, 1429 ff.

[612] Brünkmans, ZInsO 2021, 1, 20

Eine Innenhaftung wegen Verletzung der den Schutz des Gesellschaftsinteresses (und damit des Befriedigungsinteresses der Gläubigergesamtheit) bezweckenden allgemeinen Sorgfaltsnormen der §§ 43 GmbHG, 93 AktG könne hingegen zumindest eingeschränkt bzw. ergänzend in Betracht kommen[613], zumal deren Anwendung nach der Entscheidung des BGH zur Außenhaftung analog §§ 60, 61 InsO nicht verdrängt ist (s.o.).

Keine Aussage enthalten die BGH-Entscheidung und die neue gesetzliche Regelung auch zu der Frage, ob die Außenhaftung nach §§ 60, 61 InsO analog auch einen faktischen Geschäftsführer, etwa einen **Sanierungsmanager** (Chief Restructuring Officer, CRO) treffen kann, der zwar nicht in der Organfunktion, jedoch mit umfassenden Vollmachten oder gar einer Generalvollmacht ausgestattet oder als bestellter Prokurist tätig wird.[614] Aus Gründen anwaltlicher Vorsicht mit Rücksicht auf die Rechtsprechung zur Haftung des sog. faktischen Geschäftsführers würde ich dies in der Beratung annehmen. Sollte das nicht der Fall sein, so wird in der Literatur auch argumentiert, könnte die Anordnung der Eigenverwaltung mit einem solchen nicht als Organ bestellten Sanierungsmanager evtl. sogar als für die Gläubiger nachteilig i.S.d. §§ 270e Abs. 2 S. 1, 272 Abs. 1 Nr. 2 InsO anzusehen sein.

4. Geschäftsführerhaftung wegen nicht abgeführter Steuern und Sozialversicherungsbeiträge[615]

Auch im vorläufigen Eigenverwaltungsverfahren hat der Schuldner grundsätzlich die Verpflichtungen aus dem Steuerschuldverhältnis zu erfüllen und die Sozialabgaben für die Arbeitnehmer zu begleichen. Geschieht dies nicht, kommt die Organhaftung des Geschäftsführers der Schuldner-GmbH (§§ 34, 69 AO bzw. §§ 823 Abs. 2 BGB i.V.m. 266a StGB) in Betracht, da seine Rechtsposition als gesetzlicher Vertreter durch die Anordnung der vorläufigen Eigenverwaltung im Außenverhältnis nicht beschränkt wird. 2247

Betreffend die **steuerrechtlichen Zahlungsverpflichtungen** in der vorläufigen Eigenverwaltung ist nunmehr in § 15b Abs. 8 InsO eine gesetzliche Regelung erfolgt. Eine Verletzung steuerrechtlicher Zahlungspflichten liegt danach nicht vor, zwischen dem Eintritt der Zahlungsunfähigkeit bzw. der Überschuldung und der Entscheidung des Insolvenzgerichts über den Eröffnungsantrag Ansprüche aus dem Steuerschuldverhältnis nicht oder nicht rechtzeitig erfüllt werden, sofern die Insolvenzantragspflicht nach § 15a InsO ordnungsgemäß erfüllt wurde. Sofern der Insolvenzantrag verspätet gestellt wurde, gilt dies nur für die nach Anordnung der vorläufigen Eigenverwaltung fällig werdenden Ansprühe aus dem Steuerschuldverhältnis.

Für die (bei Verletzung strafbedrohte) Verpflichtung zur Abführung der Arbeitnehmeranteile zur **Sozialversicherung** ist eine gesetzliche Klarstellung nicht erfolgt. Allerdings wird in der Literatur vertreten, dass § 15b Abs. 8 InsO analog

---

[613] Hofmann, Die Haftung der Geschäftsleiter in Eigenverwaltung der Gesellschaft, ZIP 2018, 1429 ff.
[614] Zu diesem dort kurz angesprochenen Problem s. Bitter, ZIP 2018, 988
[615] Sa Schmittmann/Dannemann ZIP 2014, 1405 ff.

auch auf die Arbeitnehmeranteile zur Sozialversicherung anzuwenden sei (s.o. bei Geschäftsführerhaftung). Außerdem wird auch hier vertreten, dass die aus § 276a Abs. 2 u. 3 InsO i.V.m. §§ 60 und 61 InsO herzuleitende Massesicherungspflicht des Geschäftsleiters in der vorläufigen Eigenverwaltung die Verpflichtung zur Zahlung der Sozialabgaben verdrängt, jedoch ist dies keineswegs sicher. Da beide Literaturauffassungen jedoch nicht sicher sind, würde ich bis zur Klärung durch die Rechtsprechung zur Zahlung der Arbeitnehmeranteile zur Sozialversicherung raten, um den Geschäftsführer nicht dem Strafvorwurf auszusetzen.

5. Ersatzpflicht für verbotene Zahlungen nach § 15b InsO?

2248   Noch nicht abschließend geklärt ist, ob und ggf. in welchem Umfang den Geschäftsführer des vorläufig eigenverwaltenden Schuldners die Haftungen wegen verbotener Zahlungen nach § 15b InsO treffen können. Relevant wird die Frage, wenn der Schuldner nicht nur drohend zahlungsunfähig ist, sondern etwa das sog. Schutzschirmverfahren im Stadium der Überschuldung der Gesellschaft führt.

Sofern der Insolvenzantrag nach § 15a InsO rechtzeitig gestellt wurde, besteht das Problem nach der Neuregelung in § 15b Abs. 2 S. 3 InsO nicht mehr, denn diese gelten als mit der Sorgfalt des ordentlichen Geschäftsmannes vereinbar. Wurde der Insolvenzantrag aber verspätet gestellt, gilt dies nach § 15b Abs. 3 InsO nicht.

In der Literatur werden zur Anwendbarkeit der Zahlungsverbote nach Eintritt der Insolvenzreife unterschiedliche Auffassungen vertreten[616]: nach einer Auffassung sind die Verbote im vorläufigen Eigenverwaltungsverfahren anwendbar[617], nach anderer Auffassung sind sie nicht anwendbar[618]; insbesondere nach Einführung der gesetzlichen Regelung in § 276a Abs. 2 u. 3 InsO zur Außenhaftung des Geschäftsführers des vorläufig eigenverwaltenden Schuldners nach §§ 60 – 62 InsO bestehe für § 15b InsO kein Raum mehr.[619] Letzterer Auffassung ist m.E. zu folgen. Die Haftung nach § 15b InsO ist eine Insolvenzverschleppungshaftung. Mit der Einleitung des Insolvenzverfahrens mit (vorläufiger) Eigenverwaltung wird die Insolvenz jedoch gerade nicht verschleppt. Zusätzlich besteht nach der BGH-Entscheidung zur Haftung des eigenverwaltenden Geschäftsführers nach §§ 60, 61 InsO analog[620] und der nunmehrigen entsprechenden gesetzlichen Regelung in § 276a Abs. 2 u. 3 InsO, die Vorrang vor § 15b InsO habe und diese Norm verdrängt[621], weder Raum noch Bedürfnis für eine gesonderte Haftung wegen verbotener Zahlungen mehr.

Da Rechtsprechung zu dieser Frage aber noch nicht vorliegt, insbesondere die Grundsatzentscheidung des BGH zur Haftung des Eigenverwalters nach §§ 60,

---

[616] Eingehend Bachmann ZIP 2015, 101 ff. m.w.N.; Poertzgen GmbHR 2018, 881 ff., 887.
[617] Klinck DB 2014, 938, 942; A.Schmidt/Poertzgen NZI 2013, 369, 376; Thole/Brünkmans ZIP 2013, 1097, 1100 f.
[618] Haas ZHR 178 (2014), 603, 619; Brinkmann DB 2012, 1369; Hofmann ZIP 2018, 1431, 1432.
[619] Brünkmans, ZInsO 2021, 1 ff., 20
[620] BGH, Urt. v 26.4.2018 – IX ZR 238/17, GmbHR 2018, 632 = NZI 2018, 519; im Einzelnen s.u.
[621] Brünkmans, ZInsO 2021, 1, 20

61 InsO analog[622] hierzu keine Aussagen enthält, ist aus Sicht des Geschäftsführers „aus Vorsichtsgründen" zu befürchten, dass die Regelungen im vorläufigen Eigenverwaltungsverfahren grundsätzlich eingreifen können, weil sie gerade den Zeitraum vor Eröffnung des Insolvenzverfahrens erfassen und eine formale Bereichsausnahme für die vorläufige Eigenverwaltung nach §§ 270c und d InsO nirgends statuiert ist.

Teleologische Reduktion? Selbst wenn man also im vorläufigen Eigenverwaltungsverfahren eine Haftung des Geschäftsführers nach § 15b InsO für denkbar hält, ist m.E. zumindest eine teleologische Reduktion geboten. Nach der gesetzlichen Konstruktion ist das vorläufige Eigenverwaltungsverfahren einschl. Schutzschirmverfahren (noch) im Stadium der Überschuldung statthaft. Zur Betriebsfortführung sind regelmäßig sowohl Verbindlichkeiten zu begründen als auch Zahlungen zu leisten. Müssten diese dann im eröffneten Verfahren nach § 15b Abs. 1 u. 4 InsO vom Geschäftsführer persönlich zurückgezahlt werden, käme das Verfahren zumindest für haftungsbeschränkte Gesellschaften nicht in Frage. Dieser gesetzliche Widerspruch kann durch teleologische Reduktion vermieden werden. Jedenfalls sollten die dem Insolvenzzweck dienenden Zahlungen als mit der Sorgfalt des ordentlichen Geschäftsmannes i.S.d. § 15b Abs. 1 S. 2 InsO vereinbar anzusehen sein.[623] 2249

Zur Haftungsentlastung erscheint außerdem denkbar, dass entsprechend dem Rechtsgedanken des § 270b Abs. 3 S. 3 InsO die Haftung nach § 15b InsO ausgeschlossen sein könnte, wenn ein vorläufiger Gläubigerausschuss einstimmig der Fortführung des Geschäftsbetriebes zugestimmt hat.[624] Voraussetzungen dafür dürften sein, dass der vorläufige Gläubigerausschuss repräsentativ besetzt ist und dass keine Informationsdefizite bestanden. Letztere können durch eine belastbare Liquiditätsplanung ausgeschlossen werden.

Befriedigt der Schuldner mit Befugnis zur **Begründung von Masseverbindlichkeiten** Verbindlichkeiten im Eröffnungsverfahren, die nach Verfahrenseröffnung Masseverbindlichkeiten wären, so scheidet eine Haftung m.E. aus, weil es an einer Gläubigerbenachteiligung/Masseschmälerung fehlt. Solange Rechtsprechung zur Frage der Haftung nach § 15b InsO im vorläufigen Eigenverwaltungsverfahren noch fehlt, sollte dem Geschäftsführer im vorläufigen Eigenverwaltungsverfahren also geraten werden, sich die Begründung von Masseverbindlichkeiten vom Insolvenzgericht nach § 270c Abs. 4 InsO gestatten zu lassen. 2250

Da Rechtsprechung zu dieser Frage noch nicht vorliegt, ist aus Sicht des Geschäftsführers „aus Vorsichtsgründen" zu befürchten, dass die Regelungen im vorläufigen Eigenverwaltungsverfahren grundsätzlich eingreifen können, weil sie gerade den Zeitraum vor Eröffnung des Insolvenzverfahrens erfassen und eine formale Bereichsausnahme für die vorläufige Eigenverwaltung nach §§ 270a, 270b InsO nirgends statuiert ist. 2251

---

[622] BGH, Urt. v 26.4.2018 – IX ZR 238/17, GmbHR 2018, 632 = NZI 2018, 519; im Einzelnen s.u.
[623] So auch Bachmann ZIP 2015, 101 ff., 109.
[624] So Siemon/Klein ZInsO 2012, 2009 ff.

V. Durchführung der Eigenverwaltung nach Verfahrenseröffnung

1. Gläubigerversammlung

2252   Die Gläubigerversammlung bleibt Herrin des Verfahrens. Einem Beschluss der Gläubigerversammlung auf Einstellung des Geschäftsbetriebes hat der eigenverwaltende Schuldner Folge zu leisten; er ist nicht befugt, einen Antrag auf Aufhebung dieses Beschlusses zu stellen. Eine Aufhebung dieses Beschlusses auf Antrag eines Gläubigers nach § 78 InsO durch das Gericht kommt nur in Betracht, wenn die Fortführung des Schuldnerunternehmens nach der vorliegenden ordnungsgemäßen Fortführungsplanung eindeutig bessere Quotenaussichten bietet.

2. Sachwalter

2253   Nach § 270f Abs. 2 InsO wird bei Anordnung der Eigenverwaltung anstelle eines Insolvenzverwalters ein **Sachwalter** mit den Aufgaben nach §§ 274, 275 InsO bestellt. Die Forderungen der Insolvenzgläubiger sind beim Sachwalter anzumelden. Die §§ 32 und 33 InsO sind nicht anzuwenden. Zur erforderlichen Unabhängigkeit des Sachwalters hat das AG Stendal entschieden, dass diese fehlt, wenn zwischen dem Sanierungs-Geschäftsführer und dem Sachwalter eine umfangreiche Geschäftsbeziehung durch mehrere Unternehmenssanierungen besteht.[625]

Nach § 280 InsO ist für die Geltendmachung von Ansprüchen nach §§ 92, 93 InsO sowie für Insolvenzanfechtungen nach §§ 129 ff., InsO ausschließlich der Sachwalter zuständig. Im Übrigen gelten die Vorschriften über die Insolvenzanfechtung uneingeschränkt.[626]

3. Verfügungsmacht des Schuldners

2254   Der Geschäftsführer bleibt verwaltungs- und verfügungsbefugt (unter Aufsicht des Sachwalters). Der eigenverwaltende Schuldner behält auch die Prozessführungsbefugnis und kann einen insolvenzbedingt unterbrochenen Prozess (etwa § 240 ZPO) wieder aufnehmen.[627] Der eigenverwaltende Schuldner hat keinen Anspruch auf PKH als Partei kraft Amtes.[628]

Der eigenverwaltende Schuldner soll Maßnahmen der Geschäftsführung mit dem Sachwalter abstimmen. Verbindlichkeiten außerhalb des gewöhnlichen Geschäftsbetriebs soll er nur mit Zustimmung des Sachwalters und Verbindlichkeiten, denen der Sachwalter widersprochen hat, soll er nicht eingehen, § 275 InsO. Auf Antrag der Gläubigerversammlung kann vom Gericht für bestimmte Geschäfte ein Zustimmungsvorbehalt angeordnet werden, § 277 InsO. Ob Zustimmungsvor-

---

[625] AG Stendal ZIP 2012, 1875.
[626] OLG Dresden ZIP 2014, 1294; LG Köln ZInsO 2014, 1503 = NZI 2014, 816.
[627] BFH ZIP 2014, 894.
[628] LAG Stuttgart ZIP 2014, 1455 = ZInsO 2014, 1719.

behalte auch von Amts wegen angeordnet werden dürfen, ist streitig.[629] Ich würde dies verneinen, da das die Eigenverwaltung entwerten würde.

Für bestimmte bedeutsame Rechtshandlungen bestehen Zustimmungserfordernisse des Gläubigerausschusses, § 276 InsO. 2255

Der Schuldner hat selbst Verzeichnisse der Gläubiger und der Masse, die Vermögensübersicht zu erstellen und die Rechnungslegung vorzunehmen, §§ 66, 155, 281 InsO. Das ist ein in der Praxis nicht zu unterschätzender Aufwand, insbesondere zur vorgeschriebenen Rechnungslegung wird der in solchen Dingen in der Regel ungeübte Geschäftsführer mangels Erfahrung kaum in der Lage sein. 2256

Die teleologische Reduktion des § 25 HGB bei Erwerb vom Insolvenzverwalter aus eröffnetem Insolvenzverfahren (Ausschluss der Haftung wegen Firmenfortführung) gilt auch bei Erwerb vom eigenverwaltenden Schuldner.[630] 2257

4. Gesellschaftsrechtliche Einflüsse auf den eigenverwaltenden Schuldner

Ist Eigenverwaltung angeordnet, haben nach § 276a InsO die Gesellschafterversammlung oder der Aufsichtsrat keinen Einfluss auf die Geschäftsführung des Schuldners. Abberufung und Neubestellung des Geschäftsführers bedürfen der Zustimmung des Sachwalters, die zu erteilen ist, wenn die Maßnahme nicht zu Nachteilen für die Gläubiger führt.[631] 2258

5. Aufhebung der Eigenverwaltung

Nach § 272 InsO hebt das Gericht die Anordnung der Eigenverwaltung auf, wenn die in Abs. 1 Nrn. 1–2 genannten Voraussetzungen eintreten, sonst auf Antrag des Schuldners selbst (Abs. 1 Nr. 5) oder auf Antrag der Gläubigerversammlung mit einer Mehrheit von mehr als 50 % der Forderungssumme der abstimmenden Gläubiger (Abs. 1 Nr. 3 i.V.m. § 76 Abs. 2 InsO) oder auf Antrag eines Gläubigers, wenn die Anordnungsvoraussetzungen nach § 270f Abs. 1 i.V.m. § 270b Abs. 1 S. 1 InsO weggefallen sind und dem Gläubiger durch die Fortsetzung der Eigenverwaltung erhebliche Nachteile drohen würden und er dies glaubhaft macht. Solche Nachteile können auch in der Verfahrensverzögerung liegen.[632] 2259

Vor der Entscheidung über den Antrag ist der Schuldner anzuhören. Gegen die Entscheidung steht dem Gläubiger und dem Schuldner die sofortige Beschwerde zu.

Bei Aufhebung der Eigenverwaltung kann der bisherige Sachwalter zum Insolvenzverwalter bestellt werden, § 272 Abs. 3 InsO.

---

[629] S. Gundlach/Müller ZInsO 2010, 2181 ff.
[630] LAG Hamm ZIP 2016, 2167; BGH, ZIP 2020, 263 = NZG 2020, 318.
[631] Zu dieser Vorschrift Zipperer ZIP 2012, 1492 ff.; zum Ablauf des Verfahrens Schmidt/Linker ZIP 2012, 963 ff.; sa Klöhn NZG 2013, 81 ff.
[632] AG Köln ZIP 2015, 440.

H. Insolvenzplan (§§ 217 ff. InsO)

I. Vorbemerkungen und Kriterien für die Wahl des Insolvenzplans als Sanierungsmittel

2260   Der Insolvenzplan[633] wurde bei Einführung der InsO als Kernstück der Insolvenzrechtsreform bezeichnet. In ihm können gem. § 217 Satz 1 InsO die Befriedigung der Gläubiger (auch der absonderungsberechtigten), die Verwertung der Insolvenzmasse und die Verteilung und die Haftung des Schuldners nach Beendigung des Insolvenzverfahrens abweichend vom Regelinsolvenzverfahren nach den Vorschriften der InsO geregelt werden. Er dient anstelle des früheren (KO, VerglO) Vergleichs oder Zwangsvergleichs dem Ziel, den Gläubigern bestmögliche Befriedigung durch einvernehmliche (auch mit dem Schuldner) Bewältigung der Insolvenz im Rahmen von privatautonomen Entscheidungen bzw. Verträgen zu gewähren. Für die Gläubiger kann mithilfe eines Insolvenzplanes u.U. eine bessere Befriedigung durch Unternehmensfortführung oder andere Verwertung (z.B. Übertragung, Liquidation) als diejenige im Regelinsolvenzverfahren (meist Zerschlagung und Verwertung der Einzelteile) nach der InsO erreicht werden. Auch eine übertragende Sanierung ist nicht immer ein gleichwertiger Ersatz für die Sanierung des Unternehmensträgers im Insolvenzplanverfahren. Bspw. kann bei letzterer die Entstehung von Grunderwerbsteuer vermieden und die steuerlichen Verlustvorträge können ebenso erhalten werden wie Rechte und Vertragsbeziehungen des Schuldners (z.B. Lizenzen). Am ehesten Erfolg versprechend erscheint mir der sog. „prepackaged plan", also der Insolvenzplan, der zugleich mit der Insolvenzantragstellung vorgelegt wird.

2261   Während die übertragende Sanierung die Sanierung des Unternehmens ist, ist die Insolvenzplansanierung die (zusätzliche) Sanierung des Unternehmensträgers.[634] Sie bietet sich dann an, wenn eine übertragende Sanierung nicht oder nur unter erheblichen Schwierigkeiten möglich ist, etwa in folgenden Fallgruppen:
- Sanierung von Großunternehmen,[635]
- Sanierung von Unternehmen, die zur Fortführung auf den Erhalt der Rechtsträgerschaft bzw. die unveränderte Fortsetzung von nicht übertragbaren Vertragsbeziehungen angewiesen sind, z.B. Mietverträge, Lizenzen, sportrechtliche Ligazulassungen (für Sportvereine), etc.
- Unternehmen, deren Erfolg allein oder ganz wesentlich durch den Inhaber selbst generiert wird, z.B. einzelkaufmännische Unternehmen, Freiberufler; für diesen Fall darf der Schuldner nach dem neuen, durch das SanInsFoG eingefügten

---

[633] Paul ZInsO 2006, 532 ff., ZInsO 2007, 856 ff., ZInsO 2008, 843 ff., ZInsO 2009, 1330 ff., ZInsO 2010, 1134 ff., ZInsO 2012, 613 ff., ZInsO 2013, 1505 ff., ZInsO 2014, 636 ff.; zu einem Online-Sanierungsportal für planbasierte Sanierungen s. Kranzusch ZInsO 2007, 1135 ff.

[634] Sofern nicht nach den Neuregelungen des ESUG, § 217 S. 2 InsO in die Anteilseignerrechte eingegriffen wird.

[635] Zu Sanierung von Großunternehmen durch Insolvenzplan s. Rattunde ZIP 2003, 596 ff.

§ 245 Abs. 2 S. 2 InsO wirtschaftliche Werte er- oder behalten, wenn er nicht vor Ablauf von 5 Jahren (oder innerhalb einer kürzeren im Plan vorgesehenen Frist) selbst seine Tätigkeit beendet, ohne dass sich daraus eine unangemessene Beteiligung dem Plan widersprechender Gläubiger ergibt,
- bei fehlendem Investor/Erwerbsinteressent.

Außer in den vorgenannten Fallgruppen kann die Wahl der Sanierung im Wege des Insolvenzplanverfahrens sinnvoll sein, wenn es für das Erreichen des Sanierungserfolges erforderlich ist, gewisse (Minderheits-)Gläubiger auch gegen deren Willen in das Sanierungsgeschehen einzubeziehen. Letzteres kann durch „richtige" Bildung der Gruppen (§ 222 InsO) und anschließende Überstimmung durch die Gläubigermehrheit in der Gruppe nach Forderungssumme und Kopfzahl (§ 244 InsO) oder durch Anwendung des Obstruktionsverbots (§ 245 InsO) gelingen. Durch das ESUG wurden die Rechtsmittelmöglichkeiten von überstimmten Gläubigern nochmals stark eingeschränkt, um sog. Akkordstörern das Obstruktionspotential weitestgehend zu nehmen.

Nach dem neuen, durch das SanInsFoG eingefügten § 217 Abs. 2 InsO kann der Plan ferner Rechte der Inhaber von Insolvenzforderungen gestalten, die diesen aus einer von einem verbundenen Unternehmen i.S.d. § 15 AktG gegebenen Sicherheit (Bürgschaft, Mitschuld, Haftungsübernahme, dingliche Sicherheiten) zustehen (sog. gruppeninterne Sicherheiten). Dann sind die Ansprüche nach § 223a InsO angemessen zu entschädigen und die Zustimmung des die Sicherheit gebenden verbundenen Unternehmens ist erforderlich, § 230 Abs. 4 InsO. Die betroffenen Gläubiger bilden nach § 222 Abs. 1 S. 2 Nr. 5 InsO eine gesonderte Pflichtgruppe, deren Stimmrecht in § 238b InsO geregelt ist.

Zur Verwendung des Insolvenzplans zum Zweck der Sanierung oder Übertragung des Unternehmens unter Eingriff in die Rechte/Stellung der Anteilsinhaber s. → Rn. 2300 ff.

Nicht übersehen werden darf, dass das Insolvenzplanverfahren eine Verfahrensordnung zur Sanierung des Unternehmens im Insolvenzverfahren ist. Die wirtschaftlichen Voraussetzungen für eine Unternehmenssanierung kann sie nicht ersetzen.

II. Insolvenzplanverfahren

1. Übersicht

Das Insolvenzplanverfahren läuft wie folgt ab:[636]

Übersicht 21: Ablauf des Insolvenzplanverfahrens
Vorlage des Insolvenzplanes (§ 218 InsO) durch
- Schuldner
- Verwalter, ggf. auf Aufforderung der Gläubigerversammlung
- bei Eigenverwaltung auch Sachwalter nach Auftrag der Gläubigerversammlung (§ 284 InsO)

---

[636] Sa Schmudde/Vorwerk ZInsO 2006, 347 ff.

Notwendiger Inhalt des Insolvenzplanes (§§ 219 ff. InsO)
- Darstellender Teil
- Gestaltender Teil
- Bildung von Gläubigergruppen, Gleichbehandlung
- notwendige Anlagen (§§ 229, 230 InsO)

Gerichtliche Vorprüfung des Planes (§§ 231, 232 InsO)
1. Zurückweisung des Plans innerhalb von 2 Wochen (Sollvorschrift) nach Vorlage, wenn
    - Vorlagemängel (Verfahrensvorschriften nicht beachtet),
    - Inhaltsmängel (notwendige Planinhalte bzw. Anlagen fehlen),
    - Vorschriften zur Bildung der Gläubigergruppen nicht eingehalten,
    - Schuldnerplan offensichtlich ohne Aussicht auf Annahme durch Gläubiger,
    - nach Schuldnerplan vorgesehene Ansprüche offensichtlich nicht erfüllbar.
    - In die Prüfung nach § 231 InsO können bereits im Verfahren vorliegende Stellungnahmen von Gläubigern einbezogen werden.[637]
2. Rechtsmittel gegen Rückweisungsbeschluss: Sofortige Beschwerde des Vorlegenden (§ 231 Abs. 3 InsO)
3. Weiterleitung des nicht zurückgewiesenen Planes an Beteiligte zur Stellungnahme (§ 232 InsO (Gläubiger, Schuldner, Verwalter, Anteilseigner …)

Erörterungs- und Abstimmungstermin (§§ 235 ff. InsO)
1. Termin soll nach spätestens einem Monat stattfinden, kann gleichzeitig mit Einholung der Stellungnahmen nach § 232 InsO anberaumt werden, Ladung der notwendigen Beteiligten; kann zugleich mit (nicht vor) dem Prüfungstermin stattfinden (§ 236 InsO)
2. Erörterung des Stimmrechts der Beteiligten und Aufstellung der Stimmliste, § 239 InsO; Stimmrecht der Insolvenzgläubiger nach § 237 InsO, der absonderungsberechtigten Gläubiger nach § 238 InsO, der Anteilseigner nach § 238a InsO
3. Erörterung der Planregelungen, ggf. Änderungen im Termin (§ 240 InsO)
4. Abstimmung der Gläubiger/Beteiligten (kann auch in gesondertem Termin geschehen, § 241 InsO, dann auch schriftlich möglich, § 242 InsO)
    - Abstimmung der Gläubiger in Gruppen (§ 243 InsO)
    - Zustimmung aller Gruppen erforderlich → doppelte Mehrheit (Stimmen, Forderungen) in jeder Gruppe erforderlich (§ 244 InsO)
    - ggf. Ersatz der Zustimmung gemäß Obstruktionsverbot (§ 245 InsO, s.u. → Rn. 2269 ff.)
    - Sonderregelung für bestimmte nachrangige Gläubiger (Zustimmungsfiktionen; § 246 InsO
5. Sonderregelung für Anteilseigner: Zustimmungsfiktion, wenn sich kein Gruppenmitglied beteiligt (§ 246a InsO)
6. Zustimmung des Schuldners (§ 247 InsO; Fiktion, sehr eingeschränkte Widerspruchsrechte schriftlich im Abstimmungstermin)

Bestätigung durch Insolvenzgericht (§§ 248 ff. InsO)
1. Gewährung des rechtlichen Gehörs für Beteiligte
2. Prüfung, ob evtl. vorgesehene Bedingungen eingetreten (§ 249 InsO)
3. Prüfung, ob Verfahrensvorschriften eingehalten (§ 250 Nr. 1 InsO)
4. Prüfung, ob Inhaltsvorschriften eingehalten, § 250 Nr. 1 InsO (z.B. Gruppenbildung sachgerecht, erforderliche Mehrheiten, insb. Anwendung § 245 InsO)
5. Auf Antrag eines Gläubigers oder Anteilseigners Versagung der Bestätigung, wenn Minderheitenschutz verletzt (§ 251 InsO); zur Einschränkung dieses Rechtsmittels durch das ESUG s.u.
6. Versagung der Bestätigung bei Unlauterkeit (§ 250 Nr. 2 InsO; z.B. Stimmenkauf,[638] Anerkennung erfundener Forderungen …)

---
[637] BGH ZIP 2011, 340 = ZInsO 2011, 1550.
[638] BGHZ 162, 283 = BB 2005, 960 = ZInsO 2005, 487 = ZIP 2005, 719.

7. Entscheidung durch Beschluss (§ 252 InsO)
8. Rechtsmittel: Sofortige Beschwerde (§ 253 InsO; zur Einschränkung dieses Rechtsmittels durch das ESUG s.u.
9. Bei Rechtskraft des Bestätigungsbeschlusses → Aufhebung des Insolvenzverfahrens durch weiteren Beschluss (§ 258 InsO)[639]
10. Ggf. gerichtliche Bestätigung einer vom Verwalter nach § 221 Satz 2 InsO vorgenommenen Planberichtigung gem. § 248a InsO nach Anhörung; Rechtsmittelmöglichkeit nach § 248a Abs. 4 InsO

Wirkung der Planbestätigung
1. Gestaltende Wirkungen des Plans treten unmittelbar ein (§ 254 Abs. 1 InsO)
2. Fiktion der sachenrechtlichen oder gesellschaftsrechtlichen Formerfordernisse (§ 254a InsO)
3. Keine Differenzhaftung nach Debt-Equity-Swap (§ 254 Abs. 4 InsO)
4. Geltung der §§ 254, 254a InsO auch für Insolvenzgläubiger, die ihre Forderungen nicht angemeldet, und für Beteiligte, die dem Plan widersprochen haben, § 254b InsO (Bekannte Gläubiger sind allerdings in der Anlage nach § 229 InsO zu berücksichtigen)

Durchführung und des Insolvenzplanes
1. Restschuldbefreiung des Schuldners nach plangemäßer Befriedigung der Gläubiger, wenn nicht anders im Plan vorgesehen (§ 227 InsO)
2. Zwangsvollstreckung der Gläubiger unmittelbar aus dem Plan i.V.m. der Tabelle (§ 257 InsO)
3. Vollstreckungsschutz gegenüber Gläubigern, die ihre Forderungen nicht angemeldet haben, nach § 259a InsO, wenn Plandurchführung durch die Vollstreckung gefährdet wäre
4. Kurze Verjährung nicht angemeldeter Forderungen (§ 259b InsO)
5. Befriedigung der Gläubiger aus der planmäßigen wirtschaftlichen Tätigkeit des Schuldners, ggf. Überwachung der Planerfüllung (§ 260 InsO)

Nichterfüllung des Insolvenzplans
1. Wiederaufleben der betreffenden Forderungen der Gläubiger (§ 255 Abs. 1 InsO)
2. Problem: Gilt das auch für absonderungsberechtigte bzw. dinglich gesicherte Gläubiger?
3. Ggf. neues Insolvenzverfahren unvermeidbar

2. Vorlage, gerichtliche Prüfung

Aufstellung und Vorlage des Insolvenzplans an das Gericht, § 218 InsO, erfolgen   2266
- durch den Schuldner, § 218 Abs. 1 InsO oder
- durch den Verwalter unter beratender Mitwirkung des Gläubigerausschusses, Schuldners, Betriebsrats, Sprecherausschusses der leitenden Angestellten, § 218 Abs. 1 und 3 InsO.
- Die Gläubigerversammlung kann den Verwalter zur Ausarbeitung eines Insolvenzplans beauftragen, § 218 Abs. 2 InsO.

Nach Vorlage des Plans hat das Gericht Gründe für eine Zurückweisung nach   2267
§ 231 InsO zu prüfen. Hierzu sehr instruktiv AG Hamburg, ZInsO 2014, 2530 (= BeckRS 2014, 13309); im Übrigen zu einigen Anforderungen an einen Insolvenzplan instruktiv AG Hamburg, NZI 2016, 1002.

---

[639] Zur Geltendmachung von Forderungen nach Aufhebung des Insolvenzplanverfahrens: Schreiber/Flitsch BB 2005, 1173 ff.

Im Rahmen der Prüfung von Amts wegen nach § 231 Abs. 1 Nr. 1 InsO hat das Gericht sämtliche rechtlichen Gesichtspunkte der gesetzlichen Bestimmungen über das Vorlagerecht und den Inhalt des Plans einschließlich der Regelungen über die Bildung der Gruppen zu prüfen, wobei es nicht nur offensichtliche Rechtsfehler zu beanstanden hat.[640] Der Plan wird nach § 231 InsO zurückgewiesen, wenn er keinen hinreichend bestimmten, vollstreckungsfähigen Inhalt hat.[641]

Zu den vom Gericht von Amts wegen zu prüfenden Zurückweisungsgründen gehört auch, ob der Plan offensichtlich keine Erfolgsaussicht hat. Dabei können bereits im Verfahren vorliegende Stellungnahmen von Gläubigern einbezogen werden.[642] In diesem Zusammenhang ist auch auf die Neuregelung in § 232 Abs. 4 InsO hinzuweisen. Der vom Schuldner vorgelegte Insolvenzplan kann im Vorprüfungsverfahren zurückgewiesen werden, wenn offensichtlich ist, dass ein erfolgreicher Antrag auf Versagung der gerichtlichen Bestätigung zum Schutz von Minderheiten gestellt werden wird.[643] Auch die fehlende freie Verfügbarkeit von Drittmitteln führt zur Zurückweisung des Plans nach § 231 InsO.[644] In masseunzulänglichen Verfahren kommt ein Insolvenzplan ebenfalls nicht in Betracht.[645]

Nicht hingegen erstreckt sich die gerichtliche Prüfung auf die wirtschaftliche Zweckmäßigkeit des Plans, da diese der Entscheidung der Gläubiger unterliegt.[646] Kein Grund für die Zurückweisung des Plans ist, dass der Schuldner einen Restschuldbefreiungsantrag nicht gestellt hat.[647]

Die Entscheidung des Gerichts über die Zurückweisung des Plans nach § 231 InsO soll innerhalb von 2 Wochen nach Planvorlage ergehen.

3. Erörterungs- und Abstimmungstermin, §§ 235 ff. InsO

Wird der Plan nicht nach § 231 InsO zurückgewiesen, leitet das Gericht ihn nach § 232 InsO den dort genannten Beteiligten zur Stellungnahme innerhalb einer Frist zu, die 2 Wochen nicht überschreiten soll. Der Erörterungs- und Abstimmungstermin kann gleichzeitig mit der Einholung der Stellungnahmen nach § 232 InsO anberaumt werden.

2268 Die Abstimmung über den Plan erfolgt in jeder Gläubiger-/Beteiligtengruppe gesondert, § 243 InsO. Wird in die Rechte der absonderungsberechtigten Gläubiger eingegriffen, sind diese gesondert zu erörtern, § 238 InsO.
Beachte: Für Annahme des Plans ist erforderlich, dass alle Gruppen zugestimmt haben bzw. die Zustimmung über die Obstruktionsregelung (s. → Rn. 2269) ersetzt wird. Für die Zustimmung einer Gruppe ist erforderlich, dass die Mehrheit der Gläubiger nach Köpfen **und** Forderungssummen zustimmt, § 244 InsO.

---

[640] BGH ZIP 2015, 1346.
[641] AG Hannover ZIP 2016, 2081.
[642] BGH ZIP 2011, 340 = ZInsO 2011, 1550.
[643] BGH ZIP 2017, 1576.
[644] LG Hamburg ZIP 2016, 335.
[645] LG Dresden ZIP 2005, 1607.
[646] LG Hamburg ZIP 2018, 389.
[647] LG Hamburg ZIP 2018, 389.

Die Festsetzung der Stimmrechte der Gläubiger durch das Insolvenzgericht muss vor der Abstimmung über den Plan abgeschlossen sein. Eine ohne die Klärung der Stimmrechte erfolgte Abstimmung ist zu wiederholen.[648]

4. Obstruktionsverbot (§ 245 InsO)

Nach § 244 InsO ist für die Annahme des Insolvenzplans die Zustimmung aller Gläubigergruppen (zu deren Bildung s. → Rn. 2298). erforderlich. Zur Zustimmung einer Gruppe ist Gläubigerkopf- und Forderungssummenmehrheit erforderlich.

2269

Auch wenn die **erforderlichen Mehrheiten nicht erreicht** worden sind, gilt die Zustimmung einer Abstimmungsgruppe zum Insolvenzplan als erteilt, wenn
- die Angehörigen dieser Gruppe durch den Insolvenzplan voraussichtlich nicht schlechter gestellt werden, als sie ohne einen Plan stünden,
- die Angehörigen dieser Gruppe angemessen an dem wirtschaftlichen Wert beteiligt werden, der auf der Grundlage des Plans den Beteiligten zufließen soll und
- die Mehrheit der abstimmenden Gruppen dem Plan mit den erforderlichen Mehrheiten zugestimmt hat.

2270

Die Anwendung des Obstruktionsverbots nach § 245 Abs. 1 Nr. 3 InsO setzt voraus, dass mindestens drei Gruppen gebildet worden sind.[649]

Wann eine **angemessene Beteiligung einer Gruppe der Gläubiger** i.S.d. zweiten Aufzählungspunkts vorliegt, ist in § 245 Abs. 2 InsO geregelt. Wann eine angemessene Beteiligung einer Gruppe der Anteilsinhaber i.S.d. zweiten Anstrichs vorliegt, ist in § 245 Abs. 3 InsO geregelt. Angemessene Beteiligung ist gegeben, wenn kein anderer Gläubiger oder der Schuldner gegenüber dieser Gruppe im Vergleich zur Befriedigung ohne Plan bevorzugt wird (Grundsatz; streitträchtige genaue Regelung in § 245 Abs. 2 InsO). Die Anwendung des Obstruktionsverbots nach § 245 Abs. 1 Nr. 3 InsO setzt voraus, dass mindestens drei Gruppen gebildet worden sind.[650]

2271

Die wenigen zu der Obstruktionsregelung des § 245 InsO vorliegenden gerichtlichen Entscheidungen lassen die Tendenz erkennen, dem Obstruktionsverbot[651] zu einer großen Wirksamkeit zu verhelfen:

2272

Übersicht 22: Rechtsprechung zum Obstruktionsverbot

LG Traunstein:[652]
- Zustimmungsverweigerung eines Absonderungsberechtigten ist Obstruktion, wenn Eingriff in seine Rechte wirtschaftlich kompensiert wird.
- Keine Schlechterstellung allein durch verzögerte Befriedigung, wenn angemessene fortlaufende Verzinsung und bei Fortführung der Vereinbarung mit dem Gemeinschuldner keine höhere Verzinsung zu erwarten gewesen wäre.
- Insolvenzgericht braucht für die Prognoseentscheidung nicht zwingend einen Sachverständigen.

---

[648] BGH ZIP 2021, 203
[649] AG Göttingen ZIP 2019, 1397.
[650] AG Göttingen, ZIP 2019, 1397.
[651] Zum Obstruktionsverbot sa Braun NZI 1999, 473 ff.
[652] LG Traunstein NZI 1999, 461.

> **AG Mühldorf:**[653]
> - Für die Auslegung des § 245 Abs. 2 Nr. 2 InsO können mangels bisher vorliegender Entscheidungen deutscher Gerichte die Grundsätze des U.S. Supreme Court im dort genannten Fall herangezogen werden.
>
> **AG Köln**[654] **(zu § 309 InsO):**
> - Das Gleichbehandlungsgebot verlangt keine mathematische Genauigkeit.
>
> **AG Göttingen**[655] **(zu § 309 InsO):**
> - Der Verlust einer Aufrechnungsmöglichkeit des FA mit Steuererstattungsansprüchen steht einer Zustimmungsersetzung nicht entgegen.
>
> **OLG Köln**[656] **(zu § 309 InsO):**
> - Zustimmung des FA ist ersetzbar, auch wenn die Voraussetzungen für Stundung oder Erlass nicht vorliegen.
>
> **OLG Celle**[657] **(zu § 309 InsO):**
> - Der widersprechende Gläubiger muss darlegen und glaubhaft machen, aus welchen Gründen er schlechtergestellt oder unangemessen berücksichtigt ist. Nur solche Tatsachen sind vom Gericht bei der Entscheidung zu berücksichtigen.[658]
>
> **OLG Köln, ZIP 2018, 1405:**
> - Der Wortlaut des § 245 Abs. 2 Nr. 3 InsO lässt eine Ausnahme vom Obstruktionsverbot für Gläubiger mit Forderungen nach § 302 InsO nicht zu. Diese Gläubiger können aber von einem im Übrigen im Plan vorgesehenen Forderungsverzicht ausgenommen werden. Soweit Gläubigern mit privilegierten Forderungen nach dem Plan wesentlich andere Rechte zugewiesen werden sollen, ist die Bildung einer entsprechenden Gruppe nicht zu beanstanden.

2273   Die Entscheidung nach § 245 InsO hat das Gericht bei Vorliegen der Voraussetzungen (Amtsermittlungsgrundsatz, § 5 Abs. 1 InsO) zu treffen. Die Entscheidung selbst ist nicht angreifbar,[659] ein Gläubiger kann aber gegen den den Plan feststellenden Beschluss Beschwerde nach § 253 InsO einlegen.

5. Gerichtliche Bestätigung des Plans, § 248 InsO und Wirkungen des bestätigten Insolvenzplans; Risiken für den Erwerber

2274   Bei der Entscheidung über die Planbestätigung ist das Gericht nicht an seine Entscheidung im Rahmen der Vorprüfung nach § 231 InsO gebunden.[660]

2275   Mit der Rechtskraft des den Plan bestätigenden Beschlusses treten die im gestaltenden Teil festgelegten Wirkungen für und gegen alle Beteiligten ein, § 254 Abs. 1 InsO.[661] Die gemäß dem Plan nicht befriedigten Forderungsteile gehen nicht unter; sie bestehen als unvollkommene Verbindlichkeiten weiter.[662] Klauseln

---

[653] AG Mühldorf ZInsO 2000, 112 = NZI 1999, 422.
[654] AG Köln EWiR 2001, 923 = ZInsO 2000, 461.
[655] AG Göttingen InVo 2001, 201 = NZI 2001, 270.
[656] OLG Köln NZI 2000, 596 = ZIP 2000, 2263.
[657] OLG Celle ZInsO 2002, 285 = EWiR 2001, 1013.
[658] Auch AG Göttingen InVo 2001, 204 und LG Kassel InVo 2001, 290.
[659] LG Göttingen ZInsO 2004, 1318.
[660] BGH ZIP 2017, 482.
[661] Zu Auflassungen und deren Umsetzung s. Adam NJW 2016, 3484 ff.
[662] BGH ZIP 2011, 1271, 1272 f.; BGH ZIP 2012, 1359, 1360.

im Plan zum vollständigen Erlöschen sind nicht möglich bzw. unwirksam.[663] Ein bei Eröffnung des Insolvenzverfahrens bestehendes Aufrechnungsrecht bleibt auch dann bestehen, wenn die aufgerechnete Gegenforderung nach rechtskräftig bestätigtem Plan als erlassen gilt[664]. Der Plan berührt folglich auch nicht die Ansprüche der Gläubiger gegen Mitschuldner des Schuldners oder Bürgen, § 254 Abs. 2 InsO. Die insolvenzbedingt als gegenüber dem Schuldner erlassene Forderung besteht als Naturalobligation bzw. unvollkommene Verbindlichkeit fort[665].

Dies gilt nach § 254b InsO auch gegenüber Insolvenzgläubigern, die dem Plan widersprochen haben, und gegenüber Insolvenzgläubigern, die ihre Forderungen nicht angemeldet haben und sogar gegenüber unbekannten Insolvenzgläubigern; Voraussetzung ist allein, dass sie einer der im Insolvenzplan gebildeten Gruppe zugeordnet werden können[666]. Nachträgliche Steuerfestsetzungen betr. vom Plan erfasste Steuerforderungen sind aber nicht mehr zulässig.[667]

Insolvenzgläubiger, die am Planverfahren nicht beteiligt waren, sind nach Aufhebung des Verfahrens (§ 258 InsO) – vorbehaltlich § 254b InsO – mit ihren Forderungen grundsätzlich nicht ausgeschlossen. Sie unterliegen nicht nur den negativen, sondern auch den positiven Planwirkungen. Sie können also ihre Forderungen weiter gegen den Schuldner in Höhe der Planquote geltend machen, die für Forderungen ihrer Art im Insolvenzplan festgeschrieben wurde[668]. Deswegen bestimmt § 229 S. 3 InsO, dass im Plan auch die bekannten Forderungen solcher Gläubiger zu berücksichtigen sind, die ihre Forderungen nicht angemeldet haben. Nicht zu verkennen ist, dass durch nachträgliche Erhebung von Forderungen die Durchführung des Plans gefährdet oder unmöglich gemacht werden könnte. § 259a InsO sieht für diesen Fall Vollstreckungsschutzmöglichkeiten vor. Die Verjährung nicht angemeldeter Forderungen tritt nach § 259b InsO nach einem Jahr ein. Die Frist beginnt, wenn die Forderung fällig und der Planbestätigungsbeschluss rechtskräftig ist. 2276

Ob der Plan eine (abweichende) materielle Ausschlussklausel oder eine Gesamtabgeltungsklausel enthalten darf, ist fraglich[669], wird jedoch überwiegend verneint.[670] Nach BGH darf der Plan jedenfalls keine Präklusionsklausel enthalten, nach der Gläubiger, die sich am Planverfahren nicht beteiligt haben, in Höhe der vorgesehenen Quote der Gruppe, der sie zuzuordnen gewesen wären, ausgeschlossen werden[671]. Eine solche Regelung wäre ein Eingriff in das Eigentumsrecht des Gläubigers aus Art. 14 Abs. 1 GG, für den die gesetzliche Grundlage nicht ausreicht. Das gilt auch, wenn der Schuldner Restschuldbefreiung erlangt hat.[672] 2277

---

[663] S.a. Weitbrecht, Zur fehlenden Plantauglichkeit von „Erlöschensklauseln", ZIP 2019, 1849 ff.
[664] BGH ZIP 2011, 1271; dazu und zur dadurch bewirkten Stärkung des Fiskusprivilegs s. Schwarz/Lehre, ZInsO 2011, 1540.
[665] Zu diesem „Widerspruch" s. Dellit/Hamann, Forderungserlass und Insolvenzplan, ZIP 2015, 308 ff.
[666] LAG Düsseldorf ZIP 2011, 2487 = ZInsO 2012, 285 = BeckRS 2011, 78004.
[667] BFH ZIP 2015, 141.
[668] BGH ZIP 2015, 1346; BAG ZInsO 2013, 2439 = NZI 2013, 1076.
[669] Zweifelnd BAG ZIP 2013, 2268.
[670] Für die Zulässigkeit Heerma/Bergmann, Insolvenzpläne mit Gesamtabgeltungsklauseln, ZIP 2019, 2377 ff.
[671] BGH ZIP 2015, 1346.
[672] BGH ZIP 2016, 85.

2278 Ob der Plan wirksam eine Ausschlussfrist für die Geltendmachung bestrittener Forderungen durch Feststellungsklage enthalten kann, ist ebenfalls fraglich.[673] Eine Regelung in einem Insolvenzplan, die vorsieht, dass Gläubiger, deren angemeldete Forderungen bestritten wurden und die ihre Forderungen nicht innerhalb eines Monats nach Rechtskraft des den Plan bestätigenden Beschlusses im Klageweg weiterverfolgt haben, bei der Verteilung unberücksichtigt bleiben, lässt den materiellen Anspruch dieser Gläubiger unberührt, so dass sie auch nach Versäumung der Frist und nach der Schlussverteilung und nach Aufhebung des Insolvenzverfahrens ihre Ansprüche in Höhe der Planquote der Gläubigergruppe, der sie zuzuordnen sind, gegen den Schuldner mit der Leistungsklage geltend machen können.[674] Anders LG Düsseldorf: Ausschlussfrist von zwei Wochen als wirksam angesehen; bei Bestreiten der Forderung durch den Schuldner und den Insolvenz- oder Sachwalter muss Gläubiger innerhalb der Ausschlussfrist gegen beide Klage erheben, ansonsten keine Berücksichtigung bei der Verteilung.[675]

2279 Der Plan berührt im Übrigen nicht die Ansprüche der Gläubiger gegen Mitschuldner des Schuldners oder Bürgen, § 254 Abs. 2 InsO. Die insolvenzbedingt als gegenüber dem Schuldner erlassene Forderung besteht als Naturalobligation bzw. unvollkommene Verbindlichkeit fort.[676]

2280 Ein bei Eröffnung des Insolvenzverfahrens bestehendes Aufrechnungsrecht bleibt auch dann bestehen, wenn die aufgerechnete Gegenforderung nach rechtskräftig bestätigtem Plan als erlassen gilt.[677]

6. Versagung der Planbestätigung und Rechtsmittel

2281 **a) Versagung der Planbestätigung.** Nach § 250 InsO ist dem Plan von Amts wegen die gerichtliche Bestätigung bei Verfahrensfehlern zu versagen. Die Rechtsprechung hat in folgenden Fällen die Planbestätigung versagt:
- Die Bestätigung des Plans ist nach § 250 InsO zu versagen, wenn ein wesentlicher Verfahrensverstoß vorliegt. Ein solcher ist gegeben, wenn es sich um einen Mangel handelt, der Einfluss auf die Annahmeentscheidung/Abstimmung der Beteiligten gehabt haben kann; dies muss nicht tatsächlich feststehen, sondern nur ernsthaft in Betracht kommen.[678]
- Die Bestätigung ist zu versagen, wenn der Plan offensichtlich nicht erfüllbar ist. Das ist nicht der Fall, wenn Steuern von Sanierungsgewinnen nicht berücksichtigt sind, da dies eine ungeklärte Frage ist, die unter das von den Gläubigern hinzunehmende Prognoserisiko fällt.[679]
- Die Bestätigung ist nach § 250 InsO auch zu versagen, wenn die Annahme des Plans mit einer Stimmenmehrheit bewirkt wurde, die durch Forderungskauf zu

---

[673] LAG Düsseldorf ZInsO 2014, 2119 = NZI 2014, 913.
[674] BAG ZIP 2016, 178.
[675] LG Düsseldorf ZIP 2017, 1870.
[676] Zu diesem „Widerspruch" s. Dellit/Hamann ZIP 2015, 308 ff.
[677] BGH ZIP 2011, 1271; dazu und zur dadurch bewirkten Stärkung des Fiskusprivilegs s. Schwarz/Lehre ZInsO 2011, 1540.
[678] BGH ZIP 2018, 1141.
[679] LG Bielefeld ZInsO 2002, 198.

über der Quote liegenden Preisen hergestellt wurde (unlautere Herbeiführung der Annahme des Plans).[680]
- Die Bestätigung ist nach § 250 InsO zu versagen, wenn der Schuldner Verurteilungen wegen Insolvenzstraftaten im darstellenden Teil nicht angegeben hat[681] und der Plan auf eine Unternehmensfortführung zielt.[682]
- Die Bestätigung ist nach § 250 InsO zu versagen, wenn die vorzulegenden Übersichten und Prognoserechnungen mangelhaft sind und dies Einfluss auf die Annahme des Plans gehabt haben könnte.[683] Dasselbe gilt, wenn die Vergleichsrechnung mit Fehlern behaftet ist, die für die Gläubigerbefriedigung von Bedeutung sind. Welche Anforderungen an die Übersichten und Prognoserechnungen zu stellen sind, hat der Tatrichter zu beurteilen; bindende generelle Vorgaben können nicht gemacht werden.[684]

b) Minderheitenschutzantrag, § 251 InsO. Bei Vorliegen der Voraussetzungen ist dem Plan die Bestätigung nach § 251 InsO auf Antrag eines Gläubigers oder einer am Schuldner beteiligten Person zu versagen. Der Minderheitenschutz nach § 251 InsO gebietet, dass ein einzelner (überstimmter) Gläubiger durch Plan nicht schlechter gestellt werden darf als er ohne Plan stünde.

Zur Reduzierung des Blockadepotentials[685] von dissentierenden Gläubigern oder Anteilsinhabern durch Ausnutzung des Minderheitenschutzes nach § 251 InsO ist Voraussetzung für den Versagungsantrag, dass der Antragsteller dem Plan spätestens im Abstimmungstermin schriftlich oder zu Protokoll widersprochen hat und spätestens im Abstimmungstermin seine Schlechterstellung glaubhaft macht.[686] Dieser Obliegenheit kann er sich nicht durch Antrag auf Aussetzung des Verfahrens wegen eines gegen den Schuldner geführten staatsanwaltlichen Ermittlungsverfahrens entziehen.[687] Die Bestätigung ist zu versagen, wenn die Schlechterstellung des Gläubigers wahrscheinlicher ist als die Nichtschlechterstellung.[688] Außerdem ist der Antrag abzuweisen, wenn der Plan einen Ausgleich für eine evtl. Schlechterstellung vorsieht, § 251 Abs. 3 InsO. Dabei muss durch die zusätzlichen Mittel ein vollständiger Ausgleich der Schlechterstellung eindeutig erreichbar und die Finanzierung der Mittel muss gesichert sein.[689]

c) Sofortige Beschwerde, § 253 InsO. Das Rechtsmittel gegen den den Insolvenzplan bestätigenden Beschluss ist die sofortige Beschwerde. Zur Vermeidung einer „Superobstruktion" durch den Beschwerdeführer ist die sofortige Beschwerde gegen den Planfeststellungsbeschluss nur zulässig, wenn der Beschwerdeführer dem Plan im Abstimmungstermin widersprochen hat, gegen den Plan gestimmt

---

[680] BGH ZIP 2005, 719 = BB 2005, 960.
[681] LG Berlin ZIP 2008, 324.
[682] BGH ZIP 2012, 187 = ZInsO 2012, 173.
[683] BGH ZIP 2010, 341 = ZInsO 2010, 85.
[684] BGH ZIP 2010, 341 = ZInsO 2010, 85.
[685] Zu Fragen von Rechtsmitteln im Insolvenzplanverfahren sa Smid ZInsO 2014, 1873 ff. und 2078 ff.
[686] Zur Glaubhaftmachung noch zur Rechtslage vor ESUG BGH ZInsO 2007, 442 und BGH DZWIR 2007, 350 = ZInsO 2007, 491 = ZInsO 2007, 491 = ZIP 2007, 923.
[687] BGH ZIP 2010, 292 - = ZInsO 2010, 131.
[688] BGH ZInsO 2007, 442 = NZI 2007, 422.
[689] BGH ZIP 2017, 1576.

hat und eine wesentliche Schlechterstellung glaubhaft macht, die nicht durch einen im Plan vorgesehenen Ausgleich ausgeglichen werden kann. Auf diese Notwendigkeiten ist in den öffentlichen Bekanntmachungen und in der Einladung zum Termin hinzuweisen, § 253 Abs. 3 InsO.

2285 Außerdem ist nach § 253 Abs. 4 InsO die Beschwerde auf Antrag des Insolvenzverwalters unverzüglich zurückzuweisen, wenn die alsbaldige Wirksamkeit des Insolvenzplans zur Vermeidung von Nachteilen für die Beteiligten, die die Nachteile für den Beschwerdeführer überwiegen, vorrangig erscheint und nicht ein besonders schwerer Rechtsverstoß vorliegt. Im Eigenverwaltungsverfahren kann auch der Schuldner den Zurückweisungsantrag stellen.[690] Die in die Abwägung einzustellenden Nachteile durch Verzögerung des Planvollzugs für die übrigen Beteiligten sind u.a. geringere Planquote für die Insolvenzgläubiger, schlechterer Verwertungserlös für die Absonderungsberechtigten oder Verringerung des Fortführungswerts für den Schuldner.[691] Der unbestimmte Rechtsbegriff des besonders schweren Rechtsverstoßes i.S.d. § 253 Abs. 4 S. 2 InsO ist wie bei § 246a AktG eng auszulegen. Er liegt nur vor, wenn dem Insolvenzplan der Makel „auf die Stirn geschrieben" ist,[692] wenn die Rechtsverletzung ohne vertiefte Prüfung sofort als unerträglich erkennbar ist.[693] Die Darlegungs- und Beweislast für das Vorliegen eines besonders schweren Rechtsverstoßes trägt der Beschwerdeführer.[694] Über einen Antrag nach § 253 Abs. 4 InsO (insolvenzrechtliches Freigabeverfahren) ist auch dann noch zu entscheiden, wenn die sofortige Beschwerde über die Planfeststellung verworfen worden ist.[695] Die Freigabeentscheidung = Zurückweisung der sofortigen Beschwerde schließt das Beschwerdeverfahren ab und der Insolvenzplan wird rechtskräftig; gegen die Freigabeentscheidung = Zurückweisung der sofortigen Beschwerde ist kein Rechtsmittel (Rechtsbeschwerde) möglich. Weist das LG auf Antrag des Insolvenzverwalters die Beschwerde gegen die Bestätigung des Insolvenzplans unverzüglich zurück, ist gegen diese Entscheidung eine Rechtsbeschwerde nicht statthaft.[696] Für die letztlich noch allein möglich bleibende Anrufung des Bundesverfassungsgerichts mit dem Ziel einer einstweiligen Anordnung bestehen hohe Hürden.[697] Das BVerfG hat allerdings in einem Fall auf Antrag eines Insolvenzgläubigers zunächst in einer einstweiligen Anordnung den Insolvenzplan teilweise außer Vollzug gesetzt, weil der Ausgang des Hauptsacheverfahrens offen sei,[698] und sodann mit Entscheidung vom 28.10.2020[699] den Beschluss des Landgerichts nach § 253 Abs. 4 InsO aufgehoben, weil ein besonders schwerer Rechtsverstoß vorgelegen habe. Damit bleibt also der Weg zum BVerfG als einer gesetzlich eigentlich nicht vorgesehenen Superrevisionsinstanz.

---

[690] LG Berlin ZIP 2014, 2197 = ZInsO 2014, 2232.
[691] LG München I ZIP 2018, 2426.
[692] LG Berlin ZIP 2014, 2197 = ZInsO 2014, 2232.
[693] LG München I ZIP 2018, 2426.
[694] LG München I ZIP 2018, 2426.
[695] LG Berlin ZInsO 2014, 962 = BeckRS 2014, 9404.
[696] BGH ZIP 2014, 2040 = ZInsO 2014, 2109 (Suhrkamp II).
[697] BVerfG NZG 2019, 597.
[698] BVerfG ZIP 2020, 1306.
[699] Az. 2 BvR 764/20

Die Beschwerdebefugnis hat auch ein solcher Gläubiger, dessen Forderung durch den Plan auf Null festgesetzt wurde und der deshalb zum Erörterungs- und Abstimmungstermin nicht geladen wurde.[700]

2286

7. Aufhebung des Insolvenzverfahrens und Plandurchführung

Nach Rechtskraft des Beschlusses über die Planfeststellung erfolgt die Aufhebung des Insolvenzverfahrens nach § 258 InsO durch gesonderten Beschluss.

2287

Wenn der Insolvenzverwalter **Anfechtungsprozesse** weiter führen soll, muss dies im Plan ausdrücklich vorgesehen sein, § 259 Abs. 3 InsO[701]. Die Regelung gilt dann, anders als der Wortlaut vermuten ließe, nur für bereits rechtshängige und nicht für nur anhängige Prozesse[702]. Das kann in der Praxis wegen der vorauszuzahlenden Gerichtskosten einen erheblichen Unterschied machen. Eine abstrakt gefasste Ermächtigung in einem Insolvenzplan, die nur den Wortlaut des § 259 Abs. 3 InsO wiedergibt oder auf diesen Bezug nimmt, erfasst alle bis zur Aufhebung des Insolvenzverfahrens rechtshängigen Prozesse[703]. Die Planregelung kann aber auch auf bestimmte Anfechtungsprozesse beschränkt werden.[704] Führt der Insolvenzverwalter oder der Sachwalter aufgrund einer Ermächtigung im Insolvenzplan nach Aufhebung des Insolvenzverfahrens einen Anfechtungsprozess fort, gelten die anfechtungsrechtlichen Beschränkungen der Einwendungs- und Aufrechnungs-möglichkeiten des Anfechtungsgegners fort.[705] Unzulässig ist eine Regelung im Insolvenzplan, nach der der Insolvenzverwalter berechtigt sein soll, nach Aufhebung des Insolvenzverfahrens Anfechtungsprozesse erst anhängig zu machen.[706]

2288

Ein Insolvenzplan kann nicht die Möglichkeit vorsehen, dass ein Treuhänder nach Verfahrensaufhebung noch Masseforderungen zum Zwecke der Nachtragsverteilung einzieht.[707]

2289

Nach Aufhebung des Insolvenzverfahrens sind Vollstreckungen aus dem Plan in Verbindung mit Tabelle möglich, § 257 InsO. Dabei ist im Hinblick auf die vollstreckungsrechtliche Zulässigkeit fraglich, ob der Plan eine Gesamtabgeltungsklausel enthalten kann, die keine festen Quoten auf die einzelnen Forderungen regelt, sondern nur den Gesamtbetrag bezeichnet, der auf die zu berücksichtigenden Gläubigerforderungen (einschl. derjenigen nach § 259b InsO) zu verteilen ist.[708]

2290

Zum Schutz der Plandurchführung sei auf den besonderen Vollstreckungsschutz nach § 259a InsO und die kurze Verjährung nicht angemeldeter Forderungen nach

2291

---

[700] BGH ZIP 2011, 718 = ZInsO 2011, 280.
[701] LG Erfurt EWiR 2001, 1067.
[702] BGH ZIP 2013, 998 = ZInsO 2013, 985.
[703] OLG Dresden ZInsO 2013, 996 = BeckRS 2013, 5688.
[704] BGH ZIP 2013, 738 = ZInsO 2013, 721.
[705] BGH ZIP 2016, 831.
[706] AG Hamburg ZIP 2017, 1920; BGH ZIP 2018, 1141.
[707] BGH ZUP 2018, 1141.
[708] Bejahend Heerma/Bergmann ZIP 2018, 949 ff., wenn die Bestimmbarkeit der Gläubigerforderungen garantiert und die Bestimmbarkeit des Titels nach § 257 InsO spätestens im Zeitpunkt der Vollstreckung gegeben ist.

§ 259b InsO verwiesen. Auch sind später erklärte Aufrechnungen durch Gläubigers ausgeschlossen.[709]

2292   Der Schuldner erlangt Restschuldbefreiung nach planmäßiger Befriedigung der Gläubiger, wenn dies nicht im Plan anders geregelt ist, § 227 InsO.[710] Dies gilt auch für persönlich haftende Gesellschafter.[711]

2293   Bei der Körperschaftsteuer, die auf einen Sanierungsgewinn entfällt, der aufgrund eines Insolvenzplans entstanden ist, handelt es sich nicht um eine Insolvenzforderung des Finanzamts, die zur Tabelle anzumelden wäre (sondern um eine Masseverbindlichkeit); die Restschuldbefreiung des Schuldners nach § 227 Abs. 1 InsO führt nicht zu einem Erlöschen der Steuerforderung nach § 47 AO, sondern berührt nur deren Durchsetzbarkeit.[712]

8. Nichtdurchführung des Plans

2294   Bei Nichtdurchführung der bzw. Verzug mit den Planmaßnahmen leben die Forderungen der betreffenden Gläubiger nach § 255 InsO wieder auf. Ist die nicht erfüllte Forderung nicht zur Tabelle festgestellt und ist auch keine gerichtliche Entscheidung über die vorläufige Berücksichtigung der Forderung getroffen, gerät der Schuldner mit der Planerfüllung nicht durch Nichtzahlung auf diese Forderung in Rückstand. Die Forderung lebt auch nicht dadurch wieder auf, dass der Schuldner keine Entscheidung nach § 256 InsO herbeiführt.[713]

III. Inhalt des Insolvenzplans

2295   Nach ihren Zielen sind drei Arten von Insolvenzplänen denkbar: Sanierungs-, Übertragungs-, Liquidationsplan.[714]

1. Gliederungsübersicht

2296   Der Insolvenzplan kann wie folgt aufgebaut sein:

Übersicht 23: Insolvenzplaninhalt (mögliche Gliederung eines Insolvenzplanes)
Darstellender Teil, § 220 InsO

Grundsätzliches
- Ziele des Insolvenzplans (Liquidation, Sanierung, übertragende Sanierung)
- Generelle Ziele ggü. den Gläubigern
- Gesellschaftsrechtliche Regelungen

---

[709] OLG Celle ZIP 2008, 2372.
[710] BMF zur ertragsteuerlichen Behandlung von Gewinnen aus Insolvenzplan ZIP 2010, 104.
[711] BMF zur ertragsteuerlichen Behandlung von Gewinnen aus Insolvenzplan ZIP 2010, 104.
[712] BFH ZIP 2019, 427 = GmbHR 2019, 241.
[713] BGH ZIP 2012, 1359 = ZInsO 2012, 1321 (entgegen OLG Celle ZIP 2011, 1577).
[714] Sa Madaus ZIP 2016, 1141 ff.

Bildung der Gläubigergruppen, § 222 InsO, mit Begründung/Nennung der Kriterien
1. **Pflichtgruppen**
   - absonderungsberechtigte (sofern Eingriff in deren Rechte)
   - nicht nachrangige
   - nachrangige nach einzelnen Rangklassen, wenn deren Forderungen nicht als erlassen gelten sollen, § 225 InsO
   - die am Schuldner beteiligten Personen, wenn ihre Anteils- oder Mitgliedschaftsrechte in den Plan einbezogen werden
2. **Wahlgruppen**
   - Arbeitnehmer; soll gebildet werden, wenn erhebliche Forderungen
   - Kleingläubiger
   - Anteilseigner mit einer Beteiligung am Haftkapital von weniger als einem Prozent oder weniger als 1.000 EUR
   - jede sachgerechte weitere Unterteilung, auch innerhalb der Pflichtgruppen (z.B. Lieferanten, Finanzkreditgläubiger …)

Für die Beurteilung des Plans notwendige Unternehmensdaten
1. Beschreibung des Unternehmens
   - bisherige Unternehmensentwicklung
   - rechtliche Verhältnisse
   - finanzwirtschaftliche Verhältnisse
   - leistungswirtschaftliche Verhältnisse
   - organisatorische Grundlagen
2. Analyse des Unternehmens
   - Insolvenzursachenanalyse
   - Lagebeurteilung des Unternehmens

Künftiges Erscheinungsbild des durch den Insolvenzplan umgestalteten Unternehmens
Überblick über die Maßnahmen zur Realisierung des Planes
1. seit Antragstellung bereits geschehene Maßnahmen
2. noch vorzunehmende Maßnahmen (z.B. Gesellschafterebene, Behandlung der Gläubigergruppen, Kreditrahmen, Investitionen …)

Gegenüberstellung der Ergebnisse für die Beteiligten-/Gläubiger(-gruppen) mit und ohne Insolvenzplan
Gestaltender Teil, § 221 InsO
I. Gruppenbildung (s.u. → Rn. 2298)
II. evtl. Umgestaltung der Rechte der Anteilsinhaber, § 225a InsO (zu den Möglichkeiten und Einzelheiten s.o. → Rn. 2300 ff.)
III. Planregelungen schuld- und/oder sachenrechtlich für die einzelnen Gläubigergruppen einschließlich arbeitsrechtliche Regelungen; detaillierte Regelung der Befriedigung bzw. Sicherheitsgewährung
IV. Investitions-/Geschäftsführungsmaßnahmen
V. Minderheitenschutzregelung
VI. Wirksamkeitszeitpunkt
VII. evtl. Anordnung der Überwachung (§ 260 InsO)
VIII. evtl. Einräumung eines (vorgehenden) Kreditrahmens (§ 264 InsO)
IX. evtl. Versagung der Restschuldbefreiung (§ 227 InsO)

Plananlagen
Allgemeine
- Jahresabschlüsse (z.B. der letzten 3 Jahre)
- Satzung/Gesellschaftsvertrag
- Interessenausgleich, Sozialplan

Plananlagen nach § 229 InsO
1. zwingende
   - Vermögensübersicht = Eröffnungsbilanz für Planperiode
   - Plan-Gewinn- und Verlustrechnung
   - Plan-Liquiditätsrechnung
2. in sinnvoller Weise zu ergänzende
   - Vermögensübersicht für Zerschlagungsfall bei Eröffnung/Durchführung des Insolvenzverfahrens gem. § 153 InsO
   - „Plan-Gewinn- und Verlustrechnung" für Zerschlagungsfall

Plananlagen nach § 230 InsO
Notwendige Erklärungen (z.B. Fortführungsbereitschaft, Verpflichtungsübernahme Dritter ...)

sonstige Anlagen
Gläubigerverzeichnis (nach Gruppen)
...

2. Darstellender Teil

2297   Der darstellende Teil umfasst die Beschreibung aller Maßnahmen, die zur Erreichung des Ziels getroffen wurden oder noch getroffen werden müssen, z.B. Personalmaßnahmen einschließlich evtl. Sozialplan, organisatorische Maßnahmen, Darlehen/weitere Kredite etc. Auch Insolvenzanfechtungs-, Haftungs- und sonstige Erstattungsansprüche können im Insolvenzplan abschließend (durch Vergleich) geregelt werden.[715] Gegen den Willen des Anfechtungsgegners kann der Erfolg von Insolvenzanfechtungsansprüchen aber nicht im Plan geregelt werden, weil dem Anfechtungsgegner auf diese Weise der Rechtsweg genommen wäre.

Nach dem neuen, durch das SanInsFoG eingefügten § 220 Abs. 2 S. 2 InsO muss der Plan eine Vergleichsrechnung enthalten, in der die Auswirkungen des Plans auf die voraussichtliche Befriedigung der Gläubiger dargestellt werden.[716] Sieht der Plan die Fortführung des Unternehmens vor, ist für diese Vergleichsrechnung die Fortführung des Unternehmens auch ohne Plan „in der Regel" zu unterstellen, es sei denn, dass der Verkauf des Unternehmens oder seine anderweitige Fortführung aussichtslos sind.

Regelungen über die Vergütung des Insolvenzverwalters können nicht Inhalt eines Insolvenzplans sein.[717]

Der Plan kann auch Vergütungsregelungen enthalten.[718]

Der Planersteller ist nicht verpflichtet, im darstellenden Teil mögliche Versagungsgründe für die Restschuldbefreiung (zugleich Schlechterstellung eines einzelnen Gläubigers nach § 251 InsO) darzulegen, offen bleibt, ob die rechtskräftige Verurteilung wegen einer Insolvenzstraftat darzulegen ist.[719]

---

[715] Sa Buchalik/Hiebert ZInsO 2014, 109 ff.; zur Frage der Zulässigkeit oder gar Notwendigkeit einer Vergütungsregelung im Insolvenzplan s. Hingerl ZIP 2015, 159 ff.
[716] Zu dieser Vergleichsrechnung s. Skauradszun, ZIP 2021, 1091 ff.
[717] BGH ZIP 2017, 482; a.A. Hingerl ZIP 2015, 159 ff.
[718] Zu Zulässigkeit oder gar Notwendigkeit einer Vergütungsregelung im Insolvenzplan s. Hingerl, ZIP 2015, 159 ff.
[719] BGH ZIP 2009, 1384.

Hinweis
Darstellender Teil ist mit den Anlagen i.d.R. das Sanierungskonzept = betriebswirtschaftliche Aufgabe.

3. Gestaltender Teil

Im gestaltenden Teil muss exakt dargestellt werden, wie sich durch den Plan die 2298
Rechtsstellung jedes Beteiligten ändert. Dabei muss die Befriedigung der Gläubiger zur Verfahrensbeendigung geregelt werden, und nicht nur das Verfahren selbst.[720] Nicht regelbar ist die Forderungsfeststellung als solche nach §§ 174 ff. InsO.[721]

Ebenfalls gehört zum gestaltenden Teil die **Bildung von Gläubigergruppen**[722] mit jeweils vergleichbaren betroffenen Rechtsstellungen (z.B. Absonderungsberechtigte, wenn der Plan deren Rechtsstellungen ändern soll) bzw. mit gleichartigen wirtschaftlichen Interessen, § 222 InsO: Pflicht-, Soll- und Wahlgruppen nach sachgerechten Kriterien. Die Kriterien für die Bildung der Gruppen sind im Plan anzugeben (gleich ob im darstellenden oder gestaltenden Teil). Diese Kriterien werden vom Gericht nach § 231 Abs. 1 Nr. 1 InsO rechtlich überprüft. Bei der Bildung fakultativer Gruppen ist im Plan zu erläutern, aufgrund welcher gleichartiger insolvenzbezogener wirtschaftlicher Interessen die jeweilige Gruppe gebildet wurde und inwiefern alle Beteiligten, deren wichtigste insolvenzbezogene wirtschaftliche Interessen übereinstimmen, derselben Gruppe zugeordnet wurden,[723] was erforderlich ist.[724] Die Bildung einer Mischgruppe mit Gläubigern mit werthaltigen und nicht werthaltigen Absonderungsrechten ist unzulässig.[725] Auch ist es nicht zulässig, eine beliebige Anzahl von Kleingläubigergruppen zu bilden, weil sonst das Abstimmungsergebnis manipulierbar wäre. § 222 Abs. 3 S. 2 InsO ist daher einschränkend dahingehend auszulegen, dass für die Bildung mehrerer Kleingläubigergruppen sachgerechte Kriterien erforderlich sind.[726]

Zu beachten ist das Gleichbehandlungsgebot innerhalb der jeweiligen Gläubigergruppe, § 226 InsO. Unterschiedliche Behandlung der Gläubiger in einer Gruppe ist nicht möglich. Dafür ist die Einteilung in weitere, zulässige Gruppen erforderlich[727] und zulässig.[728]

4. Plananlagen

Ferner müssen dem Insolvenzplan bestimmte Anlagen beigefügt werden. Dazu 2299
gehören die Fortführungsverpflichtungserklärung des Schuldners bzw. Gesellschafters, wenn Sanierung vorgesehen, § 230 InsO, Vermögensübersicht, Er-

---

[720] LG Frankfurt a.M. ZIP 2007, 2229.
[721] LG Frankfurt a.M. ZIP 2007, 2229.
[722] Zur Gruppenbildung und Manipulation durch Ein-Gläubiger-Gruppen s. Hingerl ZInsO 2007, 1337 ff.
[723] BGH ZIP 2015, 1346.
[724] AG Köln ZIP 2016, 1240.
[725] BGH ZIP 2005, 1648.
[726] LG Neuruppin ZIP 2013, 1541 = ZInsO 2013, 1040.
[727] LG Frankfurt a.M. ZIP 2007, 2229.
[728] AG Köln ZIP 2016, 1240.

gebnis-, Finanzplan, §229 InsO und sonstige erforderliche Erklärungen, §230 Absätze 2 und 3 InsO.

I. Einbezug der Anteils- und Mitgliedschaftsrechte der Gesellschafter in den Insolvenzplan, Kapitalmaßnahmen und Unternehmensakquisition im Insolvenzplanverfahren; Distressed M&A

I. Vorbemerkung und Allgemeines

1. Distressed M&A

2300 Für die Sanierungs- und Transaktionspraxis von besonderer Bedeutung dürften die durch das ESUG geschaffenen Regelungen über die Einbeziehung der Gesellschafter/Anteilsinhaber in den Insolvenzplan und das Insolvenzplanverfahren über das Vermögen der Gesellschaft sein.[729] Der Einbezug der Gesellschafter kann nach §225a InsO im Wege von Kapitalveränderungen (etwa Kapitalschnitt, sog. Debt-Equity-Swap etc.), der Zwangsabtretung von Anteilen oder durch sonstige gesellschaftsrechtlich zulässige Maßnahmen erfolgen.[730] Die Schaffung dieser Möglichkeiten durch das ESUG war auch die Reaktion des Gesetzgebers auf das Nichtfunktionieren des bedingten Insolvenzplans nach §249 InsO in der Praxis. Durch die Regelungen wird das Blockadepotential der Anteilseigner, welches sie – eingeschränkt, s.o. – haben, obwohl ihre Gesellschaftsanteile im Insolvenzverfahren über das Vermögen der Gesellschaft i.d.R. wertlos sind, auch dadurch durchbrochen, dass die notwendigen Gesellschafterbeschlüsse in den Insolvenzplan integriert bzw. durch den den Plan feststellenden Gerichtsbeschluss ersetzt werden.

2301 Es steht zu erwarten, dass diese Regelungen einen – wenn auch überschaubaren – Markt für die Private-Equity-Branche entstehen lassen: günstiger Erwerb eines Unternehmens aus der Insolvenz durch Share-Deal, u.U. nach vorherigem Erwerb der gegen das Unternehmen gerichteten (Insolvenz-)Forderungen. Auch Insolvenzgläubiger, die den – unbestrittenen – Anspruch gegen den Schuldner aus gewerblichem Interesse erworben haben, haben das Recht auf Einsicht in die Insolvenzakte; es kann nicht mit der Begründung verweigert werden, der Gläubiger wolle die durch Akteneinsicht erworbenen Kenntnisse dazu nutzen, den anderen Gläubigern Kaufangebote zu unterbreiten.[731] Wirtschaftlich betrachtet handelt es sich um die Pfändung des Unternehmens durch einen Großgläubiger.[732] Ein angemessener Ausgleich der widerstreitenden Interessen beim sog. Distressed Debt Investing (Sanierung des Unternehmens, Interesse der Altgesellschafter, Interesse der Kapitalmärkte etc.) wird durch Rechtsprechung und Literatur herauszuarbeiten sein.[733]

---

[729] Sa Schäfer/Wüstemann ZIP 2014, 1757 ff.; Brünkmans ZIP 2014, 1857 ff.; Kübler/Rendels ZIP 2018, 1369 ff.
[730] Sa Nawroth/Wohlleber ZInsO 2013, 1022 ff.
[731] LG München I, ZIP 2020, 230; dazu Palenker, ZIP 2020, 1109 ff.; bestätigt durch BGH, ZIP 2020, 1138 m. Anm. Palenker.
[732] S.a. Palenker, Schuldenbasierte Übernahme von Unternehmen, Dissertation 2019.
[733] Sa Siemon ZInsO 2014, 172 ff.

Die wirtschaftliche Entscheidung der Gläubiger zum „swap" bzw. eines Investors oder Erwerbsinteressenten wird zu treffen sein anhand eines Vergleichs des Liquidations-/Insolvenzerlöses (der Quote) bzw. der Kaufpreise für die Forderungen oder der Gesellschaftsanteile zuzüglich evtl. sonstiger Sanierungsaufwendungen mit dem Anteilswert des nach Planfeststellung aus der Insolvenz entlassenen Unternehmens (Unternehmensbewertung), der etwa durch spätere Veräußerung der Anteile realisiert werden könnte (Sanierungsmehrwert). 2302

2. Die maßgeblichen Regelungen im Einzelnen

Die für die folgenden Erörterungen maßgeblichen Regelungen sind: 2303

§ 217 Abs. 1 S. 2 InsO:
Ist der Schuldner keine natürliche Person, so können auch die Anteils- oder Mitgliedschaftsrechte der am Schuldner beteiligten Personen in den Plan einbezogen werden.

§ 221 S. 2 InsO: 2304
Der Insolvenzverwalter kann durch den Plan bevollmächtigt werden, die zur Umsetzung notwendigen Maßnahmen zu ergreifen und offensichtliche Fehler des Plans zu berichtigen.

§ 225a InsO (Rechte der Anteilsinhaber, Debt-Equity-Swap) 2305
(1) Die Anteils- oder Mitgliedschaftsrechte der am Schuldner beteiligten Personen bleiben vom Insolvenzplan unberührt, es sei denn, dass der Plan etwas anderes bestimmt.
(2) Im gestaltenden Teil des Plans kann vorgesehen werden, dass Forderungen von Gläubigern in Anteils- oder Mitgliedschaftsrechte am Schuldner umgewandelt werden. Eine Umwandlung gegen den Willen der betroffenen Gläubiger ist ausgeschlossen. Insbesondere kann der Plan, eine Kapitalherabsetzung oder -erhöhung, die Leistung von Sacheinlagen, den Ausschluss von Bezugsrechten oder die Zahlung von Abfindungen an ausscheidende Anteilsinhaber vorsehen.
(3) Im Plan kann jede Regelung getroffen werden, die gesellschaftsrechtlich zulässig ist, insbesondere die Fortsetzung einer aufgelösten Gesellschaft oder die Übertragung von Anteils- oder Mitgliedschaftsrechten.
(4) Maßnahmen nach Absätzen 2 oder 3 berechtigen nicht zum Rücktritt oder zur Kündigung von Verträgen, an denen der Schuldner beteiligt ist. Sie führen auch nicht zu einer anderweitigen Beendigung der Verträge. Entgegenstehende vertragliche Vereinbarungen sind unwirksam. Von den Sätzen 1 und 2 bleiben Vereinbarungen unberührt, welche an eine Pflichtverletzung des Schuldners anknüpfen, sofern sich diese nicht darin erschöpft, dass eine Maßnahme nach Absätzen 2 oder 3 in Aussicht genommen oder durchgeführt wird.
(5) Stellt eine Maßnahme nach Absätzen 2 oder 3 für eine am Schuldner beteiligte Person einen wichtigen Grund zum Austritt aus der juristischen Person oder Gesellschaft ohne Rechtspersönlichkeit dar und wird von diesem Austrittsrecht Gebrauch gemacht, so ist für die Bestimmung der Höhe eines etwaigen Abfindungsanspruchs die Vermögenslage maßgeblich, die sich bei einer Abwicklung des Schuldners eingestellt hätte. Die Auszahlung des Abfindungsanspruchs kann zur Vermeidung einer unangemessenen Belastung der Finanzlage des Schuldners über einen Zeitraum von bis zu drei Jahren gestundet werden. Nicht ausgezahlte Abfindungsguthaben sind zu verzinsen.

Werden die Anteils- oder Mitgliedschaftsrechte der Anteilseigner in den Insolvenzplan einbezogen, bilden sie nach § 222 Abs. 1 Satz 2 Nr. 4 InsO eine eigene Gläubigergruppe. Außerdem kann nach § 222 Abs. 3 InsO eine gesonderte (Klein-)Gruppe für geringfügig beteiligte Anteilseigner mit einer Beteiligung am Haftkapital von weniger als einem Prozent oder weniger als 1.000 EUR gebildet werden. 2306

Nach § 235 Abs. 3 Satz 4 InsO sind (selbstverständlich) auch die Anteilseigner am Schuldner zum Erörterungs- und Abstimmungstermin zu laden, wenn deren 2307

Anteils- oder Mitgliedschaftsrechte in den Insolvenzplan einbezogen sind. Das gilt allerdings nicht für Aktionäre und Kommanditaktionäre, deren Ladung erfolgt nach den Regelungen das AktG.

2308 § 238a InsO (Stimmrecht der Anteilsinhaber)
(1) Das Stimmrecht der Anteilsinhaber des Schuldners bestimmt sich allein nach deren Beteiligung am gezeichneten Kapital oder Vermögen des Schuldners. Stimmrechtsbeschränkungen, Sonder- oder Mehrstimmrechte bleiben außer Betracht.
(2) § 237 Abs. 2 gilt entsprechend (kein Stimmrecht von Gläubigern/Beteiligten, deren Forderungen durch den Plan nicht beeinträchtigt werden).

2309 Nach § 244 Abs. 3 InsO richtet sich das Stimmrecht der Anteilseigner nach dem Betrag bzw. der Summe der Beteiligung am Schuldner.

2310 § 245 Abs. 3 InsO (Obstruktionsverbot für die Gruppe der Anteilsinhaber)
Für eine Gruppe der Anteilsinhaber liegt eine angemessene Beteiligung i.S.d. Absatzes 1 Nr. 2 vor, wenn nach dem Plan
1. kein Gläubiger wirtschaftliche Werte erhält, die den vollen Betrag seines Anspruchs übersteigen, und
2. kein Anteilsinhaber, der ohne einen Plan den Anteilsinhabern der Gruppe gleichgestellt wäre, bessergestellt wird als diese (zur Ausnahme s. sogleich).

In diesem Zusammenhang sind jedoch zusätzlich die durch das SanInsFoG eingefügten neuen Regelungen in § 245 Abs. 2 Sätzen 2 und 3 InsO zu berücksichtigen. Ist für die Fortführung des Unternehmens die Mitwirkung an der Geschäftsführung beteiligter Inhaber von Anteils- oder Mitgliedschaftsrechten am Schuldner infolge besonderer, in der Person liegender Umstände unerlässlich, um den Planmehrwert zu verwirklichen, und hat sich diese Person im Plan zur Fortführung des Unternehmens sowie dazu verpflichtet, die wirtschaftlichen Werte, die sie erhält oder behält, zu übertragen, wenn ihre Mitwirkung aus von ihr zu vertretenden Gründen vor Ablauf von fünf Jahren oder einer kürzeren, für den Planvollzug vorgesehenen Frist endet, kann eine angemessene Beteiligung der Gläubigergruppe auch dann vorliegen, wenn diese Person in Abweichung von Satz 1 Nr. 2 wirtschaftliche Werte erhält. § 245 Abs. 2 Satz 1 Nr. 2 wurde dahingehend neu gefasst, dass für eine Gruppe der Gläubiger eine angemessene Beteiligung vorliegt, wenn keine an der Schuldnergesellschaft beteiligte Person einen durch Leistung in das Vermögen des Schuldners nicht vollständig ausgeglichenen wirtschaftlichen Wert erhält.

2311 § 246a InsO (Zustimmung der Anteilsinhaber zum Insolvenzplan)
Beteiligt sich keines der Mitglieder der Gruppe der Anteilsinhaber an der Abstimmung, so gilt die Zustimmung der Gruppe als erteilt.

2312 Nach § 252 Abs. 2 Satz 2 InsO sind die in Satz 1 genannten Unterlagen auch den Anteilseignern am Schuldner zuzusenden, wenn deren Anteils- oder Mitgliedschaftsrechte in den Insolvenzplan einbezogen sind.

2313 § 254 Abs. 4 InsO (für die ordnungsgemäße Kapitalaufbringung beim Debt-Equity-Swap)
Werden Forderungen von Gläubigern in Anteils- oder Mitgliedschaftsrechte am Schuldner umgewandelt, kann der Schuldner nach der gerichtlichen Bestätigung keine Ansprüche wegen einer Überbewertung der Forderungen im Plan gegen die bisherigen Gläubiger geltend machen.

I. Einbezug der Anteils- und Mitgliedschaftsrechte

§ 254a InsO (notwendiger Abgleich mit gesellschaftsrechtlichen Erfordernissen) 2314
(1) Wenn … Geschäftsanteile an einer GmbH abgetreten werden sollen, gelten die in den Insolvenzplan aufgenommenen Willenserklärungen der Beteiligten als in der vorgeschriebenen Form abgegeben.
(2) Wenn die Anteils- oder Mitgliedschaftsrechte der am Schuldner beteiligten Personen in den Plan einbezogen sind (§ 225a), gelten die in den Plan aufgenommenen Beschlüsse der Anteilsinhaber oder sonstigen Willenserklärungen der Beteiligten als in der vorgeschriebenen Form abgegeben. Gesellschaftsrechtlich erforderliche Ladungen, Bekanntmachungen und sonstige Maßnahmen zur Vorbereitung von Beschlüssen der Anteilsinhaber gelten als in der vorgeschriebenen Form bewirkt. Der Insolvenzverwalter ist berechtigt, die erforderlichen Anmeldungen beim jeweiligen Registergericht vorzunehmen.
(3) Entsprechendes gilt für die in den Plan aufgenommenen Verpflichtungserklärungen, die einer Maßnahme nach Absatz 1 oder 2 zugrunde liegen.

§ 254b InsO
Die §§ 254, 254a gelten auch für Insolvenzgläubige, die ihre Forderungen nicht angemeldet haben, und für Beteiligte, die dem Insolvenzplan widersprochen haben.

II. Gesellschaftsrechtliche Zweifelsfragen – Kollision zwischen Gesellschafts- und Insolvenzrecht?

Durch die Regelungen in §§ 217 Satz 2, 225a, 222 Abs. 1 Nr. 4, 238a, 254 Abs. 4, 2315
254a Abs. 2 InsO, aber auch durch § 276a InsO insbesondere nach seiner Neufassung bzw. Erweiterung auf das vorläufige Eigenverwaltungsverfahren (s.o.), wurde ein tiefgreifender Wandel im systematischen Verhältnis zwischen Gesellschafts- und Insolvenzrecht vollzogen, der erhebliche Zweifelsfragen aufwirft.[734] Nach wie vor wird die Rechtsprechung eine Harmonisierung von Gesellschafts- und Insolvenzrecht für den Fall herauszubilden haben, dass durch den Insolvenzplan im Verfahren über das Vermögen der Gesellschaft in ihre Anteilsrechte eingegriffen wird. Dabei wird einerseits darauf zu achten sein, die Sanierungsmöglichkeiten des Unternehmens im Insolvenzplanverfahren nicht durch zu starke Betonung der Gesellschafterrechte zu stark zu behindern, und andererseits, werthaltige Gesellschafterpositionen nicht ohne ausreichende Rechtsfertigung zu entwerten oder aufzuheben. Dies gilt in besonderer Weise, wenn das Insolvenzverfahren wegen drohender Zahlungsunfähigkeit geführt werden sollte. Dann dürften die Anteile an der Schuldnergesellschaft noch keineswegs wertlos sein, so dass sich nicht nur die Frage nach einer angemessenen Abfindung der ausscheidenden Gesellschafter stellt, sondern auch nach der Rechtfertigung des Eingriffs in ihre Rechte überhaupt.[735] In diesem Zusammenhang werden die im Folgenden zu erörternden Problemfelder eine Rolle spielen.[736]

---

[734] Sa Hölzle/Beyß ZIP 2016, 1461 ff.; K. Schmidt ZIP 2018, 853 ff.; Schäfer, Gesellschafterrechte im Insolvenzplanverfahren – kritische Anmerkungen zum ESUG-Bericht, ZIP 2019, 1305 ff.
[735] Zur vergleichbaren Problematik bei der Einbeziehung der Anteilsinhaber in das vorinsolvenzliche gerichtliche Restrukturierungsverfahren nach dem StaRUG, auch mit Hinweisen zur InsO s. Schäfer, ZIP 2020, 2164 ff.
[736] Zum Ganzen s. Thole, Gesellschaftsrechtliche Maßnahmen in der Insolvenz, 2014.

1. Eingriffe in die Rechte der Anteilsinhaber

a) Einbezug der Rechte der Anteilsinhaber an der Schuldnergesellschaft in das Insolvenzplanverfahren erforderlich?

2316 Durch ein Insolvenzplanverfahren, welches die Fortführung der Schuldnergesellschaft nach Bestätigung des Insolvenzplans und Aufhebung des Insolvenzverfahrens vorsieht, werden die Anteilswerte an der Schuldnergesellschaft u.U. nicht unerheblich aufgewertet. Soll nach der Obstruktionsverbotsregelung in § 245 InsO die verweigerte Zustimmung einer Gläubigergruppe ersetzt werden, ist dies nur möglich, wenn die entsprechende Gläubigergruppe angemessen am wirtschaftlichen Wert beteiligt wird, der auf der Grundlage des Plans den Beteiligten zufließen soll, § 254 Abs. 1 Nr. 2 InsO. Eine angemessene Beteiligung liegt nach der neuen Regelung in § 245 Abs. 2 Nr. 2 InsO jedoch nur vor, wenn keine an der der Schuldnergesellschaft beteiligte Person einen durch Leistungen des Vermögens des Schuldners nicht vollständigen ausgeglichenen Wert erhält. Sollen die Altgesellschafter also an der Schuldnergesellschaft beteiligt bleiben, müssen sie den Anteilswertzuwachs durch Leistung in die Insolvenzmasse angemessen ausgleichen. Damit wrid für diesen Fall ihr Einbezug in das Insolvenzplanverfahren notwendig.

Eine weitere Frage wird sein, wie die Angemessenheit des Ausgleichs zu ermitteln ist. In diesem Zusammenhang ist auf die neue Regelung in § 220 Abs. 2 Satz 2 InsO hinzuweisen. Nach dieser Regelung muss der Insolvenzplan insbesondere eine Vergleichsrechnung enthalten, in der die Auswirkungen des Plans auf die voraussichtliche Befriedigung der Gläubiger dargestellt wird. Wenn der Plan eine Fortführung des Unternehmens vorsieht, ist für die Ermittlung der voraussichtlichen Befriedigung ohne Plan in der Regel zu unterstellen, dass das Unternehmen fortgeführt wird. Dies gilt nicht, wenn ein Verkauf des Unternehmens oder eine anderweitige Fortführung aussichtslos ist.

b) Abstrakte (numerus clausus) oder konkrete Zulässigkeit der gesellschaftsrechtlichen Maßnahme?

2317 **aa) Grundsätzliches.** Nach § 225a Abs. 3 InsO kann im Insolvenzplan jede gesellschaftsrechtlich zulässige Regelung getroffen werden. Fraglich ist dabei, ob hierbei die abstrakte Zulässigkeit der gesellschaftsrechtlichen Maßnahme, d.h. allein der Umstand ausreicht, dass sie sich innerhalb des gesellschaftsrechtlichen numerus clausus bewegt,[737] oder ob die Maßnahme im konkreten Fall den gesellschaftsrechtlichen Anforderungen entsprechen muss.[738] Das LG Berlin geht davon aus, dass allein wegen der Einbeziehung der Gesellschafter das gesellschaftsrechtliche Gestaltungspotenzial grundsätzlich uneingeschränkt zur Verfügung steht, der Eingriff aber unzulässig sein kann, wenn er zu einem Wertverlust der Beteiligung führt (vermögenszentrierte Sicht der InsO).[739] Das AG Charlottenburg (Registergericht) folgt der anderen Auffassung: Enthält der Insolvenzplan eine disquotale

---
[737] So Madaus ZIP 2014, 500, 503 f.; Spliedt in K. Schmidt, InsO, 18. Aufl. 2013, § 225a, Rn. 35; Hölzle ZIP 2014, 1819, 1821.
[738] So Schäfer ZIP 2014, 2417, 2418; K. Schmidt ZIP 2012, 2085, 2087.
[739] LG Berlin ZIP 2014, 2197, 2203 = ZInsO 2014, 2232 (im Fall Suhrkamp, su → Rn. 2244 ff.); dazu Schäfer ZIP 2014, 2417 ff.

Einziehung von Aktien, die die Hauptversammlung mangels entsprechender Regelung in der Satzung nicht wirksam hätte beschließen können, handele es sich nicht um eine Regelung, die i.S.d. § 225a Abs. 3 InsO gesellschaftsrechtlich zulässig sei.[740] Dabei sei die Prüfungskompetenz des Registergerichts für die Eintragung einer Kapitalveränderung in das Handelsregister nicht durch eine vorrangige Zuständigkeit des Insolvenzgerichts eingeschränkt und das Registergericht auch nicht an die Planbetätigung durch das Insolvenzgericht gebunden, denn das Insolvenzgericht habe nur die Einhaltung der planverfahrensrechtlichen Vorschriften, nicht aber die registerrechtliche Eintragungsfähigkeit der im Plan getroffenen Maßnahmen zu prüfen.[741] Diese enge Auslegung des gesellschaftsrechtlich Zulässigen kann die insolvenzrechtlichen Ziele des Verfahrens konterkarieren. Deshalb wird dafür plädiert, die Begrenzung nur für die zwingenden, unabdingbaren Gesellschafterrechte zu akzeptieren, nicht jedoch für solche, die der gesellschafterlichen Disposition unterliegen.[742] Nach einer noch weiter gehenden Auffassung kommen als gesellschaftsrechtliche Maßnahmen nur solche in Betracht, die die zwingenden gesellschaftsrechtlichen Instrumente zum Schutz der Mitgliedschaft berücksichtigen, wenn die Mitgliedschaft/der Geschäftsanteil noch werthaltig ist.[743]

bb) Wichtiger Grund für Zwangseinziehung, Zwangsausschließung oder Zwangsabtretung erforderlich? Nach § 225a Abs. 3 InsO kann im Insolvenzplan jede gesellschaftsrechtlich zulässige Regelung getroffen werden, insbesondere auch eine Zwangseinziehung oder Zwangsabtretung der Geschäftsanteile, ein Zwangsausschluss eines oder aller Gesellschafter oder eine Kapitalherabsetzung auf Null mit sofort anschließender Kapitalerhöhung mindestens bis auf das gesetzliche Mindestkapital (Kapitalschnitt, s. → Rn. 2319). Evtl. Vinkulierungsregelungen in der Satzung sind unbeachtlich bzw. können durch entsprechende im Plan vorgesehene Satzungsänderungen beseitigt werden (arg. aus § 238a Abs. 1 Satz 2 InsO).

2318

Alle diese Maßnahmen haben zur Folge, dass die (Alt-)Gesellschafter aus der Gesellschaft ausscheiden. Für diese Fälle geht die gesetzliche Regelung davon aus, dass die Altgesellschafter zum Zerschlagungswert (§ 225a Abs. 5 InsO) ausscheiden, also regelmäßig eine Abfindung nicht erhalten, weil im Zerschlagungsfall im Regelinsolvenzverfahren ein Liquidationsüberschuss, der nach § 199 S. 2 InsO auszukehren wäre, nicht erzielt würde.

Hier stellt sich gesellschaftsrechtlich zum einen die Frage, ob etwa Zwangseinziehung oder Zwangsabtretung im Insolvenzplan vorgesehen und verfügt werden können, wenn die Satzung bzw. der Gesellschaftsvertrag diese Maßnahmen nicht vorsieht. Ich würde das bejahen, weil andernfalls die insolvenzrechtliche gesetzliche Regelung durch „vorsorgliche" Gestaltung des Gesellschaftsvertrages ausgehebelt werden könnte.

Die weitere gesellschaftsrechtliche Frage ist jedoch, ob für die Zwangseinziehung oder Zwangsabtretung ein wichtiger Grund oder zumindest ein sachlicher Grund vorliegen muss. Dies ist m.E. nicht allein eine Frage der abstrakten oder konkreten gesellschaftsrechtlichen Zulässigkeit der Maßnahme (s. → Rn. 2198),

---

[740] AG Charlottenburg ZIP 2015, 394.
[741] AG Charlottenburg ZIP 2015, 394.
[742] Klausmann NZG 2015, 1300 ff.
[743] Schäfer ZIP 2016, 1911, 1914.

denn außerhalb des Insolvenzrechts ist nach ständiger Rechtsprechung des BGH[744] anerkannt, dass eine einfache Hinauskündigungsregelung im Gesellschaftsvertrag, die die Ausschließung eines Gesellschafters gegen seinen Willen ohne wichtigen oder zumindest sachlichen ermöglichen würde, sittenwidrig und daher nach § 138 BGB nichtig ist, da sie die Gefahr begründet, dass die von der jederzeitigen Ausschließungsmöglichkeit bedrohten Gesellschafter von ihren gesellschaftsvertraglichen Rechten keinen Gebrauch machen und die ihnen obliegenden Pflichten nicht ordnungsgemäß erfüllen, sondern sich den Wünschen des Mehrheitsgesellschafters beugen. Damit würde einer nicht zu billigenden Willkürherrschaft der Gesellschaftermehrheit Vorschub geleistet.[745] Sollte man vom Erfordernis der konkreten gesellschaftsrechtlichen Zulässigkeit ausgehen, stellt sich die Frage, ob die fehlende Beteiligungswilligkeit des betroffenen Gesellschafters als wichtiger oder sachlicher Grund für seinen Ausschluss ausreicht. Ich würde dies bejahen, da ansonsten wiederum die insolvenzrechtliche gesetzliche Regelung leerlaufen könnte. Im Umkehrschluss könnte sich aber ergeben, dass der zur Beteiligung an der Sanierung bereite Gesellschafter nicht gegen seinen Willen ausgeschlossen werden kann.

2319 **cc) Kapitalschnitt.** Nach § 225a Abs. 2 InsO kann im Insolvenzplan eine Kapitalherabsetzung vorgesehen werden. Gesellschaftsrechtlich zulässig ist auch eine Kapitalherabsetzung auf Null mit sofort anschließender Kapitalerhöhung mindestens bis auf das gesetzliche Mindestkapital (Kapitalschnitt). In Zusammenschau mit dem nach § 225 Abs. 2 InsO ebenfalls möglichen Ausschluss des Bezugsrechts auf die neuen Gesellschaftsanteile bewirkt auch diese Maßnahme das Ausscheiden der Altgesellschafter, so dass sich die zuvor erörterten Fragen auch hier stellen.

Eine vereinfachte Kapitalherabsetzung auf Null mit gleichzeitig beschlossener Kapitalerhöhung ist nicht rechtsmissbräuchlich, wenn dadurch die Wettbewerbsfähigkeit der Gesellschaft wieder hergestellt werden soll.[746]

2320 **c) Geltung der gesellschaftsrechtlichen Treuepflichten?** Streitig und, soweit ersichtlich, höchstrichterlich noch nicht entschieden ist, ob die seit langem anerkannten gesellschaftsrechtlichen Treuepflichten auch im Insolvenzverfahren über das Vermögen der Gesellschaft weiter Geltung beanspruchen können etwa mit der Folge, dass ein Mehrheitsgesellschafter in der Abstimmung über einen Insolvenzplan aus der Treuepflicht gehindert sein könnte, für den Plan zu stimmen, der Mitgliedschaftsrechte des Minderheitsgesellschafters beschneidet. In der Literatur werden beide gegensätzlichen Auffassungen vertreten.[747] Im Suhrkamp-Verfahren sind hierzu Entscheidungen ergangen. Das LG Frankfurt a.M. hat den Mehrheitsgesellschafter durch einstweilige Verfügung verpflichtet, gegen den

---

[744] Zuletzt BGH DStR 2005, 798 = ZIP 2005, 706; in diesem Sonderfall hat der BGH die Hinauskündigungsklausel allerdings nicht als sittenwidrig angesehen, weil als Grund für die Ausschließung die Beendigung der Kooperation (Franchisevertrag) mit dem Gesellschafter geregelt war und die Gesellschafterstellung in der GmbH, die nur das Franchise-System steuerte, gegenüber der Kooperation nur eine ganz untergeordnete Bedeutung hatte.
[745] BGHZ 105, 213, 216 f. = DNotZ 1989, 512; BGHZ 112, 103, 107 = DNotZ 1991, 917.
[746] LG Kiel ZIP 2013, 823 = GmbHR 2013, 363 (für die Maßnahme außerhalb eines Insolvenzverfahrens).
[747] Seibt/Bulgrin ZIP 2017, 353 ff., Fn. 72–74 m.w.N.

von ihm selbst vorgelegten Insolvenzplan zu stimmen, da die Zustimmung zum Insolvenzplan der gesellschafterlichen Treuepflicht widerspreche und im Hinblick auf die Eigentumsgarantie des Art. 14 GG strenge Anforderungen an die weitreichenden Eingriffe in die Anteilseignerrechte zu stellen sein.[748] Das OLG Frankfurt a.M. hat die vorgenannte Entscheidung des LG Frankfurt a.M. korrigiert und die Vollstreckung der einstweiligen Verfügung auf Untersagung der Zustimmung zu dem Insolvenzplan eingestellt.[749] Zur Begründung hat das OLG Frankfurt a.M. ausgeführt, dass die gesellschafterlichen Treuepflichten nicht über die Eröffnung des Insolvenzverfahrens hinaus wirkten, denn mit der Eröffnung des Insolvenzverfahrens sei der Zweck der Gesellschaft, nämlich der Erhalt der Existenz und der Funktionsfähigkeit entfallen. Von diesem Moment an entscheide nur noch das Insolvenzgericht über die Rechte und Pflichten der Gesellschafter; die Zivilgerichte verlören ihre Zuständigkeit für Gesellschafterstreitigkeiten. Die schutzwürdigen Positionen der Gesellschafter beschränkten sich auf den Wert, der ihrer Beteiligung im Insolvenzverfahren verbleibt. Insolvenzbedingte Wertverluste könnten nur außerhalb des Insolvenzverfahrens geltend gemacht werden.[750]

Auch das BVerfG hat im Fall Suhrkamp eine einstweilige Anordnung der Aufhebung des Abstimmungstermins über den Insolvenzplan abgelehnt mit der Begründung, Betroffene könnten die nach der InsO gegebenen Rechtsmittel gegen die notwendige gerichtliche Bestätigung des Insolvenzplans einlegen und so ihre rechtlichen Einwände geltend machen.[751]

2321

Im Insolvenzverfahren ist m.E. für die gesellschaftsrechtlichen Treuepflichten kein Raum. Der BGH hat entschieden, dass die gesellschaftsrechtlichen Treuepflichten weder dem Schutz der Insolvenzgläubiger noch dem Schutz der Masse dienen.[752] Das Insolvenzverfahren wird aber gerade für die bestmögliche Befriedigung der Insolvenzgläubiger durchgeführt. Da wäre es geradezu widersinnig, nicht ihren Schutz, sondern den Schutz der Gesellschafter bezweckende Treuepflichten durchschlagen zu lassen und so evtl. die bestmögliche Befriedigung der Insolvenzgläubiger zu verhindern.

2322

Die schwache Rechtsstellung des Gesellschafters im Insolvenzverfahren hat ihren Grund in seiner Abhängigkeit vom Bestand der werbenden Gesellschaft. Nach Eröffnung eines Insolvenzverfahrens über das Vermögen einer GmbH können die Gesellschafter die Fortsetzung der Gesellschaft nur in den Fällen des § 60 Abs. 1 Nr. 4 GmbHG beschließen, also wenn das Verfahren auf Antrag des Schuldners eingestellt wird oder das Insolvenzverfahren nach Bestätigung eines die Fortsetzung vorsehenden Insolvenzplans aufgehoben wird.[753] Insbesondere nach der Schlussverteilung im Regelinsolvenzverfahren kann die Fortsetzung der GmbH nicht wirksam beschlossen werden, auch wenn sie im Handelsregister noch nicht gelöscht ist[754]. Die Fortsetzungsmöglichkeit *nach* Planbestätigung (§ 254 Abs. 1 InsO) und Aufhebung des Insolvenzverfahrens (§ 258 Abs. 1 InsO) spricht

2323

---

[748] LG Frankfurt a.M. ZIP 2013, 1831 = ZInsO 2013, 2015.
[749] OLG Frankfurt a.M. ZInsO 2013, 2112.
[750] OLG Frankfurt a.M. ZInsO 2013, 2112.
[751] BVerfG ZIP 2013, 2163 = ZInsO 2013, 2261 mAnm Fölsing ZInsO 2013, 2263f.
[752] BGH GmbHR 2019, 460 = NJW 2019.
[753] OLG Schleswig ZIP 2014, 1428 = ZInsO 2014, 1449; bestätigt BGH ZIP 2015, 1533.
[754] OLG Celle ZIP 2011, 278 = GmbHR 2011, 257; OLG Schleswig ZIP 2014, 1428 = ZInsO 2014, 1449.

nicht dagegen, dass das Gesellschaftsrecht durch das Insolvenzverfahren eben bis zu diesen gerichtlichen Entscheidungen, also während des Insolvenzplanverfahrens verdrängt ist.

2324 Während Akteurin im Insolvenzverfahren die Gesellschaft (als Schuldnerin) ist, sind die Rechte des am Verfahren teilnehmenden Gesellschafters in seiner Funktion bzw. Stellung als Gesellschafter in §§ 222 Abs. 1 Nr. 4, 225a, 226, 238a InsO geregelt. Diese Verfahrensvorschriften können m.E. nicht durch gesellschaftsrechtliche Treuepflichten ausgehebelt werden. Dem Gesellschaftsrecht unterliegt allenfalls, wie die Schuldnergesellschaft als solche ihre Verfahrensbefugnisse innerhalb des Insolvenzverfahrens wahrnimmt. Insbesondere gelten im Insolvenzplanverfahren nach § 138 Abs. 1 S. 2 InsO keinerlei Stimmrechtsbeschränkungen, als welche die Treuepflichten insoweit aufgefasst werden können.

2325 Im Insolvenzverfahren ist der Gesellschafter nur in Bezug auf den Wert seiner Beteiligung geschützt, s.a. § 199 S. 2 InsO. Er erhält eine Abfindung regelmäßig nur nach dem Liquidationswert (s. → Rn. 2332 ff.); nur dieser ist der Maßstab bei der Beurteilung des Obstruktionsverbots nach § 245 Abs. 1 Nr. 1, Abs. 3 InsO, beim Minderheitenschutz nach § 251 Abs. 1 u. 3 InsO und bei der Planbeschwerde nach § 253 Abs. 2 Nr. 3 InsO. Da der Wert regelmäßig Null sein wird, ist dies freilich nur ein schwacher Schutz.

2326 Diese Sichtweise verstößt auch nicht gegen Grundrechte der Altgesellschafter (insbes. Art 14 Abs. 1 GG). Zum einen hätten sie es in der Hand, die Insolvenz der Gesellschaft selbst durch Beseitigung des Insolvenzgrundes zu verhindern oder zu beenden. Zum anderen führt die Eröffnung des Insolvenzverfahrens über das Vermögen der Gesellschaft gesetzlich zu ihrer Auflösung und nach Beendigung des Insolvenzverfahrens zu ihrer Löschung, so dass die Anteilseigner ihre Mitgliedsstellung ohnehin verlieren. Außer in den Fällen des § 60 Abs. 1 Nr. 4 GmbHG 1 InsO) kann die Fortsetzung der GmbH nicht wirksam beschlossen werden. Mit Eröffnung des Insolvenzverfahrens wandelt sich die Gesellschafterstellung also ohnehin in ein aliud, nämlich in einen Anspruch auf Auskehr eines evtl. Liquidationsüberschusses nach § 199 S. 2 InsO.[755] Dieser wird ihnen auch im Insolvenzplanverfahren nach ESUG nicht genommen. Im Übrigen sind bloße Hoffnungen auf Gewinn verfassungsrechtlich nicht geschützt.[756]

2327 Schließlich ist zu berücksichtigen, dass die Treuepflichten lediglich eine Auffangfunktion haben, die die genannten (insolvenz-)gesetzlichen Vorschriften nicht aushebeln können.

2328 **d) Ausschluss des Bezugsrechts beteiligungswilliger Altgesellschafter auf neue Anteile?** In § 225a Abs. 2 Satz 3 InsO ist geregelt, dass das Bezugsrecht der Altgesellschafter auf die im Wege der Planmaßnahmen neu gebildeten Geschäftsanteile ausgeschlossen werden kann.

Das ist unproblematisch gegenüber einem Gesellschafter, der im Vorfeld der Beschlussfassungen deutlich gemacht hat, sich an der Kapitalerhöhung nicht beteiligen zu wollen; er kann sich gegen den Ausschluss seines Bezugsrechts dann nicht auf eine Verletzung der Pflichten aus Treu und Glauben berufen.[757]

---

[755] Altmeppen FS Hommelhoff, 2012, 1 ff., 19.
[756] Decher/Voland ZIP 2013, 103 ff.
[757] LG Kiel ZIP 2013, 823 = GmbHR 2013, 363.

Gesellschaftsrechtlich stellt sich aber das Problem, ob auch das Bezugsrecht **2329**
sanierungswilliger Altgesellschafter auf die neuen Geschäftsanteile so einfach
ausgeschlossen werden kann, ob also die sich aus der Fortführungshypothese im
Insolvenzplan ergebenden Buchgewinne allein den Neugesellschaftern zustehen
dürfen.[758] Gesellschaftsrechtlich ist seit Jahrzehnten anerkannt, dass der Bezugsrechtsausschluss eine sachliche Rechtfertigung voraussetzt, der Ausschluss also zur
Erreichung des angestrebten Zwecks geeignet, erforderlich und verhältnismäßig
sein muss.[759]

Es stellt sich hier also die Frage, ob eine materielle (gesellschaftsrechtliche)
Inhaltskontrolle stattfinden muss. Auch dies ist streitig. Im Kern ist das dieselbe
Frage, inwieweit das materielle Gesellschaftsrecht durch das Insolvenzrecht ver-
drängt ist, so dass zunächst auf die Argumente aus der Diskussion über die Geltung der gesellschaftsrechtlichen Treuepflichten zurückgegriffen werden kann.
Hinzukommt aber folgender Gesichtspunkt: Im Insolvenz(plan)verfahren ist das
Gesellschaftsinteresse durch das Befriedigungsinteresse der Gläubiger überlagert.
Würde ein Gesellschafter sich, und sei es neben den Gläubigern durch DES oder
neben einem Sanierungsinvestor ebenfalls mit zusätzlichen Mitteln an der Sanierung beteiligen, ist dem Befriedigungsinteresse der Gläubiger genüge getan. Nach
meinem Dafürhalten ist also daran festzuhalten, dass eine materielle Kontrolle
stattfindet und der Bezugsrechtsausschluss beteiligungswilliger Gesellschafter einer
besonderen materiellen Rechtfertigung bedarf.[760] Eine solche kann m.E. aber die
Entscheidung des Sanierungsinvestors sein, bei Beteiligung der Altgesellschafter
vom Erwerb abzusehen, nicht jedoch die Entscheidung der Gläubiger, vom DES
abzusehen.

Eine **Kapitalherabsetzung auf Null** mit gleichzeitig beschlossener Kapitalerhöhung mit Ausschluss des Bezugsrechts der alten Anteilseigner führt zu deren
Ausscheiden aus der Gesellschaft. Sie ist nicht rechtsmissbräuchlich, wenn dadurch
die Wettbewerbsfähigkeit der Gesellschaft wieder hergestellt werden soll. Ein Gesellschafter kann sich gegen den Ausschluss seines Bezugsrechts jedenfalls dann
nicht auf eine Verletzung der Pflichten aus Treu und Glauben berufen, wenn er
im Vorfeld der Beschlussfassungen deutlich gemacht hat, sich an der Kapitalerhöhung nicht beteiligen zu wollen.[761] Sie führt für die alten Anteilseigner zu einem
steuerbaren (Aktien-)Veräußerungsverlust.[762]

e) Ungleichbehandlung der Gesellschafter im Insolvenzplan? Bei einer **2330**
im Plan vorgesehenen Zwangsabtretung oder Zwangseinziehung von Geschäftsanteilen oder Zwangsausschließung von Gesellschaftern dürfte der gesellschaftsrechtliche Gleichbehandlungsgrundsatz zu beachten sein, so dass die Zwangsmaßnahme
nur betreffend einzelne Gesellschafter nicht zulässig sein dürfte.

---

[758] Sa K. Schmidt ZIP 2012, 2085 ff.; Decher/Voland ZIP 2013, 103 ff.
[759] BGHZ 71,40 = NJW 1978, 1316; für die GmbH s. Lieder in MüKoGmbHG, § 55 Rn. 86.
[760] Das ist streitig. Wie hier (Bezugsrecht bleibt bestehen) Schäfer ZIP 2016, 1911, 1914; aA Eidenmüller in MüKoInsO, § 225a, RdNr. 50 m.w.N.; Seibt/Bulgrin ZIP 2017, 353 ff., 359 f.
[761] LG Kiel, ZIP 2013, 823 = GmbHR 2013, 363
[762] BFH ZIP 2020, 967

2331 Unabhängig von der Frage, ob im Insolvenzverfahren der gesellschaftsrechtliche Gleichbehandlungsgrundsatz gilt, dürfte eine Ungleichbehandlung der Gesellschafter aus folgendem Grund ausgeschlossen sein: Innerhalb der Gesellschaftergruppe sind die Gesellschafter gleich zu behandeln, was sich aus §§ 226, 245 Abs. 1 Nr. 2 InsO ergibt. Für eine Ungleichbehandlung der Gesellschafter müssten sie also auf verschiedene Gruppen aufgeteilt werden. Das begegnet jedoch folgenden Schwierigkeiten: Die Kriterien für die Bildung der Gruppen sind im Plan anzugeben (gleich ob im darstellenden oder gestaltenden Teil). Diese Kriterien werden vom Gericht nach § 231 Abs. 1 Nr. 1 InsO rechtlich überprüft. Bei der Bildung fakultativer Gruppen ist im Plan zu erläutern, aufgrund welcher gleichartiger insolvenzbezogener wirtschaftlicher Interessen die jeweilige Gruppe gebildet wurde und inwiefern alle Beteiligten, deren wichtigste insolvenzbezogene wirtschaftliche Interessen übereinstimmen, derselben Gruppe zugeordnet wurden.[763] Wird nun die eine Gesellschaftergruppe durch die Planregelungen besser gestellt als die andere und würde die schlechter gestellte Gruppe die Zustimmung zum Plan verweigern, wäre der Plan insgesamt gescheitert (§ 244 Abs. 1 InsO). Die verweigerte Zustimmung könnte auch nicht durch das Obstruktionsverbot nach § 245 InsO ersetzt werden, denn es fehlt an einer angemessenen Beteiligung dieser Gruppe nach § 245 Abs. 1 Nr. 2 i.V.m. § 245 Abs. 3 Nr. 2 InsO, weil ohne den Insolvenzplan alle Altgesellschafter gleichgestellt wären.

Eine Ausnahme findet sich nun in den durch das SanInsFoG eingefügten neuen Regelungen in § 245 Abs. 2 Sätzen 2 und 3 InsO. Ist für die Fortführung des Unternehmens die Mitwirkung an der Geschäftsführung beteiligter Inhaber von Anteils- oder Mitgliedschaftsrechten am Schuldner infolge besonderer, in der Person liegender Umstände unerlässlich, um den Planmehrwert zu verwirklichen, und hat sich diese Person im Plan zur Fortführung des Unternehmens sowie dazu verpflichtet, die wirtschaftlichen Werte, die sie erhält oder behält, zu übertragen, wenn ihre Mitwirkung aus von ihr zu vertretenden Gründen vor Ablauf von fünf Jahren oder einer kürzeren, für den Planvollzug vorgesehenen Frist endet, kann eine angemessene Beteiligung der Gläubigergruppe auch dann vorliegen, wenn diese Person in Abweichung von Satz 1 Nr. 2 wirtschaftliche Werte erhält. § 245 Abs. 2 Satz 1 Nr. 2 wurde dahingehend neu gefasst, dass für eine Gruppe der Gläubiger eine angemessene Beteiligung vorliegt, wenn keine an der Schuldnergesellschaft beteiligte Person einen durch Leistung in das Vermögen des Schuldners nicht vollständig ausgeglichenen wirtschaftlichen Wert erhält. Insofern ist eine Ungleichbehandlung der Gesellschafter also möglich.

2332 **f) Abfindung ausscheidender Gesellschafter – Reduzierung der Gesellschafterstellung auf den wirtschaftlichen Liquidationswert der Beteiligung?** Formal sind die Altgesellschafter Eingriffen in ihre Rechte nicht schutzlos ausgesetzt. Zum einen können sie im Rahmen des Planverfahrens als Beteiligtengruppe (§ 222 Abs. 1 Satz 2 Nr. 4 InsO) mitentscheiden, §§ 238a, 246a InsO. Zum anderen haben sie die Rechtsbehelfe nach §§ 251, 253 InsO, wenn sie glaubhaft machen können, durch den Insolvenzplan ausnahmsweise schlechter gestellt zu werden, als durch eine Insolvenzabwicklung ohne Insolvenzplan. Solch ein Fall dürfte jedoch kaum je vorkommen, weil regelmäßig in Insolvenzverfahren an

---

[763] BGH ZIP 2015, 1346.

die Gesellschafter auszukehrende Liquidationsüberschüsse nach § 199 Satz 2 InsO nicht erzielt werden.

Diese Regelungen zeigen, dass der Schutz der Anteilsinhaber im Insolvenzverfahren nur bezogen auf den Wert seiner Beteiligung (s.a. §§ 225a Abs. 5 Satz 1, 245 Abs. 1 Nr. 1 und Abs. 3 InsO) ausgestaltet ist. Weil regelmäßig in Regelinsolvenz(abwicklungs)verfahren an die Gesellschafter auszukehrende Liquidationsüberschüsse nach § 199 Satz 2 InsO nicht erzielt werden, dürfte dieser Schutz in den allermeisten Fällen leerlaufen.

Folgerichtig ist die Zahlung von Abfindungen an ausscheidende Gesellschafter nach § 225a Abs. 2 Satz 3 InsO nur fakultativ ausgestaltet. Für die Fälle des Ausscheidens der Altgesellschafter durch im Plan geregelte gesellschaftsrechtliche Maßnahmen geht die gesetzliche Regelung davon aus, dass die Altgesellschafter zum Zerschlagungswert (Wertung des § 225a Abs. 5 InsO) ausscheiden, also regelmäßig eine Abfindung nicht erhalten, weil im Zerschlagungsfall ein Liquidationsüberschuss, der nach § 199 Satz 2 InsO auszukehren wäre, nicht erzielt würde. Die Teilnahme der Altgesellschafter an einem evtl. Fortführungswert der Gesellschaft ist in der InsO nicht vorgesehen.

Diese formale Sicht reicht u.U. nicht aus. Den Entscheidungen des BGH in den Fällen „Girmes"[764] bzw. zum Komplex „Sanieren oder Ausscheiden"[765] lässt sich evtl. der Grundsatz entnehmen, dass nur der Gesellschafter gegen seinen Willen aus der Gesellschaft unter Abrechnung nach Zerschlagungswerten auszuscheiden hat, der bei der Sanierung nicht mitwirken kann oder will. Dies ergibt sich aus § 225a Abs. 5 InsO so nur für den Fall, dass der Gesellschafter von seinem Austrittsrecht Gebrauch macht. Was aber gilt, wenn ein Gesellschafter nicht aus der Gesellschaft austreten, sondern sich an der Sanierung beteiligen möchte? 2333

Nach den Neuregelungen (§ 225a Abs. 3 InsO) kann im Plan jede gesellschaftsrechtlich zulässige Regelung getroffen werden, also auch eine Zwangsabtretung der Geschäftsanteile oder eine Kapitalherabsetzung auf Null mit sofort anschließender Kapitalerhöhung mindestens bis auf das gesetzliche Mindestkapital (Kapitalschnitt). Für beide Fälle geht die Neuregelung davon aus, dass die Altgesellschafter zum Zerschlagungswert (§ 225a Abs. 5 InsO) ausscheiden, also regelmäßig eine Abfindung nicht erhalten, weil im Zerschlagungsfall ein Liquidationsüberschuss, der nach § 199 Satz 2 InsO auszukehren wäre, nicht erzielt würde. Vinkulierungsregelungen in der Satzung sind bei Einbezug der Anteilsinhaber in den Insolvenzplan unbeachtlich, ebenso Stimmrechtsbeschränkungen, Sonder- oder Mehrstimmrechte (§ 238a Abs. 1 InsO). 2334

Auch unter diesem Gesichtspunkt wird die Vereinbarkeit der Eingriffe in die Gesellschafterrechte mit der Eigentumsgarantie des Art. 14 GG[766] und der Vereinigungsfreiheit in Art. 9 Abs. 1 GG[767] diskutiert. Z.T. werden die Regelungen des ESUG wegen Verstößen gegen die Grundrechte aus Art. 9 Abs. 1 und 14 Abs. 1 GG für verfassungswidrig gehalten, soweit sie über das Insolvenzplanverfahren 2335

---

[764] BGH ZIP 1995, 819.
[765] BGH ZIP 2009, 2289; BGH ZIP 2011, 768; BGH ZIP 2015, 1626.
[766] Sa Bay/Seeburg/Böhmer ZInsO 2011, 1927 ff.; Simon/Merkelbach NZG 2012, 121 ff.
[767] Stöber ZInsO 2012, 1811 ff.: Verfassungswidrigkeit wegen Verstoßes gegen Art. 9 Abs. 1 und 14 Abs. 1 GG bejaht.

Strukturmaßnahmen wie Umwandlungen oder Kapitalerhöhungen ohne oder gar gegen den Willen der Gesellschafter zulassen.[768] Außerdem ermöglicht die Regelung sogenannte feindliche Übernahmen.

2336 **g) Austrittsrecht des Gesellschafters.** Sieht der Insolvenzplan gesellschaftsrechtliche Umstrukturierungen vor, so dürften diese für den dissentierenden (aber überstimmten) Gesellschafter regelmäßig einen wichtigen Grund für den seinerseitigen Austritt aus der Gesellschaft darstellen. Kein Gesellschafter muss eine Vermehrung seiner gesellschafterlichen Pflichten gegen seinen Willen hinnehmen (Gedanke des § 707 BGB). Das Bestehen und die Unentziehbarkeit des Austrittsrechts eines Gesellschafters aus wichtigem Grund ist gesellschaftsrechtlich seit Langem anerkannt.[769] M.E. kann dieses Austrittsrecht in Insolvenzplan nicht ausgeschlossen bzw. eingeschränkt werden.

§ 225a Abs. 5 InsO geht ebenfalls von solchem Austrittsrecht des betroffenen Anteilsinhabers aus und enthält eine Modifizierung der Rechtsfolge des Austritts eines Gesellschafters aus wichtigem, durch Maßnahmen nach § 225a Abs. 2 und 3 InsO gesetztem Grund. Der austretende Gesellschafter erhält eine Abfindung berechnet nach dem Wert seiner Beteiligung, der sich bei Abwicklung der Gesellschaft ergeben würde. Der Abfindungsbetrag kann zur Liquiditätsschonung bei Verzinsung bis zu drei Jahren gestundet werden. Regelmäßig wird sich nach dieser Regelung ein Abfindungsbetrag nicht ergeben, weil im Abwicklungsverfahren ein nach § 199 Satz 2 InsO an den Gesellschafter auszukehrender Liquidationsüberschuss nicht erwirtschaftet würde. Das kann anders sein bei Insolvenzplanverfahren „gesunder" Gesellschaften, die zur gesellschaftsrechtlichen Auseinandersetzung initiiert wurden. Eine Beschränkung der Abfindung wäre dann zugleich eine Benachteiligung i.S.d. Rechtsbehelfe nach §§ 251, 253 InsO. In jedem Fall sind die Verbote der Rückzahlung von Grund- oder Stammkapital nach §§ 57 AktG, 30 GmbHG zu beachten.

2337 **h) Stellungnahme.** M.E. verstoßen die insolvenzrechtlichen Regelungen mit dem rein wertbezogenen Schutz der Anteilsinhaber nicht gegen zwingende Gesellschafts- oder gar Grundrechte. Zum einen hätten sie es in der Hand, die Insolvenz der Gesellschaft selbst durch Beseitigung des Insolvenzgrundes zu verhindern oder zu beenden (z.B. § 60 Abs. 1 Nr. 4 1.Alt. GmbHG). Zum anderen führt die Insolvenz der Gesellschaft gesetzlich zu ihrer Auflösung und nach Beendigung des Insolvenzverfahrens zu ihrer Löschung, so dass die Anteilseigner ihre Mitgliedsstellung ohnehin verlieren. Nach Aufhebung des Regelinsolvenzverfahrens nach der Schlussverteilung (§ 200 Abs. 1 InsO) kann die Fortsetzung der GmbH nicht wirksam beschlossen werden, auch wenn sie im Handelsregister noch nicht gelöscht ist.[770] Mit Eröffnung des Insolvenzverfahrens wandelt sich die Gesellschafterstellung also ohnehin in ein aliud, nämlich in einen Anspruch auf Auskehr eines evtl. Liquidationsüberschusses nach § 199 Satz 2 InsO.[771] Dieser wird

---

[768] Stöber ZInsO 2013, 2457 ff.
[769] Vgl. nur BGH NJW 1992, 892, 895; Lutter in Lutter/Hommelhoff, GmbHG, § 34 Rn. 70.
[770] OLG Celle ZIP 2011, 278 = GmbHR 2011, 257; BGH GmbHR 2015, 814 = NJW-RR 2015, 1132.
[771] Altmeppen FS Hommelhoff, 2012, 1 ff., 19.

ihnen auch im Insolvenzplanverfahren nach ESUG nicht genommen. Im Übrigen sind bloße Hoffnungen auf Gewinn verfassungsrechtlich nicht geschützt.[772]

Schließlich würde die stärkere Betonung der Gesellschafterrechte die Zwecke des Insolvenzverfahren, für bestmögliche Befriedigung der Insolvenzgläubiger zu sorgen, unterlaufen.

Folgende Überlegung stützt dieses Ergebnis zusätzlich: Gesetzgeberisches Ziel **2338** des ESUG war u.a., das Blockadepotenzial der Altgesellschafter gegenüber einer Insolvenzplansanierung zu beseitigen. Hätten die Altgesellschafter nun über einen vergleichbaren Sanierungsbeitrag wiederum die Möglichkeit, Gesellschafter der sanierten Gesellschaft zu bleiben, könnte dadurch eine Sanierung des Unternehmens durch Übertragung der Gesellschaftsanteile auf einen Sanierungsinvestor abermals blockiert sein.

Nicht zu verkennen ist jedoch, dass diese Argumentation fehlgeht bei solchen **2339** Insolvenzverfahren, die von Gesellschaftern selbst initiiert werden, um Auseinandersetzungen mit anderen Gesellschaftern im Insolvenzverfahren zu erzwingen. Hier sind Fragen der Zulässigkeit des Insolvenzverfahrens überhaupt und evtl. gesonderter Rechtsmittel bzw. Verteidigungsmöglichkeiten angesprochen (s. → Rn. 2374 ff.).

2. Weitere gesellschaftsrechtliche Zweifelsfragen

Aufgrund der Regelung in § 254a Abs. 2 InsO ist davon auszugehen, dass **2340** hinsichtlich der gesellschaftsrechtlichen Anforderungen, die etwa an einen Anteilsinhaberwechsel Kapitalveränderungen, etc. gestellt sind (etwa Beschluss zur Verfügung über Anteilsrechte, Registeranmeldungen etc.), das Gesellschaftsrecht durch die Neuregelungen in der InsO verdrängt wird.[773] So werden die Gesellschafterversammlung und der Gesellschafterbeschluss durch die Beschlüsse der Gläubiger- bzw. Beteiligtenversammlung im Insolvenzplanverfahren ersetzt. Diese tritt umfassend an die Stelle der Gesellschafterversammlung. Ladungen zur Versammlung und Abstimmungen erfolgen nach insolvenzrechtlichen Vorschriften. Stimmrechtsbeschränkungen, Sonder- oder Mehrstimmrechte, insbesondere von Minderheitsgesellschaftern sind nach § 238a Abs. 1 InsO unbeachtlich. Auch Sonderstimmrechte eines Gesellschafters oder Sonderrechte eines Gesellschafters auf das Amt des Geschäftsführers werden durch das Verfahren nach § 225a Abs. 3 InsO abgeschafft.

Zu beachten ist, dass die Formfiktion des § 254a InsO nicht für Erklärungen Dritter gelten kann, die in den Insolvenzplan nicht zwangsweise einbezogen sind.[774]

Sollten die Geschäftsanteile am Schuldner vinkuliert sein, etwa die Übertragung **2341** von der Genehmigung durch die Gesellschaft abhängen (§ 15 Abs. 5 GmbHG), erhebt sich die Frage, ob diese Verfügungsbeschränkung im Insolvenzplanverfahren beachtlich ist. Ich würde dies mit dem Argument aus § 238a InsO verneinen.

---

[772] Decher/Voland ZIP 2013, 103 ff.
[773] Sa Haas NZG 2012, 961 ff.; Stöber ZInsO 2012, 1811 ff.
[774] Sa Brünkmans ZIP 2015, 1052 ff.

Bejahendenfalls ist der Geschäftsführer der Schuldnergesellschaft für die Zustimmungserteilung zuständig und nicht der Insolvenzverwalter. Wie ist zu verfahren, wenn sich der Geschäftsführer weigert?

Da nicht sicher ist, dass Vinkulierungsregelungen in der Satzung sind unbeachtlich sind, sollten sie durch entsprechende im Plan vorgesehene Satzungsänderungen beseitigt werden (arg. aus § 238a Abs. 1 Satz 2 InsO).

2342 Ist eine Fortsetzung der Schuldnergesellschaft nach Bestätigung des Insolvenzplans und Aufhebung des Insolvenzverfahrens vorgesehen, muss der Insolvenzplan dies im gestaltenden Teil gesondert regeln (§§ 60 Abs. 1 Nr. 4 GmbHG, 274 Abs. 2 Nr. 1 AktG). Die ex-nunc-Wirkung der Aufhebung des Insolvenzverfahrens nach § 259 InsO bewirkt nicht automatisch, dass durch die Eröffnung des Insolvenzverfahrens aufgelöste Gesellschaften (etwa § 60 Abs. 1 Nr. 4 GmbHG) wieder werbend sind. Vielmehr bedarf es des Fortsetzungsbeschlusses der Gesellschafterversammlung. Hier wird zu klären sein, ob dieser ebenfalls in der Beschlussfassung der Gläubiger- bzw. Beteiligtenversammlung über den Insolvenzplan nach § 254a Abs. 2 InsO zu sehen ist, die ja notwendigerweise zeitlich vor Aufhebung des Insolvenzverfahrens liegt. Ich würde dies bejahen, weil der Fortsetzungsbeschluss im Insolvenzplan in § 225a Abs. 3 InsO ausdrücklich vorgesehen ist.

2343 Die Frage, ob die im Insolvenzplan vorgesehene Fortsetzung der Schuldnergesellschaft nach Aufhebung des Insolvenzverfahrens als **wirtschaftliche Neugründung** mit den damit verbundenen Erfordernissen und Haftungsgefahren (s. → Rn. 1107 ff.) zu behandeln ist,[775] dürfte geklärt sein: Eine Differenzhaftung der Gesellschafter nach den Regelungen der wirtschaftlichen Neugründung kommt nicht in Betracht, da die nach Aufhebung des Insolvenzplans fortgesetzte Gesellschaft zuvor kein „leerer Mantel" war.[776] Die Liquidation der Insolvenzschuldnerin wurde ja bis zum Fortsetzungsbeschluss noch betrieben.

2344 Die erforderlichen Registeranmeldungen sind nicht entbehrlich. Sie können vom Insolvenzverwalter (§ 254a Abs. 2 Satz 3 InsO) oder von den zuständigen Organen der Gesellschaft vorgenommen werden. Nimmt der Insolvenzverwalter die Anmeldung der Kapitalerhöhung zum Handelsregister vor und ist die Sacheinlage (eingebrachte Forderung) zu hoch bewertet, könnte eine Haftung wegen Falschangabe nach §§ 57 Abs. 4, 9a GmbHG in Betracht kommen[777].

2345 Fraglich ist, welche Prüfungskompetenz das Registergericht hat, weil das Gesetz keine Regelungen zur Klärung dieses möglichen Kompetenzkonflikts beider Gerichte enthält. Die Prüfungskompetenz der Registergerichte ist umstritten. Nach insolvenzrechtlicher Auffassung beschränkt sie sich auf die formalen und registerverfahrensrechtlichen Eintragungsvoraussetzungen; eine materiell-rechtliche Prüfung darf nach Rechtskraft des Planbestätigungsbeschlusses nach § 248 InsO von ihnen nicht mehr vorgenommen werden. Nach gesellschaftsrechtlicher Auffassung hat das Registergericht auch die (konkrete?, str.) gesellschaftsrechtliche Zulässigkeit der im Plan beschlossenen Maßnahme zu prüfen, weil das Insolvenzgericht im Rahmen der Planfeststellung nach § 48 InsO nur die Einhaltung der planverfahrensrechtlichen Vorschriften, nicht aber die registerrechtliche Ein-

---

[775] Sa Hacker/Petsch ZIP 2015, 761 ff.
[776] BGH ZIP 2020, 1124
[777] Haas NZG 2012, 961 ff., 967.

tragungsfähigkeit der im Plan getroffenen Maßnahmen zu prüfen hatte.[778] M.E. ist das Registergericht nur zur registerlichen Umsetzung der im Insolvenzplan beschlossenen und vom Insolvenzgericht festgestellten gesellschaftsrechtlichen Maßnahmen zuständig, ohne nochmals eine materielle Prüfung vorzunehmen. dadurch wird vermieden, dass ein Insolvenzplan vom Registergericht „kassiert" wird. Da diese Auffassung jedoch keineswegs sicher ist, sollte frühzeitig mit beiden Gerichten kommuniziert werden.

Weitere Fragen zur Schnittstelle zwischen Insolvenz- und Gesellschaftsrecht stellen sich, wenn im Inland ein Insolvenzverfahren über eine Gesellschaft ausländischer Rechtsform geführt wird und der Insolvenzplan Eingriffe in die Rechte der Anteilseigner, etwa Kapitalmaßnahmen vorsieht. Grundsätzlich richtet sich das Gesellschaftsrecht nach der Gründungstheorie (also hier nach dem ausländischen Recht), das Insolvenzrecht nach dem Recht des Eröffnungsstaates, also hier nach deutschem Recht. Nur wenn die Kapitalmaßnahmen, also die Eingriffe in die Recht der Anteilseigner als Modifikationen der Insolvenzmasse anzusehen sind, können sie sich nach dem (inländischen) Insolvenzrecht, den Regelungen der InsO richten.[779] 2346

3. Einzelfragen zum Debt-Equity-Swap (DES)

a) Gläubigergefährdung? Im Gesetz ist nicht geregelt, ob die Umwandlung der Gläubigerforderungen in Gesellschaftsanteile, also die Einbringung der Forderungen in die Schuldnergesellschaft zum Nennwert[780] oder zum (geschätzten) Verkehrswert[781] erfolgt. Für einen Ansatz zum Nennwert könnte die Regelung in § 254 Abs. 4 InsO sprechen. Nach dieser kann der Schuldner nach gerichtlicher Bestätigung des Insolvenzplans Ansprüche wegen Überbewertung der eingebrachten Forderungen gegen die Gläubiger (jetzigen Gesellschafter), also die Differenzhaftung nicht geltend machen. 2347

M.E. widerspräche eine Einbringung von Forderungen in eine insolvente Gesellschaft zum Forderungsnennwert dem Grundsatz der Kapitalaufbringung.[782] Außerhalb des Insolvenzverfahrens kommt es auf die objektive Bewertung der Forderung an.[783] Warum soll das im Insolvenzverfahren nicht gelten? Für einen Ansatz zum Verkehrswert spricht auch die Begründung im RegE des ESUG. Dort ist ausgeführt, dass ggf. ein Bewertungsgutachten einzuholen ist.[784]

Aus Sicht des umwandelnden Gläubigers kann folgende wirtschaftliche Überlegung dafür sprechen, nur zum realen Forderungswert in Gesellschaftsanteile umzuwandeln: Je höher das ausgewiesene Nominalkapital ist, desto größer muss das Vermögen der Gesellschaft werden, damit (Gewinn-)Entnahmen des Ge-

---

[778] AG Charlottenburg ZIP 2015, 394.
[779] Zur Problematik s. Fehrenbach ZIP 2014, 2485 ff.
[780] Vgl. Spliedt GmbHR 2012, 462, 464.
[781] So die wohl hM etwa Bay/Seeburg/Böhmer ZInsO 2011, 1927 ff.; Kleindiek FS Hommelhoff, 2012, 543, 550 ff.; Altmeppen FSHommelhoff, 2012, 1 ff., 10 ff.; Kanzler/Mader GmbHR 2012, 992 ff.
[782] So auch Altmeppen FS Hommelhoff, 2012, 1 ff., 13 ff.
[783] BGHZ 61, 59, 71 = NJW 1973, 1691.
[784] BT-Drs. 17/5712, S. 31, 32.

sellschafters keine nach § 30 Abs. 1 Satz 1 GmbHG verbotenen Stammkapitalrückzahlungen sind. Mit diesem Hinweis scheint mir die vorstehend dargestellte Diskussion ein Stück weit akademisch zu sein.

2348 Allerdings ist auch die Beurteilung des Verkehrswertes keineswegs sicher: Ist hier der Zerschlagungs- oder Liquidationswert[785] (Insolvenzquote) oder der Fortführungswert[786] anzusetzen? Der Regierungsentwurf des ESUG geht davon aus, dass der Liquidationswert maßgeblich ist.[787] Das scheint mir allerdings mit der Sanierungsperspektive nicht in Einklang zu stehen. Jedenfalls dürften werthaltige Sicherheiten zu berücksichtigen sein.[788]

2349 Nicht zu verkennen ist aber in jedem Fall, dass die Regelung für Neugläubiger grundsätzlich die Gefahr einer zu hohen Bewertung der in Stammkapital umgewandelten Gläubigerforderungen und somit des Ausweises eines (u.U. erheblich) zu hohen Stammkapitals birgt. Dies gilt umso mehr als nach § 254 Abs. 4 InsO eine Nachschusspflicht nach den Grundsätzen der Differenzhaftung ausgeschlossen ist, um so Planungssicherheit für die umwandelnden Gläubiger zu erreichen. Noch nicht geklärt ist, ob diese Regelung auch Ansprüche von Gläubigern gegen Kommanditisten etwa einer GmbH & Co. KG nach § 171 HGB ausschließt. Der Wortlaut erfasst nur Ansprüche der Gesellschaft selbst, während die ratio der Vorschrift auf den Kommanditisten ebenfalls anwendbar ist.

2350 Im Übrigen ist darauf hinzuweisen, dass den ihre Forderungen im Rahmen des DES einbringenden Gläubigern das Sanierungsprivileg nach § 39 Abs. 4 Satz 2 InsO zugutekommen kann.

2351 M.E. können sich auch Gesellschafter mit Forderungen nach § 39 Abs. 1 Nr. 5 InsO an einem DES beteiligen. Dabei werden sie regelmäßig nicht mit den Insolvenzgläubigern nach § 38 InsO gleich zu behandeln sein; vielmehr werden ihre Forderungen mit dem Wert Null anzusetzen sein, wenn nicht ausnahmsweise im Regelinsolvenzverfahren auf ihren (letzten) Nachrang noch eine Quote entfallen würde.

2352 Zum Schutz der Neugläubiger einer Gesellschaft nach Durchführung eines Debt-Equity-Swap im Insolvenzplanverfahren sind folgende Überlegungen denkbar:[789] Gläubiger oder Anteilseigner, könnten bei fehlerhafter Bewertung der Sacheinlage Rechtsmittel gegen den Plan einlegen. U.U. hat das Insolvenzgericht bei nicht unwesentlicher Überbewertung der Forderungen auch von sich aus den Plan entsprechend § 9c Abs. 1 Satz 2 GmbHG zurückzuweisen. Der Verwalter kann der Gefahr einer möglichen, allerdings nicht ausdrücklich geregelten Haftung nach § 60 InsO oder §§ 57 Abs. 4, 9a GmbHG wegen Falschbewertung von Ansprüchen durch Einholung eines Sachverständigengutachtens über den Wert der Ansprüche begegnen. Das Registergericht könnte, allerdings ebenfalls nicht geregelt, etwa wie bei der Sacheinlage ein Recht oder gar eine Pflicht zur Prüfung des Einlagewertes haben. Schließlich könnte bei Missbrauch der Privilegierung des § 254 Abs. 4 InsO ein Anspruch der Gesellschaft nach § 826 BGB gegeben sein. Eine

---

[785] Hirte//Knof/Mock DB 2011, 632, 642.
[786] K. Schmidt ZIP 2012, 2085, 2087.
[787] So auch Simon/Merkelbach NZG 2012, 121 ff.; Kleindiek FS Hommelhoff, 2012, 543, 550 ff.
[788] Eckert/Harig ZInsO 2012, 2318 ff.
[789] Kanzler/Mader GmbHR 2012, 992 ff.

Differenzhaftung der Gesellschafter nach den Reglungen der wirtschaftlichen Neugründung kommt allerdings nicht in Betracht, da die nach Aufhebung des Insolvenzplans fortgesetzte Gesellschaft zuvor kein „leerer Mantel" war.[790]

Nimmt der Insolvenzverwalter die Anmeldung der Kapitalerhöhung zum Handelsregister vor und ist die Sacheinlage (eingebrachte Forderung) zu hoch bewertet, könnte eine Haftung wegen Falschangabe nach §§ 57 Abs. 4, 9a GmbHG in Betracht kommen.[791] 2353

b) Zusätzliche Abwägungskriterien aus Sicht der umwandelnden Gläubiger. Zur Vermeidung der „Öffentlichkeit bei direkter Gesellschafterstellung sind treuhänderische Anteilsübertragungen möglich. 2354

In einer späteren Folgeinsolvenz (nach Planbestätigung und Aufhebung des Insolvenzverfahrens) drohen dem Gläubiger dieselben Haftungsgefahren wie beim DES außerhalb eines Insolvenzverfahrens (s. → Rn. 188, 195 ff.) mit Ausnahme der Differenzhaftung, die nach § 254 Abs. 4 InsO ausgeschlossen ist. Die nachteiligen Wirkungen der Qualifikation von Darlehen als Gesellschafterdarlehen können durch Einschaltung einer Unternehmensbeteiligungsgesellschaft nach § 24 UBGG vermieden werden. 2355

III. Umwandlungen nach dem UmwG aus der Insolvenz

1. Grundsätzliches

Nach alter Rechtslage (vor ESUG) konnten Umwandlungen insolventer, d.h. aufgelöster (s. § 60 Abs. 1 Nr. 4 GmbHG) Rechtsträger im Insolvenzverfahren nicht vorgenommen werden, da vor Aufhebung des Insolvenzverfahrens die nach § 3 Abs. 3 UmwG erforderliche Fortsetzung nicht beschlossen werden konnte.[792] 2356

Nach der aktuellen Rechtslage kann nun im Insolvenzplan sowohl in die Rechte der Gesellschafter eingegriffen als auch jede gesellschaftsrechtlich zulässige Regelung getroffen werden, also auch die Fortsetzung der Gesellschaft vorgesehen bzw. beschlossen werden, § 225a Abs. 3 InsO. Daher wird in der Literatur vertreten, dass sich das Insolvenzplanverfahren nunmehr grundsätzlich auch für Umwandlungen nach dem UmwG eignet, weil nach der Neuregelung in § 225a Abs. 3 InsO jede Gesellschaft auch noch in der Insolvenz prinzipiell fortsetzungsfähig ist, was für § 3 Abs. 3 UmwG ausreiche.[793] Danach kämen in Betracht also Formwechsel nach §§ 190 ff. UmwG, Verschmelzungen durch Aufnahme (§ 2 Nr. 1, §§ 4 ff. UmwG) oder zur Neugründung (§ 2 Nr. 2, §§ 36 ff. UmwG), Aufspaltungen zur Aufnahme (§ 123 Abs. 1 Nr. 1, §§ 126 ff. UmwG) oder Neugründung (§ 123 Abs. 1 Nr. 2, §§ 135 ff. UmwG), Abspaltungen (§ 123 Abs. 2 UmwG) und Ausgliederungen[794]

---

[790] BGH ZIP 2020, 1124
[791] Haas NZG 2012, 961 ff., 967.
[792] Sa Becker ZInsO 2013, 1885 ff.; Brünkmans ZInsO 2014, 2533 ff.
[793] Madaus ZIP 2012, 2133, 2136; sa Becker ZInsO 2013, 1885 ff.; Brünkmans ZInsO 2014, 2533 ff.
[794] Zur Ausgliederung sanierungswürdiger Betriebsteile durch Insolvenzplan und das Verhältnis zum Gläubigerschutz nach UmwG s. Simon/Brünkmans ZIP 2014, 657 ff.

(§ 123 Abs. 3, §§ 152 ff. UmwG) ertragreicher Unternehmensteile anstelle des sonst üblichen Asset-Deals.[795] Nach OLG Brandenburg sind aber Verschmelzungen auf den insolventen Gemeinschuldner nicht möglich, weil nach § 3 Abs. 3 UmwG aufgelöste Rechtsträger an der Verschmelzung nur als übertragende Rechtsträger teilnehmen können. Eine erweiterte Anwendung der Regelung verbiete ihr Ausnahmecharakter und eine analoge Anwendung komme mangels planwidriger Regelungslücke nicht in Betracht.[796] Das halte ich nicht für zwingend, weil ein solches Verbot aus § 3 Abs. 3 UmwG nicht ausdrücklich herauszulesen ist. So hat das OLG Bremen einen sog. „Downstream-merger" zweier insolventer Rechtsträger durch aufeinander Bezug nehmende Insolvenzpläne zugelassen.[797] Außerdem kann nach BGH[798] eine Missachtung des § 3 Abs. 3 UmwG nach Eintragung der Verschmelzung unbeachtlich sein und muss nicht zur Nichtigkeit der Verschmelzung führen.

2357 Für die Insolvenz des Einzelkaufmanns fehlt es an einer mit § 225a Abs. 3 InsO vergleichbaren Regelung, so dass es bei der alten Rechtslage verbleibt: die Ausgliederung ist nach § 152 Satz 2 UmwG nicht zulässig, wenn die Verbindlichkeiten des Einzelkaufmannes sein Vermögen übersteigen.

2358 Wird eine Umwandlung im Insolvenzplan vorgesehen, kommt der Umwandlungsbeschluss nach § 13 UmwG mit den Mehrheiten in der Gläubigerversammlung nach §§ 243 ff. InsO zustande. Nach gerichtlicher Planbestätigung dürfte der Beschluss unanfechtbar sein.[799] Der Insolvenzverwalter ist nach § 254a Abs. 2 Satz 3 InsO zur Anmeldung zum Handelsregister für die erforderliche Eintragung der Umwandlung (Wirksamkeitsvoraussetzung nach § 20 UmwG) befugt.

2. Ausgliederung statt Asset-Deal?

2359 Weil einerseits die übertragende Sanierung des Unternehmens im Wege des Asset-Deal aus der Insolvenz nicht immer möglich ist (etwa weil zur Fortführung nicht übertragbare Gegenstände, z.B. Vertragsverhältnisse, erforderlich sind, s.o.) und weil der Eingriff in die Rechte der Anteilsinhaber mit gesellschaftsrechtlichen Unwägbarkeiten und damit einhergehend mit Verzögerungen beim Wirksamwerden des Insolvenzplans verbunden sein kann (s.o.), könnte sich evtl. als „Königsweg" die Ausgliederung nach § 123 Abs. 3 UmwG mit der partiellen Gesamtrechtsnachfolge anbieten. Der Insolvenzverwalter könnte eine neue Gesellschaft gründen und auf diese alle diejenigen Teile der insolventen Gesellschaft ausgliedern, die der Erwerber zur Fortführung des Unternehmens erwerben möchte, und sodann die Geschäftsanteile an der Ausgliederungsgesellschaft veräußern. Ob eine solche Ausgliederung aus der insolventen Gesellschaft nach § 123 Abs. 3 UmwG, etwa anstelle eines asset-deals in Betracht gezogen werden kann, ist leider, so weit ersichtlich, noch nicht abschließend geklärt und richtet sich in rechtlicher Hinsicht im Wesentlichen nach der Beantwortung der folgenden **Rechtsfragen**:

---

[795] Sa Madaus ZIP 2012, 2133 ff.; Kahlert/Gehrke DStR 2013, 975 ff.
[796] OLG Brandenburg ZIP 2015, 929 = NZG 2015, 884; aA Wachter NZG 2015, 858 ff.
[797] OLG Bremen ZIP 2016, 1480.
[798] BGH ZIP 2001, 2006 = BeckRS 2001, 7163.
[799] So Madaus ZIP 2012, 2133, 2137.

(1) Nach § 3 Abs. 3 UmwG muss allein die in § 225a Abs. 3 InsO vorgesehene Möglichkeit der Fortsetzung der aufgelösten Gesellschaft ausreichen und es darf nicht darauf ankommen, dass die Fortsetzung des übertragenden Rechtsträgers auch tatsächlich beschlossen wird. Vielmehr muss es erlaubt sein, dass der übertragende Rechtsträger in der Liquidation durch das Insolvenzverfahren zurückbleibt.[800] In diesem Zusammenhang ist auf eine junge Entscheidung des BGH hinzuweisen: Es ist ausreichend, dass der Insolvenzplan lediglich die abstrakte Möglichkeit der Fortsetzung der Gesellschaft vorsieht, der Fortsetzungsbeschluss aber im Planverfahren noch nicht gefasst wurde, sondern den Gesellschaftern nach gerichtlicher Bestätigung des Insolvenzplans und gerichtlicher Aufhebung des Insolvenzverfahrens vorbehalten bleibt.[801] In der Literatur wird vertreten, dass die Entscheidung auch für den Fall der Teilnahme einer insolventen Gesellschaft an einer Spaltung nach § 124 UmwG anwendbar sei.[802] Die Möglichkeit der Ausgliederung nach § 123 Abs. 3 UmwG bleibt damit aber weiter fraglich, weil ja die insolvente Gesellschaft wohl keinesfalls fortgesetzt werden soll. Ein Fortsetzungsbeschluss setzt allerdings in jedem Fall voraus, dass mit der Verteilung des Gesellschaftsvermögens unter die Gesellschafter noch nicht begonnen wurde.[803]

(2) § 140 UmwG darf nicht anwendbar sein bzw. nicht entgegenstehen (insbesondere relevant für Abspaltungen oder Ausgliederungen). Dies ist nicht der Fall, wenn der Auffassung der einschränkenden Auslegung wegen bloßen Aktivtauschs (ausgegliedertes Vermögen gegen Anteile am übernehmenden Rechtsträger) gefolgt werden kann.[804] Dann müsste m.E. die Erklärung ausreichen, dass die Unterbilanz jedenfalls nicht vertieft wird.[805] U.U. ist die Erklärung, das Stammkapital der ausgliedernden Gesellschaft sei gedeckt, auch deshalb nicht erforderlich, weil diese als übertragender Rechtsträger im Insolvenzverfahren abgewickelt wird und Gläubigerinteressen durch die Ausgliederung gerade gewahrt werden.[806] Das AG Norderstedt hat entschieden, dass das Ausgliederungsverbot des § 152 S. 2 UmwG der Ausgliederung des Unternehmens durch Insolvenzplan in der Insolvenz des Einzelkaufmanns nicht entgegensteht, da der Schutzzweck des Ausgliederungsverbots im Insolvenzplanverfahren nicht gelte, weil die Insolvenz ja gerade aufgedeckt bzw. offengelegt ist.[807] Dieser Gedanke kann auch bei Ausgliederung aus der insolventen GmbH fruchtbar gemacht werden. Schließlich könnte eine Gestaltung erwogen werden, dass nach den Planregelungen (insbesondere durch Teilverzichte der Gläubiger bei Akzeptanz der Befriedigungsquoten) ein Netto-Reinvermögen der insolventen Gesellschaft in Höhe des gesetzlichen Mindestkapitals verbleibt.

---

[800] So Madaus ZIP 2012, 2133, 2136.
[801] BGH ZIP 2020, 1124; zu dieser Entscheidung Heckschen/Weitbrecht, Fortsetzung einer GmbH nach Aufhebung des Insolvenzplanverfahrens, ZIP 2020, 1737 ff.
[802] Heckschen/Weitbrecht, Fortsetzung der GmbH nach Aufhebung des Insolvenzplanverfahrens, ZIP 2020, 1737 ff.
[803] BGH ZIP 2020, 1124
[804] Für die modifizierte Erklärung bei Ausgliederung bei Unterbilanz: Stindt, Ausgliederung bei Unterbilanz der übertragenden GmbH – zur Erklärung gemäß § 140 UmwG, NZG 2017, 174 ff.
[805] Hölzle/Kahlert ZIP 2017, 510, 511 f.
[806] So Madaus, Umwandlungen als Gegenstand eines Insolvenzplans nach dem ESUG, ZIP 2012, 2133, 2136.
[807] AG Norderstedt ZIP 2017, 586; dazu Schröder/Berner NZI 2017, 837 ff.

(3) § 133 UmwG einschl. §§ 22, 23 UmwG (Haftung aller beteiligter Rechtsträger für die Schulden des übertragenden Rechtsträgers) dürfen nicht anwendbar sein. Für die Unanwendbarkeit der §§ 133 und 23 UmwG lässt sich mit der inzwischen h.M. dieselbe Begründung anführen, mit der die Rechtsprechung auch die Unanwendbarkeit des § 25 HGB bei Firmenfortführung nach Erwerb eines Handelsgeschäfts aus der Insolvenz begründet[808] (s. → Rn. 2110). Auch lässt sich m.E. der Rechtsgedanke aus § 75 Abs. 2 AO heranziehen: Der Schutz der Gläubiger des insolventen Rechtsträgers ist nicht tangiert, weil für die Ausgliederung eine entsprechende Gegenleistung in die Insolvenzmasse fließt.

Dasselbe müsste dann auch für die anschließende Veräußerung der Geschäftsanteile am empfangenden Rechtsträger durch den Insolvenzverwalter gelten. Darauf hinzuweisen ist aber, dass für die vorstehende Frage mangels Rechtsprechung noch keine Sicherheit besteht. Ob ein Ausschluss der Haftung nach § 133 UmwG durch entsprechende Planregelung vereinbart werden kann, ist streitig. Aus Vorsichtsgründen sollte eine solche Regelung in den Plan aufgenommen werden. Für ihre Wirksamkeit könnte sprechen, dass die Haftung individualvertraglich abbedungen werden kann.

Der Gläubigerschutz nach § 22 UmwG, sollte er bestehen bleiben,[809] dürfte nicht hinderlich sein. Zur Geltendmachung des Sicherungsverlangens müssen die Gläubiger aber glaubhaft machen, dass ihre vor der Umwandlung bestehenden Forderungen durch die Umwandlung gefährdet werden.

2360 (4) Die Ausgliederung ist nicht steuerneutral nach § 20 UmwStG möglich. Zu prüfen bleibt also die Steuerbelastung unter Berücksichtigung von evtl. Verlustvorträgen. Die Rechtsunsicherheiten bei der Besteuerung von Sanierungsgewinnen dürften hier nicht entstehen, weil Forderungsverzichte vermieden werden. Die evtl. Aufdeckung stiller Reserven hätte die im Regelinsolvenzverfahren abzuwickelnde Restgesellschaft zu versteuern.[810]

2361 (5) Die von der Rechtsprechung vorgenommenen teleologischen Reduktionen, d.h. Einschränkung der Haftungen nach §§ 25, 26, 28 HGB und § 613a BGB (s.o.) und die Haftungserleichterung nach § 75 Abs. 2 AO bei Unternehmenserwerben aus der Insolvenz dürften ebenfalls für die Gesamtrechtsnachfolge nach Umwandlungen aus der Insolvenz gelten, weil die Begründung für die Haftungserleichterungen gleichfalls eingreift: Im Interesse der Gläubiger soll die Verwertung der Masse nicht erschwert werden.

J. Schutzschirm- und Insolvenzplanverfahren als Mittel innergesellschaftlicher Auseinandersetzungen?

2362 Wie der Fall des Suhrkamp-Verlages gezeigt hat, kann in Zukunft in Einzelfällen damit zu rechnen sein, dass das Insolvenzplanverfahren auch zur Regelung innergesellschaftlicher Streitigkeiten zwischen den Gesellschaftern initiiert wird,

---

[808] Brünkmans ZInsO 2014, 2533, 2552 m.w.N.
[809] So Brünkmans ZInsO 2014, 2533, 2550, 2551.
[810] Zu Möglichkeit und steuerrechtlichen Wirkungen der Ausgliederung mithilfe des Insolvenzplanverfahrens s. Hölzle/Kahlert ZIP 2017, 510 ff.

sog. „strategische Insolvenz".⁸¹¹ Dies wirft die Frage auf, ob das Schutzschirmverfahren mit Eigenverwaltung und anschließendem Insolvenzplanverfahren als Mittel zu diesen, nicht insolvenzverfahrensrechtlichen Zwecken genutzt werden darf, letztlich die Frage nach dem Verhältnis zwischen Gesellschafts- und Insolvenzrecht.

I. Der Fall des Suhrkamp-Verlages

1. Sachverhaltsskizze

Im Fall der Suhrkamp Verlag GmbH & Co. KG hatte zunächst der Minderheits-Kommanditist eine bestehende Gewinnauszahlungsforderung geltend gemacht. Das hat der Mehrheits-Kommanditist zum Anlass genommen, seinerseits ebenfalls (höhere) Gewinnauszahlungsforderungen zu erheben, die die Insolvenzreife (drohende Zahlungsunfähigkeit, evtl. auch Überschuldung) der Gesellschaft herbeiführen konnten. Sodann hat der Mehrheitsgesellschafter-Geschäftsführer das Schutzschirmverfahren beantragt und im Folgenden einen Insolvenzplan vorgelegt, der die Umwandlung der Gesellschaft in eine andere Rechtsform (bisher GmbH & Co. KG, nun AG) unter Bezugsrechtsausschluss und Vinkulierung der Aktien mit der Folge der Perpetuierung seiner eigenen Geschäftsführungsmacht vorsieht, wodurch der Minderheitsgesellschafter einige seiner bisherigen gesellschafterlichen Rechte weitgehend verliert. Der Minderheitsgesellschafter hatte zuvor seine Forderung gestundet und einen qualifizierten Rangrücktritt erklärt.⁸¹² Nach dem vorläufigen Abschluss des Verfahrens durch die Entscheidung des BVerfG, eine einstweilige Anordnung zur vorläufigen Verhinderung der Wirkungen des Insolvenzplans nicht zu erlassen,⁸¹³ scheint das Vorhaben des Mehrheitsgesellschafters aufgegangen zu sein.

2363

2. Gerichtliche Entscheidungen

Das LG Frankfurt a.M. hat die Fälligstellung der Gewinnforderung des Mehrheitsgesellschafters als Verstoß gegen die gesellschafterliche Treuepflicht angesehen, wenn sie nur dem Zweck dient, das Schutzschirmverfahren nach § 270b InsO zu ermöglichen und dieses Verfahren das Ziel hat, den anderen Gesellschafter aus der Gesellschaft zu drängen.⁸¹⁴ Der Insolvenzantrag wegen drohender Zahlungsunfähigkeit sei keine unternehmerische Entscheidung, sondern hierfür bedürfe es eines Gesellschafterbeschlusses.⁸¹⁵ Dieser Beschluss sei nur entbehrlich, wenn ein Gesellschafter unter Missachtung seiner gesellschaftsrechtlichen Treuepflicht sich einer belastbaren Sanierung der Gesellschaft im Schutzschirmverfahren wi-

2364

---

⁸¹¹ Zu diesen s. Eidenmüller ZIP 2014, 1197 ff.; Lesenswert auch zur Überwindung weiterer bestandsgefährdender Umstände Seibt/Bulgrin ZIP 2017, 353 ff.
⁸¹² Zur Hergangsschilderung su auch Fölsing ZInsO 2013, 1325 ff.
⁸¹³ BVerfG ZIP 2015, 80 = NZG 2015, 98.
⁸¹⁴ LG Frankfurt a.M. ZIP 2013, 1473 = ZInsO 2013, 1585.
⁸¹⁵ LG Frankfurt a.M. ZIP 2013, 1720 = ZInsO 2013, 2162.

dersetzt.⁸¹⁶ Außerdem hat das LG Frankfurt a.M. den Mehrheitsgesellschafter im Wege der einstweiligen Verfügung verpflichtet, die eigene Forderung gegen die Gesellschaft zu stunden und einen Rangrücktritt zu erklären. Zur Begründung hat es ausgeführt, dass der Gewinnauszahlungsanspruch des Gesellschafters durch die gesellschafterliche Treuepflicht begrenzt sei. Diese verpflichte den Gesellschafter, die eigene Gesellschaft nicht in die Insolvenz zu treiben.⁸¹⁷ Schließlich hat das LG Frankfurt a.M. den Mehrheitsgesellschafter durch einstweilige Verfügung verpflichtet, gegen den von ihm selbst vorgelegten Insolvenzplan zu stimmen, da die Zustimmung zum Insolvenzplan der gesellschafterlichen Treuepflicht widerspreche und im Hinblick auf die Eigentumsgarantie des Art. 14 GG strenge Anforderungen an die weitreichenden Eingriffe in die Anteilseignerrechte zu stellen sein.⁸¹⁸

Das OLG Frankfurt a.M. hat die vorgenannten Entscheidungen des LG Frankfurt a.M. korrigiert: Die Erklärung eines Rangrücktritts oder einer Stundung der Forderung seien keine Leistungen, die dem Minderheitsgesellschafter in der Auseinandersetzung mit dem Mehrheitsgesellschafter im Wege der einstweiligen Verfügung zugesprochen werden können.⁸¹⁹ Die Zwangsvollstreckung der einstweiligen Verfügung auf Untersagung der Zustimmung zu dem Insolvenzplan wurde eingestellt.⁸²⁰ Zur Begründung hat das OLG Frankfurt a.M. ausgeführt, dass die gesellschafterlichen Treuepflichten nicht über die Eröffnung des Insolvenzverfahrens hinaus wirkten, denn mit der Eröffnung des Insolvenzverfahrens sei der Zweck der Gesellschaft, nämlich der Erhalt der Existenz und der Funktionsfähigkeit entfallen. Von diesem Moment an entscheide nur noch das Insolvenzgericht über die Rechte und Pflichten der Gesellschafter; die Zivilgerichte verlören ihre Zuständigkeit für Gesellschafterstreitigkeiten. Die schutzwürdigen Positionen der Gesellschafter beschränkten sich auf den Wert, der ihrer Beteiligung im Insolvenzverfahren verbleibt. Insolvenzbedingte Wertverluste könnten nur außerhalb des Insolvenzverfahrens geltend gemacht werden.⁸²¹

Auch das BVerfG hat eine einstweilige Anordnung der Aufhebung des Abstimmungstermins über den Insolvenzplan abgelehnt mit der Begründung, Betroffene könnten die nach der InsO gegebenen Rechtsmittel gegen die notwendige gerichtliche Bestätigung des Insolvenzplans einlegen und so ihre rechtlichen Einwände geltend machen.⁸²²

Das LG Berlin hatte geurteilt: Unterlässt der Gläubiger im Abstimmungstermin über den Insolvenzplan die Stellung eines Minderheitschutzantrages nach § 251 InsO, wird die Berufung auf die Nachteiligkeit ausgeschlossen und ein darauf gestütztes Rechtsmittel (sofortige Beschwerde nach § 253 InsO) ist unzulässig.⁸²³ Diese Entscheidung hat der **BGH** aufgehoben und entschieden, dass die Zulässigkeit der sofortigen Beschwerde nach § 253 InsO nicht davon abhängig gemacht

---

⁸¹⁶ LG Frankfurt a.M. ZIP 2013, 1831 = ZInsO 2013, 2015.
⁸¹⁷ LG Frankfurt a.M. ZIP 2013, 1720 = ZInsO 2013, 2162.
⁸¹⁸ LG Frankfurt a.M. ZIP 2013, 1831 = ZInsO 2013, 2015.
⁸¹⁹ OLG Frankfurt a.M. ZIP 2013, 2022 = ZInsO 2013, 2162.
⁸²⁰ OLG Frankfurt a.M. ZInsO 2013, 2112 = NZI 2013, 978.
⁸²¹ OLG Frankfurt a.M. ZInsO 2013, 2112 = NZI 2013, 978.
⁸²² BVerfG ZIP 2013, 2163 = ZInsO 2013, 2261 mAnm Fölsing ZInsO 2013, 2263 f.
⁸²³ LG Berlin ZIP 2014, 893 = ZInsO 2014, 963 (Fall Suhrkamp); dazu Brünkmans ZInsO 2014, 993 ff.

werden kann, dass der Gläubiger im Abstimmungstermin über den Insolvenzplan einen Minderheitenschutzantrag nach § 251 InsO gestellt hat.[824] Vor dem Hintergrund, dass durch den Insolvenzplan alle Gläubiger der Gesellschaft vollständig befriedigt werden, könnte die Gesellschaft auch in der bisherigen Rechtsform und (und mit der bisherigen Beteiligung) weitergeführt werden oder ihr Geschäftsbetrieb könnte im Wege der übertragenden Sanierung veräußert werden. Dann liegt der von § 253 Abs. 2 Nr. 3 InsO gemeinte Regelfall, dass der Wert der Beteiligung des Gesellschafters mit Null anzusetzen ist, nicht vor. Somit dürfte allein mit der Tatsache des Eingriffs in die Gesellschafterrechte eine Schlechterstellung des Gesellschafters bereits glaubhaft gemacht sein.[825]

Das LG Berlin hat außerdem entschieden, dass jedenfalls bei zerrüttetem Gesellschafterverhältnis die Geltendmachung einer Gewinnforderung nicht treuwidrig ist.[826] Außerdem LG Berlin: Auch nach Umwandlung der Gesellschaft von einer GmbH & Co. KG in eine AG (durch den Insolvenzplan) bleibt eine zwischen den Gesellschaftern früher geschlossene Vereinbarung (Innen-GbR) bestehen, weil es sich um dieselbe Rechtsperson handelt. Unwirksam können allenfalls einzelne, gegen zwingendes Aktienrecht verstoßende Regelungen sein.[827]

Nach der Zurückverweisung durch den BGH hat das LG Berlin die Beschwerde des Minderheitsgesellschafters im Eilverfahren nach § 253 Abs. 4 InsO zurückgewiesen, weil der Nachteil der Verzögerung des Insolvenzplans die Nachteile des Beschwerdeführers regelmäßig überwiege, wenn ein fortzuführender Geschäftsbetrieb mit Arbeitsplätzen betroffen sei. Dass der Minderheitsgesellschafter reflexartig seine gesellschaftsvertraglichen Mitspracherechte verlieren kann, sei nicht zu berücksichtigen, weil diese Reflexwirkung bei der vom Gesetzgeber ausdrücklich gewollten Sanierung krisenbefangener Unternehmen hinzunehmen sei.[828] Gegen die unverzügliche Zurückweisung der Beschwerde nach § 253 Abs. 4 InsO ist eine Rechtsbeschwerde nicht statthaft.[829]

Das BVerfG hat den Antrag des Minderheitsgesellschafters auf Erlass einer einstweiligen Anordnung zur vorläufigen Verhinderung des Eintritts der Wirkungen des Insolvenzplans und der Eintragung der Schuldnerin als AG in das Handelsregister aufgrund der gebotenen Folgenabwägung abgelehnt.[830]

Damit dürfte das Verfahren zu einem vorläufigen Abschluss gekommen sein. Abgesehen von der noch offenen Entscheidung im Hauptsacheverfahren der Verfassungsbeschwerde ist der Minderheitsgesellschafter auf evtl. Schadensersatzansprüche außerhalb des Insolvenzverfahrens verwiesen.

---

[824] BGH ZIP 2014, 1442 = ZInsO 2014, 1552.
[825] Vgl. BGH ZIP 2014, 1442 = ZInsO 2014, 1552; zu dieser Entscheidung Fölsing ZInsO 2014, 1591 ff.; Hölzle ZIP 2014, 1819 ff.
[826] LG Berlin ZIP 2014, 1388 = ZInsO 2014, 1565.
[827] LG Berlin ZIP 2014, 1388 = ZInsO 2014, 1565; dazu Fölsing ZInsO 2014, 1541 ff.
[828] LG Berlin ZIP 2014, 2197 = ZInsO 2014, 2232; krit. zu dieser Entscheidung Schäfer ZIP 2014, 2417 ff.; zust. Pleister/Tholen ZIP 2015, 414 ff.
[829] BGH ZIP 2014, 2040 = ZInsO 2014, 2109 (Suhrkamp II).
[830] BVerfG ZIP 2015, 80.

II. Literaturauffassungen und Stellungnahme

2365 Selbstverständlich werden die aufgeworfenen Fragen zum Verhältnis zwischen Gesellschaftsrecht und Insolvenzrecht in der Literatur kontrovers diskutiert.[831] Es prallen die vermögenszentrierte Sicht des Insolvenzverfahrens und die gesellschaftsrechtliche Sicht aufeinander. Im Kern handelt es sich um Rechtsfragen an der Schnittstelle zwischen Insolvenz- und Gesellschaftsrecht und hier u.a. um die Frage, ob und ggf. in welchem Umfang gesellschaftsrechtliche Rechtssätze, insbesondere Treuepflichten bei Einleitung und Durchführung (einschl. Abstimmungsverhalten) eines Insolvenz(plan)verfahrens zu beachten sind, in wie weit also in Mitgliedschaftsrechte der Gesellschafter durch das Insolvenzplanverfahren nach ESUG eingegriffen werden kann.[832] Dabei wird wohl zu unterscheiden sein zwischen Fragen, die die Einleitung eines Insolvenzverfahrens einerseits und die Durchführung (einschl. Abstimmungsverhalten) eines Insolvenzverfahrens andererseits betreffen.

2366 Ausgangspunkt der Überlegungen dürften die **gesellschaftsrechtlichen Treuepflichten** sein. Diese sind Verhaltensregeln für die Beziehungen zwischen Gesellschaft und Gesellschaftern und zwischen den Gesellschaftern untereinander. Die Begründung für sie ist, dass grundsätzlich bestehende Einflussmöglichkeit auch Verantwortung nach sich zieht. Das bedeutet einerseits, dass sich die Gesellschaftermehrheit keine nicht gerechtfertigten Sondervorteile verschaffen und ihre Mehrheitsmacht nicht zum Nachteil der Gesellschaft oder anderer Gesellschafter missbrauchen darf und dass andererseits eine Sperrposition zu bestimmtem Stimmverhalten zwingen kann. In diesem Zusammenhang sind die Entscheidungen des BGH im Fall „Girmes" (Kapitalschnitt)[833] und zu „Sanieren oder Ausscheiden"[834] sowie die jüngste zur übertragenden Sanierung einer GbR zu nennen.[835] In den beiden erstgenannten Entscheidungen hat der BGH der Verschaffung von Sondervorteilen zugunsten störender Minderheitsgesellschafter eine Absage erteilt (sanierungsbedingte Eingriffe in Gesellschafterrechte sind hinzunehmen), in der letztgenannten hat der BGH die Gründung einer neuen Gesellschaft mit identischem Gesellschaftszweck zum Zwecke der Übertragung des Geschäftsbetriebes als treuwidrig angesehen, wenn nicht alle Altgesellschafter dem zustimmen.

2367 **(1)** Das Insolvenzverfahren findet nur statt aufgrund eines zulässigen (und begründeten) Insolvenzantrags. Eigenanträge dürften rechtsmissbräuchlich und damit unzulässig sein, wenn mit der Einleitung des Insolvenzverfahrens keine Zwecke nach § 1 InsO sondern ausschließlich verfahrensfremde Zwecke verfolgt werden, das Verfahren etwa nicht dazu dient, die Gläubiger besser zu befriedi-

---

[831] Etwa Meyer ZInsO 2013, 2361 ff.; für das Fortwirken gesellschaftsrechtlicher Treuepflichten auch im eröffneten Insolvenz(plan)verfahren ua Schäfer ZIP 2013, 2237 ff., Spliedt ZInsO 2013, 2155 ff.; Madaus ZIP 2014, 500 ff.; Siemon ZIP 2014, 458 ff.
[832] Sa Westermann NZG 2015, 134 ff.
[833] BGHZ 129, 136 = NJW 1995, 1739.
[834] BGHZ 183, 1 = NJW 2010, 65.
[835] BGH BeckRS 2014, 5161.

gen.⁸³⁶ Das ist von Amts wegen zu prüfen. Ein unzulässiger Antrag muss von Insolvenzgericht abgewiesen werden.

Nach meinem Dafürhalten ist das Schutzschirmverfahren rechtsmissbräuchlich und daher gar nicht erst anzuordnen bzw. von Amts wegen wieder aufzuheben, wenn es nicht der Sanierung des Unternehmens dient, sondern **nur** zum Ausschluss eines Gesellschafters und der das Verfahren betreibende Gesellschafter die Voraussetzungen (Überschuldung oder drohende Zahlungsunfähigkeit) selbst geschaffen hat.⁸³⁷ Dann nämlich dürfte der Insolvenzantrag wegen Verfolgung ausschließlich insolvenzverfahrensfremder Ziele rechtsmissbräuchlich und daher unzulässig sein.⁸³⁸ Nicht zu verkennen ist jedoch, dass ein Rechtsmittel gegen die Eröffnung des Insolvenzverfahrens für Gesellschafter in § 34 InsO nicht vorgesehen ist. Ist allerdings zu besorgen, dass wegen des Gesellschafterstreits die Gesellschaft gefährdet ist, ist der Insolvenzantrag nicht rechtsmissbräuchlich.

Verfolgt der den Insolvenzantrag stellende Gesellschafter jedoch auch verfahrenskonforme Ziele, etwa das der anteiligen Befriedigung eigener Darlehensansprüche gegen die Gesellschaft, ist sein Insolvenzantrag von diesem Rechtsschutzinteresse gedeckt und daher nicht deswegen unzulässig, weil er daneben auch insolvenzzweckwidrige Ziele, etwa das der Trennung von problematischen Mitgesellschaftern, verfolgt. Das gilt auch angesichts der Tatsache, dass eine Befriedigungschance für das nach § 39 Abs. 1 Nr. 5 InsO nachrangige Gesellschafterdarlehen kaum bestehen dürfte. Etwas Anderes könnte nur gelten, wenn für das Gesellschafterdarlehen ein Rangrücktritt nach § 39 Abs. 2 InsO vereinbart ist: dann könnte das Rechtsschutzinteresse für einen eigenen Insolvenzantrag wegen widersprüchlichen Verhaltens fehlen.⁸³⁹

(2) Fraglich ist darüber hinaus, ob eine Gewinnforderung eines Kommanditisten einer GmbH & Co. KG die Insolvenzreife der Gesellschaft und der Verwaltungs-GmbH begründen kann. Ich würde dies mit Blick auf §§ 30, 31 GmbHG verneinen.⁸⁴⁰ Das ist ebenfalls von Amts wegen bei der Entscheidung über die Eröffnung des Insolvenzverfahrens (Begründetheit des Antrages) zu beachten.

2368

(3) Das Schutzschirmverfahren findet nur statt, wenn auch die Voraussetzungen für die Eigenverwaltung gegeben sind. Zu diesen gehört nach § 270 Abs. 2 Nr. 2 InsO, nach dem die Eigenverwaltung ausscheidet, wenn Nachteile für die Gläubiger zu befürchten sind. Fraglich ist, ob zu diesen Gläubigern auch die nach § 39 Abs. 1 Nr. 5 InsO nachrangigen Gesellschafter-Gläubiger zählen. Dies könnte zu bejahen sein, wenn auf ihre Nachrangklasse noch eine Befriedigungsquote zu erwarten ist. Im Falle potenzieller Betroffenheit ist ihnen bereits im Insolvenzeröffnungsverfahren nach Art. 103 Abs. 1 GG Gehör zu gewähren.⁸⁴¹ Allerdings können die Aufhebung des Schutzschirmverfahrens nach § 270b Abs. 4 Nr. 3 InsO nur die Insolvenzgläubiger nach § 38 InsO beantragen, und dies auch nur solange

2369

---

⁸³⁶ Brinkmann ZIP 2014, 197 ff.
⁸³⁷ So auch Fölsing ZInsO 2013, 1325 ff.
⁸³⁸ So auch Thole ZIP 2013, 1937 ff.; zur Problematik der Rechtsmissbräuchlichkeit eines Insolvenzverfahrens sa Lang/Muschalle NZI 2013, 953 ff.
⁸³⁹ Sa Geißler ZInsO 2014, 1201 ff.
⁸⁴⁰ Sa Siemon ZIP 2014, 458 ff.
⁸⁴¹ AG Charlottenburg ZInsO 2013, 2501 = LSK 2014, 10879 (Ls.).

kein vorläufiger Gläubigerausschuss bestellt ist, denn nach dessen Bestellung steht ihm das Antragsrecht allein zu.[842]

2370 (4) Sollte der Insolvenzplan vom Mehrheitsgläubiger/-gesellschafter beschlossen worden sein, käme eine Versagung der Planbestätigung nach § 250 InsO in Betracht (auch wenn die Vorschrift diese Fälle nicht ausdrücklich regelt). Als Rechtsmittel könnten dem Minderheitsgesellschafter der Antrag auf Versagung der Planbestätigung nach § 251 InsO bzw. nach Planbestätigung die sofortige Beschwerde nach § 253 InsO zustehen, jeweils mit der Begründung, dass das Verfahren an sich rechtsmissbräuchlich sei und folglich jegliche Eingriffe in die Gesellschafterrechte durch den Insolvenzplan die für den Erfolg des Rechtsmittels erforderliche Schlechterstellung darstellten.[843] Ist das Verfahren nicht an sich rechtsmissbräuchlich, kann das Rechtsmittel des Minderheitsgesellschafters begründet sein, wenn ihm gegenüber der Mehrheitsgesellschafter durch den Plan rechtlich besser gestellt wird, ohne dass er ausreichend abgefunden wird („insolvenzrechtlicher Squeeze-out").[844]

2371 (5) Zum Teil werden die Regelungen des ESUG wegen Verstößen gegen die Grundrechte aus Art. 9 Abs. 1 und 14 Abs. 1 GG für verfassungswidrig gehalten, soweit sie über das Insolvenzplanverfahren Strukturmaßnahmen wie Umwandlungen oder Kapitalerhöhungen ohne oder gar gegen den Willen der Gesellschafter zulassen.[845] Das LG Berlin hat entschieden, dass § 225a InsO nicht gegen Art. 14 GG verstößt.[846] Dennoch wird die Frage bleiben, welche Maßnahmen „gesellschaftsrechtlich zulässig" sind, ob etwa ein Eingriff in zwingende Gesellschafterrechte zulässig sein kann.

2372 Nach meinem Dafürhalten ist im Insolvenzverfahren für die gesellschaftsrechtlichen Treuepflichten kein Raum. Die schwache Rechtsstellung des Gesellschafters hat ihren Grund in seiner Abhängigkeit vom Bestand der werbenden Gesellschaft. Während Akteurin im Insolvenzverfahren die Gesellschaft (als Schuldnerin) ist, sind die Rechte des am Verfahren teilnehmenden Gesellschafters in seiner Funktion bzw. Stellung als Gesellschafter in §§ 222 Abs. 1 Nr. 4, 225a, 226, 238a InsO geregelt. Die Verfahrensvorschriften können m.E. nicht durch gesellschaftsrechtliche Treuepflichten ausgehebelt werden. Dem Gesellschaftsrecht unterliegt allenfalls, wie die Schuldnergesellschaft als solche ihre Verfahrensbefugnisse innerhalb des Insolvenzverfahrens wahrnimmt.

Im Insolvenzverfahren ist der Gesellschafter nur in Bezug auf den Wert seiner Beteiligung geschützt. Er erhält eine Abfindung nach Liquidationswert; nur dieser ist der Maßstab bei der Beurteilung des Obstruktionsverbots nach § 245 Abs. 1 Nr. 1, Abs. 3 InsO und beim Minderheitsschutz nach § 251 Abs. 1 und 3 InsO und bei der Planbeschwerde nach § 253 Abs. 2 Nr. 3 InsO. Da der Wert regelmäßig Null sein wird, ist dies nur ein schwacher Schutz.

2373 (6) Im Übrigen können die Minderheitsgesellschafter eine evtl. Verletzung ihrer gesellschafterlichen Rechte (etwa aufgrund von Verstößen gegen die gesellschaftsrechtlichen Treuepflichten) nur außerhalb des Insolvenzverfahrens gegen

---

[842] AG Charlottenburg ZInsO 2013, 2501 = LSK 2014, 10879 (Ls.).
[843] Sa Meyer ZInsO 2013, 2361 ff.
[844] Sa Madaus ZIP 2014, 500 ff.
[845] Stöber ZInsO 2013, 2457 ff.
[846] LG Berlin ZIP 2014, 2197 = ZInsO 2014, 2232 (im Suhrkamp-Fall).

J. Schutzschirm- und Insolvenzplanverfahren

die Mehrheitsgesellschafter geltend machen. Denkbar sind hier sowohl Ansprüche auf Rücknahme des Insolvenzantrags, auf Vorlage eines anderen Plans oder auf Einstellung des Insolvenzverfahrens, als auch Schadensersatzansprüche. Regelmäßig dürfte der Mehrheitsgesellschafter-Geschäftsführer wegen Schädigung der Gesellschaft durch Initiierung eines nicht aus Insolvenzgründen gebotenen Insolvenzverfahrens in erhebliche Haftungsgefahr geraten. Zwar ist der gestellte Insolvenzantrag im Hinblick auf § 15 Abs. 1 InsO im Außenverhältnis wirksam, jedoch wird für Geschäftsführer von Gesellschaften die eigenmächtige, nicht zwingend gebotene und nicht durch einen Beschluss der Gesellschafter legitimierte Insolvenzantragstellung, etwa wegen drohender Zahlungsunfähigkeit, als Pflichtverletzung des Geschäftsführers angesehen.[847]

Denkbar sind auch Schadensersatzansprüche des Minderheitsgesellschafters gegen den Mehrheitsgesellschafter nach § 826 BGB.

III. Mögliche Rechtsbehelfe der Gesellschafter im Insolvenzverfahren

Erwägenswert ist für den durch einen insolvenzzweckwidrigen Insolvenzplan benachteiligten Gesellschafter folgender Rechtsschutz:[848] 2374

1. Insolvenzeingangsschutz gegen die Eröffnung des Insolvenzverfahrens

Der Gesellschafter könnte eine Eingangskontrolle im Insolvenzantragverfahren, ggf. im Wege einer „Schutzschrift" beim Insolvenzgericht erwirken. Zur Zulässigkeit des Insolvenzantrags ist das Vorliegen eines Antragsgrundes erforderlich. 2375

Außerdem darf der Insolvenzantrag nicht rechtsmissbräuchlich sein. Insolvenzanträge zu ausschließlich insolvenzverfahrensfremden Zielen sind rechtsmissbräuchlich und daher unzulässig.[849] So könnte ein Insolvenzantrag mit dem **alleinigen** Ziel der gesellschaftsrechtlichen Auseinandersetzung bzw. gesellschaftsrechtlicher Strukturmaßnahmen ohne Sanierungskonzept (leistungs- oder finanzwirtschaftliche Sanierungsmaßnahmen) sind als unzulässig zurückzuweisen sein. Eine vom Gesellschafter zu diesem Zweck fällig gestellte Forderung könnte wegen Treuwidrigkeit bei der Prüfung der Insolvenzreife nicht zu berücksichtigen sein. Entsprechend wäre der Insolvenzantrag als unzulässig bzw. unbegründet zurückzuweisen. Zu beachten ist allerdings, dass wegen der Gesetzesänderung in § 30 Abs. 1 S. 3 GmbHG eine Rückforderungssperre für regulär fällige Gesellschafterdarlehen m.E. aus Treuepflichten des Gesellschafters nicht mehr hergeleitet werden kann.[850]

---

[847] HM, vgl. etwa Leinekugel/Skauradszun GmbHR 2011, 1121 ff.; OLG München ZIP 2013, 1121 (für die GmbH als Komplementärin einer KG).
[848] Sa Brünkmans/Uebele ZInsO 2014, 265 ff.
[849] BGH ZIP 2011, 1161.
[850] So auch Seidel/Wolf NZG 2016, 921 ff.

Das dürfte aber dann nicht gelten, wenn die Gesellschafter heillos zerstritten sind und wegen eines solchen tiefgreifenden Zerwürfnisses der Gesellschaftszweck gefährdet ist und nur noch durch Streitregelung im Insolvenzverfahren erhalten werden kann.

2376 Ob es auch einen gesellschaftsrechtlichen Insolvenzeingangsschutz bei drohender Zahlungsunfähigkeit gibt, erscheint mir fraglich. Zwar bedarf die Entscheidung über die Insolvenzantragstellung wegen drohender Zahlungsunfähigkeit einer gesellschafterlichen Willensbildung (s. → Rn. 1550), und zwar eines Beschlusses mit 3/4-Mehrheit, § 60 Abs. 1 Nr. 2 GmbHG, jedoch dürfte ein vom Geschäftsführer gestellter Insolvenzantrag nicht allein wegen Fehlens eines Gesellschafterbeschlusses unzulässig sein.

2. Sofortige Beschwerde gegen Eröffnungsbeschluss?

2377 Teilweise wird dafür plädiert, in solchen Fällen auch dem Gesellschafter die Möglichkeit der sofortigen Beschwerde gegen den Eröffnungsbeschluss analog § 34 Abs. 2 InsO einzuräumen,[851] was vom Wortlaut der Vorschrift aber nicht gedeckt ist.

3. Erwirkung von Gesellschafterbeschlüssen außerhalb des Insolvenzverfahrens

2378 Im Insolvenzeröffnungsverfahren mit Eigenverwaltung (vorläufige Eigenverwaltung) ist eine gesellschaftsrechtliche Einflussnahme auf den Geschäftsführer ggf. möglich, da § 276a InsO noch nicht gelten dürfte. Entsprechende Gesellschafterbeschlüsse müssen aber außerhalb des Insolvenzverfahrens erwirkt werden.

4. „Antrag" auf Zurückweisung des Plans bzw. Versagung der Bestätigung

2379 Ein Insolvenzplan, der lediglich gesellschaftsrechtliche Strukturmaßnahmen, aber keine zur besseren Befriedigung der Gläubiger geeigneten leistungs- oder finanzwirtschaftlichen Sanierungsmaßnahmen enthält, dient nicht den Zwecken des Insolvenzverfahrens nach § 1 InsO und ist daher bei der Inhaltskontrolle von Amts wegen nach §§ 231 Abs. 1 Nr. 1, 250 InsO vom Insolvenzgericht zurückzuweisen. Diesen „Antrag" kann jeder Beteiligte stellen.
Etwas Anderes kann gelten bei unheilbarem, den Gesellschaftszweck gefährdendem tiefgreifenden Zerwürfnis der Gesellschafter-Geschäftsführer.

5. Minderheitenschutz und sofortige Beschwerde, §§ 251, 253 InsO

2380 Ein Insolvenzplan, der durch Art. 9 und 14 GG geschützte Mitgliedschaftsrechte verletzt oder unzulässige gesellschaftsrechtliche Maßnahmen enthält, ist nicht nach

---

[851] Brinkmann ZIP 2014, 197 ff.

§ 248 InsO gerichtlich bestätigungsfähig. Ergeht dennoch den Plan bestätigender Beschluss, kann der benachteiligte Gesellschafter evtl. den Minderheitenschutz nach § 251 InsO geltend machen oder die sofortige Beschwerde gegen die Planfeststellungsbeschluss nach § 253 InsO erheben,[852] da es an der Rechtfertigung für den Eingriff in seine Gesellschafterrechte durch den übergeordneten Zweck der besseren Gläubigerbefriedigung fehlt. Zudem wird dann ggf. ein besonders schwerer Rechtsverstoß i.S.d. § 253 Abs. 4 Satz 2 InsO vorliegen.

Beide Rechtsmittel sind nur zulässig, wenn der Gesellschafter seine Schlechterstellung durch den Plan glaubhaft macht. Der Vergleichsmaßstab ist aber unklar, insbesondere ist nicht sicher, dass Vergleichsmaßstab allein ein Liquidationsüberschuss nach § 199 Satz 2 InsO im Regelverfahren ist. Wenn durch den Insolvenzplan alle Gläubiger der Gesellschaft vollständig befriedigt werden, könnte die Gesellschaft auch in der bisherigen Rechtsform und (mit der bisherigen Beteiligung) weitergeführt werden oder ihr Geschäftsbetrieb könnte im Wege der übertragenden Sanierung veräußert werden. Dann liegt der von § 253 Abs. 2 Nr. 3 InsO gemeinte Regelfall, dass der Wert der Beteiligung des Gesellschafters mit Null anzusetzen ist, nicht vor. Somit dürfte allein mit der Tatsache des Eingriffs in die Gesellschafterrechte eine Schlechterstellung des Gesellschafters bereits glaubhaft gemacht sein.[853]

Ferner kann sich eine Benachteiligung eines Gesellschafters auch aus folgendem Umstand ergeben: Bereits die Insolvenzantragstellung kann eine Pflichtverletzung sein, die Schadensersatzansprüche der Gesellschaft selbst begründet. Wenn diese Ansprüche dann nicht zur Insolvenzmasse gezogen werden, kann der auf den Gesellschafter entfallende Erlös geringer ausfallen, worin die Benachteiligung/Ungleichbehandlung i.S.d. §§ 251, 253 InsO liegen kann. 2381

Zum Verhältnis der beiden Rechtsmittel hat der BGH entgegen LG Berlin[854] klargestellt, dass die Zulässigkeit der sofortigen Beschwerde nach § 253 InsO nicht davon abhängig gemacht werden darf, dass der Gläubiger im Abstimmungstermin über den Insolvenzplan einen Minderheitenschutzantrag nach § 251 InsO gestellt hat.[855] 2382

Zu beachten ist jedoch, dass das Gericht die sofortige Beschwerde nach § 253 Abs. 4 InsO unverzüglich zurückweisen kann, wenn kein besonders schwerwiegender Rechtsverstoß vorliegt und das alsbaldige Wirksamwerden des Plans vorrangig erscheint, weil nach freier Überzeugung des Gerichts die Nachteile der Verzögerung des Planvollzugs die Nachteile für den Beschwerdeführer überwiegen. Von diesem insolvenzrechtlichen Freigabeverfahren hat das LG Berlin im Fall Suhrkamp Gebrauch gemacht.[856] Gegen diese Entscheidung ist ein Rechtsmittel nicht statthaft.[857] 2383

---

[852] Schäfer ZIP 2014, 2417 ff.
[853] Vgl. BGH ZIP 2014, 1442 = ZInsO 2014, 1552 zum Fall Suhrkamp.
[854] LG Berlin ZIP 2014, 893 = ZInsO 2014, 963; das LG Berlin hatte die Berufung auf die Nachteiligkeit ausgeschlossen und ein darauf gestütztes Rechtsmittel (sofortige Beschwerde nach § 253 InsO) wegen nicht gestellten Minderheitenschutzantrages nach § 251 InsO als unzulässig angesehen (Fall Suhrkamp); dazu Brünkmans ZInsO 2014, 993 ff.
[855] BGH ZIP 2014, 1442 = ZInsO 2014, 1552.
[856] LG Berlin ZIP 2014, 2197 = ZInsO 2014, 2232.
[857] BGH ZIP 2014, 2040, Rn. 11 ff.

6. Keine Nichtigkeits- oder Anfechtungsklage

2384   Gegen die im Insolvenzplanverfahren gefassten Beschlüsse der Gläubiger- bzw. Beteiligtenversammlung sind Nichtigkeits- oder Anfechtungsklage nach §§ 249, 246 AktG (analog) nicht gegeben. Das gilt auch dann, wenn der Beschluss Gegenstände umfasst, die außerhalb des Planverfahrens nur von der Gesellschafterversammlung hätten beschlossen werden können. Die Beteiligten, zu denen auch die Anteilsinhaber gehören, wenn durch den Plan in ihre Rechte eingegriffen wird (§§ 217 Satz 2, 222 Abs. 1 Nr. 4, 238a, 246a InsO) haben im rechtsförmlichen Insolvenzverfahren nur die in diesem Verfahren vorgesehenen Rechtsbehelfe (u.a. §§ 251, 253 InsO).

7. Rechtsmittel außerhalb des Insolvenzverfahrens

2385   Im Übrigen kann der benachteiligte Gesellschafter Ansprüche etwa wegen Verletzung gesellschafterlicher Treuepflichten nur außerhalb des Insolvenzverfahrens geltend machen.

IV. Schlussbetrachtung

2386   Die Erörterungen und insbesondere das Beispiel des Suhrkamp-Verlages haben gezeigt, dass das Insolvenzplanverfahren nicht nur, wie vom Gesetzgeber vorgesehen, genutzt werden kann zur Akquisition eines Unternehmens durch Anteilserwerb (evtl. auch durch Umwandlungen) aus der Insolvenz (distressed M&A), sondern auch zur Regelung innergesellschaftlicher Gesellschafterstreitigkeiten. Freilich sollte der Gang der Entscheidungen im Fall des Suhrkamp-Verlages nicht als Blaupause für eine zwangsweise Disziplinierung missliebiger Gesellschafter gewertet werden, denn zu viele insolvenz- und gesellschaftsrechtliche Fragen sind nicht abschließend geklärt.[858] Zudem ist zu berücksichtigen, dass im Insolvenzverfahren die Gläubigerversammlung das Sagen hat. Sie muss also der Durchführung des Insolvenzplans positiv gegenüberstehen, was bei einem „mutwilligen", nur zur gesellschaftsrechtlichen Auseinandersetzung eingeleiteten Insolvenzverfahrens wohl nur bei einer vollen Befriedigung (so wie im Suhrkamp-Fall) zu erreichen sein dürfte. Schließlich darf folgender Aspekt bei der Planung eines vergleichbaren Vorhabens nicht außer Acht gelassen werden: Allein die Durchführung eines Insolvenzverfahrens kann das Unternehmen massiv schädigen, weil eine Insolvenz in Deutschland noch immer eine gewisse Stigmatisierung ist. Allein wegen des Insolvenzverfahrens können Umsätze und Liefer- und Leistungsbeziehungen wegbrechen[859] mit der Folge, dass der Gegenstand, über den sich die Gesellschafter streiten, stirbt oder wesentlich entwertet wird.

---

[858] Vgl. Schäfer ZIP 2015, 1208 ff.
[859] Nach den Vergaberichtlinien öffentlicher Auftraggeber können Auftragserteilungen an insolvente Unternehmen sogar untersagt sein. Zur Beteiligung insolventer Unternehmen an öffentlichen Ausschreibungen s. Heuvels ZIP 2014, 397 ff.

K. Abwägung der Vor- und Nachteile einer „freien" Sanierung und einer Sanierung im Insolvenzverfahren

Bei Beginn eines jeden Sanierungsverfahrens ist die Abwägung vorzunehmen, ob die Sanierung außerhalb eines Insolvenzverfahrens (sog. „freie" Sanierung) oder im Wege eines Insolvenzverfahrens durchgeführt werden soll.[860] Handelt es sich um eine haftungsbeschränkte Gesellschaft und liegt ein Insolvenzantragsgrund vor (Zahlungsunfähigkeit oder Überschuldung) und besteht keine konkrete Aussicht, den Insolvenzantragsgrund kurzfristig zu beseitigen, so ist die Insolvenzantragstellung unvermeidlich.

2387

Die Sanierung des Unternehmens kann mithilfe eines Insolvenzverfahrens Erfolg versprechender sein, weil es auf diesem Wege wesentlich leichter gelingt, das Unternehmen von seinen Verbindlichkeiten zu trennen. Andererseits ist die Gefahr nicht zu unterschätzen, dass dem Unternehmen allein des Umstandes der bekanntwerdenden Insolvenz wegen der Markt wegbricht. Außerdem werden durch ein Insolvenzverfahren die im Unternehmen vorhandenen Ressourcen wieder dem allgemeinen Wirtschaftskreislauf zugänglich gemacht. Somit ist es keineswegs sichergestellt, dass etwa der für die übertragende Sanierung vorgesehene Erwerber auch tatsächlich zum Zuge kommt.

2388

I. „Freie" Sanierung

Unter freier Sanierung versteht man i.d.R. den außergerichtlichen Vergleich mit allen oder Teilen der Gläubiger des Unternehmens im Zusammenhang mit einem erarbeiteten Sanierungskonzept (Maßnahmen zur Umstrukturierung des Unternehmens, Kapitalzufuhr oder übertragende Sanierung etc.).

2389

1. Vorteile

Vorteile der sog. freien Sanierung können sein:
- Entdeckung evtl. bereits eingetretener Strafbarkeiten unwahrscheinlich.
- Zeit für Kapitalschnitt.
- Anfechtungen von Rechtshandlungen/-geschäften nur nach AnfG und damit unwahrscheinlich.
- Erhalt von Kundenbeziehungen.
- Sanierungsprivileg (§ 39 Abs. 4 Satz 2 InsO).

2390

---

[860] Sa Ehlers ZInsO 2010, 257 ff.; Uhlenbruck BB 2001, 1641 ff.

2. Nachteile, Gefahren

2391 Nachteile der sog. freien Sanierung können sein:
- Bei Scheitern Anfechtbarkeit der Rechtshandlungen nach §§ 129 ff. InsO, einschl. Rückzahlungen von Gesellschafterdarlehen (§ 135 InsO).[861]
- Frist zur Insolvenzantragstellung (§ 15a Abs. 1 InsO) läuft weiter, wenn Insolvenzgrund nicht innerhalb der Frist beseitigt wird.
- Ausplünderung des Unternehmens, da keine Vollstreckungssperre.
- Fehlende Gleichbehandlung der Gläubiger.
- Keine gerichtliche Überwachung.
- Mindestquote nicht bindend und einheitlich; „Akkordstörer" nicht zu zwingen, sondern evtl. teuer abzulösen, keine Gefahrengemeinschaft.
- Keine Einhaltung der Kapitalaufbringungs- und -erhaltungsgrundsätze (Differenzhaftung der Gesellschafter; wirksame Einzahlung des Stammkapitals, verdeckte Sacheinlagen, verbotene Rückführung des Stammkapitals, etc.).
- Bei übertragenden Sanierungen Forthaftungsgefahren für den Übernehmer zu beachten: §§ 613a BGB, 25 HGB, 75 AO (§ 419 BGB a.F. ist seit 1.1.1999 durch Art. 33 Nr. 16 EGInsO entfallen).
- Gefahr des strafbaren Beiseiteschaffens (Bankrott, § 283 Abs. 1 Nr. 1 StGB).
- Sozialplananforderungen evtl. unkalkulierbar.

II. Sanierung im Insolvenzverfahren

2392 Die Sanierung im Insolvenzverfahren vermeidet die vorstehend genannten Gefahren. Sie erfordert jedoch einen höheren organisatorischen Aufwand durch die Beachtung der komplexen Verfahrensregelungen der InsO und macht sowohl die Sanierungsbedürftigkeit bzw. die Krise des Unternehmens als auch das Sanierungskonzept, welches Teil des Insolvenzplanes ist, öffentlich bekannt, ggü. den am Verfahren teilnehmenden Gläubigern, mithin auch ggü. evtl. Konkurrenten.

1. Vorteile

2393 Vorteile der Sanierung im Insolvenzverfahren können sein:
- Trennung des Unternehmens von seinen Verbindlichkeiten (übertragende Sanierung).
- Möglichkeit zur Beendigung von Verträgen/Dauerschuldverhältnissen, §§ 103 ff. InsO.
- arbeitsrechtliche Aufwandsersparnis u.a. durch verkürzte Kündigungsfristen, § 113 InsO und Begrenzung der Aufwendungen für einen Sozialplan auf max. 2,5 Monatsgehälter und max. $1/3$ der freien Masse (§ 123 InsO),
- Wert tritt an die Stelle des Absonderungsrechts, Kostenbeteiligung der Sicherungsgläubiger.

---

[861] Zu besonderen Nachteilen für die Gläubiger sa Uhlenbruck BB 2001, 1641 ff.

- Rückgängigmachung bestimmter Geschäfte durch Insolvenzanfechtung (Masseanreicherung),
- Generierung von Liquidität durch Insolvenzgeld, Nichtabführung von Sozialabgaben, Nichtabführung von Umsatzsteuerzahllast, Nichtzahlung ungesicherter Altverbindlichkeiten,
- Generierung von Eigenkapital durch Nichtberücksichtigung von Nachranggläubigern,
- Einbezug unwilliger Gläubiger u.a. durch Beschlüsse mit Forderungssummenmehrheit, Ersetzung fehlender Zustimmung über Obstruktionsverbot nach § 245 InsO,
- Rückschlagsperre (§ 88 InsO).
- Zwangsvollstreckungsmaßnahmen einzelner Gläubiger unzulässig und schon im Insolvenzeröffnungsverfahren einzustellen (§ 30d Abs. 1 ZVG).
- Bei Eigenverwaltung Erhalt der Verfügungsmacht, Geschäftsführer seine Funktion behalten.

2. Nachteile

Nachteile der Sanierung im Insolvenzverfahren können sein: 2394
- Publizität (§§ 23, 30 InsO). Folge: Liefer- und Leistungsbeziehungen können wegbrechen.[862]
- Verlust der Verfügungsmacht und der sicheren Einflussnahme; Ausnahme: Eigenverwaltung.
- Aufdeckung von Haftungstatbeständen.

L. Insolvenz im Konzern

In Deutschland gibt es keine konsolidierte Konzerninsolvenz.[863] Vielmehr muss 2395 für jede Konzerngesellschaft gesondert geprüft werden, ob ein Insolvenzgrund vorliegt und ein Insolvenzverfahren zu eröffnen ist. Das gilt auch für die GmbH & Co.KG (s. → Rn. 1834ff.). Sodann wird für jede Gesellschaft ein gesondertes Insolvenzverfahren durchgeführt nach der Grundkonzeption des deutschen Insolvenzrechts: eine Person, ein Vermögen, ein Verfahren. Es ist dann keineswegs ausgeschlossen, dass in den verschiedenen Insolvenzverfahren über das Vermögen

---

[862] Zu Gewerbeuntersagung und Insolvenz s. Antoni NZI 2004, 246ff.
[863] Zur Abwicklung der Simultaninsolvenz der Gesellschaften in der GmbH & Co. KG s. K. Schmidt GmbHR 2002, 1229ff. und 2003, 1404ff., Gundlach ua DStR 2004, 1658ff., Böcker GmbHR 2004, 1257ff. und 1314ff.; zu „faktischem Konzerninsolvenzrecht" am Beispiel Babcock Borsig s. Piepenburg NZI 2003, 231ff.; Besonderheiten bei der insolventen GmbH & Co. KG. Schmittmann ZInsO 2005, 1314ff.; Gläubigerschutz in der Insolvenz von abhängigen Konzerngesellschaften, Sämisch/Adam ZInsO 2007, 520. Zu „faktischem Konzerninsolvenzrecht" am Beispiel Babcock Borsig s. Piepenburg NZI 2003, 231ff. und Rennert-Bergenthal ZInsO 2008, 1316ff.; Zu Insolvenz im GmbH-Konzern Böcker GmbHR 2004, 1257ff. und 1314ff.; Gläubigerschutz in der Insolvenz von abhängigen Konzerngesellschaften, Sämisch/Adam ZInsO 2007, 520ff.

der Konzerngesellschaften verschiedene Insolvenzverwalter eingesetzt werden, was insb. dann auch empfehlenswert ist, wenn einzelne Konzerngesellschaften erhebliche Ansprüche gegen andere Konzerngesellschaften haben, etwa Tochtergesellschaften Ansprüche aus EAV oder wegen Darlehensrückzahlungen, § 135 InsO gegen die Muttergesellschaft. Hätten die Gesellschaften denselben Insolvenzverwalter, müsste für solche Fälle wegen Interessenkollision ein Sonderverwalter bestellt werden.[864] Denkbar ist, die Verfahren nach § 147 ZPO miteinander zu verbinden.

2396 Am 21.4.2018 ist das Gesetz zur Erleichterung der Bewältigung von Konzerninsolvenzen (KIG) in Kraft getreten.[865] Es verzichtet auf eine Konsolidierung der Vermögensmassen der beteiligten Gesellschaften und setzt auf flexible Koordinierungsmechanismen. Im Wesentlichen ist geregelt:
- Definition der Unternehmensgruppe und einheitlicher Gruppen-Gerichtsstand für das Insolvenzverfahren E mit Verweisungsmöglichkeit, §§ 3a–e InsO,
- Angaben zu Gruppenzugehörigkeit im Eigeninsolvenzantrag nach § 13a InsO,
- Abstimmung der angegangenen Insolvenzgerichte über die Bestellung des Insolvenzverwalters nach § 56b InsO,
- Unterrichtungs- und Zusammenarbeitspflicht der Insolvenzverwalter, § 269a InsO, der Insolvenzgerichte, § 269b InsO und der Gläubigerausschüsse, § 269c InsO,
- Einführung eines speziellen Koordinationsverfahrens nach § 269d InsO mit einem Koordinationsverwalter nach §§ 269e InsO mit den Aufgaben nach § 269f InsO und der Möglichkeit der Vorlage eines Koordinationsplans nach § 269h InsO.

Die EuInsVO 2017[866] sieht ebenfalls Regelungen für die Bewältigung von grenzüberschreitenden „Unternehmensgruppen" vor. Danach sollen die verschiedenen Insolvenzverwalter kooperieren und die Verfahren sollen koordiniert werden, ggf. durch einen Gruppen- bzw. Verfahrenskoordinator.[867]

---

[864] Zur Bestellung eines Sonderverwalters s. Uhlenbruck in Uhlenbruck, InsO, § 56 Rn. 31.
[865] BGBl. 2017, Teil I, 866 f.; sa Riggert, Das neue Konzernrecht – Sanierung durch Kooperation?, Sonderbeilage 1/2108 zu NZI 8/2018.
[866] VO(EU) 2015/848 v. 20.5.2015, ABl EU Nr.I.141 v. 5.6.2015.
[867] Zu dessen Bestellung, Abberufung und Haftung s. Eble ZIP 2016, 1619 ff.; zu Tätigkeit und Haftung des Verfahrenskoordinators in der Konzerninsolvenz s. Sämisch/Deichgräber ZIP 2019, 1152 ff.

§ 13 Sanierung des Gesellschafters

Übersicht

	Rn.
A. Eigenes Sanierungskonzept	2397
B. Persönliches Insolvenzverfahren und Restschuldbefreiung (RSB)	2399
I. Verbraucherinsolvenzverfahren (§§ 304 ff. InsO)	2401
1. Zugelassener Personenkreis	2402
2. Antragserfordernis	2408
3. Wechsel zwischen den Verfahrensarten	2410
4. Schuldenbereinigungsverfahren	2411
a) Scheitern der Einigung	2411
b) Zulässigkeit eines Null-Plans	2413
c) Ersetzung der Zustimmung der Gläubiger (§ 309 InsO)	2414
5. Insolvenzverfahren nach Scheitern der Einigung	2418
II. Restschuldbefreiung (§§ 286 ff. InsO)	2419
1. Ziel	2419
2. Voraussetzungen	2420
a) Insolvenzverfahren nach Eigenantrag	2420
b) Schuldnerantrag auf RSB	2422
c) Abtretungserklärung	2423
3. Ankündigung der RSB	2424
a) Versagungsgründe	2426
b) Versagungsantrag eines Gläubigers	2431
c) Sperrfrist	2436
d) Gerichtliche Entscheidung	2437
4. „Wohlverhaltensperiode"	2439
a) Obliegenheitsverletzungen	2440
b) Versagungsantrag eines Insolvenzgläubigers	2441
5. Endgültige Entscheidung über die RSB	2446
6. Keine Befreiung von Verbindlichkeiten aus vorsätzlich begangener unerlaubter Handlung	2449
a) Beispiele	2450
b) Verfahren	2452
7. Wirkung der RSB	2457
8. Widerruf der RSB	2458
9. Anerkennung ausländischer Restschuldbefreiung?	2459

Literatur: *Ahrens*, Versagung contra RSB, ZInsO 2007, 673 ff.

A. Eigenes Sanierungskonzept

Häufig hat der Gesellschafter (-Geschäftsführer) für die wesentlichen Verbindlichkeiten der Gesellschaft aus seinem persönlichen Vermögen Sicherheiten gegeben oder hat sich verbürgt oder anderweitige Mitverpflichtungen übernommen.[1] Auch bestehen nicht selten wegen verwirklichter Haftungstatbestände ganz erhebliche Ansprüche der Gesellschaft gegen den Gesellschafter (-Geschäftsführer). Ist

2397

---

[1] Zur Doppelinsolvenz von OHG und Gesellschafter s. Reiswich ZInsO 2010, 1809 ff.

nun die Sanierung der Gesellschaft bzw. des Unternehmens davon abhängig, dass der Gesellschafter weiterhin seine Tätigkeit oder sein Know-how zur Verfügung stellt, ist ein Ausgleich herzustellen zwischen persönlicher Kapitaldienstfähigkeit des Gesellschafters einerseits und Belastung des zu sanierenden Unternehmens mit Entnahmen bzw. Geschäftsführergehalt andererseits. Regelmäßig erfordert dies die gleichzeitige Erstellung und Umsetzung eines Sanierungskonzeptes für den Gesellschafter (-Geschäftsführer) selbst. Insoweit kann auf die obigen Ausführungen verwiesen werden.

2398 Scheitert die Sanierung des Unternehmens oder ist sie von vornherein nicht möglich, sodass die Gesellschaft im Insolvenzverfahren abgewickelt wird, zieht dies wegen der vorgenannten vertraglichen Haftungen des Gesellschafters (-Geschäftsführers) oder wegen Haftungsinanspruchnahmen durch den Insolvenzverwalter oder durch Gläubiger der Gesellschaft nicht selten ein Insolvenzverfahren auch über das Vermögen des Gesellschafters (-Geschäftsführers) nach sich. In dessen Insolvenzmasse fallen sodann auch die Geschäftsanteile an der Gesellschaft. Inwieweit der Insolvenzverwalter über das Vermögen des Gesellschafters bei der Verwertung der Geschäftsanteile an gesellschaftsvertragliche Vinkulierungsklauseln gebunden ist, kann fraglich sein.[2]

B. Persönliches Insolvenzverfahren und Restschuldbefreiung (RSB)

2399 In einigen Fällen wird sich ein persönliches Insolvenzverfahren des Gesellschafters oder Geschäftsführers nicht vermeiden lassen, wenn er dereinst wieder schuldenfrei sein möchte.

2400 Wie das gesamte Insolvenzrecht erweisen sich auch das Verbraucherinsolvenzrecht und insbesondere die Regelungen über die Restschuldbefreiung als Dauerbaustelle. Waren erst mit Wirkung ab dem 1.7.2014 umfangreiche Änderungen im Verbraucherinsolvenzverfahren und zur Restschuldbefreiung (RSB) in Kraft gesetzt worden[3], so sind durch das Gesetz zur weiteren Verkürzung des RSB-Verfahrens[4] für ab dem 1.10.2020 beantragte Insolvenzverfahren weitere einschneidende Veränderungen vorgenommen worden.[5]

---

[2] S. dazu Skauradszun NZG 2012, 1244 ff.
[3] Sa die Zusammenstellung in ZInsO 2013, 1122 ff. und die gute zusammenstellende Erläuterung von Grote/Pape ZInsO 2013, 1433 ff.; Entwicklung der Rechtsprechung zum Verbraucherinsolvenz- und Restschuldbefreiungsverfahren in den Jahren 2015 und 2016, Pape NJW 2017, 28 ff. und in den Jahren 2017 und 2018, Pape NJW 2019, 558 ff. und 1573 ff. und im Jahr 2019, Pape, NJW 2020, 1931 ff. und im Jahr 2020, Pape, NJW 2021, 2485 ff.
[4] v. 22.12.2020, BGBl. I 3328
[5] Sa Ahrens, NJW 2021, 577 ff.

I. Verbraucherinsolvenzverfahren (§§ 304 ff. InsO)

Zunächst muss beurteilt werden, welche Insolvenzverfahrensart die richtige ist, Regel- oder Verbraucherinsolvenzverfahren. Ein auf eine falsche Verfahrensart gerichteter Eröffnungsantrag ist unzulässig. Anstelle eines Regelinsolvenzverfahrens kann das Verbraucherinsolvenzverfahren durchzuführen sein.[6] Die wesentliche Funktion des Verbraucherinsolvenzverfahrens in der Praxis ist nach meiner Beobachtung seltener die (gleichmäßige) Gläubigerbefriedigung sondern überwiegend der vereinfachte Zugang zum Restschuldbefreiungsverfahren. So hat der BGH m.E. konsequent und zu Recht entschieden, dass dem Schuldner für den Insolvenzantrag das erforderliche Rechtsschutzbedürfnis fehlt, wenn er den Antrag mit dem Ziel der Erlangung der RSB stellt, obwohl ihm innerhalb von 10 Jahren vor dem Insolvenzantrag bereits in einem damaligen Insolvenzverfahren RSB erteilt worden ist. Das gilt auch dann, wenn in dem früheren Verfahren Forderungen einzelner Gläubiger u.U. zu Unrecht aus dem Rechtsgrund der vorsätzlich begangenen unerlaubten Handlung (§ 302 Nr. 1 InsO) festgestellt worden waren. Die zehnjährige Sperrfrist des damaligen § 290 Abs. 1 Nr. 3 InsO a.F. (heute ist die Sperrfrist in § 287a Abs. 2 Nr. 1 InsO n.F. gregelt und beträgt nach der jüngsten Gesetzesänderung 11 Jahre) greife unabhängig von der Frage der Redlichkeit des Schuldners oder der Gläubiger.[7]

Zur Vermeidung des verhältnismäßig hohen Aufwands (i.d.R. auf Staatskosten im Wege der Verfahrenskostenstundung nach §§ 4a ff. InsO) für das oft masselose, vorgeschaltete Insolvenzverfahren gab es Gesetzesbestrebungen für ein vereinfachtes Verfahren zur Entschuldung vollkommen mittelloser Personen.[8] Im Wesentlichen sollte das (gerichtliche) Einigungsverfahren umgestaltet und das Entschuldungsverfahren für mittellose Schuldner unter Ablösung des bisherigen Stundungsmodells neu konzipiert werden. Diese Überlegungen sind jedoch nicht Gesetz geworden.

1. Zugelassener Personenkreis

Das Verbraucherinsolvenzverfahren ist nur **natürlichen Personen** eröffnet, die im Zeitpunkt der Antragstellung **keine selbstständige wirtschaftliche Tätigkeit** (mehr) ausüben (§ 304 Abs. 1 InsO).[9] Dem Gesellschafter der GbR

2401

2402

---

[6] Noch zum Ablauf des „alten" Verbraucherinsolvenzverfahrens: Henning NJW 2009, 2942 ff.; Entwicklung der Rechtsprechung zum Verbraucherinsolvenz- und Restschuldbefreiungsverfahren in den Jahren 2007 bis Mitte 2009, Pape ZInsO 2009, 1369 ff. und 1609 ff., in den Jahren 2011 und 2012, Pape/Pape ZInsO 2013, 265 ff. und 685 ff.; im 1. Hj. 2014 Pape NJW 2015, 2080 ff., in den Jahren 2015 und 2016, Pape NJW 2017, 28 ff. und in den Jahren 2017 und 2018, Pape NJW 2019, 58 ff.

[7] BGH ZIP 2016, A 19.

[8] RegE eines Gesetzes zur Entschuldung mittelloser Personen, zur Stärkung der Gläubigerrechte sowie zur Regelung der Insolvenzfestigkeit von Lizenzen vom 22.8.2007; sa Ahrens ZInsO 2007, 673 ff.; Graf-Schlicker/Kexel ZIP 2007, 1833 ff.

[9] BGH ZInsO 2002, 1181 = NZI 2003, 105 für den Fall eines Zahnarztes.

ist die wirtschaftliche Tätigkeit der Gesellschaft zuzurechnen.[10] Auch bei einem nur nebenberuflich selbstständig Tätigen liegt eine selbstständige wirtschaftliche Tätigkeit i.S.d. § 304 Abs. 1 InsO vor, wenn sie einen nennenswerten Umfang erreicht und sich organisatorisch verfestigt hat; eine nur gelegentlich ausgeübte selbstständige Tätigkeit hindert das Verbraucherinsolvenzverfahren nicht.[11]

2403 Auch der geschäftsführende **Alleingesellschafter einer GmbH** ist selbstständig wirtschaftlich tätig.[12] Will er ein Insolvenzverfahren mit dem Ziel der RSB durchführen, muss er die Eröffnung eines Regelinsolvenzverfahrens beantragen.[13] Dasselbe gilt für den geschäftsführenden Mehrheitsgesellschafter einer GmbH, auch wenn die GmbH nur persönlich haftende Gesellschafterin einer GmbH & Co. KG ist.[14] Fraglich und nur im konkreten Einzelfall zu entscheiden kann sein, ob der Gesellschafter-Geschäftsführer, der nicht beherrschender Gesellschafter ist, Zugang zum Verbraucherinsolvenzverfahren hat.[15] Im Zweifel ist von einer Regelinsolvenz auszugehen.[16]

2404 Hat der Schuldner **früher eine selbstständige wirtschaftliche Tätigkeit** ausgeübt, steht das Verbraucherinsolvenzverfahren offen, wenn die Vermögensverhältnisse überschaubar sind und gegen den Schuldner keine Forderungen aus Arbeitsverhältnissen bestehen, § 304 Abs. 1 Satz 2 InsO. Dies gilt auch im Fall eines ehemals nebenberuflich selbstständig Tätigen.[17]

2405 Überschaubar sind die Vermögensverhältnisse nur, wenn der Schuldner zzt. der Insolvenzantragstellung weniger als 20 Gläubiger hat (§ 304 Abs. 2 InsO). Das Bestehen komplexer Anfechtungssachverhalte führt zur Annahme nicht überschaubarer Vermögensverhältnisse.[18]

2406 Forderungen aus Arbeitsverhältnissen sind nicht nur privatrechtliche, also die Lohnansprüche selbst, sondern auch Lohnsteuer und Sozialversicherungsbeiträge,[19] nicht jedoch offene Berufsgenossenschaftsbeiträge des Schuldners.[20] Ansprüche auf Arbeitsentgelt, die wegen Leistung von Insolvenzgeld auf die Bundesagentur für Arbeit übergegangen sind, bleiben Forderungen auf Arbeitsentgelt, die einem Verbraucherinsolvenzverfahren entgegenstehen.[21]

2407 Gehört der Schuldner danach nicht zu dem für das Verbraucherinsolvenzverfahren zugelassenen Personenkreis, bleibt nur die Durchführung eines Regelinsolvenzverfahrens.

---

[10] AG Köln NZG 2002, 420.
[11] BGH ZInsO 2011, 932 = NZI 2011, 410.
[12] LG Köln ZIP 2004, 2249.
[13] BGH ZIP 2005, 2070.
[14] BGH ZIP 2009, 626 = ZInsO 2009, 682.
[15] Bejaht, weil nicht selbstständig wirtschaftlich tätig AG Duisburg ZIP 2007, 1963; verneint bei unternehmerischer Beteiligung von 50% LG Hamburg ZIP 2013, 425 = ZInsO 2013, 302.
[16] LG Hamburg ZIP 2013, 425 = ZInsO 2013, 302.
[17] AG Hamburg NZI 2004, 675.
[18] AG Leipzig ZInsO 2011, 2241 = BeckRS 2011, 27322.
[19] BGH ZIP 2005, 2070.
[20] BGH ZInsO 2009, 2216 = BeckRS 2009, 28196.
[21] BGH ZIP 2011, 578 = ZInsO 2011, 425.

2. Antragserfordernis

Der Schuldner muss seinen Antrag auf ein bestimmtes, für ihn zulässiges Verfahren (Verbraucher- oder Regelinsolvenzverfahren) stellen. Tut er dies auch nach Hinweis durch das Gericht nicht, ist sein Insolvenzeröffnungsantrag unzulässig.[22] Der Antrag auf Durchführung eines Verbraucherinsolvenzverfahrens kann auch während eines von einem Gläubiger betriebenen Regelinsolvenzverfahrens gestellt werden.[23]

Stellt ein Gläubiger einen (unspezifischen) Insolvenzantrag, ist er zunächst als Antrag auf Eröffnung eines Regelinsolvenzverfahrens zu behandeln. Ergibt die Amtsermittlung, dass das Verbraucherinsolvenzverfahren anwendbar ist, ist den Beteiligten zu diesem Ermittlungsergebnis rechtliches Gehör zu gewähren.[24]

2408

2409

3. Wechsel zwischen den Verfahrensarten

Wird ein auf Antrag des Schuldners eröffnetes Verbraucherinsolvenzverfahren in ein Regelinsolvenzverfahren übergeleitet, hat der Schuldner hiergegen das Rechtsmittel der sofortigen Beschwerde.[25] Gegen die Eröffnung des Verfahrens auf Antrag des Schuldners als Verbraucherinsolvenzverfahren hat ein Gläubiger kein Beschwerderecht, auch nicht mit dem Ziel der Überleitung in ein Regelinsolvenzverfahren.[26]

2410

4. Schuldenbereinigungsverfahren

a) Scheitern der Einigung. Mit dem schriftlichen Antrag auf Eröffnung des Verbraucherinsolvenzverfahrens oder unverzüglich danach hat der Schuldner Vor muss eine Bescheinigung über das Scheitern eines außergerichtlichen Einigungsversuchs vorlegen. Zuvor muss also eine **außergerichtliche Einigung** zwischen Schuldner und Gläubigern im Rahmen eines **Schuldenbereinigungsplans** versucht worden und gescheitert sein (Priorität des Schuldenbereinigungsplans, § 305 Abs. 1 Nr. 1 InsO). Die Stellungnahme des Gläubigers zum Schuldenbereinigungsplan muss als bestimmende Erklärung unterzeichnet sein.[27] Ein Gläubiger braucht seine Ablehnung des Schuldenbereinigungsplans nicht zu begründen; erst die Einwendungen gegen die Zustimmungsersetzung durch das Gericht sind zu begründen und glaubhaft zu machen.[28] Die Bescheinigung über das Scheitern eines außergerichtlichen Einigungsversuchs muss von einer geeigneten Person oder Stelle ausgestellt sein.[29] Der Schuldner kann den Einigungsversuch selbst

2411

---

[22] OLG Köln NJW-RR 2001, 700; zur möglichen Auslegung des Antrages s. AG Hamburg ZIP 2001, 2241.
[23] OLG Celle ZInsO 2001, 40 = ZIP 2001, 127 = EWiR 2001, 591.
[24] LG Hamburg ZIP 2012, 288 = ZInsO 2012, 180.
[25] BGH ZIP 2013, 1139 = ZInsO 2013, 1100.
[26] BGH ZIP 2013, 1139 = ZInsO 2013, 1100.
[27] LG Münster EWiR 2002, 353 = NZI 2002, 215.
[28] OLG Celle ZIP 2001, 385.
[29] OLG Celle ZInsO 2000, 601 = ZIP 2001, 340 = EWiR 2001, 539.

unternommen haben und sich von einem Rechtsanwalt das Scheitern schriftlich bestätigen lassen; der RA braucht die Verhandlungen nicht selbst geführt zu haben.[30] In jedem Fall aber muss die Bescheinigung auf der Grundlage persönlicher Beratung und eingehender Prüfung der Einkommens- und Vermögensverhältnisse des Schuldners ausgestellt sein. Die Erfüllung dieser Voraussetzung hat das Gericht insbesondere bei Anzeichen, dass die Voraussetzung persönlicher Beratung nicht erfüllt ist, vAw. zu prüfen.[31] Der Versuch der außergerichtlichen Einigung im Schuldenbereinigungsverfahren gilt als gescheitert, wenn ein Gläubiger nach Beginn der Verhandlungen die Zwangsvollstreckung betreibt; § 305a InsO.

2412 Im außergerichtlichen Schuldenbereinigungsverfahren hat der Schuldner die Möglichkeit zur Nachbesserung des Plans, insb. wenn dadurch eine Einigung zu erwarten ist.[32]

2413 **b) Zulässigkeit eines Null-Plans.** Umstritten und folglich von den Gerichten unterschiedlich entschieden war die Frage, ob sog. **Null-Pläne zulässig** sind. Dies war jedoch selbst für statische Nullpläne, also solche ohne Flexibilisierungsregelung für den Fall der Einkommens- oder Vermögensverbesserung des Schuldners, obergerichtlich anzuerkennen,[33] weil das Gesetz eine Mindestquote nicht vorsieht. Der BGH hat die Frage geklärt und entschieden, dass im Schuldenbereinigungsplanverfahren die Vorlage eines Nullplans oder Fast-Nullplans zulässig ist.[34]

Das AG München hatte die Regelungen über das Verbraucherinsolvenzverfahren (und eine anschließende RSB) im Fall der Vorlage eines Null-Plans für verfassungswidrig gehalten, da ihre Zulassung eine entschädigungslose Enteignung der Gläubiger bedeute, und mehrere Normenkontrollverfahren beim BVerfG anhängig gemacht. Sie wurden sämtlich als unzulässig abgewiesen.[35]

2414 **c) Ersetzung der Zustimmung der Gläubiger (§ 309 InsO).** Nach Eingang des Insolvenzantrages entscheidet das Insolvenzgericht nach eigenem Ermessen, ob es das Insolvenzverfahren für max. drei Monate ruhen lässt und das gerichtliche Schuldenbereinigungsverfahren durchführt. Kriterium für die Entscheidung ist, ob der Schuldenbereinigungsplan eine Chance auf Annahme durch die Gläubiger hat; wenn nicht, setzt das Gericht das Insolvenzverfahren nach Anhörung des Schuldners fort, § 306 Abs. 1 InsO. Hat im gerichtlichen Schuldenbereinigungsverfahren mehr als die Hälfte der benannten Gläubiger dem Schuldenbereinigungsplan zugestimmt und beträgt die Summe der Ansprüche der zustimmenden Gläubiger mehr als die Hälfte der Summe der Ansprüche der benannten Gläubiger, so ersetzt das Insolvenzgericht auf Antrag eines Gläubigers oder des Schuldners die Einwendungen eines Gläubigers gegen den Schuldenbereinigungsplan durch eine Zustimmung, wenn nicht die Voraussetzungen des § 309 Abs. 1 Nr. 1 (nicht angemessene Beteiligung des Gläubigers) oder Abs. 2 (Schlech-

---

[30] OLG Schleswig NZI 2000, 165 = ZInsO 2000, 170 u. 219 [LS].
[31] LG Oldenburg, NZI 2021, 582
[32] LG Hannover ZIP 2001, 208, 209 = EWiR 2001, 773.
[33] OLG Karlsruhe NJW-RR 2000, 1216; BayObLG DB 1999, 2408 = ZInsO 1999, 645 = ZIP 1999, 1926; OLG Köln ZInsO 1999, 658 = ZIP 1999, 1929.
[34] BGH ZInsO 2013, 2333 = NZI 2014, 34.
[35] AG München NZI 2004, 456; BVerfG NJW 2004, 1233 = ZInsO 2004, 339 = ZVI 2004, 126; dazu Pape ZInsO 2004, 314 ff.

terstellung durch den Schuldenbereinigungsplan ggü. der regulären Durchführung des Insolvenzverfahrens) vorliegen. Zu prüfen sind in diesem Zusammenhang nur schlüssig vom Gläubiger vorgetragene und glaubhaft gemachte Einwendungen gegen den Schuldenbereinigungsplan.[36] Im Verfahren über die Zustimmungsersetzung erfolgt keine generelle gerichtliche Angemessenheitsprüfung, sondern lediglich die Prüfung der vom Gläubiger dargelegten und glaubhaft gemachten Tatsachen.[37] Der Schuldner muss im Schuldenbereinigungsplan (anders als im Insolvenzplan) keine homogenen Gläubigergruppen bilden; im Ergebnis reicht wirtschaftliche Gleichbehandlung aus.[38] Eine unangemessene Beteiligung einzelner Gläubiger liegt nicht vor, wenn für einige Gläubiger Einmalzahlungen und für andere Gläubiger Ratenzahlungen vorgesehen sind, solange nur die Befriedigungsquote etwa gleich hoch ist.[39]

Auch im Verfahren um die gerichtliche Zustimmungsersetzung muss der Schuldenbereinigungsplan keine Anpassungsklausel für den Fall wirtschaftlicher Besserung enthalten.[40] Die Zustimmung eines Gläubigers kann jedoch nicht ersetzt werden, wenn der Plan eine bereits absehbare Verbesserung nicht berücksichtigt[41] oder der Gläubiger eine künftige Verbesserung der Einkommens- oder Vermögensverhältnisse des Schuldners glaubhaft macht.[42]   2415

Auch die **Zustimmung des FA** kann gerichtlich ersetzt werden, und zwar entgegen einem BMF-Schreiben[43] auch bei sog. Null-Plänen. Dabei kommt es nicht darauf an, dass die Voraussetzungen für Erlass oder Stundung nach §§ 222, 227 AO vorliegen.[44]   2416

Die **Zustimmungsersetzung** nach § 309 InsO ist nicht möglich, wenn mehr als die Hälfte der Gläubiger nach Köpfen und Forderungssummen widersprochen haben.[45] Für die Ermittlung der maßgeblichen Forderungssummen sind nicht nur die zunächst maßgeblichen Angaben des Schuldners zu berücksichtigen, sondern auch die von den Gläubigern glaubhaft gemachten Tatsachen betreffend die Forderungshöhen.[46] Wenn die Zustimmung auch nur eines Gläubigers nicht zu ersetzen ist, muss das Verfahren nach § 311 InsO fortgesetzt werden.[47]   2417

5. Insolvenzverfahren nach Scheitern der Einigung

Nach Scheitern des Einigungsverfahrens entscheidet das Gericht über den Eröffnungsantrag und bei Eröffnung findet das eigentliche, dem Regelverfahren angenäherte Verbraucherinsolvenzverfahren statt, § 311 InsO. Nach § 5 Abs. 2 S. 1   2418

---

[36] BayObLG DZWIR 2001, 118 = EWiR 2001, 681 = ZInsO 2001, 170.
[37] OLG Köln ZInsO 2001, 230 = ZIP 2001, 754.
[38] OLG Celle ZInsO 2001, 374 = ZIP 2001, 847.
[39] OLG Celle ZInsO 2001, 374 = ZIP 2001, 847.
[40] BGH ZInsO 2013, 2333 = NZI 2014, 34.
[41] OLG Frankfurt a.M. NJW-RR 2001, 560 = ZInsO 2000, 288.
[42] BGH ZInsO 2013, 2333 = NZI 2014, 34.
[43] ZIP 1999, 258 ff.
[44] OLG Köln EWiR 2001, 173; Ernst DStR 2001, 1035.
[45] OLG Celle ZIP 2001, 385.
[46] BGH DZWIR 2005, 147 = NZI 2005, 46 = ZInsO 2004, 1311.
[47] BayObLG DZWIR 2001, 118 = EWiR 2001, 681 = ZInsO 2001, 170.

InsO ist das Verfahren i.d.R. schriftlich durchzuführen. Eigenverwaltung ist nach §270 Abs. 1 Satz 3 InsO im Verbraucherinsolvenzverfahren nicht möglich.

Sollte der Schuldner nicht in der Lage sein, die Verfahrenskosten zu decken, so können ihm diese auf Antrag gestundet werden, §§4a ff. InsO. Ein Antrag auf Kostenstundung ist unzulässig, wenn dem Schuldner in dem Insolvenzverfahren RSB nicht erteilt werden kann (etwa weil Versagungsgründe feststehen oder die Sperrfrist nicht abgelaufen ist, zu beidem s.u.).[48] Verbindlichkeiten aus einer vorsätzlich begangenen unerlaubten Handlung, von denen er nach §302 InsO im Rahmen der RSB nicht befreit werden könnte (s.u.), schließen eine Stundung der Verfahrenskosten allerdings aus.[49]

II. Restschuldbefreiung (§§286 ff. InsO)

1. Ziel

2419　Das Ziel der Restschuldbefreiung (RSB) ist, dem redlichen Schuldner einen „neuen wirtschaftlichen Start" durch Befreiung von den Verbindlichkeiten, die nach Durchführung eines Insolvenzverfahrens verblieben sind, zu ermöglichen, §§1 Satz 2, 286 InsO. Das Recht auf Erteilung der RSB ist höchstpersönlich und nicht vererblich.[50] Ist der Schuldner jedoch nach Ablauf der Wohlverhaltensperiode (s.u.) verstorben, ist den Erben die RSB zu erteilen.[51]

2. Voraussetzungen

2420　**a) Insolvenzverfahren nach Eigenantrag.** RSB kommt nur für natürliche Personen als Schuldner in Betracht (§286 InsO). Ferner muss der Schuldner ein Insolvenzverfahren (Regel- oder Verbraucherinsolvenzverfahren) über sein Vermögen durchlaufen haben. Das Insolvenzverfahren muss (auch) aufgrund eines eigenen, vom Schuldner gestellten Insolvenzantrages durchgeführt worden sein, ein lediglich auf Gläubigerantrag eröffnetes Insolvenzverfahren genügt nicht.[52] Hat ein Gläubigerantrag zur Eröffnung des Insolvenzverfahrens geführt, kann der Schuldner auch dann keinen Eigenantrag verbunden mit dem RSB-Antrag mehr stellen, wenn die Eröffnungsentscheidung noch nicht rechtskräftig ist.[53] Der Zulässigkeit eines mit dem RSB-Antrag verbundenen Eigenantrages des Schuldners steht aber nicht entgegen, dass zuvor ein Gläubiger-Insolvenzantrag mangels Masse abgewiesen worden ist.[54]

---

[48] BGH EWiR 2017, 535
[49] BGH ZIP 2020, 622
[50] AG Leipzig ZInsO 2013, 615 = BeckRS 2014, 5639.
[51] AG Leipzig ZInsO 2014, 1814 = NZI 2014, 316.
[52] BGH NZI 2004, 511 = ZVI 2003, 606.
[53] BGH ZIP 2015, 186.
[54] BGH ZInsO 2014, 1758 = BeckRS 2014, 16023.

Ein vom Schuldner nur hilfsweise für den Fall der Unzulässigkeit oder Unbegründetheit des Gläubigerantrages gestellter Insolvenzantrag genügt nicht.[55]

Bei Gläubigerantrag ist der Schuldner darauf hinzuweisen, dass er zur Erlangung der RSB auch einen eigenen Insolvenzantrag stellen muss (Belehrungspflicht des Gerichts nach §§ 20 Abs. 2, 287 Abs. 2 InsO).[56] Ist die Belehrung unterblieben oder fehlerhaft, muss der Restschuldbefreiungsantrag des Schuldners auch in dem auf Gläubigerantrag eröffneten Insolvenzverfahren noch berücksichtigt werden.[57] Ist dem Schuldner vor Eröffnung des Insolvenzverfahrens keine ausreichende Belehrung erteilt worden, kann ihm nach Eröffnung des Insolvenzverfahrens eine zweiwöchige Frist für die Stellung des RSB-Antrags gesetzt werden; andernfalls kann der Schuldner den RSB-Antrag bis zur Aufhebung des Insolvenzverfahrens noch stellen.[58] 2421

Auch hat ein Rechtsanwalt den rechtsunkundigen Schuldner (freilich in den Grenzen des ihm erteilten Mandats) darauf hinzuweisen, dass er zur Erlangung der RSB einen eigenen Insolvenzantrag stellen muss und dass dies nur bis zur Eröffnung des Insolvenzverfahrens (auf den Gläubigerantrag) geschehen kann. Die Verletzung dieser Pflicht kann zum Schadensersatz bzw. zur Freistellung verpflichten.[59]

b) Schuldnerantrag auf RSB. Das RSB-Verfahren setzt einen entsprechenden Antrag des Schuldners voraus, der mit dem Insolvenzantrag verbunden werden soll oder nach Belehrung spätestens innerhalb von zwei Wochen nachzuholen ist (§ 287 Abs. 1 Satz 2 InsO). Das Rechtsschutzinteresse ist dem Schuldner nicht deshalb zu versagen, weil sein erster Antrag in einem früheren Verfahren nach § 290 Abs. 1 Nr. 2 InsO abgelehnt wurde.[60] Allerdings ist der RSB-Antrag in einem über das vom Insolvenzverwalter im Ausgangsverfahren freigegebene Vermögen aus selbständiger Tätigkeit unzulässig, solange über den RSB-Antrag im Ausgangsverfahren nicht entschieden ist (Unzulässigkeit zweier gleichzeitiger RSB-Verfahren).[61] Nach § 287 Abs. 1 Satz 3 u. 4 InsO hat der Schuldner dem Antrag eine zu versichernde Erklärung beizufügen, ob ein Fall der Unzulässigkeit des Antrages nach § 287a Abs. 2 InsO vorliegt. Zu dem Antrag sind die Insolvenzgläubiger, die Forderungen angemeldet haben, bis zum Schlusstermin zu hören, § 287 Abs. 4 InsO. 2422

c) Abtretungserklärung. Dem Antrag auf RSB muss der Schuldner die Erklärung beifügen, dass er seine pfändbaren Forderungen auf Bezüge aus einem Dienstverhältnis oder an deren Stelle tretende laufende Bezüge für die Zeit von – nunmehr **nur noch – drei Jahren** nach Eröffnung des Insolvenzverfahrens (Abtretungsfrist) an einen vom Gericht zu bestimmenden Treuhänder abtritt (§ 287 Abs. 2 S. 1 InsO). Sollte dem Schuldner aufgrund eines nach dem 30.9.2020 gestellten Antrags bereits einmal RSB erteilt worden sein, beträgt die Abtretungsfrist 2423

---

[55] BGH ZIP 2010, 888 = ZInsO 2010, 828.
[56] BGH ZInsO 2009, 1171; zum Inhalt der Belehrung s. LG Memmingen NZI 2004, 44.
[57] BGHZ 162, 181 = DZWIR 2005, 216 = NJW 2005, 1433 = ZInsO 2005, 310.
[58] BGH NJW 2016, 327.
[59] OLG Düsseldorf ZInsO 2013, 502 = BeckRS 2012, 21873.
[60] BGH ZInsO 2013, 262 = NJW-RR 2013, 756.
[61] BGH ZIP 2021, 2145

in einem erneuten Verfahren fünf Jahre, § 287 Abs. 2 S. 1 InsO. Eine vom Gericht gesetzte Frist zur Ergänzung des RSB-Antrages um die Abtretungserklärung ist im Regelinsolvenzverfahren keine Ausschlussfrist nach § 287 Abs. 1 Satz 2 InsO.[62] Nach § 287 Abs. 3 InsO sind Vereinbarungen des Schuldners insoweit unwirksam, als sie die Abtretungserklärung vereiteln oder beeinträchtigen würden. In diesem Zusammenhang ist auch darauf hinzuweisen, dass § 114 InsO a.F. aufgehoben ist.

3. Ankündigung der RSB

Ist der RSB-Antrag zulässig, kündigt das Gericht durch Beschluss an, dass der Schuldner RSB erlangt, wenn er den Obliegenheiten nach §§ 295, 295a InsO nachkommt und die Voraussetzungen für eine Versagung nach §§ 290, 297 – 298 InsO nicht vorliegen, § 287a Abs. 1 InsO. Der Zeitpunkt dieses Ankündigungsbeschlusses ist der Schlusstermin des Insolvenzverfahrens oder derjenige nach § 300 InsO, wenn die Abtretungsfrist ohne vorzeitige Verfahrensbeendigung abgelaufen ist.

2424 Nach § 287a Abs. 2 InsO weist das Gericht den Antrag auf RSB als unzulässig ab, wenn der Schuldner in den letzten 11 Jahren vor dem Eröffnungsantrag oder nach diesem Antrag RSB erteilt erhalten hat oder wenn ihm die RSB innerhalb der letzten 5 Jahre vor dem Eröffnungsantrag oder nach diesem Antrag nach § 297 InsO versagt wurde (Nr. 1) oder wenn dem Schuldner innerhalb der letzten 3 Jahre vor dem Eröffnungsantrag oder nach diesem Antrag die RSB nach § 290 Abs. 1 Nrn. 5, 6 oder 7 InsO oder nach § 296 InsO versagt wurde; dies gilt im Fall des § 297a InsO auch für eine nachträgliche Versagung der RSB aus den Gründen des § 290 Abs. 1 Nrn. 5, 6 oder 7 InsO. Die dreijährige Sperrfrist gilt auch, wenn die RSB wegen fehlender **Deckung der Mindestvergütung des Treuhänders versagt wurde**[63] oder wenn der Insolvenzantrag wegen Nichterfüllung einer Auflage als nach § 305 Abs. 3 Satz 2 InsO zurückgenommen galt[64] oder der Schuldner den RSB-Antrag in der Wohlverhaltensperiode nach Begründung neuer Schulden zurück genommen hatte.[65]

Kein Grund für eine Sperrfrist und damit die Versagung der RSB besteht, wenn in einem vorausgegangenen Verfahren die Verfahrenskostenstundung wegen Verletzung von Mitwirkungspflichten aufgehoben und das Verfahren mangels Masse eingestellt wurde.[66]

Vor der Zurückweisung des Antrags hat das Gericht dem Schuldner die Gelegenheit zu geben, vor Entscheidung über die Verfahrenseröffnung den Insolvenzantrag zurückzunehmen, § 287a Abs. 2 Satz 2 InsO.

2425 Ist der RSB-Antrag nicht unzulässig, weist das Gericht ihn zurück, wenn die Antragsvoraussetzungen nach § 287 InsO nicht erfüllt sind.

2426 **a) Versagungsgründe.** Die RSB ist nach § 290 InsO durch Beschluss zu versagen, wenn dies von einem Gläubiger beantragt worden ist, der seine Forderung

---

[62] LG Dresden ZInsO 2013, 407 = BeckRS 2013, 3135.
[63] BGH ZInsO 2013, 1949 = NZI 2013, 846.
[64] BGH ZInsO 2014, 2177 = NZI 2014, 1017.
[65] BGH ZInsO 2014, 795 = NZI 2014, 416.
[66] BGH EWiR 2017, 535.

angemeldet hat und wenn einer der Versagungsgründe vorliegt, die in § 290 InsO enumerativ aufgeführt sind[67] und die durch das Gesetz zur Verkürzung des Restschuldbefreiungsverfahrens und zur Stärkung der Gläubigerrechte[68] teilweise neu gefasst wurden. Das Rechtsschutzbedürfnis des Gläubigers für den Versagungsantrag ist auch gegeben, wenn über einen Widerspruch gegen die Feststellung des Forderungsrechtsgrundes der unerlaubten Handlung noch nicht entschieden ist.[69]

Zu einzelnen Versagungsgründen nach § 290 InsO (z.T. a.F.) ist entschieden:

Übersicht 24: Rechtsprechung zu den Versagungsgründen des § 290 InsO

§ 290 Abs. 1 Nr. 1 InsO
- Der in § 290 Abs. 1 Nr. 1 InsO genannte Straftatenkatalog ist abschließend und kann nicht auf andere, dort nicht genannte Straftaten ausgedehnt werden.[70] Zur Versagung der RSB führt eine Verurteilung wegen einer **Konkurs-/Insolvenzstraftat** auch dann, wenn diese mit dem gegenwärtigen Verfahren nicht in Zusammenhang steht.[71] Wegen einer Insolvenzstraftat, für die – isoliert betrachtet – die Löschungsvoraussetzungen vorliegen, kann die RSB nicht versagt werden; die Verlängerung der Löschungsfrist wegen anderer Verurteilungen, die nicht wegen einer Insolvenzstraftat ergehen, ist insolvenzrechtlich unbeachtlich.[72] Allein die Behauptung eines Gläubigers im Versagungsantrag, der Schuldner sei „u.a. wegen Betruges verurteilt", reicht zur Glaubhaftmachung einer Insolvenzstraftat nicht aus.[73] Die Verurteilung muss vor der Entscheidung über die RSB Rechtskraft erlangt haben.[74] Eine Verurteilung mit Strafvorbehalt nach § 59 StGB reicht aus.[75]
- § 290 Abs. 1 Nr. 1 InsO ist mit Wirkung ab 1.7.2014 dahingehend geändert, dass nur noch eine Verurteilung innerhalb der letzten 5 Jahre vor dem Insolvenzantrag oder nach diesem zu einer Geldstrafe von mehr als 90 Tagessätzen oder zu einer Freiheitsstrafe von mehr als 3 Monaten zur Versagung der RSB führt.

§ 290 Abs. 1 Nr. 2 InsO
- Eine schriftliche Erklärung des Schuldners liegt auch dann vor, wenn eine Urkundsperson dessen Erklärungen im Rahmen ihrer Zuständigkeit in einer öffentlichen Urkunde niederlegt;[76] auch unrichtige Angaben zur Erlangung öffentlicher Mittel können zur Versagung aus dem Grund des § 290 Abs. 1 Nr. 2 InsO führen.[77] Unrichtige Angaben über die wirtschaftlichen Verhältnisse i.S. dieser Vorschrift sind auch solche, die ein Anwalt mit Wissen und Billigung des Schuldners gegenüber einem Gläubiger macht, um einen Zahlungsaufschub oder eine Stundung zu erreichen.[78] Die unrichtigen oder unvollständigen Angaben können auch zwischen Eröffnung des Insolvenzverfahrens und Schlusstermin liegen.[79] Steuerhinterziehungen fallen nicht unter § 290 Abs. 1 Nr. 1 InsO, sondern können unter § 290 Abs. 1 Nr. 2 InsO fallen.[80]

---

[67] Sa Paulus ZInsO 2010, 1366 ff.
[68] BT-Drs. 17/13535.
[69] BGH ZInsO 2013, 1380 = NZI 2013, 940.
[70] BGH ZInsO 2014, 1675 = VuR 2014, 433.
[71] OLG Celle ZInsO 2001, 414 und BGH NJW 2003, 974 = DZWIR 2003, 164 = ZInsO 2003, 125; Bestandsaufnahme der Rspr. zur Versagung der RSB von 1999 bis 2005 bei Schmerbach NZI 2005, 521 ff.
[72] BGH ZInsO 2010, 629 = NZI 2010, 349.
[73] AG Hamburg ZInsO 2007, 559 = BeckRS 2007, 3023.
[74] BGH ZInsO 2012, 543 = NJW 2012, 1215.
[75] BGH ZInsO 2012, 543 = NJW 2012, 1215; LG Leipzig ZInsO 2011, 542.
[76] BGH ZInsO 2006, 601 = BeckRS 2011, 04146.
[77] AG Göttingen ZInsO 2007, 720 = BeckRS 2007, 18307.
[78] BGH v. 18.11.2021 – IX ZB 1/21, ZIP 2022, R 4.
[79] BGH ZInsO 2012, 192 = NZI 2012, 145.
[80] BGH ZInsO 2011, 301 = NZI 2011, 149 = BeckRS 2011, 2222.

§ 290 Abs. 1 Nr. 4 InsO
- Beeinträchtigung der Gläubigerbefriedigung durch Verzögerung des Insolvenzverfahrens ohne Aussicht auf wirtschaftliche Besserung im letzten Jahr vor Insolvenzantrag.[81]
- Vermögensverschwendung, etwa eine Urlaubsreise statt Schuldentilgung;[82] Fortsetzung eines unangemessenen Lebensstils kann Vermögensverschwendung i.S.d. § 290 Abs. 1 Nr. 4 InsO sein.[83]
- Entfernung und Vernichtung einer Einbauküche, die der Treuhänder bereits verkauft hatte, kann den Tatbestand erfüllen.[84]
- Belastung eines Grundstücks mit einer Fremdgrundschuld, die keine Forderung sichert, stellt eine Vermögensverschwendung dar.[85]
- Ausgabe von größeren Beträgen (hier: 19.200 EUR) in Spielkasinos oder Nachtbars.[86]
- Keine Vermögensverschwendung, wenn der Schuldner Teile seines Vermögens unentgeltlich auf einen Dritten in der durch die wirtschaftliche Konstellation begründeten sicheren Erwartung überträgt, dass der Erwerber an einen Gläubiger des Schuldners Zahlungen in Höhe des Verkehrswerts der übertragenen Gegenstände leisten wird.[87]
- Der nach § 290 Abs. 1 Nr. 4 InsO n.F. maßgebliche Betrachtungszeitraum reicht nunmehr drei Jahre vor den Insolvenzantrag zurück.

§ 290 Abs. 1 Nr. 5 InsO
- Der Schuldner hat über alle das Verfahren betreffenden Verhältnisse Auskunft zu geben und die maßgebenden Umstände von sich aus offen zu legen, auch ohne dass zuvor entsprechende Fragen an ihn gerichtet wurden.[88]
- Der Schuldner hat den Erwerb von GmbH-Geschäftsanteilen und die Übernahme des Geschäftsführeramtes unverzüglich anzuzeigen. Für die Annahme des Verstoßes gegen diese Verpflichtung ist unerheblich, dass der Schuldner aus seiner Tätigkeit keinen wirtschaftlichen Erfolg erzielt hat.[89]
- Die Verletzung der Pflichten aus § 97 InsO kann zur Versagung der RSB führen.[90] Verletzung der Mitwirkungspflichten i.S.d. § 290 Abs. 1 Nr. 5 InsO liegt nur vor, wenn sie sich über einen längeren Zeitraum erstreckt und nennenswerte Auswirkungen auf das Verfahren hat.[91]
- Grobe Fahrlässigkeit ist gegeben, wenn beim Schuldner wegen konkreter Fragestellung keine Unklarheit über die von ihm zu erteilenden Auskünfte bestehen kann.[92]
- Keine Versagung der RSB, wenn der Schuldner unrichtige Angaben korrigiert, bevor der betroffene Gläubiger dies beanstandet.[93] Nach Stellung eines Versagungsantrages ist aber Korrektur/Heilung nicht mehr möglich.[94]
- Unterlassene Abgabe der Steuererklärung ist kein Versagungsgrund.[95]

---

[81] BGH ZInsO 2012, 597 = NZI 2012, 330.
[82] LG Düsseldorf NZI 2004, 390.
[83] BGH NZI 2005, 233 = ZVI 2005, 643.
[84] BGH ZInsO 2009, 1506 = BeckRS 2009, 21142.
[85] BGH ZInsO 2011, 1471 = NZI 2011, 641.
[86] AG Göttingen ZInsO 2010, 1012 = BeckRS 2010, 13594.
[87] BGH NZG 2013, 1239 (für einen Fall der Verpachtung einer Gaststätte an den die Gegenstände unentgeltlich erwerbenden Dritten, der anschließend Pachtrückstände des Schuldners ausgleicht).
[88] BGH ZInsO 2010, 477 = NZI 2010, 264; erneut BGH ZInsO 2011, 396 = BeckRS 2011, 2858.
[89] BGH ZIP 2010, 1042 = ZInsO 2010, 926.
[90] LG Duisburg ZInsO 2011, 1252 = BeckRS 2011, 8436.
[91] BGH ZInsO 2008, 975.
[92] BGH ZInsO 2009, 786 = BeckRS 2008, 17096; zur Beurteilung des Verschuldensmaßstabes AG Göttingen ZInsO 2005, 1001.
[93] BGH ZInsO 2009, 1954 = NZI 2009, 777.
[94] AG Göttingen ZInsO 2009, 1879 = BeckRS 2009, 22184.
[95] OLG Köln DZWIR 2001, 333 = ZInsO 2001, 229 = ZIP 2001, 466.

- Bewusst wahrheitswidrige Angaben über Steuererklärung, um den Treuhänder davon abzuhalten, rechtzeitig Steuererstattungsansprüche geltend zu machen (§ 290 Abs. 1 Nr. 5 InsO).[96]
- Geldentnahme aus dem Nachlass, § 290 Abs. 1 Nr. 5 InsO: Eine nach Eröffnung des Insolvenzverfahrens angefallene Erbschaft gehört mit der Annahme durch den Schuldner in voller Höhe in die Insolvenzmasse. Über die Erbschaft hat der Schuldner den Treuhänder in angemessener Frist zu unterrichten. Wenn der Schuldner einen Betrag aus dem Nachlass entnimmt und verbracht, hat er jedenfalls seine Mitwirkungspflicht i.S.d. § 290 Abs. 1 Nr. 5 InsO verletzt.[97]
- Verstoß gegen die Erwerbsobliegenheit im eröffneten Insolvenzverfahren.[98]
- Verschweigen von Einkommen auch im unpfändbaren Bereich über einen Zeitraum von zwei Jahren.[99] Zur aktiven Auskunftspflicht des Schuldners gehört nicht nur die Mitteilung der Arbeitsaufnahme, sondern auch die des Einkommens.[100]
- Nichtabführung eines an ihn ausgekehrten pfändbaren Teils des Arbeitsentgelts durch den Schuldner.[101]
- Fehlende Anzeige der Aufnahme selbstständiger Tätigkeit und Begründung von Masseverbindlichkeiten ohne Wissen des Treuhänders.[102]
- Auch die Inhaberschaft einer Wortmarke ist anzugeben.[103]
- Zu den Umständen, die für das Insolvenzverfahren für Bedeutung sein können und die daher offen gelegt werden müssen, gehören auch solche, die eine Insolvenzanfechtung begründen können.[104]
- Wohnsitzänderung muss unverzüglich (i.d.R. binnen zwei Wochen) mitgeteilt werden.[105]
- Nichtmitteilung von Umständen, die eine Insolvenzanfechtung begründen können.[106]
- Auch vorsätzliche oder grob fahrlässige Verletzung der Auskunfts- und Mitwirkungspflicht im Insolvenzeröffnungsverfahren kann zur Versagung der RSB führen.[107]
- Ganz geringfügige Pflichtverletzungen führen nach dem Grundsatz der Verhältnismäßigkeit nicht zur Versagung der RSB; das Verschweigen eines Bankkontos ist der Art nach aber zur Versagung der RSB geeignet.[108]
- Die Versagung der RSB wegen Auskunftspflichtverletzung kann unverhältnismäßig sein, wenn der Schuldner die Auskunft von sich aus nachholt, bevor der Sachverhalt aufgedeckt und ein RSB-Versagungsantrag gestellt ist.[109]
- § 290 Abs. 1 Nr. 5 InsO ist mit Wirkung ab 1.7.2014 dahingehend verschärft, dass auch entsprechende Pflichtverletzungen vor Beginn des Insolvenzverfahrens erfasst sind.

§ 290 Abs. 1 Nr. 6 InsO
- Eine **grob fahrlässige oder vorsätzlich falsche oder unvollständige Angabe** über Vermögen oder Einkommen bzw. Gläubiger oder Verbindlichkeiten führt zur Versagung der RSB, z.B. die Nichtangabe eines Gläubigers;[110] auch bezogen auf Personengesellschaft, für deren Verbindlichkeiten Schuldner persönlich haftet;[111]

---

[96] LG Mönchengladbach ZInsO 2005, 104 = NZI 2005, 173.
[97] LG Göttingen ZInsO 2004, 1212 = NZI 2004, 678.
[98] AG Duisburg NZI 2004, 516 = ZVI 2004, 364.
[99] AG Göttingen ZInsO 2006, 1174 = BeckRS 2006, 9248.
[100] AG Oldenburg ZInsO 2009, 686 = BeckRS 2009, 9866.
[101] BGH ZInsO 2014, 712 = LSK 2012, 191015 (Ls.).
[102] BGH ZInsO 2009, 2162 = BeckRS 2009, 28928.
[103] LG Potsdam ZInsO 2009, 1415 = BeckRS 2009, 21553.
[104] BGH ZInsO 2010, 477 = NZI 2010, 264.
[105] AG Göttingen ZInsO 2010, 538 = NZI 2010, 115.
[106] BGH ZInsO 2010, 2101 = NZI 2010, 999.
[107] LG Bielefeld ZInsO 2010, 1661 = NZI 2010, 824.
[108] BGH ZInsO 2011, 1223 = NJW-RR 2011, 1497.
[109] BGH ZInsO 2011, 197 = NZI 2011, 114.
[110] AG Göttingen ZInsO 2003, 41 = NZI 2003, 106.
[111] BGHZ 156, 139 = BB 2004, 463 = DZWIR 2004, 76 = NJW 2003, 3558 = ZInsO 2003, 941.

auch bei Erklärungen eines Dritten mit Wissen und Willen des Schuldners.[112] Nicht erforderlich ist, dass die falschen oder unvollständigen Angaben des Schuldners eine die Befriedigung der Insolvenzgläubiger beeinträchtigende Wirkung haben.[113] Jedoch ist unterbliebener Hinweis auf Vorschulden kein Versagungsgrund.[114] Kein Versagungsgrund, wenn der Schuldner die ursprünglich nicht vorsätzlich falschen Verzeichnisse korrekt ergänzt oder berichtigt.[115] Kein Versagungsgrund, wenn später und außerhalb der Verzeichnisse nach § 305 Abs. 1 Nr. 3 InsO unzutreffende Angaben gemacht werden.[116]

- Verschweigen auch geringfügiger Forderungen im Eröffnungsverfahren ist Versagungsgrund nach § 290 Abs. 1 Nr. 5 InsO.[117]
- Verschweigen auch schwierig beizutreibender Forderungen ist ein Versagungsgrund nach § 290 Abs. 1 Nr. 5 InsO.[118]
- Auch bestrittene Forderungen müssen angegeben werden,[119] ebenso gerichtlich verfolgte Forderungen.[120]
- Die Versagung der RSB nach § 290 Abs. 1 Nr. 6 InsO greift auch ein, wenn es der Gläubiger anderweitig von dem Insolvenzverfahren erfahren und daher seine Forderung noch rechtzeitig angemeldet hat.[121]
- Der wegen einer Straftat verurteilte Schuldner hat in seinem Verzeichnis mögliche Forderungen der Opfer auch anzugeben, wenn diese noch nicht erhoben sind.[122]

2427 In § 290 Abs. 1 Nr. 7 InsO ist als weiterer Versagungsgrund die schuldhafte Verletzung der Erwerbsobliegenheit nach § 287b InsO genannt, wenn dadurch die Befriedigung der Insolvenzgläubiger beeinträchtigt wird.

2428 Die Versagung der RSB nach §§ 289, 290 InsO setzt eine konkrete Beeinträchtigung der Befriedigungsaussichten der Gläubiger nicht voraus.[123] Es genügt, dass der Verstoß dazu geeignet ist.[124]

2429 Weiterer Versagungsgrund kann die Verurteilung des Schuldners wegen einer Insolvenzstraftat nach §§ 283 bis 283c StGB im Zeitraum zwischen Schlusstermin und Aufhebung des Insolvenzverfahrens oder während der Wohlverhaltensperiode sein, § 297 InsO.

2430 Schließlich ist ein Versagungsgrund nach § 298 InsO, wenn der Schuldner die Vergütung des Treuhänders nicht bezahlt und die weiteren Voraussetzungen des § 298 InsO vorliegen. Nach § 298 InsO kann die Restschuldbefreiung nicht versagt werden, wenn der Treuhänder den Schuldner auf diese Gefahr nicht hingewiesen

---

[112] BGHZ 156, 139 = BB 2004, 463 = DZWIR 2004, 76 = NJW 2003, 3558 = ZInsO 2003, 941.
[113] BGH DZWIR 2004, 424 = NZI 2004, 633 = ZInsO 2004, 920.
[114] AG Berlin-Lichtenberg NZI 2004, 390.
[115] BGH NZI 2005, 461 = ZVI 2005, 641.
[116] BGH NZI 2005, 404 mAnm in InsbürO 2005, 436; zu den Voraussetzungen der Annahme grober Fahrlässigkeit auch BGH ZInsO 2007, 1150 = BeckRS 2007, 17406.
[117] AG Göttingen ZInsO 2006, 167 = InVo 2006, 314.
[118] BGH ZInsO 2007, 96 = BeckRS 2007, 299.
[119] BGH ZInsO 2009, 1459 = NZI 2009, 562; dazu Pieper ZInsO 2010, 174 ff.
[120] BGH ZInsO 2010, 2148 = NZI 2011, 66 (Nichtangabe einer Forderung von 950,00 EUR mit anschl. nur zögerlicher Auskunft über Prozessverlauf).
[121] BGH ZInsO 2011, 835 = VIA 2011, 45; erneut BGH ZInsO 2013, 99.
[122] LG Memmingen ZInsO 2013, 614 = BeckRS 2013, 5638.
[123] BGH ZInsO 2009, 395 = DZWIR 2009, 209.
[124] BGH ZInsO 2011, 835 = VIA 2011, 45.

hat.¹²⁵ Die Versagung aus diesem Grunde setzt einen Versagungsantrag des Treuhänders voraus.¹²⁶

b) Versagungsantrag eines Gläubigers. Die Versagung der RSB nach §§ 290, 297 InsO erfolgt nur auf Antrag eines Gläubigers, dessen Forderung in der Tabelle festgestellt ist.¹²⁷ Das Rechtsschutzbedürfnis des Gläubigers für den Versagungsantrag ist auch gegeben, wenn über einen Widerspruch gegen die Feststellung des Forderungsrechtsgrundes der unerlaubten Handlung noch nicht entschieden ist.¹²⁸ Jeder Gläubiger, der im Insolvenzverfahren Forderungen angemeldet hat, kann einen Antrag auf Versagung der RSB stellen,¹²⁹ auch wenn er an der Schlussverteilung nicht teilnimmt.¹³⁰

2431

Nach früherer Rechtslage mussten Anträge nach § 290 Abs. 1 InsO auf Versagung der RSB von den Gläubigern im Schlusstermin gestellt werden, ansonsten waren sie unwirksam.¹³¹ Ein zuvor bereits gestellter Antrag war lediglich als Ankündigung zu sehen.¹³² Das galt auch für den zur vorzeitigen Entscheidung über die RSB dem Schlusstermin im schriftlichen Verfahren nach § 5 Abs. 2 InsO entsprechenden Termin.¹³³ Auch im Beschwerdeverfahren konnten solche Gründe (anderer Gläubiger) nicht nachgeschoben werden, auf die sich der Beschwerdeführer im Schlusstermin nicht wenigstens selbst berufen hat.¹³⁴

2432

Nunmehr kann der Versagungsantrag bis zum Schlusstermin oder bis zur Entscheidung nach § 211 Abs. 1 InsO schriftlich gestellt werden; er ist nur zulässig, wenn der Versagungsgrund glaubhaft gemacht wird, § 290 Abs. 2 InsO.

Die Gründe für die Versagung der RSB muss der Gläubiger nach den Regeln der ZPO bei Antragstellung glaubhaft machen (Zulässigkeitsvoraussetzung für den Antrag, § 290 Abs. 2 InsO). Dies kann nicht danach, auch nicht nach (unzulässiger) Fristsetzung durch das Gericht geschehen.¹³⁵ Auch im Beschwerdeverfahren können solche Gründe (anderer Gläubiger) nicht nachgeschoben werden, auf die sich der Beschwerdeführer im Schlusstermin (= alte Rechtslage; heute wohl vergleichbar: im Versagungsantrag) nicht wenigstens selbst berufen hat.¹³⁶ Bei einem auf eine bestrittene Forderung gestützten Versagungsantrag gehört zur Glaubhaftmachung auch diejenige der Erhebung der Feststellungsklage.¹³⁷ Erst nach der Glaubhaftmachung durch den Gläubiger setzt die Amtsermittlung des Insolvenzgerichts

2433

---

¹²⁵ BGH ZInsO 2009, 2310 = NZI 2010, 28.
¹²⁶ Zu den praktischen Umsetzungsproblemen des § 298 InsO s. Lissner ZInsO 2013, 162 ff.
¹²⁷ BGH ZInsO 2010, 1660 = NJOZ 2011, 318.
¹²⁸ BGH ZInsO 2013, 1380 = NZI 2013, 940.
¹²⁹ BGH ZInsO 2007, 446 = NZI 2007, 357.
¹³⁰ BGH ZInsO 2009, 2215 = NZI 2009, 856.
¹³¹ BGH DB 2003, 2281 = WM 2003, 980 = ZInsO 2003, 412; erneut BGH ZInsO 2006, 647 = NZI 2006, 538 mAnm in InsbürO 2006, 318.
¹³² BGH ZInsO 2011, 1126 = NZI 2009, 856.
¹³³ BGH ZInsO 2011, 1126 = NZI 2009, 856.
¹³⁴ BGH ZInsO 2009, 684 = NZI 2009, 327.
¹³⁵ BGH ZInsO 2009, 1317 = NZI 2009, 523.
¹³⁶ BGH ZInsO 2009, 684 = NZI 2009, 327.
¹³⁷ LG Hamburg ZInsO 2009, 2163 = BeckRS 2009, 28569.

ein.¹³⁸ Das Gericht darf die Versagung der RSB nicht von Amts wegen auf andere als vom antragstellenden Gläubiger geltend gemachte Versagungsgründe stützen.¹³⁹

2434 Der Versagungsantrag kann bis zum Eintritt der Rechtskraft des Beschlusses über die RSB zurückgenommen werden.¹⁴⁰

2435 Gegen den Beschluss über die Versagung der RSB steht dem Schuldner und jedem Gläubiger, der die Versagung beantragt hatte, die sofortige Beschwerde zu, § 290 Abs. 3 InsO n.F.

2436 **c) Sperrfrist.** Die Sperrfristen sind in § 287a Abs. 2 InsO gesetzlich geregelt (s.o.).

2437 **d) Gerichtliche Entscheidung.** Das „Vorverfahren" endet mit der Entscheidung des Insolvenzgerichts über die Ankündigung der Restschuldbefreiung, § 287a Abs. 1 InsO. Liegen Versagungsgründe nicht vor bzw. wurden sie nicht geltend gemacht, kündigt das Gericht in dem Beschluss die Erteilung der RSB für den Fall an, dass der Schuldner die Obliegenheiten des § 295 InsO erfüllt und die Versagungsgründe nach §§ 290, 297 bis 298 InsO nicht vorliegen. Bei der Entscheidung über die Ankündigung der RSB sind Obliegenheitsverstöße, die eine Versagung der RSB nach § 296 Abs. 1 InsO nach sich ziehen, nicht zu berücksichtigen.¹⁴¹ Die §§ 295, 296 InsO betreffen nur die Obliegenheiten des Schuldners im Zeitraum nach Ankündigung der RSB.¹⁴²

2438 Der Schuldner und die Gläubiger können dem Gericht einen Treuhänder vorschlagen. Wenn noch keine Entscheidung über die RSB ergangen ist, bestimmt das Gericht spätestens mit Aufhebung oder Einstellung des Insolvenzverfahrens den Treuhänder, auf den die pfändbaren Bezüge des Schuldners gemäß der Abtretungserklärung nach § 287 Abs. 2 InsO übergehen (§ 288 InsO).

4. „Wohlverhaltensperiode"

2439 Nach Ankündigung der RSB (§ 287a Abs. 1 InsO) schließt sich bis zum Ende der Abtretungsfrist das „Zwischenverfahren" an, in welchem der Schuldner insb. die **Obliegenheiten** nach §§ 295, 295a InsO zu beachten hat. Wenn der Schuldner während dieser sog. Wohlverhaltensperiode gegen eine dieser Obliegenheiten verstößt oder eine Insolvenzstraftat begeht, so versagt das Insolvenzgericht auf Antrag eines Insolvenzgläubigers die RSB (§§ 296, 297 InsO). Der Versagungsgrund der Begehung einer Straftat (§ 297 InsO) greift nur ein bei Rechtskraft der Verurteilung bis spätestens zum Ende der Laufzeit der Abtretungserklärung.¹⁴³

---

[138] BGHZ 156, 139 = BB 2004, 463 = DZWIR 2004, 76 = NJW 2003, 3558 = ZInsO 2003, 941; erneut BGH ZInsO 2013, 1095 = NZI 2013, 648.
[139] BGH DZWIR 2007, 258 = ZInsO 2007, 322.
[140] BGH ZInsO 2010, 1495 = NZI 2010, 780.
[141] BGH NZI 2004, 635 = ZVI 2004, 753.
[142] LG Göttingen ZInsO 2004, 1212 = NZI 2004, 678.
[143] BGH ZInsO 2013, 1093 = NZI 2013, 601.

a) Obliegenheitsverletzungen

Beispiele für Obliegenheitsverletzungen aus der Rechtsprechung: 2440
- § 295 S. 1 Nr. 1 InsO

Versagung der RSB wegen Verletzung der Erwerbsobliegenheit nach § 295 S. 1 Nr. 1 InsO nur, wenn dadurch die Befriedigung der Insolvenzgläubiger konkret beeinträchtigt wurde.[144] Dazu muss der Gläubiger in einem auf diese Verletzung gestützten Antrag auf Versagung der RSB darlegen, dass der Schuldner nach Ausbildung, Familienstand und Lage auf dem Arbeitsmarkt in der Lage ist, Einkommen im pfändbaren Bereich zu erzielen.[145] Zur Glaubhaftmachung des Versagungsgrundes unzureichender Bemühungen um einen Arbeitsplatz nach §§ 295, 296 Abs. 1 InsO reicht der Hinweis auf die allgemeine Lage des regionalen Arbeitsmarktes nicht aus.[146] Für die Verpflichtung zur Erwerbstätigkeit neben Kindesbetreuung sind die zu § 1570 BGB entwickelten Maßstäbe heranzuziehen.[147] Ein lediglich teilzeitbeschäftigter Schuldner muss sich um eine angemessene Vollzeitbeschäftigung bemühen.[148] Monatlich vier Bewerbungen können u.U. nicht ausreichend sein.[149] Zu der Erwerbsobliegenheit des Schuldners gehört es, sich bei der Bundesagentur für Arbeit als arbeitssuchend zu melden und laufend Kontakt zu halten. Außerdem muss sich der Schuldner selbst aktiv und ernsthaft etwa durch Sichtung einschlägiger Veröffentlichungen um eine Arbeitsstelle bemühen. Als Richtgröße können zwei bis drei Bewerbungen je Woche gelten, eine Bewerbung alle drei Monate reicht nicht.[150] Eine mehrjährige Promotion mit eingeschränkter Erwerbstätigkeit kann gegen die Erwerbsobliegenheit verstoßen.[151]

Das Arbeitsverhältnis selbst ist durch die Erwerbsobliegenheit nicht betroffen. Die Entscheidung über eine Kündigung trifft der Schuldner also autonom. Sanktion kann nur die Versagung der RSB sein.[152]

- § 295 S. 1 Nr. 2 InsO[153]

Die Regelung erfasst die Erbschaft oder die mit Rücksicht auf ein künftiges Erbrecht erhaltene Schenkung, wenn der Erwerb zivilrechtlich in die Wohlverhaltensphase fällt. Sie ist jedoch zuvorderst für den eigenen Lebensunterhalt zu verwenden und nicht für die Schuldentilgung.[154] Wenn der Schuldner Mitglied einer (ungeteilten) Erbengemeinschaft ist, kann er die Verpflichtung zur Herausgabe der Hälfte seines Erbteils an den Treuhänder noch nicht erfüllen. Vor der Entscheidung über die RSB muss dem Schuldner Gelegenheit gegeben werden, den Nachlass zu „versilbern". Solange er sich hierum ausreichend bemüht, kann auch über einen RSB-Versagungsantrag nicht entschieden werden.[155]

Die Entscheidung über die Ausschlagung ist der Erbschaft ist höchstpersönlich und damit insolvenzrechtlich sanktionslos.[156]

Gewinne aus Lotterien oder anderen Gewinnspielen hat der Schuldner in voller Höhe herauszugeben.

---

[144] BGH ZInsO 2010, 345 = ZVI 2010, 203.
[145] AG Göttingen ZInsO 2009, 976 = NZI 2009, 397.
[146] LG Landshut ZInsO 2007, 615 = BeckRS 2007, 10203.
[147] BGH ZInsO 2010, 105 = NJW-RR 2010, 628.
[148] BGH ZInsO 2010, 393 = NZI 2010, 29.
[149] LG Gera ZInsO 2011, 1254 = BeckRS 2011, 17372.
[150] BGH ZInsO 2011, 1301 = NZI 2011, 596.
[151] LG Darmstadt ZInsO 2013, 1162 = VIA 2013, 62.
[152] BAG ZInsO 2013, 1806 = NZI 2013, 942.
[153] Zur Stellung der Nachlassgläubiger, wenn der Erbe insolvent ist, s. Fischinger ZInsO 2013, 365 ff.
[154] LSG NRW ZInsO 2012, 2105 = BeckRS 2012, 73526.
[155] BGH ZInsO 2013, 306 = BeckRS 2013, 2478.
[156] LSG NRW ZInsO 2012, 2105; BGH ZIP 2013, 272: nicht anfechtbar.

- **§ 295 S. 1 Nr. 3 InsO**
  Wohnsitzänderung muss unverzüglich (i.d.R. binnen zwei Wochen) mitgeteilt werden.[157] Das Abtauchen des Schuldners, der unbekannt ins Ausland verzieht, ist ein solcher Versagungsgrund.[158] Die Verheimlichung von Einkünften des Ehegatten ist nicht die Verheimlichung von der Abtretung erfasster Bezüge.[159]

- **§ 295 S. 1 Nr. 3 InsO**
  Die RSB kann nicht versagt werden, wenn der Schuldner die Aufnahme einer Tätigkeit nachträglich mitteilt und den an den Treuhänder abzuführenden Betrag zahlt bzw. mit dem Treuhänder eine Vereinbarung zur vollständigen Zahlung des Betrages trifft, bevor sein Verhalten aufgedeckt und ein Versagungsantrag gestellt ist.[160] Eine Heilung einer Obliegenheitsverletzung (hier Nichtanzeige pfändbaren Einkommens an den Treuhänder) nach Aufdeckung und Beantragung der Versagung der RSB durch einen Gläubiger ist nicht mehr möglich.[161]

- **§ 295 S. 1 Nr. 3 InsO**
  Ein nicht durch § 295 S. 1 Nr. 3 gedecktes Auskunftsverlangen ist das nach dem Gewinn eines selbstständig wirtschaftlich tätigen Schuldners. Die Nichterteilung dieser Auskunft ist folglich keine Obliegenheitsverletzung.[162]

- **§ 295a InsO**
  Die Abtretung nach § 287 Abs. 2 Satz 1 InsO erfasst Einkünfte aus selbstständiger Tätigkeit nicht. Ist der Schuldner selbstständig tätig, obliegt es ihm, die Gläubiger durch Zahlungen an den Treuhänder so zu stellen, wie wenn er ein angemessenes Dienstverhältnis eingegangen wäre. Zur Glaubhaftmachung des fiktiven monatlichen Nettoeinkommens aus einem angemessenen abhängigen Beschäftigungsverhältnis kann sich der Gläubiger im Versagungsantrag auf die Angaben des Schuldners selbst stützen. Der Schuldner kann sich nicht dadurch entlasten, dass ihn das Insolvenzgericht und der Treuhänder nicht darauf hingewiesen haben, dass die tatsächlich abgeführten Beiträge nicht dem Pfändungsbetrag aus einem fiktiven Dienstverhältnis entsprachen.[163] Wenn der Schuldner erkennt, dass er mit seiner selbstständigen Tätigkeit weniger erwirtschaftet, als es ihm mit einer abhängigen Beschäftigung möglich wäre, muss er sich um eine abhängige Beschäftigung bemühen und diese annehmen, sobald das möglich ist.[164] Allerdings ist der Schuldner bei mangelndem Erfolg einer freigegebenen selbstständigen Tätigkeit nicht verpflichtet, eine abhängige Beschäftigung einzugehen; er muss dann aber umfassend Auskunft erteilen, warum er den fiktiven Vergleichsmaßstab des § 295a InsO nicht erfüllen kann.[165] Auf Antrag des Schuldners stellt das Gericht den Betrag fest, der den Bezügen aus einem abhängigen Beschäftigungsverhältnis entspricht, § 295a Abs. 2 InsO. Der selbstständig tätige Schuldner muss seine Zahlungen kalenderjährlich bis zum 31.1. des Folgejahres leisten. Korrespondierend können die Gläubiger den Antrag auf Versagung der RSB auch bis zum Ende dieses Verfahrensabschnitts hinauszögern.[166]

2441 **b) Versagungsantrag eines Insolvenzgläubigers.** Die Versagung der RSB wegen Obliegenheitsverletzung erfolgt auf nur Antrag eines Insolvenzgläubigers;[167]

---

[157] AG Göttingen ZInsO 2010, 538 = NZI 2010, 115.
[158] AG Hamburg ZInsO 2010, 444 = NZI 2010, 446.
[159] BGH ZInsO 2009, 2212 = NZI 2010, 26.
[160] BGH ZInsO 2010, 684 = NZI 2010, 350.
[161] BGH ZInsO 2008, 920 = NZI 2008, 623; erneut BGH ZInsO 2011, 447 = BeckRS 2011, 3769.
[162] BGH ZInsO 2013, 625 = NZI 2013, 404.
[163] BGH ZInsO 2013, 405 = NZI 2013, 189.
[164] BGH ZInsO 2009, 1217 = BeckRS 2009, 18337.
[165] BGH ZInsO 2013, 1586 = NZI 2013, 797.
[166] BGH ZInsO 2014, 47 = NZI 2014, 32.
[167] BGH ZInsO 2012, 1581 = BeckRS 2012, 17069.

B. Persönliches Insolvenzverfahren und Restschuldbefreiung (RSB)

ohne einen solchen Antrag setzt die Amtsermittlung des Gerichts nicht ein.[168] Den Antrag kann nur ein Gläubiger stellen, der sich durch Anmeldung von Forderungen am Insolvenzverfahren beteiligt hat.[169] Ein absonderungsberechtigter Gläubiger kann den Versagungsantrag stellen, wenn er den Ausfall glaubhaft macht.[170]

Im Antrag muss der Gläubiger die Voraussetzungen des § 296 Abs. 1 Satz 2 u. 3 **2442** InsO (Obliegenheitsverletzung und darauf beruhende Beeinträchtigung) glaubhaft machen.[171] Letzteres liegt nur vor, wenn bei wirtschaftlicher Betrachtung eine konkret messbare Schlechterstellung der Gläubiger wahrscheinlich ist. Versagungsgründe „ins Blaue hinein" genügen ebenso wenig wie eine bloße Gefährdung der Gläubigerbefriedigung.[172]

Auch im Versagungsverfahren nach § 296 Abs. 2 InsO hat der Schuldner mit- **2443** zuwirken. Die Verletzung dieser Pflicht kann bei statthaftem Versagungsantrag ihrerseits die Versagung der RSB zur Folge haben.[173]

Voraussetzung für die Versagung der RSB nach §§ 295, 296 InsO wegen Ob- **2444** liegenheitsverletzung ist, dass durch die Verletzung die Befriedigung der Insolvenzgläubiger beeinträchtigt ist,[174] die abstrakte Gefährdung der Befriedigungsinteressen reicht nicht.[175]

Nachdem ein Gläubiger einen Versagungsantrag gestellt hat, kann der Schuldner **2445** den RSB-Antrag nur noch mit Zustimmung des Gläubigers zurücknehmen; das Interesse des Gläubigers an einer gerichtlichen Entscheidung überwiegt.[176]

5. Endgültige Entscheidung über die RSB

Nach Ablauf der Abtretungserklärung entscheidet das Insolvenzgericht gem. **2446** § 300 InsO nach Anhörung der Insolvenzgläubiger, des Treuhänders und des Schuldners durch Beschluss über die Erteilung der RSB. Die Anhörung nach § 300 Abs. 1 InsO kann durch einen im Internet veröffentlichten Beschluss mit einer Fristsetzung, innerhalb der Versagungsgründe geltend zu machen sind, erfolgen.[177] Gläubiger, die diese Frist versäumen, sind mit dem Versagungsantrag präkludiert. Die Erteilung der RSB kann nur durch Gerichtsbeschluss und nicht auch durch Insolvenzplan erfolgen.[178]

Die Erteilung der RSB wirkt nach dem neuen § 300 Abs. 1 S. 3 InsO auf den **2447** Zeitpunkt des Ablaufs der Abtretungsfrist zurück, so dass sich die Wohlverhaltensperiode für den Schuldner nicht noch um das Verfahren über die Erteilung der RSB (etwa wegen der erforderlichen Anhörungen) verlängert.

---

[168] BGH ZInsO 2012, 1580 = BeckRS 2012, 16677.
[169] BGH v. 20.2.2020 – IX ZB 55/18, ZIP 2020, A 17
[170] BGH ZInsO 2012, 2164 für einen Fall, in dem wegen Zeitablaufs der Abtretungserklärung bereits vor Aufhebung des Insolvenzverfahrens über die RSB zu entscheiden war.
[171] BGH ZInsO 2010, 1456 = VIA 2010, 68.
[172] BGH ZInsO 2010, 291 = NJW 2010, 1284.
[173] BGH ZInsO 2011, 1319 = NZI 2011, 640.
[174] BGH ZInsO 2012, 1581 = BeckRS 2012, 17069.
[175] BGH ZInsO 2011, 2101 = BeckRS 2011, 24739.
[176] BGH v. 15.7.2021 – IX ZB 33/20, ZIP 2021, A 70
[177] BGH WM 2012, 2250.
[178] AG Göttingen, NZI 2021, 283

2448 Nach § 300 Abs. 2 InsO ist die RSB vor Ablauf der Abtretungsfrist zu erteilen, wenn keine Insolvenzforderungen ngemeldet wurden oder alle Forderungen bezahlt wurden oder der Schuldner mit allen Insolvenzgläubigern einen Vergleich geschlossen hat und die Forderungen bezahlt wurden.[179] Voraussetzung für die vorzeitige RSB nach § 300 Abs. 2 InsO ist zusätzlich, dass der Schuldner die Masseverbindlichkeiten und alle Verfahrenskosten vollständig bezahlt hat und ihm nicht nur Verfahrenskostenstundung gewährt wurde.[180] Der Antrag auf vorzeitige RSB kann vom Schuldner auch außerhalb der Dreijahresfrist gestellt werden; zur Glaubhaftmachung der Voraussetzungen kann eine Bezugnahme auf Berichte des Insolvenzverwalters ausreichen.[181]

6. Keine Befreiung von Verbindlichkeiten aus vorsätzlich begangener unerlaubter Handlung

2449 Nach § 302 Nr. 1 InsO wird der Schuldner nicht von solchen Verbindlichkeiten befreit, die aus vorsätzlich begangener unerlaubter Handlung bestehen.

2450 **a) Beispiele.** Solche Verbindlichkeiten können z.B. gegeben sein aus:
- Schadensersatzansprüche aus Eingehungsbetrug (§ 823 Abs. 2 BGB i.V.m. § 263 StGB),[182]
- Schadensersatzansprüche aus Arbeitsentgeltvorenthaltung (§ 823 Abs. 2 BGB i.V.m. § 266a StGB) herrühren.[183] Allerdings ist mit der unanfechtbaren Verurteilung des Geschäftsführers einer GmbH zum Schadensersatz wegen nicht abgeführter Arbeitnehmeranteile von Sozialversicherungsbeiträgen noch nicht rechtskräftig i.S.d. § 302 Nr. 1 InsO festgestellt, dass der Anspruch aus vorsätzlich begangener unerlaubter Handlung gegeben ist.[184] Einem nicht tätigen Geschäftsführer kann die vorsätzliche Beitragsvorenthaltung nicht vorgeworfen werden.[185] Jedoch kann der (hinreichende) Eventualvorsatz beim ins Handelsregister eingetragenen Geschäftsführer gegeben sein, wenn ihm die Beitragsvorenthaltung bewusst ist und er diese dadurch billigt, dass er nicht auf die Erfüllung der Beitragspflichten hinwirkt.[186]
- Unter § 302 Nr. 1 InsO können auch Ansprüche aus Verletzung von Unterhaltspflichten nach § 823 Abs. 2 BGB i.V.m. § 170 StGB fallen.[187]
- Kostenerstattungsansprüche aus Verfahren wegen materiellen Ansprüchen aus vorsätzlichen unerlaubten Handlungen fallen ebenfalls unter § 302 InsO.[188]
- Zinsforderungen aus Ansprüchen wegen vorsätzlich begangener unerlaubter Handlung unterfallen § 302 Nr. 1 InsO, und zwar auch dann, wenn die Zinsforderungen mangels Aufforderung zur Anmeldung nachrangiger Forderungen

---

[179] BGH ZInsO 2011, 2100 = NZI 2011, 947.
[180] BGH NZI 2016, 1006; dazu Ahrens NJW 2017, 21 ff.
[181] BGH Beschl. v. 19.2.2019 – IX ZB 23/19, ZIP 2019, A 95
[182] KG ZInsO 2009, 280 = LSK 2009, 070560 (Ls.).
[183] OLG Koblenz ZInsO 2010, 772 = NZG 2010, 471.
[184] BGH ZIP 2010, 150 = ZInsO 2010, 38.
[185] OLG Brandenburg ZInsO 2009, 1503 = BeckRS 2009, 10126.
[186] OLG Koblenz ZInsO 2010, 772 = NZG 2010, 471.
[187] BGH ZInsO 2011, 1246 = LSK 2011, 280779 (Ls.).
[188] BGH ZInsO 2011, 1608 = NZI 2011, 738.

nicht mit dem Rechtsgrund der vorsätzlich begangenen unerlaubten Handlung angemeldet worden sind.[189]
- Steuerhinterziehungszinsen sind keine Forderungen i.S.d. § 302 InsO.[190]
- Gerichtskosten aus einem Strafverfahren sind ebenfalls keine Forderungen i.S.d. § 302 InsO.[191]

Nach § 302 Nr. 1 InsO erfasst die RSB ebenfalls nicht Verbindlichkeiten aus vorsätzlich pflichtwidrig nicht gezahltem, rückständigem gesetzlichem Unterhalt und Verbindlichkeiten aus einem Steuerschuldverhältnis im Zusammenhang mit einer rechtskräftigen Verurteilung wegen einer Steuerstraftat nach §§ 370, 373 0der 374 AO; eine evtl. Tilgung aus dem BZR ist unerheblich.[192]

b) Verfahren. Der Gläubiger muss die Feststellung der Forderung als solche aus vorsätzlich begangener unerlaubter Handlung im Insolvenzverfahren gesondert betreiben, d.h. die Anmeldung der Forderung und dieses Rechtsgrundes spätestens bis zum Schlusstermin vornehmen; das gilt auch für den Fall, dass der Schlusstermin im schriftlichen Verfahren durchgeführt wird.[193] Dabei muss der Gläubiger die vorsätzlich begangen unerlaubte Handlung so genau beschreiben, dass der Schuldner zweifelsfrei erkennen kann, welches Verhalten ihm vorgeworfen wird; eine schlüssige Darlegung des objektiven und subjektiven Tatbestands ist aber nicht erforderlich.[194] Der Gläubiger kann den Nachweis durch Vorlage eines vollstreckbaren Auszugs aus der Insolvenztabelle führen, wenn sich daraus ergibt, dass es sich um eine Forderung aus vorsätzlicher unerlaubter Handlung handelt und sie vom Schuldner nicht bestritten worden ist.[195] Eine ohne den ausdrücklichen Hinweis auf den Rechtsgrund aus vorsätzlich begangener unerlaubter Handlung angemeldete Forderung wird von § 302 Nr. 1 InsO nicht und somit von einer erteilten RSB erfasst[196]; fehlendes Verschulden des Gläubigers bei der Anmeldung ist irrelevant.[197] Der Anspruch auf Feststellung der Forderung als solcher aus vorsätzlich begangener unerlaubter Handlung unterliegt nicht der Verjährung nach den Vorschriften für die Verjährung des Leistungsanspruchs.[198] Ein Anwalt, der es versäumt hat, die Forderung seines Mandanten aus vorsätzlich begangener unerlaubter Handlung anzumelden bzw. feststellen zu lassen, kann sich ggü. dem Mandanten schadensersatzpflichtig machen.[199]

Nach § 175 Abs. 2 InsO hat das Insolvenzgericht den Schuldner auf die Anmeldung einer Forderung aus vorsätzlich begangener unerlaubter Handlung, die Rechtsfolgen und auf die Möglichkeit des Widerspruchs hinzuweisen. Ggf. muss der Schuldner dieser Feststellung widersprechen. Der Widerspruch kann sich auf den Rechtsgrund der vorsätzlich begangenen unerlaubten Handlung beschränken. Der Widerspruch allein gegen den Rechtsgrund hindert die Feststellung der For-

---

[189] BGH ZInsO 2011, 102 = BeckRS 2010, 31028.
[190] BFH ZInsO 2012, 1228 = DStRE 2012, 966.
[191] BGH ZInsO 2011, 430 =NZI 2011, 64.
[192] BGH v. 1.10.2020 – IX ZR 199/19, ZIP 2020, A 91
[193] BGH ZIP 2020, 327 = NZG 2020, 425.
[194] BGH ZIP 2014, 278 = ZInsO 2014, 236.
[195] BGH ZIP 2020, 826
[196] BGH ZIP 2020, 327 = NZG 2020, 425.
[197] BGH ZInsO 2011, 244 = BeckRS 2011, 1769.
[198] BGH ZIP 2011, 37 = ZInsO 2011, 41.
[199] LG Aachen, ZIP 2020, 1141

derung zur Tabelle im Übrigen nicht.²⁰⁰ Erst an den unterlassenen Widerspruch des ordnungsgemäß belehrten Schuldners kann die Rechtskraft der Tabellenfeststellung nach § 178 Abs. 3 InsO geknüpft werden.²⁰¹

2454 Dem Insolvenzverwalter steht dieses spezielle Widerspruchsrecht nicht zu;²⁰² sondern nur das Widerspruchsrecht gegen die Forderung als solche.

2455 Hat der Schuldner widersprochen, kann der Gläubiger ohne Einhaltung einer Klagefrist Feststellungsklage erheben.²⁰³ Dies gilt auch, wenn der Widerspruch auf den Rechtsgrund der vorsätzlich begangenen unerlaubten Handlung beschränkt erhoben wurde.²⁰⁴ Zuständig sind die Zivilgerichte, auch bei Beitragsvorenthaltung nach § 266a StGB.²⁰⁵ Für die Feststellungsklage besteht das Rechtsschutzinteresse auch bei vorliegendem vollstreckbarem Schuldtitel über die Forderung.²⁰⁶ Der Streitwert bemisst sich nicht nach dem Nominalbetrag der Forderung, sondern nach der späteren Befriedigungsaussicht der bestehen bleibenden Forderung.²⁰⁷

2456 Ist die Gläubigerforderung tituliert, muss der Schuldner seinen Widerspruch innerhalb der Monatsfrist des § 184 Abs. 2 InsO durch Klageerhebung verfolgen, da andernfalls der Widerspruch als nicht erhoben gilt.²⁰⁸ Diese Vorschrift gilt analog auch, wenn der Titel noch nicht rechtskräftig ist, und auch dann, wenn sich der Schuldgrund der vorsätzlich begangenen unerlaubten Handlung nur im Wege der Auslegung des Titels, allerdings zweifelsfrei ergibt.²⁰⁹ Der Schuldner kann seinen Widerspruch gegen den nicht titulierten Rechtsgrund der vorsätzlich begangenen unerlaubten Handlung bereits vor Aufhebung des Insolvenzverfahrens mit der negativen Feststellungsklage gegen den Gläubiger verfolgen.²¹⁰ Ist die Forderung jedoch mit dem Attribut der vorsätzlich begangenen unerlaubten Handlung tituliert, kann der Schuldner seinen Widerspruch nicht mit der negativen Feststellungsklage verfolgen, sondern nur mit der Wiederaufnahme, der Vollstreckungsabwehrklage oder der rechtskraftdurchbrechenden Klage nach § 826 BGB.²¹¹

7. Wirkung der RSB

2457 Die erteilte RSB wirkt gegen alle Insolvenzgläubiger (§ 301 InsO). Die RSB führt nicht zum Erlöschen der Forderungen. Diese sind lediglich gegen den Schuldner nicht mehr erzwingbar und werden zu sog. unvollkommenen Verbind-

---

[200] BGH ZIP 2014, 1185 = ZInsO 2014, 1276.
[201] BGH ZInsO 2011, 837 = BeckRS 2011, 7833.
[202] BGH ZInsO 2008, 809 = NZI 2008, 569.
[203] BGH DZWIR 2009, 206.
[204] OLG Koblenz ZInsO 2011, 335 = BeckRS 2011, 2736.
[205] BGH ZInsO 2011, 44 = BeckRS 2010, 30435.
[206] BGH ZIP 2011, 39.
[207] BGH DZWIR 2009, 217.
[208] OLG Brandenburg ZInsO 2010, 728 = NZI 2010, 266.
[209] OLG Brandenburg ZIP 2010, 2022.
[210] BGH ZIP 2013, 2265 = ZInsO 2013, 2206.
[211] KG ZInsO 2011, 813 = NZI 2011, 474.

lichkeiten.²¹² Eine Aufrechnungslage wird hierdurch nicht beseitigt.²¹³ Auch steht die erteilte RSB einer Gläubigeranfechtung nach dem AnfG nicht entgegen.²¹⁴

Die RSB erfasst auch keine Masseverbindlichkeiten, die wegen Masseunzulänglichkeit im Insolvenzverfahren über das Vermögen des Schuldners nicht bezahlt wurden (hier Umsatzsteuer). Diese Forderungen kann das Finanzamt mit Erstattungsansprüchen des ehemaligen Insolvenzschuldners verrechnen.²¹⁵

Der vollständige oder teilweise Verzicht auf die Wirkungen der RSB in AGB ist unwirksam. Auch kann der Schuldner den Rechtsgrund der vorsätzlich begangenen unerlaubten Handlung in AGB nicht wirksam anerkennen.²¹⁶

8. Widerruf der RSB

Nach § 303 InsO wird die erteilte RSB vom Gericht auf Antrag eines Gläubigers widerrufen, wenn sich nachträglich herausstellt, dass der Schuldner eine seiner Obliegenheiten vorsätzlich verletzt und dadurch die Befriedigung der Insolvenzgläubiger erheblich beeinträchtigt hat, dass der Schuldner wegen einer Straftat nach § 297 Abs. 1 verurteilt wurde oder dass der Schuldner Auskunfts- und Mitwirkungspflichten vorsätzlich verletzt hat. Der Widerrufsntrag ist nur innerhalb eines Jahres nach Rechtskraft der Entscheidung über die Erteilung der RSB zulässig und der Gläubiger hat die Voraussetzungen des Widerrufsgrundes glaubhaft zu machen. Vor der Entscheiung ind der Treuhänder und der Schuldner anzuhören. **2458**

9. Anerkennung ausländischer Restschuldbefreiung?

Seit Jahren ist der Insolvenztourismus nach Frankreich (Elsass/Lothringen) oder – jedenfalls vor dem Brexit – nach England Gegenstand der Diskussion, weil dort Restschuldbefreiung schneller zu erreichen sein kann. Für die Anerkennung einer ausländischen Restschuldbefreiung kann die Erschleichung des ausländischen Gerichtsstandes überprüft werden.²¹⁷ Entscheidungen des ausländischen Gerichts können wegen Verstoßes gegen den Ordre Public gem. Art. 26 EuInsVO unbeachtlich sein (str.). Dies kommt in Betracht, wenn das ausländische Gericht trotz gewichtiger Anhaltspunkte für Missbrauch keine Plausibilitätsprüfung vornimmt.²¹⁸ Mit Wirkung ab 26.6.2017 sind gemäß der Reform der EuInsVO durch die EU-Verordnung 2015/848 für die Zuständigkeit der Insolvenzgerichte im Zuzugsstaat Ansiedlungsmindestfristen gelten. **2459**

Zwar ist eine Entscheidung des High Court of Justice, durch die eine deutsche Staatsangehörige nach englischem Recht RSB erhält, auch nach deutschem Recht anzuerkennen²¹⁹ und ein Gläubiger kann nach dem Grundgedanken einer

---

[212] OLG Oldenburg ZInsO 2014, 671 = ZEV 2014, 359.
[213] OLG Oldenburg ZInsO 2014, 671 = ZEV 2014, 359.
[214] BGH NJW 2016, 246; erneut BGH ZIP 2018, 935.
[215] BFH ZIP 2018, A 20.
[216] BGH ZIP 2015, 1692.
[217] BGH ZInsO 2001, 1009 = NZI 2001, 646.
[218] AG Göttingen ZIP 2013, 472 = ZInsO 2013, 304.
[219] VG Regensburg ZInsO 2014, 1918 = NZI 2014, 782.

Entscheidung des BGH[220] die Wirkung der in dem englischen Verfahren erteilten RSB nicht über den Umweg des § 826 BGB vor einem deutschen Gericht beseitigen[221], jedoch erstreckt sich eine englische RSB nicht auf solche Verbindlichkeiten eines Vorstandsmitglieds gegenüber der AG, die aus vorsätzlicher Verletzung von Organpflichten entstanden sind.[222]

---

[220] BGH ZIP 2015, 2331 = NZI 2016, 93 mAnm. Mankowski.
[221] LG Trier ZIP 2017, 2374.
[222] OLG Köln ZIP 2013, 644 = NZI 2013, 506 mAnm. Schroeders; sa Dornblüth ZIP 2014, 712 ff.

Sachverzeichnis

Die Zahlen verweisen auf die Randnummern.

A
Abfindungsansprüche 1287
Abschlussprüfer
– Berichtspflicht 1926
– Bestellung im Insolvenzeröffnungsverfahren 2095
– Haftung 1915
Absonderungsrecht 627
Abspaltung 431 ff.
– Teilbetrieb einer GmbH 432
– Teilbetrieb einer überschuldeten GmbH 433
AGB-Banken
– Genehmigungsfiktion für Lastschriften, zusätzliche Sicherheiten 524 ff.
AGB-Pfandrecht 526, 707
AGB-Sparkassen
– Genehmigungsfiktion für Lastschriften, zusätzliche Sicherheiten 524 ff.
Agio 1066
Akteneinsichtsrecht
– bei Nichteröffnung des Insolvenzverfahrens 2061 ff.
– Rechtsbehelf gegen Versagung 2064
Aktivseite
– Überschuldungsstatus 95
Altersteilzeit-Wertguthaben
– unterlassene Insolvenzsicherung 1726
Altgläubiger
– Schadensersatzanspruch 1668
Amtsniederlegung
– Gesellschafter-Geschäftsführer 2078
Anfechtung
– Bargeschäft 371, 495
– Globalzession 508 ff.
– hypothetische Zahlungen 1709 ff.
– inkongruente Deckung 488 ff.
– kongruente Deckung 483 ff.,
– Lohnsteuerzahlungen 1738 ff.
– Sicherheiten wegen Inkongruenz 528 ff.
– Sicherheiten wegen vorsätzlicher Gläubigerbenachteiligung 530 ff.
– übertragende Sanierung 369 ff.
– vorausabgetretene Werklohnforderungen 513
– vorsätzliche Gläubigerbenachteiligung 372
– vorzeitige Rückgabe des Nutzungsgegenstandes 1340
– Zahlung Arbeitnehmer-Sozialversicherungsbeiträge 1709 ff.
Anlagevermögen
– Verwertung 102
Arbeitnehmer
– Anfechtung von Lohnzahlungen 292
– Kenntnis der Zahlungsunfähigkeit 678
– Kenntnis von Benachteiligungsabsicht des Schuldners 769
– Vorenthalten von Beiträgen 314
– Widerspruch bei Betriebsübergang 394 ff.
Arbeitnehmerlohn
– Insolvenzverschleppungshaftung 1677 ff.
Arbeitsrechtliche Gestaltungsmöglichkeiten 2151 ff.
– Betriebsänderungen 2161, 2177 ff.
– betriebsbedingte Kündigung 2160 f.
– Betriebsübergang 2152 ff.
– Betriebsveräußerung (§ 128 InsO) 2161
– Halteprämien 2188 ff.
– Insolvenzgeld 2184 ff.
– Kündigung und Kündigungsschutz 2171 ff.
– Transfergesellschaft 2162 ff.
– Urlaubsansprüche 2187
Arbeitsrechtlicher Betriebsübergang 378 ff.
Arbeitszeitguthaben
– Aussonderung 2200
Aschenputtel-Gesellschaft 1216
Asset-Deal 2109
– aus Insolvenz der GmbH 2125 ff.
– Form 2139
– Haftungsgefahren 365
– übertragende Sanierung 2105 ff.
– Unternehmenskauf 2105 ff.
Auffanggesellschaft 2108
– unechte 2109
Aufrechnung 481
– Insolvenzanfechtung 848
Aufschiebende Bedingung
– Forderungsverzicht 273
Ausgliederung 434
Auslandsgesellschaften
– EU-Auslandsgesellschaften 1854
– haftungsbeschränkte 81 ff.
– Insolvenzantragsverschleppung 954

– Scheinauslandsgesellschaften 1260, 1846

B
Bank
– AGB 524 ff.
– Haftung bei falscher Bestätigung der Einlageleistung 1152
Bankrott 317, 366, 588, 916
– Beihilfe 366, 1880
Bareinlage
– Anmeldung zur Eintragung 1023
– Hin- und Herzahlen 1032 ff.
– Kapitalerhöhung 1014 ff.
– Konto 1025
– Verwendungsabsprachen 1064
– Voreinzahlung 1011 ff.
Bargeschäft 371, 493 ff.
– Anfechtung 495
– Offenhalten der Kreditlinie 497
– Saniererhonorar 880 ff.
Basel II 26, 71 ff.
Bedingungen
– Forderungsverzicht 271
Beihilfe
– Bankrott 1880
– Insolvenzverschleppung 1911
– verbotene Stammkapitalrückzahlung 1166
Berater
– Berichtspflicht 1926
– Betrug 1931
– Buchführungs- und Bilanzierungsdelikte 1926
– Buchführungspflicht 1926
– Gebot des sichersten Weges 1864
– Gläubigerbegünstigung 1929
– Honorar in der Eigenverwaltung 901
– Insolvenzverschleppung 1793 f.
– Instrumente zum StaRUG-Sanierungsverfahren 311
– Kreditbetrug 1800
– Krisenfrüherkennung 41
– Mitwirkung bei übertragender Sanierung 1921 ff.
– Sanierungsschwindel 1932
– Steuerhinterziehung 1930
– Untreue 915
– Vorenthaltung von Sozialversicherungsbeiträgen 931 ff.,
– zivilrechtliche Haftung 1860 ff.
Beraterhaftung
– Beihilfe zur Insolvenzverschleppung 1924
– beschränktes Mandat 1877
– Entwicklung der Rechtsprechung 1865
– Fehler der Rechtsprechung 1867

– Gesetzesänderungen 1866
– gegenüber dem Mandanten 1868 ff.
– gegenüber Dritten 1892 ff.
– im Sanierungsprozess 1886 ff.
– Kausalität 1913
– Sekundärhaftung 1888
– Täterschaft und Teilnahme 1918 ff.
– übertragende Sanierung 1921 ff.
– unbestimmter Rechtsbegriff 1863
– verdeckte Sacheinlage 1887
Beschäftigungs- und Qualifizierungsgesellschaft 2162
Besserungsschein 167, 274, 456 ff.
Betriebsänderung 2177 ff.
– Interessenausgleich 2177
– Massenentlassungen 2177
– Sozialauswahl 2178 ff.
– Stilllegung 2177
– Verfahrensbeschleunigung 2179
Betriebsstilllegung
– Block-Altersteilzeit 2200
– und Betriebsübergang 2152
Betriebs(Teil-)Erwerb 2154 ff.
Betriebsübergang 378 ff., 2152 ff.
– Altersteilzeit 388, 2157
– Arbeitsverhältnis GmbH-Geschäftsführer 389, 2159
– Auftragsverhältnis 380
– Ausbildungsverhältnisse 388
– betriebliche Altersversorgungsanwartschaften 2156
– betriebliche Übungen 388
– Betriebsänderung 2161
– betriebsbedingte Kündigung nach Erwerberkonzept 2160
– Betriebsinhaberwechsel 380
– Betriebsstilllegung 2160 ff.
– Betriebsvereinbarungen 388
– betriebsverfassungsrechtliche Stellung des früheren Betriebsinhabers 380
– Blockaltersteilzeit 2157
– Blockmodell 388
– Erlassvertrag über rückständige Lohnforderungen 390
– freies Dienstverhältnis 389
– gekündigtes Arbeitsverhältnis 388
– Geltendmachung 386
– Gemeinschaftsbetrieb 380
– Geschäftsführeranstellungsverhältnis 389
– Inbesitznahme 380
– Kündigung 388 ff., 2160 ff.
– Kündigungsschutz 389, 2171 ff.
– Kündigungsverbot 403
– Personal 380
– Rechtsfolgen 387 ff.
– rückständige Altverbindlichkeiten 2155

– rückständige Lohnforderungen 390
– Ruhestandsverhältnisse 389
– sachliche Betriebsmittel 380
– Sanierungstarifverträge 2153
– Sozialauswahl 384
– Sozialplanverpflichtungen 2155
– tarifvertragliche Regelungen 387 ff.
– Teilbetriebsübergang 381 ff.
– Transfergesellschaft 2162 ff.
– Übernahme von Kundenbeziehungen 380
– Unterrichtung der Arbeitnehmer 392 f.
– Urlaubsansprüche 2158
– Versorgungsverbindlichkeiten 388
– Voraussetzungen 380
– Wahrung der Identität 380
– Weiterbeschäftigungsmöglichkeit 388
– Widerspruchsrecht der Arbeitnehmer 394 ff.
– wirtschaftliche Einheit 380
Betriebsübernahmegesellschaft 2109
Betrug 310, 588, 642
– Berater 1860 ff.
– Director 1852
Beweislast
– Aufrechnung gegen Forderung der Masse 848 ff.
Bilanzierungspflicht
– Strafbarkeit des Beraters 1926
Blockaltersteilzeit 2157
Bonitätsleihe 429, 1309 ff.
Bremer-Vulkan 1228
Brexit
– Beendigung der Niederlassungsfreiheit 1858
– Löschung der Limited im britischen Handelsregister 1859
Buchführungspflicht/-en
– Geschäftsführerverantwortung 1728
– Strafbarkeit des Beraters 1926
– Verletzung 945 ff.
Bürgschaft
– Ausfallbürgschaft 1439
– Auszahlungsbürgschaft 1314
– Forderungsverzicht 272
– Gesellschafterbürgschaft 1309
– Prozessbürgschaft 216
– Schadensersatzpflicht durch Gesellschafter-Geschäftsführer 1757 f.
– Verzicht 1321
Business judgement rule 1436 ff.

C
Cashflow
– als Krisensignalwert 47
Cash-Management 1731
Cash-Pool 386

– gesetzliche Korrektur durch MoMiG 1042
– Konzerninnenfinanzierung 1293
„Cash-Pool II" 1045 ff.
Cash-Pool-System
– Insolvenzanfechtung 773 ff.
Cash-Pooling 457 ff., 810 ff., 1037, 1175 ff., 1292, 1386 ff.
– Abrede 470
– Auswirkungen 1103, 1294
– physisches 1037, 1293
– virtuelles 1038
– Umbuchungen 502 f.
– Zahlungsunfähigkeit 154
Change-of-control-Klausel 2023
„chilling effect" 1541 ff.
Culpahaftung 476, 1434

D
D&O-Versicherung 1479 ff.
Darlegungs- und Beweislast
– existenzvernichtender Eingriff 1228 ff.
– Geschäftsführerhaftung 1425 ff., 1611, 1831 ff., 2247 f.
– Insolvenzreife 1621
– Insolvenzverschleppung 1552 ff.
– Kapitalaufbringung 1132 ff.
– Sorgfalt eines ordentlichen Geschäftsmannes 1624
– Verjährung 1252 f.
– Vollwertigkeit des Rückgewähranspruchs 1040
– Vorbelastungshaftung 996 f.
– Zahlungen 1623
Darlegungslast
– Aufrechnung gegen Forderung der Masse 848
Darlehen
– fristlose Kündigung 542 ff.
– Kündigung von Sanierungsdarlehen 548
– verdeckte Sacheinlage 1089
Debitorisches Konto
– Bareinlage 1031
Debt-Equity-Swap 201 ff., 2347
Deckungsanfechtung
– nahestehende Person 246 ff.
Deliktische Verschuldenshaftung 1222 ff.
Dienstleistungen
– verdeckte Sacheinlage 1091
Differenzhaftung
– Dept-Equity-Swap 201
– offene Sacheinlage 1100 f.
Director
– ausländisches Gesellschaftsrecht 924
Diskriminanzanalyse 45

Doppelinsolvenz 1302, 1344
Drei-Personen-Verhältnis
– Insolvenzanfechtung 810 ff.
– Unentgeltlichkeit der Leistung 810 ff.
Drei-Wochen-Frist 1657 ff.
Drohende Zahlungsunfähigkeit 160 ff.
– Definition 163
– Finanzplan 164
– Insolvenzantragstellung 161
– Kassenarzt 1453
– Prognosezeitraum 166 ff.
Druckzahlung
– Insolvenzanfechtung 697 f.
Durchgriffshaftung 1218 ff.
– existenzvernichtender Eingriff 1228 ff.
– Missbrauch der Rechtsform 1219
– steuerrechtliche Behandlung 1254 ff.
– Vermögensvermischung 1221

E
EAV, s. Ergebnisabführungsvertrag
Eigenkapitalersetzende Darlehen, s. Gesellschafterdarlehen
Eigenkapitalersatzrecht
– Aufhebung 1356 ff.
– Eigenkapitalersatzhaftung
– für Altfälle 1255 ff.
– nach altem Recht 1255 ff.
Eigenverwaltung 2203 ff.
– Ablehnung des Antrags 2213
– Geschäftsführerstellung 2075
Ein-Personen-GmbH
– Geschäftsführerhaftung 1462
Eingehungsbetrug 1433, 1757
– deliktische Schadensersatzpflicht 1911
– persönliche Haftung der Geschäftsführer 1853
Einlagenrückgewähr
– verbotene 306
– Einzahlungen
– auf debitorisches Konto 1575
– nicht besichertes debitorisches Konto 1585
– Einziehung 1578
Erfolgskrise 11 ff.
Ergebnisabführungsvertrag (EAV) 238
Ertragskrise 11 ff.
Ertragsteuer 463 ff.
EU-Finanzsicherheitenrichtlinie 520
Existenzvernichtender Eingriff 368, 1228
– Aschenputtel-Gesellschaft 1216
– betroffener Personenkreis 1240
– Bremer Vulkan 1228; 1245
– Darlegungs- und Beweislast 1252

– Kausalität 1238
– Managementfehler 1237
– MBO 1235
– mittelbarer Gesellschafter 1262
– Trihotel 1248 ff.
– Verjährung 1252

F
Factoring 288
Faktische Geschäftsführung 591
Faktische Gesellschafterstellung 590
Faktischer Geschäftsführer 1471
– Auskunfts-/Mitwirkungspflichten im Insolvenzeröffnungsverfahren 1999
– Haftung 1476
– Vorenthalten von Sozialversicherungsbeiträgen 1703
Financial Covenants 76 ff., 585
Finanzamt
– Anfechtung einer Steuerzahlung 651
– Aufrechnung 847
– Beteiligung am Sanierungsprozess 445 ff.
– Kenntnis der Zahlungsunfähigkeit 637
– Kenntnis von Benachteiligungsabsicht des Schuldners 731
– Verrechnung 847
Finanzierungszusage 208
Finanzplan
– Prognosezeitraum 166
Finanzplandarlehen 1287
Firmenbestattung 1402 ff.
– Führungslosigkeit der Gesellschaft 1402 ff.
– Insolvenztourismus 1409
– Missbrauchsbekämpfung 1403
– Strafrechtliche Verantwortlichkeit 1422 ff.
– Firmenfortführung 406 ff.
– Haftung 416 ff.
– Haftungsausschluss 413 f.
– Haftungsumfang 407 ff.
Firmenname
– Veräußerung 2135
Forderungseinlegung
– Schütt-aus-und-hol-zurück-Verfahren 1090
Forderungstilgung
– verdeckte Sacheinlage 1089
Forderungsverzicht 271 ff., 456 ff.
– steuerrechtlich 275 ff.; 456 ff.
– verdeckte Sacheinlage 1089
– zivilrechtlich 271 ff.
Formwechsel 281, 435
Fortführungsprognose 96 ff.
Freie Sanierung 301 ff., 1535, 2387 ff.
– Beteiligung des Finanzamts 411 ff.

Sachverzeichnis 829

- Haftungsgefahren 295
- Nachteile, Gefahren 2391
- Sanierungsfähigkeit 346 ff.
- Sanierungsfähigkeitsprüfung 351
- Sanierungskonzept 352 ff.
- Sanierungswürdigkeit 348 ff.
- Vorteile 2390

Fremdgeschäftsführer
- Insolvenzgeld 2186
- Pflicht zur Sanierung 325 ff.

Fremdgläubiger
- Rangrücktritt 249
- Fristberechnung
- Insolvenzanfechtung 641

Frühwarnsysteme
- operative 42 ff.
- strategische 53 ff.

Führungslosigkeit der Gesellschaft 1402 ff.

G
Gebot des sichersten Weges 1864
Gehaltszahlung
- verbotene Stammkapitalrückzahlung 1166

Geldrückzahlungsanspruch 635
Geldschuld
- ernstliche Einforderung 468 ff.
- Fälligkeit 123

Geschäftsführer 342 ff.
- Amtsunfähigkeit 909
- Anstellungsverhältnis bei Betriebsübergang 389
- Beurteilungsspielraum 109
- Buchführungspflicht 945
- business judgement rule 1436
- drohende Zahlungsfähigkeit 160 ff.
- Einbezug in das Stabilisierungs- und Restrukturierungsverfahren 336 ff.
- Einfluss Insolvenzverfahrenseröffnung auf Dienst-/Anstellungsverhältnis 2081
- Einfluss Insolvenzverfahrenseröffnung auf Organstellung 2075
- Falschangaben nach § 9a GmbHG 1151
- falsche Angaben gegenüber Handelsregister 939
- früherer 2085
- Gefahr faktischer Geschäftsführer 591
- Gehalt 179, 1065, 1172 ff.
- Gehaltsreduzierung 1500 ff.
- Haftungsgefahren 469 ff.
- Insolvenzgeld 2184 ff.
- Insolvenz(antrags)verschleppung 954 ff.
- Nichtanzeige bei Verlust der Hälfte des Stammkapitals 937 ff.
- Prüfung der Überschuldung 113 ff.

- Reorganisationsdurchführungshaftung 1538 ff.
- Risikogeschäfte 1388, 1436
- sonstige relevante Straftaten 941
- Sorgfalt eines ordentlichen Geschäftsmannes 1657
- steuerrechtliche Pflichten 1728 ff.
- Untreue 915 ff.
- verdeckte Sacheinlage 199
- Verfügungs- und Tätigkeitsbeschränkungen 417 ff.
- verbotene Zahlungen 900 ff.
- Vorenthalten von Arbeitnehmer-Sozialversicherungsbeiträgen 931 ff.
- Wettbewerbsverbot 417 ff.

Geschäftsführeramt
- Ausschlussgründe 909 ff.

Geschäftsführerhaftung 1425 ff.
- Amtsunfähigkeit 909
- Außenhaftung 1006
- D&O-Versicherung 1479
- Darlegungs- und Beweislast 1435
- COVID-Pandemie 1443 ff.
- COVInSAG 1443 ff.
- Ein-Personen-GmbH 1462
- faktischer Geschäftsführer 1471
- Falschangaben 1151
- Gesellschafterweisungen 1430 ff.
- Gewerbesteuer 1748 ff.
- Haftungsbegrenzung 1476 ff.
- Innenhaftung 1429 ff.
- Insolvenzverschleppung 1552 ff.
- Kapitalaufbringung 1506
- Körperschaftsteuer 1748
- Komplementär-GmbH 1805
- Limited 1854 ff.
- Lohnsteuer 1735 ff.
- Nichteinberufung der Gesellschafterversammlung 1531
- pauschalierte Lohnsteuer 1748 ff.
- rückständige Steuern 1728 ff.
- Säumniszuschläge 1702
- Sorgfaltsmaßstab 1436 ff.
- später bestellte Geschäftsführer 1704
- Umsatzsteuer 1748 ff.
- unterlassene Insolvenzsicherung von Altersteilzeit-Wertguthaben 1726
- verbotene Stammkapitalauszahlung 1467 ff.
- verbotene Zahlungen 1443 ff.
- Verjähren lassen von Erstattungsansprüchen 1513
- Verjährung 1463
- Verletzung von Verkehrssicherungspflichten 1763
- Verschulden bei Verletzung steuerrechtlicher Pflichten 2247

– Vorenthalten von Arbeitgeberanteilen zur Sozialversicherung 1703
– Vorenthalten von Arbeitnehmer-Sozialversicherungsbeiträgen 931 ff.

Geschäftslagetäuschung 940

Gesellschaft
– Auflösung 2069 f.
– Auswirkungen des Insolvenzverfahrens auf die GmbH 2065 ff.
– Firmenbgestattung 1408 ff.
– Führungslosigkeit 965 ff., 1402 ff.
– Insolvenztourismus 1409
– Gesellschafter
– atypisch stiller 1214
– Benachteiligungsvorsatz 740
– eigenes Sanierungskonzept 2397 ff.
– Einlageleistung 1011 ff.
– gesellschaftsrechtliche Treuepflichten 298 ff., 385
– Insolvenzverschleppung 916 ff.
– persönliches Insolvenzverfahren 2399 ff. ff.
– Pflicht zur Sanierung 325 ff.
– Stellung im Insolvenzeröffnungsverfahren 2281 ff.
– stille Einlage 212
– Untreue 915 ff.

Gesellschafter-Geschäftsführer
– Insolvenzgeld 2186

Gesellschafterdarlehen 839 ff.
– Anschaffungskosten 1352 ff.
– fortlaufende 1292
– gleichgestellte Dritte 1261
– Neuregelungen durch MoMiG 1292 ff.
– Rückzahlungen 1304
– Sacheinlagefähigkeit 194
– im Zusammenhang mit M&A-Transaktionen 1289 ff.
– Zweifelsfragen 1283

Gesellschafterdarlehensforderung
– Substanzverlust 1353

Gesellschaftereinlage
– stille 212

Gesellschafterfinanzierung 582
– Insolvenzanfechtung 839 ff.
– Neuregelung nach MoMiG 839 ff.

Gesellschafterhaftung 975 ff.
– Außenhaftung 1006
– deliktische Verschuldenshaftung 1221 ff.
– Differenzhaftung 192
– Durchgriffshaftung 1218 ff.
– Falschangaben nach § 9a GmbHG 1151
– Firmenbestattung 1402 ff.
– Handelndenhaftung 112
– Kapitalaufbringung
  – im Cash-Pooling-System 1061 f.
– bei fehlerhafter Aufbringung 989 ff.
– bei Geldeinlage 1011 ff.
– bei offener Sacheinlage 1071 ff.
– Kapitalerhaltung 1159 ff.
– Limited 1260 ff.
– Sacheinlage 1104 ff.
– statuarische Verlustausgleichsregelungen 1356
– Unterbilanzhaftung 1000
– Unterkapitalisierung 1116
– verbotene Stammkapitalrückzahlung 1161 ff.
– Vereinbarungen zur Haftungsbeschränkung 1477 ff.
– Verlustdeckungshaftung 998
– vertragliche Verlustausgleichsregelungen 1356
– Verwendung von Mantel-/Vorratsgesellschaften 1107 ff.
– Vor-GmbH 995 ff.
– Vorbelastungshaftung 1122 ff.
– Vorgründungsgesellschaft 989
– wirtschaftliche Neugründung 1107 ff.

Gesellschafterhilfen 585 ff.

Gesellschaftersicherheiten 1309 ff.

Gesellschafterweisungen 1449

Gewerbesteuer
– Geschäftsführerhaftung 1863
– Sanierungsgewinne 446

Gewinnverwendungsbeschluss
– verbotene Stammkapitalrückzahlung 1287

Girovertrag
– Eröffnung des Insolvenzverfahrens 480

Gläubiger
– Abwahl des Verwalters 2044
– Akteneinsichtsrecht 2057 ff.
– Altgläubiger 1668
– Ausschluss bei Beschlussfassung 2056
– Aussonderungsberechtigter 2042
– Kenntnis von Zahlungsunfähigkeit 485 ff.
– Neugläubiger 1681 ff.
– Pflicht zur Sanierung 345
– Rechte der Sicherungsgläubiger im Insolvenzeröffnungsverfahren 2033 ff.
– Stimmrechte 2047

Gläubigerausschuss 2048 ff.
– Aufgaben, Befugnisse 2048 ff.
– Beschlussfassung 2056
– Einsetzung 2048 ff.
– Haftung 2048
– vorläufiger Ausschuss 1994, 2004
– Mitglieder
– vorläufiger 1861

Gläubigerbegünstigung
– Berater 1929

- spezielle Insolvenzdelikte 951
Gläubigerbenachteiligung
- keine bei Aus- und Absonderungsrechten 627 ff.
- Insolvenzanfechtung 530 ff., 569 ff.
- sittenwidrige 535
- mittelbare 717
- vorsätzliche 372
- bei Zahlungen Dritter 620
- bei Zahlungen von Bankkonto 624
- zur Sicherheit abgetretene Forderung 505

Gläubigerbenachteiligungsvorsatz
- Kenntnis der Bank 471

Gläubigerversammlung
- Abwahl des Verwalters 2044
- Aufgaben, Befugnisse 2051 ff.
- Eigenverwaltung 2252 f.
- Einfluss auf Insolvenzverfahren 2042
- Gläubigerausschuss 2048
- Haftung 2051 ff.
- Insolvenzplanverfahren 2265 ff.
- Stimmrechtsentscheidungen 2047

Globalzession
- Insolvenzfestigkeit 508 ff.

GmbH
- Beteiligte an Unternehmensvertrag 1358

GmbH & Co. KG
- Besonderheiten 1804 ff.
- Insolvenz 2328
- Kommanditistenhaftung 1010
- Leistung der Stammeinlage 1153 ff.
- Rückzahlungen 1213
- Überschuldung Komplementär-GmbH 115 ff.
- verbotene Auszahlungen des Stammkapital 1832

GmbH & Still 1153
- Rückzahlungen 1214

Gründungsschwindel 940

Grundschuld
- nachrangige 632

Gutachter 1908 ff.
- Anforderungen 358 ff.
- Haftung gegenüber Dritten 1908 f.

H
Haftung
- Aufsichtsrat 1589
- Bareinlage 1023 ff.
- bei Firmenfortführung 406 ff.
- fehlerhafte Kapitalaufbringung 1011 ff.
- für Steuerrückstände 416
- Kreditinstitute 465 ff.
- Prokurist 1009
- vorläufiger Verwalter 2006 f., 2025

Haftungsausschluss
- Firmenfortführung 406 f.

Haftungsbegrenzung für Geschäftsführer 1476 ff.
- Amtsniederlegung 1478
- D&O-Versicherung 1479 ff.
- Freistellungsvereinbarung 1477
- Gesellschafteranweisungen 1477
- Vereinbarungen 1477 ff.

Handelsgeschäft
- Fortführung 409

Handelsregister
- falsche Angaben 939

Harte Patronatserklärung 213 ff.
Hin- und Herzahlen 1032 ff.
- Anteilsveräußerung 1036
- Bareinlage 1124 ff.
- Cash-Pooling 1040, 1103
- geänderte Rechtslage nach MoMiG 1042 ff.
- Geschäftsführergehalt 179
- verdeckte Sacheinlage 939, 1035, 1089
- Honorarvorschuss
- Inkonkruenzanfechtung 886 f.

I
IDW FAR 1/1991 353
Immobiliarpfandrecht 632
Inkongruente Deckung 683
- Anfechtung 488 f.
- Insolvenzanfechtung 683 ff.

Inkongruenzanfechtung
- Honorarvorschuss 886 f.

Insolventer Schuldner
- nach Zahlung des Zahlungsmittlers 810 ff.

Insolvenzanfechtung
- Absonderungsrecht 627
- Anfechtbarkeit des Saniererhonorars 874 f.
- Anfechtungsprozess 746, 810, 2170
- angedrohte Insolvenzantragstellung 695 ff.
- Aufrechnung 844
- Bargeschäft 860
- Befriedigung durch Zwangsvollstreckung 690
- Benachteiligung der Insolvenzgläubiger 566 ff.
- Benachteiligungsvorsatz des Schuldners 739 ff.
- Cash-Pooling-Abrede 730
- Drei-Personen-Verhältnis 810 ff.
- Druckzahlung 697 ff.
- Erbringung von Werkleistungen 824
- Eröffnung des Insolvenzverfahrens 601
- Fristberechnung 641 ff.

- geduldete Kontoüberziehung 625
- Gegenstand der Anfechtung 671 ff.
- Geltendmachung 649 ff.
- Gesellschafterfinanzierung 839 ff.
- Gläubigerbenachteiligung 620 ff., 717 ff.
- Immobiliarpfandrecht 632
- inkongruente Deckung 683 ff.
- kongruente Deckung 665 ff.
- nahestehende Personen 657
- Pfändungspfandrecht 692
- Rechtsfolge 634 ff.
- Rechtshandlungen 708 ff.
- Rechtshandlungen des Schuldners 718 ff.
- Rückführungsvereinbarungen 536
- Sicherheiten 705
- Sicherung durch Zwangsvollstreckung 690
- Sozialversicherungsbeiträge 767
- unentgeltliche Leistung 792 ff.
- unmittelbar nachteilige Rechtshandlungen 708
- Vermeidung 570 ff., 599 ff.
- Vermieterpfandrecht 631
- Verrechnung 476
- Voraussetzungen 667 ff.
- Vorpfändung 694
- vorsätzliche Benachteiligung 569 ff.
- Vorteilsausgleichung 610
- vorübergehende Einschränkung durch COVInsAG 682
- Zurückführung des anfechtbar erhaltenen Werts 611
- Zwangsvollstreckungsmaßnahmen 719

Insolvenzantragspflicht
- EU-Auslandsgesellschaften 954, 1854
- Führungslosigkeit der Gesellschaft 1402 ff.
- Geschäftsführer 342 ff. ff.
- Scheinauslandsgesellschaften 1260
- Überschuldung 84 ff.

Insolvenzantragsstellung
- angedrohte 701
- Drei-Wochen-Frist 1657
- drohende Zahlungsunfähigkeit 160 ff.

Insolvenzeröffnungsverfahren 1941 ff.
- Auflösung der Gesellschaft 2069 ff.
- Bestellung des Abschlussprüfers 2095
- Dienst-/Anstellungsverhältnis des Geschäftsführers 2081
- Fortführung des Unternehmen 2122 ff.
- Geschäftsführerpflichten 2083 ff.
- Gesellschafterstellung 2091
- Insolvenzgeldvorfinanzierung 2236 ff.
- Mitwirkungspflicht des Schuldners 1999 ff.

- Organstellung des Geschäftsführers 2075
- Rechte der Sicherungsgläubiger 2033 ff.
- Sicherung von neuen Gläubigeransprüchen 2025 ff.
- Sicherungsmaßnahmen 1999 ff.
- vorläufige Insolvenzverwaltung 2022 ff.
- vorläufiger Gläubigerausschuss 1994

Insolvenzgeld 2184
- Geschäftsführer 2186
- Verschleppungshaftung 1687
- Vorfinanzierung 2018 ff., 2235

Insolvenzgeldanspruch
- Arbeitsverhältnis im Insolvenzverfahren eröffnet 2148

Insolvenzgeldregelung 2112
Insolvenzgeldvorfinanzierung 2018 ff.
Insolvenzgeldzeitraum 2018 f.
Insolvenzgläubiger
- Benachteiligung 606 ff.

Insolvenzgrund
- drohende Zahlungsunfähigkeit 160 ff.
- Überschuldung 84 ff.
- Insolvenzmasse
- Feststellungspauschale 521

Insolvenzplan 2260 ff.
- Aufhebung 2287 ff.
- darstellender Teil 2297
- gerichtliche Bestätigung 2274 ff.
- gestaltender Teil 2298
- Inhalt 2295 ff.
- Nichtdurchführung 2294
- Obstruktionsverbot 2269 ff.
- Plananlagen 2299
- Plandurchführung 2287
- Sofortige Beschwerde gegen Versagung Planbestätigung 22284
- Steuerbelastung des Sanierungsgewinns 402
- Versagung der Planbestätigung 2281

Insolvenzplanverfahren 2265
- Reduzierung des Blockadepotenzials 2283
- Verfahrensbeschleunigung 2179

Insolvenzprophylaxe 62 f.
Insolvenzreife 79 ff.
- Beseitigung 169 ff.
- Darlegungs- und Beweislast 109 ff.
- Debt-Equity-Swap 188 ff.
- Erkennbarkeit 79 ff.
- Hinzuziehung eines Beraters 1596 ff.
- Sofortmaßnahmen 169 ff.
- Sorgfalt des ordentlichen Geschäftsmanns 1599 f.
- Stammkapitalerhöhung 170
- Überschuldung 84 ff.
- Zahlungen 1623

Sachverzeichnis 833

– Zahlungsunfähigkeit 117 ff.
Insolvenzverschleppung 954 ff.
– Arbeitnehmerlohn 1677 ff.
– Ausweitung Kontokorrent-Kreditlinie 1690
– Beihilfe 1763
– Berater 1924 ff.
– Beweislastverteilung 1662
– Ersatzpflicht für verbotene Zahlungen an Gläubiger 1552
– Geschäftsführer 1559 f.
– Haftung 1552 ff.
– Insolvenzgeld 2184
– Massekostenvorschuss 1696
– sittenwidrige Gläubigerschädigung 572 ff.
– Sorgfaltsmaßstab 1436
– Sozialversicherungsbeiträge 1700
– strafrechtliche Risiken 367
– Teilnahme 1918 ff.
– Insolvenzverwalter
– Einfluss auf Wahl 1994
– Entlassung 2037 ff.
– Erlöschen des Nutzungsrechts 1238
– gesellschaftsrechtliche Befugnisse 2098 f.
– Haftung 2037 ff.
– kostenloses Nutzungsrecht 1334 ff.
– Veräußerung des Firmennamens 2135 f.
– Versagungsbeschluss gegen Bestellung 2046
– Versagungsgründe 2214
– vorläufiger s. vorläufiger Verwalter
– Wahlrecht nach § 103 InsO 2081
Insolvenzverwaltung
– vorläufige, s. vorläufige Insolvenzverwaltung
Institut der Wirtschaftsprüfer
– Anforderungen an Erstellung von Sanierungskonzepten 355 ff.

J
Jahresabschluss
– Beurteilung wirtschaftlicher Verhältnisse 66
– Krisenanzeichen 68
– MaRisk 66

K
Kapitalaufbringung 989 ff.
– bei Bareinlage 1023 ff.
– im Cash-Pooling-System 1061 ff.
– Darlegungs- und Beweislast 1127 ff.
– Geltendmachung 1132 ff.
– Geschäftsführerhaftung 1131
– Haftung 989 ff.

– Mantel- und Vorratsgesellschaften 1107 ff.
– bei offener Sacheinlage 1071
– Probleme 377
– reale 978
– übertragende Sanierung 363
– Umwandlungswege 424 ff.
– Verjährung 1132 f.
– wirtschaftliche Neugründung 1107 ff.
Kapitaldienstfähigkeit 67
Kapitalerhaltung 1159
Kapitalerhöhung
– Voraussetzungen der Einlage 1071 ff.
Kapitalerhöhungsschwindel 940
Kapitalherabsetzung
– vereinfachte 181 ff.
Kapitalherabsetzungsschwindel 940
Kapitalschnitt 181 ff.
Kaskadengründung 1126
Kassenarzt
– drohende Zahlungsunfähigkeit 153
Kennzahlen
– Krisenfrüherkennung 47 f.
Kennzahlensysteme 43 ff.
– Beraterhaftung 1860 ff.
Kleingesellschafterprivileg 583, 1274
Knebelung 587
Körperschaftsteuer
– Geschäftsführerhaftung 2247
– Sanierungsgewinne 446
Kommanditeinlage 1157
Kommanditisten 1010, 1824 ff.
Komplementär-GmbH 1835
Kongruente Deckung
– Insolvenzanfechtung 665 ff.
– Zahlungsunfähigkeit 672 ff.
Kontoführung
– Krisenfrüherkennung 69 f.
Kontokorrent
– Anfechtung der Rückführung, Soll- und Habenbuchungen 496
Kontokorrentkredit
– Verrechnung von Zahlungseingängen 493
Kontokorrentverhältnis
– Eröffnung des Insolvenzverfahrens 845
Kontopfändung 722
Kontosperre 526
Kontoüberziehung
– geduldete 625
Konzerninnenfinanzierung
– durch Cash-Pool 1208
Konzernklausel 454
Konzernverrechnungsklausel 846
Koppelungsabrede 1070
Korrekturfunktion
– Überwachungssystem 24

Kredit
- Neuaufnahme 2786
- notleidend 593 f.
- Sanierungskredit 558 ff.
- Sicherheiten 563 ff.
- Überbrückungskredit 562
- Überziehungskredit 625
- zweckgebundener 613

Kreditausfallrisiko 66
Kreditbetrug 913
- Berater 930

Kreditgewährung
- Krisenfrüherkennung 69 f.

Kreditinstitute
- AGB 524 ff.
- Beteiligung am Krisenunternehmen 581 ff.
- Bündelung von Gläubigerinteressen 580
- fristlose Darlehenskündigung 542 ff.
- Haftung 530 ff.
- Haftung bei sittenwidriger Gläubigerschädigung 530
- interne Umschuldung 472
- Kenntnis vom Gläubigerbenachteiligungsvorsatz des Schuldners 532
- Knebelung 587 ff.
- Krisenfrüherkennung 64 ff.
- Kündigung von Sanierungsdarlehen 541
- Prolongation 472
- Sanierungspflicht 325 ff.
- sittenwidrige Gläubigerbenachteiligung 535
- sittenwidrige Gläubigerschädigung 572 ff.
- sittenwidrige Übersicherung 536 ff.
- Stillhalten 467
- Stundung 472
- Tilgungsaussetzung 472
- Überziehung 501
- Untreue von Vorständen 929
- Verhalten und Haftung im Sanierungsprozess 465 ff.
- Verrechnung von Zahlungseingängen 504
- zusätzliche Sicherheiten 524 ff.

Krisendiagnose 62 f.
Krisenfrüherkennung
- Cashflow 47 ff.
- Financial Covenants 76 ff.
- finanzwirtschaftliches Fehlverhalten 59
- Kennzahlen 44, 50
- Kennzahlensysteme 43
- Kreditgewährung und Kontoführung 69
- durch Kreditinstitute 64

- leistungswirtschaftliches Fehlverhalten 58
- Rating-Basel II 71 ff.
- Stammkapitalverlust 48
- strategische Frühwarnsysteme 53 ff.
- strategisches Fehlverhalten 57
- durch Kreditinstitute 64 ff.
- Financial Covenants 76 ff.
- finanzwirtschaftliches Fehlverhalten 60
- Kennzahlen 44 f., 51
- Kennzahlensysteme 43 ff.
- Kreditgewährung und Kontoführung 69 f.
- leistungswirtschaftliches Fehl verhalten 59
- operative Frühwarnsysteme 42 ff.
- Rating-Basel II 71 ff.
- Stammkapitalverlust 48
- strategische Frühwarnsysteme 53 ff.
- strategisches Fehlverhalten 58

Krisenfrühwarneinrichtung 31
Krisenfrühwarnsystem 23 ff.
Krisenmanagement 1499
Kündigung
- Betriebsübergang 378 ff.
- Darlehen 541 ff.
- Sanierungsdarlehen 548
- zur Unzeit 549 ff.

Kündigungsschutz
- Betriebsübergang 389

Kündigungsverbot
- Betriebsübergang 403

L
Lastschrifteinzug
- Insolvenzanfechtung 659

Lieferant
- Kenntnis der Zahlungsunfähigkeit 678

Limited 1857 ff.
- Beendigung der Niederlassungsfreiheit 1858
- Löschung im britischen Handelsregister 1859

Liquiditätsbilanz
- Grundstruktur 144

Liquiditätskrise 12
Liquiditätslücke 124
Liquiditätsplan 144
Liquiditätsstatus 145 ff.
Lösungsklausel 444
- Vertrag über fortlaufende Lieferung 304

Lohnsteuer
- Anfechtbarkeit 1737 ff.
- Geschäftsführerhaftung 1735 ff.
- pauschalierte 1748

Lurgi-Urteil 377

M
Mantelgesellschaft 1107 ff.
– leerer GmbH-Mantel 1109
Mantelverwendung 1113
Margensicherheit 529
Massenentlassungen 2177
Mezzaninekapital 203 ff.
Miete 644, 1333
– Dauerschuldverhältnisse 1689
– Mietzinsansprüche 631
– Sanierung im Insolvenzverfahren 2137
Missbrauchsbekämpfung 1403 ff.
Mitgesellschafter
– ausgeschiedener 1146
– Haftung 1143 ff.
– Haftung bei Uneinbringlichkeit des Rückgewähranspruchs 1060
Mithaftung
– von Beteiligten 1249
Muttergesellschaft 1386

N
Nahestehende Person
– Deckungsanfechtung 711 ff.
Neugläubiger
– Schadensersatzanspruch 1670 ff.
Neukreditvergabe 557 ff.
Niederlassungsfreiheit
– Beendigung 1858
Notar
– Aufklärungspflicht 1887
Notleidende Kreditforderungen
– Verkauf 593 f.
November-Entscheidung 1175
Null-Plan 2413
Nutzung
– Anfechtung 1333
– Ausgleichszahlung 1341
– Doppelinsolvenz 1302
– kostenlose Weiternutzung durch Insolvenzverwalter 1334 ff.
Nutzungsüberlassung
– Anfechtbarkeit von Miet-/Pachtzahlungen 1332
– Anfechtbarkeit vorzeitige Rückgabe 1340
– Doppelinsolvenz 1344
– Fortführungserheblichkeit 1336 f.
– grundsätzliche Geltung 1327 ff.
– Höhe Ausgleichszahlung 1341
– kein Nachrang offener Mietforderungen 1331
– Verhältnis zum Grundpfandrechtsgläubiger 1343
– Weiternutzung durch den Insolvenzverwalter 1334

O
Obstruktionsverbot 2269 f.
Offene Sacheinlage 1071 ff.
– Differenzhaftung 1079 f.
– typische Probleme 1079
Operative Frühwarnsysteme 42 ff.

P
Passivseite
– Überschuldungsstatus 95
Patronatserklärung 213 ff.
– externe 232 ff.
– Formulierungsbeispiel 231
– ggü. dem Schuldner 215 ff.
– ggü. einem Gläubiger des Schuldners 232 ff.
– harte 213 ff.
– interne 215 ff.
– weiche 235
Personengebundenes Massedarlehen 2124
– Einfluss auf Wahl des Insolvenzverwalters 2023, 2124
– Pfändungspfandrecht 692
Pflichtverletzung
– Aufbringung Stammkapital 1122
– Erhaltung Stammkapital 1159
Poolverträge
– Insolvenzanfechtung 706
Prämienzahlung
– für Direktversicherung 615
– Lebensversicherung eines Dritten 819
– unentgeltliche Leistung 819
Präventivfunktion
– Überwachungssystem 24
Prolongation 472 ff.

Q
Quivive-Urteil 1045 ff., 1077, 1092
Quotenschaden 1655

R
Rangrücktritt
– Fremdgläubiger 249
– zeitliche Dauer 253 ff.
Rangrücktrittserklärung 2255
Rangrücktrittstiefe 247 ff.
Rangrücktrittsvereinbarung 241 ff.
– Inhalt 265
Rating – Basel II 71 ff.
Rechtsanwalt
– Aufrechnung mit Fremdgeldern 903
– Aufrechnung mit Honoraransprüchen 903
– Haftung ggü. Dritten 1894 f.
Rechtsform
– Wahlfreiheit 1843

Rechtshandlungen
- unmittelbar nachteilige 708

Restschuldbefreiung 2399 ff.
- endgültige Entscheidung 2446
- Entscheidung 2437
- Obliegenheiten 2440 f.
- Sperrfrist 2336 f.
- Verbindlichkeiten aus vorsätzlich begangener unerlaubter Handlung 2449 f.
- Versagungsantrag 2431, 2441
- Versagungsgründe 2426 ff.
- Voraussetzungen 2420 ff.
- Widerruf 2458
- Wohlverhaltensperiode 2439 ff.

Reverse Debt-Equity-Swap 201
Rheinmöve-Urteil 377, 1062
Risikoberichterstattung 26
Risikocontrolling 24
Risikomanagement
- Elemente 30

Risikomanagementsystem 23 ff.
- Ablauf 33 f.
- Ausgestaltung 29 ff.
- im engeren Sinne 31
- im weiteren Sinne 30
- Implementierung 33 f.
- Verbesserung 33 f.

Rückdeckungsversicherung 2197 ff.
- Auszahlung 1172 ff.
- verbotene Stammkapitalrückzahlung 1166

Rückgewähranspruch 1060

S
Sacheinlage
- gemischte 377
- gewöhnliche Umsatzgeschäfte 1088
- offene 187, 1100 ff.
- verdeckte 174 ff.

Sacheinlagefähigkeit 194 ff.
Sachgründungsschwindel 940
Saniererhonorar 874 ff.
- Aufrechnung mit Fremdgeldern 903
- Bargeschäft 880 ff.
- Honorarzahlung durch Dritte 902
- Inkongruenzanfechtung 886 ff.
- Kongruenzanfechtung 876
- verbotene Zahlung 900
- Vorsatzanfechtung 893 ff.

Sanierung
- Abwägung, freie ggü. Sanierung im gerichtlichen Verfahren 2387 ff.
- arbeitsrechtliche Gestaltungsmöglichkeiten 2151 ff.
- Betriebsübergang 2152 ff.
- des Gesellschafters 2397 ff.
- Eigenverwaltung 2203 ff.
- freie 2389 ff.
- im Insolvenzverfahren 2392 ff.
- Insolvenzeröffnungsverfahren 2069 ff.
- Insolvenzplan 2260 ff.
- Pflicht 325 ff.
- übertragende 363 ff., 1921 ff.
- Unternehmenskauf aus der Insolvenz 2105 ff.

Sanierungsberater
- nahestehende Person 878

Sanierungsdarlehen
- Kündigung 548

Sanierungserfolg
- Nebenvereinbarungen im Kreditvertrag 585 ff.

Sanierungserlass 447
Sanierungsfähigkeit 346 ff.
Sanierungsfähigkeitsprüfung
- Ablaufschema 351

Sanierungsgesellschaft 2107
Sanierungsgewinne
- ertragsteuerliche Behandlung 447 f.
- Steuerfreiheit 446 ff.

Sanierungshindernisse 2152
Sanierungsklausel 453
Sanierungskonzept 352 ff.
- Anforderungen nach Rechtsprechung 353
- Anforderungen nach IDW 355 ff.
- Plausibilität 352 ff.

Sanierungskredit 558 ff.
Sanierungsprivileg 583, 1274
Sanierungsschwindel 1932
Sanierungstarifverträge 2152
Sanierungszuschuss 463
Schadensersatzanspruch
- Altgläubiger 1668
- aus Eingehungsbetrugs 1767
- Neugläubiger 1669 f.
- Rechtsfolge 1666
- Umfang 1670
- Verletzung der Insolvenzantragspflicht 1666 ff.

Scheinauslandsgesellschaft 1260
- Insolvenztourismus 1698

Schenkungsanfechtung
- nachträgliche Besicherung 540

Schenkungsteuer 278
„shift of duties" 1539 ff.
Schuldenbereinigungsplan 2411
Schuldenbereinigungsverfahren 2411 ff.
- Null-Plan 2413
- Scheitern der Einigung 2418
- Zustimmung des Finanzamts 2416
- Zustimmungsersetzung der Gläubiger 2417

Schuldner
– Benachteiligungsvorsatz 532 ff.
– Rechtshandlungen 718
Schuldübernahme 456
Schutzschirmverfahren 2218 ff.
Schwacher vorläufiger Verwalter 2006, 2115
– Begründung von Masseverbindlichkeiten 1817 ff.
– Kündigungsbefugnis 2012
– Massedarlehen 2023
– Treuhandkontenmodell 2027
Sekundärhaftung
– Berater 1888
Sicherheiten
– Anfechtung wegen Inkongruenz 526 ff.
– Anfechtung wegen vorsätzlicher Gläubigerbenachteiligung 530 ff.
– sittenwidrige Gläubigerbenachteiligung 535
– sittenwidrige Gläubigerschädigung 572 ff.
– sittenwidrige Übersicherung 536 ff.
– verbotene Stammkapitalrückzahlung 1161
Sicherheitenpoolvertrag 518, 524
Sicherheitenverstärkungsanspruch 526
Sicherheitenverwertungsgemeinschaft 2036
Sicherster Weg 1863
Sicherungsgläubiger
– Rechte im Insolvenzeröffnungsverfahren 2033 ff.
Sicherungsgut
– Umsatzsteuerpflicht 523
– Verwertung 521 f.
Sicherungszedierte Forderungen 504 ff.
Signalbereiche 56 f.
Signalstufen 55
Sittenwidrige Gläubigerbenachteiligung 535
Sittenwidrige Gläubigerschädigung 203 ff., 572
– Prüfungsschema 574
Sittenwidrige Übersicherung 536 ff.
Sofortmaßnahmen
– Beseitigung der Überschuldung 169 ff.
– Debt-Equity-Swap 188 ff.
– Ergebnisabführungsvertrag (EAV) 238
– Forderungsverzicht 271 ff.
– Formwechsel in Personenhandelsgesellschaft 281
– harte Patronatserklärung 213 ff.
– Kapitalschnitt 181 ff.
– Kreditaufnahme 286

– Rangrücktrittsvereinbarung 241 ff.
– Stammkapitalerhöhung 170
– Stillhaltevereinbarungen 290
– Stundungen 291 ff.
– Verwertung von Anlage-/Umlaufvermögen 287 ff.
– Vollstreckungsschutzvereinbarungen 296 f.
– zur Beseitigung der Überschuldung 169 ff.
– zur Beseitigung der Zahlungsunfähigkeit 284 ff.
Sorgfalt eines ordentlichen Geschäftsmannes 1434 ff.
– Darlegungs- und Beweislast 1435
Sorgfaltsmaßstab
– Geschäftsführer 1436 ff.
Sozialauswahl 384 f.
– Sozialkasse
– Schaden 1709 ff.
Sozialversicherung
– Kenntnis der Zahlungsunfähigkeit 140
Sozialversicherungsbeiträge
– Anfechtung hypothetischer Zahlungen 1709 ff.
– Darlegungs- und Beweislast 1716 ff.
– Geschäftsführerhaftung 1704 ff.
– Insolvenzanfechtung 864
– Insolvenzverschleppungshaftung 1688
– gegenüber Sozialkassen 653
– Strafbarkeit der Nichtabführung 1709
– Tilgungsbestimmung 1721
– verspätete Zahlung 1741
– keine Verschleppungshaftung 1688
– Vorenthalten von Arbeitgeberanteilen 1703
– Vorenthalten von Arbeitnehmeranteilen 931 ff.
Sozialversicherungsträger
– Kenntnis von Benachteiligungsabsicht des Schuldners 768
Sozius
– Haftung 1916
– Spaltungen 531
Sparkasse, s.a. Kreditinstitute
– AGB 525 ff.
Sperrwirkung des § 93
– Haftungsgefahren 1733
– InsO 1347
Sperrzeit
– ALG I 2151
Staffettengründung 1126
Stammeinlage
– Aufrechnung 1067 ff.
– Befreiung 1067 ff.
– Haftung bei Falschangaben 1151
– Haftung der Bank 1152

– Haftung der Mitgesellschafter 1146 ff.
– Haftung des Anteilserwerbers 1147
– Komplementär-GmbH 1153 ff.
– Rückgewähranspruch 1060 ff.
– Verrechnung 1069
– Verzinsung des Rückgewähranspruchs 1203

Stammkapital
– Nichtanzeige bei Verlust der Hälfte 931

Stammkapitalerhöhung 161
– Umwandlung von Verbindlichkeiten 188 ff.

Stammkapitalrückzahlung, s.a. verbotene Stammkapitalrückzahlung
– verbotene 1166 ff.

Stammkapitalverlust
– als Krisenwarnsignal 48

Start-Up-Unternehmen 110

Steuer
– Sanierungsgewinne 446 ff.

Steuerberater
– Beratungspflicht bei verdeckter Sacheinlage 1887
– Berücksichtigung der Rechtsentwicklung 1865
– Haftung ggü. Dritten 1892 ff.
– Hinweispflicht 1863

Steuerbescheid
– Vollziehung 122

Steuerhinterziehung
– Beihilfe 1930

Steuerliche Pflichten bei vorläufiger Insolvenzverwaltung 1742 ff.

Steuerrückstände
– Haftung 416
– Stille Gesellschaftseinlage 212

Stillhalten des Kreditinstituts 467
Stillhaltevereinbarungen 290 ff.
Straftaten 905 ff.
– vollstreckungsbezogene 941
– Straftatenkatalog 2426

Strategiekrise 10 ff.
Strategische Frühwarnsysteme
– Signalbereiche 56 f.
– Signalstufen 55

Stundung 290 ff., 446
Stundungsvereinbarung 290 ff.
Stundungszeiträume 293

T
Täterschaft und Teilnahme
– Beraterhaftung 1918 ff.

Teilbetriebsübergang 381 ff.
Tilgungsaussetzung 472
Tilgungsbestimmung
– Sozialversicherungsbeiträge 1712

Transfergesellschaft 2162 ff.

Treuhandkontenmodell 2027
Trihotel 1248 ff.

U
Überbrückungskredit 562
Überschuldung 81 ff., 1514
– Definition 92 ff.
– Ergebnisabführungsvertrag 228
– Forderungsverzicht 261 ff.
– Fortführungsprognose 96 ff.
– gesetzliche Konkretisierung 92 ff.
– Insolvenzantragspflicht 83 f.
– Sofortmaßnahmen zur Beseitigung 161 ff.

Überschuldungsstatus 93 ff.
– Aktivseite 95
– Passivseite 95
– Rangrücktrittstiefe 247

Übersicherung
– sittenwidrige 536 ff.

Übertragende Sanierung 363 ff.
– Anfechtung 369 ff.
– Auffanggesellschaft 2108
– Haftungsgefahren 365 ff.
– Insolvenzverfahren 2120 ff.
– Kapitalaufbringung 377
– Sanierungsgesellschaft 2107
– strafrechtliche Risiken 366 f.
– Umwandlungsrecht 421 ff.
– Wahlrecht des Insolvenzverwalters 374

Überwachungssystem 35 ff.
Überziehung 501
– Anfechtung von Verrechnungen 503
– Umlaufvermögen
– Verwertung 288

Umsatzsteuer
– Geschäftsführerhaftung 1748
– Verwertung des Sicherungsguts 523

Umschuldung
– interne 472

Umwandlung
– Formwechsel 280 ff., 435
– Grundsätzliche Zulässigkeit 421
– Risiken 436
– übertragende Sanierung 363 ff.
– Verschmelzung 425
– Umwandlungsrecht 421 ff.

Unbestimmter Rechtsbegriff
– Beraterhaftung 1863

Unechte Auffanggesellschaft 2106
Unentgeltliche Leistung
– Insolvenzanfechtung 503 ff.

Unterbilanz
– Stammkapitalrückzahlung 1161

Unterbilanzhaftung 1000
Unterkapitalisierung 1216
Unternehmen

Sachverzeichnis 839

- außerinsolvenzliche Sanierung nach StaRUG 307 ff.
- Sanierungsfähigkeit 406 ff.
- Unternehmenskauf
- Asset-Deal aus Insolvenz der GmbH 2105 ff.
- belastete Gegenstände 2129
- Bestimmtheit einzelner Wirtschaftsgüter 2126
- Firmenname 2135
- Formerfordernisse 2139
- Gewährleistungsregelungen 2147 ff.
- Haftungserleichterungen für den Erwerber 2143
- immaterielle Wirtschaftsgüter 2134
- Kaufgegenstand 2126 ff.
- Marke 2134
- Sanierungsfähigkeit 346 ff.
- Vertragsbeziehungen 2137
- Zeitfaktor 2112
Unternehmenskrise
- Begriff 5 ff.
- betriebswirtschaftlicher Begriff 6
- haftungsrechtlicher Begriff 8
- Diskriminanzanalyse 45
- Erfolgskrise 17
- Ertragskrise 11
- Instrumente 309
- insolvenzrechtlicher Begriff 7
- Krisenbegriff 8
- Liquiditätskrise 18
- strafrechtlicher Begriff 8
- Strategiekrise 15
- typische Straftaten 905 ff.
- Verfahren 309 ff.
- Unternehmensneugründung 739
Unternehmer
- Pflicht zur Sanierung 325
Unternehmergesellschaft 1767 ff.
- Sonderregelungen 1769 ff.
Untreue 366, 915 ff.
- Berater 930
- Geschäftsführer 916 ff.
- Gesellschafter 926
- Vorstand 929
- Vorstand eines Kreditinstituts 929
Urlaubs- und Lohnausgleichskasse der Bauwirtschaft 1702
- freiwillige gesetzliche oder private Krankenversicherung 1702
Urlaubsabgeltungsanspruch 2187
Urlaubsanspruch 2158
Urlaubsgeldanspruch 2187

V
Verbotene Stammkapitalauszahlung
- Geschäftsführerhaftung 1510

Verbotene Stammkapitalrückzahlung 1126 ff.
- an den Gesellschafter 1166
- Causa Societatis 1169
- Darlehensgewährung an Gesellschafter 1175 ff.
- Gesetzesänderung 1194 ff.
- GmbH & Co. KG 1213
- GmbH & Still 1214
- Rechtsfolgen 1180 ff.
- Rückzahlungsanspruch 1175 ff.
- Unterbilanz 1172
- Verjährung 1211
- Vermögenstransfer 1164
Verbotene Zahlungen 1518 ff.
- Director 1855
- und Lohnsteuerzahlung bei Insolvenzreife 1742 ff.
- Verhältnis zum Nichtabführen der Sozialversicherungsbeiträge 1688 ff.
Verbotene Zahlungen an Gläubiger 1518 ff.
- Aussetzung der Haftungsfolgen 1443
- Ersatzpflicht 1552
- im gerichtlichen Restrukturierungsverfahrens 1542
- Geschäftsführerhaftung 1855 ff.
- Haftungserleichterung 1542
- Verschulden 1456 ff.
- Zeitpunkt 1561
Verbraucherinsolvenzverfahren 2401 ff.
- Antragserfordernis 2408
- außergerichtliche Einigung 2411
- Personenkreis 2402 ff.
- Schuldenbereinigungsverfahren 2411 ff.
Verdachtstatsachen
- Gläubigerkenntnis 677
Verdeckte Sacheinlage 1089 ff., 1785 ff.
- Barkapitalerhöhung 197
- Beraterhaftung 1887
- Gesellschaftersicherheit 1094
- Heilung 1100 ff.
- Rechtsfolgen vor MoMiG 1097 ff.
- Rechtslage durch MoMiG 1080 ff.
- Rückabwicklung 1089
- steuerliche Aspekte 1106
Verein
- § 15a InsO 83
Verjährung
- Nicht-Geltendmachung von Erstattungsansprüchen 1513
- Regelverjährung 656
- Schadensersatzansprüche bei Vorenthalten von Sozialversicherungsbeiträgen 1725

- Schadensersatzansprüche gegen Geschäftsführer 1463 ff.
- Stammeinlagenforderung 1141
- verbotene Stammkapitalrückzahlung 1510

Verkürzte Kündigungsfrist 2171
Verlustausgleichspflicht 238
- statuarische 1356

Verlustdeckungshaftung 998
Vermieterpfandrecht 631
Verpfändung
- des Geschäftsanteils 590
- künftiger Forderungen 707

Verrechnung 477 ff.
- Anfechtung 488
- Bargeschäft 488
- inkongruente Aufrechnungslagen 489
- Insolvenzanfechtung 476
- Kontokorrent 489
- sicherungszedierte Forderungen 504 ff.
- Soll- und Habenbuchungen 459
- im ungekündigten Kontokorrent 493
- unanfechtbares Bargeschäft 459
- mit Zahlungseingängen 504 ff.
- von Zahlungseingängen 476 ff.

Verrechnungsabrede
- antizipierte 477
- kontokorrentrechtliche 478 f.

Versagungsbeschluss gegen Verwalterbestellung
- Rechtsmittel 2046

Verschmelzung 425 ff.
Verschuldenshaftung
- gegenüber Gesellschaftsgläubigern 1222 ff.

Vertrauensschadenshaftung 237
Verzinsung 1201 ff.
- Rückgewähranspruch bei Stammeinlage 1048
- Vollstreckungsschutzvereinbarungen 296 f.

Vor-GmbH
- Gesellschafterhaftung 996

Vorbelastungshaftung 1000 ff.
- Darlegungs- und Beweislast 1004

Voreinzahlung der Einlage 1011 ff. ff.
Vorläufige Eigenverwaltung 2211
Vorläufige Insolvenzverwaltung 2002 ff.
Vorläufiger Verwalter
- Auswahl 2003
- Bestellung 2004
- Einfluss des vorläufigen Gläubigerausschusses 2004
- Entlassung 2037 ff.
- Fortführung des Unternehmens 2009
- Haftung 2037 ff.

- Haftung für Steuerschulden 1906
- Insolvenzgeldvorfinanzierung 2018 ff.
- Lastschriftenwiderruf 2024 ff.
- Massedarlehen 2033
- Rechtshandlungen 563
- schwacher 2006
- Unternehmenskauf 2116
- Unternehmensstilllegung 2010
- Veräußerung des Betriebes/-teils 2013
- Verwertungshandlungen 2016

Vorpfändung
- Insolvenzanfechtung 694

Vorrats-GmbH 1108
Vorratsgesellschaft 1107 ff.
Vorsätzliche Gläubigerbenachteiligung 372
- Anfechtung von Sicherheiten 530 ff.

Vorsatzanfechtung 889
- gegenüber Bank 471
- neue Sicherheiten 530
- Sittenwidrigkeit 535
- uneigennützige Treuhänder 469
- vorsätzliche Benachteiligung 247

Vorstand
- Untreue 929

W

„Warenlager" 377
Warenlieferung
- verdeckte Sacheinlage 1089

Werkleistung
- unentgeltliche Leistung 824

Werklohnforderung
- vorausabgetretene 513 ff.

Wertgedeckte Zahlungen 1564 ff.
Werthaltigmachen
- zedierte Forderung 513 ff.

Wettbewerbsverbot
- für Geschäftsführer 417 ff., 2079

Widerspruchsrecht
- Arbeitnehmer 394 ff.

Wirtschaftsprüfer
- Haftung ggü. Dritten 1892 ff.

Wohlverhaltensperiode 2439 ff.
- Obliegenheitsverletzungen 2440
- selbstständig tätiger Schuldner 2402

Z

Zahlungen
- Darlegungs- und Beweislast 1623
- wertgedeckte 1564 ff.

Zahlungseingänge
- Verrechnung 476 ff.

Zahlungseinstellung 136 ff.
- Vermutung für Zahlungsunfähigkeit 53 ff.

Zahlungsfähigkeit

– Wiederherstellung 157
Zahlungskarussell 1036
Zahlungsmittel
– dauernder Mangel 131 f.
Zahlungsstockung 131
Zahlungsunfähigkeit 117 ff., 284 ff.
– Ansprüche aus Cash-Pooling 154
– Beweislast 159
– Darlegungslast 159
– Dauer 125 f.
– Definition 118 ff., 137 f.
– drohende 160 ff.
– ernstlich eingeforderte Geldschulden 118 ff.
– fällige Geldschulden 121 ff.
– Kenntnis des Gläubigers 485 ff.
– Liquiditätsbilanz 144 ff.
– Liquiditätsplan 144
– Neuaufnahme von Krediten 286
– Prognosezeitraum 166 ff.
– Prüfung 144, 152 ff.
– retrograde Ermittlung 149
– Vermutung 136 ff., 143
– Wesentlichkeit 129

– Wiederherstellung 157
– Zahlungseinstellung 136 ff.
Zahlungsunwilligkeit 152
Zahlungsverbot
– Ersatzpflicht für verbotene Zahlungen 1552 ff.
– Insolvenzreife 1561
Zeitraumilliquidität 131 f.
Zustimmungsvorbehalt
– schwacher vorläufiger Verwalter 2006
Zuzahlungen in freie Rücklagen 208
Zwangsvollstreckung
– Befriedigung 690
– Druckzahlung 697 ff., 700
– inkongruente Deckung 689, 695
– Insolvenzantrag 701
– Pfändungspfandrechts 692, 705
– Vorpfändung 694
Zwangsvollstreckungsdruck
– Benachteiligungsvorsatz des Schuldners 714
Zwangsvollstreckungsmaßnahmen
– Insolvenzanfechtung 719